한국 출판학 연구 50년

한국출판학회 반세기 궤적

50

1969~2019

한국출판학회 50년사

편찬위원회

위원장   부길만(동원대학교 명예교수)
위 원   이종국(대전과학기술대학교 명예교수)
         남석순(김포대학교 명예교수)
         이두영((주)메타북스 대표)
         윤세민(경인여자대학교 교수)
         박몽구(시와문화 대표)

집필위원회

위원   권호순(시간의물레 대표)
        김경도(동국대학교 겸임교수)
        김정명(신구대학교 겸임교수)
        김정숙(백제예술대학교 교수)
        김진두(서일대학교 교수)
        남석순(김포대학교 명예교수)
        노병성(협성대학교 교수)
        박익순(한국출판저작권연구소 소장)
        백원근(책과사회연구소 대표)
        부길만(동원대학교 명예교수)
        신종락(성균관대학교 겸임교수)
        유창준(대한인쇄문화협회 전무이사)
        윤광원(미래엔 부사장)
        윤세민(경인여자대학교 교수)
        이두영((주)메타북스 대표)
        이문학(인천대학교 교수)
        이종국(대전과학기술대학교 명예교수)
        이창경(신구대학교 교수)
        최낙진(제주대학교 교수)
        황민선(김포대학교 교수)
        한주리(서일대학교 교수)

                                가나다 순

간사   김희주(한국출판학회 이사)

한국 출판학 연구 50년

한국출판학회 반세기 궤적

50

1969~2019

한국출판학회 50년사 편찬위원회

사단법인 한국출판학회
Korean Publishing Science Society

창립총회
(1969.6.22. 을유문화사 회의실)

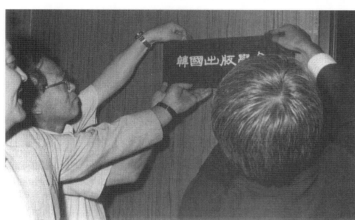

학회 사무실 현판식
(1983.6.)

제1회 국제출판학술회의(1984.10.13. 출판문화회관)

제9회
한국출판학회상 시상식
(1986.7.5. 출판문화회관)

학회창립20주년 기념
제12회 한국출판학회상 시상식
(1989.7.1. 출판문화회관)

제5회 국제출판학술회의(1991.10.18.~19. 크리스챤아카데미)

제4회
정기학술대회
(1992.12.4.
출판문화회관)

정산 민병덕 박사,
항심 윤병태 박사
화갑기념 논문집
봉정식
(1993.12.27.
출판문화회관)

제16회
한국출판학회상
시상식(1994.3.18.)

제6회
정기학술대회
(1994.6.29.
한국프레스센터)

산민 한승헌 선생 화갑기념 논문집 봉정식(1994.12.14. 종근당 빌딩)

제1회 국제인쇄출판문화학술회의(1995.5.27. 청주 예술의 전당 대회의실)

제7회
국제출판학술회의에
참가한 대표단
(1995.9.7. 필리핀 마닐라)

제2회
한·중출판학술회의
(1997.1.21. 출판문화회관)

2000년도 정기총회(2000.2.26. 한글회관)

제21회 한국출판학회상 시상식 및 『한국출판학회 30년사』 출판기념회(2000.12.23. 한글회관)

2002년도 정기총회 및 제22회 한국출판학회상 시상식(2002.2.22, 한국일보 송현클럽)

제2회 남애 안춘근 출판저술상 시상
(2003.1.22.)

남애 안춘근 선생
10주기 추모 학술제
(2003.1.22.)

한·중·일 출판학술 심포지엄(2003.12.5. 세종문화회관 컨퍼런스홀)

제10회 한·중출판학술회의(2008.10.16. 엘루이호텔)

제4차
출판정책 라운드테이블
(2009.4.22. 국가인권위원회)

제11회
한·중출판학술회의
(2009.7.30. 중국 북경)

제7차 출판정책 라운드테이블(2010.12.3. 출판문화회관)

한·일출판학술회의(2011.6.15. 코엑스 아셈홀)

제23회 정기학술대회(2011.10.27. 출판문화회관)

2012년도 정기총회 및 제32회 한국출판학회상 시상식(2012.2.24. 출판문화회관)

제24회 정기학술대회
(2012.5.25.
인쇄학회와 공동주최)

제14회 한·중출판학술회의
(2012.7.30. 한국프레스센터)

제33회 한국출판학회상 시상식(2013.2.21. 출판문화회관)

제27회 정기학술대회
(2013.10.4.)

제34회
한국출판학회상 시상식
(2014.02.21.)

제35회 한국출판학회상 시상식(2015.02.24.)

제15차 출판정책 라운드테이블(2015.10.9.)

제9회 출판전공대학원 우수논문 시상식(2015.12.3.)

남석순 교수
정년퇴임 기념 강연
(2016.2.23.)

제16차
출판정책 라운드테이블
(2016.9.28.)

제17회 국제출판학술회의(2016.10.30.)

제10회
출판전공대학원
우수논문 시상식
(2016.12.16.)

부길만 교수 정년퇴임 기념강연(2017.2.24.)

제17차 출판정책
라운드테이블
(2017.5.26.
제주 한라도서관)

제18회
한·중출판학술회의 참가자
지학사 방문(2017.8.10.)

제34회 정기학술대회(2017.12.1.)

제38회 한국출판학회상 시상식(2018.2.23.)

제19회 한·중출판학술회의(2018.8.21.)

한국지역출판문화잡지연대와
공동학술세미나
(2018.9.8.)

제18회
국제출판학술회의
(2018.11.10.)

제12회
출판전공대학원
우수논문 발표회
(2018.12.7.)

2019년도 정기총회(2019.2.22.)

제39회
한국출판학회상 시상식
(2019.2.22.)

(사)한국출판학회 역대 회장

안춘근(1~10대)

윤형두(11, 12, 14대)

민병덕(13대)

이종국(15대)

이정춘(16, 17대)

남석순(18대)

부길만(19대)

윤세민(20대)

이문학(21대)

이창경(22대)

한국 출판학 연구 50년

한국출판학회 반세기 궤적

한국출판학회 50년사 편찬위원회

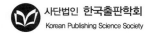

사단법인 한국출판학회
Korean Publishing Science Society

새로운 50년을 다짐하며

우리 학회가 창립 50주년을 맞았다. 지난 50년은 발전을 향한 회원들의 헌신적 노력과 열정, 끊임없는 학문적 탐구정신이 함께했다. 그러한 노력의 기반 위에 오늘의 학회는 존재한다. 학회 50년의 역사는 우리 나라 출판학 연구의 역사이기에 더욱 값지고 의미 있는 일이다.

오랜 역사를 가진 출판이 중요한 문화산업으로 확장되고 있던 1960년 대, 이와 함께 학문적 접근 또한 필요했다. 학회의 탄생은 출판학 연구의 체계화에 대한 간절한 시대적 요청과 창립 회원들의 학문적 열망이 결합하여 탄생되었다. 창립을 출발점으로 출판학을 중요한 학문영역으로 정착시키고 체계화하기 위한 학회원들의 실천정신이 오늘의 학회를 만들었다.

학회 50년 역사를 관통하는 힘은 책에 대한 애정과 탐구 정신이다. 학회지 발간을 통하여 출판학의 새로운 길을 개척해 나갔고, 출판산업의 발전을 위해서 학회가 무엇을 봉사할 것인가를 고민해왔다. 토론회, 출판정책라운드테이블 등을 열어 현안 해결의 방안 제시에도 힘을 모았다. 한국출판학회상을 제정하여 연구와 산업 분야에 공이 있는 분을 발굴, 표창하였으며 연구의 활성화를 위하여 대학원 우수논문 발표회도 가졌다. 주도적으로 국제학술회의를 개최하여 출판학 국제 교류의 큰 틀을 만들었다. 우리 학회 지난 50년은 출판학을 탄생시켜 중요한 학문분야로 자리 잡게 하였을 뿐만 아니라, 모든 회원이 함께 키워 온 역사이기에 값진 것이다.

우리 학회 창립 50주년 기념사업 추진위원회에서는 기념사업의 일환으로 '한국출판학회 50년사'를 간행하기로 하고 오래 전부터 준비해왔다. 학회의 역사는 우리 나라 출판학 연구의 역사이기에 50년의 출판학 연구 상황도 함께 정리하기로 하였다. 왜 학회 역사를 기록으로 남기려 하는가. 첫째는 지속적 발전을 위함이다. 어떠한 조직이든 성장과 발전을 위해서는 진단과 성찰이 필요하다. 과거는 과거에 머물러 있지 않으며 현재에 작용하고 미래와 대화한다. 현재의 시점에서 과거를 성찰하고, 새로운 미래를 개척해 가기 위한 시사점을 찾기 위함이 역사를 쓰는 첫 번째 목적이다. 변화하는 출판환경에서 새로운 50년의 비전은 바로 지난 역사에 있다.

두 번째는 사람에게서 배우기 위함이다. 역사에 지속적인 발전은 있을 수 없다. 어떤 때는 에너지 넘치는 활력의 시대가 있고 때로는 침체와 위기의 시대도 있을 수 있다. 활력과 융성의 시대를 만들어가는 것은 사람이다. 모두 주인공이 될 때 발전의 시대를 맞게 된다. 서로의 힘에 의해서 능력을 발휘할 수 있는 환경을 만들어 갔기 때문이다.

세 번째는 구성원의 소속감 강화에 있다. 학회 활동 사항을 체계적으로 정리한 연사에는 학회의 정신사와 역량도 드러나게 된다. 그것은 곧 학회의 위상과 직결되어 그 현장에 함께 참여하였다는 자부심을 갖게 되고 나아가 자긍심도 만들어낸다. 이러한 정신 작용은 다시 참여의지로 강화되어 지속적 발전의 바탕이 된다.

연사의 간행은 새로운 시작의 의미가 강하다. 매체, 독자 모든 면에서 크게 변화하고 있는 4차 산업혁명 시대에 출판학 연구의 방향도 변화에 대응해가야 한다. 지난 50년이 새로운 발전의 바탕으로 작용할 때 50년의 의미는 더욱 커지게 된다.

이 책이 세상에 나오기까지는 많은 분들의 노력이 있었다. 편찬위원 여러분과 분야별 집필자 여러분께 깊이 감사드린다. 또한 여러 어려움 속에서도 흔쾌히 출판을 맡아주신 글로벌콘텐츠 출판그룹 홍정표 대표님께 깊이 감사드린다.

본 학회 회장, 신구대학교 교수
이창경

출판문화 발전에 크게 기여하기를

한국출판학회의 창립 50주년을 맞이하여, 일본출판학회를 대표해서 진심으로 축하의 말씀을 드립니다. 한국과 일본이 비슷한 시기에, 같은 목적으로 출판학회를 설립한 것은 매우 뜻깊은 일입니다. 안춘근 선생님은 한국과 일본이 '세계에서 유례를 찾아볼 수 없는 출판학회를 설립한 것'은 '결코 우연이 아니라, 양국의 우수하고 선진적인 출판문화 전통에 의한 것'이라고 도쿄에서 개최된 제2회 국제출판학술대회에서 말씀하셨습니다. 또한 출판학의 학문적 기반을 구축한 미노와 시게오(箕輪成男) 선생님도 '양국이 함께 위대한 출판전통을 가지고 있으며, 출판연구에 대해 사회와 출판산업의 강력한 요청이 있었기 때문'이라고 말씀하셨습니다.

1984년 국제출판연구의 필요성을 강하게 느낀 안춘근 선생님을 비롯한 한국출판학회에 의해 제1회 국제출판학술대회가 서울에서 개최되었습니다. 일본출판학회는 총 18명의 방문단이 참가했습니다. 그 이후 35년, 인터넷과 디지털기술에 의해 출판산업도 글로벌화하고, 문자정보는 순식간에 세계를 누비는 시대가 되었습니다. 「국제적인 연구교류」라는, 바로 선견지명을 가진 학술대회가 한국출판학회의 제안으로 시작되었던 것입니다.

100주년을 향하여 가기 위해 필요한 것은 출판미디어와 산업형태의 변화 등의 외부요인이 아니라, 그러한 변화를 씨앗으로 연구에 대한 끝없는 호기심을 가진 학회원의 존재입니다. 지난 50년이 그러했던 것처럼, 다음 50년에도 극적으로 변화하는 출판 그 자체를 연구하는 것이 학회원에게 요구되고 있습니다. 이것이 50년 전에 한국과 일본이 함께 학회설립에 분주했던 선배님들의 노력과 열정에 부응하는 것입니다. 한국의 친구들과 함께 새롭게 결의를 하고 싶습니다.

100주년을 향한 한국출판학회가 더욱 발전하여 한국 및 세계의 출판산업과 출판문화 발전에 더욱 크게 기여할 것을 기원합니다. 또한 저희 일본출판학회도 함께 하는 것을 기쁘게 생각하며 축하의 말씀을 드립니다. 한국출판학회의 50주년을 진심으로 축하드립니다.

일본출판학회 회장

植村八潮

학문의 교류와 협력의 심화

　귀 학회 창립 50주년을 진심으로 축하합니다.

　한국출판학술연구의 중심지로서 귀 학회는 시종 한국출판연구의 최전방에서 한국출판학의 이론정립과 학술연구 및 산업발전을 위하여 큰 기여를 해 왔습니다.

　중국편집학회와 한국출판학회는 깊은 우정과 협력관계를 유지하고 있습니다. 1990년에 한국출판학회 안춘근 회장님과 일본출판학회의 초청으로 중국편집학회는 대표단을 구성하여 제4회 한·중·일 국제출판학술회의에 참석하였습니다. 그 후, 이 국제출판학술회의는 한·중·일 3국이 번갈아 주관하면서 2년마다 진행하였습니다. 28년 동안 중국편집학회는 한 번도 거르지 않고 지속적으로 회의에 참석하였습니다. 한·중·일 국제출판회의는 매회마다 좋은 효과를 얻었고 긍정적인 영향력을 발휘하였습니다. 우리 두 학회도 지속적인 학술교류와 문화적 방문교류를 이어 왔습니다.

　이번 50주년 기념행사를 계기로 우리 두 학회가 출판학, 편집학 연구의 교류와 협력을 더욱 심화하며 양국 출판업계가 서로 좋은 경험을 공유하고 공동 발전하며, 양국 출판업을 위하여 우수한 출판문화를 양성하며, 양국 출판산업계의 발전과 번영을 위해 기여하기를 기원합니다.

　귀 학회의 미래발전이 더욱 휘황찬란하기를 충심으로 축원합니다.

중국편집학회 회장
郝振省

출판학 연구를 통해 국제 협력의 관계로

사단법인 한국출판학회가 창립 50주년을 맞이하게 되었습니다. 귀 학회에 열렬한 축하의 뜻을 전합니다.

귀 학회는 한국출판학술연구의 중심지로서 시종일관 한국출판산업에 대한 과학적 연구를 앞장 서서 이끌어왔습니다. 아울러 한국출판산업의 이론 정립에 기여해왔고 출판학의 학술 연구를 통하여 출판산업의 발전에도 크게 기여해왔습니다.

다년간, 우리 연구원은 귀 학회와 밀접한 교류와 협력 관계를 유지해 왔으며 공동으로 양국 출판산업 발전을 지원하는 과정에서 두터운 우정을 쌓아왔습니다. 한국출판학회와 우리 연구원이 공동으로 주관하는 한·중출판학술대회는 한·중 양국 출판업의 연례 행사로 자리매김 되었고 한국과 중국의 동업자에게는 교류와 협력, 그리고 우정 증진의 플랫폼을 제공해 주고 있습니다.

이번 한국출판학회의 창립 50주년을 계기로 한·중 사이에 보다 폭넓고, 깊은 교류와 굳은 협력을 전개해 나가기를 기원합니다.

또한 한국과 중국의 출판산업의 발전을 위한 가치 있는 정보와 경험을 공유하며 양국 출판산업이 서로 배우고 경험을 나누며 공동으로 발전하기를 기원하는 바입니다.

귀 학회의 더욱 휘황찬란한 발전을 축원합니다.

중국신문출판연구원 원장
魏玉山

기념사업
추진경과

50년 한국출판학회 역사는
다음 시대 발전 위한 반세기

1969년 6월 22일 한국 최초로 "출판과 출판학 연구를 통한 학문과 출판문화 발전에 기여한다."는 목적으로 창립된 한국출판학회가 드디어 2019년 6월, 창립 50주년을 맞았다. 출판학의 모태로서 출판 과학화의 첫걸음을 내딛은 이래로 50년의 세월을 이겨내고 반세기의 역사를 기록하며 당당히 오늘에 이른 것이다. 이 얼마나 감격스럽고 자랑스러운 일이 아니겠는가.

우리 학회는 창립 50주년을 3년 앞둔 2016년 11월에 '한국출판학회 창립 50주년 기념사업 추진위원회'를 구성하면서, 출판학 연구 반세기를 돌아보는 준비를 시작하였다.

추진위원회에서 설정한 창립 50주년 기념사업의 개요는 한국출판학회 50년사 발간, 남애 안춘근 선생 기념도서 발간, 학회 창립 50주년 기념식 개최, 학회 창립 50주년 기념 남애출판문화상 시상식 개최, 학회 창립 50주년 기념 학술대회 개최였다.

먼저, 50년사 편찬위원회에서는 한국출판학회 50년사 집필진을 회원 대상 공모 후 선정하여 그 집필을 의뢰하였다. 또한, 남애 안춘근 선생 기념도서 집필은 회원들의 공모를 통한 결과 이종국 고문에게 의뢰되었다. 그리고 창립 50주년 기념식 및 남애출판문화상 시상식을 2019년 6월 21일(금) 프레스센터 20층 프레스클럽에서 거행하기로 하였다. 아울러 제20회 한중출판학술회의를 동기간인 6월 22일(토)에 "스마트 미디어 시대의 출판 경쟁력 확보 방안" 주제로 실시하기로 하였다.

그로부터 32개월간 총 10차례의 추진위원회 회의를 거치면서 착실한 기획과 준비를 다져온 가운데 마침내, 역사적인 한국출판학회 창립 50주년을 맞게 된 것이다. 창립 50주년 기념일에 때맞춰 발간된 『한국 출판학 연구 50년—한국출판학회 반세기 궤적』과 『남애 안춘근의 생애와 학문』은 실로 우리 학회의 반세기의 역작이며 자랑스런 결실이 아닐 수 없다.

이 모든 역사와 결실을 위해 부족한 사람이 나름의 열과 성을 다해 추진위원장으로서 앞장서 왔지만, 그 공과 상을 우리 학회원 모두에게 돌린다. 특히, 추진위원회 내에 우리 학회 역대 회장들로 구성된 고문진(한승헌, 윤형두, 고 민병덕, 이정춘, 이종국, 남석순), 부길만 편찬위원장, 이문학·이창경 집행위원장, 이두영·박몽구·윤광원·노병성·유창준·윤재준·김경도·백원근 추진위원, 김희주·김정명 이사, 최영훈 간사에게 깊은 감사와 존경을 표한다. 아울러 큰 마음으로 기념도서 제작을 도맡아 준 글로벌콘텐츠출판그룹의 홍정표 대표에게도 감사와 경의를 드린다.

　이제 창립 50주년을 맞은 우리 학회는 새롭게 앞으로의 50년을 또 열심히 경주해야 할 것이다. 중요한 것은 학회 창립 50주년을 맞이하여 앞으로 요구받게 될 출판의 기능 및 사명, 시대적 가치에 부응하기 위하여 출판학의 역할과 연구방향을 강화하는 일은 우리 학회에 주어진 시대적 소명이 아닐 수 없다.

　다시 100년을 향해 달려갈 우리 한국출판학회는 출판학 연구의 정체성 확립, 출판학 정립과 발전을 위한 기초 연구 심화·확장, 학회의 정체성 확립 및 외연 확장, 산학협력 차원의 실제적 연구 증진, 시대를 선도하는 연구 풍토 조성 등 출판학 연구의 진정한 정립과 발전을 위해 최선을 다해야 한다. 그러기 위해선 진정 학회는 학회답고, 진정 연구자는 연구자다워야 할 것이다.

　창립 50주년을 맞이한 우리 학회는 이제부터 시대정신과 가치를 반영한 정체성을 더욱 새롭게 강화해 나가야 한다. 우리가 초창기부터 창립 50주년까지의 과거를 되돌아보는 것은 우리의 미래를 꿈꾸기 위해서다. 지금까지의 50년 한국출판학회 역사는 다음 시대의 발전을 위한 반세기가 되고, 다음 시대는 지난 반세기를 이어받아 출판학 연구의 폭과 깊이를 더욱 견고히 해야 할 것이다. 그것이 곧 우리 한국출판학회의 자랑스런 역사요 전통으로 자리매김하리라 간절히 소망한다.

한국출판학회 창립 50주년 기념사업 추진위원장
윤세민

한국 출판학 연구 50년
한국출판학회 반세기 궤적

제 1 편

출판학 연구사

제 2 편
한국출판학회 활동사

제 1 편

출판학
연구사

제1부

총설

■■■
■■■

출판학 연구 반세기
출판학의 생성과 발전

■
■

출판학 연구 반세기
출판학의 생성과 발전

이 종 국*

■■■

1. 서론—문제의 제기

한국에서의 출판학 연구 반세기사는 한국출판학회 회력과 함께 한다고 볼 수 있다. 학회와 연구사는 손과 손등의 관계처럼 밀접한 호응 구조로 연결되어 있다.

바로 여기에서 중요한 문제는 '출판 연구가 왜 필요한가?', '이 분야의 연구는 어떤 점에서 당위성이 있는가?' 하는 문제를 살펴보는 일이 전제되어야 한다. 그럼에 있어, 이 논의의 서술은 우선 출판 연구에 관한 모색이 어떻게 시작되었는지를 짚어볼 필요가 있다.

따라서 우리의 출판학 연구에서 추구한 중심 과제란 무엇인가. 이 문제와 관련하여, 출판학 연구의 모기관이 출판학회이므로 초창기 학회 활동에 나타난 모색 과정을 살피고자 했다.

다음으로 중시한 것은 출판 연구를 둘러싼 상대적인 정황에 대한 관심이다. 여기서, '상대적인 정황'이란 출판 연구를 수용한 이웃 일본과 중국에서의 사례를 말한다.

2. 출판학 연구의 모색

1) 발원적 동인에 대한 궁금증

출판의 매개 기호인 문자가 생성된 역사는 6천년사라고 보는 시각이 대체적이다(조두상,

* 대전과학기술대학교 명예교수

1998, p.2). 그러한 장구한 역사를 가능케 한 것은 이집트와 중동 문화권에서 문자가 사용되면서부터였다. 이후로 인류 사회에는 수많은 문자들이 창안되면서 인간 생활의 여러 모습들을 당시대와 뒷날에 끊임없이 재매개하는 역할을 감당했다(Bolter, 2011, p.3, p.23).

문자의 사용은 언어(말) 소통 방법으로서 중요하다. 이 때문에 사람들은 문자를 매개로 삼아 소통하려 애썼다. 훨씬 뒤의 일이긴 하나, 여러 용도의 어휘 사전 출판도 그러한 사례였다. 서양의 경우, 르네상스를 경과하는 동안 라틴어를 각 민족의 언어로 풀이한 2개 국어(bilingual) 사전이 왕성하게 개발되었다. 이러한 사례는 결국 언어가 상이한 민족 간, 국가 간의 원활한 소통을 위해 매우 중요한 대안이었음을 보여준다(연세대학교 한국어사전편찬회, 1992, p.96).

그러한 발전이 있기까지는 오랜 동안 모색해 온 문화 내용의 분류와 정리를 위한 개안이 있었다. 이는 발화되자마자 사라질 뿐인 말(언어)의 치명적인 단점을 항속적 전승 방식인 '문자'로 대체함으로써 제반 사상(事象)의 조직화와 배열의 유익함을 생활 속으로 끌어들이려 애쓴 노력을 말한다. 이로써 학문의 개발을 싹트게 했다. 바로 여기에 필연적으로 개입한 것이 매개 방식이 출판이라는 문화적 기술(cultural technology)이었다. 그런 출판술은 점진적으로 발전하면서 당시대의 첨예한 신기술로 평가받았다.

역사학자 아이젠슈타인(Eisenstein, E. L.)은 출판이 지닌 상징적인 의미를 신기술의 '편리한 표찰(convenient label)'이라고 규정했다(Elizabeth L. Eisenstein, 1986, p.13). 나아가 '신성한 기술(divine art)'이 곧 출판이라는 것이다(Ibid., p.136). 구텐베르크 이래 500년간의 출판 궤적을 살핀 시타인버그(Steinberg, S.H.)도 출판이 모든 문명·문화 발전을 이끈 견인차였으며, 한 세기를 마감하고 다시 새로운 세기를 여는 데 '진정한 주역(father from the truth)'으로 역할했다고 평가했다(Steinberg, S. H., 1996, p.3). 출판에 대한 이와 같은 확인은 끊임없이 거듭되었다.

15세기 중반, 구텐베르크에 의한 인쇄술이 현실화되면서 당연히 사상과 학문의 내용을 담은 서적 생산도 증대되어 나갔다. 이로 하여 일련의 체계적인 조합과 배열을 필요로 하게 된 것은 자연스러운 일이었다. 그러한 필요에 의해 등장한 대안이 '학문의 분류'였다.

'학문의 분류'는 프랜시스 베이컨(Francis Bacon, 1561~1626)이 처음 제시(1623)했는데, 이는 르네상스로 더욱 풍부해진 경험적 서술들을 체계화하는 데 결정적인 이론으로 뒷받침되었다. 그에 의하면, 인간의 정신 능력을 기억(memory), 상상(imagination), 이성(reason)으로 분류하면서, 모든 학문은 이들 3대 영역을 통해 생성되는 과정 내지는 결실이라고 보았다.

여기에서 '상상'에 상응하는 분야가 시학(poetry)이고, '기억'은 역사학(history)이며, '이성'은 철학(philosophy)과 상합된다고 확신했다(Stephen F. Mason, 1970, pp.138~147). 이러한 인식은 오래된 공유 지식(public domain)이기도 하다.

이와 같은 베이컨의 학문 분류 방식은 20세기에 들어와 해리스(William T. Harris)의 문헌 분류법에 이론적 기간으로 뒷받침되었고, 그에 뒤이은 듀이(John Dewey)의 십진분류법에도 큰 영향을 끼치게 된다.

그런데 유의할 점은 베이컨이 역사, 시학, 철학을 순위화하여 학문의 3대 체계라 했는데, 해리스의 경우는 철학을 머리로 둠으로써 사유의 법칙이 학문의 근간임을 확정케 했다. 바로 여기에서 '책의 정리와 이용 방식'에 대한 구안 과정으로 한 걸음 성큼 내딛게 된다. 즉, 도서관의 장서 기능과 열람 편의성에 대한 과학적인 설계를 이전 시대에 볼 수 없을 정도로 혁신하게 된 것이다.

이렇듯, 베이컨이 학문 분류법에서 도서관을 상정하지 않았다면, 해리스의 경우는 도서관에서의 분류를 목적으로 했다는 점이 다르다. 이에서 책의 보관과 이용을 위한 문화적 장치인 도서관을 말한 것을 보면, 결과적으로 출판과 관련이 있음을 시사한다. 도서관의 장서 행위에 절대적으로 필요한 수단이 출판 활동으로 생산된 책이기 때문이다.

베이컨보다 120년 뒤인 1743년 프랑스의 물리학자 달랑베르(D'Alembert, Jean Le Rond, 1713~1783)는 『역학론』을 통하여 실증주의적인 관점으로 본 학문 분류인 「인간 지식의 계통도」를 발표한다. 그는 인간 지식의 계통 중 철학에서 논리학을 하위(下位, 上位에 대한 분류 전개상의 아래 줄기) 체계로 전개한 데 이어 이를 다시 사고술, 보유술, 전달술로 분류하고 있다. 이 중 보유술에서 마침내 쓰기, 인쇄의 방법, 읽기, 암호 해독법 등으로 나누었다. 아울러 전달술 분야에 수사(修辭), 언어, 낭독, 문자, 문장(紋章) 등으로 전개하는 등 기술적으로 놀라운 전향성을 내보였다(민병덕, 1986.10., pp.69~70 참조). 여기에 각각 '학'을 접미하면 수사학, 문자학의 경우처럼 각 분야의 학문으로 성립될 수 있다는 사실을 알게 한다.

출판학 연구의 처지에서 보면 이와 같은 보유술은 문화 내용의 기록, 보전 및 전승 행위와 관련이 깊다. 뿐만 아니라 문헌정보학, 신문·방송학 등과도 상관성이 크다. 이러한 가능성에도 불구하고, 「인간 지식의 계통도」에 보인 몇 가지 종개념(種槪念) 항목들(특히 보유술, 전달술)은 하나의 학문적인 잠재성에 지나지 않았다고 볼 수 있다. 요컨대, 여전히 남는 문제가 실존적 징험에 대한 불확실성인 것이다. 바꾸어 말해서, 출판학이 하나의 영역학으로 자리잡게 된 시점이 20세기 중반을 넘어설 무렵이었기 때문이다.

서양의 경우, 출판학 연구의 전통이 서적의 대중적 상품화를 가능케 한 '구텐베르크의 경이 (The Wonder of Gutenberg)'로부터 출발했다면, 한국에서는 '숭서(崇書) 인습'에서 찾을 수 있다. 책을 존귀하게 여기는 풍습이 내림되어 오면서 서적을 수집하여 간수하고 새로운 책을 성편·간행하는 일을 명예로운 과업으로 여긴 전통이 그러했다. 역사적으로 군왕이 등극했다 하면 국력을 기울여 활자 주조나 그 개주(改鑄) 사업을 일으킨 사례도 그와 같은 증거들이었다. 그들은 활자와 서적 사업을 일으켜 당시대와 후세에 널리 현시하고자 했다.

이렇듯, 우리나라에서는 출판문화의 중대성을 강조한 사적이 적지 않았다. 숭서 인습에서 비롯된 문화적 풍습인 것이다. 하나의 사례로 양성지(梁誠之, 1415~1482)가 「서적12사(書籍十二

事)」[1]를 강조한 경우도 도서의 보존 및 간행에 힘쓰자는 내용이었다. 그는 왕실 도서관으로 규장각(奎章閣)을 설치하여 우리의 중요 서책들을 수집, 출판하고 보관할 것을 주장했다. 따라서 여러 전래 사서(史書)에 대한 토론 및 보존 대책을 세워야 한다고 건의했는가 하면, 각종 지리서의 중요성을 알리고 그 종합 편찬도 주창한 바 있다.

우리 역사에서 서적 간행과 책에 관련된 사례는 다른 어느 나라보다 풍부하다. 외적의 침략을 막아내기 위해 전국민의 발원을 담은 거대한 대장경 역사(役事)를 일으킨 나라가 고려였다. 고래로 외침을 물리칠 목적으로 경전을 만든 국가는 어디에도 존재하지 않는다. 그런가 하면, 세계 최대의 역사 실록을 출판한 나라 또한 조선이었다.

이제 우리는 21세기의 출판문화를 만들어가고 있다. 이 시점에서 과거에 겨워하는 것은 바람직하지 않을 것이다. 그러나 미래를 위한 자성적인 자기 확인을 위해서라도 자신의, 자기네의 뒤안을 생각해 볼 필요가 있다. 여기, 작은 마디에 지나지 않은 「출판학 연구 반세기」를 조감하는 이유도 그런 점에서 유의미를 찾게 된다.

2019년 현재로 우리나라에서의 출판학 연구사는 반세기를 넘겼다. 항속사관으로 본다면 그간의 연구사야말로 하나의 짧은 디딤 구간에 지나지 않을 것이다. 그러나 이만한 연구 노정이야말로 대단히 값진 연륜이었음을 되돌아보게 된다.

그 안에서 한국의 출판학 연구사를 증거하는 연구 공동체가 한국출판학회이다. 이 학회는 지난 반세기 회력을 이어오면서 국내외적으로 '최초'와 '최장' 기록을 보유한 연구 기관이기도 하다. 우선, 최초라 함은 이웃한 일본의 사례와 함께 출판학회라는 이름으로 영역의 학회가 발족된 내력을 말함이요, 최장 기록이란 이 학회의 학회지가 전세계 어디에도 존재하지 않은 최장수 지령(誌齡)을 지켜내고 있다는 사실이다.

이러한 역사를 가능케 한 것은 출판 연구에 대한 개안이 움튼 1950년대로 거슬러 올라간다. 이와 관련하여 그 초기적 모습이 어떻게 나타났는지를 살펴보고자 한다.

2) 하나의 초기적 징험

역사가 누적의 켜이게 하는 것은 단지 시간의 흐름만으로 보태지는 것이 아니다. 그 누적된 연륜에는 수많은 필연성들이 반복적으로 생성한 증거들이 담겨 있다. 그런데 이러한 파악도 어느 경우이든 하나의 작은 실마리로부터 비롯되게 마련이다. 이는 강류의 출발점이 그저 한 줄기의 작은 남상(濫觴)적 존재로부터 발원하는 자연법과도 같다. 물론, 역사적 진전이나 그 안에서의 이런저런 성취들도 마찬가지이다. 마땅히 인간 생활 속에서 제기된 필요와 요구에 의한

---

1) 1482년 양성지가 타계 직전에 편찬한 상소문 모음집 『남원군주의(南原君奏議)』에 나온 내용이다.

동인이 당초의 생성을 가능케 하기 때문이다. 여기에서 말하고자 하는 출판학의 생성도 그와 같은 원리와 다를 바 없을 것이다.

학문의 세계에서 '수원'이란 무엇인가? 이러한 문항은 곧 "출판학의 경우 선행자(先行者)란 누구인가?"라는 질문과 같다. 굳이 설명할 필요도 없겠지만, 한국의 출판학 연구사에서 남애(南涯) 안춘근(安春根, 1926~1993)을 거명하지 않을 수 없다. 이렇게 짚어 말하는 이유는, 그가 곧 우리의 출판학 연구사를 열어놓은 선행자였기 때문이다.

남애 안춘근은 반세기 이전에 「출판학을 위하여」 정진하자고 주장했다(안춘근, 1969.8., pp.3~4). 이것이 한국출판연구회가 발기(1969.3.17.)를 보고, 마침내 학회라는 이름으로 출범(1969.8.22.)한 마당에 출판학 연구를 시급히 활성화해야 마땅하다는 선언이었다. 이는 그가 '출판 연구'에 대한 궁금증을 표명한 때로부터 10년 뒤의 일이기도 하다. 연구자는 이를 말하여 「하나의 초기적 징험」이라 규정하고자 한다.

남애는 1959년 2월 《조선일보》에 「기타학의 전공」이란 주제로 글 한 편을 기고한다(안춘근, 《조선일보》, 1959.2.18.(2). 이 글에서 그는 출판학 연구를 시사하여 주목된다.

'기타학'이란 무엇인가? 당시 남애는 "자신이 천착하고 있는 공부가 결코 여러 가지 학문을 섞은, 이른바 단순한 '미셀러니'가 아니다."라고 말하면서, "기타학이란 학(學)으로 인정받지 못한 학문"이라고 했다(위의 같은 글).

그는 이렇게 하나의 가설을 내보이고는 "그게 학문이 되느냐고 반박할지도 모르나, 그러한 생각이야말로 속단에 지나지 않는다."고 말했다. 이에 덧붙여 "오늘날의 모든 학문이 학으로서의 전통을 세운 것이 얼마나 오래되었나."라고 반문하면서,

> 대학의 시초가 교회에서 성서를 연구함에 비롯했고, 학문의 시작이 주로 신학이나 철학에서 발단해서 그것이 윤리학이니 논리학이니 하고 갈라졌다. 오늘날의 기타학도 앞으로 많은 학으로 갈라질 가능성이 충분히 있다. 그렇다면 기타학이야말로 학문의 어머니일 수 있다.
>
> 〈안춘근, 《조선일보》, 1959.2.18.(2)〉

라는 논리를 폈다. 뒤이어 남애는 기타학의 속성을 좀 더 구체적으로 진술한다. 즉, "기타학이 가치 있게 쓰어질 곳은 얼마든지 있다."고 말하면서,

> 신문 잡지를 비롯한 '출판계'에서는 이미 그러하거니와, 앞으로는 대학에서까지 지식인의 상식을 높이는 교양 과목으로 그 이름이 무어라고 하든 간에 하나의 강좌를 차지하게 될지도 모른다. (중략) 우리나라에서는 아직 기타학이 그 진가를 나타내고 있지 못한 것이 사실이지만, 이것도 하나의 문화적인 후진성을 말하는 것이 아닐까 한다.
>
> 〈안춘근, 위의 같은 글〉

라고 했다. 그러므로 "우리나라에서는 아직 개척기라고 할 수밖에 없는 새로운 學 아닌 學으로서의 기타학을 공부하는 것이 나의 현재와 장래를 위해 차라리 좋은 일"이라고 밝혔다.

이로 보아, 남애는 출판 연구를 말하되 이른바 학제적 탐구인 '간학문적인 접근(間學問, interdisciplinary approach)', 즉 교차학문적인 접근으로 파악하고 있었다는 합리적 추론이 가능하다. 특히, 그가 직접 피부로 경험하고 있는 '출판계'라는 매체 생산 현장을 들어 그곳이 곧 기타학의 적용 대상이라고 말한 점에 유의할 필요가 있다.

남애가 그와 같은 생각을 발표한 시점은 신문·잡지 등 저널리즘 전문 교육 기관인 서울신문학원에서 '출판학'과 '도서학'을 강의(1958.4.~1963.3.)하던 초기였음을 상기하게 된다. 이와 함께 남애에 의해 우리나라에서 책에 관한 첫 저술인 『양서의 세계』(1959.3.)가 출판된 때와도 동일시점대였음도 주목할 필요가 있다. 이 책에서, "책이란 이용의 목적이 복합적이고 종합적이므로 바로 이런 것이라고 단정해서 설명하기 어렵다."고 말했다(안춘근, 1959, pp.62~63). 이러한 견해는 결국 책을 생산하는 출판의 성격도 도큐멘테이션(documentation)[2] 활동의 범주로 접근하고 있음을 알게 한다.

이와 같이, 「기타학의 전공」은 의미 있는 메시지를 함의한다. 이는 진작부터 출판 연구에 몰두해 온 선각자 남애 안춘근의 염려와 자신감을 아울러 간취할 수 있는 중요한 단서라 하겠다. 이와 관련하여, 1963년에 출간한 그의 『출판개론』「서문」에서도,

여러 모로 미개척 분야라 할 수 있는 출판론을 외람되게도 ('출판학개론'이 아니라 : 필자 주) 개론으로 엮어보는 모험을 저질렀거니와, 이로써 이 방면에 깊은 관심을 둔 연구자들에게 작으나마 하나의 암시를 제공하려는 것이다.

〈안춘근, 『출판개론』, 1963, p.6〉

라고 밝혔다. 위의 글에서 '암시'란 무엇을 말함인가? 단적으로 말해서 '출판론(publishing theory)'을 '출판학(publishing science)'으로 격상하고자 노력한 뜻이 강하게 읽혀진다.

---

2) 활동, 사건 등을 입증하기 위해 모아놓거나 생산된 매체와 형식에 상관없는 자료 일체를 말하며, 어떤 활동, 사건 등을 입증하기 위한 자료의 수집 또는 생산 전반을 일컫는다.

3. 출판학 연구의 진전

1) 출판학 연구의 들머리

여기서, 「출판학 연구의 들머리」란, 영역의 연구사에서 좀 더 구체적인 진전 현상을 보인 정황을 말한다.

앞에서 말한 바와 같이, 안춘근이 「기타학의 전공」을 발표한 직후로 여러 본격적인 저술을 선보이게 된다. 그러한 증거는 1959년 한 해 동안에 전문서를 3권이나 낸 사례가 그러했다. 우선, 그해 3월에 『양서의 세계』(아카데미사)를 냈고, 같은 해 9, 10월에도 『저술의 상식』(태서문화사), 『독서의 지식』(신양사)을 잇따라 발표했던 것이다. 이 중 『양서의 세계』는 남애가 출강하고 있던 서울신문학원에서 출판학 강의 교재로 사용한 바 있다.

『양서의 세계』(변형 4·6판, 97쪽)는 '책에 관한 총서'라고 보아도 지나침이 없다. 책의 정의(동서 「서설」)를 처음으로 제시했을 뿐만 아니라, 양서의 기준, 책의 요건, 형태, 내용의 합리적 구안, 양서의 사회적 평가, 독서의 의의 등에 이르기까지 모두 7장에 걸쳐 상술했다. 이로써 책이 지향하는 역할과 가치를 밝히고자 했다. 이러한 유형의 저술로 말하면 우리 출판계는 물론, 학계 일반을 통틀어 처음 실현된 성과로 기록된다.

이로부터 4년 뒤인 1963년 2월에 『출판개론』을 냈는데, 이 책에 출판학 연구의 성격을 밝힘으로써 마침내 새 이정표를 그었다. 남애는 "출판을 가능하게 하는 모든 요소의 지식을 통틀어 조정하고, 이것을 종합하는 것이 출판 연구다."(안춘근, 1963, p.55)라고 밝혔다.

여기에서 '모든 요소'란 이론적 구명(究明)의 대상을 가리킨 것인데, 출판에 전제되는 아이디어의 선택에서 제작 과정을 거쳐 공급·수용(독자)에 이르는 기획, 생산, 시장 투입 그리고 기업적, 문화적 영향 등의 제반 범위를 포함한다. 이 모든 요건들은 과학적인 논증이 뒷받침되어야 하며, 단지 경험에 의지한다거나 통념적인 접근만으로 이해하려는 태도야말로 부적절한 방식이라고 보았다(안춘근, 위의 책, p.54).

한편으로 안춘근의 출판학에 대한 관심은 이른바 '남애성(南涯城)'이라 일컬음직한 독특한 아성을 구축하는 결과를 가져왔다(이종국, 2003.1., p.71). 그래서 남애 스스로도 "1969년 8월 한국출판학회의 학보인 《출판학》이 공간(公刊)되기 이전에는 필자 혼자만의 외로운 독무대였다."(안춘근, 1981, p.157)고 술회했을 정도였다.

남애 안춘근은 많은 연구자의 형성과 그들에 의해 활성적인 토론이 이루어지게 되기를 촉구하곤 했으나, 결국 그 자신이 출판학 연구의 전도자로 나설 수밖에 없었다. 이는 학문적 경쟁력을 갖출 만한 연구 풍토가 그만큼 척박했다는 사실을 의미하기도 한다.

2) 출판학 연구의 필요성 접근

우선, 출판학 연구는 왜 필요한 것인가, 그 타당성은 어떤 점에서 요긴한가? 이 문제는 출판학을 연구 분야로 선택함에 있어, 전제적이며 기본적인 과제이기도 하다.

출판학 연구의 필요성

출판학 연구는 과연 왜 필요한가, 실제로 그것이 어떤 점에서 타당한가? 이와 관련하여 일본의 시미즈 히데오(淸水英夫)는 다음처럼 말한 바 있다.

> 전전(戰前) 일본의 철학자 미키 기요시(三木淸)는 "철학의 명제란 무엇인가가 철학의 근본 명제이다."라고 말했다. 그것은 출판학에도 해당될 듯한 느낌이 드는데, 그러나 출판학은 철학처럼 사변적인 것이 아니라 오히려 실무에 더 많이 관련되어 있다. 출판학에 있어서 성가신 것은 철학과 마찬가지로 출판의 개념이 대단히 다의적이고도 유동적인 데 있는 것같이 생각된다.
>
> 〈淸水英夫(1997). 「안춘근 선생을 기리며」. 《'97출판학연구》, pp.392~393〉

라고 말했다. 그러면서 일찍이 남애가 주장한 출판학 연구의 필요성에 "출판이 학문으로서 연구 대상이 되는가, 된다고 하더라도 그 필요성이 있는가."[3]라는 기본적인 문제 제기에 큰 공명을 받는다. 시미즈는, "그것은 바로 나의 문제의식과 거의 똑같은 것이었다."고 동의하면서, 실기나 경험 우선주의를 비판한 남애의 견해를 상기시켰다.

> 만일, 이와 같은 논의가 정당하다고 한다면 상학이나 경제학이나 법학도 필요 없게 될 것이다. 장사를 하기 위해서는 학술적인 이론이 선행되지 않더라도 실기로 가능하기 때문이다. ……이것은 마치 인간에게 의학적인 지식이나 생태학적인 지식이 없어도 인간 생활에는 별로 지장이 없는 것과 같다. 그러나 알지 못하고 살고 있는 것과 알고서 적극적으로 예상되는 모든 문제에 대처하는 것과는 커다란 상위(相違)가 있다.[4]
>
> 〈淸水英夫(1995). 위의 같은 책, p.45〉

---

3) 안춘근이 1981년에 일본출판학회의 《出版硏究》(12)에 발표한 「한국 출판학의 현황」을 말함. 이 논문은 1982년 한국출판학회의 《출판학연구》에도 재록되었다.

4) 안춘근(1969). 『출판사회학』. 서울: 을유문화사, p.13.

　이러한 생각에서 출판학 연구의 당위와 필요성을 발견할 수 있다. 이렇듯, 안춘근의 관심은 출판이 제반 문화 내용을 반영하고 전달하는 핵심 존재임에도, 왜 학문적 연구 대상으로 삼으려 하지 않는가를 의구했다. 그러면서 이론 탐구의 의의를 다음과 같이 밝혔다.

　　일반적으로 이론이란 단지 경험이나 개개의 사실에 관한 산발적인 지식이 아니며, 그것들을 적절하게 그리고 법칙적이고도 통일적으로 이해할 수 있도록 정리해서 이해할 수 있는 체계를 이뤄내는 것이다. 출판도 하나의 아이디어를 포착해서 책을 형성함에 필요한 모든 과정을 분석하고 (중략) 여러 분야에 걸친 지식을 통일적으로 이해할 수 있도록 체계 세우는 이론이 절대로 필요한 것임은 다시 말할 나위도 없다.

〈안춘근(1963). 『출판개론』, p.54〉

　이처럼 학문의 이론이란 인간 생활과 사물에 대한 지식을 체계화한 것으로 요약한다. 출판학에 대한 필요성 추구도 당연히 그와 같은 보편적인 인식에 기초하고 있음을 알게 한다.

출판학 연구에 대한 기본 인식

　1966년 12월, 안춘근은 「출판학원론」이란 주제의 논문을 발표한다(안춘근, 1966.12., pp.157~163). 이 논의에서 '출판학'이라는 영역학의 명칭이 기정화되고 있다. 이보다 2개월 먼저인 그해 9월에는 '출판학'을 'Publishing Science'라 영역한 바 있다. 이는 남애가 이화여자대학교 대학원에서 자신이 가르치는 교과목인 '출판학'을 그렇게 공식화한 것이다. 당시 학사 관련 서류를 작성하여 미국으로 보낸 영문 표기에서였다.

　그 후, 남애는 일본에서 출판학을 Editology라 영역했다는 사실을 접하고,

　　최근 일본에서 출판학회를 창설(1969년 3월 14일을 말함.: 필자 주)하고, 출판을 학문적으로 연구함……출판학을 Editology[5]라고 말한 학자가 있다. 그러나 출판학이란 Editing이라

---

5) 1969년 3월 14일에 제정된 '일본출판학회 규약' 중 제1장 총칙 제1조(명칭)에 의하면, "본학회는 일본출판학회(The Editological Society of Japan)라 칭한다."*라고 규정되어 있다(* 日本出版學會 編 (1970.7.).《出版研究》(1). 東京: 株式會社 講談社).
　　또, 『出版事典』에 주제어로 등재된 '출판학'을 영문으로 'editology'라 병기하고 다음과 같이 설명했다. 출판학(editology): 사회 현상으로서의 출판을 과학적으로 연구, 조사하는 것을 목적으로 하는 학문. 신문·방송 등 매스커뮤니케이션을 대상으로 하는 신문학에 가까우나 반드시 매스 미디어로서의 출판만에 그치는 것이 아니다.*(* 出版事典編輯委員會 編(1971). 『出版事典』(東京: 出版ニュース社), p.342).
　　뒷날 일본출판학회에서는 출판학을 'Publishing Studies'라 영역했고, 이에 따라 학회 명칭의 영문 표

는 말이, 아무리 광의의 해석이 가능하더라도 출판 전체를 표현한다고는 할 수 없다. 출판학은 Publishing Science라 하면 그만이지 그 이상도 그 이하도 달리 번역할 필요는 없을 것이다. 다만 Editing이라는 말, 다시 말해 편집이라는 말이 내포한 뜻이 출판 전체를 대변할 수 있을 정도로 다양한 데 주의를 환기할 필요는 있다.

〈안춘근(1972). 『장서원론』, p.35〉

라고 말했다. 이렇듯, 남애는 출판학 연구에 선행되어야 할 기본 요건인 영역(領域) 명칭의 국제적 표기에 대하여 깊은 관심을 보였다.

그러한 배경에는 과거 서울신문학원에서 '출판학'과 '도서학'을 가르치면서(1958~1960) 이 교과목들의 교안을 구안한 경험이 그의 생각을 이끌었던 것이다. 또, 안춘근은 영역의 대표 주제인 '출판'이란 무엇인가에 관해서도,

출판은 우선 심오한 저술이거나 예술적 표현의 승화된 저작을 소재로 하여, 고도의 종합적인 기술을 구사하여 형상화된 문화재를 상업 수단에 의하여 독자에로의 전파와 영세토록 보존하도록 하는 것이다.

〈안춘근(1966.12.). 「출판학원론」. 《성균》, p.157〉

라고 밝혔다. 그 후, 출판 연구를 학문적으로 체계화해야 마땅하다는 생각은 민병덕(閔丙德)에 의해 또 다시 천명되었다. 1967년 6월, 그는 「대학에 출판학과 신설을 학문적 체계화를」 실현해야 한다고 주장했다. 이후 출판학 연구에 관한 논의들[6]은 꾸준히 발표되었다. 이와 상보 관

기도 'The Japan Society of Publishing Studies'로 바뀌었다.

6) 이에 관해서는 다음의 논의들에서 구체적으로 서술되어 있다.

· 민병덕(1983.11.). 「출판학의 연구 방법과 과제」. (사)한국출판학회 편. 《'83출판학연구》. 서울: 범우사.

· 오경호(1990.3.). 「한국 출판학 연구의 성과와 전망」. 《출판연구》(창간호). 서울: 한국출판연구소.

· 이강수(1991.7.). 「출판학의 학문적 성격과 연구 방법론」. 서울: 한국출판연구소.

· 노병성(1992.7.). 「출판학 정립을 위한 패러다임 고찰」. 《출판잡지연구》(창간호). 서울: 출판문화학회.

· 이종국(2000.12.). 「한국에서의 출판학 연구—관심과 방법, 성과의 이해를 중심으로」. 한국출판학회 30년사 편찬위원회 편. 『한국출판학의 사적 연구—한국출판학회 30년사』. 서울: (사)한국출판학회.

· 부길만(2001.11.). 「출판학 연구 성과에 대한 이해—한국출판학회 학회지를 중심으로」. (사)한국출판학회편. 《한국출판학연구》(통권 제43호). 서울: 범우사.

· 이기성(2006.12.). 「출판학 연구 동향 및 특성에 관한 논문」. 《한국출판학연구》(통권 제51호). 서울: (사)한국출판학회.

· 김정숙·배현미(2009.12.)「한국 출판학 연구의 동향과 진전에 관한 매트릭스 분석—『한국출판학회

계가 있는 출판학 교육 관련 연구들[7]도 거듭 증대 현상을 보였다.

앞에서 살핀 바와 같이, 출판 연구는 무엇보다도 출판의 과학화 추구가 핵심 목표였다. 그래서 출판을 경험에 의지한다거나 어떤 '감(感)'과 '실기(實技)'에 의존해 온 타성을 벗겨 내기 위해 연구의 필요성이 밑자락되고 있었던 것이다.

이에 대한 골격이 출판 행위와 출판물에 적용되는 선택, 제작, 분배(유통)로 순환되는 연동적 체계였다. 따라서 이들 3대 연대 작용은 출판물의 조성과 그 공포 활동에 요청되는 순환 과정이므로 정신적으로나 상업적으로 잘 조화되어야 한다는 것이다(안춘근, 1966.12., p.163).

뒷날 이것이 더욱 구체적으로 전개를 보게 된 것은 민병덕의 「출판학 서설」*에 의해서였다(* 민병덕, 1969.8., pp.7~44). 그는 출판학에 대한 접근을 '문화과학으로서의 방법론'이 필요하다는 논리를 전제했다. 그럼에 있어 출판물의 조성은 세 가지(선택-제작-분배)의 사회적, 기술적인 상호 순환 요건이 이상적으로 작용해야 한다고 밝혔다. 민병덕은 이를 보다 구체화시켜 출판학을 정의하면서, 그 학문적 성격과 연구 대상을 다음과 같이 정리했다.

> 출판학이란 저작물의 선택, 제작, 분배를 통한 출판의 경영과 그 사회적, 문화적 영향 및 법규와 정책, 그리고 출판의 발달사를 연구하는 학문이다.
>
> 〈민병덕(1969.8.). 「출판학 서설」. 《출판학》(제1집), p.157〉

그 후, 영역의 대주제인 '출판'에 대한 새로운 정의들도 제시되었다. 1995년에 『출판학원론』

30년사』 이후 10년(2000~2009)의 학술 논문을 중심으로」. 《한국출판연구》(통권 제57호). 서울: (사)한국출판학회.
· 김선남(2013.6.). 「출판학 분야의 연구 경향과 특성—《한국출판학연구》(2005~2012)를 중심으로」. 《한국출출판학연구》(통권 제64호). 서울: (사)한국출판학회.
· 김성은(2017.3.). 「책에 대한 학제적 연구의 필요성과 방안—역사학과 사회학을 중심으로」. 《한국출판학연구》(통권 제77호). 서울: (사)한국출판학회. 등 다수.

7) 이에 관해서는 다음의 논의들에서 구체적으로 서술되어 있다.
· 민병덕(1983.6.). 「대학 출판학과 커리큘럼에 관한 연구」. 《논문집》(제1집). 홍성: 혜전대학.
· 김희락(1991.3.). 「한국 출판학 교육 현황과 교육과정 개발」. 《출판연구》(창간호). 서울: 한국출판연구소.
· 오경호(1994.12.). 「한국 출판 교육의 과정과 발전 방향」. 사단법인 한국출판학회 편. 《'94출판학연구》. 서울: 범우사.
· 남석순(2001.11.). 「출판학 교육의 현황과 과제—출판학 교육의 체계화를 중심으로」. 사단법인 한국출판학회 편. 《한국출판연구》. 서울: 범우사.
· 윤세민(2005.12). 「출판 공교육의 위기와 출판 교육의 위상 정립에 관한 연구」. 《한국출판학연구》(통권 49호). 서울: (사)한국출판학회. 등 다수.

(범우사)이 이룩되었는데, 이 책은 1963년에 선뵌 첫 이론서인 『출판개론』(을유문화사)과 1985년 『출판학개론』(지식산업사)에 이은 주목되는 성과였다. 『출판학원론』에서 민병덕은,

> 출판은 출판 기획에 의하여 출판물을 '선정'해서 창의적인 편집 활동으로 배열, 정리하고 인쇄술 기타 기계적, 화학적, 전자적 방법을 사용, 다수 복제 '제작'하고 널리 독자에게 '분배'하는 문화·사회적 활동이다.
>
> 〈민병덕(1995). 「출판학 연구 방법론」. 『출판학원론』, pp.14~15〉

라고 정의했다. 이종국은 "출판이란 행위로서의 출판과 그 결과로서의 출판물, 그리고 이들에 수반되는 지적, 기술적인 여러 일로 나뉜다."고 전제하고, 출판의 본질적 기능인 복제술과 관련하여,

> 복제술은 하나의 고정된 판으로 시작되어 전자 기술에 의한 첨단적인 분리와 조합 기능으로 발전되었다. 그러한 복제술은 유일한 현존성을 대중적 현존성으로 확대시켰다.
>
> 〈이종국(1995). 「출판본질론」. 위의 책, p.86, p.90〉

라고 함축했다. 덧붙여, "원본은 오늘날의 출판술에 힘입어 완벽할 정도로 재현하는 데 성공했으며, 그런 점에서 복제술이야말로 원작(유·무형의 원상태)을 되살려 낸 부활"이라고 보았다(이종국, 위의 책, p.90). 이 문제를 연구하는 출판학에 대하여 다음처럼 정의했다.

> 출판학이란, 사상과 감정을 전달, 파악할 수 있도록 기호로 드러낸 전통적인 출판물 및 출판 현상과 그 진화된 유형의 생산, 이용에 따른 제반 현상을 연구 범위로 하며, 그와 관련된 과거, 현재, 미래의 일을 연구하는 학문이다.
>
> 〈이종국(2001.12.). 「출판학 연구에서의 전환적 지향 과제에 관한 이해」. 《논문집》(제27집), p.168〉

이기성은 출판의 정의를

> 출판물을 기획해서 편집하고 제작하고 마케팅을 해서 독자에게 전달하는 데까지를 말한다. 독자가 서점에서 책을 사거나 인터넷 등을 통하여 주문을 받고 책이 독자에게 배달되어야 출판이 이루어진다.
>
> 〈이기성(2001). 『출판개론』, p.12〉

라고 밝혔다. 전자 출판 연구의 선두주자이기도 한 그는 정보 교류와 출판물의 유통에 있어 '전자 기술'을 중시(1990년대 초부터)해 온 터였다.

김기태는 '새로운 패러다임 구축을 위한 출판의 재개념화 필요성'을 강조하면서, 다음과 같은 견해를 밝혔다.

출판이란 인간의 사상이나 감정을 표현한 저작물을 창의적인 편집 활동을 통하여 인쇄술 또는 기계적·화학적·전자적 방법을 사용하여 책의 형태로 다수 복제하거나 각종 전자기기에 탑재하여 독자에게 분배함으로써 공익의 목적을 달성하거나 이윤을 추구하기도 하는 문화적·사회적 활동을 말한다.

〈김기태(2010.6.). 「새로운 패러다임 구축을 위한 '출판'의 재개념화 연구」. 《한국출판학연구》(통권 제58호), pp.247~248〉

위 정의는 뉴미디어의 발달에 따른 저작권 환경과 콘텐츠의 디지털화 등 제반 변화 양상을 중시한 것이다. 이종국은 또한 출판학의 포괄적인 연구 대상인 '출판'을 다음처럼 정의했다.

출판은 인간의 사상과 감정을 문자나 그림 등의 기호를 사용하여 인습적인 형태의 전달·이용 수단으로 창출한 것이거나, 문명의 변천 과정에서 진화된 모형 또는 변화된 형질의 것으로, 인간 사회 속에서 생성되고 예측되는 여러 다양한 정보와 지식 내용을 매개하는 물리적·무형적 수단 내지는 방법을 의미한다.

〈이종국(2011). 『교과서·출판의 진실』, p.321〉

이로 보아 복제술의 기계·기술적인 발전, 그리고 디지털 환경의 증폭과 병행하여 출판도 진화·팽창하므로, 그와 같은 현상이 빚는 문제들을 중시한 견해임을 알 수 있다. 따라서 이 모든 양상이 총체적인 연구 대상으로 확대되었음을 말해 준다.

이제 출판의 상황에서 보면, 공포(출판)의 주체가 단지 저자나 편집·출판자만이 아닌 이용자(독자)와의 무한 변용 내지는 본말(本末) 간에 상호작용하는 첨단 시대를 경험하고 있다. 그럼에도, 책은 결코 소멸되지 않으며 단지 개량될 뿐이다. 이에 관한 적절한 사례는 도서관의 경우에서도 살필 수 있다.

도서관이 책을 보관하고 공개하는 구식 기관처럼 보일지 모르지만, 인쇄 방식과 디지털 방식을 중개하는 데 가장 이상적인 장치로 역할한다(Robert Darnton, 2009, pp. xv~xvi). 물론, 책이 중심적 존재인 것이다. 종이책이든 디지털 서버에 담긴 것이건 간에 지식을 구체화하는 수단이 책이며, 그것을 존재케 하는 과학기술(도서관 등의 장치 기술)보다 훨씬 더 능가하는 권위를 가진 수단이 책이다(Robert Darnton, p.ⅹⅵ). 그러한 토대 위에서 출판은 진화하고 변화한다. 이러한 관점이 오늘과 내일의 출판 연구를 생각하는 관건이기도 하다.

4. 해외 연구에 대한 관심

이 제재는 두 가지 사례로 나누어 살필 수 있다. 우선, 우리 출판학계가 해외 문헌들과 만난 일련의 정황에 관한 것이고, 또 한 가지는 이웃 일본과 중국에서의 출판학 연구 정황이다. 이 역시 출판학 연구의 동인과, 그들의 학회 성립이 현실화된 과정을 살피기로 한다.

1) 몇 가지 해외 문헌들과의 만남

일본 자료들과의 만남

일본 측 자료들은 1950~1960년대 초까지만 해도 한·일 양국 간의 도서 교류가 원활하지 못하여 현지 저작물들을 구하기가 수월하지 않았다. 그럼에도 6·25 직후부터 고서 유통이 활성화되면서 비교적 신간들(광복 직전까지 존재한)이 우리 사회의 지식인들로부터 큰 관심을 끌었다. 이는 일본어 해독층이 적지 않았다는 사회적 환경과도 무관하지 않다.

일본 문헌에 관한 하나의 초기적 정보는 『출판개론』(1963)에 제시된 자료들을 참고할 수 있다. 이를 '출판 연구'와 '서지 연구'로 나누어 편의상 10종씩 간추려 소개한다.

출판 연구 분야: 도서학개론(田中敬)/출판의 연구(關根康憙)/복제예술론(多田道太朗)/저자와 출판사(山崎安雄)/출판물법론(宇野愼三)/언론·출판의 자유(河原畯一郎)/베스트셀러 작법(山崎安雄)/신교과서론(德武敏夫)/출판신체제론(田代金宜)/독서4천년(菊池貞)

서지 연구 분야: 서지학서설(長澤規矩也)/서지학(幸田成友)/고문서학(伊本壽一)/서양서지학요론(橘井淸郎)/도서의 선택(竹林熊彦)/도서관학개요(椎名六郎)/도서관학과 역사(京都圖書館協會)/서물의 도(壽岳文章)/프랑스백과전서의 연구(桑原武夫)/명치연간 조선연구문헌지(櫻井義之)

위의 책들은 일본은 말할 것도 없거니와 우리 연구자들에게도 적지 않은 영향을 끼쳤다. 무엇보다도 일본은 한자 문화권이므로 출판에 관한 동양적 인습 면에서 상관성이 깊다는 사실을 유의하게 된다. 한편으로 일본은 이미 18세기부터 서구 문물[8]을 수용하면서 여러 분야에 걸친 문화적 개안을 촉진해 온 터였다. 그들은 이미 서구 서지학과 도서 출판에 대한 이론적 정보를 적극 탐문, 수용하고 있었던 것이다.

일본 학자들이 추구한 접근 방법은 우리의 출판 연구자들에게 새로운 자극으로 받아들여졌다. 상대적으로 중국의 경우는 '죽의 장막'이라 하여 우리와 소통이 전무하던 시절이 계속되었으므로 자료 접근 자체가 막혀 있던 상태였다.

서구 자료들과의 만남

우리 출판학자들의 서구 문헌들에 대한 탐색은 마치 미명을 여는 것과 같았다. 이 분야에 대한 탐서 내역을 처음으로 소개한 연구자도 남애 안춘근이었다.

그런데 서구 문헌에서 '출판학'을 주제어로 내세운 저술은 보이지 않는다. 주로 '책(book)'과 '출판(publishing)'이라는 보통명사로 내보인 사례가 일반적이다. 따라서 출판사(出版史)와 같은 역사적인 파악이라든지 학술 정보의 전달과 같은 기능적인 파악 또는 출판 개발 등 대상을 좁힌 접근이 거의 전부를 점한다(Shigeo Minowa, 2000, p.102). 이러한 저술들은 비록 출판학 연구를 본류로 삼은 것은 아니었으나, 출판 이론에 관한 접근을 내보였다는 점에서 유익한 자료로 수용될 수 있었다(이종국, 2006, p.113).

1950~1960년대 초 안춘근이 구득, 참고한 주요 서구 자료들*을 보면 다음과 같다(* 안춘근, 1963, p.257 참조).

출판의 진실(*The Truth about Publishing*)；Stanley Unwin/인쇄와 조책(*The Book, The Story of Printing and Bookmaking*)；Douglas C. McMutrie/책 제작(*The Book in the Making*)；Stanley Unwin/저작권법(*The Law of Copyright*)；R. Wincor/저작 자료(*The Writers Resource Book*)；J. Gerber/유형 양식의 투명 증명(*Transparent Proofs From Type Forms*)；Government Printing Office Process/책의 미래(*The Future of the Book*)；Lester Asheim /우리 시대의 책(*Book for Our Time*)；Oxford University/기본 정보 및 통계(*Basic Facts and Figures*)；UNESCO/컬러 제작을 위한 안내(*Color Guide for*

---

8) 일본은 출판 근대화에도 적극적이었다. 그들은 1850년경에 publication을 '出板'(뒤에 出版으로)이라 일역(日譯)했고, 이것이 19세기 말에 오히려 한자의 나라인 중국으로 건너가 '開板' 등의 어휘를 교체케 했다. 일본적인 조어를 중국에서 역수입한 것이다(許力以(1990). 「出版和出版學」. 北京：中國大百科全書出版社, p.8).
우리나라의 경우는 1884년 3월 18일자《漢城旬報》(제15호)에서 '出板權'이란 말을 처음으로 사용했다.

Making）；L.Cheskin/인쇄의 역사(*A History of Printing*)；T. C. Oswald/매스커뮤니케이션 개론(*Introduction To Mass Communication*)；Merry, Ault, Hackett

위와 같은 자료들은 우리 연구자들의 시야를 넓히는 데 기여했다. 특히, 『출판의 진실(*The Truth about Publishing*)』[9]는 많은 영향을 끼친 대표적인 책으로 기록된다.

이후로 출판학 연구의 폭과 깊이를 더해 가면서 해외 문헌 탐구도 점차 권역이 확대되었다. 예컨대, 1970~80년대에 도입된 출판과 출판 경영 이론을 제시한 일군의 연구서들[10], 그리고 서구적 관점에서 서술한 출판 역사서[11]들도 큰 관심을 끌었다. 그런가 하면, 잡지 연구 부문의 문헌들[12]도 우리 연구자들에게 매우 유익한 참고 자료로 이바지했다.

우리 연구자들에게 있어, 서구 문헌들은 대체로 현지에서의 출판 시점보다 뒤늦게 접하는 경우가 흔했다. 그만큼 기술적, 공간적으로 쉽지 않았기 때문이다. 그러한 과정에서 해외의 연구 정보에 대한 다변적인 접근이 주목되는데, 이로써 그동안 관행이다시피 했던 일본 측(일어판 또는 번안본)으로부터의 영향도 상당 부분 지양할 수 있었다. 그렇게 된 데는 한국출판학회를 중심으로 한 신진 연구자들의 노력이 컸다.

---

9) 『출판의 진실』이 런던에서 초판된 때는 1926년 10월이었다. 이 책이 우리나라에 처음 알려진 것은 안춘근이 《인쇄출판시보》에 1950년본(6판)을 번역 연재(제1회：1960.5.30.)하면서 비롯된다. 그의 『출판개론』(1963)에서 인용, 소개한 원본은 1960년에 출판(7판)된 것이다. 이 책이 다시 번역 소개되었는데, 《출판문화》(대한출판문화협회, 「출판의 실제」：1973.2.~1974.5.)를 통해서였다. 1984년에 보성사에서 8판(1976)을 번역해 단행본(한영탁 옮김)으로도 출판된 바 있다.

10) Hebert S. Bailey, Jr.(1970). *The Art and Science of Book Publishing*. Austin：Univ. of Texas Press.
John P. Dessawer(1981). *Book Publishing*. New York：R. R. Bowker Company.
Coser, Lewis A.(*et.al*)；(1982). *Books—The Culture and Commerce of Publishing*. New York：Basic Books.

11) Cater, Thomas F.(1955). *The Invention of Printing in China and its Spread Westward* rev. by L. Carrington Goodrich(2nd. *ed.*). New York：Ronald Press.
Steinberg, S.H.(1955). *Five Hundred Years of Printing*. London：Penguin Books.
Svend Dahl(1968). *History of the Book*. N.J.：The Scarecrow Press, Inc.
Clair, Colin(1976). A *History of European Printing*. New York：Academic Press.
Paul A. Winckler(ed.)；(1978). *History of Books and Printing*. Englewood：Information Handling Services. 등.

12) Roland F. Wolseley(1951). *The Magazine World—An Introduction to Magazine Journalism*. NewYork：Prentice Hall.
Frank Luther Mott(1957). *A History of American Magazine*. Cambridge, Mass：Belknap Press of Harvard University Press.

2) 일본과 중국에서의 출판학 연구에 대한 관심

서구의 경우, 출판학을 연구할 목적으로 조직된 출판학회라는 이름의 연구 공동체는 일찍이 존재하지 않았다. 1920년대 말 일군의 프랑스 역사학자들을 중심으로 한 아날학파(Annales school)에서 책과 독서의 역사 연구가 시작된 것이 그 단초였다(육영수, 2010, p.57). 이것이 서구에서 시작된 출판 연구의 첫 징험이었다면, 책에 관한 기술(description)과 책의 역사라는 뜻을 품기 시작한 '서지(bibliography)'에 대한 관심이 서지학으로 발전케 했다.

동양의 경우, 책과 독서 나아가 출판에 대한 관심 내지는 연구가 존재한 것은 서양보다 훨씬 이전의 일이다. 예컨대, 중국의 전한(前漢) 시대 문헌학자인 유향(劉向, B.C.77~B.C.6)이 교감학(校勘學)과 목록학을 연구한 것도 그러한 사례였다(出版詞典編輯委員會, 1992, p.795).

1960년대 말부터 동양 3국(한·중·일)에서 출판학 연구 기관인 출판학회(중국의 경우는 '편집학회')들이 발족되었다. 이와 관련하여 일본과 중국에서의 출판학 연구가 시작된 동인과 우리나라를 비롯한 3개국의 학회 창립에 관한 내역을 살피고자 한다.

일본에서의 출판학 연구에 대한 관심

일본에서의 출판학 연구는 다이쇼(大正, 1912~1925) 중기 이후 신문학이 연구되기 시작한 데 비해 훨씬 뒤늦게 나타났다. 1960년대에 들어와 출판계의 편집자들이 출판 현상의 객관적인 파악과 분석 및 출판 교육에 대한 필요성을 중시하게 되었다(清水英夫, 1995, p.42).

그러한 과정에서 1967년 시미즈 히데오가 주간 《독서인》(31호, 1967.7.)을 통해 「출판학의 가능성과 필요성」에 대한 견해를 발표한다(清水英夫, 1995, pp.ⅱ~ⅵ). 이것이 일본에서 '출판학'이라는 말을 사용한 효시였다(吉田公彦, 1999, p.92 ; p.99). 그는,

> 신문학은 저널리즘 및 매스 커뮤니케이션의 과학으로서 이른바 메이저 지위에 있으며, 출판 연구는 그 아래에 포섭되는 마이너적인 존재라는 인식이 잠재적으로 지배해 왔다.
>
> 〈清水英夫(1972).『現代出版學』, p.3〉

라고 지적하면서, 출판 연구의 타당성을 주장했다. 이러한 생각은 학계와 출판계에서 공감을 촉발시켰다. 이 같은 여건에 영향을 받아 1969년 일본출판학회가 창립을 보았다.

'일본출판학회 규약'에 제시된 동 학회의 '목적'은

> 본 학회는 출판 및 그에 관련된 사항의 조사 연구를 통해 이를 촉진하고 연구자 상호간에 협

력과 연락을 기하며, 내외의 학술 단체·연구 기관과 협력하고 이를 통해 출판문화 향상에 기여
함을 목적으로 한다.

라고 되어 있다. 학회 창립의 주체들이 주로 편집자들이었다는 사실은 한국출판학회의 경우와
마찬가지이다. 일본출판학회의 학회지 《出版硏究》는 1970년 11월 15일에 창간되었으며, 2018
년 현재 통권 48호에 이른다.

중국에서의 출판학 연구에 대한 관심

중국에서 출판학 연구는 이른바 편집학(science of editorship) 쪽에 비해 훨씬 뒤늦게 나
타났다. 그러나 출판학이란 영역의 명칭을 최초로 제기한 것도 중국인이라는 사실이 밝혀져 학
계를 놀라게 했다(이종국, 2004.6., p.219).

'출판학'이란 고유한 명칭이 사용된 첫 사례는 난징(南京)의 문헌학자인 양쟈로어(楊家駱)에
의해서였다. 그는 1932년 2월 자신이 기획·편집한『중국도서대사전』중 76집인『도서연감』에
'출판학' 항목을 넣었다(張志强, 2003.3., p.160). 당시로 볼 때 놀라운 발상이었다.

『도서연감』에 편제한「출판학연구개황」이 그것인데, 이는 제18편으로 설정한다는 편찬 계획
도 성안되어 있었다. 그러나 예의 내용은 자료를 수집해 놓고 편찬 작업을 대기하던 중에 중·일
전쟁(1937)이 일어나 중단되고 말았다(張志强, 위의 논문, p.161).

출판학 연구의 중요성이 재론된 것은 양쟈로어 이후 50여 년 만의 일이었다. 1979년 봄, 국
가출판국이 편집공작좌담회를 잇따라 열고 '편집학'과 '출판학'의 현실화를 촉구했던 것이다.

1982년 11월 국가출판국 부국장 왕즈예(王子野)는 쳰쇼바이(錢小柏) 등이 지은『도답과 출
판(韜奮與出版)』(學林出版社, 1983.6.)의「서(序)」를 인용하면서, "사회의 각 분야는 전문적인 학
문이 존재한다. 경제는 경제학, 교육은 교육학, 신문은 신문학, 출판에는 목록학, 판본학 등이
있다. 그런데 정작 '출판학'이 왜 존재하지 않는가? 출판으로 말하면 신문과 비교할 수 없을 정
도로 역사가 장구하다. 그럼에도 출판학이 누락된 실정이다."고 토로했다.

1983년 11월 상해신문출판국장 송위안팡(宋原放)도「사회주의 출판학 건립의 절박함」이라
는 논문에서 이 분야 연구의 중요성을 역설했다. 이 무렵 중앙 정부에서도 고등 교육 기관을
통한 출판 교육의 필요성이 머리를 들었다. 중앙정치국 위원인 후챠오무(胡喬木)가 이 문제를
정무원에 정식으로 건의했던 것이다(陸本瑞 主辦, 1993, p.1). 이에 따라 난카이대학(南開大學,
1984), 베이징대학(北京大學), 우한대학(武漢大學), 푸단대학(復旦大學, 이상 1985), 중국과기대
학(中國科技大學, 1986), 허난대학(河南大學, 1988) 등 중앙과 지방의 명문들에서 학과 개설이
잇따랐다. 그런가 하면, 1985년 3월에는 국책 연구 기관으로 중국출판과학연구소(The China

Research Institute of Publishing Science)[13]도 설립되었다.

이와 같이, 1980년대 초부터 출판학 연구를 둘러싼 관심이 고조되면서 다양한 관점을 낳았다. 1988년 9월에 나온 『간명편집출판학사전(簡明編輯出版學詞典)』(王業康 主編, 中國展望出版社)에서는 중국 내 사서 중에서 최초로 '출판학'에 대한 정의를 내보였다. 여기에서 "출판학은 인류 출판 활동의 발생, 발전 및 그 이론과 실천을 연구하는 학문이다."라고 정의하고, 협의와 광의로 나누어 거기에 종속된 각론 주제를 전개했다.

중국에서의 출판학 연구는 편집학과 함께 왕성한 발전이 거듭되었다. 그 과정에서 1992년 4월 지린대학(吉林大學)의 펑졘옌(彭建炎) 교수가 낸 『출판학개론』은 '출판학'이란 용어를 책이름에 사용한 첫 저술로 유명하다. 펑졘옌은 이 책에서

출판학은 저작물의 선택, 정리, 복제와 유통의 모순 운동 법칙을 연구하는 학문이다.

라고 명쾌한 정의를 내보였다. 이 같은 정의는 일찍이 마오쩌둥의 『모순론』으로부터 이론적 기간을 둔 것이다. 다시 말해서, 사물의 발전 과정은 상대적이고 보편한 양립적 존재가 충돌함으로써 특수 개념을 도출해 내는 모순 운동 법칙에 의한 것이며, 이는 출판과 출판학 연구의 진화 발전에도 그대로 적용된다고 보았다(이종국, 2004.6., p.226).

중국에서의 출판학 연구를 알아보려면 유구한 역사를 누려온 편집(編緝, 編輯)과 그 분야의 학문인 편집학을 아우르는 고찰이 필요하다.[14] 현대적인 의미에서의 편집학 연구도 세계에서 가장 먼저 실현된 나라 또한 중국이다. 그 첫 사례가 1949년 3월 광둥(廣東) 국민대학의 리치민(李次民) 교수에 의해 저술된 『편집학』이었다.

그 후, 서적 등의 편찬·발행 그 자체를 의미하는 편집 활동과 관련하여, 그것이 하나의 필수적인 부가 조건인가, 아니면 실질적이고도 대표적인 주어인가를 놓고 적지 않은 논의들이 있었다. 출판학을 인정하면서도 출판학회가 존재하지 않으며, 편집학회로써 영역의 분야를 포괄하려는 사례가 그러하다. 이는 목록학, 판본학, 교수학, 교감학 등 서적 편찬 활동과 관련된 학문을 수천 년 동안 일으켜 온 중국 학계의 독보적인 발상이기도 하다.

그들은 출판학을 유독 '출판과학'(publishing science)으로, 편집 연구의 학은 '편집학(science of editorship)'이라고 한다. 여기서, 편집학의 경우는 직칭(職稱)으로서의 편집자를 대상으로 한 활동이나 태도(editorship)에 대하여 중요시한다. 이 때문에 연구 내용에서도 '편

---

13) 뒤에 Chinese Institute of Publishing Science로 바뀌었으며, 2010년 9월 17일부터 '중국신문판연구원(Chinese Academy of Press and Publication)'으로 발전적인 개칭을 보다.

14) 이에 관해서는; 이종국(2004.6.). 「출판학과 편집 연구의 상관성—중국에서의 출판학과 편집학 연구경향을 중심으로」.《한국출판학연구》(통권 제46호). 서울: 사단법인 한국출판학회, pp.215~259.

집 인재 연구'를 필수적인 요건으로 다룬다.

〈표 1〉 한국, 일본, 중국의 출판학 연구(관련 학회 개요)*

구분	연구 영역	학회의 명칭	창립일	학회지 제호	창간일	주된 연구 목적
한국	출판학 Publishing Science	한국출판학회 Korean Publishing Science Society	1969. 3.17.	한국출판학연구 *Studies of Korean Publishing Science*	1969. 8.15.	·출판에 관련된 여러 분야의 역사적, 현상적인 면을 조사 연구 ·출판학과 출판문화 발전에 기여
일본	출판학 Publishing Studies	일본출판학회 The Japan Society of Publishing Studies	1969. 3.14.	출판연구 *Studies on Publishing*	1970. 7.15.	·출판 및 그에 관련된 사항의 조사, 연구 촉진 ·학술 단체·연구 기관과의 협력을 통해 출판문화 향상에 기여
중국	편집학 Scienceof editorship	중국편집학회 China Redactological Society	1992. 10.14.	중국편집연구 *Redactology Annual* 중국편집 *Chinese Editors Journal*	1997. 7.1. 2003. 1.1.	·편집 이론과 편집자, 편집 업무에 관한 연구 ·출판 사업 발전과 중국 특색의 사회주의 건설에 기여

* 자료 : 이종국(2006). 『출판연구와 출판평설』. 서울 : 일진사, p.140의 표 참조. 일본과 중국의 경우는 2017년 말에 조사한 내용으로 보완함.

이 분야의 학회는 1992년 10월 14일에 창설된 중국편집학회(China Redactological Society)가 있다. 학회지의 경우, 《중국편집연구, *Redactology Annual*》를 연간지 형식(창간호는 1996년판이며, 실제 발행 시점은 1997년 7월 1일)으로 내기 시작했다. 또, 2003년에 《중국편집, *Chinese Editors Journal*》을 계간지로 창간했으며, 2017년부터는 격월간으로 변경해 속간하고 있다.

이상에서 살핀 바와 같이, 한·중·일 세 나라에서 진행된 출판학 연구는 자국의 여건에 따라 조금씩 다른 점이 있다. 그러나 광의적인 면에서 출판과 출판학, 출판문화의 발전에 기여한다는 목적 지향이 동일하다.

한국출판학회는 일본과 중국도 마찬가지이듯이, 타 학문 분야의 학회들에 비해 뒤늦게 출발했다. 그러나 무엇보다도, 미명(未明)의 분야를 우리 토양에 터하여 연구·개발함으로써, 출판학과 출판문화 향상에 이바지하고자 한 출범이었다는 점에서 의의가 있다.

5. 출판학 연구 성과

앞에서 살핀 바와 같이 일본, 중국에서의 출판학 연구는 우리에게도 여러 시사점이 있다. 특히, 이들 양국의 유관 학회는 오래 전부터 우리와 교류를 지속해 오는 등 관련성이 적지 않기 때문이다. 양국 학회의 보다 구제적인 연구 성과는 다음 기회에 다루기로 한다.

출판학 연구 성과는 특정한 분야로 범주화하고 분석하는 방법, 또는 그 안에서의 부문별, 유형별 등으로 나누어 살필 수 있다. 여기에서는 한국출판학회의 역대 학회지에 발표된 논문을 전수 조사를 한 후 분야별 연구 내역을 분류 항목으로 제시, 개관하고자 한다.

1) 한국출판학회 학회지에서의 연구들[15]

한국출판학회의 연구 활동은 학회지를 통한 회원의 참여가 학회 활동의 중심축이란 점을 중시해 분야별 연구 내용으로 제한하고자 한다. 〈표 2〉는 그 내역을 종합한 것이다. 〈표 2〉와 같이, 역대 학회지에 실린 논문은 모두 816편으로 집계된다. 이로써 연구 활동의 경향을 개관할 수 있다. 그런데 초기의 연구 성과에서 '교과서'와 '전자출판' 분야가 전무한 것으로 나타난다. 이는 시대적인 연구 상황에 따른 결과라 하겠다.

우리나라에서 교과서 연구가 처음으로 모색된 것은 1963년 5월 한국검인정교과서발행인협회의 기관지로 《교과서회지》가 나오면서 비롯되었다. 당시 이 회지에는 「교과서론」(이성수), 「교육과정과 교과서」(함종규) 등 비중 있는 논의들이 소개된 바 있다. 그러나 이 회지는 창간호가 곧 종간호인 채 더 이상 속간되지 않았다.

이후 하나의 중요한 계기를 만나게 된다. 즉, 1968년 4월 27~29일 대한출판문화협회에서 「도서와 국가 발전」이란 주제로 국제세미나를 연 것이 그것이다. 당시 미국 대표인 스탠턴 위트니(Stanton Whitney)가 「학교 교육과 교과서 정책」이란 논문을 발표하여 주목을 끌었다.

'전자출판'도 생소한 분야였다. 이른바 광전자도서인 CD-ROM 개발[16] 원년이 1985년이었고, 전자책 자체 또한 1991년에 이르러 실현(큐닉스컴퓨터, 『한글 성경라이브러리』, 1991.6.)되었기 때문이다.[17] 인터넷도 그 원리나 통신 이론이 1980년대 초반부터 논의되었으나, 그에 따른

---

15) 이하 5-1), 2)의 내용은; 이종국(2016.5.27.). 「한국출판학회의 창립과 초창기의 학회 활동에 대한 연구」, 『제31회 정기학술대회 발제집-한국출판학회의 과거, 현재, 미래』, pp.34~37에서 인용하고 보완함.

16) 1985년에 미국의 글로리아사에서 『글로리아백과사전』 12권을 1장의 CD-ROM으로 개발한 바, 이것을 전자도서 개발 원년으로 본다.

17) 광전자도서(CD-ROM)의 초기 개발 과정을 보면 다음과 같다.

실용 서비스(KORNET service)는 1994년 6월 한국통신에 의해 최초로 개시되었을 정도였다.

이로 보아 한국출판학회를 둘러싼 1960년대의 연구 환경은 모든 분야가 답보 상태였지만, 그 중에서도 거의 전면적인 미개척 분야가 전자출판 쪽이었다. 학회지 중 '전자출판' 분야에서 연구 실적이 전무한 실정이다가 뒷날 급격한 확장세를 보인 것도 이른바 '뉴미디어'에 대한 관심이 나타난 증거라고 할 수 있다.

〈표 2〉 한국출판학회 학회지의 분야별 연구 내용(1969.8.~2017.12.)*

분야	내용	건 수(편)		계	구성비 (%)
		1~23집	24~80호		
1. 출판론	출판총론, 방법론, 출판교육론, 출판문화론, 출판역사론	14	121	135	16.5
2. 저작권법·출판윤리	저작권, 출판법제·법규론, 출판윤리, 번역, 출판의 자유	5	44	49	6.0
3. 편집·제작론	기획, 편집, 교정·정서법, 출판미술, 편집디자인, 종이·인쇄	18	34	52	6.4
4. 교과서론	교육매체론, 교과서편찬론, 교과서정책·제도론, 교과서역사론	-	32	32	3.9
5. 도서론	도서론, 저자·저술론, 서지·문헌론, 출판비평·서평론	33	52	85	10.4
6. 신문·잡지론	신문·잡지론, 신문·잡지사, 사보론	10	70	80	9.8
7. 전자출판론	전자출판 일반, 첨단도서론, 뉴테크놀로지와 전자도서	-	76	76	9.3
8. 출판경영·출판산업론	출판경영, 출판산업, 출판유통, 출판회계, 출판광고	15	83	98	12.0
9. 출판상황론	출판경향, 출판과 사회·문화, 출판정책론, 지역출판론	19	47	66	8.1

1982 Compact Disc 음반 상품화 성공(Philips)

1983 Philips사에서 디지털 데이터 기록 방식 발표

1987 한국의 금성정밀(구미공장) 미 정부물자관리프로그램(Haystack) CD-ROM 도입 활용

1988 포항공대 CD-ROM 도입

1990 제1회 국제광전자도서전시회(교보문고) 개최(30여 종의 산업, 학술 분야 CD-ROM과 CD-Net 소개

1991 국산 CD-ROM 및 Drive 개발 성공(큐닉스컴퓨터 『한글 성경 CD-ROM』, 삼성전자 『영어 회화 교육용 CD-ROM』개발

10. 국제출판론	국제출판, 국제출판 비교, 출판의 국제협력	8	65	73	8.9
11. 독서·독자론	독서이론, 독서환경, 독자론, 출판영향	9	61	70	8.6
합 계		(132)	(684)	(816)	(100)

* 표 내 '건수(편)' 중 1~23호는 《출판학》 제1집에서 제22집(1969.8.~1974.12.)까지, 이를 승계하여 제23집으로 이은 《출판학논총》(1981.6.)을 합산한 것이다. 24~80호는 앞의 논총에 이어 1982년 발행 《출판학연구》로부터 2017년 말(통권 제80호)에 이르는 학회지. 위의 분류 틀에 의한 첫 보고는 1991년 12월 이종국에 의해 《한국출판학회회보》(통권 제29호)에서였으며, 이후 학회지 통권이 증가함에 따라 꾸준히 보완되어 왔다.

〈표 2〉에 나타난 바와 같이, 최다 연구 빈도를 보인 '출판론'(135편)이 출판의 각 분야에 대한 이론 개발에 중점을 두었다면, '출판경영·출판산업론'(98편), 그리고 '도서론'(85편)이 그 뒤를 잇고 있다. 물론, 초창기 연구에서도 이들 3대 분야가 상위 수준을 점했다.

2) 연구 성과를 통한 재인식

출판 연구 초창기의 경우(〈표 2〉내 건수 중 1~23집의 집계)에서 소수의 회원만으로 여러 실험적인 연구들이 생산된 것은 주목되는 성과였다. 이는 본 학회의 결성 당초(1969.3.17.)에 단지 7인의 동호인만으로 그쳤고, 그해 6월 22일 창립총회 때 겨우 10인이었으며, 이로부터 5년 9개월 뒤인 1974년 말에 이르러서도 고작 24명일 정도였음을 되짚어 볼 필요가 있다(이종국, 2000, pp.441~443 및 p.443의 〈표 1〉참조). 회원이 300명을 상회하는 창립 50년을 맞이한 오늘에 돌이켜 보면 격세의 감이 아닐 수 없다.

뒷날, 출판학 연구의 국제적 확산과 그 교류 면에서도 왕성한 추진력을 보였다. 국제출판학술회의를 일본출판학회에 제안하여 창립(1984.10.13.)했을 뿐 아니라, 이후 18회(2018.11.9.~11.)에 이르는 과정에서 참가국들 중 최다 실적인 6차례의 주최 성과도 이뤄냈다(남석순, 2004.12., pp.67~90.; 2014.10., pp.9~40).

1996년 1월에 창립을 본 한·중 출판학술회의 또한 2018년 현재로 19회의 역사를 쌓아왔다(이종국, 2004.12., pp.197~227. 남석순, 2010.10., pp.120~121; 2015.8., pp.115~136 외). 본학회의 노정에 이와 같은 업적들을 포함한다면 방대한 범위로 확대된다.

〈표 2〉에 보인 바와 같이, '국제출판론' 분야가 후기에 들어오면서 부쩍 증가된 것도 출판 연구의 국제적 교류와 그에 따른 인적 소통, 저작권 무역 등 여러 다양한 현안을 개발할 필요성에서 비롯되었다(김진두, 2014.9., p.60).

이상에서 살핀 바와 같이, 한국출판학회의 연구 활동은 학회지를 매개로 하여 거듭 진전되었음을 알 수 있다. 따라서 그러한 현상은 학회 활동의 외연을 넓히는 데 기여했다. 예를 들면,

월례연구발표회(제1차: 1969.3.17.~제59차: 1996.12.13.)의 연장선상에서 새로 시작(제1회: 1983.10.29.)한 정기학술대회가 2018년 현재로 35회(2018.6.)에 이를 정도로 꾸준한 정진을 보이고 있다. 그런가 하면, 1984년 10월 13일에 창설한 국제출판학술회의의 경우는 2018년 현재로 18회(2018.11.9.~11.)이며, 한·중 출판학술회의(제1회: 1996.1.5.~제19회: 2018.8.21.) 또한 장족의 발전을 거듭하고 있다. 여기에 2007년 이래 정례화된 출판정책 라운드테이블과 출판 전공 대학원 우수 논문 발표회 등도 중요한 연구 활동들이다.

이와 같이, 한국출판학회는 출판 연구 활동에 최선을 다하려 노력했다. 학회는 저편의 뒤안에서 논쟁의 기지만으로 존재하는 것으로부터 지양하여 현실과 이상적인 목표를 함께 충족시키는 것이란 무엇이어야 하는가에 한 차원 더 높은 가치 신념을 두고자 했던 것이다. 이러한 설명이 가능한 것은 이 학회의 추구가 여전히 현재 진행이라는 점에서 찾는다. 따라서 무거운 책임 또한 중차대한 과제라는 사실을 재인식해야 할 것이다.

6. 맺음—출판문화의 발전을 위해

이상과 같이, '출판학 연구 반세기'를 되살펴 출판학의 생성과 발전에 대한 흐름을 알아보았다. 확대 지향적인 관점으로 보면 단지 반세기 안에서 영역의 학문적 과정이 진행되었다고 말하기는 어렵다. 그러나 한국출판학회의 출범이 반세기 전—1969년에 이루어졌다는 역사적 사실을 중시하고자 했다. 그런 한편으로 우리 고래의 서적-출판 전통과 서구에서의 지식 매체에 대한 근대적인 인식 과정, 그리고 간단하나마 이웃 나라들에서의 출판학 연구 정황도 살필 필요가 있다고 보았다. 각론적인 면에서 이 모두는 '출판학의 생성과 발전'이라는 개념에 부합된다고 보았기 때문이다.

본문에서 서술했듯이, 우리나라에서의 출판학 연구는 출판 행위의 과학화를 추구하기 위한 모색으로서 그 필요성이 동인되었다는 사실을 말했다. 이에 대응하여 안춘근 등 초기 탐구자들이 척박한 연구 풍토에서 출판학을 하나의 영역학으로 키워내는 데 기여했다는 사실도 살폈다.

그러한 과정에서 디시플린으로서의 출판학을 이해(이미 언론학이 그래왔듯이)하려는 경향도 보였다. 이를테면, 신문학 등 매스컴학 연구와 동일한 고민이 출판학에도 존재하고 있었다는 사실을 의미한다. 이는 이웃 일본과 중국에서도 마찬가지였다.

출판학 연구는 지난 반세기를 거치면서 독자적인 학회를 보유해 왔고, 영역의 학문을 독립적으로 개발, 보고하는 학회지도 낸다. 2017년 현재 한국출판학회의 학회지를 통해 보고된 연구 성과도 816편에 이른다. 그런 이 학회지는 세계에서 지령이 가장 오래된 전문 연구지로 발돋움했다. 출판학 연구의 또 다른 한 축인 한국출판문화학회(1990년 8월 18일 창립)에서도 괄목되는 연구 성과(2017년 현재 183편)를 수확하고 있는 중이다. 우리의 학계에서 이와 같은 노력을 지속하고 있다는 사실은 특별한 자산이 아닐 수 없다.

이제 이른바 인공지능, 빅 데이터 등 디지털 기술로 촉발되고 있는 지능화 혁명이 밀어닥친다고 한다. 그래서 일편 지레 겁을 내고 또 한편으로는 가공할 문명 현상에 환호하기도 한다. 요컨대, '4차 산업 혁명'이 현실화되고 있음을 의미한다. 따라서 출판 환경도 미디어 산업간 경계가 허물어지고 물리적 생산재와 디지털 소비재 및 그 순환과 공급망의 경계도 모호해지는 것도 가시화되고 있다.

우리는 여기에서 간과해서는 안 될 문제가 있다. 문명의 주역에 대한 감사와 신뢰가 그것이다. 단축해 말해서 책과 출판문화가 아니었더라면 어떻게 오늘의, 그리고 장래의 문명을 기대할 수 있겠는가. 이제 더 이상 '굿바이 구텐베르크'라든지, '책의 사망'과 같은 경솔한 발언들을 삼가야 할 것이다. 일찍이 야스퍼스가 말한 '도중으로서의 존재'가 지닌 의미는 시대와 세상이 변한다고 해서 수정되는 것이 아닐 터이니 말이다.

여기서 '도중'이란 멈춰 있는 중간이 아니라, 목적한 바를 얻어내려 노력하는 부단한 진행을 말한다. 책과 출판이 진화하는 개념도 마땅히 끊임없는 진행 그 자체가 아닌가.

■ 참고 문헌

김명옥(1986). 『자료 분류법』. 서울: 구미무역(주) 출판부.

남석순(2004.12.). 「출판 연구의 국제 동향과 방향 분석—국제출판학술회의 연구 성과와 방향을 중심으로」. 《한국출판학연구》(통권 제47호). 서울: 사단법인 한국출판학회.

남석순(2010). 「우양(愚洋) 이종국 교수의 학문 세계—출판학 연구의 현상과 본질 탐구를 중심으로」. 우양 이종국 교수 정년기념문집간행위원회 편. 『책의 길 슬거운 동행』. 서울: 일진사.

남석순(2014.10.). 「출판학의 국제 교류와 발전 방향」. 『제16회 국제출판학술회의 논문집』. 서울: 사단법인 한국출판학회.

민병덕(1983.11.). 「출판학의 연구 방법과 과제」. (사)한국출판학회 편. 《'83출판학연구》. 서울: 범우사.

민병덕(1986.10.). 「출판학 연구 방법론에 대한 고찰」. 한국출판학회 편. 《'86출판학연구》. 서울: 한국출판학회.

민병덕(1993). 『출판학연구방법론』. 서울: 도서출판 팔복원.

안춘근. 「기타학의 전공」. 《조선일보》, 1959.2.18.(2).

안춘근(1963). 『출판개론』. 서울: 을유문화사.

안춘근(1966.12.). 「출판학원론」. 《성균》(17호). 서울: 성균관대학교.

안춘근(1969.8.). 「출판학을 위하여」. 한국출판학회 편. 《출판학》(제1집). 서울: 현암사.

안춘근(1982.12.). 「한국 출판학의 현황」. 한국출판학회 편. 《출판학연구》. 서울: 범우사.

안춘근(1989.12.9.). 「출판 연구의 회고와 전망」(한국출판학회 제3회 출판학술세미나 발제). 서울: 한국출판학회.

안춘근(1992). 『출판의 진실』. 서울: 청림출판.

연세대학교 한국어사전편찬회(1992). 《사전편찬학연구》(제1집). 서울: 탑출판사.

육영수(1010). 『책과 독서의 문화사』. 서울: 책세상.

이기성(2001). 『출판개론』. 서울: 장왕사.

이종국(1995). 「출판 본질론」. 범우사 기획실 편. 『출판학원론』. 서울: 범우사.

이종국(2000). 「한국에서의 출판학 연구—관심과 방법, 성과의 이해를 중심으로」. 한국출판학회30년사편찬위원회 편. 『한국출판학의 사적 연구—한국출판학회30년사』. 서울: 사단법인 한국출판학회.

이종국(2001.11.). 「출판학 연구에서의 전환적 지향 과제에 대한 이해—전환적 과제에 대응한 인식을 중심으로」. 《논문집》(인문·사회과학편 제27집), 대전: 혜천대학출판부.

이종국(2003.1.). 「남애 안춘근의 출판학—출판 연구에의 지향이란 무엇인가?」. 남애 안춘근 선생 10주기 추모학술제집행위원회 편. 『남애와 출판학』. 서울: 사단법인 한국출판학회.

이종국(2004.6.). 「출판학과 편집 연구의 상관성—중국에서의 출판학과 편집학 연구 경향을 중심으로」.

《한국출판학연구》. 서울: 사단법인 한국출판학회.

이종국(2006). 『출판연구와 출판평설』. 서울: 일진사.

이종국(2011). 『교과서·출판의 진실』. 서울: 일진사.

정필모(1991). 『문헌 분류론』. 서울: 구미무역출판부.

조두상(1998). 『문자학』. 부산: 부산대학교 출판부.

安春根(1981).「韓國出版學の現況」.《出版研究》(12號). 東京: 日本出版學會.

箕輪成男(1997.12.).「안춘근 선생 회고」. 사단법인 한국출판학회 편.《'97출판학연구》(남애 안춘근 선생 추모논문집). 서울: 사단법인 한국출판학회.

箕輪成男(1997). 『出版學序說』. 東京: 日本エディタースクール出版部.

箕輪成男(2003.1.).「남애 안춘근 선생의 출판학」. 『남애와 출판학』(안춘근 선생 10주기 추모학술제). 서울: 사단법인 한국출판학회.

吉田公彦(1999).「出版學とは何か—日本の場合」. 靜山閔丙德教授定年紀念論叢刊行委員會 編. 『출판문화 산업의 이해』. 서울: 일진사.

壽岳文章(1970.7.).「出版學の骨格」. 日本出版學會 編.《出版研究》(1號). 東京: 講談社.

清水英夫(1972). 『現代出版學』. 東京: 竹內書店.

清水英夫(1984.11.).「活字文化に未來はめゐか」. 東京: (株)出版ニュース社.

清水英夫(1995). 『出版學と出版の自由』. 東京: 日本エディタースクール出版部.

清水英夫(1997.12.).「안춘근 선생을 기리며」. 사단법인 한국출판학회 편.《'97출판학연구》. 서울: 범우사.

王業康 主編(1988).「出版學」. 『簡明編輯出版詞典』. 北京: 中國展望出版社.

陸本瑞(1993). 『出版教育研究論集』. 北京: 中國書籍出版社.

張志强(2003.3.).「出版學概念的歷史考察」.《中國編輯研究》編輯委員會 編.《中國編輯研究 2002》. 北京: 人民出版社.

出版詞典編輯委員會(1992). 『出版詞典』. 上海: 上海詞書出版社發行所.

彭建炎(1991). 『出版學概論集』. 長春: 吉林大學出版社.

許力以(1990).「出版和出版學」. 北京: 中國大百科全書出版社.

Elizabeth L. Eisenstein(1986). *The Printing Revolution in Early Modern Europe*. London: Cambridge University Press.

Jay David Bolter(2011). *Writing Space*—Computers, Hypertext, and the Remediation of Print(2nd. *ed.*). New York: Routledge.

Robert Darnton(2009). *Case for Books: Past, Present, and Future*. New York: Publicaffairs.

Shigo Minowa(2000). *Introduction to Publishing Studies*. Tokyo: Japan Scientific Societies Press.

S. H. Steinberg(1996); New Edition Revised by John Trevit, *Five Hundred Years of Printing*.
　　　London: The British Library & Oak Knoll Press.
Stephen F. Masaon(1970). *A History of the Sciences*. New York: Collier Books.
https://search.naver.com/search.naver?where=nexearch&sm=top_hty&fbm=0&ie
http://terms.naver.com/entry.nhn?docId=1167161&cid=40942&categoryId=33463

제2부

부문별 출판학 연구사

출판학 연구의
새로운 정립을 위하여

부 길 만*

■■■

1. 머리말—출판학의 태동과 그 의의

이 글은 출판학 연구의 역사적 성과를 살펴보고 출판학 연구사의 정립을 논의하기 위한 것이다. 한국에서 출판 연구가 본격적으로 시작된 것은 안춘근의 〈출판개론〉이 발간된 1963년부터라고 할 수 있다. 그리고 1969년 한국출판학회가 창립되면서 출판의 학문적 연구가 학회 차원에서 본격적으로 시작되었다. 〈출판개론〉이 안춘근 개인의 연구였다면, 한국출판학회 창립은 '함께하는 연구' 또는 학문공동체의 시작이었다고 할 수 있다.

이때의 상황을 이종국(2000)은 이렇게 말한다. "출판 연구에 대한 관심은 한국출판학회가 성립되기 직전까지 이렇다 할 만한 후속 논의가 매우 희소한 실정이었다. 거의 유일하게 안(춘근) 교수에 의해서만 재론되고 있던 형편이었기 때문이다. 그러므로 연구자 계층이라거나 또는 연구 집단이 형성되기란 요원한 듯했다. 당시만 해도, 그러한 현상은 연구 방법이나 그 체계를 모색하고 있었던 타 학문 분야(선진 제국으로부터 새로 도입된 학문 분야)에서도 어렵지 않게 목격할 수 있는 정황이기도 했다. 더욱이, 출판 연구로 말하면 겨우 모색의 단계에서 들머리를 보이기 시작한 처지에 머물러 있었기 때문에, 열악하기 이를 데 없는 형편일 수밖에 없었다."

그러나, 열악한 상황에서도 초창기 한국출판학회 회원들은 선구자적 사명감 속에서 출판을 학문적으로 개척해 나가기 시작했다. 이 한국출판학회는 창립 이후부터 현재에 이르기까지 출판학 연구의 역사를 이끌어왔다. 이러한 출판학 연구의 의의는 다음과 같이 말할 수 있다(부길만, 2014).

---

* 동원대학교 명예교수

　첫째, 출판학의 학문적 정립은 우리의 출판문화를 발전시켜야 한다는 사명감과 문화의식이 강했던 출판계 실무자들에 의해서 시작되었다는 점이다. 즉, 한국의 출판풍토를 개선해야 한다는 뚜렷한 목표의식을 지닌 출판계 종사자들의 손으로 이루어졌다는 점에서 의의가 크다. 이는 학문의 태동부터 우리의 상황과 현실에 기반을 둔 발상이었다. 여타 분야의 학문이 외국에서 수입된 이론이나 학문에 의해서 시작된 점과는 큰 차이가 나타나는 현상이다.

　둘째, 이러한 문제의식은 학회 활동 초기부터 실질적이고 구체적인 출판의 제반 문제에 관심을 갖게 하고 출판계의 문제 해결을 위한 이론화 작업을 강조하는 것으로 나타난다.

　셋째, 둘째의 실천적 관심과 맞물리는 특성이기도 하지만, 출판학 연구 성과는 시대에 맞는 상황 대처와 함께 출판의 나아갈 방향을 제시하는 역할을 해오고 있다는 점에서 의의를 찾을 수 있다.

　또한, 출판학 연구는 한국출판학회 창립과 더불어 시작된 학회지 발간을 통하여 기틀을 잡아갔다. 1969년 학회지 〈출판학〉의 창간호에서 안춘근은 "출판학을 위하여"라는 글을 기고하여 출판학의 성격을 이렇게 밝힌 바 있다. "출판학은 이공학, 산업, 인문과학 등 여러 분야에 걸쳐서 연구해야 할 다양성이 있는 학문이다. 이는 출판의 알파요, 오메가인 기획성으로 보면 창조요, 그것을 구체화하는 첫 단계로서의 저술은 학예술(學藝術)의 결정체로, 일면 인문과학인가 하면 그것을 다시 도서라는 하나의 공예품으로 완성하는 데 있어서는 이공계통의 연구거리가 될 것이며, 이를 불특정다수의 독자에게 분배하는 것은 산업의 분야에 속하기 때문으로 보고 있다."

2. 출판학 연구의 역사적 성과

　이후에도 출판학은 다양하게 발전해 나갔고, 1999년 한국출판학회 30주년을 맞아 출판학 연구를 역사적으로 성찰하는 기회를 갖게 된다. 이것은 개인이 아니라 학회 차원에서 진행한 집단 저술인 바, 학문공동체의 소중한 성과물이 아닐 수 없다[1].

　이때 출판학의 범주를 크게 6개 분야로 나누고 일부 분야는 다시 2~3개의 세부 분야로 나누었다. 전체가 10개 항목으로 이루어진 출판학 연구사의 범주는 다음과 같다.

　　1. 출판학에 있어서의 선택부분 연구

---

1) 이 소중한 작업의 결과는 한국출판학회 30년사 편찬위원회 편, 〈한국출판학의 사적 연구〉(한국출판학회, 2000)의 제1편에 수록되어 있음.

2. 출판학에 있어서의 제작부분 연구

   2-1. 활자 인쇄 제책연구

   2-2. 출판·편집·디자인 연구

3. 출판학에 있어서의 분배부분 연구

4. 출판학에 있어서의 출판매체 연구

   4-1. 단행본, 교과서, 잡지, 문고, 전집 연구

   4-2. 베스트셀러 연구

5. 출판학에 있어서의 새 영역 연구

   5-1. 전자출판매체 연구

   5-2. 전자출판산업 연구

   5-3. 전자출판의 학문적 위상 연구

6. 출판학에 있어서의 독서와 독자 연구

위의 출판학 연구사에 대한 고찰은 범주의 세분화에서 알 수 있듯이 출판과정의 주요 단계인 선택(기획), 편집과 제작, 분배(유통) 연구에 중심을 두었음을 알 수 있다. 그 외에는 출판 과정의 결과물인 단행본, 교과서, 잡지, 문고, 전집 등에 대한 연구, 80년대 이후 새롭게 등장한 전자출판 관련 연구, 그리고 독서와 독자 연구에 대한 고찰이 들어 있다. 이것은 초창기부터 1999년까지 30년 동안 진행된 출판학 연구를 종합하고 역사적으로 서술해 낸 작업인데, 출판학 연구의 디딤돌이 되었다는 점에서 그 의의가 매우 크다고 할 수 있다.

또한, 출판학에 관한 메타 연구도 다양하게 나오게 되는 바, 몇 가지 예를 들면, 다음과 같다.

2000년대 이후의 출판학 연구 동향을 분석하고 전망을 제시한 윤세민(2010), 출판학 분야의 연구 경향과 특성을 살핀 김선남(2013) 등이 있는데, 모두 한국출판학회지 〈한국출판학연구〉를 대상으로 삼았다. 국제적으로 출판학 교류가 활성화되고 있는 가운데, 국제출판학술회의 연구 경향에 관한 연구가 여러 편 나왔는데, 구체적으로 출판연구의 국제 동향과 방향을 분석한 남석순(2004), 국제출판학술 교류의 발전적 지향을 위한 연구를 수행한 이종국(2004), 한중출판학술회의를 살핀 김진두(2014), 국제출판학술회의의 30년 연구 성과를 살핀 남석순(2014) 등이 있다.

2019년 한국출판학회 50주년을 맞게 되어 출판학 연구 반세기를 돌아보는 기회를 갖게 되었다. 이때는 출판학 연구의 30년사가 아니라 50년사가 되는 만큼, 그 의미가 막중할 뿐만 아니라 숱한 변화를 담아내야만 했다. 그 50년 동안 한국 사회는 인류 역사의 관점에서 볼 때 농업사회에서 산업사회로, 다시 정보사회를 거쳐 제4차 산업혁명시대로 진입하게 되었다. 50년간 일인당 국민소득도 150배 가까이 늘어났고, 출판기술도 활판에서 전자출판시대로 넘어오면서 종이책과 함께 전자책이 읽혀지고 거의 모든 지식·정보가 디지털로 검색 가능한 시대가 되었다.

출판학 연구의 영역도 크게 확장되었고, 출판학 전공에서뿐만 아니라, 언론학, 문학, 역사학, 문헌정보학, 경영학, 법학, 미학 등등 다양한 분야의 전공에서 출판 연구 성과들이 다양한 학회지나 단행본 출간을 통하여 발표되었다.

출판학 연구 50년의 역사 서술에서는 이처럼 다양하고 광범위한 분야의 연구 성과들을 담아내야 했다. 출판학 연구 50년사의 작업도 30년사와 마찬가지로 집단 저술의 방식을 택했으며, 효과적인 진행을 위하여 한국출판학회 50년사 편찬위원회를 발족시켰다. 이후 편찬위원회에서는 출판학 연구사의 서술 방향을 다음과 같이 제시했다.

* 관점: 50년의 흐름 전체를 개관하며 미래지향적인 역사관으로 서술함. 기존에 나와 있는 〈한국출판학회 30년사〉 이후의 20년에만 중점을 두는 서술은 지양하기 바람.
* 서술 대상: 출판학 연구가 한국출판학회 외에도 다른 여러 학회, 대학이나 연구소 또는 개인이나 공동 연구자에 의하여 행해져 왔음을 고려해야 함. 학회의 경우, 출판학 관련 학회지는 물론 문헌정보학, 문학, 역사학 관련 학회지 등에 실린 논문 중에서 주목하거나 거론할 필요가 있다고 판단되는 연구 논문 등을 다루어야 함. 대학의 경우, 주로 대학원의 석박사학위 논문이 연구 대상이지만, 대학의 논문집에 나온 연구 실적물도 해당이 됨. 학위논문이나 자료집 수록 논문의 경우 학과나 전공에 대한 제한이 없이 살펴볼 필요가 있음. 연구소의 경우, 출판 관련 연구소의 출판물이나 연구 보고서 등을 다루어야 함.
* 유의사항: 출판역사, 저작권, 편집, 국제출판 등등 각 부문에 대한 연구를 전반적으로 살피고 그 연구의 줄거리를 잡아내야 함. 각 부문별로 분석, 평가 및 향후 연구의 방향 제시 등이 있어야 할 것임.

이렇게 하여 나온 '부문별 출판학 연구사'의 서술 내용은 다음과 같다.

1. 출판학원론(출판본질론, 출판교육론)
2. 출판역사론(출판 역사 연구)
3. 저작권법, 출판윤리(저작출판권론, 관련 법의 변천, 출판윤리론)
4. 편집제작론
    4-1. 출판기획론
    4-2. 출판편집론
    4-3. 출판제작론
5. 교과서론

5-1. 교과서론

5-2. 교과서정책론

6. 도서론

6-1. 도서개발론, 단행본 문고 전집론

6-2. 서지 문헌론, 서적관

7. 전자출판 다중미디어출판론

7-1. 전자출판론

7-2. 멀티미디어론, 다중매체 이용 및 대응

8. 출판산업론

8-1. 출판경영, 출판마케팅

8-2. 출판유통, 출판광고

9. 출판상황론

9-1. 출판상황론, 출판정책론

9-2. 지역출판론

10. 독서수용론

10-1. 독서론(독자론, 도서관론, 독서운동론, 독서, 이용효과론)

10-2. 베스트셀러

11. 국제출판론

11-1. 국제출판의 동향과 교류

11-2. 해외 출판학 연구

위의 내용은 대주제로 11가지, 세부 주제로 나누어 보면 모두 20가지가 된다. 이것은 그 동안 출판학 연구의 영역과 내용이 크게 늘어난 결과일 것이다. 이는 30년사를 다룬 1999년의 연구사 정리와 비교하면, 확연히 드러난다. 구체적으로 살펴보면, 30년사의 경우 선택(기획)/편집·제작/분배·유통이라는 출판과정을 기본으로 하고 전자출판의 영역과 독서·독자 연구로 짜여졌다. 그러나, 50년사의 경우 기획·편집론이나 출판·유통 외에 보다 더 세분화되고 확대되었으며, 다양한 영역이 새롭게 연구 주제로 등장했다. 그 차이점을 중심으로 출판학 50년 역사가 보여주는 성과와 특성을 정리하면 다음과 같다.

첫째, 출판학의 기본이 되는 출판학원론과 출판역사론에 대한 연구가 활발하게 일어나 이에 대한 원고가 합계 천 매(200자 원고지)가 넘는 분량으로 전개된다. 이것은 이 두 주제가 출판 관련 전공에서는 물론이고 인접 학문 분야에서 진행된 연구 성과도 다대했기 때문이다. 출판학원론에는 출판본질론과 출판교육론에 관한 연구 역사가 펼쳐지고, 출판역사론에는 책과 출판을 중심으로 한 역사 연구가 한국, 아시아, 전 세계를 대상으로 전개된다.

둘째, 출판 행위를 가능케 하는 환경과 상황을 살핀 출판상황론이 전개된다. 여기에는 출판상황론, 출판정책론, 지역출판론에 관한 연구가 들어 있다. 이 중에서 지역출판론이 눈길을 끈다. 2013년 한국출판학회 내 연구 분과의 하나인 지역출판연구회의 발족을 계기로 지역출판에 관한 본격적인 논의가 시작되었고, 다양한 연구 성과물이 나왔다. 이러한 활동은 출판학 연구자와 지역출판인들의 긴밀한 유대 속에서 계속 진행되어갔다. 그 후 지역 출판인들의 협의체인 한국지역출판연대가 결성되면서, 지역출판에 관한 논의와 연구활동이 더욱 활기를 띠어 갔다.

셋째, 저작권법과 출판윤리에 관한 연구의 확대이다.

1987년 한국이 세계저작권조약(UCC)에 가입한 이후 저작권, 특히 외국인의 저작권에 대한 인식이 본격적으로 생겨나기 시작했다. 1996년 베른조약 가입 이후 저작권제도가 우리 출판계에서 정착되어 갔고 이에 대한 연구도 많아졌다. 따라서, 한국출판학회 30년사를 편찬할 때와 달리, 저작권법에 관한 연구가 확대되었음은 당연한 일이다. 또한, 저작권법 위반, 표절 등 출판윤리에 대한 문제 제기가 늘어나면서 이에 대한 연구도 활발하게 이어졌다.

넷째, 국제출판론 연구의 활성화이다.

국제출판학술교류에 관한 관심은 한국출판학회 창립 초창기부터 있어왔지만, 1990년 이후 국제출판학술대회, 한·중출판학술회의 등이 정기적으로 열리게 됨으로써 이에 대한 연구도 크게 늘어났다. 출판학 연구 50년사에서는 국제출판을 별도의 항목으로 연구 성과물을 검토했다. 국제출판론은 국제출판의 동향과 교류 및 외국에서의 출판학 연구에 대한 고찰을 담고 있다.

다섯째, 교과서론에 대한 연구의 확장이다.

한국출판학회 30년사 편찬에서는 교과서가 단행본, 잡지, 문고, 전집 등 다양한 출판매체의 하나로 간략하게 다루어질 정도로 연구 성과물이 많지 않았다. 그러나 50년사의 경우 별도의 항목을 설정할 정도로 연구 성과가 많아지고 연구 영역도 다양해졌다. 이것은 교과서에 관심을 가진 학회와 연구자들이 늘어났고, 교과서 발행 회사에서 설립한 교과서 관련 연구소들에서도 많은 연구 성과물들을 내놓았기 때문인 것으로 보인다.

교과서 연구에 관해서는 연구 성과 자체를 고찰한 메타 연구도 다수 나왔다. 구체적으로 살피면, 2000년 이후의 교과서 출판 관련 연구 현황을 살피고 과제를 제시한 윤세민 외(2014), 디지털 교과서의 교수·학습 관련 연구 성과를 조사한 이문학 외(2013), 한국 교과서 출판 연구에 관하여 역사적으로 고찰한 부길만 외(2015), 초등수학 교과서 관련 연구의 현황과 발전 방향을 제시한 부길만 외(2015) 등이 있다.

한국출판학회 50년사의 교과서론은 교과서 연구 전반을 다룬 교과서론과 정책을 중심으로 살핀 교과서 정책론으로 전개된다.

위의 다섯 가지 특징 외에 한국출판학회 30년사에서 다룬 도서론, 잡지론, 독서론, 분배론 등에 대한 연구도 확장되고 발전되었다. 그러나, 연구해야 할 출판학 영역에서 미흡한 분야가 아직도 많다. 세 가지만 거론하고자 한다.

첫째, 출판과정에 대한 연구는 다양한 성과물이 누적되고 있지만, 출판을 가능케 하는 기본인 저술 행위 또는 저작자에 관한 연구는 매우 빈약한 실정이다.

둘째, 출판행위를 하는 출판 주체에 대한 연구가 미흡하다.

출판주체는 생산, 유통, 소비, 단계로 나누어 다음과 같이 연구 대상을 말할 수 있다(부길만, 2017). 생산 주체로는 조직체로서의 출판사 또는 출판인, 편집자, 제작자 등이 있고, 유통의 주체는 서점 등의 도서 유통 기구, 도서관, 독서운동 단체 등이 해당될 것이고, 소비 주체는 독자가 될 것이다. 그런데 출판인과 서점에 대한 연구는 매우 빈약한 실정이다. 더욱이 기록 문화를 다루는 출판에서 출판인 자신에 대한 기록과 연구가 빈약한 것은 넌센스이다. 출판인에 대한 연구가 강화되어야 할 것이다.

셋째, 출판 응용 연구이다. 출판이라는 프리즘을 통해서 사회나 문화의 문제를 들여다보고 대안을 제시해보자는 것이다. 예를 들면, 지역출판, 여성출판, 다문화출판, 시니어출판 등이다. 지역출판 외에 다른 부문은 연구 활동이 아직은 매우 미약한 실정이다. 현재 한국출판학회 내에 관련 연구 분과들이 활동하고 있으므로 향후 다양한 연구 성과들이 나올 것으로 기대한다.

3. 출판학 연구사 정립을 위한 제안

출판학 연구사의 정립을 위하여, 그리고 미래 출판학의 연구를 위하여 다음 다섯 가지를 제안하고자 한다. 첫째, 출판철학의 강조, 둘째, 역사 연구의 강화, 셋째, 학제적 연구의 확대, 넷째, 책문화생태계의 관점, 다섯째, 통일시대의 출판학 연구이다. 하나씩 살펴보자.

1) 출판철학의 강조

1980년대 뉴미디어의 등장과 함께 정보기술이 급속도로 발전해 왔다. 또한, 제4차 산업혁명이 거론되고 인공지능, 사이보그, 생명체 복제의 기술 등이 나오게 되는 상황에서 인간의 본질에 대한 논의가 새롭게 제기되고 있다. 이럴 때 인간의 사상과 감정의 표현물을 다루어야 하는 출판이 가야 할 방향은 어디이며, 출판의 본질은 무엇인가 하는 질문을 다시금 불러오게 된다. 모든 콘텐츠의 핵심 역할을 해왔던 출판은 이제 인간의 본질 문제를 제기하고 그 답을 주어야 할 시점인 것이다. 물론 그 답은 한두 천재의 두뇌가 아니라 집단지성의 논의 속에서 찾게 될 것이다.

로베르 에스카르피(1985)에 의하면, 역사적으로도 책은 "정신의 양식으로서 무지와 예속에 대항해서 싸운 고대인들이 이룩한 승리"였다. 여기에서 책의 승리란 억압이 아니라 사상의 자유로운 공표를 통해서였다고 할 수 있다. 공표란, 스탠리 언윈(1984)의 표현처럼, 진리의 낟알을 편견·미신의 왕겨에서 키질해서 골라내는 것으로, 이 과정을 촉진하기 위해 공개토론의 광장을 여는 것이 출판의 역할이라 할 수 있다.

무지와 예속에 대한 책의 승리는 고대인들에게뿐만 아니라, 진리를 찾는 현대인들에게도 이어져야 한다. 출판학 연구에서도 책의 본질을 천착하는 작업, 다시 말하면 출판철학의 연구를 강조해야 할 것이다.

2) 역사 연구의 강화

역사는 E. H. 카의 표현처럼, "과거와 현재의 끊임없는 대화"이다. 그 대화는 물론 미래로 나아갈 길을 찾기 위한 것이다. 이것은 출판 역사 연구에도 그대로 적용된다.

최근 역사 연구는 단순히 10년, 20년 단위뿐만 아니라, 100년 이상의 단위를 구상하면서 문화인류학적인 접근을 병행하고 있다. 이것은 물론 거시사적 연구에 해당된다. 현재 유럽에서는 제4차 산업혁명이라는 담론보다도 오늘날은 '인류세[2]'라는 용어가 등장할 정도로 거대한 인류문명의 전환기라는 주장이 제기되고 있다. 출판은 가장 오래된 미디어로서 인류문명과 함께 발달해 왔다. 따라서, 출판학 연구도 인류문명의 거대한 흐름을 살피며 진행되어야 할 것이다. 다시 말하면, 거시사로서의 출판 역사 연구의 필요성이 제기되는 것이다.

동시에, 역사 연구에서는 새롭게 등장한 미시사적 접근방법에도 큰 관심을 가져야 한다. 미시사적 연구는 대상을 현미경으로 보듯이 관찰하자는 것인데, 구체적으로 마을 또는 개인들의 일상사를 중시하는 연구이다. 이것은 시민들 삶의 세세한 일면을 들여다보자는 것이고, 그동안 역사 연구에서 놓쳤던 다양한 삶의 측면들을 보자는 것이다. 일기라든지 개인의 회고록 등의 기록이 새삼 역사의 중요한 자료로 부각된다. 미시사적 연구는 문화적 맥락을 중시하며, 소소한 기록의 가치를 드러내는 것으로 출판 본연의 임무를 강화하는 일이 될 것이다. 출판학 연구에서 새삼 역사 연구의 강화 필요성을 인식하게 된다.

---

2) '인류세'는 1995년 노벨화학상을 받은 네덜란드 과학자 크뤼천(Paul Crutzen)이 2000년에 처음 제안한 용어이다. 지구가 인류에 의해 환경이 파괴되고 급격하게 변화하면서 새로운 지질시대에 도래했다는 주장이다.

3) 학제적 연구의 확대

학제적(學際的, interdisciplinary) 연구는 한국에서 출판학 연구 초창기부터 나온 학제간의 연구라는 것과 같은 의미이다. 이러한 방법론은 학문들 사이의 교류 및 협동 활동 전반을 가리키는 것인데, 당시에는 별로 주목을 받지 못했다. 그런데 현실문제 해결을 위해서는 세분되어 있던 각 학문 간의 융합과 통섭이 필요하다는 인식이 학계 일각에서 부각되면서 2000년대 이후 중요한 이슈로 떠오르게 되었다. 이남인(2016)의 지적처럼, "현대에 접어들면서 제반 학문이 전문화되고 세분화됨에 따라 각자 자신이 쳐 놓은 칸막이 속에 머물면서 파편화되어 결국 현실과의 소통에 실패함으로써 위기에 처하게 된 것이다. 따라서 현대 학문이 처한 위기를 극복할 수 있는 길 중의 하나는 바로 다양한 유형의 학제적 연구를 통해 학문 사이에 놓인 칸막이를 걷어내고 다양한 학문이 서로 소통할 수 있도록 하는 일이다."

출판학 연구에서도 현실과의 소통에 적극적이었던 초창기 정신을 살려내어 학제적 연구를 더욱 확대해 가야 할 것이다.

4) 책문화생태계의 관점

이제는 출판학 연구의 대상이 생산 중심의 출판 활동에서 더 나아가 책문화 전반을 아우를 수 있는 생태계로 확대되어야 할 것이다. 책문화생태계란 책을 둘러싼 서클이라고 볼 수 있다. 책을 만드는 사람, 책을 유통시키는 사람, 책을 사서 읽는 사람. 이 흐름이 제대로 돌아가게 만들어 주는 정부 정책, 교육, 국민들의 문화의식, 사회 분위기 등 이 모든 것을 통틀어서 책문화라고 할 수 있다(출판저널·책문화생태계연구소, 2018). 여기에서는 출판인뿐만 아니라, 저술그룹, 서점, 도서관, 독서단체, 소비자로서의 독서대중 등이 있는데, 이러한 일련의 시스템을 묶어서 전체를 큰 틀에서 보고 연구해야 할 것이다. 이 경우 그동안 출판, 그것도 출판산업의 관점에서 하던 연구를 탈피하고, 저술그룹, 도서관, 서점, 독서 대중, 출판정책, 문화의식 등등 다양한 관점에서 출판학을 연구할 수 있게 된다. 이에 따라 출판학 연구의 영역이 다변화하며, 연구의 폭과 깊이 면에서도 커다란 진전을 이룰 수 있을 것이다.

5) 통일시대의 출판학 연구

현재의 한반도 시기를 분단시대라고 한다. 지금까지는 연구자들에게 분단시대에 대한 인식이 전제되고 중요시되었다. 그러나 미래지향적 학문을 논의하기 위해서는 통일시대를 전제하고 전망하며 나아가야 할 것이다. 특히, 출판학 연구에서는 통일시대 연구를 선도할 필요가 있다. 왜냐하면, 독일 통일의 사례에서 보듯이, 통일과정에서나 통일 이후의 국민 통합에서 가장 중요한 요소는 정치나 경제가 아니라 문화, 특히 출판문화임이 드러났기 때문이다. 부길만 (1994)은 일찍이 통일을 향한 출판의 과제를 제시하며 통일시대의 의의를 이렇게 말한 바 있다. "통일을 남북 출판계의 단결을 통해 우리 출판을 세계에 드러낼 수 있는 계기로 삼아, 자체의 독서 인구를 확대하고 다양한 종류의 서적들이 출간될 수 있는 기회로 삼아야 한다. 통일이야말로, 그리고 통일을 대비해야 하는 지금이야말로 민족문화의 장점과 특성을 세계에 알릴 수 있는 문화사업을 벌일 태세를 갖추고, 우리의 정신문화를 살찌울 수 있는 준비기간으로 활용해야 할 시기일 것이다."

이러한 통일 문제는 출판학 연구에서 최우선 과제의 하나로 삼아야 할 것이다.

4. 맺음말

이상으로 출판학 연구의 의의를 검토하고 출판학 연구의 역사적 성과를 살핀 다음, 출판학 연구사의 정립을 위한 제안을 내놓았다. 한국 출판학 50년 역사가 보여주는 성과와 특성은 다음과 같이 정리된다.

첫째, 출판학의 기본이 되는 출판학원론과 출판역사론에 대한 연구가 활발하게 일어났다.

둘째, 출판상황론, 출판정책론, 지역출판론에 관한 연구가 전개된다. 특히, 새로운 연구 주제로 등장한 지역출판론에 주목할 필요가 있다.

셋째, 저작권법과 출판윤리에 관한 연구가 확대되었다. 국제저작권 환경이 변화함에 따라 이에 대한 연구들도 많아진 것이다.

넷째, 국제출판론에 대한 연구의 활성화이다.

다섯째, 교과서론에 대한 연구의 확장이다.

반면에, 출판학 연구에서 미흡한 점은 다음 세 가지로 정리된다.

첫째, 저술 행위 또는 저작자에 대한 연구가 빈약한 점, 둘째, 출판 행위를 하는 출판 주체에 대한 연구가 미흡한 점, 셋째, 출판이라는 프리즘을 통해서 사회나 문화의 문제를 들여다보고 대안을 제시하려는 출판 응용 연구가 아직 미흡한 점이다.

출판학 연구사 정립 또는 미래 출판학 연구를 위한 제안은 다음과 같다.

첫째, 출판철학을 강조해야 한다.

둘째, 역사 연구를 강화해야 한다.

셋째, 학제적 연구를 확대해야 한다.

넷째, 책문화생태계의 관점을 가져야 한다.

다섯째, 통일시대 출판학을 연구해야 한다.

출판학 연구사를 정립하고자 하는 것은 출판학을 발전시키기 위함인바, 이는 곧바로 출판문화의 발전에 직결되는 일이다.

한국의 출판학 연구자들은 1969년 한국출판학회 창립 때부터 현재에 이르기까지 열악한 출판 현실의 극복과 출판 발전을 위한 구체적인 대안 제시와 학문적 이론 정립을 위하여 쉬지 않고 달려왔다. 이번에 출판학 연구 50년 역사를 정립하고자 하는 것도 이를 바탕으로 더욱 힘차게 달리기 위함이다.

■ 참고 문헌

김선남(2013). "출판학 분야의 연구 경향과 분석", 〈한국출판학연구〉, 제64호.

김진두(2014). "한중출판학술회의의 연구 경향에 관한 연구", 〈한국출판학연구〉, 제67호.

남석순(2004). "출판 연구의 국제동향과 방향 분석", 〈한국출판학연구〉, 제47호.

남석순(2014). "출판학연구의 국제동향과 방향 분석(II) : 국제출판학술회의(IFPS) 30년 연구 성과와 방
　　향 분석을 중심으로", 〈한국출판학연구〉, 제68호.

로베르 에스카르피, 임문영 옮김(1985). 〈책의 혁명〉, 보성사.

부길만 외(2015). 〈초등수학 교과서 관련 연구의 현황과 발전 방향〉, (주)천재교육.

부길만 외(2015). 〈한국 교과서 출판 연구에 관한 역사적 고찰 -1945년 광복부터 1990년대까지를 중심
　　으로〉, (주)미래엔 부설 교과서 연구소.

부길만(1994). "통일과 출판의 과제", 〈'94출판학연구〉, 한국출판학회.

부길만(2014). 〈한국 출판의 흐름과 과제 1〉, 시간의물레.

부길만(2017). 〈출판학의 미래〉, 일진사.

스탠리 언윈, 한영탁 옮김(1984). 〈출판의 진실〉, 보성사.

안춘근(1963). 〈출판개론〉, 을유문화사.

안춘근(1969). "출판학을 위하여", 〈출판학〉, 제1집.

윤세민(2010). "2000년대 출판학 연구의 동향과 전망-한국 출판학회지『한국출판학연구』를 중심으
　　로", 〈한국출판학연구〉, 제58호.

윤세민 외(2014). 〈교과서 출판 관련 연구의 현황과 과제〉, 동아출판.

이남인(2016). 〈통섭을 넘어서-학제적(學際的)연구와 교육의 활성화를 위한 철학적 성찰〉, 서울대학교
　　출판문화원.

이문학 외(2013). 〈디지털교과서의 교수·학습 관련 연구 성과와 시사점 분석〉, 한국출판학회.

이종국(2000). "초창기의 출판학 연구에 대한 고찰", 한국출판학회 30년사 편찬위원회 편, 〈한국출판
　　학의 사적 연구〉, 사단법인 한국출판학회.

이종국(2004). "출판학술 교류의 발전적 지향을 위한 연구", 〈한국출판학연구〉, 제47호.

출판저널·책문화생태계연구소 기획 및 엮음(2017). 〈책문화생태계의 현재와 미래〉, 카모마일북스.

출판학원론

남 석 순*

■■■

1. 출판학원론

1) 출판본질론

(1) 머리말

본질(本質, the essence)은 모든 사물과 현상을 파악하고 이해하는 데 있어서 가장 기본적인 관점으로 작용된다. 본질이란 사물이나 현상을 성립시키는 근본적인 바탕이나 성질을 말한다. 본질을 알아야 어떤 사물이나 현상에 관한 참된 이해를 얻을 수 있고 당면한 문제를 해결할 실마리도 찾을 수 있다. 인류 역사에서 가장 오래된 표현방법의 하나인 출판 역시 존재로서의 본질과 현상을 가지고 있다. 출판이 지니고 있는 본질과 현상을 이해하기 위해서는 본질에 관한 주요 사유와 개념들의 시원(始原)을 살펴볼 필요가 있다.

'본질'은 고대 서양철학으로부터 끊임없이 탐구되어 온 핵심적인 주제였으며 존재론적 화두였다. 서구 철학에서 본질과 존재는 실재적인 것으로 그때그때 변하는 피상적인 속성인 우유성(偶有性)과 다른 것으로서 인식해 왔다. 고대 그리스인들은 사물의 본질을 에이도스(eidos)라고 불렀다.[1] 플라톤(Plato)과 아리스토텔레스(Aristoteles) 이후 서양철학에서 사물의 '본질'이란 사물의 불변하는 측면이라고 정의되어 왔으나 두 사람의 사유는 다르다. 플라톤의 본질

---

* 김포대학교 명예교수

[1] 그리스 철학에서 '형상(形相)'의 뜻으로 이데인(idein: 본다는 뜻)에서 파생된 말로 원래는 보여진 모양·모습을 의미하였다. 플라톤 철학에서는 이데아와 같은 뜻으로 쓰이지만, 아리스토텔레스 철학에서는 존재 사물에 내재하는 본질을 말한다.

이란 이데아(eidos)로서 초월성을 강조하고 존재자에게 본질은 초월적이라 하였다. 반면에 아리스토텔레스는 개체, 즉 질료(Matter, 質料) 없는 형상을 생각할 수 없으므로 사물 자체도 중요하다고 보았으며 본질은 존재자 안에 내재한다고 보았다. 두 철학자의 사유는 다르지만 본질이 필연적으로 존재한다고 생각했다는 점에서 유사성이 있다.

서양철학에서 이어져 왔던 본질의 불변성은 19세기의 프리드리히 니체(Friedrich Wilhelm Nietzsche-1844~1900)에 이르러서 변화하게 된다. 니체에 의해서 '사물의 본질이란 인간의 가치가 투영된 것에 지나지 않는다'는 통찰에 이르게 된다고 하였다.[2] 니체는 본질이나 본성은 관점적인 것으로 다양성을 전제로 한다고 한다. 다시 말하면, 니체가 말하는 본질이란 사물의 불변적인 측면이 아니라, 인간이 사물에 대해 사후적으로 규정한 일반적인 가치 체계임을 강조한 것으로 보인다.

이 글에서 사용하는 본질에 관한 의미는 사물에 대하여 인간의 가치 체계가 투영된 뜻으로 사용된다. 본질은 어떤 사물의 인간의 가치가 투영되어 불변하다고 사유하는 측면 혹은 그 사물을 다른 사물과 구별시켜 주는 특성을 의미한다. 본질은 사물 본연의 핵심적인 측면이라고 볼수 있으며 그것이 그것으로서 있기 위해 없어서는 안 되는 속성을 말하기도 한다. 또한 본질은 그 사물을 그 자체이게끔 하는 성질이며 현상을 성립시키는 성질이라고 정의할 수 있다. 그러므로 사물이나 현상이 존재한 근원적인 성질이나 존재의 방법 또는 이유라고 할 수 있을 것이다. 어떤 사물에서 본질이 제거된다면 그 사물은 존재 자체를 잃어버리거나 다르게 변형하게 된다.

출판에서도 본질에 대한 올바른 이해의 바탕에서 출판학 연구가 이루어질 때 비로소 출판 현상을 제대로 파악하고 분석할 수 있을 것이다. 이러한 출판현상도 출판 행위 위에서 고찰될 때 출판의 근본적인 성격이 드러난다고 볼 수 있다. 한 예로 책의 본질과 출판 행위의 결과물인 책의 형태를 혼동해서는 안 될 것이다. 책의 물리적인 형태는 과학의 진전과 미디어의 발달에 따라 달라질 수 있지만, 책의 본질은 인류의 사상과 감정, 지식과 정보를 담는 미디어로서의 의미는 변치 않기 때문이다. 그럼으로 책의 형태가 전자적이어도 책의 요건에 맞는 내용을 담고 있다면 책이다. 이렇듯 디지털의 전자출판도 출판과 별도 영역이 아니라 출판의 한 분야인 것이다.

미디어 격변 시대에서 출판 공동체들은 출판의 이러한 근본적인 문제들을 간과한 바가 많았다. 출판학 연구자를 비롯한 출판 공동체들은 출판의 발전과 위기의 극복을 위해 산업적·기술

---

2) 조대호 역해(2004), 『아리스토텔레스의 형이상학』(서울: 문예출판사), pp.116~207 참조
강신주(2016), 『철학 vs 철학』(서울: 오월의 봄), pp.39~53. 강신주는 이에 대한 의미는 니체의 遺稿 〈1888년~1889년 1월〉에서 '본질이나 본성은 관점적인 것이며, 이미 다양성을 전제한다. 언제나 근저에 놓여있는 것은 그것은 나에게 무엇인가(우리에게, 혹은 존재하는 모든 것에게 등…)이다…. 모든 사물에 대한 자신의 고유한 관계와 관점을 가지고 있는 존재자가 하나라도 빠져 있다고 해보자 그 사물은 여전히 정의되고 있지 않은 것이다'를 근거로 제시한다.

적 차원의 접근에만 치중했을 뿐, 기본적이고 본질적인 문제에는 소홀한 적이 많았다. 이에 따라 디지털 시대에서 급속히 변모되는 출판의 영역과 성격의 규명이 부족하여 미디어와 소비자들의 변화에 적절히 대처하지 못한 면이 있다. 모든 산업들과 관련 연구들은 추구하는 본질이 있으며, 산업이 위기에 직면하였을 때는 기본정신이 되는 본질에서 해결을 찾아야 할 것이다. 문화산업으로서 출판도 존재하는 영역과 추구하는 본질은 분명하지만 공동체들은 이를 경시한 점이 많았다는 것이다.[3]

이 글에서는 출판의 본질에 관한 서술 범주를 출판을 성립시키는 근본적인 성질 및 존립 이유, 다른 문화전달 매체와는 구별되는 특성으로 보았다. 이에 따라 출판 본연의 본질, 본질과 현상, 개념과 정의, 역할과 기능, 변화와 미래에 두고 살폈다. 한국출판학회의 학회지를 보면 초창기부터 현재까지 출판의 본질에 관하여 언급된 논문들은 있으나, 직접적으로 다룬 논문은 찾기 어렵다. 다만, 학회 회원으로서 학회지 이외의 문헌에서 출판의 본질 문제를 다룬 논문도 많지는 않다. 출판의 본질성의 문제를 직접 다룬 논문과 관련되는 문헌들을 중심으로 출판의 본질과 관련된 연구사들을 살펴보고자 한다.

(2) 출판의 본질론에 관한 연구사

① 출판 본연의 본질 연구

월터 J. 옹(Walter J. Ong)은 『구술문화와 문자문화』에서 "구술성과 문자성에 대한 통시적 연구, 그리고 어느 한 편에서 다른 한 편에로의 발전 단계에 대한 연구를 통해서 어떤 준거(frame of reference)들을 세울 수 있다. 우리는 준거틀에 의해서 최초의 구술문화와 그것에 이어지는 쓰기문화뿐만 아니라, 쓰기를 보편화시킨 인쇄문화와, 그리고 쓰기와 인쇄, 이 양자의 바탕 위에서 세워진 전자문화(electronics culture)를 한층 잘 이해할 수 있게 된다. 이 통시적인 틀에 의해서 과거와 현재, 즉 호머 시대와 텔레비전 시대를 서로 조명해 볼 수 있다."[4]라고 하였다

Ong의 말처럼, 출판의 본질 탐구는 통시적인 준거틀에 의해서 어느 한 시대와 다음 시대를

---

3) 남석순(2013), 「전환기 미디어로서의 출판의 공간 확장 : 본질적·산업적·교육적 관점에서 본 출판」, 『출판문화연구』 통권 제21호(출판문화학회), p.30.

4) Walter J. Ong(1982), 『*Orality and Literacy: The Technologizing of the Word*』(London and New York: METHUEN, 1982), 이기우·임명진 역(서울: 문예출판사, 1995), pp.10~11. 월터 옹(1912~2003)은 예수회 신부(神父)이며 신학자이면서도 미국 현대언어문학회 회장을 역임하였으며 미디어 생태학을 연구한 영문학자였다.

비교하면서 문제에 접근하는 것이 필요하다. 출판의 본질에 대한 이해는 먼저, 출판 행위가 발전해 온 과정의 역사에서 그 원형(Archetype)을 찾아 볼 수 있다. 안춘근은 『출판학원론』(1963)에서[5] "출판의 사전기(史前期)에 올라가서 책의 기원으로 구전의 실재자 였던 '인간'을 최초로 보는가 하면, 서양의 '사자의 서', 그리고 동양의 '금석문' 등 모두 일면의 이유가 있고 일면의 억측이 병합한다. 이렇게 책의 시초가 어떠하든 출판의 발달에 기여한 것은 틀림없겠지만, 출판이 위력을 발휘하기는 아무래도 인쇄술의 발명 위에서 비롯한다 할 것이다."라고 출판 역사의 시작이 인간의 표현행위에서 비롯되어 구전하는 인간, 파피루스의 사자의 서, 돌에 새긴 기록 등에서 시작되었고 인쇄술에 의해서 완전성을 이루어 왔다는 것이다.

이종국(1995)은 "출판은 인류 역사상 가장 오래된 표현방법의 하나이며, 출판은 인간의 표현행위에서 비롯되었다."고 한다. "그 표현행위는 인간도서설 등 구술이 문자 기능을 대신하여 출판의 역할을 하였다. 다음으로 그림이나 상형문자에 의한 표현행위의 기록화가 시도되었으며, 이 다음 문자의 탄생을 보게 되고, 문자는 기록의 수단이 되면서 결국 매체로서의 출판을 낳게 하였다는 것이다. 왜냐하면 인쇄술이 발명되기 이전(pre-print culture)에도 출판이 있었으며, 근원적으로 본다면 선사시대의 쓰기 유형도 일종의 출판행위라고 볼 수 있다."고 하면서 출판의 원형은 인간의 표현 행위에서 비롯되었으며 그 행위는 동작, 기호, 음성, 그림, 문자, 인쇄에 의해 발달해 왔다[6]는 것이다. 이처럼 출판역사의 시작이 인간의 표현행위에서 비롯되었다는 지적들은 출판의 본질 이해에서 매우 중요하게 작용된다.

이어서 이종국(1995)은 "출판물의 본질은 광의와 협의의 두 가지 면에서 파악할 수 있다. 광의의 본질은 축적된 문화내용을 담아 전달하는 도구라는 점에서 찾을 수 있다. 이는 지식, 신념, 사상 등을 전파하는 주요 매체로서 설명되는 본질이다. 한편, 협의의 본질은 이용 수단으로 출판물을 보는 관점이다. 개개의 출판물들은 사회적 커뮤니케이션을 본질적 기능으로 하여 매체 역할을 수행한다. 즉, 일정한 편집 의도에 따라 정리, 배열 기능을 거쳐 종이 또는 기타의 자재에 내용을 옮겨 발행, 공표한 수단 그 자체를 말한다."[7]라고 출판의 본질을 매체로서의 출판 및 내용으로서의 출판으로 구분할 수 있다 하였다.

다음으로 출판의 현상적인 관점에서도 본질을 찾아 볼 수 있다. 민병덕(1995)은 "출판은 본질적으로 복제문화의 전형적 형태이다. 하나의 원고본만으로는 출판이 성립하지 못한다. 문화내용이 담긴 원고본을 기계, 기술적 수단을 이용하여 다수 복제하여 반포함으로써 수용자들

---

5) 안춘근(1963), 「출판학원론」, 『성균』 제17호, 성균관대학교, p.158.

6) 이종국(1995), 「출판본질론」, 범우사기획실편, 『출판학원론』(서울: 범우사), pp.65~77.

7) 이종국(1995), 위의 책, p.95.

에게 이용케 하는 것이 출판활동이요 출판문화 현상인 것이다.[8]"와 같이 출판이 갖고 있는 본질이 복제에 있음을 분명히 하고 있다

남석순(2012)은 "출판의 본질이란 출판 현상을 존립시키는 근원적 성질이다. 출판의 본질은 근본적으로 공표하기(to make public)이다.[9] 그 공표의 핵심 내용은 인류의 사상과 감정, 지식, 정보이며, 그 핵심 내용의 표현 방법은 문자와 기타 수단이며, 그 표현 방법의 특성은 상세성, 전달성, 창조성으로 드러난다.[10]"고 하였다.

학문의 목적은 다양한 현상들을 최소의 법칙 또는 원리로 종합하는데 있다. 복잡한 현상들을 이해하고, 판단하고, 처리하는데 필요한 소수의 법칙을 원리의 척도로 활용하는 것이 합리적이기 때문이다. 결국, 현상의 근본적 바탕인 본질을 탐구하는 목적은 이러한 준칙을 구하는데 있다. 이는 출판의 여러 현상 속에서 출판의 본질을 이해하는 데에도 다를 수 없는 것이다.

이와 같이 출판의 본질은 여러 관점에서 탐구되어 왔으나 출판의 본질과 출판학 연구에 대하여 다음과 같은 이해를 시도해 볼 수 있다. 출판의 본질은 기록성, 복제성, 공표성이다. 즉, 출판의 본질이란 인간의 표현활동에서 '기록'된 인류의 지혜를 선별하여 '복제'하고 매체를 통하여 '공표'하는 행위가 본연이라고 말할 수 있다. 다시 말하면 출판 본연의 본질은 인간의 사상이나 감정, 지식이나 정보 등의 (1) 표현에 의한 기록성 (2) 편집에 의한 복제성 (3) 매체를 통한 공표성으로 이해할 수 있을 것이다.

출판학은 문자나 그 밖의 표현수단으로 기록한 인류의 지혜를 선별하여 편집에 의한 복제 행위와 매체를 통한 공표 행위로 일어나는 통시적, 공시적 사회 현상으로서의 출판 현상을 체계화하고 과학화하여 분야 학문과 출판 발전에 기여함에 있다고 본다. 특히, 매스 커뮤니케이션 수단에서 핵심적인 존재인 편집(editology)과 Giles Clark가 말한 공표하기(to make public)[11]는 디지털 시대의 출판에서 중요한 의미를 갖는다. 이럼으로써 출판학 연구는 인터넷을 근간으로 하는 멀티미디어 시대에서 협의를 벗어나 광의로 나설 수도 있게 된다. 이러한 출판 매체의 본질성은 출판학 연구에서 기본적 성격으로 나타나야 할 것이다.

② 출판의 본질과 현상 연구

본질(本質)이 견고한 내적 측면이라면, 현상(現象)은 가변적인 외적 측면이라고 볼 수 있다. 일

---

8) 민병덕(1995), 「출판학 연구방법론」 범우사기획실 편 『출판학원론』 p.16.

9) Giles Glark(1994), 『*Inside Book Publishing*』(London : Bluprint), p.2.

10) 남석순(2012), 「출판학의 본질론」, 봄철정기학술대회(경주), 『언론학 : 세대를 넘어』(서울 : 한국언론학회), p.250.

11) Giles Clark(1994), p.2.

정한 대상을 대할 때 표면에 나타나는 것이 현상이고 현상 속에 존재하는 것이 본질이다. 본질은 현상을 통해 드러나며 현상은 본질을 표현한다. 이러한 논리에서 살핀다면 출판에서도 본질과 현상을 구분하여 분석하여 볼 수 있다. 출판의 본질이 드러난 표면적 측면인 출판현상(出版現象)은 출판 영역과 출판물 형태의 두 갈래로 나누어 볼 수 있다. 출판의 영역은 출판의 본질이 미치는 범주이며, 출판물의 형태는 그 결과물의 표출이기 때문이다.

첫째, 출판의 영역이다. 출판의 영역은 인쇄출판과 전자출판을 포괄한다. 왜냐하면, 출판은 인류의 사상과 감정, 지식과 정보를 담은 내용물을 일련의 제작 과정을 거쳐 인류 사회에 널리 펴내는 것으로 정의되며, 그러한 행위를 출판 행위로 그리고 그 결과물을 출판물로 총칭함에는 변함이 없기 때문이다. 일련의 제작 과정이란 인쇄술 기타 기계적, 화학적, 전자적인 여러 기술적 방법을 사용하여 제작하고 공표한다는 뜻이다.

안춘근은 제1회 국제출판학술회의(1984. 10, 서울)에서 '뉴미디어 발달에 대처해야 할 출판산업'이란 주제 발표에서 "장래 지식이나 정보의 한 분야에서 컴퓨터를 이용하는 미디어가 비온 뒤의 죽순처럼 출현할지도 모른다. 그러나 재래의 출판이 종말을 맞이하는 일은 없을 것이다.… 물론 뉴미디어를 무시할 수는 없다. 또 무시할 필요도 없다. 그보다도 이것을 선용함으로써 출판 활동의 활성화를 도모하는 것이 시대의 요청이다"라고 말했다. 안 교수는 출판의 본질을 구현하는 출판 영역에서 인쇄출판물과 더불어 전자출판물의 중요성을 이미 간파하고 있었던 것이다.

안 교수는 출판물의 세부 영역에 관해서 "출판물을 내용과 용도에 따라서 크게 세 가지로 나누는 것이 보통인데, 첫째는 학교에서 교재로 쓰이는 교과서요, 둘째는 일반 단행본이요, 셋째는 잡지"라고 하였다.[12] 이종국(1995)은 안 교수의 세 가지 구분 방법을 근거로 출판물의 3대 영역을 교과서, 단행본, 잡지로 들면서 세 가지 유형의 출판물이 가장 범위가 많고 영향력도 크기 때문이라고 하였다. 이어서 전자출판물을 출판의 영역으로 분명히 하면서 전자출판과 전자출판물의 개념은 서로 구분할 필요가 있다고 말하였다.

둘째, 출판물의 형태적 측면의 구분이다. 현재까지 발전해온 출판물의 형태는 인쇄 출판물과 전자 출판물로 구분된다. 인쇄 출판물은 인쇄술의 발명 이후 출판물의 절대를 점하여 왔었고, 지금까지 다수를 점하고 있으나 전자 출판물이 증가할수록 판매는 감소되고 있다. 인쇄 출판물은 도서, 잡지, 기타의 출판물 등의 형태와 양장본, 반양장본, 단행본 등의 책의 모양을 가지고 있다. 전자 출판물은 전자책, 모바일북, 오디오북, CD롬/DVD북, 전자사전, 전자교과서, 전자저널, POD(Publish-on-Demand) 등이 있지만 이 중에서 전자책, 모바일북, 오디오북이 대표적이다. 하지만, 형태적 측면에서 종이책이든 전자책이든 책의 요건은 갖추어야 책으로서

---

12) 안춘근(1992), 『출판의 진실』(서울: 청림출판), p.36.

정의될 수 있을 것이다. 책의 요건은 공중의 이용에 제공되는 최소한 49쪽(표지 제외) 이상의 비정기적인 간행물을 말함은 유효할 것이다.

출판의 영역과 관련된 종래의 연구는 인쇄 출판물의 선택-제작-유통과 사회적 영향을 대상으로 하는 연구가 중심을 이루어 왔다. 그러나 1990년대 이후부터 전자출판과 전자 출판물의 연구가 급속히 늘어났다. 필자가 파악한 바에 의하면 우리 학회지에 게재된 전자출판과 뉴미디어 관련 논문의 수가 100여 편에 이르고 있으며 이중에서 약 80%가 2000년대 이후의 논문임을 볼 때 우리 학회에서 전자출판의 본격적인 연구는 2000년부터 시작되어졌다고 볼 수 있다.[13]

출판의 본질이 드러난 출판 현상을 출판 영역과 출판물 형태로 나누어 살필 수 있는 것이다. 본질이 항구적이라면 현상은 비항구적이다. 출판의 표면적 현상으로서 출판물의 영역과 형태도 불변성을 갖는 것은 아니다. 지금 보는 출판물의 출판 영역과 형태는 변모할 수 있는 것이며 시대의 변화나 과학의 발전에 따른 가변성도 지니고 있다.

③ 출판의 개념과 정의에 관한 연구

학문 연구에서는 본질(essence), 개념(concept), 정의(definition) 용어가 자주 쓰인다. 일반적인 인식이나 논리의 순서에서 본다면 '본질'의 파악이 먼저 이루어지고, 여기에서 구체적 사실들을 귀납하여 일반화한 '개념'이 되고, 개념에서 주제어가 추출되어 '정의'로 가는 것이 순서라고 보인다. 그러나 이 글이 인용할 수 있는 범주가 넓지 않기 때문에 순서에 따르기보다는 지면에 발표된 개념과 정의에 대해서 순서 구분 없이 기술한다.

본질이 인간의 가치 부여에 따른 바탕이라면, 개념은 과학의 진보에 따라 발전하게 된다. 출판의 본질이 불변성이라면 출판의 개념은 가변성이다. 본질이 바탕의 넓이를 이룬다면 개념은 그 넓이에서 높이를 쌓아가는 것이라고 볼 수 있다. 출판의 본질이 출판의 본령(本領)이라면, 출판의 개념은 출판의 발달과 관련이 있다. 모든 사물이 발전함에 따라 개념의 변화는 불가피하고 출판의 발달에 따른 개념 변화도 당연한 일이다.

출판의 개념에 대하여 민병덕(1995)은 선택-제작-분배를 중심으로 정리한다. "출판기획에 의하여 저작물을 '선정'해서 그 저작물을 창의적인 편집 활동을 통하여 배열 정리하여, 이를 기능적인 편집 활동을 통하여 가독성이 높은 형태로 전환하여 인쇄술 기타 기계적, 화학적, 전자적 기타 여러 가지 기술적 방법을 사용해서, 각종 출판물로 다수 복제하여 '제작'하고, 널

---

13) 현재까지 우리 학회 회원들의 의해 초창기부터 발표한 논문의 수는 약 1,000여 편이 넘고 있는 것으로 파악된다. 『한국출판학연구』(950편), 〈국제출판학술회의〉(70편), 〈한중출판학술회의〉(80편) 등이다.

리 독자에게 '분배'하여 문화를 전달, 향유케 하며, 때로는 그 대가를 받아 이윤을 추구하기도 하는 문화적, 사회적 활동이며 또 거기서 발생하는 문화현상, 사회현상"이라고 정의한다.[14]

차배근(1987)은 커뮤니케이션 입장에서 정의를 내리고 있다. "출판커뮤니케이션이란 (1) 출판커뮤니케이터(communicator) 즉, 저작자나 출판사가 (2) 지식이나 정보·사상·감정·문화 등의 정신적 내용을 문자나 도형 등으로 기호화하고 처리해서 그것, 즉 메시지(message)를 (3) 도서 또는 서적이라는 인쇄매체(printed medium)를 통하여 (4) 그 수용자(receiver)인 독자들에게 전달·전수해서 (5) 그들의 정신적 욕구를 충족(즉 effects)시켜 주고 그 대가로 이윤을 추구하는 문화적·경제적 커뮤니케이션 행위"라고 말한다.[15]

이종국은 본질적 관점에서 출판의 의의를 말하면서 출판을 행위와 대상으로 구분하여 설명한다. "출판 행위란 사상과 감정을 문자 또는 그 밖의 표현수단을 매개 삼아 그 내용을 보고 인지할 수 있도록 드러내 보이는 것을 말한다. 그러므로 공개성이 강조되며, 불특정 다수(공중)에게 공표하는 전달 또는 전파 행위"라고 설명한다. 출판의 대상으로는 "출판의 내용을 담은 매체로서의 출판물(도서, 잡지 또는 기타의 출판물)과 그 출판물을 이용하는 수용자(독자)로 나눌 수 있다"고 하였다. 결국, 출판은 문화 내용을 주로 문서 또는 책으로 마무리하여 내보이는 표현 행위의 한 분야로 정의하고 있다.[16]

김기태(2010)는 아날로그 시대의 개념으로서는 디지털화 된 출판물을 적절하게 설명할 수 없게 되었다면서 출판의 재개념화를 시도하였다. "출판이란 인간의 사상이나 감정을 표현한 저작물을 창의적인 편집활동을 통하여 인쇄술 또는 기계적·화학적·전자적 방법을 사용하여 책의 형태로 다수 복제하거나 각종 전자기기에 탑재하여 독자에게 분배함으로써 공익의 목적을 달성하거나 이윤을 추구하기도 하는 문화적·사회적 활동"이라고 말한다.[17]

노병성(2010)은 오늘날 정보사회에서 '출판'이라는 용어가 다양하게 사용되고 있음에도 불구하고, 이를 규정하고 개념화하는 학문 분야에서는 그 방향성을 바르게 제시하지 못하고 있다. 새로운 미디어의 등장은 출판에 대한 보다 명확한 개념 정의를 요구하고 있다고 전제한다. 이어서 디지털 시대에 나타난 출판개념의 특징은 다음과 같다고 설명한다. "첫째, 출판을 개념화하는 데 있어서 인쇄의 개념이 생략되거나 부가적으로 이용되고 있다. 둘째, 콘텐츠 등의 개념이 활용되고 있다. 셋째, '출판'이란 용어와 'Publishing'이란 용어가 동시적으로 사용되고

14) 민병덕(1995), 「출판학연구방법론」, 범우사기획실 편, 『출판학원론』(서울: 범우사) pp.14~15.

15) 차배근(1991), 『커뮤니케이션학 개론(하)』(서울: 세영사), p.222. 차배근 교수의 이 저서는 개정판이 발행될 때마다 정의에 대한 부분도 수정이 이뤄지므로 유의해야 한다.

16) 이종국(1995), 「출판본질론」, 범우사기획실 편, 『출판학원론』(서울: 범우사) pp.77~78.

17) 김기태(2010), 「새로운 패러다임 구축을 위한 출판의 재개념화 연구」, 『한국출판학연구』 통권 제58호 (서울: 사단법인 한국출판학회), pp.247~248.

있는데, 'Publishing'은 주로 디지털 출판과 관련되어 사용되고 있다.[18] 넷째, 출판과 타 산업 혹은 타 매체와의 경계가 흐려지고 있다. 다섯째, 출판의 영역이 확대되어 광의의 출판개념으로 진화하였다."[19]라고 하면서 이런 점에서 출판을 개념화한다면, "출판이란 독자나 이용자와의 커뮤니케이션을 전제로 인간의 정신적 소산물인 콘텐츠를 인쇄, 전자적 패키지화 또는 서버 적재 등의 방법을 통해 공중의 접근권을 확보하려는 일련의 과정이나 행위라고 말할 수 있다."[20]라고 말한다.

사회 현상이 결코 고정적이지 않으며, 하나의 개념도 시대와 사회와 인식 주체에 따라 여러 가지 다른 개념이 가능하다. 더구나 개념은 학문적 사유의 첫 관문이라는 점에서도 중요 의미를 갖는다. 민병덕, 차배근, 이종국의 개념과 정의는 인쇄매체를 바탕으로 하고 있다고 볼 수 있다. 반면에 김기태, 노병성의 개념과 정의는 디지털 시대에서 출판의 개념과 정의가 현실의 속도를 따르지 못하고 있는 데에서 비롯되었다고 보인다.

④ 출판의 역할과 기능에 관한 연구

출판은 현대 사회에서 대중 매체로서의 일반적인 기능을 수행하면서도 출판매체만이 가지고 있는 특수한 기능도 이행한다. 출판의 기능 가운데 다른 매체가 추종할 수 없는 탁월한 기능은 문화의 보전-전달-창조의 기능이다. 안춘근은 출판의 기능에 대하여 ① 문화의 창조 ② 문화의 전달 ③ 문화의 보존 크게 세 가지라고 말할 수 있다고 하였다. 첫째, 문화의 창조는 출판사에서 독창적인 출판계획을 세워서 저작자들에게 의뢰하는 경우와 출판사에서 스스로 저작하는 경우에 해당되지만, 서적의 출판 행위 자체가 창조 행위라는 것이다. 둘째, 문화의 전달은 출판의 기능에서 가장 비중이 큰 부분이다. 아무리 좋은 원고라도 출판을 통하지 않고 세상에 드러내지 못한다. 원고는 책으로 만들어내는 출판을 거쳐야 원고의 효용성을 갖는다는 점이다. 셋째, 출판은 책을 통한 의사소통이며 감정의 고정체이고 사상의 전승자이기에, 출판은 어떤 사상(事象), 어떤 사상(思想)과 감정도 전달 내지 전승하고 보존하는 역할을 한다는 점이

---

18) 이용준(2010)은 인터넷과 전자출판이 혼돈되는 것에 대해 '인터넷의 영역이 문자로 되어있고 인터넷에 정보를 올리는 것을 '출판한다(publish)'라고 말하기 때문이다. 인터넷은 문자로 정보를 전달, 소통하는 공간이기에 인터넷 자체를 전자출판이라고 부를 수는 없다'라 하였다(이용준 외, 전자책 빅뱅, 이담북스, p.51). 이용준 글과는 관련 없이 노병성(2010)은 MS프린트페이지나 어도비에서 웹페이지를 만드는 작업을 웹 퍼브리싱이라 한다. 사용자가 원하는 인터넷 주소로 복사하는 과정도 출판이라고 한다고 하였다.

19) 노병성(2010), 「출판의 개념 변화에 관한 고찰」, 『한국출판학연구』 통권 제59호(서울: 사단법인 한국출판학회), p.82.

20) 노병성(2010), 위의 글, p.55.

다.[21]라고 출판매체의 특수한 기능을 기술하고 있다.

이종국은 출판의 역할과 기능에 대하여 매체 유형이 어떻게 변하든지 간에, 문화 내용의 보고와 전승 수단으로서 우선한다는 불변성을 지닌다고 하였다. 이와 관련하여 출판의 변함없는 역할과 기능에 대해서 다음과 같이 말한다. 첫째, 출판은 문화 내용의 보존(conserving), 전달(transmitting) 및 창조(creativity) 기능을 수행한다고 보았다. 보존→전달→창조는 다시금, 창조→전달→보존의 순환과정으로 연계된다고 하였다. 둘째, 출판은 항속성(permanence)의 기능을 수행한다. 도서를 중심으로 한 출판물은 그 자체가 기록된 현물이며 항구적 보전을 전제로 하여 보존성이 강한 재질로 구성되어 있다. 셋째, 출판은 지도기능(teaching and influnce)이 강하다는 점이다. 이 기능은 교육적 기능과 같은 개념이라고 볼 수 있다고 하였다.[22]

차배근은 출판을 매스 커뮤니케이션의 한 형태로 보면서 그 특성과 기능을 들고 있다. 첫째, 지속성(permanence)이다. 서적은 라디오, TV, 신문 등과는 다르게 거의 항구적 생명을 지니고 있다. 둘째, 서적은 도달 범위가 가장 넓은 매체이다. 번역과 중쇄(重刷) 등으로 무한한 복제성을 지니고 있으며 회람되면서 수많이 읽혀지므로 지식과 보급과 새로운 사상의 확산에 중요한 기능을 한다. 셋째, 완벽성(perfection)과 상세성이다. 완벽하게 체계적으로 쓰여 질 수 있기 때문에 독자들에게 정확하게 전달할 수 있다. 이러한 특성으로 학교 교육의 기능을 담당하며 문학작품 소개에도 적합하다. 연극, 영화, 방송 프로그램의 문자의 재창작에도 활용되는 등 문화의 창조와 발전에 크게 기여한다. 동시에 서적은 대중 매체가 갖고 있는 신속성이나 속보성이 떨어지고, 보도기능은 거의 수행하지 못하며, 문맹자에게 전달할 수 없는 단점도 있다고 하였다.[23]

반면에 민병덕은 '편집'과 '출판'과의 관계를 매우 중시하였다. "편집(때로는 편성)은 출판, 잡지, 신문, 라디오, 텔레비전, VTR 등으로 발전해 온 커뮤니케이션 수단 중에서 일관되게 변함없는 가장 핵심적 존재"라고 강조하였다. 그리고 "운영방법이나 운영주체 또는 매체의 특성에 의한 큰 변화 없이 일관되게 추출해 낼 수 있는 고유 연구 대상이 바로 '편집'이라 할 수 있다. '편집'에 대한 과학적 연구와 그 본질 이론의 확립이야말로 출판학 연구뿐만 아니라 커뮤니케이션이론, 문학이론 등의 연구에도 기여하게 될 것이다"라고 단언하고 있다. 또한 편집은 선택-제작-분배로 이루어지는 출판의 기능 중에서도 선택, 제작뿐만 아니라 분배(독자)에까지도 깊이 관여하며 편집이 출판문화 현상에서 핵심적 존재임은 틀림없다고 하였다.[24]

---

21) 안춘근(1992), 「출판의 진실」(서울: 청림출판), pp.39~41.

22) 이종국(1995), 「출판본질론」, 범우사기획실 편, 『출판학원론』(서울: 범우사), p.119.

23) 차배든(1991), 『커뮤니케이션학개론(하)』, (서울: 세영사), pp.226~228.

24) 민병덕, 「출판학 연구방법론에 대한 고찰」, 『'86출판학연구』(서울: 범우사), pp.45~46.

이종국은 편집과 출판의 상관성에 유의하면서 편집과 출판은 목적 행위 면에서 동일한 지향을 지닌다고 하였다. 훌륭하게 편집된 것은 또한 좋은 출판물이라는 합리성이 설정되어 있기 때문이다. 이 둘은 서로 상보관계로 호응한다. 이 때문에 편집은 저작물과 독자와의 관계에서 가교의 장치로 존재한다.[25] 이 교수는 중국의 편집학을 국내에 소개하면서 편집학과 출판학에 대한 깊이 있는 연찬을 지속하고 있다. 민 교수의 주장처럼 한국출판학회가 출판학의 연구체계와 연구방법으로서 '편집(editology)'을 주축으로 설정한다면, 출판학은 출판, 잡지, 신문, 방송, 영화, 도서관 활동 등 여러 분야에 공통된 기초 학문적 대상을 확보하는 것이 될 것이다.

위에서 거론된 출판 매체만의 특수한 기능들과 관련하여 출판학과 커뮤니케이션학의 구별은 민병덕에게서 찾아 볼 수 있다. 민병덕(1985)은 "출판학은 사회 현상으로서 출판을 과학적으로 조사, 연구함을 목적으로 하는 학문으로서, 신문, 방송 등 매스 커뮤니케이션을 대상으로 하는 신문학과 가까우나 반드시 매스 미디어로서의 출판에만 국한되는 것은 아니다"[26]라고 하면서 출판이 매스 미디어와는 구별되는 특성이 있으므로 출판학과 커뮤니케이션학 사이에 거리를 두고 있다. 이러한 학문적 관점은 출판만이 갖고 있는 매체의 역할, 특성, 기능에서 비롯되었다고 볼 수 있다.

한편, 이강수는 출판 매체가 매스미디어인 신문이나 방송매체의 경우와 같이 매스 커뮤니케이션의 이론적 틀로 체계화 되어야 한다고 주장한다. 이를 위해서는 출판 매체가 전달하는 커뮤니케이션 내용을 명확하게 개념화시킬 필요가 있다고 역설하였다. 특히, 출판 매체 내지 출판 현상을 매스미디어 내지 매스 커뮤니케이션 현상과 구별해서 보려는 출판 연구자들과 출판인들의 시각은 출판 매체에 대한 편견이라고 규정한다. 이 편견은 사회과학자나 매스 커뮤니케이션 연구자들에게도 존재하여 세 가지 관점에서의 편견이 있다고 말한다.[27]

⑤ 출판의 변화와 미래에 관한 연구

제1회 국제출판학술회의(IFPS)에서 안춘근은 "뉴미디어를 무시할 수는 없다. 또 무시할 필요도 없다. 이것을 선용함으로써 출판 활동의 활성화를 도모하는 것이 시대의 요청이다"라고 주장한 바 있다. 안 교수는 이미 35년 전에 현재의 상황을 예견한 듯이 발표했던 것이다. 당시 1980년대 중반은 출판에서 컴퓨터가 활용되기 시작할 무렵이었지만 이러한 변화를 적극적으

---

25) 이종국(1995), 위의 글, p.117.

26) 민병덕(1985), 『출판학개론』, (서울: 지식산업사), p.8.

27) 이강수(1991), 「출판학의 학문적 성격과 연구방법론」, 『출판연구』 제3호(서울: 한국출판연구소), pp.167~189.

로 선용함으로써 출판 발전을 도모하자고 역설한 것이다.

이용준(1997)은 역사적으로 볼 때 새로운 매체의 등장은 기존 매체에 상당한 위협을 가하는 요소로 인식되었다. 이러한 경향은 출판매체의 경우에도 마찬가지다. 전통적인 종이책은 앞으로도 꽤 오랜 기간 출판의 한 양식으로 존재할 것이다. 그러나 옛날과 같은 위력적인 영역으로 남아 있게 되지는 못할 것이다. 당분간은 종이출판물과 전자출판물이 공존할 것으로 보여진다.[28]라고 말한다. 이어서 이용준(2010)은 디지털 출판은 기존의 출판과는 다른 접근 방법을 요구한다고 하였다. 디지털 출판에서 가장 중요한 점은 온라인을 통해 책이나 디스크와 같은 특정한 상품을 '판매'하는 것이 아니라, 특정한 정보나 아이디어에 대한 '접속'을 제공한다는 것이다.[29] 이러한 점에서 콘텐츠 산업의 원천 스토리(원작)를 가지고 있는 출판산업의 중요성이 있다 하였다.

김정숙(1997)의 언급은 이 글에서 논의하고 있는 출판의 본질적 관점으로 바라본다는 점에서 눈길을 끈다. "현재나 미래의 출판에 본질적 위기가 닥친 것은 아니다. 인류의 문명사와 그 궤를 같이하고 있는 출판문화는 그 공간을 확대해 왔으며 또 앞으로도 확대해나갈 것이기 때문이다. 과거에 인쇄혁명이 출판의 개념을 변화시키기보다는 그 영역을 확장하였고 종래의 종이책으로부터 플라스틱 책으로, 지면독서에서 화면검색으로 바뀐 오늘에도 여전히 출판은 〈인류의 사상, 감정, 정보를 담은 내용물을 일련의 제작과정을 거쳐 인류사회에 널리 펴내는 것〉으로 정의되며, 그러한 행위를 〈출판행위〉로 그리고 그 결과물을 〈출판물〉로 총칭함에는 앞으로도 변함이 없을 것이다."[30]라고 하였다.

이와 같이 출판의 본질적 바탕에서 본다면 책의 존재는 사라지지 않지만 과학의 발전과 더불어 책의 형태 변화는 계속될 것이다. 다만, 디지털 시대에서 출판은 종래의 '판매'의 개념과 더불어 '접속'의 개념이 중요시 되면서 콘텐츠 산업을 팽창시키는 원동력으로서 출판의 중요성이 있다 하겠다. 디지털 시대에서는 오히려 출판의 본질을 되찾고 정체성을 바로 세우는 데에서 출판학 및 출판산업의 미래가 있다고 생각한다. 출판의 본질에 바탕을 두고 정체성을 구축한 상태에서 소비자의 욕구를 반영하여 거점 콘텐츠로서의 크로스미디어가 이루어지고 이로써 출판과 출판학의 융성을 기대할 수 있다고 생각한다.

부연 한다면, 출판의 본질이 기록성, 복제성, 공표성에 있지만, 핵심은 콘텐츠이며 이는 모든 미디어의 원동력이고 뿌리이다. 원천 콘텐츠가 종이책에서 전자책으로 다시 웹, 모바일, 애니메이션, 드라마, 영화로 크로스미디어화 되는 이 시대에 있어서 출판이야말로 거점 콘텐츠로

---

28) 이용준(1997), 「전자출판과 출판의 미래」, 『현대출판론』(서울: 세계사), pp.487~490.

29) 이용준외 3인(2010), 『전자책 빅뱅』(파주: 한국학술정보), p.20.

30) 김정숙(1997), 「출판편집론」, 『현대출판론』(서울: 세계사), pp.318~319.

서의 역할을 수행할 수 있다. 이 콘텐츠는 기획-제작-마케팅이 동시에 전개되어야 하며 디지털 기반에서 IT기술은 필수적이다. 여기에 출판권만 아닌 영상 등 2차 저작권에 대한 개발권도 필히 확보해야 한다. 결국, 출판의 미래는 종이책과 전자책을 기반으로 하여 다양한 미디어로 OSMU가 될 수 있는 원천 콘텐츠의 개발, 관련 저작권의 확보, IT 탑재기술 등 디지털 기반에 맞는 프로덕션이 이루어져야만 미래가 있다고 판단된다.

(3) 맺는 말

출판의 본질과 관련하여 본다면, 디지털 콘텐츠 시대에 와서 출판의 공간은 오히려 확장되고 있음을 보여준다.[31] 산업적인 관점에서 출판미디어는 영화, 방송, Web, Mobile 등과 결합된 멀티미디어 콘텐츠산업으로 발전될 것으로 보인다. 왜냐하면, 1970년대 이전에는 방송·영화산업, 출판·인쇄산업, 그리고 컴퓨터산업은 서로 큰 관계를 가지지 않는 독립적인 산업들이었다. 1980년대에 이르면 이들은 서로 간에 융합되어 상호 관련성이 커지게 되었다. 간단한 예로 출판·인쇄산업과 컴퓨터산업이 융합된 전자출판산업, 방송·영화산업과 컴퓨터산업이 융합된 디지털영상산업을 들 수 있다. 이러한 관련 산업들의 흐름은 1990년대 이후 급격히 전개되어 왔으며, 2000년대에는 이들 매체의 콘텐츠와 서비스가 한 곳에 모이는 경향이 나타나기 시작했다. 전자책이라는 새로운 산업분야도 출판산업, 컴퓨터산업, 방송영화산업의 융합이라는 차원에서 현재를 찾아야 할 것이다.

미디어 격변의 시기일수록 출판의 본질적인 면을 이해하면서 근본에 충실해야 한다고 생각한다. 옥스퍼드 영어사전에서 'Publish'(출판)의 의미를 다음과 같이 정의한다(Oxford English Dictionary, 2013). "to make public, to make generally accessible or available for acceptance or use" 즉 대중화 시키는 것, 쉽게 접근할 수 있으며, 사용이 가능하도록 하는 것, 콘텐츠를 대중이 보다 유용하게 접하고 사용할 수 있게 만드는 것이 〈출판〉이라는 것이다.[32] 이 사전에 따르면 출판은 문화 영역 모두를 포괄한다. 대중에게 전달하고자 하는 콘텐츠를 영화와 TV, 게임과 모바일에도 담을 수 있다. 출판사들이 가지고 있는 콘텐츠는 풍부하며 지식, 정보, 오락 등의 다양한 콘텐츠를 다루고 있다. 이러한 콘텐츠를 종이책으로만 활용하는 것이

---

31) 일부에서 웹 시대에 들어와서 텍스트(text)와 콘텐츠(contents)를 구분한다. 텍스트는 주석, 번역, 서문 및 부록 따위에 대한 본문이나 원문을 의미하며 인쇄시대에서 쓰이는 용어라면, 콘텐츠는 디지털시대에서 사용되는 용어로서 인터넷이나 컴퓨터 통신 등을 통하여 제공되는 각종 정보나 그 내용물을 지칭한다. 하지만 텍스트는 많은 콘텐츠로 변용될 수 있는 잠재성을 갖고 있다.

32) 남석순(2013), 「전환기 미디어로서의 출판의 공간 확장: 본질적·산업적·교육적 관점에서 본 출판」, 『출판문화연구』 통권 제21호(출판문화학회), p.34.

아닌 모바일 시대에 사는 수요자들의 변화에 맞춰가야 할 것이다.

출판은 인류의 지혜인 '기록'을 선별하여 '복제'하고 '공표'하는 행위이며, 출판학은 이러한 현상들을 체계화하고 과학화하는 학문이다. 다시 말한다면 출판의 본질은 표현에 의한 기록성, 편집에 의한 복제성, 매체를 통한 공표성 이라고 볼 수 있다. 출판학은 문자나 그 밖의 표현 수단으로 기록한 인류의 지혜를 선별하여 편집에 의한 복제 행위와 매체를 통한 공표 행위로 일어나는 통시적, 공시적 사회 현상으로서의 출판 현상을 체계화하고 과학화하여 분야 학문과 출판 발전에 기여함에 있다고 본다.

본질이란 사물의 근원이며 기본정신이고 본바탕이면서 밑바탕이다. 출판학 연구는 출판이 갖고 있는 본질성에 충실하면서 미래의 연구를 열어가야 할 것이다. 출판의 본질에 대한 올바른 이해의 바탕에서 출판학 연구가 이루어질 때 출판 현상을 제대로 파악하고 분석할 수 있다. 출판의 본질은 미디어의 급속한 발전에도 불구하고 인류의 사상과 감정, 지식과 정보를 담는 미디어로서의 의미는 앞으로도 변치 않을 것이다. 한편, 디지털 시대에서 급속히 변모되는 출판의 영역과 성격을 앞서 연구하고 규명하여 미디어와 소비자들의 변화에 적절히 대처해야 한다. 아울러 출판산업의 당면 과제의 개선이나 미래 방향에 대한 실제적 조사 연구가 더욱 활발해져야 할 것이다. 이러한 과제들은 출판의 본질적인 바탕 속에서 근본적인 원인과 해결 방법을 찾는 데서 비롯될 것이다.

2) 출판교육론

(1) 출판학 교육의 필요성과 의의

한국에서 출판교육의 필요성이 처음 제기된 것은 1963년 11월 안춘근 교수에 의해 발표된 논문 '출판학원론'을 통해서였다. 그의 견해는 출판을 실기 또는 실무 영역이라거나 경험에 의한 사업 정도로만 간주하려 했던 종래의 통념을 불식해야 한다는 신념에서 비롯되고 있었다. 이론을 모르는 상태에서 지식 수단의 공표물(公表物)을 생산한다는 것 자체가 모순이라는 것이다. 이 문제를 중시한 안 교수는 출판교육을 대학 차원에서 연구와 교육이 함께 이루어져야 한다고 믿었다. 그는 출판교육에 필요한 출판개론, 기획조사론, 편집론 등 24개 전공과목을 함께 제시함으로써 대학에서의 출판교육이 실현되어야 한다는 견해를 밝혔다. 이는 한국에서 출판교육에 대해 처음 공표된 의견이라는 점에서 중요한 기록성을 가진다.(이종국, 2000, p.157)

데사우어(John P.Dessauer)는 "좋은 출판은 유능한 출판인에게 달렸다"라고 하였다. 그의 말은 결국 유능한 출판인이 좋은 책을 만든다는 것이다. 유능한 출판인은 한 권의 책이 인간과 사회에 미치는 지대한 영향력을 알고 있는 사람이다. 유능한 출판인은 단순히 경험과 사업에 의해서 만들어지는 것이 아니라 전문화를 통해서 출판의 지식과 가치를 익히는 과정에서 육성된다. 이러한 점에서 출판의 전문성 배양을 위한 출판교육의 중요성은 다시 명료해진다.

출판교육의 필요성은 안춘근, 민병덕 교수에 의해 학회가 창립되기 이전부터 제기된 이후, 1969년 창립 초창기부터 대학의 출판학과 설치를 학회의 4대 중점 사업으로 정하고 꾸준하게 제기하여 왔던 것이다. 특히 1988년부터 1993년까지는 한 해도 거르지 않고 '4년제 정규대학 출판학과 신설 건의서', '학부과정에서의 출판학과 설치를 위한 건의서'를 매년 청와대, 국회, 교육 당국과 전국 대학 총(학)장에게 지속적으로 건의하여 왔다. 학회의 계속된 건의는 1987년 6.29 선언 이후 출판산업의 활성화가 이루어지면서 전문대학, 대학, 특수대학원에서 출판 관련 학과와 전공 설치에 큰 영향을 끼치게 된다.

우리 학회부터 제기하고 건의되었던 출판교육의 필요성은 출판이 국가 문화 발전에 바탕이 되는 중심적인 산업이라는 점으로 시작된다. 이어 문화 전파자로서 출판인이나 편집인들은 출판의 정규 교육과정을 통해 가치와 능력을 내면화한 전문인으로서 직업의식을 갖추어야 한다는 점을 논리적으로 전개하여 갔다. 더구나 한국 출판이 세계 10대 출판 강국으로 팽창했으나 실질적인 전문 인력이 육성되고 있지 않는데 이를 뒷받침할 수 있도록 4년제 대학에 출판학과의 설치가 필요함을 내세웠다. 우리 학회의 주도로 출판단체들과 함께 책의 해인 1993년에 낸 건의서의 취지는 출판학 교육의 필요성과 의의를 나타내고 있다. (1) 현대사회에서 출판의 중요성 증가 (2) 출판전문인 양성의 필요성 (3) 출판계의 요구 (3) 대학에서 요청 등을 배경으로 들면서 자료집은 한국 대학의 출판교육 실태와 외국대학에서 출판교육 현황을 집대성하여 제시하고 있다.

한편, 출판교육은 출판연구와 동전의 두 면과 같은 긴밀한 관계에 있다. 출판연구 없이 출판교육이 있을 수 없고, 출판교육 없이 출판연구가 어렵다고까지 말할 수 있다. 출판교육은 출판연구와 같은 수준으로 강조되어야 한다.(민병덕, 1993, p.10) 이처럼 출판학 교육은 출판학 연구를 전제로 하고 그 성과를 바탕으로 실시되어야 하며, 출판학 연구와 교육은 불가분의 관계에 있다. 출판학 연구와 교육은 현실성과 당위성을 띠고 있다. 출판학 교육이 단순히 실무적이고 미시적인 지식 이외에 책이 인간과 사회적으로 갖는 의미에 대한 거시적 영역에도 전문적인 지식이 필요하므로 대학 정규과정에 신설이 더욱 필요해진다.

출판교육의 필요성과 의의에 대하여 안춘근 교수가 제기한 이후, 출판업계도 함께 출판 전문인 육성을 위하여 4년제 정규대학의 출판학과 설립을 지속적으로 주장해 왔다. 신설 건의의 영향인지는 모르지만 실제 서울 소재 대학교(한양대, 외국어대, 중앙대)에서 신설을 요청했으나 교육 당국의 대학정원에 의하여 실현되지 못하였다고 한다.

출판학 교육에 관한 연구들은 안춘근, 민병덕, 한태석, 황병국, 윤형두, 이종국, 남석순, 이기성, 오경호, 김희락, 김두식, 김선남, 김정숙, 김진두, 노병성, 윤세민, 한주리 등에 의하여 심도 있게 꾸준히 진행되어 왔었다. 본고는 위의 출판학 교육에 관한 연구 논문들의 성과 위에서 한국 출판학 교육의 실제 전개 과정을 중심으로 서술한다.

　한국의 출판학 교육은 한국출판학회의 회원들이 중심이 되었다고 말하여도 과언은 아닐 것이다. 출판학 교육의 길을 처음으로 열어간 안춘근 선생을 비롯하여 전문대학의 교수진의 절대 다수와 대학 출판학과의 교수, 특수대학원의 일부 교수진들은 우리 학회 회원들이 처음으로 학과의 문을 여는 데 참여하고 제자들을 가르치고 출판계에 배출하여 왔다. 한국의 출판학 교육의 전개 과정을 연대기 별로 살펴본 다음 출판학 교육의 위기와 과제를 논하기로 한다.

(2) 출판학 교육의 전개 과정

　한국에서의 출판학 교육의 전개 과정을 공교육 기관인 전문대학, 대학, 대학원으로 구분하여 살펴볼 수도 있다. 하지만 50년사에서는 연대기 별로 기술하는 것이 역사적인 면에서는 유의미할 것이다. 1950년대 후반과 60~70년대의 출판학 교육은 신문학과나 도서관학과에서 출판 과목의 편성이었고, 학과와 전공의 개설은 1980년대까지 기다려야 이루어지게 된다.(남석순, 2001, pp.177~204)

① 1960~70년대 전후

　우리나라에서 출판학 교육의 시작은 안춘근 교수에 의하여 1957년 서울신문학원에서 '출판론'을 강의하면서 비롯되었다. 정규대학도 안 교수에 의하여 1966년 이화여대 대학원 도서관학과에서 출판론 강의가 처음이다. 이후부터 한양대(1968), 고려대(1973), 경희대(1975), 서울대(1976) 신문학과에서 출판론의 강의가 각각 개설되었다. 이러한 출판학 연구와 더불어 교육의 성과들은 국내 출판계에서 출판교육을 새롭게 인식시키는 계기로 작용되었다.

② 1980년대

　1960년대 전후에 걸쳐 태동하기 시작한 출판학 교육은 1980년대에 이르러 전문대학에서부터 단일 학과로 정착되기 시작한다. 전문대학의 출판학 교육은 1980년 신구전문대학(신구대학) 인쇄과에 '출판 전공'이 신설됨으로써 시작되었고 1989년에 와서 출판과로 독립되었다. 처음으로 정규학과가 설치된 것은 1982년에 혜전전문대학(혜전대학)의 출판과이며 이때부터 본격적인 출판교육이 시작되었다. 1989년 신구전문대학에 출판과, 부산전문대학(부산정보대학)에 인쇄출판과 등 4개 전문대학으로 이어졌다.

전문대학 출판학과 설치 현황(1980년대)				
지역	대학명	설치년도	학과(전공)명	정원
충남	혜전대학	1982	전자출판과(출판과)	40
경기	신구대학	1989	출판과	180
대전	혜천대학	1989	전자출판과(출판과)	80
부산	부산정보대학	1989	정보편집디자인 전공(인쇄출판과 → 정보출판과)	계열모집
※ 학과명에서 괄호 안은 이전 학과 명칭을 말함				

4년제 대학에서 처음 출판 관련 학과를 설치한 곳은 1989년 광주대학교 출판광고학과이다. 이 학과는 출판과 광고의 결합으로 이루어졌는데 학생들은 출판과 광고의 과목을 동시에 수강하였으며 전공은 분리되지 않는 가운데 운영되었다. 당시에는 유일하게 4년제 대학에 개설된 출판학과였다.

대학(1980년대)				
지역	대학명	설치년도	학과(전공)명	정원
광주	광주대학교	1989	출판광고학과 (광고정보학과 → 언론광고학부)	-

특수대학원에서 출판학 교육은 1981년 중앙대학교에서 신문방송대학원을 설립하고 출판·잡지 전공을 둠으로써 시작되었다. 1980년대에 출판 전공을 개설한 3개 대학원은 1988년에 동국대학교 언론정보대학원(당시 정보산업대학원)에 출판·잡지 전공, 1989년 경희대학교 언론정보대학원(당시 신문방송대학원)에 출판·잡지 전공이 신설되었다.

특수대학원 출판전공 설치 현황(1980년대)				
대학원	개원	전공설치	전공명	소속학과
중앙대신문방송대학원	1981	1981	출판·잡지	신문방송학과
동국대언론정보대학원	1988	1988	출판·잡지	출판잡지학과
경희대언론정보대학원	1989	1989	출판·잡지	저널리즘학과

③ 1990년대

1990년대에는 10개 전문대학에서 출판·편집 관련학과가 신설되었다. 1990년 대구전문대학(대구과학대학, 출판인쇄과), 서일전문대학(서일대학, 인쇄출판과, 1992) 백제예술전문대학(백제예술대학, 편집디자인과, 1992) 경인여자전문대학(경인여자대학, 전자편집디자인과, 1993), 동주여자전문대학(동주대학, 편집디자인과, 1993)에 각각 신설되었다. 계속해서 계원조형예술학교(계원조형예술대학, 전자출판 전공, 1995), 성심외국어전문대학(성심외국어대학, 출판편집디자인 전공, 1995)이 개설되었다.

이어서 김포전문대학(김포대학, 전자출판과, 1996), 동원전문대학(동원대학, 문예편집과, 1997), 연암공업전문대학(전자출판디자인 전공, 1999) 등 모두 14개 전문대학에 출판관련 학과가 신설되었다. 그러나 대구과학대학, 경인여자대학, 백제예술대학 등 3개 대학에서는 계열화 혹은 학과 명칭의 변경으로 중단되었고 2001년 5월에는 11개 전문대학에 출판 관련 학과가 개설되어 있었다.

전문대학 출판학과 설치 현황(1990년대)				
지역	대학명	설치년도	학과(전공)명	정원
대구	대구과학대학	1990	출판인쇄과 ※ 폐과 → 학과명칭 변경)	-
서울	서일전문대학	1992	정보출판과(인쇄출판과 → 출판과)	40
전북	백제예술전문대학	1992	편집디자인과 ※ 폐과 → 학과명칭 변경)	-
경기	경인여자전문대학	1993	전자편집디자인과 ※ 폐과 → 학과명칭 변경)	-
부산	동주여자전문대학	1993	광고편집디자인 전공(편집디자인과)	계열
경기	계원조형예술대학	1995	출판디자인과(전자출판전공 → 출판디자인전공	80
부산	성심외국어전문대학	1995	출판편집디자인 전공(편집디자인과)	계열
경기	김포전문대학	1996	디지털출판과(전자출판과)	120
경기	동원전문대학	1997	출판미디어과(문예편집과)	160
경남	연암공업전문대학	1999	전자출판디자인전공	계열
※ 학과명에서 괄호안은 이전 학과 명칭 또는 폐과 및 계열화 됨을 말함				

4년제 대학은 1995년 원광대학교에서 문예출판학과가 신설되었는데 출판 단독학과가 아닌 문예와 출판의 복합성을 가진 성격이었고 이 대학은 학과의 이원성과 대학 내 사정으로 인하여 문예창작학과로 변경되었다.

대학(1990년대)				
지역	대학명	설치년도	학과(전공)명	정원
전북	원광대학교	1995	문예출판학과(문예창작학과 → 문예창작 전공)	-

1990년대에는 5개 특수대학원에서 출판 전공이 개설되었는데 서강대학교 언론대학원(출판전공, 1992), 연세대학교 언론홍보대학원(신문·출판전공, 1992), 건국대학교 언론홍보대학원(출판·잡지전공, 1995), 한양대학교 언론정보대학원(신문·출판전공, 1995), 성균관대학교 언론정보대학원(출판정보 전공, 1998)에 신설되었다.

특수대학원 출판 전공 설치 현황(1990년대)				
대학원	개원	전공설치	전공명	소속학과
서강대 언론대학원	1989	1992	출판	언론학과
연세대 언론홍보대학원	1992	1992	신문·출판	-
건국대 언론홍보대학원	1995	1995	출판·잡지	신문출판학과
한양대 언론정보대학원	1995	1995	신문·출판	-
성균관대 언론정보대학원	1998	1998	출판정보	커뮤니케이션학과

④ 2000년대

4년제 대학에서 출판학과의 설치는 2001년 제주 탐라대학교(제주, 서귀포)에서 신설되기까지 공백기로 남아 있었다. 탐라대학교는 정보출판미디어 학부 내 출판미디어학 전공으로 두 개 전공의 복합이 아니라 단일 출판학과로서 국내 최초로 설치된 학과가 된다.

대학(2000년대)				
지역	대학명	설치년도	학과(전공)명	정원
제주	탐라대학교	2001	출판미디어 전공	40

2018년 현재, 출판관련 학과 및 전공이 개설되어 있는 대학은 전문대학 2곳, 특수대학원 5곳이다. 전국에 14개 전문대학과 3개 대학, 8개 특수대학원, 1개 일반대학원에 설치된 시기도 있었으나, 정보사회의 진입과 입학 자원의 한계로 인한 대학 당국의 학과 통폐합과 학부제와 계열화로 인해 출판학 교육은 위기에 처하고 말았다.

전문대학은 수도권에 있는 신구대학교 미디어콘텐츠과와 서일대학교 미디어출판과 2개 학과에 불과하다. 그리고 학과 명칭에서 '출판'을 사용하고 있는 대학은 서일대 미디어출판과가 유일하다. 고무적인 것은 2010년 신구대학이 3년제로 개편하고 4년제 학위과정을 처음으로 개설하여 교육여건을 크게 개선하고 있다는 점이다.

특수대학원에서는 중앙대학교 신문방송대학원(출판미디어콘텐츠 전공), 서강대학교 언론대학원(저널리즘·출판 전공), 동국대학교 언론정보대학원(인쇄·출판학과), 경희대학교 언론정보대학원(문화콘텐츠학과 출판저작권 전공), 한양대학교 언론정보대학원(신문·잡지·출판 전공)이 있다. 이들 학과나 전공도 출판과 저널리즘, 인쇄, 신문, 잡지, 문화콘텐츠와 복합되어 개설되어 있으며, 일반대학원에서는 출판 전공은 독자적으로 개설되어 있지 않다.

출판 관련 전문대학 학과 변화 추이(2018)[6]							
순	지역	대학교	개설연도	학과명 (개설시)	학과명 (2004)	학과명 (2011)	학과명 (2015)
1	충남	혜전대학교	1982	출판과	출판 미디어과	폐과	폐과
2	경기	신구대학교	1988	출판과	출판정보 미디어과	미디어 콘텐츠과	미디어 콘텐츠과
3	대전	대전기술대학교 (구 혜천대학교)	1989	출판과	광고창작과	폐과	폐과
4	서울	서일대학교	1991	인쇄출판과	정보출판과	미디어 출판과	미디어 출판과
5	전북	백제예술대학교	1992	편집디자인과	광고창작과	광고편집과	폐과
6	인천	경인여자대학교	1993	전자편집 디자인과	뉴미디어 디자인	광고영상디자인과	폐과
7	경기	계원예술대학교	1995	전자출판과	출판디자인	비주얼다이얼 로그군	폐과
8	경기	김포대학교	1996	전자출판과	디지털 출판과	영상미디어과	폐과
9	경기	동원대학교	1997	문예편집과	출판 미디어과	광고편집과	폐과 (학부제)

33) 출처: 한주리(2011), 「출판관련 전문대학 학과 현황」, 출판학과의 커리큘럼 현황 및 발전 방향연구, 『한국출판학연구』 통권 제60호, p.127 및 김진두(2015), 「출판학과 위기에 대한 연구」, 출판 공교육의 위기와 해법, 한국출판학회 제30회 정기학술대회 발제집 p.14의 내용을 보완한 것임.

(3) 출판학 교육의 위기와 과제

① 위기 원인에 대한 논의

한국에서 출판의 공교육은 위기를 지나서 이미 사라지고 있다. 출판학 교육은 전문대학과 특수대학원의 이원화 체제로 진행되어 왔는데 먼저 전문대학부터 거의 초토화되었다. 1990년 대 최고 14개 대학에 개설되었던 출판 관련학과가 2개 전문대학에서만 겨우 명맥을 유지하고 있다. 최고 8개 특수대학원에 개설되었던 출판 관련 전공이 5개 대학원에 남아 있지만 경쟁률 저하 추세에 따라 다각적인 생존 전략을 펼치고 있다. 이 같은 위기의 시작은 컴퓨터를 기반으로 하는 멀티미디어와 다매체 경쟁 시대에서 출판 매체가 입시 지원자들의 선호를 이끌어내지 못하였다. 더욱 근본적인 원인은 입시 지원자와 대학 당국, 출판업계와 출판교육계, 정부 당국에서 비롯되었던 원인들이 결합됨으로써 결국 황폐화되었다고 볼 수 있다. 한국 출판학 교육의 위기와 과제에 대한 다수의 논문들이 있는데 이를 종합하여 논의하면 아래와 같다.(남석순, 2001 ; 윤세민, 2005 ; 한주리, 2011 ; 김진두, 2015)

첫째, 출판 전공 지원자의 저조와 부족이다. 대학 입시 지원자들의 급감과 더불어 인기 있는 학과에 집중되었기 때문이다. 특히 지방대학의 경우 경쟁률이 급감하고 정원을 채우지 못하는 사례가 발생하면서 학과 변경과 폐과가 되는 상황이 도래한 것이다. 부수적으로 출판산업의 근무 환경과 미래에 대한 불확실성이 입시 지원자들에게 출판관련 학과의 매력을 떨어 뜨리기도 하였다.

둘째, 대학 당국의 학과 구조 조정이다. 학과들의 평가를 입학 지원자들의 학과 경쟁률과 졸업 예정자들의 취업 위주로 평가하였다. 대학 당국은 선호도가 큰 기존 학과나 신설 학과의 개설을 도모함으로써 출판관련 학과의 정원을 다른 학과로 개편하거나 통합시키면서 비롯된 원인이 가장 크다.

셋째, 출판업계의 인식 부족과 근무 환경이다. 출판업계에서는 2년제 전문대학 출판관련 학과 졸업자보다는 비전공이지만 4년제 대학 출신자들을 선호하고 있다. 또 다른 요인은 출판산업 자체가 소규모 영세 산업으로서 종사자들의 적은 급여와 열악한 복지 환경, 직업에 대한 자긍심 부족, 퇴사와 전직, 잦은 이동 등 내부적 문제점을 아울러 갖고 있기 때문이다.

넷째, 출판교육의 개선 부족이다. 이론과 실제를 병행하면서 출판 전문인력을 육성한다는 출판교육계의 원칙과, 이론적 지식에 편중해 실용성 있는 교육을 제시하지 못한다는 출판 현업들의 문제 제기가 있어왔다. 졸업생들이 출판 현업에 적응하여 능력을 발휘할 수 있는 현장 실무 교육의 부족과 출판 전문성 함양에도 미흡하였고 다매체 경쟁시대에서 출판이 갖고 있는 미래성의 제시에도 소홀한 점이 있었다.

다섯째, 정부 당국의 정책과 지원의 부재이다. 문화체육관광부는 5년마다 '출판문화산업진흥법'에 의해 수립되는 '출판문화산업 진흥 5개년 계획'에 출판전문인력의 육성을 주요한 목표로 삼고 있으나 실제 공교육에 지원되었던 사례는 없다. 출판업계들이 세운 사설교육기관인 한국출판회의 부설 '서울 북 인스티튜트' 및 잡지협회 부설인 '한국잡지교육원'에 산자부 등의 국비가 지원됨으로써 오히려 공교육의 위기와 황폐를 지원한 셈이 되어 버렸다.[34]

② 대처 과제에 대한 논의

한국 출판학 교육의 위기와 황폐에 관한 대처 과제가 무엇인가를 만시지탄이지만 절실하게 논의할 수밖에 없는 상황이다. 대처 과제는 지금 전문대학과 특수대학원에서 유지되고 있는 학과들과 전공 과정의 발전도 포함하여 논의되어야 하며, 출판학과의 부활이나 신설을 기대한다면 많은 노력이 필요해진다.

지금부터 출판산업, 출판연구와 출판교육은 함께 가야한다. 이들은 서로 연대적이고 순환적이며 밀접한 관계망 속에 있다. 절실하게 말한다면 출판산업 없이는 출판연구도 없으며, 출판연구가 없으면 출판교육이 없고, 출판교육 없이 출판산업도 어렵다. 이 중에서 출판산업을 가운데에 두고 말한다면, 연구 없는 출판은 발전이 없고, 인재 육성 없는 출판은 희망이 없으며, 산학협력 없는 출판은 미래가 보이지 않는다. 지금까지 우리 학회는 출판학 교육의 개선과 과제, 위기와 대처에 관한 여러 제언들이 있어 왔으나 실행은 미미하였다. 출판업계, 출판학계, 출판교육계가 서로 견고한 동지적 협력이 없다면 이제 출판학과의 부활이나 신설은 불가능하다는 절박한 인식을 공유하고 출판의 미래를 위해 힘을 합쳐야 한다. 출판학 교육의 위기와 황폐에 대한 대처방안을 논의한다면 다음과 같이 제시할 수 있다.

첫째, 출판학 교육의 중심은 출판업계와 출판교육계(출판학연구)이며 견고한 산학협력이 이루어져야 한다. 공동의 교육과정을 편성하고, 현장실습이 이루어지며 실습기자재와 일정 규모의 장학기금이 모아져야 한다. 이러한 과정과 결과들이 언론을 통하여 뉴스화 되어 관심 있는 대학들과 입시 지원자들에게 알려져야 출판학과의 부활이나 신설을 도모할 수 있다.

둘째, 출판 교육과정의 모형 제시와 출판교육에 대한 실무적인 연구가 더욱 진전되어야 한다. 출판업계와 공동으로 현실적인 교육목표와 교육과정이 만들어지고 출판 전문인들의 공청회를 통한 협의과정을 거쳐야 하며 전문 출판인들의 강의 분담과 대우 방법도 이루어져야 한다.

---

34) 사설 출판교육기관의 문제점과 문화관광체육부의 지원 정책에 대해서는 윤세민(2005), 「출판 공교육의 위기와 출판교육의 위상 정립에 관한 연구」, 『한국출판학연구』 통권 제49호, pp.179~214에 자세히 기술되어 있다.

셋째, 출판학 교육이 체계적으로 다시 편성되어야 한다. 전문대학은 실무 위주의 중견 출판 편집인 육성에 중점을 두고, 출판학 교육의 중심인 4년제 정규대학의 출판학과는 반드시 설치되어야 한다. 4년제 대학의 교육이 활성화되면 일반대학원의 학위과정도 실현될 수 있다. 현재 특수대학원의 출판 전공은 국제적인 전문과정과 출판편집인들의 밀도 있는 재교육에 중점을 두어야 한다.

넷째, 출판학 연구는 출판산업의 당면 과제 개선이나 미래 방향에 대한 실제적 조사 연구가 더욱 이루어져야 한다. 출판 환경의 변화와 특히 출판 수용자인 독자 연구가 활발해져야 하며 조사 자료들은 통계화되어 출판업계의 경영 자료로 제시되고 업계는 이를 근거로 미래 사업을 펼칠 수 있게 되어야 한다.

다섯째, 정부 당국의 정책적인 예산 지원은 출판의 공교육을 다시 살리는 데 매우 중요한 일이다. 출판의 미래를 보면서 전문인의 육성을 사교육 기관보다 공교육을 살리는 방향의 정책이 긴요하다. 한 예로 4년제 대학의 한 곳에서 출판학과가 설치된다면 재학생 전원의 장학금과 취업 의무화를 시도할 수도 있다. 산·학·연의 인식과 협동이 견고해지고 정부 당국의 정책과 예산 지원이 뒷받침 되면서 산·학·연·관의 긴밀한 협력 아래 출판학과의 부활이나 신설도 가능한 일이 될 수 있다.

■ 참고 문헌

□ 출판본질론

강신주(2016). 『철학 vs 철학』(서울: 오월의 봄).

공병훈·조정미(2017). 「뉴미디어 전자책 인터페이스 모델 연구」, 『한국출판학연구』 통권 제77호.

김기태(2010). 「새로운 패러다임 구축을 위한 출판의 재개념화 연구」, 『한국출판학연구』 통권 제58호 (서울: 사단법인 한국출판학회).

김정숙(1997). 「출판편집론」, 『현대출판론』(서울: 세계사).

남석순(2012). 「출판학의 본질론」, 봄철정기학술대회(경주), 『언론학: 세대를 넘어』, 서울: 한국언론학회.

남석순(2013). 「전환기 미디어로서의 출판의 공간 확장: 본질적·산업적·교육적 관점에서 본 출판」, 『출판잡지연구』(경기 광주: 사단법인 출판문화학회).

노병성(2010). 「출판의 개념 변화에 관한 고찰」, 『한국출판학연구』 통권 제59호(서울: 사단법인 한국출판학회).

민병덕(1984). 「출판의 미래와 출판학의 학문적 성격」, 『'84출판학연구』, 한국출판학회, 범우사.

민병덕(1985). 『출판학개론』(서울: 지식산업사).

민병덕(1986). 「출판학 연구방법론에 대한 고찰」, 『'86출판학연구』(서울: 범우사).

민병덕(1995). 「출판학 연구방법론」, 범우사기획실 편, 『출판학원론』(서울: 범우사).

부길만(2000). 「출판학 연구 성과에 대한 이해—한국출판학회 학회지를 중심으로」, 한국출판학회30년사편찬위원회 편. 『한국출판학의 사적 연구—한국출판학회30년사』. 서울: 사단법인 한국출판학회.

부길만(2017). 『출판학의 미래』, 일진사.

안춘근(1963). 『출판개론』, 을유문화사.

안춘근(1963). 「출판학원론」, 『성균』 제17호, 성균관대학교.

안춘근(1969). 「出版學을 위하여」, 『출판학』 제1집, 한국출판학회 편, 현암사 .

안춘근(1992). 『출판의 진실』(서울: 청림출판, 1992).

이강수(1991). 「출판학의 학문적 성격과 연구방법론」, 『출판연구』 제3호(서울: 한국출판연구소).

이용준(1997). 「전자출판과 출판의 미래」, 『현대출판론』(서울: 세계사).

이용준외 3인(2010). 『전자책 빅뱅』(파주: 한국학술정보).

이종국(1995). 「출판본질론」, 『출판학원론』(서울: 범우사).

이종국(2000). 「출판 연구에 있어 편집의 위상에 관한 연구—출판학 연구대상으로 본 편집과 그 성격을 중심으로」, 『논문집』(인문, 사회과학편 제26집) 대전; 혜천대학출판부.

이종국(2001). 「출판학 연구에서의 전환적 지향 과제에 대한 이해—전환적 과제 대응한 인식을 중심으로」, 『논문집』(인문, 사회과학편 제27집) 대전 ; 혜천대학출판부.

조대호 역해(2004). 『아리스토텔레스의 형이상학』(서울 : 문예출판사).

채백(1999). 『출판학』(서울 : 한나래).

차배근(1991). 『커뮤니케이션학 개론』(하) 서울 : 세영사.

Giles Glark(1994). 『*Inside Book Publishing*』(London : Bluprint).

Walter J. Ong(1982). 『*Orality and Literacy : The Technologizing of the Word*』(London and
　　　New York : METHUEN, 1982), 이기우·임명진 역(서울 : 문예출판사, 1995).

□ 출판교육론

강신주(2016). 「철학 vs 철학」, 서울 : 오월의 봄.

김두식(1996). 「대학 전자출판 교육과정에 관한 연구」, 『'96출판학연구』, 서울 : 범우사.

김두식(2004). 「대학 출판 교육의 위기 상황과 대책」, 한국출판학회 제15회 정기학술대회, 『다매체시대
　　　출판교육』 발제집, 서울 : 한국출판학회.

김정숙(2000). 「21C 한국 출판학 연구의 전망과 출판교육의 방향」, 『한국출판학연구』 통권 제42호, 서
　　　울 : 범우사.

김진두(2015). 「출판학과 위기에 대한 연구」, 『출판 공교육의 위기와 해법, 한국출판학회 제30회 정기학
　　　술대회 발제집, 서울 : 사단법인 한국출판학회.

김선남(2007). 「한국의 출판학 교육에 관한 연구」, 『한국출판학연구』 통권 제52호, 서울 : 사단법인 한
　　　국출판학회.

남석순(1993). 「전문대학 출판과 교육과정 개선연구」, 『93출판학연구』, 통권 제35호, 서울 : 범우사.

남석순(2000). 「한국 출판학교육의 모색과 진전에 관한 연구」, 한국출판학회30년사편찬위원회 편. 『한
　　　국출판학의 사적 연구—한국출판학회30년사』. 서울 : 사단법인 한국출판학회.

남석순(2001). 「출판학 교육의 현황과 전망」, 『뉴밀레니엄 시대의 언론학 연구와 교육』, 2001 한국언론
　　　학회 공동심포지엄, 서울 : 한국언론학회.

남석순(2001). 「출판학 교육의 현황과 과제-출판학 교육의 체계화를 중심으로」, 『한국출판학연구』, 통
　　　권 제43호, 서울 : 범우사.

노병성(2003). 「미국의 출판교육에 관한 고찰」, 『한국출판학연구』, 통권 제45호, 서울 : 사단법인 한국
　　　출판학회.

대한출판문화협회(1972). 「출판문화 육성을 위한 대정부·국회건의문」. 『대한출판문화협회 25년사』. 서
　　　울 : 대한출판문화협회.

대한출판문화협회(1998). 『대한출판문화협회50년사』. 서울 : 대한출판문화협회.

민병덕(1993). 「정보화 사회에서의 출판전문인 육성책」, 사단법인 한국출판학회 편, 『21세기 출판발전

을 위한 전문인 육성책』, 서울: 책의 해 조직위원회.

남석순(2001). 「출판학 교육의 현황과 과제-출판학 교육의 체계화를 중심으로」, 『한국출판학연구』 통권 제43호, 서울: 사단법인 한국출판학회.

민병덕(1967). 「대학에 출판학과 신설을—학문적 체계화를」. 《새한신문》(293호).

민병덕(1969). 「출판학 서설」. 한국출판학회 편. 《출판학》(제1집). 서울: 현암사.

민병덕(1988). 「출판학과 교육과정에 관한 고찰: 출판과정의 분석을 중심으로」, 『'88출판학연구』, 서울: 범우사.

민병덕(1990). 「출판업무과정의 분석과 직업교육에 관한 연구」, 『'90출판학연구』, 서울: 범우사.

민병덕(1996). 「출판연구와 출판교육과 출판활동」, 권두언, 『'96출판학연구, 서울: 범우사.

안춘근(1971). 「대학 출판교육론」, 『출판학』 통권 제8집, 한국출판학회 편, 서울: 현암사.

윤세민(2005). 「출판 공교육의 위기와 출판교육의 위상 정립에 관한 연구」, 『한국출판학연구』 통권 제49호, 서울: 사단법인 한국출판학회.

윤세민 외(2015). 『출판교육과 출판인력 양성 활성화 방안 연구』, 전주: 한국출판문화산업진흥원.

윤형두(1993). 「창간사」. 사단법인 한국출판학회 편. 『21세기 출판 발전을 위한 전문인 육성책』. 서울: 책의 해조직위원회.

오경호(1994). 「한국출판교육의 과제와 발전 방향」, 『'94출판학연구』, 서울: 범우사.

이기성(2000). 「출판 관련 학과의 커리큘럼에 관한 기초 연구」, 『한국출판학연구』, 통권 제42호, 서울: 범우사.

이기성(2010). 「출판관련 교육 커리큘럼의 트랙제 운영과 학과별 운영에 관한 연구」, 『한국출판학연구』, 통권 제58호, 서울: 사단법인 한국출판학회.

이동성(2017). 「창의적 출판인 양성을 위한 인문학교육」, 『한국출판학연구』, 통권 제78호, 서울: 사단법인 한국출판학회.

이종국(2000). 「출판교육의 새로운 모색을 위한 연구-한국의 출판교육을 중심으로」, 『한국출판학연구』 통권 제42호(2000), 서울: 범우사.

이종국(2002). 「교과서에 반영된 출판교육에 관한 연구」, 『한국출판학연구』, 통권 제44호, 서울: 범우사.

한주리(2011). 「출판학과의 커리큘럼 현황 및 발전 방향 연구: 국가직무능력표준(NCS)과의 비교 및 출판종사자의 업무인식을 중심으로」, 『한국출판학연구』, 통권 제60호, 서울: 사단법인 한국출판학회.

한태석(1970). 「대학의 출판학과 설치문제」, 『출판학』 통권 제3집, 현암사.

淸水英夫(1972). 『現代出版學』. 東京: 竹內書店.

箕輪成男(1997). 『出版學序說』. 東京: 日本エディタースクール出版部.

출판 역사 연구의
흐름과 과제

부 길 만*

■■■

I. 머리말

이 글은 반 세기에 걸친 출판 역사 연구의 전개과정을 분석하고 향후 과제를 제시하기 위한 것이다. 각 학문 분야에서 역사 연구는 근원을 밝히고 현재를 고찰하며 미래 전망과 향후 과제를 제시할 수 있도록 이끌어준다는 점에서 그 중요성이 각별할 것이다. 더욱이 출판학은 한국에서 본격적인 학문으로 정립된 기간이 길지 않기 때문에, 출판학 분야에서의 역사 연구에 대한 학문적 성찰은 더욱 중요한 작업이 아닐 수 없다. 이러한 인식을 바탕으로 한국 학계에서 나온 출판 역사 연구의 흐름을 총체적으로 살펴보고자 한다.

오늘날 출판학은 학문 분류에서 사회과학의 한 부문으로 다루어지고 있지만, 이는 편의상의 분류에 불과하다. 실제를 말하면, 출판학은 사회과학은 물론, 어문학, 정보학, 역사학, 공학, 미학, 예술 등 다양한 영역의 학문 분야를 포괄하는 종합학문적 성격을 지니고 있다. 출판 역사 연구에 대한 학문적 성과도 다양한 영역의 학문 분야에서 지속적으로 나오고 있다. 이 글에서도 이와 같은 학문적 성과들을 전반적으로 검토하는 것을 원칙으로 삼는다. 수많은 연구 성과들을 살펴보기 위하여 1963년부터 현재까지의 시기를 셋으로 나누어 각 시기별로 고찰하고 전반적인 특징을 찾아내고자 한다. 이를 토대로 출판 역사 연구의 향후 과제를 논의하고자 한다.

---

* 동원대학교 명예교수

II. 출판 연구의 전개과정

1. 출판 역사 연구의 시기 구분

출판 역사 연구는 전체 출판학 연구의 한 부분이고, 따라서 출판 역사 연구의 시기 구분도 출판학 연구의 역사에 대한 시기 구분과 맞물리게 될 것이다. 출판학 연구의 시기 구분은 이미 다음과 같이 나온 바 있다(부길만, 2014b).

제1기(1963~1981년) : 개척기
제2기(1982~1999년) : 정착기
제3기(2000년~현재) : 발전기

이러한 구분은 연구 자체의 성격과 활성화를 기준으로 삼은 것이다. 즉, 출판학 연구가 1960년대에는 소수 연구자와 학회 중심으로 이루어졌지만, 1981년 중앙대 신문방송대학원 석사과정에 출판 전공이 개설됨으로써 연구자들이 대거 등장하기 시작하였다. 또한, 학회지 〈출판학〉을 증면하여 1982년부터 〈출판학연구〉로 제호를 바꾸어 발간하기 시작하면서, 출판학 연구가 본격적인 궤도에 올랐다. 따라서, 출판학 연구의 역사는 1982년을 기점으로 나눌 수 있다. 크게 볼 때, 1982년 이후는 한 시기로 볼 수 있지만, 편의상 2000년을 기점으로 두 시기로 구분하는 것이다. 2000년 이후는 연구자가 늘어나면서 전체 출판학 연구가 활성화된 시기인데, 출판 역사 연구 역시 인접 학문 분야에서의 연구 성과까지 더해지면서 더욱 발전하게 되었다.

이처럼 출판 역사 연구의 전개과정은 전체 출판학 연구의 흐름과 맥을 같이하고 있기 때문에, 위의 시기 구분을 그대로 따르고자 한다. 각 시기별로 연구의 큰 흐름을 몇 가지 갈래로 구분하여 서술하고자 한다.

제1기에는 출판 역사 연구의 성과가 많지 않았는데, 주요 흐름을 정리한다면 다음 두 가지이다. 첫째, 개화기·일제강점기의 출판에 대한 연구, 둘째, 서지 관련 연구이다.

제2기 연구의 주요 흐름은 다음 5가지이다. 첫째, 출판 역사 연구 대상의 시기가 고려시대부터 해방 이후에 이르기까지 광범위하게 확장된 점, 둘째, 분야별 주제별 도서 출판의 역사 연구 강화, 셋째, 국외의 출판 역사 연구, 넷째, 출판 유통과 베스트셀러의 역사에 대한 연구, 다섯째, 출판의 통사적 접근을 위한 준비이다.

제3기의 연구 흐름은 첫째, 각 시기별 출판 역사 연구의 활성화, 특히 조선시대 출판 연구의 강화, 둘째, 출판의 통사 정립을 위한 시도, 셋째, 세계사적 관점의 연구, 넷째, 독서의 역사에 대한 연구로 정리해 보았다.

2. 출판 역사 연구의 전개과정

1) 제1기(1963~1981년) : 개척기

(1) 개화기·일제강점기의 출판 연구

출판 연구가 본격적으로 시작된 것이 1963년 안춘근의 〈출판개론〉이 을유문화사에서 발간된 이후라고 한다면, 출판 역사 연구의 본격적인 시작은 같은 해 최준의 논문 "한제국시대(韓帝國時代)의 출판연구"가 발표된 이후로 볼 수 있다.

최준(1963)은 근대적인 출판문화가 싹트기 시작한 것은 1883년의 박문국 설치 이후가 되겠지만, 근대 출판의 기점은 갑오경장이라고 주장한다. "박문국에 연활자와 인쇄기가 처음으로 마련되어 〈한성순보〉를 발행하였다. 그러나 이듬해인 1884년 12월 4일 갑신정변이 있어 이에 반발한 수구파들의 난동으로 그 일체의 인쇄시설은 모두 소각 내지 회진화(灰盡化)되고 말았다. 따라서 근대적인 출판문화의 기점은 역시 갑오경장 때부터 잡는 것이 타당할 것이다. 왜냐하면 이 해야말로 사회 제도상의 근대화가 발족되었다는 것과 정부의 학부 편집국에서 정식으로 근대적인 내용을 갖춘 각종 교과서의 편찬사업을 착수하였기 까닭이다."

또한, 최준(1963)은 헐버트의 〈사민필지〉(士民必知), 민영찬의 〈태서신서〉, 게일 번역의 〈Pilgrim's Progress〉, 유길준의 〈서유견문〉 등의 출판 및 당시 적극적으로 출판활동을 했던 배재학당, 야소교서회(耶蘇敎書會), 광학서포, 회동서관, 중앙서포 등을 소개한다. 결론에서는 당시 교육기관의 설립운동과 표리일체가 되어 전개되었던 출판활동은 "민지(民智)의 계몽과 민족혼의 진작 및 민족문화의 확보앙양(確保昂揚)"이었다고 평가한다.

최준의 출판 역사 연구는 계속 이어져 일제강점기의 출판을 다룬 두 편의 논문을 발표한 바 있다. 최준(1964a). "한국의 출판연구(1910~1923년)" 및 최준(1964b). "한국의 출판연구(1922~1945년)"이다.

또한, 개화기와 일제강점기를 통틀어 행한 연구로 전영표(1981)가 주목할 만하다. 그는 1883년부터 1909년을 개화기로 파악하고, 개화운동과 박문국 활동, 광인사, 신문관 등 개화기의 출판사와 출판물, 기독교와 출판활동을 밝혀낸다. 일제강점기의 경우, 출판 개황(槪況), 출판법과 금서조항, 조선광문회의 발족, 일제하의 출판통계, 국어말살정책과 출판 등을 살핀다. 전영표(1981)는 한국 출판을 역사적으로 연구하는 작업에서 중요한 받침대를 놓았다고 볼 수 있다.

그 외에 개화기 출판 관련 연구로 개화기 소설의 발행소·인쇄소·인쇄인을 고찰한 하동호(1972), 개화기의 독서계층을 살핀 양현규(1974), 개화기 소설을 중심으로 한국소설의 독자를 연구한 권희돈(1979), 도서유통과정을 중심으로 개화기의 책거간(冊居間)을 살핀 박상균

(1977) 등이 있다. 일제강점기 출판 관련 연구로는 안춘근(1981)의 "일제하의 언론 출판" 등이 있다.

개화기·일제강점기 출판이 아닌 연구로는 안춘근(1971)의 "고려속장경출판경위고(高麗續藏經出版經緯攷)" 및 김태일(1981)의 〈고구려의 도서발달에 대한 제측면 고찰〉 등이 있다.

(2) 서지 관련 연구

출판학이 태동하던 1960년대에는 서지학 연구자들이 출판 역사 연구에 많은 관심을 가졌고, 서지학적 접근을 통한 연구 성과도 여러 편 등장하였다. 구체적으로 살피면, 한성도서와 박문서관의 출판물 서지를 살핀 하동호의 논문 두 편(1971a, 1971b), 신소설의 판권을 다룬 한태석(1981), 호남 방각본을 연구한 권희승(1981), 불교 서적을 살핀 안춘근(1972) 등이 있다. 특히, 서지학적 연구로도 많은 업적을 남긴 안춘근은 1972년 〈한국불교서지고〉를 성진문화사에서 펴냈다. 이 책은 1978년 같은 제목으로 일본어로도 번역·출간된 바 있다(日韓文化情報センタ 譯, 〈韓國佛教書誌考〉, 同朋舍).

〈한국불교서지고〉는 제1장 불교문화, 제2장 불교서지, 제3장 삼국시대의 불교서지, 제4장 신라 고승과 저서, 제5장 고려 고승과 불서(佛書) 등으로 이루어져 있는 데에서 보듯이, 불교 서적에 대한 단순한 서지학적 접근에서 그치는 것이 아니라 한국 문화사와의 관련 속에서 역사적 고찰도 함께 행하고 있다(부길만, 2014b).

제1기에 행해진 그밖의 연구로는, 신소설을 출판사적으로 살펴본 한태석(1969), 사고전서(四庫全書)의 활자인쇄경위를 밝힌 한태석(1972), 한국 고인쇄문화의 역사를 서술한 김두종(1980), 직지심경 활자의 자료고증을 논한 안춘근(1973), 한국에서 중국으로의 서적 전입을 살핀 하정옥(1971), 한국의 판화고본(韓國版畵古本)에 관한 출판 역사를 간략하게 살펴본 안춘근(1969), 고려 목판본을 연구한 정원택(1972), 한국 교회 어린이 찬송가를 역사적으로 고찰한 이성원(1977), 불경인행(佛經印行)의 과정을 중심으로 하여 조선조 초기 역대 왕실의 출판정책을 고찰한 이숭녕(1970) 등이 있다.

2) 제2기(1982~1999년): 정착기

(1) 출판 역사 연구 대상의 시기 확장

제1기에서 개화기와 일제강점기를 중심으로 이루어졌던 출판 역사 연구는 제2기에 들어서서 그 연구 시기가 개화기·일제강점기뿐만 아니라 그 이전의 고려, 조선시대는 물론 해방 이후로까지 확대된다. 이는 제1기에 비해서 출판학 연구가 전반적으로 활성화된 것과 맥을 같이하는 것으로, 출판 역사 연구에서도 다양한 성과들이 눈에 띈다.

당시 나온 각 시기별 출판 역사에 관한 연구 성과를 살피면 다음과 같다. 우선 고려시대 출판의 경우, 금속활자 문제를 다룬 안춘근(1990), 고려시대 대장경의 역사를 서술한 한보광(1999), 팔만대장경의 판각과 호국사상을 연구한 김상현(1999), 고려 팔만대장경의 조판(雕板)에 관하여 연구한 강상규(1989), 강화경판 고려대장경(江華京板 高麗大藏經) 조성의 참여 승려층과 대몽항쟁을 연구한 정동락(1997), 고려 고종 관판 대장경의 조성경위와 사상성을 연구한 허흥식(1990), 고려와 북송의 서적교류를 연구한 한미경(1994), 한국중세인쇄문화를 제도사적으로 연구한 한동명(1986) 등이 있다.

조선시대 출판의 경우, 조선조 문헌의 발행부수와 보급에 관하여 연구한 이혜은(1996), 조선조의 교육문고를 연구한 이춘희(1984) 등이 있고, 조선 전기의 출판으로 병서를 중심으로 다룬 윤병태(1986), 출판정책을 밝힌 김양수(1994), 세종 때의 도서 간행을 연구한 김윤식(1992), 성종 때의 문집편찬을 살핀 신승운(1995), 성종시대 출판활동을 고찰한 이창경(1998) 등이 있다. 조선시대 후기의 출판으로는 조선후기 서지사를 연구한 신양선(1996), 활자와 책을 중심으로 살핀 윤병태(1992a), 서적정책을 밝혀낸 신양선(1995) 등이 있다.

신양선(1995)은 조선 초기의 세종조 문화를 바탕으로 발전해 가는 조선 후기의 서적정책을 역사적인 측면에서 시대사적으로 조명한다. 그리고 17세기에서 19세기에 걸쳐 진행된 서적정책의 영향을 이렇게 설명한다. 서적정책은 "조선 후기의 문화 역량과 그 문화의 고유성과 독창성을 확인시켜 주었다. 새로운 문물제도에 대한 서적의 집대성, 교화 교육을 통한 민심의 순화, 실용·실증적인 과학과 어학서의 발달, 성리학의 심화된 이론화, 수준 높은 문집의 간행, 다양한 부문에 걸친 학문의 종합·정리, 자신에 찬 당서(唐書)의 수입 금지, 수입에서 편간사업으로 이어지는 출판 활동, 서적 보급에 따른 지식의 확산 등이었다. 이 모두는 조선인의 실정에 맞게 자기화시켜 독특한 개성의 문화를 창조해 낸 것이었다. 따라서 조선 후기에 정립된 이러한 전통의 뿌리는 혼란한 현대사회에 하나의 정신적 지표를 마련하게 하였다."

조선시대 전체의 출판 연구로서 가장 이른 시기의 것으로 조선시대 서적정책을 고찰한 정형우(1982)를 주목할 필요가 있다. 정형우(1982)는 이후의 조선시대 출판 연구에 많은 영향을 끼친 것으로 보인다. 그는 "한 시대의 문화정책이나 문화의 특성은 서적 속에 그대로 반영된다."는 인식하에서 조선의 서적정책을 전기와 후기로 나누어 서술한다. 조선 전기는 양성지(梁誠之)의 업적을 중심으로 장서제도의 정비와 서적 편찬 및 서적 수집과 관리 등을 검토하고, 조선 후기는 영조와 정조의 문예진흥 정책 및 서적편찬 사업 등을 다룬다. 아울러 조선시대 국조보감의 편찬, 서사(書肆)제도 등을 살핀다. 이러한 고찰을 통하여 정형우(1982)는 조선시대는 서적의 수집·편찬·보급을 통하여 문화가 크게 발달하고 있었다고 평가한다. 그러나, "서적정책이 당시 유교문화의 테두리 안에서 이루어지고 있었기 때문에, 신분을 초월한 만인을 위한 서적의 수집·편찬·보급이 이루어진 것이 아니었고, 중세국가의 중세적 문화정책으로서 수행되고 있었다."고 그 한계를 지적한다. 이러한 경향을 벗어나려는 노력은 조선 후기의 민영(民營) 서사(書肆)를 중심으로 싹트지만, 이 문제는 차후의 연구 과제로 돌린다고 밝힌다.

개화기 출판 관련 연구로는 우선, 개화기 서적문화를 총체적으로 살핀 김봉희(1999), 개화세력 사회의 출판을 살핀 고덕환(1984), 신문화 유입기의 출판실태 변천을 살핀 이종국(1986), 개화기 조선어사전의 출판구조를 연구한 박대헌(1998), 애국계몽의 관점에서 출판문화운동을 살핀 유상호(1986), 감리교 출판사의 사례 분석을 중심으로 개화기 한국 기독교 출판문화 사업이 일반사회에 미친 영향에 관하여 연구한 윤병조(1998), 언더우드를 편집자로서 연구한 김경일(1993), 〈고목화(枯木化)〉와 〈금수회의록(禽獸會議錄)〉을 중심으로 개화기의 기독교가 신소설에 미친 영향을 연구한 최애도(1982) 등이 있다.

특히, 김봉희(1999)는 전체가 4장으로 구성되어 있는데, 제1장은 개화기의 문화 사회적 배경으로 신문의 발간, 교육의 확대, 국학 운동의 전개, 기독교의 정착 등을 서술한다. 제2장은 개화기 서적의 생산 및 유통을 다루는데, 근대식 활판 인쇄술의 도입과 발전, 서포의 설립과 발전, 종교 기관의 서적 유통 등을 살핀다. 제3장은 개화기의 서적 정책과 발행 서적 및 중국·일본 교과서의 수입과 사용 등을 서술한다. 제4장은 근대적 도서관의 설립과 운영을 다루고 도서관 현황을 살핀다. 도서관 현황으로는 공공 도서관, 학교 도서관, 박문국문고 등의 전문 도서관, 국내 일본인에 의한 도서관 등을 살핀다.

그 외에 개화기와 일제강점기에 관한 연구로는 개화기의 출판관을 살핀 민병덕(1992), 문자이입에 있어서의 개화기 지식인의 정신자세를 살핀 김병철(1990), 일제하의 금서출판을 살핀 고영수(1986), 대한제국말기 일제의 교과서 통제 요인에 관하여 연구한 홍호선(1995) 등이 있다.

해방 이후의 경우, 1945년의 출판 실태를 살핀 이종국(1988), 미군정기의 출판을 연구한 조대형(1988) 등이 있다. 시기를 더 현대로 내려오면, 한국전쟁기의 출판 상황을 살핀 이명희(1994), 제5공화국의 출판통제정책을 연구한 이장추(1991) 등이 있다.

이처럼 제2기에 들어서서 각 시기별 출판 역사 연구는 본격적인 궤도에 오르기 시작했다고 할 수 있다.

(2) 분야별 주제별 도서출판의 역사 연구

제2기에는 출판 역사 연구가 활성화되면서 분야별 또는 주제별 역사 연구 역시 활발해졌다. 우선, 분야별 연구로는 오경호의 작업이 눈에 띈다. 가장 이른 연구로 한국 총서 출판을 통시적으로 연구한 오경호(1986)가 있다. 그는 총서 출판의 역사를 서술하고, 아울러 총서 출판을 문고, 전집 등과 비교하며, 출판의 전문화 관점에서 살피고 있다. 이런 연구는 후속 연구에 디딤돌로 작용한 것으로 보인다. 분야별 서적 역사에 대한 그의 시도는 계속 이어져 전집출판을 통시적으로 연구한 오경호(1992), 백과사전 및 사전 출판을 통시적으로 연구한 오경호(1995)로 드러난다. 그리고, 이철지(1986)는 문고본의 역사를 살피고 한국 문고본의 활성화 방안을 제시한다.

또한, 한국 만화의 역사를 서술한 최열(1995), 해방 이후부터 1990년까지 철학서적의 출판 실태를 분석한 주상희(1991) 등을 주목할 필요가 있다. 특히, 주상희(1991)는 한국의 철학서적 출판이 해방 직후의 철학서적 태동기를 거쳐 한국전쟁 이후 계몽적 철학서적 → 교양적 철학서적 → 대중적 철학서적 → 의식적 철학서적 출판의 순으로 전개되어 왔음을 밝힌 다음, 해방 이후부터 1990년까지 나온 철학서적의 출판실태를 세밀하게 분석한다. 분석 내용은 한국 전체 출판계에서 차지하는 철학서적의 위치, 형이상학·동양철학·서양철학·논리학·윤리학 등의 분야별 출판종수, 분야별 저·역서의 비율, 국내 저자와 국외 저자, 출판사 현황 등이다.

특수한 주제에 맞추어 연구한 성과로는 〈무구정광대다라니경〉의 간행과 목판인쇄술의 기원을 연구한 김성수(1999), 방각본 영웅 소설의 문화적 기반과 그 미학적 특성을 살핀 류준경(1997), 한국 사회변혁운동에서 출판의 역할을 밝힌 김진희(1993), 이념출판물의 생성과 발전을 연구한 노혜경(1993), 천주교 관련 고문헌의 출간을 살핀 하종희(1996), 한국 천주교회의 출판활동을 연구한 서영호(1994), 기독교 문서 간행의 역사를 연구한 김봉희(1988), 금서를 사상사적 관점에서 연구한 김삼웅(1987) 등이 있다. 또한, 지역 출판을 주제로 삼은 연구도 나왔다. 구체적으로, 경상감영과 대구지방의 출판인쇄문화를 고찰한 윤병태(1989), 15~19세기 평양의 목판인쇄문화를 고찰한 윤병태(1992b), 충청지방의 출판문화를 고찰한 윤병태(1985), 청주지역의 출판문화를 연구한 박문열(1997) 등이 있다.

(3) 국외의 출판 역사 연구

외국 출판 역사의 연구에서 동양의 경우, 한국과 일본의 교류에 관한 연구가 주목을 끈다. 구체적으로, 조선시대 일본과의 서적 교류를 연구한 이준걸(1986), 왕인박사의 일본 전수 천자문을 연구한 안춘근(1991) 등이 있다. 특히, 이준걸(1986)은 임진왜란 때 일본이 우리의 전적 문화재와 활자를 약탈해 감으로써 그들의 학문과 문화가 크게 높아졌다고 밝혀낸다. 그리고, 구체적인 영향을 이렇게 제시한다.

"정신적 사상적 면에서 일본에서는 ① 조선의 문적(文籍)에 의해 한학(漢學)이 발전하고, ② 각종 장경(藏經) 및 그 인쇄본에 의한 불교의 신사상이 보급되고, ③ 선(禪)의 새로운 종교가 형성되고, ④ 유학은 조선의 유학서적과 포로 학자에 의해 당시 일본을 풍미하던 사조로 만연되어 정신적 사상의 주류를 이루었다. …지금의 일본 문화의 모체는 조선이고 그 매개는 조선의 전적(典籍)으로, 고래(古來) 조선 문화를 섭취 흡수하여 장점을 취하고 단점을 보완하여 이를 수용 동화"시켰다. 그러므로 "당시 조선의 대장경 인본과 유학 서적은 하나의 물질적인 전적이라기보다 형이상학적 영감의 주체, 정신 종교의 보시(布施) 주체로 숭앙받아, 조선 전적의 욕구는 일본 국민들의 대물적 관념을 넘어 인격을 초월한 하나의 영물적(靈物的) 계시의 존재로 선망의 신앙이 되었다."고 주장한다.

중국 관련 연구로는 중국 현대소설의 출판을 다룬 황병국(1992), 중국의 불전 간행 및 목록 편찬에 관하여 연구한 김종천(1991), 〈주유기〉 출현의 사회문화적 배경을 명대 인쇄출판의 성황과 문학담당층의 증가를 중심으로 고찰한 나선희(1999) 등이 있다.

서양 관련 연구의 경우, 영국 밀턴의 아레오파지티카에 나타난 출판관을 조명한 부길만(1999), 프랑스 바스티유의 금서를 고찰한 주명철(1990), 구텐베르크와 인쇄술을 연구한 김운용·송두종·이형원(1999), 독일 구텐베르크 활판인쇄술 등장의 역사적 의의를 밝힌 부길만(1993), 산업혁명기 유럽의 출판을 연구한 부길만(1995), 17세기 전반기 프랑스의 정치선전문화와 출판을 고찰한 이영림(1997), 19세기 말 영국 개인출판운동의 책 디자인을 연구한 백현주(1995), 일본만화를 역사적으로 연구한 정희주(1996) 등이 있다.

세계사적 관점에서 행한 연구로는, 동서 인쇄술의 발명을 역사적으로 살핀 전영표(1993), 도서·인쇄의 역사를 도서관 역사와 함께 서술한 김세익(1994), 세계 출판의 역사를 다룬 김세익(1991) 등이 있다. 전영표(1993)는 고려 활판인쇄의 서구 유입을 설명하며, 구텐베르크는 활판술의 발명가가 아니라 개량자라고 주장한다. 김세익(1991)은 결승(結繩), 그림문자, 상형문자 등 초기 커뮤니케이션 미디어부터 필사본 출판, 인쇄술의 발명과 대량출판, 중세시대의 출판, 활판인쇄의 발명과 출판, 근대 출판 등을 살펴본 다음, 책의 미래에 대하여 전망한다.

국외 또는 세계사적 관점의 연구 외에 북한 관련 연구도 등장하였다. 구체적으로, 북한 출판을 역사적으로 고찰한 이광재(1990), 사전 편찬의 역사와 편찬 방법을 중심으로 남북사전 편찬을 비교한 이희호(1993), 남과 북의 출판 문제를 통일과 관련지어 그 과제를 제시한 부길만(1994) 등이 있다.

(4) 출판유통과 베스트셀러의 역사 연구

1980년대에 오면 한국 출판은 양적으로 세계 10대 강국에 진입할 정도로 성장하였다. 이에 따라 출판유통 현대화를 주장하는 목소리가 산업계와 학계에서 동시에 커지기 시작했다. 이론적으로 출판유통에 관한 연구가 등장하는 가운데, 출판유통을 역사적으로 고찰하는 연구들도 상당수 나오게 되었다. 구체적으로, 한국 도서출판물 유통을 삼국시대부터 일제강점기까지 연구한 백운관(1990), 출판유통을 해방 이후부터 1970년대까지 고찰한 부길만(1991), 1980

년대의 출판유통을 연구한 김혜숙(1993) 등이 있다. 백운관(1990)과 부길만(1991)의 연구는 합해져 〈한국출판문화변천사—도서유통의 성립과 발전〉이라는 제목의 단행본으로 1992년 출간된 바 있다.

또한, 조선시대 출판을 유통 또는 서적 수집의 측면에서 고찰한 연구들도 주목할 필요가 있다. 구체적으로, 조선시대 문헌의 보급·유통을 연구한 이혜은(1996), 관찬도서의 유통을 고찰한 백운관(1989), 규장각의 도서간행과 유통을 연구한 강순애(1989), 정조의 서적 수집 정책을 다룬 강혜영(1991), 조선후기 서적의 수입 유통과 장서가의 출현을 18, 19세기 경화세족(京華世族) 문화의 한 단면으로 살펴본 강명관(1996) 등이 있다.

한편, 도서유통 과정에서 독자들의 선풍적 인기를 모은 베스트셀러에 대한 역사적 고찰도 나왔다. 가장 두드러진 연구로, 한국 출판 100년의 베스트셀러를 중심으로 베스트셀러의 요인에 관하여 연구한 이임자(1992)를 들 수 있다. 이임자(1992)는 개화기인 1883년부터 제5공화국시기인 1987년 사이에 나온 베스트셀러를 한국 출판 상황과 연계하여 연구하고 있다. 이 연구를 위하여 다음 5가지로 시기 구분을 하고 있다. ① 근대출판여명기(1883~1910년), ② 계몽적 애국출판기(1910~1945년), ③ 출판활성준비기(1945~1961년), ④ 통제 속 출판정착기(1961~1972), ⑤ 권위주의적 출판활성기(1973~1987년). 아울러, 베스트셀러의 요인을 밝히기 위한 분석틀로, 작품적 요인, 출판기획의 요인, 시대상황적 요인, 출판산업 구조의 요인이라는 4가지를 꼽았다. 이임자(1992)의 연구는 보완되어 1998년 〈한국 출판과 베스트셀러〉라는 제목의 단행본으로 출간된 바 있다.

또한, 1990년대의 베스트셀러를 연구한 김기태(1997)도 주목을 요한다. 김기태(1997)는 베스트셀러의 변화 양상을 검토하고 베스트셀러가 출판계 전반에 미치는 영향을 긍정적인 면과 부정적인 면으로 나누어 고찰한다. 그리고 베스트셀러 순위 발표와 도서판매의 관계를 살핀다.

이후에도 베스트셀러에 관하여 주목할 만한 연구들이 상당수 나온 바 있다. 구체적으로, 1948년부터 1997년까지 50년간을 중심으로 한국 베스트셀러의 유형을 연구한 이영희(1998), 대중적 서사(敍事)시장의 제도화를 중심으로 1962년 이후부터 1980년대에 이르는 베스트셀러의 문화적 형성을 연구한 배노필(1999), 1990년대 베스트셀러의 변화 추이와 그 맥락을 연구한 조도현(1999), 1990년대 베스트셀러 소설의 영향 변수를 연구한 조미숙(1999), 1990년대 번역소설 베스트셀러를 연구한 김이금(1998) 등이 있다.

유사한 맥락의 연구로서 해방 후부터 1990년대 중반까지 대중문화와 출판문화의 변천을 중심으로 한국 출판문화의 대중문화성을 연구한 이경훈(1997)이 있다.

(5) 출판의 통사적 접근을 위한 준비

제2기에 출판 역사 연구에서 다양한 성과들이 나왔지만, 아직 출판 역사의 본격적인 통사 서술은 이루어지지 않았다. 다만, 통사 정립을 위한 준비 작업 및 출판 통사에 대한 부분적 서술은 이루어졌다. 우선 눈에 띄는 소중한 준비 작업으로 〈한국출판사연표 I, II〉(1991, 1993년 발행)를 들 수 있다. 두 권 모두 엮은이는 이종국인데, 제1권은 1881년부터 1910년까지, 제2권은 1911년부터 1919년까지이다. 수록 대상은 출판물과 사건인데, 출판물은 서적, 잡지, 신문, 기타 간기가 기록되어 있는 인쇄매체나 필사 자료 등이고, 사건은 정책, 상소, 출판운동, 법률, 교류, 보급(유통) 등이다. 수록범위는 다음과 같이 밝힌다. "① 출판물은 원전접근(原典接近)을 원칙으로 하였다. ② 실록, 일기, 연감, 언론매체 및 여러 분야의 권위 있는 논저, 기초자료들에서 제재를 조사, 선택하였고, 논자(論者)의 견해가 불일치되는 것은 이설(異說)을 함께 수록하였다." 이러한 방대한 작업을 통하여 나온 이 연표는 이후의 출판 역사 연구에 중요한 참고자료가 되었음은 물론이다.

이 작업 이후에 나온 한국출판사 연표는 2112년에 한국출판학회에서 엮은 〈한국출판산업사〉의 부록에서 찾을 수 있다. 그 부록의 연표에서는 시기를 1883년부터 2012년까지 담고 있다.

또한, 한국 출판 역사 연구를 위한 시대구분 작업도 이루어졌다. 구체적으로, 김희락(1983)과 김영찬(1983)이 있다. 김희락(1983)은 우리 출판 역사의 독자성을 살려, 큰 범위에서 고대, 중세, 근대, 현대로 나누고 각 시대는 다시 다음과 같이 세분하였다. (1) 고대 출판 : 제1기 삼국시대~고려, 제2기 조선 태조~선조. (2) 중세 출판 : 제1기 선조~영조, 제2기 영조~1884년. (3) 근대 출판 : 제1기 1884년~1905년, 제2기 1905년~1919년. (4) 현대 출판 : 제1기 1919년~1945년, 제2기 1945년~현재.

김영찬(1983)은 왕조나 정치적 변천을 좀 더 강조하여 큰 범위에서 전근대, 근대, 현대로 나누고 각 시대는 다시 다음과 같이 세분하였다. (1) 전근대적 출판 : 제1기 삼국시대~고려, 제2기 조선시대~1882년. (2) 근대적 출판 : 제1기 개화기 1883~1909년, 제2기 일제기 1910~1945년. (3) 현대적 출판시대.

이 두 연구는 근대 이후의 시기 구분에서 차이를 보이고 있는데, 특히 현대의 기점을 1919년과 1945년으로 전혀 달리 파악하고 있다.

한국 출판 역사를 통사적 측면에서 부분적으로 행한 연구로는, 출판의 기원부터 고려, 조선시대를 거쳐 광복 후의 10대 출판물까지 살펴본 안춘근(1987), 출판 1300년을 살펴본 대한출판문화협회(1987) 등이 있다. 또한 오경호(1988)는 한국 출판매체의 발전과정을 개발진전의 관점에서 엘리트 단계, 대중화 단계, 전문화 단계로 나누어 설명한 바 있다.

또한, 출판물을 인쇄사의 관점에서 신라시대부터 조선시대까지 살펴본 천혜봉(1990)의 거작을 주목할 필요가 있다. 천혜봉(1990)은 모두 3장으로 이루어졌는데, 제1장은 '목판인쇄의 기원 및 보급'으로 무구정광대다라니경(無垢淨光大陀羅尼經), 동국시선 등을 다룬다. 제2장은 '목판인쇄의 발달'로 보협인다라니경, 대장경, 사찰판본, 관판본, 왕실판본, 서원판본, 사가판본(私家板本), 방각본 등을 다룬다. 제3장은 '활자인쇄의 발달과 기원'으로 고려시대 주자(鑄字)인쇄의 기원 및 보급, 조선시대 활자인쇄의 발달, 활자제조 및 인출방법을 금속활자, 목활자, 도활자(陶活字)로 나누어 설명한다.

3) 제3기(2000~현재) : 발전기

(1) 시기별 출판 역사 연구의 활성화

① 조선시대 출판 연구의 강화

제2기에 들어와 확장되며 상당수의 연구 성과를 보여주었던 시기별 출판 연구는 제3기에 들어와서 더욱 다양해지고 활발해졌다. 특히 조선시대 출판에 관한 연구가 압도적으로 큰 비중을 차지했을 뿐만 아니라 특기할 만한 연구 성과물이 다수 나왔다. 이것은 〈조선왕조실록〉(이하 〈실록〉)의 대중화가 학문 연구에도 큰 영향을 준 것으로 보인다. 〈실록〉은 1968년부터 1993년까지 25년간에 걸쳐 번역이 완료되었고, 1995년 서울시스템에서는 이 번역본으로 CD-ROM을 만들어 민간에 팔았으며, 2005년 국사편찬위원회에서 〈실록〉을 홈페이지에 올림으로써 온 국민이 자유롭게 무료로 볼 수 있게 된 것이다.

제3기에 나온 조선시대 출판에 관한 연구 주제는 첫째, 각 시기별 연구, 둘째, 분야 또는 주제별 연구, 셋째, 특정한 서적에 대한 연구로 구분할 수 있다.

첫째, 각 시기별 연구로는, 조선 전기 언해 사업의 사회 문화적 의의를 밝힌 김무봉(2012), 세종시대의 출판을 한글 서적을 중심으로 살펴본 부길만(2008a), 조선중기 서지 역사를 16세기 관찬서를 중심으로 다룬 신양선(2012), 임진왜란 전후복구기의 출판진흥 정책을 고찰한 김혜진(2007), 17세기 출판문화를 살핀 옥영정(2010a), 조선 중기의 출판을 연구한 유재엽(2003), 조선후기 서적 출판과 유통에 관하여 〈흠영(欽英)〉과 이제난고(頤齋亂藁)를 중심으로 고찰한 김영진(2010), 조선후기 한글·출판 성행의 매체사적 의미를 밝힌 정병설(2008), 조선후기 서적 통제에 관하여 연구한 이민희(2017) 등이 있다.

특히, 신양선(2012)은 16세기 관찬서를 중심으로 서적의 수집활동, 서적의 편찬 및 간행활동, 서적의 국내외 보급 활동 등을 검토한 다음, 정부 서적 정책의 영향과 특징을 밝힌다. 그 영향에서는 통치체제 정비 및 유지를 위한 부류와 반체제적인 성격으로 제재 받은 부류로 나누어 서술한다. 그 특징으로는 지방간행 산업의 활성화, 한글 출판물의 대중화, 성리학의 이론적 탐구와 개인 저술, 짧은 기간이지만 다양성 유지의 근간이 된 불교서적 출판, 신분계층과 학문 영역의 차별화, 중국서적의 주해·재편집 등을 제시한다.

조선시대 전반에 걸친 연구로는 출판과 책의 역사를 살핀 이재정(2008), 강명관(2013) 등을 주목할 필요가 있다.

이재정(2008)은 '책과 출판'을 조선시대 권력의 상징으로 파악하고, 책으로 백성을 길들이고 500년 역사를 책으로 기록했을 뿐만 아니라, 국왕 자신이 직접 책의 편찬과 수집 및 관리에 나섰다고 밝힌다. 아울러, 정부가 인력과 물력을 동원하여 출판을 독점한 역사적 사례를 제시한다. 예를 들면, 승려를 출판에 동원한 일, 정약용이 책 편찬을 잘못하여 파직된 일, 개인의 활자 소지 금지, 국왕이 책의 판형을 정했던 일, 홍문관 앞마당에서 서학서적을 불태운 일, 금서 취급을 받은 〈열하일기〉 등이다. 반면에, 위험한 예언서인 〈정감록〉은 오히려 고달픈 백성들의 희망이 되었다는 사실도 서술한다.

강명관(2013)은 "조선시대 국가와 사회의 축조(築造)에 결정적으로 기여했던 책들"을 살핀다. 그는 "활자의 탄생부터 책의 제작과 유통까지, 가능한 한 넓은 범위의 주제를 일괄적으로 다루어 조선시대 지식의 생산과 확산의 문제를 본격적으로 파헤쳐 보는 것"이 저술의 의도라고 밝힌다. 저자는 또한 자신의 의도를 이렇게 표현한다. "책의 물질적 형태의 변화가 책의 역사를 이루는 것이 아니라, 책과 사회가 맺는 여러 조건이 책의 역사를 구성하는 것이다. 나의 소망은 이런 여러 조건을 가지고 조선시대 책의 역사를 구성함으로써 조선시대사를 읽어내는 것이다."

전체가 14장으로 구성된 이 책의 제1장은 고려시대의 책과 인쇄·출판을, 제2장은 조선의 금속활자를 다룬다. 제3장은 한글의 탄생, 중종 때 『삼강행실도』를 많이 찍은 이유, 한글 언해서의 문제 등을 살핀다. 제4장은 주자소와 교서관을, 제5장은 관찰사가 독점한 지방의 인쇄·출판을 검토한다. 제6장은 원고 집필에서 장정까지 책의 탄생 과정을, 제7장은 책을 만든 사람들을 다룬다. 제8장은 당시의 책값을, 제9장은 조선의 서적유통 구조 등을, 제10장은 서점 설치 관련 논란 등을 검토한다. 제11장은 조선의 도서관, 홍문관, 장서의 관리 등을 살핀다. 제12장은 서적의 수입을, 제13장은 '일본으로 수출한 책'을 다룬다. 제14장은 임진왜란으로 소멸한 국가의 장서, 전란 이후의 서적복구, 임진왜란이 조선·중국·일본에 미친 영향 등을 살핀다.

둘째, 분야 또는 주제별 연구로 다양한 성과물들이 나왔다. 구체적으로 살피면, 우선 조선시대 농서 편찬을 농법 발달과의 관련 속에서 연구한 염정섭(2000), 조선시대 농서(農書)의 간행을 살핀 이선아(2006, 2009), 관찬서의 간행을 중심으로 19세기 조선의 출판문화를 고찰한 정재훈(2011), 번역전기물을 한성도서주식회사의 출간물을 중심으로 살핀 김성연(2010),

조선시대 문집 간행의 추이를 살핀 김수진(2013), 조선시대 여성 저서의 편찬을 연구한 최연미(2000), 조선시대의 여성 편저자, 출판협력자, 독자의 역할을 연구한 최연미(2002), 소설의 유통을 16~19세기 서적 중개상과의 관계에서 연구한 이민희(2007a), 필사본 고소설의 지역별 유통을 연구한 김재웅(2014), 구활자본(舊活字本) 역사소설을 연구한 김지연(2002), 구활자본 고소설의 검열본과 납본을 살핀 유춘동(2017), 지식의 상업유통과 소설출판을 연구한 류준경(2008), 7세기부터 조선 후기에 이르기까지 목판과 활자 인쇄를 통해 본 지식과 정보의 소통을 살핀 남권희(2013a), 한국 금서의 시대별 양상을 연구한 김길연(2013), 한국 대안 만화의 역사를 연구한 김성진(2012) 등이 있다.

종교 분야의 출판 연구로는, 우선, 불교 관련 연구가 눈에 띈다. 17세기 징광사(澄光寺)의 불교 서적을 살핀 이희재(2008), 조선후기 불교서적 간행을 진언집(眞言集)과 불교의식집(佛敎儀式集)을 중심으로 연구한 남희숙(2004), 조선시대 활자본 불교서적을 연구한 김영리(2013), 16세기 불서(佛書)간행을 연구한 손성필(2007, 2013), 19세기 불서간행과 유성종의 덕신당서목을 연구한 서수정(2016), 1850년대 불서간행운동과 불교 가사를 연구한 김종진(2004), 조선 후기 중국 불서의 유통과 사상적 영향을 살핀 김용태(2004), 경상도 북부지역 사찰의 불교 자료 간행에 관하여 연구한 남권희·임기영(2017) 등이 있다.

그리고, 가톨릭 관련 연구로 조선 후기에 천주교회에 의해 진행된 출판 상황을 연구한 김종욱(2006), 18세기 말~19세기 천주교 서적 유통과 독서문화를 연구한 이민희(2014) 등이 있다. 이민희(2014)는 "천주교 신자들의 한글 교육과 한글 천주교 서적의 필사 내지 유통, 그리고 간행은 하층민과 여성의 문자해독률을 높이고, 더 나아가 한글소설의 독서 인구와 유통 문화를 견인하는 한 동력이 되었다"고 주장한다.

또한, 실용서를 중심으로 조선시대를 고찰한 규장각한국학연구원 엮음(2014), 조선시대와 일제강점기에 걸친 금서를 사회·사상사적 측면에서 연구한 이중연(2001), 조선시대 최고의 명저들을 가려 뽑아 정리해 낸 신병주(2006) 등을 주목할 필요가 있다.

규장각한국학연구원 엮음(2014)은 '재미와 실용의 문화 속에 펼쳐지는 조선의 속살'을 각 분야의 실용서들을 통하여 보여준다. 그 실용서들은 조선 관료에게 필요한 모든 지식을 담아 낸 〈고사찰요〉, 15세기 선비들의 원예실용서인 〈양화소록〉, 〈동의보감〉에서 〈언문후생록〉까지의 조선 후기 의서들, 편지쓰기 매뉴얼인 〈간식유편〉, 불임을 치료하고 아들 낳는 비법을 기록한 〈규합총서〉와 〈태교신기〉, 정초 신년 운수에 거는 희망과 기대의 책 〈토정비결〉, 조선의 맛을 탐색하는 〈음식디미방〉과 〈규합총서〉 등 다양하다.

이중연(2001)은 조선시대의 금서를 3부로 나누어 서술한다. 제1부는 '조선 전기의 정치·사상과 금서'인데, 유신세력의 불교 및 도교 배척, 각종 사화와 금서, 소설옹호론과 반소설론 등을 살핀다. 제2부는 '조선 후기의 정치·사상과 금서'인데, 양명학의 전승과 수용, 붕당과 금서, 금서논쟁, 서학서의 확산과 천주교 신앙의 대중화, 문체반정과 반소설론, 『정감록』의 전파와 정부의 대책, '이단'서적의 출판 등을 살핀다. 제3부는 '대한제국과 일제강점기의 출판운동과 금서'인데, 대한제국기 근대사상의 성장, 애국출판운동에 대한 일제의 금압정책과 금서, 일제의 출판통제에 대한 대응 등을 살핀다.

신병주(2006)는 선조들의 뛰어난 문화역량을 보다 쉽게 전달하려는 의도에서 조선을 대표하는 명저 14편을 소개한다. 저자는 머리말에서 기록물로서의 가치와 함께, 지금도 여전히 메시지를 줄 수 있는 작품들을 선정하였고, 각 저술에 대하여 그 역사적 배경과 주요 내용, 작가의 생각, 현재적 의미를 담았다고 밝힌다. 명저 14편은 다음과 같다. 이순신의 〈난중일기〉, 허균의 〈홍길동전〉, 박지원의 〈열하일기〉, 이익의 〈성호사설〉, 이중환의 〈택리지〉, 〈조선왕조실록〉, 〈승정원일기〉, '국제감각과 외교역량이 응축된 대일외교지침서' 〈해동제국기〉, '시대를 앞서간 조선의 국가통치규범' 〈경국대전〉, '조선 선비의 중국표류견문기' 〈표해록〉, '한국 최초의 문화백과사전' 〈지봉유설〉, '240년 전 청계천 준설공사 현장기록' 〈준천사실〉·〈준천계첩〉, '궁중문학의 백미' 〈한중록〉, '정밀한 기록화로 담아낸 조선왕실 행사기록' 〈의궤〉.

또한, 상업출판 또는 방각본을 연구한 성과들이 다수 나왔다. 우선, 조선시대 상업출판 또는 방각본을 독서 현상과 연계하여 연구한 성과로 이윤석(2016)을 들 수 있다. 이윤석(2016)은 조선시대의 상업출판을 서술하는데, 그 시작을 1800년 무렵으로 파악한다. 그는 '머리말'에서 상업출판이 나타나게 된 사회적 배경에 대한 연구에만 머물 것이 아니라, "상업출판이 사회적 변화를 견인해낸 것은 무엇일까 하는 관점에서도 연구를 해야 한다"고 주장한다. 그는 또한 조선시대 상업출판에 관한 연구를 통해서 밝혀낸 사실들은 조선시대에 관한 허구적 상상력을 일으키는 역할을 할 수 있다고 주장하며 그 의의를 이렇게 말한다. "이미 텔레비전 드라마나 소설에 세책(貰冊)이나 방각본이 등장하는데, 앞으로 이런 일은 더 많아질 것이다. 허구적 상상력이 기댈 수 있는 언덕이 되기 위해서, 또 제대로 알려지지 않은 조선후기 서민의 문화를 이해하기 위해서, 그리고 조선후기를 설명할 때 도움이 되기 위해서 조선시대 상업출판물에 대한 정치한 연구가 필요하다."

이윤석(2016)은 세책과 방각본에 대한 기본적인 검토를 거쳐, 당시 상업출판물의 꽃이었던 한글소설, 지식의 축약으로서의 한문방각본, 책력(冊曆)과 지도 등을 살피고, 조선시대에 서민들의 독서를 통하여 지식과 오락의 대중화가 이루어졌음을 밝힌다.

그 외에 유춘동·김효경(2016)은 세책과 방각본을 조선의 독서열풍과 연계하여 연구한다. 김윤수(2005)는 박치유의 방각본 불전(佛典)을 살피고, 류준경(2006)은 독서층의 새로운 지평으로서 방각본과 신활자본을 살펴본다. 그리고, 유춘동(2016)은 방각본 소설의 검열본과 납본에 대하여 연구한 바 있다. 또다른 주제로 서양 선교사 출판운동으로 본 조선후기와 일제초기의 상업출판과 한글의 위상을 살핀 마이클 김(2010)이 있다.

그리고 조선시대 방각본에 대한 연구로는 서민들의 상업출판으로서 방각본을 연구한 류준경(2005b), 방각본 출판의 경제성을 고찰한 최호석(2004), 16세기 후반기 방각본의 출현과 책쾌의 활약상을 고찰한 우정임(2010), 방각본의 내용적 지역적 특성을 밝힌 부길만(2003a), 방각본의 등장과 전통 이야기 방식의 변화를 고찰한 임성래(2003), 조선 후기 방각소설의 전국적 유통 가능성을 살핀 정병설(2010), 조선시대 방각본 언간독(諺簡牘)을 고찰한 김봉좌(2004), 방각본 간찰교본(簡札敎本)을 연구한 류준경(2009), 조선조 방각본의 독자층을 연구한 이혜경(2002), 방각소설의 출판과 언어 문화의 표준화 문제를 살핀 이창헌(2009) 등이 있다.

특히, 이창헌(2009)은 한글과 방각본 소설 출판의 역사적 의의를 이렇게 제시한다. "공식 계층에서 사용하던 한문을 차츰 밀어내며 한 국가의 공식적 언어가 되기 위해 표준이나 규정을 찾아가야 했던 한글은 방각소설의 출판이라는 과정을 거치며 지식·정보의 저변을 확대하면서 차츰 통일된 국어를 형성하게 되었다. …이러한 지식·정보의 저변 확대는 계층적 제약과 공간적 제약을 극복하면서, 전국적인 유통을 이루어 한반도가 하나의 공동체라는 인식을 강화시켰으며, 한글로 기록된 문자문화를 향유하는 시대의 본격적인 개막을 가져왔다." 나아가 '새로운 정체성'으로서 '근대적 개념의 대중'이 탄생할 가능성이 생겼다고 주장한다. "특히 소설을 필사하여 향유하던 때와 달리, 소설을 방각하여 출판하게 됨으로써 동일한 텍스트로 구성된 작품을 읽는 사람들이 급격하게 늘어나게 되고, 이에 따라 동일한 작품을 읽는 사람들 사이에 서로 공통의 언어와 문화를 공유하게 된다는 점에서 결국 새로운 정체성의 탄생을 볼 수 있게 된다."

그리고 특정 지역의 방각본 출판에 관한 연구로는, 안성판 방각본 출판의 전개와 특성을 살핀 최호석(2006a), 안성판 방각본을 안성의 인쇄출판 전통의 관점에서 연구한 김한영(2013), 안성판 방각본의 출판 및 소설 판본을 살핀 이정원(2005, 2006), 안성판, 경판, 완판 방각본을 비교한 부길만(2003b), 태인 방각본을 연구한 이민석(2016), 달판(達板) 방각본을 연구한 류준경(2005a), 완판 방각본의 유통을 연구한 이태영(2018) 등이 있다. 또한, 영웅소설 방각본에 대한 역사적 연구로 방각본 영웅소설의 지역적 특성과 이념적 지향을 연구한 엄태웅(2012a), 방각본 여성영웅소설을 연구한 엄태웅(2012b) 등이 주목할 만하다.

이와 같은 상업출판 외에 베스트셀러에 관한 연구도 나왔다. 구체적으로, 베스트셀러를 중심으로 조선의 역사를 다룬 신병주(2017), 조선의 베스트셀러를 살펴본 이민희(2007b) 등이 있다.

신병주(2017)는 역사학자의 눈으로 조선의 베스트셀러를 살핀다. 그는 "조선왕조가 500년 이상 유지되고, 조선시대에 뛰어난 민족 문화가 꽃필 수 있었던 것은 국왕과 신하들은 물론이요, 백성에 이르기까지 책을 가까이하며 문화적 역량을 전수했기 때문"이라고 주장한다. 신병주(2017)는 조선시대를 이해하는 하나의 방안으로 '책'이라는 키워드를 선택한다. 그 가운데 뛰어난 가치를 지니면서도 현재에도 유효한 메시지를 전달해주는 기록물을 중심으로 시대별, 유형별로 나누어 크게 5부로 정리한다. 제1부는 15세기, 국가의 틀을 세운 책으로, 〈조선경국전〉, 〈경국대전〉, 〈용재총화〉, 〈해동제국기〉, 〈조선왕조실록〉을 소개한다. 제2부는 16세기 조선 지식인의 세계를 보여주는 책으로 〈표해록〉, 〈양아록〉, 〈남명집〉을 소개한다. 제3부는 조선을 뒤흔든 임진왜란과 병자호란의 기록으로 〈난중일기〉, 〈쇄미록〉, 〈징비록〉, 〈박씨전〉을 분석한다. 제4부는 17세기, 성리학의 새로운 시도를 보여주는 책으로 〈홍길동전〉, 〈지봉유설〉, 〈반계수록〉을 설명한다.

이민희(2007b)는 조선 후기의 독서 풍경과 베스트셀러를 살피고, 한국의 세책본 소설을 방각본 소설과 비교한다. 아울러 중국, 일본, 유럽의 세책 현상을 고찰하며, 세책문화의 보편성과 특수성을 밝힌다.

책의 교정에 관하여 연구한 장원연(2009a, 2009b, 2017), 한글 문헌의 간행 경위와 배포 양상을 연구한 석주연(2010)도 주목할 필요가 있다.

조선시대 출판문화를 특정 지역을 중심으로 다룬 연구 성과도 상당수 나왔다. 구체적으로 제주지방을 다룬 윤봉택(2007)과 김우리(2018), 강원 지역의 서적간행을 살핀 원미경(2013), 조선시대 원주 지역의 인쇄 문화를 연구한 최경훈(2012), 조선시대 안동 봉정사의 인쇄문화를 살핀 이상백(2015), 양주(楊州) 지역의 불교서적 간행에 관하여 연구한 백혜경(2006), 남원 지역의 인쇄문화에 관하여 연구한 강혜영(2005), 완영(完營)의 인쇄문화에 대하여 고찰한 옥영정(2011), 임진왜란 이전 전남 지역의 서적출판에 관하여 고찰한 안현주(2010), 태인 지역의 고인쇄문화를 고찰한 옥영정(2006), 영천 지역 간행 서적을 서지적으로 고찰한 임기영(2011a), 호서지방 목활자본의 현황과 목활자 유형을 연구한 옥영정(2010b), 청도의 전적 인쇄 문화를 연구한 임기영(2011b) 등이 있다.

그 외에 특기할 만한 주제로 조선후기 중국 활자 제작 방식의 도입과 활자의 구입을 다룬 이재정(2011), 중국 서적을 중심으로 조선 후기 출판과 장서문화를 살펴본 황지영(2010), 한·일 출판문화 발전에 끼친 조선통신사의 영향을 살핀 이창경(2012) 등이 있다.

셋째, 특정한 서적에 대한 연구인데, 참으로 다양한 책들이 다루어졌다.

우선, 방각본에 대한 연구가 눈에 띈다. 구체적으로 방각본 〈십구사략〉 간행의 양상과 의미를 살핀 이윤석(2014a), 〈정수정전〉의 대중화 양상과 그 의미를 밝힌 서혜은(2006), 방각본 〈조웅전〉의 원천을 연구한 이윤석(2014b), 사문유취(事文類聚)의 조선 수용과 전개를 관판본으로부터 방각본, 필사본에 이르기까지 연구한 최영화(2016), 방각본 춘향전의 성립과 변모에 대하여 연구한 전상욱(2006), 〈홍길동전〉의 내용 변화와 그 의미를 방각본을 중심으로 살펴본 김현정(2014), 방각본 〈심청전〉의 변모 양상을 살핀 전상욱(2017), 방각본 〈남훈태평가〉의 간행 양상과 의의를 밝힌 김유경(2010), 강태공전의 초역(抄譯) 현상을 통해 방각본 소설시장을 살펴본 주형예(2017) 등이 있다.

그 외에 〈동의보감〉 편찬의 역사적 배경과 의학론을 연구한 김호(2000), 〈조선왕조실록〉을 연구한 배현숙(2002)과 이성무(2000), 〈대동운부군옥〉을 통하여 조선시대의 책문화를 살핀 옥영정 외(2009), 〈세설신어(世說新語)〉의 국내 수용과 영향에 관하여 연구한 심지연(2013), 〈황명세설신어(皇明世說新語)〉의 국내 출판과 수용을 연구한 민관동(2013), 17세기 개인출판의 사서언해에 관하여 고찰한 옥영정(2004), 구활자본 『삼국지』의 유통과 변이를 연구한 권용선(2005), 한중 〈삼국지연의〉의 형성과정과 수용양상을 살핀 장국정(2013), 〈삼국지연의〉를 한국의 전통적 대의론과 일본의 무사적 충의론이라는 두 시각으로 살펴본 이은봉(2013), 〈수호전〉의 국내 수용 양상과 한글 번역본을 연구한 유춘동(2012), 〈무예도보통지(武藝圖譜通志)〉 편찬의 역사적 배경과 무예론을 연구한 최복규(2003), 〈묘법연화경(妙法蓮華經)〉의 판본을 연구한 정왕근(2012), 홍경래난을 소재로 〈신미록〉을 연구한 성아사(2011), 홍경래난(洪景來亂)에 대한 기억의 재구성으로서 〈신미록(辛未錄)〉의 형성 맥락에 대하여 연구한 이지영(2017), 〈제중신편(濟衆新編)〉의 간행과 유포에 관하여 연구한 이정화(2010), 이규경의 〈오주연문장전산고(五洲衍文長箋散稿)〉를 연구한 김채식(2009), 〈흥부전〉의 전승 양상을 출판문화와의 관련을 중심으로 살핀 최진형(2006) 등이 있다.

또한, 〈삼강행실도〉를 연구한 노병성(2014)과 한국학중앙연구원 편(2008)을 주목할 필요가 있다. 노병성(2014)은 〈삼강행실도〉를 조선왕조 시대 정치이념 홍보를 위한 대표적 서적매체로 인식하고 커뮤니케이션학적 측면에서 분석하였다.

한국학중앙연구원 편(2008)은 〈삼강행실도〉를 조선시대를 대표하는 윤리서로 보고 이를 통한 지식의 전파와 관습의 형성을 밝혀냈다. 즉, 〈삼강행실도〉를 통하여 조선시대 책의 문화사를 살핀 것으로 주영화 등 5인의 공저이다. 주영화는 책의 '머리말'에서 〈삼강행실도〉가 '조선시대에 여러 판본으로 인쇄된 책이라는 점'에서 "내용보다는 책이라는 물질(materials)에 더 주목하였다"고 밝힌다. 그리고 역사 속의 책은 지식과 관습의 매개물이라는 인식하에서, 〈삼강행실도〉의 편찬 배경과 조선 초·중기 사회의 변화를 서술한다. 또한 세부적인 연구로서 〈삼강행실도〉 판화의 기능과 특징, '삼강'의 권위적 지식이 판소리 문학에 수용된 양상, 근대적 인쇄기술과 '삼강'의 지식 확산 등을 설명한다.

유성룡의 〈징비록〉을 사학사적 입장으로 연구한 장준호(2017)도 주목할 만하다. 장준호(2017)의 논문은 2018년 〈출판저널〉과 〈독서경영〉이 주관하는 제1회 PRN 책문화 학술상 수상작으로 선정되기도 했다.

② 각 시기별 출판 역사 연구

제3기에는 조선시대뿐만 아니라 삼국시대부터 해방 이후까지 중세, 근세, 현대에 걸쳐 출판 역사 연구가 이루어졌다. 우선, 삼국시대의 서적 유통을 연구한 송일기(2013)이 있고, 고려시대의 경우, 남아 있는 세계 최고(最古)의 금속활자인쇄물인 〈직지심체요절(直指心體要節)〉(이하 〈직지〉)에 대한 연구가 있다. 구체적으로, 금속활자의 발명과 인쇄본 〈직지〉를 연구한 전영표(2005), 〈직지〉에 사용된 활자와 조판에 대하여 연구한 이승철(2007), 〈직지〉와 고려활자에 관하여 연구한 이종찬(2005), 〈직지〉와 조선 초기 활자 인쇄문화를 연구한 이희재(2004) 등을 들 수 있다.

또한, 고려시대 대장경에 대한 연구가 다수 나왔다. 우선, 고려대장경의 구성과 저본 및 판각에 대하여 연구한 유부현(2014)의 단행본이 눈길을 끈다. 중국에서 대장경은 필사본으로 전해오다가 북송 개보 연간(971~983)에 이르러 간본(刊本) 대장경으로 다시 태어나게 되었는데 이것을 개보장(開寶藏)이라고 한다. 유부현(2014)은 고려대장경은 개보장의 수정 복각판이라고 주장한다. 또한, 그는 고려대장경을 교감학적으로 연구하여 고려대장경의 정확성을 밝혀낸 단행본을 펴냈다(유부현, 2018).

고려대장경의 조성에 관한 연구로는, 팔만대장경의 판각, 봉안 및 판각구성에 관하여 연구한 강순애(2010), 강화경판 〈고려대장경〉 조성에 대하여 연구한 최영호(2009), 고려대장경 조조(彫造)의 동기 및 배경에 관하여 연구한 김성수(2010), 고려대장경의 정치·사회적 기능과 의의를 밝힌 박용진(2015a), 대장경 조조의 조직과 그 운영을 살핀 박용진(2015b), 고려재조대장경의 조성 과정을 연구한 송일기(2011), 이색의 고려대장경 인출과 봉안을 연구한 남동신(2013) 등이 있다. 또한 대장경 연구를 일본인과 공동으로 추진해서 나온 성과물인 장애순 외(2006)도 주목을 요한다.

국제교류에 관한 연구로는 고려대장경의 한일교류와 인식 추이를 살핀 최연주(2008), 고려대장경이 일본불교에 미친 영향을 연구한 히사유키(2008), 조선과 류구(流球)의 교류 양상과 고려대장경을 살핀 최연주(2014), 거란과 고려의 불교문헌 교류를 연구한 남권희(2013b) 등이 있다.

그 외에 고려 목판본을 연구한 정원택(1972), 고려시대 밀교 문헌의 간행 및 특징을 밝힌 임기영(2014), 고려시대 사원의 서적 간행과 그 기반을 연구한 전혜인(2016) 등이 있다.

개화기 출판에 관한 연구가 다양하게 이루어졌다.

우선, 출판사 또는 출판 주체 관련 연구로 회동서관의 출판문화사적 의의를 중심으로 개화기 출판 활동을 고찰한 이종국(2005), 개화기 출판의 목적을 생산 주체별로 비교해 낸 김민환(2010), 개화기 출판을 근대 민족주의 형성과 연계하여 연구한 채백(2008), 근대계몽기 재전당서포(在田堂書鋪)와 광문사의 출판과 그 특징을 연구한 박용찬(2017), 개화기 서포의 소설

출판과 상품화 전략을 살핀 배정상(2016), 세창서관의 활자본 고전소설의 간행 양상과 의미를 살핀 엄태웅(2016) 등이 있다.

개화기 출판물 관련 연구로는 개화기의 번역서를 고찰한 고샐리영(2009), 개화기 역사 소설의 시대적 의미를 1905~1910년의 번역소설을 중심으로 고찰한 공미라(2001), 대한제국기〈태서신사〉 편찬 과정과 영향을 연구한 유수진(2012), 한국의 〈월남망국사〉 수용 양상을 연구한 장효청(2013) 등이 있다.

종교 관련 연구로는 개화기 선교사들의 한글 연구와 활용에 관하여 연구한 부길만(2012), 근대기(1860~1930) 천주교 한글 서적의 출판 및 장정 변천을 연구한 정지희(2016), 천주교 한글 성경 출판의 역사적 변천을 수반한 타이포그래피의 변화를 살핀 류현국(2014), 개화기 한국 기독교 출판을 연구한 김철영(2003) 등이 있다.

그 밖에 한국의 근대 서양인쇄술 유입의 영향에 관하여 연구한 현영아(2007), 구한말 한국 신문의 서적광고와 그 특성을 대한매일신보와 황성신문을 중심으로 살펴본 김영순(2000), 한국 근대시기 중국고전소설의 번역과 출판을 연구한 윤보경(2017), 개화기 한국인의 일본기행문과 일본인의 한국기행문을 비교 연구한 문순희(2016), 대한제국 학부의 도서 편찬을 살핀 이철찬(2008) 등이 있다.

일제강점기의 경우, 우선, 출판 활동에 관한 연구로, 한성도서주식회사의 활동을 중심으로 경성의 출판문화 동향을 고찰한 김종수(2009), 1908년 설립되어 일제 초기에 활동했던 신문관의 출판 기획과 문화운동을 살핀 권두연(2016), 1907년부터 1930년까지 활동했던 대구 재전당서포의 출판 활동을 연구한 최호석(2006b), 20세기 전반기 전주 지방 서적 발행을 연구한 강혜영(2008), 19세기 말부터 1940년까지 만화의 전개와 문화적 의미를 살핀 서은영(2013), 일제강점기 재조일본인의 지방사(地方史) 편찬활동과 조선 인식을 살핀 최혜주(2011), 근대 출판문화 정착에 기여했던 경성서적업조합의 역할을 고찰한 방효순(2012) 등이 있다.

일제의 출판 통제에 관한 연구로 중일전쟁 이후 일제의 출판 및 독서 통제를 살핀 이중연(2005a), 일제강점기에 자행된 출판 검열을 소설 분야와 아동출판물로 나누어 살펴본 문한별(2013a, 2013b), 일제강점기 번역 소설의 단행본 출간과 검열 양상을 살핀 문한별(2013d)이 주목할 만하다. 그는 또한 출판 검열 실상을 불허 및 삭제 기사 개요로 살펴본 바 있다(문한별, 2013c).

그리고 일제시대 민간의 서적발행 활동의 구조적 특성을 밝혀낸 방효순(2001), 일제강점기 광주(光州)의 서적 간행을 살핀 안현주(2015) 일제하 한국 기독교 출판 동향을 살핀 홍승표(2015), 1920년대 딱지본 신소설을 연구한 권철호(2012), 일제하의 불교출판을 고찰한 한동민·김광식(2006), 식민지 시기 번역 위인전기를 연구한 김성연(2011), 일제하 해외 동포들의 출판운동까지 망라한 한민족 출판을 연구한 박몽구(2010), 신문 서적 광고를 중심으로 출판 광고의 전략을 고찰한 방효순(2013a), 일제강점기 현공렴의 출판활동을 살핀 방효순(2013b), 일제강점기 한국어 학습서 출판의 특성을 밝힌 부길만(2016) 등이 있다.

해방 이후 출판에 관한 연구로는 우선, 해방기 책의 문화사를 서술한 이중연(2005b), 1945년부터 1950년 사이에 나온 간행도서 총목록을 정리한 오영식 편저(2009)를 주목할 필요가 있다.

이중연(2005b)은 해방기 책의 문화를 '① 환경, ② 흐름, ③ 지향, ④ 쓰기, ⑤ 출판인, ⑥ 금서, ⑦ 친일과 저술'로 나누어 서술한다. ① 환경에서는 일제 말기의 글쓰기와 해방, 출판의 자유, 도서공급을 통한 건국사업의 동참, 독서의 해방, 해방기의 출판 종수와 판매 부수 등을 다룬다. ② 흐름에서는 해방 직후 좌익 팸플릿, 한글의 아름다움과 역사의 깨우침, 교재류 출판의 전성시대, 사회과학서 출판의 질적 변화, 출판의 중심에 선 문학서적, 출판기획과 독서현상의 변화, 베스트셀러가 된 번역서 등을 검토한다. ③ 지향에서는 출판의 황무지 상태에서 맞은 해방, 출판과 문화 건설, 영리 위주의 출판 등을 다룬다. ④ 쓰기에서는 '밥이 되지 않는' 창작과 저술, 작가와 직업, 문학의 후원자 대중 등을 다룬다. ⑤ 출판인에서는 잊힌 출판인 배정국과 백양당을 다룬다. ⑥ 금서에서는 해방 직후 자유로웠던 남한의 단행본 출판계, 북한의 '서적 숙청', 1947년말 남한에서의 금서 조처, 한국전쟁과 금서 등을 다룬다. ⑦ 친일과 저술에서는 친일파 저서 출판에 관한 예술통신 기자와 조선출판문화협회 사무국장의 증언을 가상 대담 형식으로 다룬다.

오영식(2009)은 1945년부터 1950년까지 출간된 모든 책을 망라하여 목록으로 정리한 것이다. 그 목록을 출판사별, 저자별, 주제별로 모아 놓아, 출판문화사뿐 아니라, 문학사, 문화사, 사상사 등의 연구에 유용할 것이다.

그리고, 제1공화국 시기의 출판을 살핀 부길만(2011), 아동전집 출판기획을 중심으로 해방 이후 한국 아동전집 출판을 역사적으로 고찰한 정복화(2000), 해방 후부터 1970년대까지 불교계의 출판을 다룬 김경집(2006), 해방 이후부터 1962년까지 미확인 출판물을 연구한 박몽구(2008, 2009), 해방 후 한국 기독교 출판운동을 연구한 박종현(2010), 해방공간의 출판계와 위인전을 고찰한 허혜선(2016), 해방기 해적판 소설의 유형과 위상을 살핀 김영애(2017), 제5공화국의 출판통제정책과 출판문화운동을 살핀 전성원(2014), 1970년대 베스트셀러 소설을 연구한 최정호(2005), 베스트셀러를 통해 본 1990년대 출판물의 특성을 국내 소설을 중심으로 살펴본 이진산(2001), 1981년부터 2011년까지 베스트셀러 표지 디자인의 조형적 변화를 연구한 성현옥(2013), 2000년대 기독교 출판물을 베스트셀러를 중심으로 살핀 오생현(2012), 〈출판문화〉지에 반영된 한국 출판계의 역사를 1965년부터 1984년까지의 인물 중심으로 살펴본 이기성(2007) 등이 있다. 그리고, 만화 관련 연구로, 1980년대 여성 서사만화를 작품의 서사 특성을 중심으로 연구한 김은혜(2017), 1990년대 출판만화시장의 변화 및 글로벌화에 대하여 고찰한 윤영준(2010), 한국만화의 발전과정을 살피고 전망을 제시한 은정선(2000) 등이 있다.

이처럼 제3기에 나온 시기별 출판 역사 연구는 조선시대 출판 연구가 상대적으로 많지만, 고려시대부터 현대에 이르기까지 각 시기에 걸쳐 주목할 만한 연구들이 상당수 나왔음을 알 수 있다.

(2) 한국 출판의 통사 연구

제3기에는 출판 역사 연구가 발전기에 들어서면서 한국출판의 역사를 통사로 서술하는 본격적인 시도들이 나오게 된다. 가장 이른 시기의 것으로 지난 100년간 이룩한 우리 출판을 살핀 이중한 외(2001), 한국근현대출판문화사를 서술한 고정일(2013), 현대한국출판의 역사를 서술한 이두영(2015), 한국 출판 통사를 출판산업사의 입장에서 서술한 한국출판학회 엮음(2012)을 주목할 필요가 있다.

이중한 외(2001)는 지난 20세기 한국 출판을 술회하며, "출간된 책 내용의 다양성, 출판 형태의 창의성, 그리고 지성과 감성의 세계적 교류 등 어느 선진국과 비교해도 차이가 없을 만큼 큰 성취를 이루었다고 할 수 있다. 이 기반 위에서 아날로그 문화상품을 콘텐츠로 발전시키고 있는 한국의 IT산업 경영에서도 선진 대열에 어렵지 않게 진입해 가고 있다"고 밝힌다. 이와 같은 인식을 바탕으로 우리 출판의 역사를 모두 4개 단락으로 나누고 4인이 분담하여 집필한다. I단락은 "유형별로 본 우리 출판 백년"(이두영), II단락 "서점 100년, 출판유통의 발자취"(양문길), III단락 "베스트셀러로 본 우리 출판 100년"(양평), IV단락 "출판의 오늘과 그 미래"(이중한)로 되어 있다.

고정일(2013)은 디지털시대에도 종이책이 사라지는 일은 없으리라는 확신 속에서, "한국출판 100년을 찾아서 그 출판선구들의 치열하고 열정적인 출판의 낭만과 보국의 시간으로 떠나려 한다"고 서두에서 밝힌다. 그리고 중요한 업적을 남긴 150여 개의 출판사, 신문잡지사와 300여 명의 출판인들을 찾아내어 그들의 정신과 출판활동을 소개한다.

이두영(2015)은 1945년부터 2010년에 이르기까지 발전해 온 한국출판역사에 대한 본격적인 저술이다. 저자는 그 저술의 의미를 이렇게 말한다. "지난 70년간 우리 출판산업은 끊임없이 변화와 발전을 지속해 온 도전의 역사였다. 출판에 필요한 어떠한 조건도 제대로 갖추지 못한 불모의 땅에서 눈부신 성장과 발전을 이룩해 오늘날 세계 10위권의 출판대국으로 우뚝 섰다. …이제부터 우리는 앞으로 70년을 이끌어가야 한다. 그 책임감으로 디지털과 네트워크를 기반으로 하는 세계화 시대의 새로운 역사를 써 나가야 한다." 그리고 지금 우리에게 부족한 것은 "미지의 세계에 도전하는 모험정신"이라고 지적하면서, "미지의 시장을 개척하는 창의력과 대담한 미래 혁신 전략은 역사 속에 있음"을 강조한다. 전체가 7장으로 이루어진 이 책의 제

1장은 현대 한국출판을 어떻게 볼 것인가에 대한 논의인데, 한국출판의 역사적 기저, 출판의 성장동력, 연구방법론, '현대'의 기점과 발전단계, 역사적 고찰의 전개방법 등을 검토한다. 제2장은 해방 이후부터 1950년까지의 출판 상황과 출판인들을 살핀다. 제3장은 우선, 6·25전쟁 직후인 1951년부터 1958년까지 출판계 실정을 보여준다. 제4장은 1961년과 1965년 사이의 출판정책과 출판 상황을 다룬다. 제5장은 1966년부터 1976년까지의 정부 출판정책과 출판계 동향을 서술한다. 제6장은 한국에서 산업화가 본격적으로 진행되기 시작한 1977년 이후부터 2010년 현재까지 출판계 다양한 부문의 변화과정을 서술한다. 제7장은 한국출판 선진화의 길을 모색하며 세계화 시대의 미래전략, 출판기업화의 과제와 전망, 출판의 디지털 혁명, 출판 전문인력 양성 프로그램 설계의 필요성, 저출산·고령화 시대, 고령층 독서진흥 대책, 통일지향의 남북 출판 교류협력 기반조성, 지식정보 산업으로의 변신 등을 서술한다.

한국출판학회 엮음(2012)은 개화기부터 2010년까지의 한국 출판의 역사를 산업사적 관점에서 서술한다. 기존의 출판문화사 연구에서 한 걸음 더 나아가 출판의 시대별 산업 양상과 관련 동향을 본격적으로 서술한 통사라 할 수 있다. 전체가 10장으로 이루어진 이 책의 제1장은 서론으로서 한국출판산업사 연구의 목적과 방법 및 한국 출판산업의 특성 등을 설명한다. 제2장은 한국출판산업의 역사를 국가 발전과의 연계 측면에서 개관한다. 제3장은 개화기 출판산업의 성과 및 개화기의 출판인들과 서점에 관하여 검토한 다음, 이를 토대로 "개화기 출판은 비록 본격적인 상업 출판에까지 이르지 못했지만, 애국계몽과 민족교육의 중요한 토대가 되었다"고 밝힌다. 제4장은 일제강점기의 도서 발행과 검열, 민족출판의 맹아를 이룬 출판사들, 조선어학회사건과 민족자산 지키기, 일제강점기 출판유통 등을 살핀다.

제5장은 해방 이후 한국전쟁 이전 시기 출판산업사를 다룬다. 구체적으로 해방공간의 사회상과 미군정의 출판정책, 해방공간 속 출판산업의 태동, 해방공간의 출판유통, 해방기 출판과 소비 등을 살피고, 해방공간과 한국전쟁에서 멸실된 출판물의 발굴 내용 및 해방기 태동된 민족출판사를 소개한다. 제6장은 1950년대의 출판과 유통 및 소비 등을 살피고 새롭게 발굴한 미확인 출판물을 알린다. 새로 발굴된 출판물들을 살피며 "출판은 국민들에게 정신적 뽓대가 되어왔음은 물론, 시대 상황을 기록하고 후대에 전승하는 데에 빼놓을 수 없는 문화유산임을 재삼 확인할 수 있었다"고 말한다. 제7장~제9장은 1960년대 이후의 출판산업을 각각 생산, 유통, 소비의 관점에서 탐색한다. 제10장은 디지털시대의 출판산업과 문화산업을 살피고 출판산업의 당면과제 겸 미래전략을 다음 5가지로 제시한다.

첫째, 출판 패러다임의 변화 및 출판의 외연과 영역의 확장이다. 둘째, 출판콘텐츠의 다양화와 경쟁력 확보이다. 셋째, 우리 출판콘텐츠의 국제경쟁력 강화와 해외 수출이 이루어질 수 있도록 기획·홍보·마케팅에 주력하고, 이를 위한 인재양성에 힘을 쏟아야 한다. 넷째, 출판산업의 양극화 극복과 지방출판의 활성화이다. 다섯째, 통일을 준비하는 출판이다.

또한, 출판 통사 서술을 위한 시대 구분에 관한 연구도 나왔고(부길만, 2009), 특정 주제를 대상으로 한 역사적 연구도 나왔다. 구체적으로, 한글 글꼴의 역사를 연구한 김두식(2008), 한국의 인쇄문화사를 연구한 유창준(2014), 북디자인 역사를 서술한 박대헌(21013), 건축 서적의 역사를 연구한 이상희(2013)을 들 수 있다.

박대헌(2013)은 1883년 서양 활판인쇄술이 도입된 이래 1983년까지 우리 근대 인쇄·출판 100년간 단행본들의 표지 디자인이 변천하는 과정을 실물 자료를 통해 살핀다. 저자는 이 책이 "우리의 전통 인쇄술과 서양 인쇄술이 처음 만나 서서히 지금의 모습으로 변모되던 과도기의 역사를 다루고 있으며, 특히 지금까지 제대로 시도되지 못한 출판 미술사적 측면에 그 초점을 맞추었다."고 밝힌다.

이상희(2013)는 한국 건축 서적 출판의 역사를 5시기로 구분하고 그 내용을 다음과 같이 제시한다. 제1기는 1958년에서 1971년으로 개설서 중심의 출판이 이루어진 시기이다. 이제 막 건축 교육의 모습이 갖추어지기 시작하면서 대학에서 사용할 기초 교재 중심의 출판이 주를 이룬다. 제2기는 1972년에서 1978년으로 시험 대비용 수험서 중심의 출판이 이루어진 시기이다. 중동건설 붐에 의한 기술자들의 해외 취업 기회가 늘어나고 중화학공업단지 건설, 새마을 운동을 통한 농어촌의 현대화와 같은 정부 주도의 경제 활성화 정책의 영향을 받았다. 제3기는 1979년부터 1991년으로 자료집성과 현대 건축 시리즈, 디테일 시리즈와 같은 시리즈 출판의 시기이다. 해외 이론서 번역이 이전 시기에 비해 많이 증가했는데 소위 해적판 형태로 출간되었다. 제4기는 1992년에서 1998년으로 우리 건축 현실에 대한 고민과 '인문학적 건축 이야기'의 시기이다. 제5기는 1991년 이후이다. 건축이 기술 공학의 영역에서 문화의 영역으로 전환되는 시기이다. 대중들의 건축에 대한 인식을 바꾸는 역할을 한 시기이기도 하다. 그리고, 대표적인 건축 서적 전문 출판사를 소개한다. 건축 전문 출판사의 문을 연 야종문화사와 문운당. 독보적인 자료집성 출판사인 산업도서출판공사, 가장 많은 건축 출판 종수를 보유한 기문당, 진보적 시각을 가진 도서출판 발언, 이론서 출판의 새로운 축을 만들어가는 시공 문화사 등이다.

(3) 해외 출판 연구 및 출판의 세계사적 조명

우선, 해외 출판 분야를 살펴보면, 동양 출판 역사 연구의 경우 일본 관련 연구가 눈길을 끈다. 구체적으로, 1910년대 재조선 일본인의 출판활동을 연구한 장신(2012), 일본의 교양신서 출판의 역사와 현황을 중심으로 다매체시대 총서출판의 매체경쟁력을 살핀 문연주(2007), 일본소설의 국내 번역 출판 현황과 특성에 대하여 통사적으로 고찰한 문연주(2008), 17~18세기 초 경도(京都)에서 간행된 조선인 편저(編著) 유학서를 중심으로 조선본의 출판권 변화를 살핀 이유리(2012), 청·일전쟁기를 중심으로 일본제국의 성립과 박문관의 출판활동을 살핀 함동주

(2010), 메이지 시대를 중심으로 근대 일본의 출판통제정책을 연구한 김기태(2012), 다이쇼 신수대장경(大正新修大藏經)의 편찬 과정과 체재를 연구한 윤기엽(2008), 일본의 조선서적 약탈의 역사를 살핀 이준걸(2012), 2000년대 한일 베스트셀러 통합과 문화유입 현황을 고찰한 문연주(2009), 일본 에도시대의 세책집을 살핀 이윤석(2012) 등이 있다.

중국 또는 동아시아 관련 연구도 많은데, 구체적으로, 중국 근대 만화를 역사적으로 고찰한 윤기헌(2009), 중국의 종이와 인쇄문화를 역사적으로 서술한 김의정(2013), 중국 출판 콘텐츠의 한국 내 번역과 수용을 연구한 김윤진(2009), 중국 고전소설의 출판문화를 조선시대 출판본과 출판문화를 중심으로 연구한 민관동(2012), 중국 출판산업의 변화와 인터넷문학을 연구한 김택규(2013), 명말청초의 과거수험용 서적의 상업출판과 전파에 관하여 연구한 황지영(2007), 명대 과거시험 참고서 출판과 출판시장을 연구한 백광준(2008), 17세기 한국, 중국, 일본의 출판문화를 비교한 부길만·황지영(2009), 동아시아의 근대 불교와의 관계 속에서 불경의 번역과 출판을 살핀 윤종갑·박정심(2016), 한·일의 중국 고전소설 출판양상을 연구한 민관동(2015), 17, 18세기 조선과 일본 에도문단의 중국 당시(唐詩) 선집의 수용과 간행 양상을 비교한 노경희(2010), 조선과 에도문단의 중국시문집 출판 형태와 향유층을 비교한 노경희(2014), 조선시대 중국 도서 유입과 토착화 과정을 조선왕조실록기사를 중심으로 연구한 이창경(2011), 〈삼국지연의〉의 수용에 관하여 연구한 이은봉(2007, 2010) 등이 있다.

특히, 황지영(2007)은 명청 교체기의 혼란을 지나서 청나라에 의해 정치·문화적 질서가 재정립되어갈 때 상업출판이 한 역할은 무엇이며, 동아시아의 맥락에서 볼 때 중국 상업출판의 발전과 전파가 주변국에서 어떠한 역할을 수행하였는지 살펴본다. 구체적으로 과거시험에서의 모범답안을 이용한 정치세력 확대, 만주족 장서가의 등장과 북경의 신흥상업지구 등을 살피고, 조선에서 진행된 중국과거수험용 서적의 선별적 이용 및 중국서적의 재생산, 조선후기 민간장서의 특징 등을 살핀다. 황지영(2007)의 논문은 2012년 수정되어 〈명청출판과 조선전파〉라는 제목의 단행본(시간의물레 발행)으로 나왔고 문화체육관광부 우수도서로 선정된 바 있다.

유럽 관련 연구로는 활판인쇄술 등장 이전의 중세 출판문화와 구텐베르크 관련 연구가 많았다. 우선 중세 출판 연구의 경우, 필사본에 관한 연구로, 14세기 프랑스의 수서본(手書本) 서적 생산을 고찰한 홍용진(2012), 수사본(手寫本)의 역사를 서술한 김대신(2012) 등이 있다.

중세 유럽의 출판 연구로는 이혜민의 작업들이 주목할 만하다. 구체적으로, 중세 시대 책 증정과 책 주문을 살핀 이혜민(2008), 인쇄술 도입기 파리의 서적상 앙투안 베라르와 역사서적 출판을 살핀 이혜민(2012), 15세기 말 잉글랜드와 부르고뉴의 인적 문화적 교류를 책과 인쇄문화를 중심으로 고찰한 이혜민(2011), 중세 여성의 책 문화를 연구한 이혜민(2010) 등이 있다.

이혜민(2008)은 중세 시대 최고의 상징과 문화인 책 증정과 책 주문을 주제로, 중세의 조형이미지 속에서 어떻게 저자와 책 주문자(혹은 후원자) 사이의 정치적 사회적인 관계가 '책'이라

는 매개물을 통해 표현되고 있는가를 살펴본다. 방법론으로 기존의 미술사적인 연구 성과에
책과 독서의 역사 및 역사인류학적 관점을 접목시켜, 중세시대 책 증정 도상의 시간의 흐름에
따른 변화 모습을 사회적인 변화와 관련시켜 연구한다.

이혜민(2011)은 15세기 말 필사문화에서 인쇄문화로 이행하는 시기에 잉글랜드와 부르고뉴
의 문화적인 교류를 책과 인쇄문화를 중심으로 살펴본다. 이 연구는 "기존의 후원 관계에 관
한 역사나 책의 외형적인 형태를 다루는 전통적인 서지학의 틀을 넘어서서, 책문화를 중심으
로 나타나는 지역 간의 문화 교류와 그 과정에서 인간들이 맺는 관계에 관심을 두고 있다"고
한다. 그리고, "중세 후기에 잉글랜드에 유입된 플랑드르의 책문화는 일방적인 책의 수입이나
단순한 모방을 넘어서서 맥락에 맞게 변형 수용되었다"고 밝혀낸다.

이혜민(2010)은 '책 읽는 성모, 책 읽는 여성'을 주제로 중세 여성의 책의 문화를 '수태고지
(受胎告知)'를 중심으로 살펴본다. 즉, 시각적인 이미지 사료, 특히 '수태고지' 도상에 대한 통시
적인 연구를 통해 책과 성모의 관계가 시대에 따라 어떻게 나타나고 변화하며 그 역사적 사회
적 문화적 함의는 무엇인지 밝힌다. 더 나아가 다른 이미지 사료들과 문헌 사료들로 논의를 확
대하면서, 중세사회 전체의 틀 속에서 '수태고지' 도상의 변화가 여성의 독서 관행 변화라는 사
회적 문화적인 차원과 결부되어 나타나는 의미에 대하여 살펴본다.

이혜민의 이러한 연구들은 서구 역사 특히 중세 역사 속의 책문화 연구가 거의 전무한 상태
에서 이루어진 것이어서 소중한 성과가 아닐 수 없다.

그리고, 구텐베르크 활판인쇄술 관련 연구로는 루터성서 이전에 인쇄된 독일어성서를 중심
으로 당시 상황을 연구한 최경은(2016), 구텐베르크 인쇄술 발명의 사회문화적 배경을 고찰
한 최경은(2011), 독일 인쇄술과 민중본을 고찰한 김면(2010), '기술의 우열'에서 '문화적 다양
성'으로 전환한 활자인쇄술 개발을 검토한 남영(2009), 구텐베르크 활판인쇄기술 발명에 대한
영국사회의 법적 대응을 살핀 윤권순(2015), 구텐베르크 발명을 고찰한 황정하(2013), 구텐베
르크와 활판인쇄술에 관하여 연구한 이종찬(2008), 구텐베르크 이후 레토릭의 변화를 연구
한 조맹기(2010) 등이 있다.

특히, 최경은(2011)은 15세기 중엽 구텐베르크의 서적 인쇄술이 등장하게 된 시대적 상황을
이렇게 말한다. "종이의 보급과 글쓰기 공방이 번성하였으며, 독서용 안경이 발명되어 보급됨
으로써 독서 인구가 증가하였고, 글쓰기의 주체가 성직자에서 도시나 관청 등 세속적인 영역
으로 확장되었다. 그리고 13세기부터 설립되기 시작한 대학은 독서 계층의 확산을 가져왔다."
이를 토대로 결론에서는 "유럽 서적 인쇄술의 발명은 그냥 '하늘에서 내려온 신의 선물'이 아니
라, 필사문화의 정점에서 시대 상황이 요구했던 필연적 결과물이었다"고 주장한다.

황정하(2013)는 구텐베르크 인쇄술이 빠른 속도로 유럽 전역에 퍼져 나갔던 배경과 의의를
이렇게 설명한다. "그 배경은 당시 유럽에서 르네상스와 맞물려 고전의 번역과 출판 사업이 전

개되었고, 대학들이 생겨나면서 서적의 수요와 창출이 폭발적으로 일어나게 되었기 때문이다. 따라서 서적의 대량생산과 보급으로 인해 종교개혁 → 시민혁명 → 과학혁명 → 산업혁명 → 자본주의, 민주주의로 발전할 수 있었던 원동력이 되었을 것이다."

금속활자를 인쇄문화의 전파 관점에서 살핀 연구도 있다. 구체적으로, 금속활자의 발명과 전래에 관하여 동·서양 비교 연구를 한 김성수·마승락(2014), 한국에서 서양으로서의 인쇄문화 전파에 관하여 구텐베르크의 금속활자를 중심으로 살핀 신종락(2011) 등이다.

그 외에 서양 출판 역사 연구의 경우, 독일의 인쇄 문화와 교양 시민계층의 형성을 밝힌 최선아(2015), 시각 인쇄매체의 역할과 종교개혁의 확산을 살핀 오종현(2018), 루터성서 출판과 개정의 역사를 서술한 최경은(2018), 18세기 책문화와 전기낭만주의 문학관을 연구한 김연신(2004), 18~19세기 미국의 세책(貰冊) 문화를 연구한 이민희(2016), 프랑스 계몽주의 시대를 중심으로 서양 금서의 문화사를 서술한 주명철(2006) 등이 있다.

또한, 북한과 중국 조선족에 관한 연구로는, 북한 소설문학의 출판수용 양상을 1980년대 전반기를 중심으로 연구한 남석순(2002), 출판구조와 실태분석을 중심으로 북한 출판을 연구한 남석순(2000), 북한의 〈조선문학〉 독자란의 역사적 변천과 문화정치적 함의를 살펴본 김성수(2016), 중국 조선족 한글정보자원 생산과 출판물에 대하여 연구한 이명규(2004) 등이 있다.

세계사적 측면에서의 연구로는 책의 재료로 죽간과 파피루스를 사용한 고대부터 전자출판을 활용한 현대 출판에 이르기까지 책의 역사를 서술한 부길만(2008b), 편집저작물의 관점에서 세계 역사를 풀어낸 부길만(2013, 2015), 책의 역사를 서술한 유부현(2004), 세계 그림책의 역사를 고찰한 현은자 외(2008) 등이 있다.

해외 출판 외에 북한 출판 연구 성과도 나왔다. 구체적으로, 북한의 출판 실태와 남북한 출판 교류에 관하여 연구한 김재엽(2006). 근대시민혁명 서술을 중심으로 남북한 세계사 교과서를 비교 분석한 김정선(2007)이 있다.

(4) 독서의 역사

제3기 이후 독서 문제가 본격적인 역사적 연구의 대상으로 되면서 다수의 성과물이 나오게 되었다. 그 연구 성과는 우선 시기별 독서 현상에 대한 연구로 나타난다.

고려시대의 경우, 예종의 독서토론을 고찰한 김중권(2003)이 있고, 조선시대로 가면 다수의 연구성과물이 나온다. 우선 독서 현상이나 독서 실태에 관한 연구로 17·18세기 조선의 독서문화를 살핀 홍선표 외(2006, 2007). 조선후기 서울의 도시화와 관련지어 독서형태의 변화를 살핀 윤정안(2012), 조선시대 실학자들의 독서행위를 살핀 노명자(2015), 18세기 말~19세기 천주교 서적 유통과 국문독서문화의 상관성을 연구한 이민희(2014), 조선시대의 독서당을 연구한 서범종(2004, 2008), 조선 후기 지식인들의 읽기와 쓰기를 살핀 배우성(2015) 등이 있다.

　조선시대의 독서 이론에 관한 연구로는 조선시대 중인층의 독서론에 관하여 연구한 이성희(2005), 마음의 독서를 강조하는 주자의 독서관을 살핀 노병성(2006), 18세기 조선 지식인의 독서방법을 고찰한 노병성(2007), 이황·이이·이덕무·정약용을 중심으로 조선시대 유학자들의 독서 이론을 연구한 방인숙(2012), 조선후기 사대부 독서와 교육 개혁론을 연구한 차미희(2015), 조선 후기 독서론과 현대 독서행동 과학론을 비교연구한 김인숙(2004) 등이 있다.

　조선시대 독서에서는 왕의 독서 또는 정부가 시행하는 제도적 독서 권장제도인 사가독서가 특기할 만하다. 우선, 왕의 독서에 관한 연구로는 조선 왕의 독서법을 연구한 박경남(2014), 영조의 독서와 학문을 고찰한 정재훈(2015), 경연 관련 연구로 경연에서의 독서토론을 고찰한 김중권(2004, 2005a) 및 경연에서 성종, 연산군, 중종, 현종 등 왕의 독서력을 고찰한 김중권(2005b, 2007, 2008, 2017)이 있다. 사가독서에 관한 연구로는 성종, 명종, 선조, 광해군, 중종, 인조, 영조 시기를 연구한 김중권(1997, 2000, 2001a, 2001b, 2002a, 2002b)이 있다. 또한, 세자 교육으로서 조선시대 '서연'의 독서 교육적 의의를 정조의 사례를 중심으로 고찰한 백정화(2015)가 있다.

　일제강점기의 경우, 일제강점기 서적 유통과 도서관의 기능을 통해 독서문화를 살핀 허재영(2016), 일제강점기 중등학생 독서회 활동의 실제와 의미를 밝힌 박철희(2015), '신여성'과 '여성'을 중심으로 일제강점기 여성지에 나타난 여성독서를 고찰한 윤금선(2012), 식민도시 부산의 독자층을 연구한 임상민(2015), 독자의 탄생과 한국 근대 문학을 고찰한 천정환(2004) 등이 있다.

　특히, 천정환(2004)은 식민지 시기의 책 읽기 양상과 그 사회적 의미의 변화를 '대중 독자의 등장'이라는 관점에서 살핀다. 전체가 5부로 이루어진 이 책의 제1부는 '근대의 책 읽기와 소설 독자'를 살피고, 제2부는 '근대 독자 형성의 문화적 조건'인데, "소설은 국민의 나침반"이고 "소설은 여자와 시정 무식배가 제일 즐겨하는 바"라고 전제하고, 문맹과 이중언어 상황, 순한글 문학의 위상, 근대문학과 묵독, 구술문화와 공동체적 독서의 재생산, 글쓰기와 연애편지의 시대 등을 서술한다. 제3부는 '1920~30년대의 책 읽기와 문화의 변화'인데, 독서인구의 급격한 증가, 검열과 출판의 자유, 기능적 독서의 시작, 오락과 '취미'로서의 책 읽기, 어린이의 '발견'과 어린이책, 일본어로 책 읽기 등을 살핀다. 제4부는 '문학 독자층의 형성과 분화'인데, 근대적 대중 독자와 엘리트적 독자층의 등장, 〈동아일보〉 광고면을 통해 본 1920년대의 소설 읽기, 1930년대 말 출판문화의 융성, 신문 연재소설의 문화적 위상, 식민지 여성의 책 읽기, 학생층의 독서 경향, 경성 인쇄노동자들의 책 읽기, 러시아 문학의 영향 등을 서술한다. 제5부는 '책 읽는 방법의 제도화와 문학사'인데, 식민지인의 눈물과 웃음, 소설 수용양식의 제도화 과정, 작가와 독자의 커뮤니케이션 방법 등을 살핀다.

해방 이후의 독서 역사를 살피면, 해방 후 한국 독서운동의 성과를 성찰한 박몽구(2014), 해방 후 한글세대의 독서체험과 글쓰기를 연구한 박숙자(2017), 우리나라 독서운동의 역사와 의미를 밝힌 윤세민(2012), 1960년대 독서문화의 기반과 마을문고 보급운동을 살핀 윤상길(2014), 1980년대 중후반기 독서대중화 운동을 연구한 윤금선(2008), 1993년 이후 한국 독서운동의 전개양상을 분석한 서창호(2008), 독서치료 서적의 국내 출판 역사에 관하여 연구한 임성관(2017) 등이 있다.

비교적 장기간의 독서 역사를 다룬 것으로는 한국의 독서문화를 역사적으로 서술한 남태우·김중권 공저(2004), 우리 책읽기의 역사를 연구한 윤금선(2009), 근대의 재발견이라는 관점에서 책과 독서의 문화사를 서술한 육영수(2010) 등이 주목할 만하다.

남태우·김중권 공저(2004)는 "독서가 과거의 우리나라에서는 범국민적이지 못하고 일부에 국한되어 온 것이 사실이다. …신앙으로 인한 독서문화가 발전된 시대도 있었지만 우리나라는 거의 문신 중심으로 독서가 이루어져 왔다"는 전제에서 개개의 독서 중심보다는 국가적인 독서를 중심으로 삼국시대부터 조선시대까지 독서문화를 밝히고 있다. 전체가 14장으로 이루어져 있는 이 책의 제1장에는 삼국시대의 독서문화를 고구려, 백제, 신라로 구분하여 살펴봤으며, 제2장에는 삼국시대 문자 및 서적의 해석, 제3장은 고려시대의 독서문화를 도서관 중심으로, 제4장은 조선시대의 독서문화로 사대부, 실학파들의 독서, 제5장부터 제13장까지는 사가독서제도를 중심으로 독서당, 사가독서자, 사가독서가 규장각에 미친 영향 등을 밝히고, 제14장에서는 서당(書堂)의 독서교육과 독서방법을 살펴본다.

윤금선(2009)은 근현대 우리 독서운동 및 독서교육의 제반 현상들을 독서 대중화운동의 측면에서 살펴본다. 일종의 사회사적 관점에서의 고찰이라고 할 수 있는데, 일반 대중에게 반영된 독서운동과 독서경향을 주목함으로써 수용론적 입장을 견지한다고 밝힌다. 구체적으로, 신문에 게재된 자료를 통하여 시기별로 사회적인 차원에서의 독서운동이 어떻게 이루어졌는지 그리고 당대 사람들의 독서경향은 어떠했는지 고찰하고 그 의의를 밝히고 있다. 연구 시기의 구분은 다음과 같이 나눈다. 1. 근대적인 독서가 시작되고 전개되었던 일제강점기, 2. 식민지를 탈피한 우리의 독자적인 독서행위가 형성되기 시작한 해방 이후부터 1950년대, 3. 현대적인 의미에서 독서가 사회적인 운동으로 확산되기 시작했던 1960년대, 4. 현대적인 독서운동이 체계적으로 광범위하게 펼쳐졌던 1970~2000년대로 나누는데, 10년을 기점으로 다시 세분하여 살펴본다.

육영수(2010)는 근대 이후 서구의 출판·독서 역사를 활자인간의 탄생과 근대의 재발견이라는 관점에서 서술한다. 전체가 6장으로 구성된 이 책의 제1장은 인쇄술의 혁명과 근대 유럽의 탄생을 검토하며, 세상을 바꾸는 책, 근대 인쇄 문화의 빛과 그림자, 독서의 변천 과정 등을 살핀다. 제2장은 프랑스 아날학파가 서술한 책과 독서의 역사를 검토하며 민중문화의 독서사, 프랑스혁명의 문화적 기원 등을 살핀다. 제3장은 '단턴 테제'와 '단턴 논쟁'으로 읽는 미국에서의 커뮤니케이션의 사회문화사를 검토하며, 책과 독서의 역사 연구가 아날학파를 넘어서 커뮤니케이션 역사로 옮겨가는 과정, 금서와 아래로부터의 계몽주의, 독서의 힘과 혁명 등을 살핀다.

유럽의 독서에 관한 연구로 앙시앵 레짐 말기 파리 민중의 독서와 읽을거리를 살핀 주명철 (2001)이 주목을 요한다. 또다른 주목할 논문으로, 1980년부터 현재까지 지속적인 활동을 벌여온 사단법인 어린이도서연구회를 중심으로 어린이 독서운동을 역사적으로 살펴본 김은옥 (2016)이 있다. 이 연구는 어린이도서연구회 활동이 어린이 독서운동사에 남긴 의의를 이렇게 제시한다. 첫째, 전집 형태의 출판에서 단행본 중심의 출판으로 바꾸고, 세계 명작 중심에서 우리 창작 중심으로 어린이 문학의 내용을 바꾸었다. 둘째, 〈권장도서목록〉을 통해 어린이 책의 비평을 공론화하고 선정 기준을 제시하였으며 어린이 문학을 직업으로 하는 작가군의 형성에 일정 정도 기여하였다. 셋째, 낙도 및 벽지의 학교와 공부방에 책보내주기 운동, 도서관 개선 운동 등을 벌이면서 지역의 다양한 어린이 문화의 형성과 보급에 노력하였다.

Ⅲ. 출판 역사 연구의 역사적 특징

한국 출판 역사 연구의 역사적 특징은 크게 다음 세 가지로 정리할 수 있다.

첫째, 출판 역사 연구가 1960년대 이후 지속적으로 발전해 왔다는 점이다.

그 연구가 1960년대에는 최준, 안춘근 등 소수의 선구적인 학자들에 의해서 황무지를 개척한다는 신념으로 이루어져 왔다. 그런데, 앞에서 보았듯이, 1980년대 이후 본격적인 학회지가 등장하고 대학원에 출판 전공이 개설되면서, 연구자 수가 큰 폭으로 늘어나기 시작했고 출판 관련 연구 주제도 다양해져 갔다. 이제 출판학 연구의 활성화와 함께 출판 역사 연구도 그 분량과 주제 면에서 크게 확장된 것이다. 2000년대 이후에는 그동안 출판학 연구를 주도하던 출판 관련 학회 연구자와 출판잡지 및 언론학 분야의 전공자들이 활발하게 성과물을 내놓았다. 그 외에 어문학, 역사학, 문헌정보학, 행정학, 법학, 경영학, 공학, 미학 등의 분야에서도 출판학 특히 출판역사 관련 연구 성과물들이 나왔다.

둘째, 출판 역사 연구의 주제가 한국 출판에서 세계 출판으로 확장되어간 점이다.

세계 출판 연구란 외국 출판 및 출판의 국제 교류 연구, 인류문화사 속에서 살펴보는 출판 연구를 의미한다. 출판 역사 연구의 주제가 제1기에는 한국 출판 연구, 그것도 개화기·일제강점기에 집중된 연구였지만, 제2기에는 연구 대상 시기가 확대되어 개화기·일제강점기는 물론이고, 고려, 조선시대, 해방 이후의 출판 연구로까지 확장되었고, 연구 대상 국가도 중국, 영국, 프랑스, 독일, 유럽 등으로 늘어났으며, 북한 출판 관련 연구로까지 나아갔다. 이러한 연구 성과물은 제3기에 이르러 더욱 다양해지고 풍성해졌으며, 아울러 세계 출판의 역사에 관한 연구도 등장하였다.

셋째, 독서의 역사에 관한 연구가 강화되어 왔다는 점이다.

출판사 연구의 초창기인 제1기에도 독서의 역사 관련 연구가 일부 진행되기는 했지만 빈약한 수준이었다. 제2기에 들어와서 출판학의 활성화에 힘입어 독서의 역사 연구도 다소 활발해지기 시작하였다. 나아가 제3기인 2000년대 이후 독서 이슈가 사회적으로 학문적으로 주목을 받게 되면서 관련 연구도 더욱 많아지고 주제도 다양해졌다. 그 주제는 고려시대부터 현대에 이르기까지 각 시기별 독서 현상 연구 또는 독서교육이나 독서운동에 관한 연구 성과물들이 다수 나왔다. 시기별 연구에서는 특히 조선시대의 독서를 다룬 연구물들이 대거 등장하였다. 조선시대 지식인이나 실학자뿐만 아니라 왕이나 세자 및 관료들의 독서에 관한 연구들이 집중적으로 나왔다. 독서 역사 연구는 그 대상 시기가 일제기를 거쳐 해방 이후 21세기까지 이어져왔다. 일제강점기까지의 독서 역사 연구가 주로 독서 현상 및 독자층을 대상으로 한 반면에, 해방 이후는 독서운동에 관한 연구가 주축이 되어 왔다.

IV. 출판 역사 연구의 과제

출판 역사 연구가 다양한 전공 분야에서 시도되면서 성과를 내기도 했지만, 아직은 황무지의 개척 단계라 할 수 있겠다. 따라서 그 과제 역시 많고 다양할 수밖에 없을 것이다. 여기에서는 그러한 과제를 다음 세 가지로 추려보고자 한다. (1) 외국 출판 역사 연구의 활성화, (2) 분야 또는 주제별 연구의 강화, (3) 한국 출판문화사의 정립.

(1) 외국 출판 역사 연구의 활성화

외국의 출판 역사 연구가 활발하게 일어나야 한다. 이를 바탕으로 세계사적 관점의 출판 역사 연구가 다양하게 이루어져야 한다.

지난 50여 년의 출판 역사 연구를 살펴본 결과 한국출판에 관한 역사적 연구는 부분적이나마 다소의 성과를 거두었고 여러 분야에서 다양한 주제로 연구가 진행된 바 있다. 그러나, 외국의 출판에 관한 역사적 연구는 매우 빈약한 실정이다. 우리나라에서 외국의 역사와 문화를 전공한 연구자들이 많고 해마다 상당한 연구 성과물이 나오고 있지만, 외국의 출판 역사와 출판문화에 대한 연구는 매우 빈약한 실정이다. 향후 출판학 연구자들은 해외로도 눈을 돌려 외국 출판문화사에 대한 연구에 관심을 쏟아야 할 것이다. 아울러, 외국어 또는 외국 문화사 관련 전공자들과도 힘을 합쳐 해외 출판문화에 대한 역사적 연구를 강화해 나가야 할 것이다. 이것은 출판문화사 연구를 활성화시키는 길인 동시에, 외국 문학 또는 외국학이나 지역학 연구의 확장에도 기여할 수 있을 것으로 생각한다.

(2) 분야 또는 주제별 연구의 강화

출판학은 종합학문적 속성을 지니고 있기 때문에, 각 분야의 학문적 성취를 깊고 폭넓게 받아들일 수 있어야 한다. 이것은 출판 역사 연구에서 더욱더 긴요하게 요구되는 사항이다. 각 분야에서 다양한 주제로 이루어지는 역사 연구는 바로 출판 역사 연구와 직결되지 않을 수 없다. 이는 또한, 출판 역사 연구의 분야 또는 주제별 연구가 각 분야의 역사 연구와 밀접하게 연계될 수 있음을 의미한다.

(3) 한국 출판문화사의 정립

현재 근현대 중심의 출판문화사에 대한 통사적 접근이 몇몇 연구자나 단체에 의하여 시도된 바 있고, 유통, 인쇄, 독서 등의 특정 분야를 중심으로 일부 연구 성과물이 나온 바 있지만, 총체적인 우리 출판문화를 담은 통사는 아직 보이지 않고 있다. 지금은 그동안 쌓아올린 다양한 성과들을 바탕으로 한국 출판문화사의 정립이라는 한 차원 높은 작업을 시작해야 할 때이다. 총체적인 한국 출판문화사 서술에서 담아내야 할 요소 내지 내용을 다음 네 가지로 제시하고자 한다.

첫 번째, 시기 문제에서 고대부터 현대까지의 출판문화를 담아내야 한다.

현재까지 출판문화사 연구는 주로 근현대를 중심으로 진행되었다. 인쇄문화의 관점에서 이루어진 연구는 고대 이후를 포괄하는 연구 성과물이 일부 나왔지만, 한국사의 전 시기에 걸쳐 출판 전체를 조망하는 통사는 아직 시도되지 않았다. 종이 발명 이전의 고대 출판부터 현대 디지털시대의 출판에 이르기까지의 출판 역사를 총체적으로 서술해야 한다.

두 번째, 기존에 나와 있는 분야 또는 주제별 연구 성과를 모두 수렴해야 한다.

현재 출판 역사는 앞에서 살펴보았듯이 여러 분야에서 다양한 주제의 출판 역사 연구 성과들이 축적되어 왔다. 이러한 연구들이 출판문화사의 정립이라는 작업 속에 수렴될 수 있도록 해야 한다. 출판문화사의 정립은 어느 특정 분야의 전문적 연구가 아니라, 출판학은 물론 언어학, 인문학, 사회과학, 자연과학, 기술, 미학, 예술 등 다양한 분야의 연구 성과를 흡수해야 하는 종합적인 연구를 기본으로 해야 한다. 때로는 다양한 분야의 전문가들과 공동작업이 필요할 것이다.

세 번째, 세계사적 관점의 연구를 해야 한다.

학문 연구에서 주체성을 상실해도 안 되지만, 국수주의적 관점에 매몰되는 일도 거부해야 한다. 오늘날 세계는 지구촌이라 할 정도로 좁혀졌고 인터넷 등의 발달로 인하여 전세계의 거의 모든 정보와 지식이 실시간으로 퍼져나가고 있다. 현대인의 이론과 학문은 세계사적 관점을 유지하지 않고는 생명력을 유지하기 어렵다. 또한, 우리의 모습을 정확히 알기 위해서도 세계사적 관점은 필수적이다. 출판 역사 연구 역시 세계사라는 큰 틀을 기본 전제로 삼고 연구를 진행해야 할 것이다.

네 번째, 국내에 있는 출판물뿐만 아니라 미국, 중국, 러시아, 일본 등 해외에 널리 퍼져 있는 한민족의 출판물도 우리 출판문화의 자산으로 삼아야 한다. 아울러, 외국인이 국내외에서 한글로 펴낸 출판물도 우리 출판문화에 포함시켜 연구 검토할 수 있어야 할 것이다. 또한, 북한에서 이루어낸 출판의 역사적 성과, 출판학 연구의 학문적 성과도 함께 담아낼 수 있어야 한다.

V. 맺음말

이상으로 지난 반세기 한국에서 이루어진 출판역사 연구에 관하여 역사적 고찰을 해보았다. 초창기인 1960년대 시작된 출판학 연구는 1980년대 초반 이후 본격적으로 발전해 왔고, 동시에 출판역사 연구도 계속 활성화되고 다양해졌다. 출판역사 연구 역시 초창기에 한국 개화기와 일제강점기 출판이나 서지 관련 연구에 머물렀지만, 1980년대 이후에는 연구 대상 시기가 조선시대와 해방 이후는 물론, 동서양 전반으로 확대되었을 뿐만 아니라 각 주제별 연구로까지 심화되었다.

이 글에서는 이와 같은 출판역사 연구의 전개과정과 그 경향을 살펴보고, 연구의 역사적 특성과 향후 과제를 제시해 보았다. 여기에서 나온 출판역사 연구의 특성은 다음 3가지이다.

첫째, 출판 역사 연구가 그 분량과 주제 면에서 지속적으로 확장되어 갔다. 물론 이것은 출판학 연구의 전반적인 발전과 함께 한 것이다.

둘째, 출판 역사 연구의 주제가 한국 출판에서 세계 출판으로 확장되어갔다. 연구 대상 국가도 아시아를 넘어 영국, 프랑스, 독일 등 서구 지역으로 늘어났으며, 북한 출판 관련 연구도 이어졌다.

셋째, 독서의 역사에 관한 연구가 강화되어 왔다. 특히, 2000년대 이후 독서 이슈가 사회적으로 학문적으로 주목을 받게 되면서 관련 연구도 더욱 많아지고 주제도 다양해졌다.

출판역사 연구의 향후 과제는 다음과 같다.

첫째, 외국의 출판 역사 연구가 활발해져야 한다. 현대는 국제화 시대이기 때문에 더욱 중시해야 할 것이다. 국제출판학술 세미나의 정기 개최 등을 통하여 출판학의 국제화 시도는 연구 초창기부터 현재까지 줄기차게 이루어지고 있다. 그러나, 외국 출판에 관한 연구는 그리 많지 않다. 이제 연구자들은 해외 출판에 관심을 더욱더 기울여야 할 것이다.

둘째, 분야 또는 주제별로 출판 연구를 강화해야 한다. 현대는 학문 간의 통섭이 강조되는 시기이므로, 출판학의 종합학문적 성격을 부각시켜 연구할 필요가 있을 것이다.

셋째, 한국 출판문화사를 정립해야 한다. 우리 출판이 1980년대 이래 세계 상위권에 들어갈 정도로 발전했다고 하지만, 아직 본격적인 한국 출판문화의 통사를 갖고 있지 못한 실정이다. 통사 서술은 우리 학계의 당면과제가 되어야 한다. 한국 출판문화사를 서술해야 할 때 담아내야 할 내용 4가지를 제시한다. ① 서술 대상 시기를 고대부터 현대까지 망라해야 한다. ② 이제까지 축적된 분야 또는 주제별 연구 성과를 모두 수렴해야 한다. ③ 세계사적 관점의 연구를 해야 한다. ④ 국내에 있는 출판물뿐만 아니라 미국, 중국, 러시아, 일본 등 해외에 널리 퍼져 있는 한민족의 출판물도 우리 출판문화의 자산으로 삼아야 한다.

우리의 출판 역사 연구는 출판문화사 서술로 초점을 맞추어야 할 것이다. 한국출판문화사의 정립은 시급하고 중요한 과업임을 다시 한번 강조한다.

■ 참고 문헌

강명관(1996). "조선후기 서적의 수입 유통과 장서가의 출현: 18, 19세기 경화세족(京華世族)문화의 한 단면", 〈민족문학사 연구〉, 제9호.

강명관(2013). 〈조선시대 책과 지식의 역사—조선의 책과 지식은 조선사회와 어떻게 만나고 헤어졌을 까?〉, 천년의상상.

강상규(1989). 〈高麗八萬大藏經의 雕板에 關한 研究〉, 공주사범대학교 교육대학원 역사교육전공 석사 학위논문.

강순애(1989). 〈奎章閣의 圖書編撰 刊印 및 流通에 관한 研究〉, 성균관대학교 대학원 도서관학과 도서 관학전공 박사학위논문.

강순애(2010). "고려 팔만대장경의 판각, 봉안 및 판가구성에 관한 연구", 〈서지학연구〉, 제46집.

강혜영(1991). 〈조선조 정조의 서적 수집 정책에 관한 연구: 규장각을 중심으로〉, 연세대학교 대학원 도서관학과 박사학위논문.

강혜영(2005). "남원 지역 인쇄문화에 관한 연구: 조선조를 중심으로", 〈서지학연구〉, 제32집.

강혜영(2008). "20세기 전반의 전주 지방 서적 발행 활동에 관한 연구", 〈서지학연구〉, 제41집.

고덕환(1984). 〈개화세력사회의 출판연구〉, 중앙대 대학원 신문방송대학원 석사학위논문.

고샐리영(2009). 〈미디어로서의 책에 대한 근대적 인식의 발생: 개화기(1883~1910)에 출판된 번역서를 중심으로〉, 서울대학교 대학원 언론정보학과 석사학위논문.

고영수(1986). "일제하의 금서출판소고", 〈출판학연구〉.

고정일(2013). 〈한국출판 100년을 찾아서: 한국근현대출판문화사〉, 정음사.

공미라(2001). 〈개화기 역사 소설의 시대적 의미 고찰: 1905년-1910년의 번역소설을 중심으로〉, 이화 여자대학교 교육대학원 역사교육전공 석사학위논문.

권두연(2016). 〈신문관의 출판기획과 문화운동〉, 고려대학교 민족문화연구원.

권용선(2005). "구활자본 〈삼국지〉의 유통과 변이", 〈한국학연구〉, 제14집.

권철호(2012). 〈1920년대 딱지본 신소설 연구〉, 서울대학교 대학원 국어국문학과 현대문학 전공 석사 학위논문.

권희돈(1979). 〈한국소설의 독자연구: 개화기소설을 중심으로〉, 명지대학교 대학원 국어국문학과 석 사학위논문.

권희승(1981). 〈호남 방각본에 관한 연구〉, 성균관대학교 대학원 도서관학과 도서관학전공 석사학위논문.

규장각한국학연구원 엮음(2014). 〈실용서를 읽는 조선〉, 글항아리.

김경일(1993). "편집자로서의 초기 선교사 언더우드", 〈출판학연구〉, 제35집.

김경집(2006). "광복 후 불교계의 출판: 광복 후에서 1970년대까지", 〈대각사상〉, 제9집.

김기태(1997). "베스트셀러가 출판문화 발전에 미치는 영향: 1990년대의 국내 양상을 중심으로", 〈출판잡지연구〉, 제5호.

김기태(2012). "근대 일본의 출판통제정책 연구: 메이지 시대를 중심으로", 〈한국출판학연구〉, 제62호.

김길연(2013). 〈한국 금서의 시대별 양상 연구〉, 서경대학교 대학원 문화예술학과 문화예술전공 박사학위논문.

김대신(2012). 〈수사본의 역사와 이해〉, 일진사.

김두식(2003). 〈한글 자형(字形)의 변천에 관한 연구〉, 단국대학교 대학원 국어국문학과 국어학전공 박사학위논문.

김두식(2008). 〈한글 글꼴의 역사〉, 시간의물레.

김두종(1980). 〈한국고인쇄문화사〉, 三星文化財團.

김면(2010). "독일 인쇄술과 민중본", 〈인문연구〉, 제59집.

김무봉(2012). "조선 전기 언해 사업의 현황과 사회 문화적 의의", 〈동악어문학〉, 제58집.

김민환(2010). "개화기 출판의 목적 연구: 생산 주체별 차이에 관하여", 〈언론정보연구〉, 제47집 제2호.

김병철(1990). "문자이입에 있어서의 개화기 지식인의 정신자세에 관한 연구", 〈출판학연구〉.

김봉좌(2004). 〈朝鮮時代 坊刻本 諺簡牘 硏究〉, 한국정신문화연구원 한국학대학원 고문헌관리학 전공 석사학위논문.

김봉희(1988). 〈한국 기독교 문서 간행사 연구〉, 이화여자대학교 출판부.

김봉희(1999). 〈한국 개화기 서적문화연구〉, 이화여자대학교 출판부.

김상웅(1987). 〈금서〉, 백산서당.

김상현(1999). "팔만대장경의 판각과 호국사상", 〈누리와 말씀〉, 제5호.

김성수(1999). 〈《무구정광대다라니경》의 간행 고증에 의한 목판인쇄술의 기원 연구〉, 연세대학교 대학원 문헌정보학과 박사학위논문.

김성수(2010). "고려대장경 조조(彫造)의 동기 및 배경에 관한 연구", 〈불교연구〉, 제32집.

김성수(2016). "사회주의 교양으로서의 독서와 문예지 독자의 위상-북한 〈조선문학〉 독자란의 역사적 변천과 문화정치적 함의", 〈반교어문연구〉, 제43집.

김성수·마승락(2014). "금속활자의 발명과 전래에 관한 동·서양 비교 연구", 〈서지학연구〉, 제60집.

김성연(2010). "한성도서주식회사 출간 번역 전기물 연구: 출판 정황을 중심으로", 〈상허학보〉, 제30집.

김성연(2011). 〈식민지 시기 번역 위인전기 연구〉, 연세대학교 대학원 국어국문학과 박사학위논문.

김성진(2012). 〈한국 대안 만화의 역사와 성격 연구〉, 성공회대학교 문화대학원 문화예술경영학과 석사학위논문.

김세익(1991). "세계출판의 역사", 〈세계의 출판〉, 한국언론연구원.

김세익(1994). 〈도서·인쇄·도서관사〉, 아세아문화사.

김수진(2013). "조선후기 문집간행의 추이와 그 특징", 〈어문연구〉, 제41집 제3호.

김양수(1994). "조선전기의 출판정책", 〈출판학연구〉.

김연신(2004). "18세기 책문화와 전기낭만주의 문학관", 〈독일어문학〉, 제25집.

김영리(2013). 〈조선시대 활자본 불서 연구〉, 중앙대학교 대학원 문헌정보학과 서지학전공 석사학위논문.

김영순(2000) 〈구한말 한국신문의 서적광고와 그 특성: 대한매일신보와 황성신문을 중심으로〉, 동아대학교 교육대학원 역사교육 전공 석사학위논문.

김영애(2017). "해방기 해적판 소설의 유형과 위상", 〈우리어문연구〉, 제59집.

김영진(2010). "조선후기 서적 출판과 유통에 관한 일고찰: 〈欽英〉과 〈頤齋亂藁〉를 중심으로", 〈동양한문학연구〉, 제30집.

김영찬(1983). 〈한국출판사 시대구분에 관한 연구〉, 중앙대 대학원 신문학과 석사학위논문.

김용태(2014). "조선후기 중국 불서의 유통과 사상적 영향", 〈보조사상〉, 제41집.

김우리(2018). 〈조선후기 제주지역 서적간행 연구〉, 제주대학교 일반대학원 사학과 석사학위논문.

김운용·송두종·이형원(1999). 〈구텐베르크와 인쇄술〉, 중앙교육연구원.

김유경(2010). "방각본 〈남훈태평가〉의 간행 양상과 의의", 〈열상고전연구〉, 제31집.

김윤수(2005). "朴致維의 坊刻本 佛典과 白坡大師의 〈筆削記〉", 〈한국문헌정보학회지〉, 제25집.

김윤식(1992). 〈세종조의 도서 편찬 및 간행에 관한 연구〉, 성균관대학교 대학원 도서관학 전공 박사학위논문.

김윤진(2009). 〈중국 출판 콘텐츠의 한국 내 번역과 수용 연구〉, 한국외국어대학교 대학원 문화콘텐츠학과 석사학위논문.

김은옥(2016). 〈한국 어린이 독서 운동사 연구: 1980~2003년 어린이도서연구회 활동을 중심으로〉, 계명대학교 대학원 문헌정보학과 박사학위논문.

김은혜(2017). 〈1980년대 여성 서사만화 연구: 황미나, 김혜린, 신일숙, 강경옥 작품의 서사 특성을 중심으로〉, 전북대학교 일반대학원 국어국문학과 국어국문학전공 박사학위논문.

김의정(2013). 〈중국의 종이와 인쇄의 문화사〉, 연세대학교 대학출판문화원.

김이금(1988). 〈1990년대 번역소설 베스트셀러에 관한 연구〉, 경희대학교 언론정보대학원 출판학과 출판잡지전공 석사학위논문.

김인숙(2004). 〈조선 후기 독서론과 현대 독서행동 과학론의 비교 연구〉, 서원대학교 교육대학원 독서교육전공 석사학위논문.

김재엽(2006). 〈북한의 출판 실태와 남북한 출판 교류에 관한 연구〉, 대진대학교 통일대학원 북한학과 석사학위논문.

김재웅(2014). "일반: 필사본 고소설의 지역별 유통과 문화지도 작성", 〈대동문화연구〉, 제88집.

김정선(2007). 〈남북한 세계사 교과서 비교 분석―근대시민혁명 서술을 중심으로〉, 중앙대학교 교육대학원 교육학과 역사교육전공 석사학위논문.

김종수(2009). "일제강점기 경성의 출판문화 동향과 문학서적의 근대적 위상: 漢城圖書株式會社의 활동을 중심으로", 〈서울학연구〉, 제35집.

김종욱(2006). 〈조선 후기 천주교회 출판 상황에 관한 연구〉, 연세대학교 언론홍보대학원 저널리즘전
　　　공 석사학위논문.

김종진(2004). "1850년대 불서간행운동과 불교가사", 〈한민족문화연구〉, 제14집.

김종천(1991). 〈中國의 佛典刊行 및 目錄編纂에 관한 硏究〉, 중앙대학교 대학원 문헌정보학과 서지학전
　　　공 박사학위논문.

김중권(1997). "성종조의 사가독서에 관한 연구", 〈서지학연구〉, 제14집.

김중권(2000). "명종조의 사가독서에 관한 연구", 〈서지학연구〉, 제19집.

김중권(2001a). "선조조의 사가독서에 관한 연구", 〈서지학연구〉, 제21집.

김중권(2001b). "광해군조의 사가독서에 관한 연구", 〈서지학연구〉, 제22집.

김중권(2002a). "中宗期 賜暇讀書와 再考察 : 賜暇讀書者를 中心으로", 〈광주대학교 문헌정보학과〉, 제6호.

김중권(2002b). "仁祖·英祖年間의 賜暇讀書에 관한 硏究", 〈서지학연구〉, 제23집.

김중권(2004). "조선 태조 세종 연간 경연에서의 독서토론", 〈서지학연구〉, 제27집.

김중권(2005a). "조선조 문종, 단종 연간 경연에서의 독서토론 고찰", 〈서지학연구〉, 제30집.

김중권(2005b). "조선조 경연에서 성종의 독서력 고찰", 〈서지학연구〉, 제32집.

김중권(2007). "조선조 경연에서 연산군의 독서력에 관한 고찰", 〈서지학연구〉, 제37집.

김중권(2008). "조선조 경연에서 중종의 독서력에 관한 고찰", 〈서지학연구〉, 제41집.

김중권(2017). "조선조 경연에서 현종의 독서력 고찰", 〈서지학연구〉, 제70집.

김지연(2002). 〈舊活字本 歷史英雄小說 硏究〉, 숙명여자대학교 대학원 국어국문학과 박사학위논문.

김진희(1993). 〈한국 사회변혁운동에서 출판의 역할에 관한 연구 : 80년대 출판문화운동을 중심으로〉,
　　　중앙대학교대학원 출판잡지전공 석사학위논문.

김찬기(2006). "근대계몽기 단행본 소설 출판물의 현황과 그 성격", 〈현대소설연구〉, 제29집.

김채식(2009). 〈이규경의 〈오주연문장전산고〉 연구〉, 성균관대학교 대학원 한문학과 박사학위논문.

김철영(2003). 〈개화기 한국 기독교 출판에 관한 연구〉, 경희대학교 언론정보대학원 저널리즘학과 출판
　　　전공, 석사학위논문.

김태일(1981). 〈고구려의 도서발달에 대한 제측면 고찰-금석문.교육 종교적 측면을 중심으로〉, 연세대학
　　　교 대학원 도서관학과 석사학위논문.

김택규(2013). 〈중국 출판산업의 변화와 인터넷문학〉, 한국외국어대학교 대학원 중어중문학과 박사학
　　　위논문.

김한영(2013). 〈안성판방각본과 안성의 인쇄출판 전통〉, 한국학술정보.

김현정(2014). "연구논문 : 〈홍길동전〉의 내용변화와 그 의미—방각본을 중심으로", 〈문명연지〉, 제15집.

김혜숙(1993). 〈1980년대 한국 출판의 유통에 관한 연구〉, 중앙대학교 신문방송대학원 석사학위논문.

김혜진(2007). 〈임진왜란 전후복구기의 출판진흥정책〉, 경북대학교 일반대학원 문헌정보학과 석사학
　　　위논문.

김호(2000). 〈동의보감 편찬의 역사적 배경과 의학론〉, 서울대학교 대학원 국사학과 박사학위논문.

김희락(1983). "한국출판의 시대구분시론", 〈언론연구논집〉, 제1집.

김희락(1991). 〈한국 출판사 연구〉 1-2, 한국출판연구소.

나선희(1999). "〈주유기〉 출현의 사회문화적 배경: 명대 인쇄출판의 성황과 문학담당층의 증가를 중심으로", 〈중국어문학〉, 제34집 제1호.

남권희(2013a). "목판과 활자 인쇄를 통해 본 전통시대 지식과 정보의 소통", 〈사회과학 담론과 정책〉, 제6집.

남권희(2013b). "契丹과 高麗의 佛敎文獻 交流", 〈서지학연구〉, 제56집.

남권희·임기영(2017). "경상도 북부지역 사찰의 불교 자료 간행", 〈국학연구〉, 제34집.

남동신(2013). "李穡의 高麗大藏經 印出과 奉安", 〈한국사연구〉, 제163집.

남석순(2000). "북한출판 연구―출판구조와 실태분석을 중심으로", 〈한국출판학연구〉, 제42집.

남석순(2002). "북한 소설문학의 출판수용 양상 연구-1980년대 전반기를 중심으로", 〈한국출판학연구〉, 제44집.

남영(2009). "활자 인쇄술 개발의 前後史에 대한 再檢討: '기술의 우열'에서 '문화적 다양성'으로", 〈중앙사론〉, 제29집.

남태우·김중권 공저(2004). 〈한국의 독서문화사〉, 태일사.

남희숙(2004). 〈조선후기 불서간행 연구: 진언집과 불교의식집을 중심으로〉, 서울대학교 대학원 국사학과 박사학위논문.

노경희(2010). "특집논문 1: 조선후기 인쇄술의 발전, 서적의 보급 그리고 실학 지식의 소통; 17,8세기 조선과 에도 문단의 당시선집(唐詩選集) 수용과 간행 양상 비교 연구", 〈다산과현대〉, 제3집.

노경희(2014). "조선과 에도문단의 중국 시문집 출판형태와 향유층 비교", 〈명청사연구〉, 제42집.

노명자(2015). 〈조선시대 실학자들의 독서행위에 나타난 공감적 자기화 양상〉, 카톨릭대학교 교육대학원 독서교육전공 석사학위논문.

노병성(2006). "주자의 독서관에 관한 고찰", 〈한국출판학연구〉, 제51집.

노병성(2007). "18세기 조선지식인의 독서방법에 관한 고찰", 〈한국출판학연구〉, 제52집.

노병성(2014). "삼강행실도에 관한 커뮤니케이션적 접근", 〈한국출판학연구〉, 제66집.

노혜경(1993). 〈韓國理念出版物의 生成과 發展에 대한 硏究〉, 경희대학교 신문대학원 출판잡지학과 출판잡지 석사학위논문.

대한출판문화협회(1987). 〈출판문화 1300년〉, 대한출판문화협회.

류준경(1997). 〈坊刻本 英雄小說의 文化的 基盤과 그 美學的 特性: 口述的 性格을 중심으로〉, 서울대학교 대학원 국어국문학과 국문학전공 석사학위논문.

류준경(2005a). "達板 坊刻本 연구", 〈한국문화〉, 제35집.

류준경(2005b). "서민들의 상업출판, 방각본", 〈한국사시민강좌〉, 제37집.

류준경(2006). "독서층의 새로운 지평, 방각본과 신활자본", 〈한문고전연구〉, 제13집.

류준경(2008). "지식의 상업유통과 소설출판", 〈고전문학연구〉, 제34집.

류준경(2009). "방각본 간찰교본 연구", 〈한문고전연구〉, 제18집.

류현국(2014). "천주교 한글 성경 출판의 역사적 변천을 수반한 타이포그래픽의 변화 (1860-1910)", 〈상품문화디자인학연구〉, 제39집.

마이클 김(2004). "서양인들이 본 조선후기와 일제초기 출판문화의 모습", 〈열상고전연구〉, 제19집.

마이클 김(2010). "서양선교사 출판운동으로 본 조선후기와 일제초기의 상업출판과 언문의 위상", 〈열상고전연구〉, 제31집.

문순희(2016). 〈개화기 한국인의 일본기행문과 일본인의 한국기행문 연구〉, 연세대학교 대학원 국어국문학과 박사학위논문.

문연주(2007). "다매체시대의 총서출판의 매체경쟁력 – 일본의 교양신서 출판의 역사와 현황을 중심으로, 〈한국출판학연구〉, 제53집.

문연주(2008). "일본소설의 국내 번역 출판 현황과 특성에 대한 통사적 고찰", 〈한국출판학연구〉, 제54집.

문연주(2009). "2000년대 한일 베스트셀러 동향과 문화유입 현황에 대한 고찰", 〈한국출판학연구〉, 제57집.

문한별(2013a). "〈조선총독부 금지단행본목록〉과 〈조선출판경찰월보〉의 대비적 고찰―출판 금지 단행본 소설의 특징을 중심으로", 〈국제어문〉, 제57집.

문한별(2013b). "일제강점기 아동 출판물의 관리 체계와 검열 양상: 〈불온소년소녀독물역문(不穩少年少女讀物譯文)〉과 〈언문소년소녀독물의 내용과 분류(諺文少年少女讀物の內容と分類)〉을 중심으로", 〈한국문학이론과 비평〉, 제60집.

문한별(2013c). "신자료를 통해서 살펴본 일제강점기 출판 검열의 단면: 〈불허가출판물 병 삭제기사 개요역문(不許可出版物竝削除記事槪要譯文)〉을 중심으로", 〈한국언어문학〉, 제86집.

문한별(2013d). "일제강점기 번역 소설의 단행본 출간과 검열 양상", 〈비평문학〉, 제47집.

민관동(2012). "中國古典小說의 出版文化 研究: 조선시대 출판본과 출판문화를 중심으로", 〈중국어문논역총간〉, 제30집.

閔寬東(2013). "〈皇明世說新語〉의 국내 출판과 수용 연구", 〈중국소설논총〉, 제40집.

민관동(2015). "韓·日의 中國古典小說 出版樣相 研究", 〈중국소설논총〉, 제46집.

민병덕(1992). "한국 개화기의 출판관에 관한 연구", 〈출판학연구〉.

박경남(2014). 〈조선 왕의 독서법: 조선 왕들은 어떻게 책을 읽었는가〉, 북씽크.

박대헌(1998). 〈開化期 朝鮮語辭典의 出版構造에 관한 研究〉, 동국대학교 정보산업대학원 신문방송학과 석사학위논문.

박대헌(2013). 〈한국 북디자인 100년〉, 21세기북스.

박몽구(2008). "해방 이후 한국전쟁 이전 시기 미확인 출판물 연구", 〈한국출판학연구〉, 제55집.

박몽구(2009). "한국전쟁기~1962년도 미확인 출판물 연구", 〈한국출판학연구〉, 제57집.

박몽구(2010). "일제강점기 한민족 출판 연구", 〈한국출판학연구〉, 제59집.

박몽구(2014). "해방 후 한국 독서운동의 성과와 반성", 〈한국출판학연구〉, 제66집.

박문열(1997). "淸州地域의 出版文化에 관한 研究", 〈국제문화연구〉, 제15집.

박상균(1977). "開化期 '冊居間' 攷: 圖書流通過程을 中心으로", 〈한국학연구〉, 제2집.

박숙자(2017). "해방후 한글세대의 독서체험과 글쓰기", 〈어문논총〉, 제71집.

朴鎔辰(2015a). "고려대장경의 정치·사회적 기능과 의의", 〈동국사학〉, 제59집.

朴鎔辰(2015b). "高麗時代 大藏經 彫造의 組織과 그 運營", 〈한국학논총〉, 제44집.

박용찬(2017). "근대계몽기 재전당서포와 광문사의 출판과 그 특징 연구", 〈영남학〉, 제61집.

박종현(2010). "해방 후 한국 기독교 출판운동 연구", 〈신학과 선교〉, 제37집.

박철희(2015). "일제강점기 중등학생 독서회 활동의 실제와 의미", 〈교육발전연구〉, 제31권 제2호.

방인숙(2012). 〈조선시대 유학자들의 독서 이론 연구: 이황, 이이, 이덕무, 정약용을 중심으로〉, 부산대
     학교 대학원 국어교육학과 석사학위논문.

방효순(2001). 〈일제시대 민간 서적발행활동의 구조적 특성에 관한 연구〉, 이화여자대학교 문헌정보학
     과 박사학위논문.

방효순(2012). "근대 출판문화 정착에 있어 경성서적업조합의 역할에 관한 고찰", 〈한국출판학연구〉,
     제63집.

방효순(2013a). "근대 출판사의 서적 판매를 위한 광고 전략에 대한 고찰: 일제강점기 신문 서적 광고를
     중심으로", 〈출판잡지연구〉, 제21집 제1호.

방효순(2013b). "일제강점기 현공렴의 출판활동". 〈근대서지〉, 제8호.

배노필(1999). 〈베스트셀러의 문화적 형성에 관한 연구: 대중적 서사시장의 제도화를 중심으로〉, 서울
     대학교 대학원 언론정보학과 석사학위논문.

배우성(2015). 〈독서와 지식의 풍경: 조선 후기 지식인들의 읽기와 쓰기〉, 돌베개.

배정상(2016). "개화기 서포의 소설 출판과 상품화 전략—신문 게재 소설 광고를 중심으로", 〈민족문화
     연구〉, 제72집.

배현숙(2002). 〈조선실록 연구서설〉, 태일사.

백광준(2008). "명대 과거시험 참고서 출판과 출판시장의 발전", 〈중국문학〉, 제54집.

백운관(1989). "조선조 관찬도서 유통양태고", 〈출판학연구〉.

백운관(1990). 〈한국 도서출판물 유통구조 변화의 사적 연구—삼국시대부터 일제강점기까지를 중심으
     로〉, 중앙대학교 신문방송대학원 석사학위논문.

백운관·부길만(1992). 〈한국출판문화변천사〉, 타래.

백정화(2015). 〈조선시대 〈서연〉의 독서 교육적 의의 탐색: 정조의 사례를 중심으로〉, 가톨릭대학교 교

육대학원 독서교육전공 석사학위논문.

백현주(1995). 〈19세기 말 영국 개인출판운동의 책 디자인〉, 숙명여자대학교 대학원 미술사학과 서양
　　미술사전공 석사학위논문.

백혜경(2006). 〈양주지역불서간행에 관한 연구〉, 중앙대학교 대학원 문헌정보학과 자료조직전공 석사
　　학위논문.

부길만(1991). 〈韓國 圖書出版物 流通에 관한 史的 考察 : 1945年 解放 이후부터 1970年代까지를 중심
　　으로〉, 중앙대학교 신문방송대학원 출판잡지전공 석사학위논문.

부길만(1993). "구텐베르크 활판 인쇄술 등장의 역사적 의의", 〈정산민병덕박사 화갑기념논문집 : 출판
　　문화연구〉, 인쇄문화출판사.

부길만(1994). "통일과 출판의 과제", 〈'94출판학연구〉.

부길만(1995). "산업혁명기 유럽의 출판에 관한 연구", 〈'95출판학연구〉.

부길만(1999). "밀턴의 아레오파지티카에 나타난 출판관". 정산민병덕박사화갑기념논문집간행위원회
　　편. 〈정산민병덕박사화갑기념논문집-출판문화연구-〉. 서울 : 인쇄문화출판사.

부길만(2003a). 〈조선시대 방각본 출판 연구 : 한국 현대 출판의 뿌리를 찾아서〉, 서울출판미디어.

부길만(2003b). "안성판·경판·완판 방각본의 비교 연구", 〈출판잡지연구〉, 제11집.

부길만(2006). "출판·잡지사 연구의 동향과 과제", 〈출판잡지연구〉, 제14집.

부길만(2008a). "세종시대의 출판에 관한 고찰 : 한글 서적을 중심으로", 〈출판잡지연구〉, 제16집.

부길만(2008b). 〈책의 역사〉, 일진사.

부길만(2009). "한국출판문화사의 시대구분에 관한 연구", 〈한국출판학연구〉, 제56집.

부길만(2011). "제1공화국 시기의 출판에 관한 고찰", 〈출판잡지연구〉, 제19집.

부길만(2012). "개화기 선교사들의 한글 연구와 활용에 관한 연구", 〈출판잡지연구〉, 제20집.

부길만(2013, 2015). 〈출판기획물의 세계사 1, 2〉, 커뮤니케이션북스.

부길만(2014a). 〈한국 출판의 흐름과 과제 1〉, 시간의물레.

부길만(2014b). 〈한국 출판의 흐름과 과제 2〉, 시간의물레.

부길만(2016). "일제강점기 한국어 학습서 출판의 특성", 〈출판잡지연구〉, 제24집 제1호.

부길만·황지영(2009). 〈동아시아 출판문화사 연구 Ⅰ〉, 오름.

서범종(2004). 〈조선시대 독서당의 교육학적 연구〉, 고려대학교 대학원 교육학과 박사학위논문.

서범종(2008). 〈조선시대 독서당 연구〉, 원미사.

서수정(2016). 〈19세기 불서 간행과 유성종의 덕신당서목 연구〉, 동국대학교 대학원 불교학과 박사학
　　위논문.

서영호(1994). 〈韓國 天主敎會의 出版活動에 관한 硏究 : 1784~1945〉, 중앙대학교 신문방송대학원 출
　　판잡지전공 석사학위논문.

서은영(2013). 〈한국 근대 만화의 전개와 문화적 의미〉, 고려대학교 대학원 국어국문학과 현대문학전

공 박사학위논문.

서창호(2008). 〈1993년 이후 한국 독서운동의 전개양상 분석〉, 계명대학교 대학원 교육학과 박사학위
　　논문.

서혜은(2006). "〈정수정전〉의 대중화 양상과 그 의미", 〈어문학〉, 제92집.

석주연(2010). "조선시대 한글 문헌의 간행 경위와 배포 양상 연구: '소통'의 관점을 중심으로", 〈한민
　　족어문학〉, 제57집.

성아사(2011). 〈홍경래난을 소재로 한 상업출판물 연구—방각본 〈신미록〉을 중심으로〉, 연세대학교 대
　　학원 국어국문학과 석사학위논문.

성현옥(2013). 〈베스트셀러 표지디자인의 시대별 조형적 변화 연구: 1981년~2011년 국내 중심으로〉,
　　숙명여자대학교 대학원 산업디자인학과 시각·영상디자인전공 석사학위논문.

손성필(2007). 〈16세기 조선의 불서간행〉, 동국대학교 대학원 사학과 석사학위논문.

손성필(2013). "16세기 사찰판 불서 간행의 증대와 그 서지사적 의의", 〈서지학연구〉, 제54집.

송일기(2011). "고려재조대장경의 조성과정 연구", 〈서지학연구〉, 제49집.

송일기(2013). "삼국시대 서적 유통에 관한 연구", 〈한국도서관정보학회지〉, 제44집.

신병주(2006). 〈조선 최고의 명저들〉, 휴머니스트.

신병주(2017). 〈책으로 읽는 조선의 역사—역사학자의 눈으로 읽는 조선의 베스트셀러 26〉, 휴머니스트.

신승운(1995). 〈성종조의 文士양성과 文集編刊〉, 성균관대학교 대학원 문헌정보학 전공 박사학위논
　　문. - p.73.

신양선(1995). 〈조선 후기 서적정책연구〉, 동국대학교 대학원 사학과 박사학위논문.

신양선(1996). 〈조선후기 서지사 연구〉, 혜안.

신양선(2012). 〈조선중기 서지사 연구: 16세기 관찬서를 중심으로〉, 혜안.

신종락(2011). "한국에서 서양으로서의 인쇄문화 전파 -구텐베르크의 금속활자", 〈독일어문학〉, 제53집.

심지연(2013). 〈《世說新語》의 국내 수용과 영향에 관한 연구〉, 경희대학교 교육대학원 중국어교육전공
　　석사학위논문.

안선희(2009). 〈한국 출판의 베스트셀러 다양성에 관한 연구-IMF 이후 10년간 베스트셀러를 중심으로〉,
　　서강대학교 언론대학원 출판전공 석사학위논문.

안춘근(1963). 〈출판개론〉, 을유문화사.

안춘근(1969). "한국판화고본출판사요(韓國版畵古本出版史要)", 〈출판학연구〉, 제2집.

안춘근(1971). "고려속장경출판경위고(高麗續藏經出版經緯攷)", 〈출판학〉, 제9집.

안춘근(1972). "한국불교서지고", 〈출판학〉, 제12집.

안춘근(1973). "직지심경(直指心經) 활자의 자료고증(資料考證)", 〈출판학〉, 제15집.

안춘근(1981). "일제하의 언론 출판", 〈한국출판문화론〉, 범우사.

안춘근(1987). 〈한국출판문화사대요〉, 청림출판.

안춘근(1990). "주자변석이설—고려시대의 금속활자시비", 〈출판학연구〉.

안춘근(1991). "왕인박사의 일본 전수 천자문 연구", 〈출판학연구〉.

안현주(2010). "조선시대 임진왜란 이전 전라도의 서적출판에 관한 고찰 1: 全南地域을 중심으로", 〈서지학연구〉, 제46집.

안현주(2015). "일제강점기 光州의 서적 간행에 관한 연구", 〈한국도서관정보학회지〉, 제46집 제1호.

양현규(1974). "개화기의 독서계층", 〈출판학〉, 제22집.

엄태웅(2012a). 〈방각본 영웅소설의 지역적 특성과 이념적 지향〉, 고려대학교 대학원 국어국문학과 박사학위논문.

엄태웅(2012b). "방각본 여성영웅소설 연구", 한국고전여성문학회 학술대회 발표문.

엄태웅(2016). "세창서관의 활자본 고전소설 간행 양상과 의미", 〈동양고전연구〉, 제64집.

염정섭(2000). 〈조선시대 농서 편찬과 농법의 발달〉, 서울대학교 대학원 국사학과 박사학위논문.

오경호(1986). "한국 총서출판의 통시적 연구", 〈출판학연구〉.

오경호(1988). "한국 출판매체의 개발 진전에 관한 연구", 〈한국출판학연구〉.

오경호(1992). "한국전집출판의 통시적 연구", 〈출판학연구〉.

오경호(1995). "한국의 백과사전 및 사전출판의 통시적 연구", 〈출판학연구〉.

오생현(2012). 〈2000년대 기독교 출판물 특성에 관한 연구: 최근 10년간 기독교 베스트셀러를 중심으로〉, 건국대학교 대학원 언론출판학과 석사학위논문.

오영식 편저(2009). 〈해방기 간행도서 총목록—1945~1950〉, 소명출판.

오종현(2018). 〈시각 인쇄매체의 역할과 종교개혁의 확산〉, 전남대학교 사학과 박사학위논문.

옥영정(2004). "17세기 개인출판의 四書諺解에 관한 고찰: 1637년 간행의 四書諺解를 중심으로", 〈서지학연구〉, 제27집.

옥영정(2006). "조선시대 태인지역의 고인쇄문화에 대한 일고", 〈서지학보〉, 제30집.

옥영정(2010a). "17세기 출판문화의 변화와 서적간행의 양상", 〈다산과현대〉, 제3집.

옥영정(2010b). "호서지방 목활자본의 현황과 木活字 유형연구", 〈서지학보〉, 제36집.

옥영정(2011). "조선시대 完營의 인쇄문화에 대한 고찰", 〈서지학연구〉, 제50집.

옥영정 외(2009). 〈조선의 백과지식: '대동운부군옥'으로 보는 조선시대 책의 문화사〉, 한국학중앙연구원.

우정임(2010). "논문: 16세기 후반기 방각본(坊刻本)의 출현과 책쾌의 활약", 〈역사와 경계〉, 제76집.

원미경(2013). 〈조선시대 강원지역의 서적간행 연구〉, 강원대학교 대학원 사학과 석사학위논문.

유부현(2004). 〈책의 역사〉, 한국학술정보.

유부현(2014). 〈고려대장경의 구성과 저본 및 판각에 대한 연구〉, 시간의물레.

유부현(2018). 〈고려대장경의 교감학적 연구〉, 시간의물레.

유상호(1986). 〈애국계몽기의 출판문화운동〉, 고려대학교 교육대학원 역사교육전공 석사학위논문.

유수진(2012). 〈대한제국기 〈태서신사〉 편찬과정과 영향 연구〉, 고려대학교 대학원 한국사학과 석사학
　　　위논문.

유재엽(2003). "조선 중기의 도서 출판에 관한 일고찰", 〈출판잡지연구〉, 제11집.

유창준(2014). 〈한국 인쇄 문화사〉, 지학사.

유춘동(2012). 《《수호전》의 국내 수용 양상과 한글 번역본 연구〉, 연세대학교 대학원 국어국문학과 박
　　　사학위논문.

유춘동(2016). "방각본 소설의 검열본과 납본에 대한 연구", 〈어문연구〉, 제44집 제2호.

유춘동(2017). "구활자본 고소설의 검열본과 납본", 〈서지학연구〉, 제72집.

유춘동·김효경(2016). 〈세책(貰冊)과 방각본(坊刻本): 조선의 독서열풍과 만나다〉, 서울: 국립중앙도서
　　　관 도서관연구소 고전운영실.

육영수(2010). 〈책과 독서의 문화사: 활자 인간의 탄생과 근대의 재발견〉, 책세상.

윤권순(2015). "구텐베르크 활판인쇄기술 발명에 대한 영국사회의 법적 대응", 〈과학기술과 법〉, 제6집
　　　제2호.

윤금선(2008). "1980년대 중후반기 독서대중화 운동 연구", 〈어문연구〉, 제36집 제1호.

윤금선(2009). 〈우리 책읽기의 역사: 모던 경성에서 하이 서울까지 "아는 것이 힘이다" 1-2〉, 월인.

윤금선(2012). "일제강점기 여성지에 나타난 여성 독서: 〈新女性〉과 〈女性〉을 중심으로", 〈국어교육〉,
　　　제139집.

윤기엽(2008). "다이쇼 신수대장경(大正新修大藏經)의 편찬과정과 체재", 〈전자불전〉, 제10집.

윤기헌(2009). "중국 근대만화의 역사적 고찰", 〈한국디자인포럼〉, 제24집.

윤병조(1998). 〈개화기 한국 기독교 출판문화 사업이 일반사회에 미친 영향에 관한 연구: 監理教出版
　　　社의 사례분석을 중심으로〉, 연세대학교 언론홍보대학원 잡지·출판 전공 석사학위논문.

윤병태(1985). "충청지방의 출판문화", 〈출판학연구〉.

윤병태(1986). "조선조 전기의 병서 간행", 〈출판학연구〉.

윤병태(1989). "경상감영과 대구지방의 출판인쇄문화", 〈출판학연구〉.

윤병태(1992a). 〈조선후기의 활자와 책〉, 범우사.

윤병태(1992b). "평양의 목판인쇄 출판문화", 〈출판학연구〉.

윤보경(2017). 〈韓國 近代時期 中國古典小說의 飜譯과 出版 研究〉, 고려대학교 대학원 중일어문학과 박
　　　사학위논문.

윤봉택(2007). 〈제주지방의 조선시대 출판문화에 관한 연구〉, 전남대학교 일반대학원 문화재학협동과
　　　정 석사학위논문.

윤상길(2014). "1960년대 독서문화의 기반과 마을문고 보급운동", 〈한국출판학연구〉, 제66호.

윤세민(2012). "우리나라 독서운동의 역사와 의미", 〈도서관〉, 제386호.

윤영준(2010). 〈1990년대 출판만화시장의 변화 및 글로벌화에 대한 고찰〉, 고려대학교 대학원 언론학

과 석사학위논문.

윤정안(2012). "조선후기 서울의 도시화와 독서형태의 변화", 〈서울학연구〉, 제46집.

윤종갑·박정심(2016). "동아시아의 근대불교와 불경의 번역과 출판", 〈동아시아 불교문화〉, 제28집.

은정선(2000). 〈한국만화의 발전과정과 전망에 대한 연구: 아동만화를 중심으로〉, 중앙대학교 신문방
송대학원 출판잡지전공 석사학위논문.

이경훈(1997). 〈한국 출판문화의 대중문화성에 관한 연구: 해방후부터 1990년대 중반까지 한국 대중
문화와 출판문화의 변천을 중심으로〉, 경희대학교 언론정보대학원 출판학과 출판잡지전공 석사
학위논문.

이광재(1990). "북한 출판의 사적 고찰", 〈출판연구〉, 제2집.

이기성(2007). "〈출판문화〉지에 반영된 우리나라 출판계의 역사: 1965년~1984년의 인물 중심으로",
〈출판잡지연구〉, 제15권 제1호.

이두영(2015). 〈현대한국출판사: 1945~2010〉, 문예출판사.

이명규(2004). "중국 조선족 한글정보자원 생산과 출판물에 대한 연구", 〈한국도서관정보학회지〉, 제
35집 제4호.

이명희(1994). 〈韓國 戰時出版 狀況에 관한 研究: 1950년 6월부터 1953년 7월까지〉, 중앙대학교 신문
방송대학원 신문방송학과 석사학위논문.

이민석(2016). 〈태인방각본: 조선 출판인쇄문화의 판도라〉, 정읍시립박물관.

이민희(2007a). 〈16~19세기 서적 중개상의 소설 서적 유통 관계 연구〉, 역락.

이민희(2007b). 〈조선의 베스트셀러: 조선 후기 세책업의 발달과 소설의 유행〉, 프로네시스.

이민희(2014). "18세기 말~19세기 천주교 서적 유통과 국문독서문화의 상관성 연구", 〈인문논총〉, 제
71집 제4호.

이민희(2016). "18~19세기 미국의 세책(貰冊) 문화 연구 - 한국 세책 문화와의 비교 및 검토 가능성에
관한 고찰", 〈연민학지〉, 제26집.

이민희(2017). "조선후기 서적 통제, 그 아슬한 의식의 충돌과 타협", 〈한국한문학연구〉, 제68집.

이상백(2015). "조선시대 안동 봉정사의 인쇄 문화에 대한 고찰", 〈규장각〉, 제46집.

이상희(2013). 〈건축 출판의 시대별 양상 연구〉, 경기대학교 일반대학원 건축설계학과 석사학위논문.

이선아(2006). "조선시대 농서의 지역적 간행의 의의: "농사직설"과 "농가집성"을 중심으로", 〈농업사
연구〉, 제5집 제1호.

이선아(2009). "19세기 개화파의 농서 간행과 보급의 의의 -안종수(安宗洙)의 〈농정신편(農政新編)〉을
중심으로", 〈농업사연구〉, 제8집 제2호.

이성원(1977). 〈韓國 敎會 어린이 讚頌歌의 歷史的 考察: 改新敎 어린이 讚頌에 대해서〉, 이화여자대학
교 교육대학원 음악교육전공 석사학위논문.

이성희(2005). 〈조선시대 중인층의 독서론에 관한 연구〉, 천안대학교 문헌정보대학원 문헌정보교육학

전공 석사학위논문.

이숭녕(1970). "이조 초기 역대 왕실의 출판 정책의 고찰 : 특히 불경인행(佛經印行)의 과정을 중심으로 하여", 〈한글학회〉, 제146호.

이승철(2007). ""직지"에 사용된 활자와 조판에 대한 분석 연구", 〈서지학연구〉, 제38집.

이영림(1997). "17세기 전반기 프랑스의 정치선전문화와 출판물의 성장", 〈경기사학〉, 제1집.

이영희(1998). 〈한국의 베스트셀러 유형 연구—1948년부터 1997년까지 50년 간을 중심으로〉, 이화여자대학교 정보과학대학원 언론정보학과 석사학위논문.

이유리(2012). "일본의 書籍目錄에 나타난 조선본의 출판권 변화 : 17~18세기 초 京都에서 간행된 조선인 編著 유학서를 중심으로", 〈서지학연구〉, 제52집.

이윤석(2012). "일본 에도시대의 세책집", 〈연민학지〉, 제17집.

이윤석(2014a). "방각본 〈십구사략〉 간행의 양상과 의미 : 1권을 중심으로", 〈동방학지〉, 제168집.

이윤석(2014b). "방각본 〈조웅전〉의 원천", 〈동방학지〉, 제166집.

이윤석(2016). 〈조선시대 상업출판 : 서민의 독서, 지식과 오락의 대중화〉, 민속원.

이은봉(2007). 《三國志演義》의 수용 양상 연구〉, 인천대학교 대학원 국어국문학과 박사학위논문.

이은봉(2010). "한국과 일본에서의 〈삼국지연의〉 전래와 수용", 〈동아시아고대학〉, 제23집.

이은봉(2013). "〈삼국지연의〉를 보는 두 개의 시각 -한국에서의 傳統的(전통적) 大義論(대의론)과 일본에서의 武士的(무사적) 忠義論(충의론)", 〈고소설연구〉. 제35집.

이임자(1992). 〈베스트셀러의 요인에 관한 연구—한국 출판 100년의 베스트셀러를 중심으로〉, 중앙대학교 대학원 신문방송학과 박사학위논문.

이임자(1998). 〈한국 출판과 베스트셀러 : 1883~1996〉, 경인문화사.

이장추(1991). 〈제5공화국의 출판통제정책에 관한 연구 : 禁書를 중심으로〉, 중앙대학교 신문방송대학원 출판잡지전공 석사학위논문.

이재정(2008). 〈조선출판주식회사 : 조선은 왜 인력과 물력을 동원하여 출판을 독점했을까?〉, 안티쿠스.

이재정(2011). "조선후기 중국 활자 제작 방식의 도입과 활자의 구입", 〈규장각〉, 제38집.

이정원(2005). "안성판 방각본 출판 현황", 〈어문연구〉, 제33집 제3호.

이정원(2006). "안성판 방각본의 소설 판본", 〈한국고전연구〉, 제14집.

이정화(2010). 《濟衆新編》의 編纂과 刊行 및 流布에 관한 硏究〉, 성균관대학교 일반대학원 문헌정보학과 문헌정보학전공 박사학위논문.

이종국 엮음(1991). 〈한국 출판사 연표〉(1), 한국출판연구소.

이종국 엮음(1993). 〈한국 출판사 연표〉(2), 한국출판연구소.

이종국(1986). "신문화유입기에 있어서의 출판실태변천에 대한 연구", 〈출판학연구〉.

이종국(1988). "1945년의 출판실태에 관한 고찰", 〈출판학연구〉.

이종국(2005). "개화기 출판 활동의 한 징험—회동서관의 출판문화사적 의의를 중심으로", 〈한국출판학연구〉, 제49집.

이종찬(2005). "직지심체요절과 고려활자에 관한 연구", 〈출판잡지연구〉, 제13호.

이종찬(2008). "구텐베르크와 활판인쇄술에 관한 연구", 〈출판잡지연구〉, 제16호.

이준걸(1986). 〈조선시대 일본과 서적교류 연구〉, 홍익재.

이준걸(2012). 〈조선서적일본교류사: 일본의 조선서적 약탈사〉, 홍익재.

이중연(2001). 〈책의 운명: 조선-일제강점기 금서의 사회·사상사〉, 혜안.

이중연(2005a). "특집: 한국의 독서문화; 중일전쟁 이후 일제의 출판, 독서 통제", 〈한국문화연구〉, 제8집.

이중연(2005b). 〈책, 사슬에서 풀리다: 해방기 책의 문화사〉, 혜안.

이중한 외(2001). 〈우리출판 100년〉, 현암사.

이지영(2017). "홍경래란(洪景來亂)에 대한 기억의 재구성—"신미록(辛未錄)"의 형성맥락에 대하여", 〈어문연구〉, 제45집 제3호.

이진산(2001). 〈베스트셀러를 통해 본 1990년대 출판물 특성에 관한 연구: 國內小說單行本을 中心으로〉, 중앙대학교 신문방송대학원.

이창경(1998). "성종시대 출판활동에 관한 고찰", 〈출판잡지연구〉.

이창경(2011). "조선시대 중국도서 유입과 토착화 과정 연구—조선왕조실록기사를 중심으로", 〈출판잡지연구〉, 제19집 제1호.

이창경(2012). "조선통신사가 한일 출판문화 발전에 미친 영향", 〈한국출판학연구〉, 제63집.

이창헌(2009). "방각소설 출판과 관련된 몇 가지 문제—방각소설의 출판과 언어,문화의 표준화", 〈고전문학연구〉, 제35집.

이철지(1986). 〈문고본에 관한 연구 文庫本에 관한 硏究: 文庫本의 歷史과 韓國 文庫本의 活性化 方案을 中心으로〉, 중앙대학교 신문방송대학원 출판잡지전공 석사학위논문.

이철찬(2008). 〈대한제국시대 학부의 도서편찬 및 간행에 관한 연구〉, 상명대학교 대학원 문헌정보학과 박사학위논문.

이춘희(1984). 〈조선조의 교육문고에 관한 연구〉, 경인문화사.

이태영(2018). "완판방각본의 유통 연구", 〈열상고전연구〉, 제61집.

이혜경(2002). 〈조선조 방각본의 독자층에 관한 考察〉, 광주대학교 문헌정보학과 석사학위논문.

이혜민(2008). "책 증정과 책 주문: 중세 시대 책의 상징과 문화", 〈서양중세사연구〉, 제22집.

이혜민(2010). "책 읽는 성모, 책 읽는 여성: 〈수태고지〉를 중심으로 살펴본 중세 여성의 책 문화", 〈서양중세사연구〉, 제25집.

이혜민(2011). "15세기 말 잉글랜드와 부르고뉴의 인적, 문화적 교류 -책과 인쇄 문화를 중심으로", 〈영국사학회〉, 제25집.

이혜민(2012). "인쇄술 도입기 파리의 서적상 앙투안 베라르와 역사서적 출판", 〈역사교육〉, 제122집.

이혜은(1996). 〈조선조 문헌의 발행부수와 보급에 관한 연구〉, 숙명여자대학교 대학원 문헌정보학과 도서관학전공 석사학위논문.

이희재(2004). "《백운화상초록직지심체요절》과 조선 초기 활자 인쇄 문화", 〈서지학연구〉, 제28집.

이희재(2008). "17세기 징광사(澄光寺)의 불서출판", 〈불교학보〉 제49집.

이희호(1993). 〈남북사전 편찬의 비교—사전 편찬의 역사와 편찬 방법을 중심으로〉, 건국대학교 교육대학원 교육학과 국어교육전공 석사학위논문.

임기영(2011a). "영천 지역 간행 서적에 대한 서지적 고찰", 〈서지학보〉, 제38집.

임기영(2011b). "청도의 전적 인쇄 문화 연구", 〈서지학연구〉, 제50집.

임기영(2014). "고려시대 밀교 문헌의 간행 및 특징", 〈서지학연구〉, 제58집.

임상민(2015). "제국 일본의 출판유통과 식민도시 부산의 독자층 연구—일본인 경영 서점과 염상섭 〈만세전〉을 중심으로", 〈일본근대학연구〉, 제49집.

임성관(2017). "독서치료 서적의 국내 출판 역사에 관한 연구", 〈한국출판학연구〉, 제43집 4호.

임성래(2003). "방각본의 등장과 전통 이야기 방식의 변화—"남원고사"와 경판 35장본 "춘향전"을 중심으로", 〈동방학지〉, 제122집.

장국정(2013). 〈韓中 〈三國志演義〉의 형성과정과 수용양상〉, 세명대학교 대학원 국어국문학과 석사학위논문.

장신(2012). "1910년대 재조선 일본인의 출판활동 연구", 〈일본학〉, 제35집.

장애순 외(2006). 〈高麗大藏經의 研究〉, 동국대학교 출판부.

장원연(2009a). 〈朝鮮時代 古文獻의 校正記錄에 관한 研究〉, 경북대학교 대학원 문헌정보학과 석사학위논문.

장원연(2009b). "조선시대 서책의 교정에 관한 연구", 〈서지학연구〉, 제58집.

장원연(2017). 〈조선시대 편찬 및 간행 고문헌의 교정기록 분석〉, 경북대학교 대학원 문헌정보학과 서지학전공 박사학위논문.

장효청(2013). 〈한국의 〈월남망국사〉수용 양상 연구〉, 대구대학교 대학원 국어국문학과 현대문학 석사학위논문.

전상욱(2006). 〈방각본 춘향전의 성립과 변모에 대한 연구〉, 연세대학교 대학원 국어국문학과 박사학위논문.

전상욱(2017). "경판 20장본 (송동본)을 중심으로 살펴본 방각본 '심청전'의 변모양상", 〈판소리 연구〉, 제44집.

전성원(2014). 〈제5공화국의 출판통제정책과 출판문화운동〉, 성공회대학교 문화대학원 문화예술경영학과 석사학위논문.

전영표(1981). 〈한국출판의 사적 연구-개화기 및 일제기를 중심으로〉, 중앙대 대학원 석사학위논문.

전영표(1993). "동서 인쇄술 발명의 사적 조감", 〈출판잡지연구〉, 제2호.

전영표(2005). "금속활자의 발명과 인쇄본 직지심경의 연구", 〈출판잡지연구〉, 제13호.

전혜인(2016). 〈고려시대 사원의 서적 간행과 그 기반〉, 한국교원대학교 대학원 사회과교육학과 역사교육전공 석사학위논문.

정동락(1997). 〈〈江華京板 高麗大藏經〉조성의 참여 승려층과 대몽항쟁〉, 영남대학교 대학원 국사학과 삼국 및 고려시대사전공 석사학위논문.

정병설(2008). "조선후기 한글·출판 성행의 매체사적 의미", 〈진단학보〉, 제106집.

정병설(2010). "조선 후기 한글 방각소설의 전국적 유통 가능성에 대한 시론", 〈다산과현대〉, 제3집.

정복화(2000). 〈해방 이후 한국 아동전집 출판에 관한 역사적 고찰: 아동전집 출판기획을 중심으로〉, 동국대학교 언론정보대학원 출판잡지학과 석사학위논문.

정왕근(2012). 〈朝鮮時代〈妙法蓮華經〉의 板本 硏究〉, 중앙대학교 대학원 문헌정보학과 서지학전공 박사학위논문.

정원택(1972). 〈高麗木版本의 硏究〉, 이화여자대학교 대학원 도서관학과 석사학위논문.

정재훈(2011). "19세기 조선의 출판문화: 관찬서(官撰書)의 간행을 중심으로", 〈한국문화〉, 제54집.

정재훈(2015). 〈영조의 독서와 학문〉, 한국학중앙연구원 출판부.

정지희(2016). 〈근대기(1860~1930) 천주교 한글 서적의 출판 및 장정 변천 연구〉, 용인대학교 문화예술대학원 문화재보존학과 석사학위논문.

정형우(1982). 〈조선시대의 서적정책 연구〉, 단국대학교 대학원 사학과 박사학위논문.

정희주(1996). 〈일본만화 변천에 대한 역사적 연구〉, 중앙대학교 신문방송대학원 출판잡지전공 석사학위논문.

조대형(1988). 〈미군정기의 출판 연구〉, 중앙대학교 신문방송대학원 신문방송전공 석사학위논문.

조도현(1999). 〈베스트셀러 變化의 推移와 그 脈絡에 關한 硏究: 韓國의 最近 10年間 베스트셀러를 中心으로〉, 동국대학교 언론정보대학원 신문방송학과 출판잡지전공 석사학위논문.

조맹기(2010). "구텐베르크 이후 레토릭 변화에 관한 연구—레토릭 관점에서의 인쇄문화(출판과 신문)의 성찰", 〈한국출판학연구〉, 제58호.

조미숙(1999). 〈베스트셀러 소설의 영향 변수에 관한 연구: 1990년대 한국 베스트셀러 소설을 중심으로〉, 동국대학교 언론정보대학원 석사학위논문.

주명철(1990). 〈바스티유의 금서〉, 문학과지성사.

주명철(2001). "앙시앵 레짐 말기 파리 민중의 독서와 읽을 거리", 〈역사와 문화〉, 제3집.

주명철(2006). 〈서양금서의 문화사 - 프랑스 계몽주의 시대를 중심으로〉, 길.

주상희(1991). 〈한국철학서적출판에 대한 실태분석: 해방이후부터 1990년까지〉, 중앙대학교 신문방송대학원 출판잡지 전공 석사학위논문.

주형예(2017). "강태공전: 초역(抄譯) 현상을 통해 본 방각본 소설시장의 일면", 〈열상고전연구회〉, 제57집.

차미희(2015). 〈조선후기 사대부 독서와 교육 개혁론〉, 이화여자대학교 사범대학.

채백(2008). "근대 민족주의의 형성과 개화기 출판", 〈한국언론정보학보〉, 제41집.

천정환(2004). 〈근대의 책 읽기: 독자의 탄생과 한국 근대 문학〉, 푸른역사.

천혜봉(1990). 〈한국전적인쇄사〉, 범우사.

최경봉(2005). 〈우리말의 탄생: 최초의 국어사전 만들기 50년의 역사〉, 책과함께.

최경은(2011). "구텐베르크 서적 인쇄술 발명의 사회문화적 배경", 〈독어교육〉, 제51집.

최경은(2016). 〈필사에서 인쇄로: 루터성서 이전에 인쇄된 독일어성서를 중심으로〉, 한국문화사.

최경은(2018). "루터성서 출판과 개정의 역사", 〈인문논총〉, 제75집, 제1호.

최경훈(2012). "조선시대 原州 지역의 인쇄 문화 연구", 〈서지학보〉, 제40집.

최복규(2003). "武藝圖譜通志 편찬의 역사적 배경과 무예론", 서울대학교 대학원 체육교육 전공 박사학
　　　위논문.

최선아(2015). "독일의 인쇄문화와 교양 시민계층의 형성", 〈서양사학연구〉, 제37집.

최애도(1982). 〈開化期의 基督教가 新小說에 미친 影響: "枯木花"와 "禽獸會議錄"을 中心으로〉, 이화여
　　　자대학교 교육대학원 어학교육전공(한국어교육분야) 석사학위논문.

최연미(2000). 〈조선시대 여성 저서의 編纂 및 필사 간인에 관한 연구〉, 성균관대학교 대학원 문헌정보
　　　학 전공 박사학위논문.

최연미(2002). "조선시대 여성 편저자, 출판협력자, 독자의 역할에 관한 연구", 〈서지학연구〉, 제23집.

최연주(2008). "〈高麗大藏經〉의 韓日交流와 인식추이", 〈일본근대학연구〉, 제19집.

최연주(2014). "조선(朝鮮)과 류구(琉球)의 교류양상(交流樣相)과 〈고려대장경〉", 〈일본근대학연구〉, 제
　　　45집.

최열(1995). 〈한국 만화의 역사〉, 열화당.

최영화(2016). "〈事文類聚〉의 조선 수용과 전개—관판본으로부터 방각본, 필사본에 이르기까지", 〈열상
　　　고전연구〉, 제52집.

최정호(2005). 〈1970년대 베스트셀러 소설의 형상화 양상 연구〉, 홍익대학교 대학원 국어국문학과 현
　　　대문학전공 석사학위논문.

최준(1963). "韓帝國 時代의 出版研究", 〈법정논총〉, 제17호.

최준(1964a). "한국의 출판연구(1910~1923년)", 〈신문연구소학보〉, 제1호.

최준(1964b). "한국의 출판연구(1922~1945년)", 〈논문집〉, 재9집, 중앙대학교.

최진형(2006). ""흥부전"의 전승 양상—출판문화(出版文化)와의 관련을 중심으로", 〈語文研究〉, 제34
　　　집 제4호.

최혜주(2011). "일제강점기 재조일본인의 지방사 편찬활동과 조선인식", 〈사학연구〉, 제103집.

최호석(2004). "방각본 출판의 경제성 시론", 〈우리문학연구〉, 제17집.

최호석(2006a). "안성판 방각본 출판의 전개와 특성", 〈어문논집〉, 제54집.

최호석(2006b). "대구 재전당서포의 출판 활동 연구—재전당서포의 출판인과 간행 서적을 중심으로", 〈어문연구〉, 제34집 제4호.

하동호(1971a). "한성도서가 남긴 출판물 서지략고", 〈출판학〉, 제8집.

하동호(1971b). "박문서관의 출판서지고", 〈출판학〉, 제10집.

하동호(1972). "개화기 소설의 발행소·인쇄소·인쇄인고", 〈출판학〉, 제12집.

하정옥(1971). "한국에서 중국으로의 서적 전입 〈增補文獻 備考〉 所載: 一二八種에 대하여", 〈출판학〉, 제9집.

하종희(1996). 〈한국 천주교 관련 고문헌의 출간 및 출판문화사적 연구〉, 숙명여자대학교 교육대학원 사서교육전공 석사학위논문.

한국출판학회 엮음(2012). 〈한국출판산업사〉, 한울.

한국출판학회30년사편찬위원회 편(2000). 〈한국 출판의 사적 연구-한국출판학회30년사〉, 한국출판학회.

한국학중앙연구원 편(2008). 〈조선시대 책의 문화사: 삼강행실도를 통한 지식의 전파와 관습의 형성〉, 휴머니스트 출판그룹.

한동명(1986). 〈韓國中世印刷文化의 制度史的 硏究〉, 경희대학교 대학원 사학과 박사학위논문.

한동민·김광식(2006). "일제하의 불교출판", 〈대각사상〉, 제9호.

한미경(1994). "고려와 북송의 서적교류 연구", 〈서지학연구〉, 제10집.

한보광(1999). "고려시대 大藏經의 歷史", 〈電子佛典〉, 창간호, 여래장.

한상정(2007). "대안 만화: 프랑스 출판만화 황금기(1966~)의 원동력", 〈프랑스학연구〉, 제41집.

한태석(1969). "출판사적으로 본 신소설", 〈출판학〉, 제1집.

한태석(1972). "사고전서(四庫全書)의 활자인쇄경위", 〈출판학〉, 제12집.

한태석(1981). "신소설의 판권", 〈출판학연구〉.

함동주(2010). "일본제국의 성립과 박문관의 출판활동: 청일전쟁기를 중심으로", 〈동양사학연구〉, 제113집.

허재영(2016). "일제강점기 서적 유통과 도서관의 기능을 통해 본 독서 문화", 〈독서연구〉, 제40집.

허혜선(2016). "해방공간의 출판계와 위인전", 〈역사연구〉, 제30집.

허흥식(1990). "고려고종관판대장경(高麗高宗官版大藏經)의 조성경위와 사상성", 〈역사교육논집〉, 제13-14집.

현영아(2007). "韓國의 近代 西洋印刷術 流入의 影響에 관한 硏究", 〈서지학연구〉, 제36집.

현은자 외(2008). 〈세계 그림책의 역사〉, 학지사.

홍선표 외(2006). 〈17·18세기 조선의 외국서적 수용과 독서실태: 목록과 해제〉, 혜안.

홍선표 외(2007). 〈17·18세기 조선의 독서문화와 문화변동〉, 혜안.

홍승표 (2015). 〈일제하 한국 기독교 출판 동향 연구: "조선예수교서회"를 중심으로〉, 연세대학교 대학원 신학과 박사학위논문.

홍용진(2012). "14세기 프랑스의 수서본 서적 생산", 〈역사와문화〉, 제24집.

홍호선(1995). 〈대한제국말기 일제의 교과서 통제 요인에 관한 연구: 사용금지 수신 윤리학 교과서 분석을 중심으로〉, 중앙대학교 대학원 교육학과 박사학위논문.

황병국(1992). "중국 현대소설의 출판현황과 중국대륙의 신시기 현대소설 출판개관", 〈출판학연구〉.

황정하(2013). "유럽의 금속활자 인쇄술—구텐베르크의 발명", 〈인문과학〉, 제97집.

황지영(2007). 〈明末淸初 科擧수험용 書籍의 상업출판과 전파〉, 연세대학교 대학원 사학과 박사학위논문.

황지영(2010). "중국서적을 중심으로 본 조선후기 출판과 장서(藏書)문화의 신국면", 〈다산과현대〉, 제3집.

황지영(2012). 〈명청출판과 조선전파〉, 시간의물레.

히사유키(2008). 〈高麗大藏經이 日本佛敎에 미친 影響〉, 원광대학교 대학원 불교학과 박사학위논문.

저작권법과 출판윤리

박 익 순*

■■■

1. 머리말

이 글에서는 출판학 연구의 역사 중 저작권 관련 연구를 중심으로 서술하고, 기타 출판 관련 법 중 도서관법과 독서문화진흥법 관련 연구(출판문화산업진흥법은 별도의 장에서 서술)와 출판윤리론의 3부분으로 나누어 서술한다. 우선 지난 50년간 출판 저작권과 관련하여 출판계 내외부의 연구 성과를 망라하여 살펴본다.

출판 환경의 주요 변수 가운데 저작권법과 제도의 변화는 그 비중이 매우 크다. 저작자에 대한 권리의 추가, 저작재산권의 제한, 저작재산권 보호기간의 연장, 저작권 침해에 대한 규제 등에 관한 법과 제도가 바뀌면, 출판산업은 직접적이면서도 상당한 영향을 받는다. 따라서 출판계에서 저작권법과 제도에 관심을 갖고 지속적인 연구를 해야 한다.

출판계에서 저작권과 관련된 연구는 한국출판학회의 학회지 외에 출판 관련 전공이 개설된 대학원의 석·박사학위논문 그리고 출판 관련 연구소(한국출판연구소, 한국출판저작권연구소), 출판단체 및 공공기관(대한출판문화협회, 한국출판문화산업진흥원)에서 주로 이루어진다.

그러나 저작권과 관련된 체계적이고 지속적인 연구는 대부분 저작권법학계와 한국저작권위원회 등 저작권 전문 연구기관의 주도로 이루어졌고, 이중에는 출판과 관련된 연구도 상당수 포함되어 있다. 따라서 출판 분야 저작권 연구의 역사를 논하기 위해서는 출판계 내부의 연구뿐만 아니라 출판계 외부의 연구 결과도 함께 짚어보아야 한다.

---

* 한국출판저작권연구소 소장

2. 저작권과 출판자권 연구

1) 저작권 연구 역사의 시기 구분과 주제 분류

이 글에서는 저작권 연구의 역사를 통사적으로 네 시기로 나누고, 각 시기 안에서는 가능한한 주제별로 나누어 살펴보고자 한다.

저작권 연구의 역사는 다음과 같이 네 시기로 나눈다.

제1기(1969~1989년): 개척기

제2기(1990~1999년): 정착기

제3기(2000~2009년): 발전기 Ⅰ

제4기(2010년~현재): 발전기 Ⅱ

이 시기 구분에 특별한 기준이 있는 것은 아니고, 한국출판학회가 설립된 이후 50년의 역사를 편의상 10년 단위로 묶은 것에 불과하다. 다만, 처음 10여 년 동안에는 연구가 활성화되지 않았으므로 약 20년을 함께 살펴본다. 저작권 연구의 시기 구분에 대해서는 좀더 체계적이고 과학적인 후속 연구를 기대한다.

저작권에 대한 연구의 주제는 다양한 방법으로 분류될 수 있을 것이다. 여기서는 저작권법의 체계(제1장 총칙부터 제11장 벌칙까지)와 저작권 정책을 총괄하는 문화체육관광부 저작권국의 조직(저작권정책과, 저작권산업과, 저작권보호과, 문화통상협력과)을 참고하여 다음과 같이 저작권법에 대한 연구의 주제를 9가지로 분류한다.

① 저작권 일반

② 저작권 정책과 교육

③ 저작권 산업

④ 저작권 침해와 보호

⑤ 국제 저작권과 통상협력

⑥ 출판권과 배타적 발행권

⑦ 전자출판과 디지털 시대의 저작권

⑧ 출판계약과 표준계약서

⑨ 출판자의 새로운 권리

앞의 5가지(①~⑤)는 일반적인 저작권 연구의 분야이고, 뒤의 4가지(⑥~⑨)는 출판 분야에 특화된 저작권 연구의 분야라고 할 수 있다.

2) 제1기(1969~1989년) : 개척기

제1기 초반에는 저작권에 대한 연구가 진행되지 않는다. 그러다가 1980년대 중반에 미국의 통상 압력으로 외국인의 저작물을 보호해야 하는 상황에 이른다. 우리나라는 1957년에 처음 제정된 저작권법을 1986년에 전면 개정하고, 1987년에는 처음으로 저작권 국제협약인 세계 저작권협약(UCC)에도 가입한다. 이 무렵 출판계에서도 저작권에 대한 관심이 높아지고, 출판학계에서도 저작권에 관한 연구가 활발해진다.

(1) 저작권 연구의 태동

출판학에서 저작권에 관한 연구가 처음 등장한 것은 한국출판학회가 창립된 해인 1969년이다. 민병덕(1969)은 일본책에 번역 소개된 독일의 법학자 하인리히 후브만의 글을 번역하여 '개인 정신 표현으로서의 저작물'이라는 제목으로 한국출판학회에서 발행한 『출판학』 제2집에 게재한다.

이후 1980년대 중반까지는 특별한 진전이 없다. 국제저작권에 관한 허영환(1970)의 시평, 신소설의 판권을 다룬 한태석(1981), 저작권 침해 논란 사례를 안춘근(1981)의 글이 『출판학』에 소개된 정도에 그친다.

(2) 저작권의 국제적 보호와 출판

우선, 국제 저작권조약을 소개하거나 이에 대한 출판계의 대응에 관한 연구가 많아진다. 전영표(1985)는 저작권의 국제적 협약과 한국의 가입 문제를 연구한다. 저자는 베른조약, 세계저작권조약, 세계지적소유권기구와 국제적 보호원칙을 소개하고, 한국의 국제조약 가입문제를 다룬다. 또한 여러 나라의 국제저작권 문제는 국가의 이익을 우선했음을 이유로 우리나라의 국제조약 가입은 신중하게 검토하자고 주장한다.

이 시기에 가장 주목할 연구는 한승헌(1987)의 「저작권의 국제적 보호와 출판」이다. 이는 출판 분야 저작권에 대한 최초의 단행본으로 볼 수 있다. 한승헌은 외국 저작물 이용계약의 실제 문제와 외국저작물 출판계약서의 구성과 내용을 심도 있게 연구하고, 외국 출판계약서의 8가지 유형을 제시하며, 저작권 중개업무와 위탁관리업의 문제를 논하고, 출판 표준계약서의 시안과 해설을 제시한다. 또한 UCC(세계저작권조약) 가입에 따라 대두되는 외국 도서의 출판에 따른 저작권 문제를 문답 형식으로 풀이한 것은 시의적절한 연구로 평가된다. 또한, 한승헌(1989)은 국제 저작권 문제에 관한 동아시아 3국(한국, 중국, 일본)이 경험하고 있는 저작권의 의식과 상황 등을 동태적으로 살피는 한편, 좀더 공평하고 합리적인 국제저작권 질서를 확립하기 위하여 고려해야 할 점을 제시한다.

이두영(1987)은 새 저작권법 시행 준비의 촉박성을 거론하고, 저작권 제도 확립과 정부의 역할을 촉구한다. 저자는 법 시행을 통한 출판업 육성책으로 저작권중개업의 허가, 불평등계약의 방지, 국제조약 가입의 국회 비준 절차, 복사·복제 행위 허용기준의 확립, 인쇄제판용 필름 관세율의 인하, 미국책 복제에 있어서 10년 소급보호, 표준계약서와 부차권의 인정을 제시한다.

미야타노보루(1987)가 일본에 있어서 해외저작권의 변천과 그 대응을 「출판학연구」를 통해 소개한 것도 이 무렵이다. 박원경(1989a, 1989b)은 당시에 우리나라가 가입한 UCC를 관장하는 UNESCO를 중심으로 국제협약기구의 활동상황을 고찰하고, 새로운 국제 저작권 동향과 이에 대한 대응방안을 제시한다.

이 밖에 세계저작권조약 가입시 국내 출판업계의 대응전략을 연구한 김두응(1986), 세계 저작권조약(UCC) 가입에 따른 한국의 출판산업 진흥방안을 고찰한 정병일(1987) 등이 있다.

저작권법 전부개정에 따라 새로 도입된 저작권대리중개업에 대한 연구도 있다. 이중한(1987)은 저작권중개업의 성격과 역할 측면에서의 현황과 문제점을 논하고, 민병덕(1987)은 저작권 중개업무와 편집자의 역할에 주목한다.

(3) 『계간 저작권』의 창간과 출판계의 적극적인 참여

1987년에 발족된 저작권심의조정위원회(현 한국저작권위원회)는 1988년에 『계간 저작권』을 창간하여 저작권 연구의 마중물 역할을 시작한다. 출판계에서도 『계간 저작권』의 지면을 이용하여 지속적으로 다양한 연구를 전개한다. 노양환(1988)은 새 저작권법 시행 1년을 맞이하여 대한출판문화협회에서 실시한 '저작권 계약 실태조사'에 근거하여 새로운 저작권 상황에 대응하는 출판계의 상황을 진단한다. 출판허락계약의 성립과 저작인격권에 관한 일본 판례를 소개한 허희성(1988), 저작권법상의 출판 실상과 출판권 확립을 연구한 김성재(1989)의 연구도 『계간 저작권』을 통해 소개된다.

특히, 국제 저작권제도 중 우리나라 법에 없는 판면권과 대여권에 연구가 주목을 끈다. 이두영(1988)은 출판자 보호의 필요성, 현행 법제 하의 출판자 보호의 취약성, 국제적인 조류라는 관점에서 판면권(판면에 관한 출판자의 권리) 도입의 필요성을 제기하고, 외국의 입법 내용과 일본 저작권심의회 보고서를 참고하여 구체적으로 법제화해야 할 내용을 밝힌다. 최현호(1988)는 대여권에 대한 입법론의 방향을 제시한다.

이두영(1989)은 새 저작권법이 시행된 지 만 2년이 되는 시점에서 저작권법 및 제도상의 문제점과 개선방안을 출판자의 입장에서 조목조목 제시한다. 특히 사적 이용을 위한 복제 규정의 개정, 검인첩부와 관련된 조항의 삭제, 재북한 저작자의 권리 귀속에 관한 특례법 제정을 주장한 대목이 눈길을 끈다.

3) 제2기(1990~1999년): 정착기

제2기는 1980년대 후반에 전면 개편된 저작권법 질서가 자리를 잡아가는 가운데, 우루과이 라운드라고 하는 전세계적인 규모의 다자간 무역협상의 의제에 무역관련 지적재산권이 채택됨으로써 우리나라 저작권 체계가 다시 한 번 큰 변화를 겪게 되는 시기이다. 이러한 국제적 경제 질서의 변화 움직임 속에서 역설적으로 저작권에 대한 연구가 더욱 활발해지고, 연구의 범위도 더욱 넓어진다.

(1) 저작권 일반

한승헌(1990)은 타이프페이스(Typefaces)의 보호와 저작권을 논하고, 한승헌(1997a)은 번역과 저작권에서 번역에 대한 권리의 취득의 내용과 번역 출판의 실무적 측면을 다룬다. 박재영(1994)은 한국의 광고사진계 실태조사를 중심으로 사진저작물의 저작권을 연구한다.

(2) 저작권 정책

한승헌(1992)은 저작권 관계법의 문제점과 개선방안에서 1987년 7월 1일에 시행 후 5년째를 맞는 저작권법을 출판과 관련된 조항을 중심으로 13개 분야로 나누어 집중적으로 검토한다. 저자가 언급한 것은 ① 교과서 제작상의 저작권 경시조항 비판 ② 사적 목적을 위한 복제조항의 불공평 시정 ③ 저작권자의 검인첩부제 재론 ④ 이른바 '매절'의 법적 성격 명시 ⑤ 출판허락계약에 관한 준용규정의 신설 ⑥ 저작권 침해에 대한 징벌적 배상제도의 도입 ⑦ 저작권분쟁 조정제도의 취약성 보완 ⑧ 판면권 입법론에 대한 검토 ⑨ 부과금 제도 채택의 가능성 ⑩ 복제권 집중처리기구의 필요성 ⑪ 데이터베이스 보호의 명문화 ⑫ UR 협상에 따른 국내법 개정 ⑬ 보론이다.

(3) 저작권 침해와 보호

이두영(1990)은 복사기기의 발달과 저작권 보호를 연구한 데 이어, 이두영(1992)은 대한출판문화협회가 국제복제권기구연맹(IFRRO)을 초청하여 1992년 1월 14일에 서울에서 개최한 세미나를 기반으로 복제권관리제도의 국제동향을 소개하고 복제권기구의 필요성을 제기한다.

김기태·권세훈·김재윤(1995)은 전국도서무단복사실태조사를 통해 대학생, 복사업체, 출판사, 서점의 조사 결과를 분석하고 국내 복사 실태에 따른 저작권자 등의 손실을 추정하며, 사적 복제에 합리적으로 대응하고 있는 외국의 예를 부과금 제도를 중심으로 소개한다.

강희일·최경수(1999)는 도서 불법 복사·복제 실태를 연구하고 근절대책을 제안한다.

이 밖에 남미령(1993)은 출판저작권의 침해와 구제에 관한 사례를 연구하고, 김기태(1994a)는 UCC 가입에 따른 국내 출판물 유통의 추이와 국내 분쟁조정 사례를 분석하며 저작권 보호와 국내 출판물 유통의 관계를 탐구하고, 김기태(1998)는 광고의 저작물성과 저작권 침해 요소에 관하여 연구한다.

(4) 국제저작권과 통상협력

1990년대에 들어 국제저작권에 관한 연구는 더욱 활발히 전개된다.

전영표(1992)는 지식과 정보의 국제유통을 전제로 저작권을 중심으로 한 지적재산권의 소유개념을 역사적으로 논구하고 세계 각국의 저작권법 입법 정신을 연구한다.

한승헌(1993)은 UCC 가입 후의 한국 출판의 추세, 미국의 지적재산권 정책을 살핀 후 베른 협약 가입 시의 소급보호 문제를 검토한다.

허희성(1993)은 우루과이라운드 협상 중 저작권과 관련된 내용을 연구한다. TRIPs 협상의 경과와 함께 협정안의 내용을 자세히 소개하고 협상의 전망과 함께 우리의 대안을 제시한 점에서 시의적절하고 주목할 만한 연구로 평가된다.

이은국(1997)은 출판환경이라는 개념을 거시적인 관점에서 바라본다. 출판환경의 변화 요인을 출판산업의 기술적 변화, WTO 체제의 출범과 국제저작권협약 가입에 따른 환경 변화, 출판시장의 개방, 소비구조의 변화, 출판시장 불황과 경영구조의 악순환으로 나누어 고찰한다.

이 밖에 이정상(1990)은 국제 저작권 조약 가입과 국내 출판의 현황을, 문현숙(1991)은 UR 지적소유권 협상과 국내 출판계의 대응방안을, 조용남(1994)은 국제저작권협약 가입이 국내 출판계에 미친 영향을 다루며, 김정욱(1996)은 정보사회에서의 저작권 환경의 변화와 저작권 수용에 관한 국제적 동향을 살펴보고, 김현철(1996)은 저작권 보호를 중심으로 WTO체제하의 지적재산권을 탐구한다. 김라경(1996)은 UCC가입에 따른 번역출판의 현상 및 대응방안을 중심으로 한국의 국제 저작권협약 가입과 번역출판을 논하고, 주정희(1997)는 번역출판의 실태와 문제점을 중심으로 과학기술도서의 저작권법 적용을 연구한다.

(5) 출판권

백성호(1990)는 출판권에 관하여 체계적으로 연구한다. 김기태(1995b)는 저작권법상 출판권 행사에 따른 문제점을 살펴보고, 전자출판물 등을 포함할 수 있도록 출판을 정의할 필요성, 판면권과 사적복제보상금제도 도입의 필요성, 전문 인력 양성의 필요성을 주장한다.

(6) 전자출판과 디지털시대의 저작권

1990년대에 출판계에 전자출판이 등장하면서 전자출판과 관련된 저작권 문제에 관한 연구가 시작된다.

정상조(1992)는 CD-ROM과 데이터베이스 형태로 제공되는 초기 전자책의 저작권 문제를 출판권, 출판허락계약, 편집저작물의 측면에서 검토한다. 또한 정상조(1994)는 전자출판물을 제작·보급하는 것은 저작권법상 출판권의 범위 밖이고, 이는 저작권법이 전자출판물을 예상하지 않고 마련된 법이기 때문에 생긴 문제이므로 저작권법의 개정을 통하여 출판권의 개념을 다시 정의할 필요성을 제기한다.

김정숙(1994)은 저작권법과 표준코드 환경의 문제를 중심으로 전자출판의 발전에 따르는 기초환경의 문제점을 연구한다. 특히 전자출판물에 대한 저작권법상의 문제를 예시함으로써 전자출판의 발전을 위한 저작권법 환경의 과제를 진단한다.

이 밖에 정보화사회와 저작권을 연구한 전영표(1993), 전자출판 출현과 무한경쟁을 다룬 이두영(1995), 우리나라 전자 출판물 복제에 따른 문제점과 대응방안을 중심으로 전자출판물의 저작권법상 문제를 연구한 전민철(1998), 대학도서관에서의 학술잡지 전자출판시스템 구축 방안을 연구한 김정현(1997), 멀티미디어 시대 출판 저작권의 입지를 다룬 이중한(1999) 등이 있다.

(7) 출판계약과 표준계약서

출판은 매우 오래되었을 뿐만 아니라 매우 비중이 큰 저작물 이용형태이고, 출판계약은 영화나 방송 등 다른 저작물 이용계약의 발전에도 크게 영향을 미칠 만큼 중요한 계약이다.

박성호(1992)는 '설정출판권' 조항의 출판허락계약에의 유추적용 문제와 관련하여 '설정 출판권'과 출판계약을 연구한다.

한승헌(1997b)은 일부 작가와 일부 출판사 사이에 1997년 2월에 발생한 '2차 저작권' 논란에 대하여 해법을 제시한다.

저작권심의조정위원회(1990)는 표준 출판권설정계약서와 표준 출판계약서 2종을 개발하여 표준 출판계약서로 제시한다. 이와 별도로 대한출판문화협회에서도 1987년과 1996년에 표준 출판계약서를 제정한다.

(8) 출판자의 새로운 권리

1990년대에 들어 복제기기의 발달에 대응하여 저작자와 출판자를 보호하는 여러 가지 방안에 대한 연구가 본격적으로 시작된다.

한국문화예술진흥원(1992)은 문예진흥기금 확보대안으로서의 사적 복제에 대한 부과금제도를 연구하고, 1992년 6월 22일에 한국문화예술진흥원 주최로 '복제보상금 제도에 대한 대토론회'를 개최한다. 이 자리에서 황적인(1992)은 사적 복제현황과 사적복제보상금제도의 필요성을 주장하고, 이중한(1992)은 복제보상금 제도의 실시방안을 구체적으로 제시한다.

김문환(1991)은 선진 제국의 대여권 제도와 도서관에서의 공공대출권 제도를 고찰하여 우리나라에서의 입법 필요성을 검토하고, 김기태(1995a)도 도서의 대여권에 관하여 고찰한다.

4) 제3기(2000~2009년) : 발전기 I

제3기는 21세기 디지털 시대에 들어서는 시기로 새로운 디지털 환경에서의 저작권 이슈가 생겨나고, 1990년대 말부터 일기 시작한 한국 대중문화의 열풍인 한류의 영향으로 출판 저작권 수출이 활성화되면서, 디지털과 저작권 수출과 관련된 연구가 활발히 전개된다.

(1) 저작권 일반

김윤화(2002)는 저작권 보호에 따른 출판사와 저자의 대립 유형과 개선 방안을 논한다. 저자는 저작권 법제적 측면에서는 출판계약의 문제와 저작권사용료 지급의 문제, 뉴미디어 등장에 따른 문제로 인해 출판사와 저자의 대립이 생겨나고 있다고 밝히고, 이를 개선하기 위한 방안으로 표준적인 출판계약서 모델을 개발·활용하고, 분야별 특수성과 저작환경과 독자성향 등이 고루 반영된 저작권사용료의 비율과 지불방법을 수립할 것을 제언한다.

남석순(2008)은 1910년대 신소설의 발전이 잘 안 된 요인으로 저작권의 혼란과 매매 관행을 꼽으며, 그 원인을 일제의 압제정책에서 찾는다.

김기태(2009)는 공유저작물에 대한 상표권을 주장함으로써 출판계에 논란을 불러일으킨 도서 《어린왕자》 사례를 중심으로, 산업재산권으로서의 상표권과 문화성이 강한 저작권이라는 두 가지 권리가 충돌하였을 때 그 판단기준은 무엇인지를 살핀다.

이 밖에 김미정(2002)은 저작권 제한사유로서의 패러디에 관하여 고찰하고, 손수호(2004)는 미술저작권 권리자와 이용자간 분쟁의 씨앗이 되고 있는 저작권 의식을 조사하며, 김규희(2006)는 신문사 뉴스저작물에 관한 기자들의 저작권 인식을 저작권 귀속 문제를 중심으로 살피고, 이흥용(2009)은 뉴미디어 환경에서의 정보공유 방안을 연구한다.

(2) 저작권 정책과 교육

김기태(2006)는 대한출판문화협회 저작권상담실을 통해 이루어진 저작권 상담사례를 분석하고 문화산업계 전반에 걸친 전방위적인 교육과 홍보가 이루어져야 하며, 교육 프로그램의 개발과 운영을 위한 업계별 '저작권교육위원회'의 설립이 필요함을 강조한다.

(3) 저작권 산업

이대희(2009b)는 복사사용료 분배 방안을 연구하면서 분배제도를 확립하기 위하여서는 이용에 관한 정보를 획득하는 것이 선행되어야 한다는 것을 강조하고, 복제 내지 복사가 행하여 졌을 경우 저작권자와 출판업자 간의 분배비율은 세계적으로 가장 많이 이용되고 있는 50:50을 제안한다. 김병일(2008)은 어문저작물 전송사용료에 관하여 연구하고, 박영길(2009)은 수업목적 저작물 이용 보상 기준에 관하여 연구한다.

이 밖에 송재학(2007)은 도서관보상금 제도를 중심으로 도서관에서 저작물 이용과 저작권에 관하여 연구하고, 홍순운(2008)은 디지털콘텐츠 이용자들의 저작권 인식에 관하여 연구한다. 주인영(2003)은 한국과 미국의 음원 복제권을 중심으로 문화 콘텐츠 산업의 저작권 활성화에 관하여 연구하고, 김영희(2008)는 한국 출판산업을 중심으로 문화콘텐츠산업 저작권 실무자의 전문자격제도 도입에 관하여 연구한다. 남윤중(2002)은 집중관리제도의 활용방안을 중심으로 사진저작물의 저작권을 연구한다.

(4) 저작권 침해와 보호

김기태(2007)는 학술저작물의 온라인 이용 양상과 현황을 중심으로 학술저작물의 불법 유통 및 전송에 따른 대책 등 개선방안을 탐구한다.

김기태(2008b)는 표절을 둘러싼 시비가 끊이지 않는 우리 학계의 현실에서 형식주의적 논문 쓰기의 문제점과 올바른 인용의 원칙과 방식을 제시한다. 남형두(2009)는 표절 문제 해결방안에 관하여 집중적으로 연구한다. 저자는 저작권법 측면에서 학술저작물을 중심으로 기존의 학술정보론과 저작권과의 관계를 조명하고, 표절과 저작권침해를 명확히 구분한다.

강희일·최성균(2002)은 후속 연구를 통해 도서 불법 복사·복제 실태를 다시 한 번 살펴보고, 김동혁(2006)은 대학생 사례를 중심으로 출판물의 불법복제와 저작권 인식을 연구하며, 김성환(2006)은 판례를 중심으로 사진저작권 침해와 그 방지대책을 연구한다.

이 밖에 언론과 관련된 최근의 법원 판결 내용을 중심으로 초상권 문제를 연구한 양용철(2001), 2005년 대법원 판결을 중심으로 만화저작물에 대한 출판권침해요건과 그 동일성 판단방법을 연구한 윤경(2006), 출판만화의 온라인상에서의 저작권 보호에 관하여 연구한 신지수(2008)도 주목할 만하다.

(5) 국제저작권과 통상협력

이은국·한주리(2003)는 한국 출판의 세계화를 위해서 필요한 도서와 출판 저작권 수출의 현황을 살펴보고 활성화 방안을 도출한다.

김진두·김창옥(2005)은 한류를 이용한 도서의 수출 방안에 대하여 연구한다. 한국의 도서가 수출되기 위해서는 현지의 대중적 수요가 존재해야 하므로, 한국문화산업 전반에 대한 경쟁력 향상이 한국출판 저작물 수출의 가장 중요한 요인이라고 본다. 김진두(2005)는 한류와 출판저작권 수출 방안에 대한 연구에서 한류 열풍이 불게 된 원인은 동아시아라는 지리적 근접성, 유교와 한자문화권이라는 문화적 공통점 외에 한국의 문화산업이 세계적인 경쟁력을 갖출 정도로 성장했기 때문으로 본다.

2000년대 들어 중국과의 출판 교류가 더욱 활발해지는 가운데, 중국과의 출판 저작권 교류에 대한 연구가 활발해진다. 안준모(2005)는 중국어권 국가의 국제도서전을 중심으로 국제도서전을 통한 저작권 수출 증대에 관하여 연구하고, 이정교(2007)도 중국으로 통하는 게이트웨이이자 테스트 마켓인 대만과 저작권 교류의 현장인 동아시아 국제 도서전에 주목한다. 권호순(2005)은 출판 현황 및 저작권을 중심으로 중국 출판 산업을 연구하고, 김진두(2007)는 중국이 개혁개방을 선언한 이후 중국 출판 산업의 현황과 전망을 논의하면서 우리나라 도서의 중국 진출 방안을 탐구한다. 이어서 김진두(2009)는 중국과 한국의 도서 저작권 수출입 현황을 분석하여 교류 방안을 모색한다. 이건웅(2009)은 중국 출판저작물의 국내 번역출판 현황과 한·중 출판 저작물의 저작권 실태를 탐구한다.

신종락(2008)은 한국과 독일 출판물 소개와 저작권 교역을 연구하고, 독일의 사례에 비추어 볼 때 도서와 저작권 수출을 위해서 실질적으로 우리가 해야 할 일을 구체적으로 제언한다.

이 밖에 박상미(2001)는 남북한 출판물 교류를 위한 저작권 상호 보호 방안에 주목하고,

박정옥(2002)은 출판저작권 수출 진흥 방안을 연구하며, 이지영(2009)은 한미 FTA 협상 체결로 인한 저작권 보호기간 연장에 따른 경제적 파급효과를 출판산업을 중심으로 분석한다.

(6) 전자출판과 디지털시대의 저작권

21세기 디지털 시대에 들어서면서 본문검색, 디지털 교과서, 전자교과서, 전자출판과 전자책 등 새로운 디지털 환경에서의 저작권 이슈가 생겨나고 이에 대한 연구가 활발히 전개된다.

허희성(2000)은 전자출판을 전자편집(인쇄공정의 전산화)과 전자매체(패키지형 매체와 통신형 매체)로 구분하고, 전자출판물의 이용에 따른 저작권법상의 제문제를 연구한다.

김기태(2000)는 뉴미디어의 기술 진전에 따라 새롭게 등장한 전자 매체의 디지털화 혹은 멀티미디어화 양상과 그 현황을 파악함으로써 그 발전에 따라 파생되는 저작권 보호상의 문제점을 연구한다. 특히 기존의 권리로는 해결할 수 없는 여러 가지 문제점을 해결하기 위하여 디지털 환경에 적응할 수 있는 새로운 권리로서 현시권, 디지털화권, 데이터베이스저작물에 관한 권리를 제안한다.

안효질(2000)은 전자책과 저작권법상의 문제점 중 특히 전자책의 저작권법상 분류 및 저작자의 결정, 전자책의 이용과 판매, 전자책의 출판을 집중적으로 연구한다.

이용준(2008)은 주요 베스트셀러와 인기 잡지를 대상으로 본문검색에 대한 현황을 조사분석한다. 이어서 이용준(2009)은 구글의 도서검색 서비스 논쟁을 비롯하여 본문 검색 서비스의 경과를 살펴보고, 국내 3개 업체(네이버, 교보문고, 다음)의 본문검색 서비스의 실태를 조사·분석하며, 본문검색 서비스의 개선방안을 제시한다. 이와 관련하여 박영규(2008)는 구글 도서검색서비스의 저작권법적 문제를 다루고, 이대희(2009a)는 구글 도서검색과 인터넷상 도서 이용의 과제를 연구한다.

전자교과서 내지 디지털 교과서가 추진되는 상황에서 이대희·안효질(2002)은 전자교과서의 개발·이용과 관련하여 야기되는 저작권법적인 쟁점을 분석하고, 저작권법상의 문제점을 해결하기 위한 구체적인 입법론을 제시한다.

이 밖에 손수호(2006)는 디지털 환경이 몰고 온 새로운 저작권 패러다임의 변화를 카피레프트 개념을 중심으로 연구한다. 박혜진(2001)은 인터넷 환경변화에 따른 디지털 콘텐츠 저작권을, 이미순(2005)은 출판 환경의 변화와 대응방안을 중심으로 디지털 미디어 시대의 출판의 본질을 논구한다.

(7) 출판계약과 표준계약서

장인행(2001)은 저작권 사용료 산정과 지불을 중심으로 단행본 출판계약에 관한 실태를 연구한다. 저자는 출판계약에 대한 출판사와 저자들 간에 인식의 차이가 크고, 저작권사용료의 산정 방법과 지불 기준에 대해 출판사보다 저작자의 불만이 더 많았으며, 출판사보다 저자들이 더 열악한 조건에서 계약이 이루어지고 있는 것으로 인식하고 있음을 밝혀낸다.

이성호(2008)는 출판계약과 관련하여 저작권법상의 유형과 실무상 유형에 주목한다. 저자는 달라진 출판환경 하에서의 저작권자와 출판자의 이해관계를 재조명해 봄으로써 현재 이루어지고 있는 출판계약상의 존속기간이나 인세 등에 관한 조항들을 보다 합리적으로 해석·적용하여야 하며, 전자출판을 포함하여 출판 개념을 다시 정의하고 관련 규정을 신설하는 등의 입법적, 제도적 노력도 기울여 나갈 필요가 있다고 주장한다.

박귀련(2009)은 출판계약을 출판계약의 종류, 출판계약의 내용, 출판계약의 해석으로 나누어 체계적으로 정리한다.

표준계약서에 관한 연구도 계속된다. 이호흥(2004)은 모델 출판권 설정 계약서를 개발하고 출판계약의 일반적 해설과 함께 모델 출판권 설정 계약서의 조항을 중심으로 해설을 덧붙여 출판계약의 이해와 작성에 도움을 준다. 박경철(2006)은 한국문화콘텐츠진흥원에서 발표한 「만화 비즈니스 가이드북 표준계약서」를 분석하여 문제제기를 하고 대안을 제시한다.

박익순(2009)은 출판 현장에서 이루어지는 출판 계약의 구체적인 실태를 조사하고, 출판 단체에서 권장해 온 표준 출판 계약서의 국내외 비교 분석을 통해 새로운 대안을 제시한다. 저자는 표준 출판권 설정 계약서의 보완점으로, (가) 판면 이용에 대한 위임 조항 (나) 발행부수의 보고 강화 (다) 비밀보호 유지와 개인정보 취급 조항 (라) 판매부수 중심의 인세 방식 명기 (마) 구체적인 부차적(이차적) 이용 조건의 사전 명시 (바) 출판권의 장래 소유 등을 들고 이상의 것을 포함한 표준 출판권 설정 계약서 개정안을 부록에 제시하며, 출판자의 권리 보호를 위해서는 표준 출판 계약서를 개선하는 것만으로는 부족하고 저작권법 개정이 뒷받침되어야 한다고 강조한다.

(8) 출판자의 새로운 권리

손경한(2004)은 도서 및 영상저작물 등에 대한 대여권 부여에 관하여 연구한다. 저자는 영상저작물에 대한 대여권의 인정은 오히려 시대역행적인 면이 있으며, 대여권 제도의 확대는 최소한의 범위인 도서에 한정하는 것이 타당하다고 본다. 이형주(2006)는 1994년 저작권법 개정으로 음반과 프로그램에 한해 도입된 대여권의 문제점을 밝히고 개정 방향을 제시한다.

이호흥(2008)은 디지털 환경에서의 사적복제보상금제도의 주요 내용과 쟁점을 연구하고, 사적복제보상금제도가 저작자 자신의 이익에만 합치하는 것이 아니라 사회문화 발전에도 긴요하다는 논리적·실증적 당위성의 개발, 일반인을 대상으로 한 홍보의 필요성을 제언한다.

5) 제4기(2010년~현재): 발전기 II

제4기는 연구자가 분류한 9가지 주제에 대한 연구가 모두 망라될 정도로 저작권 연구의 범위가 확대된다. 특히 2000년대 말 출판계 최고의 관심사로 떠오른 전자출판과 전자책, 2011년 한·미 FTA 체결에 따라 도입된 배타적발행권과 관련된 저작권 연구가 활발해지며, 판면권을 비롯하여 출판자의 새로운 권리에 관한 연구도 본격적으로 전개된다.

(1) 저작권 일반

김기태(2011)는 일본 근대 저작권 사상이 한국 저작권 법제에 미친 영향을 연구하면서 일제강점기를 거치며 일본서적 등과 함께 유입된 판권이란 용어를 간기면(刊記面)에 판권소유 또는 판권본사소유라고 적는 우리 출판계의 관행은 조속히 고쳐져야 하고, 검인첩부 관행 또한 전근대적이고도 시대착오적인 것임을 주장한다.

김기태(2017)는 출판의 재개념화를 중심으로 출판산업 진흥을 위한 법제 개선방안을 연구한다. 저자는 출판문화산업진흥법에서 '출판'과 '책'의 정의를 디지털 환경까지 포괄하는 개념으로 확장시켜 놓은 다음, 저작권법, 문화산업진흥기본법, 콘텐츠진흥법, 도서관법 등 다른 법률에서 이를 원용하도록 유도할 것을 제언한다.

황인영(2012)은 저작권 보호기간 연장의 영향요인을 비교 연구한다. 한국에서 저작자 사후 70년 보호기간 연장이 한·미 FTA라는 대외무역협상 과정에서 논의되면서 '행정부'가 핵심적 영향력을 발휘했고, 저작권 보호기간 연장에 대한 주요 이해관계자 및 행위자들은 근본적으로 무역 제도의 틀 속에서 행동할 수밖에 없었으며, 이러한 한계 때문에 저작권 보호기간 연장에 따른 사회경제적 효과 및 민간행위자들의 이해가 충분히 반영되지 못하였다고 비판한다.

이 밖에 저작물의 선순환구조를 위한 공정이용(Fair Use) 법·제도를 연구한 조진이(2011), 사진 저작물과 저작권 인식을 연구한 조홍직(2011), 캐릭터 저작물의 저작권 보호를 연구한 원혜진(2013), 방송작가들의 저작권 인식을 연구한 송보나(2013)도 주목할 필요가 있다.

(2) 저작권 정책과 교육

김기태(2013a)는 아날로그 미디어로서의 '종이책'과 디지털 미디어로서의 '비종이책'으로 나뉘는 출판물이 갖는 형질에 따라 다르게 적용되고 있는 현행 법령(저작권법, 출판문화산업진흥법 등)의 개선 방안을 연구한다. 이어서 김기태(2014)는 학습참고서 및 저작권법을 중심으로 교과용도서에 관한 법제 개선방안을 연구한다.

이효상(2018)은 초·중등 교과 과정에서의 저작권 교육에 대한 초·중등 교사들의 인식 분석을 통해 현재 시행중인 저작권 교육의 한계를 발견하고 체계적인 교육 방안을 강구한다.

(3) 저작권 산업

김병일(2011)은 교육현장에서 주로 문제가 되는 수업목적의 저작물의 복제·배포와 전송(디지털 원격교육)과 관련하여 저작권의 보호와 이용의 균형을 도모할 수 있는 규범 형성에 관한 비교법적 검토를 통하여, 교원 및 교육기관의 저작물 공정이용 방안을 제시한다.

손정달(2014)은 어문저작물 저작권 집중관리 규율체제의 개선 및 활성화 방안을 제시한다. 저자는 저작물 저작권 집중관리단체의 필요성을 인정하면서도 운영상 드러나는 다양한 문제점과 갈등, 특히 한국문예학술저작권협회(문예협)와 한국복제전송저작권협회(복전협) 간의 갈등에 주목한다.

박익순(2018)은 2018년에 출판계의 최대 현안으로 떠오른 수업목적보상금 분배 문제와 관련하여, 수업목적보상금제도의 개념, 도입 경과, 저작권법 관련 조항의 문제점과 그 근원을 밝혀내고, 출판계가 요구하는 저작권법 개정안을 제시한다.

(4) 저작권 침해와 보호

이문학(2015)은 인용과 표절에 대한 법적 해석을 연구한다. 저자는 저작권 침해와 표절에 관한 저작권법적 해석, 연구부정행위와 이에 대한 각국의 개념 규정, 표절사례와 판례 분석, 표절 방지를 위한 저작권 관련 교육 실태 분석을 바탕으로, 연구부정행위에 관한 철저한 실태 조사, 넓은 관점의 연구윤리교육 실시, 연구부정행위 사전예방시스템 구축, 표절검색시스템의 적극적 홍보와 활용을 제언한다.

이인(2015)은 교육출판물의 저작권 관련 분쟁에 관하여 논구하고, 이주연(2014)은 뉴스저작물 침해 사례 분석을 중심으로 디지털 미디어 콘텐츠의 저작권 침해 실태와 공정이용 방안을 연구한다.

이 밖에 이영희(2011)는 2차적저작물의 저작권 침해에 관하여 연구하고, 이영희·고세훈(2011)은 SNS에 있어서 서비스 업체들이 사용자와의 저작권 계약을 어떻게 규정하고 있는지를 약관을 통하여 밝힌다. 송광헌(2014)은 텔레마틱사회의 전자책 저작권 침해 보호방안에 대한 인식을 논구하며, 박영신(2015)은 판례 분석을 중심으로 출판저작권의 침해 양상 및 특징을 연구한다.

(5) 국제저작권과 통상협력

이 시기에 한국과 중국의 출판 저작권 교류에 대한 연구가 한층 더 활발해진다. 이건웅(2010)은 인문, 소설분야를 중심(2005~2010년)으로 중국 출판콘텐츠의 국내 수용 및 문제점을 본격적으로 연구한다. 저자는 상대적으로 저렴한 중국 출판사의 선인세는 열악한 국내 출판사에게 출판콘텐츠를 확보하기 위한 수월한 창구가 되지만, 검증되지 않은 콘텐츠를 수용하는 것은 문제가 있다고 보며, 또한 저질 번역의 문제 또한 심각하다고 진단한다. 이건웅(2013)은 한중 출판콘텐츠 교류 활성화 방안을 연구한다. 저자는 한중 출판콘텐츠 교류의 1단계가 저작권 무역이고, 2단계는 OSMU를 통한 콘텐츠의 활용과 전자출판이며, 마지막 3단계는 실질적인 비즈니스 모델을 통한 교류 협력 방안이 필요하다고 강조한다. 박몽구(2010)는 2000년대 한·중 출판 저작권 교류의 현황과 추세를 분석하고 향후 전망을 제시한다. 저자는 중국은 한국의 경제성장의 경험을 필요로 하고, 한국은 중국의 풍부한 문화유산 공유에 관심이 많으며, 특히 2001년 중국의 WTO 가입에 따라 국제사회에서의 신뢰가 높아지면서 한국과 중국의 출판물 교류는 더욱 활발해질 것으로 전망한다. 권호·권호순(2016)은 한국의 「저작권법」과 중국의 「중화인민공화국저작권법」을 구성과 내용을 중심으로 비교분석을 시도하고, 조빙(趙冰)(2015)은 디지털 환경에서 중국 저작권 산업이 국민 경제에 미치는 영향에 대하여 조사, 연구한다.

한주리(2014)는 출판산업과 저작권 국제교류 활성화 방안을 콘텐츠 개발 측면, 마케팅 측면, 국가적 차원, 인력 양성 등으로 나누어 제언한다.

박찬수(2017)도 출판콘텐츠 해외진출을 위한 지원정책을 논하면서, 수많은 자료들이 전 세계에 전파되고 있는 만큼 저작권 보호 대책이 하루속히 마련되어야 한다고 강조한다.

이 밖에 신예영(2011)은 해외 저작권 수출 담당자의 심층인터뷰를 중심으로 국내 출판 저작권의 해외 수출 방안을 연구하고, 최준란·김상헌(2012)은 한미 FTA의 개정 저작권법이 출판콘텐츠에 미치는 영향을 탐구한다.

(6) 출판권과 배타적발행권

김기태(2010)는 저작권법상 출판권 관련 조항의 실무적 한계와 개선방안에 대해 논한다. 저자는 출판 환경의 새로운 패러다임을 반영하여 '출판'의 정의를 신설하고 저작권법상 출판권 관련 조항들의 구체적인 개정 방안을 제시하였다는 점에서 의의가 크다.

2011년 한·미 FTA 이행을 위한 저작권법이 개정되면서 저작권법에 배타적 발행권 제도가 도입되고 2012년 3월 15일 시행된다. 이는 기존 출판권과 컴퓨터프로그램에만 제한적으로 적용되던 저작물의 배타적 이용허락제도를 일부 확대한 것으로, 전자출판과 관련하여 출판계의 주목을 받았고, 배타적 발행권에 대한 연구도 본격적으로 시작된다.

배타적 발행권에 대한 연구로는 안효질(2012)의 연구가 대표적이다. 저자는 배타적 발행권 도입에 따른 계약 실무의 변화를 2012년에 대한출판문화협회에서 제정하여 보급한 4종의 표준 계약서를 들어 소개·분석하고, 외국의 입법례로 독일, 미국, 영국의 배타적 저작물 이용허락제도와 그 적용사례를 연구·조사하며, 배타적 이용권제도 확대 도입의 필요성을 주장하면서, 확대 도입 시 고려할 사항으로 서면 계약, 등록요건, 철회권, '당연보호제도' 등을 언급한다.

이에 앞서 이규호(2011)는 저작권의 배타적 이용허락제도에 관한 상세한 연구를 통해 한미자유무역협정 체결 이전에 입법과정에서 고려할 사항을 점검한다. 계승균(2012)은 저작권법의 배타적발행권을 검토하면서 입법 단계에서 배타적 이용제도가 배타적발행권으로 축소된 점을 상기하고, 배타적발행권은 우리 체질에는 어울리지 않지만 우리 저작권법에 강제로 이식된 제도로 평가한다. 오나선(2015)은 배타적발행권을 중심으로 저작권법상 전자출판에 관하여 연구한다.

(7) 전자출판과 디지털시대의 저작권

2000년대 말 전자출판과 전자책이 출판계 최고의 관심사로 떠오른다. 성대훈(2010)은 전자책 이용의 활성화를 위하여 저작권 쟁점 사항을 살펴보고, 그 해결방안으로 출판권의 확대, 데이터매수청구권의 확대, 저작권집중단체를 통한 권리처리와 DB의 제공을 제시한다.

박성호(2010)는 전자출판의 법적 의미와 그 한계를 논한다. 전자책의 출현으로 인해 저작권이나 관련 권리의 관리와 조정에 많은 주의를 기울일 필요가 있고, 전자출판에 관한 법적 쟁점을 해결하는 방안으로서 설정출판권 제도의 확대나 배타적 이용권 제도의 신설 등에 대해서도 검토할 필요가 있다고 주장한다.

이대희(2010)는 전자출판과 디지털도서관을 활성화하기 위하여 판면권의 도입, 집중관리단체의 적극적 활용, 확대된 집중관리제도의 도입을 제안하여 주목을 끈다. 저자는 출판업자들이 적극적으로 전자출판에 참여할 수 있도록 하는 동기를 제공할 필요성이 있고, 이를 위하여 전자출판의 개념을 저작권법상의 출판개념에 포섭시키고, 출판권 존속기간을 연장하거나 판면권 인정을 고려할 필요가 있다고 주장한다.

노현숙(2011)은 디지털도서관 구현을 위한 저작권문제의 해결방안을 연구하면서 복제 규정, 출판권 등 관련 저작권법 개정의 필요성과 판면권 및 디지털화권을 보호할 수 있는 규정의 도입을 논구한다.

김기태(2012)는 디지털미디어 시대의 출판과 저작권을 논구한다. 저자는 배타적발행권의 활용 범위와 기준에 대한 업계 내부의 면밀한 검토와 표준계약서의 발굴이 필요하다는 점을 강조한다. 또한 김기태(2013a)는 아날로그 미디어로서의 '종이책'과 디지털 미디어로서의 '비종이책'으로 나뉘는 출판물이 갖는 형질에 따라 다르게 적용되고 있는 현행 법령(저작권법, 출판문화산업진흥법 등)의 개선 방안을 연구한다. 또한 김기태(2013)는 소셜 저작물의 활성화가 미디어 산업계에 미치는 영향 및 저작권 보호 방안을 탐구한다.

이 밖에 문화공공성의 측면에서 저작권 강화의 정당성을 비판적 시각으로 바라본 김평수(2010), 저작권 인식과 학술정보의 오픈 액세스를 연구한 조은혜(2010), e-러닝의 저작권 관련 쟁점을 연구한 오세진(2010), 디지털 콘텐츠 1인 미디어인 블로그 및 SNS이용자를 대상으로 디지털 콘텐츠에 대한 저작권 인식을 연구한 이희수(2013), DRM Free 도입 필요성에 대한 인식을 연구한 김고은(2015)이 있다.

(8) 출판계약과 표준계약서

세명대학교 산학협력단(2014)은 출판분야의 표준계약서로 모두 9가지 유형의 출판분야 표준계약서 제정안을 제시하고, 이중 5가지 유형에 대한 해설을 덧붙인다. 문화체육관광부는 2014년 6월 12일, 이 가운데 디지털콘텐츠 공급계약서(B2B)와 전자도서관 서비스 계약서(B2B)를 제외한 7가지를 '출판 분야 표준계약서'로 제정, 발표한다.

한국출판저작권연구소(2017)는 출판계약 현황에 대한 실태를 연구한다. 출판사에서 신간 도서의 발행을 위해 맺은 출판계약 중 서면계약 비율은 약 88%이고, 출판계약 형태별로는 출판권/배타적 발행권 설정 계약류가 73.9%, 이용허락 계약류가 12.0%, 양도 계약류가 11.0%이다. 출판권/배타적 발행권 설정 계약류에서 최초 계약기간은 평균 5년이고, 계약기간의 자동연장 조항이 있는 경우에 평균 자동연장 기간은 2~3년인 것으로 집계한다. 이 연구는 2012년에 배타적발행권 제도가 도입되고, 2014년에 문화체육관광부에서 출판 분야 표준 계약서를 제정하여 발표한 상황에서 출판 현장에서 이루어지는 출판계약의 실태를 본격적으로 조사한 최초의 연구라는 점에서 그 의의가 크다.

이철남(2016)은 출판, 만화, 공연예술, 영화 등에서 활용되고 있는 표준계약서에 포함된 작가계약의 주요 쟁점을 계약의 당사자, 계약의 급부(저작물의 이용허락과 저작재산권의 양도). 계약의 대가, 계약 기간, 제3자의 권리 침해로 나누어 살펴본다.

(9) 출판자의 새로운 권리

출판자의 권익을 보호하기 위한 출판계의 요구가 지속되는 가운데, 2010년 말에 출판계 최초로 출판 판면권에 대한 연구가 본격적으로 시작된다. 대한출판문화협회는 출판 판면권 연구를 주도하고, 그 연구 성과를 토대로 2011년 9월 6일에 출판 판면권 세미나를 개최한다. 연구 책임을 맡은 이대희(2011)는 판면권을 도입하면 인쇄출판뿐만 아니라 전자출판도 증가하게 되고 디지털 도서관을 구축하는 데에도 기여하게 될 것이라고 주장한다. 저자는 판면권의 의의, 판면권과 저작권의 관계, 현행 저작권법상 출판보호의 한계를 살피고, 출판자 보호와 경제적 이익 손상의 보전이라는 관점에서 판면권 인정의 필요성을 제기한다. 또한 판면권, 판면권 이용허락, 이용료의 징수 및 분배에 관한 주요 국가의 사례를 분석하고, 결론적으로 판면권 보호방안에 대한 입법론을 제언함으로써 판면권 도입을 위한 이론적 틀을 체계적으로 제시한 중요한 연구성과로 평가된다.

판면권 제도에 대한 후속 연구로는 노현숙(2015)과 한국출판저작권연구소(2017)의 연구가 주목할 만하다. 노현숙(2015)은 판면은 저작물의 발행에서의 산업적 및 예술적으로 중요한 요인이라고 평가하고, 판면권 제도 도입 시에 효과적으로 판면을 보호하고 판면의 침해를 방지하기 위해서 판면등록제도를 도입할 것을 주장한다.

한국출판저작권연구소(2017)는 앞서 언급한 출판계약 실태조사와 연계하여 현행 출판권/배타적 발행권 설정 제도는 계약의 존속기간이 짧고 상당한 한계가 있어서 출판자의 이익을 보호하는 데 미흡한 사항이 많으므로 판면권 제도의 도입이 필요하다고 주장한다. 저자는 판면권 제도는 1956년 영국에서 처음 도입된 이래 지금까지 60년 이상 존속되고 있으며, 현재 영국을 비롯하여 중국, 스페인, 멕시코, 호주 등 26개 국가에서 판면권 제도를 도입하고 있다는 점을 새로 밝혀낸다.

저작권선진화포럼(2015)은 사적복제 보상금제도 도입의 경제적 효과를 연구한다. 해외 주요국의 사적복제 조상금제도 도입 사례를 살펴보고, 우리나라에서 제도 도입 시 적용 가능한 몇 가지 시나리오를 제시하고 각 요율체계별로 사적복제 보상금의 규모를 시뮬레이션 한 다음 경제적 파급효과를 분석한다.

진패영(2015)은 저작물의 사적복제와 복제보상금제도에 관하여 논하면서, 과학기술진전으로 인한 불가피한 사적복제의 공정한 이용에 대한 제도적 대안을 제시한다.

이규호(2017)는 독일을 비롯한 유럽과 미국을 중심으로 해외 사적복제보상금 제도 운용 사례를 조사, 연구한다. 저자는 우리나라의 경우에는 미국식 접근방식보다는 유럽식 접근방식이 더 효과적이며, 보상금 요율은 국가 주도로 문화체육관광부가 매년 고시하는 기준에 따르는 것이 타당하다고 본다. 본 연구는 현재 시점에서 사적복제보상금 제도에 대한 구체적인 사례를 축적한 것으로, 향후 입법 시에 사용할 귀중한 연구자료로 활용될 것으로 기대된다.

박영규(2018)는 사적복제보상금 제도 도입의 타당성을 연구한다. 사적복제에 대한 이론과 쟁점, 외국의 입법례를 살펴본 후, 사적복제보상금 제도의 타당성을 검토한다. 저자는 현재까지는 사적복제보상금 제도를 국내에 도입하기 위해 거쳐야 할 단계가 남아 있으므로 국내 도입을 결정하기에는 시기적으로 이른 것으로 보인다고 결론을 내린다. 방대한 연구 결과에도 불구하고 정부 발주에 의한 연구가 갖는 한계를 드러낸 것으로 평가되며, 출판학계 중심의 연구가 절실히 요구된다.

이홍용·김영석(2015)은 공공대출보상권 제도를 심층적으로 분석한다. 저자는 우선 '공공대출권'이라는 용어 대신에 실제 의미로 볼 때 '공공대출보상권'이라는 용어를 사용해야 한다고 주장하여 눈길을 끈다. 최준란(2017)도 저작자 보호와 출판업계 보호 차원에서 '공공대출권' 제도의 필요성을 주장한다.

김유진·한응세·나형준(2013)은 저작권법상 출판자의 권리보호를 위한 입법정책적 방향을 논한다. 저자는 출판자의 권리보호 방안으로 저작권법상 출판과 관련된 정의 규정을 신설하고, 출판자를 저작인접권자에 포함하며, 제호권을 신설할 것을 주장한다. 판면권이라는 새로운 권리를 신설하는 것보다는 기존의 저작인접권자에 출판자를 포함하여 출판자에게 복제권, 배포권, 대여권 및 전송권 등을 인정하되, 출판자의 저작인접권의 보호기간은 10년으로 정하는 것이 적당하다고 밝힌다.

6) 출판 저작권에 관한 단행본

저작권법 개론서를 비롯하여 저작권에 관한 단행본은 대부분 저작권 전체를 망라하여 다루고 있으며, 출판 분야 저작권에 집중하여 소개한 단행본은 그다지 많지 않다.

앞서 서술한 바와 같이 한승헌(1987)의 『저작권의 국제적 보호와 출판』을 출판 분야 저작권에 대한 최초의 단행본으로 볼 수 있다.

김기태(1994)는 『출판저작권 현장연구』에서 출판 현장에서 제기되는 저작권에 관한 문제를 50가지 항목으로 나누어 서술한다.

신각철(1998)의 『출판·저작권 사례 100선』은 제1부 저작권 관련법 기초편에 이어 제2부 저작권 문답자료에서 모두 98건의 출판 저작권에 관한 상담사례를 문답식으로 제시한다. 이는 대한출판문화협회에서 운영해 온 출판 저작권 상담실에서 이루어진 저작권 상담을 집대성한 사례집이라는 점에서 출판인들에게 구체적이고 실질적인 도움을 준 것으로 평가된다. 신각철(2002)의 『최신 출판 저작권 판례 상담 사례집』은 출판 관련 중요 판례를 발췌하여 해설과 함께 수록한 점이 주목할 만하다.

그 후 출판 분야 저작권에 관하여 아래의 단행본들이 출판되었다.

김기태(2008a).『저작권: 편집자를 위한 저작권 지식』, 살림.

이영록(2009).『출판과 저작권』, 문화체육관광부·한국저작권위원회.

김기태(2013b).『출판 저작권』, 커뮤니케이션북스.

이승훈(2016).『편집자·작가를 위한 출판저작권 첫걸음』, 도서출판 북스페이스.

하병현·윤용근(2017).『출판과 저작권』, 북스데이: 랭컴.

3. 도서관법과 독서문화진흥법 연구

출판과 관련된 주요한 법으로는 앞서 살펴본 「저작권법」과 별도로 다루게 될 「출판문화산업진흥법」 외에 「도서관법」과 「독서문화진흥법」이 있다. 1963년에 처음 제정된 「도서관법」은, 1991년에 「도서관진흥법」으로 바뀌고, 1994년에 「도서관및독서진흥법」으로 바뀌었다가, 2007년에 다시 「도서관법」과 「독서문화진흥법」으로 분리되어 오늘에 이르고 있다. '납본'과 '국제표준자료번호(ISBN)'도 도서관법에 규정된 제도이므로 여기에서 함께 다룬다.

1) 도서관법에 관한 연구

한성택(2002)은 1963년 10월 28일 최초로 제정된 「도서관법」과 1987년도 「개정도서관법」, 1991년도 「도서관진흥법」, 1994년도 「도서관 및 독서진흥법」과 동 시행령 등에 대하여 각각 그 제정 또는 개정 과정과 배경, 주요골자를 상세히 설명하고 제정 내지 개정 과정에서 문제되었던 내용들을 다루고, 선·후 법률간의 주요 내용을 비교·분석·검토하여 문제점 및 개선 내용을 제시한다.

손현(2013)은 도서관 정책 패러다임의 변화에 맞추어 도서관법령 개정 이슈를 도출하고 개정 방안을 연구한다. 저자는 도서관 기준을 핵심 쟁점 및 개정 이슈로 삼는다.

2) 납본에 관한 연구

박조원·이재진·이승선(2008)은 「출판문화산업진흥법」 제10조에 따른 간행물 제출과 관련하여 간행물 납본 제도 개선 방안을 연구한다. 오선영(2012)은 출판사의 납본 인식을 통한 납본 제도 개선방안을 연구하면서, 납본기관, 납본의무자, 납본대상자료, 납본부수, 납본기한, 납본보상금, 납본과태료의 7가지 항목으로 구분하여 국외의 납본사례를 비교·분석하고, 납본 활성화 방안을 납본 촉진 요소와 개선방안으로 나누어 상세히 제안한 점이 돋보인다.

3) 국제표준자료번호에 관한 연구

우리나라에서는 1990년부터 국제표준자료번호(ISBN/ISSN) 제도를 도입하여 운영하고 있다.

현규엽·이두영·최건수(1998)는 한국문헌번호제도의 발전방안에 관하여 연구하고, 부가기호를 가격표시로 사용하는 대안의 제시, ISBN 관리 업무의 이관 문제, 전산 SYSTEM 문제와 발전방안, 발행자번호의 재조정 등을 제시하여 주목을 끈다.

김종수(2009)는 한국의 국제표준도서번호 활용 현황과 발전방향을 연구한다. 저자는 한국도서번호 부가기호의 문제점 개선 방안, 국내 ISBN 관리 업무 이관 문제와 함께 한국도서번호를 활용한 시스템 활성화 방향을 구체적으로 제시한다.

김미해(2002)는 국제표준자료번호(ISBN/ISSN)의 활용도 제고 방안을 연구한다.

4) 독서문화진흥법에 관한 연구

김수갑(2015)은 독서문화진흥법에 대한 사후적 입법평가를 한다. 독서문화진흥법의 입법배경 및 입법목적, 총칙 규정, 독서 문화 진흥 기본 계획 등 수립 조항, 독서 진흥 조항, 보칙장에 대한 규범분석을 토대로 법률 개정 논의동향을 분석하고 입법대안을 제시한다.

4. 출판윤리 연구

출판윤리가 문제되는 영역은 기획·저작·생산 단계에서는 주로 표절, 유해 간행물, 불법적인 표지갈이 등이고, 유통 단계에서는 책 사재기와 도서정가제 위반이다. 여기서는 별도로 소개될 표절과 도서정가제를 제외하고 나머지 부분에서의 출판 연구를 살펴본다.

1) 일반적인 출판윤리에 관한 연구

전영표(2003)는 출판·잡지윤리강령과 실천요강의 재구축을 논한다. 저자는 출판·잡지계 실상과 청소년 유해출판물 실태, 미국과 일본의 언론·출판윤리강령을 살펴보고 '출판·잡지간행물 윤리강령'의 재구축 필요성을 논하며, 가칭 '출판잡지윤리협의회'의 구성을 제언한다. 이 밖에 출판법제와 윤리를 논한 팽원순(1992), 고덕환(1992)도 주목할 만하다.

출판윤리와 관련하여 간행물 심의를 맡은 법정 기구는 간행물윤리위원회이다. 부길만(2004)은 1970년대부터 1990년대까지 간행물 윤리위원회의 활동을 역사적으로 고찰하고 발전방향을 제언한다.

한지영(2016)은 원저작자와 저작자 아닌 자, 그리고 출판사 직원과의 3자 합의하에 대학전공서적에 저작자 아닌 자가 저작자 중의 한 명으로 실명이 표시된 일명 '표지갈이' 사건의 1심 판결에 대해서 부정발행죄 적용 범위를 고찰한다. 조형찬(2018)은 이 '표지갈이' 사건의 후속 판결을 포함하여 저작권법상 부정공표죄에 의한 '표지갈이'의 형사제재 가능성을 연구한다.

김병준(1999)은 한국의 청소년 독서와 도서 출판이 처해 있는 환경과 문제를 점검하고 청소년 독서의 개선 방안을 논하면서, 청소년 유해 매체에 대한 사회적 규제가 제도화되고 일관성 있게 지속되어야 한다는 점을 강조한다.

이 밖에 문화체육부(1994)는 음란출판물 규제를 중심으로 외국의 출판법제를 소개하고, 한국간행물윤리위원회(1996)는 청소년 유해 전자출판물 접촉실태 및 개선방안을 고찰한다.

2) 책 사재기에 관한 연구

최성일(2006)은 당시의 '사재기' 논란을 논하면서 사재기의 역사를 파헤친다.

한국출판학회는 2007년 7월 6일 '한국 출판의 허와 실-베스트셀러의 진실과 부정유통'이라는 주제로 열린 제1차 출판정책 라운드테이블에서 '책 사재기'의 문제를 본격적으로 다룬다. 이 자리에서 주제발표를 한 한기호(2007)는 사재기의 다양한 실태와 구조적 문제를 논하고, 시급히 이루어져야 할 변화들을 밝힌다.

한미화(2008)는 사재기의 경과와 출판계의 대책을 약술하고, 사재기 문제를 근본적으로 해결하기 위해서는 일부 서점의 매출 집중화에 따른 폐혜와 출판 다양성 확보라는 근원적인 문제가 먼저 해결되어야 한다고 강조한다.

백원근(2008)은 문화체육관광부의 의뢰로 출판시장 사재기 실태 및 개선방안 연구를 수행한다. 저자는 사재기 행위의 경과, 사재기 영업행위의 원인, 사재기 베스트셀러의 문제점, 사재기 근절대책의 방향을 논한 후, 출판사의 사재기 인식에 대한 설문조사를 분석하고, 국내 대형서점의 베스트셀러 집계와 선진국의 베스트셀러 집계 현황을 비교한다. 그리고 사재기의 개념, 사재기 행위의 유형과 판단 기준과 함께 공정한 베스트셀러 집계 원칙의 작성·적용 등 사재기 행위 근절방안을 제시한 점에서, 출판계의 현안 문제를 해결하는 실사구시적인 출판 연구의 대표적 사례로 평가할 수 있다.

5. 맺음말

1) 출판 저작권 연구의 특징

앞에서 살펴본 출판 저작권 관련 연구의 역사적 특징은 크게 다음 네 가지로 정리할 수 있다.

첫째, 저작권 법제의 변화에 따라 출판 저작권에 대한 연구의 양이 늘어나고 연구의 범위가 지속적으로 확대되었다는 점이다.

1986년 저작권법의 전면 개정과 국제 저작권 조약 가입을 계기로 출판계에서 저작권에 대한 관심이 높아지고, 출판학계에서도 저작권에 관한 연구가 활발해진다. 그 후, WTO와 베른협약 가입에 따른 저작재산권의 보호범위 확대와 소급보호, 저작권 보호기간의 연장과 배타적발행권 제도의 도입 등과 같은 법제도의 변화에 따라 저작권 연구의 범위가 확대되었다.

둘째, 출판산업에서 새로운 매체의 등장 및 기술적 변화와 관련된 저작권 연구가 활발해졌다는 점이다.

1990년대에 출판계에 전자출판이 등장하면서 전자출판과 관련된 저작권 문제에 관한 연구가 시작되었고, 2000년대 말 전자책이 출판계 최고의 관심사로 떠오르면서 전자책에 대한 연구가 활발해지고 이와 관련된 저작권 이슈에 대한 연구도 활발해졌다.

셋째, 한류를 계기로 활성화된 저작권 수출입과 관련된 저작권 이슈에 대해서도 지속적으로 다양한 연구가 전개되었다는 점이다.

1990년대 말부터 일기 시작한 한국 대중문화의 열풍인 한류의 영향으로 출판 저작권 수출이 활성화되면서, 저작권 수출과 관련된 연구가 활발히 전개된다. 2000년대 들어 중국과의 출판 교류가 더욱 활발해지는 가운데, 도서의 직접적인 수출입과 함께 저작권 수출입이 늘어나면서, 출판 저작권 수출과 관련하여 인세의 누락, 불법복제 등 저작권 이슈에 대해서도 지속적으로 다양한 연구가 전개되었다.

넷째, 출판계 밖에서 출판 저작권에 대한 연구가 증가되었다는 점이다.

초기에는 출판계 내부에서 출판 저작권에 관한 연구를 주도하였으나, 차츰 저작권법 학계와 저작권 전문 연구기관에서도 출판 저작권에 대한 연구를 활발히 전개하였다.

2) 출판 저작권 연구의 과제

초기에 비해 출판 저작권에 대한 연구의 양이 늘어나고 연구의 범위가 지속적으로 확대된 것은 고무적인 일이지만, 출판업계 전체의 시각으로 보면 몇 가지 측면에서 한계를 드러낸 점은 아쉬운 대목이다. 이러한 한계를 극복하는 것이 앞으로 출판 저작권 연구의 과제가 아닐까 한다.

첫째, 출판업계의 공통 요구를 뒷받침하는 연구가 시의적절하게 이루어져야 한다. 한 예로 출판계에서 오랫동안 출판자의 권익을 보장받기 위하여 선진국에서 이미 도입하고 있는 판면권 제도, 사적복제보상금제도, 대여권과 공공대출권 제도 등의 도입을 요구해 왔다. 이를 이론적으로 뒷받침할 연구가 시급한 상황이었지만, 이에 대한 깊이 있는 연구가 제때에 이루어지지 않아, 제도 도입의 동력을 얻지 못하고 있다. 산학협동의 차원에서 이 과제를 집중적이고도 지속적으로 연구하여 제때에 이론적 논거를 제시할 필요가 있다고 생각된다.

둘째, 출판 저작권 분야에서의 기초적이고 실증적인 연구가 우선되어야 한다. 예를 들어 출판 계약은 출판 저작권법이 실제로 적용되는 중요한 연구 영역이다. 또한 저작권법 개정 논의 과정에서 출판계에서 새로운 제도의 도입을 요구할 때마다. 정부나 저작권법 학계 일부에서는 출판계약의 현황에 대한 조사 작업이 선행되어야 한다고 주장하였지만, 오래도록 출판계에서 자체적으로 이러한 조사 연구를 진행하지 못하였다. 출판문화산업진흥원에서 매년 실시하는 출판산업 실태조사와 같이, 출판계약에 대한 실태조사를 정기적으로 실시할 필요가 있고, 이를 전제로 출판계약에 대한 심도 있고 다양한 연구를 진행할 필요가 있다고 판단된다.

셋째, 출판계 내부에서의 공동연구와 출판계와 저작권법 학계와의 학제 간 연구가 활성화되어야 한다. 출판 연구자들이 늘어나고 있지만 출판계 내부에서 출판 분야 저작권을 지속적으로 연구하는 연구자는 그 수도 빈약하고 전반적인 연구 역량도 충분하지 않다고 생각된다. 출판 저작권 분야에서 중요하고 시급한 과제를 선별하여 어떤 과제는 출판계 내부의 공동 연구로 진행하고, 좀더 전문적인 것은 저작권법 학계와 공동으로 학제간 연구를 진행할 필요가 있다. 물론 이를 위해서는 출판단체의 자구적인 재원 마련과 함께 정부의 적극적인 지원이 뒷받침되어야 할 것이다.

넷째, 궁극적으로 입법론적 대안을 선도하는 연구로 발전되어야 한다. 출판 저작권과 관련된 기초적이고 실증적인 연구를 기반으로 출판계의 공통적인 제도 개선 요구나 새로운 제도 도입 요구를 수렴하면, 상당한 부분은 입법적으로 해결해야 하는 경우가 많다. 따라서 대안을 마련할 때에는 이와 관련하여 저작권법 개정안을 함께 제시할 필요가 있다.

■ 참고 문헌

강희일·최경수(1999). 도서 불법 복사·복제 실태와 근절 대책, 한국출판연구소.

강희일·최성균(2002). 도서 불법 복사·복제 실태와 근절 대책(2002). 문화관광부.

계승균(2012). 저작권법의 배타적발행권에 관한 소견, 『계간 저작권』 2012년 여름호, 한국저작권위원회.

고덕환(1992). 출판제도와 윤리에 대한 고찰, 『출판연구』 제4호, 한국출판연구소.

권호·권호순(2016). 저작권법에 관한 국가 간 비교 연구, 『한국출판학연구』 제42권 제1호, 한국출판학회.

권호순(2005). 중국 출판 산업에 관한 연구 : 출판 현황 및 저작권을 중심으로, 건국대학교 언론홍보대학원 석사학위논문.

김고은(2015). 전자책 DRM Free를 위한 탐색적 연구, 경기대학교 일반대학원 석사학위논문.

김규희(2006). 신문사 뉴스저작물에 관한 기자들의 저작권 인식 연구 : 저작권 귀속 문제를 중심으로, 동국대학교 석사학위논문.

김기태(1995a). 도서의 대여권에 관한 고찰, 『출판연구』 제7호. 한국출판연구소.

김기태(1995b). 출판권 행사에 따르는 새로운 문제에 관한 고찰, 『출판학연구』, 통권 제37호, 한국출판학회.

김기태(1998). 광고의 저작물성과 저작권 침해요소에 관한 연구, 『한국출판학연구』, 통권 제40호, 한국출판학회.

김기태(2000). 뉴미디어의 기술진전과 저작권 보호에 관한 연구, 경희대학교 대학원 박사학위논문.

김기태(2006). 저작권 상담사례 연구―대한출판문화협회 저작권상담실 상담사례를 중심으로, 『한국출판학연구』, 통권 제51호, 한국출판학회.

김기태(2007). 학술저작물 유통과 저작권 보호에 관한 연구, 『한국출판학연구』, 통권 제52호, 한국출판학회.

김기태(2008a). 『저작권 : 편집자를 위한 저작권 지식』, 살림.

김기태(2008b). 형식주의적 논문쓰기의 문제점과 올바른 인용 방식에 관한 연구, 『한국출판학연구』, 통권 제54호, 한국출판학회.

김기태(2009). 공유저작물의 상표권 주장에 관한 고찰 : 도서 어린왕자 사례를 중심으로, 『한국출판학연구』, 통권 제56호, 한국출판학회.

김기태(2010). 저작권법상 출판권 관련조항의 실무적 한계와 개선방안, 계간 『저작권』, 2010년 겨울호, 한국저작권위원회.

김기태(2011). 일본 근대 저작권 사상이 한국 저작권 법제에 미친 영향 : 출판권을 중심으로, 『한국출판학연구』, 통권 제60호, 한국출판학회.

김기태(2012). 디지털미디어 시대의 출판과 저작권, 한국전자출판학회 「학술대회논문집」, 2012년 제5호, 한국전자출판학회.

김기태(2013a). 종이책과 비종이책에 관한 법제 개선방안 연구, 「한국출판학연구」, 통권 제64호, 한국
　　　출판학회.

김기태(2013b). 『출판 저작권』, 커뮤니케이션북스.

김기태(2014). 교과용도서에 관한 법제 개선방안 연구: 학습참고서 및 저작권법을 중심으로, 『한국출
　　　판학연구』, 통권 제67호, 한국출판학회.

김기태(2017). 출판산업 진흥을 위한 법제 개선방안 연구: 출판의 재개념화를 중심으로, 『한국출판학
　　　연구』, 통권 제80호, 한국출판학회.

김기태·권세윤·김재윤(1995). 「전국도서무단복사실태조사」, 한국출판연구소.

김동혁(2006). 「출판물의 불법복제와 저작권 인식에 관한 연구: 대학생 사례를 중심으로」, 경희대학교
　　　언론정보대학원 석사학위논문.

김두응(1986). 「세계저작권조약 가입시 국내출판업계의 대응전략에 관한 연구」, 한양대학교 경영대학
　　　원 석사학위논문.

김라경(1996). 「한국의 국제 저작권협약 가입과 번역출판에 관한 연구」: UCC가입에 따른 번역출판의
　　　현상 및 대응방안을 중심으로, 경희대학교 언론정보대학원 석사학위논문.

김문환(1991). 「저작권법상의 대여권에 관한 연구」, 문화부.

김미정(2002). 「저작권 제한사유로서의 패러디에 관한 고찰」, 동국대학교 정보산업대학원 석사학위논문.

김미해(2002). 「국제표준자료번호(ISBN/ISSN)의 활용도 제고 방안 연구」, 중앙대학교 석사학위논문.

김병일(2008). 「어문저작물 전송사용료에 관한 연구」, 문화체육관광부.

김병일(2011). 학교교육에의 저작물 이용과 저작권 제한. 『창작과 권리』, 통권 제62호.

김병준(1999). 한국에서의 청소년 도서 개발과 출판 윤리. 『한국출판학연구』, 통권 제41호.

김선재(2005). 「디지털 시대의 사진저작권 침해에 관한 연구」, 상명대학교 예술디자인대학원 석사학위
　　　논문.

김성재(1989). 저작권법상의 출판 실상과 출판권 확립, 계간 『저작권』, 1989년 봄호.

김성환(2006). 「사진저작권 침해와 그 방지대책」, 건국대학교 대학원 석사학위논문.

김수갑(2015). 「독서문화진흥법에 대한 사후적 입법평가」, 한국법제연구원.

김영희(2008). 「문화콘텐츠산업 저작권 실무자의 전문자격제도 도입에 관한 연구」, 서강대학교 언론대
　　　학원 석사학위논문.

김유진·한웅세·나형준(2013). 저작권법상 출판자의 권리보호를 위한 입법정책적 방향연구 *JEONBUK
　　　LAW JOURNAL*, 제3권 제1호, 전북대학교 법학전문대학원 학술지 편집위원회.

김윤화(2002). 「저작권 보호에 따른 출판사와 저자의 대립 유형 및 개선 방안 연구」, 경희대학교 언론정
　　　보대학원 석사학위논문.

김정숙(1994). 전자출판의 발전에 따르는 기초환경의 문제점-저작권법과 표준코드 환경의 문제를 중심
　　　으로. 『한국출판학연구』, 통권 제36호.

김정욱(1996). 「정보사회에서의 저작권 수용에 관한 연구」, 중앙대학교 신문방송대학원 석사학위논문.

김정현(1997). 「대학도서관에서의 학술잡지 전자출판시스템 구축 방안에 관한 연구」, 이화여자대학교 대학원 석사학위논문.

김종수(2009). 「한국의 국제표준도서번호(ISBN) 활용 현황과 발전방향에 관한 연구」, 동국대학교 언론 정보대학원 석사학위논문.

김진두(2005). 한류와 출판저작권 수출 방안에 대한 연구. 『동서언론』, 제9집.

김진두(2007). 중국 출판 산업 변화와 도서 수출 방안 연구. 『한국출판학연구』, 통권 제53호.

김진두(2009). 한국과 중국의 출판저작권 무역 분석에 대한 연구. 『한국출판학연구』, 통권 제56호.

김진두·김창옥(2005). 한류를 이용한 도서의 수출 방안에 대한 연구. 『한국출판학연구』, 통권 제49호.

김평수(2010). 「문화공공성과 저작권: 저작권강화의 정당성에 대한 비판적 연구」, 한국외국어대학교 대학원 박사학위논문.

김현철(1996). 「WTO체제하의 지적재산권: 저작권 보호를 중심으로」, 연세대학교 석사학위논문.

남미령(1993). 「출판저작권의 침해와 구제에 관한 사례 연구」, 동국대학교 석사학위논문.

남석순(2008). 1910년대 신소설의 저작권 연구-저작권의 혼란과 매매 관행의 원인을 중심으로, 『동양 학』, 제43집.

남윤중(2002). 「사진저작물의 저작권에 관한 연구: 집중관리제도의 활용방안을 중심으로」, 동국대학 교 언론정보대학원 석사학위논문.

남형두(2009). 표절과 저작권침해: 저작권 측면에서 본 표절에 관한 학제적 연구의 기초. 『창작과 권 리』, 통권 제54호.

노양환(1988). 세계 저작권 협약 가입 1년과 출판계. 계간 『저작권』, 1988년 겨울호.

노현숙(2015). 판면권의 보호에 관한 연구. 『계간 저작권』, 2015년 가을호.

문현숙(1991). 「UR 지적소유권 협상과 국내 출판계의 대응방안 연구: 해외 저작물의 저작권 이용 측면 을 중심으로」, 중앙대학교 석사학위논문.

문화체육부·한국출판금고(1994). 외국의 출판법제: 음란출판물 규제를 중심으로, 문화체육부.

미야타노보루(1987). 일본에 있어서 해외저작권의 변천과 그 대응. 『한국출판학연구』, 통권 제29호.

민병덕(1987). 저작권중개업무와 편집자의 역할. 『한국출판학연구』, 통권 제29호.

박경철(2006). 만화 비즈니스 가이드북 표준 계약서 연구. 『만화애니메이션연구』, 통권 제10호.

박귀련(2009). 출판산업과 저작권 (2) 출판권과 출판계약. 『지적재산권』. 제34호.

박몽구(2010). 2000년대 한·중 출판 저작권 교류 연구. 『출판잡지연구』, 제18권 제1호.

박상미(2001). 「남북한 출판물 교류를 위한 저작권 상호 보호 방안 연구」, 동국대학교 언론정보대학원 석사학위논문.

박성호(1992). 설정출판권과 출판계약. 『계간 저작권』, 1992년 가을호.

박성호(2010). 전자출판의 법적 의미와 그 한계. 『정보법학』, 제14권 제2호.

박영규(2008). 구글 도서검색서비스의 저작권법적 문제. *Law & technology*, 제4권 제1호.

박영규(2018). 「사적복제보상금 제도 도입의 타당성 연구」, 문화체육관광부.

박영길(2009). 「수업목적 저작물 이용 보상 기준에 관한 연구보고서」, 문화체육관광부.

박영신(2015). 「출판저작권의 침해 양상 및 특징에 관한 연구: 판례 분석을 중심으로」, 경기대학교 일반대학원 석사학위논문.

박원경(1989a). 「국제 출판저작권 협약과 한국의 대응정책에 관한 연구: NICS의 대응정책을 중심으로」, 중앙대학교 신문방송대학원 석사학위논문.

박원경(1989b). 새로운 국제 출판관련 저작권의 동향과 대응방안. 『한국출판학연구』, 통권 제31호.

박익순(2009). 「출판자의 권리 보호를 위한 표준 출판 계약서에 관한 연구」, 동국대학교 언론정보대학원 석사학위논문.

박익순(2018). 수업목적보상금제도의 문제점과 저작권법 개정. 『출판문화』, 2018년 5월호.

박재영(1994). 「사진저작물의 저작권에 관한 연구: 한국의 광고사진계 실태조사를 중심으로」, 중앙대학교 대학원 석사학위논문.

박정욱(2002). 「출판저작권 수출 진흥 방안에 대한 연구」, 중앙대학교 신문방송대학원 석사학위논문.

박조원·이재진·이승선(2008). 간행물 납본제도 개선방안 연구: 출판문화산업 진흥법제10조에 따른 간행물 제출 관련, 한국문화관광연구원.

박찬수(2017). 「출판콘텐츠 해외진출을 위한 지원정책 연구」, 한국외국어대학교 대학원 박사학위논문.

박혜진(2001). 「인터넷 환경변화에 따른 디지털 콘텐츠 저작권에 관한 연구」, 중앙대학교 신문방송대학원 석사학위논문.

백성호(1990). 「출판권에 관한 연구」, 경희대학교 대학원 석사학위논문.

백원근(2008). 「출판시장 사재기 실태 및 개선방안 연구」, 문화체육관광부.

부길만(2004). 한국간행물 윤리위원회의 활동에 관한 사적 고찰. 『출판잡지연구』, 제12권 제1호.

성대훈(2010). 전자책 산업의 저작권 쟁점 사항과 해결에 관한 연구. 『계간 저작권』, 2010년 봄호.

세명대학교 산학협력단(2014). 「출판분야 표준계약서 제정 및 해설집 제작 조사연구」, 한국출판문화산업진흥원.

손경한(2004). 「도서 및 영상저작물등에 대한 대여권 부여에 관한 연구: 도서 및 영상저작물의 대여권 제도 확대에 관한 논의」, 문화관광부.

손수호(2004). 「미술저작권 이용에 관한 연구」, 경희대학교 언론정보대학원 석사학위논문.

손수호(2006). 디지털 환경과 저작권 패러다임의 변화에 관한 연구 – 레식의 카피레프트 이론을 중심으로. 『한국출판학연구』, 통권 제51호.

손정달(2014). 「어문저작물 저작권 집중관리 규율체제의 개선 및 활성화 방안」, 인하대학교 대학원 박사학위논문.

손현(2013). 「도서관법령 개정방안 연구」, 문화체육관광부.

송광헌(2014). 「텔레마틱사회의 전자책 저작권 침해 보호방안에 대한 인식연구: 전자출판 관계자 및 전자책 이용자들과의 FGI를 중심으로」, 중앙대학교 신문방송대학원 석사학위논문.

송보나(2013). 「방송작가들의 저작권 인식에 관한 연구: 한국방송작가협회 회원을 중심으로」, 경희대학교 언론정보대학원 석사학위논문.

송재학(2007). 「도서관에서 저작물 이용과 저작권에 관한 연구: 도서관보상금 제도를 중심으로」, 경희대학교 국제법무대학원 석사학위논문.

신각철(1998). 「출판·저작권 사례 100」, 대한출판문화협회.

신각철(2002). 「최신 출판 저작권 판례 상담 사례집」, 영재교육사.

신예영(2011). 「국내 출판 저작권의 해외 수출 방안 연구: 해외 저작권 수출 담당자의 심층 인터뷰를 중심으로」, 중앙대학교 신문방송대학원 석사학위논문.

신종락(2008). 한국과 독일 출판물 소개와 저작권 교역. 『독일어문학』, 제16권 제3호.

신지수(2008). 「출판만화의 온라인상에서의 저작권 보호에 관한 고찰」, 한국외국어대학교 대학원 석사학위논문.

안준모(2005). 「국제도서전을 통한 저작권 수출 증대에 관한 연구: 중국어권 국가의 국제도서전을 중심으로」, 중앙대학교 국제경영대학원 석사학위논문.

안춘근(1981). 저작권 침해 논란 사례. 『출판학논총』, 통권 제23.

안효질(2000). e-book과 저작권. 『계간 저작권』, 2000년 겨울호.

안효질(2012). 「배타적발행권에 관한 연구」, 한국저작권위원회.

양용철(2001). 「판례로 보는 초상권의 연구」, 중앙대학교 신문방송대학원 석사학위논문.

오나선(2015). 「저작권법상 전자출판에 관한 연구: 배타적발행권을 중심으로」, 경희대학교 법무대학원 석사학위논문.

오선영(2012). 「출판사의 납본 인식을 통한 납본제도 개선방안에 대한 연구」, 이화여자대학교 대학원 석사학위논문.

오세진(2010). 「e-러닝(e-Learning)의 저작권 관련 쟁점 연구」, 한양대학교 언론정보대학원 석사학위논문.

원혜진(2013). 「캐릭터 저작물의 저작권 보호에 관한 연구: 판례 분석을 중심으로」, 경희대학교 언론정보대학원 석사학위논문.

윤경(2006). 만화저작물에 대한 출판권침해요건과 그 동일성 판단방법. 『계간 저작권』, 2006년 봄호.

이건웅(2009). 중국 출판저작물의 국내 수용 및 저작권의 실태. 『수행인문학』, 제39권 제1호.

이건웅(2010). 중국 출판콘텐츠의 국내 수용 및 문제점에 관한 연구: 인문, 소설분야를 중심(2005~2010년)으로. 『한국출판학연구』, 통권 제59호.

이건웅(2013). 「한중 출판콘텐츠 교류 활성화 방안 연구」, 한국외국어대학교 대학원 박사학위논문.

이규호(2011). 저작권의 배타적 이용허락제도에 관한 연구. 『계간 저작권』 2011년 봄호.

이규호(2017).「해외 사적복제보상금제도 운용사례 연구」, 한국저작권단체연합회.

이대희(2009a). 구글 도서검색과 인터넷상 도서이용의 과제.『정보법학』, 제13권 제3호.

이대희(2009b).「복사사용료 분배 방안에 관한 연구」, 한국복사전송권협회.

이대희(2010). 전자출판 및 디지털도서관 실현 방안.『계간 저작권』, 2010년 봄호.

이대희(2011).「출판 판면권 제도 도입을 위한 연구」, 대한출판문화협회.

이대희·안효질(2002).「전자교과서 개발에 따른 저작권법상의 문제점 해결방안에 관한 연구」, 한국교
　　과서연구재단.

이두영(1987). 출판과 저작권법.『사법행정』, 제28권 제6호.

이두영(1988). 판면에 관한 출판자의 권리.『계간 저작권』, 1988년 겨울호.

이두영(1989). 현행 저작권법 및 제도의 문제점과 개선방안 : 현행 저작권법 및 제도상의 문제점과 대
　　책 - 출판자의 입장에서. 계간『저작권』, 1989년 가을호.

이두영(1990). 복사기기의 발달과 저작권 보호. 계간『저작권』, 1990년 겨울호.

이두영(1992). 출판물의 사진복사와 복제권관리기구의 동향. 계간『저작권』, 1992년 봄호.

이두영(1995). 전자출판 출현과 무한경쟁 ; 한국현대출판50년의 궤적과 평가.『관훈저널』, 통권 제59호.

이문학(2015). 인용과 표절에 대한 법적 해석 연구.『한국출판학연구』, 통권 제71호.

이미순(2005).「디지털 미디어 시대의 출판의 본질에 관한 연구 : 출판 환경의 변화와 대응방안을 중심
　　으로」, 경희대학교 언론정보대학원 석사학위논문.

이성호(2008). 출판계약의 유형과 실제.『법조』, 제57권 제1호.

이승훈(2016). 편집자·작가를 위한 출판저작권 첫걸음, 도서출판 북스페이스.

이영록(2009).「출판과 저작권」, 문화체육관광부·한국저작권위원회.

이영희(2011).「2차적저작물의 저작권 침해에 관한 연구 : 2차적저작물 구분에 관한 판례를 중심으로」,
　　경희대학교 언론정보대학원 석사학위논문.

이영희·고세훈(2011). 사용자 저작권 보호를 위한 SNS 이용약관 개선방안에 관한 연구.『한국출판학
　　연구』, 통권 제61호.

이용준(2008). 출판·잡지콘텐츠의 본문검색에 대한 연구.『한국출판학연구』, 통권 제55호.

이용준(2009).「도서 본문검색 서비스 실태 및 개선방안 연구」, 한국출판연구소.

이은국(1997).「출판환경변화에 따른 출판계 대응방안 연구 : 출판시장 개방을 중심으로」, 경희대학교
　　언론정보대학원 석사학위논문.

이은국·한주리(2003). 도서와 출판저작권 수출 활성화 방안에 관한 연구.『한국출판학연구』, 통권 제
　　45호.

이인(2015).「교육출판물의 저작권 관련 분쟁에 관한 연구」, 경기대학교 일반대학원 석사학위논문.

이정교(2007). 한국 출판저작권 수출현황과 문제점 : 중국어권 국가를 중심으로.『한국민족문화』, 제
　　29집, 부산대학교 한국민족문화연구소.

이정상(1990). 「국제 저작권 조약 가입과 국내 출판의 현황 연구」, 한양대학교 석사학위논문.

이주연(2014). 「디지털 미디어 콘텐츠의 저작권 침해 실태와 공정이용 방안 연구: 디지털 뉴스저작물 침해 사례 분석을 중심으로」, 중앙대학교 신문방송대학원 석사학위논문.

이중한(1987). 저작권중개업의 현황과 전망. 『한국출판학연구』, 통권 제29호.

이중한(1992). 복제보상금 제도 실시 방안. 『문화예술 논총』, 제4집.

이중한(1999). 멀티미디어 시대 출판저작권의 입지. 계간 『저작권』, 1999년 봄호.

이지영(2009). 「한미 FTA 협상 체결로 인한 저작권 보호기간 연장에 따른 경제적 파급효과 분석: 출판산업을 중심으로」, 서강대학교 경제대학원 석사학위논문.

이철남(2016). 작가계약의 주요 쟁점에 관한 연구. 계간 『저작권』, 2016년 여름호.

이형주(2006). 저작권법상 대여권 개정 논의. 『Law & technology』, 제2권 제3호.

이호흥(2004). 저작권 모델 계약서 I: 출판권 설정 계약서, 저작권심의조정위원회.

이호흥(2008). 사적복제보상금 제도: 디지털 환경에서의 주요 내용과 쟁점. 『비교법연구』, 제8권 제2호.

이효상(2018). 「초·중등 교과 저작권 교육에 대한 교사들의 인식 연구: Q 방법론적 접근」, 경희대학교 언론정보대학원 석사학위논문.

이흥용(2009). 「뉴미디어 환경에서의 정보공유 방안 연구」, 중앙대학교 신문방송대학원 석사학위논문.

이흥용·김영석(2015). 공공대출보상권 제도의 운영에 관한 연구. 『한국도서관·정보학회지』, 제46권 제4호.

이희수(2013). 「1인 미디어 이용자들의 디지털 콘텐츠 저작권 인식에 관한 연구」, 경희대학교 언론정보대학원 석사학위논문.

장인행(2001). 「단행본 출판계약에 관한 실태 연구: 저작권 사용료 산정과 지불을 중심으로」, 서강대학교 언론대학원 석사학위논문.

저작권선진화포럼(2015). 사적복제보상금제도 도입의 경제적 효과, 저작권선진화포럼.

저작권심의조정위원회(1990). 표준출판계약서 작성과 그 해설, 저작권심의조정위원회.

전민철(1998). 「전자출판물의 저작권법상 문제에 관한 연구: 우리나라 전자 출판물 복제에 따른 문제점과 대응방안을 중심으로」, 동국대학교 정보산업대학원 석사학위논문.

전영표(1985). 저작권의 국제적 협약과 한국의 가입문제. 『한국출판학연구』, 통권 제27호.

전영표(1992). 「지식의 국제유통과 저작권에 관한 연구」, 한양대학교 박사학위논문.

전영표(1993). 정보화사회와 저작권. 『출판잡지연구』, 제2권 제1호.

전영표(2003). 출판·잡지윤리강령과 실천요강의 재구축. 『출판잡지연구』, 제11권 제1호.

정병일(1987). 「세계저작권조약(UCC) 가입에 따른 한국의 출판산업 진흥방안에 관한 고찰」, 연세대학교 석사학위논문.

정상조(1992). 전자책의 출현과 저작권. 『계간 저작권』, 1992년 겨울호.

趙冰(Jo Bing) (2015). 디지털 환경에서 중국 저작권 산업이 국민 경제에 미치는 영향. 『한국출판학연구』, 통권 제69호.

조용남(1994). 국제저작권협약 가입이 국내 출판계에 미친 영향. 『출판잡지연구』, 제3권 제1호.

조은혜(2010). 「저작권 인식과 학술정보의 오픈 액세스에 관한 연구」, 경희대학교 언론정보대학원 석사학위논문.

조진이(2011). 「저작물의 선순환구조를 위한 공정이용(Fair Use) 법·제도 연구」, 경희대학교 언론정보대학원 석사학위논문.

조형찬(2018). 저작권법상 부정공표죄에 의한 '표지갈이'의 형사제재 가능성-대법원 2017.10.26. 선고 2016도16031 판결에 대한 검토를 중심으로. 『계간 저작권』, 2018 여름호.

조홍직(2011). 「사진 저작물과 저작권 인식에 관한 연구」, 경희대학교 언론정보대학원 석사학위논문.

주인영(2003). 「문화 콘텐츠 산업의 저작권 활성화에 관한 연구: 한국과 미국의 음원 복제권을 중심으로」, 연세대학교 언론홍보대학원 석사학위논문.

주정희(1996). 「과학기술도서의 저작권법 적용에 관한 연구: 번역출판의 실태와 문제점을 중심으로」, 중앙대학교 대학원 석사학위논문.

진패영(2015). 「저작물의 사적복제와 복제보상금제도에 관한 연구」, 인하대학교 대학원 석사학위논문.

최성일(2006). '사재기' 논란과 베스트셀러. 『도서관문화』, 제47권 제2호.

최준란(2017). 저작권 보호를 위한 공공대출권(PLR) 연구. 『글로벌문화콘텐츠』, 제30호.

최준란·김상헌(2012). 한미FTA의 개정저작권이 출판콘텐츠에 미치는 영향. 『한국콘텐츠학회 종합학술대회 논문집』, 2012년 제5호.

최현호(1988). 대여권. 계간 『저작권』, 1988년 겨울호.

팽원순(1992). 출판법제와 윤리에 관한 연구, 서강대언론문화연구소.

하병현·윤용근(2017). 출판과 저작권, 북스데이 : 랭컴.

한국간행물윤리위원회(1996). 청소년 유해 전자출판물 접촉실태 및 개선방안 연구, 한국간행물윤리위원회.

한국문화예술진흥원(1992). 사적 복제에 대한 부과금제도 연구: 문예진흥기금 확보대안으로서의 접근, 한국문화예술진흥원 문화발전연구소.

한국출판저작권연구소(2017). 「판면권 도입을 위한 출판계약 실태조사 연구」, 대한출판문화협회.

한기호(2007). 한국 출판의 허와 실-베스트셀러의 진실과 부정유통, 제1차 출판정책 라운드테이블, 한국출판학회.

한미화(2008). 베스트셀러와 사재기, 우리 모두는 깃발이다 ; 한국출판인회의 10년 1998-2008, 한국출판인회의.

한승헌(1987). 「저작권의 국제적 보호와 출판」, 한국출판연구소.

한승헌(1988). 「저작권의 법제와 실무」, 삼민사.

한승헌(1989). 동아시아에 있어서의 국제저작의 재평가. 『한국출판학연구』, 통권 제31호.

한승헌(1990). Typefaces의 보호와 저작권. 『출판연구』, 창간호.

한승헌(1992). 저작관계법의 문제점과 개선방안, 「출판관계법 개선방안 및 출판문화 진흥방안 연구」. 한국출판연구소.

한승헌(1993). 한국에서의 국제저작권보호와 출판. 『한국출판학연구』, 통권 제35호.

한승헌(1997a). 번역과 저작권. 『계간 저작권』, 1997년 봄호.

한승헌(1997b). 저작물의 출판과 2차적 이용권의 행사 : 출판권자의 부차적 권리를 중심으로 한승헌. 『계간 저작권』, 1997년 여름호.

한주리(2014). 출판산업과 저작권 국제교류 활성화 방안 연구 : 저작권 에이전시의 수출 사례를 중심으로. 『한국출판학연구』, 통권 제68호.

한지영(2016). 일명 '표지갈이' 사건에서의 부정발행죄 적용범위에 관한 고찰. 『계간 저작권』, 가을호.

한태석(1981). 신소설의 판권. 『출판학논총』, 통권 제23호.

허영환(1970). 국제저작권 유감. 『한국출판학연구』, 통권 제4호.

허희성(1988). 출판허락계약의 성립과 저작인격권에 관한 일본 판례. 『계간 저작권』, 1988년 겨울호.

허희성(1993). 「우루과이라운드 協商과 저작권 : 우리의 대안모색」, 국민대학교 석사학위논문.

허희성(2000). 전자출판물의 이용에 따른 저작권법상의 문제. 『계간 저작권』, 2000년 봄호.

현규엽·이두영·최건수(1998). 한국문헌번호제도의 발전방안에 관한 연구, 국립중앙도서관.

홍순운(2008). 「디지털콘텐츠 이용자들의 저작권 인식에 관한 연구」, 경희대학교 언론정보대학원 석사학위논문.

황인영(2012). 「저작권 보호기간 연장의 영향요인 비교 연구 : 독일, 유럽공동체, 미국, 한국을 중심으로」, 서울대학교 행정대학원 박사학위논문.

황적인(1992). 사적 복제 현황과 보상금 제도의 필요성. 『문화예술 논총 제4집』, 한국문화예술진흥원.

Dr. Heinrich Hubmann, 민병덕 역(1969). 개인 정신 표현으로서의 저작물. 『출판학』, 통권 제2호.

출판기획론 연구의 흐름과 과제

김경도*

■■■

I. 머리말

출판기획론 연구는 출판 내용과 출판 사례 등 출판실무와 밀접한 관련성을 갖고 있다. 한국출판학회 회원들은 출판 현장의 실무 내용을 정리하여 이론으로 정리하면서 출판학을 학문으로 확립하기 위해 노력해 왔다.

우리나라의 출판기획론 연구는 민병덕(1969)이 한국출판학회 학회지 『출판학』 제1집에 발표한 '출판학서설'에서 출판기획론의 주요 내용을 제시하면서 시작되었고, 안춘근(1974)이 '현대출판학연습'에서 출판기획에 대한 기본원칙과 사례를 제시하면서 본격화되었다고 할 수 있다.

우리나라 출판학 연구의 시기 구분은 부길만(2017)이 『출판학의 미래』에서 제1기(1963~1981년) 개척기, 제2기(1982~1999년) 정착기, 제3기(2000~현재) 발전기로 나눈 바 있다. 출판기획 연구의 시기 구분도 이 기준을 따르기로 한다. 다만 제1기의 시작은 한국출판학회가 창립한 1969년으로 한다.

이 글에서는 '출판기획론'의 핵심 분야인 '출판물의 내용과 기준, 출판 분야별 출판기획론, 출판기획자' 연구에 초점을 맞춰 우리나라 출판기획론 연구의 전개과정을 조사하여 특성을 고찰하고 이를 바탕으로 향후 연구 방향을 제시하고자 한다.

* 동국대학교 겸임교수

II. 출판기획론 연구의 전개과정

1. 제1기(1969~1981년) : 개척기

한국출판학회가 창립된 1969년부터 발행한 학회지 「출판학」에는 한국출판학회의 회원들이 출판학을 학문으로 정립하기 위해 초창기 연구들이 집대성되어 있다. 제1기 출판기획론 연구는 민병덕(1969), 안춘근(1974a,b,c,d), 염문길(1969), 변선웅(1970) 등이 연구하여 「출판학」에 발표한 7편이 있다. 이 시기에 출판기획론을 연구한 대표적인 학자는 민병덕과 안춘근이었다.

민병덕(1969)은 '출판학서설'에서 "출판학이란 저작물의 선택, 제작, 분배를 통한 출판의 경영과 그 사회적·문화적 영향 및 법규와 정책, 그리고 출판의 발달사를 연구하는 학문"이라고 정의하였다. 그는 '선택' 영역에서 출판기획론을 가장 중요한 내용으로 보고, '출판기획론'의 주요 내용으로 '기획과 착상', '기획회의', '기획의 내용', '기획의 기준'을 제시하였다.

안춘근(1974)은 「출판학」에 네 차례에 걸쳐 '현대출판학연습'을 연재하였다. 그는 각 권별로 제1장 출판경영, 제2장 출판기획, 제3장 편집실제, 제4장 제작업무, 제5장 판매영업 순으로 해당 내용에 관한 견해를 상세하게 다루었다.

제1권 제2장에서는 여섯 개의 '기획예설(企劃例說)'을 다루었고, 제2권 제2장에서는 문고출판기획, 중편전집기획, 도서제조기, 기획원리, 기획의 일관성, 기획안, 기획무휴(기획업무란 연중무휴다)에 대한 견해를 밝혔다. 제3권 제2장에서는 원고매절출판, 기획의 이상에 대한 견해를 밝혔다. 제4권 제2장에서는 한국고전 영역(英譯)출판, 교사로서의 기획자, L작전, 고서점 진열도서, 저서 탐색 기준, 아동도서 기획에 대하여 상세하게 제시하였다.

1) 출판기획론의 내용과 기준에 관한 연구

민병덕(1969)은 출판행위의 시발점이 되는 선택의 모체이자 생명이 되는 것은 기획이며, 기획은 착상에서 나온다고 보았다. 그는 기획의 내용에 대하여 △어떤 내용의 출판물인가 △적절한 저작자와 편집자의 선택 △중점 판단 △출판물의 목적 △사회적 의미 △독자 대상 △획득할 수 있는 독자 수 △판형과 체재와 분량 △예정 정가 △독자 △서명(書名) △발행 시기를 제시하였다. 또한 기획의 기준으로 △독창성과 독립성 △유사도서 및 구독층 △출판사의 유형과 규모 △가져오는 원고를 잘 이용하기 △경영상의 채산성을 제시하였다.

안춘근(1974a)은 "출판기획에 임하는 사람은 듣고 보는 것이 모두 창작의 소재로 쓰일 수가 있다"고 밝혔다. 남은 대단치 않게 한 귀로 듣고 한 귀로 흘려버리는 말을 끈기 있게 추구해서 마침내 훌륭한 창작으로 승화시키는가 하면, 다른 사람들이 아무렇게도 생각지 않는 조그만

기록, 혹은 신문이나 방송의 뉴스에서도 좋은 소재를 파악하는 것이 아이디어를 추구하는 일이라고 강조하였다.

2) 출판기획론 사례 연구

작가와 소설 출판을 연구한 염문길(1969)은 당시 두 개의 출판사가 전작장편소설집을 기획했다가 출간하지 못한 것을 거론하며, 출판 불황을 타개하기 위해서 출판자들은 독자와 작가 사이의 중간적 존재로서 작가의 정신의 조각들을 가장 치밀하게 구상화시켜야 한다고 하였다.

안춘근(1974a,b,c,d)은 '현대출판학연습' 각 권별 제2장 '기획조정'편 '기획예설(企劃例說)' 항목에서 다양한 출판기획의 사례를 거론하였다.

3) 출판기획자에 관한 연구

이 시기에 출판인에 관한 연구로는 사회 교육, 문화적 측면에서 출판인을 연구한 변선웅(1970), 교사로서의 기획자에 대하여 연구한 안춘근(1974d)이 있다.

변선웅(1970)은 출판인이 도서를 떠나 존재할 수 없다고 하였다. 도서는 저자를 아버지로 하고 출판인을 어머니로 하여 이 세상에 태어난 자식이라고 하였다.

안춘근(1974d)은 어떤 책을 어떻게 만들어 내는가를 결정하고 집행하는 출판기획자란 피교육자를 교육하는 교사의 역할과 근사하지만, 공인된 전문직으로 인정되어 특혜가 주어지는 교사에 비해 출판기획자에 대한 처우가 열악하므로 이에 대한 개선이 필요하다고 보았다. 그는 출판기획자들이 사회에서의 교사 구실을 충분히 하겠다는 각오와 아울러 스스로 실력을 기르고 자질을 높여야 한다고 강조하였다.

2. 제2기(1982~1999년): 정착기

이 시기 출판기획론의 연구 편수는 13편이었다. 출판기획론의 내용과 기준에 대한 연구는 김양수(1982), 이강수(1984), 오경호(1985, 1989), 윤형두(1988), 이덕희(1997) 등이 연구한 6편이었고, 출판 분야별 출판기획론 연구는 황병국(1988), 민병덕(1989), 윤세민(1994), 주홍균(1998) 등이 연구한 4편이었으며, 출판기획자에 관한 연구는 금진우(1990), 김선남(1995), 김현정(1997) 등이 연구한 3편이었다.

이 시기는 대학원에 출판 전공이 개설되면서 출판학 연구가 활발하게 진행되었지만, 출판기획론에 관한 석사학위논문은 4편(이덕희, 금진우, 김현정, 주홍균)뿐이었다.

그렇지만 이 시기에 출판기획에 관한 실무도서도 처음으로 출간되면서 출판기획론 연구가 본격화되었다는 점에서 정착기라 할 수 있다. 오경호는 출판기획에 관한 실무를 이론으로 정리하여 1987년에 『출판기획론』을 펴냈고 1994년에 『출판기획원론』과 『출판 커뮤니케이션론』을 발간하였다. 이의용은 1993년에 『사보제작의 이론과 실제』를 펴냈다. 김선남은 1995년에 『출판기획방법론』을 펴냈다. 최봉수는 1997년에 『출판기획의 테크닉』을 발간하였다.

최봉수(1997)는 "책도 하나의 상품이고, 출판의 중심이 저자에서 독자로 이동하고 있으며, 기획의 진수는 세상의 흐름을 바꾸는 것"이라고 밝혔다.

1) 출판기획론의 내용과 기준에 관한 연구

출판물의 내용과 기준에 관한 연구로는 출판기획에서의 인지적 접근을 연구한 김양수(1982), 도서출판의 전문성에 대해 고찰한 이강수(1984), 전자출판 시대에 대비해서 출판기획을 연구한 오경호(1985), 출판기획을 연구한 윤형두(1988), 사보기획안을 연구한 오경호(1989), 단행본 출판사의 기획실태와 활성화 방안을 연구한 이덕희(1997) 등이 있다.

김양수(1982)는 당시 베스트셀러를 분석하고 그 결과를 토대로 인쇄매체는 수용자에게 예술감상, 교양, 교육, 정보, 오락의 동일화 가능성과 현실로부터의 도피 수단을 제공한다는 것을 재확인하였다. 그는 읽는다는 행위 자체가 그때그때의 독서 소재와 관계없이 사람들에게 만족을 주는 활동이라는 점을 내세워 인간의 욕구에 상응하는 적응기제로 메시지가 선택될 때 가장 활발하게 그 메시지(서적)가 유통된다고 결론지었다.

이강수(1984)는 출판인의 문화 지향성과 경제 지향성이 상호보완적이어야 하므로 출판인들의 임금 수준을 높여주고 생활 여건을 개선시켜 주어야 하며 신문방송인들에게 주어지는 여러 혜택도 출판편집인들에게 똑같이 해주어야 한다고 제언하였다. 아울러 출판문화의 발전과 출판의 전문성은 사상 공개시장이 전제되어야 하므로 검열이나 통제보다는 자율성을 최대한 보장해 주고 그런 다음에 사회적 책임을 물어야 한다고 강조하였다.

오경호(1985)는 출판기업이 새 기술 도입에 동참하여 제3세대 출판으로 전환하면서 전자출판에 대비해야 하고, 도서유통 구조변화에 유의해야 하며, 출판관계 법규도 개정 또는 새로 제정해야 한다고 제언하였다.

윤형두(1988)는 장기적인 출판기획을 한 출판사가 과학적인 기초 위에서 영구히 도산하지 않고 계속 발전한다고 보았다. 그는 우수한 기획 아이디어를 얻기 위한 방법으로 △적극적인 출판정보 모집 △독자층 파악을 위한 시장조사 △신소재 개발 △광범위한 취재원 확보 △아이디어의 문서화를 제시하면서 사회정서와 양식이 용납할 수 있어야 한다고 강조하였다.

이덕희(1997)는 단행본 출판사 출판기획 활성화 방안으로 △출판인의 의식변화 △출판기획을 독립된 업무로 인정하고 분업화하기 △출판사의 조직형태를 수평적으로 변화하기 △출판기획인력 양성하기 △교육기관에 기획인력 위탁교육하기 △출판기획 전문 교육기관 설립하기 △출판비평 활성화하기 △전문출판기획자의 출현을 적극 유도하기 △유능한 경력 편집인이 출판현장을 떠나지 않도록 하기 △출판 인력은행 활성화하기 △출판기획에 필요한 지식, 정보, 자료 모으기 △출판기획 발표 시도하기 △주문생산 개념을 출판에 맞게 적극 수용하기 △출판계와 학계의 긴밀한 교류 등을 제시하였다.

2) 출판 분야별 출판기획론 활성화 방안 연구

출판 분야별 출판기획론 연구로는 '중국학 도서'의 출판기획론을 연구한 황병국(1988), 교과서의 기획과 집필을 연구한 민병덕(1989), 기독교출판의 현황과 과제를 연구한 윤세민(1994), 한국 대학출판의 구조적 특성을 조직과 기획을 중심으로 연구한 주홍균(1998) 등이 있다.

황병국(1988)은 이미 간행된 중국학 도서일지라도 문장이 난해하고 문맥이 통하지 않고, 세로조판되어 있는 경우에는 한글세대를 위하여 과감히 참신하고 품위 있는 책으로 다시 기획출판하는 것이 좋다고 밝혔다. 한국 문학작품의 중국어 번역을 서슴없이 할 수 있는, 한문과 중문을 동시에 매끈하게 구사하는 문학적 소질이 있는 천재를 많이 배출해야 한다고 강조하였다.

윤세민(1994)은 기독교출판의 출판조직과 출판기획과 출판시장 등 출판 제반 조건과 환경이 열악하다고 분석하였다. 그는 기독교출판의 발전 방안으로 △출판사 고유의 특성과 목적을 확실히 하기 △출판기획에 최대한의 시간과 노력과 예산 투입하기 △질적 향상에 기여할 저자와 역자 발굴하기 △출판문화 정착하기 △독자 서비스 개선 및 독자 개발에 주력하기 △현대적이고 전문화된 대형 유통기구 설립하기 △학문 연구 및 교육 프로그램 개발하기 △출판사 간의 협력을 도모하고 공동 연구 및 사업 전개하기 등을 제안하였다.

주홍균(1998)은 대학출판이 협의의 출판에서 광의의 출판으로의 기획방향을 변화해야 한다고 제시하였다. "잘 팔리지 않는 학술도서나 출판하는 것이 대학출판부의 임무이다."라는 종래의 관념에서 과감히 탈피하여 "잘 팔리는 동시에 가치 있는 책을 내는 것이 대학출판부의 임무이다."라는 새로운 인식 아래 수준 높은 교양서와 일반서를 간행해야 한다고 강조하였다.

3) 출판기획자에 관한 연구

출판사에서 출판기획 업무를 담당하는 출판기획자에 관한 연구로는 출판기획 과정에 있어서 게이트키핑(Gatekeeping)을 연구한 금진우(1990), 출판인의 역할지향(Role Orientation) 의식에 관한 Q방법론적 접근을 연구한 김선남(1995), 단행본 출판사 중심으로 출판기획업무 종사자의 의식구조를 연구한 김현정(1997) 등이 있다.

금진우(1990)는 출판기획에 대한 특성과 기획업무 과정을 정리함으로써 구체적인 기획업무에 대한 개념을 설정하였고, 출판업계에서 기획 과정에 나타나는 게이트키핑의 구체적인 현상을 확인하기 위해 설문지를 통한 조사 분석을 실시하였다. 분석 결과 게이트키퍼로서 경영주의 참여가 절대적이었고, 전문 편집인들의 위상이 점차 확대되고 있고 이들이 활동적인 게이트키퍼로서 역할을 담당하는 추세에 있다고 하였다.

김선남(1995)은 서울지역 출판인들의 역할지향 의식을 조사한 결과 문화적 가치 추구자형, 실용주의형, 자아성찰형의 세 가지 유형으로 분류된다고 분석하였다. 그는 출판인들이 책을 사랑하고 문화사업을 꿈꾸었기 때문에 출판직을 택하였으므로 현재 직업에 만족하고 있지만, 독자들에게 영합하는 센세이셔널한 기획에 의존하고 경제적인 이익 추구에 치중하는 것에 회의적인 자세를 지니고 있었다고 밝혔다.

3. 제3기(2000~현재): 발전기

이 시기 출판기획론의 연구 편수는 34편이었다. 출판기획론의 확장에 관한 연구가 11편, 출판기획론의 내용과 기준에 대한 연구가 4편, 출판 분야별 출판기획론 연구가 15편(아동도서와 그림책 6편, 아동전집 3편, 그 외 6편), 출판기획자에 관한 연구가 4편이었다.

이 시기는 언제 어디서나 편리하게 단말기를 통해 네트워크에 접속할 수 있는 '유비쿼터스(Ubiquitous) 시대'를 맞이하여 출판기획론의 연구 범위도 종이책은 물론 전자책으로 넓어졌고, 출판기획의 확장에 관한 연구도 많아졌다.

이 시기에 출판계는 제조업에서 서서히 정보서비스업으로 변모하였다. 출판기획자의 업무 범위도 책의 기획에서 출간, 홍보, 판매에 이르기까지 출판의 각 단계별 프로세스를 이해하고 그 분야에 맞는 사람을 기용하며, 각 분야별로 함께 일하는 사람들을 관리하고 조율하는 영역으로 확장되었다.

이 시기에 출판된 출판 분야별 출판기획론 도서로는 유귀훈(2002)이 펴낸 『최신 사사 기획 제작법』과 한국출판마케팅연구소(2002)에서 펴낸 『출판기획』 등이 있다. 부길만은 2013년과 2015년에 『출판기획물의 세계사 1, 2』를 펴냈고, 2014년에는 『한국 출판의 흐름과 과제 1, 2』를 펴냈으며, 2017년에 『출판학의 미래』도 발간하였다.

1) 출판기획론의 확장에 관한 연구

출판기획론의 확장에 관한 연구로는 유비쿼터스 시대의 OSMP 기획과 편집을 연구한 이기성(2002), 스토리산업 활성화 방안을 연구한 이인영(2003), 출판의 다른 매체 활용화 현상을 연구한 김진두(2004), 한류를 이용한 도서의 수출 방안을 연구한 김진두·김창옥(2005), 문화 변동과 한국 출판의 변화를 연구한 박몽구(2005), U-북 콘텐츠 개발동향을 분석한 김정숙 (2006), 디지털미디어 시대에 출판콘텐츠 스토리텔링의 생산적 논의에 관하여 연구한 남석순 (2008), 중국 조선족 영상기록물을 활용한 u-Book 콘텐츠 기획·개발을 연구한 정희선(2009), 새로운 패러다임 구축을 위한 '출판'의 재개념화를 연구한 김기태(2010), 출판의 개념 변화를 고찰한 노병성(2010), 스토리텔링 3방식을 중심으로 출판콘텐츠의 다중 미디어 확산전략을 연구한 남석순(2011) 등이 있다.

이기성(2002)은 유비쿼터스 시대에서는 디스크책과 화면책의 제작 방법을 알아서 종이책· 디스크책·화면책의 장점을 이용하여 이 원고(source)로 출판할 책은 종이책이 적당한지, 디스크책이 적당한지, 화면책이 적당한지를 선택해 내는 출판기획 능력을 키우는 것이 중요하다고 밝혔다. 종이책만 책이라는 관념에서 빨리 벗어나서, 한 가지 원고 소스로 종이책 프로덕트, 디스크책 프로덕트, 화면책 프로덕트를 기획할 능력(OSMP)을 키워야 현재의 빠르게 변화하는 상황에서 출판업이 생존하고 발전할 수 있다고 강조하였다.

박몽구(2005)는 출판시장 개방으로 한국 출판도 엄혹한 국제적 경쟁 환경에 일상적으로 놓이게 되었으므로 이제 기획과 자본이 큰 비중을 차지하게 되었다고 밝혔다. 그는 종이책과 전자책이 공존하는 퓨전 출판시대를 맞아 국내 토종 저자를 발굴하여 새로운 독자 취향에 맞은 종이책을 개발하고, 종이책과 차별화해 가면서 새로운 아이디어로 충만된 전자책 콘텐츠 개발에도 박차를 가해야 한다고 강조하였다.

김정숙(2006)은 U-북 콘텐츠 활성화 방안으로 △가치 네트워크 간의 지배구조 탈피, 균형 발전 추구 △콘텐츠 특화 및 분화로 인한 제작구조의 다원화 △수용 인프라 조성으로 수용환경 고무 및 발전 △프로슈머적 수용 및 창작풍토 조성 △저작권 및 보안을 위한 관리 시스템 강화 △접근의 용이를 위한 U-미디어 간 포맷방식의 표준화를 제시하였다.

남석순(2008)은 성공적인 출판콘텐츠를 개발하려면 △스토리텔링에 대한 이해와 적용 △원천 소스의 개발과 확보 △확보된 소스의 콘텐츠화에 대한 스토리텔링 전략부터 수립해야 한다고 밝혔다. 그는 출판콘텐츠가 영상콘텐츠의 원천콘텐츠로서의 가능성을 공고히 하려면 기획 단계에서 스토리텔링이 철저하게 프로세싱되어야 한다고 강조하였다.

2) 출판기획론의 내용과 기준에 관한 연구

출판기획론의 내용과 기준에 관한 연구로는 1996~2000년 비소설 중심으로 단행본 도서의 제목이 판매에 미친 영향을 연구한 민병윤(2002), 6시그마를 통한 기획 프로세스 매뉴얼화를 시도하며 출판기획 프로세스의 경영기법 도입을 연구한 최봉수(2003), ISO 9001 도입을 중심으로 출판잡지산업 경영합리화 방안을 연구한 노승권(2003), 출판사 유형에 따른 작가 확보방식 사례를 연구한 이헌숙(2016) 등이 있다.

최봉수(2003)는 출판이 책이라는 매개체를 통해 저자와 작가가 창작해낸 정보를 다수의 독자에게 전달하는 매개업이고, 기획자 등 출판업 종사자는 매개업자이고 역할로 보면 정보 가공업자이므로, 출판도 프로세스를 단순화하고 네트워크를 통해 소비자인 독자와의 전선을 확대할 필요가 있다고 보았다. 그는 출판의 전 과정을 세 단계의 프로세스로 분리하고, 단계별 세부 과정과 영역으로 분류하였으며, 각각의 목표와 과제를 부여하고, 그 체크리스트를 만들었다. 이 과정에서 본 연구는 효율성과 생산성 향상에 초점을 두었다. 그리고 이를 매뉴얼화함으로써 대체성과 가측성(可測性) 개념을 도입한 다음 IT의 도움을 얻어 전 프로세스를 시스템으로 연결해 네트워크화를 시도하였다.

노승권(2003)은 ISO 9000 인증 도입의 필요성을 크게 기업 내외의 신뢰성 증대와 기업 경쟁력 강화의 기초, 수출장벽 극복과 매출 신장, 품질비용 절감에서 찾았다. 인증을 취득하면 △동료 간, 상하 간, 부서 간 업무가 원활해지고 △고객에게 신뢰를 주며 △공신력이 높아지고 △품질경영 및 지속적 개선 활동의 버팀목이 되며 △기술무역 장벽을 넘을 수 있는 수단이 되고 △시장 개척 전략에도 큰 도움이 된다고 밝혔다. 그리고 품질경영 시스템이 안정되면, 실패비용이 현저하게 줄어들어 궁극적으로 회사에 이익을 가져온다고 밝혔다.

3) 출판 분야별 출판기획론 연구

출판 분야별 출판기획론 연구로는 아동도서, 그림책, 아동전집에 관한 출판기획론 연구가 가장 많았다. 아동도서 및 그림책의 출판기획론 연구로는 그림책 기획에서 제작완성에 관해 연구한 권재희(2006), 좋은 그림책에 대한 출판기획자와 동화작가 및 유아기 자녀를 둔 부모와 유아교사의 인식을 비교한 박혜원(2006), 전통문화 콘텐츠를 활용한 시리즈물 출판기획 전략을 중심으로 어린이를 위한 국내 지식그림책의 미래설계를 연구한 박은지(2010), 아동도서의 스토리텔링을 연구한 조은주(2010), 공감각적 관점을 활용한 아동 감각 그림책 기획을 연구한 최지현(2014), 청소년 독서문화 개선을 위한 소셜미디어와 플랫폼을 활용한 출판기획을 연구한 윤재준(2016) 등이 있다.

권재희(2006)는 출판에 적합한 그림책을 제작하는 데 어떤 요소들이 필요한지를 알아보았고 이를 바탕으로 직접 제작한 그림책이 출판에 적합한지 여부를 논의하였다. 그림책을 기획할 때는 독자층을 선정한 후 스토리 작업(궁금증을 유발하고 호기심을 자극할 수 있는 소재 선택, 정확한 기승전결이 있고, 내용 전개에서 의문사항이 생기지 않도록 간접적으로라도 시사해 줘야 함)을 한 후 그에 맞게 일러스트레이션을 계획하고 콘티를 짠 후, 수정을 반복하여 편집한 후에는 제책한다고 밝혔다.

조은주(2010)는 아동출판시장이 논픽션 분야에의 편중화, 국내외 경제악화에 따른 여파로 인한 출판시장의 침체, 아동출판시장 과다경쟁으로 인한 포화상태 등으로 신간을 출간해도 별 주목을 받지 못하거나, 기존의 스테디셀러 시장이 굳어 있어 새로운 시장진입도 어려운 형편이므로 논픽션 기획물에서의 기존 기획물과는 다른 새로운 기획, 방법 모색이 그 어느 때보다 절실하다고 밝혔다.

윤재준(2016)은 청소년들의 문화 네트워크를 활성화시킬 수 있는 기반으로서 소셜미디어와 플랫폼을 활용한 다양한 출판기획과 '콘텐츠의 국제화'를 강조하였다. 재미와 교육적 요소가 공유될 수 있는 출판콘텐츠 기획을 통해 우리 사회의 건전한 지속가능성을 어떻게 장기적으로 설계하고 실천할 것인가라는 관점에서 청소년의 독서문화를 바라보아야 하고, 출판기획을 할 때 글로벌 소비 환경을 고려해야 한다고 제시하였다.

아동전집 출판기획론에 관한 연구로는 해방 이후 한국 아동전집의 출판기획을 연구한 정복화(2000), 유아용 전집의 출판기획 과정에 관해 연구한 이미옥(2000), 외환위기 이후 6년간 한국 아동전집의 경향을 분석하고 상품 특성 변화를 연구한 유정규(2004) 등이 있다.

정복화(2000)는 해방 이후 한국의 아동전집 출판기획의 특성을 △기업의 경제적 이윤창출만을 목적으로 한 출판기획이 대부분이었다 △'한국 아동문학 전집류'와 '국내 개발 창작 그림책류'는 아동출판 문화에 이바지하였다 △'교양서 전집류'는 시대적 배경과 출판환경의 변화에 민감한 반응을 보이며 출판되었다고 보았다. 그는 출판기획의 측면에서 한국 아동전집 출판은 △전 세계의 어린이들이 읽고 싶어 하고 또 전 세계의 어른들이 자국의 어린이들에게 읽히고 싶어 하는 책들로 새로운 '세계명작' 도서목록을 구성하여 우리나라 어린이들의 시각을 다양화·현대화해야 한다 △동화 및 일러스트 분야의 국내 작가를 양성하고 우리 출판물을 수출하는 방안도 모색해야 한다 △영아에서 청소년까지 각 연령층에 맞게 책을 세분화하고, 영역별로 전문화시켜야 한다고 제언하였다.

유정규(2004)는 아동전집 출판의 지향 방안으로 OSMP(One Source Multi Product) 개념을 적극 활용하고, 상품 차별화를 강화하며, 다품종 소량생산 체제로 바꿔야 한다고 제시하였다.

아동도서와 아동전집 이외의 출판기획론 연구로는 고등학교 학습자료 출판을 연구한 김경도(2004), 중등 국어 학습 참고서에 나타난 교재 기획·편집의 경향을 연구한 홍미정(2006), 공무원 수험서 출판을 연구한 윤옥란(2007), 과학기술도서 출판을 연구한 이유정(2007), 요리책 베스트셀러 현황과 출판기획 요인을 연구한 유윤명(2010), 포스트모던 세대를 위한 기독교 출판사의 도서기획전략을 연구한 강신욱(2008) 등이 있다.

김경도(2004)는 EBS 수능방송이 시작되면서 직격탄을 맞게 될 고등학교 학습자료 출판업계가 발전하기 위해서는 학습자료 출판에 대한 사회 전반의 인식을 고향하고, EBS 수능교재 발행에 공정한 경쟁을 통해 학습자료 출판업계도 참여할 수 있는 기회를 보장해야 하며, 교육 소비자를 위한 교육정책 수립 및 교육 정책과 교육 환경의 변화에 따른 독자들의 욕구를 세밀하게 조사하여 학습자료 출판기획에 적극 반영해야 한다고 제시하였다.

홍미정(2006)은 2003년에서 2007년까지 중등 국어 강의용 교재의 기획과 편집 방향에 대해 분석한 결과 (주)비유와상징의 '한 권으로 끝내기 국어', (주)천재교육의 '체크체크 국어', (주)꿈을 담는 틀의 '딱 걸렸어 국어', (주)두산동아의 '수 프로젝트 국어' 모두 교재 내용 면에서 교과서 내용을 충실히 반영하고 교사용 행간주와 해설을 수록하였으며, 교재 분량과 가격 면은 물론 삽화·사진 면에서도 강의용 교재의 특성이 전체적으로 유사하게 기획·편집되었음에도 불구하고 (주)비유와상징의 '한 권으로 끝내기 국어'만이 월등한 판매량을 보이고 있는 것은 강의용 교재로 중등 국어 학습물 시장에 선점하여 매년 질적 향상을 했기 때문이라고 분석하였다.

윤옥란(2007)은 공무원 수험서의 출판기획 과정을 시장조사(경쟁사 및 소비자 분석), 기획, 저자(편집부 원고 혹은 섭외) 순으로 진행된다고 밝혔다. 기획과정에서는 시장조사에서 독자가 무엇을 요구하는지를 정확히 파악하고, 자사 제품만의 차별화 요소를 발굴해 내는 것이 가장 중요하며, 기획 방향이 설정되고 나면 누구의 저작으로 할 것인지 결정해야 한다고 하였다.

이유정(2007)은 교양 과학기술도서를 분석한 결과 양적인 면에서 현저히 부족한데다가 물리, 수학, 생물학, 천문학 등 몇 개 분야에 편중되어 있으며, 전문 필자가 절대적으로 부족하여 번역서가 압도적으로 많았는데 이것은 과학기술도서를 기획할 역량이 있는 전문 출판사가 희박하고 전문성을 갖춘 편집자가 드물기 때문이라고 진단하였다. 그는 과학기술도서 출판 활성화 방안으로 과학기술 정부부처나 단체의 지원과 함께 인기 있는 저술가를 확보하고 전문 인재 양성 및 과학기술도서 출판 전문기자를 육성해야 한다고 제시하였다. 이를 위해 공과대학에서도 글쓰기를 필수과목으로 해야 한다고 주장하였다.

유윤명(2010)은 요리책이 출판 외적 요인에 의해서 내용이나 기획이 크게 영향을 받으므로 출판기획자는 전자책을 염두에 둔 새로운 형식의 기획과, 드라마나 영화와 연계한 기획을 시도해야 한다고 밝혔다. 그는 국내 요리책의 역사는 길고 출판 종수 역시 국내 시장 규모에 비하면 작지 않지만 해외 진출은 미비한데, 그 원인은 '시장성'에 달려 있으므로 정부의 관심과 정책 지원이 필요하다고 강조하였다.

4) 출판기획자에 관한 연구

출판기획자에 관한 연구로는 화면책 출판에 있어 출판기획자의 업무 변화를 연구한 공주영(2000), 전문출판기획자에 의한 출판에 관하여 연구한 박라미(2006), 전문출판기획자를 중심으로 출판 패러다임 변화에 따른 출판기획인력의 자질 및 위상에 대하여 연구한 이선정 (2008), 의학교재출판에서 전문출판기획자에 의한 기획출판 도입방안을 연구한 김재민(2013) 등이 있다.

공주영(2000)은 출판이 정보화 사회를 이끌어나갈 지식과 정보, 즉 콘텐츠를 전달하는 산업으로서 양질의 콘텐츠를 제공하는 것이 앞으로 출판산업의 성패를 좌우하게 될 것으로 보았다. 그는 콘텐츠 제공업으로서 출판기획 업무가 발전되어야 할 방향을 시장분석(수익성과 가치가 보장되는 세분시장을 찾아내어 성공할 수 있는 분야를 찾기)과 독자경향 파악(주 독자층을 파악하고, 독자들의 요구를 기획에 반영하기)과 사이트 및 독자 관리(독자정보 데이터베이스 구축하기)로 제시하였다.

박라미(2006)는 '전문출판기획자'를 전문출판 인력으로서 아이템 착안, 저자 및 역자의 결정, 콘셉트 설정 등에서부터 편집, 디자인 등 책 발간까지 모든 프로세스를 일괄 조정하고 진행하는 사람으로 정의하였다. 전문출판기획자는 출판에 대한 확실한 기획 마인드를 가지고 개성적이고 자율적으로 출판기획 또는 출판 전 과정을 함께 진행하면서 출판 각 프로세스의 전문가들을 적절히 고용, 배치하고 그들의 전문성을 최대한 발휘하게 해야 한다고 보았다. 이제 출판은 기획력과 전문성에 의해 승부가 날 것이고, 한 시대의 작가와 독자는 편집기획자를 통해 창조하기에 전문출판기획자에 의한 출판, 임프린트가 확장될 것이고 편집기획 자체가 '브랜드 가치'로 평가받을 것으로 보았다. '대중출판' 시대가 물러나고 '전문출판' 시대가 오는 이때에 전문출판기획자에 의한 출판이든 임프린트든 단기적 성장과 성과에 매달리기보다 독자와 작가가 함께 오래도록 성장하는 편집기획 체제를 갖추는 데 기여해야 한다고 밝혔다.

이선정(2008)은 전문출판기획자를 심층인터뷰와 설문조사 결과, 전문출판기획인력들은 출판의 지식집약적, 문화적 지식 노동자라는 일의 특성에 만족하고 있으나, 과중한 업무와 낮은 임금 수준 등의 직업 환경을 불만족 요소로 꼽았으며, 시장 진입의 어려움과 시장성에만 국한된 출판물을 요구하는 현 출판계의 상황으로 전업을 희망하거나 출판사로 재입사하는 사례도 속속 드러났다고 밝혔다.

김재민(2013)은 심층인터뷰를 통해 의학교재 출판사에서는 책의 기획부터 마케팅과 유통 관리까지 영업부 직원들이 맡고 있다는 사실을 밝혀내고, 출판사에 기획부서를 신설하여 전문출판기획자가 현재 시장 현황을 파악하여 경쟁력 있는 교재를 기획하고 기획된 교재의 집필을 위해 각 분야의 전공교수들과 전문가들을 섭외하여 원고의 완성도를 높임으로써 더 좋은 양질의 교재를 만들 수 있다고 제시하였다.

III. 출판기획론 연구의 과제와 전망

그동안 출판기획론 연구는 다양한 출판 분야의 산업현황 연구나 출판상황 연구의 일부분으로 짧게 다뤄져 왔을 뿐 초기의 연구성과를 크게 뛰어넘지는 못하고 있다.

부길만(2017)은 출판학 연구를 분석하면서 "초창기 출판 실무 연구 중에서 출판기획 분야의 연구가 편집, 편집디자인, 제작, 마케팅 등의 다른 분야에 비해 상대적으로 연구 성과가 저조하였다."고 밝힌 바 있다.

출판기획론 연구의 주제도 문화상품 전반으로 확대하거나 세계 출판으로 확장되지 못하고 있다. 출판 실무 연구 중에서 다른 분야는 출판학 연구의 주제가 확장되었고, 연구 대상 국가도 중국, 영국, 프랑스, 독일, 유럽 등으로 늘어났으며, 북한출판 연구까지 나아갔지만 출판기획론 연구는 그렇지 못하였다.

출판기획론 연구가 다른 분야에 비해 정체되어 있는 이유는 출판기획론의 주요 내용이 출판사마다 처해 있는 환경에 따라 달라질 수밖에 없기 때문이다. 출판기획론에서 다루는 내용은 출판규모에 따라 달라질 수밖에 없다. 또한 대형 출판사의 경우 출판기획론 연구의 대상이 되는 자료는 출판사의 핵심영역이어서 기밀사항으로 분류하여 외부에 절대로 공개하지 않고 있어 원천 자료를 확보하기도 매우 어렵다.

우리나라 출판업계는 소수의 대형 출판사가 전체 출판시장에서 차지하는 비율이 매우 높고, 소형 출판사는 규모가 영세하여 출판기획 전담부서를 두거나 전문출판기획자를 두지 못하고 편집자나 영업자가 기획업무를 담당하고 있는 것이 현실이다.

우리나라 출판기획론 연구의 과제와 향후 방향을 정리하면 다음과 같다.

그동안 출판기획론 연구는 출판산업, 출판상황 연구의 일부 요소로서 연구가 진행되면서 상대적으로 출판기획론 자체 연구에 대해서는 소홀히 다뤄져 왔다고 볼 수 있다. 따라서 앞으로는 출판기획론 자체의 내용에 대한 연구를 강화해야 한다.

또한 그동안 출판기획 실무 경험이 있는 연구자들의 경우 자신이 체득한 출판 분야에 대하여 산업 특성과 현황 및 전망을 정리하는 연구가 진행되었으므로, 향후 연구에서는 출판 분야별로 출판기획에 관한 기초 자료를 체계적으로 수집하고 분석하여 학문적인 체계를 수립하는 등의 방법으로 연구범위와 연구수준을 심화시켜야 할 것이다. 출판기획론은 외부적인 출판환경은 물론 출판사 내부의 인력과 자본 등의 출판환경에 크게 좌우되므로, 외부환경을 예측하고 외부환경의 기회요소를 활용하고 위협요소를 최소화하는 연구를 진행하고 출판사 내부환경의 강점을 강화하고 약점을 최소화하기 위한 적극적인 연구 노력을 모색해야 한다. 출판환경을 분석하고 연구하는 과정에 다양한 미디어 콘텐츠 문화산업 분야에서 축적한 기획 연구 결과물을 적극 활용하고 외국의 출판기획 연구도 적절하게 활용하는 태도가 필요하다.

아울러 출판물의 품질 향상과 출판사의 품격 고양을 위해 출판기획의 주요 항목과 기준에 대한 세밀한 평가 시스템을 구축하는 방안에 대한 심층연구도 요구된다.

Ⅳ. 맺음말

우리나라 출판기획론 연구에 관하여 제1기(1969~1981년) 개척기, 제2기(1982~1999년) 정착기, 제3기(2000~현재) 발전기로 나눠 역사적으로 전개과정과 특성을 살펴보았다.

제1기 출판기획론의 연구 편수는 민병덕(1969), 안춘근(1974a ,b, c, d), 염문길(1969), 변선웅(1970) 등이 연구한 7편이었다. 1969년 한국출판학회 창립부터 1981년까지는 민병덕과 안춘근이 출판기획론의 개념을 정리하는 차원에서 연구가 진행되었다고 할 수 있다.

제2기 출판기획론의 연구 편수는 13편이었다. 출판기획론의 내용과 기준에 대한 연구가 6편, 출판 분야별 출판기획론 연구가 4편, 출판기획자에 관한 연구가 3편이었다. 이 시기는 대학원에 출판 전공이 개설되면서 출판학 연구가 활발하게 진행되었지만, 출판기획론에 관한 석사학위논문은 4편뿐이었다. 그렇지만 출판기획론에 관한 실무도서가 출간되면서부터 출판기획론 연구가 정착하였다.

제3기 출판기획론의 연구 편수는 34편으로 늘어났다. 출판기획론의 확장에 관한 연구가 11편, 출판기획론의 내용과 기준에 대한 연구가 4편, 출판 분야별 출판기획론 연구는 15편(아동도서와 그림책 분야 6편, 아동전집 3편을 포함하여 그 외 6편), 출판기획자에 관한 연구가 4편이었다.

출판기획론 연구의 전개과정을 역사적으로 고찰한 결과, 출판기획 실무 경험이 풍부한 전공자들이 성과물을 내놓으면서 지속적으로 연구 편수가 늘어나고 있다는 사실을 확인할 수 있었다. 하지만 다른 분야에 비해 상대적으로 부진한 편이다.

출판기획론 연구가 다른 분야에 비해 정체되어 있는 이유는, 출판기획론이 출판사업의 핵심 영역이어서 출판사에서 기밀서류로 특별관리하고 있어 자료 확보가 어렵기 때문이라고 분석할 수 있다.

향후 출판기획론 연구는 기존의 연구 성과를 바탕으로 출판물의 품질 향상과 출판문화산업 발전을 위한 출판기획전략과 출판기획자의 역량강화 방안을 심층적으로 연구해야 한다. 또한 출판기획은 대내외적인 출판환경에 좌우될 수밖에 없으므로 출판환경 연구 및 출판환경 변화에 따른 출판기획 연구도 활발하게 전개해야 한다.

■ 참고 문헌

강신욱(2008). 포스트모던 세대를 위한 기독교 출판사의 도서기획전략.『로고스경영연구』, 제6집 제2호.

강유화(2002).「국내 출판만화산업의 온라인 시장 분석 및 발전방안연구」, 세종대학교 대학원 석사학위논문.

공주영(2000).「화면책 출판에 있어 출판기획자의 업무 변화에 관한 연구」, 동국대학교 언론정보대학원 석사학위논문.

권재희(2006).「그림책 기획에서 제작완성에 관한 연구」, 숙명여자대학교 디자인대학원 석사학위논문.

금진우(1990).「출판 기획 과정에 있어서 Gatekeeping에 관한 연구」, 한양대학교 행정대학원 석사학위논문.

김경도(2004).「우리나라 고등학교 학습자료 출판 현황에 관한 연구」, 동국대학교 언론정보대학원 석사학위논문.

김기태(2010). 새로운 패러다임 구축을 위한 '출판'의 재개념화 연구.『한국출판학연구』, 제58호.

김재민(2013).「의학교재출판에서 전문출판기획자에 의한 기획출판 도입방안 연구」, 동국대학교 언론정보대학원 석사학위논문.

김선남(1995). 출판인의 역할지향 의식에 관한 Q방법론적 접근.『출판학연구』, 제37집.

김선남(1995).『출판기획방법론』, 일진사.

김양수(1982). 출판기획에서의 인지적 접근.『출판학연구』, 제25집.

김정숙(2006). U-북 콘텐츠 개발동향 분석 및 활성화 방안 연구.『한국출판학연구』, 제50집.

김진두(2004). 출판의 다른 매체 활용화 현상 연구.『한국출판학연구』, 제47집.

김진두·김창옥(2005). 한류를 이용한 도서의 수출 방안에 대한 연구.『한국출판학연구』, 제49집.

김현정(1997).「출판기획 업무 종사자의 의식구조에 관한 연구: 한국의 단행본 출판사를 중심으로」, 중앙대학교 석사학위논문.

남석순(2008). 디지털미디어 시대 출판콘텐츠 스토리텔링의 생산적 논의.『한국출판학연구』, 제55호.

남석순(2011). 출판콘텐츠의 다중 미디어 확산전략 연구: 스토리텔링 3방식을 중심으로.『한국출판학연구, 제61호.

노승권(2003).「출판잡지산업 경영합리화 방안연구: ISO 9001 도입을 중심으로」, 동국대학교 언론정보대학원 석사학위논문.

노병성(2010). 출판의 개념 변화에 관한 고찰.『한국출판학연구』, 제59호.

민병덕(1969). 출판학서설.『출판학』, 제1집.

민병덕(1989). 교과서 편집론(Ⅱ) 교과서의 기획과 집필.『교과서연구』, 제3호.

박라미(2006).「전문출판기획자에 의한 출판에 관한 연구: 단행본을 발행하는 출판사를 중심으로」, 동국대학교 언론정보대학원 석사학위논문.

박몽구(2005). 문화 변동과 한국 출판의 변화.『한국출판학연구』, 제48집.

박은지(2010).「어린이를 위한 국내 지식그림책의 미래설계: 전통문화콘텐츠를 활용한 시리즈물 출판 기획 전략을 중심으로」, 전남대학교 문화전문대학원 석사학위논문.

박혜원(2006).「좋은 그림책에 대한 출판기획자와 동화작가 및 유아기 자녀를 둔 부모와 유아교사의 인식 비교」, 건국대학교 석사학위논문.

변선웅(1970). 출판인.『출판학』, 제4집.

부길만(2013, 2015).『출판기획물의 세계사 1, 2』, 커뮤니케이션북스.

부길만(2014).『한국 출판의 흐름과 과제 1, 2』, 시간의물레.

부길만(2017).『출판학의 미래』, 일진사.

안춘근(1974a). 현대출판학연습(1권).『출판학』, 제19집.

안춘근(1974b). 현대출판학연습(2권).『출판학』, 제20집.

안춘근(1974c). 현대출판학연습(3권).『출판학』, 제21집.

안춘근(1974d). 현대출판학연습(4권).『출판학』, 제22집.

염문길(1969). 작가와 소설 출판.『출판학』, 제2집.

오경호(1985). 앞으로의 출판기획에 대한 제언.『출판학연구』, 제27집.

오경호(1987).『출판기획론』, 복지문화사.

오경호(1989). 사보기획안을 위한 소고.『출판학연구』, 제31집.

오경호(1994).『출판기획원론』, 일진사.

오경호(1994).『출판 커뮤니케이션론』, 일진사.

유귀훈(2002).『최신 사사 기획제작법』, 커뮤니케이션북스.

유윤명(2010).「요리책 베스트셀러 현황과 출판기획요인 연구」, 중앙대학교 신문방송대학원 석사학위논문.

유정규(2004).「외환위기 이후 한국 아동전집의 상품 특성 변화에 관한 연구: 아동전집의 6년간(1999-2004년) 경향 분석을 중심으로」, 동국대학교 언론정보대학원 석사학위논문.

윤세민(1994). 한국 기독교출판의 현황과 과제.『출판학연구』, 제36집.

윤옥란(2007).「우리나라 공무원 수험서 출판 현황에 관한 연구: 7·9급 국가직 공무원 수험서를 중심으로」, 동국대학교 언론정보대학원 석사학위논문.

윤재준(2016). 청소년 독서문화 개선을 위한 소셜미디어와 플랫폼을 활용한 출판기획 연구.『한국출판학연구』, 제42권 제4호.

윤형두(1988). 출판기획 소고.『출판학연구』, 제30집.

이기성(2002). 한국 출판 산업의 전망과 대책에 관한 연구: 유비쿼터스 시대의 OSMP 기획과 편집.『한국출판학연구』, 제44집.

이덕희(1997).「한국출판의 기획실태와 활성화방안 연구: 단행본 출판사의 기획업무를 중심으로」, 중앙대학교 신문방송대학원 석사학위논문.

이미옥(2000). 「유아용 전집의 출판기획과정에 관한 연구」, 서강대학교 언론대학원 석사학위논문.

이선정(2008). 「출판 패러다임 변화에 따른 출판기획인력의 자질 및 위상에 대한 연구: 전문출판기획자를 중심으로」, 중앙대학교 신문방송대학원 석사학위논문.

이유정(2007). 「과학기술도서 출판의 활성화 방안 연구: 교양 과학기술도서의 성공사례를 중심으로」, 중앙대학교 신문방송대학원 석사학위논문.

이인영(2003). 「스토리산업 활성화 방안에 관한 연구」, 세종대학교 언론문화대학원 석사학위논문.

이헌숙(2016). 「출판사 유형에 따른 작가확보방식 사례 연구」, 추계예술대학교 대학원 박사학위논문.

정복화(2000). 「해방 이후 한국 아동전집 출판에 관한 역사적 고찰: 아동전집 출판기획을 중심으로」, 동국대학교 언론정보대학원 석사학위논문.

정희선(2009). 「중국조선족 영상기록물을 활용한 u-Book 콘텐츠 기획·개발에 관한 연구: 『천리두만강』을 중심으로」, 한국외국어대학교 대학원 석사학위논문.

조은주(2010). 「아동도서의 스토리텔링에 관한 연구: 논픽션 기획물을 중심으로」, 동국대학교 언론정보대학원 석사학위논문.

주홍균(1998). 「한국 대학출판의 구조적 특성에 관한 연구: 조직과 기획을 중심으로」, 건국대학교 언론홍보대학원 석사학위논문.

최봉수(1997). 『출판기획의 테크닉』, 살림출판사.

최봉수(2003). 「출판 기획 프로세스의 경영기법 도입 연구: 6시그마를 통한 기획 프로세스 매뉴얼化 시론」, 동국대학교 언론정보대학원 석사학위논문.

최지현(2014). 「공감각적 관점을 활용한 아동 감각 그림책 기획 연구」, 숙명여자대학교 원격대학원 석사학위논문.

한국출판마케팅연구소(2002). 『출판기획』, 한국출판마케팅연구소.

홍미정(2006). 「중등 국어 학습 참고서에 나타난 교재 기획·편집의 경향 연구: (주)비유와상징 '한 권으로 끝내기 국어'를 중심으로」, 성균관대학교 대학원 석사학위논문.

황병국(1988). 중국학 도서 출판기획론: 기간본의 최근현황과 앞으로의 개발. 『출판학연구』, 제30집.

출판편집론에 대한 연구

한 주 리*

■■■

1. 머리말

편집 연구라 하면, 출판학 또는 편집학 내에서의 부문 구조를 가리키는 것인지 아니면 편집학 연구 중 편집을 주된 대상으로 통칭하는 것인지 모호할 수 있다. 한국의 경우에는 학문 분류 상 '편집학'이라는 명칭을 쓰지 않지만, 중국의 경우에는 모든 출판 활동의 뿌리가 편집으로부터 근원한다고 믿는다. 이로 인해 편집은 출판물의 조성과 보급, 이용에 이르기까지 핵심적인 요건으로 개입할 뿐만 아니라 출판과 관련된 제반 이론과 실제를 포괄하고 대표하는 성격을 띤다(이종국, 2004). 편집은 거시적 차원에서 문화 체계를 조직하는 주요 요건이며 인류의 문화 내용을 창의적으로 배열하는 지적 행위이다. 더불어 미시적 차원에서는 가공 매체 창출 과정에서 매체 조성 활동에 필수적으로 개입하는 창의적 부가행위라 할 수 있다.

영어의 editor는 라틴어의 editus에서 유래하였다. 즉, to give out(발표하다), to put forth (출판하다), to publish(발행하다, 공포하다)의 의미를 내포하였다(변성웅, 1970). 결국 편집은 '아이디어를 책이라는 형태로 변형시키는 것'이다. 이와 같이 내용이 구성되는 방식 중에서 편집활동은 출판활동에서 가장 핵심적인 역할을 해왔고, 다양한 내용 중 독자에게 필요한 컨셉에 맞추어 내용을 구성하는 행위 자체가 편집 행위라고 볼 수 있다.

본 연구는 편집과 관련한 연구에 대한 메타연구이기 때문에, 편집 자체가 무엇인가에 대한 내용은 제외하고 편집과 관련한 연구들이 어떻게 이뤄져 왔는지에 대해 살펴보는 데 그 목적이 있다. 이러한 목적 하에 본 연구에서는 출판관련 연구 중 출판편집에 대한 연구로 그 범위

---

* 서일대학교 교수

를 한정하고, 국내 모든 학술지에 게재된 논문을 검색 대상으로 삼았으며, 『한국출판학연구』에 게재된 논문과 석박사학위논문을 분석 대상으로 삼았다.

2. 『한국출판학연구』에서의 출판편집 연구에 대한 고찰

한국출판학회 학술지인 「한국출판학연구」는 한국출판학회가 1968년에 『출판학』이라는 제호로 창간하여, 1집부터 19집까지 이어서 현암사에서 출판되었다. 이후 1974년부터 『출판학』 20집을 1권 1호로 하여 22호까지 현암사에서 출간하였다. 한국출판학회의 학술지는 1981년 23호에 제호를 『출판학논총』으로 출판한 후, 1982년 24호부터는 『출판학연구』라는 제호로 변경하여 범우사에서 출간되었다. 2000년 42호부터 『한국출판학연구』라는 제호로 변경되어 오늘에 이른다.

출판편집에 관련한 논문은 총 19편이다. 편집기획과 편집디자인을 제외하고 출판편집과 관련한 연구에 국한하였다. 『한국출판학연구』의 편집에 대한 연구 목록은 〈표 1〉과 같다.

〈표 1〉 출판편집 논문 목록(한국출판학연구)

연번	연도	저자	제목	발행지	발행호	페이지
1	1970	변선웅	편집론 소고	출판학	3집	31~44
2	1973	한상협	기고 : 제1회 출판연수강좌 수강기	출판학	18집	26~28
3	1974	이용진	편집다양성 결여-「월간문학」	출판학	19집	68~70
4	1974	안춘근	현대출판학연습 2권 제3장 편집실제	출판학	20집 (1권 1호)	33~38
5	1974	안춘근	현대출판학연습 3권 제3장 편집실제	출판학	21집 (1권 2호)	29~36
6	1974	안춘근	현대출판학연습 4권 제3장 편집실제	출판학	22집 (1권 3호)	42~51
7	1984	이강수	圖書出版의 專門性에 대한 考察	출판학연구		179~201
8	1986	전영표	教科書의 編輯 體裁 論究 : 中·高校 2種敎科書를 중심으로	출판학연구		224~239
9	1987	민병덕	著作權仲介業務와 編輯者의 役割	출판학연구		172~184
10	1995	김경일	DTP의 현황과 전망에 관한 연구	한국출판학연구	33호	33~45
11	2000	심국방	中國에서의 編輯學 硏究 現況	한국출판학연구	42호	381~393

12	2001	李鍾國	編輯·出版學專攻 선발에 관한 論議: 中國 南開大學의 경우	한국출판학연구	43호	381~418
13	2002	李鍾國	教科書에 反映된 出版教育에 관한 研究: 編輯(엮기) 教育에의 指向을 중심으로	한국출판학연구	44호	421~475
14	2002	이기성	한국 출판 산업의 전망과 대책에 관한 연구: ubiquitous 시대의 OSMP 기획과 편집	한국출판학연구	44호	305~336
15	2004	李鍾國	出版學과 編輯研究의 相關性: 中國에서의 出版學과 編輯學 研究傾向을 중심으로	한국출판학연구	46호	215~259
16	2005	조도현	미디어 환경의 변화에 따른 CTS의 새로운 포지셔닝에 관한 연구	한국출판학연구	49호	253~282
17	2009	한주리	한국 출판편집자들의 사회적 지위에 대한 탐색적 연구: 중국, 일본, 한국의 사례를 중심으로	한국출판학연구	56호	425~463
18	2010	이완수, 이제영, 임윤선	편집출판에 대한 문화 간 커뮤니케이션 연구: 한국과 중국 대학생 집단의 주관적 인식을 중심으로	한국출판학연구	59호	185~212
19	2013	김은규	1920/30년대 근대 취미독물 잡지 「별건곤」을 통한 개벽사의 매체 발행 전략에 대한 연구: 발행 주제, 편집 방향, 발행 체제를 중심으로	한국출판학연구	65호	5~34

편집관련 연구를 보면, 출판학 연구가 1960년대에서 1970년대는 소수 연구자를 중심으로 이루어졌고 『출판학』에서 다뤄지는 형태도 현재의 논문 형태와는 다소 다르게 에세이나 도서의 집필 형태로 기술되었다. 이후 1980년대부터 중앙대 신문방송대학원 석사과정에 출판 전공이 개설되고, 경희대 언론정보대학원 등 전문대학원에 출판 전공이 개설되면서 다양한 연구가 나타나기 시작하였다.

1982년 24호부터 한국출판학회는 『출판학연구』라는 제호로 변경하여 지면수를 확대하면서 출판학에 대한 연구가 더욱 활성화되었다. 또한 그 영역에 있어서도 전자출판 뿐만 아니라 AR이나 VR, transmedia 등 다양한 분야로 확장되어왔다.

그 중 『출판학』에서 편집관련 연구의 내용면에서 살펴보면, 변선웅(1970)의 편집론 소고에서 최초로 편집이란 무엇인가, 편집의 목적, 편집자의 역할, 편집자의 자격, 편집자의 파트너, 편집자의 책선반이라는 내용을 다양한 해외문헌 등을 토대로 체계적으로 정리하였다. 편집자는 출판을 위한 원고검토, 출판원고 관리, 아이디어의 형체화, 원고 편집 등을 하는 역할을 하며, 자료 정리와 분석, 고도의 추리, 판단력을 갖추고 유능한 능력을 가지고 있는 전문지식 소유자여야 한다고 말하고 있다. 이 연구에서 편집과 편집자에 대해 포괄적이며 자세한 내용을 총괄한 데 의의가 있다.

한상협(1973)의 기고문에서는 대한출판문화협회에서 주최한 제1회 편집연수강좌(1973. 8. 20~25)에서 하루에 두 강좌씩 진행된 내용에 대해 수강한 후 내용을 정리하였다. 연수내용은 책이란 무엇인가, 저작권법과 출판, 기획론, 틀리기 쉬운 한자지식, 편집 일반론, 색도인쇄와 그 교정법에서부터 틀리기 쉬운 띄어쓰기 등 출판편집과 관련한 전반적인 지식을 알 수 있는 형태로 운영되었음을 알 수 있다.

이용진(1974)은 잡지편집의 다양성 결여에 대한 견해를 담은 내용을 정리하였다. 잡지도 매스미디어의 일종으로서 현대생활의 정보 및 교육, 오락 등에 미치는 공헌이 지대하기 때문에 잡지의 사명은 현대생활의 수단으로서 그 목적을 다하기 위해 정성어린 편집자의 성의가 깃들어야 하겠다고 강조하고 있다. 이러한 관점에서 「월간문학」에 대한 보도의 기능, 교육성, 오락성, 편집에 대해 정리하면서 독자를 의식하고 그들의 요구가 무엇인지를 항상 염두에 두고 생각하는 편집자의 자세가 절실히 요구된다고 결론짓고 있다.

안춘근(1974)은 현대출판학연습 2권, 3권, 4권에 걸쳐 각 3장에서 편집실제에 대해 다루었다. 2권에서는 광고선전에 대해 다루면서, 출판광고는 책이 문화의 깃발이기 때문에 광고문안을 비롯한 도안 등이 보다 미적이며 고상해야 할 것이고, 광고의 크기와 도수 등 비용의 한계문제가 있다고 밝혔다. 또한, 당시의 출판광고가 다른 상품과 별로 다를 것이 없을 정도로 미적이라기보다는 선정적인 것이 있는가 하면, 문안 또한 저속한 문구를 나열하거나 허구에 가득한 독자를 속이는 내용이 더러 있다는 점에서 문제의식을 드러냈다.

3권에서는 저작권 설정문제에 대해 다루고 있는데, 신문이나 잡지에 원고를 기고했을 때 원고료를 지불했으니 원고가 신문사나 잡지사의 소유로 생각하기 쉬우나 원칙적으로 원고란 물질적인 것으로 한정되는 것이 아니고, 정신적으로도 그것이 정당하게 공표되어야 할 권리가 있으므로, 원고는 고료만으로 해결된 것이 아님을 밝히고 있다.

『출판학연구』에서는 이강수(1984)가 도서출판의 전문성에 대한 고찰을 하였으며, 전영표(1986)는 중고교 2종 교과서를 중심으로 교과서의 편집 체제에 대해 연구하였고, 민병덕(1987)은 저작권중개업무와 편집자의 역할에 대해 살펴보았다.

『한국출판학연구』에서는 보다 다양한 측면에서 편집에 대한 연구가 진행되어 왔다. 김경일(1995)은 DTP의 현황과 전망에 관한 연구에서 Desk Top Publishing에 대해 연구하면서 그 의미와 현황을 살펴본 후, DTP에 대한 추후 전망을 밝혔다. 심국방(2000)은 중국에서의 편집학에 대해 편집학 이론 범위에 대한 연구, 편집의 창조성 문제, 편집과 저자의 관계와 편집학자화 문제, 편집 법칙 문제, 편집학의 학술성 문제, 편집실 업무에 대한 연구 등을 폭넓게 살펴보았다. 중국의 경우 1940년대에 『편집학』이 출판되면서 처음으로 편집학 개념이 제기되었으며, 1980년대에 이르러 편집학 연구가 활발하게 진행되었음을 알 수 있다.

이종국(2001, 2002, 2004)은 편집과 관련하여 오랜 기간 동안 연구를 거듭해 왔는데, 편집출판학전공 선발에 관한 논의를 중국남개대학의 사례로 파악하였으며, 이를 통해 출판의 역할이 무엇이어야 하는가에 대해 고찰하였고 책의 형식과 이용방법이 변화될 뿐이지 본질은 결코 바뀌지 않을 것이라는 확신을 제시하였다. 또한 교과서에 반영된 출판교육에 관한 연구를 통해 편집교육이 지향점에 대해 논의하였으며, 출판학과 편집연구의 상관성에 대해 정리한 바 있다. 이기성(2002)은 Ubiquitous 출판 시대에서는 디스크책과 화면책을 어떻게 편집하고 제작하는가를 아는 것이 중요하며, 제작방법을 알아서 종이책, 디스크책, 화면책의 장점을 이용하여 원고로 출판할 책은 종이책, 디스크책, 화면책 중 어떠한 매체에 담는 것이 적당한지 선택하는 출판 기획능력(OSMP)이 중요하다고 강조하였다.

조도현(2005)은 미디어 패러다임의 전개, CTS(Computerized Typesetting System)의 발전과 미디어 환경의 변화, 멀티미디어 편집으로서 CTS이 새로운 포지셔닝에 대해 고찰하였다. 미디어환경의 변화 속에서 가장 비중이 큰 것이 다양하고 전문화된 콘텐츠의 지속적 공급이라고 보고, 콘텐츠를 다양한 미디어에 적용하여 연동적으로 사용함으로써 부가가치를 극대화해야 할 것으로 보았다. 한주리(2009)는 디지털 정보기술의 급속한 발전은 출판환경의 구조적 변화와 개인 및 조직의 변화를 초래했으며, 편집기획자를 중심으로 하는 임프린트 출판형태가 나타나고, 제작환경의 디지털화가 진행되는 환경적 변화를 파악하였다. 2000년대 이후 콘텐츠가 더욱 중요해지는 시점에서 편집자의 역할 및 능력이 중요 변수임에 주목하였으며, 한국 출판편집자들의 사회적 지위가 어떠한가에 대해 중국, 일본, 한국 간 비교를 통해 파악하는 탐색적 연구를 진행하였다. 유연전문화 과정의 도입으로 출판계에서 개별 편집자에게 요청되는 능력 및 기술은 점차 많아지는데 비해 그에 따른 처우 및 인식이 다른 비교 국가에 비해 좋지 않음을 밝혀내면서 그 사회적 지위가 보다 향상되어야 할 필요성을 제기하였다. 이완수·이제영·임윤선(2010)은 편집출판에 대한 문화 간 커뮤니케이션 연구를 통해 한국과 중국 대학생들은 문화적 배경이 상이해도 적어도 출판물에 대해서는 서로 동질적인 인식체계를 갖고 있으며, 한국 출판업계의 한계점에 대한 비판적 시각에서도 큰 차이를 보이지 않음을 파악했다. 이를 토대로 편집출판물이 이문화 간 커뮤니케이션 수단으로 유용한 기능을 한다는 점을 제시하였다.

김은규(2013)는 3.1운동 이후 일제가 문화통치를 표방하여 조선인의 언론활동을 다소나마 허용한 시기인 1920/30년대 취미독물을 표방하며 발행된 근대잡지 「별건곤」의 매체 발행전략을 고찰하였다. 해당 시기를 1기, 2기, 3기로 나누어 시기별 발행호의 주요 특성 및 매체전략을 검토하였다.

이상에서 한국출판의 편집 분야에 대한 연구를 역사적으로 고찰한 결과, 『출판학』, 『출판학

연구』, 『한국출판학연구』에 수록된 편집관련 연구를 보면 초창기 『출판학』에는 편집의 정의, 목적, 편집자의 역할, 편집강좌 수강기, 잡지편집, 출판광고, 저작권설정 문제 등과 같이 편집이 무엇인가에 대한 본질적인 논의에 주목하고 그것이 제대로 기능하기 위한 관련 연구가 이뤄졌음을 알 수 있다.

그 이후 『출판학연구』 시기에는 도서출판의 전문성, 교과서 편집체제, 저작권 중개업무와 편집자 역할 등 편집에서 보다 세분화된 분야에 대한 연구로 후속연구가 진행되었음을 알 수 있다.

『한국출판학연구』로 접어든 1990년대 시기부터는 보다 다양한 형태의 연구가 이뤄져 왔는데, 이 시기부터 DTP, CTS, 디스크책, 화면책, OSMP 등과 같이 기술의 변화에 따른 편집의 변화에 대한 내용이 기술변화 시기마다 등장하고 있음을 알 수 있다. 또한 한국의 출판편집에 관한 분석을 중국, 일본 등과 비교하는 사례분석을 통해, 한국의 해당 시기 상황 및 여건 등을 보다 객관적으로 파악하고자 하는 연구들이 진행되었다. 이 외에도 한국 출판편집자들의 지위를 주변 국가들 간의 비교연구를 통해 탐색한 연구 뿐만 아니라 한국출판물에 국가 간 대한 인식 차이를 파악하는 연구, 잡지 발행의 매체 발행 전략 분석까지 다양한 연구주제가 등장하였음을 알 수 있다.

3. 학위논문에서의 출판편집 연구에 대한 고찰

학위논문 연구 결과를 도출하기 위해 2018년 6월 현재 국회도서관 소장 연구 자료에서 '출판'과 '편집'이라는 키워드로 검색을 하였으며, 검색된 국회도서관 자료는 학위논문이 12편이다. 학위논문의 경우에도 편집기획과 편집디자인을 제외하고 출판편집과 관련한 연구에 국한하였다. 학위논문의 편집에 대한 연구 목록은 〈표 2〉와 같다.

〈표 2〉 출판편집 논문 목록(학위논문)

연번	연도	저자	제목	발행처	학위구분
1	1994	尹世珉	기독교출판 편집인의 의식구조에 관한 연구	중앙대학교 신문방송대학원	석사학위
2	1995	張榮花	초기 개신교의 출판 활동에 관한 연구: 출판사와 편집자의 역할을 중심으로	중앙대학교 신문방송대학원	석사학위
3	1995	임애경	여성 출판편집인력의 의식구조에 관한 연구	중앙대학교 대학원	석사학위
4	1996	李笑英	출판사 임시편집직의 인력 활용 연구	동국대학교 대학원	석사학위

5	1998	최희정	출판산업 노동시장의 특성에 관한 연구: 대형 출판사 편집인력의 노동이동을 중심으로	서강대학교 언론대학원	석사학위
6	2003	이주영	출판 편집인들의 교정에 관한 인식 조사 연구	경희대학교 언론정보대학원	석사학위
7	2004	박선주	실버출판의 현황 및 전망에 관한 연구: 출판사 편집자 인식을 중심으로	서강대학교 언론대학원	석사학위
8	2004	홍윤기	CTP 인쇄 시스템에 대한 출판 편집인의 인식 구조 및 활용방안 연구	중앙대학교 신문방송대학원	석사학위
9	2005	윤광원	국정 교과용 도서 편찬 시스템에 따른 편집자 역할에 관한 연구	건국대학교 언론홍보대학원	석사학위
10	2008	최경주	도서출판 편집자의 직무만족에 관한 연구: ERG 이론을 중심으로	중앙대학교 신문방송대학원	석사학위
11	2009	안명숙	출판 콘텐츠 산업의 국제 경쟁력 향상을 위한 편집자 의식조사 연구	건국대학교 언론홍보대학원	석사학위
12	2015	김훈범	國定 圖書 編輯者의 職務 滿足度 實態와 意識에 關한 硏究	동국대학교 언론정보대학원	석사학위

편집관련 학위논문을 살펴보면, 1980년대부터 중앙대 신문방송대학원 석사과정에 출판 전공이 개설되고, 경희대 언론정보대학원 등 전문대학원에 출판 전공이 개설되면서 다양한 연구가 나타나기 시작하였다. 석사학위과정에서 연구주제로 출판편집과 관련한 내용을 담고 있음을 알 수 있다.

출판편집관련 학위논문을 내용면에서 살펴보면, 윤세민(1994)은 기독교출판 편집인의 의식구조에 관한 연구를 진행하였고, 장영화(1995)는 초기 개신교의 출판 활동에 관한 연구를 출판사와 편집자의 역할을 중심으로 파악하였다. 이 연구들은 기독교 관련 출판황동 및 출판편집인에 대한 분석이 주를 이루고 있다.

임애경(1995)은 여성 출판편집인력의 의식구조에 대해 파악하였으며, 이소영(1996)은 출판사 임시편집직의 인력 활용 연구를 진행하였고, 최희정(1998)은 출판산업의 노동시장의 특성에 대해 대형 출판사 편집인력의 노동이동을 중심으로 파악하였다. 이 연구들에서는 여성 출판편집인력, 임시편집인력, 편집인력의 노동 이동 등 편집자의 역할과 인력 활용에 대한 내용에 관심을 기울이고 있음을 알 수 있다.

이주영(2003)은 출판 편집인들의 교정에 관한 인식 조사를 파악하였고, 박선주(2004)는 실버출판의 현황 및 전망에 관하여, 출판사 편집자의 인식을 중심으로 살펴보았다. 홍윤기(2004)는 디지털 기술의 발전과 전자출판 환경 변화 속에서 프리프레스(PrePress) 분야의

CTP(Computer to Plate) 인쇄 시스템 도입에 대한 출판 편집인의 인식 구조 및 활용방안에 대해 파악하고자 했다. 고가의 CTP인쇄판 가격, 잦은 수정에 의한 CTP운영의 비효율, 디지털 워크프로우에 대한 경험부족, 출판편집인의 디지털 교정에 관한 인식 부족 등을 제시하고, 인쇄회사, 출판편집자 등에 대한 연구를 기반으로 국내 인쇄출판산업의 CTP 활용전망과 발전방향을 제시하였다.

윤광원(2005)은 국정 교과서의 정의 및 출판환경 변화에 대해 파악하면서, 국정 교과용 도서의 편집시스템에 따른 편집자의 인식 구조를 살펴보고 이를 바탕으로 활용방안을 제시하였다. 최경주(2008)는 도서출판 편집자의 직무만족에 대한 연구를 진행하면서 국내 출판계 편집자의 직무, 근무환경 변화, 직무만족에 영향을 미치는 매슬로우(Maslow)의 욕구계층이론, 허즈버그(Herzberg)의 2요인 이론, 알더퍼(Alderfer)의 ERG이론 등에 대해 살펴보았다. 이 중 ERG이론을 토대로 존재욕구, 성장욕구, 관계욕구에 대해 파악하였다. 안명숙(2009)은 출판 콘텐츠 산업의 국제 경쟁력 향상을 위해 출판 콘텐츠 산업에서의 편집자의 기능과 역할을 파악하였고, 출판산업 편집자 전반의 기획능력, 편집자의 외국어 구사능력, 경영자의 재교육 참가 및 해외진출을 위한 마케팅 전략 등 출판산업 종사자의 업무와 관련된 인식을 조사하였다. 이를 토대로 학력, 경력, 직급, 회사 규모 등에 따른 출판산업 종사자의 국제경쟁력에 대한 인식을 파악하였다.

김훈범(2015)은 국정 도서의 의의와 현황, 발행절차 등을 토대로 출판 편집자의 직무 및 의식조사를 통해 직무만족도 실태를 파악하였다. 이를 통해 편집자의 전문성 진단 및 교육 실태와 직무만족도 간의 관련성을 살펴본 후, 국정도서 편집자의 직무만족도 및 전문성 향상 방안을 제시하였다.

이상에서 파악한 출판편집 관련 학위논문들의 특징을 살펴보면, 주로 출판편집인의 인식과 관련한 부분에 관심을 가지고 연구하였음을 알 수 있다. 특히 여성편집인이 많은 출판계의 특성상 여성 편집자에 대한 인식 조사가 이뤄졌으며, 일반 도서출판뿐만 아니라 교과용 도서출판 영역에서의 편집자의 직무만족도 및 전문성에 대한 연구가 진행되어 왔음을 알 수 있다.

또한 기술발전에 따른 새로운 환경에서 편집자의 인식 변화와 더불어 국제경쟁력 강화라는 측면에서의 인식도 파악하는 연구가 수행되었다. 이러한 특징은 해당연구를 진행한 연구자들이 해당 출판 분야에 종사하는 대학원생이었고, 현장에서의 경험을 토대로 연구주제를 선정하고 진행한 데서 기인한 것으로 추정할 수 있다.

4. 기타 저널에서의 출판편집 연구에 대한 고찰

기타 저널에서 출판 편집과 관련한 연구 결과를 도출하기 위해 2018년 6월 현재 국회도서관 소장 연구 자료에서 '출판'과 '편집'이라는 키워드로 검색을 하였으며, 검색된 국회도서관 기타 저널 자료는 12편이다. 기타 저널의 경우에도 편집기획과 편집디자인을 제외하고 출판편집과 관련한 연구에 국한하였다. 기타 저널의 편집에 대한 연구 목록은 〈표 3〉과 같다.

〈표 3〉 출판편집 논문 목록(기타 저널)

연번	연도	저자	제목	발행지	발행호	페이지
1	1994	주경화	논단 : 신문매체의 출판기사 보도 편집 경향에 관한 연구	출판잡지연구	3권 1호	83~102
2	1997	남석순, 황민선	논단 : 전자출판물제작에 있어 편집자의 역할	출판잡지연구	5권 1호	141~159
3	2000	이종국	출판 연구에 있어 편집의 위상에 관한 연구 : 출판학의 연구 대상으로 본 편집과 그 성격을 중심으로	인문사회과학 논문집	26호	117~148
4	2001	박암종	논단 : 문화교양지 「뿌리깊은 나무」의 편집및 디자인 연구	출판잡지연구	9권 1호	125~153
5	2006	전영표, 김숙현, 부길만, 이창경	출판인쇄편집기호(出版印刷編輯記號) 및 교정기호표준화연구(校正記號標準化研究)	출판잡지연구	14권 1호	1~44
6	2007	전영표	문화표준정책(文化標準政策)과 편집(編輯) 용어(用語)의 표준화(標準化) -책의 내(內), 외(外) 명칭(名稱)과 판면(版面), 편집용어(編輯用語) 중심(中心)	출판잡지연구	15권 1호	5~51
7	2008	윤광원	논단(論壇) : 국정교과용(國定教科用) 도서편찬(圖書編纂) 시스템과 편집자(編輯者)의 역할(役割) 연구(研究)	출판잡지연구	16권 1호	84~126
8	2010	금창연, 오성상, 박몽구, 문연주	론단(論壇) : 편집교정사(編輯校正士) 자격제도시행(資格制度施行)에 관한 연구(研究)	출판잡지연구	18권 1호	7~102

9	2013	박진영	편집자의 탄생과 세계문학이라는 상상력	민족문학사 연구	51권	423~453
10	2014	김훈범	국정(國定) 도서(圖書) 편집자(編輯者)의 직무(職務) 만족도(滿足度) 실태(實態)와 의식(意識)에 관(關)한 연구(研究)	출판잡지연구	22권	171~196
11	2016	박슬기	편집자 최남선과 『소년』이라는 매체-심급	사이(間SAI)	20권	87~112
12	2017	임효례	중국 고등학교 국어교과서 수록 문학작품 편집 분석	출판잡지연구	25권 1호	109~155

〈표 3〉에서 조사한 저널은 일반논문지까지 포함하였으며, 『출판잡지연구』에 수록된 논문이 가장 많은 비중을 차지하였고, 그 외에 『민족문학사연구』, 『인문사회과학 논문집』, 『사이』 등에서 연구가 수행되어 왔다.

출판편집관련 기타 저널의 내용을 살펴보면, 주경화(1994)는 신문매체의 출판기사 보도·편집 경향에 관한 연구를 수행하였는데, 출판기사 보도 빈도 및 편집 지면을 단행본, 잡지, 출간소식, 출판기념회 등과 같은 책소개와 인터뷰, 출판경향 및 판매동향, 해외출판, 독자정보, 출판계소식, 저작권, 학술, 서평 등의 카테고리로 분류하였다. 이를 다시 보도기사, 피처기사, 의견기사로 재분류하고 월별 보도빈도 및 편집 면적 평균치도 비교분석을 통해, 출판기사의 개선방향을 제시하였다. 남석순·황민선(1997)은 전자출판물(CD-ROM) 제작이라는 환경 변화 속에서 전자출판물 제작 단계 중 기획의 과정이라 볼 수 있는 준비, 계획, 설계 단계에 있어 편집자가 어떠한 역할을 해야 하는지에 대해 조명하였다. 전자출판물의 특징을 멀티미디어 구현, 상호작용성, 하이퍼텍스트 지원 등으로 파악하고, 전자출판물 구성요소로 문자정보, 그래픽과 이미지 정보, 소리 정보 애니메이션 정보, 동영상 정보, 메뉴와 아이콘 등으로 파악하였다. 이를 바탕으로 인터페이스 설계, 스토리보드 작성 등 편집자의 역할변화 등 전자출판물 편집자에게 요구되는 역할은 다양할 뿐만 아니라 부담도 크다는 점을 제시하였다.

이종국(2000)은 출판학의 연구 대상으로 본 편집과 그 성격을 중심으로 하여, 출판 연구에 있어 편집의 위상에 관한 연구를 수행하였다. 학문으로서의 출판학과 그 관점에서 바라본 편집의 성격이 무엇인가를 규정하고, 출판학으로서 편집의 위상은 어떠한지 제시하였다. 박암종(2001)은 문화교양지 「뿌리깊은 나무」의 편집 및 디자인 연구를 진행하면서 전문 사진기자 활용, 독특한 광고 개발, 문화이벤트 출판사업 전개 등 시사점을 도출하였다. 특히 「뿌리깊은 나무」사는 잡지에 게재된 좋은 기사 자료들을 모아 단행본으로 만들어내는 사업방법을 본격적으로 실시하여 『한국 민화의 멋』, 『털어 놓고 하는 말』, 『이땅의 이 사람들』과 같은 시대상을 반영한 도서를 출간하였음을 알 수 있다.

전영표·김숙현·부길만·이창경(2006)은 출판인쇄편집기호 및 교정기호 표준화연구를 진행하였다. 이를 통해 편집기호 표준화의 필요와 범위를 제시하였고, 편집기호 54종의 명칭 및 적용범위를 검토하여 편집 기호안을 마련하였다. 전영표(2007)는 정보매체의 범람으로 종이책이 겪고 있는 문제점과 책의 제작 과정에서 꼭 지켜나갈 몇 가지 편집형식을 열거하면서, 문화표준정책과 편집 용어의 표준화를 책의 내, 외 명칭과 편면, 편집용어를 중심으로 연구하여 제시하였다. 윤광원(2008)은 국정교과용 도서편찬 시스템과 편집자의 역할연구에서 연구·개발자와 편집자 간의 관계 인식 조사, 교과서 발행 시스템에서의 편집자의 역할, 제도적 문제, 교과서 개발 기간 문제, 편집자의 능력 문제 등 다각도로 파악하였다.

금창연·오성상·박몽구·문연주(2010)는 편집교정사 자격제도 시행에 관한 연구를 수행하면서 편집교정의 중요성 및 전문성에 대한 관점 재정립 필요성, 편집교정의 전문 직능을 확립하기 위한 교육 및 검정제도의 필요성, 뉴미디어 시대의 편집교정에 대한 관점 재정립 필요성 등을 정리하였고, 편집 교정 교육에 대한 니즈, 업종별 편집교정사 자격 제도에 대한 기대 등을 설문조사를 통해 파악하였다. 또한 여성 인력의 비중이 큰 산업임을 다시 한번 확인하였고, 고학력자이면서도 예비군으로 남아 있는 여성 인력을 계발하고 수용하는 데 매우 중요한 산업임을 피력하였다. 박진영(2013)은 식민지 시기의 앤솔러지와 세계문학전집의 성격에 대한 실증적인 고찰을 통해 전문적인 편집 및 번역 주체의 탄생, 세계문학이라는 관념의 형성 경로와 역사성을 추척한 연구를 진행하였다. 세계문학에 대한 의식과 보편적 교양의 욕망을 집대성한 세계문학전집은 편집자의 기획 및 편성 역량, 번역가의 태도, 출판자본의 투자 등에 의해 좌우되었음을 밝혀냈다. 이 연구를 통해 편집자의 탄생과 번역을 통한 세계문학이라는 상상력의 성격을 제시하였다.

김훈범(2014)은 국정 도서 편집자의 직무 만족도 및 실태와 의식에 대한 연구를 수행하였고, 교과용 도서 편집자의 후생 복리에 대해 전문지식 습득, 지식의 보급과 교육 참여, 사회적 지위의 안정, 업무의 적성 등의 만족도를 파악하였다. 또한 급여, 승진, 업무 시간, 업무량, 후생 복리에 대한 만족도 조사에서 약간 불만과 매우 불만의 비중이 상당히 높음을 알 수 있었으며, 이를 토대로 만족도 향상방안을 제시하였다. 박슬기(2016)는 한국 근대 문학과 문화의 성립기인 1910년대 최남선이 담당했던 편집자로서의 역할과 중대성에 대해 논의하면서, 그가 '출판물로 구성된 문화'로서의 '근대'를 생성하는 데 중추적으로 담당한 역할에 대해 고찰하였다.

임효례(2017)는 중국 고등학교 국어교과서 수록 문학작품 편집 분석을 통해 고등학교 단계의 국어교과서 개발편집을 이해하는 데 도움을 제공하였다. 중국도 국어교과서 편집에 있어서 '국정제'에서 '검인정제' 도입으로 바뀌었고 8종의 고등학교 국어교과서가 자유선택에 의해 각 지역에서 사용되고 있다. 이 연구를 통해 중국의 8종 국어교과서 문학작품 수록 상황을 시대별 장르별, 작가별로 비례 분석하였다.

이상에서 일반 논문지에 수록된 출판편집 관련 논문을 살펴본 결과, 일부 논문은 석사학위 논문을 요약하여 게재하는 방식을 취하고 있었다. 그 외에 주제에 있어서는 신문의 보도·편집 경향, 전자출판물 제작 단계에서의 편집자의 역할, 출판학의 연구 대상과 편집의 위상, 잡지의 콘텐츠에 기반한 도서 출간 사례 연구, 출판인쇄편집기호 및 교정기호의 표준화 연구, 국정 교과용 도서편찬에서의 편집자에 대한 인식연구 및 직무만족도 연구, 편집교정사 자격제도 시행에 대한 연구 등 다양한 주제의 연구가 수행되어 왔음을 알 수 있었다.

5. 결론을 대신하여

본 연구에서는 출판의 영역에서 가장 핵심적인 역할을 수행하는 편집활동과 관련하여, 출판학 연구 50년사에서 어떠한 관련 연구들이 이뤄져 왔는지에 대해 파악한 메타연구 방식을 취하였다. 이를 통해 지금까지 출판편집과 관련된 연구들이 얼마나 어떻게 이뤄져 왔는지를 파악하였다. 출판관련 연구 중 출판기획과 출판디자인에 대한 논문은 제외하였고, 출판편집에 대한 연구로 그 범위를 한정하였다. 본 연구를 통해 출판관련 연구 중 출판편집에 대한 연구를 국내 모든 학술지에 게재된 논문, 『한국출판학연구』에 게재된 논문과 석박사학위논문을 분석한 결과를 다시 한 번 정리하면 다음과 같다.

첫째, 『출판학』, 『출판학연구』, 『한국출판학연구』에 수록된 편집관련 연구에서는 그 역사적 깊이에 의해 초창기의 편집의 정의, 편집의 정의, 목적, 편집자의 역할, 편집강좌 수강기, 잡지편집, 출판광고, 저작권설정 문제 등과 같이 편집이 무엇인가에 대한 본질적인 논의에 주목하고 그것이 제대로 기능하기 위한 관련 연구가 『출판학』에서 이뤄졌음을 알 수 있다. 그 이후 『출판학연구』 시기에는 도서출판의 전문성, 교과서 편집체제, 저작권 중개업무와 편집자 역할 등 편집에서 보다 세분화된 분야에 대한 연구로 후속연구가 진행되었음을 알 수 있다. 1990년대에 『한국출판학연구』로 접어든 시기부터는 보다 다양한 형태의 연구가 이뤄져 왔는데, 이 시기부터 DTP, CTS, 디스크책, 화면책, OSMP 등과 같이 기술의 변화에 따른 편집의 변화에 대한 내용이 기술변화 시기마다 등장하고 있음을 알 수 있다. 또한 한국의 출판편집에 관한 분석을 중국, 일본 등과 비교하는 사례분석을 통해, 한국의 해당 시기 상황 및 여건 등을 보다 객관적으로 파악하고자 하는 연구들이 진행되었다. 이 외에도 한국 출판편집자들의 지위를 주변 국가들 간의 비교연구를 통해 탐색한 연구 뿐만 아니라 한국출판물에 대한 국가 간 인식 차이를 파악하는 연구, 잡지 발행의 매체 발행 전략 분석까지 다양한 연구주제가 등장하였음을 알 수 있다.

둘째, 출판편집 관련 학위논문들은 주로 출판편집인의 인식과 관련한 부분에 관심을 가진 연구가 많았다. 또한, 여성편집인이 많은 출판계의 특성 상 여성 편집자에 대한 인식 조사가 이 뤄졌으며, 일반 도서출판 뿐만 아니라 교과용 도서 출판 영역에서의 편집자의 직무만족도 및 전문성에 대한 연구가 진행되어 왔다. 이와 더불어 기술발전에 따른 새로운 환경에서 편집자의 인식 변화와 더불어 국제경쟁력 강화라는 측면에서의 인식연구도 수행되었다.

셋째, 일반 논문지에 수록된 출판편집 관련 논문 중 일부 논문은 석사학위논문을 요약하여 게재하는 방식을 취하고 있었다. 주제에 있어서는 신문의 보도·편집 경향, 전자출판물 제작 단계에서의 편집자의 역할, 출판학의 연구 대상과 편집의 위상, 잡지의 콘텐츠에 기반한 도서 출간 사례 연구, 출판인쇄편집기호 및 교정기호의 표준화 연구, 국정 교과용 도서편찬에서의 편집자에 대한 인식연구 및 직무만족도 연구, 편집교정사 자격제도 시행에 대한 연구 등 다양한 주제의 연구가 수행되어 왔음을 알 수 있다.

이처럼 과거부터 수행된 다양한 출판편집 관련 연구가 있었기에 후속 연구가 가능했고, 현재 수행되고 있는 관련 연구를 바탕으로 후대의 연구가 이뤄질 것이다. 그렇기에 출판의 현재는 과거를 반추하고 미래를 바라보는 또 다른 시작이 될 것이라 믿는다.

■ 참고 문헌

금창연, 오성상, 박몽구, 문연주(2010). 편집교정사 자격제도시행에 관한 연구. 『출판잡지연구』, 18권 1호, 7~102쪽.

김경일(1995). DTP의 현황과 전망에 관한 연구. 『한국출판학연구』, 33~45쪽.

김은규(2013). 1920/30년대 근대 취미독물 잡지 〈별건곤〉을 통한 개벽사의 매체 발행 전략에 대한 연구: 발행 주제, 편집 방향, 발행 체제를 중심으로. 『한국출판학연구』, 제39권 제2호, 5~34쪽.

김훈범(2014). 국정 도서 편집자의 직무 만족도 실태와 의식에 관한 연구. 『출판잡지연구』, 22권 1호, 171~196쪽.

김훈범(2015). 「국정 도서 편집자의 직무 만족도 실태와 의식에 관한 연구」. 동국대학교 언론정보대학원 석사학위논문.

남석순, 황민선(1997). 전자출판물제작에 있어 편집자의 역할. 『출판잡지연구』, 5권 1호, 141~159쪽.

박선주(2004). 「실버출판의 현황 및 전망에 관한 연구: 출판사 편집자 인식을 중심으로」, 서강대학교 언론대학원 석사학위논문.

박슬기(2016). 편집자 최남선과 『소년』이라는 매체-심급. 『사이間SAI』 20권, 87~112쪽.

박암종(2001). 문화교양지 《뿌리깊은 나무》의 편집 및 디자인 연구. 『출판잡지연구 9권 1호, 125~153쪽 .

박진영(2013). 편집자의 탄생과 세계문학이라는 상상력. 『민족문학사연구』 51권, 423~453쪽.

심국방 저: 금국현 역(2000). 중국에서의 편집학 연구 현황. 『한국출판학연구』, 통권 제42호. 381~393쪽.

안명숙(2009). 「출판 콘텐츠 산업의 국제 경쟁력 향상을 위한 편집자 의식조사 연구」, 건국대학교 언론홍보대학원 석사학위논문.

윤광원 (2005). 「국정 교과용 도서 편찬 시스템에 따른 편집자 역할에 관한 연구」, 건국대학교 언론홍보대학원 석사학위논문.

윤광원(2008). 국정교과용 도서편찬 시스템과 편집자의 역할 연구. 『출판잡지연구』, 16권 1호, 84~126쪽.

윤세민(1994). 「기독교출판 편집인의 의식구조에 관한 연구」, 중앙대학교 신문방송대학원 석사학위논문.

이강수. 도서출판의 전문성에 대한 고찰. 『출판학연구』, 179~201쪽.

이기성(2000). 출판인대학 – 제7기 편집과정 – 컴퓨터 편집. 『출판논총』2권, 889~912쪽.

이기성(2002). 한국 출판 산업의 전망과 대책에 관한 연구: ubiquitous 시대의 OSMP 기획과 편집. 『한국출판학연구』, 통권 제44호, 305~336쪽.

이소영(1996). 「출판사 임시편집직의 인력 활용 연구」. 동국대학교 정보대학원 석사학위논문.

이완수, 이제영, 임윤선(2010). 편집출판에 대한 문화 간 커뮤니케이션 연구: 한국과 중국 대학생 집단의 주관적 인식을 중심으로. 『한국출판학연구』, 제36권 제2호, 185~212쪽.

이종국(2000). 출판 연구에 있어 편집의 위상에 관한 연구: 출판학의 연구 대상으로 본 편집과 그 성격을 중심으로, 『人文社會科學』, 26호, 117~148쪽.

이종국(2001). 편집·출판학전공 선발에 관한 논의: 中國 南開大學의 경우.『한국출판학연구』, 통권 제 43호, 381~418쪽.

이종국(2002). 敎科書에 反映된 出版敎育에 관한 硏究: 編輯(엮기) 敎育에의 指向을 중심으로.『한국출 판학연구』, 통권 제44호, 421~475쪽.

이종국(2004). 出版學과 編輯硏究의 相關性: 中國에서의 出版學과 編輯學 硏究傾向을 중심으로.『한국 출판학연구』, 통권 제46호, 215~259쪽.

이주영(2003).「출판 편집인들의 교정에 관한 인식 조사 연구」, 경희대학교 언론정보대학원 석사학위 논문.

임애경(1995).「여성 출판편집인력의 의식구조에 관한 연구」, 중앙대학교 대학원 석사학위논문.

임효례(2017). 중국 고등학교 국어교과서 수록 문학작품 편집 분석.『출판잡지연구』, 25권 1호, 109~155쪽.

장영화(1995).「초기 개신교의 출판 활동에 관한 연구: 출판사와 편집자의 역할을 중심으로」, 중앙대학 교 신문방송대학원 석사학위논문.

전영표(2007). 문화표준정책과 편집 용어의 표준화 -책의 내,외 명칭과 판면, 편집용어 중심-.『출판잡 지연구』, 15권 1호, 5~51쪽.

전영표, 김숙현, 부길만, 이창경(2006). 출판인쇄편집기호 및 교정기호표준화 연구.『출판잡지연구』, 14 권 1호, 1~44쪽.

조도현(2005). 미디어 환경의 변화에 따른 CTS의 새로운 포지셔닝에 관한 연구.『한국출판학연구』, 통 권 제49호, 253~282쪽.

주경화(1994). 신문매체의 출판기사 보도 편집 경향에 관한 연구.『출판잡지연구』, 3권 1호, 83~102쪽.

최경주(2008).「도서출판 편집자의 직무만족에 관한 연구: ERG 이론을 중심으로」, 중앙대학교 신문방 송대학원 석사학위논문.

최현희(2016). 해석자의 과거, 편집자의 역사 -최남선의『소년』과 매체의 물질성.『사이間SAI』, 20권, 113~142쪽.

최희정(1998).「출판산업 노동시장의 특성에 관한 연구: 대형 출판사 편집인력의 노동이동을 중심으 로」. 서강대학교 언론대학원 석사학위논문.

한주리 (2009). 한국 출판편집자들의 사회적 지위에 대한 탐색적 연구: 중국, 일본, 한국의 사례를 중 심으로.『한국출판학연구』, 제35권 제1호, 425~463쪽.

홍윤기(2004).「CTP 인쇄 시스템에 대한 출판 편집인의 인식 구조 및 활용방안 연구」, 중앙대학교 신문 방송대학원 석사학위논문.

제작론에 대한 연구

유 창 준*

■■■

1. 제작(인쇄)론은 출판학 연구의 필수 분야

　지식의 대중화를 통해 지식기반 사회의 근간을 이루고 있는 대표적인 매체인 출판은 인쇄의 과정을 거쳐 만들어지고 있으며, 사상, 철학, 문학, 역사 등은 과거에서 현재를 거쳐 미래에까지 영향력을 미치고 있다. 출판과 인쇄는 문화적인 유산을 후대에 전달하다는 점에서 그 역사와 기능을 함께할 수밖에 없으며, 밀접한 관계를 맺으며 발전해 왔다. 이와 같은 맥락에서 출판학의 중요한 이론 분야 중 하나인 제작(인쇄)론은 문화적, 산업적 측면에서 의의를 가진다 (한동수, 2015).

　일반적으로 연구 경향 및 분석을 위해서는 시기 구분이 필요한데, 출판학 연구에서의 대표적인 시기 구분은 부길만(2017)이 『출판학의 미래』에서 제시한 바와 같이 제1기(1963~1981년) 개척기, 제2기(1982~1999년) 정착기, 제3기(2000~현재) 발전기를 기준으로 한다. 그러나 '제작(인쇄)론'에 관한 본격적인 연구가 이루어진 때가 1990년대부터임을 고려하여 이 시점을 시작으로 2019년 현재까지 종이 소재의 인쇄만을 키워드로 하여 검색한 석박사논문 약 260편을 대상으로 주제별 분석을 하고자 한다. 그 결과 제작(인쇄)론 연구의 핵심 주제는 '프리프레스', '인쇄', '인쇄후가공', '인쇄소재', '인쇄경영' 등 총 다섯 가지로 구분 가능하다.

　본 장에서는 위의 다섯 가지 연구 주제별로 각 성과를 살펴봄으로써 우리나라 제작(인쇄)론 연구의 전모를 고찰하고자 한다.

---

* 대한인쇄문화협회 전무이사

2. 프리프레스 분야

인쇄 단계의 시스템 전반을 의미하는 '프레스'의 개념에 비추어 봤을 때 '프리프레스'는 인쇄 전 단계의 시스템 전반을 의미한다. 인쇄 직전까지의 시스템적인 구성 및 행위를 가리키는데 (박지훈, 2002) 디지털 출판의 개념 전체 범위 중에서도 종이책의 디지털 출판이라는 협의의 개념에 속한다고 볼 수 있다.

조기풍(1983)의 포스터를 중심으로 살펴본 사진제판 인쇄기법 도입에 관한 연구를 시작으로 1980년대부터 프리프레스와 관련한 연구들이 등장하였다. 이순기(1987)는 Achromatic 색분해기법이 컬러 인쇄물에 미치는 효과를 연구하였으며, 김철환(1988)은 사진인쇄에 있어서의 Total Scanner에 관하여 고찰한 바 있다.

1990년대에는 보다 다양한 연구들이 진행되었는데, 정영준(1990)은 인쇄산업에 있어서 전산기시스템이 어떻게 응용될 수 있는지를 살폈다. 또한 김철(1990)은 품질관리를 중심으로 한 디자인 실무에 있어서의 오프셋 인쇄 활용 방법을 밝혀냈으며, 정희준(1997)은 신문 인쇄시스템에 관한 연구를 다루었다. 평판인쇄와 관련하여서는 유건용(1994)이 평판인쇄용 PS(Pre-sensitized)판상에서의 계면현상에 대해 연구하였고, 이형관(1994)이 평판인쇄에 이용되는 posi형 감광제의 합성에 대해 설명하였다. 이외에도 인쇄공장에서의 FMS 도입 타당성 평가에 관해 살펴본 윤정기(1990), 혼재 화상의 인쇄를 위한 처리기법인 에지강조 오차확산에 관하여 분석한 정태일(1994), 선분 추출과 원형 정합을 이용한 다양한 크기의 여러 인쇄 활자체의 인식에 대해 서술한 백순흠(1997), 이미지 전송 라벨 인쇄 시스템의 설계 및 구현에 대해 조명한 이미선(1999) 등이 있다.

김종민(2000)은 칼라 인쇄물에 대한 칼라 역 해프토닝을 연구하고 분석하여 디지털 도서관 구축, 칼라 팩스, 전자 출판 등과 같은 멀티미디어 분야에서 유용하게 응용될 가능성을 제시하였다. 이기성(2001)은 출판용 한글 글꼴 및 세라믹 활자 개발에 관하여 연구하였는데, 완벽한 한글 음절 글자 원도를 사용한 완벽한 활자 제작이야말로 고품위 인쇄를 가능케 하는 기초 기술이라고 설명하였다. 정기영(2008)은 이중망사 제판을 통한 스크린 인쇄물 재현성 향상을 서술한 바 있다. 그는 시중에서 유통되고 있는 망사는 선예도와 잉크 총 두께를 향상시키는 데에 한정이 있기 때문에, 이를 극복하기 위한 방법으로 스크린 망사를 이중으로 사메기하여 인쇄물의 입체감과 재현력의 결과를 인쇄에 적용시키도록 한 점이 주목할 만하다.

홍윤기(2004)는 CTP 인쇄 시스템에 대한 출판 편집인의 인식 구조 및 활용 방안에 대해 살펴보았는데, 당시 CTP 인쇄 시스템을 사용하고 있는 업체들의 구입동기가 품질향상, 생산성증대, 영업력 강화에 대한 기대감이지만 출판 편집인들은 이 시스템이 비용절감과 인력문제 해결 부분에 있어서는 큰 효과가 없다고 생각하고 있다는 조사 결과를 제시하였다. 박원정(2007)은 디지털 시대의 이해를 바탕으로 당시의 디지털편집디자인을 재조명하고 새롭게 대두된 아날로그 감성의 이해와 더불어 디지털편집디자인에서 효과적으로 아날로그 감성을 표현할 수 있는 방법을 모색하였는데, 아날로그 감성은 기술이 대신할 수 없는 내적 가치로서의 의미를 가진다며 그 표현 방법 소재에 있어서 전통적이고 자연적인 목판인쇄의 이미지를 응용한 점이 주목할 만하다. 국내 신문 인쇄의 색 재현 상태 및 특성을 농도법과 측색법으로 측정한 박한아름(2007)은 국산 신문인쇄물의 색 재현 상태를 해외 규격에 맞추어야 한다고 주장하며 이를 위해서는 우선 국산 신문용지 자체의 색을 해외 규격에 맞추는 노력이 선행되어야 함을 강조하였다. 이외에도 열전사 프린터의 인쇄 속도 및 이미지 품질 향상 방안을 연구한 김정환(2005), 고속 인쇄기의 고성능 레지스터 컨트롤러 개발을 고찰한 장중학(2007), 잉크젯프린터로 인쇄한 한지출력물의 해상도를 측정한 강지혜(2009), 교정 인쇄 장치에서 디지털 이미지의 색 변환 적용에 관한 연구를 진행한 김정은(2009) 등 많은 연구자들이 프리프레스에 대해 검토하였다.

인쇄홍보물의 효과적인 디자인과 제작 방법을 다각도로 살펴본 김정현(2010)은 인쇄물의 디자인적인 측면과 제작적인 측면에서 고려할 사항들을 정리하였으며, 인쇄물의 제작과정에서의 디자이너는 부족한 환경에 대한 원인만을 탓하기 전에 제작조건을 정확히 파악하고, 광고주에 대한 설득작업을 통해 우선 기획의 권한과 책임성을 부여받아야 함을 확인시켜 주었다. 또한 그라비어 인쇄에서 비도피지의 잉크 침투 시뮬레이션을 연구한 서예리(2010), 특수인쇄 패키지 디자인이 소비자 인식과 태도에 미치는 영향을 분석한 박미라(2010), 친환경 잉크를 이용한 오프셋 인쇄의 색 재현에 대해 조명한 문성환(2011) 등 다양한 연구들이 진행되었다.

〈표 1〉 프리프레스 관련 연구 논문 목록

서비스산업으로서 출판 인쇄산업의 혁신에 관한 연구: 사업다각화를 통한 경쟁 전략을 중심으로(한동수, 2015, 석사학위논문).
Achromatic 색분해기법이 컬러 인쇄물에 미치는 효과에 관한 연구(이순기, 1987, 석사학위논문).
칼라 인쇄물에 대한 칼라 역 해프토닝(김종민, 2000, 박사학위논문).
이중망사 제판을 통한 스크린 인쇄물 재현성 향상에 관한 연구(정기영, 2008, 박사학위논문).
출판용 한글 글꼴 및 세라믹 활자 개발에 관한 연구(이기성, 2001, 박사학위논문).
선분 추출과 원형 정합을 이용한 다양한 크기의 여러 인쇄 활자체의 인식(백순흠, 1997, 박사학위논문).
Gravure 인쇄의 제판방식에 따른 화상농도 변화에 관한 연구(전준배, 2001, 석사학위논문).
신경망을 이용한 인쇄체 한글의 비선형적 자소 분리에 관한 연구(박용민, 2006, 석사학위논문).
가변색 인쇄를 적용한 패키지 디자인이 소비자 태도에 미치는 영향에 관한 연구: 브랜드샵 핸드크림 디자인 사례 중심으로(정미정, 2015, 석사학위논문).
친환경 잉크를 이용한 오프셋 인쇄의 색 재현에 관한 연구(문성환, 2011, 석사학위논문).

망점의 크기와 형상이 전도성 잉크 전이에 미치는 영향에 관한 실험적 연구
(한경준, 2011, 석사학위논문).

인쇄홍보물의 효과적인 디자인과 제작 방법 연구(김정현, 2010, 석사학위논문).

디지털사진을 이용한 인쇄에 있어서의 효과적인 색재현 방법에 관한 연구:
4원색을 이용한 흑백사진인쇄를 중심으로(성병철, 2010, 석사학위논문).

특수인쇄 패키지 디자인이 소비자 인식과 태도에 미치는 영향에 관한 연구:
더 원0.5 브랜드 중심으로(박미라, 2010, 석사학위논문).

그라비어 인쇄에서 비도피지의 잉크 침투 시뮬레이션에 관한 연구(서예리, 2010, 석사학위논문).

인쇄물 Collage에 의한 이미지 표현: 본인작업을 중심으로(윤정숙, 2010, 석사학위논문).

교정 인쇄 장치에서 디지털 이미지의 색변환 적용에 관한 연구(김정은, 2009, 석사학위논문).

R2R 인쇄에서 잉크전달과정에 관한 수치해석 연구(이상원, 2009, 석사학위논문).

잉크젯프린터로 인쇄한 한지출력물의 해상도 측정(강지혜, 2009, 석사학위논문).

인쇄화질 개선을 위한 칼라 프린터와 복합기용 SoC 설계 및 구현(황홍기, 2008, 석사학위논문).

CIP3/4 Workflow를 중심으로 한 인쇄산업의 대응방안 연구(김세진, 2007, 석사학위논문).

비주얼 커뮤니케이션 구현을 위한 컬러매니지먼트시스템(CMS)의 활용 방안 연구:
인쇄매체 중심으로(박계영, 2007, 석사학위논문).

국내 신문 인쇄의 색재현 특성에 관한 연구(박한아름, 2007, 석사학위논문).

CTP 판재의 Developer 조건에 따른 인쇄 효과(최경선, 2007, 석사학위논문).

디지털편집디자인에서 목판인쇄의 이미지를 응용한 아날로그감성 표현연구
(박원정, 2007, 석사학위논문).

고속 인쇄기의 고성능 레지스터 컨트롤러 개발에 관한 연구(장중학, 2007, 석사학위논문).

열전사 프린터의 인쇄 속도 및 이미지 품질 향상 방안 연구(김정환, 2005, 석사학위논문).

CTP 인쇄 시스템에 대한 출판 편집인의 인식 구조 및 활용방안 연구(홍윤기, 2004, 석사학위논문).

FM screen을 이용한 고정세 스크린 인쇄에 관한 연구(김기호, 2000, 석사학위논문).

Look-up Table을 이용한 컬러인쇄물의 교정방법에 관한 연구(송경철, 2000, 석사학위논문).

이미지 전송 라벨 인쇄 시스템의 설계 및 구현(이미선, 1999, 석사학위논문).

칼라 인쇄물 영상의 역 해프토닝 방법(이현숙, 1998, 석사학위논문).

인쇄 제판용 NDS 유도체의 합성과 감광특성(목갑영, 1997, 석사학위논문).

신문 인쇄시스템에 관한 연구(정희준, 1997, 석사학위논문).

평판인쇄용 Aluminum판재의 전해연마(황찬, 1995, 석사학위논문).

혼재 화상의 인쇄를 위한 처리기법: 에지강조 오차확산에 관하여(정태일, 1994, 석사학위논문).

평판인쇄에 이용되는 posi형 감광제의 합성에 관한 연구(이형관, 1994, 석사학위논문).

평판인쇄용 PS(Pre-sensitized)판상에서의 계면현상에 관한 연구(유건용, 1994, 석사학위논문).
Design 실무에 있어서 Off-Set 인쇄의 활용에 관한 연구: 품질관리를 중심으로 (김철, 1990, 석사학위논문).
인쇄공장에서의 FMS 도입 타당성 평가에 관한 연구(윤정기, 1990, 석사학위논문).
인쇄산업에 있어서 전산기시스템의 응용에 관한 연구(정영준, 1990, 석사학위논문).
사진인쇄에 있어서의 Total Scanner에 관한 고찰(김철환, 1988, 석사학위논문).
사진제판 인쇄기법 도입에 관한 연구: 포스터를 중심으로(조기풍, 1983, 석사학위논문).

3. 인쇄 분야

인쇄와 관련하여서는 우리나라 인쇄공업의 생산성에 관한 연구(유영하, 1975)와 인쇄물품질의 평가와 관리에 대한 고찰(이용준, 1976)을 시발점으로 하여 다양한 연구 성과들을 거두었다.

1990년대에 주로 다룬 오프셋(offset) 인쇄와 연관하여 박명렬(1995)은 현대판화와 오프셋 인쇄의 관계를 밝혔고, 원경희(1996)는 오프셋 인쇄용 국산 아트지의 인쇄적성에 대해 설명하였으며, 김성수(1999)는 고품위 오프셋 인쇄에 미치는 스크린 방식의 영향에 대해 고찰하였고, 같은 해에 이재우(1999)는 무습수 평판 오프셋 인쇄의 품질에 대해 살펴보았다.

이와 같은 오프셋 인쇄에 대한 연구 경향은 2000년대에도 계속되어 이만교(2005)가 한국 오프셋 인쇄의 인쇄적성 향상에 관하여 연구하였고, 송경철(2005)이 한국 오프셋 인쇄 산업에 적합한 CMS 개발에 관하여 알아보았으며, 전성재(2009)는 오프셋 인쇄의 인쇄적성 최적화 시뮬레이션에 관하여 설명하였다. 또한 평판 오프셋 인쇄 잉크의 유화 속도에 어떤 인자가 영향을 미치는지에 대해 조사한 김인겸(2001)을 비롯하여 국산 오프셋 인쇄물의 색 재현 특성에 대하여 평가한 김진영(2006)의 연구도 진행되었으며, 윤전 오프셋 인쇄에서 인쇄 뒤 비침에 영향을 미치는 인쇄조건이 무엇인지를 알아보는(홍기안, 2007) 내용의 연구 성과도 있었다.

2010년대에는 오프셋 인쇄를 주제로 하여 보다 활발한 연구가 이루어졌는데, 오승재(2011)는 실제 인쇄 현장에서 동일한 데이터로 제작되고 있는 교정 인쇄물과 오프셋 인쇄물을 규격화된 객관적인 컬러 데이터 분석과 시각적인 특성을 이용한 주관적인 데이터 분석을 바탕으로 비교 평가함으로써 장치적인 특성에 의하여 나타나는 색차를 더욱 체계적이고 효율적으로 관리하기 위한 방법을 확인하였다. 또한 장영엽(2013)은 그라비어 인쇄에서의 G7 Calibration 적용에 대하여 살펴보았으며, 오프셋 인쇄에서 도전성 페이스트의 평판인쇄 적성에 관하여 서술한 한동균(2016)과 오프셋 인쇄에서 실리콘 잉크의 평판인쇄 적성에 관하여 조명한 신민호(2016)의 연구도 주목할 만하다.

특히 방태원(2010)은 오프셋 인쇄 제작방식을 중심으로 살펴보았을 때 종이책 출판물의 제작방식에 따라 인쇄 품질이 어떻게 달라지는지에 관한 연구를 하였는데, 동일 원고를 프린터 기종에 따라 교정 인쇄물로 출력하여 실증적인 분석 자료를 통해 비교, 제시함으로써 종이책 출판물 제작자들이 유념해야 할 제작방식에 대해 제시하였다. 그는 텍스트 교정이나 사진원고 배치 등의 확인은 일반 사무용으로 쓰이는 컬러 잉크젯 프린터 출력물도 가능하지만 색상 및 해상도 등 고품질의 교정을 확인하고자 한다면 전문 출력소의 레이저 프린터로 전용지에 출력할 것을 권장하였고, 인쇄용지에 따라 필름의 스크린 선수를 적정하게 조절해야 한다고 주장하였다.

제작(인쇄)론의 연구 경향 중 인쇄를 주제로 한 연구 영역은 매우 광범위하고 다양하게 발전되어 왔다. 양종헌(1999)은 스크린 인쇄기법을 이용하여 인쇄화상을 재현하는 방법에 대해 알아보았으며, 방주현(2002)은 인쇄, 출판공정의 디지털 변화에 관해 고찰하며 그에 대응하는 업계가 향후 갖추어야 할 사항에 대해 제시한 바 있다. 그는 인터넷 및 네트워크 기반으로의 인프라 구성, 빠른 시간 안에 공정의 합리화에 대응할 수 있는 기술을 중심으로 하여 기존 관련 시설을 변화하는 환경에 맞게 업그레이드 권장, 디지털 테크놀로지에 대한 경영자들의 학습 노력 및 직원들의 교육 양성, 근무 조건의 향상 방안 모색 등을 강조하며 인쇄와 출판업계의 발전 지속성을 고무시켰다.

인쇄적성에 관한 연구들도 활발히 이루어졌는데, 도공 층의 구조 및 인쇄적성에 관한 연구를 한 박규재(1997), 국산 신문 용지의 인쇄적성과 잉크 표면 장력에 관해 분석한 하영백(2005), 알키드 수지 함량에 따른 평판잉크의 인쇄적성을 알아본 양수복(2014), 석유 수지 함량에 따른 평판잉크의 인쇄적성을 살펴본 조윤제(2014) 등이 있다.

이외에도 인쇄공정에 있어서 자동화가 생산성과 작업능률에 어떤 영향을 미치는지를 밝혀낸 김경화(1991), 은행권 인쇄품질 현황을 분석하고 향상 방안에 대하여 연구한 서두하(2000), 디지털 인쇄에 있어서 칼라의 최적화에 관한 연구를 진행한 김재해(2008), 국산 신문용지의 인쇄압력에 따라 잉크침투의 깊이가 어떻게 달라지는지를 서술한 유재현(2009), 종이책 출판물 제작공정과 제품검수에 대하여 인쇄 후가공을 중심으로 살펴본 이우기(2010), 한국 신문 인쇄에서 농도의 균일성 향상에 관한 내용을 다룬 백용국(2011), 옥내외 광고용 디지털 인쇄의 색 관리 방안에 대해 알아본 김주정(2013) 등 출판 및 인쇄 환경이 변화하는 환경 속에서 어떤 모습으로 발전해야 하는가에 대한 내용들을 지속적으로 조명하고 있었다.

〈표 2〉 인쇄 관련 연구 논문 목록

Digital 인쇄에 있어서 Color의 최적화에 관한 연구(김재해, 2008, 박사학위논문).
매칭 사이언스를 통한 그라비아 인쇄 RFID 태그 제작(김준석, 2014, 박사학위논문).

표준인쇄를 기반으로 잉크 절감 솔루션을 고려한 인쇄 최적화 공정에 관한 연구
(김준곤, 2013, 박사학위논문).

R2R 그라비어 인쇄에서 매칭 조건에 관한 연구(Nguyen, Ho Anh Duc, 2013, 박사학위논문).

오프셋 인쇄의 인쇄적성 최적화 시뮬레이션에 관한 연구(전성재, 2009, 박사학위논문).

인쇄 공정에서 최적의 Profiling을 이용한 컬러 관리에 관한 연구(차재영, 2009, 박사학위논문).

고품질 색재현을 위한 오프셋인쇄 공정의 최적화에 관한 연구(김성수, 2008, 박사학위논문).

롤투롤(R2R) 그라비어인쇄 방식을 이용한 인쇄 RF 라벨-로고에 관한 연구
(강휘원, 2014, 박사학위논문).

효소 처리한 원지와 도공지의 물성 및 인쇄적성에 관한 연구(양이석, 2006, 박사학위논문).

한국 오프셋 인쇄산업에 적합한 CMS 개발에 관한 연구(송경철, 2005, 박사학위논문).

한국 오프셋인쇄의 인쇄적성 향상에 관한 연구(이만교, 2005, 박사학위논문).

한국 신문 인쇄에서 농도의 균일성 향상에 관한 연구(백용국, 2011, 박사학위논문).

국산 신문 용지의 인쇄적성과 잉크 표면 장력에 관한 연구(하영백, 2005, 박사학위논문).

도공 층 공극구조가 더블코팅지의 인쇄 모틀에 미치는 영향(임창국, 2005, 박사학위논문).

도공 층의 공극이 인쇄적성에 미치는 영향(김창근, 2000, 박사학위논문).

펄프의 종류, 초기 캘린더링 및 미세섬유가 리사이클 특성과 재생지의 인쇄적성에 미치는 영향
(손상돈, 1997, 박사학위논문).

평판 인쇄의 습수조건 및 잉크 특성 변화에 따른 인쇄 품질에 관한 연구(이정오, 2017, 석사학위논문).

오프셋 인쇄에서 실리콘 잉크의 평판인쇄 적성에 관한 연구(신민호, 2016, 석사학위논문).

오프셋 인쇄에서 도전성 페이스트의 평판인쇄 적성에 관한 연구(한동균, 2016, 석사학위논문).

리버스 오프셋 인쇄의 전이특성에 따른 접착력과 응집력의 정량적 평가에 관한 연구
(이아람, 2015, 석사학위논문).

잉크젯 기술을 사용한 고속 인쇄 방법 연구(장민혁, 2015, 석사학위논문).

토너 기반의 디지털 인쇄에서 최적의 컬러 매니지먼트 적용에 관한 연구(장승완, 2015, 석사학위논문).

리버스 오프-셋 인쇄공정에서 잉크 전이 현상 분석(박진석, 2014, 석사학위논문).

석유수지 함량에 따른 평판잉크의 인쇄적성에 관한 연구(조윤제, 2014, 석사학위논문).

알키드 수지 함량에 따른 평판잉크의 인쇄적성에 관한 연구(양수복, 2014, 석사학위논문).

국내 연포장 그라비어인쇄에서 그레이 밸런스 방법을 이용한 컬러 관리에 관한 연구
(이아름, 2014, 석사학위논문).

신축성 필름용 전극형성을 위한 스크린인쇄용 Carbon Paste의 제조 및 물성 연구
(이호상, 2014, 석사학위논문).

스크린 인쇄에서 인쇄속도와 잉크점도에 따른 잉크전이 시뮬레이션에 관한 연구
(최송아, 2013, 석사학위논문).

옥내외 광고용 Digital 인쇄의 색관리 방안에 대한 연구(김주정, 2013, 석사학위논문).

리버스 오프셋 인쇄에서 잉크전이 유동에 관한 시뮬레이션 연구(이언석, 2013, 석사학위논문).

그라비아 오프-셋 인쇄공정을 이용한 전기영동 디스플레이용 OTFT-backplane 게 이트 전극 인쇄
(최기성, 2013, 석사학위논문).

그라비어 인쇄에서의 G7 Calibration 적용에 대한 연구(장영엽, 2013, 석사학위논문).

리버스 오프셋 프린팅을 위한 은 잉크의 제조와 물성 평가(한현숙, 2013, 석사학위논문).

롤투롤(R2R) 그라비어를 이용한 저가의 무선전력 전송 태그에 관한 인쇄공정 연구
(박혜진, 2012, 석사학위논문).

매트지의 오프셋 인쇄에서 PVC와 Solvent 함량이 인쇄적성에 미치는 영향
(이은진, 2012, 석사학위논문).

그라비어 인쇄에서 Schottky diode의 성능 향상을 위한 실험적 연구(송현민, 2012, 석사학위논문).

그라비아 오프셋 인쇄용 Ag Paste의 제조 및 물성 연구(김상진, 2012, 석사학위논문).

친환경 페놀프리수지의 인쇄적성에 관한 연구(임현태, 2012, 석사학위논문).

국산 Heat-set용 윤전 잉크의 인쇄적성에 관한 연구: 상업용 전단 인쇄를 중심으로
(최덕진, 2011, 석사학위논문).

교정 인쇄물과 국내 오프셋 인쇄물의 비교 평가에 관한 연구(오승재, 2011, 석사학위논문).

국내 오프셋 인쇄물 평가를 위한 최적의 Proofing 조건에 관한 연구(이원규, 2011, 석사학위논문).

종이책 출판물의 제작방식에 따른 인쇄 품질에 관한 비교 연구: 오프셋 인쇄 제작방식을 중심으로
(방태원, 2010, 석사학위논문).

오프셋 매엽 인쇄의 최적 인쇄 농도 설정 방법(서석진, 2010, 석사학위논문).

종이책 출판물 제작공정과 제품검수에 관한 연구: 인쇄 후가공을 중심으로
(이우기, 2010, 석사학위논문).

컬러 레이저 프린터 출력물의 색 균일도 자동 측정(노남희, 2010, 석사학위논문).

국산 신문용지의 인쇄압력에 따른 잉크침투 깊이에 관한 연구(유재현, 2009, 석사학위논문).

인쇄용 옵셋 잉크 교반시스템의 설계(최성학, 2009, 석사학위논문).

고농도 현탁액의 유변물성이 스크린 인쇄공정에 미치는 영향(이주영, 2009, 석사학위논문).

윤전 오프셋인쇄에서 인쇄 뒤 비침에 영향을 미치는 인쇄조건에 관한 연구
(홍기 안, 2007, 석사학위논문).

충전제 종류 및 함량이 용지 물성과 평판 인쇄적성에 미치는 영향(임영훈, 2007, 석사학위논문).

오프셋인쇄 축임물의 물성이 인쇄적성에 미치는 영향에 관한 연구(박찬우, 2007, 석사학위논문).

톤(Tone)의 연출을 위한 인쇄기법에 관한 연구: DM, Card등의 인쇄물에 나타난 후가공기법을
중심으로(김정연, 2005, 석사학위논문).

국산 오프셋 인쇄물의 색재현 특성에 대한 평가(김진영, 2006, 석사학위논문).

6 sigma를 통한 인쇄공정의 최적화 방안(문환설, 2005, 석사학위논문).

도공지의 흡수성 조절에 따른 인쇄 모틀 개선에 관한 연구(이세현, 2005, 석사학위논문).

스크린인쇄 시스템의 미세패턴 형성에 관한 연구(이갑희, 2005, 석사학위논문).

인쇄공정 디지털화에 의한 생산성 향상 연구(황성민, 2005, 석사학위논문).

최적의 Screen Printing을 위한 Screen Mask 제조 공정(이현동, 2005, 석사학위논문).

신문 인쇄 공정의 디지털화에 관한 연구: 신문사의 CTP 도입과 〈PDF 워크플로 우〉 활용을 중심으로
(황인동, 2004, 석사학위논문).

인쇄물의 UCR, GCR 적용에 관한 연구(이철승, 2004, 석사학위논문).

Profile을 이용한 웹 인쇄물의 Color Management 적용에 관한 연구(조광미, 2004, 석사학위논문).

옵셋 인쇄 시 습수액의 경도 및 pH변화가 인쇄품질에 미치는 영향(이종흥, 2003, 석사학위논문).

후막 인쇄물의 잉크 층 두께와 Screen 인쇄조건에 관한 연구(이암, 2003, 석사학위논문).

종이의 물리적 특성이 잉크수리성 및 인쇄적성에 미치는 영향(권병섭, 2003, 석사학위논문).

플렉소(Flexo)인쇄기 블랭킷 실린더의 인압(Printing pressure) 제어기술에 관 한 연구
(이상주, 2003, 석사학위논문).

일부 그라비아 인쇄업 근로자의 벤젠 노출 가능성과 톨루엔 노출 수준(정수영, 2003, 석사학위논문).

지도 인쇄의 품질 적정화에 관한 연구(강영수, 2002, 석사학위논문).

안료의 종류 및 무기안료의 배합이 잉크제트 인쇄품질에 미치는 영향(이광섭, 2002, 석사학위논문).

인쇄, 출판공정의 디지털 변화에 관한 연구(방주현, 2002, 석사학위논문).

JPEG 압축 기법을 이용한 인쇄품질 변화에 관한 연구(지형석, 2001, 석사학위논문).

평판 오프셋 인쇄 잉크의 유화 속도에 영향을 미치는 인자에 관한 연구(김인겸, 2001, 석사학위논문).

무습수 평판인쇄의 온도 의존성에 관한 연구(신춘범, 2001, 석사학위논문).

은행권 인쇄품질 현황분석 및 향상방안에 대한 연구(서두하, 2000, 석사학위논문).

디지털 인쇄산업에 대한 연구: 공정관리를 중심으로(남상채, 2000, 석사학위논문).

스크린 인쇄기법을 이용한 인쇄화상 재현에 관한 연구(양종헌, 1999, 석사학위논문).

무습수 평판오프셋인쇄의 품질에 관한 연구(이재우, 1999, 석사학위논문).

고품위 오프셋인쇄에 미치는 스크린방식의 영향(김성수, 1999, 석사학위논문).

오류 역전파법으로 구현한 컬러 인쇄물 검사에 관한 연구(한희석, 1999, 석사학위논문).

경인쇄용 칼라 인쇄 기술의 현황과 전망에 관한 연구(김경종, 1997, 석사학위논문).

대두유계 신문잉크의 인쇄적성에 관한 연구(이재수, 1997, 석사학위논문).

도공 층의 구조 및 인쇄적성에 관한 연구(박규재, 1997, 석사학위논문).

오프셋 인쇄용 국산 아트지의 인쇄적성에 관한 연구(원경희, 1996, 석사학위논문).

현대판화와 옵셋(offset)인쇄의 관계연구 : 기법을 중심으로(박명렬, 1995, 석사학위논문).
평판인쇄물에서 비도피지의 앵커포인트 위치와 인쇄품질의 관계에 관한 연구 (김애연, 1994, 석사학위논문).
인쇄공정에 있어서 자동화가 생산성과 작업능률에 미치는 영향(김경화, 1991, 석사학위논문).
통장인쇄기에서 자기 스트라이프 장치의 재생신호 처리에 관한 연구(김현준, 1990, 석사학위논문).
옵셋트 윤전 도공지의 인쇄광택 및 내브리스터성 향상에 관하여(최룡호, 1987, 석사학위논문).
인쇄물품질의 평가와 관리에 관한 고찰(이용준, 1976, 석사학위논문).
우리나라 인쇄공업의 생산성에 관한 연구(유영하, 1975, 석사학위논문).

4. 인쇄후가공 분야

　인쇄후가공과 관련한 연구들은 많지는 않으나, 제작(인쇄)의 결과물 도출에 있어서 빼놓을 수 없는 단계이므로 연구 성과가 적음에도 불구하고 다루고자 한다.

　박희영(1998)은 한지의 인쇄효과를 중심으로 하여 한국의 포장재 개발 프로세스에 관한 연구를 하였는데, 한지를 염색하여 제지의 자연적 재질감을 살리고 문양의 재현 과정에서 탁본의 형식을 응용하여 자연스러운 형태를 표현하는 법과 색상의 선택에서 중간이하의 컨트라스트를 주어 약대비의 고요함과 단아한 미를 표현하는 포장재를 제작하는 등의 방법을 설명하며, 우리나라만의 고유한 미적 요소를 시가개체이자 인쇄후가공물인 포장재로 활용할 수 있는 기반을 다졌다. 양욱(2017)은 전자 패키징 내 금속 배선과 절연 기판 구조에서의 전기적 신뢰성을 알아보기 위하여 열처리에 따른 전기적 특성을 확인하였으며, 인쇄전자 기술에서의 계면접착력 측정에 대한 명확한 기준 확립을 위하여 금속박막과/폴리이미드 기판의 구조 및 박리속도가 계면접착력에 미치는 영향을 폴리이미드, 금속 강도 측정을 통해 박리 강도에 미치는 영향과 그 원인에 대해 고찰하였다.

〈표 3〉 인쇄후가공 관련 연구 논문 목록

인쇄공정 중 라미네이팅 작업자의 메틸알코올 노출특성 및 측정방법별 비교에 관한 연구 (양욱, 2017, 석사학위논문).
스크린 프린팅 기법으로 인쇄된 은 박막과 폴리이미드 사이의 계면접착력 및 전기적 특성에 관한 연구 (이현철, 2016, 석사학위논문).
코팅컬러의 안료 및 바인더가 인쇄 모틀링에 미치는 영향(하경옥, 2000, 석사학위논문).
한국의 포장재 개발 프로세스에 관한 연구 : 한지의 인쇄효과를 중심으로(박희영, 1998, 석사학위논문).

5. 인쇄소재 분야

인쇄가 고속화되고 대량 인쇄가 요구될수록 인쇄의 문제점들이 많아짐에 따라 그의 해결책 모색 방안에 관한 연구들이 진행되었다. 크게 종이(인쇄용지)와 잉크로 나누어지는 경향이 있으며, 이와 같은 인쇄소재는 연구의 중요한 키워드나 주제어로 제시되었다.

먼저 종이와 관련한 연구들을 살펴보면, 방태원(2014)은 인쇄소재에서 종이는 피인쇄체의 대부분을 차지하고 있으며, 종이를 제조하는 측면에서도 90% 이상이 인쇄용지의 목적으로 생산되고 있다고 했다. 그는 인쇄방법의 변화에 따라 인쇄적성을 최적화 할 수 있는 종이의 특성 변화를 관찰하여 최적화된 종이 제조방법을 제시하기 위한 목적으로 종이의 주요 특성인 표면강도, 압축성, 기공성을 변화시킬 수 있는 원료배합 비율을 검토하였고, 홍조류 펄프를 첨가한 제조 및 물리적 특성을 분석하여 오목판 및 오프셋 인쇄 공정에서 인쇄적성에 미치는 영향을 알아보았다. 인미애(2002)는 종이를 이용하여 인쇄물의 시각을 확장시키는 방법에 대해 분석하였는데, 인쇄물의 새로운 표현 대안으로 인쇄물의 조형적 입체 표현방법을 구멍과 덮개를 이용하여 시간적 경과에 따른 변화를 제시하는 평면적인 표현방법, 병풍형식으로 공간과 깊이와 폭을 나타내는 입체방법, 홀로그램 등 착시현상을 이용한 방법 등 3가지로 제시하였다. 이와 같은 입체 인쇄물의 새로운 시도와 적용은 기존 인쇄매체가 지니고 있는 한계성을 극복하는 방법 중 하나이며, 선입견을 깨고 능동적인 입장에서 인쇄물을 디자인할 수 있다는 발상의 전환이 가능하게 하였다. 이외에도 오프셋 인쇄용 백상지와 아트지의 전이율에 대해 서술한 김상덕(2000), 국산 아트지의 표면 강도를 측정한 전수경(2005), 국산 신문용지에서 잉크 침투속도 변화에 따른 인쇄적성을 알아본 김종경(2006), 보류시스템이 인쇄용지의 보류 및 탈수 특성에 미치는 영향을 설명한 김정섭(2009) 등 인쇄소재인 종이의 특징에 대해 깊이 있게 서술한 연구들이 많았다.

다음으로 잉크와 관련한 연구들을 살펴보면, 잉크 전이, 잉크 제조, 항균 잉크 등 다양한 시각과 관점으로 잉크의 특징에 대해 분석하고 살핀 연구들이 많았다. 이성형(2014)은 천연 항균성 오프셋 잉크의 개발에 관해 조명하였는데, 라이스 오일 잉크, 팜오일 잉크와 같이 식물성 오일을 이용한 잉크의 출시와 함께 유기계 항균제를 대신할 친환경 무기계 항균제 개발이 진행되고 있음을 시사하며 향후 연구 방향 및 항균성 잉크의 활성화 방안의 토대를 마련하였다. UV경화형 인쇄잉크의 제조에 대하여 연구한 박장래(1987), 비히클이 인쇄잉크의 유동특성에 미치는 영향을 분석한 이상근(1993), 잉크의 색상별 물리·화학적 특성이 인쇄물 보존성에 미치는 영향을 알아본 성기웅(2001), 인쇄롤러 틈새에서 잉크 전이의 시뮬레이션에 대해 밝혀낸 이미정(2006), 그라비아 인쇄시 재생잉크의 효율성 제고를 위한 잉크 여과방법 개선에 관하여 연구한 김현성(2008), 환경 친화적인 그라비어 잉크·제조에 대해 설명한 김동일(2012), 그라비아 인쇄에서 비도피지의 기공도에 따른 잉크 전이에 관해 고찰한 김승훈(2015) 등 많은 사람들이 잉크와 관련한 연구들을 수행하였다.

<표 4> 인쇄소재 관련 연구 논문 목록

인쇄방식에 따른 인쇄적성 최적화를 위한 종이 특성 연구(방태원, 2014, 박사학위논문).
천연 항균성 오프셋 잉크의 개발에 관한 연구(이성형, 2014, 박사학위논문).
펄프 및 충전제 배합이 종이의 기공 구조와 인쇄 품질에 미치는 영향(남기영, 2008, 박사학위논문).
그라비어인쇄에서 비도피지의 기공도에 따른 잉크 전이에 관한 연구(김승훈, 2015, 석사학위논문).
바인더에 따른 스크린 인쇄용 Ag Paste의 물성연구(김동진, 2013, 석사학위논문).
인쇄 롤러 사이의 Nip 출구에서 잉크 유동에 관한 연구(정지은, 2012, 석사학위논문).
환경 친화적인 그라비어 잉크 제조 연구(김동일, 2012, 석사학위논문).
페잉크를 이용한 스크린인쇄용 블랙잉크 제조에 관한 연구(권희경, 2011, 석사학위논문).
보류시스템이 인쇄용지의 보류 및 탈수 특성에 미치는 영향(김정섭, 2009, 석사학위논문).
그라비아 인쇄시 재생잉크의 효율성 재고를 위한 잉크 여과방법 개선에 관한 연구 (김현성, 2008, 석사학위논문).
Calendering 조건 변화에 따른 인쇄용지의 인쇄적성에 관한 연구(권영종, 2006, 석사학위논문).
인쇄롤러 틈새에서 잉크 전이의 시뮬레이션에 관한 연구(이미정, 2006, 석사학위논문).
변성 페놀 수지의 분자량 변화에 따른 잉크 비히클의 물성 변화에 관한 연구(김태환, 2006, 석사학위논문).
국산 신문용지에서 잉크침투속도 변화에 따른 인쇄적성에 관한 연구(김종경, 2006, 석사학위논문).
다양한 사이즈제와 캘린더링을 이용한 인쇄용 한지의 개발(서승만, 2006, 석사학위논문).
국산 아트지의 표면 강도 측정에 관한 연구(전수경, 2005, 석사학위논문).
인쇄기계 종이 이송용 원반캠의 최적설계에 관한 연구(유찬수, 2004, 석사학위논문).
옵셋잉크 인쇄 시의 CARMINE계 적색안료의 계면적성 향상을 위한 연구 (윤한삼, 2004, 석사학위논문).
옵셋 인쇄용지의 섬유 조성비에 따른 잉크 전이율 변화에 관한 연구(이정숙, 2003, 석사학위논문).
축임물의 경도에 따른 평판인쇄 잉크의 유동성 변화(조진우, 2003, 석사학위논문).
포장관련 산업의 설비 관리 실태와 효율화 방안에 대한 연구 : 필름제조 및 인쇄가공 산업을 중심으로(김흥연, 2003, 석사학위논문).
디지털 인쇄기용 W/O 에멀견계 윤전잉크 특성에 관한 연구(이태호, 2003, 석사학위논문).
인쇄용지의 백색에 따른 잉크젯 프린터의 회색 상관색온도 보정(김대원, 2003, 석사학위논문).
종이를 이용한 인쇄물의 시각 확장에 관한 연구(인미애, 2002, 석사학위논문).

Wavelet 변환 방식을 이용한 인쇄물 평가에 관한 연구(김택준, 2002, 석사학위논문).

잉크의 색상별 물리·화학적 특성이 인쇄물 보존성에 미치는 영향(성기웅, 2001, 석사학위논문).

양성전분을 이용한 인쇄용지의 표면사이징에 관한 연구(신재영, 2000, 석사학위논문).

오프셋 인쇄용 백상지와 아트지의 전이율에 관한 연구(김상덕, 2000, 석사학위논문).

한국의 계절별 습도변화가 국산아트지의 인쇄적성에 미치는 영향(이광석, 1999, 석사학위논문).

비히클이 인쇄잉크의 유동특성에 미치는 영향(이상근, 1993, 석사학위논문).

옵세트 인쇄기의 소음특성(민병기, 가톨릭대학교 산업보건대학원, 1993, 석사학위논문).

오존을 이용한 인쇄잉크 폐수의 CODmn 콘트롤(방영수, 1991, 석사학위논문).

인쇄Ink Vehicle용 Epoxy alkyd resin의 합성과 그 특성(장윤진, 1988, 석사학위논문).

UV경화형 인쇄잉크의 제조에 관한 연구(박장래, 1987, 석사학위논문).

인쇄잉크에 있어서의 안료의 페하(PH)및 색깔(정순건, 1960, 석사학위논문).

6. 인쇄경영 분야

인쇄 산업은 고도의 지식 정보 서비스 및 문화 기반 양식을 제공하는 서비스 산업이며, 우리 사회에서 다양한 지식의 형성과 문화 콘텐츠 확산에 중요한 역할을 수행하는 산업이라고 할 수 있으므로 인쇄경영에 대한 관심은 꾸준히 증가하고 있고, 이는 곧 연구 성과로도 이어지고 있다.

한국 인쇄공장을 중심으로 노동생산측정에 관한 연구를 한 김흥원(1966), 한국 인쇄업 육성 발전에 관해 논의한 오정희(1975), 인쇄업의 실태와 경영개선 방안을 연구한 최경식(1986), 인쇄용지업계를 중심으로 우리나라 제지공업의 일반적 현황과 마케팅믹스 전략을 제시한 신대섭(1987), 한국 인쇄잉크의 수출증대방안에 관하여 살펴본 노용호(1992), 중소 인쇄기업에 있어서 국제화가 기업 경영의 성과에 미치는 영향에 대해 알아본 정민수(1997) 등 인쇄경영과 관련된 초기 연구들은 주로 경영대학원에서 수행해왔는데, 이는 2000년대에 들어오면서부터 신문방송대학원, 언론홍보대학원 등에서도 연구가 이루어지는 등 인쇄경영 관련 연구 성과들이 나타나기 시작하였다.

허문영(2005)은 인쇄업체의 내외부 경쟁요인 및 경영성과와 마케팅 전략에 대해서 연구하였는데, 생산 요인이 높을수록 자본금이 많으며, 종업원 수에는 내부경쟁요인 중 생산능력과 기술개발 능력이 영향을 미치고, 자본금에는 외부경쟁요인 중 생산 요인이 가장 큰 영향을 미친다는 것을 확인시켜 주면서 외부경쟁요인보다 내부경쟁요인이 기업의 규모(종업원 수, 자본금)

에 더 큰 영향을 미침을 시사하였다. 윤경훈(2005)은 디지털 인쇄의 국내외 인쇄활용 사례들을 분석하고 이를 토대로 맞춤형 출판·인쇄를 활용한 광고마케팅 및 방안 등을 모색하고 디지털 기술의 발전에 따라 다변화되고 있는 인쇄매체 산업의 환경 변화를 고찰해 보고 향후 맞춤형 인쇄광고·출판인쇄 시스템의 활용방안에 대해 제시하였다. 한동수(2015)는 사업다각화를 통한 경쟁 전략을 중심으로 하여 서비스산업으로서 출판 인쇄산업의 혁신에 대해 고찰하였는데, 제조업의 서비스화는 세계적으로 나타나고 있는 현상이라고 하며 서비스업으로서의 출판 인쇄업계의 특성, 강점 등을 분석하여 미래 경쟁력을 확보하고자 하였다. 김성진(2016)은 스마트미디어 시대에서 인쇄문화가 어떠한 가치를 가지고 있는지에 관한 연구를 하였는데, 현재의 인쇄문화산업이 고부가가치의 고급 인쇄물 생산이나 품질 향상을 위한 인프라가 부족한 상황임을 직시하여 변화된 스마트미디어 환경에서는 소비자의 니즈와 관심사를 다양하게 만들기 위한 노력이 필요하다고 주장하였다. 백민호(2017)는 4차 산업혁명 시대의 인쇄문화산업 혁신 및 전략적 대응방안을 도출하고자 하였는데 국내 인쇄문화산업 종사자들의 4차 산업혁명에 대한 무관심 및 이해도 부족을 지적하며 인식의 제고, 대책 마련 준비의 필요성 인식, 실무적 차원의 대응전략 마련 등이 필요하다고 주장하였다. 또한 이 연구의 궁극적인 목적인 4차 산업혁명 대비 인쇄문화산업의 대응방향과 전략을 살펴본 결과, 종사자들은 구조적 측면에서의 내실화를 강조하였고 정부의 적극적인 투자, 세금감면, 금융혜택, 육성 의지 등이 필요하다고 하였으며, 교수 및 연구원과 기자들은 젊고 우수한 인재 양성, 중소기업과 대기업 간의 협력적 상생관계 강화, 지자체의 협력 등을 꼽았다.

출판과 관련한 연구들도 있었는데 국내 출판/인쇄업의 인터넷 활용에 관한 연구를 수행한 김도형(2000), 대전지역 DTP인쇄출판의 실무를 중심으로 하여 정보화 사회의 출판매체의 변화에 대한 내용을 살펴본 이경숙(2001), 맞춤형 출판·인쇄의 현황과 활용방안에 대해서 조사한 여희교(2004), 인인쇄, 출판공정의 디지털 변화에 대해 연구한 박충규(2004) 등의 연구자들은 출판과 인쇄의 공통적인 발전 방향성을 추구하는 데에 목적과 의의를 두고 내용을 서술하였다.

이외에도 김기옥(1990)은 우리나라 인쇄산업의 현황을 분석하고 개선방안에 대해 알아보았고, 강두원(1995)은 인쇄기업 마케팅 전략의 개선 방안에 대해 살펴보았으며, 정해영(2000)은 국내 중소 인쇄업체들의 정보화에 대해 연구하였다. 또한 서울시 도심 인쇄업 밀집지역 정비를 위한 건축계획안을 내놓은 양희석(2001), 인쇄업종 공정합리화를 전제로 한 인쇄센터 계획안을 마련한 윤은주(2006), 약 봉투 및 약포지를 중심으로 하여 소규모 인쇄기업의 신규 인쇄 수요 창출 방안에 대해 알아본 신준호(2008), 한국 인쇄산업의 중국 진출 전략에 대해 살펴본 이봉성(2010), 상지사 P&B 사례를 중심으로 인쇄업체의 성장과 입지 변화를 고찰한 이아진(2017) 등 여러 연구자들이 인쇄경영에 대해 다루었다.

<표 5> 인쇄경영 관련 연구 논문 목록

인쇄출판업 근로자 뇨의 돌연변이 유발성에 관한 조사연구(송동빈, 1985, 박사학위논문).

4차 산업혁명시대의 인쇄문화산업 혁신 및 전략적 대응방안(백민호, 2017, 석사학위논문).

인쇄업체의 성장과 입지 변화: 상지사P&B를 사례로(이아진, 2017, 석사학위논문).

그라비아 인쇄공정에서의 폭발위험장소 설정에 관한 연구(류인천, 2017, 석사학위논문).

스마트미디어시대 인쇄문화의 가치에 관한 연구: 인쇄산업의 위상제고 및 미래 전략을 중심으로
(김성진, 2016, 석사학위논문).

디지털 환경에서의 인쇄 산업 경쟁력 향상에 관한 연구: 인쇄 전자 기술을 중심으로
(이인수, 2015, 석사학위논문).

오프셋 인쇄의 틈새 출구에서 공동의 변화에 대한 컴퓨터 시뮬레이션 연구
(김윤택, 2015, 석사학위논문).

소규모 인쇄 작업장의 실내 공기 질 개선을 위한 환기시스템 제안에 관한 연구
(유성준, 영남대학교 대학원, 2013, 석사학위논문).

국내 하프톤 스크린 인쇄를 위한 최적의 스크린 망사 선택 방법에 관한 연구
(최인식, 2013, 석사학위논문).

인쇄용지 설비투자변수가 효율성, 제조원가 및 투자경제성에 미치는 영향:
H사의 투자사례를 바탕으로(김종수, 2013, 석사학위논문).

인쇄품질 인증제를 통한 인쇄시장 활성화 방안에 관한 연구(김영락, 2010, 석사학위논문).

한국 인쇄산업의 중국 진출 전략에 관한 연구(이봉성, 2010, 석사학위논문).

자동차정비 도장 공정 및 인쇄업 종사자의 유기용제에 대한 노출 특성분석
(손정훈, 2009, 석사학위논문).

을지로 인쇄지구에서 사회자본의 역할: 장항 인쇄지구와의 비교를 통해서
(조혜정, 2009, 석사학위논문).

충무로·인현동의 인쇄소 거리 활성화를 위한 설계연구(장미선, 2009, 석사학위논문).

스캐너 이미지를 이용한 ISO 13660 및 컬러 항목 기반 인쇄물 품질 평가(황태윤, 2009, 석사학위논문).

소규모 인쇄기업의 신규 인쇄 수요 창출 방안에 관한 연구: 약 봉투 및 약포지를 중심으로
(신준호, 2008, 석사학위논문).

홍조류 종이의 인쇄적성에 관한 연구(임수만, 2008, 석사학위논문).

지류포장재 내 중금속의 원인 물질 구명에 관한 연구(서주환, 2008, 석사학위논문).

옵셋 인쇄업 작업자들의 유기용제 노출특성에 관한 연구(김효규, 2007, 석사학위논문).

그라비어인쇄에서 속도와 압력변화에 따른 시뮬레이션에 관한 연구(박성준, 2006, 석사학위논문).

지류유통산업의 마케팅전략에 관한 연구: 인쇄용지를 중심으로(최현희, 2006, 석사학위논문).

인쇄업종 공정합리화를 전제로 한 인쇄센터 계획안(윤은주, 2006, 석사학위논문).

인쇄환경의 변화에 따른 맞춤형 인쇄 활용에 관한 연구: 인쇄광고의 활용을 중심으로
(윤경훈, 2005, 석사학위논문).

3차원 표면의 컬러 인쇄를 위한 공정 변수 영향 분석에 관한 연구(송민섭, 2005, 석사학위논문).

인쇄업체의 내·외부 경쟁요인 및 경영성과와 마케팅 전략에 관한 연구(허문영, 2005, 석사학위논문).

인쇄업 근로자들이 작업관련성 근골격계질환 위험요인과 인간공학적 평가
(최호달, 2005, 석사학위논문).

무선단말기를 활용한 POP 시스템 구축에 관한 연구: 인쇄업종을 중심으로(변상일, 2005, 석사학위
논문).

인쇄프로세스를 통한 남산동 인쇄거리 재구성을 위한 건축계획 연구(박성욱, 2004, 석사학위논문).

인쇄출판에서의 VOCs 배출량 산정과 ISCST3 모델을 이용한 서울시 중구의 농도 예측
(이민근, 2004, 석사학위논문).

인쇄, 출판공정의 디지털 변화에 관한 연구(박충규, 2004, 석사학위논문).

맞춤형 출판·인쇄의 현황과 활용방안에 관한 연구(여희교, 2004, 석사학위논문).

흡착농축 및 촉매연소장치를 이용한 인쇄시설의 VOC가스 처리에 관한 연구
(유남종, 2004, 석사학위논문).

경인쇄소 이용 고객의 재방문 영향요인(하병국, 2004, 석사학위논문).

인쇄물 판매시장의 확대방안에 관한 연구(신삼식, 2003, 석사학위논문).

국내 인쇄기계 및 재료산업의 해외시장 개척을 위한 조사 분석 연구: 러시아시장 중심으로
(신광철, 2002, 석사학위논문).

인쇄문화산업의 주변 환경 변화와 대응전략(이경희, 2002, 석사학위논문).

정보화 사회의 출판매체 변화에 관한 연구: 대전지역 DTP인쇄출판의 실무 중심으로
(이경숙, 2001, 석사학위논문).

단시간 노출농도 측정을 통한 옵셋 인쇄 작업장의 유기용제 노출 평가(김순영, 2001, 석사학위논문).

서울시 도심 인쇄업 밀집지역 정비를 위한 건축계획안(양희석, 2001, 석사학위논문).

국내 중소 인쇄업체들의 정보화에 관한 연구(정해영, 2000, 석사학위논문).

우리나라 인쇄산업의 국제화에 관한 연구: 중소기업 H실업의 사례를 중심으로
(김길용, 2000, 석사학위논문).

국내 출판/인쇄업의 인터넷 활용에 관한 연구(김도형, 2000, 석사학위논문).

인쇄 작업장에서의 실내 톨루엔 농도와 작업자 뇨중 마뇨산 농도의 상관성 연구
(한규호, 2000, 석사학위논문).

국내 일부 주유소 및 인쇄소에서 휘발성 유기화합물 개인노출평가에 관한 연구
(금성진, 1999, 석사학위논문).

출판 인쇄물에 있어서 글자점유율에 관한 연구(한경희, 1999, 석사학위논문).

서울 도심부 인쇄관련 산업의 생산 공정과 미시적 토지이용의 관계(곽장근, 1998, 석사학위논문).

우리나라 생산직 노동자의 이직요인에 관한 연구: 인쇄업종을 중심으로(김동원, 1998, 석사학위논문).

대기 중 휘발성 유기 물질에 의한 개인노출평가 연구: 주유소 및 인쇄소 근로자를 중심으로
(문지혜, 1998, 석사학위논문).

중소 인쇄기업에 있어서 국제화가 기업 경영의 성과에 미치는 영향에 관한 연구
(정민수, 1997, 석사학위논문).

목표관리(MBO)를 통한 인쇄산업의 기계 가동율 향상 방안 연구(김지명, 1997, 석사학위논문).

인쇄품질 평가를 위한 새로운 화상분석법 개발(박시한, 1996, 박사학위논문).

도심 인쇄업의 공간이용특성에 관한 연구(조명룡, 1996, 석사학위논문).

서울 중구 인쇄업체의 입지변화와 공간조직에 관한 연구(임승빈, 1995, 석사학위논문).

인쇄기업 마케팅 전략 개선 방안에 관한 연구(강두원, 1995, 석사학위논문).

분임조 활동을 통한 품질향상방안에 대한 연구: 인쇄업종의 사례를 중심으로
(최용재, 1995, 석사학위논문).

소규모 인쇄업체의 지리적 집중에 관한 연구: 서울시 중구지역을 사례로(김난주, 1994, 석사학위논문).

서울시 인쇄업의 국지적 노동시장에 관한 연구(박배균, 1993, 석사학위논문).

한국 인쇄교육에 관한 연구(이종찬, 1993, 석사학위논문).

한국 인쇄잉크의 수출증대방안에 관한 연구(노용호, 1992, 석사학위논문).

한국제지산업의 노사관계에 관한 실증적 연구: 인쇄용지 제조업체를 중심으로
(고석빈, 1992, 석사학위논문).

조직 내 단위부서 영향력 측정과 구조적 결정요인에 관한 연구: 인쇄, 제지업체를 중심으로
(오세형, 1991, 석사학위논문).

우리나라 인쇄산업의 현황분석과 개선방안에 관한 연구(김기욱, 1990, 석사학위논문).

학연과 이직의 상호관련성에 관한 연구: 인쇄업종의 생산직 노동자를 중심으로
(이문희, 1990, 석사학위논문).

마산시 인쇄출판업의 공간변동(서점득, 1988, 석사학위논문).

우리나라 인쇄업의 지역구조와 그 입지변동에 대한 고찰(오경숙, 1987, 석사학위논문).

우리나라 제지공업의 일반적 현황과 마케팅믹스 전략: 인쇄용지업계를 중심으로
(신대섭, 1987, 석사학위논문).

인쇄업의 실태와 경영개선 방안에 관한 연구(최경식, 1986, 석사학위논문).

부산인쇄기업의 품질관리에 관한 연구(구인본, 1986, 석사학위논문).

동기부여에 관한 실증적 연구: 한국 인쇄업의 근로자를 중심으로(이민호, 1986, 석사학위논문).

한국 인쇄기업 육성방안에 관한 연구(김학한, 1976, 석사학위논문).

한국인쇄업 육성발전에 관한 연구(오정희, 1975, 석사학위논문).

공군 인쇄공창 원가계산제도에 관한 연구(김종근, 1971, 석사학위논문).

인쇄업의 경영합리화를 위한 원가계산에 관한 연구(조기언, 1969, 석사학위논문).

인쇄업의 합리적 재료(권명달, 1968, 석사학위논문).

중소 인쇄공업에 있어서 적정 고용수준유지에 관한 연구(노동채, 1967, 석사학위논문).

노동생산측정에 관한 연구: 한국 인쇄공장을 중심으로(김흥원, 1966, 석사학위논문).

위의 다섯 가지 주제별 외에도 제작(인쇄)론의 역사에 대해 고찰한 연구도 있었는데, 김성수(1999)는 무구정광대다라니경의 간행 고증에 의한 목판인쇄술의 기원을 연구하였고, 김영한(2017)은 청주고인쇄박물관을 활용하여 역사 교과 연계 수업을 어떻게 진행할 것인지에 대해 설명하였다.

<표 6> 기타 제작(인쇄)론 관련 연구 논문 목록

인쇄업 종사자의 혼합유기용제 노출로 인한 자각증상 및 위해성 평가(김영미, 2008, 박사학위논문).

무구정광대다라니경의 간행 고증에 의한 목판인쇄술의 기원 연구(김성수, 1999, 박사학위논문).

한국 중세 인쇄문화의 제도사적 연구: 11~15세기 교서관제도를 중시으로(한동명, 1986, 박사학위논문)

청주고인쇄박물관을 활용한 역사 교과 연계 수업(김영한, 2017, 석사학위논문).

개화기 중앙기구 간행물의 인쇄방식 변화 연구(유미영, 2013, 석사학위논문).

조선시대 금속활자인쇄 조판술의 변천 분석(임호원, 2010, 석사학위논문).

"직지"를 활용한 고인쇄 학습 프로그램 개발(조옥선, 2009, 석사학위논문).

인쇄 문화재 재료의 재질분석(심광섭, 2005, 석사학위논문).

한국 신문의 윤전인쇄기 도입 변천에 관한 연구: 동아일보와 조선일보를 중심으로
(김영필, 2004, 석사학위논문).

근대 초 유럽의 인쇄술과 과학기술 서적의 질적 변화(강경무, 2001, 석사학위논문).

조선왕조실록에 나타난 대외적 문헌교류와 유입문헌의 인쇄활동에 관한 연구
(권은정, 2000, 석사학위논문).

인쇄술의 발달과 루터의 종교개혁(추성호, 1998, 석사학위논문).

근대인쇄술의 도입과 개화기의 서적간행에 대한 연구(정의성, 1988, 석사학위논문).

조선 세조조의 인쇄문화에 대하여(김현숙, 1980, 석사학위논문).

정순조의 활자인쇄와 청조의 영향에 관한 연구(서진원, 1980, 석사학위논문).

신라고려인쇄술의 연구(천혜봉, 1978, 박사학위논문).

한국 석판인쇄술에 관한 연구(오영란, 1977, 석사학위논문).

교과서 연구 반세기

이 종 국*

■■■

1. 서언—문제의 제기

이 논의는 1960년대를 서술 상한계로 삼고 이후 반세기에 이르는 우리의 교과서 연구 궤적을 살필 목적으로 서술한 것이다. 이와 아울러 1969년에 한국출판학회가 창립되면서 이 학회가 수행한 교과서 연구 성과도 알아보고자 했다. 그럼에 있어, 우선 교과서의 의의를 짚어 보고, 아울러 교육 수단으로서의 위상이란 무엇인지를 살펴보도록 한다.

교과서는 교수·학습 수단으로 대표되는 전통적인 지식 전달 매체이다. 따라서 지식 내용을 정돈하고 체계화하도록 안내하는 수단으로서 대표적인 매체 또한 교과서라 일컫기도 한다. 그래서 교과서는 교육 행위를 돕기 위한 주된 요건으로 존재한다(이종국, 1991, p.2). 이 때문에 교과서는 교육 행위의 이행 과정에서 중심적이고도 전통적인 수단이라는 지목과 함께, 사회적 필수 조건의 하나라 일러온다(Van Doren Mark, 1967, p.2). 이러한 인식은 교과서가 지식 체계와 사회·도덕의 바람직한 통합적 견해가 무엇이어야 하는가를 지침해 주는 기능적 의의를 함의한다. 이와 함께 다양한 성분과 서로 다른 주장이 제기되는 사회 상황 속에서 공공적 신분을 발견해 나가는 노력—교과서는 그러한 발견을 뒷받침해 주는 주요 도구이기도 하다(이종국, 위의 책, 같은 쪽).

이 때문에 교과서 없는 나라 없고 교과서를 귀히 여기지 않는 그 어떤 민족이나 사회 집단 또한 존재하지 않는다. 그런 교과서로 말하면 그 나라와 그 사회의 피교육 세대에게 주어지는 인습적인 교수·학습 수단으로 존재한다. 이러한 파악은 특히 문화와 제반 산업이 근대화 과정

* 대전과학기술대학교 명예교수

을 거치면서 더욱 중대시되었고, 또 실질적인 사회 개명을 선도해 온 수단도 교과서였다는 사실에서 확인하게 된다(이종국, 2013, p.14). 이는 그 나라의 사회적인 총의에 의해 바람직한 국민, 기대하는 인간상으로 이후 세대를 육성하기 위한 데 궁극적인 목적을 둔 지식 전달 수단이 곧 교과서임을 말해 준다.

이와 같이, 교과서로써 기대하는 여러 사회·교육적 역할로 본 중요성은 거듭 강조해도 지나침이 없다. 더구나, 교과서로 말하면 교육 수단으로서 대표적인 매체이므로 광범한 영향력을 끼치는 출판물이라는 특성 때문에 그 중요성이 더한다. 이러한 역할·기능이 교과서를 인식하는 긍정적인 관점이다. 그러나 학습자군에 대응한 교육적 표준성을 획일화한다든지, 제도 매체로서의 공배(公配) 기능이 강한 수단이므로, 어떤 주지성에 대한 일습화를 꾀하는 등 상대적인 면도 동반한다. 이 점이 교과서가 지닌 부정적인 측면이기도 하다.

우리나라의 교과서사는 일찍부터 '시민 교육 수단' 개념을 도입한 서구에 비하여 그 내력이 짧다. 근대적 의미로 보아, 문예부흥과 산업혁명에 힘입어 교육 개명을 추진해 왔던 서구에 비추어, 우리 쪽에서는 1세기 남짓한 근대 교과서사를 경험해 왔기 때문이다. 거기에다 식민 세력의 지배와 6·25 전쟁 등 여러 불행한 격변이 끊일 사이 없었던 시대·사회적 뒤안 또한 되짚게 된다. 그러한 상황에서 교육 근대화가 이루어졌다.

이제 교과서 제도 면에서 보면 전통적인 국정도서, 검정도서와 함께 개발과 선택의 자율성이 중시되는 인정도서로 주류권을 형성하고 있다. 그런데 2012학년도부터는 일부이긴 하나 과거 오랫동안 별러왔던 디지털 교과서(초등 14책, 중학교 2책)도 교실 현장에 도입(김혜숙 외, 2014, p.16)한 선진적인 변화도 실현했다. 따라서 놀랍게도 교과서 적용의 마지막 단계인 '자유발행제' 추진도 성큼 앞당길 모양이다. 이 제도는 2019년에 표본을 개발하여 2020학년도부터 점진적으로 시행할 계획이다. 그렇게 되면 우리나라는 네 가지 종류의 교과서 유형이 공존하는 세계에서 유일한 국가로 부상하게 될 것이다.

이러한 현상은 우리의 경우보다 수세기 먼저 교육 및 교과서 개발의 근대화를 달성했던 서구에 비해 이미 선점 내지는 앞선 부분도 적지 않다는 사실을 말해 준다. 이로 보아, 그야말로 '장족의 발전'이라기보다는 '쾌속의 질주'였다고 말할 수 있다.

그러한 과정에서 교과서 관련 연구 또한 주목되는 발전을 이루어 온 것도 사실이다. 하나의 시대적 분기선을 말한다면, 정부 수립 이듬해인 1949년에 교육법이 제정·공포(동년 12월 31일 법률 제86호)된 것으로부터 동인을 찾게 된다. 그로부터 7차의 교육과정 개정과, 이후 회차 개념을 부여하지 않은 '2007 개정 교육과정', 그리고 '2015 개정 교육과정'에 이르기까지 통산 12차에 이르는 제도적 보완을 거쳤다. 이렇게 대략 5년 주기로 교육과정 개정 적용이 이어져 온 셈이다.

그러한 짧은 '시한적 분할'을 경험하는 과정에서, 교과서 문제 또한 여러 실험이 거듭되었다. 그만큼 안정적인 운용 면에서 적지 않은 어려움이 있었다는 사실을 의미한다. 이 때문에, 문제는 선연구 후시행—선고후행(先考後行)에 소홀했다는 점을 부인하기 어렵다. 이를테면, 2000년대에 들어 교과서의 출판 형식이 급진적인 변환을 보였는데, 디지털 자료인 CD-ROM 체제를 적용한 것도 그러한 사례였다. 이 모형은 2001년에 초등학교 3, 4학년, 2002년에 5, 6학년용 『초등영어 CD-ROM 타이틀』 보급으로 나타났다.

2011학년도부터는 기존의 서책형교과서와 함께 CD 등의 형태로 e-교과서를 일부 도입(초·중·고 전 학년 국어, 영어, 수학)한 바 있다. 즉, 서책형교과서는 학교에서, e-교과서는 가정에서 학습하도록 유도한 것을 말한다. 그러나 e-교과서는 접근성 및 활용성에 문제점(사용 기피, 무관심 등)이 있는 것으로 나타났다. 결과적으로 국가 예산(연 380억 원)만 낭비한 중대 시행착오였다(조선일보, 2011.3.1., A10). 이른바, '교과서 선진화 방안'(교육과학기술부, 2010.1.12.)이 낳은 역기능을 초래했던 것이다. 이러한 사례는 결국 '선고후행'에 신중하지 못했다는 증거였다. 그런 점에서 교과서 연구의 문제점을 재검케 한다.

이제 우리의 교과서는 여러 우여곡절을 경험하는 과정에서 새롭게 점검해야 할 필요성이 대두되었다. 다시 말해서, '교과서란 어떤 매체여야 하는가'라는 기본적인 물음으로 되돌아가야 한다는 의미이다. 이것이 본 연구의 첫째 번 문제 제기이다.

둘째는 교과서관에 대한 이해이다. 이는 과거 오랫동안 이른바 제도와 정책 논쟁으로 치우친 편벽성에 대한 반사적 이유라 하겠다.

셋째는 그간의 교과서 연구 정황과 관련된 일련의 문제를 중시했다. 이를 위한 대안으로 대표적인 선행 연구 및 교과서 개발 관련 기관에서의 관심 사항을 살폈다.

넷째는 한국출판학회가 추구한 교과서 연구 경향을 알아보고자 했다. 이로써 본학회의 창립 50주년에 즈음하여 대상의 부문이 어떻게 다루어져 왔는지를 살필 수 있다고 보았다. 이를 위한 방법은 역대 학회지에 발표된 연구 성과들이 논의의 중심 대상이 된다.

2. 교육 수단으로서의 교과서의 위상

교과서는 단행본 잡지와 더불어 출판의 3대 영역 중 하나이다. 교수·학습 수단으로서의 교과서로 말하면 다른 출판 매체에 비해 그 보급 및 이용 면에서 차별적인 면이 있다. 특별히 '그들에 의한 그들의 것을 보고 배우는 것'으로 지목되는 매체가 교과서이기 때문이다(이종국, 2001, pp.29~30 참조). 여기서 '그들'이란 공생적 집단인 국가를 가리킨다. 또, '그들의 것'이란 그 나라와 그 사회의 구성원들이 지향해야 할 바람직한 목표를 말한다. 그렇다면 '교육 출판물인 교과서의 위상'이란 어떤 점에서 의의를 매길 수 있는가?

1) 특정 다수를 대상으로 한 출판물

근대적인 관점에서 보통의 출판 매체가 불특정 다수를 대상으로 한다면, 교과서의 경우는 특정 다수를 대상으로 한다는 점에서 상대적이다. 요컨대, 일반 출판물의 보급 대상이 미지의 독자임에 비하여, 교과서는 그 나라의 교육 제도에 따른 '명백한 구성원'에게만 수용된다. 여 기서 '명백한 구성원'이란 국가 권력에 의해 통제·파악된 이용권(利用圈)을 말한다. 이 때문에, 교과서는 국가에서 설계한 교육 계획에 따라 공급, 선택되는 매체이기도 하다. 이러한 확정성 으로 하여 출판자(저작·발행권자) 쪽에서 경제적 부를 추구하는 데 용이한 도구라는 특성도 있 다(Michale W. Apple, 1989, p.vi, p.7.). 바로 그런 점이 교과서를 둘러싼 쟁점의 하나이기도 하다. 특히, 교과서 개발과 공급에 따른 시장 경쟁이 그와 같은 사례이다. 이것이 출판 행위의 산물〔전자출판 방식에 의한 전자적 수용 매체(electronic publication)를 포함하여〕인 한에서 는 하나의 출판물로 보급된다는 보편성을 공유한다. 당연히 교과서도 출판 행위에 의해 생산 된 하나의 책으로 존재하기 때문이다. 그러한 파악은 출판 기술의 진화·팽창에 의한 새로운 교 육 수단들도 마찬가지이다.

이제 근대적인 의미에서 우리의 교과서사는 1세기를 뛰어넘었다.[1] 그동안 주권 교육 수단으 로, 또 침략 세력에 의한 식민 매체로, 다시금 민주 시민 교육 수단으로 거듭나는 등 여러 질곡 과 애환을 겪은 수단이 우리 교과서였다.

위에서 말한바, '그들에 의한 그들의 것을 보고 배우는 것'이란, 결국 '끼침의 영향력'이 원치 않은 힘의 논리에 의해 비관적으로 드러나는 상황을 말한다. 또, 교과서는 내재된 권력 구조 에 의해 공권력(정부)으로부터 시험당할 가능성이 많은 출판물이기도 하다. 외세로부터 주권 을 지킨 독립 국가에서도 통치자의 정치적 신념이나 사회사상으로 풍미되는 특정한 이데올로 기를 전파하는 도구로 사용될 소지가 많다는 개연성이 그것이다. 이와 관련하여 교과서 형성 의 근인 환경으로 작용하는 이데올로기 문제를 짚어볼 필요가 있다.

코선(Corson, D.)에 의하면, 이데올로기는 두 가지로 보고 있다. 하나는 정치적 주장들 (political narratives)로 나타난 이념적인 영향을 말하는 것이고, 다른 하나는 합법(legitimate) 에 의한 권력 행사로 이행되는 지배 구조와 이를 정당화하려는 일련의 왜곡 과정에서 생성된 통 제적 권력이라는 것이다(Corson, D., 1995, p.89).

파울러(Fowler, Frances C.)는 정치와 경제적 시스템에 관여하는 사회에 대한 보다 큰 덩어 리의 지배적인 생각이 이데올로기라고 보았다(Frances C. Fowler, 2000, p.123). 예컨대, 국

---

[1] 2019년으로 최초의 근대적 민간 교육기관인 원산학사(元山學舍, 1883)에서 신교육 수단을 채택한 지 136년이며, 관학 교육 기관인 육영공원(育英公院, 1886) 이후 133주년이다. 신교육 도입에 의한 신식학 교용 첫 제도교육 수단으로 이록된『국민소학독본(國民小學讀本)』이후로 보면 124주년이 된다.

가의 정책적 바탕을 형성하는 자기 중심주의적(내재적 국가 이기주의)인 가치 신념과 외적(외압적 식민주의)인 가치들로 나눌 수 있는데, 바로 여기에서의 중핵이 경제적 장악과 정치적 권력이 지배 구조를 형성하는 양대 요건이라고 함축한다.

거기에는 질서, 자기표현, 자유, 평등, 공동체적인 우애(fraternity) 등의 성숙한 사회적 가치들이 한몫으로 어우러져야 한다는 것이다(Frances C. Fowler, *Ibid.*, pp.109~114). 이러한 가치 추구는 교과서 편찬의 주체자들이 바람직한 가치를 구현하고자 할 때 편견이나 독선으로부터 지양하는 보편한 요건들인 것이다(Noah Berlatsky *ed.*, 2012, p.11).

그러한 관점은 사회적 합의로 마련된 교육과정과 그에 따른 교육 행위, 또 그것을 가능케 하는 권력이 어울려 하나의 거대 덩어리인 교육 이념을 형성한다는 것이다(Michael W. Apple, *Op.cit.*, pp.7~8). 요컨대 학교 교육과 경제, 문화, 그리고 정치적 권력 사이에 개입하는 매우 중대한 연결 요건(connections)이 이데올로기라고 보았다.

이와 같이, 이데올로기는 이념(idea)과 논리(logic)가 결합된 '이념의 논리' 또는 '논리적인 이념'이라 개념화할 수 있다. 따라서 이데올로기는 주장하고 신봉하는 사람들에게 모근거를 제공하는 원천으로 존재한다. '정치 행태를 설명하는 변수들'의 경우, 어김없이 이데올로기가 개입되는 것도 그러한 현상을 말해 준다. 그런 점에서 볼 때, 이데올로기가 지닌 작위적인 모습을 간취하게 된다. 요컨대, 개인과 집단 및 사회수준에서의 정치 현상에 예외 없이 연계되어 있는 것 또한 이데올로기이기 때문이다(David W. Minar, 1964, p.4. 유병선, 2004, p.36). 물론, 이데올로기가 정치에 대한 관념에 한정되는 것은 아니지만, 그에 따른 문제들이 권위 또는 권력과 관련된 정치 철학의 전통과 무관하지 않다. 이 때문에 이데올로기는 대부분 정치적 이념으로서의 특징을 지닌다(유병선, 2004, p.37).

이상의 견해들로 볼 때, 이데올로기는 사회 현상과 그에 따른 역학 구조, 그 중에서도 정치적 권력과 깊은 관련성이 있는 것으로 요약된다. 이와 관련하여 교과서 문제를 유의하게 된다. 교육은 국가가 시행하는 사회적 제도이므로 당연히 이를 뒷받침해야 할 목적이 설정되는 것이며, 때에 따라 국가의 의도가 강하게 작용할 수 있고 또 그것이 더욱 필요로 하는 교과목들(예컨대 이념교과의 교과서)도 있다. 결국, 학습자에게 사회화에 필요한 지식을 심어 주는 수단이 교과서이므로 그 활용성을 중대시하게 된다(이종국, 2006, p.365).

헤게모니 장악 논리에서 보면, 권력자의 방식을 구체적으로 실현하기 위해 부단한 노력을 기울이는 것이 교육이라는 제도적 대안이다. 그것은 거대한 네트워크를 형성하면서 피교육 세대에게 직격적이고도 통합적인 영향을 끼친다. '보고 배우는 것'으로서의 현재형이 '보고 배워야 할 것'이란 명령형, 주입형으로 전환되는 경우가 그와 같다(이종국, 2001, p.30).

그런 점에서 교과서관에 관하여 짚어볼 필요가 있다. 아래의 제재들을 통해 이 문제에 대하여 살펴보도록 한다.

2) 교과서관의 네 가지 유형[2]

교과서관이란 교과서에 대한 인식[3]을 말한다. 이는 대체로 네 가지 유형을 들 수 있다. 원론적 수단으로 본 교과서, 응용적 수단으로 본 교과서, 그리고 표준적 학습 수단으로 본 교과서, 제도적 교육 수단으로 본 교과서관 등이 그것이다. 이에 관하여 처음으로 논의한 것은 《'89출판학연구》(1989.12.)*를 통해서였다〔* 각주 3) 참조〕. 이와 관련하여, 이 제재에서는 전술한 바 4대별 유형으로 확장해 살펴보고자 한다.

(1) 원론적 수단으로 본 교과서

교과서에 대한 관점은 하나의 전통적인 규정 논리로 정점화된다. 곧 고전적(古典的)인 교과서관을 말함이다. 요컨대, 사물에 대한 원론을 제시한 이른바 '교전적(敎典的) 교과서관'이 그것이다. 교전(text)이란, 종교적 의미의 원리나 이치를 말한 기록물을 말한다. 주신(절대자)의 언행을 통하여 그 추종 세력이 옳고 그름에 대한 이치를 터득하게 함으로써 무엇이 과연 바람직한 가치 신념인지를 의도적으로 깨우치게 하는 원론적인 근거라 할 수 있다. 바로 여기에서 상징적으로 굳어진 어휘가 교전 또는 교재 그 자체를 말하는 'text'이다(이종국, 1989, pp.179~181). 이 말은 매우 다양한 의의를 가진다. 그렇지만 통합적인 면에서 하나의 준칙적인 대상이나 원론이라는 뜻으로 이해된다. 성서(Bible)가 곧 교리서로서 절대적인 존재였으며, 이를 통해 가르치고 교화하는 내용이 text였던 것이다.

원래 'text'(라틴어의 *textus*)는 정연한 조직, 구조 등을 이르기도 한다. 따라서 text는 여러 사상(事象)을 인식 대상으로 볼 때, 그 전체와 개별화된 것을 뜻하기도 하지만, 이것을 문자로 표현할 경우 '본문'을 가리키는 명사이기도 하다(Judy Pearsall and Bill Trumble(ed.), 1996, s.v. 'text').

동양에서는 유학 경전이 사람의 도리와 모든 사회 질서를 인도하는 교전으로서 오랜 전통을 이어 왔다. 사서삼경 등에서 가르치는 인의예지(仁義禮智) 사상이나 삼강오륜(三綱五倫)의 준칙을 골자로 한 인간 생활에서의 제반 도리에 관한 덕목들을 말한다. 그러므로 효와 섬김을 중심으로 한 가치를 크게 중시한다. 따라서 그러한 가치를 설명한 경전들이야말로 더없이 권위 있는 존재일 수밖에 없다. 이로 하여 "책을 천박하게 다루는 것은 부모를 업신여김과 같다

---

2) 이하 2-2)-(1)~(4) : 이종국(2013). 『한국의 교과서 평설』, pp.21~41에서 일부 발췌함.

3) 이종국(1989.12.). 「교과서관과 교과서연구」. 한국출판학회 편. 《'89출판학연구》. 서울 : 한국출판학회, pp.177~212.

(冊賤者父賤者也)."라 일렀을 정도로 그 됨됨이와 내용이 제시하는 바를 크게 공경하는 풍습으로 내림되었다. 오랜 전통을 굳혀온 숭서이념(崇書理念)이 그와 같은 내력을 뒷받침한다(이종국, 2001, p.489). 이 때문에 책을 보면서 비망해 둔다든지 줄을 그어 표시하는 따위 등은 당연히 금기시되었다.

이로 보아, 교리서로서의 교과서관은 지식 내용에 대한 원론적 교수·학습 기능을 전제로 하며 저술, 편집, 제작, 보급, 선택, 활용의 제 방법 면에서 권위주의적인 위의를 중요시하는 관점이라 요약된다(이종국, 1991, p.7).

교리서에서 근대적인 학습 수단으로 첫 동기를 부여한 것은 보헤미아의 실학주의적 교육 사상가인 코메니우스(Comenius, J. A., 1592~1670)에 의해서였다. 우리나라에서 그가 밝힌 교과서관이 처음으로 소개된 것은 1950년대 이후 최초의 범지학 교과서인 『세계도회, *Orbis Sensualium Pictus*』(1658)가 알려지면서부터였다.

코메니우스에 의하면, 사물은 시각적인 식별에 따라 바르게 판단할 수 있도록 명시해야 한다는 것이다. 이를 명료화시키는 방법으로 세계의 주요 사물과 인간의 활동을 그림으로 보이고 명명하는 작업이 중요하다고 보았다(J. A. 코메니우스, 1998, pp.5~6).

이러한 코메니우스적인 생각은 사물에 대한 일정한 규정 논리를 전제한다. 그는 특히 그림과 설명의 일치성을 명료화함으로써 교육적 각인 효과(imprint effect)를 극대화하고자 했다. 요컨대, 사물의 형상을 '그림(The Pictures)'으로 보이고 '명명(The Nomenclature)', 기술(The Descriptions)하는 방법을 사용했던 것이다(J. A. 코메니우스, pp.6~7).

이와 같이, 학습 재료(대상)에 대한 명명이나 용어들의 부여는 오늘날에도 변함없이 적용되고 있다. 단지 창의성 구현이라는 면에서 재명명, 재해석 등의 '한 걸음 더' 나아가는 발전 학습으로 변환되었을 따름이다. 이는 물론 원론적인 이해에 대응한 응용을 의미한다.

(2) 응용적 수단으로 본 교과서관

학교 교육 제도가 일반화되고 출판술이 거듭 발전하면서, 교육 활동에 요청되는 전용 도서의 현실적인 필요성도 크게 증대되어 나갔다. 그러한 과정에서 원래의 교전적 개념인 text는 textbook, 즉 교전의 책→'교재' 또는 '교과서'라는 보통 명사로 널리 사용되기에 이르렀다. 이는 1736년 영국의 사전 편집자인 베일리(Bailey, Nathan)가 자신의 저서를 *Text- Book*이라 명명한 것이 선행 사례였다(The Philological Society, 1983, s.v. 'text'). 이로 보아, 교과서에 대한 실용적인 응용 방식은 이미 근대적 교육 수단의 성립기인 18세기부터 현실화된 셈이다.

베버리 잡랙(Beverlee Jobrack, 2012, p.29)은 교과서가 끼쳐 온 전통적인 영향력을 '전횡(tyranny)'이라 규정하면서도, 18세기 이후의 교과서 출판이 이루어 낸 노력을 평가했다. 즉,

교과서 출판은 공교육의 성장과 궤를 함께 했으며, 출판업자들은 교육 현장의 요구에 적극 부응했고, 이 과정에서 전문화도 가능했다는 것이다(Beverlee Jobrack, *Ibid.*). 19세기에 뿌리를 둔 대형 교과서 출판사들(McGraw-Hill, Pearson, Hough/Harcourt 등)도 그와 같은 긍정적인 환경에서 성장이 가능했다는 지적이다. 그러나 이 시대는 교과서를 단지 하나의 '자료'라 보고 있다. 즉, 교사가 작성한 여러 형식의 '교안'이나 '활동' 그 자체 또는 1매의 작업 기록장(worksheet)에 이르기까지 교과서 역할을 맡게 된 것이다(Beverlee Jobrack, *Ibid.*, p.167). 잡랙은 '전횡'의 개념이 그렇게 변화, 응용되어 왔음을 말한다.

동서양을 막론하고 교과서는 한 나라의 경제적인 능력이나 사회적 환경이 어떤가에 따라 큰 영향을 받는 교육 출판물이기도 하다. 이는 일반적으로 사회 개발 의지가 대표적인 기류를 형성한 가운데, 교육과 그 교과서에 대한 관심이 좀 더 적극적으로 드러나는 경우에 상승적인 정황을 보인다. 사회적 변화가 가속화되는 과정에서 전통적인 교과서관에 대한 개선 의지가 나타난 것도 그런 점에서 시사하는 바가 크다.

우리나라에서 교과서에 대한 생각을 처음으로 공론화한《교과서회지》(1963)에서 보면 응용성 문제를 거론하고 있어 주목된다. 예컨대 교과서를 말하되, 이른바 교과서 중심주의 교육으로부터 지양하여 여러 다양한 교구 중의 하나로 사용되어야 한다는 지적이 그것이다. 함종규와 신집호에 의하면, 교과서에 담긴 내용을 금과옥조시하는 관점을 벗겨 내야 한다면서, 그것이 일종의 학습 자료요, 하나의 교육 수단에 지나지 않는다(함종규, 1963, p.22. 신집호, p.35)고 보았다. 이성수도 교과서에 관한 태도를 ① 금과옥조로 중시하는 것과, ② 참고 자료의 한 가지로 나눌 수 있다고 분별했다. 그는 또한 '문제 해결 학습'이란 말을 처음으로 사용하면서, 그에 따른 유효한 자료가 교과서여야 한다는 견해를 내보였다. 이성수의 견해 중에서 학습 응용 방식에 관한 의견도 있다. 이 의견은 교과서에 대한 금기를 벗겨 내야 한다는 주장이어서 흥미를 끈다. 즉, "필요하면 교과서에 표식을 한다든지 써넣어서 참고가 되도록 해도 좋다."(이성수, 1963, p.42)고 했다. 당시로 보아 교수 활동과 학습 행위 두 부문에 걸쳐 매우 전향적인 교과서관을 밝힌 사례라 할 수 있다.

이와 같은 기류는 사회적 환경과 생활수준이 향상되면서 새로운 교과서 풍습으로 전환을 보게 된다. 즉, 1교과 다교과서제가 도입된 제5차 교육과정기(1987.6.~1992.6.)에 이르러 응용 학습을 유도한 방법이 그와 같은 사례이다. 학생들이 교과서에 직접 그림을 그려 넣게 하고, 학습 내용을 스스로 써넣고, 붙이고, 오려 낼 수도 있는 응용 체제 방식이 도입된 것을 말한다(이종국, 1991, p.207).

교과서를 말하여 교수·학습 활동에 사용하는 응용적 도구라고 본 것은 그것이 여러 학습 수단 중의 하나라는 관점이 대두되면서부터였다(Lee C. Deighton, 1972, p.213). 요컨대, 원론적인 지식을 응용하는 기본 교육 수단이 곧 교과서라 동의한 것을 말한다. 학습 과정의 응용 현장인 학교 교육이 교과서에 의존하고 있다는 사실을 인정하기 때문이다. 이는, 1967년 미국의 철학자 도런(Doren, M. V.)이 말한바, "교과서 없는 미합중국은 상상할 수 없으며, 불가능한 일이다."라고 강조한 바를 상기케 한다(Lee C. Deighton, *Ibid.*, p.213).

따라서 응용적 교과서관은 제도적 의미로 보면 법률적인 정의에서 나타난다. 즉, '교과용도서에 관한 규정' 등 실정법을 말한다. 동 규정 중 "교과서라 함은 학교에서 학생들의 교육을 위하여 사용되는 학생용의 서책·음반·영상 및 전자 저작물 등을 말한다."(동 규정 제2조 2)와 같은 규정을 가리킨다. 요컨대, 교과서의 원형적인 텍스트성, 본질, 활용성 등을 제도적 조건으로 채용함으로써 현실적인 응용 효과를 겨냥하고자 한 것이다.

(3) 표준적 학습 수단으로 본 교과서관

표준이란, 어떤 사상(事象)을 대상으로 하여 일정한 정도에 도달한 목표 또는 규범, 준칙, 규격 등 일련의 바른 목표값이 주어진 가치를 말한다. 인류의 오랜 문화적 관습 속에서 수용되어 온 보편성(universality)의 원리에 기준을 둔 인식 대상이라 할 수 있다. 여기에서 보편성이란 여러 다양한 개체들이 공유한 일반적인 특성을 말한다.

특별히 교과서에서의 보편성이란, 인성 발달의 단계적 질서에 따라 교육과정이 제시된 것을 뜻한다(이종국, 1991, p.8). 예컨대, 중학교 1학년에서 이수해야 할 사회과와 2학년에 학습하는 사회과의 내용이 차등적인 것과 같다.

교리서로 발전되었던 초기 교과서들은 표준의 근거를 교리로 삼았다. 이 때문에, 권력자가 제시한 '임의의 표준'에 지배당할 수밖에 없었다(이종국, 1991, p.8). 최근의 경우, 사례가 다르긴 하나 미국의 일부 교육계에서 표준화가 지닌 중대성을 인정하면서도, 소수인종에게 불리하다는 지적이 제기되어 주의를 끈다. 요컨대, 학교라는 제도적 시스템이 단지 시험을 준비하는 기관(획일적 표준화 추구)으로 전락할 수 있다고 본 것이다.

그럴 경우에도 임의성을 조장하여 피설득자에게 그것을 믿도록 여러 구실을 내걸 가능성이 크다. 그래서 '언어 경찰(language police)'이 필요하다는 것이다(Noah Berlatsky, 2012, p.10). '언어 경찰'이란, 교과서의 내용과 그것에 나타난 차별적인 진술, 그리고 학생들에게 전달하는 교육적 송수관들을 보편적 가치관에 입각하여 살피는 개념이다. 그런데 문제는 이 기능이 성숙한 사회적 가치로 보호를 받지 못한다면 지역적인 편견 등 불공정의 과녁이 될 수밖에 없다(Noah Berlatsky, *Ibid.*, p.13).

우리 사회의 경험에서도, '10월 유신'(1972.10.17.) 직후 '교과서 편찬의 기저'로 묶은 '국민교육헌장의 이념 구현'과 같은 정책적 요구가 그런 사례였다. 당시 교과서 편찬 지침으로 전제한 사항이 "한국 민주주의의 당위성 자각"이었고, 거기에다 "유신과업 완수를 위한 의식 구조의 전환"이란 강령이 들어앉아 있었다.[4] 교과서는 조립된 표준을 내보이는 수단일 수 있고, 진실을 왜곡하는 매체로 전락할 수도 있다.

이와 관련하여, 마이클 애플에 의하면, "지금까지 교육과 교육과정들은 이해 당사자들의 행위를 합리화하기 위해 그들이 마련한 표준화에 맞춰진 것들이었다."고 지적한다(Michael W. Apple, 1989, p.139). 특히, 침략 세력이 지배 이데올로기를 획책하는 것과, 독재 권력의 통치 노선을 정당화하기 위해 교과서를 주요 대안으로 삼았던 일이 그 극명한 사례였다. 이는 지식 내용의 표준화를 당연시하는 교과서의 기능을 왜곡한 부정적인 관점이라 하겠다.

긍정적인 관점은 문화적 통로로서의 신뢰성 부여이다. 학교가 문화 내용을 전달하는 하나의 제도적 장치라고 할 때, 그 구성 주체인 학생들이 거의 전폭적인 영향을 받게 되는 수단 또한 교과서로 대표된다. 즉, 교과서야말로 중요한 문화적 통로로 구실하는 교수·학습 수단이기 때문이다. 이는 교육의 지상 목표인 바람직한 인간을 육성하기 위한 실질적인 이행 과정이기도 하다(이종국, 1987.2., p.154).

이와 같은 시각은 전통적인 교과서관에서 강조되고 있다. 예컨대, 교과서는 모든 학생들이 꼭 배워야 할 표준적인 내용이 제시된 것이라고 믿는 관점이 그러한 생각이다. 또, 교과서의 내용이 다른 상업 출판물과 차별성을 지닌다는 사회적 특성도 그와 같은 이유를 뒷받침한다. 그러면서 단지 낱장의 강의 노트도 교재일 수 있다는 실용적 관점을 생성케 했다(Lee C. Deighton. *Op.cit.*, pp.210~211). 요컨대, 종래의 권위주의적인 'textbook'에 새로운 표준 개념을 부여한 것이다. 즉, '60년대 이후로 일반화된 'schoolbook'과 같은 개념 이 그와 같은 맥락이다 (Doren, M. V., 1967).

우리나라에서도 실용적인 측면에서 교과서의 바람직한 표준적 기능을 꾸준히 제기해 온 바 있다. 강우철은 '좋은 교과서의 조건'을 다섯 가지로 제시했는데, "① 가르치기 편리하고, ② 배우는 데 유용하고, ③ 교과 교육 목표의 특성을 잘 반영시켜야 하며, ④ 학생들이 매력을 느끼도록 하며, ⑤ 교과 목표 달성을 위해 최대한의 노력이 경주된 것이어야 한다."고 했다(강우철, 1979, pp.33~46).

곽병선·이혜영은 '새 교과서관의 정립'을 ① 주어지는 도서에서 선택되는 자료로, ② 단답형 인간에서 사고형 인간 양성으로, ③ 권위를 가진 교과서에서 교육과정을 쉽게 제시한 자료여야 한다는 것이다(곽병선·이혜영, 1987, p.17).

---

4) 제3차 교육과정기(1973.2.~1981.12.)는 '교과서 편찬의 기저'라 하여 유신 이념을 전제했다. 이에 따라 '집필상의 유의점'에 '국시·국책과의 일치'를 설정하는 등 삼엄한 규제 방침을 고정시켰다. 이러한 방침은 도덕, 국어, 사회, 국사 등 국책 교과의 교과서들에서 더욱 강조되었으며, 음악 교과에서조차 "국가 시책(새마을, 안보, 유신 이념)에 부응하는 내용 강화'를 편찬의 기저로 삼았다. 한국2종교과서발행조합, 『교과서관계 법규집』: 교과서연구자료 제1집(서울: 한국2종교과서발행조합, 1984), pp.33~39 참조.

　이러한 의미 부여는 학습자의 창의성 구현을 돕는 전향적인 방안인 동시에 그 견인적 대안이라는 점에서도 중요하다.

(4) 제도적 교육 수단으로 본 교과서

　교과서는 교육과정 내용을 구현하는 수단이라는 점에 그 기간 개념을 둔다. 교육과정 내용을 학습 콘텐츠로 수용하는 현장이 학교다. 그런 학교 교육은 전통적으로 교과서에 의해 전개된다고 해도 과언이 아니다(홍웅선, 1982, p.11).

　나라마다 사정이 다르나, 교육 제도는 국가의 최고 입법 기관이 제정·공포한 헌법을 모법으로 한 여러 관련 법률에 의거해 적용된다. 이 교육 제도가 존속하는 한에서는 교과서도 그에 따라 적용, 선택되는 제도적 교육 수단일 수밖에 없다. 우리나라의 경우, 교과서를 사용하는 현장인 학교의 종류에 관해서도 '초·중등교육법'(제2조)에 따라 그 당초의 출발이 터한다. 따라서 당해 학교에서 적용하는 교과(동법 제43조)와 그 교과 운영에 필요로 하는 교과용도서에 관한 제반 규정도 따로 정해 적용한다. 그에 관한 핵심 법령이 '교과용도서에 관한 규정'이며, 이에서 정의(동 규정 제2조)한 바에 따라 선정과 편찬·검정 및 인정 등에 대한 제반 질서가 이행된다. 교과서 관련 실정법 및 주요 내용을 보면 〈표 1〉과 같다.

　이와 같은 제도적 장치들은 교과서가 일정한 목적 이외의 임의적인 수단이어서는 안 된다는 점을 말해 준다. 교과서 편찬의 모근거인 교육과정도 특정한 법률 및 시행령 등(초·중등교육법, 동 시행령, 부령 등)을 통해 제정, 관리되는 것도 그런 점에서는 마찬가지이다.

　우리나라의 경우, 이와 같은 국가 관리 체계는 이데올로기의 첨예한 대립과 남북 분단이라는 특수 상황으로 더욱 중요시되었다. 이 때문에, 교과서의 저작-출원-심의-발행-공급 등의 제반 행정과 그에 따른 출판 및 보급 과정에서 줄곧 국가 관리 방식이 적용되어 왔다.

　이제 제도적 교육 수단으로서의 교과서는 새로운 변혁이 모색되고 있다. '2010년 교과서 선진화 방안'에 이어 '2011 스마트 교육'이 천명된 일도 그러한 과정이었다. 거기에 더하여 4차 산업혁명 시대에 즈음한 교육과정과 교과서 문제 또한 새로운 현안으로 부상한 실정이다.

〈표 1〉 교과서 관련 실정법 및 주요 내용

법			교과서 관련 주요 근거
헌법			• 제31조(교육을 받을 권리)
법률	교육 기본법		• 제2조(교육의 이념) (이하 제2조~9조 내용 생략) • 제3조(학습권) • 제5조(교육의 자주성) • 제6조(교육의 중립성) • 제9조(학교 교육) • 제12조(학습자) ② 교육 내용·교육 방법·교재 및 교육 시설은 학습자의 인격을 존중하고 개성을 중시하여 학습자의 능력이 최대한으로 발 휘될 수 있도록 마련되어야 한다. • 제14조(교원) ③ 교원은 교육자로서의 윤리 의식을 확립하고, 이를 바탕으로 학생에게 학습 윤리를 지도하고 지식을 습득하게 하며, 학생 개개인의 적성을 계발할 수 있도록 노력하여야 한다.
	초·중등 교육법		• 제23조(교육과정 등) ① 학교는 교육과정을 운영하여야 한다. ② 교육부장관은 제1항에 따른 교육과정의 기준과 내용에 관한 기본적인 사항을 정하며, 교육감은 교육부장관이 정한 교육과정의 범위에서 지역의 실정에 맞는 기준과 내용을 정할 수 있다. ③ 학교의 교과는 대통령령으로 정한다. • 제29조(교과용도서의 사용) ① 학교에서는 국가가 저작권을 가지고 있거나 교육부장관이 검정하거나 인정한 교과용도서를 사용하여야 한다. ② 교과용도서의 범위·저작·검정·인정·발행·공급·선정 및 가격 사정 등에 필요한 사항은 대통령령으로 정한다.
시행령	대통령 령	초·중등교육법시행령	• 제43조(교과) 1. 초등학교 및 공민학교 : 국어, 도덕, 사회, 수학, 과학, 실과, 체육, 음악, 미술 및 외국어(영어)와 교육부장관이 필요하다고 인정하는 교과 2. 중학교 및 고등공민학교 : 국어, 도덕, 사회, 수학, 과학, 기술·가정, 체육, 음악, 미술 및 외국어와 교육부장관이 필요하다고 인정하는 교과 3. 고등학교 : 국어, 도덕, 사회, 수학, 과학, 기술·가정, 체육, 음악, 미술 및 외국어와 교육부장관이 필요하다고 인정하는 교과 4. 특수학교 및 고등기술학교 : 교육부장관이 정하는 교과

		교육과정심의회 규정	・제1조(설치) 학교의 교육과정의 제정・개정에 관한 사항을 심의하고, 이에 관한 조사・연구를 하게 하기 위하여 교육부에 교육과정심의회를 둔다. ・제2조(심의회의 조직) 교육과정심의회는 교과별위원회, 학교별위원회와 운영위원회로 구분하여 조직한다.
		교과용도서에 관한 규정	・제1장 총칙 ・제2장 교과용도서의 편찬・검정 및 인정 ・제3장 교과용도서심의회 등 ・제4장 수정 및 개편 ・제5장 발행 ・제6장 가격 결정 ・제7장 감독 ・제8장 권한의 위임
		행정권한 위임 및 위탁에 관한 규정	・제45조(교육부 소관) 3. 교과용도서의 검정・인정에 관한 사항. 한국교육과정평가원장의 검정・인정 결과 교육부장관에 게 보고. ④ 수학 및 과학 교과용도서의 검정・인정에 관한 사항은 한국과학창의재단에 위탁, 동 심사 결과를 교육부장관에게 보고. ⑤ 교육부장관은 국정도서 저작권 보상금의 지급 사무를 발행자에게 위탁
부령, 고시		교육과정	・총론, 각론
		교과용도서 구분고시	・국・검・인정 대상 도서별
		편찬상의 유의점 및 심사 기준	・유의점 : 편찬 방향, 유의점
			・개요, 공통 기준, 과목 기준

공법 체계가 정착된 나라일수록 국가 또는 국가로부터 위임받은 당국에 의한 간여를 받는 매체가 교과서이기도 하다. 학교라는 공공 기관에서 교육이 이루어지는 한 그러한 기본을 벗어나기 어렵기 때문이다. 단지 차이가 있을 뿐이다. 예컨대, 미국의 경우 남부와 서부의 22개 주를 제외한 나머지 주에서 학구를 관장하는 지역교육청에서 공립초등학교 교과서를 선정하는 것이 그러한 사례이다. 또, 주 정부 및 지역교육청이 개발한 선정 기준에 의거, 교과서를 채택하는 절충형도 있다(이종국, 2008, p.2).

교과서를 전면 자유발행제로 운영하고 있는 영국과 프랑스에서도, 제도적 관심은 여전히 유효하다. 영국의 경우, 전국 공통의 교육과정(National Curriculum)에 준거하여 국가 수준을 중시하는 관례가 그러한 경우이다. 또, 각 주의 교육성에서 '학습 지도 요령'을 작성하여 민간에 의한 교과서 인정 등을 수행하기도 한다. 프랑스에서도 교과서를 자유발행제로 따르고 있으나, 국가의 관심이 일정 부분 실현되고 있어 주목된다. 다만, 정도의 차이가 있을 뿐이다. 이들 두 나라의 교육과정 및 교과서 제도를 요약해 보면 〈표 2〉와 같다.

〈표 2〉 영국과 프랑스의 국가 교육과정 적용과 교과서 제도*

구분	영국	프랑스
교육과정	• 교육과정 체제 : 국가 교육과정 참고 • 적용 : 교육법에 따라 국가 교육과정 개정, 적용. • 지역 교육청 : 좋은 교육 안내, 교수 지원 및 컨설팅, 국가 교육과정에 대한 감독 • 학교 : 국가 교육과정의 준수	• 같음. • 같음. • 학교의 국가 교육과정의 적용 실태 점검. 교사의 수업 평가 관리 및 질 관리 업무 • 같음.
교과서 제도	• 교과서 규제 : 없음. 다만, 연중 수차례 이상 정부·출판사 간 전략 토론회 • 교과서 개발 : 교과서 개발사가 자유롭게 개발 • 교과서 선택·사용 : 의무이거나 강제 사항은 아님. 국가시험 주관 기관이 개발하거나 인증한 교과서 사용.	• 없음. 다만 교과서 노조, 교장 협의회, 출판사 관계자와 수차례 협의회. 교육부가 출판사의 교과서 개발에 자율성을 인정하는 상태에서 직·간접으로 관리 • 사회가 전문성을 인정한 약간의 전문 출판사를 둠. • 선정위원회에서 인증한 교과서를 교사가 채택하여 사용

* 자료 : ① 이인제·최홍원·송인발(2010). 『영국과 프랑스의 '국가 교육과정과 교과서' 정책 집행시스템 분석』. 서울 : 한국교육과정평가원, pp.20~24.
② 이승미(2018.4.). 「교육과정과 연계한 교과서 개선 방향」. 『2018 제1차 교과서 개선 포럼』. 수원 : 경기도교육청, p.89에서 추출 보완함.

특히, 교과서 편찬의 설계 근거인 교육과정을 국가에서 관리(영국, 프랑스)하는데, 이같은 사례는 두 나라만이 그런 것이 아니다. 엄밀한 의미에서 전 세계의 모든 나라들이 자국 학생들에게 무엇을 가르쳐야 하는가를 놓고 목표 관리에 최선을 다하기는 마찬가지이다. 특히, 프랑스의 경우는 출판사 쪽에서 교과서 편찬에 국가 교육과정의 준수를 강조하는 '교육과정 적합 인증(conformes aux programme)' 마크를 책 표지에 부착하는 경우도 있다는 것이다. 이러한 사례는 우리나라의 교과서 검정과 유사한 공식 또는 비공식 절차가 운영되고 있음을 시사한다(이인제·최홍원·송인발, 2010, p.24).

우리나라의 경우도 국정도서의 주류로부터 벗어나 검정도서로 대세를 이루다가 자유발행제의 전단계라 할 인정도서제로 진입한 상황이다. 국정도서 일습이던 초등학교에서도 검정도서가 들어앉은 상태다. 이와 관련하여, 2018년 현재(2015년 개정 교육과정에 의거한) 교과서 제도를 도서 유형별로 구분하면 〈표 3〉과 같다.

〈표 3〉 교과용도서 구분 현황(2018년 현재)*

학교＼교과서	국정교과서	검정교과서	인정교과서
초등학교	통합교과목, 국어, 사회/도덕, 수학, 과학, 안전한 생활	예술(음악/미술), 실과, 체육, 영어	
중 학 교		국어, 사회(역사/도덕 포함), 수학, 과학, 영어	기술·가정, 정보, 체육, 예술(음악/미술), 선택 과목
고등학교		국어, 수학, 영어, 사회(역사/도덕 포함) 과학	국어**, 수학**, 영어**, 사회(역사/도덕 포함)**, 과학**, 체육, 예술(음악/미술), 기술·가정, 제2외국어, 한문, 교양, 전문교과Ⅰ, 전문교과Ⅱ

* 자료 : 교육부 고시, 2015-76호(2015.10.21.), 교육부 고시, 2015-78호(2015.11.3.)

** 표의 교과목 중 인정교과서는 다음과 같다. 국어(실용국어/심화국어), 수학(실용수학/경제수학), 영어(실용영어/영어권문화/진로영어), 사회(여행지리/사회문화 탐구/고전과 윤리), 과학(과학사/생활과 과학/융합과학

이제 제도 교육 수단으로서의 교과서는 새로운 '제도적 성격'을 요구받고 있다. 지나치게 앞서가는 듯하여 그에 따른 우려도 있다. 이에 즈음하여, '인정도서→자유발행제'에 대한 전환 과정이 성큼 다가서 있음을 본다.

이 때문에 더욱 중시해야 할 문제는 교과서 제도 운용의 현재와 장래에 대한 연구가 필요하다는 원론적 확인이다. 정책적 대안을 뒷받침해 주는 것은 기반의 공고성으로부터 출발한다. 교과서 제도는 학교 교육을 선도하는 핵심 관건이고, 이것이 끼치는 영향력이야말로 학습 현장과 이를 둘러싼 광역 배경인 국가·사회 내에서 오랫동안 지속될 것이기 때문이다.

3. 교과서 연구의 관심과 접근

앞의 서술에서 '교육 수단으로 본 교과서의 위상'에 관하여 살폈다. 이로써 교육 출판물로 특성화되는 교수·학습 수단으로서의 가치와 그것이 지닌 고유한 성격을 알아보았다.

그런데 교과서에 대한 연구는 어떤 전개를 보였는가. 이 문제와 관련하여 우선 1960년대 이후의 몇 가지 주요 선행 연구 사례와, 관련 기관에서의 연구 실태를 개관해 보고자 한다. 여기서, 후자는 '교과서 연구의 지평 확장' 면에서 살핀 내용이다. 따라서 한국출판학회에서의 교과서 연구는 동 학회의 학회지를 조사 대상으로 삼았다.

1) 몇 가지 선행 연구 사례

여기서, '몇 가지 선행 연구 사례'란 초기에 보인 주요 교과서 연구를 말한다. '초기'라 한 것은 연속(중기, 후기 등)되는 시기 구분으로서의 구획을 지양한 것이다. 이 연구에서의 서술 상한이 1960년대이므로 그 시점을 정점으로 하여 1970년대까지를 초기라 보았다.

우리나라에서의 교과서 개발은 8·15 광복과 이후 3년간의 미 군정기를 거쳐 정부 수립으로 이어진 시기(1945.8.15.~1948.8.15.)가 그 들머리였다. 좋은 교육 수단 창출을 위한 관심이 나타난 것도 그 무렵이었다고 볼 수 있다. 그러나 식민 교육 잔재를 벗겨내면서 여러 재건 사업이 시급했으므로, 다른 어떤 연구 환경도 기대하기 어려웠다. 거기에다 연구자 그룹이라고 말해야 할 기반 형성 또한 거의 전무한 실정이기도 했다. 그러던 끝에 소극적이나마 교과서 연구에 대한 관심이 나타난 것은 1960년대에 들어 와서였다.

이후 교육과정에 관한 연구는 꾸준히 진행되었으나 정작 교과서 연구가 답보 상태로 머물러 있었다. 단축해 말해서, 교과서 연구의 이론적 틀이 처음으로 제시된 것도 1980년대에 이르러서였다. 이와 관련하여 이종국은 〈그림 1〉과 같이 제시한 바 있다. 이 그림에 보인 모형은 교과서 연구에 요청되는 일련의 주제별 분류항(①~⑬)을 중심으로 모근거인 교육과정으로부터 출발한 교과서 창출과 이를 통한 좋은 교수·학습 성과를 기대할 수 있는 순환적인 과정을 보여준다.

우리나라에서 교과서 연구는 '교과서 역사' 분야로 선행되었다. 그 주요 사례를 들면,

- 강윤호(1965.3.~1967). 「개화기의 교육 실태—광무·융희 연간의 교과용도서 편찬고(Ⅰ~Ⅳ)」. 《한국문화연구원 논총》(제5~11집). 이화여자대학교 부설 한국문화연구원.
- 윤팔중(1973.9.~11., 1974.1.). 「교과서와 그 변천 과정(1)~(4)」. 《새교육》(통권 제227~231호). 대한교육연합회.

등이 있다. 위의 논문이 학술지 및 유관 기관의 기관지에 발표된 최초의 교과서사 관련 연구라면, 1980년대에 들어 한국교육개발원이 펴낸 133쪽으로 된 『한국의 교과서 변천사』(1983)는 비록 짧은 분량이긴 하나 통사적 서술로 내보인 단행본으로서 첫 성과물이다.

교과서사에 관한 통사는 아니지만, 위의 책보다 소급한 초기 성과는 다음과 같은 두 책이 있다.

- 강윤호(1965). 『개화기의 교과용도서』. 교육출판사.
- 함종규(1974). 『교육과정 연혁 조사』. 숙명여자대학교 교육문제연구소.

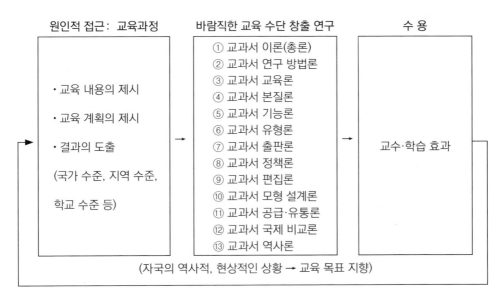

〈그림 1〉 교과서 연구의 틀[5]

위 책 중 강윤호의 저술은 저자가《한국문화연구원 논총》에 발표한 논문 중 일부를 묶어 단행본으로 낸 것이다. 엄밀한 의미에서, 이 저술은 교과서 문장에 나타난 종지법 어미 및 외래어 표기 실태를 다룬 국어학 연구서였다. 그러면서, 교과서 편찬 시말도 다루었다.

함종규의 저술은 구한말에서 1960년대에 이르는 각급학교 교육 내용과 교재 편찬을 다룬 첫 업적으로 가름된다. 이 책은 교과서의 근대적 변천 과정을 교육과정과 연계하여 다룬 특징이 있다. 또, 기초 자료인 '교과서 서지' 분야도 다음과 같은 성과를 냈다.

- 안춘근(1968.10.).「한말 교과서 목록」*.《국회도서관보》(제5권 제9호 ; 통권 제51호). 대한민국 국회도서관. * 1968년 5월 말 현재 수집 목록. 뒷날, 한국교과서연구재단에서는『한말 및 일제강점기의 교과서 목록 수집 조사』(이승구·박붕배, 2001)를 편찬, 가장 방대한 목록 정리를 실현했다.
- 영신아카데미 한국학연구소 편(1975.3.).「교과용도서 일람—조선총독부」.《한국학》(제5집). 영신아카데미 한국학연구소.
- 한국학문헌연구소 편(1977).『한국개화기교과서총서』(1~20, 영인). 아세아문화사.

---

5) 이종국(1985.10.).「교과서 연구의 과제」.《한국출판학회 학술발표회보》(통권 제15호). 한국출판학회, pp.1~4. 이 연구의 틀은 ; 이종국(1991).『한국의 교과서』. 대한교과서주식회사, pp.329~339 및 이종국(1998.12.).「바람직한 교과서 창출을 위한 모색」.《교과서연구》(제31호). 재단법인 한국교과서연구소, p.22 등의 연구 체계를 참조함.

이후 이종국은 그동안 최초의 근대 교과용도서로 통설화되어 온 『국민소학독본』(학부 편집국, 1895)보다 13년 먼저 사용(1883)된 원산학사(元山學舍) 교재가 처음이라는 주장을 제시했다(이종국, 1987, pp.49~53). 따라서 560책에 이르는 개화기의 교과용도서 목록을 교과별로 조사·제시(위의 논문, pp.78~90)한 바 있다. 그는 또한 교과서를 하나의 중요한 출판물로 보고 이것을 출판 역사적 측면에서 다음과 같은 저술들도 발표했다.

- 『한국의 교과서—근대 교과용도서의 성립과 발전』(1991). 대한교과서주식회사.
- 『한국의 교과서 출판 변천 연구』(2001). 일진사.
- 『한국의 교과서 변천사』(2008). 대한교과서주식회사.

이와 함께, 교과서의 역사적 위상과 그 공과를 다룬 저술들도 발표했다.

- 『한국의 교과서상』(2005). 일진사.
- 『교과서·출판의 진실』(2011). 일진사.
- 『한국의 교과서 평설』(2013). 일진사.

이와 같이, 교과서에 대한 연구는 희소한 실정이긴 했으나, 초기의 서지적 살핌과 함께 역사적 변천 과정에 대한 본격적인 점검을 아우른 연구 성과들이 보태졌다. 이러한 연구들은 향후의 진전을 위한 하나의 기반 조성이라는 점에서 중요한 의의가 있다.

2) 교과서 연구의 전향적인 진전

우리나라에서 교과서 문제를 연구하려는 생각이 나타난 것은 말 그대로 교과서에 대한 관심의 표명으로부터 실마리를 찾을 수 있다. 이에 대한 초기 사례가 1963년 5월에 발행된《교과서회지》와, 1968년 4월에 첫 국제회의로 개최된 '도서와 국가 발전' 세미나를 들 수 있다.

(1)《교과서회지》의 경우

우리나라에서 수행되어 온 교과서 관련 연구들은 거의 대부분이 교육과정(사) 서술들로 치중되어 왔다. 거기에 교과서 제도 분야에 보다 많은 관심을 보여 온 것이 사실이다. 1963년 5월 한국검인정발행인협회에서 발행한《교과서회지》도 그런 점에서는 예외가 아니었다. 그 발행 속성이 업계의 기관지 격이었으므로 그와 같은 특성에 비중을 둔 것으로 보인다. 그럼에도 불구하고, 이 잡지는 교과서 관련 분야의 첫 전문지로 출현했다는 점에서 기록성이 있다(이종국, 1999, p.91). 이 잡지에 수록된 주요 주제를 보면 다음과 같다.

교과서론(이성수)/교육과정과 교과서(함종규)/교과서와 장학(조기환)/세계 각국의 교과서 정책(이문용)/현행 교과서 제도의 문제점(심태진)/교과서 행정 소고(신집호)/출판사가 걸어온 길(최태호)/한국 교육의 반성(허현)/현대 교육의 기초(황종건)

위 주제 중 함종규의 「교육과정과 교과서」에 보면 전향적인 교재관을 제시하여 주목된다.

19세기 말엽부터 20세기의 초엽에 걸쳐 사회의 변화에 따라 새로운 교육 사조가 생겼다. (중략) 교과서는 일종의 학습 자료요, 하나의 교육 수단에 지나지 않는다. 그리고 교과서는 각 학교에서 구성하는 교육과정에 의한 주된 교재라고 생각한다. 이것은 교과서 이외에도 많은 교재 교구가 있고 또 그것들을 사용해야 할 것을 말하는 것이다.

〈함종규(1963.5.). 《교과서회지》(제1집), p.36〉

이성수의 「교과서론」에서도 새로운 관점을 내보였다. 그에 의하면, "의도적인 학교 교육이 비롯된 이래 서적, 학문, 지식이란 단어들이 학교를 유지해 왔다."고 말하면서, "앞으로의 학교 기능은 '행동, 생활, 지력'이라는 단어들이 의미하는 능동적인 기능을 요청하게 될 것"이라고 내다보았다. 그는 또한 교과서에 대한 생각을 다음처럼 정리해 보였다.

교육 목적의 다양화는 필연적으로 교육과정 구성의 내용에 큰 변화를 요구하게 되고, 따라서 교과서의 내용과 체제에도 변화가 필요하게 된다. (중략) 요컨대, 교과서를 교재의 일종, 학습 자료의 일종, 학습 방법의 지침서로 고려하여 이에 절대적 권위를 주지 않고, 그것을 자유롭고 유효하게 사용하자는 것이 새로운 교과서관이라 할 수 있다.

〈이성수(1963.5.). 《교과서회지》(제1집), p.36〉

이와 같은 일련의 생각들은 전통적인 교과서관(교전적 교과서관)을 지양한 견해들이다. 교과서에 대한 해묵은 생각(유일무이성)을 벗겨내고자 한 주장이어서 주의를 끈다. 따라서 당시로서는 매우 희소한 국제적 정보(이문용, 「세계 각국의 교과서 정책」)도 다루어 시야를 넓히도록 안내한 것 등은 획기적인 편집 의도를 내보인 것이라 할 수 있다. 그런데 《교과서회지》는 교과서 분야의 전문지로서 여러 관심 있는 독자들에게 두루 다가서기기도 전에 단발성으로 그치고 말았다. 창간호가 곧 종간호인 채 더 이상 지속되지 않았던 것이다.

(2) 교과서 관련 첫 국제 세미나의 경우

1968년 4월 27~29일, 대한출판문화협회 주최로 '도서와 국가 발전'이라는 주제의 국제 세미나가 아카데미하우스에서 열렸다. 그 목적은 국가 발전 도구인 도서의 중요성과 역할을 재확인하고, 국가 정책에 반영시키는 방도를 추구하여 도서 출판에서의 국제적 협력을 촉진하는 데 있었다(대한출판문화협회, 1968, p.2). 한국 대표단 86명과 SEAMES(동남아 교육장관 기구) 대표 및 5개국(자유중국, 인도네시아, 일본, 타일랜드, 미국) 대표가 참가했다.

이 세미나는 엄밀한 의미에서 교과서 문제에 집중성을 둔 것은 아니었으나, 각 주제별 내용에서 이 분야를 주요 과제로 포함하고 있었다는 점에서 주목된다. 당시 문교부에서 교과서를 비롯한 모든 출판 행정을 관장했으므로 이 문제에 비중을 두어 중시했다. 특히, 이 세미나에서 모두 6개 주제를 다루었는데, 이 중 제5주제가 「학교 교육과 교과서 정책」이었다. 당시 미국 대표인 스탠턴 위트니(Stanton Whitney)는 교과서의 중요성에 대하여,

교과서를 떠나서 오늘의 미국을 생각하기란 어려운 일이다. 아니 불가능한 일이다. 교과서가 없었던들 오늘의 미국은 이룩되지 않았을 것이다. 초보 독본에서 최신의 과학 교본에 이르기까지, 입문서에서 삽화가 들어 있는 지침서에 이르기까지 교과서는 우리 생활의 핵심이 되는 부분을 차지해 왔다. 세계의 구석구석에서 미 국민이 하나의 국민이 된 기적은 교과서를 통해서 이루어진 것이다. 교과서는 떠들썩한 소리를 내는 일이 없는 조용한 연장이다.

〈스탠턴 위트니(1968.4.). 『도서와 국가발전』, p.100〉

라고 밝혔다. 그는 또한 교과서의 역할에 대하여 강조하고, 편집자의 소임을 중대시했다.

교과서는 한 나라의 교육 계획에 있어서는 물론, 문화 전반에 걸쳐 공분모(公分母)의 구실을 한다. (중략) 종교와 종족이 다른 여러 민족으로 구성된 국민의 단결을 촉진한다는 특수한 역할을 감당한다. 교육에 대한 교과서의 가장 중요한 공헌은 미래에 있다. (중략) 그런 교과서를 창출하는 데 있어 필요불가결한 존재는 원고의 단계에서부터 완제품에 이르기까지 교과서를 기르는 편집자의 기술이다. 유능하며 양심적인 편집자의 역할은 이루 헤아릴 수 없이 큰 것이다.

〈스탠턴 위트니(1968.4.). 위의 책, pp.100~103〉

이렇듯, 발제자는 인상적인 견해를 전했다. 따라서 미국의 교과서에서 추구하는 바람직한 교육 개발과 이로써 창출하는 국가 발전의 비전을 담아내는 등 좋은 시사점을 보였다. 이와 함께 교과서 편집자의 역할을 강조한 것도 주의를 끈다. 당시까지만 해도 교과서에 대한 미국인으로

서의 생각을 직접적으로 알게 해 준 기회는 이 세미나가 처음이었다.

3) 유관 기관들에서의 교과서 연구

여기서, '유관 기관들'이란 한국교육개발원, 한국교육과정평가원 등 국책 연구 기관들과 민간 자본으로 설립된 한국교과서연구재단이 대표적이다. 따라서 교과서 발행사들이 부설한 연구소들에서도 활발한 참여를 보였다. 이에 관하여 알아보면 다음과 같다.

(1) 전문 연구 기관들에서의 교과서 연구

우리나라에서의 교과서 연구는 국책 기관에서 이행된 내력이 우세하다. 교과서 정책이 정부 주도로 실현되었기 때문이다. 1953년 3월 4일 최초의 전문 연구 기관으로 발족된 중앙교육연구소[6]의 경우도 그러한 사례였다. 이 연구소는 여러 정책 대안이나 제안 외에 몇 가지 주목되는 교과서 연구도 내보인 바 있다. 그 중 세 가지를 들면 다음과 같다.

- 이성수·최용연·한명희(1962). 『국민학교 교과서 분석 평가 연구 보고서』. 중앙교육연구소.
- 임의도·고종렬·방정애(1963.). 『한글의 읽기 쉬움에 미치는 몇 가지 영향에 관한 연구』. 중앙교육연구소.
- 중앙교육연구소(1969). 『교과서 내용 분석과 행정 개선에 관한 연구』. 과학기술처·한국국제개발협조처.

이 연구들(모두 등사본)에서는 초등 교과서의 내용 분석, 교육과정, 중고교 교과서에 대한 편찬 및 출판, 채택, 공급 등 제 문제를 진단하고 있다(이종국, 1999.12., p.91~92).

새삼스러운 지적이지만, 우리의 교과서 연구는 교육과정과 관련된 분야와 제도 논의로 치우친 경향이 우세했다. 이 때문에 교과서 그 자체에 대한 연구가 상대적으로 취약한 특징이 있다(이종국, 1989.12., p.194). 그러한 과정에서 '60년대의 교과서 관련 연구가 대체로 기초적인 성격을 띤 것이었다면, 그 모형이나 구조개선 그리고 제도 문제에 관심을 보이기 시작한 것은 1970년대 후반부터였다. 이와 관련된 몇 가지 주요 연구 성과를 들면,

---

6) 6·25 전쟁 중 유네스코, 운크라, 주한미군사절단의 건의로 문교부와 대한교육연합회가 설립했다. 1964년 사단법인으로 개편되었고, 문교부에 의한 유사 연구 기관 통합 정책으로 1973년 10월 자진 해체하고 말았다.

- 신세호(1977). 『새 교과서의 모형 개발에 관한 연구—국민학교 사회과 교과서를 중심으로』. 한국교육개발원.
- 신세호·한면희·이종렬(1979). 『교과서 구조 개선에 관한 연구—국민학교를 중심으로』. 한국교육개발원.
- 한국2종교과서협회·대한출판문화협회 편(1981). 『교과서 개선 연구(교과서 개선을 위한 세미나 종합 보고서)』. 한국2종교과서협회·대한출판문화협회.
- 한종하·이양우·안희천(1982). 『교과서 개발의 원리』. 한국교육개발원.
- 한종하·이양우·안희천(1982). 『중학교 교과서 개선을 위한 연구』. 한국교육개발원.
- 홍웅선 외(1990). 『교과서 제도 개선 연구』. 한국교육개발원.
- 곽병선 외(1994). 『현행 교과서 제도 개선 연구』. 한국교육개발원.
- 허강·홍우동·강환동(1990). 『교과서 외적 체제 개선에 관한 연구』. 재단법인 한국교과서연구소.

등이 있다. 따라서 제4차 교육과정기(1981.12.~1987.6.)에서 제5차 교육과정기(1987.6.~1992. 6.)를 보내면서 교과서 개편에 즈음한 교과서 구조 및 제도 개선에 대한 관심이 적극 제기된 바 있다. 이는 특히 한국2종교과서협회(종래의 한국2종교과서발행조합, 오늘의 (사)검인정교과서) 측에서 나타났다. 몇 가지 사례를 들면 다음과 같다.

『2종교과서 개선 연구』(좌담회 종합보고서, 1985.7.~1988.5.)[7]
『교과서 제도의 개선 방향』(1989.6.)
『2000년대 한국 교과서의 미래상—교과서 개선 방향과 당면 과제』(1989.6.)
『교과서 개선을 위한 세미나』(1991.11.)
『교과서 체제 개선을 위한 세미나』(1992.5.)
『제6차 교육과정에 따른 교과서 개발 세미나』(1992.10.)

이와 같이, 교과서에 관한 제도 논의는 중대 현안으로 부상되곤 했다. 특히, 국정도서에 대한 발행권 균형에 따른 업계의 반발이 드러난 증거였다.
한편으로, 외국 교과서에서의 한국관(韓國觀)에 대한 연구도 선보였다. 이는 교과서 연구의 범위를 넓히고 있었다는 증거이기도 하다. 극소수이기는 하나 초기 사례를 보면,

7) 이 보고서는 1985년 7월부터 1988년 5월까지 사단법인 한국2종교과서협회에서 전국 주요 도시들에서 순회 개최한 '교과서 개선을 위한 좌담회(참석자: 각 지구의 교사, 저자, 문교부 관계관, 각 시도교육위원회 관계관, 일선학교 교장, 2종교과서협회의 연구기획위원, 출판사 대표 등) 내용을 묶어 6집까지 냈다.

- 한종하 외(1982). 『한·일 역사 교과서 내용 분석—상호 관련 내용을 중심으로』. 한국교육개발원.
- 곽상만 외(1982). 『외국 사회과 교과서에 나타난 한국관—일본, 미국, 영국, 프랑스』. 한국교육개발원.

등이 있다. 이와 관련하여 새로운 모색이 진행되었는데, 이는 위에 말한 전문 연구 기관들에서 찾을 수 있다. 여기서는 3개 기관으로 간추려 그 개요를 알아보면 〈표 4〉와 같다.

〈표 4〉 교과서 관련 전문 연구 기관 개요

구 분	설립일	설립 목적	주요 업무	비 고
한국교육개발원 Korea Educational Development Institute	1972. 8.30.	• 한국의 전통과 현실에 부합하는 새로운 교육 체제 구축 • 한국 교육에 관한 종합적·과학적인 연구 • 혁신적인 미래 교육 체제 개발	• 개인과 사회의 지속 가능 발전에 기여하는 교육 정책 연구 선도 • 교육에 관한 종합적·과학적인 연구 • 수탁 연구 사업	국책 연구 기관
한국교과서연구재단 Korea Textbook Research Foundation	1992. 8.12.	• 교과서의 질적 수준 향상과 교과서 제도에 관한 국제 비교 연구 • 교과서에 관한 종합 연구를 수행하여 교육 발전에 기여	• 교과서 정보관 운영 • 교과서 연구 자료 검색 서비스 • 교과서 커뮤니티 운영 • 교과서 사이버 연수 • 인정도서 편찬	민간 연구 기관 (사단법인 한국2종교과서협회, 국정교과서주식회사, 대한교과서주식회사가 공동 출자해 설립)
한국교육과정평가원 Korea Institute for Curriculum and Evaluation	1998. 1.1.	• 고등학교 이하 각급학교의 교육과정을 연구 개발하여, 교육 평가를 연구 시행함으로써 학교 교육의 질적 향상 및 국가 교육 발전에 기여	• 교육과정 연구 • 교수·학습 방법 및 자료 연구 • 대학수학능력시험 • 교과서 검정 심사 • 국가고사	국책 연구 기관

〈표 4〉에 제시된 연구 기관들은 '설립 목적'이나 '주요 업무' 면에서 당연히 상호 독립적이다. 그런데 이 연구 기관들에서 수행하는 연구를 총량적으로 파악한다는 것은 기술적으로 난해한 문제이다. 구체적인 '공개' 여부 면에서도 그러려니와, 각 기관에서의 연구 범위가 워낙 방대한 규모이기 때문이다. 그러면서도 교과서와 관련된 직접적인 연구 성과는 많지 않은 편이다. 주로 각급학교 교육과정이나 교육 정책에 관한 연구들이 비중을 차지한 탓이다. 이 중에서 해외의

교과서 정책에 관련된 몇 가지를 들면 다음과 같다.

한국교육과정평가원의 경우

- 서지영(2007). 『미국의 교과용도서 정책과 질관리 체제 연구』.
- 이인제 외(2010). 『영국과 프랑스의 국가 교육과정과 교과서 정책 시스템 분석』.
- 심재호 외(2010). 『미국의 교과서 검정 및 선정 제도 분석—텍사스주&아이오와주를 중심으로』.
- 한국교육과정평가원(2011). 『교과서 정책의 국제 동향과 미래 전망—교과서 정책 국제 세미나』.

또, 한국교과서연구재단의 경우는 《교과서 연구》 발행(창간은 1988년 12월 28일 한국2종교과서협회에서) 업적을 빼놓을 수 없다. 1992년 8월 12일, 재단법인 한국교과서연구소[8](1999년 1월 1일 한국교과서연구원, 2000년 9월 14일 한국교과서연구재단으로 명칭 변경)가 발족되면서, 이 기관이 속간(2018년 3월 현재 통권 91호)하고 있다. 위 재단에서는 2011년부터 국제 심포지엄도 연례화함으로써 해외 동향과 교과서의 비전 문제를 지속적으로 논의한다. 연도별 주제를 보면 다음과 같다.

한국교과서연구재단의 경우

- 교과서 정책의 동향과 전망—교과서 정책/교과서 개발/교과서 활용(2011)
- 주요국 교과서 정책 및 인성 교육 동향(2012)
- 수업 및 평가에서의 교과서 활용과 전망(2013)
- 미래 지향적 교과서관—넓게! 깊게! 다양하게!(2014)
- 달라지는 교과서 구성—지식 중심에서 역량 중심으로(2015)
- 창의 융합형 인재 양성을 위한 교과서 내의 평가(2016)
- 미래 지향적 교과서 발행 체제(2017)

---

8) 한국교과서연구소는 창립 당년인 1992년부터 1998년까지 다음과 같은 연구 사업을 추진했다. 『교과용도서 관련 법규집』 발행(연구소, 1992, 1994)/ 『교과서 어휘 분석 프로그램』(레이시스템, 1993.10.~ 1997.1.)/ 『연구소 중장기 발전 계획』(함수곤, 1995.11.~1996.3.)/ 『교과서 정책 개선에 따른 연구』(함수곤, 1996.9.~1997.4.)/ 『교과서 외적 개선에 관한 연구』(허강, 1996.9.~1997.6.)/ 『전자 교과서 개발 방안 연구』(곽병선, 1997.3.~1997.12.)/ 『교과서 외적 체제 개선에 관한 연구』(백명진, 1998.2.~1998.3.)/ 『교과용도서 가격 결정 제도 구체화 방안』(김태웅, 1998.2.~1998.8.). 〈자료 : 「업무현황」(유인물, 1998.). 재단법인 한국교과서연구소.〉

이와 같이, 교과서와 관련된 국제적 동향에 관한 조사 보고는 아직 다양하다고는 볼 수 없으나, 꾸준한 진척을 보여 왔다는 점에서 중요한 성과라고 사료된다. 그럼에도, 교과서에 관한 내외의 이론 내지 원론적인 견해를 제시한 연구는 여전히 소극적인 실정이다.

한편, 교과서 연구를 둘러싼 남북한 간 비교라든지 통일에 대비한 비전을 제시한 연구들도 꾸준한 성과를 냈다. 이 분야의 연구들은 1990년대 이후로 한국교육개발원과 한국교육과정평가원 그리고 몇몇 관련 학회, 대학에서 부설한 연구 기관, 또 정부의 유관 기관에서 성과를 보였다. 그 중 주요 사례 몇 가지를 들면 다음과 같다.

- 교육부(1993). 『통일 교육 지도 자료』. 교육부.
- 이서행(1994). 『통일 교육 내용의 재정립 방향』. 통일원.
- 한종하 외(1994). 『남북한 교육과정·교과서 통합 방안 연구』. 한국교육개발원.
- 이삼웅(1994). 『통일 교육의 효과적인 방안—도덕과 및 국민윤리과 교육과정을 중심으로』. 대구대학교 교육대학원.
- 문용린·박용헌(1995). 『남북 통일 대비 교육 준비에 관한 교육 전문가의 의견 조사 연구보고서』. 서울대학교사범대학 통일교육연구위원회.
- 조주연 외(1995). 『남북한 교육과정 및 교과서 비교 분석 모형 개발 연구』. 서울교육대학교 교육과정연구위원회.
- 이돈희 외(1996). 『학교 통일 교육 자료 개발 연구』. 한국교육개발원.
- 한국교육개발원(1996). 『학교 통일 교육 자료 개발 연구』. 한국교육개발원
- 민족통일연구원·한국교육개발원(1997). 『통일 교육의 새로운 방향과 실천 과제』. KDI 주관 '97년 국가정책개발사업 연구보고서.
- 한만길 외(1997). 『학교 통일 교육 내용의 체계화 방안 연구』. 한국교육개발원.
- 곽병선 외(1998). 『통일 대비 교육과정 개발 방안 연구』. 한국교육개발원.
- 김재복 외(1998). 『통일 대비 교과서 편찬 방안 연구』. 인천교육대학교 교육과정연구위원회.

이상의 연구들과 함께 최근에 이룩된 교육과정 및 교과서 관련 연구 사례로 다음과 같은 것들을 예시할 수 있다.

- 김진숙(2015). 『통일 대비 남북한 통합 교육과정 연구』. 한국교육과정평가원.
- 김지수(2016). 『제7차 노동당 대회를 통해 본 북한 교육 정책 동향 분석』. 한국교육개발원.

이제 남북통일이 요원한 문제만은 아니며, 가시화된 시점에 이르렀다. 2018년 4월 27일, 판

문점 우리 측 구역인 '평화의 집'에서 문재인 대통령과 김정은 북한 국무위원장이 만나 남북 최고위자 회담을 열었다. 전에 없던 역사적 사건이 현실화된 것이다. 문제는, 일희일비를 지양해야 하며, 저력 있는 준비와 실질적인 역량 배양에 집중해야만 한다. 바로 그런 점에서 교과서 연구는 더욱 중요한 통일의 조건일 수밖에 없다.

2018년 5월 3일자 도하 각 언론들에서는 교과서에 제시되어 온 '한반도 유일 합법 정부' 관련 서술을 뺀다는 소식을 전했다(조선일보 1면 등, 2018.5.3.). 모든 남북한 현안들이 동시다발로 해결을 볼 것처럼 서두르고 있는 실정이다. 이런 때일수록 보다 신중한 접근이 필요하며, 냉정한 국민적 합의 도출에 힘써야 할 것이다.

(2) 관련 학회들에서의 연구

이 제재에서 관련 학회들이란, 교과서 연구를 주된 목적으로 설립된 전문 학술 단체를 말한다. 그런데 이 분야의 학회는 극소한 실정이다. 요컨대, 오늘에 존재하는 교과서 연구 분야의 학회로는 1991년 2월 11일에 창립된 '한국교육과정·교과서연구회'(창립 당시 회장 : 홍웅선)가 유일하다. 이 연구회보다 16년 5개월여 뒤늦은 2007년 7월 25일 공주대학교에서 한국교과서연구학회(회장 : 류해일)도 창립을 보았으나, 그 이듬해 말에 해체되고 말았다.

한국교육과정·교과서연구회는 전현직 교육부 편수관 출신 또는 편수 업무 분야의 현직자들로 구성되어 있다는 특징이 있다. 이에 비하여 한국교과서연구학회의 경우는 공주대 사범대학 교수들이 주된 구성원으로 조직되어 있었다.

두 학회의 연구 활동을 보면, 한국교육과정·교과서연구회의 경우 1991년 12월에 《교육과정 교과서연구》를 창간, 연중 1회 간행으로 2012년(제9호)까지 냈다. 이에서 교육과정과 교과서 문제를 논의하고 있으나, 균형 면에서 상당한 차이를 보인다. 교과서 연구 분야가 상대적으로 적기 때문이다. 이 논문집(1~9호)에 발표된 논문은 총 77편인바, 이 중 교육과정 분야 36편, 교과서 분야 21편, 교육 일반 분야가 20편으로 되어 있다. 이러한 현상은 창간호에서도 총 수록 논문 20편 모두가 교육과정 논의로 일습화되어 있을 정도이다.

이 연구회는 또한 대한교과서주식회사가 기획 출판 중인 '교과서연구총서'의 일환으로 초·중·고등학교 교육과정 변천사[9]를 1990년 12월에 첫 연구 성과로 냈다. 이후 『한국 편수사 연구Ⅰ, Ⅱ』(Ⅰ : 2000.12., Ⅱ : 2001.12.)의 경우는 주목되는 결실이다. 이 분야 연구가 희소한 상황에서 새로운 분야를 개척했기 때문이다.

---

9) 한국교육과정·교과서연구회 편, 대한교과서주식회사 발행(1990.12.). 『한국 교과교육과정의 변천(국민학교)』, 『한국 교과교육과정의 변천(중학교)』, 『한국 교과교육과정의 변천(고등학교)』을 말함.

1991년 12월에는《편수의 뒤안길》이라는 기관 잡지를 창간하고, 이후 속간(연간지. 2018년 현재 16집 발행)을 거듭하는 중이다. 한편, 2006년 2월 24일 동 연구회 총회에서는 정부 수립 후 첫 교과서인 『초등국어 1-1』가 편찬된 날(1948.10.5.)을 기념하여 '교과서의 날'로 제정·선포했다(한국교육과정·교과서연구회, 2007.1., pp.191~248). 이에 따라 2006년 10월 11일 제1회 '교과서의 날' 기념 학술 심포지엄을 개최했으며, 이후 2016년 현재 제11회(2016.10.5.)에 이른다. '자랑스러운 편수인상'*을 제정하여 연례적으로 시상하는 것도 뜻깊은 일 중의 하나이다[* 2011년 2월 25일 제1회 시상(수상자: 최현배, 박용진)].

한국교과서연구학회의 경우는 2007년 12월에 논문집《한국교과서연구학회지》(제1권 제1호)를 창간했다. 이 논문집에 「교과서의 쟁점과 연구 전략」(김정호) 등 10편의 논문이 실려 있다. 이듬해 초에는 동 논문집(제1권 제2호)을 잇따라 펴냈다. 이는 2008년 1월 23일 동계 학술 발표회를 개최했던 바, 이 학술대회에서 발제한 3편의 주제 논문과 17편에 이르는 분과 발제 등을 묶어낸 형식이었다. 발제 주제 3편의 내역을 보면 다음과 같다.

- 각국의 음악 교과서에 나타난 맥락적 지식의 비교…양종모(부산대 교수)
- 현행 영어 교과서의 코퍼스 언어학적 어휘 분석과 교과서 개선 방향…김낙복(서산고교 교사)
- 교과서 발행 제도의 문제점과 개발의 필요성…황근식(아침나라 대표)

같은 해 8월 6~7일에는 『건국 60주년에 즈음한 한국 교과서의 변천과 특징』이란 주제로 학술세미나를 열었다. 이에서 3편의 주제 발표와 토론(교과서의 과거, 현재 그리고 미래)의 순으로 진행되었다. 주제 발표 내역을 보면 다음과 같다.

- 정부 수립 이후 교과서의 위상에 관한 이해…이종국(혜천대 교수)
- 외국어과 교육과정 개정에 따른 중학교 영어과 교과용도서 집필의 실제…임병빈(공주사대 교수)
- 초등학교 사회 교과서의 변천과 전망…우남기(서울신남초등학교), 남상준(한국교대 교수)

이상에서 살핀 바와 같이, 교과서 연구를 목적으로 출범한 학회는 극소한 실정이었다. 그나마 한국교과서연구학회처럼 불과 2, 3년을 유지하지 못한 채 활동을 중단하기도 했다.

문제는, '교과서학'이라고 말해야 할 이 분야의 연구야말로 매우 중요한 현안이어야 한다(이종국, 1989.12, p.207). 따라서 교육과정과 교과서의 두 대상을 다룸에 있어 전자 쪽에 지나친 편중을 보인 것 또한 문제점이 아닐 수 없다. 또, 정작 교과서 분야에 접근해서도 거개가 제도 논의로 치우쳐 있는 실정이다. 사정이 그만하니 순수한 교과서 연구가 비껴나가고 있는 것이나 아닌지 우려스럽다. 질러 말해서, 그렇게 된 것은 교과서 발행을 둘러싼 이권 이해에 보다 적극적인 관심을 기울여온 탓이랄 밖에 없다.

(3) 교과서 발행사들에서의 교과서 연구

이 제재에서 교과서 발행사들이란, 2018년 현재 (사)검인정교과서에 가입한 84개 회원사를 말한다. 이 중 자체적으로 교과서 연구를 수행해 온 업체는 (주)교학사, (주)금성출판사, 동아출판(주), (주)미래엔, (주)비상교육, (주)지학사, (주)천재교육 등이다.

(주)교학사는 2005년 2월 1일 국어과교수학습연구소를 부설하고, 자체적인 연구 개발을 추진하여 『교수학습연구총서』(총 8책)을 냈고 『독서사전』, 『학교 현장 독서 지도 어떻게 할 것인가』, 『국어과 읽기 발음 자료집』 등 비중 있는 전문서를 편찬한 바 있다. 2006년 6월에도 사내 연구소를 추가 발족시켰는데, 통합논술구술연구소가 그런 사례였다. 2009년 3월에는 수학교육연구소도 부설했다. 이 같은 일련의 시도로 보아 교과서 출판사로서 이론과 실제를 뒷받침하기 위한 자구 노력의 일환이라고 평가된다.

(주)금성출판사는 2004년 10월 7일 교과서발전연구소를 발족시켰다. 이후 2006년부터 연구 실적을 내기 시작했다. 그 첫 연구 중 하나가 『교과서 편찬 시스템 개선 방안 연구』(허강, 2006)였다. 뒤이어 『중학교 국어과 교육의 내용 구조 연구』(윤희원, 2007), 『초등 과학 교과서의 학습 효과 증대를 위한 시각 자료의 개선 및 구성 방안 연구』(권치순 외, 2007) 등 2015년에 이르기까지 14건의 연구 보고서를 냈다(조성준 외, 2015, p.221 참조). 이 회사는 또한 『좋은 교과서를 만들기 위한 편집 실무론』(조성준, 2007)과 『교과서, Why에서 How까지』(조성준, 2015) 등 편집자의 전향적인 가치 신념에 관한 직무 이론서도 출판했다.

(주)미래엔은 가장 오래된 교과서 연구 사업을 수행해 온 출판 기업이다. 이 회사(당시 대한교과서주식회사)는 1988년 3월 26일 교과서연구소를 부설하고, 전용 도서실(설립 당시 역대 교과용도서: 35,000책 장서. 면적: 약 36평)도 신설했다.

이 연구소에서는 1988년 5월부터 '교과서연구총서'를 기획 출판하기 시작했다. 그 첫 성과가 『국민학교 학습용 기본 어휘 연구』(이응백 저)였다. 이후 이 총서는 1997년 말까지 모두 19책을 냈다. 동 총서 중 『한국의 교과서』(이종국, 1991)는 교육 수단을 출판학의 관점으로 논의한 이론서라는 점에서 비상한 관심을 끌었으며, 이 분야 연구 체계를 개척한 업적으로 평가받았다(민병덕, 1992.1., pp.294~295). 또, 『편집 체재와 글의 읽기 쉬움―교과서를 중심으로』(정찬섭 외, 1993)의 경우도 텍스트의 독이성 등 효율적인 인지 학습 문제를 다루어 이 분야 연구의 새 지평을 여는 데 기여했다.

그런가 하면, 동 연구소에서는 제6차 교육과정(1992.6.~1997.12.) 시행을 앞두고 『자율 학습이 가능한 교과서 모형 연구 개발—국어(상)』(동 연구소, 1992) 이라는 주제의 보고서도 내놓아 이 분야 개척에 진일보를 기록했다. 따라서 이 연구에 의한 『자율 학습이 가능한 교과서 모형 국어(상)』을 현실화함으로써, 당국과 학·업계로부터 큰 반응을 얻은 바 있다.

이 연구소에 의한 교과서 관련 연구는 꾸준히 이어졌다. 예컨대, 2010년대에 들어와서도 매년 10종을 상회하는 실적을 낼 정도였다. 2017년의 경우는 27종에 달했다. 이 중, 『월인천강지곡 해제』(유학영, 2017)와 같은 고문헌 해석을 제시한 연구가 있는가 하면, 『4차 산업 혁명 시대의 교과서 개발 방향』(김경환, 2017)처럼 첨단 지향적인 진로를 제시한 연구도 있다.

(주)비상교육은 2008년 1월에 비상공부연구소를 부설했다. 본격적인 연구 실적은 2015년부터 생산하기 시작하여 이후 10여 종을 냈다. 그 첫 성과로 선뵌 보고서가 『자기 주도적 학습을 위한 초등학교 과학 교과서의 편집 디자인에 따른 인지 부하 분석』(양일호, 2015)이며, 뒤이어 『창의·융합 인재 양성을 위한 인문 소양 교육 방안 연구』(윤세민, 2016) 등으로 이어졌다. 최근에 거둔 주목되는 성과는 단행본으로 낸 『교과용도서와 저작권에 관한 연구』(김기태, 2017)를 들 수 있다.

(주)지학사 또한 다양한 연구 실적을 내보인 출판 기업이다. 첫 연구 보고서로 『사고력 신장을 위한 초등학교 통합 교육 프로그램 개발 기초 연구』(정광순 외, 2014)를 냈다. 뒤이어 『오류 없는 교과서를 만들기 위해 유의해야 할 표기 표현 연구』(권순각 외, 2015), 『창의적 교과서 발행을 위한 교과서 개발 과정에 대한 연구—초·중·고 국어 교과서 편집 과정을 중심으로』(오요환 외, 2015) 등 60종을 상회한다.

이 회사는 특히 교과서 디자인, 일러스트, 편집자 프로그램 등을 중심 주제로 한 연구를 외부 용역이 아닌 자사 인력 자원(편집자들)만으로 연구팀을 꾸려 비중 있는 성과를 냈다. 이러한 모습은 전문 인력의 양성이라는 면에서도 바람직한 경영 전략이라 평가된다.

이와 같이, 일선 출판사들에서 수행해 온 교과서 연구는 각각 그 기업의 특징을 구현하면서, 현업과 향후 비전에 대한 지향 과제를 반영하려 애써 왔음을 말해 준다. 물론, 이러한 노력은 교과서 발행에 따른 자구 노력의 일환이라는 취지도 있으나, 연구 개발에 능동적인 참여를 실천하고 있다는 점에서 긍정적이다.

4. 한국출판학회에서의 교과서 연구

한국출판학회(이하 출판학회)는 1969년 3월 17일 소수의 연구자들이 동호인 모임으로 발족을 본 연구 공동체이다. 이로부터 4개월여 뒤인 동년 6월 22일 "출판에 관련된 역사적, 현상적인 면을 조사·연구하여 학문적으로 체계화하고 과학화함으로써 학문과 출판문화 발전에 기여함을 목적"으로 창립(창립 회장 : 안춘근)을 보았다.

출판학회는 지난 반세기의 회력을 이어오면서 교과서 연구 분야에 어떤 관심을 보였는가? 그리고 실제로 이 부문과 관련된 연구 성과는 어떻게 나타났는가? 이 두 가지 문제를 다음의 제재들에서 다뤄 보고자 한다.

1) 교과서 연구에 대한 관심

(1) 출판학회적인 관심

출판학회는 무엇보다도 출판과 관련된 역사적, 현상적인 면을 주된 연구 내용으로 삼고 있는 학술 단체이다. 대상의 수단도 어느 특정 매체 분야를 지양하여 모든 출판 현상이나 그로써 창출된 출판물을 중심으로 연구한다.

그런 점에서 교과서도 출판 활동에 의해 이룩되는 하나의 출판물(전자 교과서를 포함하여)인 한에서는 당연히 중요한 연구 대상일 수밖에 없다. 더구나, 교과서로 말하면 단행본, 잡지와 함께 출판의 3대 요건 중의 하나임을 중시한다.

출판학회에서의 교과서 연구에 대한 관심은 그 지향성 면에서 다른 점이 있다. 우선, 교과서를 제도 매체나 전통적인 교수·학습 수단이라는 점에서 중대시하면서도, 출판 활동으로 이룩된 가장 오래된 역사를 누려온 도서의 한 유형이라고 본다.

그러한 관점에서 교과서의 생성과 수용 문제를 역사적 관점으로 파악하려는 생각이 우세했다. 이 학회에서 교과서사와 관련된 여러 논의들이 출현한 것도 그러한 생각에 배경을 둔 결과였다. 따라서 좋은 교과서를 창출하기 위한 편집·출판 역량 개발과 관련된 이론적 견해를 제시하는 등 독특한 논의들도 중요한 관심 대상이다.

(2) 관심의 접근

출판학회 반세기사에서 초창기의 경우 교과서에 대한 관심을 보인 사례는 매우 빈약한 실정이었다. 여기서, 초창기란 이 학회가 창립된 1969년 6월부터 1980년대 초까지를 말한다. 그렇게 보는 이유는 그 무렵만 해도 교과서에 관한 이론적인 연구가 미흡한 실정이었을 뿐만 아니라, 그 부문에 관심을 둔 연구자 또한 매우 드물었기 때문이다. 거기에다 학회원의 구성 면에서도 교과서 출판 기업과 관련이 있다든지, 그 분야 업무와 연계성이 있는 종사자 또한 거의 전무한 실정이었다. 회원의 대부분이 단행본 출판사에서 종사하는 등으로 사실상 교과서 출판 활동과는 거리를 둔 처지였던 것이다. 그런데 무엇보다도 교과서에 대한 국내외의 학문적인 관심이 거의 공황 상태였다는 점을 짚게 된다. 다만, 1950년대 후반부터 선구적인 출판학자인 안춘근에 의해 『신교과서론』(德武敏夫), 『교과서 제도의 재음미』(中澤賢郞) 등 해외 자료 일부가 국내에 소개되었을 정도였다(안춘근, 1963, p.260).

이러한 상황에서 1980년대에 들어와 출판학회의 회원 조직도 증대되는 등 학회 환경이 개선되기 시작했다. 이로 하여 소극적이나마 교과서 연구 분야도 들머리를 보이게 된다. 이 문제를 단축적으로 알아보기 위해 출판학회의 교과서 연구 성과를 살펴보도록 한다.

2) 교과서 분야 연구 성과

(1) 조사 방법 및 범위

한국출판학회가 거둔 교과서 분야 연구 성과는 앞에서〈그림 1〉(이 책, p.261)로 제시한 중심 과정 중 ①~⑬ 항목의 분류 체계를 주제 유목으로 응용, 그 건수를 집계했다.

조사 범위는 출판학회의 논문집 제1집(1969.8.)에서 통권 제80호(2017.12.)까지이다. 이를 〈표 5〉로 통합·종합하되, 그 구성 요건은 게재 호수, 발행년월, 연구자, 주제, 그리고 해당 분야의 순으로 담아 보였다.

(2) 조사 내역

위 2)-(1)항에 의거하여 한국출판학회의 교과서 연구 실태를 보면 〈표 5〉와 같다.

이 표에 나타난 바와 같이, 한국출판학회의 역대 논문집(제1집~통권 제80호)에 게재된 교과서 연구는 모두 32건으로 집계된다. 이는 지난 반세기 동안 이 학회의 전체 연구 총량(816건)* 중에서 약 4%를 점유하는 범위이다[* 이 책 중 제1부 출판학 연구 반세기, 〈표 2〉(p.62 참조)]. 그런데 역대 논문집 중 제1집(1969.8.)에서 제24호(1982.12.)까지는 연구 실적이 전무한 상태다. 이는 교과서 연구에 대한 초기적 정황을 말해 주는 단적인 증거일 것이다.

〈표 5〉에 집계된 각 분야별 연구를 양적 순위로 보면 '교과서 교육론'(③)이 7건이고, '교과서 정책론'(⑧)과 '교과서 국제 비교론'(⑫) 각각 5건, 이에 뒤이어 '교과서 편집론'(⑨) 3건, '교과서 출판론'(⑦) 2건 그리고 '교과서 역사론'(⑬) 2건, '교과서 본질론'(④) 1건순이다. 교과서 연구 방법론(②), 교과서 기능론(⑤), 교과서 유형론(⑥), 교과서 모형 설계론(⑩), 교과서 공급·유통론(⑪)의 경우는 전무한 실정이다.

〈표 5〉 한국출판학회의 교과서 연구 실태

통 권	발행년월	연구자	주 제	분야	편수
제25호	1983.11.	황병국	교과서 집필에 관한 고찰	①	1
제26호	1984.10.	김기중	한글 전용의 개혁 과정과 방향에 관한 연구	⑧	1
제27호	1985.12.	이종국	『우리나라의 발달 1』편찬 발행에 대한 고찰	⑦	1
제28호	1986.10.	전영표	교과서의 편집 체재 연구	⑨	1
제31호	1989.12.	이종국	교과서관과 교과서 연구	④	1
제33호	1992.1.	민병덕	국어과 교육에서의 독서(읽기) 교육에 관한 고찰	③	1
제37호	1995.12.	이종국	한국의 교과서 출판과 교과서 정책에 대한 고찰	⑧	1
제38호	1996.12.	이종국	한국의 교과서 출판 정책과 국제적 경향에 관한 고찰	⑫	1
제39호	1997.12.	이종국	정부의 정책과 출판의 관계에 관한 연구— 한국의 교과서 출판 정책을 중심으로	⑧	1
제40호	1998.12.	이종국	한국의 교과서 편찬 정책과 그 적용 과정에 대한 연구	⑧	1
제44호	2002.12.	이종국	교과서에 반영된 출판 교육에 관한 연구	③	1
제45호	2003.12.	이종국	교과용도서에 반영된 편차 변천에 관한 연구	⑨	1
제51호	2006.12.	이종국	교과용도서 서체 적용의 발전적 지향을 위한 연구— 교과용도서 전용 서체의 발전적 적용을 중심으로	⑨	1
제52호	2007.12.	이종국	한국의 교과서 출판에 대한 지향적 과제— 교과서 이해의 현상적 양태로 본 지향 과제를 중심으로	⑦	1
제55호	2008.12.	이종국	정부 수립 이후 교과서의 위상에 관한 이해— 교과서에 대한 이해와 그 특징적 변천 과정을 중심으로	⑬	1
제57호	2009.12.	김동규 윤광원	교과서 출판사 조직 구조와 업무 관행에 대한 연구	⑦	1
제58호	2010.6.	이종국	교과서 출판인 백당 현채의 출판 활동에 대한 연구— 『유년필독』출판을 중심으로	⑬	1
제62호	2012.6.	김동규 윤광원 심영섭	디지털화에 따른 교과서 출판 행위자 간의 협력적 거버넌스 연구	⑦	1
제64호	2013.6.	김경일	외국어로서의 한국어 교재 출판 현황 분석 연구	⑦	1
제67호	2014.9.	김기태	교과용도서에 관한 법제 개선 방안에 관한 연구— 학습 참고서 및 저작권법을 중심으로	⑧	2
		김정숙	한국 초등 교과서 정책의 방향과 과제	⑧	

제68호	2014.12.	김덕순 김정순	한국 초등 교과서의 편집 디자인 개선을 위한 미국 사례와의 비교 연구	⑫	2
		민경희 노경희	한국과 일본의 초등학교 교과서 디자인 비교 연구— 일본 교과서의 삽화와 사진, 편집을 중심으로	⑫	
제69호	2015.4.	이문학 장성준	국내 디지털 교과서 연구 경향에 대한 메타 분석	②	1
제72호	2015.12.	김진두	교과서 구분의 합리적인 설정 연구	①	1
제73호	2016.3.	윤세민 김선남	중학교 사회과 교과서 개편에 관한 연구— 인문학적 소양 교육을 중심으로	③	1
제74호	2016.6.	이문학	교과서 정책 국제 비교 및 개선 방안 연구— 가격 제도를 중심으로	⑫	1
제75호	2016.9.	김정숙	중등 사회 교과서의 지향 방향에 관한 논고	③	1
		박몽구	새 국어 교과서의 방향과 인성 교육 강화에 관한 연구	③	1
		황민선 송주승	유아 그림책 선정 요인과 어머니의 자녀 기대감 관계 연구	③	1
제76호	2016.12.	김진두	한·미·일 초등학교 국어 교과서 내용 구성 체제 비교 연구	⑫	1
제79호	2017.9.	황민선 김미애	어머니의 양육 신념에 따른 그림책 선정 요인 분석	③	1
합 계					32

연구자 빈도를 보면 이종국의 경우 전체 32편 중에서 12편을 발표(총량 중 38%)한 것으로 나타났다. 그는 출판학을 연구하는 과정에서 교과서를 중심으로 한 연구만 해도 10여 권의 저서와 60여 편에 이르는 관련 논문을 발표하는 등 지속적인 성과를 생산했다(민병덕, 2010, pp.46~47. 조성준, 2015, p.23 참조). 이후로 연구 사례가 점증되었고, 이에 학회 측에서도 교과서연구분과위원회를 설치(2015)하는 등 신진 연구자의 참여를 적극 유도하고 있다.

되돌아보면, 남애 안춘근이 1968년 10월에 교과서 목록(안춘근, 1968.10., pp.58~69)을 처음 정리하여 학계에 알렸는데, 이는 의미 있는 성과였다. 그는 또한 교과서사를 고쳐 쓰도록 했다. 1543년(중종 38) 조선인에 의해 최초의 교과서로 이룩된 『동몽선습(童蒙先習)』(목판본) 발굴이 그것이다(조선일보, 1983.5.24. 한국경제신문, 1981.6.21. 등). 그러면서 이 책의 저자가 박세무(朴世茂) 혹은 김안국(金安國) 등으로 알려져 있었으나, 민제인(閔齊仁)이라는 사실도 밝혀냈다. 이러한 발굴 성과는 교과서사 연구에 중요한 계기로 뒷받침되었다.

안춘근은 또한 1977년 2월에 「교과서의 개정 방안」을 논하면서 "많은 출판인들이 교과서를 치부(致富)의 수단으로 생각한 나머지 여러 가지로 희생을 감수했던 사실을 지적하고, 향후 보다 과학적인 방안 마련이 시급하다."고 역설한 바 있다(안춘근, 1981, p.261). 그런가 하면, 교과서가 투기의 대상이 되어 버린 시속을 개탄하면서, 좋은 교과서의 경우는 필요에 따라 언제라도 검인정하는 제도를 실현해야 한다고 주장하기도 했다. 이는 '수시 검정' 방식을 연구, 도입해야 한다는 전향적인 견해였다. 따라서 사회적으로 엄청난 부담을 주곤 했던 교과서 검정 문제가 출판문화에서 하나의 도박이요 홍역이라 지적하고 좋은 교과서 정책이 시급히 정착되어야 한다(안춘근, 1992., pp.16~17)는 주장을 폈다.

이제 오늘의 교과서 연구는 새로운 국면에 들어섰다. 이러한 상황에서 학회와 같은 연구자 집단에서 해야 할 일이 더욱 많아지게 되었다. 이 문제에 대한 적극적인 대안 마련이 추진되어야 한다는 의미이다. 반세기 회력을 지켜온 한국출판학회에 거는 기대도 그런 점에서 더욱 중요하다.

5. 맺음

이상의 논의에서 지난 반세기에 걸친 교과서 연구 과정을 살폈다. 그러면서 교육 수단으로서의 교과서에 부여된 위상과, 네 가지 관점으로 본 교과서관에 대한 재해석 문제를 논의했다. 즉, 원론적 수단으로 본 교과서, 응용적 수단으로 본 교과서, 그리고 표준적 학습 수단으로 본 교과서, 제도적 교육 수단으로 본 교과서관 등이 그것이다. 이러한 관점들은 교과서의 역할·기능으로 볼 때 매우 중요한 인식적 함의를 지니고 있음을 알게 한다. 이는 물론 교과서가 유독 교육 수단으로 특정화된 출판물로 존재하는 것이기 때문이다.

그 다음으로 알아본 문제는 교과서 연구에 대한 관심과 접근이 어떻게 나타나고 있었는가에 대한 문제였다. 이에서 몇 가지 선행적인 연구 사례를 살펴보고 그에 뒤이은 진전 과정과, 국책 연구 기관 및 학·업계에서의 유관 기관들에 이르기까지 교과서 연구의 정황적 현상을 파악해 보았다. 그 결과, 특히 3대 유관 기관(한국교육개발원, 한국교육과정평가원, 한국교과서연구재단)들에서의 연구는 각각의 지향성 면에서 차별적이라고 하나, 결과적으로 비슷한 경우가 적지 않았다. 국내외의 교육과정 연구에 지나친 편중을 보이고 있는 경향이 그와 같았다. 또, 정책과 제도 연구에 과다한 비중을 둔 것도 그러했다. 요컨대, 교과서 연구가 상대적으로 소극적이었던 것이다. 이는 결국 교과서야말로 교육 내용을 전달하는 주요 수단임에 비추어 그 역할을 중대시해야 할 이유이기도 하다.

따라서 본 연구의 본문에 누누이 드러나 있듯이, 교과서 연구와 관련된 몇 가지 주제어(key word)를 보면 교육과정, 교과서 정책, 교과서 제도, 국정교과서, 검정교과서, 인정교과서 등으로 요약된다. 또, 이즈음 새로운 이슈로 등장한 '자유발행제'도 빼놓을 수 없다.

이 중에서 다시금 지적하는 바, '교육과정'의 경우는 연구 비중이 거듭 팽창해 왔다는 사실을 되짚게 된다. 이 때문에 교과서에 대한 '충분한 해명'도 갖추지 못한 상태였음을 지적하지 않을 수 없다. 그나마 건듯하면 이른바 제도와 정책 논쟁으로 주류를 이루어 왔음을 들여다보게 된다. 이와 관련하여, 이미 1980년대 초에 교육과정 연구자인 안희천(安熙天)은, "교육과정 연구는 되어 있어도, 교과서에 관한 연구는 되어 있지 않다."고 지적한 바 있다(안희천, 1982, p.126). 이 같은 현상은 오늘에 비추어보아도 크게 달라진 것이 없다.

오늘의 정황을 보면 과거 끊임없이 회자하곤 했던 제도와 정책에 대한 문제들도 다시금 대폭적인 수정이 불가피하게 되었다. 제도 분야만 해도 교과서 발행에 대한 국가 주도형을 철폐해야 한다는 주장이 거의 받아들여진 상태이고, 정책과 관련된 여러 현안들도 일선의 요구가 수용된 실정이다. 인정도서의 거대 군락이 현실화된 상황도 경험하고 있다.

이제 마지막 보루라면 이른바 '자유발행제'에로의 지향이 남은 과제일 것이다. 따져보면, 교과서 관련 모든 시스템이 이 제도를 향해 질주해온 듯하다. 그러나 이 문제는 생각처럼 단순하지 않다. 우리나라로서는 이미 자유발행제를 채택하고 있는 영국이나 프랑스 등의 경우처럼 '훈련된 경험'도 전혀 없는 처지임을 유의하지 않으면 안 된다. 이 때문에 교육과정의 개발이라든지, 질서를 새로이 정리·통제해야 하는 민주적이고도 바람직한 방법이란 무엇이어야 하는가를 거듭 고민해야만 한다.

자유발행제란, 이른바 별도로 정해진 교과서가 없는 상태로 기존의 다양한 학습 자료들 중에서 교사나 학생들이 선택하여 사용하는 개념이다. 그러므로 특정한 교과서의 존재 여부에 대한 구분도 무의미할 수 있다.

결국, 자유발행제가 교사의 책임을 강조하고, 그것이 교사의 부담으로 연결되는 구조는 불가피하다. 이러한 상황을 가정한다면 교사들이 여러 학습 자료들 중에서 교재를 선택하여 '주된 교수·학습 자료'로 사용해야 한다. 그럴 경우, 교사들이 원하는 교과서는 출판사 측에서 만들어 제공하게 될 것이다. 이 같은 예상되는 문제는 매우 복잡한 상황을 감안하지 않으면 안 된다. 이에 대한 준비(충분한 연구)가 되어 있는가?

교실에서 종이책을 몰아내야 한다는 발상은 과연 어떻게 되었는가? 2007년 4월, 정부는 교과서, 참고서, 공책을 묶은 '디지털 교과서'를 만들어 2013년까지 모든 초·중·고등학교에서 사용하도록 하겠다고 공표했다(교육인적자원부 발표, 2007.4.11.). '교과서가 필요 없는 미래의 교실'(한국교직원신문, 2007.4.30. 등)이 곧 현실화된다는 것이다. 그러나 2019년 현재 디지털 교과서의 전면화 사용은 여전히 미해결의 과제로 남아있다. 사례와 적용 범위가 다르긴 하나, 이와 같은 탁상식 정부 발표는 뜬금없이 공표되어온 처지이기도 하다.

이로 보아, 교과서에 관한 생각이 낭만적인 것이거나, 이른바 장밋빛으로 치장되어 온 것이나 아닌지? 그런 점에서 교과서 연구의 발전적인 개발이 더욱 중요시되는 오늘이다.

본 연구를 마감하면서 다음과 같은 여덟 가지 의견을 제시하고자 한다.

첫째, 지금까지의 교과서 연구는 대체로 시의적(時宜的)인 정책이나 환경에 영향을 받은 나머지 원론적 접근에 소홀했다는 사실을 되짚어 보아야 한다. '교과서란 무엇인가? 어떤 매체여야 하는가?'에 대한 연구를 왜 건너뛰려 했는지 다시금 생각해 보아야 한다는 취지이다. 이웃 일본의 경우 이미 1950~70년대에 이룩된 이 분야의 연구만 해도 간단히 어림하기 어려울 정도임을 상기할 필요가 있다. 뒤늦었지만, 우리 학계로서는 이 문제를 개선해야 연구 기반이 더욱 견고해질 수 있다는 사실을 중대시해야 한다.

둘째, 위의 문제와 관련하여 교과서 연구는 교육과정과 정책, 제도 등 주로 현안 문제들에 과도한 비중을 둠으로써 상대적으로 소극적이었음을 반성해야 한다. 특히, 교육과정과 교과서를 대상으로 한 각각의 연구 비중이 균형을 갖추어야 마땅하다는 생각이다.

셋째, 유관 기관들에서의 중복 연구를 피함으로써 여러 낭비적인 요인을 벗겨내야 한다. 교육과정 문제는 대표적인 대상이며, 남북한 간 비교 연구에 관한 문제 등도 집중성 있게 추진할 수 있도록 길 잡아 줄 필요가 있다.

넷째, 교과서 관련 학회나 그 연구지(研究誌)의 답보 현상이 심각한 실정인데, 이는 유감스러운 일이다. 현존한 연구 단체도 지원 방안을 마련해야 한다. 한국교과서연구재단의 경우 최근 몇 해 동안 다만 한 권의 연구 보고서도 생산하지 못하고 있는 실정이다.

다섯째, 교과서 연구를 활성화하기 위해 정부, 학·업계의 적극적인 관심과 지원이 요청된다. 편수 업무가 1996년에 폐지된 이래 교과서 편찬과 관련된 이론이나 대안적 방향을 제시하는 장치도 부재한 상황에서, 선고후행(先考後行)은 어떤 방법으로 이행해야 할 것인가. 요컨대, 오래된 타성인 탁상식 결정을 반복해서는 안 된다는 권고인 것이다.

여섯째, 통일과 관련하여 당면한 문제가 산적해 있음을 경각심으로 받아들여야 한다. 기본적인 것에서 전문적인 분야에 이르기까지 신중하게 접근하고 실현 가능한 일부터 찾아내야 할 것이다. 이를 위해 교과 연구자와 출판학계의 교과서 연구자, 그리고 현장 교사 등으로 실무 팀을 꾸려 그 구체적인 실행을 현실화하도록 지원해야 한다.

일곱째, 일선 발행사들에 의한 교과서 연구는 바람직한 일이다. 이러한 움직임이 지속적으로 이어지기를 기대하며, 자체적인 연구 인력을 양성하여 이론을 겸비한 현업 수행에 유익한 계기로 뒷받침될 수 있도록 노력해야 한다.

여덟째, 출판문화에 대한 여러 현상적인 연구와 함께 교과서 분야에도 꾸준히 관심을 두어 온 한국출판학회의 노력은 의미 있는 성과라고 평가된다. 특히, 가장 중요한 출판물 중의 하나인 교과서에 대한 출판학적인 접근은 신선하며, 향후 더욱 활성적인 참여를 지속함으로써 연구 지평을 거듭 넓혀 나갈 수 있기를 기대한다.

■ 참고 문헌

강병구(2007.4.). 「디지털 교과서 상용화 정책 추진 현황」. 『디지털 교과서 정책과 교육 출판의 발전 방향』(제46회 출판포럼). 서울: 대한출판문화협회·한국출판연구소.

강우철(1979). 「교과서 평가 기준」. 『교과서 구조 개선에 관한 연구』. 서울: 한국교육개발원.

강윤호(1965.3.). 『개화기의 교과용도서』. 서울: 교육출판사.

경기도교육청 교육정책과(2018). 『2018 제1차 교과서 개선 포럼—미래 교육을 대비한 교과서 개선 방안 모색』(포럼 자료집, 2018.4.19.). 수원: 경기도교육청.

곽병선·문용린·한명희·윤기옥·김미숙·김재춘(2004). 『교과서 발행제의 다양화에 따른 자유발행제 도입 방안 연구』. 서울: 재단법인 한국교과서연구재단.

곽병선·이혜영(1986). 『교과서와 교과서 정책』. 서울: 한국교육개발원.

김기태(2018). 『교과용도서와 저작권에 관한 연구』. 서울: (주)비상교육.

김만곤(2009.8.). 「교과서 제도의 변화와 그 영향에 대한 전망」. 《교과서연구》(제57호). 서울: 한국교과서연구재단.

김재춘·이경환·김만곤·박상철·박소영(2011). 『2009 개정 교육과정 및 교과 교육과정에 따른 교과용도서 구분(안) 연구』. 서울: 한국교과서연구재단.

김정호·김송미·소진형·김만곤·노진덕·이림(2011). 『인정도서 정책의 쟁점과 발전 전략』. 서울: 한국교과서연구재단.

김정호·허경철·최용기·송성재·정동호·이춘식·정광훈(2014). 『교과서 편찬의 실제』. 서울: 동아출판(주) 교육연구소.

김혜숙 외(2014). 『디지털 교과서 활용을 위한 교수 학습 지원』. 서울: 한국교육과정평가원.

대한교과서주식회사 자율학습이 가능한 교과서연구개발위원회(1992). 『연구보고서: 자율학습이 가능한 교과서 연구 개발—국어(상)』. 서울: 대한교과서주식회사 교과서연구소.

대한출판문화협회(1968). 『도서와 국가 발전』. 서울: 대한출판문화협회.

민병덕(1992.1.). 「서평—한국의 교과서」. 《'91출판학연구》. 서울: 범우사.

민병덕(1990.12., 1991.4., 4, 10, 12.). 「한국 현대 교과서 출판의 발자취—한국 교과서 출판사(현대편): 1~4」. 《교과서연구》.(제8~11호). 서울: (사)한국2종교과서협회.

민병덕(2010). 「은근과 끈기의 인생과 학문」. 우양 이종국 교수 정년기념문집간행위원회 편. 『책의 길 슬거운 동행』. 서울: 일진사.

스탠턴 위트니(1968). 「학교 교육과 교과서 정책」. 『도서와 국가 발전』. 서울: 대한출판문화협회.

심태진(1963.5.). 「현 교과서 제도의 문제점」. 《교과서회지》(제1집). 서울: 한국검인정교과서발행인협회.

안춘근(1968.10.). 「한말 교과서 목록」. 《국회도서관보》(제5권 제9호; 통권 제51호). 서울: 대한민국 국회도서관.

안춘근(1981). 『한국출판문화론』. 서울: 범우사.

안춘근(1992.12.). 「출판업 투기성 저감론」(1992.12.). 사단법인 한국출판학회 편. 《'92출판학연구》. 서울: 범우사.

안희천(1982.). 「교과서 변천의 분석과 전망」. 『한국의 교과서 변천사』. 서울: 한국교육개발원.

영신아카데미 한국학연구소 편(1975.3.). 「교과용도서 일람―조선총독부」. 《한국학》(제5집). 서울: 영신아카데미 한국학연구소.

유병선(2004). 『현대 사회의 이데올로기와 한국』. 대전: 도서출판 이화.

윤현진 외(2010). 『국가 교육과정 개정 체제 변화에 따른 교과서 정책 개선 방안 연구』. 서울: 한국교육과정평가원.

이문용(1963.5.). 「세계 각국의 교과서 정책」. 《교과서회지》(제1집). 서울: 한국검인정교과서발행인협회.

이성수(1963.5.). 「교과서론」. 《교과서회지》(제1집). 서울: 사단법인 한국검인정교과서 발행인협회.

이승미(2018.4.). 「교육과정과 연계한 교과서 개선 방향」. 『2018 제1차 교과서 개선 포럼』. 수원: 경기도교육청.

이인제·최홍원·송인발(2010). 『영국과 프랑스의 '국가 교육과정과 교과서' 정책 집행 시스템 분석』. 서울: 한국교육과정평가원.

이종국(1985.10). 「교과서 연구의 과제」. 《한국출판학회 학술발표회보》(통권 제15호). 서울: 한국출판학회.

이종국(1989.12.). 「교과서관과 교과서 연구」. 한국출판학회 편. 《'89한국출판학연구》. 서울: 범우사.

이종국(1991). 『한국의 교과서』. 서울: 대한교과서주식회사.

이종국(1998.12.). 「바람직한 교과서 창출을 위한 모색」. 《교과서연구》(제31호). 서울: 재단법인 한국교과서연구소.

이종국(1999.12.). 「한국의 교과서 변천에 대한 연구」. 《출판연구》(제11호). 서울: (재)한국출판연구소.

이종국(2001). 『한국의 교과서 출판 변천 연구』. 서울: 일진사.

이종국(2002.6.). 「교과서 개발의 전환적 모색」. 《교과서연구》(제18호). 서울: (재)한국교과서연구재단.

이종국(2005). 『한국의 교과서상』. 서울: 일진사.

이종국(2007). 『출판 컨텍스트』. 서울: 일진사.

이종국(2008). 『외국의 교과서 정책 및 제도』(미간행 자료). 공주: 공주대학교 한국교과서연구학회.

이종국(2008). 『한국의 교과서 변천사―근대 교과서 백년, 다시 새 세기를 넘어』. 서울: 대한교과서주식회사.

이종국(2013). 『한국의 교과서 평설』. 서울: 일진사.

이종국(2011). 『교과서·출판의 진실』. 서울: 일진사.

이종국(2015). 『편집 출판학 연구 총설』. 서울: 패러다임북.

정영식(2008). 『디지털 교과서 표준화 방안 연구』. 서울: 한국교육개발원.

정찬섭·권명광·노명완·전영표(1992). 『교과용도서 체재 개선을 위한 인간 공학적 연구』. 서울: 연세대학교.

조성준(2007). 『교과서 편집 실무론』. 서울: (주)금성출판사.

조성준 외(2015). 『한국 교과서 120년, 삽화에 나타난 사회·문화상 연구』. 서울: (주)금성출판사 교과서발전연구소.

한국교육개발원(1982). 『한국의 교과서 변천사』. 서울: 한국교육개발원.

한국교육과정·교과서연구회(2007.1.). 「교과서의 날 제정 및 제1회 교과서의 날 기념행사」. 한국교육과정·교과서연구회 편. 《편수의 뒤안길》(제8집). 서울: 대한교과서주식회사.

한국2종교과서발행조합(1984). 『교과서관계 법규집』: 교과서연구자료(제1집). 서울: 한국2종교과서발행조합.

한국학문헌연구소 편(1977). 『한국개화기교과서총서』(1~20, 영인). 서울: 아세아문화사.

함종규(1963.5.). 「교육과정과 교과서」. 《교과서회지》(제1집). 서울: 한국검인정교과서발행인협회.

함종규(1974). 『교육과정 연혁 조사』. 서울: 숙명여자대학교 교육문제연구소.

허강(2003.1.). 「한국의 교육과정교과서연구회 활동 경과보고」. 한국교육과정·교과서연구회 편. 《편수의 뒤안길》(제4집). 서울: 대한교과서주식회사.

허강 외(Ⅰ: 2000). 『한국 편수사 연구』; (Ⅱ: 2001)』. 서울: 재단법인 한국교과서연구재단.

허강(2004). 『한국의 검인정 교과서』. 서울: 일진사.

허강(2010). 『한국의 교육과정·교과서사 연표』. 서울: 일진사.

홍웅선(1982). 「교과서 개발의 발전 과제」. 『교과서 개발의 원리』. 서울: 한국교육개발원.

홍후조(2012). 『디지털 교과서 수요 조사·분석 연구』. 서울: 한국교과서연구재단.

Barnett Berry(2011). *Teaching 2030*. New York: Teachers College Columbia University.

Beverlee Jobrack(2012). *Tyranny of the Textbook*. Lanham: Rowman & Littlefield Publishers, Inc.

David Corson(1995). 'Ideology and Distortion in the Administration of Outgroup Interests'. David Corson(ed.). *Discourse and Power in Educational Organizations*. New Jersey: Hampton Press, Inc.

David W. Minar(1964). *Ideas and Politics—The American Experience*. New York: Homewood Dorsey.

Frances C. Fowler(2000). *Policy Studies for Educational Leaders*. New Jersey: Prentice-Hall, Inc.

Lee C. Deighton(1972). *Textbook: Role in Education*. The Encyclopedia of Education (Vol. 9). New York: Macmillan Publishing Company.

Judy Pearsall and Bill Trumble(ed., 1996). s.v. 'text'. *The Oxford English Reference*

Dictionary, Oxford: Oxford University Press.

Michael W. Apple(1989). *Teachers and Texts*. New York and London: Routledge.

Noah Berlatsky(ed.), (2012). *Are Textbooks Biased?*. New York: Greenhaven Press.

The Philological Society(ed.), (1983). s.v. 'text'. *The Oxford English Dictionary* Vol.-XI. London: Oxford at the Carendon Press.

Thomas D. Brock(1985). *Successful Textbook Publishing—The Author's Guide*. Wisconsin-Madison: Science Tech, Inc.

Van Doren Mark(1967). *School Books, Statement Published by the American Educational Publisher's Institute*, New York: The Institute.

Williams, R.(1961). *The Long Revolution*. New York: Columbia University Press.

http://collection.nl.go.kr/DC0104View.do

http://cutis.moe.go.kr/

https://mail.naver.com/?n=1524628691360&v=f#%7B%22fClass%22%3A%22read%22%2C%22oP

http://www.kice.re.kr/main.do?s=kice

https://www.kedi.re.kr/khome/main/webhome/Home.do

http://www.textbook.ac/

교과서 정책론에 대한 연구

윤 광 원*

■■■

1. 교과서의 중요성

한 나라의 국민이면 누구나 한 번쯤은 교과서를 손에 넣은 경험이 있을 것이다. 과거에도 그러했지만, 의무 교육이 6년에서 9년(1985년부터)으로 확대된 이후에는 교과서에 대한 경험과 기회가 더욱 확대되었다. 또한 학습에 대한 열정이 높아지고 무한 경쟁의 사회 분위기가 심화되면서 교과서야말로 국민공통 기본서적으로 자리매김하고 있다고 하여도 지나치지 않다.

초·중등 교육은 다음 세대 국가 사회를 짊어지고 나아갈 인재를 육성하고, 한 개인의 생애에 있어 인격(성) 형성의 기초를 닦는 데 매우 중요한 역할을 한다. 그리고 교과서는 이와 같은 초·중등 교육을 학교 현장에서 수행할 때 필요한 주된 교재로, 가장 기본적이면서도 핵심적인 도구이다.

광복 후에는 우리의 글을 되찾으려는 노력이 이어지는 가운데, 교과별 교과서 개발의 기초를 닦는 작업이 이어졌으며, 제1차 교육과정기부터 체계적으로 교과서 편찬이 자리를 잡아가고, 제7차 교육 교육과정에 이어 2015 개정 교육과정기까지[1] 이어지면서 오늘의 교과서로 발전하

---

1) 교과용 도서의 연혁
 1. 근대 교과용 도서의 성립(1883~1910)
 2. 일본 강점기의 교과용 도서(1910~1945)
 3. 미군정 시대의 교과용 도서(1945~1948)
 4. 주권 교육 시대의 교과용 도서(1948~)
   (1) 정부 수립 초기의 교과용 도서 출판(1948~1950)

---

* 미래엔 부사장

였다. 이렇듯, 우리나라 교과서는 과거의 역사와 문화적 배경을 바탕으로 하여 형성된 것인 만큼 그 나름의 고유한 특징을 지닌다.

앞에서 언급한 것과 같이 교과서가 국민 교육에 중요하지만, 관련 연구물은 1988년부터 간헐적으로 "교과서연구"에 게재된 게 고작이다. 크게 분류해 보면 "교과서 글자꼴 연구", "교과서 체제에 관한 연구", "표지 디자인 연구", "검정 심사에 관한 연구" 등으로 볼 수 있다. 물론, 교과서는 교육부의 교육 및 교과서 정책 입안에 따른 "교육과정", "집필상의 유의점"과 "교과용 도서에 관한 규정"에 따라 집필, 편집, 생산, 공급을 한다. 이렇게 수행되는 교과서 정책이 수차에 거쳐 실행되었음에도, 관련 정책 연구는 교육부 "교과서 정책 자료집"을 제외하면 제7차 교육과정 이전까지는 논의가 전무한 상황이다. 그렇지만, 제7차 교육과정(1997년 시작)부터는 교과서 정책 연구가 교육부, 한국교육과정평가원, 한국교육개발원, 한국교과서연구재단 등에서 교육 관련 인접 학문으로 연구하였는데, 그 결과를 시기를 구분하지 않고, 몇 가지 갈래로 맥락을 잡아서 서술하고자 한다.

2. 교과서 정책의 대상, 그리고 정책과 제도

교과서 정책의 대상은 누구이고, 교과서 정책의 목표는 무엇이어야 하며, 정책 목표를 달성하기 위한 정책 수단과 그 운용 시스템은 어떠해야 하는지를 결정하는 문제는 그리 간단하지 않다. 그 이유에 대해서 이문용(1963)은 "국가의 교과서에 대한 태도는 그 나라의 정치 체제, 경제 사정, 산업 발달을 반영하는 포괄적인 교육 정책 속에서 찾아볼 수 있으며 그것이 법적 체제 속에 포함된 것도 있고 관례에 따르는 것도 있다. 또한 교과서 정책은 고정된 것이 아니고 교육 정책의 변동에 따라 변화하는 것이며 국가에 따라 다르다."라고 말했다. 또한 교과서

---

(2) 6·25 전쟁기의 교과용 도서 출판(1950~1954)
(3) 제1차 교육과정기의 교과용 도서 출판(1954~1963)
(4) 제2차 교육과정기의 교과용 도서 출판(1963~1973)
(5) 제3차 교육과정기의 교과용 도서 출판(1973~1981)
(6) 제4차 교육과정기의 교과용 도서 출판(1981~1987)
(7) 제5차 교육과정기의 교과용 도서 출판(1987~1992)
(8) 제6차 교육과정기의 교과용 도서 출판(1992~1997)
(9) 제7차 교육과정기의 교과용 도서 출판(1997~2007)
(10) 2007 개정 교육과정기의 교과용 도서 출판(2007~2009)
(11) 2009 개정 교육과정기의 교과용 도서 출판(2009~2015)
(12) 2015 개정 교육과정기의 교과용 도서 출판(2015~현재)

정책 대상의 하나이자 하위 정책인 편찬 정책만 하더라도 "교육 이념, 교육 제도, 사회 정치 구조 전반과 관련하여 결정되지 않으면 안 되기 때문이다."(곽병선, 1988)라는 것만 보아도 교과서 정책은 매우 복잡하다.

더욱 혼란스러운 점은 학술 담론의 교과서 정책의 정의와 분류이다. 한 연구자는 "교과서 정책은 한 국가의 교육 제도에서 교과서가 실재할 수 있는 양식, 즉 교과서 편찬, 발행, 채택·공급, 활용 및 개정 방식 등과 같은 교과서 존립 양식에 관련된 제반 의사 결정이다."라고 정의하였고, "교과서 정책은 국정제, 검정제, 인정제, 자유 발행제 등으로 구분된다."(김승훈, 2000)라고 하였다. 이에 따르면 교과서 편찬(개발) 제도가 곧 교과서 정책이며, 각각은 개별 정책이 된다.

그런가 하면, 서지영 외(2011)는 교과서 정책을 "국민의 동의를 바탕으로 하면서 국가 공권력을 배경으로 강행되는 교과서와 관련된 기본 방침 또는 지침을 의미하며, 그것은 교과서 관련 활동의 목적, 수단, 방법 등에 관한 최적의 대안을 의도적, 합리적으로 선택하는 것이라고 할 수 있다."라고 정의하고 있다. 미국, 프랑스, 독일, 캐나다, 호주 등의 교과서 정책 비교 준거로 '검정 정책, 채택 과정(교육용 자료), 보급 및 공급, 활용'을 교과서 정책의 하위 정책으로 분류한 예도 있다.

또, 정책 대상 문제를 논의한 곽병선(1988)은 학생들의 학습용 자료로 교과서를 편찬·보급하는 과제에 있어 결정의 대상이 되는 사항을 '미시 사항'과 '거시 사항'으로 구분하였다. 미시 사항은 교과서의 질에 영향을 미치는 요인으로, 편찬 기술적인 측면, 교육 내용, 수업 이론, 교과 교육 이론, 교육 공학, 편집 기술 등의 분야에서 전문적 판단이 필요한 내용이다. 즉, 학습 내용의 선정, 배열, 구성과 같은 집필에 관한 사항, 활자와 삽화의 안배와 같은 편집에 관한 사항, 보충·심화 학습 자료, 슬라이드, 비디오, 컴퓨터 프로그램 등과 같은 교과서 보조 교재나 인쇄 매체 이외의 학습 자료 간의 관계 등이 교과서 정책의 미시 결정 사항이라고 하였다. 그리고 교과서 정책의 '거시 사항'은 교과서 질에 직접 관련되는 것이 아닌, 교과서의 편찬과 그 운용에 관한 것으로 교육 이념, 교육 제도, 사회 정치 구조의 전반과 관련하여 결정해야 할 점이라는 것을 강조한다. 즉, 미시 차원의 정책 결정 사항은 '교과서의 질에 직접 관련되는 것'이고, 거시 차원의 정책 결정 사항은 '교과서 편찬과 그 운용에 관한 것'이라고 하였다. 그런데 "이것들이 모두 교과서 정책 대상이 되는지, 아니면 미시적 수준의 방법 기술적 사항들은 교과서 개발 전문가들의 고유 권한에 속하는 것이고, 거시적 수준의 제도 운영에 관한 사항들이 포함되는 것인지 쉽게 분간하기 어렵다."(곽병선, 1988)라고 전제하면서도 열린 교과서관과 교육의 자주성 측면에서 교과서의 내용 선정 및 구성, 학교 수준에서 교사, 학생, 학부모의 교과서 선택 등에 관한 자율 보장 정책이 필요하다는 점을 강조하여 '교과서의 편찬과 그 운용에 관한 사항'이 정책 대상이라는 점을 강조하였다.

지금까지 검토한 것처럼, 김승훈(2000)이 논의한 교과서 정책과 국정제, 검정제, 인정제, 자유 발행제가 동일하다고 하기는 어렵다. 곽병선(1988)의 논의처럼 '교과서의 편찬과 그 운용에 관한 사항'을 정책 대상으로 정하는 경우에도 포괄성의 문제가 있고, 김승훈의 논의와 크게 다르지 않다. 서지영 외의 2011년 연구에서는 교과서 정책의 하위 정책 분야를 '검정 정책, 채택 과정(교육용 자료), 보급 및 공급, 활용'으로 분류하였으나, 2012년 연구에서는 검·인정 정책, 교과서 외형 체제 정책, 교과서 구분[2](정책), 디지털 교과서 정책, 교과서의 질 관리 정책 등으로 분류하였다. 각각의 층위와 포함 관계 등을 더욱 세밀하게 보완할 필요가 있어 보인다.

이처럼 선행 연구가 교과서 정책을 교과서 제도와 동일시하는 경향은 그동안 생산된 대부분의 교과서 연구 담론이 '교과서 제도'에 관한 것이었고, 그것도 제도 이행에 초점을 맞춘 것일 뿐 교과서 정책에 관한 논의와는 무관하다. 물론, "교과서 제도는 법규나 관습에 의하여 어느 정도 정형화되어 있으며, 지속적인 교과서 관련 활동의 틀로서 교과서 정책을 위한 기반이다." (서지영 외, 2011)라고 하여 교과서 정책과 교과서 제도를 구분하려는 시도가 없었던 것은 아니다. 그러나 연구 기관의 보고서 제목조차 '인정 도서 정책', '인정 도서 제도', '검정 정책 평가' 등으로 제도 및 제도 운영 시스템의 문제를 교과서 정책과 동일시하는 현상이 비일비재하다. 교과서 정책이 교과서 제도와 떼려야 뗄 수 없는 관계에 있고, 양자를 구분하기가 쉽지 않은 것도 사실이다. 또, '정책'이라는 용어는 시책, 대책, 정부 방침, 정부 지침 등과 동의어처럼 사용하는 경우가 많고, 하나의 관습처럼 고착된 것도 사실이다.

또한 하연섭(2008)과 이희복(1967)의 연구를 따르면 교과서 정책과 교과서 제도를 다음과 같이 구분할 수 있다. 첫째, '법률, 규칙, 기획, 계획, 사업' 등의 용어가 '정책'과 거의 같은 뜻으로 사용되는 상황은 각각의 용어를 엄격하게 구분하지 않고 상식적으로 사용하는 데에서 오는 현상으로 본다. 그래서 그 용어들은 정책 중에서 주로 하위 정책을 의미할 때, 또는 상위 정책의 집행 과정에서 하위 정책을 말할 때 사용할 필요가 있다. 따라서 '제도'라는 용어는 사회 과학 분야의 학술 용어로 '정책'이라는 용어만큼이나 정의하기 어렵지만, 역사 제도주의 관점에서 "제도는 장기간에 걸친 인간 행동의 정형화된 패턴이다."(하연섭, 2008)라고 정의해도, '정책'과 '제도'[3]는 서로 뗄 수 없는 관계에 있다. 둘째, '제도'를 정책 운용의 기본 범위를 설정해 주는 것으로 '정책'과 구분하고자 한다. 이는 교과서 정책을 정책 과정이라는 제도 맥락(institutional setting)에 초점을 맞추어 이해할 수 있다는 장점이 있다. 따라서 교과서 정책은 교과서와 관련한 합리적인 결과를 산출하기 위한 국가적·사회적 활동의 운영 방향을 안내하는

---

2) 서지영 외(2012)가 말한 교과서 구분은 '교과서 국·검·인정 구분 고시'를 말하는 것으로 보인다.

3) 제도(institution)는 사회의 구조화된 어떤 측면에서 개인 행위를 제약하며, 제도적 맥락에서 이루어지는 개인 행위는 규칙성을 띤다. 제도는 개인 간 상호 작용의 결과 제도가 변화할 수도 있기 때문에 독립 변수가 아니라 종속 변수이다. 또 제도는 규칙, 법률 등 공식적 측면이 있을 수도 있으나, 규범, 관습 등의 비공식적 측면이 있기도 하다. 그리고 한번 형성된 제도는 그때그때의 상황이나 목적에 따라 쉽게 변화하지 않기 때문에 안정성이 있다(정정길 외, 2003 참조).

원리(principles)의 계획적인 체계이며, 교과서 제도는 정책 목표를 달성하기 위한 정책 수단, 즉 정책 집행의 내용, 절차와 방법, 적용 기준 등과 관련되는 것으로 정책 집행 시스템의 운용 방법 등을 제어하는 기능을 한다. 왜냐하면 "政策은 모든 行政 行爲나 이에 따른 制度를 낳게 하는 母體이다."(이희복, 1967)라는 점 때문이기도 하지만, 정책은 소망스러운 결과의 성취를 의도하나 제도처럼 행동 규제나 통제 수단인 법률(law) 또는 규칙(rules)의 체계가 아니기 때문이다.

3. 교과서 제도의 변화 및 논의

교과서 제도는 국가가 '교과용 도서의 범위·저작·검정·인정·발행·공급·선정 및 가격 사정에 관하여 필요한 사항'을 어느 정도로 규정, 관여, 통제하는가에 따라 달라진다. 즉, 국가가 교과용 도서의 발행 및 사용에 관여하는 정도에 따라 국정 도서, 검정 도서, 인정 도서, 자유 발행 도서로 나뉜다.

이러한 구분은 교육과정의 요소인 교육 목표와 교육 내용, 교육 방법, 교육 평가 중에서 국가가 어느 부분을 어떻게 얼마만큼 관여하느냐에 따라 달라진다. 즉, 자유 발행제를 운영하는 나라는 대체로 교육 목표와 교육 평가 부분을 비교적 강력하게 통제하는 반면, 교육 내용이나 교육 방법에 대해서는 현장의 자율성을 최대한 보장하는 나라라고 할 수 있다. 국정제는 국가가 교육 내용과 방법에 대해서도 직접적으로 안내하고 관여하는 제도라고 할 수 있으며, 검정제는 국정제보다는 간접적으로, 그러나 인정제보다는 직접적으로 또는 보다 강하게 안내하고 관여하는 제도라고 할 수 있다. 최근에 이르러 대부분의 국정 도서를 검정 도서 또는 인정 도서로 전환하고 있지만, '교과용 도서에 관한 규정'으로 국·검정 도서가 있을 때에는 이를 '필수적으로' 사용해야 한다고 규정하고 있는 우리나라의 교육과정과 교과서 정책은 여전히 중앙집권적 형태를 유지하고 있는 것으로 해석할 수 있다.[4]

우리나라의 교과서 정책은 국정과 검·인정제를 근간으로 시대에 따라 그 비중을 달리해 왔다. 특히 국정제의 강화는 정치 체제의 변천에 따른 통제와 밀접한 관련이 있으며, 교과서 채택 과정에서 야기된 부작용과 입학시험 제도도 그 요인이 되었다.(곽병선·이혜영, 1986; 김재복·

---

4) 우리나라 교과서의 법률상의 위상과 기능, 교과서가 교육 현장에서 차지하는 비중이 교육의 다른 어떤 요소보다 막강하게 작용하는 현실에 대해서는 「교과용 도서에 관한 규정」 중에서 '교과용 도서의 선정'에 관한 다음과 같은 규정(제3조 제1항)이 잘 보여주고 있다. "학교의 장은 국정 도서가 있을 때에는 이를 사용하여야 하고, 국정 도서가 없을 때에는 검정 도서를 선정·사용하여야 한다. 다만, 국정·검정 도서가 없을 경우 또는 이를 사용하기 곤란하거나 보충할 필요가 있는 경우에 제16조(인정 도서의 인정)의 규정에 의하여 인정받는 인정 도서를 사용하는 경우에는 그러하지 아니하다."

함수곤·구자억·김홍원, 2002)

이러한 경향을 교육과정기별로 개관(곽병선, 1994 ; 김재복 외, 2002 ; 허강·곽상만·김용만·정태범·함수곤·한명희·이경환·이종국, 2000)하면, 제1차 교육과정기(1954년~1963년)에는 초등학교 전 교과서와 『중등 도의』, 『국어』, 『실과』가 국정이었고 그 밖에는 검·인정이었으나, 제2차 교육과정기(1963년~1973년)에는 교과서 판매 경쟁의 부작용을 축소하고 가격을 낮추기 위하여 중등학교 검인정 도서도 교과목당 7종으로 제한하였다. 제3차 교육과정기(1973년~1981년)에는 『국사』를 국정화하고 사회과도 독립 교과로 편찬하였으며, 1977년 3월의 이른바 '검·인정 교과서 파동'[5]으로 검인정령이 폐지되고 「교과용 도서에 관한 규정」이 제정되었다.

이에 따라 우리나라 역사상 국정(1종) 도서의 범위가 가장 넓어져[6] 초등학교·중학교·실업계 고등학교의 전 교과 및 인문계 고등학교 『국어』, 『국민 윤리』, 『국사』가 모두 국정이 되었고, 편수관이 직접 담당하던 국정 도서의 편찬이 모두 연구 기관이나 대학 등에 위탁되었으며, 검정 도서도 교과목당 5종으로 더욱 제한되었다.

이와 같은 조치는 제4차 교육과정기(1981년 말 2월~1987년)까지 이어져 모든 국정 도서의 연구·개발이 한국교육개발원과 대학에 위탁되었으나 1982년 초에는 「교과용 도서에 관한 규정」의 개정으로 국정 도서의 범위가 초등학교의 전 교과, 중·고등학교 『국어』, 『도덕(국민 윤리)』, 『국사』로 축소되었고, 이 시기의 국·검정 구분은 대체로 제6차 교육과정기(1992년~1997년)까지 이어졌으며, 제6차 교육과정기에는 '1교과 다 교과서 체제'가 도입되어 초등학교의 경우에 한 교과에서 국어처럼 여러 교과서를 활용하거나 『사회』, 『과학』에서처럼 보조 교과서를 사용하기 시작하였다.

또, 제7차 교육과정기(1997년~2007년)에는 초등학교 4학년 1학기 사회과 및 재량 활동 등에서 교육인적자원부 장관(또는 교육감)이 심사, 승인한 인정 도서의 사용을 허락함으로써 인정 도서의 범위를 넓히게 되었다. 특히 인정도서심의회 심의 없이 사용할 수 있는 인정 도서 교과 전문가 3인 이상의 합의만으로 교과용 도서로서의 사용을 결정할 수 있는 제도를 도입하여 '자유 발행제'의 장점을 도입하려는 시도가 이루어졌으나, 주로 고등학교 전문 교과 중에서 교육 대상이 극히 희소한 과목에 제한적으로 적용되어 그 효과는 미미하였다. 제7차 교육과정기에는 유치원과 초등학교, 특수학교 전 교과를 포함한 721종의 국정 도서와 187종의 검정 도

---

5) "중·고등학교 검·인정 교과서를 독점으로 제작, 공급해 오던 한국중등교과서주식회사와 고등교과서주식회사가 교과서 내용 수정과 가격 인상을 둘러싸고 문교부 담당자들과 결탁, 뇌물을 주고받았던 사실이 밝혀져 편수국장 등 13명이 구속되고 16명이 1977년 3월 15일 입건되었다⋯⋯." 당시 언론에 이렇게 보도된 세칭 '검인정 교과서 사건'으로 모든 편수관이 문교부를 떠났다. 그러나 1984년 3월 및 1989년 7월에 대법원에서 '무효' 판결이 났다(허강·곽상만·김용만·정태범·함수곤·한명희·이경환·이종국(2000), 『한국 편수사 연구 (I)』 한국교과서연구재단 학술 연구 보고서, 455~459쪽).

6) 그 당시부터 상당한 기간 동안 국정 도서를 '1종 도서', 검인정 도서를 '2종 도서'라고 지칭하여 왔다. 현재는 물론 종전대로 국정 도서, 검·인정 도서라고 한다.

서, 134종의 인정 도서가 편찬되었다(인정도서심의회 심의 없는 인정 도서로서 85종: 보통 교과 8종, 전문 교과 77종 포함).

2007년 2월 말에 개정 고시된 이른바 '2007 개정 교육과정'은 교육과정 수시 개정의 논리에 따라 제7차 교육과정의 기본 체제를 유지하는 선에서 보완이 이루어진 교육과정이다. 그러나 국·검·인정 구분 고시에 의한 국·검·인정 도서 간의 양적 변화는 매우 커서 국정 도서는 초등학교와 고등학교 전문 교과 일부에만 남고 오랫동안 국정을 유지하여 온 교과까지 검정으로 전환되었으며, 인정 도서의 수가 크게 늘어난 것이 특징이라고 할 수 있다.

즉, 2008년 8월 28일의 초·중등학교 교과용 도서 구분 고시의 내용을 보면, 종전에 국정 도서이던 초등학교 5, 6학년 『실과』, 『체육』, 『음악』, 『미술』 및 3~6학년 『영어』, 중·고등학교 『보건』 과목 신설에 따른 교육과정 부분 수정 고시(2008. 9. 11.)의 후속 조치 및 고등학교의 다양한 유형과 특성에 부합되는 교과서 개발을 위하여 2009년 1월 21일, 초·중등학교 교과용 도서 국·검·인정 구분을 수정 고시하였는데,[7] 그 내용을 보면 중·고등학교 『보건』 2책을 검정 도서에 추가하고, 전문 교과 필수 과목 및 대학 수학 능력 시험 과목에 대해서는 국·검정 도서를 유지하는 선에서 일부 전문 교과의 국정 도서 71책을 인정 도서로 전환하는 한편,[8] 내용이 유사하거나 전후 관계로 구성된 전문 계열 과목 34책의 교과서를 17책으로 통합하였다. 초·중등학교 주요 교과에 대해서는 국정 또는 검정을 유지하는 것에서 국정 교과서 일부가 남아 있고 검·인정 교과서가 늘어난 것이다.

정부의 이러한 조치에 대해서는 그동안 국정제의 폐단을 지적하고 검·인정 교과서의 장점을 주장하여 온 견해에 따라 일단 긍정적인 결과로 받아들일 수 있다. 그러나 앞에서 살펴본 바와 같이 국가가 교육 목표와 교육 내용, 교육 방법, 교육 평가를 어느 부분에 대하여 어떻게 어느 정도로 관여하는지의 교육과정 논리로 보면, 이러한 조치가 교육과정의 논리보다는 단순히 정부의 규제를 완화하는 측면에서 이루어지는 것으로 보인다. 즉, 정부는 자유 발행제를 시행하

---

7) 2009년 1월 21일의 「초·중등학교 교과용 도서 국·검·인정 구분 수정 고시」에 따라 초등학교의 국정 도 서는 교과서 117책과 지도서 68책, 전자 저작물 27종, 음원 자료 2종, 검정 도서는 교과서 11책과 전자 저작물 4종, 지도서 11책이 되었고, 중학교의 국정 도서는 생활 외국어 교과서 5책과 듣기 자료 5책, 검 정 도서는 교과서 56책, 인정 도서는 지도서 28책, 교사용 음원 자료 3종, 고등학교 보통 교과의 국정 도서는 외국어와 교양 교과서 3책, 듣기 자료 2종, 검정 도서는 교과서 89책, 인정 도서는 교과서 2책, 지도서 7책, 교사용 음원 자료 1종, 고등학교 전문 교과 국정 도서는 교과서 249책, 검정 도서는 교과서 14책, 인정 도서는 교과서 154책이 되었다.

8) 국정 도서였던 것을 인정 도서로 전환한 71책은 과학 계열 15책, 예술 계열 9책, 외국어 계열 32책, 공업 계열 5책, 상업·정보 계열 4책, 수산·해운 계열 1책, 가사·실업 계열 5책으로, 이로써 국정 도서는 530 책(2008. 8.)에서 442책으로 줄어들었다(2009. 1. 21., 교육과학기술부 발표 「2007년 개정 교육과정 에 따른 초·중등학교 교과용 도서 국·검·인정 구분 수정 고시」 참조).

고 있는 다른 나라들처럼 교육 내용과 교육 방법에 대한 관여를 줄이고 교육 목표와 그 목표에 따른 평가를 강화하겠다는 의지보다 단순히 교과서에 대한 정부의 규제를 줄여 나간다는 논리에 따라 국정 도서를 축소하고 검·인정 도서를 확대해 나가는 경향을 나타내고 있는 것이다.

정부의 규제를 줄인다는 정책은 심지어 교육과정·교과서 정책을 도외시한 채 이루어지기도 한다. 그러한 사례의 하나가 '학교 자율화 조치' 중에서 학교장이 20%의 범위 안에서 어느 교과의 연간 학습 시간 수를 줄이거나 늘릴 수 있다는 '교육과정 자율화' 조치라고 할 수 있다. 교육과정 편제와 시간 배당 자율화의 필요성에 대해서 이인제는 '2007년 개정 교육과정' 작업 과정에서 여러 차례 구체적인 대안으로 주장하였다.[9] 그러한 자율화 조치가 어느 정도 바람직하다 할지라도 우리나라가 교육과정 요소 중에서 어느 부분을 어떻게 자율화하느냐의 과제는 단순히 정부의 행정적 규제를 줄여 나간다는 논리와 그 성격이 전혀 다른 것으로, 앞으로 우리나라 교육과정 정책에 미치는 영향이 지대할 것이다. 따라서 인정 도서를 확대하고 있는 정책도 단지 "그런 교과목의 교과서까지 정부가 관여할 필요는 없다."는 논리와 "학교와 교사들의 수준이 교육 내용과 방법에 대하여 자율적으로 결정할 수 있는 단계가 되었다."는 논리는 그 성격이 전혀 다른 것이라고 해야 할 것이다.

우리나라 교과서 제도는 「초·중등 교육법」과 「교과용 도서에 관한 규정」으로 엄격한 국가 관리 체제를 유지하고 있다. 즉, 국·검·인정 도서만을 사용하도록 하고 각 교과서를 사용하는 경우를 분명하게 제시하고 있는 것은, 자유 발행제는 금지한다는 것을 뜻한다. 이에 비하여, 최근에는 다양하고 창의적인 교과서 개발을 지향하는 자유 발행제의 도입 논의가 활발하며, 정부에서도 국·검정 도서의 인정화에 적극적이므로 이러한 경향으로써 점진적으로 자유 발행제를 병용하는 단계로 나아갈 수도 있을 것이다.[10] 교육과학기술부에서는 2009년 1월 21일, '2007 개정 교육과정'에 따른 초·중등학교 교과용 도서 국·검·인정 구분 고시(2008. 8. 28.)의 내용을 수정 고시하면서 중등학교의 경우, 전 교과목의 지도서와 일부 전문 교과의 교과서를

9) 2005. 6. 10(금). 한국교원대학교·한국교육과정평가원 공동 주최, 2005 교육·인적 자원 혁신 박람회 학술 세미나 「교육과정 개정의 쟁점과 발전 방안」, 25~26쪽, 2005. 7. 14(목). 한국교육과정평가원 개원 7주년 기념 세미나 「국가 수준의 교육과정, 무엇을 어떻게 개정할 것인가?」, 62~64쪽, 2005. 11. 29(화). 초·중등학교 교육과정 총론 개정 시안 공청회 「초·중등학교 교육과정 총론 개정 시안 개발을 위한 방향 탐색」, 78~81쪽.

10) 곽병선 등은 자유 발행제에 대해 '약한' 의미, '보통' 의미, '강한' 의미의 자유 발행의 세 가지로 구분하고, '약한' 의미나 '보통' 의미의 자유 발행제는 '저작 → 발행 → 인정'의 절차를 거치지만 '강한' 의미의 자유 발행제는 비교용 도서가 사용 가능한 형태이며, '약한' 의미의 자유 발행제는 국가 교육과정의 지침과 인정 심사 기준에 따라 인정된 인정 도서 목록에 한하여 학교에서 자율적으로 선택하는 제도라고 설명했다.(곽병선·문용린·한명희·윤기옥·김미숙·김재춘(2004), 『교과서 발행제의 다양화에 따른 자유 발행제 도입 방안 연구』, 한국교과서연구재단 연구 보고서, 89쪽)

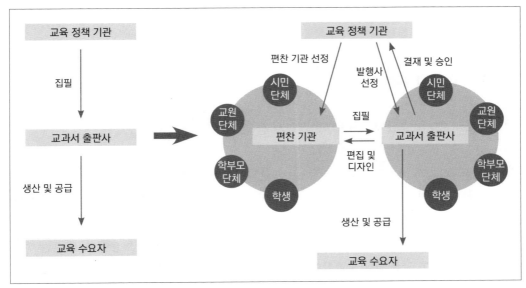

〈그림 1〉 교과서 정책의 변화

인정화한 조치에 더하여 추가로 71책의 전문 교과 국정 교과서를 인정 도서로 전환하였다.[11]

두 차례에 걸쳐 이루어진 국·검·인정 구분 고시 내용은 관점에 따라서 아직도 미흡한 것이라고 볼 수 있으나, 그동안의 우리나라 교과서 정책이 지나친 정부 주도형이었으므로 그러한 형태를 탈피하는 계기가 마련된 것으로 보아도 좋을 것이다. 이로써 교과 교육을 전공하는 학자들이나 현장 교육에 전문성을 지닌 교원들이 이른바 '현장 친화적'인 교과서나 지도서를 연구·개발하는 분위기가 조성될 수 있고, 동일 교과목에 다수의 인정 도서가 개발, 활용되는 경향이 일반화되면 우리나라의 교육을 다양화하고 실제적인 수준을 높이면서 교과용 도서 자유 발행제 도입으로 나아갈 수 있을 것이다.

앞에서 살펴본 바와 같이, 지금까지 우리나라의 교과서 정책 결정은 최상위 정책 결정 기관의 일방적·강압적 거버넌스에서 서서히 변화를 겪고 있다. 즉, 교육을 담당하는 정책 기관과 교과서 발행사 간의 일방적인 지시에서 벗어나 정책 기관과 교과서 발행사, 교원 단체, 학부모 단체, 다양한 시민 단체 등과 같은 교육 수요자들이 네트워크에 참여하게 되었으며, 다양한 의견

---

11) 교육과학기술부에서는 '교육과학기술부 장관이 정하는 교과목의 인정 도서'는 시·도 교육청 인정도서심의회 심의를 거치지 않아도 되는 교과용 도서라고 설명하였다. 다만, 중학교의 경우에 국어, 도덕, 사회, 특별 활동 지도서 등은 '교육청 심의 인정 도서'이나 교육청 주관으로 개발하는 도서는 인정도서심의회 심의를 생략할 수 있다고 하고, 고등학교 보통 교과 중의 교양 과목 교과서 및 국어, 도덕, 사회, 역사, 특별 활동 지도서도 이에 해당한다고 하였다(교육과학기술부, 2009. 1. 21., 「초·중등학교 교과용 도서 국·검·인정 구분 수정 고시」 및 설명 자료 참조).

수렴을 통한 교육 정책 결정을 유도하고 있다.

4. 교과서 정책 자료 분석

1)「교과서 백서」(교육부, 2000)의 교과서 정책

교육부는「교과서 백서(2000)」에서 교육부 교과서 정책 방향을 "한마디로 '다양하고 질 좋은 교과용 도서 개발 및 공급'에 있다."라고 밝힌 바 있다. 그리고 이 방향의 설정 이유를 종래와 같은 획일화된 교과용 도서에 의해서는 지식 기반 사회에서 요구되는 창의적이고 수월성을 지닌 인재를 기를 수 없고, 교과용 도서의 질 개선 없이는 교육의 질을 보장할 수 없다는 점을 제시하였다. 그리고 교육부는 교과서의 위상이 '유일한 학습 자료'에서 '다양한 학습 자료 중의 하나'로 변화되었음을 공식화하고 이를 정책 방향 설정에 반영하였다. 그런데 이와 관련하여 '획일화된 교과서', '교과용 도서의 질 결정 요건', '유일한 학습 자료', '다양한 학습 자료'가 각각 무엇을 뜻하는지 등에 대한 설명은「교과서 백서」어디에도 없다. 만약, '획일화된 교과서'가 교과서 사용자(교사와 학생)의 선택권과 관련하여 사용한 용어라면, 선택권을 행사할 교과서가 여럿 있다고 하더라도, 선택권자인 교사 또는 학교가 여러 교과서 중에서 최소 2종 이상 복수로 선택하고 학생이 그것을 사용하지 않는 한 선택한 1종의 교과서는 학생에게는 '단일본', '획일본', '유일본'일 수밖에 없고, 선택한 1종의 교과서는 유일한 학습 자료이다. 백서는 이 점에 대해서도 설명하지 않고 있다. 그뿐만 아니라 '다양한 학습 자료'는 교과서와 이를 보조하거나 대체 사용할 수 있는 자료가 여럿일 때 사용할 수 있는 언어라는 점도 간과하였다.

교과서 내적 문제일 수 있는 '획일화' 문제 해결 방안으로 '다양화'를 제안했지만, '다양한 학습 자료'와 '다양한 교과서'의 문제를 정교하게 구분하지도 않았다. 그러면서도 '교과서 다양화'라는 정책 목표 달성을 위한 정책 수단으로 '검정제나 인정제의 확대 및 자유 발행제 도입'을 강조하였다. 그런데 이들의 인과 관계나 상관관계가 긴밀하다고 볼 수 없다. 국정제의 가장 치명적인 결함으로 거론한 단일본 문제는 국정 교과서를 2종 이상 복수로 개발하면 해결할 수 있고, 다양한 교과서 문제도 어느 정도는 해소할 수 있다. 이는 "우리의 현실적 여건으로 보아 검·인정제 확대 또는 자유 발행 제도의 전환보다는 국정제를 기조로 한 복수 교과서가 교육적으로 이익이 많은 방안이라고 생각한다."(곽병선, 1988)라고 하거나 "시장 경쟁 원리를 기저로 한 교과서 다양화 추구보다는 국정 교과서의 복수 발행과 경쟁도 한 방안이다."(이인제 외, 1996a, 이인제, 2014)라고 한 논의 등이 뒷받침한다.

교육부가 교과서 정책 방향(목표)으로 제시한 '다양하고 질 높은 교과서'의 세부 내용을 재조직하여 제시하면 〈표 2〉, 〈표 3〉과 같다.

〈표 2〉 다양한 교과용 도서 개발·공급

의미	의미 또는 요건	정책 수단
학생과 교사가 선택할 수 있는 교과용 도서가 여러 종류	• 다양한 개발진이 개발한 교과용 도서 중에서 학생과 교사가 선택하여 배우는 교과서 (단일한 개발진이 개발한 1종의 교과용 도서를 전국의 모든 학생이 동일하게 배우는 방식 탈피)	- 검정제나 인정제의 확대 및 자유 발행제 도입 ※ 국정 교과서 축소
내용 구성에서 단일한 학습 수준과 형태만을 가정하는 것이 아니라, 다양한 형태와 수준의 학습이 가능하도록 하는 교수 학습 자료	• 학생들이 흥미나 학업 능력 수준에 따라 선택하여 학습할 수 있는 형태와 내용으로 구성 ※ 제7차 수준별 교육과정에 의한 교과서 • 모든 학생이 처음부터 끝까지 함께 배우는 자료만이 아니라 다양한 심화·보충학습 자료라든가 다양한 계열과 학습 단위를 묶은 학습 자료	-
다양한 형태와 매체로 구현된 자료	• 서책형 단일한 교과서만이 아니라 다양한 교수·학습 자료를 동시에 개발하여 교육 내용을 입체적으로 도울 수 있는 자료 • 전자 매체 활용 자료	-

*출처: 교육부(2000). 「교과서 백서」 36쪽.

〈표 3〉 질 좋은 교과서 개발·공급

의미		의미 또는 요건	정책 수단
내용 구성	교육과정의 취지 구현 적절한 수준에서 교육 내용의 상세화	• 효율적인 학습재(學習材) 기능을 하는 교과서 • 본문, 사진, 삽화 등을 학습에 도움을 주는 방식으로 제시 • 질문, 탐구, 선택 학습 활동의 적절한 제시 • 주 교과서 학습에 보완 기능을 하는 다양한 교수·학습 자료 동시 개발	- 연구·개발형 교과서 편찬[12] 추진 - 교과용 도서 저작자의 전문화, 연구·개발 기간의 확보
외형 체제	학생들이 흥미 있게 학습할 수 있도록 아름답게 구성	• 편집이나 디자인 측면에서 시중 도서만큼의 심미적 요소 추구 • 견고성과 실용성 (크기, 지질, 제본 등 연구와 개선)	- 외형 체제 획기적 개선 (1998년 이후) - 교과서 가격 현실화 - 교과용 도서 인쇄, 발행 및 공급 제도 개선

*출처: 교육부(2000). 「교과서 백서」 36~37쪽.

---

12) 1978년부터 1종 도서(국정)의 개발 절차가 '연구 개발 위임 형태'로 바뀌면서 교육과정을 개정 고시한

2) 「교육과정·교과서 현대화 정책 제안서」(2005.6.)의 교과서 정책

대통령 자문 교육혁신위원회(이하 '위원회'로 줄여서 씀)가 교과서 정책 현대화 방안을 제안한 배경은 지식 기반 사회에서의 교육의 질적 변화 요구, 학생의 변화된 요구와 교육 시스템과의 충돌, 교육의 보편성과 수월성 간의 잘못된 대립 구도 극복 필요, 교육 분권화를 통한 다양화로의 요구 증대, 교육과 사회의 연계성 증대가 필요하다는 인식이다.(위원회, 2005)

동 위원회는 교과서 정책의 기본 목표를 "모든 학생을 위한 수월성 추구"로 설정[13]하고, 목표 달성을 위한 추진 방향으로 "교과서 질 향상과 다양화"를 제시하였다.[14] 그리고 동 위원회가 "교과서 질 향상과 다양화"를 위해 "규제 완화와 고급화"(위원회, 2005)를 제시한 이유는 동 위원회가 당시 교과서의 문제로 제기한 '교과서 지식의 획일화', '학생의 진로 관련 직업 세계와의 연계 부족', '교재 재구성을 위한 교사 자율성 제한', '중앙집권적 교육 제도로 교육 내용의 지나친 표준화와 교과서의 단순화' 등의 문제 해결을 위해 교과서에 관한 규제 완화가 절실하다고 하였다.

동 위원회(2005)가 제안한 교과서 현대화 정책의 특징은 4가지이다(〈표 3〉 참조). 첫째, 당시의 교과서 문제를 해결하는 데 필요하다고 한 '교과서에 관한 규제의 내용'이다. 그 내용을 동 위원회는 국가 교육과정의 상세화로 검정 교과서의 차별성 부족을 들었는데, 그 이유를 교과서 구성의 다양성 저해 요인인 '교육 내용의 상세화'와 '집필상의 유의점'을 교과서 내용의 지나친 규제로 해석하고 있다. 그래서 집필상의 유의점, 검정 지침 등을 과감하게 완화하면 자유 경쟁 체제 속에서 질 높은 교과서 발행을 유도하고 질 낮은 교과서는 채택 과정에서 도태되도록 할 수 있다는 논리이다. 그러면서도 국가 교육을 위해 필요한 교육 내용의 통일성은 국가 교육과정 목표 상세화로 확보 가능하다고 인식하였다. 이 논리는 "규제가 필요 없는 교과서 산출을 위해 검인정 규제를 완화하여 자유 발행제로 전환해야 한다."(위원회, 2005)는 것으로 연계시키고 있다.

둘째, 정책 제안의 이유 및 효과로 제시한 사항 중 '다양하고 창의적인 학습 내용 제공'과 교과서 고급화 및 대여제 도입을 검토해야 하는 이유 및 효과로 제시한 '참고서가 필요 없는 쉽고 재미있는 교과서'와 2009 개정 교육과정에 따른 교과서 정책 및 18대 대통령 선거의 정당 공

후 교육과정의 목표 실현을 위한 주된 자료인 교과서를 편찬하는 과정의 일환으로 국민학교에 한해 교과용 도서 실험 연구학교를 지정 운영하고, 제기되는 문제점을 보완하여 교과서를 완성해가는 개발 방식을 말한다.(교육부, 1996:17)

13) '모든 학생을 위한 수월성 추구'는 동 위원회가 제시한 교육과정 정책의 목표이기도 하다.

14) 교육과정과 교과서 정책 목표 달성을 위한 추진 방향으로는 '교과서의 질 향상과 다양화'와 함께 '진로 교육의 전면화', '학교 교육과 지역 사회와의 연계성 강화', '지식의 창조적 구성을 위한 교육과정 운영'을 제시하였다.

약 사항과의 연계 여부이다. 즉, 이들은 교육부의 「교과서 선진화 방안」(2010.01.14.)의 교과서 정책 목표인 '다양하고 창의적인 교과서', 그리고 18대 대통령 선거 당시 박근혜 후보의 선거 공약(2012.12.12.)의 정책 목표인 '참고서가 필요 없는 교과서'와의 연관성, 예컨대 정책 제안 주체 등의 문제를 검토할 필요가 있을 것이다.

셋째, 국정 교과서를 검정 교과서로 전환해야 할 이유가 "국정이 많아 외국에 비해 경직되어 있고"(교육혁신위원회, 2005), "교육 내용(교육과정)의 상세화와 집필상의 유의점 등이 지나치게 교과서 내용을 규제하여 교과서 구성의 다양성을 저해하기 때문"(위원회, 2005)이라고 하였다. 동위원회(2005)는 국정의 검정 전환에서 가장 큰 문제로 지적되어 온 교육 내용의 통일성은 "국가 교육과정 목표의 상세화로 확보할 수 있다."라고 하였다. 그런데 교과서 구성의 다양성 확보 논리인 '교육 내용의 상세화'가 아니라 '교육 목표의 상세화'라고 한 근거는 제시하지 않았다. 어쨌든 국가 교육과정 개정 담론에서 지배적 위치를 행사해 온 '국가 교육과정의 대강화·간소화·간략화' 등과 맥을 같이한다는 점이 관심을 끌게 한다. 이는 2009 개정 교육과정이 교과군의 개념을 도입하여 교육 목표와 내용을 2개 학년 또는 3개 학년을 묶어 제시한 것과 인정 도서의 대폭 확대로 어느 정도는 실현된 것으로 볼 수 있다.

넷째, 동 위원회(2005)는 교육과정 재량권이라는 생소한 개념의 사용과 규제 완화를 언급하면서도 "중등 교과서는 분철 또는 합책해야 한다"는 등의 규제 사항을 제시하였다. 교육과정 재량권은 거대 담론에서는 사용할 수 있을지 모른다. 그러나 이 권한이 누구의 권한이며, 국가 교육과정의 결정권과는 어떤 관계인지를 명확하게 설명하지 않음으로써 정책 집행 상황에서는 수용하기 어려운 주문일 수 있다. 또 교과서의 다양화가 현대화의 요건임을 말하면서 어떻게 한 교과의 책 수를 '분철' 또는 '합철'해야 한다고 제안하는지 그 이유도 제시하지 않았다.

동 위원회가 교과서 현대화 정책의 목표로 제시한 '교과서 질 향상과 다양화'와 이의 달성을 위한 정책 수단, 그리고 제안 이유와 기대 효과를 〈표 4〉로 정리하였다.

3) 「교과서 제도 개선안」(2007.6.20.)과 교과서 정책

「교과서 제도 개선안」(2007.6.30.)은 2007 개정 교육과정 고시 6개월 뒤에 당시 교육과학기술부가 발표한 정책 자료이다. 이 개선안의 배경은 '교육과정 개정 방식과 사회 환경 변화에 대처'이고 '양질의 교과용 도서 개발을 위한 교과서 제도 개선 방안'이다.(교육과학기술부, 2007)

이 개선안에 제시한 교과서 정책의 목표는 '양질의 교과서 개발'이고, 이 목표 달성을 위한 정책 사항은 민간의 창의적인 아이디어를 존중하기 위한 '국정 도서의 검정 도서로 전환 확대', 오류 없는 교과서 개발을 위한 '검정 방식 개선', 다양하고 창의적인 교과서 출판을 촉진하고 인정 도서 확대와 질 관리를 위한 '심의 없는 인정 도서 확대', 교과서 편찬 및 검정 이후의 지속적인 질 관리와 창의적이고 수준 높은 교과서 개발을 위한 '교과서 질 관리 체제 강화'의 4가지이다. 세부 분석 결과는 〈표 4〉에 제시하였다.

〈표 4〉 대통령 자문 교육혁신위원회가 제안한 교과서 정책의 목표와 내용

정책 목표	모든 학생들을 위한 수월성 추구	
추진 방향	규제 완화와 고급화	
정책 내용(사항)	정책 수단	제안 이유 및 효과
① 검정 확대 및 검인정 규제 완화	- 국정 → 검정 전환 - 자유 발행제 도입 - 검·인정 규제 완화	·교과서 제도의 획일화 극복 ·다양하고 창의적인 학습 내용 제공
② 교과서 고급화 및 대여제 도입 검토	- 대여제[15] 도입 검토 - 중등 교과서 통합 구성	·교과서의 외적·내적 질 향상(미적 감각 키우기, 흥미 유도) ·별도의 참고서가 필요 없는 쉽고 재미있는 교과서 제작
③ 교과서 발행 제도 및 보급 제도의 정비	- 교과서 발행사 간의 이익금 배분 재검토 - 교과서 선정 및 공급 자율화	·발행사의 교과서 질 향상 의지 제고(불공정한 공급 제도 개선) ·선정 및 공급 제도 자율화와 실정에 맞는 효율성 제고

＊출처: 대통령 자문 교육혁신위원회(2005), 29~37쪽

4) 「교과서 선진화 방안」(2010.01.14.)과 교과서 정책

교과서 정책에 관해서 많은 변화를 시도한 정권은 MB 정권이었다. 교과용 도서의 구분에 관한 정책 연구 보고서에서 "MB 정부는 과거 어떤 정부보다도 교과서 정책에 대해 많은 변화를 시도하였다."(김재춘 외, 2011)라고 한 연구 결과가 이를 뒷받침한다. 김재춘(2011)은 MB 정부가 변화를 시도한 교과서 정책의 경향성을 두 가지로 요약하였다. 하나는 사회 민주화에 따른 교육 민주화 차원에서 '국가 개입의 축소와 민간 자율의 존중'이고, 다른 하나는 '다양하고 창

---

15) 동 위원회 보고서에는 무상 대여제(학교 비치, 대부) 시행 국가로 미국, 영국, 프랑스, 캐나다, 핀란드, 벨기에, 노르웨이, 스페인, 네덜란드, 필리핀, 스리랑카, 오스트레일리아, 옛 소련을 제시하였으나 엄정한 검토와 사실 확인이 필요하다. 미국은 주(州) 정부마다 교과서 정책이 각기 다른 만큼 대여제 시행도 주마다 다른 것으로 보아야 한다. 예를 들어 인구가 310명 규모인 아이오와주는 무상 대여제를 시행하지 않고 대여료로 학생 1인당 20달러씩 받는다.(심재호, 2010 : 163). 따라서 교육혁신위원회가 무상 대여제 국가로 예시한 13개국의 제도 운영에 대한 엄정한 사실 확인이 반드시 필요하다는 점을 강조한다.

의적인 교과서 개발·보급'이다(김재춘 외, 2011). 2009 개정 교육과정에 따른 교과용 도서 중 인정 도서를 84%로 확대한 조치와 연계한다면, '다양한 교과서의 개발·보급'이라는 정책 목표 는 부분적으로 달성했을 가능성이 있으나, "검정에서 인정으로 전환된 중학교 교과서의 출원 종수가 오히려 줄어들었다.[16]"(서지영 외, 2012)라는 보고는 판단을 어렵게 한다.

그리고 정책 수단으로서 민간의 자율 확대와 인정 도서의 비율을 84%로 확대한 조치가 '창 의적인 교과서' 발행·공급이라는 정책 목표를 달성했는가에 대한 여부의 판단은 더욱 어렵다. 그 이유는 '다양한 교과서'의 개념과 요건은 교육부의 공식 정책 자료인 「교과서 백서」에서 찾 을 수 있겠지만,(〈표 2〉 참조) '창의적인 교과서'에 대한 정의나 요건은 없다. '창의적인 교과서 [17]'는 어떤 교과서일까? '창의적'이라는 수식어는 2010년 교과서 선진화 방안에서 처음 사용 한 것으로, 2000년 「교과서 백서」의 '다양하고 질 좋은 교과서'의 '질 좋은'을 대체한 것으로 보이나 이 정책 용어에 대한 소통은 거의 이루어지지 않았다고 본다. 유일한 소통 주체는 출판 사 관계자일 것이나, 그들이 관심을 가지고 고민할 시간이 절대 부족했다. 2010년 교과서 선진 화 방안의 정책 목표, 정책 내용, 정책 수단은 〈표 5〉에 제시하였다.

5) 2009 개정 교육과정(2011.8.24.)과 교과서 정책

2011년 8월에 고시한 2009 개정 교육과정의 정책 방향은 학교의 자율성 확대, 학습의 효율 성, 창의 인재 육성, 핵심 역량의 4가지이다(교육과학기술부, 한국교육과정평가원, 2011). 그리 고 "학생의 적성과 소질을 고려한 맞춤형 교육과정 운영이 필요하며, 고등학교의 다양화·특성 화와 고등학교 1학년 과목을 필수에서 선택으로 전환함에 따른 학생의 요구와 흥미 반영을 위 해 교과서 정책의 변화가 불가피하다."(교육과학기술부, 한국교육과정평가원, 2011)라고 밝혔다.

이러한 필요에 따라 교육부가 제시한 교과서 정책의 목표는 "현장·실생활 중심의 교과용 도 서 개발·보급"(교육과학기술부, 한국교육과정평가원, 2011; 교육과학기술부·한국교육과정평가

---

16) 2012년 조사 결과 2009 개정 교육과정에 따른 인정 도서 출원 종수는 중학교 수학(42종→13종), 과 학(28종→9종), 체육(24종→14종), 미술(20종→11종), 영어(42종→15종) 교과의 교과서 모두 큰 폭 으로 감소하였다.(서지영 외, 2012 : 172 참조)

17) 김정호 외(2014)가 좋은 교과서의 특성으로 든 창의성의 질적 요소인 '새로운 교과서 모형', '창의적인 학습 전개', '교과서 중심 정답 주의 탈피' 등(김정호 외, 2014 : 77)을 대입해 보아도 '창의적인 교과서'의 모습이 그려지지 않는다. 따라서 한국의 교과서 편찬·개발 여건에서 '새로운 교과서 모형'의 산출은 기대 하기 어렵고, '교과서 중심 정답 주의'는 교과서 자체의 문제인지 교사의 사용이 문제인지가 명확하지 않 으며, '창의적인 학습 전개'는 학습 목표 달성을 위한 활동들이 다른 교과서 또는 이전의 접근과는 다른 것일 때 적용할 수 있는 요소이다. 그런데 이들 요건을 충실히 갖추었다 해도 검증을 거친 방법이 아니 한 '창의적인 교과서'라고 말하기는 어렵다. 창의성 판단의 준거 중에는 윤리성 부분이 있기 때문이다.

원, 국사편찬위원회, 2011)이다. 이는 학생의 학습 능력 신장과 창의·인성 교육에 적합하고, 학교의 특성을 고려하기 위한 것으로, 궁극적으로 학교 교육의 내실화에 기여하고자 하는 정책 목표임을 설명하고 있다. 또 "학습자 중심의 다양하고 질 높은 교과용 도서"(교육과학기술부, 한국교육과정평가원, 국사편찬위원회, 2011)를 지향하여, 「교과서 백서」(교육부, 2000)의 '다양하고 질 높은 교과용 도서'와 「2010년 교과서 선진화 방안」(2010)의 '다양하고 창의적인 교과서'라는 정책 목표를 부분 계승한 것으로 보이기는 한다.

〈표 5〉 2007 개정 교육과정과 2009 개정 교육과정과 교과서 정책

구분	2007 개정 교육과정과 교과서 정책 (교과서 제도 개선안, 2007.6.30.)		2009 개정 교육과정과 교과서 정책 (교과서 선진화 방안, 2010.1.12.)	
정책 목표	양질의 교과서 개발		(창의적인 산 지식 제공과 학습자 친화적인 미래형 교과서) 다양하고 창의적인 교과서 개발·공급	
정책 내용	국정 도서의 검정 도서 확대	・국정 도서 검정 전환 확대	국·검정 도서 인정 도서 전환 확대	
	오류 없는 검정 도서 개발	・검정 방식 개선	심사 방식 개선	・심사 투명성 제고 ・합격 종수 적정화
		・상시검정제 도입 ・평가원 검정 기능 강화 ・저자 집필 자격 완화 ・교과서와 지도서 검정 분리 ・검정 기준 및 판정 원칙 재조정		
	다양하고 창의적인 교과서 개발	・인정 도서심의회 심의 없는 인정 도서 사용 확대(전문계와 기타계 고, 자율고) ・교과서 출원 매체의 다양화 (디지털 교과서 등) ・교과서 외형 체제 개선	다양하고 창의적인 교과서 개발	・교사 제작 학습 자료, 시중의 일반도서 교과서 사용(인정 절차 이행시) ・인정 도서 의무 사용 연한제 폐지 (2010년부터) ・공공 기관의 교과서 출원 허용
	인정 도서 질 관리	・수정·보완 내실화 ・국·검정 도서에 대한 전문 기관 감수제 도입	교과서 질 관리	・감수 기관 지정·운영(전문 학술 기관 등)

		가정 학습용 e-교과서 보급(CD 제공)	※ 디지털 교과서 추후 고시
		인정 도서 심사 강화	
		출원 자격 완화	
		가격 안정화	검정 교과서 가격 조정 권고, 대여제 등 추진
		교과서 채택 비리 근절 근거 규정 신설	
정책 수단	- 인정 도서 질 관리 방안 마련 - 시·도교육청 인정 도서 전담 인력 배치 권고 - 교육과정·교과서정보서비스(CUTIS)의 활성화 - 출판사 자체 오류 접수 센터 설치 권고	- 검정 교과서 선정의 불법·부당 행위에 대한 처벌 규정 마련 - '교과서민원센터(가칭)'설치·운영	

그런데 정책 내용에 해당하는 '교과서 제도 발전 방향'을 보면 '국·검정 도서의 인정 전환 확대와 인정 도서 책임 감수제 도입', '교과서 사용 기간 폐지', '연차별 검정을 일괄 검정으로 전환', '검정 심사 제도의 개선', '검정 심사의 투명성 강화', '검정 업무 기관의 다양화', '합격 종수의 적정화', '외부 공공 기관의 검·인정 교과서 참여', '교과용 도서 상시 수정 보완 체제 마련', '가정 학습용 e-교과서 제작', '교과서 가격 자율화 및 외형 체제 개선', '교과서 선정 제도 개선' 등으로, 교과서 정책 대상의 대부분에 대해 언급하고 있다. 그러나 이들 12가지의 정책 내용 중에는 교과서 정책 목표와 긴밀성이 부족한 것들이 다수 포함되어 있다.(〈표 4〉 참조)

6) 교육부 업무 보고에 반영된 교과서 정책('13년~'15년)

선거 공약에서 교과서 정책 관련 사항으로 제시했던 '학원의 도움이 필요 없는 교과서 완결 학습 체제 구축'[18]이 2013년 대통령 업무 보고(2013.3.28.)에서는 '참고서가 필요 없는 교과서 완결 학습 체제 마련'[19]으로 제시되어 있다(교육부, 2013). 전자와 후자의 의미 차이를 알 수는 없으나 공통 사항은 '교과서 완결 학습'이다. 그러나 아래의 정책 자료에 있는 '핵심 역량 중심

---

18) 2012년에 발표한 제18대 대통령 선거 새누리당 정책 공약집에는 참고서가 필요 없는 '교과서 완결 학습' 체제 구축으로 되어 있다.(새누리당, 2012 : 222)

19) '교과서 완결 학습 체제 구축'은 2013년 대통령 업무 보고(2013.03.28.) 자료 'Ⅲ. 국정 과제 실천 계획'의 '꿈과 끼를 키울 수 있는 학교 교육 정상화'에 꿈과 끼를 살려주는 교육과정 운영의 하위 항목으로 자유학기제, 인성 중심 수업과 함께 제시되어 있다.

의 교과서'와의 관련성이 분명하지 않고, 정책 수단으로 제시한 '서책형 교과서와 디지털 교과서의 연계'와 '자기 주도적 학습이 가능한 교과서 중심 학습 체제'와의 관련성 또한 긴밀해 보이지 않는다. 즉, '교과서 완결 학습'은 '자기 주도적 학습이 가능한 교과서 중심의 학습'과 동일한 것으로 읽힌다. 더구나 '교과서 완결 학습'이 가능하려면 '핵심 역량 중심의 교과서', 서책형 지원 기능이나 연계 기능을 하는 '서책형 교과서에 대응하는 디지털 교과서'가 있어야 한다는 전제가 성립해야 한다. 그런데 "교과서 완결 학습 체제의 기본 아이디어는 학생들이 교과서를 가지고 필요한 공부를 하고, 교과서를 잘 활용하여 공부하면 상급 학교에 진학하는 데 어려움이 없도록 하자는 것이었다. 그리고 완결 학습이란 교과서만 가지고 공부해도 학교 시험이든 상급 학교 진학 시험이든 얼마든지 치를 수 있어서 별도의 사교육이 필요 없다는 뜻으로, 교과서만 가지고 공부하면 진학과 관련해서는 충분하다는 뜻이지 지식의 완결이라는 말은 아니다."(김정호 외, 2014 : 76에서 재인용)라는 해석은 교과서 완결 학습에 대한 혼란을 더욱 가중시킨다.

그리고 2014년 업무 보고(2014.02.13.) 중 교과서 정책 관련 사항은 '2014년 주요 업무 추진 계획'의 꿈과 끼를 키우는 행복한 학교의 중점 과제 1 '전인적 성장을 위한 학교 교육 내실화'에 '통합형 교육과정 개발 및 교과서 개발 체제의 근본적 개선'이 제시되었다. 그런데 이 정책 자료에 제시한 교과서 정책 방향(목표)은 '교육과정 개발과 연계한 교과서 개발 체제의 근본적 개선'이다. 이는 대통령 공약 사항과 2013년 업무 보고에서 밝힌 '교과서 완결 학습 체제 구축'은 교과서로 뒷받침해야 하기 때문에 '교과서 개발 체제의 근본적 개선'을 정책 목표로 설정했을 가능성이 크다. 그러나 2가지는 분명히 다르고 동원해야 할 정책 수단 또한 다르다. 특히 정책 수단의 하나인 '교육부 내 교과별 전담 전문직 배치하여 교과서 체제 개선 방안 강구'(교육부, 2014 : 9)는 2013년 8월 「한국사」 교과서 파동과 관련한 대응 성격이 강하고[20], 교과서 개발 체제와 교과서 체제의 의미가 동일하지 않다.

끝으로, 2015년 교육부 업무 보고(2015.1.22.) 중 교과서 정책 관련 사항은 1. 꿈과 끼를 길러주는 학교 / 2015년 중점 추진 과제 중 (3) 창의성을 키우는 교육과정(교육부, 2015 : 15)에 제시된 '교과용 도서 개발 및 관리 체제 개선'이다(교육부, 2015a : 16). 여기에는 '문·이과통합형' 교육과정의 개발·고시 일정과 이 교육과정에 따라 개발·적용 예정인 교과서에 관한 사항이 제시되어 있다. 이에 따르면 2015 개정 교육과정(문·이과통합형)은 "문·이과 칸막이가 없는 교육을 통해 인문·사회·과학 기술에 대한 기초 소양을 함양함으로써 인문학적 상상력과 과학 기술의 창조력을 갖춘 창의·융합형 인재로 성장하도록 지원"(교육부, 2015a : 15-16)을 목표로 개정

---

20) 13년 하반기부터 14년 초까지 교육부는 '편수국 부활'이라는 용어를 사용한 적이 있으며, 고등학교 「한국사」 파동을 수습하고자 했음은 주지의 사실이다. 전담 전문직 인력 13명 증원 조치는 이를 위한 것으로 보인다.

〈표 6〉 2013~2015년 교육부 업무 보고와 교과서 정책

연도	2013년	2014년	2015년
정책 목표	참고서가 필요 없는 교과서 완결 학습 체제 마련	교육과정 개발과 연계하여 교과서 개발 체제의 근본적 개선	교과용 도서 개발과 관리 체계 개선
			- 질 좋은 교과서, 친절하고 재미있는 교과서 개발 - 안정적이고 전문적인 교과서 개발·관리
정책 내용	· 핵심 역량 중심의 교과서 모형 개발		
		· 교과서 질 수준 제고	
		· 교과서 체제 개선 방안 검토	
	· 자기주도적 학습이 가능한 교과서 중심 학습 환경 구축		· 교실 수업과 자기주도 학습 지원을 위한 디지털 교과서 활용 확대
	· 서책형 교과서와 디지털 교과서의 연계	· 디지털 교과서 시범 적용 및 성과 분석	
		· 역사적 사실에 입각한 균형 잡힌 한국사 교과서 개발	· 올바른 역사관과 균형 잡힌 역사 인식을 기를 수 있는 역사 교육과정·교과서 개발 추진
		· 교과서 선정 시 학교의 자율성과 중립성 확보 방안 강구	
정책 수단		· 명확하고 구체적인 집필 기준과 검정 기준 마련	· 구체적인 집필 기준과 편찬상의 유의점 마련
		· 최고의 전문가 집필 참여	· 최고의 교과 전문가 집필 참여
			· 집필 및 심의 기간 연장, 심의 위원 확충, 검정 심사 기관 일원화, 전문 기관 감수제 도입
		교과별 전담 전문직 배치(교육부)	

하고 있음을 밝히고 있다. 그리고 이와 연계하여 편찬(개발) 공급해야 할 교과서 정책의 상위 목표 '교과용 도서 개발과 관리 체계 개선'이고, 이의 하위 목표는 '질 좋은 교과서, 친절하고 재미있는 교과서 개발'과 '안정적이고 전문적인 교과서 개발·관리'이다.

7) 「교과서 개발 체제 개선 방안」(2015.07.30.)의 교과서 정책

교육부는 2015년에 「교과용 도서 개발 체제 개선 방안」을 발표하였다. 이 정책 자료에 제시한 정책 목표와 내용의 많은 부분이 '15년 교육부 업무 보고'의 내용과 일관성을 유지한다는 점에서 다른 시기의 정책 자료와는 상당히 다르다. 그리고 교과서 개발 체제를 개선해야 하는 이유의 하나로 "인정 도서 확대와 검정 기관 다양화에 따른 교과서 질 관리 미흡 등에 대한 지속적인 문제 제기가 있다."(교육부, 2015 : 1)라고 제시한 점, 정책의 구체성 확보와 교과서 편찬(개발), 공급, 가격, 관리 등의 교과서 정책의 많은 영역에 관한 정책 방향과 수단을 제시하였다는 점도 이전의 교과서 정책 자료와는 차별되고 진일보한 안이라고 말할 수 있다.

교육부가 '15년 7월 30일에 공개한 "쉽고 재미있는 학습자 중심의 교과서"(교육부, 2015b : 2)라는 교과서 정책 목표, 이의 달성을 위한 정책 내용과 정책 수단을 제시하면 〈표 7〉과 같다.

〈표 7〉 「교과서 개발 체제 개선 방안」(2015.07.30.)의 정책 목표와 정책 수단

정책 목표	쉽고 재미있는 학습자 중심의 교과서	
개선 과제 (정책 내용)	세부 사항	정책 수단
국정 도서 현장 검토 방식 개선	·현장 검토본 편찬 과정 개선 ·현장 검토 방식 개선	- 내용 오류 없는 교과서 개발(교과 관련 전문 기관의 책임 있는 검토)
검정 도서 심사 체제 강화	·검정 심사 절차 개선(교과용 도서의 오류 최소화) ·집필 및 심의의 안정성 확보	- 2차 심사제 부활 - 집필 방안 제시 - 교과서별 기본 분량 제시(편찬상의 유의점) - 분할 심사, 집필 기간 확보
인정 도서 확대 및 개발 체제 개선	·인정 도서 인정 범위 확대 및 활용성 증대 ·인정 도서 개발 인력의 전문성 제고 ·인정 도서 개발의 안정성 확보	- 인정 도서의 질 향상 - 교과서 사용의 자율성 확대 - 다양하고 창의적인 교과서가 요구되는 교과목은 국·검·인정 구분에서 제외 - 충분한 집필 및 심의 기간 확보 - 심사 절차를 검정 도서에 준하여 개선
교과용 도서 개발 지원 강화	·교과서 개발 연수 체제 마련 ·교과서 관리 체제 마련 ·교과서 수정·보안 종합 시스템 활성화	- 발행사, 집필진, 심의진 등 체계적 연수 실시 - 교과용 도서 수정·보완 체제 활성화 - 교과서 자료관 확충
검인정 교과용 도서 가격 안정화	·검인정 교과서 최고 가격제 도입	- 학교급별, 학년별, 과목별 최고 가격 고시

5. 디지털 교과서 정책 연구

디지털 교과서는 학교에서 이루어지던 학습 공간과 실시간에 이루어지는 학습을 지원하는 정책이다. 디지털 교과서 사업은 시범 사업이고 아직 다양한 형태의 실험과 평가가 진행 중인 정책 사업이므로 정형화된 형태로 평가하기는 어렵지만, 이러닝과 전자 출판 기술의 융합형 모델로서 중장기적인 교과서의 디지털화 관점에서 주목할 필요가 있다. 디지털화된 교과서의 단기 모델은 전자책 형태의 'e-교과서', 중장기 모델은 융합형 모델인 '디지털 교과서'를 전략적으로 연계하여 추진한다면 세계에서 가장 선도적인 모델이 될 것이라는 기대가 큰 만큼 디지털 교과서 정책은 전자 출판 산업 관계자들도 예의 주시하는 정책이다.(조용상, 2010)

국가 교육과정은 수요자 중심의 교육을 표방하고 교과서 정책도 시장의 다양하고 창의적인 자율성을 강조한다. 이에 따라 교과서 정책은 교육과정을 구현하기 위하여 교과서를 개발하여 공급하는 시장 환경과 그것을 채택하여 사용하는 학교 문화와 관련된 기반 상황과 같은 방향을 공유할 때 긍정적인 성과를 거둘 수 있다.

디지털 교과서 정책의 개념 구조를 교과서 정책과 관련하여 변환하면 〈그림 2〉와 같다.

교과서 정책 모형의 상부 구조는 국가 교육과정이며, 그 하부 구조는 교과서를 사용하는 학교 문화와 그것을 생산하는 시장 구조이다. 정부가 교육과정·교과서 정책을 설정한 목표에 맞게 운영하였는지에 따라 학교 교육의 성과가 달라진다. 따라서 정책의 처음 결정 과정부터 실행과 사후 평가 등의 전체적인 정책 과정은 모두 중요한 가치를 포함하게 된다.(서지영 외, 2011)

이처럼 교육과정을 기본으로 하여 교과서 발행 제도와 학교의 교과서 사용 상황, 교과서 이

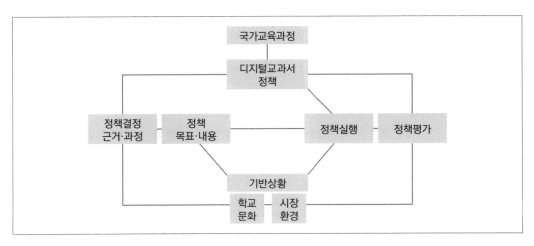

〈그림 2〉 디지털 교과서 정책의 개념화

*출처: 서지영 외(2011), 「교과서 정책 국제 비교」, 서울: 한국교육과정평가원, 140쪽 재구성.

해관계자와 교과서 산업 및 정부와 시장의 관계 등이 총체적으로 교과서 정책에 영향을 미치게 된다. 물론 교과서 정책에 영향을 미치는 각각의 배경 요인이 상반되거나 갈등 관계가 아니라 서로 다른 관점으로 접근하면서도 좋은 교과서를 공급하여 학교 교육의 혁신을 이루고자 하는 방향성은 공유하고 있다.

이처럼 디지털 교과서와 관련된 요인별 정책 방향이나 논의에서 교육 현 장에서의 디지털 교과서의 문화, 정부와 시장의 역할 관계, 질 높은 교과서 콘텐츠의 공급 관리 등이 향후 디지털 교과서 정책의 쟁점이 될 것으로 보인다. 따라서 서책형에서 디지털형으로 교과서의 존재 형태가 바뀔 경우에 교수·학습 측면에서 학교에서 어떻게 활용될 것인지에 대한 문제가 제기된다.

또, 정부와 시장의 관계는 기본적으로 교과서 발행 제도를 중심으로 설정되는데, 디지털 교과서 체제에서 발행 제도는 검정이 아닌 인정 체계로 운영되어야 할 것이다. 이러한 추세는 바로 질 좋은 교과서라는 교육적 목적의 정부 개입을 전제로 하고 있는데, 인정제라는 시장 자율성 확대는 디지털 교과서의 품질에 대한 보증 책무와 직접 연결되며, 그 내용 구성과 질적 수준을 어떻게 관리할 것인지에 대한 협력적인 논의가 필요하다.

6. 교과서 정책 및 제도에 대한 연구

2000년대 이후의 교과서 정책 및 제도에 대한 연구를 살펴보면, 석·박사 논문 및 일반 학술지 논문 등 100여편 이상의 교과서 정책 및 제도에 대한 연구를 찾아볼 수 있다. 2000년부터 2018년까지 석·박사 논문은 총 34편이 발표되었으며, 그 중 6편의 박사논문을 볼 수 있으며, 학술지에서 교과서 정책 및 제도에 관한 연구로는 101편이 게재되었다. 2000년 이후의 연구 편수로 보면 교과서의 정책 및 제도에 관해서는 많은 연구자들이 관심을 가지고 있으며 연구가 이루어졌다고 할 수 있다.

본 연구에서는 2000년대 이후의 석·박사 논문을 중심으로 살펴보기로 한다. 먼저 교과서 정책 및 제도에 대한 연구 중에서 박사 논문을 살펴보면 2010년에 박사 논문으로서의 연구를 찾아볼 수 있으며, 2014년부터는 매년 박사학위논문으로 교과서 정책과 제도에 대한 연구를 보였다. 연구경향으로서 박사논문 몇 편을 살펴보면 다음과 같다.

2010년의 박사논문으로는 경상대학교 대학원의 법학과의 이형찬에 의한 논문으로 「교육내용 결정·선택권에 관한 연구: 교육자치조례제정권의 범위와 한계를 중심으로」로서 교육권 실현을 위해 지방교육자치조례제정권에 대한 연구를 다루었다. 이 연구의 특징으로는 교육 주체들에게 초점을 맞춰 교육영역에서 교육권을 보장하는 측면을 다루고 있으며, 교육제도의 문제점에서부터 시작해서 교육영역에서 교육 주체들의 자치적 실현을 추구하기 위해 교육자치조례

제정에 관한 연구가 지금까지와는 다른 연구라고 할 수 있다.

그리고 2014년에는 교육환경에 맞춰서 정광훈(2014)은 「디지털교과서 정책영향 요인에 관한 연구」를 박사논문으로서 연구했다. 일반 학술지 등에서도 2013년 이후부터 디지털교과서 정책과 관련된 연구가 시작되었다. 정광훈의 연구는 디지털교과서 정책이 도입초기부터 2013년까지 디지털교과서 도입의 당위성을 유지하며 정책의 지속성을 유지해 왔음에도 불구하고 여러 요인의 영향을 받아 정책변동의 양상을 분석했다. 또한, 디지털교과서 정책에 영향을 미친 요인에 대한 분석 결과를 토대로 다음과 같은 정책적 시사점을 제시했다. 첫째, 교육정보화 정책은 급속히 발전하는 정보통신기술과 밀접한 관계가 있다는 점에서 주변 여건의 변화에 정책의 방향이 좌우되지 않도록 정책 목표와 범위를 명확하게 규정할 필요가 있다. 둘째, 디지털교과서의 도입과 같이 제도적 기반이 뒷받침되어야 하는 정책의 경우 관련 법령 및 제도의 개선이 선행되어야 한다. 셋째, 최고 정책 관리자의 집행 담당자의 교체 등으로 정책의 방향이 바뀌지 않도록 일관성 있는 정책 집행기반의 마련이 필요하다. 넷째, 집행 대상이 누구인지 명확히 규정하고, 정책 집행에 영향을 줄 수 있는 의외의 사건을 최대한 억제할 필요가 있다.

다음으로 2015년에 강은숙은 「한국사 교과서 재국정화 정책형성과정 분석: Kingdon 다중흐름모형의 적용」의 연구로 박사학위를 취득했다. 시기적으로 한국사 교과서 국정제 전환 공론화로 한국사 교과서 문제가 다시 부각되고 있는 시점이었기에 한국사에 대한 관심이 높았으며, 한국사 교과서를 둘러싼 정책의 형성과 변동을 전체 과정이라는 흐름 속에서 교육정책형성이론과 사례를 연계한 연구이다. 본 연구는 연구모형을 중심으로 교과서 정책형성과정을 분석했다는 점에서 의미가 있다.

다음으로 「교수 학습자료 사용실태에 기반한 교과서 정책평가 연구」(방인자, 2016)는 교과서 정책의 변천과정을 통해 교과서 정책이 교수·학습자료의 사용에 미친 영향을 살펴보기 위해서 고등학교 교육에서 교수·학습자료 사용을 살펴보고, 사용실태와 그 효과를 분석한 연구이다. 일반고등학교에서 EBS교재 구입학생의 비율이 높게 나타났으며 정규수업시간에도 사용하고 있는 비율로 나타났다. 연구결과로는 교과서 정책방향 수립에 학습의 효과 측면이 고려되어야 한다는 것, 교과서 개발에 필요한 가격요인을 분석하여 가격정책에 대한 개선이 이루어져야 한다는 것, 학습부교재의 높은 수요와 의존 현상에 대한 복합적 원인을 찾고 이에 대한 교육정책의 개선이 필요하다는 점 등을 제언으로 제시했다.

2017년에는 「초등교육 디지털화 정책에 대한 교육인간학적 고찰」(한기순, 2017)은 초등학교 디지털화 정책이 초등학생의 특성과 본질에 적합한지를 교육인간학적으로 고찰해 본 연구에서 의미가 있다. 또한 2018년에는 「역사 교과서 발행의 정책변동 과정에 관한 연구」(이기순, 2018)가 박사학위논문으로 연구되었다. 본 연구는 역사교과서 발행제도에 대한 정책변동과정을 분석했다. 많은 정책적 변화가 있었던 역사교과서의 변동과정을 옹호연합모형(ACF)과 다중흐름모형(MSF)을 결합한 ACMS모형을 사용하여 분석해서 역사교과서 발행제도의 개선방안을 제시하였다.

2000년대 이후 총 6편의 논문 중 2편이 디지털교과서에 관련된 연구로 디지털교과서에 대한 관심을 볼 수 있지만, 전체적으로는 교과서 정책과 제도에 관한 연구이지만 다양한 주제로 연구가 되고 있다는 것을 알 수 있다.

또한 2000년대 이후의 학술지에 게재된 연구는 총 101편으로 교과서 정책 및 제도에 대한 관심을 가늠할 수 있다. 학술지에서는 해외의 교과서 정책을 비교하거나, 교과서정책의 역사적 현황, 학국사 국정화 정책, 디지털 교과서 정책 등 다양하게 연구되었으며, 그 중에서 2015년도에는 북한의 교과서 정책, 교육정책 등의 연구도 보이고 있다.

『출판학연구』에서 2000년대 이후의 교과서정책 및 제도에 관한 연구는 단 2편만이 보인다. 「한국 초등교과서 정책의 방향과 과제」(김정숙, 2014)와 「교과서 정책 국제비교 및 개선방안 연구」(이문학, 2016)이다. 『출판학연구』에서 보였던 교과서정책과 개선에 관련된 연구를 살펴보면 다음과 같다.

「한국 초등교과서 정책의 방향과 과제」(김정숙, 2014)는 초등교과서를 대상으로 미국, 유럽 일본의 교과서 정책을 비교하여 시사점을 제시하며 우리나라 교과서 정책의 방향을 제시하였다. 또한 「교과서 정책 국제비교 및 개선방안 연구」(이문학, 2016)는 가격제도를 중심으로 우리나라 교과서 가격제도의 개선점을 제시한 연구로, 가격자율화 정책을 성공적으로 이끌기 위한 정책적 제안을 제시한 것으로 의의가 있다고 할 수 있다.

박사논문들을 보면 거의 대부분이 교육학전공에서 교과서정책 및 제도에 대한 연구를 한 것으로 보인다. 또한 101편의 연구에서 2편만이 출판학연구에서 연구되었던 것을 보면 출판학에서 교과서 정책 및 제도에 관련된 연구에 좀 더 관심을 가질 필요가 있을 것으로 보인다.

7. 맺는말

"우리나라의 교과용 도서 정책은 국가가 교과서 발행에 직·간접적으로 개입하는 국·검정제를 중심으로 하되 부분적으로 인정 도서의 사용을 허용하는 국·검·인정 혼용제를 유지하여 왔다. 지난 20여 년 동안 정부는 국정을 검정으로 전환하여 왔고, 현 정부 들어 검정을 인정으로 전환하는 정책을 추진함으로써 현재 교과서 발행 정책은 적어도 종수에 있어서는 인정 도서 중심의 교과서 체제로 바뀌게 되었다."(김재춘, 2011)라는 사실과 "심의 없는 인정제를 도입할 경우 일종의 자유 발행제와 유사하다."(김재춘, 2009)라는 점을 인정한다면, 우리나라의 교과서 제도는 국정, 검정, 인정, 자유 발행제의 네 가지 제도를 운영하는 세계 최초의 국가가 될 것이다. 이러한 제도를 운영하여 달성하고자 한 2009 개정 교육과정에 근거한 교과서 정책 목표는 '다양하고 창의적인 교과서 생산·공급'이었다.

교육부가 「교과서 개발 체제 개선」(2015)에 제시한 교과서 정책 목표, 즉 2015 개정 교육과정에 근거한 교과서 정책 목표는 '쉽고 재미있는 학습자 중심의 교과서'의 생산과 공급이다. 이 정책 목표 달성에 최적인 정책 수단을 선택하고, 정책 집행 시스템을 설계·운영하여 이전 시기의 교과서 정책보다는 목표 달성도와 학생들의 학습력 향상에 기여할 수 있기를 기대하고 있다. 따라서 교과서의 정책 개념을 검토하여 교과서가 학생들의 배움의 욕구를 돕는 학습 자료여야 한다는 점을 논술하고, 이러한 관점에서 교과서 정책 체계를 구안하였다고 본다.

이를테면 교과서 정책 개념을 정립하고, 과거의 교과서 정책 관련 연구물과 과제를 반성적으로 검토하여 정책 과정에서 고려해야 할 사항과 교과서 정책 동향과 변화를 분석·제시하였다. 그리고 고품질 교과서 생산을 위한 교과서 정책 방향의 변화, 교과서의 기능, 디지털 교과서 정책, 교과서 정책 관련의 정책 운영 등을 논의하였다.

또한 2000년대 이후의 교과서 정책 및 제도에 관한 연구를 보면 다양한 주제로 많은 연구가 되고 있는 것을 알 수 있으나 교육학전공에 집중되어 있는 것을 알 수 있었다. 연구 경향은 시대적인 이슈, 예를 들어 역사교과서의 국정화 등에 관한 정책분석 등을 연구하는 시기 등이 보이기도 하지만 전반적으로는 다양한 관심사로 연구되고 있는 것을 알 수 있었다. 그러나 『출판학연구』에서는 교과서관련 연구는 '교과서 편집디자인' 등의 연구가 주로 많았으며 '교과서 정책 및 제도'에 관한 연구는 2편에 불과하였다.

교과서 정책 관련 연구를 살펴보면 해외의 교과서 정책과 비교, 국사·역사교과서 정책, 그리고 최근 들어서는 디지털교과서 정책에 관심을 갖고 연구되기 시작했다. 해외의 교과서 정책의 비교는 주로 미국, 일본 등의 교과서 정책과 비교가 되고 있었다. 또한 교과서 제도 관련 연구에서도 교과서 채택제도 및 발행제도 등이 많이 연구되었으며, 이러한 연구를 중심으로 정책 및 제도의 문제점을 파악하고 개선점을 제시하는 연구가 중심이라고 할 수 있다.

여기에서는 더 구체적으로 연구 실적을 다루지 못하였으나, 고품질 교과서의 생산과 사용을 위하여 중요하다고 판단되는 문제를 제시하여 후속 정책 연구 과제로 삼고자 한다. 그 과제로 국가사업으로서 국정 교과서 편찬(개발) 예산과 검정·인정 심사 인프라(조직, 인력, 예산) 구축 재원[21], 고품질 교과서 생산을 위한 공공 부문과 민간 부문의 협력과 공조, 실효성이 없는 국

---

21) 국정 교과서 편찬(개발) 예산은 1960년대나 2010년대나 달라진 것이 없다. "우리나라에서 現在 機構로 그만큼한 敎科書가 製作된다는 것만도 奇籍에 가깝다. 거기다가 國定의 경우에는 檢認定과 비교도 되지 않고, 市中의 原稿料에도 미치지 못하는 筆者의 待遇에서 오는 意慾의 상실이나 質的 低下도 敎科書를 위해서 그대로 두기에는 너무나 서글픈 心情이다."(이희복, 1967), "제4차 교육과정의 개정 시 교과서 한 권을 연구·개발하는 데 투입된 비용은 대략 500만 원 정도였다. 그리고 제5차 교육과정이 고시됨에

정·검정·인정 구분의 타당성 검토 및 제도 통폐합, 교과서 정책과 교원 정책의 연계 강화, 학습 과학(learning science)에 기초한 교과서와 학생의 학습 연구, 학교(교사, 학생)의 교과서 사용[22] 실태 조사 연구, 현재 사용하고 있는 교과서 평가 연구 등이다. 이 중에서도 교과서 사용 실태 연구와 교과서 평가 연구는 그 시기와 상황이 매우 절박하다. 그 첫 번째 이유는 교과서 품질 향상을 위한 교과서 문제의 핵심 쟁점을 찾아내야 하기 때문이다. 그리고 두 번째 이유는 교과서 사업이 학생들의 학습력과 국가 교육력을 향상하는 국가사업으로서 막대한 국고가 투입되어야 하는 사업이며, 고등학교의 경우에는 학부모의 교육비와 직결되므로 접근 전략과 인식의 전환 등이 요청되기 때문이다.

따라 현재 초등학교와 중학교의 1종 도서가 연구·개발 중인데 개발 비용은 대략 700만 원 정도에 불과하다. 이러한 비용은 선진 외국에 비하여 1/10 수준에도 못 미치고 있다(1985년 4월 29일자 「교육신보」). 그리고 1인당 소요되는 교과서 예산도 서독의 1/4, 영국의 1/6, 프랑스의 1/20, 일본의 1/30이라고 한다(한국교육개발원, 「교과서 체제 개선 연구」, 1985)."(김재복, 1987), "2009 개정 교육과정에 따른 국정 도서의 개발비가 책당 1억 원, 검정 도서의 경우에 2~3억 원이 투입되는 것에 비해 인정 도서 개발비는 책당 4천 5백만 원, 심의회비 5백만 원 정도가 지원된다. 개발비 4천 5백만 원은 출판사의 편집비까지 포함된 금액이다."(김형철, 2014), '외형 체제를 결정하는 관련 비용의 현실화'와 '교과서 발행 편집 디자인에 대한 연구 투자'와 '삽화 및 사진 등의 외적 개발비의 교과서 가격 반영으로 현실화'(신헌재 외, 2014) 등이 그 실증 근거이다.

22) 교과서 이외의 자료 사용에 관하여 "학생들에게 시험 필독서로 작용하는 문제집은 난이도 측면에서 통제군 밖인데, 문제집도 교과서와 마찬가지로 검·인정 도서화나 인증제를 고려해야 한다."(박경미, 2015)라거나 "학교 수업에서 실제로 지배하고 있는 것은 교과서보다도 학력 평가에 직결된 시험 교재가 더 위력을 갖게 되는 것이다. 예컨대, 고교 교과서 중 일부는 사장되다시피 수업에서 외면받고, EBS 수능 방송 교재로 수업하는 사례가 있다는 것은 공지의 사실이다."(곽병선, 2014)라는 문제 제기가 있다.

■ 참고 문헌

강삼재(1989). 다양성을 지향하는 교과서 정책.『교과서연구』, 통권 제4호, 30~35쪽.

강은숙(2015).「한국사 교과서 재국정화 정책형성과정 분석」, 전북대학교 대학원 박사논문.

곽병선(2014). 미래 지향적 교과서관.『교과서연구』, 통권 제78호. 14~22쪽.

곽병선(2009). 바람직한 교과서 개발의 방향.『교과서연구』, 통권 제56호, 4~9쪽.

곽병선(2005). 바람직한 교과서 정책의 방향. 바람직한 교과서 정책 방향을 위한 심포지엄. 한국교육과
　　　정학회·한국교육학회.

곽병선(1988). 教科書 政策과 教育의 自律性.『教育學研究』,Vol.26, No.2. 29~40쪽.

곽병선 외(2004). 교과서 발행제의 다양화에 따른 자유 발행제 도입 방안 연구. 서울 : 한국교과서연구
　　　재단.

곽병선, 이혜영(1986). 교과서와 교과서 정책. 서울 : 한국교육개발원.

교육과학기술부(2010). 2010년 교과서 선진화 방안.

교육과학기술부(2007a). 교과서 제도 개선안(2007.6.30.).

교육과학기술부(2007b). 인정 도서 질 관리 방안(2007.11.2.).

교육과학기술부, 한국교육과정평가원(2011). 2009 개정 교육과정 개정에 따른 교과서 정책 연수 자료
　　　집.(2011.8.24.).

교육과학기술부, 한국교육과정평가원, 국사편찬위원회(2011). 초·중등학교 교과용 도서 편찬상의 유의
　　　점 및 검정 기준(2011.9.3.).

교육부(2015a). 모두가 함께하는 행복 교육, 창의 인재 양성을 위한 2015년 교육부 업무 계획(2015.1.22.).
　　　http://www.moe.go.kr

교육부(2015b). 교과용 도서 개발 체제 개선 방안. http://www.moe.go.kr

교육부(2014). 모두가 행복한 교육 미래를 여는 창의 인재(2014 교육부 업무 보고).

교육부(2013a). 행복 교육, 창의 인재 양성 : 2013년 국정 과제 실천 계획(2013 대통령 업무 보고).

교육부(2013b). 초·중등학교 교육과정(교육부 고시 제2013-7호, 2013.12.18.).

교육부(2013c). 자기주도적 학습 지원 교과서 일반 모형 개발.

교육부(2000). 교과서백서.

구난희(2012). 국가 관리로부터 민간 자율로의 전환, 무엇을 버리고 무엇을 이어갈 것인가? : 중국·몽골
　　　의 사례 연구를 중심으로.『교과서연구』, 제70호, 26~39쪽. 서울 : 한국교과서연구재단.

금창연 외(2009). 교과용 도서 발행 시스템 표준화에 대한 연구. 서울 : 한국교과서연구재단.

金震東(1986). 우리나라의 教科書政策.『문교행정』59호, 46~52쪽. (1986.11.), 문교부.

김관복(2011). 쉽고, 재미있는 교과서를 기대하며.『교과서연구』, 제63호, 4~5쪽. 서울 : 한국교과서연
　　　구재단.

김덕근(2012). 교과서 정책 국제 비교 연구.『교육행정학연구』, 제30권 제1호(통권 제85호), 257~283 쪽. 한국교육행정학회.

김동규 외(2012). 디지털화에 따른 교과서 출판 행위자 간의 협력적 거버넌스 연구. 서울: 한국출판학 연구회.

김만곤(2013). '참고서가 필요 없는 교과서', '친절한 교과서' 연구(제8회 교과서의 날 기념 학술 심포지엄 자료집, 17~43쪽. 서울: 한국교육과정교과서연구회, 한국교과서연구재단.

김만곤(2012). '검·인정 확대 정책에 대한 교사 인식'에 대한 토론, 교과서 정책에 대한 인식 분석 세미나. 27~37쪽. 서울: 한국교육과정평가원.

김수봉(2015). 정부 정책, 작명부터 쉽고 눈길 끌게, 중앙일보. 경제 view & (2015.09.04.).

김재복(1987). 教科書 : 무엇이 問題인가,『교육개발』. 12~17쪽. 서울: 한국교육개발원.

김재복·함수곤·구자억·김홍원(2002).「편수 제도 개선 방안 연구」. 교육인적자원부 정책 연구 과제 답신 보고서.

김재춘(2012a). 인정 도서 정책 도입의 취지: 의미와 과제.『교과서연구』, 제67호, 13~16쪽. 서울: 한국교과서연구재단.

김재춘(2012b). 미국의 교과서 인정제 동향: 캘리포니아 주와 워싱턴 주를 중심으로,『교과서연구』제70호, 8~25쪽. 서울: 한국교과서연구재단.

김재춘(2011). 우리나라 인정제의 재개념화와 인정제 확대 정책에 대한 인식에 대한 토론, 우리나라 인정제의 재개념화 및 인정 도서 질 관리 방안 세미나. 62~67쪽. 서울: 한국교육과정평가원.

김재춘(2010). 우리나라 교과서 인정 제도 개선 과제.『교과서연구』, 제60호, 22~26쪽. 서울: 한국교과서연구재단.

김재춘(2009). 교과서 검정 체제 개선 방안 연구. 서울: 한국교육과정평가원.

김재춘·이경환·김만곤·박상철·박소영(2011). 2009 개정 교육과정 및 교과교육과정에 따른 교과용 도서 구분(안) 연구. 서울: 한국교과서연구재단.

김정숙(2014). 한국 초등 교과서 정책의 방향과 과제.『한국출판학연구』, 제40권 제2호, 31~57쪽. 한국출판학회.

김정호, 김만곤, 이춘식, 김종숙, 이림(2014).「인정 도서 개선 연구」. 서울: 한국교과서연구재단.

김정호(2012). 인정 도서 정책의 쟁점과 발전 전략,『교과서연구』, 제69호, 94~99쪽. 서울: 한국교과서연구재단.

김정호, 김송미, 소진형, 김만곤, 노진혁, 이림(2012). 인정 도서 정책의 쟁점과 발전 전략. 서울: 한국교과서연구재단.

김주환(2015). 중학교 국어 교과서 텍스트에 대한 교사와 학생의 반응 연구: 2009 중학교 1,2학년 '국어'를 중심으로.『국어교육학연구』, 제50집 제3호(2015년 9월) 7~36쪽. 국어교육학회.

김형철(2014). 인정 도서 정책의 성과와 과제.『교과서연구』, 제75호, 14~19쪽. 서울: 한국교과서연구재단.

김형철(2012). 초등 국정 도서 편찬 방향. 『교과서연구』, 제69호, 8~12쪽. 서울: 한국교과서연구재단.

노희방(2008). 미국의 교과서 채택 제도와 교육과정 개정, 『교과서연구』, 제53호, 4~10쪽. 서울: 한국
교과서연구재단.

대법원(1992). 教育法 第157條에 관한 憲法訴願(1992.11.12. 89헌마88 全員裁判部)「판례집」 4권,
739~775.

대법원(1992). 중학교2종교과서검정처분취소[대법원 1992.4.24, 선고, 91누6634, 판결] http://
www.law.go.kr

민병관(2009). 교과서 정책의 변화와 전망, 『교과서연구』, 제56호, 35~39쪽. 서울: 한국교과서연구재단.

민병관(2012). '검·인정 확대 정책에 대한 교사 인식'에 대한 토론, 교과서 정책에 대한 인식 분석 세미나.
35~38쪽. 서울: 한국교육과정평가원.

박경미(2015). 수포자를 줄이려면(중앙시평, 중앙일보 2015.06.24.).

박도순 외(2001). 교과서 심의 채택 국제 비교 연구. 서울: 한국교과서연구재단.

박삼서(2003). 좋은 교과서 개발자 정책 수집 방향. 『교과서연구』, 제40호. 서울: 한국교과서연구재단.

박소영, 김혜숙, 남창우, 윤지훈, 이동엽(2013). 자기 주도 학습 지원 일반 모형 개발. 서울: 한교육과정
평가원.

방인자(2016). 「교수 학습자료 사용 실태에 기반한 교과서 정책평가 연구」. 충남대학교 대학원 박사논문.

새누리당(2012). 세상을 바꾸는 약속: 책임 있는 변화(제18대 대통령 선거 새누리당 정책 공약).

서지영, 임찬빈, 김정효(2013). 인정 교과서 정책 개선 방안. 서울: 한국교육과정평가원.

서지영, 김혜숙, 이영아, 차조일, 최미숙(2012). 교과서 정책의 효과 분석. 서울: 한국교육과정평가원.

손병길(1997). 「전자 교과서 개발 지침 연구」. 서울: 멀티미디어교육지원센터.

손영애(2014). 「국어과 교육과정과 교과서」. 서울: 박이정.

신헌재, 곽춘옥, 권혁준, 김국태, 김윤옥 외(2014). 「초등학교 국어 교과서 개발 과정과 전망」(2009 개정
교육과정 국어 교과서 개발 백서). 서울: (주)미래엔.

심재호, 윤지훈, 최숙기, 박지현(2011). 「2010년 교과서 선진화 방안에 따른 인정 교과서 질 관리 방안」.
서울: 한국교육과정평가원.

심재호, 권유진, 황수영(2010). 미국의 교과서 검정 및 선정 제도 분석: 텍사스 주와 아이오아 주를 중
심으로. 서울: 한국교육과정평가원.

양영유(2015). '우려'되는 황우여식 교육과정 개편, 중앙일보 서소문 포럼(2015.09.03.).

유대균(2011). 2009 개정 교육과정에 따른 교과용 도서 개발 계획(주요 내용), 『교과서연구』 제65호. 서
울: 한국교과서연구재단. 94-100.

유대균(2012). 인정 도서 정책의 배경과 방향, 『교과서연구』 제67호. 서울: 한국교과서연구재단.
pp.8~12.

유학영(2003). 국정 도서 발행 제도 개선에 관한 연구. 서울: 한국교과서연구재단.

유학영(2009). 교과용 도서 검정과 채택 방안 연구. 서울: 한국교과서연구재단.

윤광원 외(2006). 교과서 인정제의 제도적 개선 방안 연구. 서울: 한국교과서연구재단.

윤광원(2008). 지역 교과서 발행의 외적 체제 분석과 문제점. 교과서연구 제55호. 서울: 한국교과서연구재단.

윤광원(2009). 교과서 출판사 조직 구조와 업무 관행에 관한 연구. 『한국출판학연구』, 통권 57호. 서울: 한국출판학회.

윤광원(2013). 「디지털 환경에서의 교과서 출판 거버넌스 연구」. 서울: 건국대학교대학원.

윤현진 외(2014). 교과용 도서 개발 체제의 개선 방안. 서울: 한국교육과정평가원.

이기순(2018). 「역사 교과서 발행의 정책변동 과정에 관한 연구」, 배재대학교 대학원 박사논문.

이덕란(2014). 박근혜 정부의 주요 교육 정책에 대한 법정책학적 접근: 자유학기제, 교육과정 및 교과서 정책을 중심으로. 『교육법학연구』, 제26권 2호. 대한교육법학회.

이돈희(2000). 발간사, 교과서 백서. 교육부.

李汶鎔(1963). 世界各國의 敎科書政策, 敎科書會誌1. pp.26~34.

이문학(2016). 교과서 정책 국제 비교 및 개선 방안 연구: 가격 제도를 중심으로. 『한국출판학연구』, 통권 74호, pp.111~163.

이영아(2012). 검·인정 확대 정책에 대한 교사 인식, 교과서 정책에 대한 인식 분석 세미나. 1~28쪽. 서울: 한국교육과정평가원.

이은택(2015). 초·중등 교과서 가격 상한제… 출판업계 "발행 포기" 격앙, 동아일보 2015.07.31. 12면. http//www.nes.donga.com

이인제(2000). 1종 도서의 질 향상과 탐구 과제. 『교육광장』, 통권 제4호, 13~16쪽. 서울: 한국교육과정평가원.

이인제(2008). 국가 교육과정 정책의 지향과 발전 과제, 21세기 학교교육 선진화 방안 모색을 위한 국제 학술 세미나(한국교육과정평가원 개원 10주년 기념 세미나 자료집). 49~80쪽. 서울: 한국교육과정평가원.

이인제(2010). 교과서 검정 심사의 한 방식으로서 재택 심사의 정착을 위한 정책 과제. 『교과서연구』, 제53호, 23~29쪽. 서울: 한국교과서연구재단.

이인제(2012). 교과서 정책 집행 시스템 발전 방안. 『청람어문교육』, vol. 46, 109~162쪽. 청람어문교육학회.

이인제(2013a). 소통, 화합, 문화 융성의 핵심 역량으로서 독서 능력 향상 정책의 방향. 『청람어문교육』, Vol.48, 225~288쪽.

이인제(2013b). 디지털 기술 시대와 국어 교과서 연구. 3~45쪽. 한국초등국어교육학회 2013년 정기학술대회자료집.

이인제(2014a). 국가 교육과정 개선의 실효화를 위한 시스템과 교과 탐구의 과제. 교과 교육과정 개선을 위한 정책 방향 세미나, 105~148쪽. 서울: 한국교육과정평가원.

이인제(2014b). 교과서 국·검·인정 구분 기준(안)에 대한 토론. 2015 문·이과 통합형 교육과정 개정 추진에 따른 교과용 도서 구분 기준(안) 정책 연구 토론회, 교과용 도서 구분 기준안 정책 연구진. 37~46쪽.

이인제, 심재호, 이재봉, 권유진, 진재관(2012). 2010년 교과서 검정 결과 분석 및 정책·제도 개선 방안. 서울: 한국교육과정평가원.

이인제 외(2009). 2007 개정 교육과정에 따른 교과서 검정 결과 분석 및 정책·제도 개선 방안 연구: 2009년 시행 중학교 1학년과 고등학교 수학, 영어 교과의 선택 과목 교과서를 중심으로. 서울: 한국교육과정평가원.

이인제 외(2008). 교과서 검정 체제 개선 및 개선 방안 연구: 2006년 개정 수학과, 영어과 교육과정에 따른 중학교 1학년, 고등학교 1학년 교과서 검정을 중심으로. 서울, 한국교육과정평가원.

이인제, 김창환, 이난영, 왕미선(2007). 일본의 교과서 검정·채택 정책. 서울: 한국교육과정평가원.

이인제 외(1996a). 제6차 교육과정에 따른 초등학교 국어과 교과용 도서 개발 연구. 서울: 한국교육개발원.

이인제, 정구향, 천경록, 손영애, 이삼형(1996b). 제6차 교육과정에 따른 중학교 국어과 교과용 도서 개발 연구. 서울: 한국교육개발원.

이종국(1991). 한국의 교과서. 서울: 대한교과서.

이종국(1995). 韓國의 敎科書 出版과 敎科書政策에 대한 考察. 『한국출판학연구』, 245~262쪽. (1995.12), 서울: 범우사.

이종국(2006). 『출판 연구와 출판 평설』. 서울: 일진사.

이종국(2007). 『출판 컨텍스트』. 서울: 일진사.

이종국(2012). 우리나라의 교과서 정책 전환과 과제: 교과서 정책의 변천과 전환적 과제를 중심으로. 우리나라 교과서 정책의 전환과 과제(제7회 교과서의 날 기념 학술 심포지엄 자료집, 11~53쪽. 서울: 한국교육과정교과서연구회, 한국교과서연구재단.

이종국(2013). 『한국의 교과서 평설』. 서울: 일진사.

이종재, 이차영, 김용, 송경오(2015). 『교육정책론』. 서울: 교육과학사.

이화성(2009). 인정 도서 확대 정책에 따른 해결 과제. 『교과서연구』, 제57호, 10~18쪽. 서울: 한국교과서연구재단.

李熙福(1967). 우리나라의 敎科書政策. 『새교육』, 19권 9호(1967.9.), 63~66쪽. 서울: 대한교육위원회.

임인규(1989). 교과서 정책에 관한 소고. 『교과서연구』, 통권 제4호, 18~21쪽. 서울: 한국교과서연구재단.

임현석(2015). 대학 입시와 따로 노는 교육과정 개편, 사교육만 부추긴다. 동아일보(2015.07.30.) A21면. http//www.nes.donga.com

이형찬(2010). 교육내용 결정·선택권에 관한 연구: 교육자치조례제정권의 범위와 한계를 중심으로. 경
　　　상대학교 대학원 박사논문.

정광훈(2013). 「디지털교과서 정책영향 요인에 관한 연구」, 고려대학교 대학원 박사논문.

정정길, 최종원, 이시원, 정준금, 정광호(2007). 『정책학원론』. 서울: 대명출판사.

정태범(1981). 激勵辭, 敎科書 改善 硏究: 敎科書 改善을 위한 세미나 綜合 報告書. 서울: 韓國2種敎科
　　　書協會·大韓出版文化協會.

정학준(2015). 한국사 교과서를 둘러싼 갈등 구조 분석: 한국현대사와 한국사 교과서를 중심으로. 연
　　　세대학교 행정대학원 석사학위논문. 미간행.

조난심, 홍후조, 김주훈, 김수동, 김진숙(1999). 제7차 교육과정에 따른 2종 교과용 도서 검정체제 개선
　　　연구. 서울: (재)한국교과서연구원.

주형미 외(2013). 핵심 역량 중심의 교과서 모형 개발. 서울: 한국교육과정평가원.

중앙선거관리위원회(2012). 대통령 당선자 공약. http://policy.nec.go.kr

중앙일보(2015). 역사 교과서, 국정 발행이 대안이 될 수 없다. 사설(2015.09.04.).

최봉섭(2008). 영국의 교육과정과 교과서 제도. 『교과서연구』, 제53호, 29~34쪽. 서울: 한국교과서
　　　연구재단.

한기순(2017). 「초등교육 디지털화 정책에 대한 교육인간학적 고찰」, 상명대학교 대학원 박사논문.

함수곤(2014). 교과서 미신(迷信). 『교과서연구』, 제76호, 73~76쪽. 서울: 한국교과서연구재단.

함수곤(1996). 앞으로의 교과서 기능: 교재에서 학습재로, 제6차 교육과정에 의거한 교과용 도서 실험
　　　연구학교 운영자료(V): 5·6학년. 서울: 교육부.

함종규(1963). 敎育課程과 敎科書, 『敎科書會誌』1. 21~25쪽.

허강(2004). 『한국의 검인정 교과서』. 서울: 일진사.

홍웅선(1979). 敎科書의 役割과 機能, 敎科書 構造改善에 관한 硏究: 國民學校를 中心으로. 서울: 한국
　　　교육개발원. 1-10.

홍웅선(1981). 韓國의 敎科書, 敎科書改善硏究: 敎科書 改善을 위한 세미나 綜合 報告書. 서울: 韓國2
　　　種敎科書協會·大韓出版文化協會.

홍후조(2010). 교과서 가격 자율화와 교과서 개발 정책의 방향. 『교과서연구』, 제59호, 30~35쪽. 서울:
　　　한국교과서연구재단.

단행본·문고·전집에 대한 연구

이 창 경*

■■■

I. 머리말

간행 도서를 형태별로 구분할 때 단행본이 중심에 있다. 출판의 본질적 문제의 논의에 있어서나 독자와의 관계에 있어서 단행본의 중요성은 강조될 수밖에 없다. 그렇기 때문에 단행본에 관한 연구도 다양하게 나타날 수밖에 없다. 크게 단행본 출판사의 경영에 관련된 부분을 생각할 수 있고, 간행된 단행본의 시대별 흐름을 조망한 논문도 있을 수 있다. 또한 단행본 기획, 단행본 디자인, 마케팅 등에 관련된 논문도 있을 수 있다. 곧 단행본은 출판학연구에 있어 중요한 연구테마가 되며, 이는 곧 산업과도 연계되어 있다.

1970년대 붐을 이루었던 문고본은 독서의 대중화를 이룩하는 데 큰 역할을 했던 출판물이다. 역량있는 출판사에서 철저한 분석과 치밀한 기획력을 바탕으로 특색 있는 문고본을 간행함으로써 출판계를 더욱 풍성하게 하였다. 이와 관련한 연구는 문고본의 특징에 관련된 부분이나, 외국 문고본의 소개, 전개 과정, 독자, 표지디자인 등에 관련된 연구가 진행되었다.

작가별, 분야별, 시대별, 장르별 등으로 구분하여 출판되는 전집출판은 정리와 종합의 의미를 지닌다. 철저한 고증이 전제되기 때문에 연구활동을 촉진하는 역할도 하게 된다. 이러한 점을 염두에 두고 단행본, 문고본, 전집출판에 관련된 연구 상황을 큰 주제별로 구분하여 살펴본다.

* 신구대학교 교수

II. 분야별 연구의 흐름

1. 단행본 연구 경향

1) 출판 경영과 단행본 기획

　단행본을 대상으로 연구된 논문을 주제별로 분류해보면 여러 분야로 나뉜다. 단행본 출판사 경영에 필요한 사항, 단행본 기획과 연관된 연구 논문을 첫 번째로 들 수 있다. 여기에 포함되는 논문으로 단행본 출판사의 기획업무를 중심으로 기획 실태를 파악하고 활성화 방안을 제시한 논문이 발표되었고(이덕희, 1997) 단행본 출판사 기획업무 종사자의 의식구조를 연구한 논문도 발표되었다(김희정, 1997) 또한 전문 출판기획자에 의한 출판물을 연구 대상으로 삼아 그 특징을 분석한 논문이 나오기도 하였다(박라미, 2006).

　구체적으로 분야별 접근하여 관광 출판 단행본의 현황과 문제점을 지적하기도 하고(이향란, 1994) 베스트셀러를 중심으로 소설 단행본의 특성을 연구한 논문(이진산, 2001), 미술감상 교육을 위한 팝업북 개발에 관한 연구도 이루어졌다(박진혜, 2010).

　문헌정보학 분야에서는 이 분야 단행본 저작의 내용분석에 대한 연구도 발표되었고(최희곤, 1999). 텍스트 생산성을 다양한 측면에서 계량적으로 분석한 논문도 발표되었다. 이 논문은 1957년부터 1997년까지 국내에서 출판된 단행본 총 1,855종을 저자별 생산성, 주제별 생산성, 대학별 생산성, 연구방법별 생산성을 분석하였다. 또한 이 데이터를 중심으로 핵심전공 주제, 핵심저자, 전공분야별 핵심저자 등을 각각 계량적으로 분석 조사하고 있다(남태우 외, 1998).

　경영에 관한 논문도 발표되고 있는데, 단행본 출판사 경영인을 중심으로 국제통화기금(IMF) 체제하의 한국 출판환경에 관한 연구가 이루어졌고(고혜숙, 1999).장인행은 단행본 출판계약에 관한 실태 연구를 진행하여 출판사와 저자간의 인식 차이를 극복하고 올바른 출판계약문화를 이끌어 내기 위한 발전적 방안 세 가지를 제언하였다. 출판사와 저자 사이의 갈등을 조정하거나 해결할 수 있는 조정기구의 설치, 출판사와 저자가 공감할 수 있는 표준출판계약서 제정과 이를 사용하게 하는 제도적 장치 마련, 판매 부수를 저자에게 정기적으로 보고하는 새로운 제도 신설 등이다. 단행본 제호의 상표 보호에 관한 연구를 "어린왕자"를 둘러싼 논의와 관련하여 진행한 논문도 발표되었다(박준우, 2008).

　국립중앙도서관의 온라인 목록을 기반으로 1950년대부터 2015년까지의 대학출판부 출판 통계를 수집하고 분석한 논문도 발표되었다. 이 논문은 총 21,015건의 서지데이터를 분석에 사용하여 국내 대학출판부를 통한 단행본 출판은 1970~80년대의 완만한 상승기를 거쳐

1990년대에 급격한 성장을 보였으나, 2005년을 정점으로 하락하는 추세를 보이고 있음을 지적하였다. 또한 학술단행본보다 어학교재, 강의교재 및 교양 관련 서적 발간의 비중이 더 높은 것으로 나타났으며 대학출판부 간의 출판 규모 및 학술단행본 발간 비중에서도 큰 격차가 있음도 지적하였다(심원식 등, 2016). 또한 도현호 등은 목차와 책 소개 정보를 이용한 단행본 클러스터링에 관한 기초연구를 진행하여 한국도서관정보학회 하계 학술발표회에서 발표하였다(도현호 외, 2014).

전문 학술지와 단행본을 중심으로 북한에서의 남한연구에 대한 상황도 살핀 논문도 발표되었다. 북한에서 발간된 학술지에 수록된 남한 관련 논문과 단행본을 대상으로 북한정권 수립 이후부터 2009년 6월까지 자료를 대상으로 북한의 남한연구에 대한 인과메커니즘의 유형화를 위하여 특성간의 상관성, 경향성, 지속성을 분석하고 있다(강성윤, 2009).

2) 분야별 단행본 연구 경향

단행본을 비롯한 관련 연구의 주제별 경향을 분석한 논문들도 발표되어 연구의 흐름을 파악하는데 도움을 주고 있다. 주제별 연구 경향을 정리한 것으로는 김태곤이 민속학 관계 문헌을 종합 정리하여 한국 민속학 관계 문헌 목록을 2회로 나누어 발표한 것이 처음이다(김태곤, 1969).

이어 복식, 체육, 음악, 무용, 건축, 차 등에 관련한 단행본을 정리한 논문들이 발표된다. 이러한 연구 결과는 분야별 출판의 흐름을 파악할 수 있게 할 뿐만 아니라, 연구 경향을 조망할 수 있는 자료적 가치를 가진다. 분야별로 연구 경향을 살피기로 한다.

먼저 복식 분야 문헌 연구는 70년대 중반에 나타난다. 홍혜숙은 해방이후 1973년까지 약 28년간 국내에서 간행된 단행본 석, 박사학위논문, 대학논문집, 학회지, 잡지의 기사 중 복식에 관계되는 항목을 수집 정리하여 간단한 역제를 붙여 연구자가 활용할 수 있도록 하였다(홍혜숙, 1975).

체육과 관련된 출판 연구는 다양하게 나타나고 있다. 스포츠 출판의 현황을 점검한 연구로는 '한국 스포츠 출판의 현황과 발전방안 연구'가 있다(조계환, 2004). 이 논문에서는 한국 스포츠출판의 현황과 문제점을 분석하는 한편, 미국과 일본의 사례도 함께 살펴보고 있다. 스포츠출판에 대한 관련 기업과 정부의 적극적인 인식 확산 필요, 스포츠출판 전문 총판이나 도매상 설립을 통한 판매장 확산, 대형 유통기구에 의한 공급 일원화, 잡지의 부록 경쟁 지양 및 우편요금 제도 개혁, 반품률 개선 및 재고도서 마케팅, 인터넷을 이용한 마케팅 촉진 등이 필요함을 지적하고 있다. 이와 함께 이 논문에서는 스포츠 독서인구의 증대방안으로 학교 체육교육에서 출판물 활용의 촉진, 스포츠시설 및 도서관 등 공공 부문에서의 스포츠출판물 비치 확대, 서지정보 제공 기능의 혁신 등을 제안하였다.

이보다 앞서 체육관계 문헌을 정리한 논문은 70년대에 나왔다(서희경, 1977). 이 논문에서는 체육학 분야의 각종 문헌을 정리하여 한국 체육관계문헌 해제목록을 작성하고 있다. 1945년부터 1970년까지 25년 동안 국내에서 간행된 단행본, 석·박사학위논문, 일반논문집, 학회지 및 잡지에 수록된 기사 중에서 학술적인 자료를 망라하여 해제하고 있다. 단행본 132권, 학위논문 340편, 일반학술잡지 456종 등 총 928종을 주제별로 나누어 수록하고 있다.

세부적으로 태권도와 검도 등에 관련된 출판 상황을 점검한 논문도 발표되었다. 국내 최초의 태권도 교본 문제를 다룬 '최초의 태권도 교본에 관한 연구'에서는(김영선, 2014) 최홍희가 1959년 10월 30일 출판한 태권도 교본은 '태권도'란 명칭이 사용된 최초의 서적으로 알려져 있지만, 이 교본이 발행되기 한 달 전 육군사관학교에서 '태권도 교본'이란 이름으로 교육용 교재가 발행된 사실을 확인하고 두 교본을 비교 분석하고 있다. 두 교본의 서적 형식 면에서는 육군사관학교 교본은 다소 미흡한 수준의 서적 체재에 그친 반면, 최홍희의 교본은 수준 높은 단행본으로 편찬되었다는 점을 지적하였다. 두 교본의 내용 면에서 기본 구성과 형(型, 품새) 등 여러 부분들은 중국의 영향을 받은 당수에서 유래한 공수도 기술 체계를 도입한 것임을 지적하였다.

검도와 관련된 단행본 출판 연구로는 '검도 단행본에 대한 검토'가 있다(곽낙현, 2016). 이 논문은 검도 관련 국내단행본 33권, 일본 번역본 20권을 대상으로 분석하고 있다. 이중 정부 및 기관에서 8권, 개인이 25권을 발행하였음을 밝히고 있다. 일본 번역본은 출판사편집부에서 자체적으로 번역한 12권 출판, 나머지 8권은 개인이 출간하고 있음도 지적하였다.

음악관계 연구 자료의 출판 문헌 분석은 문헌해제, 음악치료, 전통음악 등 세분화되어 나타난다. 김옥영은 1945년부터 1973년까지의 30년에 걸쳐 국내에서 간행된 음악 관계의 단행본, 일반 논문집, 학회지, 잡지에 게재된 기사 및 석사학위논문(1974년도까지)을 수집 정리하여 주제별로 나누어서 간결한 해제를 붙여 발표하였다(김옥영, 1975). 임영희는 1985년부터 2006년까지의 국외와 국내의 '음악치료'를 키워드로 한 단행본을 중심으로 다양한 코딩작업을 통해 '음악치료' 관련 도서를 검토하고 출판경향을 분석하고 있다(임영희, 2007). 또한 전통음악 관련 단행본을 종합 정리하여 출판 사항을 조망한 논문도 발표되었다. 이 논문에서는 분야별 발행량을 밝히고 있는데, 음악학 도서가 447권(56.4%)으로 가장 많았고, 다음으로 음악이론 도서가 38권(4.9%), 악보 관련도서가 69권(8.4%), 음악학과 음악이론이 결합된 도서가 46권(6.2%), 음악학과 악보가 결합된 도서가 3권(0.2%), 음악이론과 악보가 결합된 도서가 68권(9.1%), 음악학과 음악이론과 악보가 결합된 도서가 30권(4.1%), 교육 관련도서가 33권(4.4%), 기타 도서가 58권(6.2%) 출간되었음을 밝혔다. 이어 1900년도부터 2007년까지의 국악 관련 단행본을 중심으로 출판 경향도 분석하고 있다(정난주, 2008).

무용 관련 도서 출판 경향은 2000년에 발표되었고(송정은, 2000), 차문화 관련 문헌 분석도 발표되었다.

이순영은 해방이후 2004년 말까지 발간된 차문화 관련 문헌들을 조사하여, 유형별, 연구 영역별, 연도별 특성을 계량적으로 분석하였다(이순영, 2005). 차문화의 영역별 현황은 효능 및 효과 영역이 전체 940편 중 471편으로 전체의 50%에 이르고 있음을 밝히고 있다. 다음으로 차문화 일반에 관한 문헌은 144편(15.3%), 다도와 다례는 각각 86편(9.1%), 45편(4.8%), 그리고 교육 분야는 44편(4.7%)으로 나타났다.

건축 관련 도서 출판의 시대별 양상을 분석한 논문도 발표되었다(이상희, 2013). 이 논문에서는 관련 도서를 연도별, 종류별로 구분하여 분석하고 이를 토대로 5시기로 구분했다. 시대별 양상을 살피기 위해 대표적인 건축도서 출판사 6곳을 선정하여 인터뷰도 진행하였다. 1958년부터 2005년까지 48년 동안 출간된 건축 분야 단행본은 4,440종으로 파악하였으며 연구 대상 기간 중 1종 이상의 책을 낸 출판사는 461곳, 1~20종을 출간한 출판사는 90.89%로 대부분 20종 이내의 적은 종수를 출간했음을 밝혔다.

3) 번역 출판 연구 경향

단행본 번역 출판에 관한 연구도 한 흐름을 형성하고 있다. 권두연은 본격적인 서양 번역소설의 등장에 관심을 두고 근대 초기 활발한 번역작업을 펼친 바 있는 신문관의 활동에 주목하여 1910년대 '서양소설을 번역한다'는 인식의 구체적 양상을 살피고 있다. 신문관은 1912~3년이라는 비교적 단기간에 집중적으로 단행본 번역소설들을 출간한 바 있다(권두연, 2008). 박진영은 1900년대 후반부터 1920년대 초반까지 단행본으로 출판되거나 신문에 연재된 번역 및 번안 장편소설을 대상으로 번역 및 번안의 양상과 구체적인 경로를 분석하고 있다(박진영, 2010). 1910년대 신소설 출판의 선두 주자 동양서원은 추리소설을 집중적으로 번역 출판하여 시장을 넓혀 갔으며 편집 체재나 언어 혁신에는 관심을 기울이지 않은 채 신소설의 인기에 편승하였음을 지적하고 있다. 반면 신문관의 번역 출판 기획은 세계 문학과 아동 문학에 대한 관념으로 외연을 넓혔지만 번역의 경로가 단순화되고 일본의 문고본 출판을 뒤좇은 탓에 번역 태도와 방법에서 절충적인 한계를 드러냈으며, 단행본 문학 출판의 성격이나 소설 언어의 변화를 이끌어 내지 못했음을 지적하고 있다.

문한별은 1928년부터 1938년까지 출간된 단행본 자료 가운데 번역 소설을 추출하여 실제 출간이 확인된 작품들과 비교·대조 분석하였다. 그 결과 '조선출판경찰월보'의 납본 및 출판 불허가 목록에는 20여 편의 번역 소설들이 포함되어있으며, 이 가운데 8편이 치안 방해를 이유로 출판 금지되었음을 확인하고 있다. 또한 불허된 번역 소설들은 반제국주의와 반일의 내용을 담고 있었으며 그 내용의 선도성은 당시의 번역 작품들이 가지고 있는 대중 독서물의 가치를 넘어서는 것이었음을 말하고 있다(문한별, 2013).

근대 중국 고전소설의 번역 출판 문제를 다룬 논문도 발표되었다. 중국 고전소설은 근대적 출판물인 단행본으로 간행되거나 근대 매체인 신문 혹은 잡지에 연재되는 방식으로 유통되었다. 윤보경은 중국 고전소설 번역에 대한 종합적이고 체계적인 정리와 분석을 토대로 한국 근대 중국 고전소설 번역이 갖는 특징과 의의를 고찰하였다(윤보경, 2017). 윤경애는 한국 근대 번역의 태동기에 시기별 특징적 양상을 보여주는 『레 미제라블』의 한국어 번역본과 그 기점 텍스트인 일본어 번역본을 중심으로 영어 번역본과 프랑스어 원문과의 텍스트 비교 분석을 통해 번역 목적, 번역 방법, 서사구조의 변용 양상을 규명하고 있다. 근대에 번역된 한국어 번역물은 번역자의 의도대로 번역이 이루어지는 일방통행식의 번역 방법이라든가 기점 텍스트의 훼손, 번역에 대한 진지한 성찰의 부재 등의 문제점을 지적하였다. 최남선과 민태원, 홍난파 등은 자신들의 목적과 시대적 상황에 부합하는 기점 텍스트를 선택하였고 목적에 충실한 번역 방법으로 변용하여 번역하였다는 점을 지적하였다(윤경애, 2018). 한편 『테스』의 재번역, 재출간에 대한 연구를 진행한 논문도 발표되었다(이숙자, 2010).

4) 어린이 도서 연구 경향

어린이 도서에 관련된 연구 논문도 다양하게 발표되고 있다. 전반적 현황과 이론뿐 아니라, 역사, 작가와 작품, 독자 등에 관한 연구가 나타난다. 유효경은 우리나라 그림책의 기원과 형성 과정에 관심을 가졌다(유효경, 2018). 우리나라 현대 그림책의 출현은 1980년대 후반 웅진출판사의 올챙이 그림책을 삽화가 삽입된 책과 구분되는 그림책이라고 보고 있다. 그림책이 다루고 있는 제재나 내용도 다양해지면서 성인 독자까지 확장되고 있음을 밝히고 있다.

안효정은 유아를 위한 정보그림책의 현황을 분석하였다. 정보그림책의 주제, 작가 약력, 감수 사항의 기재 여부, 정보전달 양식, 국내 창작 비율 등을 중점 분석하고 있는데, 1992년부터 2001년 3월까지 국내에서 단행본으로 출판된 유아대상 정보그림책 784권을 대상으로 하고 있다. 대상 서적의 80% 이상이 생활 주제라는 점, 절반 정도가 작가 약력이나 감수 사항이 기재되어 있지 않다는 점, 서술적 정보양식이 가장 많다는 점, 국내 창작 비율이 약간 높게 나타나고 있다는 점을 지적하였다(안효정, 2001).

전혜실은 여러 각도에서 창작 그림책 분석을 시도하였다. 1999년부터 2002년 7월까지 3년 7개월에 걸쳐 우리나라 글·그림 작가에 의해 출판된 창작 그림책의 출판현황을 살피고 그림책의 형식, 그림과 본문 내용, 문체 등을 분석하였다. 분석 대상은 유아용 그림책 총 245권이다. 그림책의 그림 표현은 동적인 그림과 평면으로 나타낸 그림이 많이 나타나고, 수채물감과 아크릴물감을 가장 많이 사용하며, 파스텔 톤이 가장 많음을 밝혔다. 표현 기법은 번지기, 찍기, 문지르기, 짧은 선긋기, 강하게 붓으로 표현하기 등으로 나타났고, 작품 유형은 아동화적 표현과 만화적 표현이 가장 많이 나타남을 밝혔다. 또한 주인공은 사람과 동물이 가장 많고, 문체는 구어와 대화체를 혼합한 것이 많이 사용되었으며, 글 내용 중 유아가 쉽게 이해할 수 없는 어휘나 비교육적인 언어도 나타나고 있음을 지적하였다(전혜실, 2003).

최근에는 그림책의 텍스트에 관련한 연구도 나타난다. 조경희는 그림책 텍스트의 융합기호 표현연구에서 그림책 텍스트의 구조는 글 텍스트, 그림 텍스트, 파라텍스트로 구성되어 있다는 점, 그림책 텍스트의 글과 그림은 각각 기호로서 의미작용을 하고, 융합기호로서 의미작용을 할 때는 새로운 기호가 생성된다는 점, 그림책텍스트의 융합기호는 글기호, 도상, 지표, 상징기호인 그림기호로 표현된다는 점을 밝히고 있다(조경희, 2015).

어린이 책의 독자에 대한 연구로는 박춘옥, 김지윤의 논문이 있다. 김지윤은 그림책을 구입하는 어머니의 그림책 인식과 활용에 대하여 관심을 갖고(김지윤, 2002). 3세이하 영아 자녀를 둔 가정에서 어머니들의 그림책에 대한 인식, 독서 정도, 구입 경로, 독서 방법 등을 분석하였다. 3세 이하의 영아 자녀를 둔 273명의 어머니를 대상으로 설문 조사하고 SPSS 통계 프로그램을 이용하여 분석하였다. 대다수의 어머니들이 12개월 이전부터 읽어주는 것이 좋다고 생각하며, 자녀가 원할 때까지 계속 읽어주고 있다고 응답했다. 단행본은 30~40권 정도, 전집은 1질을 보유한 가정이 많으며, 다수의 응답자가 매일 읽어주거나 2~3일에 한 번 읽어주는 것으로 나타났고, 1회 평균 읽어주는 시간은 10~15분, 15~20분 정도로 조사되었다.

유아도서 베스트셀러 요인을 분석한 연구도 진행되었다. 박춘옥은 유아 도서를 구입하는 부모들은 도서 구입에 어떤 요인에 영향을 받는지를 알아보는 데 목적을 두고 2002년부터 2007년까지 베스트셀러(교보문고 집계)에 오른 유아(0세~7세) 도서의 특성을 분석, 그 현황을 살피고 베스트셀러의 여러 요인들과 함께 부모의 자녀 양육 신념이 유아 도서 선택에 있어서 어떤 요인으로 작용하는지를 분석하였다. 유아 도서 구입에 있어 부모들의 편중적인 양육 신념이 반영되는 것으로 나타났으며, 이것은 유아들을 위해 부모가 보다 다양한 장르의 도서를 선택할 수 있도록 유도하는 장치가 필요하다는 점을 강조하고 있다(박춘옥, 2008).

작가와 작품에 대한 연구로는 방정환, 정승각, 이억배, 권윤덕 등의 동화작가와 작품 고라니 텃밭을 연구한 논문이 나왔다. 방정환에 대하여는 그의 작품서지와 연구서지를 연도별 및 문학형식별로 분석하고 있다(이진경, 2008). 이억배에 대하여는 그의 그림책 9편을 대상으로 전기적 사실과 작가관, 유형별 작품 분석과 작품들의 양식적 특징에 대해 총체적으로 분석하였으며, 권윤덕에 대하여는 그의 삶과 창작한 9편의 그림책을 대상으로 작가로서의 성장 과정과 작품의 형성 과정을 살펴보고, 그가 창작한 그림책의 통합적 작품 세계를 총체적으로 분석하였다(최해랑, 2013).

어린이 책의 창작과정을 살핀 논문도 나왔는데, 「고라니 텃밭」의 창작과정을 살핀 논문이 그

것이다(김병하, 2017). 작가가 산속의 작업실에서 자연과 함께 살면서 주변을 관찰하고 스케치했던 이미지들과 텃밭을 경작하면서 체험한 경험을 바탕으로 제작한 인간과 야생동물의 공생을 다룬 그림책 '고라니 텃밭'의 창작과정을 보여주고 있다.

이밖에 아동용 자기개발서, 에듀테인먼트 도서, 학습만화가 스토리텔링을 적용하여 좋은 반응을 얻고 있다는 점에 착안하고 스토리텔링 관점에서 어린이 책을 살핀 논문도 발표되었다. 특히 논픽션 기획물에서 스토리텔링화 추세나 그에 따른 여러 변화들은 아동출판 시장에서의 돌파구를 마련하려는 하나의 방안이자 그 결과라고 보고 있다(조은주, 2010).

5) 편집 디자인 분야 연구 경향

단행본의 다자인에 관련한 연구도 꾸준히 진행되고 있다. 연구 주제는 이론 분야와 표지 디자인에 집중되어 나타나고 있다. 서민경은 디자인 단행본을 중심으로 디자인 담론의 변천 과정을 분석하였다. 해방 이후 국내에서 출판된 디자인 관련 단행본을 통해 시대별 디자인 담론의 내용과 흐름을 분석하여 디자인 담론이 어떻게 발생하고 전개되어 왔는지를 밝히고 있다(서민경, 2010).

뒤를 이어 2000년 이후 출간된 단행본을 중심으로 디자인 공공성 담론을 분석한 논문도 발표되었다(최은별, 2018). 이 논문은 2000년대 이후 출간된 디자인 단행본 22권을 대상으로 디자인 공공성 담론의 내용과 특성을 파악하고 있다. 담론 생산 방식의 다양성, 한정된 담론 생산의 주체, 공공성에 대한 이해의 혼재, 인용과 반박을 통한 담론의 재생산 등 네 가지 특징을 도출하였다. 보편적으로 사용되지 않던 개념인 '디자인 공공성'을 주제로 삼고 있다는 데 의의가 있다.

한편 고령화 사회로 진입하면서 노인층이 도서 소비의 중요 구성원으로 자리 잡게 되면서 노인층에 맞는 본문 활자의 적정 크기에 관한 연구도 진행되었다. 임학래는 고령세대가 쉽게 읽을 수 있는 단행본 본문 글자 크기를 찾아내는 데 목적을 두고 연구를 진행하여 눈과 글자의 거리가 멀어질수록 글자 크기는 동일한 시각도 내에서 비례로 커져야 동일한 사용자 경험을 유지할 수 있다는 점을 밝히고 있다. 또한 글자 크기 조정이 노안 인구에 실질적 도움이 된다는 사실을 밝히고 그 대략적 변위를 제시하고 있다(임학래, 2014). 사회과학분야 단행본 본문 편집을 중심으로 출판에 있어 스타일 시트에 관한 연구를 진행하기도 하였다(윤남지, 2001).

단행본의 표지디자인에 관련된 논문도 다수 출간되는데, 크게 표지 전반에 관한 것과 표지의 타이포에 관한 것으로 구분된다. 분석대상은 일반 단행본, 베스트셀러, 특정 분야도서 등으로 구분된다.

단행본 표지 일반에 관한 연구로 윤지영은 표지 일러스트에 중점을 두었고(윤지영, 1994) 윤태원은 단행본 표지 일러스트레이션의 기초 개념 정립과 실무 작업을 다루었다(윤태원, 2007).

단행본 표지디자인의 변화와 발전에 주목한 논문도 발표되었고(윤성혜, 1997), 이기성은 출판디자인과 표지디자인, 표지디자인 구성 요소 등을 살피고 표지디자인 분석을 시도하였다(이기성, 2004). 이한나는 1995~2004년의 베스트셀러를 중심으로 표지와 본문의 타이포그래를 분석했으며(이한나, 2006), 이지연은 역시 2006~2010년 베스트셀러를 대상으로 단행본 표지디자인의 색채 이미지를 분석했다(이지연, 2011).

한중 베스트셀러의 표지를 비교 분석한 논문도 나타난다. 적치는 한국, 중국 출판의 시대적 흐름을 알아보고 각 시기의 표지디자인의 조형적 특징을 도출했다. 시각 구성요소 측면에서의 1990년부터 2010년까지 두 나라 베스트셀러 표지디자인의 특징과 차이점을 연구 분석했다(적치, 2014).

소설류 베스트셀러를 중심으로 표지의 시각적 표현 방향에 중점을 두기도 하고(서기흔, 1986), 1990년대 단행본 문학 서적 표지디자인의 조형적 성향을 분석한 논문도 발표되었다(안도선 2001). 오혜숙은 독자층이 세분화됨에 따라 대상에 맞는 디자인이 필요함을 말하고, 문학 장르에서 전집디자인의 특성이라고 할 수 있는 동일화 과정과, 전집에 속한 개별의 책들이 가질 수 있는 독립성 부여의 과정을 통해 독창적이고 개성적인 표지 디자인을 제안하고 있다(오혜숙, 2010).

단행본 표제의 타이포에 관한 연구도 진행되었다. 박민선은 단행본 표제의 타이포를 분석하면서 표제의 타이포는 책이라는 매체와 어울려 충분한 효과를 가져 올 수 있어야 하며 보는 사람으로 하여금 호감을 주어야 한다는 점을 강조하고 있다. 이런 맥락에서 표제 디자인은 안정감을 주어야 하며, 행간과 자간 등 활자의 기본적 짜임새 등이 고려되어야 한다는 점, 또한 전체적인 통일성과 판면 안에서 적절한 비례상의 균형과 긴장감을 지녀야 함을 강조하고 있다(박민선, 1993). 임지연은 1945~2000년 베스트셀러를 중심으로 단행본 표제에서 본 타이포그래피의 시대별 변천을 검토하였으며(임지연, 2002) 단행본 표지 타이포그래피의 시각적 표현에 중점을 두어 연구를 진행하기도 하였다.(박주경, 1992). 표지 디자인에서 캘리그래피의 사용은 상당히 오랜 기간 선명하게 각인되어 독자의 머릿속에 남게 된다. 캘리그래피는 한글의 미적 기능을 상승시키고 그 활용 범위를 확대하는데 기여했으며, 한국적 디자인의 새로운 패러다임을 창출해냈다. 이예진은 캘리그래피 표현을 활용한 베스트셀러 단행본 표지를 대상으로 표현방법과 조형성을 분석하고, 이와 함께 적용사례를 분석하여 표지디자인에서 새로운 표현영역으로서의 캘리그래피에 대한 올바른 이해와 나아갈 방향을 모색하고 있다(이예진, 2007). 조태영 등은 2013년 교보문고 베스트셀러 소설, 시, 에세이를 중심으로 캘리그래피 활용 사례를 연구하였다(조태영, 2014). 캘리그래피 감성적 표현은 다른 장르보다 소설, 시, 에세이에서 가장 많이 일치하고 있으며 컬러에서는 붓의 느낌을 활용한 검정색이 많이 사용되었고 다음으로 흰색이 사용되었음을 밝히고 있다. 캘리그래피 디자인의 지속적 발전을 위해서는 한글의 문자구조와 자형, 다양한 도구 활용과 캘리그래피의 시각 표현에 관한 체계적인 연구가 필요함을 강조하였다.

단행본 편집에 있어서 사진 편집자의 역할을 조명한 논문으로는 허용무의 '정보전달자로서의 사진편집자의 역할에 관한 연구'가 있다(허용무, 2005).

6) 단행본 마케팅분야 연구 경향

마케팅을 단행본에 한정하여 진행한 연구 논문도 한 주류를 형성한다. 단행본 도서의 제목이나 작가-비평가와의 관계가 판매에 미치는 영향관계를 조사하는 것이다. 민병윤은 1996~2000년 비소설 도서를 중심으로 도서의 제목이 판매에 미치는 영향을 조사하였다(민병윤, 2002). 이 논문에서는 영리에만 급급한 출판사들의 문제점을 밝히고 이를 해결하기 위해 출판사, 정부, 독자, 관련기관들이 취해야할 태도 및 발전 방안을 제시하고 있다. 한편 이원재는 1994년부터 2015년까지 3대 문예지 서지 정보와 작가, 비평가들의 사회 인구학적 정보 그리고 2010~15년 사이 3대 출판사 소설 단행본 판매량 자료를 활용하여 비평이 소설 단행본 판매량에 미치는 영향력을 통계적으로 분석하였다. 분석 결과 작가와 비평가의 관계는 물론 비평가의 네트워크 위치가 소설 단행본 판매량에 영향을 끼쳤음을 확인하고 있다. 상업적 목적을 위해 평론 권력과 사회적 권력이 동원되고 있다는 문학 권력론의 가설을 경험으로 지지하고 있으며 이를 토대로 한국 문학 권력의 이론적 메커니즘을 제안하고 있다(이원재, 2016).

인터넷 콘텐츠의 단행본 출판 현상에 관한 연구도 진행되고 있다. 오혜영은 인터넷 소설, 블로그 연재물 등이 단행본으로 출간되는 현상을 분석하였다. 무분별한 콘텐츠 베끼기와 가벼운 지식을 여과 없이 옮긴 책들이 우후죽순 출간되면서 독자들에게 외면받는 책들도 생겨나고 있는 상황에서 출판기획자들은 인터넷 콘텐츠의 잠재능력을 점검하여 활용의 폭과 깊이를 결정해야 하며, 오프라인 차원에서 완성도를 재검증해야 함을 강조하고 있다(오혜영, 2007).

임경아는 요리 블로그 이용자들의 이용 행태와 이용 동기, 이용 후 만족도, 블로거가 블룩형 요리 단행본을 출판했을 경우 구매에 미치는 영향에 대해 분석하였다. 베스트셀러로 꼽히는 블룩형 요리 단행본을 출판한 블로거 4곳을 선정하고 해당 블로그를 방문하는 방문자를 대상으로 설문 조사를 진행하였다. 요리 블로그를 이용하는 이용자들은 해당 요리 블로거가 요리 단행본을 출판 경우 35% 정도가 도서를 구매할 의사가 있음을 밝혔고 구매 의사가 없는 응답자의 3분의 1 이상이 '블로그만으로 충분히 만족하고 있기 때문'이라고 밝혔다. 요리 블로그에 대한 만족도가 높을 경우 오히려 요리 단행본 구매에 부정적인 영향을 미친다는 사실을 밝히고 있다(임경아, 2007).

신종락은 1990년대와 2000년대 어린이책의 동향이 어떻게 변모되었는지 그리고 이와 관련된 출판환경, 주제, 유통문제 및 독자들의 변화에 관해서 논의하고 있다. 특히 다각화된 유통경로의 문제점을 살펴보았고 그 대응방안을 제시하고 있다. 어린이 매니아층을 위한 기획출판과 캐릭터 상품개발이 이루어져야하고 다양한 유통경로 모색과 매체를 통한 마케팅도 지속적으로 진행되어야함을 강조하고 있다. 또 획일적인 독서를 피하고 창의성을 길러 줄 수 있는 다양한 주제의 어린이 책을 출판이 필요함을 지적하였다(신종락, 2009).

김재현은 단행본 출판사 CEO의 커뮤니케이션 능력이 출판사 조직구성원의 조직 만족과 커뮤니케이션 만족에 어떠한 영향을 미치는가를 실증적으로 조사하였다. 조직에 만족하지 못해 일어나는 짧은 근속 연수와 잦은 이직 문제를 해결하여 조직의 경쟁력을 높이려면 CEO가 조직의 정책, 비전, 현황 등을 지속적이고 일관되게 커뮤니케이션하는 것이 중요하다는 점을 제시하고 있다.

허연은 2000년 이후 베스트셀러 10종을 중심으로 베스트셀러를 탄생시키는 요인들을 분석하였다. 책의 유형적 요인, 마케팅적 요인, 저널리즘적 요인 등 세 가지로 분류해 진행했는데, 베스트셀러는 자연적인 구매현상이라기 보다는 계획적인 생산전략, 마케팅전략, 미디어전략에 의해 만들어지는 경향이 강하며 베스트셀러는 태어나는 것이 아니라 만들어지는 것이라는 결론을 내리고 있다(허연, 2006).

2. 문고본에 대한 연구

초창기 문고본의 연구는 출판학연구를 통해서 이루어졌다. 안춘근은 '세계문고본 출판소고'를 1969년에 발표하여 세계문고본의 주요 특징과 내용을 소개하였다(안춘근, 1969).

이듬해 하동호는 일본의 암파문고, 개조문고, 신조문고 등을 소개하고, 우리 나라 문고본의 서지사항과 특징을 세 차례에 걸쳐 발표하였다(하동호, 1971). 이어

문고본의 독서경향에 관련된 논문도 발표되었다. 변선웅은 을유문고를 대상을 독서경향을 분석하여 독자들은 교양 중에서 한국적인 것에 눈을 돌리고 있다는 점, 교양 중에서도 잘 알려진 작품을 많이 읽고 있다는 점을 들어 아직 독자의 수준이 초보적인 교양 수준을 벗어나지 못하고 있음을 지적하고 있다(변선웅, 1974).

문고본의 정의와 역사, 출판 경향 등을 본격적으로 다룬 오경호다. 그는 '한국의 문고본 출판방향 소고'에서 문고의 정의를 내리고 시기별로 문고본의 특성과 실태를 분석하였다. 문고본의 나갈 방향으로 신작 중심으로 기획 방향 전환, 다색도 인쇄, 가로 조판 등으로 지면의 신선을 꾀할 것, 취미, 오락 정보 등 분야를 확대할 것, 독자들에게 접촉기회를 주어야 함을 강조하였다(오경호, 1984). 이와 관련된 논문으로 문고본의 역사와 활성화 방안을 검토한 이철지의 '문고본에 관한 연구'가 있다(이철지, 1985).

출판저널에서는 꾸준히 문고본을 기사를 수록하여 우수 문고본을 알리고 있다. 창비 아동문고, 어린이컬러문고(견지사), 파랑새문고(샘터사), 햇빛소년문고(햇빛출판사), 어린이문고(동화문학사), 청개구리문고(현암사), 종울림소년문고(종로서적), 동시나라(대교출판) 등을 소개하는 '아동문고 특선'을 수록하기도 하고 '당신의 포켓에 한권의 문고본을'(1988.9.5.)을 제목으로 6대 종합문고와 과학문고의 베스트셀러 10을 소개하기도 했다. 6대 종합문고는 정음문고, 을유문고, 탐구신서, 박영문고, 서문문고 등이고 과학문고로는 전파과학사의 현대과학신서 블루백스 등이다(출판저널, Vol.26 1988).

또한 1991년에는 분야별 걸작도서 해제를 수록했는데, 문고류에는 전파과학사의 현대과학신서, 배영사의 교육신서, 양문사의 양문문고 등을 소개하였다(출판저널, Vol.26 1988). 이와 함께 문고의 전반적인 흐름을 살핀 기사도 수록하여 문고본의 전반을 조망할 수 있게 하였다(김중식, 1994).

신덕영은 해군 정훈문고로 발간된 해양소설집을 다루었다. 장병들에게 문학 작품을 읽게 함으로써 교양을 증진시키고 정신전력을 강화하고자 발간된 ≪해양소설집≫(1953)을 연구 대상으로 하여 그 특징과 의의를 밝혀보고자 하였다(신영덕, 2005).

김준영은 '1930년대 영국 펭귄북스의 등장과 페이퍼백 혁명'에서 펭귄북스는 펭귄이라는 친숙한 이미지를 사용해 한권의 책을 내는 출판사가 아니라 가치를 생산하는 브랜드로 인식하게 함으로써 고정적인 독자층을 생성하였고, 페이퍼백을 통하여 대중화를 촉진하고 대중 존재 부각으로 20세기 현대 대중 출판으로의 전환을 가져왔음을 밝히고 있다(김준영, 2009).

초창기 단행본 출판을 사회 현상과 관련하여 접근한 논문도 발표되었다. 박진형은 근대 출판문화 초창기의 문고본은 영세성을 극복한 대형 민간 자본에 의해 기획된 것이라 보고 1910년대 초중반의 단기간에 집중된 문고본 출판은 지성계와 문학을 주도하면서 서로 다른 시대정신과 문화적 상상력을 대별했지만 자생력을 확보하지 못하고 단명했다고 보았다(박진영, 2014).

관심 밖에 있었던 문고본의 표지 디자인에 관한 논문도 최근 발표되었다. 조현신은 '근대기 문고본의 표지디자인'에서 근대기 문고본 표지들은 상징의 잔영이 남은 전통기의 문양과 서구에서 들어온 장식적 양식과 접전을 벌이던 장소였다고 보고. 이 두 세계는 영역 확보를 위한 변주와 교섭을 계속하여 서구 양식의 백 프로 모방, 부분적 차용, 조선조 식의 변형 등 몇 가지 스펙트럼으로 나뉘고 해방 이후에는 모든 양식을 탈피한 고유의 디자인 수립이 이루어졌다고 보았다(조현신, 2015).

이상 문고본에 관련된 논문의 경향을 보면 초창기 문고본의 특성과 정의를 밝히고 출판의 전개 과정, 개별 문고본의 성격 등을 논의하는 논문이 주를 이룬다. 이어 단행본 독자, 표지디자인 등을 언급한 논문도 등장하고 있다.

3. 전집출판에 대한 연구

1) 어린이 전집의 연구 경향

어린이 전집에 대한 연구 방향은 다양하다. 출판 현황과 활성화 방안, 기획에 관련한 문제, 디자인에 관한 문제, 정전화의 문제, 독자에 관한 문제 등이 있다. 현황과 활성화에 관한 논문을 살펴본다. 정복화는 우리나라 아동전집 출판기획의 역사적 전개 과정과 시대별 특성을 살피고 있다. 한국의 아동전집 출판기획에 대해서 1945년 해방부터 1968년까지, 1969년부터 1986년까지, 1987년부터 1997년까지 3시기로 나누어 역사적 전개 과정과 시기별 특징을 밝혔다. 또한 그는 새로운 도서목록 구성, 국내 작가 양성, 연령층에 맞게 책을 세분화하고 영역별로 전문화시켜야 해야 함을 강조하였다(정복화, 2000). 강기준은 아동전집의 경제적·사회적 출판 현황을 조사, 분석하고 아동에 끼친 영향을 시대적으로 구분하고 파악함으로써 아동전집에 대한 미래를 전망, 예측하고 있다. 주로 전집만을 발행하는 출판사 위주로 아동전집의 출판 현황, 전집도서의 유통 현황과 쟁점, 아동전집 출판의 영향 요인과 문제점 등을 검토, 분석하였다. 변화에 따른 대응방안으로 국내 시장의 새로운 활로 모색뿐 아니라 해외 시장 개척을 위한 활성화 방안을 제시하였다(강기준, 2011).

이충일은 1950~1960년대 아동문단의 형성과정, 아동문학전집의 발간과 정전의 기획, 순수주의 아동문학 담론의 형성과 전유 등을 다루고 있다. 1960년대 아동문학사를 대표하는 전집, 문예지, 개론서들이 지니는 문학사적 의미와 편집주체들이 실현하고자 했던 욕망의 실체도 파악하고 있다. 1955년 발간된『현대한국아동문학선집』(동국문화사)은 당시 아동문학가의 위계질서를 세우고 자유민주주의 체제에 부합하는 작품의 선별 기준을 제시했다는 점에서 문학사적 의미를 지닌다고 보았다. 한편 1960년대 아동문학전집을 대표하는『한국아동문학독본』(을유문화사)과『한국아동문학전집』(민중서관)은 정전화와 아동문학전집의 원형을 탐색하는 데 중요한 위치를 차지한다고 보았다(이충일, 2015)

장영미는 1960년대 아동문학의 상업적 재편과 아동문학의 분화라는 측면에서 주목하고 전집과 선집 발행을 통해 아동문학장의 형성과 전개과정을 살피고 있다. 1960년대 다종다수의 전집과 선집의 발행은 당대 아동문학과 그 장 형성에 일정 정도 영향을 끼쳤다고 보고 있다(장영미, 2018).

어린이 전집 기획만을 다룬 논문으로는 유아용 전집의 출판기획에 관한 연구가 있다(이미옥, 2000). 어린이 전집의 독자에 관한 연구로는 유정규, 조은숙, 김병훈, 최나야 등의 논문이 있다. 유정규는 외환위기 이후 한국 아동전집의 상품 특성 변화에 대한 연구에서 아동전집의 범위와 아동전집 시장의 특징을 밝히고 외환위기 이후 아동전집 시장 환경의 변화를 살폈다. 이어 출판환경 변화에 대응한 아동전집의 상품 특성 변화를 들었다(유정규, 2004). 조은숙 등은 어린이 전집의 소비형태에 관심을 두었으며(조은숙 등, 2008), 김병훈은 브랜드와 소비자 구매 행동에 주목하여 출판사의 소비자의 브랜드 인지도와 지각된 품질이 브랜드의 충성도와 구매 만족도에 어떠한 상관관계를 갖고 있는지를 확인하였다. 브랜드 인지도와 지각된 품질은 브랜드 충성도와 유의미한 상관관계를 형성하고 있으며, 이렇게 형성된 브랜드 충성도와 소비자의 구매 만족도의 상관관계에서도 서로 긍정적 영향을 주는 것으로 조사되었다(김병훈, 2009). 한편 최나야 등은 전집 그림책을 대상으로 구전 의도 및 재구매에 영향을 미치는 요인이 무엇인지를 탐구하였다(최나야, 2016).

정전에 관련한 문제도 지속적으로 논의되고 있다. 전집에 수록된 작품은 그만큼 독자들로 하여금 권위를 인정받게 된다고 보기 때문이다. 장수경은 아동문학전집에 나타난 문화적 상상력과 정전 구성에 대한 욕망을 주제로 논문을 발표하였는데 네이션의 이중성-국민/민족 문학의 경계, 새로운 문화공간과 시민적 상상에 대한 욕망 등으로 구성되어 있다(장수경, 2012). 최애순은 세계아동문학전집의 정전문제를 다루었다. 여기서 고전, 교양, 기억 속의 세계문학, 해방 이후 세계아동문학전집의 기획과 계보, 제국주의의 기획과 선진·발전에 대한 욕망, 제2세 국민 만들기: '쿠오레형'과 '소공녀형', 고전의 개척, 명작의 발견, 정전의 반역 등의 문제를 다루고 있다(최애순, 2012).

조은숙은 해방에서 1950년대 중반까지 한국아동문학전(선)집 편찬과 정전화 문제를 다루었다. 해방부터 1950년대 중반의 아동문학전(선)집은 해방과 분단 등의 사회 역사적 사건들이 정전화 과정에 미친 영향을 단적으로 보여 주며, 순수 본격 문학이데올로기를 바탕으로 아동문학 작품이 선별되고, 정전화의 방향이 정초되어 가는 흥미로운 장면들을 보여준다고 하였다. 이 논문은 해방 이후 1950년대 중반까지 발간된 한국 아동문학전(선)집의 주요 흐름을 확인하고 『조선동요전집』(1946), 『소파동화독본』(1946), 『현대한국아동문학선집』(1955) 등 주요 아동문학전(선)집에 나타난 작품의 선별과 배치의 방식을 통해 정전 형성의 다기한 방향을 검토하고 있다(조은숙, 2013). 이어 그는 1970년대 아동문학전집의 편찬과 정전화 문제를 다루었는데, 아동문학 정전 연구의 현 단계, 1970년대 출판 환경과 한국아동문학전집의 기획, 한국아동문학전집의 '주변텍스트'와 '해석정전'의 형성 등을 다루고 있다(조은숙, 2014).

1950~60년대의 아동문학전집의 발간과 정전화 문제를 다룬 논문도 발표되고 있다. 이충일은 『현대한국아동문학선집』과 『조선아동문학집』의 문단의 재편과 선별 기준의 변화, 『한국아동문학독본』(을유문화사) vs 『한국아동문학전집』(민중서관)을 중심한 본격 한국아동문학 전집의 출현과 정전화를 다루었다(이충일, 2014).

한편으로 어린이 전집 중에서 과학소설전집에 관심을 갖고 연구를 진행하기도 하였다. 이주성 등은 장르문학으로서의 가능성을 논의하였는데, 한국전쟁 이후 출간되어 1970년대 번성했던 과학소설전집들을 대상으로 과학소설이 한국의 문학장르사에서 어떤 역할을 가지고 있었으며, 현대에 이르러 SF소설이라는 하나의 문학 장르로서 발전하기까지 어떤 가능성을 지니고 있었는지 탐구하고 있다(이주성, 2018).

모희준은 1960~1970년대 〈과학소설 전집류〉 출판에 나타난 과학입국 담론 연구에서 연구의 주 텍스트인 해동출판사 『한국과학소설(S·F)전집』과 이의 출간한 이후 '아이디어 회관'에 흡수되어 해동출판사에서 출간된 판형과 그대로 재출간 되었다는 점에서 해동출판사와 '아이디어 회관' 전집의 교차 분석을 시도하고 있다(모희준, 2017). 최애순은 1970년대 아동과학소설전집에서 번역된 SF들의 특성을 파악하여, SF가 시대의 산물이라는 것을 보여주는 동시에, 그것이 국내에 번역되는 과정에서 어떻게 원작과 달라졌는지를 살피고 있다(최애순, 2013).

박은진은 동화전집 애플리케이션을 연구하였고(박은진, 2015),황민선은 유아전집의 수학동화를 학습과 연계 방안을 검토하였다(황민선, 2013). 정민자 등은 위인전집에 등장하는 위인의 동향을 분석하였는데, 3개 온라인 서점에서 2014년부터 2016년 발간된 50권 이상의 아동위인전집 중 판매량 상위그룹에서 중복 서적을 제외한 최종 11개사의 852권을 대상으로 하였다(정민자, 2016).

2) 고전문학전집 연구 경향

고전문학전집에 관련한 논문은 그렇게 많지 않은 편이다. 서평 등을 통하여 전집을 소개하는 글은 오래 전부터 있었지만, 권혁래가 본격적인 논문을 발표하였다. 그는 한국고전문학전집의 간행 양상에 대한 비판적 고찰을 통하여 간행 양상과 성격, 편찬의식과 구성, 수록 작품의 특색 등을 살피고 새로운 정전 구성을 제안하였다. 대표적인 9종의 한국고전문학전집을 대상으로, 편찬의식과 구성을 분석하고 초기(1965)에는 대중적인 소설 작품 위주였지만 갈수록 문학사적인 관심에서 다양한 장르의 작품들을 많이 채택하고 있으며, 원문도 수록하고 주석 작업을 보강하는 등 학술기초 자료집의 성격이 강화되고 있음을 밝히고 있다. 새로운 한국고전문학전집 전집 발간 및 정전 구성 작업을 위해서 유의할 점으로 현재까지 간행된 작품들이 민족 고전으로서 적절한 자격을 갖추었는지 점검할 필요가 있고, 대중들의 교양 충동을 충족시킬 수 있는 새로운 기획·선집 작업도 필요하며, 독자층의 분화에 따른 다양한 연령대별 출판물이 필요하다는 점을 제시하였다(권혁래, 2011).

또한 그는 문학동네에서 『한국고전문학전집』을 계승, 출판함에 따라 학술적 성격에 초점을 두면서도 독서대중과 소통하기 위해 다양한 편집방향을 취했다고 하고, 고전문학전집 출간 방향은 첫째, 교양에 대한 인식과 새로운 작품의 발굴, 둘째, 원문에 대한 신뢰와 가독성 있는 현대역(다시쓰기), 셋째, 다양한 편집방식 활용(주석, 해설, 이미지 자료 등) 등을 제안하였다(권혁래, 2016).

강미정은 『조선야사전집』의 취지와 구성 체제를 분석하였다. 1934년에 윤백남이 편집 감수한 『조선야사전집』의 취지와 구성체제를 살펴 민족의 역사성을 강화하는 데 기여한 출판물이었음을 강조하고 있다. 무엇보다도 『조선야사전집』은 한문으로 전해오던 『대동야승』과 『연려실기술』 등을 최초로 국한혼용체로 정리하여 가독성을 높이고 독자의 저변확대를 실천한 의의를 갖고 있다고 하였다(강미정, 2017).

이밖에 『한국고전문학전집』에 대한 서평(이민희, 2011), 임석재전집에 대한 최인학의 서평(최인학, 1994), 한국불교가사전집에 대한 사재동의 서평(사재동, 1981) 등이 있다.

3) 세계문학전집 연구 경향

세계문학전집의 연구 경향 중 두드러진 것은 신구문화사의 전후세계문학전집의 영향력이다. 박숙자는 신구문화사의 세계전후문학전집(1960~1962)을 통해 1960년대 세계문학의 문화적 기능과 그 의미에 대해 살피고 있다. 신구문화사의 전집은 '전후'라는 시대적 가치를 세계문학을 선별하는 원리로 삼아 서양 고전으로 한정된 종래의 전집 목록을 탈피하며 '문제성'이라는 화제를 통해 전후의 세계를 새롭게 축조하고 있는 전집이라 보고 있다. 이를 통해, '세계'와 '문학'이 어떻게 만나야 하는지, 그리고 그 안에서 '전후'의 세계를 어떻게 사유하며 성찰해야 하는지 질문하고 있다는 점에서 그 문화사적 의의를 갖고 있다고 파악하였다(박숙자, 2015).

이어 이종호는 신구문화사 〈세계전후문학전집〉이 4·19라는 역사적 사건과 더불어 출판시장에 등장하게 되는 일련의 과정을 추적함으로써, 1960년대 남한 사회에서 전후세계문학이 갖는 존재론적 특수성을 밝히고 있다. 신구문화사 〈전집〉이 4·19정신의 상징적 결과물이 아닌 4·19정신을 가능케 하였던 지적·감성적 토대들 가운데 '하나'였음을 확인하고 있다. 전후세계문학의 '고쳐 읽기'와 '다시 쓰기'를 통해 잉태된 반항적 창조 주체들의 문학적 실천을 통해 새로운 문학의 출현을 가능케 하였음도 지적하고 있다(이종호, 2016).

또한 그는 신구문화사에서 간행한 일본전후문작품집에 대해서도 논의하고 있다. 1960년대라는 시대적 특수성 속에서 신구문화사 〈일본전후문제작품집〉이 구성되는 일련의 과정과 일본번역문학에 대한 남한 사회의 수용론을 분석하였다. 공적 영역에서 일본문화 수입에 대한 거센 비판이 제기되는 가운데, 세대론에 기반을 둔 신구문화사의 설득 논리는 대등한 문화적 가치교환을 전제로 한 것이지만 한국의 '전후'와 일본의 '전후'가 서로 다를 수밖에 없는 현실적 조건 속에서 편집위원들이 재현해 내는 한국과 일본 전후문학의 구체적 상들은 대등함과는 거리가 멀었다고 보고 있다(이종호, 2015).

박숙자는 세계문학전집과 관련하여 2편의 논문을 발표하였다. 로컬리티의 재구성: 조선/

문학/전집의 사상에서는 조선문학의 로컬리티가 '세계문학전집'을 매개로 구성/탈구성되는 과정을 분석하고 있다. 식민지 시기 일본에서 출판된 '신조사판 세계문학전집'은 서구문학을 세계문학으로 일반화하는 문화적 기획이었으며 그 결과 '조선문학'이 변방에 놓이거나 이국적인 문학으로 담론화되고 있음을 밝히고 있다(박숙자, 2012). 100권의 세계문학과 그 적들: 식민/탈식민 세계문학전집의 조건과 가능성에서는 1950년대 발간된 〈세계문학전집〉의 문화사적 의미를 밝히는 데 그 목적을 두고 있다. 식민지 시기 세계문학전집이 제국/식민, 서양/동양의 차별적 위계를 통해 서양문학을 '고전'으로 정당화한 교양의 목록으로, '조선'의 기호가 세계문학전집에서 원천적으로 배제되었다면 해방이후 세계문학전집은 팽창과 증식의 공간적 질서를 구성원리로 하며 세계의 범위를 분할·번역해 내는 문화정치의 이상을 담아내고 있다고 보았다(박숙자, 2014).

박진영은 식민지 시기의 앤솔러지와 세계문학전집의 성격에 대한 실증적인 고찰을 통해 전문적인 편집 및 번역 주체의 탄생, 세계문학이라는 관념의 형성 경로와 역사성을 추적하고 있다. 세계문학에 대한 의식과 보편적 교양의 욕망을 집대성한 세계문학전집은 편집자의 기획 및 편성 역량, 번역가의 태도, 출판 자본의 투자에 의해 좌우된다고 보고 있다. 근대의 상상력이자 19세기 후반 유럽 문학의 산물인 세계문학 관념의 연속성과 불연속성을 통해 한국 근대문학의 역사성과 번역을 통한 상상력의 성격을 포착할 수 있다고 보았다(박진영, 2013).

함동주는 일본에서 간행된 세계문학전집을 논하고 있다. 『세계문학전집』은 『현대일본문학전집』을 이어 두 번째로 기획, 출간된 엔본 전집으로, 엔본 시장을 선점하면서 괄목할 만한 판매를 거둔 상업출판의 대표적 성공사례였다. 1920년대 일본사회에 서구문화가 일상의 영역에까지 침투해 가는 과정을 신조사판 엔본인 『세계문학전집』의 성공에 따른 서양문학의 대중화라는 관점에서 살피고 있다. 『세계문학전집』의 성공은 일본사회의 서구화라는 면에서도 큰 의미를 지니고 있다고 보고 있다.

최진석은 을유문화사판 세계문학전집을 중심으로 1950년대 후반부터 1960년대 전반 사이에 진행된 세계문학전집 발간 사업들을 조망하고 세계문학전집 발간 사업의 문학사적 의의를 밝히고 있다. 이 시기에 진행된 세계문학전집 번역 사업은 문학장의 영역에 학술적 역량이라는 새로운 상징자본의 존재감을 각인시켰다는 점, 외국문학 전공자들이 번역행위를 통해 문학장에 적극 개입할 수 있게 만드는 결과를 낳았으며 이는 1960년대 중후반부터 외국문학 전공자들의 한국어 문학장 개입이 가속화되는 결과를 가져왔다는 점을 지적하고 있다(최진석, 2015).

Ⅲ. 마무리

학문의 융합이 이루어지는 지금, 출판학 연구의 목적은 무엇이고, 세부 연구 분야와 방법이 어떻게 이루어져야 하는가 하는 문제는 중요한 문제가 아닐 수 없다. 출판학이 종합학문이라는 점에서 더욱 그러하고 매체의 변화 또한 다양하게 이루어지는 상황에서도 그러하다. 앞서 단행본, 문고본, 전집출판에 관련된 연구 경향을 살폈다. 단행본은 출판을 대표한다는 점에서, 문고본은 독서의 대중화를 이룩한다는 점에서, 전집출판은 개인이나 특정 분야의 창작물을 종합 정리한다는 점에서 각각 중요성을 지닌다. 이를 대상으로 하는 세부 연구 주제 또한 다양하게 나타날 수밖에 없다. 연구 경향에 나타난 몇 가지 사항을 정리하면 다음과 같다.

첫째는 타 분야 전공자들이 연구에 많이 참여하고 있다는 점이다. 문학, 서지학, 디자인 분야의 전공자들이 출판 현상을 연구한 논문들이 많이 나타나고 있다. 이러한 연구 경향은 출판학 연구를 더욱 풍성하게 하는 바람직한 현상이다. 공동 연구 등을 진행하는 가운데 영역을 확대해 나갈 필요성이 있다.

둘째는 학위 논문이 많은 부분 차지하고 있다. 주로 언론정보대학원, 신문방송대학원, 교육대학원 등 특수대학원 학위논문이 많은데 이 점은 대학원 교육이 출판학 연구에 긍정적 영향을 미친 때문으로 판단된다. 다만 학위 논문에 그치지 않고 지속적인 연구 활동으로 이어지지 못하고 있다는 것이 아쉬운 점이다.

셋째는 연구 분야가 세분화되고 있다는 점이다. 초창기 원론적이고 포괄적 연구에서 구체적인 문제점을 파악하고 심도 있게 접근하려는 노력이 나타나고 있다. 이것은 그만큼 새로운 분야에 관심을 두기 시작했다는 것을 의미한다. 단행본 출판의 표지 디자인에 있어 종류에 따른 세분화 경향이 나타난다든가, 문고본의 독자 분석, 전집출판에 있어서 정전의 문제를 다루는 점 등이 그것이다.

네 번째는 실용성을 강조한 논문이 지속적으로 발표되고 있다는 점도 한 특징으로 꼽을 수 있다. 학문의 실용성은 현장과 밀접한 관계를 맺고 있다. 출판학 연구와 출판산업은 긴밀하게 연계되어 산업 발전에도 기여해야 한다고 하는 점은 재론의 여지가 없다. 이 점에서 현황의 분석과 대안의 제시, 새로운 외국 사례의 소개와 적용, 도서의 평가 척도의 개발과 적용 등과 관련된 논문은 활용의 폭을 넓히고 있다.

이상 몇 가지 흐름은 단행본이나 문고본, 전집출판에만 국한되지는 않는다고 본다. 출판학 연구가 지향해야 할 방향도 될 것이다. 연구자가 지속적인 연구를 수행하기 위해서는 이를 뒷받침하기 위한 환경이 조성되어야 한다는 점에서 교육, 연구 기관의 확충이 절실한 문제로 대두된다.

■ 참고 문헌

강기준(2011). 「한국 아동전집 출판 현황과 활성화 방안 연구」, 중앙대학교 신문방송대학원.

강미정(2017). 『조선야사전집』의 취지와 구성 체제, 『어문논총』, Vol.73.

강성윤(2009). 북한의 남한연구에 대한 실증적 조사연구 -전문학술지와 단행본을 중심으로, 『통일문제연구』 21.

곽낙현(2016). 검도 단행본에 대한 검토. 『한국체육학회지』, 55.

김병하(2017). 「그림책 '고라니 텃밭'의 창작과정 연구: 자연과 함께한 삶의 기록」, 서울시립대학교 디자인전문대학원.

김병훈(2009). 「브랜드 자산과 소비자 구매행동의 관계에 관한 연구: 유아 전집 도서를 중심으로」, 건국대학교 언론홍보대학원.

권혁래(2011). 한국고전문학전집의 간행 양상에 대한 비판적 고찰. 『고전문학연구』, Vol.40.

권혁래(2016). 고전문학전집의 수요와 방향- '대중성'과 '교양'을 어떻게 충족시킬 것인가?. 『국제어문』, Vol.70.

김영선(2014). 최초의 태권도 교본에 관한 연구. 『국기원태권도연구』, Vol.5 No.2.

김옥영(1975). 「한국 음악관계 문헌 해제목록」, 이화여자대학교 교육대학원.

김준영(2009). 「1930년대 영국 펭귄북스의 등장과 페이퍼백 혁명」, 숙명여자대학교 대학원.

김중식(1994). 한국 문고본 출판의 역사적 전개. 『출판저널』, Vol.155.

김지윤(2002). 「영아를 위한 어머니의 그림책 인식 및 활용에 관한 조사연구」, 중앙대학교 교육대학원.

김태곤(1970). 한국 민속학 관계 문헌목록(I): 1945~1960년. 『한국민속학』, Vol.1 No.1, 1969, 한국민속학 관계 문헌목록 (II) (1961~1965년). 『한국민속학』, Vol.3 No.1.

김희정(1997). 「출판기획 업무종사자의 의식구조에 관한 연구: 한국의 단행본출판사를 중심으로」, 중앙대 신방대학원.

고혜숙(1999). 「국제통화기금(IMF) 체제하의 한국 출판환경에 관한 연구: 단행본 출판사 경영인의 의식조사를 중심으로」, 중앙대학교 신문방송대학원.

권두연(2008). 신문관(新文館) 단행본 번역소설 연구. 『SAI』, 5호.

남태우, 최희곤(1998). 문헌정보학 텍스트(단행본)의 내용분석에 대한 연구. 『한국문헌정보학회지』, 32.

도현호, 이용구(2014). 목차와 책 소개 정보를 이용한 단행본 클러스터링에 관한 기초연구, 한국도서관정보학회 하계 학술발표회, Vol.2014 No.5.

모희준(2017). 1960~1970년대 '과학소설 전집류' 출판에 나타난 과학입국 담론 연구, NRF KRM (Korean Research Memory).

문한별(3013). 일제강점기 번역 소설의 단행본 출간과 검열 양상. 『비평문학』, 47.

민병윤(2002). 「단행본 도서의 제목이 판매에 미친 영향에 대한 조사연구: 1996~2000년 비소설 중심으로」, 동국대학교 언론정보대학원.

박진영(2014). 초창기 출판 자본의 역사적 성격과 문고본의 탄생. 『사이』, Vol.17 No.-.

박숙자(2015). 1960년대 세계문학의 몽타주 그리고 리얼리티 -〈세계전후문학전집〉을 중심으로. 『한민
　　　족문화연구』 Vol.49.

박숙자(2014). 100권의 세계문학과 그 적들: 식민/탈식민 세계문학전집의 조건과 가능성. 『한국문학
　　　이론과 비평』 Vol.62.

박숙자(2012). 로컬리티의 재구성: 조선/문학/전집의 사상. 『한국문학이론과 비평』, Vol.56.

박은진. 「유아용 동화 전집 애플리케이션의 콘텐츠 특성 연구: 다중지능이론을 중심으로」, 경기대학교
　　　일반대학원.

박진영(2013). 편집자의 탄생과 세계문학이라는 상상력. 『민족문학사연구』 Vol.51.

박라미(2006). 「전문출판기획자에 의한 출판에 관한 연구: 단행본을 발행하는 출판사를 중심으로」,
　　　동국대학교 언론정보대학원.

박민선(1993). 「표제에 관한 타이포 그래피 연구: 국내 단행본 표지에 나타난 표제를 중심으로」, 이화
　　　여자대학교 산업미술대학원.

박주경(1992). 「타이포그래피의 시각적 표현 연구: 단행본 표지를 중심으로」, 부산대학교 대학원.

박준우(2008). 연구논문: 단행본 서적의 제호의 상표 보호에 관한 연구 - '어린왕자'를 둘러싼 논의와
　　　관련하여. 『상사판례연구』 21.

박진영(2010). 「한국의 근대 번역 및 번안 소설사 연구」, 연세대 대학원.

박진혜(2010). 「중학교 미술 감상교육을 위한 팝업북 개발 연구」, 경희대학교 교육대학원.

박춘옥(2008). 「유아 도서 베스트셀러의 요인에 관한 연구: 부모들의 유아 도서 선택 요인을 중심으로」,
　　　중앙대학교 신문방송대학원.

변선웅(1974). 한국인의 독서경향 -문고본을 중심으로-. 『한국출판학연구』, Vol.21.

심원식, 도슬기, 이선애(2016). 국내 대학출판부의 학술단행본 출판에 대한 양적 분석. 『한국문헌정보
　　　학회지』, 50.

사재동(1981). 이상보 저 『한국불교가사전집』, 『국어국문학』, Vol.- No.86.

서기흔(1986). 「문학서적 표지의 시각적 표현 방향에 대하여: 소설류 부문 베스트셀러를 중심으로」, 홍
　　　익대학교 산업미술대학원.

서민경(2010). 「1970년대 이후 한국 디자인 담론의 변천 과정에 관한 연구: 디자인 단행본을 중심으
　　　로」, 건국대학교 대학원.

서희경(1977). 「한국 체육관계 문헌 해제목록(1945~1970)」. 이화여자대학교 교육대학원.

신영덕(2005). 한국전쟁기 해군 정훈문고 '해양소설집' 연구, 『한중인문학연구』, Vol.16.

신종락(2009). 어린이책 출판동향에 관한 연구: 출판 유통과 마케팅을 중심으로. 『한국출판학연구』,
　　　Vol.- No.56.

송정은(2000). 「국내 무용학 문헌자료의 분석: 문헌자료실태 및 전공학생들의 이용실태를 중심으로」, 경희대학교 대학원.

안춘근(1969). 세계문고본출판 소고. 『한국출판학연구』, Vol.16.

안도선(2001). 「단행본 문학서적의 표지디자인의 조형적 성향에 대한 연구: 1990년대 베스트셀러를 중심으로」, 성균관대학교 대학원.

오경호(1984). 한국의 문고본 출판방향 소고. 『한국출판학연구』, Vol.31.

오혜숙(2010). 「20~30대 여성 독자의 감성 니즈를 반영한 한국현대문학전집 표지 디자인 제안 연구」, 이화여자대학교 디자인 대학원.

유정규(2004). 「외환위기 이후 한국 아동전집의 상품 특성 변화에 관한 연구: 아동전집의 6년간 (1999~2004년) 경향 분석을 중심으로」, 동국대학교 언론정보대학원.

이미옥(2000). 「유아용 전집의 출판기획과정에 관한 연구」, 서강대학교 언론대학원.

이민희(2011). 『한국고전문학전집』의 문학사적 마력(魔力). 『민족문학사연구』, Vol.45.

이주성, 모희준(2018). 한국전쟁 이후 아동 과학소설 전집의 장르문학으로서의 가능성 연구. 『문화와 융합』, Vol.40 No.4.

이종호(2016). 1960년대 '세계전후문학전집'의 발간과 전위적 독서주체의 기획. 『한국학연구』, Vol.41.

이종호(2015). 1960년대 일본번역문학의 수용과 전집의 발간-신구문화사 '일본전후문제작품집'을 중심으로. 『대중서사연구』, Vol.21 No.2.

이철지(1985). 「문고본에 관한 연구: 문고본의 역사와 한국문고본의 활성화 방안을 중심으로」, 중앙대학교 대학원.

이충일(2015). 「1950~1960년대 아동문학장의 형성과정 연구」, 단국대학교 대학원.

이충일(2014). 1950~60년대 한국아동문학전집의 발간과 정전화. 『아동청소년문학연구』, Vol.- No.15.

윤남지(2001). 「출판에 있어서 스타일 시트에 관한 연구: 사회과학분야 단행본 본문 편집을 중심으로」, 동국대학교 언론정보대학원.

윤지영(1994). 「단행본 표지 일러스트레이션에 관한 연구: 인체표현을 중심으로」, 경원대학교 대학원.

윤테원(2007). 단행본 표지 일러스트레이션의 개념과 작업 방향 연구 -기초 개념 정립 및 실무 작업을 중심으로. 『조형미디어학』 10.

윤성혜(1997). 컴퓨터를 이용한 단행본 표지 디자인에 관한 연구: 책 표지디자인의 변화와 발전 방향을 중심으로」, 중앙대학교 신문방송대학원.

이기성(2004). 한글 독자용 단행본 출판물의 표지디자인에 관한 연구. 『한국출판학연구』 47.

이지연(2011). 「국내 단행본 표지디자인의 색채 이미지에 관한 연구: 2006~2010년 베스트셀러를 중심으로」, 홍익대학교 산업미술대학원.

이한나(2006). 「한글 단행본의 표지, 본문 타이포그래피 연구 분석: 1995~2004년의 베스트셀러를 중심으로」, 동국대학교 언론정보대학원.

임지연(2002). 「단행본 표제에서 본 타이포그래피의 시대별 변천에 대한 연구: 1945~2000년 베스트
　　셀러를 중심으로」, 성균관대학교 대학원.

임학래(2014). 「노안인구 증가에 따른 글자의 적정 크기에 관한 연구: 단행본 본문 글자를 중심으로」,
　　홍익대학교 산업미술대학원.

안효정(2001). 「유아를 위한 정보그림책의 현황 분석」, 이화여자대학교 대학원.

오혜영(2007). 「인터넷 콘텐츠의 단행본 출판에 관한 연구: 인터넷 소설, 블로그 연재물, 웹툰의 출판을
　　중심으로」, 중앙대학교 신문방송대학원.

유효경(2018). 「한국 그림책의 기원과 형성 과정」, 경기대학교 예술대학원.

윤보경(2017). 「한국 근대시기 중국고전소설의 번역과 출판 연구」, 고려대학교 대학원.

윤경애(2018). 「'레 미제라블'의 근대 한국어 번역 연구: 일본어 기점 텍스트와의 비교를 중심으로」, 계
　　명대학교 통번역대학원.

이예진(2007). 「캘리그래피 표현과 조형성에 관한 연구: 국내 단행본 베스트셀러 표지를 중심으」, 서울
　　산업대학교 IT디자인대학원.

이원재(2016). 작가-비평가 관계와 비평가의 구조적 위치가 소설 단행본 판매량 증감에 미치는 영향:
　　2010~2015. 『한국현대문학연구』 48.

이숙자(2010). 「'테스'의 재번역/재출간에 대한 연구」, 부산대학교 대학원.

이진경(2008). 「소파 방정환의 저작 및 서지에 관한 연구」, 중앙대학교 교육대학원.

이덕희(1997). 「한국출판의 기획실태와 활성화방안 연구: 단행본 출판사의 기획업무를 중심으로」, 중
　　앙대학교 신문방송대학원.

이상희(2013). 「건축 출판의 시대별 양상 연구」, 경기대학교 대학원.

이순영(2005). 「해방이후 한국 차문화 관련 문헌에 관한 분석적 연구」, 계명대학교 대학원.

이진산(2001). 「베스트셀러를 통해 본 1990년대 출판물 특성에 관한 연구: 국내소설단행본을 중심으
　　로」, 중앙대학교 신문방송대학원.

이향란(1994). 「관광출판물 현황과 문제점 연구: 국내 관광안내 단행본을 중심으로」, 중앙대학교 신
　　문방송대학원.

임경아(2007). 「요리 블로그가 요리 단행본 구매에 미치는 영향」, 서강대학교 언론대학원.

임영희(2007). 「1985년부터 2006년까지의 국내 외 음악치료관련서적의 출판경향조사」, 숙명여자대교
　　음악치료대학원.

장수경(2012). 아동문학전집에 나타난 문화적 상상력과 정전 구성에 대한 욕망. 『아동청소년문학연구』,
　　Vol.- No.11.

장영미(2018). 1960년대 아동문학 장(場)의 형성과 상업적 재편의 상관성 연구 전집 선집을 중심으로.
　　『동화와 번역』, Vol.35.

정민자, 윤경원(2016). 아동·청소년을 대상으로 한 위인의 최근 동향 분석. 『학습자중심교과교육연구』,

Vol.16 No.11.

정복화(2000). 해방 이후 한국 아동전집 출판에 관한 역사적 고찰 : 아동전집 출판기획을 중심으로」,
　　동국대학교 언론정보대학원.

조현신(2015). 근대기 문고본의 표지 디자인.『근대서지』, Vol.- No.11, 근대서지학회.

조경희(2015).「그림책텍스트의 융합기호 표현연구」, 가천대학교 대학원.

조은숙(2010).「아동도서의 스토리텔링에 관한 연구 : 논픽션 기획물을 중심으로」, 동국대학교 언론정
　　보대학원.

조은숙(2013). 해방-1950년대 중반까지 한국아동문학전(선)집 편찬과 정전화.『한국문학이론과 비평』,
　　Vol.58.

조은숙(2014). 1970년대 한국아동문학전집 편찬과 `해석정전`의 형성.『아동청소년문학연구』, Vol.-
　　No.14.

조은숙, 오정옥, 윤현민(2008). 유아용 전집류의 출판 현황과 소비형태에 대한 연구.『유아교육연구』,
　　Vol.28 No.1.

조태영, 남용현(2014). 책표지디자인의 캘리그래피 활용 사례 연구-2013년 교보문고 베스트셀러 소설,
　　시, 에세이를 중심으로-,『한국디자인포럼』, Vol.42.

적치(2014).「한, 중 베스트셀러 표지디자인의 시각구성요소 연구 : 1990년~2010년 중심으로」, 영남
　　대학교 대학원.

전혜실(2003).「우리나라 창작그림책에 대한 분석」, 연세대학교 교육대학원.

정난주(2008).「전통음악 관련도서에 관한 연구 : 1900년도부터 2007년까지의 단행본을 중심으로」,
　　중앙대학교 국악교육대학원.

조계환(2004).「한국 스포츠 출판의 현황과 발전방안 연구」, 서강대학교 언론대학원.

최나야, 김세영(2018). 유아용 단행본과 전집 그림책에 대한 어머니의 만족도, 구전의도 및 재구매의도
　　에 영향을 미치는 요인.『한국가정관리학회지』, Vol.34 No.3.

최애순(2012). 1960~1970년대 세계아동문학전집과 정전의 논리.『아동청소년문학연구』, Vol.- No.11.

최애순(2015). 1970년대 아동전집 SF와 과학의 진보, NRF KRM(Korean Research Memory). 2013

최인학(1994). 70년 걸린 본격구전설화의 채록자료집 임석재전집『한국구전설화』전12.『한국문화인
　　류학』, Vol.26 No.1.

최은별(2018).「2000년대 이후 디자인 공공성 담론의 특성에 관한 연구 : 국내 출간된 단행본을 중심
　　으로」, 건국대학교 대학원.

최해랑(2013).「권윤덕 그림책 연구」, 춘천교육대학교 교육대학원.

최희곤(1999).「한국 문헌정보학분야 단행본저작의 내용분석에 대한 연구」, 중앙대학교 대학원.

하동호(1970). 한국문고본의 서지적 고찰.『한국출판학연구』, Vol.17.

허연(2006).「단행본 도서의 베스트셀러 유발요인에 관한 연구 : 2000년 이후 출판물을 중심으로」, 연

세대학교 언론정보대학원.

허용무(2005). 정보전달자로서의 사진편집자의 역할에 관한 연구: 단행본 디자인을 중심으로. 『AURA』, Vol.12.

홍혜숙(1975). 「한국 복식 관계 문헌 해제목록: 1945~1973」, 이화여자대학교 교육대학원.

황민선(2013). 유아전집 수학 동화에 나타난 수학 영역 분석 연구. 『한국고등직업교육학회논문집』, Vol.14 No.1·2.

대한출판문화협회(1988). 아동문고 특선. 『출판저널』, Vol.18 1988.

대한출판문화협회(1988). 6대 종합문고.과학문과의 '베스트셀러 10'. 『출판저널』, Vol.26.

서지·문헌론·서적관에 대한 연구

이 문 학*

■■■

1. 머리말

한국출판학회의 학회지는 학회가 창립된 해인 1969년부터 1974년까지 5년간은 『출판학』이란 이름으로 발간되었다. 이후 7년 동안의 공백기를 거쳐서 1981년에는 『출판학 논총』이라는 이름으로 속간되었으며, 1982년에는 『출판학연구』로, 1983년부터 1999년까지는 '출판학연구' 앞에 연도를 붙여 『'83출판학연구』와 같은 제호로 발간되었다. 이후 2000년도부터 현재까지는 『한국출판학연구』라는 제호로 발간되고 있다.

본 고에서는 편의상 1969년부터 1974년까지 『출판학』이라는 이름으로 발행된 시기를 '초창기', 1981년부터 1999년까지 『출판학 논총』, 『출판학연구』, 『'83출판학연구』~『'99출판학연구』라는 이름으로 발행된 시기를 '성장기', 그리고 『한국출판학연구』라는 이름으로 발간된 2000년도부터 2017년까지의 시기를 '변환기'로 이름을 붙여 분석하고자 한다.

본 고에서 한정하는 연구 분야는 '서지와 문헌 그리고 서적관(view of books)'에 관한 내용으로서 일반적으로 서지학 관련 연구로 봄이 타당하다. 서지학(bibliography 또는 bibliographie)은 책에 대하여 기술하는 학문이다. 즉, 문자를 수단으로 표현한 본문과 그 본문이 나타내 주는 지적 소산의 내용, 그리고 그것을 담고 있는 물리적 형태를 대상으로 조사·분석·비평·연구하여 기술하는 학문이라고 할 수 있다. 따라서 서지학의 영역은 원문의 교감(校勘)을 중심으로 하는 원문서지학(textual bibliography), 지적 소산인 내용 기술을 중심으로 하는 체계서지학(systematic bibliography), 책의 형태 기술을 중심으로 하는 형태서지학(physical or

---

* 인천대학교 교수

material bibliography) 등의 영역으로 나눌 수 있다(천혜봉, 2006).

좀 더 부연하여 설명하자면, 원문서지학은 본래의 본문 또는 표준적 본문을 올바르게 인식하고 복원하기 위하여 문자의 이동(異同, 같거나 다름)을 대교(對校, 대조하여 교정함)하고, 증산(增刪, 더하거나 빠짐)을 고증하여 그 역사와 전래를 분석적으로 비평·연구하는 서지학의 한 분야로, 그 연구방법이 분석·비평의 과정을 거치기 때문에 분석서지학 또는 비평서지학(analysis or critical bibliography)의 범주로 묶는다. 동양 특히 중국에서는 이를 교감학(校勘學) 또는 교수학(校讐學)이라고 한다(천혜봉, 상게서. 27쪽).

체계서지학은 고금의 각종 문헌을 체계 있게 편성하거나, 한 역조(歷朝), 종류별 또는 주제별로 구분하여 학술의 원류 및 융체(隆替, 성하고 쇠함) 그리고 학설의 추이를 기술하거나 이미 엮어진 여러 목록 또는 서목(書目)에 관하여 연구하는 분야, 즉 특정 주제의 분야를 전공하는 이들에게 그 분야의 입문적 지식을 제공해 주는 서지학의 한 분야로, 열거서지학(enumerative bibliography)이라고도 한다. 열거 서지학을 동양 특히 중국에서는 목록학(目錄學)이라고 한다(상게서, 42~43쪽).

그리고 형태서지학은 지적 소산을 담은 책의 물리적 형태의 여러 특징과 그 변천 과정을 실증적인 방법으로 분석·조사비평·연구·종합하여 책의 간사(刊寫) 성격과 시기를 고증하고 그 우열을 식별시켜 주며, 책에 관한 제 문제를 연구하여 기술하는 학문분야이다. 중국에서는 판본학(版本學)[1]이라고 한다.

고금에 생산된 책의 물리적 형태는 시대에 따라 변천하여 책의 내·외적으로 그 특징이 다양하게 나타나는 데, 책의 감정(鑑定)을 위해서는 이것들을 실증적인 방법으로 식별해내는 일이 중요하다. 예를 들어 1) 장정(裝訂)의 특징, 2) 간사(刊寫)의 종류[2], 3) 간인본의 경우 간인(刊印)의 종류, 4) 필사본의 경우 고본(稿本), 전사본(傳寫本), 사본(寫本)인지 여부, 5) 간인처(刊印處)와 간인 시기, 6) 번각(飜刻) 여부, 7) 활자의 종류, 8) 판식에 있어서 광곽(匡郭, 판면)의 크기, 항자수, 흑구(黑口), 어미 등의 특징, 9) 글자체의 특징, 10) 피휘결획(避諱缺畫)과 대자(代字)[3]의 시대적 특징, 11) 보인(寶印)과 소장인의 시대적 특징, 12) 지질, 13) 먹의 특징 등과 같은 요소들이다.

이러한 요소들 가운데 현대적인 출판물을 대상으로 분석 가능한 형태적 요소들은 판형과 판면, 지질, 서체, 인쇄형식, 글자 크기, 이미지의 선택과 사용 빈도, 색도(色度) 등을 들 수 있겠다. 그런데 본 연구에서는 이러한 구분, 즉 원문체계학, 체계서지학 그리고 형태서지학 등의

---

1) 판본학은 그 연구의 대상이 원래 목판본인 점에서 붙여졌다(천혜봉. 상게서. 68쪽).

2) 간인본(刊印本), 필사본(筆寫本) 등의 여부

3) 문장에 임금의 이름인 어휘(御諱)의 글자가 나타나는 경우 경피(儆避)하기 위하여 그 글자의 한 획을 생략한 것을 "피휘결획(避諱缺畫) 또는 피휘궐획(避諱闕畫)이라 하고 뜻이 같은 글자로 바꾸어 쓴 것을 피휘대자(避諱代字)라고 한다. 〈출처〉 http://gall.dcinside.com/board/view/?id=history&no=6817

구분은 하지 않기로 한다.

2. 초창기의 연구활동

한국출판학회의 초창기 연구들이 집대성 되어 있는 『출판학』 제1집부터 제22집까지의 내용 중 권두언 및 번역 논문, 시평을 제외한 '서지·문헌론, 서적관'에 대한 연구 목록은 다음과 같다.

- 박일준, 「도서형태론」 (제1집)
- 안춘근, 「세계문고본출판소고」 (제1집)
- 한봉석, 「출판사적으로 본 '신소설'」 (제1집)
- 안춘근, 「韓國 板畵古本出版史要」 (제2집)
- 황병국, 「교감고」 (제2집)
- 하동호, 「한국 문고본의 서지적 고찰」 (제6집)
- 하동호, 「한국 문고본의 서지적 고찰 ②」 (제7집)
- 안춘근, 「한성도서가 남긴 출판물 書誌略攷」 (제8집)
- 하동호, 「한국 문고본의 서지적 고찰 (완)」 (제8집)
- 채복기, 「고려속장경 출판경위고」 (제9집)
- 하정옥, 「한국에서 중국으로의 서적전입」 (제9집)
- 하정옥, 「박문서관의 출판서지고」 (제10집)
- 안춘근, 「중국전입 韓國之書籍」 (제11집)
- 정락춘, 「계림서원의 전적」 (제11집)
- 허철종, 「개화기소설의 발행소, 인쇄소, 인쇄인考」 (제12집)
- 하동호, 「入蜀記와 吳船錄의 比較」 (제12집)
- 이석호, 「『郡齊讀書誌』敍錄에 관한 연구」 (제12집)
- 하정옥, 「四庫全書의 활자인쇄 경위」 (제12집)
- 한태석, 「한국불교서지고(520매 전재)」 (제12집)
- 안춘근, 「退耕堂의 『文類의 原始』 해제」 (제13집)
- 하동호, 「論慧超之『往五天竺國傳』殘卷」 (제13집)
- 하동호, 「『주간삼천리』 서지고」 (제16집)
- 민병덕, 「홍길동전의 문학사회학적 고찰」 (제16집)
- 심우성, 「『조선민속』지의 고찰」 (제17집)

- 한태석, 「이인직의 만년작에서 본 자서문학적 성격」 (第17집)
- 하동호, 「『寶古舍』書誌略考」 (第17집)
- 심우성, 「이능화의 생애와 논저」 (제18집)
- 하동호, 「자선부인회잡지」 (제19집)
- 민병덕, 「도서의 내력과 그 형태」 (제21집)
- 하동호, 「『濯足庵藏書』中 韓籍解題考略」 (제22집)

이 시기(초창기) 학회지 『출판학』 총 22권에 발표된 124편의 연구 논문 중 서지·문헌론 그리고 서적관에 대한 것은 총 30편(24.2%)으로 다른 분야에 비해서 비교적 많은 편수가 발표되었다. 서지학 분야라고 할 수 있는 이 분야는 초창기 연구의 주종을 이루고 있다고 해도 과언이 아니다. 특히 제12집은 학회창립 3주년 기념호로써 서지학 분야 논문들의 특집을 마련하기도 할 정도였다.

이종국(2000)은 『한국출판학회 30년사』에서 이 시기에 발표된 논문을 9개 분야로 분류하여 정리하였는데,[4] "이 시기에 있어 서지 연구는 일종의 출판 역사 연구로 접근되고 있었으며, 주로 연구자가 발굴한 특정 서적에 대한 출판 내력과 그 책에서 다루고 있는 내용을 소개한다는지, 또 그것이 지닌 문헌적·역사적 의의를 기술하는 방법이 일반적이고, 그러므로 내용의 분석보다는 판본연구에 치우친 형태서지학(physical or material bibliography) 쪽에 보다 많은 비중을 두고 있다고 기술하고 있다." 덧붙여 "서지학 분야는 출판학 초창기 연구의 주종을 이루고 있었다고 해도 과언이 아니다."라고 말하고 있다.

그의 일환으로 하동호의 「한국 문고본의 서지적 고찰」(제6집)은 바야흐로 문고 붐이 전망되는 시기에, 이미 있어 온 문고본의 내용과 가치를 지금껏 알기 힘들었던 자료들을 낱낱이 곁들여 전개, 자료로서도 중요한 가치를 지닌 것으로 제8집까지 3회 연재되었다.

또 하동호의 「한성도서가 남긴 출판물 서지약고」(제8집)는 "일제하 우리 민족 경영 출판사로서 가장 빛나는 업적을 남긴 한성도서의 출판물을 일일이 점검한 자료로서 귀중한 논문으로 평가된다. 그리고 안춘근의 「고려속장경 출판경위고」(제9집)는 오늘날 세계적으로 자랑이 되고 있는 고려대장경 출판경위의 역사적 고증으로서 새 사실을 밝힌 문제의 논문이다."라고 편집 후기에서 밝히고 있다. 하동호의 또 다른 논문 「박문서관의 출판서지고」(제10집)는 일제하에서 8.15 해방 직후에 이르기까지 한국 출판문화에 찬연한 업적을 남긴 박문서관의 족적을

---

4) 이 시기 발표된 논문 총 124편 중 '도서론'이 30편(24.2%)으로 가장 많았으며, 그 다음으로 '출판상황론' 19편(15.3%), '편집·제작론' 17편(13.7%), '출판경영·출판산업론' 15편(12.1%), '출판이론' 13편(10.5%), '잡지론' 10편(8.1%), '독서·독자론' 9편(7.3%), '국제출판론' 8편(6.5%), '저작권·출판윤리' 3편(2.4%)의 순이다.(이종국, 한국출판학회30년사, 75쪽)

서지적으로 고찰한 논문으로 출판사(出版史)의 일면을 부각시켰다. 한편, 한태석의 「한국불교서지고」(제12집)는 불교를 통한 인쇄·출판·서지에 대한 본격적인 논구이며 이 땅에서 처음으로 전개한 불교서지의 체계확립을 위한 문제논문이라는 점에서 학계의 주목을 끌었다.

앞에서도 밝혔듯이 이 시기에는 서지학 관련 논문의 편수가 압도적으로 많은 편(이었는데, 학회창립 3주년 특집으로 서지학 연구 논문만을 특집으로 실은 제12집의 서문에는 '출판학과 서지학은 서로 인접과학으로서 불가분리의 관련을 갖는 학문임을 독자들이 재인식해 주기를 바란다'라고 서술하고 있을 정도이다. 이는 출판학이 하나의 학문으로서 정립되어가는 초창기에 서지학 분야의 연구자들의 역할이 컸다고 볼 수 있다. 또한 창립 당시 회장 안춘근은 제1집의 권두언인 '출판학을 위하여'에서 "출판학이 학(學)으로서 정립되었다기보다 학문적인 연구의 대상이 된 지가 오래지 않다. 따라서 선진국에서조차도 출판과정을 거쳐서 비로서 이루어지는 도서의 수집 보존에 보다 비중이 무거운 도서관학만큼의 인식도 되어 있지 않을뿐더러 역시 출판과정의 일부에 지나지 않는 인쇄학은 알아도 출판학에는 외면하는 실정이다."라고 서술한 상황을 그대로 반영한 결과라고 볼 수 있다. 또한 1969년 학회 설립 당시 전체 회원은 9명으로, 안춘근(서지학, 출판학/을유문화사 근무),[5] 민병덕(국문학, 도서관학/현암사 근무),[6] 박일준(경제학/을유문화사 근무), 양문길(소설가/현암사 근무),[7] 이중한(국문학/세대 근무),[8] 한태석(국문학, 법학/을유문화사

---

[5] 안춘근(1926~1993). 을유문화사 기획실장·주간 등을 역임하면서 을유판 《세계문학전집》·《세계사상교양전집》·《을유문고》 등을 기획하여 펴냄. 1969년 한국출판학회를 창립·주도하였고, 고서 수집을 통해 한국 서지학에도 관심을 가져 출판학뿐 아니라 서지학 분야에서도 여러 저술을 하는 한편, 한국고서동우회를 만들어 고서 발굴에 기여하였다. 특히, 출판학의 개척자로서 중국·일본 출판학계와의 교류를 통하여 1984년 국제출판학술대회를 서울에서 열게 하여 한국출판학의 국제적 지위 향상에도 노력하였다. 출판연구(publishing study)를 출판학(publishing science)으로 정립해야 한다는 선구적 주장을 펴기도 하였다. 저서로 《출판개론》·《한국출판세시론》 등 출판학 관계 도서 15종과, 《한국서지학》·《한국판본학》 등의 서지학관계 도서 10종, 교양도서 10여 종, 그리고 6종의 수필집을 남겼다.[〈네이버 지식백과〉, 안춘근(한국민족문화대백과, 한국학중앙연구원)]

[6] 민병덕(1934~2018). 한국출판학회 창립을 주도, 초대 간사로 활동하고 동학회 회장과 고문을 역임함. 혜전대학교 출판학과 교수, 《출판학연구방법론》, 《편집론》(편저), 《출판학원론》(공저), 《현대사회와 출판》(공저), 《출판학서설》(역서, 미노와 시게오 저), 《출판경영론》(역서, H. S. 베일리 Jr. 저), 《도서출판의 역사》(역서, F. 그롤리에 저), 《독서의 기술》(역서, 모티머 J. 애들러, 찰즈 밴 도런 공저) 등 출판 관계, 독서관계, 문학관계 기타 저서와 번역 등이 있다.[〈네이버 지식백과〉, 민병덕(출판인)(위키백과)]

[7] 양문길(1941~2003). 소설가. 현암사 주간으로 한국 출판문화 성장에 기여를 아끼지 않은 양문길은 우리나라 출판계의 산증인으로 기억되고 있음. 주요작품으로는 「보호받는 풍경」, 「익명의 여인들」, 「닫힌 문 열린 문」, 「열목어 우는 소리」 등이 있다.[〈네이버 지식백과〉 양문길(梁文吉) (한국민족문화대백과, 한국학중앙연구원)]

[8] 1960년대 월간 〈자유공론〉·〈세대〉 등 잡지 편집장으로 언론에 입문, 70년대 〈독서신문〉과 〈서울평론〉의 편집장을 거쳐 〈서울신문〉 논설위원·부국장 등을 지냄. 이후 예술행정연구회장, 서울YMCA영상문화

근무),[9] 허영환(영문학/한국일보 근무),[10] 황병국(중국문학/을유문화사 근무), 안일승(미술/을유문화사 근무)이었는데,[11] 이들의 전공 분야가 국문학, 서지학에 편중되어 있는 것도 초창기 서지학 관련 분야의 연구 논문이 많은 이유가 될 것이다.

3. 성장기의 연구활동

1974년 12월에 발행된 『출판학』 제22집 이후 한동안 학회지 발행이 중단되었다가 1981년 『출판학논총』, 1982년에 『출판학연구』라는 이름으로 각각 1회씩 발행되었고, 1983년부터 1999년까지는 『'83출판학연구』, 『'99출판학연구』와 같은 제호로 년간(年刊)으로 발행되었다. 이 시기에 발표된 논문 가운데 권두언 및 번역 논문, 국제출판학술대회 발표논문, 한·중 출판학술회의 발표논문, 남애 안춘근 선생 회고기 등을 제외한 '서지·문헌론, 서적관'에 대한 연구 목록은 다음과 같다.

- 하정옥, 「『文選』의 編者考」 (『출판학논총』, 1981)
- 한태석, 「신소설의 판권」 (『출판학논총』, 1981)
- 노평묵, 「한국기독교성서출판소고」 (『출판학논총』, 1981)
- 하동호, 「韓稚振研究文獻志Ⅲ」 (『출판학논총』, 1981)

위원회 위원장 등으로 왕성한 활동을 펼쳤다. 5만권이 넘는 책을 보유한 장서가이자 애서가로서 '책의 수호천사'란 별칭도 얻었다. [〈네이버〉, 한국 출판 '밑돌' 편집전문가 이중한 별세(한겨레, 2011.01.28.09:03)]

9) 한태석(1931~). 수필가, 기자, 출판인, 수필가. 〈평화신문〉 기자·〈대동신보〉 편집부장·을유문화사출판과장을 지냄. 〈월간문학〉과 〈수필문학〉 등에 《장서한화》, 《교정적 인생론》, 《미아기》, 《인도의 물》, 《비둘기를 놓아 주고》 등의 수필을 발표, 저서에 《교정개론》이 있다.[〈네이버 지식백과〉, 한태석(국어국문학자료사전)]

10) 허영환(1937~). 이화여대, 경희대, 서울대 강사로 출강했으며, 한국일보 기자. 문화재전문위원, 성신여대 교수를 역임. 서울시 문화재위원, 서울역사박물관 자문위원, 한국예술종합학교 대학원 강사, '시와 시학회' 운영위원장 등으로 활동하고 있으며, 주요 논문으로 '석지 채용신 연구', '중국 화보 연구' 등이 있고, 저서로 〈중국회화소사〉, 〈동양화 일천년〉, 〈중국화론〉, 〈동양미의 탐구〉, 〈허영환의 중국 문화유산 기행〉(전4권) 등이 있다.

11) 한국출판학회 창립 당시 장하린(종로서적센터 부사장), 변선웅(을유문화사 근무), 하동호(서지학/홍익공전 조교수), 하정옥(한국과학기술연구소 근무), 김병철(중앙대학교 교수), 박기연(인쇄공학연구가/동아출판사 상무), 심우성(문화재전문위원), 김희경(수필가/숭의여전 학감) 등이 회원으로 가입하여 활동하였다.

- 하동호, 「『同和藥報』 소고」 (『출판학연구』, 1982)
- 하동호, 「無念翁 『한국고전미학개론』 解志」 (『'83출판학연구』)
- 하정옥, 「『鏡花綠』의 서지적 고찰」 (『'83출판학연구』)
- 하동호, 한국 고활자전적을 특별 정리하기 위한 한 정리(未定稿) (『'84출판학연구』)
- 昌彼得(황병국 역), 「중국 圖書史略(1)」 (『'84출판학연구』)
- 이종국, 「『우리나라의 발달 1』 편찬발행에 대한 고찰」 (『'85출판학연구』)
- 하동호, 「探書蒐集書誌考」 (『'85출판학연구』)
- 윤병태, 「조선조 전기의 병서간행」 (『'86출판학연구』)
- 이양재, 「麗末朝初 傳·活字本 總目論抄 I」 (『'86출판학연구』)
- 하동호, 「『諸家遺牘』 解志」 (『'86출판학연구』)
- 고영수, 「일제하의 금서출판소고」 (『'86출판학연구』)
- 이종국, 「특수잡지로서의 〈동광〉 창간호에 대한 고찰」 (『'87출판학연구』)
- 백운관, 「조선조 관찬도서 유통양태 考」 (『'89출판학연구』)
- 안춘근, 「鑄字辨釋 異說」 (『'90출판학연구』)
- 안춘근, 「왕인박사 일본전수 천자문 考究-주흥사의 천지현황이 아닌 二儀日月 천자문」 (『'91출판학연구』)
- 윤병태, 「평양의 목판인쇄 출판문화」 (『'92출판학연구』)
- 이종국, 「芝峰類說에 반영된 출판관에 대한 연구」 (『'94출판학연구』)

이 시기, 즉 '성장기'에 발행된 논문집은 총 19권이며, 발표된 연구 논문은 총 159편이다. 이 가운데 서지·문헌론 그리고 서적관에 대한 연구는 총 21편으로 약 13.2% 정도를 차지한다. 초창기(1969~1974년)의 논문 124편 중 30편(24.2%)이 이 분야 논문이었던 것에 비해 그 비중이 많이 낮아졌다고 볼 수 있다. 특히 성장기의 후반으로 접어들면서 현격하게 줄어들었을 뿐만 아니라 90년대 들어서는 거의 없다시피 한다. 그 이유는 초창기와 성장기의 전기에 활동했던 관련 연구 인력이 대거 빠져나가고[12] 대신 신진학자들이 유입되었기 때문이다.

1974년 제22집 발간 이후에 7년 동안 발행이 중단되었던 학회지가 7년 만에 『출판학논총』이라는 이름으로 속간하게 되는데, 『출판학논총』의 편집 후기에 "그동안 출판학회지의 발간은 여건이 갖추어지지 못하여 부득이 중단되어 왔으나, 출판학회의 활동은 그런대로 지속되어 왔

---

12) 초창기와 성장기 전반에 활발하게 활동했던 연구자로 하동호(1930~1994)를 들 수 있다. 국문학자이자 서지학자였던 그는 개화기 이후부터 1950년까지의 국어국문학 및 잡지 출판물에 대한 서지 정리와 연구에 전념하는 등 한국서지학 연구 분야에 많은 업적을 남겼다.[〈네이버 지식백과〉, 하동호(한국민족문화대백과, 한국학중앙연구원)]

고, 이제 다시 나래를 가다듬어 새로운 도약을 기하고 있는 출판학회로서는 이 『출판학논총』의 발간이 새로운 출발을 위한 하나의 신호탄이라고 할 수 있을 것이다.”라고 서술되어 있는 것으로 보아 학회 활동은 끊어지지 않았던 것으로 생각된다. 그러나 『출판학논총』에는 학회지 발간이 중단되었던 시기의 논문들이 실렸다.

이어서 1981년 중앙대학교 신문방송대학원에 출판잡지전공 과정의 개설을 비롯하여 여러 대학의 대학원에 출판 관련 학과가 다수 개설되면서 출판을 학문적으로 탐구하겠다는 대학원생들이 늘어나게 되는데 이는 출판학회가 재도약하게 되는 요인으로 작용하게 되며,[13] 학회지의 제호도 『출판학논총』 대신에 『출판학연구』라는 이름으로 한 해도 거름 없이 발행하게 되면서 연구 논문의 편수뿐만 아니라 연구 영역도 넓혀지게 된다. 또한 1984년에는 한국과 일본의 출판학회가 공동으로 제의해서 국제출판학술회의가 결성되고,[14] 1996년 태동한 한·중출판학술회의도 출판학 연구의 지평을 넓히는 데 한 몫을 하게 된다.

이 시기 발표된 논문 가운데 몇 편의 연구에 대해 살펴보면, 한태석(1981)의 「신소설의 판권」은 개화기에 현대식활판인쇄술이 도입된 1883년 이후 판권에 대한 인식이 싹트기 시작되었고, 연활자 도입 후 갑오경장(1894년) 전후까지만해도 책의 형태는 여전히 한장(漢裝)이 대부분이었으며, 특히 개화기에 성했던 각종 교과서와 신소설의 판권장을 통하여 우리나라에서 저작권의 개념이 본격적으로 싹튼 시기를 추정할 수 있게 해주며, 고영수(1986)의 「일제하의 금서출판소고」는 일제하의 금서 목록에 대해 고찰하면서, 금서(禁書)의 역사가 고대 그리스·로마시대까지 거슬러 올라가며, 조직적으로는 15세기 활판인쇄가 등장하고 16세시 종교개혁이 일어나면서 지극히 보수적인 가톨릭 교회를 중심으로 금서정책이 단행되었으며, 동·서양의 금서의 역사를 개괄적으로 살펴 볼 수 있는데 의의가 있다.

윤병태(1992)의 「평양의 목판인쇄 출판문화」는 조선시대 평양에서의 목판인쇄와 출판문화를 다룬 연구로서 남북한이 분단된 어려운 상황에서 평양의 옛 인쇄상황과 출판문화를 다뤘다는 데에 연구의 의의가 더욱 크다 하겠다.

---

13) 우리나라 대학원 가운데 출판잡지전공이 처음으로 개설된 것은 1981년 중앙대학교 신문방송대학원이며, 이후 동국대, 경희대, 서강대, 연세대, 성균관대, 건국대의 언론관계 대학원에 출판학 관련 전공 학과가 개설된다.

14) 국제출판학술회의는 1984년 10월 13일에 한·일출판학회 공동 제의로 서울 출판문화회관에서 결성되고, 1985년 8월 20일에는 일본 동경 일본서적출판회관에서 제2회가 열렸고, 1987년 10월 24일에는 서울 아카데미하우스에서 제3회가 개최되었다. 제4회는 일본 동경, 제5회는 한국 서울, 제6회는 중국 북경 올림픽호텔 국제회의실, 제7회는 필리핀 마닐라, 제8회는 일본 동경, 제9회는 말레이시아의 콸라룸프르에서 1999년에 개최되었으며, 2001년에는 한국, 이어서 중국 그리고 일본이 2년마다 교차로 개최하고 있다.

4. 변환기의 연구활동

2000년부터는 『한국출판학연구』로 제호를 바꿔 현재에 이르고 있다. 한국출판학회는 2000년대의 첫해인 2000년에 창립 31주년을 맞았다. 이 때부터 2017년까지를 '변환기'로 이름을 붙 인 이유는, 새로운 밀레니엄이 시작과 함께 새로운 기술이 등장하고 이 새로운 기술이 미디어환경을 크게 바꾸면서 그동안 안정적으로 성장해 오던 출판산업계는 일대 변화가 일어났기 때문이다.

이 시기, 『한국출판학연구』에 발표된 연구 논문 가운데 권두언 및 번역 논문, 국제출판학술대회 발표논문, 한·중출판학술회의 발표논문을 제외한 '서지·문헌론, 서적관'에 대한 연구 목록은 다음과 같다.

- 김두식, 「한글 판본 글자꼴의 변천과 특성에 관한 연구-한글 창제부터 19세기까지」 (2000, 통권 제42호)
- 김두식, 「《국문정리》에 나타난 한글 글꼴 특성에 관한 연구」 (2004, 통권 제47호)
- 윤세민, 「한국 최장수 잡지 《경향잡지》 연구」 (2006, 통권 제51호)
- 최낙진, 「석주명의 '제주도총서(濟州島叢書)'에 관한 연구」 (2007, 통권 제52호)
- 최낙진, 「진성기의 '제주민속총서(濟州民俗叢書)' 고찰」 (2008, 통권 제54호)
- 박몽구, 「해방 이후 한국전쟁 이전 시기 미확인 출판물 연구」 (2008, 통권 제55호)
- 박몽구, 「한국전쟁기~1962년도 미확인 출판물 연구」 (2009, 통권 제57호)
- 박몽구, 「일제강점기 한민족 출판 연구」 (2010, 통권 제59호)
- 김치완, 「석주명의 제주도 자료에 나타난 제주문화: 『제주도수필집』에 나타난 제주도의 자연과 인문환경의 인식에 대한 비판적 검토를 중심으로」 (2011, 통권 제61호)
- 김은규, 「1920/30년대 근대 취미독물 잡지 《별건곤》을 통한 개벽사의 매체 발행 전략에 대한 연구: 발행 주체, 편집 방향, 발행 체제를 중심으로」 (2013, 통권 제65호)
- 노병성, 「『삼강행실도』에 관한 커뮤니케이션적 접근」 (2014, 통권 제66호)
- 이봉우, 「《민성보》의 발간과 사회적 지향」 (2014, 통권 제66호)
- 최낙진, 「백두산총서와 한라산총서 비교 연구」 (2014, 통권 제66호)
- 「『월간 춤』 잡지를 통해 본 전문잡지의 역할」 (2014, 통권 제68호)
- 근대 잡지를 통해 본 1920/30년대 '라디오 방송'의 수용에 관한 연구: 《별건곤》과 《삼천리》를 중심으로」 (2015, 통권 제70호)
- 이문학, 「북한 출판물의 형태서지학적 특성에 대한 연구」 (2016, 통권 제76호)
- 김은규, 「1930년대 신문비평 잡지 〈철필〉에 대한 연구: 발행 의도 및 주장 논지를 중심으로」

(2017, 통권 제79호)
* 김정숙, 「출판사 발행 사보 '범우'지 연구」 (2017, 통권 제80호)

이 시기에는 총 332편의 논문이 발표되었다. 이 가운데 '서지·문헌론, 서적관'에 대한 논문은 18편(5.3%)이다. 이 분야의 논문이 초창기 123편 중 30편(23.4%), 성장기 157편 중 21편(13.2%)이었던 것과 비교하면 그 비중이 더욱 낮아졌다. 초창기에 주종을 이뤘던 이 분야의 연구 편수가 줄어든 이유는 앞서 성장기에 기술한 서지학자들의 대거 이탈과 함께한 신진 출판학자들의 유입 이외에 변환기에 일어난 출판환경의 급격한 변화일 것이다.

출판환경은 21세기 들어서 급격하게 변화하게 된다. 본 고에서 시기 구분한 '성장기'의 마지막 논문집 『'99출판학연구』(통권 41호)의 권두언은 "이제부터가 시작이다. 농경·상업시대 등 잔잔한 파도의 세기가 지나고 급격한 변화를 수반한 지식과 정보 그리고 문화의 시대가 왔다. 이 급변하는 순간에 어떻게 대처하고 순응하면서 발전할 수 있느냐 하는 것은 고도의 기술에 앞서 섬광같은 지식과 풍부한 정보와 탁월한 문화의식을 갖추는 것이라 본다. 이제 출판산업은 제조업에서 정보산업으로 재편되어야 하며, 다매체 다채널시대가 도래함으로서 밀리언셀러는 없어지고 다품종소량생산체제로의 변화 등으로 급격한 환경변화에 따른 학문적 조치가 시급하다.", "또한 새로운 세기의 발전을 출판·영상 등의 전통적인 문화산업이 뉴미디어 등의 첨단정보통신사업과 어떻게 접목하면서 높고 질 좋은 부가가치를 창출하느냐도 중요한 과제다." 라고 말하고 있다(윤형두 1999, 8~9).

이 말대로 실제 2000년대 들어서서 서지학, 도서관학은 문헌정보학이라는 새로운 영역으로 그 기능이 바뀌게 된다. 출판학도 출판물의 형태가 종이에서 전자적인 형태로 바뀌면서 이에 수반한 변화가 일어나게 된다. 출판물의 생산과 유통 방법이 급변하고 더 나아가 스마트 폰 등 디지털 기기의 급격한 보급에 따른 소비 환경의 변화는 출판관련 연구의 영역은 넓혔으나 서지학 관련 연구는 상대적으로 줄 수밖에 없었다.

이 시기 발표된 '서지·문헌론, 서적관'에 대한 논문 가운데 몇 편의 논문을 살펴보면, 우선, 윤세민의 「한국 최장수 잡지 「경향잡지」 연구」는 100년의 역사를 가진 「경향잡지」의 역사와 내용 그리고 외형에 대한 연구로서 한국 잡지와 한국 천주교에 대한 이해뿐만 아니라 잡지에 대한 새로운 전망과 비전을 제시했다는 데에 의의가 있다. 최낙진의 「석주명의 '제주도총서(濟州島叢書)'에 관한 연구」는 나비박사로 알려진 석주명은 제주도에 관한 책 6권에 대한 서지학적 의미의 분석을 통하여 제주도에 대한 전반적인 지식을 얻을 수 있음과 동시에 '제주도학(濟州島學)'이라는 지역연구와 어떠한 연관성을 갖고 있는지 알 수 있게 하는 데 큰 의의가 있으며, 최낙진의 또 다른 논문 「진성기의 '제주민속총서(濟州民俗叢書)' 고찰」은 진성기의 제주도 관련 60여 권의 책 중 '제주민속총서(濟州民俗叢書)'로 명명된 책 28권이 갖는 총서로서의 특징과 출판학적 의미에 대하여 고찰한 논문으로서 제주도학과 관련된 모든 학문 분야에서 활용될 가능성을 열어놓았다는 데에 큰 의의가 있다고 하겠다. 최낙진은 이 외에 「백두산총서와 한라산총서 비교 연구」에서 '산' 총서 출판의 출판학적 의미와 가치들을 살펴보고자 하였는데, 그 내용들은 발간 주체, 중점 내용, 출간 성격, 집필기간 및 집필자 등으로서 남북교류 사업의 학술적 성과를 보여주는 유의미한 사례이기도 하다. 박몽구의 「해방 이후 한국전쟁 이전 시기 미확인 출판물 연구」는 1945년 해방에서부터 1950년 한국전쟁 발발에 이르는 시기, 즉 한국 근·현대사상 더 없는 혼란기 미등록 도서들을 점검하고 미확인 출판물들을 추적하여 이를 유형화하여 정리하여, 이들 도서들을 해방 조국을 새롭게 건설하는 데 초석이 된 귀중한 문화유산으로 편입시켰다는데 큰 의의가 있으며, 박몽구는 이 연구 이후에도 「한국전쟁기~1962년도 미확인 출판물 연구」와 「일제강점기 한민족 출판 연구」로 이 분야 연구의 지평을 넓혔다. 김은규의 「1920/30년대 근대 취미독물 잡지 「별건곤」을 통한 개벽사의 매체 발행 전략에 대한 연구」는 근대잡지 「별건곤」의 매체 발행전략을 고찰한 연구로서, 「별건곤」의 발행 주체인 개벽사에 대한 이해와 함께 발행배경 및 편집방향, 발행체제 등을 이해하는 데 큰 도움이 되는 연구로서 의의가 있다. 이문학의 「북한 출판물의 형태서지학적 특성에 대한 연구」는 형태서지학의 현대적 개념 요소인 판형과 판면, 지질, 서체, 인쇄형식, 글자 크기, 이미지의 선택과 사용 빈도, 색도(色度) 등을 기준으로 북한 출판물의 형태서지학적 특성을 규명한 데에 연구의 큰 의의가 있겠다. 그리고 김정숙의 「출판사 발행 사보 '범우'지 연구」는 사보 「범우」지의 분석을 통해 출판사 발행 사보가 갖는 잡지사적 의미와 출판정신 그리고 출판사 발행 사보가 지향해야 할 방향을 도출하는 것을 목표로 하였는데, 출판사 발행 사보 연구를 통해 출판기업 정신을 확인하고 전승할 수 있도록 사보 연구의 필요성을 제시하는 데 의의가 있다.

　지금까지 살펴 본 바에 의하면, 1969년부터 2017년까지 총 80권의 논문집이 발간되었다. 이 논문집에 실린 연구 논문은 학술대회 발표 논문을 제외하고 총 625편이다. 이 가운데 '서지·문헌론, 서적관'에 관한 논문은 69편으로 약 11%를 차지하고 있어서 그 비중이 결코 적다고 할 수 없다. 근래에 이를수록 이 분야 논문의 편수는 줄어드는 추세이지만 그래도 꾸준히 발표되고 있다. 사실 이 분야의 연구 논문들은 국내의 경우 문헌정보학회의 학술지인 「문헌정보학회지」에 주로 게재되는 것이 사실이다. 그렇더라도 출판물의 서지학적 특징을 분석하고 연구하는 것은 출판학 연구의 한 분야로서 출판 산업 발전에도 크게 기여하리라고 생각한다.

■ 참고 문헌

한국출판학회, 『출판학』 제1집~제22집.

한국출판학회(1981), 『출판학논총』.

한국출판학회(1982), 『출판학연구』.

한국출판학회(1983~1999), 『'83출판학연구』~『'99출판학연구』.

한국출판학회(2000~2017), 『한국출판학연구』.

한국출판학회(2009), 『한국출판학회 30년사』.

천혜봉(2006), 『한국서지학』, 민음사.

전자출판론에 대한 연구

김 정 숙*

■■■

1. 프롤로그

20세기와 21세기의 교차점에서 출판학연구 가운데 가장 뜨거운 분야는 늘 가변적이어온 '전자출판' 연구라 할 수 있다. '전자책'을 둘러싼 '전자출판' 연구는 급변하는 테크놀로지 발달과 맞물린 뉴미디어 환경 속에서 새로운 시각과 관점을 도출하였고 연구방법을 개발해왔으며 다가올 미래에 대한 예측 등 연구방향에 지속적으로 새로움이 요구되어온 연구분야이기 때문이다.

그러므로 '전자출판' 연구는 역사가 일천함에도 한국출판학 연구 50년사에 있어 많은 연구자들의 관심이 집중된 분야 가운데 하나였다.

전자출판 관련 연구는 1983년에 학계에 처음 등장하여 꾸준하게 늘어났고, 한국출판학회 학술저널에는 1992년에 처음 등장하여 학술적 연구가 미소하게 이어지다가 2000년 이후에는 양적 증가를 보여왔다. 전자출판 및 전자책 연구가 가장 활성화되었던 때는 스마트폰과 아이패드의 원년이라 할 수 있는 2010년으로 이전과 이후의 연구량의 차이를 보이고 있다.

2. 한국 전자출판 연구의 좌표

한국 전자출판 연구는 세부 인프라가 매우 다각적이어서 융합학문의 성격을 다분히 띠고 있

---

* 백제예술대학교 교수

*출처: http://dl.nanet.go.kr.
〈그림 1〉 출판 연구 가운데 전자책 연구와 전자출판 연구의 비중

다. 다양한 분야에서 전자출판을 시각과 관점을 달리하여 연구에 차용하고 있기 때문이다. 이에 따라 출판학의 하위 인프라 학문으로서 전자출판 연구의 아이덴터티를 정립하는 것이 기초적으로 매우 중요하다.

일차적으로는 좀더 거시적인 시각에서 전자출판의 좌표를 파악하는 것이 우선시되어야 할 것이다. 본 장에서는 출판학 외에도 어느 분야에서 전자출판 연구가 활성화되고 있는지 검토하기 위해 메타 분석을 하였다.

2018년 2월 현재 국회도서관 사이트에 게시되고 있는 국회도서관 소장자료 중 검색어 '전자출판'으로 검색하면, 도서 322건, 학위논문 64건, 저널 386건(이 가운데 등재 및 등재후보 학술지 게재논문 50건)으로 나타나고 있다. 연도별로는 2010년에 가장 많은 논문수가 산출, 이전보다는 이후에 더 많은 연구를 하고 있음을 보여주고 있다. 그리고 검색어 '전자책'(e-book, e-북, E-북 포함)으로는 도서 106종, 학위논문 189종, 저널 914종(이 중 등재 및 등재후보 학술지 219논문)으로 나타나고 있다. 연도별로는 〈그림 1〉과 마찬가지로 2010년에 가장 많은 논문수가 검출되었고, 2010년 이전보다는 이후에 더 많은 연구를 하고 있음을 보여주고 있다.

두 검색어 '전자출판'과 '전자책'은 교집합을 이루는 부분이 꽤 중첩되는 경우였으므로 두 검색어를 결합하였고, 그밖에도 '유비쿼터스 출판' 및 'U-북' 등의 검색어도 함께 종합하는 검색을 하여 보다 면밀한 결과를 얻을 수 있었다.

본 연구에서는 이상의 종합검색 과정을 거쳐 〈그림 2〉 및 〈그림 3〉과 같은 결과를 얻을 수

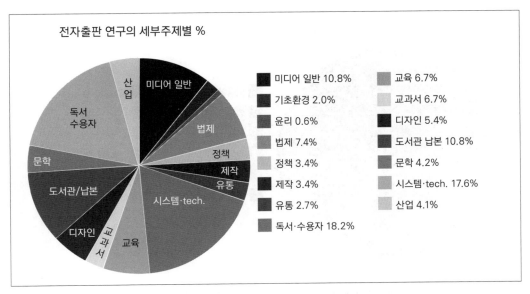

전자출판 연구의 세부주제별 %

- 미디어 일반 10.8%
- 기초환경 2.0%
- 윤리 0.6%
- 법제 7.4%
- 정책 3.4%
- 제작 3.4%
- 유통 2.7%
- 독서·수용자 18.2%
- 교육 6.7%
- 교과서 6.7%
- 디자인 5.4%
- 도서관 납본 10.8%
- 문학 4.2%
- 시스템·tech. 17.6%
- 산업 4.1%

〈그림 2〉 전자출판 연구의 세부 연구주제별 양적 분포 (2010년~2018년 2월)—
학술 저널(등재지 및 등재후보지) 중심

있었다.

등재지 및 등재후보지로 제한한 저널에 실린 논문을 조사한 〈그림 2〉는 2010년 이후부터 2018년 2월 현재까지의 한국 전자출판 연구(이후, 전자책 연구를 포함하여 총칭하기로 한다)의 세부 주제별 비중이다. 그리고 석·박사학위논문을 조사한 〈그림 3〉은 1990년도 이후부터 2017년 8월까지의 논문을 대상으로 전자출판의 세부 주제별 비중을 조사하였다.

〈그림 2〉에서 조사한 학술 저널(등재후보지 이상으로 제한)은 『한국출판학연구』를 위시한 「서지학연구」, 「한국비블리아학회지」, 「사회과학연구」, 「인문콘텐츠」, 「정보교육학회」, 「한국언론학보」, 「글로벌문화콘텐츠」, 「정보관리학회지」, 「저작권」 등은 물론 「상사법연구」, 「동방학지」, 「디자인학연구」, 「디지털디자인학연구」, 「대한인간공학회지」, 「한국HCI학회논문지」, 「한국전자거래학회지」, 「초등교육연구」, 「만화애니메이션연구」, 「직업능력개발연구정보처리학회논문지」, 「한국해양정보통신학회논문지」, 「대한의사협회지」, 「동아법학」 등 매우 다양한 분야에서 광범위하게 전자출판 및 전자책 연구를 수행하고 있었다.

학위논문의 경우(〈그림 3〉)도 다양한 전공 분야에서 다루고 있었으나 주로 신문방송대학원, 언론(정보)대학원에서 다수 배출되었다. 그 외에 경영대학원 및 디자인대학원에서 전자출판 및 전자책을 다루고 있음을 알 수 있었다.

세부 연구주제는 학술 저널과 학위논문 모두 '시스템 및 테크놀로지' 관련주제에서 많은 수의 연구결과를 도출하였고 '미디어 일반', '독서 또는 수용자' 관련연구 또한 적지 않은 수의 연

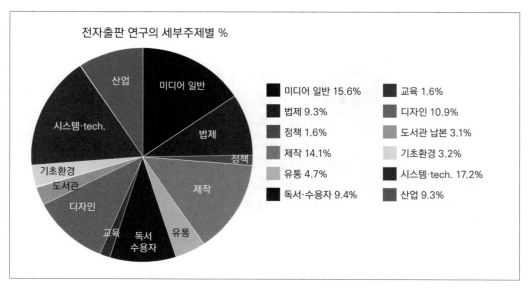

〈그림 3〉 전자출판 연구의 세부 연구주제별 양적 분포 (1990년~2017년 8월)—학위논문 중심

구결과를 도출하였다.

도서관학은 학술저널에 전자출판 연구가 많은 반면, 디자인 분야는 학위논문에 더 많은 수의 전자출판 연구를 배출하고 있었다.

이상의 결과에서처럼 전자출판 연구는 출판학뿐 아니라 다양한 학문 분야에서 광범위한 인프라를 구축하고 있다. 그러므로 출판학 연구의 하위 인프라 연구로서 '전자출판' 연구는 '호환성'을 매우 긴요한 장점으로 구축하고 있는 연구분야라 할 수 있다. 출판학의 외적 융합연구(convergence study)뿐 아니라 학제연구(multi-disciplinary)의 지평이 매우 넓은 연구분야인 것이다.

3. 출판학 연구 내에서의 전자출판 연구의 변천

(1) 양적 변천

출판학 연구 내에서 전자출판 및 전자책 연구는 매우 활성화되어 있다. 한국출판학회의 학술저널인 등재지 『한국출판학연구』에 그 내용이 적확히 드러나 있으므로 이 내용을 면밀히 조사하면 〈표 1〉과 같다.

〈표 1〉『한국출판학연구』에 게재된 전자출판 연구

NO	Title	연구자	통권	발행연월
1	한글 출력코드의 릭스곡선에 관한 연구	이기성	34	1992.12.
2	정보사회와 출판산업	윤형두 김희락		
3	전자출판과 디스크책에 관한 연구	이기성	35	1993.12.
4	전자출판의 발전에 따르는 기초환경의 문제점	김정숙	36	1994.12.
5	DTP의 현황과 전망에 관한 연구	김경일	37	1995.12.
6	전자출판을 위한 한글 글자꼴 개발에 관한 연구	이기성		
7	CD-ROM과 인터넷을 기반으로 한 한국 출판의 현황	윤세민		
8	한국 출판에서 전자출판의 위치와 영향 및 대응책	이기성	38	1996.12.
9	전자출판을 위한 타이포그래피에 관한 연구	이영호		
10	대학 전자출판 교과과정에 관한 연구	김두식		
11	전자출판용 한글 본문체와 한글 제목체 활자에 관한 연구	이기성	39	1997.12.
12	한국 전자출판 산업의 현황과 영향에 관한 연구	노병성		
13	전자출판의 발전에 따른 출판계와 인쇄계의 대응에 관한 연구	이기성	40	1998.12.
14	한글의 도활자와 디지털 활자에 관한 연구	이기성	41	1999.12.
15	인쇄매체의 전자화 양상에 따른 커뮤니케이션 패러다임 비교 연구	김기태		
16	전자상거래를 통한 출판유통 발전방안 연구— 국내 인터넷 서점을 중심으로	이은국		
17	디지털 콘텐츠의 유통관리와 DOI시스템의 운영체제 고찰	이두영	42	2000.12.
18	외국 전자출판의 현황과 발전방향 : 미국과 유럽의 사례를 중심으로	이용준		
19	전자책의 가능성에 대한 연구	김진두		
20	디지털 출판산업의 가치사슬(value chain)	최낙진		
21	전자출판의 정의와 범주	김경일	43	2001.12.
22	인터넷 출판콘텐츠 및 인터페이스 기획에 관한 연구	김두식		
23	인터넷 서점과 출판계의 갈등에 관한 연구	김진두		
24	독서 활성화를 위한 영상 미디어의 활용에 관한 연구: 영상미디어화된 출판물의 독서동기를 중심으로	성동규 서보윤		
25	한국 출판산업의 전망과 대책에 관한 연구: ubiquitous시대의 OSMP 기획과 편집	이기성	44	2002.12.

26	웹 퍼블리싱의 특성에 대한 연구: 정보사슬의 변화와 온라인 상거래 모델을 중심으로	이용준		
27	인터넷과 출판유통에 관한 연구	김진두		
28	웹진의 웹 미디어적 특성 연구	윤세민		
29	도서의 디지털화에 따른 독서양식의 변화 연구	황민선		
30	인터넷 문자정보의 효율적 전달에 관한 연구	김두식		
31	한글 고딕체와 네모체 폰트에 관한 연구	이기성	45	2003.12.
32	유비쿼터스 시대의 전자책 활성화에 관한 연구	성동규 박상호	48	2005. 6.
33	e-Book 산업구조 개편에 관한 연구	김두식		
34	e-Book 콘텐츠의 수익구조 개선방안에 대한 연구	이용준		
35	U-시대 한국 인터넷 출판 현상 분석	김정숙	49	2005.12.
36	전자책 이용 활성화를 위한 이용행태 조사연구	성동규 박상호		
37	미디어 환경변화에 따른 CTS의 새로운 포지셔닝에 관한 연구	조도현		
38	U-북 콘텐츠 개발동향 분석 및 활성화 방안 연구	김정숙	50	2006. 6.
39	전자책 콘텐츠의 이용자 증대에 관한 연구: 접근성의 확대를 중심으로	김경일		
40	A Study on the Hangeul font and Hangeul code for the unification of the South Korea and the North Korea	이기성		
41	시스템 다이내믹스를 이용한 디지털출판산업의 동태성에 관한 연구: e-book을 중심으로	이은국 김찬원		
42	유비쿼터스 출판의 미래와 전망	이병혜		
43	마케팅 PR매체로서 잡지 미디어의 인터넷 홈페이지 활용에 대한 연구: 일본의 여성잡지 인터넷 홈페이지 사례분석 중심	이호영 문연주		
44	온라인 서점과 오프라인 서점에 대한 출판경영자의 거래만족도 연구	이은국 한주리		
45	디지털 시대에 보여지는 문자문화의 변화에 대한 연구	황민선		
46	U-book 이용에 관한 기대가치론적 연구	성동규 박상호	51	2006.12.
47	디지털 환경과 저작권 패러다임에 관한 연구	손수호		
48	일본 출판산업의 현황과 시사점: 유비쿼터스 출판환경을 중심으로	백원근	52	2007. 6.

49	대학생의 e-book 이용태도에 관한 연구	정현욱 김선남	53	2007.12.
50	유비쿼터스 시대의 전자출판 산업의 발달요인에 대한 연구	류영미 이문학		
51	잡지 콘텐츠의 디지털 활용방안 연구	이용준		
52	아날로그와 디지털 텍스트의 독서 패러다임에 관한 고찰	노병성	54	2008. 6.
53	출판·잡지 콘텐츠의 본문검색에 대한 연구	이용준	55	2008.12.
54	유비쿼터스 시대의 출판에 대한 통합적 시각 : U-publication 정의 및 e-Book과의 관계	박아름 이경전	56	2009. 6.
55	주문형 출판 시스템(POD)의 활용에 관한 연구	이문학		
56	인터넷을 통한 디지털 콘텐츠 이용행태에 관한 연구 : 전자책 이용을 중심으로	박상호	57	2009.12.
57	디지털 출판 콘텐츠의 제작·이용에 대한 매체미학적 연구 : 벤야민 아우라 붕괴와 기술복제에 대한 관점을 중심으로	강진숙 한찬희		
58	휴대용 eBook 단말기 이용의도에 영향을 주는 요인에 관한 연구	성동규 성대훈		
59	대학생의 e-Book 이용실태의 변화에 대한 연구	정종원		
60	한국 전자출판 플랫폼 정립에 관한 연구 : 전자책의 장르 편중 현상을 중심으로	구모니카 유제상	59	2010.12.
61	한국 전자책 시장에 대한 수용자 인식 연구	이용준		
62	앱북에 대한 수용자의 재매개화와 사용 용이성 인식에 대한 연구	이옥기	60	2011. 6.
63	E-Book의 활용에 따른 독서문화 변화의 특성 연구	김앵아 강현주		
64	미디어 생태변화에 따른 e-Book 출판의 가치사슬 및 가치 네트워크 변화에 관한 연구	김정숙	61	2011.12.
65	출판 콘텐츠의 다중 미디어 확산전략 연구 : 스토리텔링 3방식을 중심으로	남석순		
66	국내 전자책 및 전자출판 연구의 주제와 방법에 대한 메타 연구	강진숙		
67	국내 전자책 플랫폼의 부상과정과 유형에 관한 연구 : 교보이북, 바로북, 북큐브, 리디북스에 대한 사례연구	장용호 공병훈	62	2012. 6.
68	e-북 출판사의 출판유형에 관한 Q-방법론 적용 연구	김정숙 백원근	64	2013. 6.

69	종이책과 비종이책에 관한 법제 개선방안 연구	김기태		
70	디지털 출판 생태계와 출판사의 적응전략 연구	장용호 공병훈	65	2013.12.
71	블로그와 트위터 이용자들의 소셜 미디어 출판에 대한 연구: 피에르 레비와 집단지성을 중심으로	강진숙 김지연		
72	하이브리드 독서문화의 현황과 발전과제	백원근	68	2014.12.
73	전자책의 수용결정요인에 관한 연구	김경일		
74	국내 디지털 교과서 연구경향에 대한 메타 분석	이문학 장성준	69	2015. 4.
75	디지털 미디어를 활용한 독서활동 현황과 특성에 대한 연구	신명환	74	2016. 6.
76	빅 데이터 시대의 데이터 저널리즘 전개방향에 대한 모색	정동우		
77	무선통신 기술을 이용한 전자책 이용경험 확산방안 연구	이승환	76	2016.12.
78	뉴미디어 전자책 인터페이스 모델 연구: 이퍼브3.0과 HTML5의 콘텐츠 편집과 인터페이스를 중심으로	조정미 공병훈	77	2017. 3.
79	한글자소 1458개 조합 디자인 알고리즘에 관한 연구	이기성		
80	웹 출판의 발전과 과제	이승환	78	2017. 6.
81	외국 웹 소설의 현황과 특성을 통해 본 국내 웹 소설 발전의 시사점	이용준 최 연	79	2017. 9.
82	4차산업혁명과 출판의 미래 모델 연구: 기술혁신 환경의 출판 모델과 적용전략을 중심으로	공병훈	80	2017.12.

〈표 1〉과 같이 『한국출판학연구』지에 게재된 '전자출판' 관련연구는 학술지가 연간으로 정기화하기 시작했던 1983~2017년을 경과하는 동안 총 82논문(국제학술대회 발제문 1편 포함)이 게재된 것으로 조사되었다.

등재지 이전인 1983~2000년까지 총 161편(국제학술대회 발제문 15편 포함)의 논문 가운데 20논문이 실렸으므로 12.4% 가량을 차지했으며—전자출판 관련논문이 실리기 시작한 1992~2000년까지 총 75논문 가운데 20편의 전자출판 관련 논문이 차지하는 비중은 26.7%에 이름—등재(후보)지 이후인 2001~2017년까지 총 325논문 중 62논문이 '전자출판' 관련연구로 19.1%의 비중을 차지하였다.

이 수치는 출판학 연구에서 전자출판 연구가 갖는 양적 측면의 위상이라 할 수 있다.

한편, 〈표 1〉에 드러나는 연구자들의 게재율은 이기성이 11편으로 가장 많았다. 그 다음은 이용준이 6.5편, 김정숙 4.5편의 순이었다. 김두식은 4편, 김경일과 김진두가 각각 3편이었으

며 박상호와 공병훈, 백원근은 2.5편이었다. 2편을 게재한 연구자만도 노병성 외 5인의 연구
자가 더 있었다. 이들이야말로 전자출판 및 전자책 관련 연구를 통해 출판학의 발전을 추동한
연구자들이라 할 수 있다.

(2) 주제의 변천

『한국출판학연구』지에 게재된 '전자출판' 관련연구 총 82편의 논문을 주제별로 연구경향
을 살펴보기 위하여, 키워드를 대입하여 분류를 하였다. 그 결과는 〈그림 4〉와 같다.

〈그림 4〉를 통해 『한국출판학연구』지에 게재된 '전자출판' 관련연구의 경향을 보면, 〈그림
2〉와 〈그림 3〉의 전반적 연구경향과 다른 특성이 있다.

유사한 점으로는 독서·수용자 연구의 많은 비중과 미디어 일반의 적지 않은 비중을 보이고
있다. 그러나 독서·수용자 연구의 비중이 월등히 많다는 점도 특성으로 꼽을 수 있다.

가장 두드러진 차이는 학술지답게 현황을 분석하고 미래를 전망하는 면모를 보여주고 있다
는 점이다. 현실을 정확하게 직시하고 문제점을 도출하며 미래의 예측까지 기할 수 있는 사회
과학의 면모를 담고 있는 것이다. 다만, 이를 위한 이론연구 및 좀더 큰 카테고리에서 미디어 일
반 등의 기초연구의 시각을 좀더 보완하는 것이 필요해 보였다.

〈그림 2〉와 〈그림 3〉에서 보여주는 전반적 연구경향은 시스템·테크놀로지의 높은 비중이다.
그밖에도 정책·법제 등의 관심이 『한국출판학연구』지에는 작게 드러나고 있다.

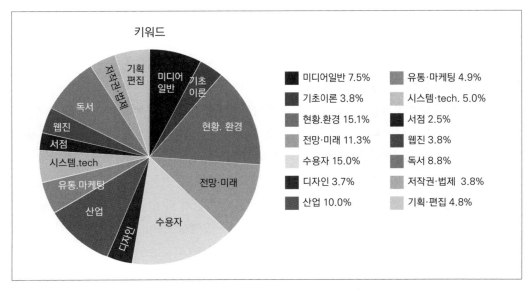

〈그림 4〉 『한국출판학연구』지에 게재된 '전자출판' 연구의 주제별 %—키워드를 중심으로

4차산업혁명 시대가 도래한 만큼 정책수립과 법제마련에 대한 연구가 절실한 시점이라 전자출판 분야에서 이에 대한 연구의 확대가 긴요하다.

(3) 내용의 변천

출판학 연구 내에서 전자출판 및 전자책 연구는 2000년을 기점으로 그 이전까지 전자출판과 전자책 시대의 도래에 대한 다양한 개념정리를 해오던 터였다.

20세기 말에는 '후기 산업사회', '정보화사회'라는 용어가 시대를 대변했으므로 과도기를 경과하던 당시로서는 전자출판이란 무엇인가에 대한 정의가 필요한 때였다. 전자출판의 개념 및 용어를 도입하거나 개발하던 때였으므로 연구논문은 전자출판의 기술적 진전 및 전자책의 가능성을 타진했고, 부수적으로 컴퓨터 구현 글꼴이나 인터넷과 출판, 인터넷 상거래 등을 다루기 시작했던 것이다. 이 무렵의 테크놀로지는 출판에 컴퓨터 기술을 도입하는 단계로서 전자출판을 DTP(desk top publishing)나 CAP(computer aided publishing)를 구체화·가시화함으로써 연구소재로 삼았던 것이다.

21세기에 접어들자, 전자책을 라틴어인 '유비쿼터스(ubiquitous)'란 개념으로 이해하기 시작했다. 1988년 미국 제록스(Xerox)사의 팰로 앨토 연구소(Palo Alto research Center)의 와이저(Mark Weiser)가 개념화한 '유비쿼터스'는 '편재성'의 의미이다. 이로써 출판의 기술적 진전이나 변화된 책의 모습에 대한 시각보다는, 언제 어디서건 어떤 미디어나 어떤 디바이스이건 책을 읽을 수 있는 디지털 환경의 변화에 초점을 두기 시작했던 때였다. 이기성(2002)은 유비쿼터스 시대임을 천명하고 출판의 OSMP(one source multi product) 기획과 편집으로 대처해야 한다고 하였다. 성동규·박상호(2005)는 U-시대의 전자책 활성화 방안을 논의하기 시작했다. 김정숙(2005)은 ICT의 급속한 발달로 이룬 유비쿼터스 환경의 중심에 인터넷 북이 있음을 주목, 인터넷 출판 연구를 내놓았다.

한국출판학회지에 전자출판 연구의 봇물을 이루었던 것은 2006년이었다. 2006년에만 총 10논문이 산출되었다. 이로부터 종합적인 현황 및 미래지향적 관점과 패러다임 연구(김정숙, 이병혜, 백원근) 외에도 홈페이지의 PR·마케팅 연구(이호영·문연주), 온라인 서점 연구(이은국·한주리), 수용 및 수용자 연구(김경일, 성동규·박상호, 정현욱·김선남), 폰트 연구(이기성), 문자문화의 변천 연구(황민선), 저작권 연구(손수호), 전자책의 산업 및 수익구조 연구(이용준, 김두식, 류영미·이문학), 웹진 연구(윤세민), 디지털 독서 연구(노병성) 등이 2006년을 중심으로 쏟아져나왔다.

이후의 전자출판 연구는 시시각각으로 진전하는 테크놀로지의 문제를 벗어나 콘텐츠에 집중되기 시작했다. 미디어 테크놀로지가 발전하면 발전할수록 채널이 늘어나면 늘어날수록

OSMU(one source multi use) 가운데 MU보다는 OS인 원천 콘텐츠의 중요성이 더욱 강조되기 시작했던 것이다. 전자출판 연구는 '콘텐츠'에 중점을 두기 시작했고 '플랫폼'의 중요성에 집중하기 시작하였다(이용준, 2007, 2008；박상호, 2009；강진숙·한찬희, 2009；구모니카·유제상, 2010；남석순, 2011；장용호·공병훈, 2012)

이에 대한 조망적 시각을 갖춘 연구는 일찍이 최낙진(2000)의 「디지털 출판산업의 가치사슬(value chain)」 연구에서 비롯되었다. 이어서 김정숙(2011)의 「미디어 생태변화에 따른 e-북 출판의 가치사슬 및 가치 네트워크에 관한 연구」로 이어짐으로써 전자출판이 처한 좌표를 읽어낼 수 있도록 하였다. 이후, 장용호·공병훈(2013)의 「디지털 출판 생태계와 출판사의 적응전략 연구」와 백원근(2014)의 「하이브리드 독서문화의 현황과 발전과제」 등을 통해 보다 구체적이고 실용적인 인프라 연구를 구축하였다.

전자출판 연구는 2010년 이전에 잠시 소강상태를 보였다. 그러다 2010년의 스마트폰과 아이패드의 등장으로 다시 새로운 국면을 맞게 된다. 융합 미디어의 등장으로 정보의 편재성에다 이동성을 추가함은 사회적으로 일대 변모를 가져왔다. 이에 따른 SNS의 급격한 보급과 확산이 이루어짐으로써 전자출판의 확대에 대한 기대감으로 부풀었던 것이다. 그러나 국내 전자출판 및 전자책 시장은 외국의 사례보다 더 큰 진전을 이루고 있지 못하였다. 그러다 보니 그 원인과 전략을 찾기 위한 연구가 수반되었다. 이용준(2010)은 「한국 전자책 시장에 대한 수용자의 인식연구」를 그리고 이옥기(2011)는 「앱북에 대한 수용자의 재매개화 사용의 용이성 인식에 대한 연구」를 김경일(2014)은 「전자책의 수용결정요인에 관한 연구」를 수행함으로써 수용자 요인에 집중하였다. 한편, 김정숙·백원근(2013)은 e-북 출판사의 출판유형을 도출하기 위한 연구를 통해 생산자(출판사) 요인을 찾고자 하였다. 이승환(2017)은 전자책 이용경험 확산 방안을 찾기 위한 연구와 함께 웹출판의 발전방안을 찾고자 연구를 수행하였다. 그리고 이용준·최연(2017)은 웹소설로 호황을 누리는 중국의 경우를 비교함으로써 국내 웹소설 발전에 시사점을 부여하고자 하였다.

2016년 이후에는 '빅 데이터', '인공지능', '사물 인터넷(IoT；internet of things)'으로 대변되는 4차산업혁명 시대의 키워드들이 등장하기 시작한다. 정동우(2016)는 빅 데이터 시대의 데이터 저널리즘의 전개방향을 모색하였다(이 논문에는 '전자출판 및 전자책'에 집약하지 않았으므로 거시적 관점에서 전자출판 연구로 분류해야 하는지의 어려움이 다소 있었다). 공병훈(2017)은 「4차산업혁명과 출판의 미래 모델 연구」를 통해 기술혁신 환경 하에서 출판의 적응전략에 부합하는 모델링을 도출하는 연구를 수행하였다.

4. 에필로그 : 『한국출판학연구』지에 담긴 전자출판 연구의 변천사

한국출판학회의 50년사 가운데 전자출판 관련 연구는 그 절반인 25년의 역사를 누적할 만큼 연구이력이 짧다. 그러나 그 어느 연구분야 못지않게 숨가쁘게 달려온 분야이기도 하다.

20세기와 21세기의 분수령에서 미디어 테크놀로지의 급격한 발전속도는 세기를 갈라놓기에 부족함이 없었다. 이에 따라 전자출판 연구는, 한국 출판학 가운데, 급변하는 미디어 환경 속에서 시를 다퉈 새로운 연구지형을 개발하고 미래지향적 시각을 갖추는 데 추동력을 가해야 했던 가장 역동적인 연구분야라 할 수 있다.

최초의 전자출판 관련연구는 통권 제34호였던 1992년의 『한국출판학연구』지에 실렸던 이기성의 「한글 출력코드의 릭스곡선에 관한 연구」로부터 비롯되었다. 이기성은 DTP 및 CAP 환경에서 컴퓨터에 구현하는 한글의 글꼴을 다양한 각도에서 지속적으로 연구하여 『한국출판학연구』지에 11편의 논문을 실었다. 초기 전자출판 관련 연구는 이처럼 DTP 및 CAP 환경에서 출발하여 전자책 디바이스 개발 및 보급의 문제에 이르기까지 현재를 성찰하고 미래를 내다보거나 예측적 시각을 내놓기 위해 골몰하였다.

21세기에 접어들자, 인터넷이 가져온 '유비쿼터스(ubiquitous)' 환경의 개념을 수용한 U-북에 관심을 기울였고 시시각각으로 진전되는 ICT의 급속한 발달의 산물로서 전자책의 제작과 보급을 활성화하기 위한 연구들이 속출하였다.

전자출판 연구가 『한국출판학연구』지에 가장 많이 등장한 것은 2006년이었다. 전자출판의 종합적인 현황 및 미래지향적 관점과 패러다임 연구 외에도 홈페이지의 PR·마케팅, 온라인 서점, 수용 및 수용자, 디지털 독서, 폰트 및 디자인, 저작권, 전자책의 산업 및 수익구조, 웹진 연구 등이 2006년을 중심으로 쏟아져 나왔다. 연구의 지평이 넓어지고 연구 인프라가 틀을 갖추는 시점이기도 했다.

이후, 콘텐츠와 플랫폼 연구에 집중하는 한편 미디어 생태변화에 따른 가치사슬, 가치 네트워크 연구 등의 키워드로써 전자출판을 조망하기도 하였다.

그러다 2010년의 스마트폰과 아이패드의 등장으로 다시 연구의 활성화 국면을 맞게 되었고, 현재는 4차산업혁명 시대의 키워드인 '빅 데이터', '인공지능', '사물 인터넷(IoT; internet of things)에 주목하고 있는 중이다.

전자출판은 이제 융합 연구로서의 범위 및 가치가 증폭되고 있고 복합 학제(multi-disciplinary)의 성격을 갖춰가고 있다. 미래의 전자출판 연구는 지금으로서는 상상할 수 없는 연구의 지평으로 확산되어갈 것임이 분명하다. 중요한 것은, 전자출판 및 전자책이 어떤 미디어 형태나 특성으로 진전이 되어가더라도 책의 본질은 영속적이다. 책의 본질은 테크놀로지가 침범하는 영역이 아님을 전자출판 연구에 첨언한다.

멀티미디어 다중매체에 대한 연구

황 민 선*

■■■

1. 머리말

1940년대 컴퓨터의 발명부터 시작해 1990년대 인터넷을 활성화한 Web의 발명 등은 디지털 정보 혁명을 이끌었으며, 정보의 디지털화는 일상 생활 전반에 걸쳐 영향을 미쳤다. 미디어 환경에도 혁명적 변화를 가져와, 다양한 형태의 새로운 미디어가 탄생하였고, 기존의 미디어와 미디어가 결합된 멀티미디어가 등장하게 된다.

동아백과사전에서 멀티미디어 단어를 구성하는 조합을 살펴보면 'multi'(다중, 복합)와 'media'(매체, 매개물)의 합성어로서 단어 자체로는 다중매체를 의미하나, 미디어 환경의 디지털화와 함께 기존에 존재하는 글자·소리·영상 매체의 복합체를 의미하는 동시에 컴퓨터가 처리할 수 있는 디지털 상태를 포괄한다. 또한 멀티미디어는 전통적인 정보전달 매체들이 개별적으로 가지고 있던 기능을 통합하여 시청각 정보 등의 다양한 형식의 자료를 처리하고 전송하는 등 여러 기능을 수행하는 다기능 매체를 의미한다. 기존의 매체들이 단방향의 선형적인 성격을 지니고 있다면, 멀티미디어는 쌍방향의 비선형적이라는 특징을 지닌다.

본 장에서는 멀티미디어와 다중매체 이용 및 대응에 대한 연구의 역사를 살펴보고자 한다. 멀티미디어 출판 연구에 있어 1992년은 의미가 있는 해이다. 멀티미디어 출판에 관련된 국내 연구 중 학술논문 및 학위논문이 최초로 발표된 해이기 때문이다. 학술 연구 중 멀티미디어와 전자출판을 다룬 이만재(1992)의 연구가 1992년에 전자공학회지를 통해 발표되었으며 또한 멀티미디어를 이용한 전자출판 활용방안에 대한 조용선의 석사 논문이 1992년에 출판되었다. 이

---

* 김포대학교 교수

두 연구는 논문의 질 자체를 떠나 우리나라에 있어 멀티미디어 출판 연구의 효시라는데 그 의의가 있다. 특히 이만재(1992)는 멀티미디어 출판으로 인해 저자와 독자의 역할이 변화할 것과 책에 대한 개념 및 모양이 변화할 것을 주장하고 있는데 그 통찰력이 돋보인다. 그러나 이 두 연구는 출판학자에 의한 연구가 아니라 공학계열 학회지와 공학석사 논문이라는데 아쉬움이 있다.

멀티미디어의 등장은 출판계에도 많은 변화를 가져왔으며, 출판학자들도 멀티미디어와 다중매체 이용 및 대응에 대한 연구를 진행하였다. 그러나 멀티미디어 관련 연구들을 수집 정리하여 통시적으로 분석한 연구는 이루어져 있지 않다. 이에 출판학회 학회지인 『한국출판학연구』에서의 멀티미디어와 다중 매체 이용 연구의 역사를 상세하게 살펴본 후, 관련 학위논문에 대해서도 개괄적으로 그 역사를 고찰해보고자 한다.

2. 『한국출판학연구』에서의 역사적 고찰

한국출판학회 학술지인 『한국출판학연구』에서 멀티미디어 출판과 다중매체 이용 및 대응에 관련한 논문은 총 22편이다. e-book, 앱북, 전자북, 전자책, 전자출판, 인터넷출판, 소셜미디어 출판 등에 관한 논의는 앞 장인 전자출판론에서 다루고 있으므로 본 장에서는 제외하고, 멀티미디어와 다중매체 이용에 대한 것으로 국한해서 다루고자 한다. 『한국출판학연구』의 멀티미디어와 다중 매체 이용 및 대응에 대한 연구 목록은 〈표 1〉과 같다.

〈표 1〉 멀티미디어와 다중 매체 이용 및 대응 논문 목록(한국출판학연구)

발표 년도	논문명	저 자	호 수
1995	cd-rom과 인터넷을 기반으로 한 한국 출판의 현황	윤세민	1995.12
2001	독서 활성화를 위한 영상미디어의 활용에 대한 연구: 영상미디어화된 출판물의 독서 동기를 중심으로	성동규 서보윤	통권 제43호
	매체 환경의 변화와 독서의 역할	김재윤	통권 제43호
2002	웹진의 웹 미디어적 특성 연구	윤세민	통권 제44호
2004	출판의 다른 매체 활용화 현상 연구	김진두	통권 제47호
2005	출판물과 출판물을 원작으로 하는 영상물의 매체 특성 비교 연구	황민선	통권 제48호
2006	마케팅 PR 매체로서 잡지 미디어의 인터넷 홈페이지 활용에 대한 연구	이호영 문연주	통권 제50호
	탈문자시대의 미디어 문화와 이용자에 대한 이론적 연구: 포스터, 플루서, 비릴리오의 입장을 중심으로	강진숙	통권 제51호

	뉴미디어시대 한국 잡지의 위상 변화 연구	박몽구	통권 제50호
	디지털 시대에 보여지는 문자문화의 변화에 대한 연구	황민선	통권 제50호
2007	잡지콘텐츠의 디지털 활용방안 연구	이용준	통권 제53호
	미디어 능력에서 "디지털 능력"으로 : 디지털 시대의 미디어 능력 촉진을 위한 미디어 교육 방법 연구	강진숙	통권 제53호
2008	아날로그와 디지털 텍스트의 독서 패러다임에 관한 고찰	노병성	통권 제54호
	텔레마틱 사회의 대화형 매체와 소통형식에 관한 연구 : 빌렘 플루서의 코무니콜로기를 중심으로	강진숙 장성준	통권 제54호
2009	디지털미디어 시대 출판콘텐츠 스토리텔링의 생산적 논의	남석순	통권 제55호
	유비쿼터스 시대의 출판에 대한 통합적 시각	박아름 이경전	통권 제56호
	디지털 시대 국민 독서증대를 위한 문학라디오 활성화 방안 연구 : 〈문학 FM〉 라디오와 인터넷을 중심으로	이만제	통권 제56호
	디지털 출판콘텐츠의 제작 이용에 대한 매체미학적 연구	강진숙 한찬희	통권 제57호
2010	새로운 패러다임 구축을 위한 출판의 재개념화 연구	김기태	통권 제58호
	출판의 개념 변화에 관한 고찰	노병성	통권 제59호
2011	출판콘텐츠의 다중 미디어 확산 전략 연구 : 스토리텔링 3방식을 중심으로	남석순	통권 제61호
2013	휴마트 사회의 새로운 독서환경에 대한 일고찰 : 스마트 시대 브레인 운동으로서의 독서를 중심으로	윤세민 이정춘	통권 제65호

관련 연구를 몇가지 주제로 나누어보면, 멀티미디어와 디지털화로 촉발된 매체 환경과 독서 양식의 변화에 대한 연구, 출판의 재개념화에 대한 연구, 멀티미디어 출판물(CD-ROM, 웹진)에 대한 연구, 출판의 다중 매체 이용에 대한 연구, 멀티미디어 시대 문화에 대한 이론적 연구로 나눌 수 있다.

우선 멀티미디어 관련 연구로 눈에 띄는 것은 멀티미디어와 디지털화로 촉발된 매체 환경과 독서 양식의 변화에 대한 내용이다. 디지털화된 정보는 멀티미디어성 외에도 비선형성이라는 특징을 지닌다. 비선형성은 한 정보에 여러 개의 정보가 연결됨으로써 나타나며, 이 구조적 속성으로 인해 디지털화된 텍스트에서는 '전달자와 수용자', '저자와 독자'의 구분이 어렵게 된다. 이와 같은 구조가 독자들에게 다양한 선택의 기회를 줌으로써 텍스트의 선택 여부는 전적으로 독자의 선택에 달려있게 되고 이로 인해 독자는 저자의 역할까지 일부분 담당하게 된다.

이와 같은 특성은 멀티미디어 콘텐츠에 있어 독자의 역할 변화를 초래하며, 출판학자들은 독자의 역할 변화 및 독서 양식의 변화 등에 대한 연구 필요성을 절감하게 되었다. 황민선(2006)은 디지털시대 문자문화의 변화로 시각화, 구술화 경향을 주장하며, 노병성(2008)은 독서의 패러다임의 변화에 주목하면서 문자 읽기의 축소, 저자의 죽음, 공유와 개방의 독서, 집단성, 독서를 통한 문화계층의 양극화를 하이퍼 픽처의 독서 패러다임으로 제시하고 있다.

그러나 멀티미디어시대 매체 환경의 변화와 독서 양식의 변화에 대해 우려하는 연구들도 존재하는데, 김재윤(2001)은 매체 환경의 변화 및 디지털 매체의 문제점과 더불어 독서의 가치 평가를 다루고 있으며, 박몽구(2006)는 뉴미디어 환경하에서 잡지의 위상 변화를 다루며 잡지의 본래 기능에 대한 점검 및 사명에 대한 자각을 촉구한다. 윤세민·이정춘(2013)은 휴마트 사회의 새로운 독서 환경에 대해 고찰하면서, 아날로그 책의 독서를 생활화하는 '휴마트 운동'을 제시하고 있다.

또다른 연구 주제는, 정보의 디지털화와 멀티미디어로 인한 출판의 재개념화에 대한 것이다. 박아름·이경전(2009)은 유비쿼터스 미디어의 하나로서 유비쿼터스 출판물을 정의하였으며, 김기태(2010)는 기존의 '책', '독서' 그리고 '출판' 등 관련 정의들의 개념적 한계를 살펴보고, '책'에 대한 재개념화를 시도하였다. 그에 의하면 '책'은 특정 다수 혹은 불특정 다수인 공중을 대상으로 공표된 것으로서 독자로서의 공중이 구매 혹은 대여의 방식으로 이용할 수 있어야 한다. 이때 그 이용 형식은 반드시 '읽기'로만 한정되지 않으며, '보기'와 '듣기' 등을 이용하거나 '쓰기'를 동시에 공감각적으로 활용하는 것까지 포함하는 개념으로 해석하여야 한다는 뜻으로 '책'을 재개념화하였다. 그리고 노병성(2010)은 출판이란 독자나 이용자와의 커뮤니케이션을 전제로 인간의 정신적 소산물인 콘텐츠를 인쇄, 전자적 패키지화 또는 서버 적재 등의 방법을 통해 공중의 접근법을 확보하려는 일련의 과정으로 개념화한다. 이와 같은 출판의 재개념화는 멀티미디어 시대에 출판의 개념이 다변화하고 있음을 반증하는 것이다.

다음은 멀티미디어 출판물에 대한 연구들이다. 멀티미디어를 이용한 출판물의 시초라 할 수 있는 CD-ROM에 대한 연구로 윤세민(1995)은 CD-ROM 출판 현황 및 타이틀 상황과 더불어 인터넷을 이용한 한국 출판 현황에 대해 고찰하고 있다. 윤세민(2002)은 멀티미디어를 구현해내는 웹 미디어적 특성을 지닌 웹진의 현황과 특성, 웹진의 커뮤니케이션 특성과 문제점 등을 고찰하고 있다. 이호영·문연주(2006)는 멀티미디어가 확대되는 환경하에서 잡지매체의 인터넷 매체에 대한 대응 및 활용 현황 등을 살펴보고 그 대안으로 독자와의 상호작용성을 중시하는 다양한 메뉴를 구성하여 독자의 이해와 신뢰관계 구축에 힘쓸 것을 제시하고 있다. 이용준(2007)은 잡지콘텐츠의 디지털 활용은 침체기에 빠진 잡지매체에 활력을 불어넣어 줄 뿐만 아니라, 다양한 콘텐츠 비즈니스를 통한 매체인지도 향상 및 부가수익 창출의 긍정적인 효과가 발생할 것으로 제시하고 있다.

멀티미디어 시대 또는 탈문자시대 미디어 문화에 대한 이론적 연구로는 강진숙(2006)의 연구가 있으며 강진숙(2007)은 디지털 시대의 미디어 능력 촉진을 위해, 멀티미디어를 통한 e-러닝 미디어 교육방법에 대한 연구를 진행하였다. 또한 강진숙(2008)은 대화형 매체인 인터넷 콘텐츠의 소통 형식과 특징에 대한 인식을 연구 조사하였다.

3. 학위논문에서의 역사적 고찰

학위논문 연구 결과를 도출하기 위해 2018년 5월 국회도서관 소장 연구 자료와 네이버 학술 정보 자료를 멀티미디어 출판과 다중매체 이용 키워드로 검색을 시도하였다. 2018년 5월 현재, 멀티미디어 출판으로 검색된 국회도서관 자료는 학위논문 9편, 학술논문 5편이다. 이에 비해 네이버 학술 정보를 이용해 검색시 학위논문 185편, 학술논문 69편으로 검색되었다. 다중매체에 해당되는 OSMU 출판으로 검색한 경우도 국회도서관 자료는 학위논문 5편, 학술논문 6편으로 검색되는 반면 네이버 학술 정보는 학위논문 75편, 학술 논문 29편으로 검색된다. 이와 같이 검색된 논문 편수의 상이는 국회도서관에 비해 네이버 학술 정보는 해당 검색어와 유사한 논문도 검색하기 때문인 것으로 풀이된다. 그 예로 김선혜의 서강대학교 석사논문인 「출판 콘텐츠의 타매체 활용 현상에 관한 연구」 논문의 경우, 국회도서관 논문에서는 OSMU 출판으로 검색되지 않은 반면, 네이버 학술 정보에서는 OSMU 출판으로 검색되는 사례로도 알 수 있으며 이와 유사한 상당수의 경우가 발견되었다. 이에 본고에서는 네이버 전문 정보 자료에 의거해 논의를 전개해나가고자 한다. 키워드로는 멀티미디어 출판, 출판의 다중 매체 이용을 사용하였으며, 콘텐츠의 멀티미디어화와 관련있는 웹진, 오디오 북, CD-ROM과 OSMU 등도 검색어로 하여 검색해보았다. 검색시 학위논문은 석사와 박사학위논문 모두를 아울렀다. 이와 같은 과정으로 도출된 연구 결과들은 모두 멀티미디어 출판 연구와 다중매체 이용 및 대응과 관련있는 연구들이다.

1) 멀티미디어 출판 연구

멀티미디어 출판으로 검색된 연구 결과, 학위논문은 185편이며 학위논문의 연도별 발표 추이는 다음 〈표 2〉와 같다.

〈표 2〉 멀티미디어 관련 학위논문

연도	발표편수	연도	발표편수	연도	발표편수	연도	발표편수
1992	2	1999	3	2006	15	2013	8
1993	4	2000	7	2007	14	2014	4
1994	0	2001	9	2008	11	2015	6
1995	0	2002	16	2009	9	2016	2
1996	2	2003	15	2010	8	2017	3
1997	2	2004	12	2011	7	2018	3
1998	2	2005	9	2012	10	정보없음	2

　1992년 이후 한 해 2편 정도의 멀티미디어 논문이 배출되다 2000년을 기점으로 많은 수의 논문이 배출되었음을 알 수 있다. 그러나 한해 10여편 이상 배출되던 논문은 2014년부터 급감하게 된다.

　멀티미디어 출판을 연구한 학위 논문의 연구 분야는 다양한데 이는 멀티미디어 출판 연구가 통합적이고 학제적인 연구임을 방증하는 결과라 할 수 있다. 다양한 연구 분야 중 가장 많은 연구 결과를 배출한 연구 분야를 살펴보면 다음과 같다.

　총 185편의 멀티미디어 출판 연구 학위논문 중 미술 분야에서의 연구가 42편, 신문방송학 분야에서의 연구가 22편, 경영학 분야에서의 연구가 12편, 기계공학 분야에서의 연구가 9편, 문헌정보학 분야에서의 연구가 7편, 법학 분야에서의 연구가 7편, 교육학 분야에서의 연구가 7편 등으로 나타났다. 미술학 분야에서의 연구가 멀티미디어 출판에 있어 42편의 두드러진 수치를 보이는 것에 대한 요인으로는 멀티미디어 특성이 시각적이고 감각적인 매체라는데 그 요인이 있다.

　미술학 분야에서의 주목되는 연구로는 정기간행물로서의 Webzine 디자인에 대해 연구한 김태은(1997), 정보화 사회의 출판매체 변화에 대해 연구한 이경숙(2001), 웹툰의 구조분석과 콘텐츠에 대해 연구한 이은정(2005), 그림동화 e-book 디자인에 대해 연구한 고익희(2006), 어린이의 창의성과 팝업북의 상관관계에 대해 연구한 이기진(2007), 팝업북의 역사와 견본을 통해 분석한 기법을 연구한 이경석(2010), 전자 동화책의 감성 디자인 요소를 연구한 임은혁(2012) 등을 들 수 있다. 미술학 분야에서의 멀티미디어 출판 연구는 미술학적인 시각에서 뿐만 아니라, 다양한 주제와 분야로 접근하고 있음을 알 수 있다.

　신문방송학 분야에서의 멀티미디어 출판 연구는 미디어 환경 변화에 따른 출판물의 새로운 경향 연구, 멀티미디어 환경에서 출판콘텐츠 인식과 변화에 대한 연구, 멀티미디어 환경으로 인한 출판 환경의 변화에 대한 연구로 크게 대별해 볼 수 있으며, 구체적으로 살펴보면 다음과 같다.

첫째, 미디어 환경 변화에 따른 출판물의 새로운 경향 연구로는 출판의 퓨전화 현상을 연구한 이상민(2002), 멀티미디어를 활용한 영어 전자책에 대해 연구한 이상건(2006), 멀티미디어 시대의 잡지 콘텐츠 기획에 대해 연구한 신혜연(2006), 인터넷 콘텐츠를 통한 캐릭터 이용 형태에 대해 연구한 지수연(2010) 등이 있다.

둘째, 멀티미디어 환경에서 출판콘텐츠 인식과 변화에 대한 연구로는 심층인터뷰를 이용한 학생과 교사의 인식 사례를 중심으로 디지털 영상 세대의 독서문화를 연구한 김덕유(2009), 플루서의 기술적 형상 개념을 중심으로 태블릿 PC 출판콘텐츠에 대한 이용자 인식을 연구한 김성진(2012), 폴 비릴리오의 인공감각과 속도론을 중심으로 멀티미디어 출판 콘텐츠의 이용자 감각과 속도 인식에 대해 연구한 최나래(2012) 등이 있다.

셋째, 멀티미디어 환경으로 인한 출판 환경 변화에 대한 연구로는 뉴미디어의 기술진전과 저작권 보호에 관해 연구한 김기태(2000), 한국 여성잡지의 구조적 특성과 새로운 경향에 대해 연구한 장기정(2001), 사회 변화에 따른 교양지의 변화에 대해 연구한 박몽구(2001), 대학 출판홍보의 온-오프라인 믹스 전략에 대해 연구한 고동숙(2004), 출판 패러다임 변화에 따른 출판기획인력의 자질 및 위상에 대해 연구한 이선정(2008) 등이 있다.

경영학 분야에서의 멀티미디어 출판 연구로는 총 12편이 있는데 인상적인 연구는 인터랙티브 환경에서 인터넷 사보의 기능분석에 대해 연구한 이인기(2000), 사이버 도서 구매 행동에 대해 연구한 이상용(2004) 등이 있다.

2) 멀티미디어 웹진 연구

멀티미디어 환경으로 인한 미디어의 변화는 오래전부터 사람들에게 정보와 오락을 제공해주던 잡지에도 변화를 가져와 인터넷을 통한 웹진의 형태로 잡지나 사보가 제공되었다. 이로 인해 멀티미디어 웹진에 대한 연구는 1990년대 말부터 이루어졌으며 웹진에 대한 학위논문이 처음으로 발표된 해는 1997년이다. 양요나(1997)의 「전자잡지의 정보디자인에 관한 연구」가 웹진에 대한 첫 학위논문이다. 총 137편에 이르는 웹진 연구 학위논문의 연도별 발행추이는 〈표 3〉과 같으며 웹진연구 학위논문들은 2014년 이후로 급격하게 급감하는 추세를 보이고 있다.

〈표 3〉 웹진 관련 학위논문

연도	발표편수	연도	발표편수	연도	발표편수	연도	발표편수
1997	1	2003	13	2009	12	2015	2
1998	0	2004	16	2010	3	2016	4

1999	6	2005	3	2011	5	2017	3
2000	8	2006	5	2012	10	2018	1
2001	18	2007	6	2013	4		
2002	7	2008	7	2014	1	정보없음	2

웹진을 연구한 학위 논문의 연구 분야는 다양한데, 총 137편의 연구 결과 중 신문방송학과 미술 분야에서의 연구가 각 31편, 경영학 분야에서의 연구가 11편, 예술학 일반에서의 연구가 9편, 사회학 5편, 무역학 5편 등으로 나타났다.

가장 많은 연구 결과를 배출한 신문방송학에서의 웹진 연구 결과를 살펴보면 이용 동기 및 이용 행태에 대한 연구가 주를 이룬다. 박영주(1999)의 웹진 이용자들의 이용행태와 인식에 대한 연구, 육주희(2001)의 패러디 웹진의 이용동기 및 행태에 관한 연구, 김성동(2001)의 웹진 수용자의 이용과 충족에 관한 연구, 김주안(2004)의 문예지와 문학 사이트의 이용과 충족에 관한 비교 연구가 이에 해당된다. 또한 웹진과 종이 매체와의 비교 연구가 있는데, 임은경(2001)의 종이 사보와 웹 사보에 대한 독자 반응 비교 연구, 최향아(2001)의 온오프라인 잡지매체 수용형태에 관한 연구 등이 그것이다. 이 밖에 다양한 웹진의 실제 사례를 분석 연구한 임재현(2003), 최영록(2003), 조경자(2006), 장승헌(2012) 등이 신문방송학 분야에서의 연구들이다.

미술학 분야에서의 웹진에 대한 연구는 웹진 디자인에 대한 연구가 주로 이루어졌다. 국내 웹진 디자인에 대해 연구한 박세환(2000), 효과적인 인터랙션을 위한 웹진 디자인을 연구한 이민희(2001), 웹진 디자인의 그리드 시스템에 대해 연구한 김재영(2002), 패션지의 웹진 사용자를 위한 디자인을 연구한 백명은(2004), 웹진 디자인의 효과적인 표현을 연구한 조정훈(2004), 이동통신사의 웹진 디자인에 대해 연구한 이명희(2005) 등이 웹진 디자인에 대한 연구들이다. 이 밖에 박안나(2001)의 웹진의 타이포그래피에 관한 연구, 장우정(2003)의 만화 웹진 설계 연구, 이정연(2004)의 웹진에 있어서의 사용자 경험 요소의 적용 방안 연구, 이석환(2007)의 인터넷 미디어로서 웹진의 효과적 활용방안 연구 등이 미술학에서 이루어진 웹진 연구들이다.

3) 대응 전략 연구에 대한 고찰—학위논문을 중심으로

멀티미디어 시대에 대한 출판계의 대응 전략으로 꼽을 수 있는 것은 우선 OSMU를 들 수 있다. OSMU는 말 그대로 하나의 원천콘텐츠가 중심이 되어 다양한 문화콘텐츠로 이용이 되는 것을 말한다. 문화관광부(2017)에 의하면, 소설 『해리포터』는 영화, 게임, 뮤지컬, 테마파크 등으로 약 308조원의 부가가치를 창출했는데, 이는 출판이 문화콘텐츠 산업의 핵심 기반이 될 수 있음을 의미한다. 원천콘텐츠들은 만화, 소설, 희곡 등의 출판물 형태를 가지는 경우가 대부분인데, 이는 원천콘텐츠의 필수 요건이 스토리의 완성도이기 때문이다. 완성도있는 잘 짜인 스토리는 대중의 공감을 쉽게 얻어낼 수 있으며, 스토리 자체가 가지고 있는 메시지나 플롯, 등장인물 등을 활용하기에도 용이하기 때문이다. 즉, 출판물은 원천콘텐츠로서 OSMU의 중심에 있으며, 멀티미디어 시대에 대한 출판물의 대응 전략에 해당된다고 할 수 있다.

(1) OSMU(One Source Multi Use) 연구

OSMU에 대한 학위논문은 2003년에 처음으로 발표되었으며 2018년 현재 총 361편이 발표되었으며, 연도별 발표 추이는 다음 〈표 4〉와 같다.

〈표 4〉 OSMU에 대한 학위논문

연도	발표편수	연도	발표편수	연도	발표편수	연도	발표편수
2003	3	2008	30	2013	36	2018	10
2004	4	2009	24	2014	28		
2005	11	2010	27	2015	23		
2006	14	2011	23	2016	32		
2007	28	2012	42	2017	24	정보없음	

OSMU에 대한 가장 많은 연구 결과를 배출한 연구 분야를 살펴보면 다음과 같다. 총 361편의 연구 결과 중 미술 분야에서의 연구가 57편, 예술일반 분야에서의 연구가 57편, 공연예술 분야에서의 연구가 31편, 신문방송학 분야에서의 연구가 23편, 사회학 분야에서의 연구가 20편, 국어국문학 분야에서의 연구가 11편, 무역학 분야에서의 연구가 11편, 이외에 체육학, 경영학, 기계공학, 문학 등 다양한 학문 분야에서의 연구로 이루어져 있다.

가장 많은 연구 결과를 배출한 분야는 각 57편의 학위논문을 배출한 미술학과 예술일반 분야에서의 연구들이다. 우선 미술학 분야에서의 연구 결과 중 출판학과 깊게 관계되어 있는 연구 결과들을 간략히 살펴보면 국내 출판만화산업의 온라인 시장 분석 및 발전 방안을 연구한 강유화(2003), 콘텐츠로서의 멀티동화현황과 발전방안에 대해 연구한 신혜영(2003), 만화원작 온라인게임의 저작물 활용 방안을 연구한 이홍택(2005), 원소스멀티유즈 문화콘텐츠의 스토리텔링 구조를 비교 분석한 김태웅(2005), 한국만화시장의 성공사례를 연구한 김동욱(2007), 신문 장편만화의 매체 전환에 따른 TV 드라마 서사를 분석한 오채원(2011), OSMU 기반의 이러닝 콘텐츠를 연구한 이칠우(2012), 원소스멀티유즈를 위한 애니메이션 캐릭터 디자인 방안에 관해 연구한 장근영(2014), 웹툰애니메이션을 활용한 아동교육콘텐츠의 구축 및 효과에 관해 연구한 정석진(2015), 문화콘텐츠로서 스토리 기반의 슈퍼히어로 캐릭터를 연구한 유서연(2016) 등이 있다. 이와 같이 미술학 분야에서의 OSMU 연구는 다양한 주제로 이루어졌음을 알 수 있으나, 주된 연구는 애니메이션에 관한 것과 캐릭터 디자인 분야에 대한 것으로 파악되었다.

예술일반 분야는 OSMU에 관련된 학위논문이 2007년에 처음으로 발표되었다. 다른 학문 분야에 비해서는 비교적 늦게 OSMU 논문이 배출되었으나, 꾸준한 논문 발표로 인해 2018년 현재 OSMU 연구 학위논문 편수가 57편으로, 미술학과 더불어 가장 많은 OSMU 연구 학위 논문이 배출된 연구분야로 기록되었다.

예술일반 분야에서의 연구 결과 중 출판학과 깊게 관계되어 있는 연구결과들을 살펴보면 OSMU의 전개방식과 사례를 통한 활성화 방안을 연구한 차민경(2007), 문학텍스트의 영상 콘 텐츠 전환을 연구한 김권재(2008), 한국출판만화 원작의 영화화와 흥행 연관성을 연구한 김애 영(2008), 문화콘텐츠산업의 문화기술 연구개발 시스템을 연구한 권병웅(2009), 웹툰 「로맨스 킬러」 스토리텔링 전략을 분석한 정다운(2011), 중국 도굴소설의 콘텐츠적 가치분석과 OSMU 활용범위를 연구한 종전휘(2012), 한중 출판콘텐츠 교류 활성화 방안을 연구한 이건웅(2013), 원작의 영화화 제작사례 및 성공요인에 관해 연구한 구나영(2013), 중국고전을 활용한 효과적 인 장르전환에 대해 연구한 김려(2013), 만화 원작의 스토리텔링 과정에서 나타나는 발화점을 연구한 장상용(2015) 등이 있다. 이 중 이건웅(2013)은 한중 출판콘텐츠 교류 활성화 방안의 1단계로 저작권 무역, 2단계는 OSMU를 통한 콘텐츠의 활용과 전자출판으로 파악하고 있다. 즉, 성공한 출판콘텐츠를 기반으로 다양한 매체 전환을 통해 부가가치를 창출하고, 종이책은 물론 전자책을 통한 교류 활성화 방안을 모색하는 것이다.

신문방송학 분야에서의 연구 결과 중 출판학과 깊게 관계되어 있는 연구결과들을 살펴보면 국내외에서 성공적인 OSMU를 실행한 출판콘텐츠의 스토리 구조와 캐릭터를 분석한 후 분석 결과를 기반으로 출판콘텐츠의 OSMU 활성화 전략에 대해 연구한 유창준(2008), 한국과 일 본의 사례비교를 중심으로 출판만화 콘텐츠의 OSMU 활성화 방안을 연구한 배정아(2006), 문학출판콘텐츠의 OSMU 활용 실태 분석을 중심으로 출판콘텐츠의 다목적 활용 방안을 연 구한 홍현정(2006), '소설'의 영상매체로의 전환을 중심으로 출판 콘텐츠의 타매체 활용 현상 에 관해 연구한 김선혜(2008), 일본의 매체전환 콘텐츠를 중심으로 미디어 콘텐츠의 매체전 환 유형에 대해 연구한 김수철(2011), 「우리들의 행복한 시간」의 영화화 사례를 중심으로 출 판콘텐츠의 영화제작 사례를 연구한 이수빈(2012), 「꽃보다 남자」를 중심으로 만화원작드라 마의 문화융합에 관해 연구한 진소(2010), 인터넷 콘텐츠의 단행본 출판에 관해 연구한 오해 영(2007) 등이 있다.

(2) 귀로 듣는 책—오디오북 연구

귀로 듣는 책을 의미하는 오디오북은 미국을 비롯한 서구에서는 출판 시장의 매출을 견인하는 역할을 하고 있다. 문화관광부(2017) 자료에 의하면, 미국의 2015년 오디오북 성장률은 38.9%였으며, 영국은 28.5% 상승하였으며 미국에서 오디오 북의 매출은 2017년 상반기에도 전년 대비 20% 증가했다고 한다. 그러나 우리나라의 경우 오디오북의 매출은 미미한데, 2015년도 yes 24 전자책 분야별 판매권수 점유율을 보더라도, 오디오북은 0.4%에 불과하다. 새로운 독서 방식인 귀로 듣는 책을 의미하는 오디오북에 대한 학위논문의 경우, 2018년 현재 총 12편이 발표되었으며, 연도별 발표 추이는 다음 〈표 5〉와 같다.

〈표 5〉 오디오북에 대한 학위논문

연도	발표편수	연도	발표편수	연도	발표편수
2002	1	2006	1	2010	2
2004	1	2008	2	2014	1
2005	1	2009	2	2017	1

오디오북에 관한 학위논문을 간략히 살펴보면 대학도서관의 오디오북 서비스 만족도에 대해 연구한 김성곤(2014), 디지털 콘텐츠로서 오디오북 서비스에 대한 수용자의 이용행태를 연구한 이은정(2008), 영어소설 독해와 오디오북 듣기의 동시 학습 효과를 연구한 이유미(2009), 움직이는 언어 팝업 북(Pop-up Book)에 관해 연구한 박영리(2004), 오디오 스트리밍 서버를 활용한 오디오 링크 교재 개발에 대해 연구한 박서화(2012) 등이 있다.

4. 맺음말

지금까지 멀티미디어론, 다중매체 이용 및 대응에 관한 학술지 『한국출판학연구』에서의 연구논문 및 관련 학위논문들을 고찰해 보았다. 『한국출판학연구』에 발표된 논문은 총 22편이었으며, 몇 가지 주제로 대별할 수 있었다. 멀티미디어와 디지털화로 촉발된 매체 환경과 독서 양식의 변화에 대한 연구, 출판의 재개념화에 대한 연구, 멀티미디어 출판물(CD-ROM, 웹진)에 대한 연구, 출판의 다중 매체 이용에 대한 연구, 멀티미디어 시대 문화에 대한 이론적 연구가 그것이다.

이정춘(2000)에 의하면 인터넷의 대중화는 정보통신 네트워크를 기반으로 한 미디어의 융합 현상을 수반하게 된다. 따라서 매체간의 고유경계선이 무너지게 되고 개별 매체의 독자성과 독립성이 약화되는 동시에 서로 다른 매체간의 콘텐츠와 서비스가 통합되는 융합 현상이 가속화되고 있다. 이러한 멀티미디어화, 즉 매체의 융합 현상은 출판을 연구하는 학자에게 출판의 재개념화에 대한 연구를 불러왔으며, 출판 환경의 변화에 따른 독서와 독자의 역할 변화에 대한 연구와 멀티미디어 출판물에 대한 연구를 가속화시켰다고 보여진다.

또한 멀티미디어와 디지털 기술의 발전에 대한 대응으로 들 수 있는 것은 출판콘텐츠의 원천콘텐츠화이다. 즉, 출판콘텐츠는 영화, 드라마, 애니메이션, 게임 등 다양한 형태로 변형되면서, 문화콘텐츠 산업의 핵심인 원천콘텐츠로 자리잡고 있다. 이런 시각에서 문화관광부(2017)도 출판콘텐츠는 영화, 웹툰, 게임 등 문화콘텐츠의 원천으로, 출판산업을 콘텐츠산업의 핵심으로 인식하고 지속 육성하는 전략이 필요하다고 주장한다. 출판콘텐츠가 이와 같이 원형콘텐츠의 역할을 담당하게 되는 것은 출판콘텐츠가 지닌 탄탄한 스토리의 힘에서 기인한다. 출판산업의 멀티미디어에 대한 대응은 출판에 축적된 원천 콘텐츠를 이용하여 이를 영화, 방송, 연극, 게임 등 2차 콘텐츠로 가공하여 가치를 극대화하는 것이며, 이는 산업적인 측면에서 활성화되고 있으나, 『한국출판학연구』의 논문으로 발표된 경우는 미미함을 알 수 있었다. 다원화된 지식정보사회에서 출판의 가치를 극대화하는 OSMU에 대한 연구가 지속적으로 논의되어야 할 필요성이 여기에 있다.

멀티미디어 시대의 출판을 제대로 읽어내려는 연구와 출판의 미래를 내다보는 연구 등은 출판기반의 문화강국을 실현하기 위한 학술적 단초가 될 것이다. 책은 정보와 지식, 지혜와 감성을 담는 우리 문화의 원천이며, 책과 독서문화를 아우르는 출판문화는 그 나라의 문화적 총체라 할 수 있으며 기술의 발전으로 시대가 바뀐다 해도 그 근본적인 가치는 변함이 없을 것이다. 이와 같은 시각에서 매체는 단순한 정보의 이송수단이 아닌, 정보를 만들어내고 소비하는 하나의 소통체계이며, 새로운 미디어는 낡은 미디어를 내몰지 않고 전체 미디어 체계를 다시 특수화하도록 강요한다고 본 슈미트(1995)의 주장은 여전히 유효하다.

■ 참고 문헌

SJ슈미트(1995). 〈구성주의 문예학〉, 민음사.

강유화(2003). 「국내 출판만화산업의 온라인(On line)시장 분석 및 발전방안연구」, 세종대학교 대학원 석사학위논문.

강진숙(2006). 탈문자시대의 미디어 문화와 이용자에 대한 이론적 연구 : 포스터, 플루서, 비릴리오의 입장을 중심으로. 『한국출판학연구』, 제51호.

강진숙(2007). 미디어 능력에서 "디지털 능력"으로 : 디지털 시대의 미디어 능력 촉진을 위한 미디어 교육 방법 연구. 『한국출판학연구』, 제53호.

강진숙·장성준(2008). 텔레마틱 사회의 대화형 매체와 소통형식에 관한 연구 : 빌렘 플루서의 코무니콜로기를 중심으로. 『한국출판학연구』, 제54호.

강진숙·한찬희(2009). 디지털 출판콘텐츠의 제작 이용에 대한 매체미학적 연구. 『한국출판학연구』, 제57호.

고동숙(2004). 「대학 출판홍보의 온-오프라인 믹스 전략 연구」 중앙대학교 신문방송대학원 석사학위논문.

고익희(2006). 「그림동화 e-book 디자인에 대한 연구」, 숙명여자대학교 디자인대학원 석사학위논문.

구나영(2013). 「원작의 영화화 제작사례 및 성공요인에 관한 연구 : 만화, 소설이 원작인 한국영화 중심으로」, 단국대학교 경영대학원 석사학위논문.

권병웅(2009). 「문화콘텐츠산업의 문화기술 연구개발 시스템 연구」, 고려대학교 대학원 박사학위논문.

김권재(2008). 「문학텍스트의 영상 콘텐츠 전환 연구 : 황순원의 '소나기'를 중심으로」, 한양대학교 산업경영디자인대학원 석사학위논문.

김기태(2000). 「뉴미디어의 기술진전과 저작권 보호에 관한 연구」, 경희대학교 대학원 박사학위논문.

김기태(2010). 새로운 패러다임 구축을 위한 출판의 재개념화 연구. 『한국출판학연구』, 제58호.

김덕유(2009). 「디지털 영상 세대의 독서문화 연구 : 심층인터뷰를 이용한 학생과 교사의 인식 사례를 중심으로」, 중앙대학교 신문방송대학원 석사학위논문.

김동욱(2007). 「한국만화시장의 성공사례 연구 : 산업 환경 변화에 따른 대응방안을 중심으로」, 중앙대학교 신문방송대학원 석사학위논문.

김려(2013). 「중국고전을 활용한 효과적인 장르전환연구 : 〈백사전〉을 중심으로」, 한양대학교 대학원 석사학위논문.

김선혜(2008). 「출판 콘텐츠의 타매체 활용 현상에 관한 연구 : '소설'의 영상매체로의 전환을 중심으로」, 서강대학교 언론대학원 석사학위논문.

김성곤(2014). 「대학도서관의 오디오북 서비스 만족도 연구」, 단국대학교 정보미디어대학원 석사학위논문.

김성동(2001). 「웹진(Webzine)수용자의 이용과 충족에 관한 연구: 종이잡지와의 비교를 중심으로」, 중앙대학교 신문방송대학원 석사학위논문.

김성진(2012). 「태블릿 PC 출판콘텐츠에 대한 이용자 인식 연구: 플루서의 기술적 형상 개념을 중심으로」, 중앙대학교 신문방송대학원 석사학위논문.

김수철(2011). 「미디어 콘텐츠의 매체전환 유형에 관한 연구: 일본의 매체전환 콘텐츠를 중심으로」, 한국외국어대학교 대학원 석사학위논문.

김애영(2008). 「한국 출판만화 원작의 영화화와 흥행 연관성 연구」, 추계예술대학교 문화산업경영대학원 석사학위논문.

김재영(2002). 「웹진 디자인(Webzine Design)의 그리드 시스템(Grid System)에 관한 연구: 인쇄 잡지와의 비교」, 명지대학교 대학원 석사학위논문.

김재윤(2001). 매체 환경의 변화와 독서의 역할. 『한국출판학연구』, 제43호.

김주안(2004). 「문예지와 인터넷 문학 사이트의 이용과 충족에 관한 비교연구: 한국 수필문학을 중심으로」, 명지대학교 대학원 석사학위논문.

김진두(2004). 출판의 다른 매체 활용화 현상 연구. 『한국출판학연구』, 제47호.

김태웅(2005). 「원 소스 멀티 유즈 문화콘텐츠의 스토리텔링 구조 비교분석」, 경성대학교 디지털디자인전문대학원 석사학위논문.

김태은(1997). 「정기간행물로서의 Webzine 디자인에 관한 연구」, 이화여자대학교 디자인대학원 석사학위논문.

김태은(1997). 「정기간행물로서의 Webzine 디자인에 관한 연구」, 이화여자대학교 대학원 석 사학위논문.

김평수(2014). 〈문화 산업의 기초 이론〉, 커뮤니케이션북스.

남석순(2009). 디지털미디어 시대 출판콘텐츠 스토리텔링의 생산적 논의. 『한국출판학연구』, 제55호.

남석순(2011). 출판콘텐츠의 다중 미디어 확산 전략 연구: 스토리텔링 3방식을 중심으로. 『한국출판학연구』, 제61호.

노병성(2008). 아날로그와 디지털 텍스트의 독서 패러다임에 관한 고찰. 『한국출판학연구』, 제54호.

노병성(2010). 출판의 개념 변화에 관한 고찰. 『한국출판학연구』, 제59호.

문화관광부(2017), 제4차 출판문화산업 진흥 기본계획

박몽구(2001). 「사회 변화에 따른 교양지의 변화 연구: 「샘터」와 「좋은생각」의 편집 전략을 중심으로」, 중앙대학교 신문방송대학원 석사학위논문.

박몽구(2006). 뉴미디어시대 한국 잡지의 위상 변화 연구. 『한국출판학연구』, 제50호.

박서화(2012). 「오디오 스트리밍 서버를 활용한 오디오 링크 교재 개발」, 이화여자대학교 교육대학원 석사학위논문.

박세환(2000). 「국내 웹진(Webzine) 디자인에 관한 연구」, 국민대학교 대학원 석사학위논문.

박아름·이경전(2009). 유비쿼터스 시대의 출판에 대한 통합적 시각.『한국출판학연구』, 제56호.

박안나(2001). 「웹진 초기화면의 타이포그래피에 관한 연구」, 영남대학교 대학원 석사학위논문.

박영리(2004). 「움직이는 언어 팝업 북(Pop-up Book)에 관한 연구」, 목원대학교 산업정보대학원 석사학위논문.

박영주(1999). 「웹진 이용자들의 이용행태와 인식에 관한 연구」, 경희대학교 언론정보대학원 석사학위논문.

배정아(2006). 「출판만화 콘텐츠의 'OSMU' 활성화 방안 연구: 한국과 일본의 사례비교를 중심으로」, 중앙대학교 신문방송대학원 석사학위논문.

백명은(2004). 「패션지의 웹진 사용자를 위한 디자인 연구」, 숙명여자대학교 디자인대학원 석사학위논문.

성동규·서보윤(2001). 독서 활성화를 위한 영상미디어의 활용에 대한 연구: 영상미디어화된 출판물의 독서 동기를 중심으로.『한국출판학연구』, 제43호.

신혜연(2006). 「멀티미디어 시대의 잡지 콘텐츠 기획에 대한 연구」, 중앙대학교 신문방송대학원 석사학위논문.

신혜영(2003). 「전자책 콘텐츠로서의 멀티동화현황과 발전방안에 대한 연구」, 세종대학교 영상대학원 석사학위논문.

양요나(1997). 「전자잡지의 정보디자인에 관한 연구」, 경희대학교 언론정보대학원 석사학위논문.

오채원(2011). 「신문장편만화의 매체전환에 따른 TV드라마 서사 분석」, 세종대학교 대학원 석사학위논문.

오해영(2007). 「인터넷 콘텐츠의 단행본 출판에 관한 연구: 인터넷 소설, 블로그 연재물, 웹툰의 출판을 중심으로」, 중앙대학교 신문방송대학원 석사학위논문.

유서연(2016). 「문화콘텐츠로서 스토리 기반의 슈퍼히어로 캐릭터 연구」, 숙명여자대학교 대학원 석사학위논문.

유창준(2008). 「출판콘텐츠의 OSMU 전략에 관한 연구: 스토리텔링의 스토리 구조 및 캐릭터를 중심으로」, 성균관대학교 언론정보대학원 석사학위논문.

육주희(2001). 「패러디 웹진(Webzine)의 이용동기 및 행태에 관한 연구: 일간지 패러디 사이트를 중심으로」, 성균관대학교 언론정보대학원 석사학위논문.

윤세민(1995). CD-ROM과 인터넷을 기반으로 한 한국 출판의 현황.『한국출판학연구』, 1995.

윤세민(2002). 웹진의 웹 미디어적 특성 연구.『한국출판학연구』, 제44호.

윤세민·이정춘(2013). 휴마트 사회의 새로운 독서환경에 대한 일고찰: 스마트 시대 브레인 운동으로서의 독서를 중심으로.『한국출판학연구』, 제65호.

이건웅(2013). 「한중 출판콘텐츠 교류 활성화 방안 연구」, 외국어대학교 대학원 박사학위논문.

이경석(2010). 「팝업북의 역사와 견본을 통해 분석한 기법연구」, 서울시립대학교 디자인전문대학원 석사학위논문.

이경숙(2001). 「정보화 사회의 출판매체 변화에 관한 연구: 대전지역 DTP 인쇄출판의 그 실무 중심으로」, 한남대학교 대학원 석사학위논문.

이기진(2007). 「어린이의 창의성과 팝업북의 상관관계」, 서울산업대학교 IT디자인대학원 석사학위논문.

이만재(1992). 멀티미디어와 전자출판. 『전자공학회지』, 제98호.

이만제(2009). 디지털 시대 국민 독서증대를 위한 문학라디오 활성화 방안 연구: 〈문학 FM〉 라디오와 인터넷을 중심으로. 『한국출판학연구』, 제56호.

이명정(2004). 「매체 발달에 따른 포토몽타주 표현 연구」, 이화여자대학교 대학원 석사학위논문.

이명희(2005). 「이동통신사의 웹진 디자인에 관한 연구」, 숙명여자대학교 디자인대학원 석사학위논문.

이민희(2001). 「효과적인 인터랙션(Interaction)을 위한 웹진(Webzine) 디자인 연구: 독립 웹진을 중심으로」, 성신여자대학교 조형대학원 석사학위논문.

이상건(2006). 「멀티미디어를 활용한 영어 전자책에 관한 연구」, 동국대학교 언론정보대학원 석사학위논문.

이상민(2002). 「출판의 '퓨전'화 경향에 관한 연구: 출판매체의 디지털화를 중심으로」, 중앙대학교 신문방송대학원 석사학위논문.

이상용(2004). 「사이버 도서 구매 행동에 관한 연구」, 동의대학교 경영대학원 석사학위논문.

이석환(2007). 「인터넷 미디어로서 웹진의 효과적 활용방안에 관한 연구」, 한양대학교 디자인대학원 석사학위논문.

이선정(2008). 「출판 패러다임 변화에 따른 출판기획인력의 자질 및 위상에 대한 연구: 전문출판기획자를 중심으로, 중앙대학교 신문방송대학원 석사학위논문.

이수빈(2012). 「문화콘텐츠 융합시대 출판콘텐츠의 영화제작 사례 연구: 〈우리들의 행복한 시간〉의 영화화 사례를 중심으로」, 중앙대학교 신문방송대학원 석사학위논문.

이용준(2007). 잡지콘텐츠의 디지털 활용방안 연구. 『한국출판학연구』, 제53호.

이유미(2009). 「영어소설 독해와 오디오북」, 아주대학교 교육대학원 석사학위논문.

이은정(2005). 「웹툰의 구조분석과 콘텐츠 연구」, 공주대학교 영상예술대학원 석사학위논문.

이은정(2008). 「디지털 콘텐츠로서 오디오북 서비스에 대한 수용자의 이용행태 연구」, 서강대학교 언론대학원 석사학위논문.

이인기(2000). 「인터랙티브 환경에서 인터넷 사보의 기능분석 연구」, 홍익대학교 광고홍보대학원 석사학위논문.

이정연(2004). 「웹진에 있어서의 사용자 경험 요소의 적용방안」, 한성대학교 대학원 석사학위논문.

이칠우(2012). 「OSMU 기반의 이러닝 콘텐츠 연구」, 영남대학교 조형대학원 석사학위논문.

이호영·문연주(2006). 마케팅 PR 매체로서 잡지 미디어의 인터넷 홈페이지 활용에 대한 연구. 『한국출판학연구』, 제50호.

이홍택(2005). 「만화원작 온라인게임의 저작물 활용 방안 연구」, 세종대학교 공연예술대학원 석사학
위논문.

임은경(2001). 「종이 사보와 웹 사보에 대한 독자 반응 비교 연구: 매체에 따른 사내보 구성 차별화를
중심으로」, 서강대학교 언론대학원 석사학위논문.

임은혁(2012). 「전자 동화책의 감성 디자인 요소 연구」, 영남대학교 대학원 석사학위논문.

임재현(2003). 「한국기업 화면사보의 발전방안에 관한 연구: 국내 20대 기업을 중심으로」, 동국대학교
언론정보대학원 석사학위논문.

장근영(2014). 「원 소스 멀티-유즈(one source multi-use)를 위한 애니메이션 캐릭터 디자인 방안에
관한 연구」, 성균관대학교 디자인대학원 석사학위논문.

장기정(2001). 「한국 여성잡지의 구조적 특성과 새로운 경향에 대한 연구」, 중앙대학교 신문방송대학
원 석사학위논문.

장상용(2015). 「만화 원작의 스토리텔링 과정에서 나타나는 발화점 연구」, 한국외국어대학교 대학원 박
사학위논문.

장승헌(2012). 「수용자 비평 이론을 통해 본 무용전문 웹진 분석」, 경희대학교 대학원 석사학위논문.

장우정(2003). 「만화 웹진 설계 연구: AKIZINE.COM 개발 중심으로」, 상명대학교 정보통신대학원
석사학위논문.

정다운(2011). 「웹툰 〈로맨스킬러〉 스토리텔링 전략 분석」, 한양대학교 산업경영디자인대학원 석사학
위논문.

정석진(2015). 「웹툰애니메이션을 활용한 아동교육콘텐츠의 구축 및 효과에 관한 연구: 웹툰애니메이
션 〈마법천자문〉을 중심으로」, 홍익대학교 산업대학원 석사학위논문.

정은주(1996). 「멀티미디어가 출판디자인에 미치는 영향에 관한 연구」, 숙명여자대학교 디자 인대학원
석사학위논문.

조경자(2006). 「온라인잡지의 비즈니스 모델 분석」, 경희대학교 언론정보대학원 석사학위논문.

조용선(1992). 「멀티미디어를 이용한 전자출판 활용방안에 관한 연구」, 동국대학교 경영대학원 석사학
위논문.

조정훈(2004). 「웹진 디자인의 효과적인 표현에 관한 연구」, 경북대학교 대학원 석사학위논문.

종전휘(2012). 「중국 도굴소설의 콘텐츠적 가치분석과 OSMU 활용범위 연구」, 한국외국어대학교 대학
원 석사학위논문.

지수연(2010). 「인터넷 콘텐츠를 통한 캐릭터 이용형태에 관한 연구」, 고려대학교 언론대학원 석사학위
논문.

진소(2010). 「만화원작드라마의 문화융합에 관한 연구: 〈꽃보다 남자〉를 중심으로」, 조선대학교 대학
원 석사학위논문.

차민경(2007). 「OSMU의 전개방식과 사례를 통한 활성화 방안 제안: 문화콘텐츠산업을 중심으로」, 한

국외국어대학교 대학원 석사학위논문.

최나래(2012). 「멀티미디어 출판 콘텐츠의 이용자 감각과 속도 인식에 대한 연구: 폴 비릴리오의 인공감
　　각과 속도론을 중심으로」, 중앙대학교 신문방송대학원 석사학위논문.

최영록(2003). 「국내 잡지의 웹진 활용화에 관한 연구」, 동국대학교 언론정보대학원 석사학위논문.

최향아(2001). 〈인터넷 시대의 온·오프라인 잡지매체 수용형태에 관한 연구: 월간 '심마니 라이프'의 온·
　　오프라인 이용행태 및 만족도를 중심으로〉, 성균관대학교 언론정보대학원 석사학위논문.

홍현정(2006). 「출판콘텐츠의 다목적 활용 방안에 관한 연구: 문학출판콘텐츠의 OSMU 활용 실태 분
　　석을 중심으로」, 중앙대학교 신문방송대학원 석사학위논문.

황민선(2005). 출판물과 출판물을 원작으로 하는 영상물의 매체 특성 비교 연구. 『한국출판학연구』,
　　제48호.

황민선(2006). 디지털 시대에 보여지는 문자문화의 변화에 대한 연구. 『한국출판학연구』, 제50호.

출판경영·마케팅에 대한 연구

김 정 명*

■■■

I. 들어가는 말

출판학 분야에서는 경영과 마케팅에 관련한 연구는 비교적 늦은 시기에 나타났으며, 현재는 많은 관심을 받고 출판산업과 밀접한 관련이 있는 연구이다. 마케팅연구는 경영연구에 비해 더욱 늦게 시작하였으며, 판매 등의 영업에 관한 연구가 초기에는 주를 이루었다. 출판산업의 활성화를 위해서는 출판경영과 마케팅연구를 빼놓을 수 없다. 출판경영과 출판마케팅 연구를 통해 한국의 출판산업의 변화를 알 수 있으며, 향후 변화를 예측할 수 있을 것이다. 따라서 본 장은 1960년대 후반부터 지금까지의 출판경영 및 마케팅에 관련한 연구를 분석하기 위함이다.

출판경영 마케팅 연구는 그만큼 산업의 활성화와 관련이 깊다. 출판학에서 경영마케팅 연구를 살펴보면 우리나라의 출판 산업의 발달과정을 살펴볼 수 있을 것이다.

본 장에서 경영과 마케팅에 관련한 연구를 함께 분석해 보기로 한다. 일반적으로 마케팅전략은 4P로 나누며 제품전략, 가격전략, 유통전략, 프로모션전략으로 말할 수 있지만, 출판에 있어서 유통은 일반 제품과 다른 독특한 시스템을 가지고 있으며, 마케팅연구로서가 아닌 유통연구로 따로 분석을 하기로 했다. 출판경영과 마케팅에 관련된 연구는 1966년부터 보이기 시작하기 때문에 이 시기부터 지금까지를 3시기로 구분하여 살펴보고자 한다.

본 내용에서는 출판유통 관련 연구는 제외한 그 외의 연구를 중심으로 살펴보며, 출판경영 및 마케팅에 관련한 연구분석 대상은 석박사논문 및 학술지 이외의 연구논문은 제외하였다. 따라서 칼럼 등의 글은 제외한다.

---

* 신구대학교 겸임교수

II. 출판경영 및 마케팅 연구 현황

1. 시기구분

출판경영과 마케팅에 관한 연구는 출판학연구에서 비교적 늦은 시기부터 시작되었다고 할수 있다. 출판마케팅은 실무적으로는 '영업'이라는 좁은 의미로서 다루어져, 판매 또는 광고 분야의 연구가 초기에는 두드러지고 있다.

출판경영 및 마케팅에 대한 논문 검색은 한국교육학술정보원에서 제공하는 학술연구정보서비스에서 실시했다. 학술연구정보서비스에서 출판경영 및 마케팅에 관련한 논문은 1970년대부터 보이기 시작한다. 따라서, 본 장에서는 출판경영 및 마케팅 연구가 나타나는 시기를 중심으로 해서 총 3시기로 구분해 보았다.

출판경영과 마케팅 연구를 3기로 나누면 다음과 같이 구분할 수 있다.

제1기 1966년~1989년 개척기
제2기 1990년~1999년 정착기
제3기 2000년대 ~   발전기

제1기는 1970년~1989년으로 경영 마케팅에 관련된 연구논문이 조금씩 나오기 시작한시기이다. 학술논문에서는 거의 보이지 않았지만, 학위논문에서 출판 경영 마케팅 관련의 논문이보이기 시작했다.

제2기는 마케팅 개념이 정착되는 시기라 할 수 있다. 이 시기에는 유통과 촉진전략에 관련된연구가 본격적으로 시작되었다.

제3기인 2000년대는 경영 마케팅에 관련한 연구가 활발히 연구된 시기라고 할 수 있다.

2. 출판경영 및 마케팅 연구 전개

1) 제1기 1966년~1989년

출판경영 및 마케팅에 관련한 연구는 1966년에 처음 연구되기 시작한다. 이 시기는 경영에 대한 연구와 마케팅연구가 시작되었으나, 그 연구는 적었다. 또한 마케팅 연구는 마케팅 개념이기보다는 광고를 중심으로 한 판매 방식이 새롭게 대두되었던 시기이기도 하다. 학술지에서는 출판경영 및 마케팅에 관련한 연구가 나타나지 않았으며, 학위논문에서부터 그 연구가 시작되었다.

<표 1> 제1기 출판경영 및 마케팅 연구 논문(1966~1989년)

	논문명	연구자	연도	비고
1	한국출판경영에 관한 고찰 : 특히 그의 marketing management를 중심으로	송병갑	1966	고려대학교 석사학위
2	한국 출판업의 마아케팅에 관한 연구 : 전국 학교도서관 수요에 대한 마아케팅 전략을 중심으로	박대권	1970	연세대학교 석사학위
3	우리나라 출판경영 개선방안에 관한 고찰	권승달	1971	경희대학교 석사학위
4	한국 출판업계의 할부판매에 관한 연구	안세원	1973	고려대학교 석사학위
5	출판 경영인과 출판 편집인의 광고에 대한 태도조사 연구	윤주삼	1987	중앙대학교 석사학위

출판경영 및 마케팅에 관한 첫 연구는 1966년에 출판경영에 관한 이론적 연구로 처음으로 진행했다. 이 연구는 출판경영을 마케팅 매니지먼트와 연결한 첫 연구로서 주목할 만하다.

그의 연구는 출판경영관리, 출판물판매관리를 중심으로 서술되어 있다. 이 논문은 출판기업의 중요성을 인식하면서 출판경영에 관한 학문적인 연구자료가 희소하며 출판경영연구에 관해 무관심한 것을 문제로 들고 있다. 따라서 연구 내용은 출판경영의 전반적인 내용이라고 할 수 있다. 그 시기의 현황파악과 판매관리 등을 파악하여 그에 대한 문제점을 분석했다. 즉, 마케팅 매니지먼트를 중심으로 한 것은 출판물의 판매관리면을 중심으로 다루었다. 출판경영 마케팅의 첫 논문에서 필자는 이 시기의 한국 출판업은 출판의 제작에서부터 판매에 이르기까지 전반적인 부분이 질서와 안정성을 상실하고 있기 때문에 과도기적 단계에 있다고 판단했다. 이 시기는 아직까지 1945년 해방 이후 6.25를 비롯한 계속적인 사회적 혼란으로 출판업의 실질적인 활동을 근본적으로 도태시켰다고 볼 수 있기 때문이다.

또한 이와 비슷한 연구로 5년 뒤인 1971년의 출판경영 개선방안에 관한 연구가 권승달에 의해 진행되었으나, 이 연구는 송병갑의 연구와 유사한 내용으로 진행되었다. 이후, 판매를 중심으로 할부판매에 관한 연구와 「출판경영인과 출판 편집인의 광고에 대한 태도조사 연구」가 진행되었다.

1987년의 윤주삼의 석사논문인 「출판경영인과 출판 편집인의 광고에 대한 태도조사 연구」는 출판경영 마케팅 연구에서 처음으로 설문조사 분석이 이루어졌다는 데 의의가 있다. 설문조사는 출판경영인과 편집인을 대상으로 출판광고에 대한 태도조사를 했다는 데에 출판마케팅에 연구의미를 주었다는 데 의미를 둘 수 있다. 이 연구는 광고에 대한 관심과 기획, 광고 메시지, 매체, 수용자 및 효과의 전반적인 부분을 연구했다.

즉, 이 시기의 출판경영마케팅의 연구는 경영에 대한 연구를 시작으로 많지 않은 5편의 연구가 이루어졌다. 마케팅에 관련한 연구는 학교도서관 수요와 할부판매를 중심으로 한 연구이다.

또한 설문조사 분석이 처음으로 이루어졌다는 데에 의미 있는 시기이기도 하다.

2) 제2기 1990년~1999년 정착기

제2기는 1990년부터 1999년까지의 출판경영 마케팅 연구의 정착기라고 할 수 있다. 이 시기의 출판경영 마케팅과 관련된 연구논문은 총12편으로 많은 편은 아니다. 그러나 이 시기의 연구도 학술지에 게재된 연구논문보다 학위논문이 더 왕성하게 진행되었다. 이러한 경향을 보면, 출판경영마케팅 연구가 진행되며 정착을 하는 모습을 보이기는 하나 일반연구에서는 활발한 주제로 논의되지는 못했다고도 할 수 있다. 또한 『출판학연구』에서는 아직 출판경영 마케팅에 대한 연구를 찾아볼 수 없는 시기이다.

〈표 2〉제2기 출판경영 및 마케팅 연구 논문(1990~1999년)

	논문명	연구자	연도	비고
1	출판경영인들의 수요예측에 관한 인식조사	유용우	1990	서강대학교 석사학위
2	우리나라 기독교 출판업계의 마아케팅 전략에 관한 연구: 유통과 촉진전략을 중심으로	한동원	1990	한양대학교 석사학위
3	정보화 사회에 대응한 출판경영 방안에 관한 연구	박원동	1991	중앙대학교 석사학위
4	출판경영의 인센티브 임금제도 고찰	이병권	1992	출판잡지연구
5	정보화시대에 대비한 출판마케팅 전략	이병권	1993	출판잡지연구
6	단행본 출판사의 독자관리에 관한 연구: 마케팅 이론을 중심으로	강맑실	1993	중앙대학교 석사학위
7	한국 대학출판부의 경영개선 연구	최창희	1995	중앙대학교 석사학위
8	정보화 사회의 출판경영인의 의식구조에 관한 연구	강해작	1996	중앙대학교 석사학위
9	출판경영의 이론적 모델과 방안 제시를 위한 고찰	윤세민	1997	경인논집
10	정보화 사회의 출판경영인의 의식구조에 관한 연구	강해작	1997	언론연구논집
11	인터넷을 이용한 출판마케팅 커뮤니케이션에 대한 연구	김난영	1998	경희대학교 석사학위
12	출판산업에서의 사이버 마케팅에 관한 연구: 국내외 사이버 서점을 중심으로	김정기	1998	서강대학교 석사학위

이 시기는 출판에서도 컴퓨터 활용이 확대되면서 정보화시대로 들어갔다고 할 수 있다. 따라서 이 시기 연구의 특징은 정보화 시대 또는 사회라는 시대적인 배경을 바탕으로 이루어진 연구가 출판경영연구와 출판마케팅 연구에서 다수를 차지하고 있다. 경영에 대한 연구로는 경영인들의 수요예측 인식, 경영의 임금제도, 대학출판부의 경영연구, 경영인의 의식구조, 경영의 이론적 모델방안 제시의 연구가 주로 되었다. 이를 보면 경영과 마케팅에 있어서도 다양한 주제로 접근하고 있는 것이 보이며, 마케팅 연구보다는 경영연구가 좀 더 눈에 띈다. 연구자로는 현장 경영인이 출판연구에 본격적으로 뛰어든 시기이기도 하다.

연구의 내용은 마케팅적 관점으로 시장을 보기 시작한 시기라고도 할 수 있다. 1기에는 출판사나 생산자에게 연구관심이 집중되었다면, 1990년대는 생산의 입장에서는 경영적인 문제점을 인식하고 파악하여 개선 방안을 제시하는 것이 중심이 되었고, 시장에 있는 소비자에게 조금씩 눈을 돌리고, 마케팅 커뮤니케이션에 관심을 갖기 시작하면서 양적연구가 집중적으로 진행되었다.

3) 제3기 2000년대~발전기

출판경영 마케팅 연구는 2000년대 들어서면서 전성기를 보이고 있는 듯 보인다. 그만큼 많은 연구가 진행되고 있다. 2000년대 들어서면서 마케팅에 대한 관심이 커지고 각 출판사들은 영업팀이라는 명칭 대신 마케팅팀이라는 명칭으로 바뀌어가고 있다. 그만큼 경영·마케팅전략이 출판 곳곳에 스며들었다고 할 수 있다. 이 시기부터는 출판산업에서 마케팅의 중요성에 대해서 논하여지고 있다. 인터넷의 등장과 함께 마케팅전략을 실행할 수 있는 수단이 늘어나며, 각 출판사는 인터넷(디지털)마케팅에 대해서 더욱 박차를 가했다. 또한 지금까지 제품 중심이었던 전략이 이제는 소비자 중심으로 변해가며, 마케팅전략의 중요성이 제대로 논해지고 있는 것이다.

아래 〈표 3〉에서 알 수 있듯이 2000년부터 시작한 논문이 현재 거의 100편에 달하는 것을 보면 출판경영·마케팅에 대한 관심을 알 수 있다. 그러나 이 시기의 경영 마케팅 연구 관심은 다양한 시각으로 이루어져 있었으나, 학위논문 중에 박사논문은 2001년에 1편, 2007년에 1편, 2016년 1편, 2017년 1편으로 총 4편밖에 없다는 것은 그만큼 심도 깊은 연구가 아직도 부족하다고도 할 수 있다.

또한 이 시기부터는 『출판학연구』에서도 출판경영 및 마케팅 연구가 게재되기 시작했다. 이 시기에 각 학술지에 게재된 출판 경영 및 마케팅에 관련한 연구논문 32편 중에 15편이 『출판학연구』에 게재된 연구였다.

출판에서 경영마케팅 연구의 다양성이 눈에 띄는 이 시기를 다시 2000년대와 2010년대로 나누어 볼 수 있다. 2000년대는 출판경영을 연구와 서점경영·마케팅 연구가 시작되었다. 출판

경영 연구도 6시그마를 통한 경영기법이나 경영합리화 방안 연구, 디지털경영전략 등이 연구되었다. 또한 2000년대에 출판콘텐츠가 강조되면서 OSMU(One Source Multi Use) 등의 매체 다양화 전략 등이 연구되기 시작했다. 2010년대는 환경의 변화에 따른 마케팅 수단과 관련한 트위터나 블로그, 페이스북 등의 SNS활용, 팟캐스트, 북트레일러, 크라우드 펀딩 등의 연구가 활발했다. 또한, 출판연구의 발전기인 시기는 소비자, 독자, 수용자에 대한 연구가 좀 더 본격적으로 이루어지고 있으며, 급격하게 변화하는 미디어 환경과 다양해지는 독자들의 요구에 적절하게 대응하기 위한 새로운 독자중심의 마케팅 전략의 필요성에 따라서이다.

몇 개의 연구내용을 살펴보면, 이 시기의 CRM연구는 독자 데이터베이스의 활용에 대해서 제시하기 시작했다. 당현준의 논문은 마케팅 4P를 중심으로 출판시장의 특성을 설명하고, CRM을 활용한 마케팅 전략을 제시했다는 데 의의가 있다. 이와 같이 데이터베이스, CI시스템 등 인터넷을 활용한 마케팅 전략의 연구가 본격적으로 실시되기 시작했다. 네트워크 마케팅을 통한 출판물 유통 연구, 디지털 출판마케팅의 발전 전략의 연구, 이 시기에는 디지털출판마케팅의 중요성과 출판마케팅에 있어서 인터넷과 모바일을 활용한다는 것이 중요하게 되었다. 이는 출판마케팅뿐 아니라 서점경영, 출판 기획, 잡지 산업 등에 있어서도 동일하였다.

이 시기에 박사논문은 「인터넷을 활용한 출판 PR에 관한 연구」(정효경, 2001), 「출판사 브랜드자산의 영향요인 연구」(고경대, 2007), 「출판사 유형에 따른 작가 확보방식 사례 연구」(이헌숙, 2016), 「학술전자책 가격책정 요인에 관한 이해당사자의 인식비교 연구」(홍정표, 2018)의 4편이다.

먼저, 정효경(2001)의 연구는 인터넷을 활용한 연구라는 것에서 의미가 있다고 할 수 있다. 인터넷이 마케팅 수단으로 활용할 수 있는 범위로 확대되고 있는 상황에서 출판산업에서도 출판사의 PR 등 마케팅 측면에서 적극적으로 활용해야 하며 이에 대한 체계적인 연구가 필요하다고 하였다.

고경대(2007)의 연구는 출판사 브랜드 자산 전략을 출판계에 처음으로 도입해서 연구했다는데 의의가 있다고 할 수 있다. 단지 수단으로서만 마케팅을 바라본 것이 아니라, 출판사의 브랜드 전략의 필요성에 대한 이론적 논의와 양적연구를 하였다. 4개의 출판사를 대상으로 연구했다는 것에는 한계점이 있다고 할 수 있으나, 출판관련 집단과 독자들을 대상으로 비교연구를 했으며, 출판관련 연구에서 본격적으로 독자들을 대상으로 출판사의 브랜드전략에 대해 실질적으로 고민한 연구이다.

이헌숙(2016)의 연구는 출판사의 작가 확보에 관심을 두고 연구했다는 데에 큰 의미가 있을 것이다. 작가확보 또한 경영·마케팅연구 영역이며, 출판사에 있어서 콘텐츠 확보와 직접적인 관계가 있기 때문에 중요하다고 할 수 있다.

홍정표(2018)의 연구는 학술전자책을 중심으로 가격결정 요인을 분석했으며, 이를 위해 학술전자책을 중심으로 가격결정요인을 출판사와 유통사, 그리고 도서관 사서를 대상으로 실증연구를 실시했다. 실증연구로서는 인터뷰와 설문조사의 2가지의 방법으로 이루어졌으며, 독자의 입장이 아닌 산업이해관계자들의 의견과 인식에서 가격결정에 영향을 미치는 이 연구는 전자책을 중심으로 가격결정요인을 분석한 것에 의미가 있다고 할 수 있다.

〈표 3〉 제3기 출판경영 및 마케팅 연구 논문(2000~2018년 현재)

	논문명	연구자	연도	비고
1	중국의 출판물 경영과 판매학 연구 개황	주전	2000	한국출판학연구
2	판매촉진을 위한 출판사의 도서전 활용전략에 관한 연구: 서울 국제도서전 활용실태를 중심으로	오각진	2000	중앙대학교 석사학위
3	미디어 환경변화에 따른 출판산업의 변화에 관한 연구: 국내 대형 출판사들의 IT화 사례를 중심으로	정진항	2000	서강대학교 석사학위
4	인터넷 서점 이용자의 도서구매 행동 연구	김우진	2000	경희대학교 석사학위
5	출판산업의 경영합리화와 정보화에 관한 연구	박찬영	2000	강원대학교 석사학위
6	인터넷을 활용한 출판 PR에 관한 연구	정효경	2001	경희대학교 박사학위
7	웹진 수용자의 이용과 충족에 관한 연구: 종이잡지와 비교를 중심으로	김성동	2001	중앙대학교 석사학위
8	단행본 도서의 제목이 판매에 미친 영향에 대한 조사 연구: 1996~2000년 비소설 중심으로	민병윤	2002	동국대학교 석사학위
9	XML 웹서비스를 통한 출판사 서비스 공유	송정현	2002	중앙대학교 석사학위
10	대형서점의 경영전략에 따른 통합적 CI시스템에 관한 연구: 산학협동 프로젝트 '서울문고'연구 개발 사례	정은지	2002	국민대학교 석사학위
11	대형서점의 경영전략에 따른 통합적 CI시스템에 관한 연구: 산학협동 프로젝트 '서울문고'연구개발 사례	정은지	2002	상품문화디자인학연구 석사학위
12	출판기획 프로세스의 경영기법 도입 연구: 6시그마를 통한 기획 프로세스 매뉴얼	최봉수	2003	동국대학교 석사학위
13	e-CRM웹서비스 기능이 고객만족에 미치는 영향에 관한 연구: 인터넷 도서 쇼핑몰을 중심으로	구지서	2003	경기대학교 석사학위
14	인터넷 도서 사이트의 합리적인 평가모델에 관한 연구: 거래 프로세스를 통한 평가요인 도출을 중심으로	김형진	2003	부산대학교

15	CRM을 활용한 출판마케팅 전략 연구	당현준	2003	서강대학교 석사학위
16	대학 출판홍보의 온-오프라인 믹스 전략 연구: 고교생들의 대학진학 의사결정에 미치는 효과를 중심으로	고동숙	2003	중앙대학교 석사학위
17	인터넷 서점 알라딘의 시장진입과 마케팅 전략에 관한 사례 연구	최이규, 김광석	2003	마케팅관리 연구
18	출판잡지산업 경영합리화 방안 연구: ISO9001 도입을 중심으로	노승권	2004	동국대학교 석사학위
19	출판기업의 디자인 의사결정에 대한 조직 커뮤니케이션의 의식과 태도에 관한 연구	진혜영	2004	홍익대학교 석사학위
20	TV 독서프로그램에서 소개된 책이 출판에 미치는 영향 연구: KBS 1TV 〈TV책을 말하다〉	강진영	2004	성균관대학교 석사학위
21	사이버 도서구매 행동에 관한 연구	이상용	2004	동의대학교 석사학위
22	디지털 출판마케팅의 발전 전략에 관한 연구: 인터넷과 모바일을 중심으로	김찬영	2004	건국대학교 석사학위
23	출판매체의 디지털화에 따른 사용자 중심의 인터페이스 연구: E-book 서비스 업체를 중심으로	김민석	2004	한남대학교 석사학위
24	국내 출판사의 디지털 경영전략 모델에 관한 연구	이은국	2004	한국출판학 연구
25	네트워크 마케팅을 통한 출판물 유통에 관한 연구	금창연	2004	출판잡지연구
26	경제 경영 도서의 구매패턴에 관한 연구: 인터넷 서점 독자를 중심으로	배민수	2005	서강대학교 석사학위
27	출판의 브랜드 네이밍 전략에 관한 연구	정지원	2005	중앙대학교 석사학위
28	서점 경영의 효율화 방안에 관한 연구	이강산	2005	동국대학교 석사학위
29	유비쿼터스 시대의 출판커뮤니케이션 증진을 위한 기초연구: 문화기호학적 측면의 텍스트 분석을 중심으로	오세종	2005	한국출판학 연구
30	베스트셀러에 관한 소비자 심리와 출판마케팅 전략에 관한 연구	장승익	2006	서울시립대학교 석사학위
31	팝업북 내용의 커뮤니케이션에 관한 연구	김주연	2006	숙명여자대학교 석사학위
32	브랜드 커뮤니티가 기업의 브랜드 가치에 미치는 영향에 관한 연구: 출판업계 브랜드 커뮤니티 중심으로	이종서	2006	성균관대학교 석사학위

33	단행본 도서의 베스트셀러 유발요인에 관한 연구: 2000년 이후 출판물을 중심으로	허연	2006	연세대학교 석사학위
34	출판콘텐츠의 다목적 활용 방안에 관한 연구: 문학 출판콘텐츠의 OSMU활용실태 분석을 중심으로	홍현정	2006	중앙대학교 석사학위
35	출판만화 콘텐츠의 OSMU 활성화 방안 연구: 한국과 일본의 사례 비교를 중심으로	배정아	2006	중앙대학교 석사학위
36	온라인 서점과 오프라인 서점에 대한 출판 경영자의 거래 만족도 연구	이은국, 한주리	2006	한국출판학 연구
37	경계를 허무는 출판마케팅의 시도	박지연	2006	마케팅
38	마케팅 PR매체로서 잡지 미디어의 인터넷 홈페이지 활용에 대한 연구 - 일본의 여성잡지 미디어의 인터넷 홈페이지 사례 분석을 중심으로	이호영, 문연주	2006	한국출판학 연구
39	브랜드의 경쟁력 강화를 위한 굿디자인 마케팅 성공사례 및 전략에 관한 연구	오세종	2006	출판잡지연구
40	출판사 브랜드 자산 영향 요인 연구	고경대	2007	성균관대학교 박사학위
41	한국출판산업 경영의 유연전문화 실태연구	고진숙	2007	중앙대학교 석사학위
42	도서를 활용한 DM이 고객과의 관계강화에 미치는 영향 연구: 생명보험사 사례를 중심으로	고광석	2007	경희대학교 석사학위
43	출판사의 브랜드 자산이 소비자의 구매의도에 미치는 영향에 관한 연구	고현길	2007	성균관대학교 석사학위
44	출판콘텐츠의 타매체 활용 현상에 관한 연구	김선혜	2008	서강대학교 석사학위
45	출판사의 CRM구축에 관한 연구: 가톨릭계 출판사를 중심으로	강동성	2008	건국대학교 석사학위
46	이벤트 전문잡지의 콘텐츠에 대한 독자들의 선호도에 관한 연구: 월간 이벤트를 중심으로	정종윤	2008	배재대학교 석사학위
47	웹진 콘텐츠의 스토리텔링 유형이 브랜드 태도에 미치는 영향	윤석민	2008	홍익대학교 석사학위
48	출판 만화콘텐츠의 영화 전환 연구	조해진	2008	한양대학교 석사학위
49	국내 출판사들의 브랜드 다각화 경향에 관한 연구	하상희	2008	서강대학교 석사학위
50	온라인 구전과 도서구매와의 관계에 대한 연구	우승균	2008	고려대학교 석사학위

51	브랜드 자산과 소비자 구매행동의 관계에 관한 연구: 유아전집 도서를 중심으로	김병훈	2009	건국대학교 석사학위
52	원천콘텐츠의 OSMU활용 현황 연구	고영리	2009	추계예술대학교 석사학위
53	온라인 독서커뮤니티에서 독자 리뷰가 도서에 대한 태도 및 구매의도에 미치는 영향: 네이버 북카페 사례를 중심으로	문상수	2009	연세대학교 석사학위
54	도서 추천 주체의 공신력과 메시지 특성이 도서구매 결정에 미치는 영향에 관한 연구	서보윤	2009	한국출판학 연구
55	교과서 출판사 조직 구조와 업무 관행에 대한 연구	김동규, 윤광원	2009	한국출판학 연구
56	어린이책 출판동향에 관한 연구: 출판유통과 마케팅을 중심으로	신종락	2009	한국출판학 연구
57	자동차 전문서적 구매의사 결정과정에 관한 탐색적 연구	김길현	2010	호서대학교 석사학위
58	출판마케터의 역할에 관한 연구: DACUM직무분석을 중심으로	한주리, 손정수	2010	한국출판학 연구
59	블로그와 트위터 이용자들의 소셜미디어 출판에 대한 연구: 피에르레비(Pierre Levy)의 집단지성을 중심으로	김지연	2011	중앙대학교 석사학위
60	출판사의 도서가격 책정에 관한 연구	김은희	2011	연세대학교 석사학위
61	미디어 환경변화 인식에 따른 도서정보 탐색과 광고 마케팅 변화에 관한 고찰	양자선	2011	홍익대학교 석사학위
62	조선의 일본인 경영 서점에 관한 시론: 일한서방의 사례를 중심으로	신승모	2011	일어일문학 연구
63	우리나라 출판사들의 SNS활용 실태 분석 연구: 트위터 페이스북 미투데이를 중심으로	이종문	2011	한국비블리아학 회지
64	도서판매를 위한 홍보동영상에 대한 소비자 반응 연구: 북트레일러를 중심으로	이광숙, 곽보선	2011	경영교육저널
65	태블릿PC 출판콘텐츠에 대한 이용자 인식 연구: 플루서의 기술적 형상 개념을 중심으로	김성진	2012	중앙대학교 석사학위
66	브랜드 커뮤니케이션 전략을 적용한 북 스토어 공간 계획에 대한 연구	손현진	2012	홍익대학교 석사학위
67	디지털화에 따른 교과서 출판행위자 간의 협력적 거버넌스 연구	김동규, 윤광원	2012	한국출판학 연구

68	출판콘텐츠 산업 조직구성원의 체면, 자기제시, 부정적 평가에 대한 두려움이 갈등관리에 미치는 영향	장해순, 한주리	2012	한국출판학 연구
69	잡지 이용자의 인구사회학적 속성에 따른 잡지에 대한 태도, 잡지 독서량, 잡지 구입비용의 차이에 관한 연구	이용준, 김원제, 정세일	2012	한국출판학 연구
70	출판시장 수요 측면의 성격과 온라인 서점 마케팅 전략	박창균	2015	인천대학교 석사학위
71	전자책 창업동기와 지속과정에 대한 사례 연구	강은영	2015	한양대학교 석사학위
72	출판 팟캐스트 이용과 출판 콘텐츠 구매의도 영향 요인 연구	임지연	2015	경기대학교 석사학위
73	출판사의 스토리텔링 마케팅이 이용자의 관여도와 구매의도에 미치는 영향 연구: 페이스북을 중심으로	배준영	2015	경기대학교 석사학위
74	출판 크라우드 펀딩 후원자들의 참여의도 및 만족도 분석	조현희	2015	경기대학교 석사학위
75	디지털콘텐츠 유형별 마케팅 전략에 관한 연구	리빙쉬	2015	호남대학교 석사학위
76	출판산업에서 팟캐스트 활용 사례 연구	이건웅, 박성은	2015	글로벌문화 콘텐츠
77	출판사의 스토리텔링 마케팅 효과 연구	배준영, 오경수	2015	한국콘텐츠학회 논문지
78	국내 북커버 디자인에서 띠지의 선호도 및 실증연구	김정현, 서혜옥	2015	한국디자인문화 학회지
79	북트레일러의 유형에 대한 연구	김현희	2015	디자인융 복합연구
80	2000년대 한국 독립출판물 생산자 연구: 미디어 문화 생산자 정체성을 중심으로	은지희	2016	연세대학교 석사학위
81	출판사 유형에 따른 작가 확보 방식 사례 연구	이헌숙	2016	추계예술대학교 박사학위
82	CEO의 커뮤니케이션 능력이 조직구성원의 조직만족과 커뮤니케이션 만족에 미치는 영향에 관한 연구: 단행본 출판사를 중심으로	김재현	2016	경희대학교 석사학위
83	크리슈머 마케팅이 고객만족도와 고객 충성도 향상에 미치는 영향에 관한 연구: 전자출판시장을 중심으로	김철회	2017	경희대학교 석사학위

84	지역 중소형 서점 이용 고객의 서비스 만족도에 미치는 영향에 관한 연구	김영삼	2017	동의대학교 석사학위
85	네이버 책문화서비스가 출판마케팅에 미치는 영향분석	천정한	2017	성공회대학교 석사학위
86	1910년대 매일신보 출판광고에 나타난 출판연구	김진두	2017	한국출판학 연구
87	1920년대 출판경영인 최영택과 〈임신창험담〉	최희정	2017	역사와 경계
88	온라인 구매행태를 고려한 토픽 모델링 기반 도서 추천	정영진, 조윤호	2017	지식경영연구
89	문학서 도서구매 결정요인과 만족도에 관한 연구	정현욱, 신명환	2017	한국출판학 연구
90	국내 베스트셀러 도서 예측을 위한 베이지안 모델링	김은지	2018	이화여자대학교 석사학위
91	독립서점의 운영방안에 관한 연구 : 문화예술을 통한 마케팅을 중심으로	강민정	2018	동국대학교 석사학위
92	온라인 서평의 구전효과에 관한 연구	박미정	2018	중앙대학교 석사학위
93	출판트렌드에 따른 표지디자인의 조형적 특성의 변화 연구	이태영, 정형원	2018	조형미디어학
94	2017년 베스트셀러 표지디자인의 시각적 구성요소에 대한 연구	이영화	2018	한국융합학회 논문지
95	학술전자책의 판매방식과 가격정책에 관한 출판업 종사자들의 인식에 관한 연구	홍정표	2018	한국출판학 연구
96	학술전자책 가격책정 요인에 관한 이해당사자 인식 비교 연구	홍정표	2018	경기대학교 박사학위

3. 나가며

지금까지 출판에 있어서 경영마케팅 연구를 살펴보았다. 살펴본 바와 같이 출판학에서 경영마케팅의 연구는 그리 오래되지는 않았으며 많다고도 할 수 없다. 경영마케팅 연구의 시작은 1966년 한국출판경영에 관한 연구부터이다. 지금까지의 시기를 3시기로 나누어 보았는데, 1시기인 개척기에는 거의 연구가 되지 않았으며, 그 연구는 비슷했다. 그러나 2시기인 정착기부터는 연구의 다양성이 보이는 시기로 들어가서, 3시기인 발전기에는 100편에 달하도록 연구의 관심은 다양해졌다.

지금까지 살펴본 출판학에서 경영마케팅 연구의 특징을 살펴보면 다음과 같다.

첫째, 초기 연구에는 출판사의 경영개선 등과 판매방식 또는 광고와 관련된 연구가 중심이었다면 점차적으로 본격적인 마케팅 수단과 관련된 연구로 다양화 되었다.

둘째, 연구 대상은 초기의 생산자 중심 연구에서 소비자를 중심으로 한 연구가, 연구형식은 질적연구에서 점차 양적연구가 중심이 되었다.

셋째, 환경의 변화에 따라서 연구내용도 변화된 환경에 맞추어진 경영마케팅 관련 주제로 심화되었다.

출판학의 경영마케팅 연구는 이상과 같은 특징을 보였지만, 지금까지 3편의 박사논문만이 있어 아직은 경영마케팅연구는 부족하다고 할 수 있다. 또한 다른 연구와 달리, 시장환경이 급격하게 변하면서 경영마케팅 관련 연구 대상도 더욱 다양해질 것이다. 경영마케팅은 출판환경과도 밀접한 관계가 있기 때문에 연구에서도 시장을 중심으로 환경을 주시하고 급격한 변화에 따라가는 연구가 아닌 예측하고 이끌어가는 연구가 더욱 필요할 것이다.

■ 참고 문헌

고경대(2007). 「출판사 브랜드자산의 영향요인 연구」, 성균관대학교대학원 박사논문.

권승달(1971). 「우리나라 출판경영 개선방안에 관한 고찰」, 경희대학교 석사논문.

김동규·윤광원(2009). 교과서 출판사 조직 구조와 업무 관행에 대한 연구. 『한국출판학연구』, 통권 57
    호, 107~143쪽.

김동규·윤광원·심영섭(2012). 디지털화에 따른 교과서 출판행위자 간의 협력적 거버넌스 연구. 『한국출
    판학연구』, 통권 62호, 57~80쪽.

김진두(2017). 1910년대 매일신보 출판광고에 나타난 출판연구. 『한국출판학연구』, 통권79호, 85~112쪽.

서보윤(2009). 도서 추천 주체의 공신력과 메시지 특성이 도서구매 결정에 미치는 영향에 관한 연구.
    『한국출판학연구』, 통권 57호, 171~203쪽.

오세종(2005). 유비쿼터스 시대의 출판커뮤니케이션 증진을 위한 기초연구 : 문화기호학적 측면의 텍스
    트 분석을 중심으로. 『한국출판학연구』, 통권 49호, 121~156쪽.

윤주삼(1986). 「출판경영인과 출판편집인의 광고에 대한 태도조사연구」, 중앙대학교 석사논문.

이용준·김원제·정세일(2012). 잡지 이용자의 인구사회학적 속성에 따른 잡지에 대한 태도, 잡지 독서량,
    잡지 구입비용의 차이에 관한 연구. 『한국출판학연구』, 통권 62호, 81~103쪽.

이은국(2004). 국내 출판사의 디지털 경영전략 모델에 관한 연구. 『한국출판학연구』, 통권 47호, 155~
    195쪽.

이은국·한주리(2006). 온라인 서점과 오프라인 서점에 대한 출판 경영자의 거래 만족도 연구. 『한국출
    판학연구』, 통권 50호, 189~243쪽.

이헌숙(2016). 「출판사 유형에 따른 작가 확보방식 사례 연구」, 추계예술대학교대학원 박사논문.

이호영·문연주(2006). 마케팅 PR매체로서 잡지 미디어의 인터넷 홈페이지 활용에 대한 연구 : 일본
    의 여성잡지 미디어의 인터넷 홈페이지 사례 분석을 중심으로. 『한국출판학연구, 통권 50호,
    245~282쪽.

장해순·한주리(2012). 출판콘텐츠 산업 조직구성원의 체면, 자기제시, 부정적 평가에 대한 두려움이 갈
    등관리에 미치는 영향. 『한국출판학연구, 통권 62호, 147~170쪽.

정현욱·신명환(2017). 문학서 도서구매 결정요인과 만족도에 관한 연구. 『한국출판학연구, 통권 78호,
    131~158쪽.

주전(2000). 중국의 출판물 경영과 판매학 연구 개황. 『한국출판학연구, 통권 42호, 433~457쪽.

홍정표(2018). 학술전자책의 판매방식과 가격정책에 관한 출판업 종사자들의 인식에 관한 연구. 『한국
    출판학연구, 통권 81호, 97~125쪽.

홍정표(2018). 「학술전자책 가격책정 요인에 관한 이해당사자의 인식비교 연구」, 경기대학교 대학원
    박사논문.

출판유통·출판광고에 대한 연구

김 진 두*

■■■

1. 들어가는 글

출판유통이란 출판물이 출판사에서 제작되어 독자에게 전달되는 과정을 말한다. 출판광고란 언론에 책의 내용, 제목, 가격, 출판사 등을 알려서 소비자들이 책을 사도록 설득하는 행위이다. 출판유통과 출판 광고는 책이 제작되어 소비자에게 흘러가기 위한 과정이며 출판 영역에서 중요한 역할이다.

우리나라에서 이미 신라시대 때부터 목판인쇄술을 이용하여 불경을 인쇄하여 보급하고, 고려시대에는 세계 최초로 금속활자를 제작하고 조선시대에 한글판 소설이 책으로 인쇄되어 대중들에게 보급되기도 한 점에서 출판 유통 경로가 있었다. 구한말 개항 이후 근대 문물이 들어오면서 출판사와 서점이 생기고 출판광고가 신문에 게재된 이후 출판유통과 출판광고는 출판물이 소비자에게 전달되는 경로, 마케팅의 일환으로서 발전하여 왔다. 출판유통, 출판광고는 출판학의 한 분야로서 출판업의 실무자와 연구자들의 연구 대상이 되었다. 출판유통, 출판광고도 시대환경의 상황에 따라 많은 변화하고 한국출판학회가 창립되고 대학의 학부, 대학원에 출판학과가 설치되면서 출판유통, 출판광고를 학문적으로 규명하고 연구업적이 쌓이게 되었다. 출판유통, 출판광고의 연구 역사를 살펴보고 미래를 연구해야 할 과제를 정리해 볼 필요가 있다. 이러한 출판유통과 출판광고의 연구사를 통해 출판유통과 출판광고의 흐름을 이해하고 향후 발전을 위해 규명해야할 과제도 알 수 있다.

출판유통, 출판광고에 대한 연구는 한국출판학회 학회지인 『한국출판학연구』, 대학원 출

* 서일대학교 교수

판학과 학위논문, 출판관련단체의 연구보고서, 기타 학술지, 단행본을 통틀어 출판유통 연구 58편, 출판광고에 대한 11편을 대상으로 삼았다. 이에 대해서 연구 주제를 분류하고 통계를 내어 조사하였으며 출판유통에 대한 연구는 세 시기로 구분하여 출판유통에 대한 연구 흐름을 이해할 수 있게 하였다.

2. 출판유통

1) 출판유통 연구 주제

유통(流通, distribution)이란 상품이나 서비스의 생산단계로부터 소비단계로의 사회적 이전을 원활하게 촉진시키는 활동을 말한다. 따라서 출판유통(出版流通)이란 책이 생산자인 출판사로부터 도·소매점을 거쳐서 소비자인 독자에게 빠르고 정확하게 전달·보급되는 흐름을 말한다(강희일, 2007). 출판유통은 출판사와 독자를 이어주는 역할을 하는 것으로서 논문이나 연구보고서의 주요 주제로 다루어져 왔다. 이 장은 출판 유통분야에 대한 연구의 흐름을 이해하기 위하여 논문, 학술지, 연구 보고서, 단행본 등을 대상으로 관련 논문, 학술지, 연구 보고서 단행본 등 총 58편을 조사하였다.

출판 유통에 대한 학술지, 논문, 연구 보고서, 단행본 56편을 11가지 주제로 분류하여 아래 〈표 1〉에 정리하였다.

〈표 1〉 출판 유통에 대한 연구 주제

주제	유통체계개선	유통정보화	온라인유통	유통과마케팅	유통현황	유통역사	일본유통	지역유통	전자책유통	유통이론	유통과저작권	합계
저작물수	13	12	8	6	5	4	3	2	2	2	1	58
%	22.4	20.7	13.8	10.3	8.6	7.0	5.2	3.4	3.4	3.4	1.7	100

출판유통에 대한 논문은 출판유통 주로 구조 개선에 초점이 맞추어져 있다. 출판유통에 대한 주제는 대략 8가지로 정리할 수 있다.

첫째, 대형 유통기구의 설립과 유통구조의 개선에 대한 논문이 많았다. 해방 후 극심한 유통혼란을 극복하기 위한 현실적인 노력이 논문이나 연구보고서, 학술지의 유통에 대한 주제가 되었다. 복잡하게 얽혀있던 유통망, 정가제, 덤핑서적에 대한 문제를 실무자들이 대학원에 진학하여 석사 논문에서 많이 다루었다. 복잡하게 얽혀있는 유통망을 단순화하기 위한 대형유통기구의 설립이 절실했기 때문이다. 둘째, 유통망 전산화에 대한 논문이다. 인터넷이 유통에 도입됨으로서 출판유통에도 컴퓨터와 전산망을 이용한 정보화가 90년대 이후 불어 닥쳤다. 컴퓨터 전산망을 이용하여 데이터를 통한 유통체계 구축은 유통의 합리화와 유통체계 정보화로 설명할 수 있다. 셋째, 인터넷서점의 등장으로 기존 서점과의 갈등이 중요한 문제로 떠올랐으며 이는 논문의 주제로 반영되었다. 넷째, 한국출판의 실태를 알기 위하여 연구보고서, 논문에서 출판유통의 실태를 조사하고 문제점을 지적하고 개선 방안을 제시하고 있다. 다섯째, 재판매가격 제도와 위탁판매가 마케팅에 미치는 영향이 연구 주제로 다루어진 것은 도서정가제를 둘러싼 논쟁으로 생긴 출판계의 갈등이 논문의 주제로 나타났다. 여섯째, 복잡한 유통경로를 정리하여 대형유통기구 설립에 대한 열망은 한국출판유통선진화의 모델인 일본출판유통에 대한 연구로 이어져 일본출판유통에 대한 논문과 단행본이 출간되었다. 일곱째, 출판 유통에 대한 이론서가 80년대, 90년대에 출간되어 한국출판유통에 대한 개괄적 고찰과 출판유통에 대한 개선 방향을 제시하였다. 여덟째, 출판유통의 역사를 고찰하는 논문은 주로 문화사적 관점에서 한국출판 유통의 역사를 고대부터 근대까지 개괄하고 있다.

2) 출판유통 연구 시기구분

우리나라 출판유통에 대한 연구는 출판유통체계의 개선에 초점이 맞추어져 있다. 컴퓨터 단말기가 대중화되고 인터넷이 도입된 1990년대 중반 이전은 복잡한 유통절차를 해소하고 대형유통도매기구를 설립하여 유통절차를 간소화 한다는 주장이 연구의 흐름을 주도하고 있다.

출판유통사에 있어 가장 큰 분기점을 이루는 것은 인터넷이 등장하고 출판유통이 정보화가 촉진되던 시기인 1994년, 2000년으로 인터넷 서점의 출현으로 인한 온라인 유통, 전자책이 등장하던 시기가 출판 유통에 큰 변화를 가져온 분수령이라 할 수 있다.

정보통신혁명으로 인터넷이 대중화되고 출판유통 정보화가 도입되어, 유통체계가 전산화 되던 시기인 1994년을 기점으로 이후 출판유통에 대한 연구의 흐름은 대형도매기구 설립을 촉구하던 논문에서 유통체계 정보화를 촉구하고, 2000년대 이후 인터넷 서점이 등장함에 따라 이에 대한 연구와 영세서점의 몰락, 도서정가제 도입, 전자책 유통에 대한 논문이 나타났다. 출판유통 분야에 대한 연구는 복잡다기한 유통의 난맥상을 극복하기 위한 유통구조의 개선을 대형도매기구 설립을 주장하는 논문, 유통정보화를 통해서 유통의 흐름을 정보통신망을 통해서 알 수 있도록 개선하자는 논문이 주류이다. 그 외 디지털 환경의 조성된 온라인 유통에 대한 논문, 전자책유통에 대한 논문이다. 단행본으로 출판유통의 이론서, 연구보고서 등도 출판유통의 개선, 유통정보화, 온라인유통을 다루고 있다.

출판유통사 시기 구분은 출판유통에 대한 연구 실적을 바탕으로 분류하였다. 대학원논문, 『한국출판학연구』, 연구보고서, 기타학술지에 게재된 논문, 단행본을 조사한 결과 극심한 유통의 혼란을 겪었던 60년~90년대 초까지 대형도매기구 설립을 촉구하는 시기, 우리나라에 정보통신망이 구축되고 컴퓨터 단말기가 확산되어 정보환경이 갖추어지던 시기인 1990년대 중반 이후부터 2000년대 초까지를 출판유통정보화기, 2000년대 이후를 온라인을 통한 유통이 확산되는 온라인유통기로 구분할 수 있다. 이러한 시기 구분에 따라 유통기구정비기(1970~1993), 유통정보화기(1994~2004), 온라인유통기(2005~2017)로 연구시기를 나눈다.

(1) 유통기구정비기(1970~1993)

유통구조 개선은 출판유통에 대한 논문 전체 중 가장 많이 다루어진 것으로서 우리나라 유통구조 개선이 시급한 문제임을 알 수 있다. 특히 70년대부터 90년대까지 논문들 중 다수가 유통구조 개선을 위해 대형도매기구 설립을 주장하고 있다. 출판업계의 노력으로 대형도매기구가 설립되고 유통구조가 개선되었지만 복잡한 유통구조는 출판업계의 고질적 병폐였다. 대형도매기구 설립에 대한 논문들이 나오게 된 배경은 서적상들의 할인 판매로 인한 유통질서의 혼란에 있음을 이두영(이두영, 2015)은 지적하고 있다. 동대문 시장과 대학천 상가 일대에서는 덤핑 서적상이 범람하여 혼란을 부추겼으며, 부산 대구, 광주 등의 지역에서도 혼란은 극심하여 유통체계의 개선과 대형유통기구를 세워서 혼란을 극복하자는 주장이 논문을 통해서 나타났다. 출판유통의 원활화는 출판자유의 신장과 국민의 알 권리·읽을 권리를 확보하는 요체가 된다는 점에서 국가의 사회적 목표가 될 필요가 있는 것이다. 그렇기 때문에 이처럼 부족한 유통구조의 개편·강화를 위해 한국출판산업계는 지난 40년간 노력을 해왔으며 그러한 노력의 기본적인 방향은 전국적 출판시장을 주도적으로 이끌 수 있는 대형도매기구의 설립에 그 초점이 맞추어져 왔다(이두영, 1993, p.19).

유통구조의 개선과 대형도매기구의 설립을 촉구한 논문은 윤형두(1984), 윤재민(1990), 김혜숙(1994), 임준현(1995), 윤형두(1994), 강경중(1997), 성의현(1998) 등의 연구가 있다. 윤형두는, 출판 유통 구조 개선을 위해 전국에 걸쳐 있는 영세한 서점을 위해 출판사와 서점에게 중간 도매 기구가 필요하며 유통 관리의 기능은 대형화 또는 대규모화, 전문화 통합화 내지 협업화함으로서 그 체질을 개선·강화하여 합리화(윤형두, 1984, p.123) 할 것을 주장하고 있다. 윤재민(1990)은 지역별로 도매 기구를 세워 지역 권역별로 나누어서 출판 유통을 활성화시키자는 주장을 하고 있다. 김혜숙(1994)은 1980년대 도서유통구조를 유통기구, 가격, 마케팅. 출판량을 외국의 사례와 비교하였다(신종락, 2014, p.86).

한국과 유사한 출판환경이지만 출판유통체계가 합리적인 일본의 출판유통은 한국출판유통의 모델이 되었다. 우리나라 유통체계 개선을 위해 일본출판물 유통을 소개한 책은 윤형두

(1988)가 무라카미 노부이찌의 책을 편역한 『일본출판물 유통』이다. 이 책은 일본출판유통에 대하여 종합적으로 기술하고 있으며, 근대 일본출통의 역사를 1부와 2부에서 기술하고, 3부에서 출판물 중개상의 기능을 정리하고 상품유통과 물적 유통을 출판물 중계기능에 포함시키고 있다. 이 책의 장점은 일본출판 유통체계에서 출판물이 순환되는 전과정을 이론적으로 잘 설명하고 있다. 윤형두(1988), 김미지(1999)는 한국과 일본의 출판유통체제를 비교 연구하면서 우리나라에 대형유통기구 설립을 주장했다.

이두영(1993)은 『출판유통론』에서, 출판유통이론, 우리나라 출판 유통상황, 출판정보화, 선진 각국의 출판유통을 총괄하여 잘 기술하고 있으며 출판 유통개선을 위하여 유통정보화가 필요함을 강조했다.

이 시기에 일부 논문은 출판유통 역사를 문화사적 관점에서 시대별로 기술하고 있다. 출판유통 역사를 문화사적 관점에서 다룬 논문으로서 백운관(1990), 부길만(1991)이 있으며, 부길만(2009)은 출판유통 역사를 삼국시대부터 1980년대까지 광범위한 기간을 연구하고 있다. 부길만은 출판유통의 역사에 대한 시대구분 기준으로 첫째, 출판 행위의 상업성 여부, 둘째, 전문 출판유통 행위의 존재 여부, 도서 수용의 변화, 넷째, 정치사회적 변동으로 분류하고 있다. 서양문물의 전파와 신분제의 동요 등 사회적 변화가 크게 일어나고 서점의 필요성이 대두된 시기인 조선 중기(16세기 후반)를 가장 큰 분기점으로 삼고 있다(부길만, 2009, p.163). 출판유통사를 다룬 논문은 출판유통 전체 논문 중 비중이 적을 뿐 아니라 방대한 시기를 문화사 관점에서 서술하고 있다. 향후 출판유통의 뿌리를 알기 위해서는 조선시대 일제시대, 해방이후 등 시대별로 다룬 개별적 논문, 문화사가 아닌 사관을 달리하는 논문이 나와야 할 것이다.

(2) 유통정보화기(1994~2000)

1990년대 중반 이후 컴퓨터 단말기와 정보통신망이 결합하여 인터넷이라는 새로운 통신수단이 보급되기 시작하였다. 출판유통구조 개선을 위해서 정보통신망을 이용하여 비효율적인 출판유통체계를 개선하여야 한다는 주장이 논문과 연구보고서 등을 통해서 제기되었다.

출판유통 정보화사업은 첫째, 출판 산업의 발전과 지식 정보화 사회의 중추적인 인프라로서의 출판유통 정보화 시스템을 구축함으로써 지식기반 산업으로서의 출판산업 위상을 확립하고 둘째, 복잡다기하고 전근대적인 도서유통구조로 인한 고비용, 저효율상태를 해소하고 첨단 정보화시대의 유통시스템을 구축하며, 셋째, 다품종 소량, 다빈도의 출판유통 특성을 반영한 전자시스템 전자거래시스템 환경조성을 통해 출판산업 경쟁력을 강화해 유통선진화 체제의 확립을 목적으로 추진되었다(김경수, 2007, P.40).

출판업계는 지난 수십 년 간 출판유통 정보화에 대한 필요성을 끊임없이 주장하였고, 그와 동시에 많은 시도가 있었다. 출판업계는 독자·도서관·서점·유통업체·출판사가 공통적으로 사용할 수 있는 표준 도서목록, 도서의 입고·출고·재고·판매·주문 등의 정보를 신속하고 정확하게 처리할 수 있는 유통정보 시스템, 그리고 거래에 따른 정보의 표준 서식 구축에 대해 다양한 연구와 투자를 진행해 왔다(김태화, 2001, p.1).

출판유통의 정보화가 필요한 이유는 국내에 유통되는 출판물을 서점에서 다 전시·판매 할수 없으며, 서점은 서지 정보를 개인이 파악하는 것은 불가능하기 때문에 서지정보의 데이터베이스화가 필요하며 이러한 정보를 활용할 수 있는 기계화·시스템화는 필수적이기 때문이다. 출판물은 위탁판매제도를 채용하고 있기 때문에 출판사는 반품이 될 때까지 판매 상황을 파악할수 없고, 이른바 판매 정보가 거의 전무한 상황에서 출판부수를 결정하고 있는 상황이다. 이에 따라 판매 동향을 정확히 파악하기 위한 정보 활용의 필요성은 한층 더 높아지고 있다. 그러므로 출판사와 서점의 규모에 맞는 정보시스템화는 불가결하며 또 시스템을 통해서 기업체질을 개선하고 경영기반의 공고화를 추구하지 않으면 안 되게 되었다(이두영, 1993) pp.180~181).

출판유통의 정보화를 통해 과학적이고 체계적으로 출판물을 관리를 주장하는 논문은 〈표1〉에 나타나듯이 58편의 논문 중 12(20.8%)편이다. 출판유통정보화에 대한 논문, 보고서 등은 1980년대 말 이후 계속 발표되고 있으며 대표적인 사람이 사람은 이두영이다. 이두영은 논문(1989), 단행본(1992)에서 출판유통의 난맥상을 극복하기 위해서 유통체계의 정보화를 주장하였다. 이상호(1994)는 출판유통현대화를 위하여 EDI 구축을 주장하고 EDI 구축을 통해서 문서처리로 부수하는 제비용을 없앨 수 있으며 출판기획과 관리를 체계적이고 효과적으로 할 수 있다고 주장한다. 박성현(1995), 김정환(1996)은 VAN 구축이 필요하다고 주장하고 출판유통에 VAN을 구축하는 이유는 복잡하고 중복되는 거래 업무를 줄여 효율성을 높이기 위한 것이며, '출판전자우체국'이란 가상시스템을 설립해 서점과 출판사, 유통업체들의 수발주 업무를 EDI로 전달하고 신간 정보 DB를 전국에서 공동 활용할 수 있도록 관리해야 한다는 것이다. '출판전자우체국'은 기존 전화와 팩시밀리에 의존해왔던 수발주 업무를 통신망을 이용한 EDI로 처리하기 때문에 신속한 업무 처리를 기대할 수 있다. 이를 위해 국제표준도서번호(ISBN) 사용이 필수적이기 때문에 이의 보급 확산에도 커다란 도움이 된다는 것이다 (http://m.etnews.com).

김경수는 RFID(Radio Frequency Idenfication)를 도입할 것을 촉구하고 있다. RFID는 유비쿼터스의 자동인식시스템 구축을 위한 센서이다. RFID 적용 출판유통물류시스템이 본격 도입되면 출판사의 경우 발행한 책이 유통과 소비의 전 과정을 모니터 할 수 있다. 어느 서점에서 어떤 책이 얼마나 출간되었는지 알 수 있고 이 자료는 신간의 출간시기의 조절 계획출판 등의 기초자료로 활용될 수 있으며, 유통사나 서점은 유통경로 파악을 통해 재고관리, 반품 등에 소요되는 인력 및 비용을 크게 절감할 수 있다고 주장한다(김경수, 2007, pp.47~48).

1990년대 중반은 우리나라에서 컴퓨터 단말기의 보급과 정보통신망이 설치되는 시기로서

시대적 배경이 출판유통 정보화에 대한 연구 주제와 관련이 있다.

(3) 온라인유통기(2001~2017)

컴퓨터 단말기와 정보통신망의 결합으로 탄생한 전자상거래는 출판유통에도 큰 영향을 미쳤다. 인터넷 서점의 출현은 출판사 – 도매상 – 서점 –독자라는 기존의 출판 유통에 변화를 가져와 독자는 서점에 갈 필요 없이 인터넷서점에서 활인 된 가격으로 도서를 구입하게 된다. 온라인 출판유통은 전자상거래가 활성화되기 시작한 2000년 이후 온라인 유통에 대한 연구를 많이 하였다. 온라인 유통에 대한 연구는 김진두(2001, 2002), 임건석(2004), 이은국·한주리(2006), 김민정(2015)의 연구가 있다. 김진두는 온라인 서점과 오프라인 서점과의 갈등을 조명하고 있다. 과도한 인터넷 서점의 활인 경쟁으로 빚어진 도서정가제 붕괴로 인한 출판유통의 난맥상을 지적하고, 인터넷서점이 몇 개의 서점으로 재편될 것으로 예상하고 있다.

이은국·한주리는 온라인 서점의 등장으로 인한 고객 만족도를 조사하고 온라인에 대한 고객 만족도가 가격 할인에 있음 밝혀내고 온라인 서점의 이익은 가격할인으로 인해 더 줄어들고 도서 가격이 상승할 수 있다고 주장한다. 김민정은 온라인 서점의 독과점 여부를 조사하였으며, 온라인서점 시장의 독과점 업체는 존재하지 않는다고 결론짓고 불공정 거래 행위에 대한 개선점을 제시하였다.

인터넷의 대중화가 가져온 온라인 서점의 출현은 출판유통질서에 큰 변화를 가져왔다. 온라인 서점의 공격적인 마케팅은 기존 서점과의 갈등을 유발하고 도서정가제를 법제화하는 결과를 가져왔다. 온라인 서점에 관련된 논문은 온라인 서점의 활인에 대한 기존서점의 반발과 도서정가제에 대한 논의에 대해서 초점을 맞추고 있다.

1990년대에 들어서 출판물이 대형할인마트, 도서대여점, TV 홈쇼핑, 그리고 인터넷 서점과 같은 다양한 유통경로를 판매되었다. 대형할인마트 도서코너는 1993년에 (주) 신세계가 '이미트'라는 이름으로 대형할인마트를 국내에 처음 설립한 후 독자들에게 저렴한 가격에 책을 공급하는 새로운 도서유통경로로 급성장하였다.

한편 1988년 대도시의 아파트 단지나 주택가, 학교 앞 등에 우후죽순처럼 들어서기 시작한 도서대여점은 1994년에는 서울에만도 1,200개소, 전국적으로 6,000개소를 상회할 정도로 급성장하였다. 이 도서 대여점은 활인정책으로 그렇지 않아도 심각한 불황을 겪고 있는 서점업계와 출판업계에 큰 타격을 주었다.

1995년부터 시작된 TV 홈쇼핑 거래 역시 출판유통질서를 어지럽히는 요소로 지적된다. 홈쇼핑에서 도서가 본격적으로 판매되기 시작한 것은 2002년부터라고 할 수 있다. 처음에는 유아, 아동도서기 판매되었고 다음에는 전집과 학습만화시리즈가 판매되었다. TV 홈쇼핑에서는 짧은 시간 안에 대량판매를 목적으로 하기 때문에 대형 출판사들이 경쟁적으로 판매하고 있다.

 그 밖에도 어린이 전집물은 도서활인점을 통해서 유통되고 베스트셀러의 상당량은 편의점을 통해서도 판매되고 있다(신종락, 2014. pp.94~95). 서점 외 다양한 유통 경로가 생겼기 때문에 효율적 유통 경롱를 찾고자 하는 시도가 논문으로 나타났다.

 현대 마케팅에서 소비자의 행동을 예측하고 시장을 세분하는 것은 매우 중요한 일이다. 이는 시장의 성패를 좌우하는 것으로서 이를 위해 대부분의 기업에서 최적의 소비자 집단을 찾기 위해 노력하고 있다. 이와 같은 관점에서 소비자의 구매 특성에 대한 적절한 분류 기준을 찾고, 각 집단에 맞는 마케팅 전략을 펼치는 것은 한정된 마케팅 자원을 보다 효과적으로 배분하는 데 큰 도움이 될 것이다(금창연, 2003, P.12), 이처럼 불특정 다수의 독자라는 출판계의 공식을 깨고 인터넷 서점이나 네트워크 마케팅을 이용한 특정 독자층에 대한 연구가 이루어졌다.

 출판유통과 마케팅에 대한 연구는 한동원(1990), 김봉모(1997), 당현준(2003), 금창연(2003)의 연구를 들 수 있다. 이 연구들은 출판 산업의 특성이 수요가 공급을 초과하기 때문에 고객의 요구를 파악하여 공격적인 마케팅을 하는 것이 성공할 가능성이 높다고 주장한다. 출판 유통도 고객 중심으로 바뀌어야 하며 독자 중심의 마케팅 전략이 필요하다는 것이다.

 금창연은 소비자가 선호하는 유통경로가 따로 있다는 것을 가설을 세우고, 그것을 실험을 통해서 입증하였다. 이 연구에 따르면 출판사는 특정 도서 독자 성향을 파악하여 소비자가 선호하는 유통경로를 파악하고 홍보한다면 효율적인 마케팅을 할 수 있다고 한다. 금창연을 비롯한 위에 기술한 연구들은 온라인 거래를 통해 독자의 취향을 파악하고 표적 광고를 하여 독자의 구매행동을 이끌어 내기 위한 출판마케팅에 대한 연구이다.

 지역서점(지역기반 중소형 서점)은 대형(체인형)서점, 인터넷서점과 함께 출판유통의 3대 핵심 유통망이지만, 최근 지역서점의 가격 경쟁력 상실로 도태되고 폐점 위기에 처해 있는 바, 출판유통시스템 인프라의 연계 강화를 통해 유통채널의 균형발전을 회복시키는 일에 대한 관심이 제고 되고 있다(빅익순 외 4인, 2015, p.15). 영세한 지역서점을 살리기 위한 연구는 박익순(2015), 한주리·김동혁(2016)의 연구를 들 수 있다. 박익순은 지역서점을 살리기 위해 우리나라 지역서점의 운영실태, 외국의 사례, 지역서점에서 POS 운영실태를 조사 분석하였다. 박익순의 연구는 직접 지역서점에 대해 설문조사를 하여 그 결과를 분석한 실증적 논문이다. 한주리·김동혁은 지역서점이 활성화하기 위한 방법으로서 서점이 문화복합 공간으로 거듭나야 하며 지역출판과 연계해야 한다고 역설하고 있다.

 정보 통신혁명으로 인해 국내는 물론 전세계적으로 출판계는 변혁을 맞이하고 있다. 디지털 시대 출판계에 닥칠 가장 큰 변화 중 하나가 전자책(e-book)의 출현이다. 기획에서부터 제작, 유통, 등 출판의 전분야에 걸쳐 근본적인 변화를 가져올 전자책의 파장은 가히 혁명적이다(김진두, 2000, p.312). 종이책은 제작비, 창고관리비, 과다한 인쇄비, 반품에 따른 비용이 발생했지만 전자책은 유통비용이 거의 들지 않는 장점이 있다.

전자책 유통에 대한 문제를 다룬 논문은 김병훈(2000), 김철범(2017)의 연구가 있다. 김병훈(2000)은 전자책에 유통현황에 대한 설문 조사를 한 연구 결과 종이책과 전자책이 동반 성장하며 공존할 것으로 예상했다. 김철범은 전자책 유통이 활성화되기 위해서는 기존 종이책의 콘텐츠와 독서 환경을 모바일 환경에서도 불편함이 없고 기존 디지털 콘텐츠들과 차별화되어야 한다고 주장한다(김철범, 2017, p.81). 전자책의 유통 현황에 대한 논문 김병훈, 김철범의 연구 두 편은 상당한 시차를 두고 발표되었기 때문에 급격하게 변한 전자책 환경을 연속적으로 설명 할 수 없지만, 전자책의 모델이 종이책에 있고 전자책의 유통의 활성화가 종이책 유통에 위협이 되지 않는다고 본다.

전자책 유통에 대한 심층적 연구를 위해서 전자책 업체들을 대상으로 설문지, 심층면접을 통한 실증적인 연구를 하여야 유통문제에 대한 현실적 진단이 가능할 것으로 본다.

정보화로 달라진 유통환경 변화에 대한 연구보고서는 신종락(2004, 2014), 고경대(2015)의 연구를 들 수 있다.

신종락(2004)은 우리나라 온오프라인 서점실태와 다른 출판 유통업체에 대하여 설문지를 통해서 조사하고, 선진국의 출판유통 현황을 소개하고 시사점을 제시하여 출판유통업에 대한 개선방안을 제시하고 있다. 신종락(2014)의 연구는 해방 이후부터 현재까지 출판유통사를 기술하고, 출판유통환경 변화에 초점을 맞추어 현대 출판유통 정보화의 흐름에 대하여 시대별로 정리하고 있다.

고경대는 출판물 유통현황과 출판물 공급실태를 외국과 비교하면서 출판사와 서점 간의 합리적 공급률을 제시하고 있다. 출판유통현황에 대한 논문, 연구보고서 등은 출판유통의 시대상황에 따라 현실적 문제를 진단하고 해결책을 제시하고 있지만, 이것이 정부차원에서 문제점을 인식하고 정책으로서 집행될 때 문제가 해결된다.

3. 출판광고

출판광고에 관련된 논문은 편수가 적어 통계로서 의미가 약하지만, 출판광고에 관련된 11편의 연구를 모아 주제별로 분류하여 〈표 2〉를 작성하였다.

〈표 2〉 출판광고 연구 주제

주제	출판광고 마케팅	출판광고 역사	출판광고 이론	출판광고 현황	합계
저작물 수	6	2	2	1	11
%	54.5%	18.2	18.2	9.1	100

출판광고는 소비자들을 설득하여 책을 구매하고자 하는 동기를 이끌어 내어 궁극적으로 책을 구매하게 하는 데 그 목적이 있다(강희일, 2007, p.320). 출판광고는 출판마케팅과 필연적인 관계가 있다. 〈표 2〉를 보면 출판광고에 대한 논문은 절반 이상이 출판광고마케팅에 대한 논문으로 오경호(1991), 노병성(1991), 김양수(1997), 전종우, 이서용(2011)의 연구를 들 수 있다. 오경호(2011)는 일제하 출판광고를 주로 연구하면서 한국과 일본의 출판광고 표현을 비교하여 다루고 있다. 노병성(1995)은 출판광고 행위를 산업조직론이라는 이론의 틀에서 시장을 4개로 나뉘어서 출판광고시장을 분석하고 있다. 김양수(1997)는 출판사의 출판광고전략 대하여 기존의 문헌을 조사하여 기존의 RCB광고모델을 출판광고 전략에 도입하고, 출판 광고의 소비자 구매 특성을 분류하여 광고 전략을 세워야 효율적 출판광고를 할 수 있다는 것이다. 전종우, 이서용(2011)은 이용과 충족 이론을 출판광고에 적용하여 독자가 출판만화를 이용하는 동기를 분석하여 여유 및 정보 추구 동기와 오락적 동기가 출판광고에 긍정적인 영향을 미친다고 주장한다.

방효순(2013)의 연구는 일제하 출판광고에 대한 연구로 당시의 출판광고 전략을 연구하고 있다. 방효순(2013)은 일제하 출판광고 양식을 서적광고, 서적량 추이, 레이아웃, 광고카피 등으로 분류하여 출판사의 독자에 대한 출판광고전략을 연구하여 일제하 출판광고 양식을 파악 하고 있다.

출판광고 이론서로서 오경호(1995)는 『출판광고학 강의』라는 책에서 출판광고 전반에 걸친 이론과 출판광고 실무에 대하여 출판광고와 비교하여 서술하고 있다.

출판광고에 대한 논문을 정리한 결과 드러난 특징은, 첫째, 출판 광고에 대한 논문, 단행본, 보고서를 포함한 편수가 불과 11편에 지나지 않는다. 따라서 출판 광고에 대한 논문, 연구보고서, 이론서 등이 더 많이 나와야 한다. 둘째, 연구 방법으로 실증적 조사 결과보다 단순 문헌 연구에 거치고 있다. 출판사 근무자, 일반 독자, 도매상, 서점경영자 등을 대상으로 체계적인 조사를 통해서 출판광고의 효율성에 대한 연구가 진행되어야 한다. 출판관련 종사자를 대상으로 한 양적, 질적인 분석을 통해서 출판광고의 정확한 효과가 나와야 출판사는 출판광고를 효율적으로 집행할 수 있다. 셋째, 최근에 나온 출판광고에 대한 연구가 없다는 점이다. 출판광고에 대한 연구는 최근 나온 연구의 발행 연도가 2013년으로서 출판광고에 대한 대부분 저작물이 2000년 이전에 저술되었다. 2000년 이후에 저술된 것은 전체 11편 중 2편에 불과하며, 저술한지 오랜 시간이 흘러 출판광고에 대한 연구 대부분은 현재 출판광고 현황을 반영하고 있지 못하다.

4. 출판유통·출판광고 향후 연구 전망

출판 유통에 대한 연구는 대학원 석사학위논문, 한국출판학회 학술지 『한국출판학연구』, 출판유관단체의 연구보고서, 기타 학술지 논문으로 구별할 수 있다. 이중에서 가장 높은 비중을 차지하는 것은 대학원의 석사학위논문으로서 전체 논문 58개의 연구 중 30편을 차지하고 있다. 각 대학의 특수대학원에 설치되어 있는 출판전공학과는 출판 현업에 종사하는 사람들이 재교육의 일환으로 진학하여 석사학위논문의 주제를 현실적 문제를 정하여 논문으로 제출하여 학위를 받는다. 출판유통에 대한 학위논문의 주제를 아래의 〈표 3〉에 분류하였다.

〈표 3〉 출판유통에 대한 학위논문 주제

주제	유통정보화	유통체계개선	유통과 마케팅	온라인유통	유통역사	일본유통	전자책유통	유통현황	지역유통	유통이론	유통저작권	합계
저작물수	11	6	6	2	2	1	1	1	0	0	0	30
%	36.7	20	20	6.7	6.7	3.3	3.3	3.3	0	0	0	100

〈표 3〉을 보면 출판 유통에 대한 학위논문의 주제는 유통정보화, 유통체계 개선, 유통과 마케팅, 온라인 마케팅 등이다. 출판유통에 대한 학위논문들은 주로 출판유통의 가장 현실적인 문제를 다루고 있다. 한국이 정보화 사회로 진입하는 2000년 전후로 하여 초고속 정보통신망이 보급되고 출판유통업계도 출판정보화가 시급한 과제로 떠올랐다. 이러한 사회 환경의 변화로 인해 출판유통 정보화에 대한 학위 논문이 많이 나왔다. 향후 출판 유통의 가장 중요한 주제는 정보화 사회의 도래로 인한 유통 구조의 변화, 온라인 서점과 오프라인서점의 조화와 갈등, 전자책 유통 등 초고속 정보 통신망의 보급, 이동형 단말기의 보급으로 인한 출판유통질서의 변화가 가장 주목할 연구 대상이 될 것이다. 한국출판학회가 현재 매년 4회식 발행하는 『한국출판학연구』는 출판학의 가장 권위 있는 학술지로서 연구자들은 이 학술지에 논문을 제출한다. 대학원의 석사학위논문이 현업에 있는 종사자들의 관심을 반영하는 것이라면, 『한국출판학연구』는 대학, 연구원 등에 근무하는 사람들이 논문을 게재하는 학문 중심의 학술지라고 할 수 있다. 〈표 4〉에서 『한국출판학연구』의 출판유통에 대한 논문을 주제별로 나누었다.

〈표 4〉 한국출판학연구 출판유통 논문 주제

주제	온라인 유통	유통 현황	유통체 계개선	유통 역사	유통과 저작권	지역 유통	일본 유통	유통 이론	전자책 유통	유통과 마케팅	유통 정보화	합계
저작 물수	5	2	1	1	1	1	1	0	0	0	0	12
%	41.7	16.7	8.3	8.3	8.3	8.3	8.3	0	0	0	0	99.9

〈표 4〉에서 나타난『한국출판학연구』가 다룬 가장 많은 주제는 온라인 유통으로서 인터넷 서점, 온라인과 관련 있는 유통을 다룬 논문이며, 현재 유통현황을 다룬 논문이 2편이며 또 다른 주제는 정보환경에 따른 유통질서 변화이다. 앞서 살펴보았듯이 대학원에서 출판학 학위논문의 연구 경향이 유통체계의 정보화를 촉구하는 논문이 다수인 것과는 다르다.

출판광고 분야는 조사한 논문이 11편으로 통계적 의미가 크지 않지만 11편중 6편이 출판광고의 마케팅에 관련한 논문으로서 출판광고가 책을 팔기 위한 마케팅 수단이라는 것을 확인할 수 있다. 출판유통과 마찬가지로 블로그, 휴대폰 같은 이동 통신 수단의 발달로 대변되는 정보환경의 변화는 출판광고의 중요한 변수가 되고 있다. 출판사와 작가들은 홍보와 마케팅 수단으로 휴대폰, 블로그, 트위터, 홈페이지 등 온라인 통신 수단을 많이 활용하고 있다. 정보환경의 변화는 출판사와 독자에게 출판광고로서 중요한 기능을 담당하지만 이에 대한 연구는 거의 없는 실정이다. 정보환경의 변화가 출판광고에 미치는 영향에 대한 연구를 출판광고 논문에서 다루어야 한다.

■ 참고 문헌

강경중(1997). 「한국출판유통의 〈일괄 서비스 시스템〉에 관한 연구」, 중앙대학교 석사논문.

강희일(2007). 『한국출판의 이해』, 서울: 다산출판사.

금창연(2003). 「유통 형태별 소비자의 태도가 출판물 구매 행동에 미치는 영향에 관한 연구」, 상지대학교 박사논문.

고경대외 8인(2015). 「출판유통 활성화 방안 연구 - 국내외 출판유통 공급율 고찰과 시사점 연구를 중심으로」, 서울: 한국출판문화산업진흥원.

김민정(2015). 「국내 온라인 출판유통시장에서의 경쟁상황 분석연구」, 경기대학교 석사논문.

김경수(2007). 「한국 출판유통 현대화 방안 연구: RFID 도입을 중심으로」, 중앙대학교 석사논문.

김미지(1999). 「한국과 일본의 출판유통에 관한 비교 연구」, 계명대학교 석사논문.

김봉모(1997). 「고객지향적 출판유통 경로에 관한 연구」, 연세대학교 석사논문.

김병훈(2001). 「전자책(e-book)의 유통시스템 발전에 관한 연구」, 동국대학교 석사논문.

김양수(1997). 출판 광고 전략에 대한 소고. 『출판학연구』, 통권 제39호.

김진두(2002). 인터넷과 출판유통에 대한 연구. 『한국출판학연구』, 통권 제44호.

김진두(2001). 인터넷서점과 출판계의 갈등에 대한 연구. 『한국출판학연구』, 통권 제42호.

김진두(2000). 전자책의 가능성에 대한 연구. 『한국출판학연구』, 통권 제42호.

김철범(2017). 전자책 유통의 과거와 현재. 『한중출판학술회의논문집』, 서울: 한국출판학회.

김태화(2001). 「출판유통 정보화에 대한 출판물 특성간의 실증적 비교연구」, 동국대학교 석사논문.

김현주(2007). 「RFID 기반의 도서관 시스템과 출판유통물류시스템 연동을 위한 태그 메모리 설계 방안」, 숭실대학교 석사논문.

김혜숙(1994). 1980년대 한국출판의 유통에 관한 연구」, 중앙대학교 석사논문.

노병성(1995). 출판산업의 시장구조에 따른 광고행위에 관한 연구. 『출판학연구 통권』, 제37호.

당현준(2003). 「CRM을 활용한 출판마케팅 전략연구」, 서강대학교 석사논문.

박익순외 4인(2015). 「지역서점 POS 운영 실태와 개선방안 연구」, 서울: 한국출판문화산업진흥원.

방효순(2013). 근대 출판사의 서적 판매를 위한 광고 전략에 대한 고찰: 일제강점기 신문 서적 광고를 중심으로. 『출판잡지연구』, 서울: 출판문화학회.

부길만(2009). 한국출판문화사의 시대 구분에 관한 연구, 『한국출판학연구』 제35권 제1호 통권 제56호, 163쪽.

백운관(1990). 「韓國 圖書出版物 流通構造 變化의 史的 硏究: 三國時代부터 日帝時代까지를 中心으로」, 중앙대학교 석사학위논문.

성의현(1998). 「출판산업의 유통구조 개선방안에 관한 연구」: 출판물 〈유통경로〉의 단일화를 중심으로, 중앙대학교 석사논문.

신종락(2004). 한국의 출판유통: 실태조사 및 발전방안 연구, 서울: 문화관광부 .

신종락(2014). 『한국출판학연구』 제40권 제2호(통권 제67호). 서울: 한국출판학회.

오병석(2005). 「인터넷을 활용한 출판유통 활성화 방안에 관한 연구」, 건국대학교 석사논문.

오경호 편저(1992). 『출판광고학 강의』, 정동출판사.

오경호(1991). 출판광고의 표현문제-한일비교를 중심으로. 『출판학연구』 통권 제33호 서울: 한국출판학회.

윤재민(1990). 「韓國出版物流通構造改善에 관한 연구: 地域別 流通機構를 중심으로」, 동국대학교 석사논문.

윤형두(1984). 한국 도서유통 개혁론. 『출판학연구』 통권 제26호.

윤형두(1994). 『출판물 유통론』. 서울: 범우사.

村上信明 著; 윤형두 編譯(1988). 『일본출판물 유통』, 서울: 범우사.

이두영(2015). 『현대 한국출판사』, 서울: 문예출판사.

이두영(1993). 『출판유통론』, 서울: 청한출판사.

李斗暎(1989). 「出版流通情報시스템 構築方案에 관한 硏究: 情報化時代의 出版流通體制개혁론」, 중앙대학교 석사논문.

李相昊(1994). 「출판유통 현대화를 위한 EDI 구축에 관한 연구」, 동국대학교 석사논문.

이은국, 한주리(2006). 온라인 서점과 오프라인 서점에 대한 출판경영자의 거래만족도 연구. 『한국출판학연구』 통권 제50호.

이은국(1999). 전자상거래를 통한 출판유통 발전방안 연구 – 국내 인터넷서점을 중심으로. 『출판학연구 통권』,제41호.

임건석(2004). 「인터넷 서점의 출판물 유통 현황 및 발전 방향 연구」, 동국대학교 석사논문.

임준현(1995). 「한국 출판 유통의 발전방안에 관한 연구: 대형 도매기구의 설립을 중심으로」, 홍익대학교 석사논문.

전종우, 이서용(2011). 미디어로서 출판만화의 이용과 충족이 출판만화 광고태도에 미치는 영향, 『광고PR 실학연구』 제4권 제1호 통권 6호, 서울: 한국광고PR실 학회 .

한동원(1990). 「우리나라 基督敎 出版業界의 마아케팅 戰略에 관한 硏究: 流通과 促進戰略을 中心으로」, 한양대학교 석사논문.

한주리, 김동혁(2016). 지역서점 활성화와 지역출판의 연계 가능성에 관한 연구. 『한국출판학연구』, 통권 제76호.

http://m.etnews.com/199603250090?obj=Tzo4OiJzdGRDbGFzcyI6Mjp7czo3OiJyZWZlcmVyIjtOO3M6NzoiZm9yd2FyZCI7czoxMzoid2ViHRvIG1vYmlsZSI7fQ%3D%3D#_enliple#csidx0844b05ef607ce2894ec9cc05eba921(접속일자: 2017.10.06).

출판상황론·정책론에 대한 연구

백 원 근*

■■■

1. 출판상황론

1) 총론적 출판상황 연구

1947년에 설립된 이래 역사와 규모 측면에서 국내 출판계를 대표하는 출판사 단체인 대한출판문화협회가 매년 발행하는 『한국출판연감』은 지난 50년 이상의 기간 동안 변함없이 출판 관련 통계와 현황 자료를 공간(公刊)함으로써, 우리나라 안팎의 출판 상황과 환경 변화를 파악하는 데 있어서 불가결한 기초 자료의 역할을 해왔다. 출판 통계의 기본인 출판사 발행 통계(국립중앙도서관 등에 대한 납본 대행 과정에서 집계)는 특히 도서의 생산 실적을 가늠할 수 있는 유일한 원천 자료로서 중시되었다. 또한 통계의 단순 나열에 그치지 않고 해마다 출판 활동과 출판계의 흐름, 출판산업 관련 동향에 대한 분석에 기반한 깊이 있는 글이 실려 널리 활용되었다. 이 때문에 출판연구와 출판정책 분야에서도 『한국출판연감』은 핵심적인 자료 중 하나로 기능했다.

개인 연구자의 저술로는 한국 출판학 초창기의 태두(泰斗)라 할 안춘근의 논저들을 먼저 꼽을 수 있다. 안춘근의 『한국출판문화론』(1981)은 1969년 8월에 간행된 『출판학』 제1호에 게재한 「출판학을 위하여」, 1963년 11월 『성균(成均)』 제17호에 발표한 「출판학 원론」 등과 같이 한국 출판학의 태동기에 중요한 역할을 했던 출판학 관련 논고는 물론이고, 주로 1960~1970년대 한국의 다양한 출판현상과 출판문화에 대해 여러 지면에 발표한 글들을 모은 책이다. 글의 내용과 논조는 당대 출판의 현실 상황에 대한 비판과 대안 제시에 주력했다. 이 책의 서문

---

* 책과사회연구소 대표

첫 머리에 저자가 밝힌 것처럼 "한국 출판문화를 밝히기 위한 조명탄이요, 현재 위치를 알려주는 좌표이며, 나아가야 할 방향을 제시하는 지침이 되도록 노력한 연구의 일단"이었다. 책에 실린 「양서의 조건」(1972.4.21.)이라는 글에서는 '도서 채점 10법칙'을 제시했는데, 100점 만점으로 양서를 판단하는 기준 중에는 '내용'을 비롯해 '제호', '장정', '자재'(내용과 조화를 이루는 표지, 본문 용지, 도표 등을 말함), '인쇄', '제본', '편집', '교정', '삽화·도표', '색인'을 아울러 꼽았다. 좋은 책을 선별하는 척도로 내용만이 아닌 편집·디자인·제작을 두루 중시한 '책다운 책'에 대한 융합적인 안목이 돋보인다. 5회에 걸쳐 『출판학』에 연재된 안춘근의 「한국 출판세시론(권1~권5)」(1970~1971), 변선웅·안춘근·한태석(1971)의 「오늘의 출판 진단」은 출판상황론의 원형을 만드는 데 기여했다. 오경호의 「한국 출판의 현황」(1982) 역시 당시 출판의 현황을 분석한 논문이었다.

민병덕의 『출판학개론』(1985)은 안춘근의 일련의 저작들과 함께 초기 한국 출판학계를 대표하는 이론서 중 하나임과 동시에, 당대의 출판상황을 살피기에 유용한 저작이다. 책의 편제가 총론(출판학 서설), 출판학 연구와 교육, 출판 각론(실무), 출판경영론, 출판의 역사와 현황으로 구성되어 있어서 출판학의 성과와 과제, 한국 출판의 현실, 출판 현장에서 이루어지는 실무를 파악하는 출판상황론으로 분류가 가능하다. 저자가 서문에 밝힌 것처럼, 이 책은 1967년부터 약 20여 년 동안 학술지(『출판학』 및 『출판학연구』)와 잡지·신문 등에 게재했던 글을 모아 엮었다.

1980년대의 시대적 특징 중 하나는 사회적으로 활발한 민주화운동을 통해 신군부 정권으로부터 '민주화 선언'을 이끌어냈고, 출판 분야에서는 그와 같은 사회 분위기의 영향으로 인문·사회과학 출판이 매우 활발했다는 점이다. 현실 비판적인 인문·사회과학 책들은 실제로 민주화운동에 정신적 자양을 제공했다. 그 과정에서 군사 정권에 의해 출판의 자유가 억압당하고 강압적으로 출판인들이 연행·구속되는 등 다양한 출판탄압이 자행되었다. 정권이 명명한 금서가 역설적으로 많이 팔렸다. 한국출판문화운동협의회의 「출판탄압백서」(1987)와 「제6공화국과 출판탄압」은 그 실상을 기록한 보고서였고, 김언호의 『출판운동의 상황과 논리』(1987)는 그러한 시대 상황을 동아일보 해직기자 출신의 출판인(한길사 대표)의 관점에서 기록한 증언집이었다. 출판인(나남 대표) 조상호의 『한국언론과 출판저널리즘』(1999)은 이처럼 한국 언론이 제 기능을 못하던 1970~1980년대에 출판이 그 역할을 대신했다는 것을 실증적으로 연구한 한양대 박사논문을 보완하여 단행본으로 만든 것이다.

1980년대의 출판 탄압이나 사회운동 관점에서의 출판의 역할에 대한 고찰과는 다른 각도에서 보다 거시적인 논고들도 출간되었다. 오랜 기간 대한출판문화협회 사무국장을 역임한 이두영의 『출판상황론』(1991)은 주로 1980년대의 출판 현실을 진단하고 개선책을 제시했는데, 대한출판문화협회의 기관지인 『출판문화』 등에 게재했던 글들을 모았다. '80년대 한국출판론',

'독서환경과 독서문화', '출판유통론의 발전', '저작권 상황의 전개과정', '세계 속의 한국출판', '한국출판의 이상과 현실'로 구성된 각 부에서 저자는 한국 출판의 다양한 국면을 사실에 입각해 비판적으로 고찰했다. 한국출판학회 명예회장 안춘근은 이 책의 모두에 쓴 발문 '출판문화 정립을 위한 현장 비평서'에서 "(우리나라의 출판 현실이 어려운 이유 중) 가장 큰 이유는 출판에 종사하는 사람들이 출판에 대한 연구가 부족한 때문"이며, "출판이론을 모르고 출판 일을 한다는 것은 해부학을 모르는 외과의사와 같다"고 일갈하며 이 책의 중요성을 강조했다.

1990년대에는 총론적인 출판상황론 연구가 상대적으로 활발하지 않은 편이었다. 김희락(1993)은 『1993 한국출판연감』의 '개관편—출판계'에 게재했던 1992년 출판계의 동향과 저작 환경, 출판 실적, 판매 및 유통, 출판 정보화, 국제교류 상황에 대한 글을 대폭 보완한 「한국출판산업의 현황 분석」을 한국출판학회에서 발간한 『'93 출판학연구』에 게재했다. 연간 출판계 동향을 정리한 논고가 학회지에 실리는 보기 드문 사례였다.

김기태의 『책—베스트셀러, 향기의 이름 혹은 악취의 이름』(1999)은 한국의 출판상황을 다룬 총 4부 구성의 단행본이다. 1부에서는 출판계의 여러 현상을 살피고, 2부에서는 법제와 윤리적 측면, 3부는 출판과 저작권 관련 문제, 4부 '책 그리고 새로운 출판을 위하여'에서는 여러 매체에 실린 비평문을 모았다. 또한 같은 해에 연구자는 「한국에 있어 WTO 가입 전후의 출판상황에 관한 연구」를 『출판학연구』에 발표했다.

2000년대에 들어서면 현장 출판비평가로 왕성하게 활동한 한기호가 『디지털 시대의 책 만들기 - 한기호의 출판 시평』(2001), 『책은 진화한다 - 크로스미디어 시대의 출판 비즈니스』(2008), 『새로운 책의 시대』(2012) 등을 통해 출판 현실과 관련된 현장의 이슈와 출판시장의 흐름을 날것 그대로 분석하여 보여주었다. 격주간 출판 전문지 『기획회의』를 비롯해 여러 매체에 게재한 글을 묶었다. 저자는 "크로스미디어 전략은 디지털 콘텐츠를 먼저 확보한 다음 이를 종이책으로 다시 생산하거나 웹, 모바일, 영상, 게임, 애니메이션 등으로 영역을 넓혀가는 것"으로 정의했다. 또한 『책과 말하다 - 우리 시대 출판의 주제들』(2002)은 박맹호 등 14인의 출판관련 전문가들과 인터뷰한 내용을 통해 우리 출판의 현실 상황과 희망을 담아냈다.

한편 박몽구의 「문화 변동과 한국 출판의 변화」(2005), 변정수의 『출판생태계 살리기 - 자기기만과 무기력을 넘어』(2012) 역시 출판상황에 대한 예리한 시각을 담아냈다. 부길만·김정명·정윤희 등이 참여한 연속 좌담회를 묶은 『책문화생태계의 현재와 미래』(출판저널·책문화생태계연구소 편, 2018)는 『출판저널』지에 연재된 '책문화생태계의 모색과 대안'을 모은 책으로, 책과 관련된 문화생태계의 현재와 미래, 이슈와 전망, 서점·도서관·지역출판의 현재와 미래, 좋은 일터를 위한 출판환경 등을 주제로 삼은 전문가 좌담회 내용을 담았다.

2) 출판 분야별 출판상황 연구

출판학계에서 관심을 가졌던 1970년대부터 1990년대까지의 출판 분야별 학술논문 연구 분야는 논픽션, 아동서, 문고본, 기독교출판 등이었다(민병덕, 1970; 민병덕, 1982; 오경호, 1984; 윤세민, 1994). 또한 학위논문으로 전집, 과학기술, 그림책에 대한 연구가 있었다(이영미, 1993; 이정일, 1996; 강성옥, 1999). 물론 『독서신문』, 『출판문화』, 『출판저널』 등 출판 관련 정기간행물에서 출판 분야의 현황에 대한 지면들이 상당수 있었으나 본격적인 조사·연구가 아닌 시론과 기사가 대부분이어서 여기서는 논외로 한다.

2000년대 들어 국내 번역 출판물 현황(김선남, 2001), 경제학 도서 및 전문학술도서에 대한 현황 분석(고경대, 2002; 고경대, 2005), 실용서 출판(박몽구, 2004), 어린이책 출판(신종락, 2009)에 대한 연구가 이루어졌다. 2010년대에는 출판기획의 현실 진단과 비즈니스 관점의 접근법(이흥, 2012), 아동청소년 철학도서의 실태 연구(박찬수, 2016)가 있었다. 출판 분야별 연구는 아니지만, 2000년대 초반 '느낌표'(MBC)와 'TV, 책을 말하다'(KBS) 프로그램으로 대표되는 미디어셀러를 둘러싼 현상을 분석하고 출판계의 과제를 제시한 「TV셀러 시대의 출판 지형도」(백원근, 2002), 「TV 독서 프로그램에 소개된 책이 출판에 미치는 영향 연구」(강진영, 2004) 등 출판과 매체 환경 관련 연구도 이루어졌다. 2000년대 이후 출판 분야별 출판상황을 연구한 학위논문으로는 학습참고서(박양규, 2003), 스포츠출판(조계환, 2004), 실버출판(박선주, 2004), 과학기술도서(이유정, 2007), 미술출판(김유리, 2009), 아동전집(강기준, 2011), 그림책(박현정, 2012)에 대한 현황 연구가 있었다.

이런 가운데 이원석의 『거대한 사기극―자기계발서 권하는 사회의 허와 실』(2013)은 "미국적 종교"이자 "미국적인 동시에 한국적인" 자기계발서 시장의 역사와 담론, 형식, 주체를 논의하며 자기계발서가 지배하는 출판 현실에 대해 냉철하게 분석하고 비판했다. 한국 출판시장에서 자기계발서가 가진 큰 영향력에 비추어, 그 본질과 상업성을 해부하는 일은 출판계와 인연이 없는 신진 연구자가 아니면 하기 어려운 역할이었다.

한편, 대한출판문화협회의 주도로 '한국 출판의 싱크탱크'를 지향하며 1986년에 설립된 한국출판연구소는 연간 연구지인 『출판연구』에서 '한국 출판현상 분석' 시리즈 기획을 선보여 주목을 받았다. 제4호(1992년)부터 제20호(2012)까지 총 17회, 20년 동안 이어진 주제는 과학기술도서, 문학출판, 학술출판, 아동출판, 어학출판, 학습교재출판, 종교출판, 교과서출판, 경제·경영서, 예술서, 사전, 잡지출판, 역사서, 철학서, 전집 출판, 인물 관련서, 북한 관련서 순이었다. 각각의 기획특집 형태로 4꼭지 내지 10꼭지에 이르는 집중적인 출판 현상 분석을 통해 출판상황에 대한 입체적인 분석을 도모한 점이 돋보였다. 상당수 기획에서 부길만 교수가 해당 분야별 출판의 역사를 개관한 후 출판 현장 종사자나 전문가들이 세부 분야별 현황과 발전 방안을 논하는 방식의 구성이었다.

한국출판마케팅연구소는 격주간지 『기획회의』와 단행본 발행을 통해 '출판 현장의 지금'을 말하는 저널리즘적인 논의와 담론을 생산하는 데 앞장섰다. 특히 '원 테마 출판 무크'를 표방한 북페뎀 시리즈(2002~2009, 총 9종)는 해당 분야의 생동하는 현장 이야기와 성공 사례 등을 풍부하게 제시함으로써 일종의 '현장 교과서' 역할을 했다. '북페뎀(Book PEDeM)'은 책의 기획(Planning), 편집(Editing), 디자인(Design), 마케팅(Marketing)의 영문자 첫머리에서 딴 것으로, 출판의 핵심 요소들을 통합적으로 사고하자는 지향성을 담은 조어였다. 어린이책, 출판 기획, 청소년출판, 논픽션, 장르문학, 그림책, 글씨기의 힘, 출판 창업, 번역출판이 그 주제들이었다. 한국출판마케팅연구소는 2001년부터 3년간 연도별로 '책의 현장' 시리즈를 별도로 발간하여 출판 현장에 대한 이해를 높이는 데 기여했다.

2. 출판정책론

1) 출판법제와 행정 개혁 연구

저작권법 등 출판 관련법을 제외하고, 출판 활동과 직접 연관된 법의 개정이나 출판 행정과 관련된 연구는 '출판사 설립 자유화 조치'가 취해진 1987년 이후부터였다. 오랜 군사 정권 아래에서 일종의 학문적 금기시, 또는 표현의 자유가 억압된 상황이 그 요인으로 보인다. 1988년에 비로소 이중한(1988.2), 서정우(1988.7)에 의해 기존 출판정책에 대한 평가, 문화행정과 출판정책에 대한 새로운 모색 필요성이 제안된다. 이용결(1989)의 학위논문 「우리나라 출판문화행정의 역사적 고찰」이 때마침 발행된 것도 이 무렵이었다.

팽원순(1989)은 1962년에 제정된 '출판사 및 인쇄소의 등록에 관한 법률'이 출판의 통제를 목적으로 한 규제법임을 명시하고, 당시까지 역대 정부의 출판정책이 규제와 억압으로 일관해왔다고 강하게 비판했다. 특히 그 뿌리가 특별형사법 성격을 갖는 일제의 출판법(우리나라에서는 1909년 2월 제정)에 있으며, 광복 이후에도 5·16 군부 쿠테타 이후에 제정된 이 법이 출판사와 인쇄소를 통제하고 규제하기 위한 전근대적인 법이라고 규정했다. 즉, 허가제 성격이 뚜렷한 출판사 등록 조항, 위헌적인 등록 취소 규정, 납본제를 통한 검열 기능 등의 핵심 문제를 제기하고, 악법적 기능만 하는 출판법의 폐지를 주장했다. 이러한 논의는 팽원순·한승헌·고덕환(1992)의 『출판관계법 개선방안 및 출판문화 진흥방안 연구』로 확대된다. 고덕환(1990)도 헌법부터 출판 관련법과 하위 규정을 두루 살피면서 정부는 출판 활동에 대한 탄압적 자세를 버리고 출판인의 자율성을 제고하라고 강조했다.

출판행정과 출판정책을 역사적으로 고찰한 연구도 1990년을 전후해 활발했다. 해방 이후 부터 1980년대 신군부 정권에 의한 출판 탄압정책의 역사적 실상은 신태섭(1993 ; 1997), 이 장추(1990), 앞의 출판상황론에서 기술한 한국출판문화운동협의회(1987), 조상호(1999) 등 의 조사연구에 상세히 소개되었다. 변영희(1992)도 한국 출판정책의 변천사를 개화기부터 제 5공화국에 이르기까지 시대별로 고찰한 후 출판법제의 문제점과 대안을 모색했다. 특히 신태 섭(1993)은 출판정책을 경제·정치·문화의 세 측면에서 살피고, 출판정책의 역사적 발전 경향 과 우리나라의 출판정책을 해방 이후 미군정 시기부터 제6화국에 이르기까지 시기별로 다루 었다. 김희락(1993)은 출판행정과 출판정책의 역사적 맥락 위에서 한국 출판정책의 현황과 발 전 방향에 대해 기술하였다.

한국출판연구소가 발행한 출판연구지 『출판연구』 제3호(1991)는 특집으로 '출판문화정책 의 방향'을 다루고, 출판행정의 문제점과 출판진흥정책(김성재), 출판관계법에 대한 문제점 및 개정 방향(뺑원순), 출판교육정책의 방향(민병덕), 출판물 유통정책과 유통 현대화 방향(허창 성), 독서운동과 독서환경 조성방안(이경훈), 출판정책관계 자료(김희락·김재윤)를 세부 내용으 로 다루어 출판진흥정책에 대한 출판계의 관심을 반영했다.

이강수(1995)는 「출판정책론」을 통해 출판정책의 유형을 정리했으며, 이동성(1995 ; 1997) 은 출판유관기구를 중심으로 출판정책 방안을 제안했다. 밀레니엄 전환기를 앞두고 문화관광 부가 출판진흥법 제정을 위한 연구용역(전영표 외, 1999)을 시행하자, 출판계는 11개 단체가 '출판문화산업진흥법의 올바른 제정을 위한 공동대책위원회'와 연구진을 별도로 구성하여 독 자적인 법안을 제안했다(한철희 외, 1999).

출판진흥법 제정(2002년) 이후인 2000년대 후반 남석순(2007)은 학술적으로 출판정책 과 정의 기본 모형을 개발하기 위해 정책학의 정책 과정 이론을 출판정책에 적용하여, 출판 의제 형성 → 정책 결정 → 정책 집행 → 정책 평가로 이루어지는 이론 모형을 제시하였다. 연구자 에 따르면, 출판정책 의제 형성(publishing policy agenda setting)은 다양한 출판 이슈 가 운데 일부를 정책 문제로 채택하는 활동으로서 정책 환경, 정책 참여자, 대안 형성이 중요하 다. 이어서 출판정책 결정(publishing policy-making)은 정책 문제의 해결을 위한 최선의 대 안을 선택하는 행위로서 정책 목표와 정책 결정 체계가 중심이다. 출판정책 집행(publishing policy implementation)은 정책의 적용 과정으로서 집행 기준이 중요하다. 연구자는 특히 출판문화산업진흥 기본계획이 시행중인 한국 상황에서는 출판정책 평가(publishing policy evaluation)가 중요하다고 보고, 이를 위한 평가 방법의 개발과 사회과학적인 방법론이 도입 되어야 한다고 강조했다. 같은 해에 출간된 『한국 출판의 흐름과 과제』(부길만, 2007)의 제2부 '한국의 출판정책과 과제'에서 부길만은 한국 출판진흥정책의 현황과 개선 방안, 통일과 출판 의 과제 등에 대해 논의했다. 백원근(2008)은 『한국출판인회의 10년사』의 「출판법과 진흥정책의 혁신운동」에서 출판진흥법 제정 및 출판진흥기구(현재의 한국출판문화산업진흥원) 설립을 위한 출판계의 노력에 대해 기술했다.

한주리(2015)는 설문조사를 통해 한국출판문화산업진흥원 출범(2012.7.) 이후 출판계 종사자들이 출판문화산업진흥 5개년계획 등 정부의 출판정책에 대해 잘 알지 못하고 있으며 평가 역시 낮게 나타났다고 밝혔다. 또한, 한국출판문화산업진흥원 사업에 대한 인지도·능률성·효율성 역시 높지 않은 반면 그 중요성에 대해서는 상당히 높게 나타났다. 이를 바탕으로 연구자는 출판 유통구조 개선을 비롯한 출판 생태계 구축, 도서관 인프라 및 독서환경 구축, 출판 인프라 구축과 인재 양성, 주기적인 정책 평가, 충분한 조사 및 업계 의견 반영 등이 필요하다고 제안했다.

김기태(2017)는 출판 관련 기본법인 출판문화산업진흥법에서 '출판'의 개념을 디지털 환경까지 포괄하도록 재개념화하고, 이러한 정의를 저작권법, 문화산업진흥기본법, 콘텐츠진흥법, 도서관법 등의 출판 관련 법제에서도 원용하도록 함으로써 연관 산업과의 유기적인 협력 및 지원을 이끌어내야 한다고 지적했다.

한편, 문화체육부가 1990년대 초중반에 매년 발간한 「출판정책 자료집」(1991~1996년)은 국내외의 출판 현황, 출판진흥시책(출판진흥을 위한 제도적 방안, 건전 출판문화 풍토 조성, 출판문화의 국제교류 증진), 출판 관련 분야 기반 조성(저작권 보호, 도서관의 문화공간화)을 3부 구성으로 다루고, 부록으로 각종 출판 통계와 '건전 도서 목록', 출판 관련 법규 등을 실었다. '건전 도서 목록'에는 문화체육부 추천도서(2014년의 경우 111종 138권), 대한출판문화협회가 선정한 이달의 청소년도서, 한국간행물윤리위원회가 선정한 청소년 권장도서, 한국만화문화상 시상 현황이 실렸다. 출판 관련 법규로는 출판사 및 인쇄소의 등록에 관한 법률, 외국간행물 수입배포에 관한 법률, 저작권법, 도서관 및 독서진흥법이 참고자료로 게재되었다. 이후에도 정부는 출판을 포함한 미디어백서 등을 수차례 간행하였다.

2) 출판진흥정책 대안 연구

출판진흥정책의 대안 제시와 관련하여 1980년대까지 이루어진 연구 성과로는 유수준(1972)의 「우리나라 출판진흥책에 관한 고찰」, 민병덕(1989)의 「한국에서의 커뮤니케이션 정책과 출판개발」 등이 대표적이며, 대한출판문화협회는 기관지나 출판경영자 세미나에서 관련 주장을 지속적으로 펼쳤다(김진홍, 1983 ; 김병익, 1986 ; 유재천, 1987).

1990년대에 이루어진 조사연구 성과로는 한국출판연구소 김희락·김재윤(1991)의 출판정책 관계 자료 목록 정리, 『출판연구』지 특집(1991), 김희락(1993) 및 김재윤(1994)의 출판정책 관련 연구, 대한출판문화협회 출판경영자 세미나에서의 발표 자료(박철호, 1991), 변영희(1992)

의 한국 출판정책 연구 등을 꼽을 수 있다.

「21세기 한국 출판산업의 전망과 진흥방향」(김경희 외, 1996)은 한국출판연구소가 문화체육부에 제출한 연구용역 보고서로, 21세기를 앞두고 한국 출판산업의 현황과 문제점을 두루 짚고 세계 주요 선진국의 출판 현황 및 출판정책을 토대로 진흥방안을 세부적으로 제안한 종합적인 출판진흥정책 마스터플랜이었다.

뒤이어 윤세민(1998)은 해방 이후 한국 출판정책의 경과와 현황 분석을 바탕으로 민관 협력에 의한 출판진흥정책의 추진을 강조하였다. 산업적 관점에서 출판학 연구를 지속한 노병성은 「출판산업의 위상 변화에 따른 정부 정책의 근거 및 방향에 관한 연구」(1999)에서 문화산업의 근간인 출판산업의 중요성에도 불구하고 외부경제효과, 규모의 경제와 시장실패, 정보의 불안정성 때문에 출판에 대한 정부 정책 지원이 필연적이라고 경제학적인 논거를 제시했다. 나아가 향후 출판정책의 척도 및 평가 기준으로는 자유(독립성, 접근성, 다양성), 평등(송신자에 대한 접근성, 접근과 내용의 다양성, 내용의 객관성), 질서가 필요함을 밝히고, 구체적인 정책 방향으로 추출정책(공익자금의 출판 지원 등), 분배정책(도서정가제 등), 규제정책(자율 규제 우선), 상징적 정책(대통령의 출판에 대한 언급, 책의 해 선정 등), 적응 및 안정정책(뉴미디어 홍보정책 등), 구성정책(정부기구 변경 등)을 제시했다.

2000년대 초중반에 출판정책 연구 활동을 활발히 펼친 부길만은 「참여정부 출판정책의 허실과 발전방안」(2003), 「한국 출판진흥정책의 현황과 개선 방안」(2005) 등을 통해 한국 출판의 비전을 제시했으며, 이두영(2004)과 이용준(2009) 역시 출판산업 활성화를 위한 정책 대안을 논문으로 밝혔다.

한국출판학회 차원에서 본격적으로 출판정책의 포괄적인 비전과 대안을 제시한 행사는 제19회 정기학술대회(2008.2.28.)였다. '이명박 정부의 출판문화정책 방향성 모색'을 대주제로 내건 이 행사에서 이두영(서적출판산업 진흥정책의 방향성), 백원근(이명박 정부의 독서문화정책 발전 방향), 김진두(이명박 정부의 언론정책과 신문산업 전망), 손애경(새로운 디지털미디어 정책 속 출판의 위상), 손수호(새 정부와 새로운 저작권 환경)는 각각 출판 관련 정책 분야별로 현황과 문제점, 발전 방향을 담았다.

2010년대는 한국출판문화산업진흥원의 설립(2012)으로 출판진흥을 위한 정책 지원 사업이 상대적으로 활성화되었지만, 이전에 비해 출판사 등 출판산업 참여자는 많아진 반면 출판산업의 여건은 오히려 악화되면서 출판정책에 대한 기대치가 더욱 높아지는 시기였다. 백원근은 출판학회 정기학술대회와 국회 토론회 발표에서 출판정책의 방향과 과제에 대해 지속적으로 발표했다(2013; 2017; 2018). 국회에서도 출판정책에 대한 관심이 높아지면서 김민기(2016) 등 국회의원들이 국정감사 자료집으로 출판산업 진흥정책 방안을 제시하는 사례도 등장했다.

김정숙(2015)은 「한국 독서정책의 현황과 방향」에서 출판과 관련된 기반 정책으로서 중요한 의미를 가지는 국내 독서정책의 현황을 살피고 문제점을 도출하여 독서정책의 과제와 방향성을 밝혔다. 구체적으로 독서문화진흥원 설립, 도서구입비에 대한 소득공제, 양서 출판 지원, 독서 인프라의 내실화, 독서의 사회적 아젠다 설정 등이 필요하다고 제안했다.

이건웅·우현옥(2015)은 1인출판사 실태조사를 통해 정부의 직접적인 자금지원 정책이 가장 실효성이 높지만 유통채널의 투명화, 전자책 제작, 홈페이지 구축, 재교육 등의 인프라 확충과 환경 개선을 위한 정책 지원을 병행하여 자립적이고 건강한 경영체계 구축을 도모해야 한다고 제안했다.

한편, 출판정책에 관한 담론을 만드는 데는 대한출판문화협회의 〈출판 경영자 세미나〉, 한국출판연구소의 '출판포럼', 한국출판학회의 '출판정책 라운드 테이블'이 기여한 바 크다. 이들 행사에서는 주로 출판인들의 관심이 큰 현안과 출판계 이슈, 출판정책 등이 주요 주제로 다루어졌다. 대한출판문화협회의 '출판 경영자 세미나'는 제1회가 1978년 7월 16~19일에 '1980년대 출판'을 주제로 강원도 속초에서 열린 것을 시작으로 초기에는 거의 매년 개최되었고, 휴지기를 거쳐 2018년에 재개되었다. 한국출판연구소의 '출판포럼'은 제1회(1993.12) '한국 학술출판의 현황과 대응 방안'을 시작으로 2018년 말까지 총 76회가 개최되었다. 한국출판학회의 '출판정책 라운드 테이블'은 제1차(2007.7.6) '한국 출판의 허와 실—베스트셀러의 진실과 부정유통', 제14차(2014.12) '한국 출판정책의 선진화 방향' 등 2018년 말까지 총 17회에 걸쳐 개최되었다.

3) 해외 출판정책 연구

김경희 외(1996)의 「21세기 한국 출판산업의 전망과 진흥방향」은 국내 출판 진흥정책을 마련하기 위한 참고 자료 중 하나로 해외 선진국의 국가별 산업 현황과 진흥정책 동향을 점검했다. 이처럼 한국의 정책 개발에 힘을 실어줄 수 있는 해외 사례에 대한 벤치마킹은 정부 정책에서 유용하게 쓰였던 방식 중 하나였다. 수많은 보고서와 논문에서 해외 사례는 거의 필수적인 것으로까지 인식되었다. 하지만 상황과 여건이 다른 나라의 정책은 한국의 출판산업 지형으로 도입하는 과정에서 유의할 점이 많을 뿐 아니라, 미국을 비롯한 출판 선진국 내지 출판 대국들에서 출판정책이 매우 활발하게 추진되는 것도 아니어서 딜레마가 있는 것도 사실이다. 정부 정책과 무관하게 산업계 차원에서 자율적으로 이루어진 일조차 선진국 정부의 정책적 노력인 것처럼 오해하거나 부풀려지는 경향도 있었다.

단순한 해외 사례의 소개가 아니라, 정책 자체에 주목한 연구는 도서정가제를 제외하면 드물다. 그런 측면에서 한국출판문화산업진흥원이 2014년부터 매년 추진한 '해외 출판정책 연구' 보고서는 출판정책 연구에서 중요한 역할을 감당했다. 프랑스, 독일, 일본, 영국의 출판산업 현황과 출판정책을 정리하여 상세하게 소개함으로써 참조할 정보와 정책적 시사점을 제공했다 (이용준 외, 2014 ; 정관성 외, 2015 ; 김정명 외, 2016 ; 한주리 외, 2017).

3. 연구의 발전 방향

출판상황론은 출판 현황을 둘러싼 정치, 경제, 사회, 문화, 기술적 요인을 폭넓게 탐색하여 객관적이면서도 타당한 원인과 영향을 분석하고 미래를 전망하는 연구 분야이다. 그리고 출판 정책론은 출판산업과 출판문화의 현안 문제에 대해 조사·분석하고 실효성 있는 정책적 대안 을 제시하는 연구 분야이다.

본고에서는 국내 출판 현황(출판산업 및 출판문화)과 관련된 분야를 출판상황론의 범주로 잡 아 기존 연구를 살폈고, 출판정책 분야에서는 출판유통 관련 핵심 이슈인 도서정가제나 저작 권 관련 사항, 교과서 정책 등을 제외한 법제와 진흥정책 영역의 연구 성과를 논의의 범주로 삼았다. 연구 결과를 총괄해 보면, 빠른 사회 변화에 따라 출판의 산업화와 경영 합리화, 기술 혁신이 지속된 지난 50년 동안 출판상황론 및 출판정책론 연구는 나름의 성과와 실적을 거두 었지만, 향후의 발전을 위해 반성적인 시각에서 과제를 정리하고자 한다.

첫째, 출판상황론 및 출판정책론에 대한 연구의 양적 확충이 요구된다. 본고에서 살핀 논문 이나 저작 목록이 50년간의 성과라 하기에는 양적으로 과소하다는 점을 부인하기 어렵다. 특히 출판상황론에 대한 조사연구의 부진에 주목해야 한다고 본다. 그 원인인 출판학 연구자의 부 족이라는 본질적 한계를 극복하기 위해서는 타 분야 연구자와의 학제적 공동연구 촉진, 출판 학 연구자의 분발을 자극하고 조성하는 환경 구축 등을 통해 연구 활성화를 기해야 할 것이다.

둘째, 연구의 전문성과 질적 내실화가 필요하다. 세부 분야별로 특화된 연구 역량을 가진 연 구자의 발굴과 기존 연구자의 연구 역량을 심화함으로써 출판상황론과 출판정책론에 관한 연 구의 전문성을 높여 나가는 것이 장기적인 과제이다.

셋째, 과학적인 연구방법의 확립과 적실성 있는 대안 제시가 필수적이다. 현대 학문은 현실 을 관찰하고 변화시키는 힘과 설득력을 지니지 못하면 도태되기 쉽다. 연구 결과에 대한 사회 적인 신뢰와 타당성 제고, 특히 출판산업계의 지지를 받는 조사연구를 위해서는 과학적인 연 구방법과 현실에서 즉각 시행 가능한 유효한 대안 제시가 반드시 필요하다. 이는 산학협동, 연 구 지원, 대학의 출판학과 설립 추진 등의 단초를 만드는 일이기도 하다.

넷째, 비판정신과 비평정신의 확립이 요청된다. 학계는 산업계와의 다양한 사회적 관계로 인 해 학문적 중립성과 비판정신을 견지하는 일이 쉽지 않다. 출판학 연구의 경우에도 연구자와 연구 대상(정부, 진흥기관, 출판단체, 출판인 등) 간의 거리 유지가 쉽지 않고, 연구 대상에 대한 주관성의 배제가 용이하지 않다. 그럼에도 불구하고 학문적 비판정신을 견지하는 노력만이 출판학에 대한 신뢰를 높일 것이다.

다섯째, 연구기관 및 연구자 간 협업 체계가 필요하다. 대한출판협회가 2017년 말에 출판정책연구소를 설립했는데, 기존의 출판 관련 연구 단체와 개인 연구소까지 합하면 이미 10여 개를 헤아리는 연구 조직이 존재하는 상황이다. 특히 출판정책론 연구를 위해서는 한국출판문화산업진흥원부터 출판 관련 연구단체, 민간단체의 연구소, 개인 연구소에 이르기까지 적절한 협업과 분담을 통해 다양한 영역의 정책을 모니터링하고 정책 대안이 마련되도록 긴밀한 연구 네트워크 구축이 필요하다.

■ 참고 문헌

□ 출판상황론

강기준(2011). 「한국 아동전집 출판 현황과 활성화 방안 연구」. 중앙대학교 석사논문.

강성옥(1999). 「유아를 위한 기독교 그림책에 관한 연구」. 총신대학교 석사논문.

강진영(2004). 「TV 독서 프로그램에 소개된 책이 출판에 미치는 영향 연구」. 성균관대학교 석사논문.

고경대(2002). 1990년대 경제학 도서시장의 출판통계 분석. 『한국출판학연구』 44, 7~47쪽.

고경대(2005). 1990년대의 전문학술도서 출판 현황의 시론적 연구. 『한국출판학연구』 48, 5~48쪽.

김기태(1999). 한국에 있어 WTO 가입 전후의 출판 상황에 관한 연구. 『출판학연구』, 355~376쪽.

김기태(1999). 『책―베스트셀러, 향기의 이름, 혹은 악취의 이름』. 서울: 이채.

김선남(2001). 국내 번역 출판물의 현황과 활성화 방안 연구. 『한국출판학연구』 43, 99~123쪽.

김언호(1987). 『출판운동의 상황과 논리』. 서울: 한길사.

김유리(2009). 「미술출판시장의 구조 및 행태에 관한 연구」. 서강대학교 석사논문.

김희락(1993). 한국 출판산업의 현황 분석―1992년을 중심으로. 『'93 출판학연구』, 291~318쪽.

대한출판문화협회 편(1969~2018). 『한국출판연감』. 서울: 대한출판문화협회.

민병덕(1970). 논픽션과 한국 독자의 의식. 『출판학』, 58~68쪽.

민병덕(1982). 아동서와 그 독자와 출판. 『출판학연구』, 77~93쪽.

민병덕(1985). 『출판학개론』. 서울: 지식산업사.

박맹호·한기호 외(2002). 『책과 말하다 - 우리 시대 출판의 주제들』. 서울: 한국출판마케팅연구소.

박몽구(2004). 2000년대 문화 변동과 실용서 출판. 『한국출판학연구』 46, 95~128쪽.

박몽구(2005). 문화 변동과 한국 출판의 변화. 『한국출판학연구』 48, 159~189쪽.

박선주(2004). 「실버출판의 현황 및 전망에 관한 연구」. 서강대학교 석사논문.

박양규(2003). 「한국 학습참고서 출판 현황 연구」. 중앙대학교 석사논문.

박찬수(2016). 아동청소년 철학도서의 실태와 지속가능성에 관한 연구―〈학교도서관저널〉 추천도서 목록을 중심으로. 『한국출판학연구』 42(4), 33~59쪽.

박현정(2012). 「입양가족을 소재로 한 그림책의 출판 현황과 내용 분석」. 가톨릭대학교 석사논문.

백원근(2002). TV셀러 시대의 출판 지형도. 한국출판연구소, 『출판연구』 14호, 7~29쪽.

변선웅·안춘근·한태석(1971). 오늘의 출판 진단. 『출판학』, 8~31쪽.

변정수(2012). 『출판생태계 살리기―자기기만과 무기력을 넘어』. 서울: 한국출판마케팅연구소.

신종락(2009). 어린이책 출판 동향에 관한 연구. 『한국출판학연구』 35(1), 215~235쪽.

안춘근(1970~1971). 한국출판세시론(권1~권5). 『출판학』.

안춘근(1981). 『한국출판문화론』. 서울: 범우사.

오경호(1982). 한국 출판의 현황.『출판학연구』, 69~76쪽.

오경호(1984). 한국의 문고본 출판 방향 소고.『출판학연구』, 49~82쪽.

윤세민(1994). 한국 기독교출판의 현황과 과제.『출판학연구』, 191~206쪽.

이홍(2012).『만만한 출판기획(개정판)』. 서울: 한국출판마케팅연구소.

이두영(1991).『출판상황론』. 서울: 청한문화사.

이영미(1993).「한국과 일본의 전집출판 특성에 관한 비교연구」. 중앙대학교 석사논문.

이원석(2013).『거대한 사기극 – 자기계발서 권하는 사회의 허와 실』. 서울: 북바이북.

이유정(2007).「과학기술도서 출판의 활성화 방안 연구」. 중앙대학교 석사논문.

이정일(1996).「과학기술도서 출판 실태에 관한 한·일간의 비교연구」. 중앙대학교 석사논문.

조계환(2004).「한국 스포츠출판의 현황과 발전방안 연구」. 서강대학교 석사논문.

조상호(1999).『한국언론과 출판저널리즘』. 서울: 나남.

출판저널·책문화생태계연구소 편(2018).『책문화생태계의 현재와 미래』. 서울: 카모마일북스.

한국출판마케팅연구소 편(2002).『북페뎀 1 – 어린이책』. 서울: 한국출판마케팅연구소.

한국출판마케팅연구소 편(2002).『북페뎀 2 – 출판기획』. 서울: 한국출판마케팅연구소.

한국출판마케팅연구소 편(2003).『북페뎀 3 – 청소년출판』. 서울: 한국출판마케팅연구소.

한국출판마케팅연구소 편(2004).『북페뎀 4 – 논픽션』. 서울: 한국출판마케팅연구소.

한국출판마케팅연구소 편(2004).『북페뎀 5 – 장르문학』. 서울: 한국출판마케팅연구소.

한국출판마케팅연구소 편(2005).『북페뎀 6 – 그림책』. 서울: 한국출판마케팅연구소.

한국출판마케팅연구소 편(2005).『북페뎀 7 – 글쓰기의 힘』. 서울: 한국출판마케팅연구소.

한국출판마케팅연구소 편(2006).『북페뎀 8 – 출판 창업』. 서울: 한국출판마케팅연구소.

한국출판마케팅연구소 편(2009).『북페뎀 9 – 번역출판』. 서울: 한국출판마케팅연구소.

한국출판문화운동협의회(1987).「출판탄압백서」. 서울: 한국출판문화운동협의회.

한국출판문화운동협의회(1990).「제6공화국과 출판탄압」. 서울: 한국출판문화운동협의회.

한국출판연구소 편(1992). 한국 출판현상 분석 ① – 과학기술도서편. 한국출판연구소,『출판연구』4호.

한국출판연구소 편(1993). 한국 출판현상 분석 ② – 문학출판편. 한국출판연구소,『출판연구』5호.

한국출판연구소 편(1994). 한국 출판현상 분석 ③ – 학술출판편. 한국출판연구소,『출판연구』6호.

한국출판연구소 편(1995). 한국 출판현상 분석 ④ – 아동출판편. 한국출판연구소,『출판연구』7호.

한국출판연구소 편(1996). 한국 출판현상 분석 ⑤ – 어학출판편. 한국출판연구소,『출판연구』8호.

한국출판연구소 편(1997). 한국 출판현상 분석 ⑥ – 학습교재출판편. 한국출판연구소,『출판연구』9호.

한국출판연구소 편(1998). 한국 출판현상 분석 ⑦ – 종교출판편. 한국출판연구소,『출판연구』10호.

한국출판연구소 편(1999). 한국 출판현상 분석 ⑧ – 교과서출판편. 한국출판연구소,『출판연구』11호.

한국출판연구소 편(2000). 한국 출판현상 분석 ⑨ – 경제·경영서편. 한국출판연구소,『출판연구』12호.

한국출판연구소 편(2001). 한국 출판현상 분석 ⑩ – 예술서편. 한국출판연구소,『출판연구』13호.

한국출판연구소 편(2002). 한국 출판현상 분석 ⑪ – 사전편. 한국출판연구소,『출판연구』14호.

한국출판연구소 편(2003). 한국 출판현상 분석 ⑫ – 잡지출판. 한국출판연구소,『출판연구』15호.

한국출판연구소 편(2008). 한국 출판현상 분석 ⑬ – 역사서. 한국출판연구소,『출판연구』16호.

한국출판연구소 편(2009). 한국 출판현상 분석 ⑭ – 철학서. 한국출판연구소,『출판연구』17호.

한국출판연구소 편(2010). 한국 출판현상 분석 ⑮ – 전집 출판의 좌표. 한국출판연구소,『출판연구』
　　　18호.

한국출판연구소 편(2011). 인물 관련서의 현황. 한국출판연구소,『출판연구』19호.

한기호(2001).『디지털 시대의 책 만들기 – 한기호의 출판 시평』. 서울 : 한국출판마케팅연구소.

한기호(2008).『책은 진화한다 – 크로스미디어 시대의 출판 비즈니스』. 서울 : 한국출판마케팅연구소.

한기호(2012).『새로운 책의 시대』. 서울 : 한국출판마케팅연구소.

□ 출판정책론

고덕환(1990). 출판과 출판법.『'90 출판학연구』, 140~164쪽.

국회의원 김민기(2016.9.27). 출판문화산업 진흥정책의 중점 개선 과제. 국회 교육문화체육관광위원회
　　　2016년 국정감사자료집 2.

김경희·이강수·김희락·노병성·성동규·김재윤(1996).「21세기 한국 출판산업의 전망과 진흥방향」. 서울 :
　　　문화체육부.

김기태(2017). 출판산업 진흥을 위한 법제 개선방안 연구 : 출판의 재개념화를 중심으로.『한국출판학
　　　연구』43(4), 41~79쪽.

김병익(1986.7). 출판정책 구상의 제측면, 대한출판문화협회 제8회 출판경영자 세미나 발표문집.

김성재(1991). 출판행정의 문제점과 출판진흥정책 방안. 한국출판연구소,『출판연구』3호, 7~2쪽.

김재윤(1994).「출판문화정책과 출협의 역할에 관한 연구」. 중앙대학교 신문방송대학원 석사논문.

김정명·문연주·백원근(2016).「일본 출판정책 연구」. 전주 : 한국출판문화산업진흥원.

김정숙(2015). 한국 독서정책의 현황과 방향.『한국출판학연구』41(1), 5~22쪽.

김진홍(1983). 도서출판과 국가 발전. 대한출판문화협회,『출판문화』8월호.

김희락(1993). 출판정책의 현황과 진흥방안 모색. 한국출판연구소,『출판연구』5호, 5~32쪽.

김희락·김재윤(1991). 출판정책 관계 자료. 한국출판연구소,『출판연구』3호.

남석순(2007). 출판정책과정의 이론 모형 개발 연구.『한국출판학연구』52, 87~116쪽.

노병성(1999). 출판산업의 위상 변화에 따른 정부 정책의 근거 및 방향에 관한 연구.『출판학연구』41,
　　　223~268쪽.

문화체육부(1991~1996).『출판정책 자료집』. 서울 : 문화체육부.

민병덕(1989). 한국에서의 커뮤니케이션 정책과 출판개발.『'89 출판학연구』.

박철호(1991.6). 정보화시대를 위한 정책과 출판산업 발전전략. 대한출판문화협회 제13회 출판경영자
　　　세미나 발표문집.

백원근(2008). 「출판법과 진흥정책의 혁신운동」, 『우리 모두는 깃발이다―한국출판인회의 10년 1998~
　　　2008』. 서울: 한국출판인회의.

백원근(2013.5.23). 「박근혜 정부의 출판정책 방향과 과제」, 한국출판학회 제26회 정기학술대회 발표
　　　문집, 7~25쪽.

백원근(2017.4.5.). 「출판문화진흥정책, 이대로 좋은가」, 국회의원 도종환·김민기·유은혜·소병훈 주최,
　　　차기 정부 출판산업 진흥을 위한 국회 토론회 "책 읽는 대통령을 보고 싶다" 발표문집, 27~3쪽.

백원근(2018.1.17). 「문재인 정부의 출판정책 방향과 과제」, 국회의원 노웅래·김민기·신동근 주최, 출판
　　　문화산업의 지속가능한 발전을 위한 국회 정책토론회 발표문집, 15~27쪽.

변영희(1992). 한국의 출판정책. 『'91 출판학연구』, 83~121쪽.

부길만(2003). 참여정부 출판정책의 허실과 발전방안. 『한국출판학연구』 45, 144~169쪽.

부길만(2005). 한국 출판진흥정책의 현황과 개선 방안. 『출판잡지연구』 13.

부길만(2007). 『한국 출판의 흐름과 과제』. 파주: 한국학술정보.

서정우(1988.7). 문화행정과 출판정책의 새 방향. 한국출판금고, 『출판저널』 24호.

신태섭(1993). 「출판정책의 제 측면과 역사적 발전 경향」, 『현대 사회와 출판』. 서울: 말길.

신태섭(1997). 「출판정책의 이해」, 『현대출판의 이해』. 서울: 나남.

유수준(1972). 「우리나라 출판진흥책에 관한 고찰」. 경희대학교 행정대학원 석사논문.

유재천(1987). 국가 발전과 출판문화정책. 대한출판문화협회 제9회 출판경영자 세미나 발표문집.

윤세민(1998). 한국 출판산업 진흥을 위한 출판정책 연구. 『출판학연구』 40, 81~130쪽.

이강수(1995). 「출판정책론」, 『출판학원론』. 서울: 범우사.

이건웅·우현옥(2015). 1인출판사 정책 지원을 위한 실태조사 연구. 『한국출판학연구』 41(2), 61~82쪽.

이동성(1995). 「한국출판산업 육성을 위한 정책방안 연구: 출판유관기구를 중심으로」. 중앙대학교 박
　　　사논문.

이동성(1997). 「한국 출판정책」, 『현대출판론』. 서울: 세계사.

이두영(2004). 출판정책의 이념과 출판산업 비전: 참여정부의 출판진흥계획 좌표를 중심으로. 『한국
　　　출판학연구』 46, 129~214쪽.

이두영·백원근·김진두·손애경·손수호(2008.2.28.). 「이명박 정부의 출판문화정책 방향성 모색」, 한국출
　　　판학회 제19회 정기학술대회 발표문집.

이수종(2012). 「언론출판의 자유의 법적 성격과 내용에 관한 연구」. 서강대학교 박사논문.

이용결(1989). 「우리나라 출판문화행정의 역사적 고찰」. 서울대학교 행정대학원 석사논문.

이용준(2009). 한국 출판산업의 활성화를 위한 진흥방안 연구―중·장기적 관점을 중심으로. 『한국출
　　　판학연구』 35(2), 5~39쪽.

이용준·박호상 외(2014). 「프랑스 출판정책 연구」. 서울: 한국출판문화산업진흥원.

이장추(1990). 「제5공화국의 출판통제정책에 관한 연구」. 중앙대학교 신문방송대학원 석사논문.

이중한(1988). 출판정책의 평가와 방향 모색. 대한출판문화협회, 『출판문화』 2월호.

전영표 외(1999). 「출판진흥법(안) 제정을 위한 조사연구」. 서울: 문화관광부.

정관성·박호상 외(2015). 「독일 출판정책 연구」. 전주: 한국출판문화산업진흥원.

팽원순(1989). 출판법의 성격과 그 문제. 『'89 출판학연구』, 57~73쪽.

팽원순·한승헌·고덕환(1992). 『출판관계법 개선방안 및 출판문화 진흥방안 연구』, 서울: 한국출판연구소.

한국출판연구소 편(1991). 특집Ⅰ 출판문화정책의 방향. 한국출판연구소, 『출판연구』3호.

한국출판연구소(1996.12). 21세기 한국 출판정책의 방향. 제7회 출판포럼 발표문집.

한주리(2015). 출판정책 평가와 발전 방향 연구: 출판문화산업진흥 5개년계획(2012~2016)과 한국출판문화산업진흥원(2012.7. 출범~2014.12.)의 사업에 대한 출판사 종사자의 인식 연구. 『한국출판학연구』 41(4), 103~140쪽.

한주리·김혜영·류영호·최옥균(2017). 「영국 출판정책 연구」. 전주: 한국출판문화산업진흥원.

한철희 외(1999). 「출판문화산업진흥법 제정방안」. 서울: 출판문화산업진흥법의 올바른 제정을 위한 공동대책위원회(대한출판문화협회 등 11개 출판계 단체).

지역출판에 대한 연구

최 낙 진*

■■■

1. 서론

국내의 지역출판산업은 출판업체 수, 출판업 매출, 출판 전문인력, 도서 유통망인 서점 등의 감소로 전반적인 어려움을 겪고 있다. 지역출판이 경영과 인력구조 등 여러 가지 차원에서 생존의 위기에 직면한 상황이라 할 수 있다.

도시의 중심부 즉 도심의 상주인구가 감소하는 현상을 일컫는 '지역공동화현상'은 수도권 지역만이 아니라 지역의 출판산업에서도 논의될 수 개념이라 할 수 있다(김정명, 2018). 이는 지역출판산업의 현장뿐만 아니라 지역출판 연구에서도 그 경향이 확연히 드러나고 있다. 지역출판이 처한 상황은 출판 종사자들만이 아니라 출판 연구자들에게도 일정 부분 책임이 있다. 지역출판산업의 침체에 대한 광범위한 사회적 공감과는 달리, 출판산업의 구조와 문제점을 점검하고, 대안을 제시해야 할 학계에서조차 이를 극복하기 위한 노력에 소홀했던 것이 사실이기 때문이다(이완수, 2014).

지역출판은 지식과 정보의 축적, 문화 형성을 위한 '지식문화 공공재'(최낙진, 2015)로, "지역문화를 발신하는 중요한 매개 수단"이다(이완수, 2014). 이는 지역출판을 통해 지역주민에게 지식과 정보를 제공하고, 이를 바탕으로 지역문화를 창달할 수 있는 '지름길'이 된다는 점을 가리킨다. 따라서 지역출판의 활성화 정도는 지역사회의 발전 물론 지역문화산업의 수준을 가늠하는 것이라 할 수 있다.

지역출판의 중요성에도 불구하고, 학계에서 지역출판에 본격적인 관심을 가진 것은 비교적

---

* 제주대학교 교수

최근의 일이다. 2000년대 후반에 들어서면서부터 지역출판에 관한 학문적 연구가 등장하기 시작했다. 그나마 긍정적인 것은 2010년 이후 지역출판 연구가 꾸준히 증가하고 있다는 점이다. 최근 들어 지역출판문화산업에 대한 지방정부와 중앙정부의 관심이 증가하고 있는 데에서도 그 이유를 찾을 수 있다. 출판문화산업 5개년 계획에 지역서점 활성화 및 지역출판 거점 인프라 구축에 대한 내용이 포함되는 등 정책적 차원의 움직임이 활발해지고 있다.

하지만 지역 스스로 지역출판문화산업의 발전을 위한 노력을 하지 않는다면, 앞선 논의들 또한 무용지물일 수밖에 없다(김정명, 2018). 지역의 출판사는 물론 지역사회, 지방정부, 학계 등 제반 분야의 조직들이 힘을 합쳐 지역출판시장의 어려움을 극복해야 한다. 그 가운데 학계가 앞서 수행해야 할 일은 지역출판의 활성화를 위한 정책적, 제도적 차원에서 지역출판에 기여할 수 있는 공론의 장을 마련하는 일이다. 이의 일환으로 기존에 수행된 지역출판 연구들의 현황과 특성을 살펴보는 것은 큰 의미가 있다.

박태일(2016)은 출판에 대해 '근대와 근대 구성의 중심 상수 가운데 하나는 출판문화'이며, '다중, 상업 인쇄출판은 근대의 핵심 지표'라고 설명했다. 출판과 출판물에 대한 수용이 근대의 변화에 큰 기점이 된다는 의미이다. 그런데 우리나라의 경우, 출판시장의 큰 변화를 가져온 시점은 한국전쟁이라고 할 수 있다. 한국전쟁은 정치, 경제뿐만 아니라 문화의 영역에서도 우리사회에 많은 변화를 가져왔다. 이에 본 글도 한국전쟁을 기준점으로 삼았다. 한국전쟁 이후 나타난 지역출판 연구의 특성을 파악하기 위하여, 먼저 지역출판 연구 현황을 개괄한 다음 각각의 연구들에 대한 주제와 내용을 살펴보았다.

2. 지역출판 연구 현황 및 특성

1) 지역출판 연구 개괄

(1) 지역출판 연구 현황

지역출판 연구 현황에 대한 개괄을 위해 먼저 연구논문을 검색할 수 있는 데이터베이스(DBPIA, E-Article, KISS, Kyobo Scholar, RISS)와 '한국출판학회'에서 발행하는 학술지인 『한국출판학연구』 데이터베이스에서 '지역출판', '지역출판 연구'를 검색하였다. 여기에서 지역출판산업과 연계된 영역인 지역서점과 지역도서관에 대한 연구는 다루지 않았다. 다만, 『한국출판학연구』에 게재된 지역서점과 지역도서관 논문은 연구 대상에 포함시켰다. 이러한 검색을 통해 확보한 지역출판 연구는 29건으로 나타났다. 이 수치는 지역출판 연구에 대한 학계의 관심이 그간 미미했다는 반증이기도 하다. 지역출판 연구 현황은 다음의 〈표 1〉과 같다.

〈표 1〉 지역출판 연구 현황

No	논문제목	연구자	발행 년도	발행처	유형
1	부산에서 바라본 지역출판미디어 산지니 사례	강수걸	2010	정치와 평론	학술지
2	지역출판운동의 현장 (1): 부산	강철주	1988	출판저널	잡지
3	지역출판운동의 현장 (3): 대구	강철주	1988	출판저널	잡지
4	지역커뮤니티와 책문화생태계 연구	김정명	2018	한국출판학연구	학술지
5	지역출판운동의 현장 (2): 광주	남진우	1988	출판저널	잡지
6	1950년대 대구의 문학공간 형성과 출판매체	박용찬	2012	국어교육연구	학술지
7	대구 지역과 딱지본 출판의 전통	박태일	2016	현대문학 이론연구	학술지
8	경북·대구 지역의 대중가사 출판	박태일	2016	열린정신 인문 학연구	학술지
9	지역 출판의 이상과 현실: 인천의 잡지와 출판사 현황을 중심으로	최성일	2005	황해문화	잡지
10	지역문화예술정보-부산: 출판문화의 어제와 오늘	최영철	1992	국토계획	잡지
11	석주명의 제주도 자료에 나타난 제주문화: 『제주도수필집』에 나타난 제주도의 자연과 인문환경의 인식에 대한 비판적 검토를 중심으로	김치완	2011	한국출판학연구	학술지
12	여행기를 통해 본 호남의 감성: 최남선의 〈심춘순례〉를 중심으로	류시현	2011	감성연구	학술지
13	기업입지 특성: 대구출판 산업단지 분석을 중심으로	송정희	2014	경북대학교	석사논문
14	신선한 내용으로 지역사랑 일구는 '향토지'들	이해준	1998	출판저널	잡지
15	책으로 꽃피우는 지역사랑	이현주	1997	출판저널	잡지
16	한국 방언자료집 편찬의 역사	정승철	2014	방언학	학술지
17	지역문화운동의 선명한 지향성 보이는 광주출판	정혜옥	1991	출판저널	잡지
18	석주명의 '제주도총서(濟州島叢書)'에 관한 연구	최낙진	2007	한국출판학연구	학술지
19	진성기의 '제주민속총서(濟州民俗叢書)' 고찰	최낙진	2008	한국출판학연구	학술지
20	백두산총서(叢書)와 한라산총서(叢書) 비교 연구	최낙진	2014	한국출판학연구	학술지
21	한국 지역 출판산업의 지형과 방향: 생산자 관점에서	이완수	2014	한국출판학연구	학술지

22	지역 출판산업의 현황과 활성화 방안 연구	최낙진	2015	한국출판학연구	학술지
23	지역서점 활성화와 지역출판의 연계 가능성에 관한 연구	한주리, 김동혁	2016	한국출판학연구	학술지
24	지역서점의 변화와 발전방안 연구	윤세민	2018	한국출판학연구	학술지
25	지역출판환경의 현황과 과제	조동흠, 최낙진, 최서영	2015	지역출판 진흥과 활성화를 위한 토론회	자료집
26	지역출판과 지역도서전의 출판학적 의미	부길만	2017	2017 제주한국 지역도서전 자료집-각 출판사	자료집
27	제주한국지역도서전 기념도서 〈동차기 서차기 책도잘도 하우다예〉	이대건, 최서영, 황풍년	2017	각 출판사	단행본
28	지역공동체 잡지 〈사이다〉의 다중 형성과 사회문화적 실천에 대한 연구: 네그리와 하트의 다중 개념을 중심으로	최서영	2017	중앙대학교	석사논문
29	지역문화잡지의 지역아카이빙 활동과 발전방향 연구	이형희	2018	한신대학교	석사논문

(2) 연도별, 유형별 지역출판 연구 특성

지역출판 연구는 1988년부터 시작된 것으로 파악되고 있다. 하지만 당시에 출판된 글들은 전문적인 학술지가 아닌 「출판저널」, 「황해문화」 등과 같은 잡지에 실린 글들로, 주로 기자활동을 수행하던 기자들에 의해 쓰여졌다. 잡지에 실린 글들을 제외한다면, 지역출판에 관한 학술 연구는 2007년 최낙진에 의해 수행된 「석주명의 '제주도총서(濟州島叢書)'에 관한 연구」가 시작이라 할 수 있다. 이후 지역출판에 대한 본격적인 연구들이 시작되었다. 특히 2010년 이후에는 14건(50.0%)이 수행될 만큼, 증가 추세를 보이고 있다.

지역출판 연구를 유형별로 살펴보면, 학술지가 50.0%(14건)로 가장 많았으며, 이어 잡지 28.5%(8건), 학위논문 10.7%(3건) 순으로 확인되었다. 한편, 출판학 분야의 대표 학술지라 할 수 있는 『한국출판학연구』에 실린 지역출판 연구는 8편(44.4%)으로 나타났다.

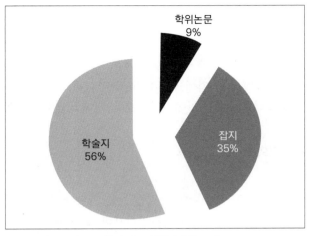

〈그림 1〉 지역출판 연구 현황 (단위: %)

(3) 지역출판 연구의 세부 주제 유형

지역출판 연구의 세부 주제 유형을 파악한 결과, '지역별 출판시장의 특성' 및 '지역출판물과 지역문화 및 지역공동체' 관련 연구가 26.1%(6건)로 가장 많았고, 이어 '지역출판사의 당면 과제 및 발전 방안' 관련 연구 21.7%(5건), '지역출판물의 역사' 및 '학문적 차원에서의 지역출판물' 관련 연구가 각각 13.0%(3건)로 확인되었다.

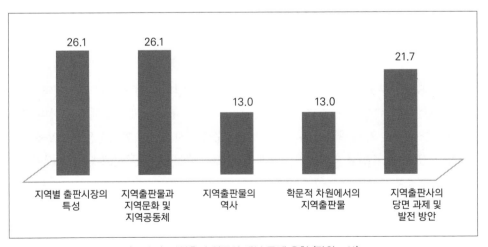

〈그림 2〉 지역출판 연구의 세부 주제 유형 (단위: %)

2) 지역출판 연구의 내용적 특성

여기에서는 지역출판 연구들이 주로 어떤 주제와 내용을 다루고 있는지 살펴보았다. 이는 지역출판 연구가 지역출판이 처한 현재의 상황을 얼마나 잘 반영하고 있으며, 향후 어떤 주제와 내용에 천착해야 할 것인지에 대한 아이디어를 얻는 데에 도움을 줄 것이라 판단했기 때문이다.

(1) 지역별 출판시장의 특성

지역출판시장의 침체는 최근에 들어 논의된 것은 아니다. 1980년대 후반에 지역의 출판시장의 특성을 다룬 글들을 통해 이미 지역출판시장이 처한 현실에 대한 문제가 제기되어 왔다.
지역의 출판시장 특성을 다룬 글들은 부산, 대구, 광주, 전주, 인천 등 일부 지역에 국한하여 이루어져 왔을 뿐, 전국 각지의 출판시장에 대한 연구는 여전히 미진한 상황이다. 이마저도 20여년 전의 상황을 설명하는 글들이며, 특정 지역의 출판시장에만 주목하고 있다. 이러한 글들을 전문 학술지가 아닌 잡지에 실려 있다는 점 또한 문제라 할 수 있다. 대표적으로 강철주(1988a, 1988b)와 남진우(1988), 정혜옥(1991) 등을 들 수 있다. 이들은 당시 기자활동을 했던 기자들로, 부산, 대구, 광주, 인천 등 일부 지역의 출판시장의 특성을 설명했다. 이러한 글들은 기자의 시각에서 해당 지역의 출판시장을 비판적으로 접근했다는 점에서 향후 지역출판시장의 발전방안을 논의하는 데에 유용한 자료가 될 것이라 판단된다. 지역별 출판시장의 특성은 다음과 같이 요약할 수 있다.

① 부산

강철주(1988a)는 부산에서 출판사를 경영하는 한 출판인의 표현을 빌려 부산지역의 출판시장 현황에 대해 일축했다. 부산지역의 출판사들은 지리적 규모에 비해 열세한 편이며, 몇몇 출판사를 제외한 대부분의 출판사들은 "출판보다는 오히려 사식이나 인쇄같은 '딴 일'을 주된 밥벌이"로 삼고 있으며, 출판을 하더라도 "거의 전적으로 '주문'에 의존"하고 있다는 것이다. 이러한 발언은 지역출판시장의 어려움을 오롯이 보여준다.

② 대구

부산지역과 달리, 대구지역의 출판시장에 대해 강철주(1998b)는 "겉으로 내세울 만한 특성은 없지만, 비교적 고른 수준의 책들이 출판되고 있다"고 설명했다. 1979년에 〈흐름사〉 대표를 맡은 시인 김종윤씨는 "지방출판의 상업적 가능성은 문화적 사명감을 계속 실천하는 데에 드는 비용을 댄다는 의미 이상이 되기 어렵습니다. 돈 벌려고 들자면 굳이 출판을 할 까닭이 없죠. 다만, 제 고장의 지적 생산을 출판이란 그릇에 담아냄으로써 지역문화 발전에 기여한다는 자부가 지방출판의 어려움을 극복하는 힘이 되고 있습니다."라고 설명했다. 이는 출판을 통해 지역사회의 문화적 발전에 기여하는 것이 더욱 가치있는 일임을 보여주는 표현이자 지역출판인으로서의 자부심이라 할 수 있다.

또한 도서출판 〈대일〉의 대표 장호병씨의 주장처럼 지역출판은 교통과 통신의 발달로 "서울을 중심으로 편성된 유통구조에 지방의 군소출판사가 끼어들 틈이 점차 좁아"지고 있으며, 이러한 중앙집중 현상은 더욱 가속화되고 있는 상황이다.

한편, 대구에는 대구에 근거를 두고 있으면서 전국적인 지명도가 있는 출판사들도 있다. 형설출판사, 학문사, 분도출판사 등이 대표적이다(강철주, 1988b). 또한 대구지역에 소재한 영남대, 계명대 출판부는 일반출판사를 능가할 만큼 활발한 출판활동을 하고 있다(강철주, 1988b). 영남대의 경우, '민족문화연구총서', '민족문화자료총서' 등의 총서류를 다루고 있으며, 계명대 출판부는 단행본 저작에 치중하는 특성을 보이고 있다.

이외에 대구출판산업단지의 특성에 주목한 연구도 있다. 대구출판산업단지는 출판, 기획, 편집은 물론 인쇄, 물류, 유통에 이르기까지 출판의 전 과정을 원스톱으로 해결할 수 있도록 하자는 목표로 기획되었다. 송정희(2014)는 대구출판산업단지 입주 업체 대표 34명을 대상으로 설문조사를 실시한 결과, 직원 수 10명 이하의 영세업체가 50% 이상이었으며, 입주환경에 대한 만족도는 전반적으로 양호하였으나, 교통접근성 개선 및 편의시설 개선에 대한 요구가 있었던 것으로 나타났다. 출판사들은 주로 사업 확장을 목표로 출판단지에 입주하고 있었으며, 입주로 인한 출판사 운영에 대해서는 전반적으로 보통 수준으로 만족하는 것으로 나타났다. 이 연구는 출판산업단지 입주업체를 대상으로 한 연구라는 점에서 향후 타 지역에서 출판산업단지 조성을 계획할 때, 유용한 정보가 될 것이라 본다.

③ 광주

지역출판의 어려움은 광주도 다르지 않다. 우리나라처럼 중앙집중 구조가 심각한 나라에서 지역출판은 필진, 제작, 영업 등 모든 면에서 불리할 수밖에 없다(남진우, 1988). 광주도 다른 지역과 마찬가지로 출판사라 말하기가 무색할 정도로 실적이 저조하고, 상업성이 있는 서적을 기획출판하는 출판사는 극히 드물며, 대부분 사진식자, 인쇄, 편집 대행 등과 같은 부차적인 업무를 하고 있다는 것이다.

다만, 광주는 다른 지역과 달리 '민주화운동'이라는 역사적 사실을 주요 콘텐츠로 활용하고

있다는 점에서 다른 지역과 차별성이 있다. 이에 대해 남진우(1988)와 정혜옥(1991)은 1980
년대 중반 이후 일부 출판사가 광주지역의 민주화운동 관련 서적들을 다룸으로써 광주 특유
의 '출판성격'을 만들었다고 설명했다. 다른 지역의 출판시장과는 달리, 사회의 부조리와 모순
을 다루고 있는 '운동으로서의 출판'을 지향한다는 점에서 '광주적'인 특징을 보여주고 있다
는 평가다.

④ 전주

전주는 같은 호남지역이긴 하나, 광주와 또 다른 분위기를 보여준다. 전주는 조용하고 차분한
느낌을 주는데, 이러한 분위기가 너무 지나쳐 침체 혹은 부진하다는 인상을 줄 정도라는 평가
다(남진우, 1988). 조선시대만 하더라도 전주지역의 출판시장은 서울과 비등할 정도로 활성화
되었지만, 임진왜란 이후 18~19세기 정점을 찍었던 완판본 문화가 쇠퇴하고, 서양 인쇄술이 유
입되면서 출판도 쇠퇴의 길에 접어들었다는 설명이다. 사실상 1980년대 이후 기획출판을 시도
하던 일부 출판사를 제외하고, 전주지역의 출판시장은 사실상 불모지에 다름없었다는 것이다.
이외 전북지역의 경우에는 비교적 대학출판부가 활성화되어 있다는 점이 특성이라 할 수 있
다(남진우, 1988). 대표적으로 원광대출판부는 원불교 관련서적과 교재 이외에도 교양서적과
연구서적을 꾸준히 펴내고 있으며, 1970년대 후반부터는 금석문 관련 자료를 편찬하는 등 상
업적 출판으로부터 비교적 자유로운 상황이라고 평가했다. 대학출판이라는 자율적인 성격이
반영되었다는 것이다.

⑤ 인천

인천의 지역출판 상황은 다른 지역과 사뭇 다른 특성을 보여주고 있다. 최성일(2005)은 문화
인프라로서 서점은 다른 지역에 비해 비교적 양호하나, 잡지와 출판사는 매우 심각한 수준이
라고 지적했다. 그나마 전국적인 지명도가 있는 것은 잡지 「황해문화」에 불과하다는 설명이다.
특히 출판사 수는 잡지사 수보다 훨씬 작으며, 출판사의 기능을 다하지 못하는 유명무실한 곳
도 많다는 평가다. 이러한 상황에 대해 〈다인아트〉의 유봉희 대표는 "서울의 위성도시이고 토
박이가 드물며 중심이 부재하다는 인천 특유의 콤플렉스를 떨쳐 버리자"며, 새로운 관점에서
가능성을 찾을 것을 강조했다. 이러한 발언은 지역의 정체성을 인식하는 것도 중요하지만, 이
를 어떻게 이용할 것인지에 대한 고민 또한 중요함을 보여준다 하겠다.

(2) 지역출판물과 지역문화 및 지역공동체 연구

지역출판 연구 중에는 지역의 출판물과 지역의 공동체미디어를 통해 해당 지역의 역사와 문화를 살펴본 연구들도 있다. 이러한 연구들은 외부인의 시각에서 출판된 지역출판물을 분석함으로써 어떤 의의와 한계가 있는지를 파악하거나(김치완, 2011; 류시현, 2011), 지역의 문화 자료로서 향토지와 방언집, 지역문화 관련 서적(이해준, 1988; 이현주, 1997; 정승철, 2014)에 주목하고 있다. 또한 공동체미디어인 「골목잡지」에 대한 연구(최서영, 2017)도 있다. 이러한 연구들은 향후 지역과 관련된 자료들을 어떻게 출판으로 기획 출판할 것인지에 대한 아이디어를 줄 수 있을 것이라 판단된다.

① 외부인의 시각에서 집필된 지역출판물 연구

김치완(2011)은 나비박사로 유명한 '석주명'의 1968년 작품 『제주도수필집』을 통해 당시 제주도의 자연과 인문환경을 살펴보았다. 이 책은 우리나라에서 '지역 연구'라는 개념이 제대로 성립되지 못하던 시대에 통합적 학문으로서 '지역학'을 열게 된 계기가 되었다는 평가를 받은 작품이다(최낙진, 2007). 이 연구를 통해 김치완(2011)은 외지인으로서 석주명이 탐색한 제주문화에 대한 비판적 검토를 통해 제주문화인식에 대한 의의와 한계를 살펴볼 필요가 있다고 보았다. 분석을 통해 그는 『제주도수필집』에 묘사된 제주문화가 '로컬인의 이중성'과 '기록자의 이중성'을 내포하고 있으며, '제주'라는 주제를 중심으로 관련 자료를 객관적으로 기록했다는 데에 가치가 있다고 평가했다.

류시현 또한 김치완과 유사하게 서울 지식인으로서 최남선이 집필할 여행기 「심춘순례」를 통해 호남의 감성을 살펴보았다. '여행'이 '낯선 공간'과의 만남이자, 자연, 유적과 유물을 만나는 과정에서 여행가의 감성이 드러난다는 이유다. 그에 따르면, 최남선은 스스로 '타자'임을 인정하면서, 현지인보다 풍부한 조선문화와 역사에 관한 지식을 바탕으로 호남 지역의 과거, 현재, 미래를 조망했다고 평가했다. 이를 통해 해당 지역의 특성을 규명하고, 이를 민족 전체로 적용하고자 했다는 것이다. 특히 훼손된 유적과 유물에 대한 분노, 민간전승의 유지에 대한 기쁨 등의 감정을 표현함으로써 독자와의 연대의식을 확보하는 데에 도움을 주었다고 평가했다(류시현, 2011).

② 지역문화 및 지역공동체 관련 지역출판물 연구

지역문화를 간접적으로 체험할 수 있는 자료들은 다양하다. 그 가운데 이해준(1988)은 지역문화자료의 집성물로서 '향토지'가 갖는 의의에 주목했다. 향토지를 통해 해당 지역의 문화이해와 인식의 수준을 살펴볼 수 있을 뿐만 아니라, 미래세대에게 전해주어야 할 소중한 자료라판단한 것이다. 그는 지역문화의 특성을 올바르고 정확하게 이해하기 위해서는 지역에서 전승되어 오는 자료들을 충실하고 충분하게 정리해야 한다고 보았다. 이러한 노력들이 모여 지역의특수성과 보편성을 확인할 수 있다는 것이다. 특히 향토지는 변화하는 문화의식과 주민의식을 반영함으로써 지역문화의 안내서와 교양서로서 거듭나야 한다고 강조했다. 또한 지역문화의 향유층이 젊은 세대로 옮겨져야 하며, 그 내용 역시 학문적이거나 전문적이기보다는 대중적으로 쓰여져야 한다고 지적했다. 이외에도 독특한 지역문화를 부각시키고, 동질성을 이끌어낼 때, 지역주민들로부터 사랑받는 향토지가 된다고 강조했다.

이러한 지적들을 수용했다고 판단되는 지역문화 관련 책들을 소개한 글도 있다. 이현주(1997)는 용인문화원 부설 향토문화연구소의 『내고장 용인 문화유산총람』, 한국토지개발공사 강원지사의 『강원도 땅이름』, 서울시사편찬위원회가 기획 발간한 『서울의 산』, 대구 달서구청의 『달서의 향토문화』, 경북 문경시청이 발행한 『문경의 명산』 등을 소개했다. 이러한 책들은 대부분 지자체가 기획하고, 해당 지역의 토박이들이 정리한 것으로, 읽기 쉬운 평이한 문체와 다채로운 화보로 사람들의 눈길을 끌었다고 설명했다. 지역출판물의 핵심이 지역민이라는것, 그리고 어려운 글이 아닌 비교적 읽기 쉬운 글로 설명함으로써 지역친화적인 출판물이 되어야 지역민들에게 읽힌다는 조언이다.

한편, 지역의 문화를 설명하는 데에 있어 '방언'은 빠지지 않는 중요한 콘텐츠이다. 정승철(2014)은 전자책이 등장한 2000년을 전후로 종이출판 시기와 전자출판 시기로 구분하여, 사회방언을 수록한 자료집과 지역/사회방언을 담고 있는 사적 기록물을 포함한 한국 방언자료집의 편찬 역사를 분석하였다. 그 결과, 2000년 이전까지는 한국 방언 연구의 흐름에 따라 방언자료집의 편찬이 이루어졌던 반면, 전자출판 시기에는 이러한 흐름과는 상관없이 자료집이 출간되는 경향을 보였다고 설명했다.

이외에도 수원지역의 지역공동체 잡지인 「사이다」를 분석한 연구도 주목할 만하다. 최서영(2017)은 2012년 수원지역에서 창간된 '골목잡지' 「사이다」의 특성을 분석하였다. 그 특징으로, 「사이다」의 생산주체는 대부분 지역활동가들이며, 주류미디어에서 충분히 다뤄지지 못하는 마을주민들의 삶이 소개되며, 아카이빙을 통해 지역의 가치를 발굴하고 이를 통해 지역문화의 다양성 확보는 물론 지역문화 콘텐츠 발굴에 기여하고 있다는 점을 들었다. 이 연구는 마을공동체미디어가 마을의 이슈는 물론 주민들의 이야기를 공유하고 기록하며, 주민들의 자발적 참여를 통해 공동체를 구현하고 있음을 보여준 사례라 할 수 있다. 향후 마을단위 공동체미디어와의 연계를 통한 지역출판물의 확장 또한 고려해 볼 수 있을 것이다.

(3) 지역출판물의 역사 연구

대구는 다른 지역에 비해 비교적 대구 관련 출판연구가 많은 편이다. 이는 조선후기 영남지역의 선비문화를 주도하던 거점지역이자, 근대 이후 서울을 제외하고 출판매체를 가장 많이 생산한 지역이 바로 대구라는 점이 반영된 결과라 할 수 있다(박용찬, 2012). 이와 더불어 한국전쟁 이후의 사회변화가 대구의 출판문화에 상당한 영향을 미쳤기 때문이기도 하다.

한국전쟁은 시대적, 역사적으로 고난의 시기였다. 이러한 시대적 상황에서 대구의 문학공간은 더욱 다양해졌다는 평가다. 일반적으로 문학의 장의 형성에는 정치, 경제, 문화 등과 같은 요인들이 영향을 미치는데, 1950년대 한국전쟁이 중요한 변인으로 작용했다는 것이다(박용찬, 2012). 한국전쟁 이후 1950년대 대구지역 출판의 장과 문학공간의 형성과정에 주목한 박용찬(2012)은 대구의 문학공간이 '피난문단'과 '지역문단'이 혼합되면서 외연은 크게 확장되고, 지역문학의 정체성도 비교적 잘 유지했다고 평가했다. 특히 한국전쟁 초기 육군본부와 공군본부가 대구에 위치하면서 군 관련 문학매체가 생산되었고, 이러한 출판매체들은 군인과 지식인 독자를 대상으로 국가주의 담론을 기획, 유포하는 역할을 수행했다고 설명했다.

대구지역의 출판연구로 '딱지본'에 대한 연구도 있다. '딱지본'은 그 책의 표지가 딱지처럼 울긋불긋하게 인쇄되었다고 해서 붙여진 이름으로(소재영·민병삼·김호근, 1996), '1910년 전후로 쏟아져 나온 변용된 소설' 혹은 '활자본 소설'을 말한다. 박태일은 딱지본의 역사에서 대구가 서울과 함께 중심적인 역할을 수행했음을 알리려는 의도로 딱지본 연구를 수행했다. 그에 따르면, 1907년 서울 딱지본의 판매소 역할을 하던 대구 재전당서포가 출판활동을 통해 지역 딱지본 유통을 이끌었으며, 이후 전쟁과 피란의 과정에서 남하한 세창서관, 덕흥서림, 문창사 같은 곳에서 딱지본을 출판하게 되면서 새로운 전기가 마련되었다고 평가했다. 특히 영화출판사는 전쟁기부터 대구에서 딱지본 출판을 시작했고, 전후에도 서울과 대구를 오가며 교차 출판함으로써 1950년대 출판을 이끌었으며, 1960년대에는 향민사에서의 대량 출판을 통해 딱지본 출판을 이끌었다는 설명이다(박태일, 2016a).

또한 대구, 경북은 광복 이후 시장 유통을 목표로 대중가사를 지속적으로 펴냈던 지역이기도 하다(박태일, 2016b). 특히 통시적인 줄거리를 담은 역사가사와 달리 "현세적인 삶의 뜻과 길을 밝힌 인생론을 공시적으로 담아낸 대중가사"를 일컫는 처세가사는 1960년대 초반부터 1970년대 후반까지 지역문학의 한 유형을 이루며 활성화되었다고 한다. 이에 박태일은 20권의 『처세가사집』과 거기에 수록된 84편의 작품을 분석했다. 연구를 통해 『처세가사집』은 출판형태에서는 표지그림과 표제, 본문을 혼용하고, 작품들은 주류와 부차, 기 발표 작품과 새 작품 등 이원적 구조로 다루어졌으며, 작품 안쪽 주체는 익명으로 처리하고, 바깥 주체는 편집을 이끄는 정도의 역할에 머물렀던 것으로 확인되었다. 이외에도 작품 안팎으로 남자와 여자, 문자적 그리고 구술적 소통을 도모했다는 특성도 확인되었다. 하지만 군소 과점 출판사가 인쇄를 독점하여 펴냈던 『처세가사집』은 적극적인 확대와 변화를 이끌어내지 못한 채, 상품으로서의 독자성이 희석되면서 1970년 후반에 들어 사라졌다고 한다(박태일, 2016b).

(4) 학문적 차원에서의 지역출판물 연구

지역출판물을 학문적 차원에서 접근한 연구로 최낙진(2007, 2008, 2014)의 연구가 있다. 그는 특히 제주도에서 집필된 제주도 관련 '총서'에 주목했다. 일반적으로 대형 출판사가 '거대 자본'과 '전문가 집단'을 동원하여 총서를 출판하는 상황에서 개인에 의해 총서가 저술된 만큼 이들이 갖는 학술적 가치가 크다는 평가다(최낙진, 2008). 또한 지역출판물 연구를 통한 '지역학'의 토대를 마련했다는 점에서 학술적인 중요성이 있다고 주장했다.

먼저 최낙진(2007)은 석주명이 집필한 제주도에 관한 책들인 『제주도방언』, 『제주도생명조사서』, 『제주도관계문헌집』, 『제주도수필』, 『제주도곤충상』, 『제주도자료집』 6권을 분석하였다. 연구를 통해 그는 석주명의 작업이 '지역연구'라는 개념이 제대로 서지 않았던 1950년 이전의 상황에서 통합적 학문으로서의 지역학, 즉 '제주도학' 연구의 시발점이 되는 '원재료 공장'의 역할을 수행했다고 평가했다.

이러한 연구는 진성기의 『제주민속총서』 28권이 갖는 총서로서의 특징, 그것이 갖는 출판학적 의미에 대한 연구로 이어졌다(최낙진, 2008). 진성기의 총서 연구의 특징으로 그는 제주지역 곳곳을 답사하고, 전승자들을 직접 만나 발굴하고 채집했다는 의미에서 '캐어 모음'이라 명명할 수 있는 연구방법을 소개했다. "무형인 민속자원은 캐내어 모으지 않으면 사라져버리거나 원형이 변형되어 버린다"는 진성기의 말은 지역문화에 대한 지속적인 기록을 통한 지역출판물의 발간이 필요함을 시사한다. 또한 방대한 작업을 통해 집필된 총서는 제주민속콘텐츠를 제주문화의 자주성과 근원성을 밝혀줌과 동시에 보편적인 인류문화사 측면에서도 가치가 있다는 평가다(최낙진, 2008).

또 다른 총서 연구로 한라산과 백두산의 자연자원을 다룬 『한라산총서』와 『백두산총서』에 대한 비교연구가 있다. 이 연구에서 최낙진(2014)은 이 두 개의 총서가 누구에 의해서, 어떤 내용으로 다루어지고 있는지 등에 대해 주목했다. 특히 『한라산총서』의 경우, 제주도의 한 언론사인 〈한라일보〉의 장기 기획 학술대탐사의 일환으로 연재됐던 기획기사들을 모아 편찬했다는 점에서 더욱 큰 의의가 있다고 평가했다. 이는 지역언론과의 연계를 통한 지역자원의 출판을 도모해 볼 수 있는 훌륭한 사례로, 향후 지역출판물을 기획하는 데에 큰 도움이 될 것이라 판단된다.

(5) 지역출판사의 당면 과제 및 발전 방안 연구

지역출판사가 처한 현실에 대한 문제점을 파악하고 이러한 문제들을 해결하기 위한 방안에 대해 논의한 연구들은 비교적 최근에 등장하고 있다. 지역출판생태계의 선순환구조를 구축하기 위한 논의들이 활성화되고 있는 것이다. 이러한 연구들은 지역의 발전 없이 국가의 발전을 논할 수 없듯이, 지역출판생태계의 활성화 없이 출판생태계의 발전을 도모할 수 없다는 논리에 근거한다(김정명, 2018 ; 최낙진, 2015). 이러한 연구들은 실제 정책의 영역, 출판사의 영역, 지역사회의 영역 등 다양한 영역에서 해결방안을 제시한다는 점에서 지역출판의 활성화를 위한 중요한 연구들이라 할 수 있다.

① 출판사 영역에서의 개선방안 연구

지역출판시장의 침체는 정책의 영역에서 많은 정책이 투입된다고 해결되는 것이 아니다. 이를 위해서는 출판사의 자생적인 변화의 노력이 수반되어야 한다. 이러한 관점에서 최영철(1992)은 1980년대 부산지역 출판사들의 자발적인 변화를 요구했다. 최소한의 자본과 인력, 기획 방향 등에 대한 충분한 준비가 부재한 상황에서 출판사 등록부터 하고, 인쇄업을 위한 수단으로 출판 등록을 하는 출판사가 상당하다는 지적이다. 더욱이 "제작비를 확보해 놓고 들어가는 자비 형태가 아니라 전력투구로 개발한 기획물에 승부를 걸어 보고 난 뒤, 또는 판매에 필요한 광고와 영업 활동에 혼신의 힘을 쏟아부은 적도 없이, 가혹하게 표현한다면 "공짜로 얻은" 원고로 책을 꾸며 서점에 던져 놓았을 뿐"이라며 혹독한 평가를 내렸다.

물론 최영철의 평가는 비교적 오래 전에 나온 것이며, 부산출판시장을 타겟으로 하고 있으나 이는 전체 지역출판시장에 대한 비판이라 해도 과언이 아니다. 실제 많은 지역에서 유명무실한 출판사가 많다는 지적은 어제 오늘의 일이 아니다.

이러한 문제에 대해 최영철(1992)은 지역주민들이 지역출판물을 읽지 않는다며 애꿎은 지역주민만 나무랄 것이 아니라, 출판사 자체적으로 개선방안을 고려할 필요가 있다고 지적했다. 그 방안으로 그는 부산독자들에게 신간안내, 서평정보지 발간, 저자와의 대화, 독서 캠페인 등을 제안했다. 또한 지역출판산업의 체질개선을 위해 공동출자에 의한 '출판금고' 설립과 유통영업기구의 개설 또한 고려될 필요가 있다고 주장했다.

이에 반해 강수걸(2010)은 지역에서 출판사를 운영하는 운영자의 입장에서 '지역출판미디어'의 실태와 과제에 대해 논의했다. 지역출판활동에서 가장 큰 어려움으로 그는 '유통'을 꼽았으며, 온라인 서점의 급성장과 오프라인 서점의 몰락에 그 이유를 두었다. 또한 지역출판미디어의 과제로 출판미디어를 통한 독자와의 소통, 지역사회와의 연대와 소통을 강조했다. 특히 그는 출판사가 책을 펴내는 공간뿐만 아니라, 서점, 도서관, 미디어, 지역문화 창달의 커뮤니티 등 다양한 기능을 수행해야 한다고 보았다. 이외에 출간목록의 업데이트와 이에 대한 적극적인 홍보 또한 중요하다고 강조했다. 지역출판사의 활성화를 위해 출판사 스스로의 노력 또한 필요하다는 입장이다.

② 정책적, 사회적 영역에서의 개선방안 연구

김정명(2018)은 지역출판시장이 '지역공동화현상'을 겪고 있다며, 지역문화를 선도하는 지역출판뿐만 아니라 책문화생태계의 활성화와 선순환 구조 구축이 요구된다고 지적했다. 이를 위해 그는 지방정부와 지역출판사, 지역서점, 지역도서관 등이 적극적으로 지역커뮤니티를 구성, 지역주민들의 적극적인 참여를 이끌어내야 한다고 보았다. 즉, 지역커뮤니티가 책문화생태계의 중심축이 되어야 한다는 것이다. 이는 나아가 지역브랜드를 구축하고, 지역의 자산이 될 수 있으며, 이러한 지역문화를 출판미디어가 기록을 통해 지속시켜야 한다고 보았다. 또한 지역커뮤니티는 지역주민들의 연대를 강화하고 지역정책에서 중요한 역할을 수행할 수 있으며, 지역커뮤니티를 통해 지역독자가 지역출판물을 소비할 수 있는 체계의 마련이 필요하다는 주장이다.

이와 달리, 지역출판의 민낯을 있는 그대로 내보이고, 이에 대한 공개적인 토론이 필요하다는 취지의 연구도 있다. 이완수(2014)는 지역출판산업이 처한 어려움을 극복하기 위해서는 무엇보다도 현실을 직시하고, 이에 대해 본격적인 토론을 할 수 있도록 하는 공론화 작업이 필요하다고 강조했다. 그 방안으로 도서정가제, 지역출판기금 조성, 지역 우수도서선정 지원, 공공도서관의 지역 출판물 의무구매, 출판사와 도서관의 연계, 출판사와 대학의 연계, 지역 시민단체의 자율적인 독서 이벤트 등을 제안했다. 또한 지역출판업계와 지역서점, 지역대학과 지역주민이 연대한 '지역출판문화 모델'의 구축이 필요하다고 강조했다. 이외에 서점이 카페, 학습공간, 도서관, 문화공간과 결합한 복합적 공간으로의 확장도 필요하다고 보았다. 한주리와 김동혁(2016) 또한 지역출판과 지역서점을 연계한 상생 방안을 제안한 바 있다.

지역출판산업 통계를 근거로 지역출판의 현황을 분석하고, 활성화 방안을 제시한 연구도 있다. 최낙진(2015)은 지역출판산업의 침체에 대해 '지역'이라는 지역출판의 태생적 한계에 방점을 찍었다. 비교적 인구수가 적은 지역의 경우, 독서인구의 부족으로 '도서시장' 형성이 어렵고, 이것이 지역의 출판사업자와 유통업자의 고전으로 이어진다는 것이다. 여기에 전국적인 유통망을 갖춘 수도권 지역의 대형 출판사와 인터넷 서점의 등장으로 지역출판생태계를 더욱 어렵게 하고 있는 상황이라는 평가다. 이러한 문제들을 해결하기 위해서는 무엇보다 '지역출판문화생태계'가 형성되어야 한다고 강조했다. 이를 위해 중앙정부와 지방정부에 의한 정책개발과 지원이 필요하며, 지역도서를 소비할 수 있는 독자층 형성이 요구된다고 밝혔다. 그 방안으로 그는 지역민의 지역도서 읽기 운동, 지역도서 독서 동아리 활성화 등을 들었다. 결국, 책 읽는 시민이 많아져야 지역서점이 살아나고, 이것이 지역출판사들의 양서 출판으로 이어지는 선순환 구조를 형성함으로써 지역출판문화생태계의 복원이 가능하다는 것이다.

3. 결론

본격적으로 지역출판 연구가 학술적 논의의 대상으로 들어오기 시작한 것은 2014년 당시 한국출판학회 부길만 회장이 〈지역출판연구회〉를 만들면서부터이다. 지역출판연구회가 학술적 활동을 시작하면서 지역출판 관련 연구들이 활발해지고 있다. 하지만 본 글에서는 시기를 넓혀 한국전쟁 이후부터 다뤄진 지역출판 관련 연구들의 현황과 특성을 개괄하여 살펴보았다. 왜냐하면 한국전쟁 이후로 지역과 지역출판 형태가 개념적으로 성립가능하다고 보았기 때문이다. 결론에서는 그 현황과 특성을 요약하고, 이를 바탕으로 향후 보완될 필요가 있는 지역출판 관련 연구 주제와 내용을 제안하는 것으로 마무리하고자 한다. 덧붙여 저자의 불비(不備)함과 이 원고가 마무리된 시점 등의 이유로 본 글에서 빠진 연구도 있을 수 있음을 미리 밝혀둔다.

한국전쟁 이후 수행된 지역출판 연구는 잡지, 학술지, 학위논문 모두를 포함하여 28건에 불과했다. 가장 먼저 등장한 지역출판 관련 논의는 1988년의 것으로 이는 잡지에 실렸다는 점에서 학술적인 논의는 아니었다. 지역출판 연구에 대한 학술적 논의가 시작된 것은 2000년대 후반부터이다. 이후 2014년 한국출판학회 산하 〈지역출판연구회〉가 꾸려지면서 본격적인 학술논의가 시작되었다고 말할 수 있다. 지역출판 연구의 주제는 '지역별 출판시장의 특성', '지역출판물과 지역문화 및 지역공동체', '지역출판물의 역사', '학문적 차원에서의 지역출판물', '지역출판사의 당면 과제 및 발전 방안' 등에 관한 것으로 확인되었다. 이처럼 지역출판 연구는 양적인 측면에서 풍부하지 않을 뿐만 아니라, 주제 또한 매우 제한적이었다. 이러한 결과는 전체 출판시장에서 지역출판시장의 지위를 반영한 것이라 할 수 있다. 향후 지역출판 연구에서는 다음의 몇 가지 사항을 고려해 볼 수 있을 것이다.

첫째, 지역별 출판시장의 특성을 보완할 필요가 있다. 본 글에서 파악한 바로는, 지역별 출판시장의 특성에 관한 내용은 잡지에 실린, 그것도 일부 지역에 국한된 것에 불과했다. 이완수(2014)가 지적했던 바와 같이 지역출판의 활성화를 위해서는 그 실상을 명확하게 직시할 필요가 있다. 이에 각 지역별 출판시장이 어떤 특성을 갖고 있는지에 대한 체계적인 연구가 선행되어야 할 것이다.

둘째, 지역출판의 근거는 '지역'에 있어야 한다. 달리 말하면, 지역의 역사와 사회, 자연 등 다양한 분야를 다루고 있는 지역출판물들이 갖는 가치에 주목해야 한다는 것이다. 이러한 지역출판물들은 지역출판사가 하나의 숙명으로 여기며 발행한 것들이라는 점에서 그 가치는 더욱 크다. 하지만 아쉽게도 지역출판물을 다룬 연구는 많지 않았다. 이마저도 이미 역사적인 가치를 부여받은 출판물에 대한 연구가 대부분이었다. 이에 지역의 특성을 반영한 지역출판물이나 지역출판물을 출판해오고 있는 지역출판사에 대한 연구가 더욱 활성화되어야 할 것이다.

최근 지역출판에 대한 관심의 증가와 함께 다양한 정책적, 제도적 차원의 논의와 지원들이 이루어지고 있다. 지역출판인들 스스로도 지역출판산업의 침체를 해소하기 위해 다양한 노력을 경주하고 있다. 2013년 창립된 한국지역출판문화잡지연대가 2017년 '제1회 제주 지역도서전' 개최에 이어, 2018년 9월, '제2회 수원 지역도서전'이 개최되었다. 이는 지역출판물에 대한 지역사회와의 공유와 확산을 위한 적극적인 행보로 평가할 수 있다. 일부 향유 계층을 통한 지역출판물의 소비와 공유를 넘어, 이를 전 국민에게 선을 보임으로써 지역출판물에 대한 관심을 증가시키고, 지역출판을 활성화하는 계기가 될 것이기 때문이다.

■ 참고 문헌

강수걸(2010). 부산에서 바라본 지역출판미디어 산지니 사례.『정치와 평론』, 6호, 223~231쪽.

강철주(1988a). 지역출판운동의 현장 (1): 부산.『출판저널』, 24권, 10~11쪽.

강철주(1988b). 지역출판운동의 현장 (3): 대구.『출판저널』, 26권, 4~5쪽.

김정명(2018). 지역커뮤니티와 책문화생태계 연구.『한국출판학연구』, 82호, 31~54쪽.

김치(2011). 석주명의 제주도 자료에 나타난 제주문화:『제주도수필집』에 나타난 제주도의 자연과 인문
환경의 인식에 대한 비판적 검토를 중심으로.『한국출판학연구』, 제61호, 93~114쪽.

남진우(1988). 지역출판운동의 현장 (2): 광주.『출판저널』, 25권, 2~3쪽.

류시현(2011). 여행기를 통해 본 호남의 감성: 최남선의 〈심춘순례〉를 중심으로.『감성연구』, 3호,
23~50쪽.

박용찬(2012). 1950년대 대구의 문학공간 형성과 출판매체.『국어교육연구』, 51권, 329~358쪽.

박태일(2016a). 대구 지역과 딱지본 출판의 전통.『현대문학이론연구』, 제66집, 139~188쪽.

박태일(2016b). 경북·대구 지역의 대중가사 출판.『열린정신 인문학연구』, 17권 3호, 261~311쪽.

부길만(2017). 지역출판과 지역도서전의 출판학적 의미.『2017 제주한국지역도서전 자료집-각 출판사』

소재영·민병삼·김호근(1996). 〈한국의 딱지본〉. 서울: 범우사.

이완수(2014). 한국 지역 출판산업의 지형과 방향: 생산자 관점에서.『한국출판학연구』, 제68호,
199~217쪽.

이해준(1998). 신선한 내용으로 지역사랑 일구는 '향토지'들.『출판저널』, 228권, 16~17쪽.

이현주(1997). 책으로 꽃피우는 지역사랑.『출판저널』, 211권, 12쪽.

이형희(2018).「지역문화잡지의 지역아카이빙 활동과 발전방향 연구」. 한신대학교 대학원 기록관리학
전공 석사논문.

윤세민(2018). 지역서점의 변화와 발전 방안 연구.『한국출판학연구』, 82호, 83~107쪽.

정승철(2014). 한국 방언자료집 편찬의 역사.『방언학』, 20호, 7~35쪽.

정혜옥(1991). 지역문화운동의 선명한 지향성 보이는 광주출판.『출판저널』, 93권, 8쪽.

최낙진(2007). 석주명의 '제주도총서(濟州島叢書)'에 관한 연구.『한국출판학연구』, 제52호, 305~333쪽.

최낙진(2008). 진성기의 '제주민속총서(濟州民俗叢書)' 고찰.『한국출판학연구』, 54호, 351~382쪽.

최낙진(2014). 백두산총서(叢書)와 한라산총서(叢書) 비교 연구.『한국출판학연구』, 40권 1호, 217~242쪽.

최낙진(2015). 지역 출판산업의 현황과 활성화 방안 연구.『한국출판학연구』, 제71호, 133~16쪽.

최서영(2017).「지역공동체 잡지 〈사이다〉의 다중 형성과 사회 문화적 실천에 대한 연구」, 중앙대학교 대
학원 신문방송학과 석사논문.

최성일(2005). 지역 출판의 이상과 현실: 인천의 잡지와 출판사 현황을 중심으로.『황해문화』, 48권,
346~353쪽.

최영철(1992). 지역문화예술정보-부산: 출판문화의 어제와 오늘. 『국토계획』, 161호.

한주리·김동혁(2016). 지역서점 활성화와 지역출판의 연계 가능성에 관한 연구. 『한국출판학연구』, 제 76호, 143~172쪽.

독자론 및 독서론에 대한 연구

윤 세 민*

■■■

1. 서론

출판 행위의 결과와 성과는 결국 '독자'를 만나는 지점에 있다. 그리고 그것은 '독서' 행위를 통해서 완성된다. 그만큼 독자와 독서는 출판산업의 또 출판연구의 중요한 키워드가 되고 있다.

실제로 기획을 포함한 편집, 제작, 유통, 홍보 등 출판의 모든 행위는 독서의 주체가 되는 독자를 상정한 가운데 이루어진다. 이렇듯 출판에 있어서 독자 상정이 우선시되는 것은 출판 행위가 독서를 통해서 마무리 될 수 있기 때문이다.

또한 독자와 독서와 관련한 연구가 출판학 연구의 중요한 부분을 차지하는 만큼 이 분야의 연구는 한국출판학회 초창기부터 꾸준히 진행되어 왔다. 연구 내용을 분류해 보면 독서의 주체가 되는 독자에 관한 연구, 효과적인 독서를 전제한 독서이론과 독서 방법의 개발, 독자 개발을 위한 독서 운동과 방향 등 여러 분야로 나누어진다. 물론 이들은 상호연관성을 갖고 있기 때문에 분명한 경계를 그을 성질의 것은 아니지만, 어디에 주안점을 두고 있느냐 하는 점은 분명히 존재한다.

사실, 독자와 독서와 관련한 연구는 인문과학과 사회과학 분야의 제 연구에서 다발적으로 이루어지고 있다. 그것은 무척 다양한 양상을 띠고 있어 제대로의 분류 체계와 분석을 기하기가 어려운 실정이다. 따라서 본 연구에서는 출판학 내에서의 독자와 독서 관련의 연구로 국한하고자 한다.

한국에서 출판학 연구의 중심은 한국출판학회라고 해도 과언이 아니다. 1969년 한국출판

---

* 경인여자대학교 교수

학회가 창립된 지 어언 50년이 되었다. 그 동안 한국출판학회는 꾸준한 학회지 발행과 학술대회 등을 통해 출판을 역사적 또는 현상적인 면에서 출판 각 분야에 걸쳐 검토·연구하여 과학화함으로써 우리나라 출판문화 향상에 기여해 왔다. 당연히 독자와 독서 관련의 연구도 주요한 연구 대상이 되어 왔다.

이에 본 논문은 한국출판학회의 연구를 중심으로 독자와 독서 관련 연구를 전반적으로 새롭게 조명, 검토하여 출판학 내의 독자와 독서에 대한 연구의 시금석을 마련하는 데 그 목적을 두었다. 따라서 창립 이래로 한국출판학회 학회지에 수록됐던 독자 및 독서 주제의 논문 및 관련 문헌들을 연구의 대상으로 삼아 고찰하고자 한다.

2. 출판학회 학회지 수록의 독자 관련 연구들

한국교육학술정보원에서 제공하는 RISS 통합검색에서 해방 이후 2019년 현재까지 국내학술지 논문명에서 '독자'를 검색한 결과 나오는 논문 및 문헌은 총 3,738건이며, 이 중 한국출판학회 학회지 수록의 논문 및 문헌은 총 7건으로 나타난다[1].

이를 게재 연도순으로 정리하면 다음과 같다.

「논픽션과 韓國讀者의 意識」, 민병덕, 『出版學』第3輯, 1970.
「作家·作品과 그 讀者」, 민병덕 역편, 『出版學』第5輯, 1970.
「詩人과 詩와 그 讀者」, 민병덕, 『出版學』第7輯, 1971.
「〈飜譯〉 小說의 讀者(上)」, A. 티보데, 민병덕 역, 『出版學』第15輯, 1973.
「〈飜譯〉 小說의 讀者(下)」, A. 티보데, 민병덕 역, 『出版學』第17輯, 1973.
「讀者의 審美眼과 圖書裝幀」, 민병덕, 『出版學』第18輯, 1973.
「아동도서와 그 독자와 출판」, 민병덕, 『出版學硏究』, 1982.

이 외에 '독자'로 검색되지 않지만, 초창기 독자 관련 연구로 양현규의 「개화기의 독서계층」(『出版學』第22輯, 1974.)이 하나 더 있다.

이상에서 보듯, 위의 총 8건의 논문 및 문헌은 한국출판학회의 초창기 학회지인 『출판학』 및

---

1) 이 7건의 논문 및 문헌은 현재의 학회지 『한국출판학연구』가 아닌 초창기의 『출판학』 및 『출판학연구』에 수록된 논문들이다.

『출판학연구』에 수록된 것들로서, 그것도 양현규의 1건을 제외하면 전부가 민병덕 연구자 개인의 연구물로 되어 있다. 이 당시 독자 관련 연구는 당시의 시대적 관심의 대상이기도 하겠지만 출간된 도서의 경향과도 깊은 관련을 맺고 있다.

그러나 '독자' 관련 연구가 학회 초장기에는 비록 연구자가 한정돼 있긴 했어도 무척 활발히 전개된 반면에, 1980년대부터는 전무한 상황이라 아쉬움이 크다. 물론, 이후의 '독서' 관련 연구에서 '독자' 관련 연구도 포함돼 진행되고는 있다. 그렇다 하더라도 출판의 수용자로서 가치와 중요성을 지니는 '독자' 관련 연구는 4차 산업혁명이 도래한 현재, 그리고 미래에 있어서도 새로운 접근 및 산학협력 차원의 연구 방향과 목적을 갖고서 활발히 전개돼야 함은 마땅할 것이다.

3. 독자 관련 연구들의 동향과 주요 내용

'독자 관련 연구의 개척자'라 할 민병덕은 특히 독자 분석을 통한 독서의 원리를 찾기 위하여 많은 노력을 기울여 왔다.

그의 '독자' 관련 처음의 문헌은 1970년 『출판학』 제3집에 발표한 「논픽션과 한국 독자의 의식」이다. 이 글에서는 논픽션과 논픽션 문학의 개념 규정을 명확히 하고 있는데, 논픽션은 광의로 해석하여 소설문학 이외의 산문문학과 일반 교양적 내용을 담은 문학적 저작물로 규정하고 있다. 논픽션 문학은 협의의 논픽션으로 전기, 회고록, 체험기, 탐방기, 여행기, 생활기록들이 포함되고 그 형식으로는 전기문학, 보고문학, 일기문학, 수필문학, 서한문학 등이 된다고 하였다. 아울러 1969년 간행된 도서 중 논픽션의 양은 점차 증가하여 1월~9월의 문학서 가운데 약 44%가 논픽션이 차지하고 있다고 밝히고 논픽션의 중요성을 강조하고 있다(이창경, 2000).

또 같은 해의 『출판학』 제5집에는 민병덕이 도야마 시게히코(外山滋比吉)의 저서 『독서의 세계』 중 1장과 3장을 번역한 「작가·작품과 그 독자」가 수록되어 있는데, 독자론의 전제, 독자의 스타일, 작품과 독자의 대화, 문학의 정치학, 문학과 그 독자의 정치학 등을 내용으로 하고 있다.

이듬해인 1971년의 『출판학』 제7집에 수록된 「시인과 시와 그 독자」는 시에 관련한 원론적 성격의 글이지만, 도야마 시게히코(外山滋比吉)의 『독자의 세계』에 수록된 '시와 독자'와 관련한 글을 소개하여 시와 독자와의 관계를 상기시키고 있다. 즉, 시인과 독자와의 거리가 너무 가까우면 독자가 시의 아름다움을 음미할 여유가 없기 때문에 둘 사이에는 미적 거리를 두어야 한다는 점을 강조하고 있다. 아울러 1973년에는 티보데의 「소설의 독자」를 2회에 걸쳐 번역 수록하여 소설 독자의 중요성을 환기하고 있다.

민병덕의 장르별 독자에 대한 접근은 1982년 「아동도서와 그 독자와 출판」에서 마무리된다. 아동도서의 개념 규정을 비롯하여 '아동에게 좋은 책은 어떤 것인가' 하는 점, 아동도서의 보급 등 아동도서에 관한 기본적 접근을 시도하고 있다. 폴 아자르의 『책·아동·성인』에서 '내가 말하는 좋은 책이란 어떤 책인가'를 소개하고, 아동도서의 평가 기준 열 가지를 소개하면서 아동도서는 오락과 흥미, 경험의 확장, 심성의 수련 외에 자연·사회·인간에 대한 인식을 깊게 할 수 있어야 하고 아동의 인간성 형성의 기능도 지니고 있음을 강조하고 있다(이창경, 2000).

민병덕 교수에 이어 독자에 관심을 갖고 논문을 발표한 사람은 양현규다. 그는 정보화시대 출판문화활동의 활성화를 위해서는 독자라는 미지의 불특정 수신자를 의식하지 않으면 안 된다고 전제하고, 개화기를 중심으로 당대의 사회 변화 속에서 독서계층의 의식이 어떻게 변모해 가는가 하는 점을 「개화기의 독서계층」(『出版學』 第22輯, 1974.)에서 역학적으로 규명해가고 있다. 그는 이 논문에서 개화기의 시기 구분을 제1기 병자호란~갑신정변, 제2기 갑신정변~갑오경장, 제3기 갑오경장~을사조약, 제4기 을사조약~경술합방 등 4단계로 구분하여 각각의 특징적인 면을 살피고 있다.

그는 해외지식욕과 변화의지, 사회구조의 변화, 교육제도와 시설, 언문일치 운동의 전개, 생활환경의 변동 등이 새로운 근대적 독자층을 형성해 가는 요인으로 작용하고 있음을 말하고, 이러한 개화기 독서층 형성의 조성자로 저역자(著譯者)와 공급자를 간과해서는 안 된다고 하였다. 또 근대식 활판기술 도입, 신문 잡지 등 활자미디어의 출현 등은 그 역할을 더욱 공고하게 만들었다고 주장하였다(이창경, 2000).

4. 출판학회 학회지 수록의 독서 관련 연구들

한국교육학술정보원에서 제공하는 RISS 통합검색에서 해방 이후 2019년 현재까지 국내학술지 논문명에서 '독서'를 검색한 결과 나오는 논문 및 문헌은 총 3,971건이며, 이 중 한국출판학회 학회지 수록의 논문 및 문헌은 총 49건으로 나타난다.

그러나 이 49건에는 분류상의 중첩 오류로 인해 중복되거나 또 '독서' 주제의 논문임에도 아예 제외된 사례가 많았다. 실제로 본 연구자가 논문명에서 '독서'를 키워드로 하여 한국출판학회 전체 학회지를 분석한 결과로는 '독서' 관련 논문 및 문헌이 총 39건으로 파악되고 있다.

이를 게재 연도순으로 정리하면 다음과 같다(동일 연도의 같은 통권 시에는 연구자의 성명 가나다 순으로 정리하였다).

「독서감상소고」, 민병덕, 『출판학』 제6집, 1970.
「한국인의 독서경향」, 변선웅, 『출판학』 통권 21집, 1974.
「독서동기에 관한 연구」, 전화수, 『출판학연구』 통권 32호, 1990.

「다매체 경쟁시대에 있어서의 청소년 독서교육」, 이정춘, 『출판학연구』 통권 33호, 1991.

「다매체 경쟁시대의 청소년 매체환경과 독서문화」, 이정춘, 『출판학연구』 통권 35호, 1993.

「독서환경에 영향을 미치는 사회문화적 요인에 관한 고찰」, 김정숙, 『출판학연구』 통권 38호, 1996.

「수용자의 독서동기에 관한 실증적 연구」, 김선남, 『출판학연구』 통권 40호, 1999.

「매체환경의 변화와 독서의 역할」, 김재윤, 『한국출판학연구』 통권 43호, 2001.

「독서 활성화를 위한 영상미디어의 활용에 관한 연구―영상미디어화된 출판물의 독서동기를 중심으로」, 성동규·서보윤, 『한국출판학연구』 통권 43호, 2001.

「미디어교육으로서 독서교육에 관한 연구 - 어린이의 '책 읽어주기'를 중심으로」, 이정춘, 『한국출판학연구』 통권 44호, 2002.

「도서의 디지털화에 따른 독서 양식의 변화 연구」, 황민선, 『한국출판학연구』 통권 44호, 2002.

「독서력 측정 도구 개발을 위한 기초 연구 - 독서 지도 유무에 따른 독서력 차이를 중심으로」, 김기태, 『한국출판학연구』 통권 48호, 2005.

「정보격차 해소 방안으로서 미디어교육 - 독서교육의 관점에서」, 김경일, 『한국출판학연구』 통권 49호, 2005.

「주자의 독서관에 관한 고찰」, 노병성, 『한국출판학연구』 통권 51호, 2006.

「18세기 조선지식인의 독서방법에 관한 고찰」, 노병성, 『한국출판학연구』 통권 52호, 2007.

「아날로그와 디지털 텍스트의 독서 패러다임에 관한 고찰」, 노병성, 『한국출판학연구』 통권 54호, 2008.

「대학생의 독서 동기와 태도에 관한 실증적 연구」, 정현욱·김선남, 『한국출판학연구』 통권 54호, 2008.

「뉴미디어 시대 한국 독서문화의 특성」, 김선남, 『한국출판학연구』 통권 55호, 2008.

「디지털시대 국민 독서증대를 위한 문학라디오 활성화 방안 연구」, 이만제, 『한국출판학연구』 통권 56호, 2009.

「독서 관련 신문 보도의 특성에 관한 연구」, 정현욱·김선남, 『한국출판학연구』 통권 58호, 2010.

「부모 학력과 독서 효능감이 고등학생의 독서에 미치는 영향 - 부르디외의 문화자본을 중심으로」, 이재신·이영수, 『한국출판학연구』 통권 59호, 2010.

「E-book의 활용에 따른 독서문화 변화의 특성 연구」, 김앵아·강현주, 『한국출판학연구』 통권 60호, 2011.

「잡지 이용자의 인구사회학적 속성에 따른 잡지에 대한 태도, 잡지 독서량, 잡지 구입비용의 차이에 관한 연구」, 이용준·김원제·정세일, 『한국출판학연구』 통권 62호, 2012.

「'휴마트 사회'의 새로운 독서환경에 대한 일 고찰 - 스마트 시대 브레인 운동으로서의 독서를 중심으로」, 윤세민·이정춘, 『한국출판학연구』 통권 65호, 2013.

「20~30대 여성의 독서동기에 관한 연구」, 김선남·이문학, 『한국출판학연구』 통권 66호, 2014.

「1960년대 '독서문화'의 기반과 마을문고 보급운동」, 윤상길, 『한국출판학연구』 통권 66호, 2014.

「해방 후 한국 독서운동의 성과와 반성」, 박몽구, 『한국출판학연구』 통권 66호, 2014.

「하이브리드 독서문화의 현황과 발전 과제」, 백원근, 『한국출판학연구』 통권 68호, 2014.

「독서 생태계의 변화에 따른 지력 향상 방안 연구」, 이문학, 『한국출판학연구』 통권 68호, 2014.

「한국 독서정책의 현황과 방향」, 김정숙, 『한국출판학연구』 통권 69호, 2015.

「읽기문화 증진을 위한 독서활성화 연구」, 김정명, 『한국출판학연구』 통권 71호, 2015.

「현대 독서법의 출판 동향과 독서이론 연구의 가능성」, 한명환, 『한국출판학연구』 통권 72호, 2015.

「디지털 미디어를 활용한 독서활동 현황과 특성에 대한 연구」, 신명환, 『한국출판학연구』 통권 74호, 2016.

「청소년 독서문화 개선을 위한 소셜미디어와 플랫폼을 활용한 출판기획 연구」, 윤재준, 『한국출판학연구』 통권 76호, 2016.

「인문학적 소양증진을 위한 독서프로그램 운영방안 연구」, 박영학·정현욱, 『한국출판학연구』 통권 80호, 2017.

「독서치료 서적의 국내 출판 역사에 관한 연구」, 임성관, 『한국출판학연구』 통권 80호, 2017.

「독서문화 진흥을 위한 자원활동인력 운영 방안 연구」, 한주리, 『한국출판학연구』 통권 80호, 2017.

「부모의 독서지도 유형과 만족도에 관한 연구」, 김선남, 『한국출판학연구』 통권 81호, 2018.

「도서 소비자의 인구통계학적 특성별 독서동기에 관한 연구」, 정현욱·이승주, 『한국출판학연구』 통권 85호, 2018.

5. 독서 관련 연구들의 동향과 주요 내용

이상의 한국출판학회 학회지 수록의 '독서' 관련의 총 39건의 논문 및 문헌들 중에서 주요 동향과 내용을 살펴보면, 다음과 같다.

먼저, '독자 관련 연구의 개척자'라 할 민병덕은 한국출판학회 학회지에 '독서' 관련 문헌도 한 편 남기고 있다. 그는 1970년에 간행된 『출판학』 제6집의 「독서감상소고」에서 "문화는 창작적 활동도 중요하지만, 그것이 하나의 문화현상으로 빛을 발하려면 창작자와 수용자의 공동 참여로 함께 이룩하는 것이 되어야 한다."고 보고, 작가·독자와 편집자의 기능을 구분하여 밝히고 있다. 또한 '독서감상의 내용과 그 유형'으로 독서 내용의 표현 형식, 독서 감상문, 서평, 해제의 종류 등을 들고, 그 각각을 설명한 뒤 끝으로 독서 감상문의 평가 기준을 제시하고 있다.

변선웅의 「한국인의 독서경향」은 우리 문고본을 중심으로 당시의 독서경향을 분석하고 있다. 문고본 독자를 문고본의 특징적인 면에서 보편성을 띤 중간층 독자로 파악하고, 이들을 중심으로 독서경향을 분석하고 있다. 문학서를 포함한 교양일반에 걸친 독서경향은 고무적인 일이라고 보고 있다. 아울러 문고본은 독서층의 저변확대에 지대한 공을 세웠지만 독자들의 안이한 독서경향과 야합함으로써 새로운 저술이나 작품을 발굴하는 데 저해요소가 되었다는 점을 부정적 요소로 들었다.

전화수의 논문 「독서동기에 관한 연구」는 대학생, 직장인 남녀를 대상으로 설문조사를 통하여 독서동기의 유형을 파악하고 있다. 즉, 대학교육을 받은 남녀 대학생, 그리고 대학을 졸업한 직장인 및 가정주부를 대상으로 독서 동기, 남녀 간의 차이, 대학생과 일반인의 차이 등의 중심문제를 살폈다. 분석 결과를 보면, 자기확인 동기, 대리경험 동기, 정보추구 동기, 오락추구 동기 등 4개 유형은 4.00 이상의 욕구를 나타냈다. 항목별로는 인격이나 지식을 쌓기 위해서 5.17, 다른 사람의 경험을 대신하기 위해서 4.85 등으로 나타남을 밝히고 있다. 대학교 이상의 교육을 받은 엘리트 계층은 주로 자기확인 동기, 대리경험 동기, 정보추구 동기, 오락추구 동기 등에 의해서 독서하는 것으로 나타남을 밝혔다.

이정춘의 「다매체 경쟁시대에 있어서의 청소년 독서교육」은 다매체 경쟁시대에 이들 새로운 미디어가 독서와 출판문화에 미칠 영향에 대하여 서구의 실증적 연구결과를 중심으로 논의하고 있다. 청소년들의 독서 장애요인으로써 TV시청의 문제성을 제기하고 있는데, 직접적으로 시청자에게 소구하는 대중매체는 시청자가 주시만 하면 수용되는 수동성을 요구하는 반면, 독서는 일정 형태의 단어들을 해독하고 의미를 떠오르게 해야 하는 능동적인 노력의 개입이 요구되어, 반복적이고 지속적으로 시행하는 과정에서 독자는 문장으로 기술할 수 있는 능력을 갖게 됨을 주장하였다. 또 미디어 정책에는 독서 장려의 조처가 수반되어야 한다면서, 특히 어린이와 청소년들의 자율의식과 인간상 형성에 기여하는 독서교육은 학교나 가정, 그리고 사회단체들을 통해 전개되어 비판적 TV 시청이 이루어질 수 있도록 해야 함을 강조하고 있다.

이정춘이 이어 발표한 「다매체 경쟁시대의 청소년 매체환경과 독서문화」에서는 다매체 경쟁시대에 청소년의 매체환경과 독서행태의 관계를 논의하면서 사회적 지식격차, 독서와 시청의 영향을 규명하고 있다. 독서의 부족은 지식과 정보추구 능력을 약화시켜 지식격차를 가져올 뿐만 아니라, 인식내용을 능동적으로 재생하는 기억력, 논리력, 자기 표현력, 윤리적인 사고력 등을 퇴화시켜 결국 모든 것을 쉽고 간단하게 생각하는 'make it easy'의 수동적인 인간형을 형성하게 된다고 보고 있다. 이러한 현상은 사회적인 문제를 수반할 뿐만 아니라, 출판 산업의 미래에 매우 암울한 결과를 수반하게 될 것을 우려하고 있다. 그럼에도 출판인들이 위기의식을 갖고 있지 못함을 개탄하고, 다매체경쟁시대의 출판산업은 타산업분야와는 달리 시장경제적인 지원책보다는 장기적이고 거시적인 문화정책적 차원의 지원이 필요함을 강조했다.

김정숙의 「독서환경에 영향을 미치는 사회문화적 요인에 관한 고찰」은 독서환경에 영향을 미치는 사회문화적인 요인 규명을 목적으로 하고 있다. 상업적 대중문화의 홍수 속에 방치되어 있는 현대인에게 독서는 사회 적응의 확대, 자기 확립의 주체적 태도 강화, 자기실현, 자율성, 자기이해 등의 측면에서 중요한 역할을 한다고 보았다. 영상매체에 의해 정신적 이완 상태의 매체 수용에 길들여온 현대인은 정신적 몰입이 수반되는 독서를 거부하게 되고, 오락적 수단에 편승한 출판물을 건성으로 읽는 경향이 상습화되어 있는 현실에서 음미와 해석, 지적 긴장을 수반하는 독서의 효용성에 주목할 필요가 있음을 강조했다. 그럼에도 독서가 활성화되지 않는 원인은 교육방법 뿐만 아니라, 독서환경 조성 미흡, 교과서 내용, 교사가 우수도서 추천 및 권장의 권한이 없다는 점 등에 있음을 지적하고, 정부나 공공도서관의 제도적 뒷받침이 이루어져 독서운동의 활성화를 기해야 함을 강조했다.

김선남은 「수용자의 독서동기에 관한 실증적 연구」에서 원광대학교 학생 221명을 대상으로, 대학생들의 독서동기 요인을 구조화하고 또 독서동기와 독서 장르간의 상관관계를 밝혀, 도서 장르와 동기가 유의미한 상관관계를 가지는가 하는 점 등 몇 가지 문제에 주안점을 두고 논의를 전개하였다. 연구의 결과는 수용자들의 독서행위는 기존의 관념과 달리 교육, 지식, 지정보전달체로서의 문화적인 기능보다는 현실도피, 성적만족, 환경감시를 위한 정보추구 등의 심리적이고 도구적인 동기 때문에 이루어지고 있음을 강조하고 있다. 또 수용자들의 독서동기는 도서 장르와 단순하게 연계되어 있는 것이 아니라, 복잡한 매스커뮤니케이션 과정 속에서 이루어지고 있음을 밝히고 있다. 다시 말해서 수용자들이 욕구를 충족하기 위하여 특정한 책을 선택한다는 것은 지극히 선택적이고 목적 지향적인 행위라고 규정하였다(이상은·이창경, 2000, 268~273쪽 참조).

노병성은 「아날로그와 디지털 텍스트의 독서 패러다임에 관한 고찰」에서, 한 시대의 읽기에 대한 독자의 공통된 태도, 인식, 패턴, 관습, 사고, 가치관 그리고 관념 등이 총체적으로 결합된 틀 혹은 개념의 집합체를 '독서의 패러다임'이라고 규정한 뒤 디지털 텍스트의 독서는 아날로그 텍스트 독서와 어떠한 차이를 보이고, 이로부터 파생되는 특징은 무엇인가를 파악하는 것을 주된 연구목적으로 하였다. 연구 결과, "아날로그 텍스트의 독서 패러다임은 해석과 비판적 성찰을 근간으로 하는 독서, 묵독 중심 독서, 선형적 독서, 상상력, 내면화의 독서로, 또 하이퍼 텍스트의 독서 패러다임은 탈중심적 독서, 유목적 독서, 파편화된 독서, 비선형적 독서, 독자중심의 독서, 끝나지 않은 독서, 송수신자로서의 독자로 이루어진 독서로, 또한 하이퍼 픽처의 독서 패러다임은 문자 읽기의 축소, 저자의 죽음, 공유와 개방의 독서, 집단성, 독서를 통한 문화계층의 양극화로 이루어진 패러다임"으로 규정하였다. 이어 "아날로그 텍스트의 독서 패러다임과 디지털 텍스트 독서의 패러다임 조화를 위해서는 이들 간의 변증적 관계를 형성해야 한다."고 주장하였다.

김선남은 「뉴미디어 시대 한국 독서문화의 특성」에서 뉴미디어 시대의 한국의 독서 문화 특성을 다음과 같이 요약하고 있다. "첫째, 수용자는 독서, 신문읽기 등의 정보 지향적인 매체보다는 인터넷, 휴대폰 등 오락정보매체를 더 선호하였다. 둘째, 한국 사회에서 연도별 독서율 및 독서시간은 점차 감소 추세이지만, 전반적으로 한국인이 읽고 있는 독서 권수는 증가하였다. 셋째, 독서는 뉴미디어 시대에 있어서도 수용자에게 중요한 여가활용 방법으로 인식되고 있었다. 넷째, 연령별 독자의 양상 및 독서태도가 달리 나타나기 때문에 이에 대한 차별화된 독자 세분화 및 매체활용 전략이 필요하다. 다섯째, 연령별 책을 구입하는 채널이 달리 나타났다. 성인은 주로 오프 라인 및 온라인 서점에서 직접 구입하는 채널을 가지고 있는 반면 학생들은 부모, 교사, 또래집단 등 대인 커뮤니케이션에 의존하는 것으로 나타났다. 여섯째, 책은 뉴미디어 등장으로 사라지는 매체가 아니라 전자책 등 새로운 형태로 발전되고 있으며 기존의 오프라인 서점 형태도 온라인 서점을 통하여 확장되고 있다. 전자책을 포함한 디지털 콘텐츠 영역의 매출이 높아지고 있다. 뉴미디어는 독서 인구 확대에 기여할 것"으로 전망하였다.

이만제는 「디지털시대 국민 독서증대를 위한 문학라디오 활성화 방안 연구」에서 디지털 기술, 영상문화 발달, 인터넷 확장 등 사회변화에 따라 국민들이 문학에서 날로 소외되고 있어, 이를 보완하는 매체가 필요하다는 인식하에 ≪문학FM≫ 설립방안과 인터넷과의 연계방안을 검토하였다. 연구 결과로 ≪문학FM≫과 인터넷 서비스는 반드시 함께 운영되어야 하는 특성을 갖는다는 점을 사례분석을 통해 제시하였다.

정현욱·김선남은 「독서 관련 신문 보도의 특성에 관한 연구」에서 〈동아일보〉, 〈한겨레 신문〉을 대상으로 2009년 1월 1일부터 2009년 12월 31일까지 보도된 '독서' 관련 보도를 분석하였다. 분석 결과, "첫째, 한국신문의 독서 관련 보도는 피상적인 특성을 보여 주었다. 독서 관련 보도의 피상성은 특정 소재의 집중 보도, 기자 의존적인 보도 관행, 스트레이트 지향적인 기사 등으로 나타났다. 이러한 현상은 독서 관련 기사가 신문은 단순 서평이나 독서 관련 행사를 소개하는 식의 단순한 정보 제공자 기능에 머물게 하였다. 둘째, 한국 신문의 독서 관련 보도는 주로 책소개에 집중되었다. 이러한 경향은 보도의 다양성을 저해하는 요소로 작용하였다. 향후 신문은 독서와 관련 다양한 소재를 개발하는 데 관심을 두어야 할 것이다. 마지막으로 독서 관련 보도에서 신문사별 차이가 나타났다. 독서 관련 보도에 있어서 동아일보는 비판적이고 심층적인 기사를 실어내고 있는 편인 반면에, 한겨레 신문은 동아일보에 비하여 단순한 책소개에 치중하여 피상적인 접근에서 벗어나지 못함"을 강조하였다.

김앵아·강현주는 「E-book의 활용에 따른 독서문화 변화의 특성 연구」에서 독서문화의 구성요소에 따른 특징을 설명하고, 그 각각이 현대적 특성을 어떻게 드러내고 있는가에 대해 논하였다. 또 독서문화의 구성요소는 창작적 측면, 제작과 마케팅의 측면, 소비와 문화적 측면으로 구분하였고, 세부적으로 콘텐츠와 디자인, 출판과 유통, 저자와 독자로 각각 규정하였다. 연구 결과, "E-book은 인쇄책이 지닌 한계와 문제점을 일부 개선 가능하게 하는 독서의 플랫폼이다. E-book은 저자를 중심으로 구성되는 글쓰기의 공간을 창출하고 다양한 독서 활동을 통해 동시 편재적인 독자의 콘텍스트를 형성한다. 이는 재매개, 재혼합으로 인한 독서문화의 각 구성요소 간의 상호 창조성을 통해 한층 능동적인 지적 독서문화 창출을 가능하게 해 줄 것"으로 기대하였다.

윤세민·이정춘은 「'휴마트 사회'의 새로운 독서환경에 대한 일 고찰 - 스마트 시대 브레인 운동으로서의 독서를 중심으로」에서 스마트 시대의 브레인 운동으로서의 독서를 중심으로 하여 '휴마트 사회'의 새로운 독서환경을 고찰하였다. 연구 결과, "'휴마트 운동'은 아날로그와 디지털의 균형을 통하여 '스마트 사회'의 손실들을 상쇄할 수 있도록 인간 중심의 '휴마트 사회'에 대한 동경(憧憬)에서 비롯된 것이다. 따라서 '휴마트 운동'은 '스마트 사회'의 다양한 손실(cost)들을 치료하기 위한 운동이다. 실히 '스마트 사회'의 다양한 손실(cost)들은 또한 독서환경과 출판문화산업의 토양을 오염시키는 요인들이다. 모든 것에는 '균형'이 중요하다. '휴마트 운동'은 궁극적으로 아날로그와 디지털의 균형을 높이자는 것이고, '독서하는 사회'로 가자는 의미와 일맥상통하는 것이다. 독서는 머리 쓸 일이 줄어든 '스마트 사회'에서 가장 효과적이고 바람직한 브레인 운동이기 때문이다. 이러한 점에서 '휴마트 운동'은 ICT의 디지털화 환경에서 점차 사라지는 아날로그 책의 독서를 생활화 하는 운동이다. 결론적으로 '휴마트 사회'의 '아날로그 책 읽기'는 출판문화의 건강한 토양이 될 것"이라고 주장하였다.

박몽구는 「해방 후 한국 독서운동의 성과와 반성」에서 한국의 독서는 국민 교육의 일환이자, 국가 부흥의 주요한 축으로 인식되고 추진되어 왔음을 밝혔다. 연구 결과, "1950년대 전후의 복구 작업에서, 산업시설의 재건 못지않게 한국 정부는 국민 교육과 독서를 통한 국민 교양의 증진에 더욱 많은 노력을 기울였다. 1960년대 제3공화국 정부는 조국 근대화를 기치로 내걸면서 경제개발 5개년 계획을 의욕적으로 추진하였다. 1970년대는 '자유 교양 독서 운동'과 '국민 독서의 해 지정' 등 정부 주도로 독서운동을 추진하다가, 2000년대 들어서서 독서 운동은 정부의 직접적인 참여보다는 민간인 주도로 설립된 '책 읽는 사회 만들기 국민운동 본부' 등을 중심으로 도서관 건립과 국민 독서운동으로 바뀌고 있다고 하였다. 한국 정부는 지속적으로 독서 진흥 정책을 펼쳐왔지만, 지나치게 체제 수호적이거나 실적 위주로 변질될 때 독서의 의의는 크게 뒤떨어진다는 것을 알 수 있다. 따라서 앞으로는 이제는 민간의 자율적 문화활동을 지원하고 요구에 협조하는, 즉 민간단체의 자율성을 보장하며 협력하는 독서문화정책을 추진해야 한다고 보고 있다. 다시 말해 앞으로는 계획과 통제를 축으로 하는 문화정책에서 지원과 협조와 자율성보장이라는 측면으로 정책방향을 바꾸어야 한다고 본다. 아울러 출판을 단순히 산업적인 관점에서 볼 것이 아니라, 문화적인 관점에서 살펴볼 필요가 있다면서, 소규모의 출판사들이 바람직한 출판문화를 형성하는 역동적인 주체가 될 수 있도록 정부의 적극적인 지원이 필요하다."고 주장하였다.

백원근은 「하이브리드 독서문화의 현황과 발전 과제」에서 "디지털 패러다임 시프트와 디지털 기기의 이용이 보편화되면서 종이책과 전자책(e-book)을 함께 읽는 '하이브리드(hybrid) 독서'가 세계적으로 확산되고 있다. 이는 4가지 독자 유형(종이책 독자, 종이책+전자책 독자, 전자책 독자, 비독서자) 가운데 '전자책 독자' 비율의 지속적 성장에 기인하며, 종이책의 영향력이 여전한 가운데 독서 선호도가 높은 종이책 독자가 전자책도 읽는다는 것을 보여준다. 하이브리드 독자는 다른 유형의 독자층에 비해 보다 능동적이고 적극적인 독서행동을 보인다는 점이 특징적이다. 또한 전자책에서 압도적으로 높은 비중을 차지하는 장르문학 등 가벼운 오락 콘텐츠의 인기는 종이책에서 공급이 부족한 콘텐츠 보완 기능이 강해, 전자책 이용률의 지속적 증가가 곧바로 '종이책의 쇠퇴와 전자책의 독주'를 의미하는 것으로는 보기 어렵다. 다만, 디지털 다매체 환경이 진화할수록 독서 매체보다는 다른 오락·정보 매체에 보다 쉽게 노출될 수 있고, 매체 이용 시간과 비용이 비독서 매체로 이동함으로써 독서문화의 지속적인 위축이 우려된다. 따라서 하이브리드 독서환경에 걸맞은 출판산업, 독서진흥정책, 연구 활성화를 통해 '하이브리드 독서문화 지형'을 보다 강화함으로써, 매체환경 변화에도 불구하고 독서인구 확대의 핵심인 개인의 독서습관 및 사회적 독서문화 형성을 위해 힘써야 한다."고 주장하였다.

이문학은 「독서 생태계의 변화에 따른 지력 향상 방안 연구」에서 "21세기 정보통신기술의 발전에 따라 미디어 환경이 크게 변화했다. 출판생태계도 같은 변화를 겪고 있다. 소셜출판, 1인출판, 블록출판, 트윗출판 등의 등장이 그 예이다. 그러나 독서를 통한 지식과 지적능력 향상은 여전히 중요하다. 따라서 다양하고 활발한 독서운동이 요구된다. 국민의 지력을 향상시키기 위한 독서 운동은 다음과 같은 조건을 갖추어야 한다. 첫째, 좀 더 다양하고 실천적이어야 한다. 둘째, 각 연령층에 맞는 다양한 프로그램을 적용해야 한다. 셋째, 지자체 간에 긴밀한 교류와 협력이 이뤄져야 한다. 넷째, 미디어 교육이 함께 이뤄져야 한다. 다섯째, 전시성을 탈피해야 한다. 여섯째, 전문인력의 양성이 필요하다." 등을 주장하였다.

김정숙은 「한국 독서정책의 현황과 방향」에서 "독서정책은 분명한 목표 아래 합목적적이어야 하며 미래지향적인 지침이 바로서야 한다. 당면과제를 해결할 수 있으며 사회지향성 방향감각을 갖고 환경 등 제반 사회 공익적 관련성 및 공익적 가치를 담고 있어야 한다. 무엇보다 가장 중요한 것은, 시민에게 큰 수혜가 돌아가야 한다는 데 있다. 1. 행정적 개선책: 독서문화진흥원을 설립하여 국민 독서문화를 전담하는 기관으로서 독서 인프라를 확대 관리하는 방안이다. 2. 도서구입비에 대한 소득공제 : 연말정산 항목 가운데 개인의 자기계발에 해당하는 항목으로서 도서구입비에 대한 소득공제 항목을 추가해주는 방안을 제언한다. 3. 양서출판 지원 : 독서 캠페인의 선행요건은 양서에 있다. 예산의 확대를 통해 질적으로 우수한 양서제작을 지원해야 한다. 4. 내실 있는 독서 인프라 : 독서문화 인프라는 제도, 시설 등 외적 요건 외 독서 멘토링, 독서지도 등 내적 요건 충실에 정책적 지원이 따라야 할 것이다. 5. 독서 아젠다 : 국가 수장의 독서문화 강조 또는 '교양'으로 분류되는 독서 프로그램을 '대중성'과 결합하여 접근성을 높이는 미디어의 역할 등이 필요하다."고 역설하였다.

한명환은 「현대 독서법의 출판 동향과 독서이론 연구의 가능성」에서 그동안 산만하게 전개되어 온 독서법 출간과 독서이론 연구들을 인문학적 관점에서 정리하여 이를 유형화함으로써 인문학적 독서이론의 연구 가능성을 모색하였다. 그는 "기존의 독서법은 주로 교육론적 입장에서 인지주의, 사회구성주의 이론으로 전개되어 왔으나 형식주의, 구조주의, 수용미학, 해체주의 등의 영향 속에서 독자중심 이론과 사회문화 구성주의의 교육학적 독서이론이 형성된 것이다. 독서이론은 때로는 독서치유론, 독자심리학 사회학으로 확대되어 가지만, 정작 독서란 무엇인가 규정지어지지 않은 것은 결국 독서이론이 독자적으로 개념이 서지 않은 결과로 보여진다. 인지주의, 사회문화 구성주의가 교육학에서 삐아제 비고츠기의 이론이라면 형식주의, 독자중심 이론은 문학에서의 형식주의 신비평, 수용미학에서 발전되어 온 것임을 밝히고자 하였다. 이밖에 해체주의는 사회문화 구성주의와 텍스트 중심주의는 독자중심주의와 무관하지 않음도 알게 되었다. 앞으로의 연구는 인문학적 독서이론을 정교하게 유형화함으로써 개별 상황에 적절한 새로운 독서법을 응용할 수 있도록 조건을 형성해 주는 일이다. 만약 현대 독서이론에 대한 인문학적 틀이 가시화된다면, 이를 근거로 조선시대 전통문화적 독서법에 대해 깊이 있게 다루어 볼 생각이다."라고 하였다.

신명환은 「디지털 미디어를 활용한 독서활동 현황과 특성에 대한 연구」에서 디지털 미디어 환경에서 독서활동의 현황과 특성을 살펴보았다. 이를 위해 디지털 미디어 시대의 독자의 특성과 독서환경 변화를 기존문헌과 현상을 통해 살펴보았다. 구체적으로 소설 또는 교양서적, 업무관련 책의 연령에 따른 독서율과 국내와 해외의 연령별 독서 활동의 차이를 알아보았다. 또한 전자책을 통한 독서활동과 국내 포털인 네이버와 카카오의 책 관련 파워 블로그 운영 실태를 내용 분석하였다. 연구 결과 "국내의 독서율은 연령이 높아질수록 서서히 감소하는 추세인 반면 해외는 연령이 증가함에도 독서율의 하락세를 보이지 않는 경향을 보였다. 디지털 미디어를 활용한 전자책의 발전 가능성은 낙관적으로 보이나, 2011년 이후 성인과 학생 모두 이용률이 지속적으로 감소하고 있었다. 그리고 포털의 책 관련 파워 블로그 비율은 점차 증가했지만, 전체 파워 블로그에서 차지하는 책 관련 블로그 비율은 낮은 것으로 나타났다. 디지털 미디어를 활용한 독서 시장 확대 위한 전략은 독자의 특성을 파악하고 독서시장의 변화를 이해함이 출판시장의 잠재적 수요를 확대할 것이다."라고 주장하였다.

윤재준은 「청소년 독서문화 개선을 위한 소셜미디어와 플랫폼을 활용한 출판기획 연구」에서 "최근 스마트생태계 환경은 모바일로 급격하게 이동되고 있어, 그만큼 청소년들의 문화적 기호가 다양하게 표출될 수 있다는 것을 의미하는데, 이런 모바일과 인터넷 기반의 유무선 기술의 발전은 청소년들의 독서문화가 출판산업과 문화 발전의 모티브로 작용할 것이다. 청소년 독서문화 개선을 위해 출판산업이 '디지털과 인터넷' 문제가 청년층의 '삶의 질'에 미치는 부정적인 영향에 대한 적극적인 대처가 필요한 시기라는 전제하에 단순히 청소년의 디지털 접근성을 제고하거나 미디어 활용 기회를 확대하는 이론적 접근뿐만 아니라, 가까운 미래사회의 주인공인 청소년의 사회적 정체성 및 공동체의식과 삶의 질을 높이는 출판기획의 접근방식으로 오히려 장기화, 정체되고 있는 청소년 독서 환경문제의 해법을 찾고자 한다. 또한 청소년들이 능동적으로 출판 콘텐츠의 다양한 활용을 모색하는 선순환구조를 통해 청소년 독서문화가 미치는 영향뿐만 아니라 출판문화와 출판산업 전반에 대한 영향을 주시하고자 한다."는 연구 의의를 밝혔다.

박영학·정현욱은 「인문학적 소양증진을 위한 독서프로그램 운영방안 연구」에서 지역주민의 인문학적 소양증진을 위한 독서프로그램 운영방안을 모색하였다. 연구결과, "첫째, 지역주민의 인문학적 소양 수준이 대체로 낮은 편이어서 인문학적 소양수준을 높일 기회를 지역주민에게 제공해야할 것이다. 둘째, 지역주민의 3040대의 인문학적 소양을 증진시킬 수 있는 독서프로그램 운영전략이 마련되어야 할 것이다. 셋째, 지역주민의 많은 수가 참여할 수 있는 맞춤형 인문학적 소양증진 독서프로그램을 운영해야할 것이다. 넷째, 지역주민을 대상으로 오후 시간을 이용하여 주 1회 이상 운영하는 전략이 필요하다. 다섯째, 지역주민을 대상으로 한 인문학적 소양증진 독서프로그램의 활성화를 도모하기 위해서는 체계적인 홍보 전략이 필요하다."고 주장하였다.

임성관은 「독서치료 서적의 국내 출판 역사에 관한 연구」에서 국내 독서치료 도입 초창기부터 최근에 이르기까지 저술된 서적의 출판을 역사적 맥락에서 저자의 배경과 서적 내용을 중심으로 살펴보았다. 연구 결과, "그동안 매우 다양한 배경의 사람들이 다양한 형태의 독서치료 관련 서적을 출판해왔으며, 그 전개과정 중 자격증 취득 과정을 통한 독서치료사의 등장이 출판된 서적의 수요나 내용면에서 눈에 띄는 발전을 가져다주었음을 알 수 있었다. 물론 이러한 발전은 단순히 교육과정이라는 단일 요건에 의해서만 이루어진 것은 아니다. 그 기저에는 초기 저자들의 독서치료에 대한 관심이 깊게 자리하고 있고, 이러한 관심이 독서치료 학술대회 개최와 세미나 참여라는 상황으로 이어져, 결과적으로 국내에서 실력 있는 독서치료사를 배출하게 되었음을 알 수 있었다. 따라서 독서치료 관련 서적의 출판을 개인적 수행이라는 관점을 넘어 역사적 시각을 가지고 정리해 나가는 것은 매우 의미 있는 일"이라고 강조하였다.

한주리는 「독서문화 진흥을 위한 자원활동인력 운영 방안 연구」에서 "우리나라는 독서문화

진흥법을 근거로 다양한 독서진흥 사업을 운영하면서, 문화융성과 출판산업 활성화, 네트워크 구축을 통한 출판진흥을 위한 노력을 기울이고 있다. 해외의 경우, 독서진흥단체, 출판사, 서점, 유통사, 작가, 도서관, 학교, 교사, 언론, 민간기업, 자원봉사자, 그리고 정부까지 구성원 모두가 책의 가치와 독서문화진흥을 위해 적극적으로 동참하고 있으며, 다양한 민간 자원활동 인력의 참여로 지속가능성을 확보하고 있다. 본 연구를 통해 독서문화 진흥을 위한 자원활동 인력 운영 방안을 모색한 결과, 독서문화활동 관련 단체의 정관에 자원봉사 내용을 추가, 독서문화 활동에 대한 정보 및 교육 훈련을 제공, 기존 문화자원봉사와 적극적으로 연계, 자원봉사에 대한 대국민 홍보 강화 및 제도보완을 통한 출판독서생태계의 지속가능성 확보가 필요하다."고 강조하였다.

김선남은 「부모의 독서지도 유형과 만족도에 관한 연구」에서 독서지도 방식이 몇 개로 구성되어 있는지, 독서지도 만족도에 영향을 미치는 결정요인이 무엇인지를 밝히고 있다. 분석 결과, "첫째, 독서지도 방식은 토론형, 훈계형, 무관심형, 상호일체형 등 4개 요인으로 구성되었다. 둘째, 독서지도 방식은 부모의 인구통계학적 특성과는 관계없이 나타났다. 셋째, 독서지도 방식은 부모의 일부 독서태도와 관계를 맺고 있다. 즉, 책을 많이 읽는 부모일수록 '토론형'의 독서지도방법을 채택하였다. 독서의 필요성을 강하게 느끼는 부모일수록 '토론형', '훈계형'의 독서지도방식을 채택하였다. 반면 독서의 필요성을 느끼지 않은 부모일수록 '무관심'형을 채택하였다. '소통형'을 독서지도 방식으로 채택한 부모일수록 독서지도에 대한 만족도가 높았음"을 밝혀내었다.

6. 결론 및 제언

이상으로 한국출판학회의 연구를 중심으로 '독자' 및 '독서'에 대한 기존의 연구를 전반적으로 새롭게 조명, 검토하였다. 주로 한국출판학회 학회지에 수록됐던 '독자' 및 '독서'에 대한 논문 및 관련 문헌들을 연구의 대상으로 삼아 고찰하였다.

먼저 '독자' 관련의 총 8건의 논문 및 문헌은 한국출판학회의 초창기 학회지인 『출판학』 및 『출판학연구』에 수록된 것들로서, 그것도 양현규의 1건을 제외하면 전부가 민병덕 연구자 개인의 연구물로 되어 있음을 알았다. 이 당시 독자 관련 연구는 당시의 시대적 관심의 대상이기도 하겠지만 출간된 도서의 경향과도 깊은 관련을 맺고 있다. 주로 시, 소설, 아동도서, 논픽션 등 장르에 따른 독자는 어떤 특성을 갖고 있으며 작품과 독자 사이에 어떤 공감대가 형성되어야 할 것인가 하는 문제점 검토에 연구의 초점을 두고 있었다.

한국출판학회의 '독자' 관련 연구가 학회 초장기에는 비록 연구자가 한정돼 있긴 했어도 무척 활발히 전개된 반면에, 1980년대부터는 전무한 상황이라 아쉬움이 크다. 물론, 이후의 '독서' 관련 연구에서 '독자' 관련 연구도 포함돼 진행되고는 있다. 그렇다 하더라도 출판의 수용자로서 가치와 중요성을 지니는 '독자' 관련 연구는 4차 산업혁명이 도래한 현재, 그리고 미래에 있어서도 새로운 접근 및 산학협력 차원의 연구 방향과 목적을 갖고서 활발히 전개돼야 함은 마땅할 것이다.

다음으로, 논문명에서 '독서'를 키워드로 하여 한국출판학회 전체 학회지를 분석한 결과, '독서' 관련 논문 및 문헌은 총 39건으로 파악되었다. 한국출판학회 학회지 수록의 이 '독서' 관련의 논문 및 문헌들을 대상으로 주요 동향과 내용을 고찰하였다.

분석 결과, 한국출판학회의 '독서' 관련의 연구 동향은 주로 '독서 동기', '독서 경향', '독서 환경', '독서 교육', '독서 문화' 등에 주목되고 있음을 보았다. 독서의 동기와 경향에 대한 파악은 독서의 현상적 고찰이라는 점에서 일차적인 의의를 갖는다. '독서 동기'와 '독서 경향'에는 복합적인 요인이 작용하고 있다. 이는 독서 행위도 예외일 수 없다. 단지 어떠한 요소가 행동으로 옮길 수 있도록 영향력을 행사할 수 있는가 하는 점을 규명하는 일이 독서 동기와 경향 파악에서 중요한 문제일 것이다.

한편으로 '독서 동기'는 독자가 독서행동으로부터 얻기를 기대하는 만족이 될 수 있으며, 이는 독서 행위를 가능하게 하는 '독서에 대한 자극'인 동시에 '독서의 목적'이기도 하다. 이를 정확하게 진단하고 파악하는 것은 학문적인 성과 이외에도 출판산업적으로 출판물의 기획, 편집, 제작, 유통, 홍보 등에 적절히 적용될 것이다.

그리고 바람직한 '독서 환경', '독서 문화' 및 체계적인 '독서 교육'은 곧 독서인구의 확산과 직결되는 문제다. 독서 환경, 독서 정책, 독서의 가치와 필요성, 독서 교육의 중요성과 방법 등에 대한 이 분야의 연구는 아무리 강조해도 지나치지 않을 것이다.

이상에서 보듯 한국출판학회를 중심으로 한 '독서' 관련 연구는 비교적 활발히 이루어지고 있고, 질적인 면에 있어서도 출판학 중심의 관련 분야 연구로는 우리 학회가 중심을 이루고 있음을 알 수 있었다.

다만, '독자' 관련 연구가 양적으로나 질적으로 아직 태부족인 것 또한 사실이다. 출판학적으로나 출판산업의 구조 차원에서 '독자' 관련 연구로 제대로 연구된 것이 거의 없는 형편이라 아쉬움이 크다. '독자 관련 연구의 개척자'라 할 초장기 민병덕 연구자에 이어 후학들의 분발과 책임감이 절실함은 분명하다. 출판의 최종 수용자인 '독자'에 대한 진지한 성찰과 연구가 향후 과제로 절실히 요청되는 대목이 아닐 수 없다.

오늘날 우리 출판계는 4차 산업혁명에 따른 급격한 정보통신 기술 및 환경의 변화, 미디어 구도의 재편과 융합, 경제 침체와 소비 위축, 독서인구의 감소 등과 같은 구조적 요인으로 인한 '출판 불황'이라는 공통된 과제를 안고 있다.

이에 출판계는 수시로 변하는 사회적 문화적 트렌드에 맞춰 기획, 생산, 수용되고 있는 출판물의 양상과 특성, 스마트미디어와 SNS의 이용 확산 및 그에 따른 독자 및 독서 환경의 변화 등을 살펴보면서, 새로운 독자의 탄생과 확산 및 출판시장의 활성화를 꾀하고 있다. 즉, 독자와 미디어 환경의 변화에 적극적으로 대응하면서 출판 기획력의 강화 및 출판 마케팅의 고도화에 힘을 기울이고 있다. 아울러 출판콘텐츠를 기반으로 한 OSMU 전략과 미디어믹스 전략 및 웹툰과 웹소설 등 웹출판의 활성화 등 뉴미디어와의 연계 및 진출 등을 보다 적극적으로 그리고 무엇보다 꾸준히 도모해야 할 것이다. 그 정점이 바로 '독자' 및 '독서'에 대한 연구로 통할 것이다.

출판학회를 비롯한 학계에서도 이에 대한 산학적 연구와 협력을 강화해 나가야 함은 당연하다. 향후의 '독자' 및 '독서' 관련 연구는 '독자' 및 '독서' 그 자체에 대한 본질적이고도 학문적인 연구를 위시해 '독자 의식', '독자의 수용행태', '독자의 독서문화', '독서 동기', '독서 경향' '독서 환경', '독서 교육', '독서 문화' 등에 대한 다양하면서도 심도 깊은 연구가 이어져야 할 것이다. 또한 '독자' 및 '독서' 관련 조사 연구 및 데이터베이스 구축에 필요한 연구도 당연히 수반되어져야 할 것이다.

'독자' 및 '독서'는 출판의 최종 결과이자 출판의 성패를 좌우하는 가장 중요한 요소이다. 따라서 '독자' 및 '독서' 관련 연구는 출판학적인 성과를 넘어서 우리의 출판문화와 출판산업을 실제적으로 도울 수 있는 연구 영역과 가치를 지니고 있다고 해도 과언이 아니다.

그런 만큼 한국출판학회의 연구를 중심으로 '독자' 및 '독서' 연구를 전반적으로 검토·분석·정리한 본 논문이 앞으로 한국의 '독자' 및 '독서' 연구의 시금석이 되기를 바라며, 이 분야에 특별한 애정을 갖는 연구자들의 계속적인 등장과 그 연구 진작을 절실히 기대한다.

■ 참고 문헌

□ 독자 관련 참고 문헌

민병덕(1970). 「논픽션과 韓國讀者의 意識」, 『出版學』第3輯.

민병덕 역편(1970). 「作家·作品과 그 讀者」, 『出版學』第5輯.

민병덕(1971). 「詩人과 詩와 그 讀者」, 『出版學』第7輯.

A. 티보테, 민병덕 역(1973). 「〈飜譯〉小說의 讀者(上)」, 『出版學』第15輯.

A. 티보테, 민병덕 역(1973) 「〈飜譯〉小說의 讀者(下)」, 『出版學』第17輯.

민병덕(1973). 「讀者의 審美眼과 圖書裝幀」, 『出版學』第18輯.

양현규(1974). 「개화기의 독서계층」, 『出版學』第22輯.

민병덕(1982). 「아동도서와 그 독자와 출판」, 『出版學硏究』.

□ 독서 관련 참고 문헌

민병덕(1970). 독서감상소고. 『출판학』, 제6집.

변선웅(1974). 한국인의 독서경향. 『출판학』, 통권 21집.

전화수(1990). 독서동기에 관한 연구. 『한국출판학연구』, 통권 32호.

이정춘(1991). 다매체 경쟁시대에 있어서의 청소년 독서교육. 『한국출판학연구』, 통권 33호.

이정춘(1993). 다매체 경쟁시대의 청소년 매체환경과 독서문화. 『한국출판학연구』, 통권 35호.

김정숙(1996). 독서환경에 영향을 미치는 사회문화적 요인에 관한 고찰. 『한국출판학연구』, 통권 38호.

김선남(1999). 수용자의 독서동기에 관한 실증적 연구. 『한국출판학연구』, 통권 40호.

김재윤(2001). 매체환경의 변화와 독서의 역할. 『한국출판학연구』, 통권 43호.

성동규·서보윤(2001). 독서 활성화를 위한 영상미디어의 활용에 관한 연구—영상미디어화된 출판물의 독서동기를 중심으로. 『한국출판학연구』, 통권 43호.

이정춘(2002). 미디어교육으로서 독서교육에 관한 연구 – 어린이의 '책 읽어주기'를 중심으로. 『한국출판학연구』, 통권 44호.

황민선(2002). 도서의 디지털화에 따른 독서 양식의 변화 연구. 『한국출판학연구』, 통권 44호.

김기태(2005). 독서력 측정 도구 개발을 위한 기초 연구 – 독서 지도 유무에 따른 독서력 차이를 중심으로. 『한국출판학연구』, 통권 48호.

김경일(2005). 정보격차 해소 방안으로서 미디어교육 – 독서교육의 관점에서. 『한국출판학연구』, 통권 49호.

노병성(2006). 주자의 독서관에 관한 고찰. 『한국출판학연구』, 통권 51호.

노병성(2007). 18세기 조선지식인의 독서방법에 관한 고찰.『한국출판학연구』, 통권 52호.

노병성(2008). 아날로그와 디지털 텍스트의 독서 패러다임에 관한 고찰.『한국출판학연구』, 통권 54호.

정현욱·김선남(2008). 대학생의 독서 동기와 태도에 관한 실증적 연구.『한국출판학연구』, 통권 54호.

김선남(2008). 뉴미디어 시대 한국 독서문화의 특성.『한국출판학연구』, 통권 55호.

이만제(2009). 디지털시대 국민 독서증대를 위한 문학라디오 활성화 방안 연구.『한국출판학연구』, 통권 56호.

정현욱·김선남(2010). 독서 관련 신문 보도의 특성에 관한 연구.『한국출판학연구』 58호.

이재신·이영수(2010). 부모 학력과 독서 효능감이 고등학생의 독서에 미치는 영향 – 부르디외의 문화자본을 중심으로.『한국출판학연구』, 통권 59호.

김앵아·강현주(2011). E-book의 활용에 따른 독서문화 변화의 특성 연구.『한국출판학연구』, 통권 60호.

이용준·김원제·정세일(2012). 잡지 이용자의 인구사회학적 속성에 따른 잡지에 대한 태도, 잡지 독서량, 잡지 구입비용의 차이에 관한 연구.『한국출판학연구』, 통권 62호.

윤세민·이정춘(2013). '휴마트 사회'의 새로운 독서환경에 대한 일 고찰 – 스마트 시대 브레인 운동으로서의 독서를 중심으로.『한국출판학연구』, 통권 65호.

김선남·이문학(2014). 20-30대 여성의 독서동기에 관한 연구.『한국출판학연구』, 통권 66호.

윤상길(2014). 1960년대 '독서문화'의 기반과 마을문고 보급운동.『한국출판학연구』, 통권 66호.

박몽구(2014). 해방 후 한국 독서운동의 성과와 반성.『한국출판학연구』, 통권 66호.

백원근(2014). 하이브리드 독서문화의 현황과 발전 과제.『한국출판학연구』, 통권 68호.

이문학(2014). 독서 생태계의 변화에 따른 지력 향상 방안 연구.『한국출판학연구』, 통권 68호.

김정숙(2015). 한국 독서정책의 현황과 방향.『한국출판학연구』, 통권 69호.

김정명(2015). 읽기문화 증진을 위한 독서활성화 연구.『한국출판학연구』, 통권 71호.

한명환(2015). 현대 독서법의 출판 동향과 독서이론 연구의 가능성.『한국출판학연구』, 통권 72호.

신명환(2016). 디지털 미디어를 활용한 독서활동 현황과 특성에 대한 연구.『한국출판학연구』, 통권 74호.

윤재준(2016). 청소년 독서문화 개선을 위한 소셜미디어와 플랫폼을 활용한 출판기획 연구.『한국출판학연구』, 통권 76호.

박영학·정현욱(2017). 인문학적 소양증진을 위한 독서프로그램 운영방안 연구.『한국출판학연구』, 통권 80호.

임성관(2017). 독서치료 서적의 국내 출판 역사에 관한 연구.『한국출판학연구』, 통권 80호.

한주리(2017). 독서문화 진흥을 위한 자원활동인력 운영 방안 연구.『한국출판학연구』, 통권 80호.

김선남(2018). 부모의 독서지도 유형과 만족도에 관한 연구.『한국출판학연구』, 통권 81호.

정현욱·이승주(2018). 도서 소비자의 인구통계학적 특성별 독서동기에 관한 연구.『한국출판학연구』, 통권 85호.

□ 기타 참고 문헌

안춘근(1963).『출판개론』. 을유문화사.

안춘근(1969). 출판학을 위하여.『한국출판학연구』. 제1집.

윤세민(1997). 1996년 상반기 베스트셀러 분석 연구.『한국출판학연구』, 통권 39호.

윤세민(2010). 2000년대 출판학 연구의 동향과 전망-한국 출판학회지 한국출판학연구를 중심으로.
        『한국출판학연구』, 통권 58호.

이임자(1992).「베스트셀러의 요인에 관한 연구: 한국출판 100년의 베스트셀러를 중심으로」, 중앙대
        학교 대학원 박사학위논문.

이임자(1998).『한국 출판과 베스트셀러』, 서울: 경인문화사.

이종국(2004). 출판학술 교류의 발전적 지향을 위한 연구.『한국출판학연구』, 제47호.

이종국·부길만(2016),「(사)한국출판학회의 과거, 현재, 미래」, 한국출판학회 제31회 정기학술대회, 서
        울: 한국출판학회.

최을영(2001).『베스트셀러와 작가들』, 서울: 인물과사상사.

한기호(2011).『베스트셀러 30년: 우리가 사랑한 300권의 책 이야기』, 교보문고.

한태석(1971). 베스트셀러론.『出版學』, 통권 제9호.

한태석(1974). 출판 통계의 표준화.『出版學』, 통권 제20호.

한국출판학회 30년사 편찬위원회 편(2000).『한국출판학의 사적 연구—한국출판학회 30년사』, 서울:
        한국출판학회(범우사 발행).

베스트셀러에 대한 연구

윤 세 민*

■■■

1. 서론

베스트셀러는 출판인의 꿈이자 의지이자 욕망이다. 더 나아가 베스트셀러는 출판 현상에만 국한하는 것이 아니라 전사회적으로 영향을 미치는 또 하나의 문화로 자리매김하고 있다. 따라서 한 권의 베스트셀러란 동시대인의 공동체험이자 집단적 심층심리이며 살아 움직이는 전체 사회의 구조적 산물이다.

그러나 정작 베스트셀러에 대한 연구는 극히 부족한 실정이다. 이는 한국출판학회 내에서도 예외는 아니다. 어찌 보면, 베스트셀러만큼 출판인의 관심이 결집된 주제도 없을 것이고, 이제는 단순한 출판 현상을 넘어서 전사회적인 트렌드요 문화 현상으로 부상했음에도 이상하리만치 이에 대한 연구는 극히 부족한 것이 사실이다.

이에 본 논문은 한국출판학회의 연구를 중심으로 국내의 베스트셀러에 대한 기존의 연구를 전반적으로 새롭게 조명, 검토하여 한국의 베스트셀러에 대한 연구의 시금석을 마련하는 데 그 목적을 두었다. 따라서 우선은 한국출판학회 학회지에 수록됐던 베스트셀러 주제의 논문 및 관련 문헌들을 살펴본 뒤, 출판학회 학회지 외의 곳에 발표된 출판학회 회원들의 베스트셀러 주제의 논문 및 문헌들, 그리고 출판학회의 영역을 넘어서 베스트셀러 관련 도서 및 기타 문헌들도 종합적으로 함께 연구의 대상으로 삼아 고찰하고자 한다.

---

* 경인여자대학교 교수

2. 한국출판학회 학회지 수록의 베스트셀러 주제 연구들

1969년 한국출판학회가 창립된 지 어언 50년이 되었다. 그 동안 한국출판학회는 꾸준한 학회지 발행과 학술대회 등을 통해 출판을 역사적 또는 현상적인 면에서 출판 각 분야에 걸쳐 검토·연구하여 과학화함으로써 우리나라 출판문화 향상에 기여해 왔다.

이에 제일 먼저, 출판학회 논문집에 수록된 연구들 중에서 직접적으로 베스트셀러를 주제로 한 연구들을 살펴보기로 한다. 여기에는 한태석의 「베스트셀러론」(『출판학』, 제9집, 1971.), 김선남의 「베스트셀러 현상에 대한 수용자 의식 연구」(『'97 출판학연구』, 통권 제39호, 1997.), 윤세민의 「1996년 상반기 베스트셀러 분석 연구」(『'97 출판학연구』, 통권 제39호, 1997.), 김선남·정현욱·박홍재의 「한국 베스트셀러 집계방식에 관한 연구」(『한국출판학연구』, 2006.12. 통권 제51호), 문연주의 「2000년대 한일 베스트셀러 동향과 문화유입 현황에 대한 고찰」(『한국출판학연구』, 2009.12. 통권 제57호) 등이 있다.

초창기 한국출판학회의 대표적 학자였던 한태석은 일찍이 1971년 발행된 『출판학』 제9집에서 「베스트셀러론」을 발표했다. 이 「베스트셀러론」은 베스트셀러에 대한 국내 학계 최초의 본격적인 연구물로서 베스트셀러의 의의, 베스트셀러의 운명, 베스트셀러의 조건, 출판업자와 베스트셀러, 한국의 베스트셀러, 베스트셀러의 미래 등에 대해 연구 환경이 척박했던 당시로선 매우 상세히 분석, 서술하고 있다. 이 논문은 전체적으로 베스트셀러에 대한 중요성과 의의를 강조하면서도 상업성으로만 치우치는 베스트셀러 경향을 경계하고 있다.

김선남은 「베스트셀러 현상에 대한 수용자 의식 연구」(『'97 출판학연구』, 통권 제39호, 1997.)를 통해, 베스트셀러 현상의 중요성과 더불어 수용자들의 베스트셀러 인식 요인을 탐색하였다. 이를 위해 수용자들의 심리적 성격 도출에 유용한 Q방법을 원용했는데, 수용자들은 베스트셀러를 크게 네 가지 유형으로 인식하고 있음이 나타났다. 이 네 가지 유형은 각자 독특한 베스트셀러에 대한 의식을 보유하고 있으며, 이렇게 얻어낸 베스트셀러에 대한 수용자들의 주관적 의식 유형은 결국 베스트셀러 기획과 전략의 기초자료로 활용될 수 있을 것이다.

베스트셀러에 대해 그 원인과 결과 분석에만 치우쳐 있을 뿐 정작 베스트셀러의 주체, 실존 등에 대한 연구가 거의 전무한 1990년대의 연구 상황에서 윤세민은 베스트셀러 그 자체에 대한 본격적인 연구를 감행했다. 윤세민의 「1996년 상반기 베스트셀러 분석 연구」(『'97 출판학연구』, 통권 제39호, 1997.)는 베스트셀러에 대한 정의와 개념을 일차적으로 정리한 뒤, 당시인 1996년 상반기 베스트셀러를 대상으로 그 구체적인 경향, 체제, 표지, 제목, 본문에 대한 분석을 편집 디자인 측면을 중심으로 시도하였다. 이는 베스트셀러 그 자체에 대한 본격적인 연구를 시도하고 있다는 점에서 그 의의가 크다. 또한 이 연구는 가능한 출판 편집계에서 통용되는 용어와 기준에 초점을 두었으며, 또 일반 독자들도 쉽게 이해할 수 있도록 가능한 보편적 분석과 해석을 시도하고 있다는 점에서도 또다른 의의가 있다.

베스트셀러는 독서 인구를 확대시키는 중요한 역할을 한다. 베스트셀러 목록은 '책 읽는 사회'를 만드는 데 기여할 수 있다. 뿐만 아니라 베스트셀러 목록은 우리 사회의 출판사 및 작가의 건전한 경쟁관계를 유도함으로써 출판문화의 질을 높이는 데 기여할 수 있다. 또한 베스트셀러는 서점, 출판사를 비롯하여 관련 종사자들의 경제적 이익은 물론 사회적 지위까지 향상시킬 수 있다. 그러나 무조건 팔고 보겠다는 부정적인 마케팅이 만연한 최근의 출판시장을 감안하면 베스트셀러 집계과정은 다분히 왜곡되어서 부정적인 평가를 받고 있는 것도 현실이다. 그 대표적인 예가 바로 사재기를 통한 베스트셀러 순위 조작일 것이다.

이에 대해 김선남·정현욱·박홍재는 「한국 베스트셀러 집계방식에 관한 연구」(『한국출판학연구』, 통권 제51호, 2006.12.)를 통해, 다음의 사항을 제언한다. "첫째, 베스트셀러의 다양한 개념이 의미규정 되어야 한다. 둘째, 신뢰할 만한 베스트셀러 집계방식 시스템을 정착시켜야 한다. 셋째, 출판 관련 조직 종사자의 윤리의식을 높여야 한다. 넷째, 양서 읽는 사회를 마련하는 데 필요한 조직적인 독서교육운동이 시도되어야 한다. 다섯째, '사재기'에 대한 법적 규제가 강화되어야 한다. 여섯째, 언론은 다양한 형태의 책 관련 프로그램을 개발하여야 한다. 일곱째, 베스트셀러를 집계하고 관리할 수 있는 전문가 조직이 만들어져야 한다." 이 연구는 베스트셀러 목록의 중요성과 더불어 베스트셀러 집계과정에 대한 냉정한 평가와 향후 대안을 제시하고 있다는 점에서 의의를 가질 것이다.

문연주는 2000년대 한일 양국의 문화출판영역에서 대중적 인기상품=베스트셀러가 거의 동시적으로 수용되고 있다는 점에 착목하여, 양국의 베스트셀러의 동향과 특성을 분석했다. 문연주의 「2000년대 한일 베스트셀러 동향과 문화유입 현황에 대한 고찰」(『한국출판학연구』, 통권 제57호, 2009.12.)은 한일 양국의 독자가 현재 어떤 책을 선호하는지, 그 원인과 배경은 무엇인지, 특히 한일 양국의 베스트셀러 중 번역서 동향을 통해, 국내에서의 일본 출판물의 수용 양태를 살펴보았다. 이를 통해 한일 양국 독자의 출판물 수용의 동시성과 유사성이, 실은 구미 선진국은 물론 특히 일본출판물의 일방향적 수용에서 비롯된 것이며, 2000년대에 들어 매우 심화되어 있음을 알 수 있다. 아울러 한국 출판계의 자체적인 문화콘텐츠 생산력의 퇴화와 외국저작물 의존적인 출판 관행 등은 한국출판계가 내부적으로 극복해야 할 과제임을 적시하고 있다는 점에서 의의가 있다 하겠다.

3. 한국출판학회 학회지 수록의 베스트셀러 관련 연구들

한국출판학회 학회지에는 베스트셀러를 직접적인 주제로는 다루지 않았어도 베스트셀러 관련 연구들이 몇 편 있다. 즉, 직접적인 베스트셀러 주제는 아니더라도 '출판 통계', '독서 경향', '독서 동기', '독서 환경' 등 베스트셀러 관련의 평론이나 논문들인데, 대표적으로 한태석의 「출판 통계의 표준화」, 변선웅의 「한국인의 독서경향」, 전화수의 「독서 동기에 관한 연구 - 엘리트 독자층을 중심으로」, 김정숙의 「독서환경에 영향을 미치는 사회문화적 요인에 관한 고찰」 등이다.

한태석의 「출판 통계 표준화」(『출판학』, 제20집, 1974년 여름호)는 출판 통계에 대한 개념이 희박했던 당시로서는 보기 드문 우수한 평론인데, 출판 통계의 당위성과 중요성을 역설하고 있다. 그리고 한국에선 『한국출판연감』이 나름대로 출판 통계의 작업을 진행하고 있지만 고식적인 수준에 머물고 있어, 출판 통계의 대상과 범위의 확대 및 다양(응·용)성을 촉구하고 있다.

변선웅의 「한국인의 독서경향」(『출판학』, 제21집, 1974년 가을호)은 문고본을 중심으로 한국인의 독서경향을 객관적으로 분석했다는 점에 큰 의의가 있다. 문고본은 독자층의 저력을 확대하는 데에 지대한 공헌을 하였지만, 출판인은 독자들의 안이한 독서경향과 야합함으로써, 그래서 판매문제에 과도하게 신경을 씀으로써 새로운 저술이나 작품을 발굴하는 데에 무성의함을 지적하고 있다. 따라서 앞으로의 문고본의 과제로 독자층의 수준을 보다 높이는 일과 교재용 문고의 개발 및 새로운 저술과 작품을 발굴할 것을 촉구하고 있다.

전화수의 「독서 동기에 관한 연구 - 엘리트 독자층을 중심으로」(『'90 출판학연구』, 통권 제32호, 1990.)는 대학 교육을 받은 출판매체 수용자의 주요 독서 동기 유형은 '자기확인 동기', '정보추구 동기', '대리경험 동기'이며, 독서 동기별로는 '인격이나 지식을 쌓기 위해서', '교양을 얻기 위해서', '다른 사람의 경험을 내가 대신 경험해보기 위해서', '자기 자신을 알기 위해서' '일상생활에 필요한 정보를 얻기 위해서' 등임을 밝히고 있다. 이 연구를 통해 나타난 엘리트 독자층의 독서 동기를 보면 저질 및 하급문화가 범람하는 우리나라의 출판문화 풍토 하에서도 건전한 출판문화가 조성될 수 있는 폭넓은 독자층이 존재하고 있음을 인지케 한다. 따라서 이 연구 결과가 건전한 출판문화 풍토 조성의 계기가 될 수 있을 것으로 기대된다.

김정숙의 「독서환경에 영향을 미치는 사회문화적 요인에 관한 고찰」(『'96 출판학연구』, 통권 제38호, 1996.)은 작금의 출판산업 침체 현상에 대하여 일시적인 불황으로 간주하거나 다매체경쟁 환경에 전적인 원인을 돌리기보다는 문화정책의 부재에서 오는 누적적 결과에 더 큰 요인이 있으며, 아울러 제도교육과 같은 사회문화적 요인으로부터 비롯됨을 밝히고 있다. 그러므로 출판산업의 진흥은 국민독서를 함양해 주는 문화운동을 통한 독서환경의 진작과 직결된다고 주장하고 있다.

4. 한국출판학회 외 국내학술지의 베스트셀러 주제 연구들

출판학회 외의 국내 학술지 수록 논문 중 베스트셀러 주제의 주요 연구들을 살펴보기로 한다. 한국교육학술정보원에서 제공하는 RISS 통합검색에서 해방 이후 2019년 현재까지 논문명 및 주제어로 '베스트셀러'를 검색한 결과 나오는 논문(한국출판학회 학회지 수록 논문은 제외) 을 연도순(역순)으로 정리하면 다음과 같다.

- 한국 근·현대 베스트셀러 문학에 나타난 독서의 사회사 - 1980~1990년대 소설의 "아버지" 담론을 중심으로, (김미현, 比較文學, Vol.36, [2005])
- 한국 근현대 베스트셀러문학에 나타난 독서의 사회사, (이은정, 한국시학연구, Vol.- No.13, [2005])
- 한국 근현대 베스트셀러문학에 나타난 독서의 사회사 -1970년대 소비적 사랑의 대리체험적 독서, 오경복, 비교한국학, Vol.13 No.1, [2005])
- 한국(韓國) 근(近)·현대(現代) 베스트셀러문학(文學)에 나타난 독서(讀書)의 사회사(社會史) - 근대(近代) 베스트셀러소설(小說)의 연애담론(戀愛談論)을 중심으로, 문화라, 語文硏究, Vol.33 No.3, [2005])
- 베스트셀러와 독서교육, 정옥년, 독서연구, Vol.13, [2005])
- 특집: 한국 근대문학, 재생산구조의 제도적 연원; 1920년대 "책광고"를 통해서 본 베스트셀러의 운명 -미적 취향의 계열화와 문학사의 배제, 박지영, 大東文化硏究, Vol.53, [2006])
- 베스트셀러의 조건: 쥐스킨트의 소설 『향수』의 경우, 김충남, 외국문학연구, Vol.- No.27, [2007])
- 근대출판과 베스트셀러 - 盧子泳의 연에서간을 중심으로, 이태숙, Vol.24, [2008])
- 한일 '기독교 베스트셀러소설' 비교연구, 윤일, 동북아 문화연구, Vol.23, [2010])
- 공공도서관 사서들의 베스트셀러에 관한 인식 연구, 박옥화, 사회과학연구, Vol.22 No.2, [2011])
- 중국 문학작품의 생산 시스템: 출판체제와 베스트셀러를 중심으로, 박영순, 인문학연구, Vol.86, [2012])
- 소셜미디어 사회에서 무명작가가 베스트셀러 작가로 -독일 여성작가 넬레 노이하우스와 『백설공주에게 죽음을』중심으로, 신종락, 독일어문학, Vol.62, [2013])
- 스페인문학: 문학과 시장 2-아마디스 데 가울라와 베스트셀러의 조건, 김경범, 스페인어문학, Vol.73, [2014])
- 베스트셀러 그림책에 나타난 다문화교육내용 분석, 김미애·윤재희, 한국보육지원학회지,

Vol.11 No.4, [2015])

- 국내 문학도서의 베스트셀러 요인 분석 연구, 김기태, 한국문예창작, Vol.14 No.2, [2015])
- 베스트셀러 표지디자인과 소비자의 구매결정에 관한 연구 – 온라인 서점을 중심으로, 고건·김보연, 커뮤니케이션 디자인학연구, Vol.53, [2015])
- 1960~70년대 베스트셀러 현상과 대학생의 독서문화, 이용희, 한국학연구, Vol.41, [2016])
- 일본문학 독서경향과 효과적인 일본문학 교육 – 일본소설 베스트셀러 분석을 중심으로, 이금재, 人文科學硏究, Vol.34, [2016])
- 한국 독서사 서술 방법론(1) – 독서사의 주체와 베스트셀러 문화를 중심으로, 천정환, 泮矯語文硏究, Vol.43, [2016])
- 1960년대 초중반 미·일 베스트셀러 전쟁문학의 수용과 월경하는 전쟁 기억, 재난·휴머니즘과 전쟁책임 노먼 메일러 『나자와 사자』와 고미카와 준페이 『인간의 조건』, 이행선·양아람, 기억과 전망, Vol.36, [2017])
- 베스트셀러 그림책에 나타난 유아인성교육 덕목 분석, 임원신·방은정, 한국영유아보육학, Vol.103, [2017])
- 베스트셀러로서의 『카프시인집』의미 연구, 전희선, 한중인문학연구, Vol.61, [2018])
- 토픽 모델을 사용한 베스트셀러 서적 단문 의미 분석 연구, 박소현·송애린·박영호·임선영(Sun-Young Ihm), 영상문화콘텐츠연구, Vol.15, [2018])
- MBC 베스트셀러극장 〈소나기〉 각색 연구, 조보라미, Journal of Korean Culture, Vol.41, [2018])
- 베스트셀러 소설 제목의 타이포그래피 조형성 연구, 이미정, 상품문화디자인학연구, Vol.53, [2018])

한국출판학회의 학회지를 제외한 위의 국내 학술지 논문들 중에서 그나마 '출판'과 상관관계가 높은 논문이 몇 편 눈에 띄는데, 여기에 간략히 소개한다.

정옥년은 「베스트셀러와 독서교육 연구」를 통해 대중문화 텍스트로서 베스트셀러의 성격을 검토하고, 베스트셀러를 활용한 독서교육의 실제적 가능성을 검토했다. 그는 베스트셀러를 통한 독서교육에 대해 "첫째, 베스트셀러의 대중문화 텍스트적 속성은 오늘날 변화된 교육 이론과 더불어 보다 적극적으로 교육 장면에서 수용될 수 있다. 둘째, 상업적 가치와 문화적 가치가 병행하는 대중문화 속에서 독서교육은 비판적 문식성 계발이라는 과제를 안고 있다. 셋째, 교재의 다양화, 즐거움 활용, 장르 활용, 수평적 읽기, 독서흥미 유발, 저자 입장에서의 독서 등의 측면에서 베스트셀러를 활용할 수 있다. 이러한 가능성들을 실현하기 위해서는 독서교육과정 개발과 관련된 보다 정교한 연구들이 뒷받침되어야 한다. 또한 대중문화 텍스트를 교육 장면에 활용하기 위해서는 교사의 역할이 대단히 중요하다."고 주장하였다.

박옥화는 「공공도서관 사서들의 베스트셀러에 관한 인식 연구」를 통해 최근에 다시 쟁점이 되고 있는 것이 출판사의 사재기를 통한 도서시장의 교란과 베스트셀러 리스트의 조작 의혹에 주목하면서, "문제는 기존의 베스트셀러 리스트를 대신할 공신력 있는 정보원이 없는 현실에서 베스트셀러와 그 리스트를 어떻게 평가하고 어느 정도 수용해야 하나 하는 것이다. 독서 문화를 선도하고 있는 도서관 현장에서 사서들이 이 문제를 어떻게 인식하고 평가하고 있는지에 대해 설문조사 결과, 공공도서관 사서들은 베스트셀러와 그 리스트의 허실을 잘 알고 있음을 확인할 수 있었다. 그러나 대안이 없는 현실에서 베스트셀러 리스트를 수용하고 있었으나, 비판적으로 업무에 반영하고 있음도 확인할 수 있었다."고 주장하였다.

김기태는 「국내 문학도서의 베스트셀러 요인 분석 연구」를 통해 국내 문학도서 중 베스트셀러를 중심으로 그 요인을 분석한 결과, "오늘날 베스트셀러는 작품성 또는 독자층에 의한 자연스러운 현상으로 이해되는 것이 아니라 대중적 미디어와의 결탁에 의한 산물이라는 불명예스러운 이미지로 떠오르기도 한다. 문학도서는 문화산업으로서의 출판 행위에 의한 결과물이라는 점에서 판매를 통한 독자들과의 소통을 무한정 도외시할 수도 없는 것이 현실이다. 따라서 올드 미디어의 대표매체인 '책'도 이제 뉴미디어들과의 제휴를 통하여 그 영역을 넓혀가야 하는 시대를 맞고 있다. 문학도서 또한 다양한 매체와의 결합을 통해 독자들을 확보해 나가야 한다. 단순히 종이책 형태만을 고집할 것이 아니라, 읽기 형식의 소통만을 강조할 것이 아니라 멀티미디어와의 적극적인 제휴를 모색하여 '듣기'(오디오북) 및 '보기'(멀티미디어 전자책) 형식으로도 탈바꿈 할 수 있도록 기술적 기반을 갖추어 나가야 한다."고 주장하였다.

이용희는 「1960~70년대 베스트셀러 현상과 대학생의 독서문화」 연구를 통해 1960~70년대 베스트셀러 현상에 주목하여 베스트셀러 제도 및 담론과 대학생의 독서문화를 살펴보려 했다. 그는 이 논문에서 "한국의 베스트셀러 제도와 현상은 출판계와 미디어의 주도로 1960년대 초부터 형성되기 시작하여 1970년대에 본격화된다. 단기간에 많이 팔린 책의 목록화와 기록(record), 출판산업의 경제와 전략, 서적 광고, 도서선택과 독서 경향, 독자의 반응 같은 사회문화적 현상을 포함하는 베스트셀러 제도는 미국의 베스트셀러 제도를 적극적으로 수용·모방하여 토착화시킨 것이었다. 베스트셀러로 지목된 책들은 대개 학생층이 주로 읽는 외국 번역물이었다. 그러므로 이 제도·현상은 당대 독서문화의 세계화를 보여주는 표지로서 미국 대중문화의 적극적인 수용자였던 대학생의 대중적 교양의 내용과 경향에 대한 문화사적 단서를 제공한다. 특히 1970년대 초에 발흥한 청년문화와 관련된 대학생의 독서는 베스트셀러 현상과 긴밀하게 연동되고 있었다."고 주장하였다.

천정환의 「한국 독서사 서술 방법론(1) - 독서사의 주체와 베스트셀러 문화를 중심으로」가 있는데, 주로 독서사의 주체와 베스트셀러 문화에 대해 주로 다루었다. 1절에서는 한국의 현대 독서문화가 거시적인 문화사와 정치와 맺는 관계를 중심으로 '독서 문화'의 개념과 '독서 문화사'의 의미에 대해서, 2절에서는 독서사 기술에 있어서의 텍스트와 주체 문제를 논했다. 특히 독서의 젠더와 글로벌리즘 문제를 새로 제기했다. 3절에서는 베스트셀러를 통해 사회사와 문화사를 기술하고자 할 때의 문제들에 대해 다루었다. 그는 "베스트셀러는 독서 문화사의 대상('무엇을')과 행태('어떻게')를 함께 내포한다. 근대 이후 베스트셀러는 일종의 문화적 현상이며 제도"라고 주장한다. 아울러 "독서사의 시간(한국 현대 독서사의 시기구분 문제)과 베스트셀러의 계보학 등의 문제에 대한 논의는 향후의 과제"로 남겨두고 있다.

이상으로 출판학회 외의 국내 학술지 수록 논문 중 베스트셀러 주제의 주요 연구들을 살펴본 결과, 몇몇 논문 외에는 베스트셀러를 주로 문학, 디자인, 교육적 측면에서 다루고 있음을 볼 수 있다.

'출판'과 관련된 베스트셀러 연구에서는 역시 한국출판학회가 그 중심을 이루고 있음을 웅변한다고 하겠다.

5. 베스트셀러 주제의 주요 도서 및 문헌들

마지막으로 베스트셀러를 주제로 한 주요 도서 및 문헌들을 살펴보고자 한다. 먼저, 베스트셀러 주제의 주요 도서로는 이임자의 『한국 출판과 베스트셀러』와 『베스트셀러의 진실』, 그리고 김기태의 출판평론집 『책-베스트셀러, 향기의 이름 혹은 악취의 이름』, 최을영의 『베스트셀러와 작가들』, 장지연의 『베스트셀러의 저자들』, 한기호의 『베스트셀러 30년 : 우리가 사랑한 300권의 책 이야기』 등이 있다.

이임자의 저서 『한국 출판과 베스트셀러』(경인문화사, 1998)는 그의 박사학위논문인 「베스트셀러의 요인에 관한 연구—한국출판 100년의 베스트셀러를 중심으로」(중앙대 신문방송학과 박사학위논문, 1992)를 단행본 도서로 재구성한 것으로서 전체적인 구성과 내용은 그의 학위논문과 대동소이하다. 다만, 이전 논문에서의 시대구분에 최근의 '자본주의적 외형신장기'(1988~1996)를 더 추가하여, 이 시기의 시대적 배경과 출판산업의 특징 및 이 시기의 주요 베스트셀러에 대한 분석을 추가로 시도하고 있는 점이 차이점일 뿐이다. 어찌됐든 이 논문과 도서는, 우리나라에 베스트셀러의 요인에 관한 연구가 전무한 상태에서 근대 출판 100년을 대상으로 한 본격적인 베스트셀러 주제의 의미 있는 작업이다. 선행연구의 전무함과 자료 부족 등으로 인한 연구의 한계와 취약점에도 불구하고, 이 논문과 도서는 우리나라에서 베스트셀러 연구의 본격적 시발점이 되었다는 데 그 의의가 크다.

아울러 이임자의 『베스트셀러의 진실』(경인문화사, 1998)은 베스트셀러에 관한 외국의 저명한 책 세 권을 한 권으로 편역한 것이다. 즉, 프랑크 루터 모트의 『황금대중, 미국의 베스트셀러 이야기』(1947), 앨리스 페인 해케트의 『80년간의 베스트셀러, 1895~1975』(1977), 그리고 베르너 파울슈티히의 『베스트셀러 연구의 현단계』(1983) 등을 베스트셀러 주제의 교재로 재구성하기 위해 편역한 것이다. 사실, 위의 세 책은 오래 전에 발간된 책들이지만, 그 정리된 결과는 시대가 바뀌었다고 해서 달라지는 것이 아니었다. 이들을 토대로 분석·정리된 내용들은 오히려 앞으로 더욱 베스트셀러 연구에 중요한 자료가 될 수 있을 것이다.

김기태의 『책-베스트셀러, 향기의 이름 혹은 악취의 이름』(도서출판 이채, 1999)은 저자가 그동안 각종 연구지 또는 출판 전문지에 발표했던 글들을 중심으로 엮은 '출판평론집'이다. 이 평론집에 베스트셀러 주제의 평론 3편이 담겨 있는데, 「베스트셀러, 향기의 이름 혹은 악취의 이름 - 1990년대의 순위 발표 양상을 중심으로」, 「베스트셀러의 이상 기류, 자전류 도서 문제 있다」, 「베스트셀러에 숫자가 들어가지 않으면 안되는 이유 몇 가지」 등이다. 여기에 베스트셀러에 대한 저자의 애정과 비판이 편편히 담겨 있는데, 베스트셀러 출판에 대한 상황 분석과 문제점 및 그 대안에 대해 출판평론가로서의 혜안을 보여주고 있다.

『베스트셀러와 작가들』(최을영, 인물과사상사, 2001)은 '해리 포터' 시리즈의 조앤 K. 롤링에서 '상도'의 최인호에 이르기까지 국내외에서 수많은 독자층을 거느리며 출판 시장을 호령하는 11명의 베스트셀러 작가들을 소개하고 있다. 베스트셀러의 탄생 배경은 물론 책에 대한 평가, 작가의 일상에 이르기까지 이 책은 작가들의 삶과 철학, 영광은 물론 출판 시장의 동향과 베스트셀러의 제조과정 등을 입체적으로 조망하고 있다. 작가들의 전기 자료와 작품, 평론가의 언급과 언론의 기사에 이르기까지 각종 자료를 두루 섭렵하여 풍부한 이야깃거리를 제공하는 동시에 냉정한 평가를 통해 독자들에게 책을 보는 또 다른 시선을 제공하고 있다.

『베스트셀러의 저자들』(장지연, 동녘, 2007)은 전통 시대의 대표적인 베스트셀러와 그 저자들을 다루고 있다. 시대를 가로질러 한국인의 정신을 빚어온 베스트셀러와의 대화를 시도한다. 이들 책들이 장구한 세월 동안 베스트셀러의 지위를 지켜올 수 있었던 것은 책의 저자 자신들이 역사의 한복판에서 당대의 문제를 온몸으로 부딪치며 살아가면서 시대와 소통했기 때문이다. 당대의 문제를 고스란히 책에 담아냄으로써 시대와 소통했던 베스트셀러와 그 저자들을 통해 지금 여기의 우리를 새롭게 돌아보는 계기를 마련해주는 책이다.

대표적 출판비평가인 한기호의 『베스트셀러 30년: 우리가 사랑한 300권의 책 이야기』(한기호, 교보문고, 2011)는 교보문고 창립 30주년을 맞아 한국 베스트셀러의 역사를 재조명한 책으로, 지난 30년 동안 책이 걸어온 발자취를 되돌아본다. 이 책에서는 1981년부터 2010년까지 매해 종합 베스트셀러를 정리했고, 10년마다 단락을 구분해 시대의 흐름을 살폈다. 한국의 독자들이 가장 즐겨 읽은 책의 목록과 내용을 소개하며, 책이 독자들의 마음을 사로잡기 위해 어떤 노력을 펼쳤는지 확인할 수 있다. 또한 인류 최고의 발명이라는 책이 가지고 있는 고유의 특성과 매력을 다시금 깨닫는 계기를 마련한다. 나아가 책의 미래를 예측하고, 책이 미래에도 유력한 매체로 남기 위한 방안에 대한 고민의 답을 함께 찾아보고 있다. 특히 이 책은 베스트셀러가 시대뿐만 아니라 사람의 마음을 비추는 거울이기도 하다는 사실을 보여준다. 각 부의 끝에는 '베스트셀러 스토리'를 소개하여 베스트셀러가 만들어지는 법칙과 비밀을 전하며, 부록에서는 1981년부터 2010년까지 30년간의 교보문고 연도별 종합 베스트셀러 목록을 살펴볼 수 있다. 베스트셀러는 우리의 모습을 있는 그대로 보여준다. 이 책을 통해 인간과 부단히 교감하고 소통해온 책의 저력을 확인하는 계기를 마련할 수 있다.

위의 책 외에도 베스트셀러를 주제로 한 그밖의 도서들을 발행 연도순으로 소개하면 다음과 같다.

신문에 연재된 기사를 책으로 묶은 양평의 『베스트셀러 이야기』(우석, 1985)는 픽션과 논픽션 외에 사전이나 잡지·학술서적 등 47권의 베스트셀러에 관해 다양한 에피소드를 곁들여 소개하고 있다.

「우리 시대의 '잘 팔린 책'들 전면 비판」이란 부제가 붙은 문학평론집 『베스트셀러』(이우용 외, 시대평론, 1990)는 주로 80년대 후반의 베스트셀러를 분석하고 있는데, 젊은 시인·평론가·대학강사 등이 좌담 및 개별 기고를 통해 베스트셀러를 비판한 책이다.

번역서인 『베스트셀러 소설을 쓰는 법』(딘 쿤츠, 박승훈 역, 문학사상사, 1986)은 저자 나름으로 터득한, 잘 팔릴 수 있는 소설의 평균적 기본요건을 소개하고 있다.

그리고 역시 신문 기자의 기사 모음으로 화제의 책과 출판계의 얘기를 다룬 『책을 만나서 가는 길』(손수호, 열화당, 1996)은 「출판 저널리스트가 쓴 책동네 이야기」란 부제를 붙여 국민일보에 연재됐던 출판계 관련 기사를 모아 펴낸 책이다.

『베스트셀러 작가가 되는 법』(보니 골드버그, 정영문 역, 홍림문화사, 1996)은 훌륭한 작가가 되기 위해 가져야 할 마음가짐과 과제 지켜야 할 규칙, 글쓰기의 방식 등을 조목조목 엮은 글쓰기 지침서이다.

『(뒤집어보는)베스트셀러』(장세진, 도서출판 맥, 1997)은 영화평론과 문학평론을 겸하고 있는 저자가 「토지」, 「임꺽정」, 「장길산」 등의 대하소설을 비롯해 「소설 동의보감」, 「영원한 제국」, 「무궁화꽃이 피었습니다」 등의 소설과 비소설 「세계는 넓고 할 일은 많다」, 「나는 야한 여자가 좋다」 등 유명한 베스트셀러를 새롭게 조명하고 있다.

『베스트셀러와 스테디셀러 1997』(김승환 편저, 1998)은 1997년도에 가장 많이 팔린 책에 대한 각종 자료를 수록하고, 베스트셀러 도서에 대한 개요와 길라잡이를 독서교육 지도자들의 실명으로 소개한 책이다. 조선일보, 동아일보 자료 분석을 통해 한국의 베스트셀러 현황을 엮고, 연간 소설. 비소설 분야의 독서자료를 정리했다.

『베스트셀러 죽이기』(최성일, 한국출판마케팅연구소, 2001)는 베스트셀러를 둘러싼 논란을 취합해 출판평론가인 필자 나름의 의견을 개진한 비평집이다. 독서정보지「책과 인생」을 통해 베스트셀러에 대해 비평한 글들을 1990년대의 베스트셀러에 초점을 맞춰 정리했다. 베스트셀러의 격을 한 차원 높인 책 - 유홍준의『나의 문화유산답사기』, 성에 대한 위선 여지없이 드러낸 해프닝 - 서갑숙의「나도 때론 포르노그라피의 주인공이고 싶다」, 본격적인 논쟁은 아직 불붙지 않았다 - 김경일의『공자가 죽어야 나라가 산다』등 베스트셀러에 대해 비평한 13편의 글을 수록했다.

『베스트셀러 이렇게 만들어졌다 : 베스트셀러의 시대적 의미를 깊게 성찰하는 무크』(한미화, 한국출판마케팅연구소, 2001)는 출판정보지『송인소식』에서「베스트셀러, 이렇게 만들어졌다」라는 제목으로 연재된 것을 엮어 무크의 형태로 간행된 책이다. 이 책에서 출판평론가인 저자는 베스트셀러는 만들어진다고 말하면서 출판 현장을 중심으로 베스트셀러의 편집기획자들과 자신들이 만들었던 책에 대한 생생한 과정을 인터뷰를 통해 정리했다. 인터뷰는 베스트셀러를 직접 기획하고 만들고 홍보했던 실무자들을 중심으로 이루어졌고, 베스트셀러가 태어난 사회·경제적인 거시적 배경뿐만 아니라 책의 편집과 마케팅 과정에 얽힌 시시콜콜한 부분까지 자세히 담았다.

『1인 1책 : 베스트셀러에 도전하라』(김준호, 나눔북스, 2016)은 베스트셀러가 되기 위해 출판을 어떻게 해야 하는지에 대한 모든 내용을 쉽게 설명하고 있다. 책의 기획에서 출판사 섭외, 편집과 제작, 마케팅에 이르기까지 출판의 전 과정을 설명한다. 딱딱한 이론이 아니라 실제 178권의 책을 기획 출판하고, 집필한 경험을 토대로 베스트셀러가 되기 위한 최적화된 1인 1책의 비밀을 다루고 있다. 저자가 직접 기획해서 성공하거나 실패했던 따뜻한 경험과 노하우가 살아있는 책이다.

『책을 내고 싶은 사람들의 교과서』(요시다 히로시 지음, 동소현 역, 다산북스 다산4.0, 2016)은 기획부터 글쓰기, 홍보, 마케팅까지 베스트셀러 쓰기의 모든 것을 소개한 책이다. 책을 통해 작가 스스로 잘 썼다고 생각하는 원고와 출판사에서 원하는 베스트셀러 원고의 차이점을 조목조목 짚어 설명한다. 더불어 초보 작가 대부분이 실수하는 기획서 쓰기부터 나만의 콘셉트 설정, 원고 집필, 홍보 및 마케팅까지 저자 본인이 30년간 몸소 익히고 배워온 출판의 모든 것을 사례와 함께 담았다.

『대한민국이 읽은 책 : 시대와 베스트셀러』(표정훈, 대한민국역사박물관, 2018)은 출판평론가 표정훈이 집필했는데, 1945년 광복 이후부터 2000년까지를 일곱 시기로 나누어 출판의 역사를 통해 한국 현대사의 시기별 사회적 특성을 고찰하고, 열네 개의 '베스트셀러 현상'을 통해 시대를 진단하고 있다. 누구나 한 권쯤은 읽어보았음직한 책에 대한 소개를 그 시대상에 대한 진단과 함께 풀어냄으로써 독자들마다 그 시대로 돌아가 추억을 회고해 보는 쏠쏠한 재미도 줄 수 있는 책이다.

6. 결론 및 제언

이상으로 한국출판학회의 연구를 중심으로 국내의 베스트셀러에 대한 기존의 연구를 전반적으로 새롭게 조명, 검토하였다. 우선은 한국출판학회 학회지에 수록됐던 베스트셀러 주제의 논문 및 관련 문헌들을 살펴본 뒤, 출판학회 학회지 외의 국내학술지에 발표된 베스트셀러 주제의 논문들, 그리고 베스트셀러 주제의 도서 및 기타 문헌들도 종합적으로 함께 연구의 대상으로 삼아 고찰하였다.

이상에서 보듯 한국출판학회를 중심으로 한 국내의 베스트셀러 연구는 그 양적인 면에서는 아직 턱없이 부족한 형편이고, 질적인 면에 있어서도 아직 만족할 만한 수준이 못되는 것이 사실이다. 이는 베스트셀러에 관한 연구들을 집중 분석한 독일의 파울슈티히도 "베스트셀러를 다룬 기존의 논의들을 체계적으로 모아보려고 노력했으나 언제나 태부족이었다."고 고백한 것을 보면, 베스트셀러에 관한 연구체계가 제대로 정립돼 있지 않음은 어느 나라나 비슷하다는 것을 알 수 있다.

그렇지만 학회 초장기의 한태석, 변선웅 연구자에 이어 이임자, 김선남, 윤세민, 문연주, 김기태 연구자 등이 한국출판학회의 회원으로서 베스트셀러 연구에 남다른 관심을 갖고 꾸준히 연구 진작을 해오고 있음은 여간 다행한 일이 아니다. 이들의 연구는 이 분야의 연구체계의 미확립으로 인한 어느 정도의 한계와 문제점을 지닐 수밖에 없지만, 나름대로 연구자들은 자신의 관심 분야에서 독특한 영역을 확장해가면서 베스트셀러 연구의 기초를 제공하고 있다.

실제로 출판학회 외의 국내 학술지 수록 논문 중 베스트셀러 주제의 주요 연구들을 살펴본 결과, 몇몇 논문 외에는 베스트셀러를 주로 문학, 디자인, 교육적 측면에서 다루고 있음을 볼 수 있다. '출판'과 관련된 베스트셀러 연구에서는 역시 한국출판학회가 그 중심을 이루고 있음을 웅변한다고 하겠다.

이밖에 학술적 연구 영역을 벗어나지만 베스트셀러 주제의 도서 및 신문이나 잡지 등도 살펴보았다. 이들은 주로 외국의 연구들을 단편적으로 인용했거나 당시의 출판계 상황을 고려한 베스트셀러에 대한 단편적인 비판이나 부정적인 시각을 제시하는 사례가 많았다. 그나마 요즘의 베스트셀러 주제의 일부 논문이나 도서들에서는 베스트셀러에 대한 역사적 문화적 가치와 중요성을 설파하고 있어 그나마 긍정적 현상으로 치부될 수 있을 것이다. 아무튼 출판학적으로나 출판산업의 구조 차원에서 베스트셀러가 제대로 연구된 것은 아직 태부족인 형편이라 아쉬움이 크다. 베스트셀러에 대한 진지한 성찰과 연구가 향후 과제로 절실히 요청되는 대목이 아닐 수 없다.

오늘날 우리 출판계는 4차 산업혁명에 따른 급격한 정보통신 기술 및 환경의 변화, 미디어

구도의 재편과 융합, 경제 침체와 소비 위축, 독서인구의 감소 등과 같은 구조적 요인으로 인한 '출판 불황'이라는 공통된 과제를 안고 있다.

이에 출판계는 수시로 변하는 사회적 문화적 트렌드에 맞춰 기획, 생산, 수용되고 있는 베스트셀러의 양상과 특성, 스마트미디어와 SNS의 이용 확산 및 그에 따른 수용자 및 독서환경의 변화 등을 살펴보면서, 새로운 독자의 탄생과 확산 및 출판시장의 활성화를 꾀하고 있다. 즉, 독자와 미디어 환경의 변화에 적극적으로 대응하면서 출판 기획력의 강화 및 출판 마케팅의 고도화에 힘을 기울이고 있다. 아울러 출판콘텐츠를 기반으로 한 OSMU 전략과 미디어믹스 전략 및 웹툰과 웹소설 등 웹출판의 활성화 등 뉴미디어와의 연계 및 진출 등을 보다 적극적으로 그리고 무엇보다 꾸준히 도모해야 할 것이다. 그 정점이 바로 베스트셀러로 통할 것이다.

출판학회를 비롯한 학계에서도 이에 대한 산학적 연구와 협력을 강화해 나가야 함은 당연하다. 향후의 베스트셀러 연구는 베스트셀러 그 자체에 대한 본질적인 연구를 위시해 베스트셀러 역사 연구, 베스트셀러 현상과 상황 연구, 베스트셀러의 생산과 유통과 소비에 대한 연구, 베스트셀러에 대한 독자의 의식 연구, 독자의 수용행태 연구, 독자의 독서문화 연구 등에 관한 조사 연구도 이어져야 할 것이다. 또한 베스트셀러를 비롯해 출판 관련 데이터베이스 구축에 필요한 연구도 당연히 수반되어져야 할 것이다.

베스트셀러는 출판인의 꿈이자 의지이자 욕망이다. 더 나아가 베스트셀러는 출판 현상에만 국한하는 것이 아니라 전사회적으로 영향을 미치는 또 하나의 문화로 자리매김하고 있다. 따라서 베스트셀러에 대한 연구는 출판학적인 업적을 넘어서 시대와 사회의 트렌드의 문화까지 연구할 수 있다는 포괄적인 연구 영역과 가치를 지니고 있다고 할 수 있다.

그런 만큼 한국출판학회의 연구를 중심으로 국내의 베스트셀러 연구를 전반적으로 검토·분석·정리한 본 논문이 앞으로 한국의 베스트셀러 연구의 시금석이 되기를 바라며, 이 분야에 특별한 애정을 갖는 연구자들의 계속적인 등장과 그 연구 진작을 기대해마지 않는다.

■ 참고 문헌

김기태(1999). 『책-베스트셀러, 향기의 이름 혹은 악취의 이름』, 서울: 도서출판 이채.

김선남(1997). 베스트셀러 현상에 대한 수용자 의식 연구. 『'97출판학연구』, 통권 제39호.

김선남·정현욱·박흥재(2006). 한국 베스트셀러 집계방식에 관한 연구. 『한국출판학연구』, 통권 제51호.

김정숙(1996). 독서환경에 영향을 미치는 사회문화적 요인에 관한 고찰. 『'96출판학연구』, 통권 38호.

문연주(2009). 2000년대 한일 베스트셀러 동향과 문화유입 현황에 대한 고찰. 『한국출판학연구』, 통권 제57호.

변선웅(1974). 한국인의 독서경향. 『출판학』, 통권 21호.

손수호(1996). 『책을 만나러 가는 길』, 서울: 열화당.

심미애(1996), 「베스트셀러에 나타난 감정구조 연구-1970년대 이후 한국 소설을 중심으로」, 서강대 언론대학원 석사학위논문.

양평(1985), 『베스트셀러 이야기』, 서울: 도서출판 우석.

윤세민(1997). 1996년 상반기 베스트셀러 분석 연구. 『'97 출판학 연구』, 통권 39호.

윤세민(2010). 2000년대 출판학 연구의 동향과 전망-한국 출판학회지 『한국출판학연구』를 중심으로. 『한국출판학연구』, 통권 58호.

이유용 외(1990). 『베스트셀러-「우리 시대의 '잘 팔린 책'들 전면 비판」』, 서울: 시대평론.

이임자(1992). 「베스트셀러의 요인에 관한 연구; 한국출판 100년의 베스트셀러를 중심으로」, 중앙대학교 대학원 박사학위논문.

이임자(1998). 『베스트셀러의 진실』, 서울: 경인문화사.

이임자(1998). 『한국 출판과 베스트셀러』, 서울: 경인문화사.

장지연(2007). 『베스트셀러의 저자들』, 서울: 동녘, 2007.

전화수(1990). 독서 동기에 관한 연구-엘리트 독자층을 중심으로. 『'90 출판학연구』, 통권 32호.

최을영(2001). 『베스트셀러와 작가들』, 서울: 인물과사상사.

한기호(2011). 『베스트셀러 30년: 우리가 사랑한 300권의 책 이야기』, 교보문고.

한태석(1971). 베스트셀러론. 『出版學』, 통권 제9호.

한태석(1974). 출판 통계의 표준화. 『出版學』, 통권 제20호.

딘 쿤츠, 박승훈 역(1986), 『베스트셀러 소설을 쓰는 법』, 서울: 문학사상사.

국제출판학의 동향과 교류에 대한 연구

남 석 순*

■■■

1. 출판학의 국제교류의 배경과 의미

국제화(Internationalization)란 한 나라가 다른 여러 나라와 교류하여 자국의 국가 발전을 꾀하는 것으로 이는 학문 세계에서도 다름 아니다. 한국 출판학 연구에서 국제화는 동질 학문의 국제 교류를 통하여 한국의 출판과 출판학 연구의 발전을 이루게 하는 데 있다. 출판학 연구에서 국제교류는 매우 중요한 측면이다. 다른 나라의 출판 산업과 출판학 연구와 출판 교육의 탐색이 가능해지고 같은 분야의 학자들과 학문적, 인간적 교류가 이루어진다. 또한 국내 연구 환경이나 주장에 매몰되지 않도록 학문의 연구 체계와 방법론, 연구 영역과 대상을 공유할 수도 있다. 나아가 출판학 연구의 세계화(globalization)를 도모할 수 있는 길이 열릴 수 있기 때문이다. 한편, 출판학의 관점에서 각국의 출판 산업과 정책을 소개하여 자국의 출판 산업 발전에 기여하는 것도 출판학의 국제교류의 또 다른 중요한 목적이기도 하다.

한국 출판학의 태동은 학문적 사대주의나 모방의 발상에서 비롯된 것이 아니라 불모지로부터 일구어낸 매우 독자적이고도 주체적인 자생적 의지의 결집이었음을 알 수 있다(김정숙, 2000, p.128). 한국 출판학 연구의 시작과 과정은 서구의 이론이나 학문 체계를 도입하거나 이식하는 것이 아니라 우리의 논리와 이론을 세워 나가는 과정이었다. 이는 한국 출판학의 태동 자체가 학문적 관심보다는 우리의 출판 현실을 개선하고 과학적으로 발전시키기 위한 데 목적을 두었기 때문에 당연한 현상이다(부길만, 2017, pp.72~77). 이처럼 한국 출판학 연구는 우리의 출판 현실을 과학화하고 체계화하기 위한 소수의 편집자들의 선각에 의해 시작되어 60~70

---

* 김포대학교 명예교수

년대를 거쳐 국제출판학술회의가 창립되는 80년대에 이르게 되는 동안에 한국적인 학문 또는 토착 학문의 성격을 강하게 지니고 있었다.

세계적으로 살펴보더라도 출판학 연구를 단일 분야로 하여, 한 국가의 대표적인 출판학회와 소속 학자들이 참여하면서 정기적으로 개최되는 국제적인 출판학술포럼은 『국제출판학술회의(The International Forum on Publishing Studies: IFPS)』가 유일한 사례로 알려져 있다(이종국, 2006, p.199). 출판 산업에서는 세계적으로 국제출판협회(International Publishers Association, IPA), 대륙적으로 아시아·태평양출판협회(Asia Pacific Publishers Association, APPA) 등이 있지만 이는 학술 연구의 목적이 아닌 각국의 출판기업을 대표하는 단체들의 국제적 기구에 해당된다. 본고는 출판학의 국제교류와 동향을 파악하기 위해서 출판학 연구의 세계적 학술교류인 국제출판학술회의(IFPS)를 중심으로 발표된 논문들을 분석 대상으로 삼아 국제 출판학 연구의 동향과 교류를 살피고자 한다.

IFPS는 인류 역사에서 문자문명과 인쇄문명의 발상지이며 숭서이념(崇書理念)이 강한 한국·중국·일본을 중심으로 하는 동북아시아에서부터 시작되었다는 점에서 특별한 위상을 갖는다. 예로부터 한자 문화권인 세 나라는 서책을 중심으로 하는 문화 교류가 빈번하게 이어왔지만 IFPS가 결성되던 1980년대 초반에 세계의 출판 환경은 컴퓨터를 기반으로 하는 뉴 테크놀러지의 등장과 저작권의 국제적인 관심 확산 등으로 매우 급격한 변화를 겪던 시기였다. 이러한 시대적인 흐름 속에서 동북아시아 국가 사이에서는 다른 나라의 출판학 연구 및 출판학 교육에 관한 동향 파악과 출판 산업의 당면 과제 논의 등 출판 연구와 관련된 공동 관심사를 알기 위한 국제 교류의 필요성이 매우 자연스럽게 제기되었던 것이다.

한 국가를 대표하는 출판학의 국제 교류는 1983년 10월 한국출판학회(회장 安春根)의 제의를 일본출판학회(회장 淸水英夫)가 이사회를 개최하여 정식 동의함으로써 이듬해인 1984년 10월 서울에서 역사적인 국제출판학술회의가 시작되었다. 제2회 학술회의는 1985년 8월 일본 도쿄에서 개최된 이후 격년제 개최로 전환되어 2016년 10월 중국 청도에서 17회가 열렸으며, 2018년 11월 일본 도쿄에서 18회 대회가 개최되었다. IFPS는 창립 35년간 18회 포럼이 중단 없이 이뤄지고 있는 세계적으로 유일한 국제출판학술회의이기도 하다.

1984년에 시작된 IFPS가 국제 출판학 연구와 교육, 출판 산업과의 관계에서 나타나는 위상과 국제 교류의 의미를 살핀다면 다음과 같다. 첫째, 15개국의 출판학자들이 정기적 또는 비정기적으로 참여하는 세계적으로 유례가 없는 국제학술회의의 성격을 갖고 있다. 둘째, 출판학을 단일 분야로 국가의 대표 출판학회와 출판학자들이 참여하며 정기적으로 개최되고 중단 없이 35년 18회를 지속하고 있다. 셋째, 참가국의 출판학자 간에 인간적, 학문적 교류가 원활해졌으며 여러 형태의 학술 교류와 협력이 다양하게 이루어지고 있다. 넷째, 참가국들의 출판학 연구 동향이 파악됨으로써 국제연구와 비교연구가 가능해 졌다. 다섯째, 참가국들의 출판학

교육체계와 교육과정이 소개됨으로써 자국의 출판학 교육에서 활용도가 높아졌다. 여섯째, 참가국들의 출판업의 현황, 과제, 미래 방향의 파악이 이루어지고 자국에 소개됨으로써 출판산업의 발전과 출판기업 및 단체들의 국제교류에 이바지 해왔다. 현재의 IFPS가 한국, 중국, 일본을 중심으로 출판학 연구가 가장 활발한 국가들이 중심이 되어있다는 점에서 성장과 발전의 가능성을 짐작할 수 있다.

2. 국제출판학술회의(IFPS) 교류 현황(1984~2018)

국제 출판학의 동향과 교류에 관한 논의에 앞서 현재까지 IFPS 개최 현황을 개최 횟수, 개최국, 개최년도, 대주제, 발제논문의 양적인 면을 먼저 조감한 다음에 발제문을 중심으로 국제출판학 연구의 동향을 분석하고자 한다. 〈표 1〉은 역대 포럼의 주요 내용들을 정리한 것이다.

IFPS는 위상과 의미에 반하여 학문적 성과가 분석되고 정리되지 못하고 있었다. 이러한 이유는 포럼의 참가자들 이외에는 발제 논문집의 확보가 어려운 환경이었기 때문이다. 필자는 이러한 상황을 아쉽게 생각하여 발제집을 수집·정리하고 분석(제1회~10회-1984~2001)하여 2004년(제11회) 중국 우한포럼에서 최초로 발표한 적이 있었는데 참가국들의 찬사를 받은 바 있다.[1] 2014년(제16회) 서울포럼에서는 1984~2012까지의 전체 발제문을 정리·분석하여 〈2차 발표〉를 하였다. 이후 한국출판학회 50년사의 집필을 위하여 2014년(제16회), 2016년(제17회), 2018년(제18회)을 추가하여 〈3차 발표〉를 함으로써 1984년부터 현재 2018년까지 발표된 총 313편의 발제문 전체를 분석하게 된 것이다.

〈표 1〉 The main Subject and Hosted place of IFPS (1984~2018)

No	Hosted Country	Name of City	Date	Main Subject	Theses
01	Korea	Seoul	1984. 10.13	-A Publishing Industry that needs to cope with the growth of new media -Is there a future for the printing culture?	2
02	Japan	Tokyo	1985. 8.19.-20	-Present and Future of Publishing Studies -Media Mix in Publishing	9

---

1) 당시 중국편집학회 劉杲 회장은 학술회의 폐막식 논평회에서 본 연구자의 발제문을 '제11회 포럼에서 발표된 41편의 논문 중에서 가장 주목되는 연구 성과라고 평가하였다. 김기태, 「제11회 IFPS 참관기」, 《한국출판학회회보》 통권 49호(2004.12.23) 참조.

03	Korea	Seoul	1987. 10.24	The Situation of Usage of Foreign Copyright	2
04	Japan	Tokyo	1989. 10.23.-25	The Publishing Development and Interaction of Eastern Asia's Culture	21
05	Korea	Seoul	1991. 10.18.-19	A Course of Development in publishing : The Actual Conditions of Publishing for the Young	8
06	China	Bejing	1993. 8.26.-28	The Present Situation of Publishing Industry and Its Prospects for Development, or Opening up a Path for the Development of the Publishing Industry and Its Trend in The 1990s.	32
07	Philippine	Manila	1995. 9.7-8	-Book Distribution Problems in a Free Market Economy -Textbook : A Duty of Government of a Market for the Private Sector? -Books on CD & the Internet, Its Asia Ready?	18
08	Japan	Tokyo	1997. 10.23-24	What Is Occurring Now in Publishing : Toward 21st Century	19
09	Malaysia	Kualalu-mpur	1999. 9.1-2	The Action of Development due to Publishing Technology and The Present Situation of Asian Publishing	17
10	Korea	Seoul	2001. 10.26-27	Changes in the 21st Century International Publishing Environment and Measures to Deal with them	22
11	China	Wuhan	2004. 10.18~21	International Publication's direction of improvement, modern and the future.	41
12	Japan	Tokyo	2006. 10.28~29	Book Publishing as Communication : The Transformation of Book Publishing and Culture in East Asia	23
13	Korea	Seoul	2008. 5. 13	Publication & Reading of Digital Media Era	15
14	China	Nanjing	2010. 5.8.~9	Editing Publishing & Culture	23
15	Japan	Tokyo	2012. 10.20~21	Publication as the Turning Point Media	14

16	Korea	Seoul	2014. 10.24.~25	Change and development of publishing	17
17	China	Qingdao	2016.10.	Empowering Editing Human Resources in the Digital Environment	18
18	Japan	Tokyo	2018. 11.10~11	New Perspectives in Publishing Media and Publishing Science	12
Total				313	

필자가 이 연구를 시작하게 된 계기는 IFPS가 35년을 축적해 온 연구 성과가 분석되고 보존할 가치와 필요성이 충분하지만 참가국이나 출판학자들의 관심과 노력이 없었다는 문제 제기에서 시도된 것이다. 나아가 분석을 시도한 구체적인 목적과 필요성은 ① 총량적 연구 성과분석 ② 주제 분야별 연구 성과분석 ③ 참가국들의 관심 영역분석 ④ IFPS의 발전과 미래 방향을 위한 자료 축적에 있었다.

더불어 IFPS의 성격을 조감한다면, 첫째, 주최국은 한국과 일본이 각각 6회, 중국 4회, 필리핀과 말레이시아가 각1회씩 개최하였다. 둘째, 개최 장소는 주로 주최국의 수도였지만 중국의 경우는 무한, 남경, 청도에서도 개최되었다. 셋째, 개최 연도는 1~2회는 서울과 도쿄에서 매년 개최되었지만 3회부터 격년제로 운영되었다. 넷째, 주제는 1회(서울), 2회(도쿄), 7회(마닐라)를 제외하면 모두 하나의 대주제를 설정하고 5개 내외의 하위단위의 소주제를 정하였다. 주제는 주최국에서 설정하고 참가 예상국에 서면으로 통보하는 관례로 이루어졌다. 다섯째, 참가국에서는 대주제와 소주제 범주에 부합되는 논문으로 공모하여 필자들이 자국어와 영어 두 가지 언어로 번역하여 주최국으로 송부하였다. 이후 제12회(2006, 일본)부터는 각기 자국어 송부하면 주최국에서 한·중·일 3개 국어로 번역되고 본문의 영문 게재는 중단되기 시작하였다[2].

3. 국제출판학술회의(IFPS) 연구 동향 분석(1984~2018)

1) 분석기준 제시

IFPS의 연구 성과는 발제 논문이 대표성을 갖는다. 필자가 역대 포럼의 논문집을 조사한 결과에 따르면 18회까지 전체 발제문은 313편으로 나타났다. 313편(1984~2018)에 대한 분석

---

2) 국제회의로서 본문의 영문게재가 필요하지만 최소한 논제와 인명의 영문표기는 요청된다.

기준은 제11회 우한 포럼(Wuhan China, 2004)에서 1회~10회(1984~2001)까지 발제문 150편을 분석하여 주목을 받았던 당시의 분석기준과 동일하게 적용한다.[3] 이는 IFPS의 연구 성과 분석의 합산과 비교에서 일관성을 기하기 위함이다. 편의상 최초로 발표한 2004년을 1차 분석, 2014년을 2차 분석, 2018년을 3차 분석으로 정한다. 본고는 3차 분석으로서 현재까지 IFPS의 전체 발제문이 대상이며 1차의 분석 기준을 도입하였다.

(1) 선행 연구체제의 검토

IFPS에서 발표된 논문들을 분석하기 위해서 분야별 분류가 선행되어야 하며 이는 출판학의 학문적 대상, 연구방법, 연구영역 내에서 이루어져야 한다. 하지만 본고의 목적은 IFPS에서 발표된 논문들을 대상으로 분야별 분류와 연구 성과를 분석 하는 데 있으므로, 연구방법론은 논의 대상에서 제외하고 출판학의 학문적 대상과 연구 영역에만 한정한다. 반면에 객관화된 기준을 얻기 위해서 관련된 선행연구들을 검토한 다음에 본고에서 분석할 기준을 제시하였다.

출판학의 연구체계와 연구 영역에 대해서 彭建炎(Peng, Jianwan), 箕輪成男(Shigeo Minowa), 閔丙德(Min, Byung-Duk), 李鍾國(Lee, Chong-Kook) 등의 연구 결과가 있지만 이들이 지향하는 연구 목적은 조금씩 다른 관점에서 이루어진 것이다. 팽건염 교수는 출판학(편집학)의 학문 체제를 이론출판학, 업무·기술출판학, 응용출판학으로 대분하면서 출판교육 체계에 비중을 두었다.[4] Minowa 교수는 학문적인 체계보다는 연구 영역을 중시하면서 이에 대한 접근과 전개에 중심을 두고 있다.[5] 반면에 민병덕 교수의 분류는 대학원 과정의 출판학

---

3) ① 南奭純(2004a), 「國際出版學術會議의 學問的 成果와 研究傾向」, 『第11回國際出版學術會議 論文集』(武漢: 中國編輯學會·湖北編輯學會, pp.1~24 및 남석순(2004b), 「출판연구의 국제동향과 방향분석」, 『한국출판학연구』 통권 제47호. pp.67~90, 참조.

② 남석순(2014a), 「출판학의 국제교류와 발전 방향」, 『제16회 국제출판학술회의 논문집』 pp.9~40 및 남석순(2014b), 「출판학 연구의 국제 동향과 방향 분석(Ⅱ)」, 『한국출판학연구』 통권 제68호, pp.59~84 참조.

4) 팽건염(1992)은 출판학의 학문체계를 이론출판학, 업무·기술출판학, 응용출판학으로 大分하고, 이론출판학(출판학개론, 출판학 방법론, 출판미래학, 출판비교학, 출판사·출판학사), 업무·기술출판학(출판물편집학, 출판물제작학, 출판물발행학, 독자학, 출판평론학, 출판경제학, 출판관리학, 출판계통론, 출판법학, 출판사회학, 출판현대화), 응용출판학(도서출판학, 신문출판학, 잡지출판학, 음상출판학, 마이크로출판학, 소프트웨어출판학, 점자출판학, 민족출판학)의 분과 구조로 나누고 있다. 彭建炎 編著, 『編輯學槪論』, 吉林大學出版社, p.73.

5) 미노와(2001)는 커뮤니케이션 과정으로서 출판의 각 영역을 (1) 출판커뮤니케이션 과정 (2) 출판커뮤니케이션 환경 (3) 출판커뮤니케이션 기능으로 구분하여 각각 세부 분야로 분류 한다. (1)의 과정은 연구저술 등 13개 영역 (2)의 환경은 출판법제 등 5개 영역 (3)의 기능은 학술출판 등 7개 분야로 세분하고 있다. 미노와 시게오. 민병덕 역, 『출판학서설』, 범우사, p.8.

교육에 중심을 둔 학문적 전개에 비중을 두고 있다.[6] 이종국 교수는 출판학 논문을 분류하기 위한 목적으로 분야별 연구내용에 주안점을 둔 것이다.[7] 한편 이종국은 IFPS에서 발표된 한·중·일의 출판학 연구 경향을 비교하면서 내용별로 논문을 분류한 바 있다. 이와 같은 연구 체계와 분류 방법은 이 연구에서 목적하는 분류 기준을 제시함에 있어서 유용하게 활용될 수 있다.

(2) 분류기준의 제시

국제적으로 출판의 학문적 경향은 국가별로 지향하는 관점에서 차이가 있으며 연구자에 따라 의견이 다르기 때문에 일률적으로 정의하기는 어렵다. 출판학에 대한 보편화된 학문적 가치 체계의 정립에서도 어려움이 있는데 이 점에 관해서는 중국의 편집학·출판학 체계와 Minowa 교수의 진지한 탐색을 참고할 필요가 있다.[8] 이 연구의 목적은 출판학의 대상과 연구 영역, 연구 방법보다 현재까지 이루어진 발제 논문들을 분야별로 정리하여 성과를 제시하는 데 있다. 따라서 위의 선행연구들의 성과를 일부 도입하면서도 이 연구에 적합한 기준을 제시하여 효율적으로 분석하는 데 의미를 둔다.

본고에서는 효율적인 기준을 작성하기 위해서 다음의 사항들을 전제로 하였다. 첫째, 출판학의 학문적 관점에서 논문 분류가 이루어져야 한다. 이는 IFPS가 지향하는 목적이 각국의 출판 현상에 관한 과학적, 체계적 분석에 있기 때문이다. 둘째, 논문 주제와 내용 분석에 있어서 발표자가 제기하는 논점에 대하여 최대한 접근해야 한다. 이는 각국의 연구 관점과 논문 작성의 차이점으로 인해 분류에서 오해가 발생할 소지가 있기 때문이다. 셋째, 학문적 관점과 발표자가 주장하는 내용들이 적합하고 적절한 분류기준에 수용될 수 있도록 노력해야 한다. 이는 설정된 10개 분류 기준에 따라 분류자의 의해 편의적으로 해석될 수 있는 여지를 최대한 줄이려는 이유 때문이다.[9]

이러한 선행 연구들과 전제 사항을 바탕으로 발제 논문들의 분류기준을 작성하였다. 상위구조는 출판학 연구의 분야와 영역에 따라 출판교육, 출판이론, 출판생산 등 10개 분야로 설정하고, 하위구조는 상위구조의 세부 분야로 구분하였는데 논문의 실제 분류기준은 하위구조에

---

6) 민병덕(1995)은 출판학의 연구 내용과 연구 분야를 출판이론, 출판학 연구방법론, 출판역사론 등 15개 분야로 구분하여 제시하고 있다. 범우사 기획실 편, 『출판학원론』, p.29.

7) 이종국(2000)은 한국출판학회 학회지에 게재된(1969-1998) 281편의 논문을 분석하면서 연구 내용을 10개 분야로 구분하였다. 한국출판학회 30년사편찬위원회 편, 『한국출판학의 사적 연구』, (사)한국출판학회, p.393.

8) 미노와 시게오(2001). 『출판학서설』 참조.

9) 출판학의 연구방법은 각국의 출판 환경과 연구 관점에 따라 차이가 있다. 특히 IFPS의 발표 논문들은 학문과 산업적인 면이 함께 이뤄지기에 분류 기준은 광의적으로 하였다.

의거하여 분류되고 분석되었으며 이를 제시하면 〈표 2〉와 같다.[10]

〈표 2〉 IFPS 발제 논문의 분야별 분류 기준

상위구조	하위 구조
출판이론	출판총론, 출판의 학문적 연구와 방법론, 서지·문헌학, 출판역사
출판교육	교육체제, 교육방법, 교육과정, 교육매체, 전문인 육성책
출판생산	도서, 교과서, 잡지매체, 출판만화의 기획, 편집, 교정, 정서법, 편집디자인, 제판, 인쇄, 용지, 장정, 제책
출판유통	유통시스템, 마케팅, 광고, 선전, 서평, 물류, 가격, 판매, 출판시장, 전통서점, 인터넷서점
출판수용	독자, 독서이론, 독서실태, 독서환경, 독서자료, 출판비평, 도서관
출판환경	출판정책, 출판제도, 출판과 정치, 경제, 사회, 문화의 관계
출판산업	출판산업, 출판기업, 출판현황, 출판전망, 출판환경, 출판정보화, 출판통계, 지역출판, 출판인, 출판경영, 출판회계, 출판개발
전자출판	전자출판론, 멀티미디어 출판, 인터넷을 이용한 출판
출판법률	저작권, 출판법제, 출판법규, 출판번역, 출판윤리
국제출판	국제출판, 국제출판 비교, 출판의 국제협력과 교류

2) 총량적 연구 성과

IFPS에 참가하여 논문을 발표한 국가는 18회까지 모두 15개국에 이른다. 이중에서 18차례 전체에 걸쳐 발제자와 참가자(참가자는 모두 확인할 수 없으므로 발제자에 한정함)를 보낸 국가는 일본과 한국이다. 중국은 1, 3회 포럼을 제외하고는 모두 참석하였고, 필리핀이 5개 포럼, 말레이시아는 4개 포럼, 미국과 홍콩은 각각 3개 포럼에 걸쳐 발표하였다. 또한 영국, 싱가폴, 스리랑카, 사우디아라비아, 캐나다, 프랑스, 브라질, 스코틀랜드가 1~2개 포럼에서 발표하였다. 이중에서 미국, 영국, 프랑스, 캐나다, 스코틀랜드는 주로 2, 4, 9회 포럼에 참가하여 발표한 것이다.[11]

---

10) 분류는 먼저 상위구조를 체계화시킨 다음, 하위구조는 상위구조의 기준을 세분하면서도 참가국의 발제문도 참조하였다.

11) 아시아 국가들을 제외한 미국, 영국, 브라질, 프랑스 등 유럽과 북미와 남미 국가들은 2회, 4회, 9회 포럼에 주로 참가하였는데 일본의 箕輪成男 교수의 각별한 노력이 있었음을 알고 있다. 11회(우한, 중국)에서도 러시아 등에 수차례 통신을 보냈지만 답신이 없었다고 당시 참가국 회장 및 부회장 연석회의에서 邵益文 중국편집학회 부회장의 보고가 있었다.

총량적인 면에서 연구 성과는 매우 크다. IFPS 전체 발제문을 조사한 결과 18회까지 313편의 논문이 발표되었으며 이를 통하여 각국의 연구 동향과 현황을 파악할 수 있는 계기가 되었다. IFPS가 이루어지기 전에는 각국의 출판학 연구, 출판학 교육, 출판업의 현황과 동향을 파악하기가 매우 어려웠지만 IFPS를 통하여 학문적 교류가 이루어짐으로써 학술의 장이 마련된 것이 큰 의미를 갖는다. 서울에서 시작된 1회에 이어 도쿄에서 개최된 2회부터는 학술포럼의 성격을 띠면서 제4회(도쿄)부터 크게 비약하면서 국제회의로 자리 잡기 시작하였다. 한편 참가국이 늘어나면서 내실과 외형적인 모습을 갖추게 되었고 대주제와 소주제를 정하여 운영되기 시작하였다. 18회에 이르는 동안 발표 논문이 10편 미만은 4회, 10편~20편은 8회, 20편 이상 6회였으며, 제6회 베이징 포럼은 32편, 제11회 무한 포럼에서는 무려 41편이 발표되었다. 학술회의에서 이루어진 총량적인 연구 성과는 〈표 3〉과 같다.[12]

〈표 3〉 총량적 성과분석

회 수	1	2	3	4	5	6	7	8	9	10	소계
연도별	1984	1985	1987	1989	1991	1993	1995	1997	1999	2001	150
개최국	Korea	Japan	Korea	Japan	Korea	China	Philppine	Japan	Malaysia	Korea	
발제문	2	9	2	21	8	32	18	19	17	22	

회 수	11	12	13	14	15	16	17	18	소계	총계
연도별	2004	2006	2008	2010	2012	2014	2016	2018	163	313
개최국	China	Japan	Korea	China	Japan	Korea	China	Japan		
발제문	41	23	15	23	14	17	18	12		

3) 분야별 연구 성과

분야별 연구 성과의 분류는 다루기가 순탄하지 않았다. 발제문들의 주제와 내용을 파악해야 하는 부담과 함께 10개 분류기준에 따라 구분하면서 조사자의 주관적 관점에 영향을 받을 수 있기 때문이다. 어려운 경우는 같은 학술포럼에서 동일한 소주제로 발표된 논문도 작성된 내용에 따라 분류가 달라지는 경우도 있었다.[13] 위에서 제시된 분류기준에 따라 정리된 것

---

12) 분석 대상으로 한 논문은 1회~15회에까지 각 주최국 발행 논문집에 게재된 정규 논문에 한정하였으며 지면발표(Paper Present)는 포함하고 논문 이외 개회사 등은 제외되었다.

13) IFPS는 각 포럼마다 대주제와 소주제가 설정되지만, 같은 소주제에서도 논문의 내용에 따라 분류가 달라지는 경우도 있었다. 이는 참가국과 발제자들이 설정 주제에 엄격하게 유의하기 보다는 전공에 따

이 〈표4〉에 있는 분석결과(총괄)이다. 1984~2018년(제1회~18회)까지 10개 분야 중에서 관심이 많았던 1~5 순위를 순차적으로 본다면 출판산업(62편, 19.8%), 출판이론(39편, 12.5%), 출판환경(34편, 10.8%),출판교육(33편, 10.6%), 출판법률(31편, 9.9%)의 순이었다. 6 ~10순위는 출판생산(30편, 9.6%), 출판유통(26편, 8.3%), 전자출판(21편, 6.7%), 국제출판(20편, 6.4%), 출판수용(17편, 5.4%)의 순이었다. 출판산업의 발제가 가장 많았으며 출판수용이 가장 낮게 나타났다. 높은 관심을 보인 상위 세 분야인 출판산업, 출판이론, 출판환경 분야를 다시 살펴본다면 아래와 같다.

〈표 4〉 분야별 분석결과(총괄) (제1회~18회, 1984~2018)

분야별	출판 이론	출판 교육	출판 생산	출판 유통	출판 수용	출판 환경	출판 산업	전자 출판	출판 법률	국제 출판	계
논문수	39	33	30	26	17	34	62	21	31	20	313
구성비 (%)	12.5	10.6	9.6	8.3	5.4	10.8	19.8	6.7	9.9	6.4	100%

〈표 4-1〉 분야별 분석결과(1) (제1회~10회, 1984~2001)

분야별	출판 이론	출판 교육	출판 생산	출판 유통	출판 수용	출판 환경	출판 산업	전자 출판	출판 법률	국제 출판	계
논문수	21	7	12	17	4	14	40	12	11	12	150
구성비 (%)	14.0	4.7	8.0	11.3	2.7	9.3	26.7	8.0	7.3	8.0	100%

〈표 4-2〉 분야별 분석결과(2) (제11회~18회, 2004~2018)

분야별	출판 이론	출판 교육	출판 생산	출판 유통	출판 수용	출판 환경	출판 산업	전자 출판	출판 법률	국제 출판	계
논문수	18	26	18	9	13	20	22	9	20	8	163
구성비 (%)	11.0	16.0	11.0	5.6	8.0	12.3	13.5	5.5	12.2	4.9	100%

첫째, 출판산업 분야는 출판산업과 출판기업에서 환경, 현황, 전망, 통계, 정보화 등이 주요 단위가 되며, 다음이 출판과 직결되는 경영, 회계, 개발이 하위 구조로 되어있다. 각 연구자들의 관심은 출판산업에 대한 현황과 전망, 정보화 방향에 집중되고 있었다. 이는 뉴 테크놀러지

라 다소 자유롭게 작성한다는 의미로 해석할 수 있다.

에 따른 멀티미디어 환경에서 출판산업의 미래 방향에 대한 관심과 각국이 처한 환경에서 이론적 분석의 필요성이 증가되었기 때문으로 보인다. 둘째, 출판이론 분야로서 이 분야의 주요 분과는 출판이론에 대한 총론적 정립, 출판의 학문적 연구와 방법론, 출판의 역사적 연구, 서지와 문헌을 하위 항목으로 정리한 것이다. 출판이론 분야는 총론적 관점에서부터 분야별 이론적 탐구에 이르기까지 관심 영역이 넓었으며 총량적 성과에는 참가국 중에서 한·중·일 세 나라의 학자들이 주도적으로 연구에 정진한 성과로 보여진다. 셋째의 출판환경 분야로서 참가국들의 출판정책, 출판제도, 출판과 정치, 경제, 사회문화와 관련된 논문들이다. 환경에 대한 관심은 출판을 둘러싼 시장 변화와 문화콘텐츠의 비중 증가 등에서 비롯되는 현실과 무관치 않아 보인다. 넷째의 출판교육이었는데 교육체제, 교육과정, 전문인 육성책 등이 하위구조를 이루고 있다. 특히, 17회(2016) 중국 청도포럼에서 '디지털 환경에서 인적자원 편집 역량 강화' 등 교육에 관한 대주제를 설정함으로써 교육에 관한 발제가 많아진 결과로 나타나기도 하였다.

각 포럼마다 주최국에서 정하는 대주제의 설정에 따라 발제문의 양적 분포는 차별적이었다. 초기에는 출판이론과 전자출판을 중심으로 하는 내용이 중심이었다면 2000년대를 지나면서 출판산업 및 출판환경에 대한 주제들이 주류로 떠오르고 있다. 이러한 현상은 IFPS가 각자 자국에서 야기되고 있는 출판의 당면 관심분야를 국제적 공론장으로 끌어들이려 노력했다는 사실에서 알 수 있다(이종국, 2006, pp.195~196).

4) 국가별 관심영역

국가별 관심 영역은 참가국들의 출판학 연구 동향을 알고자 하는 데 있지만 한계성은 있다. 첫째, 국가마다 참가자가 한정적이기 때문에 한 국가의 출판학 연구 방향을 파악하기에 어려움이 있다. 하지만 참가자 대부분은 자국의 출판학 연구에서 중심적인 위치에 있으며 참가국의 학회에서 대표단을 선발하는 경우가 많기 때문에 거시적 동향 파악은 가능하다. 둘째, 각 포럼마다 주최국에 의해 대주제가 선정되며 선정된 주제에 따라 발제문은 작성되지만 대주제의 범위가 크며 소주제에서도 각자의 관심분야를 연계할 수 있다는 점에서 동향 분석은 큰 의미가 있으며 이를 국가별로 본다면 다음과 같다.[14]

첫째, 중국은 참가국 중에서 가장 많은 논문을 발표하여 116편(37.1%)에 이르며 10개 분야 모든 영역에서 발표되었다. 이중에서 빈도수가 높은 분야는 출판산업(23편)이며 다음으로 출판생산(14편), 출판이론(13편)의 순이었다. 발제문은 주로 현황과 전망을 중심으로 다루고 있

---

14) 대주제와 소주제의 범위가 넓고, 발제자의 관점과 자국의 환경에 따라 차이가 있기 때문에 각국의 연구 동향 파악에는 변별력이 있다.

으며, 발제문의 성격은 서구적인 관점에서 보는 논문 체계와는 크게 다르다. 내용면에서는 중국적인 관점을 보여주고 있는데 이는 출판 현장과 결부된 실용적 연구의 결과로 이해된다. 필자가 분석했던 1차 분석(2001년 기준) 전후의 변화를 본다면 빈도순서에는 변화가 없지만 출판수용 분야가 포함되어 10개 영역 전체에서 발제가 이루어졌다.

둘째, 일본은 87편(27.8%)이 발표되었는데 10개 분야 모든 영역에서 발표되었다. 일본의 관심은 출판유통, 출판환경, 출판이론의 순으로 나타났다. 출판유통 분야를 본다면 자국시장과 해외시장에 대한 것이다. 자국시장은 마케팅과 유통의 디지털화, 재판매제도, 온라인 서점 등이며 해외시장은 필리핀과 인도네시아 등 동남아시아 출판문화의 관심이다. 1차 분석 전후의 변화를 본다면 출판교육 영역이 포함되고 출판환경이 출판산업보다 발제 빈도수가 높았다.

셋째, 한국은 74편(23.7%)이 발표되었는데 10개 분야에 모두 분포되어 있다. 한국은 출판환경, 출판이론, 출판법률의 순으로 나타난다. 출판환경은 디지털 출판과 출판콘텐츠가 관심사로 나타나며 출판이론은 디지털화와 출판산업의 미래 전망, 출판법률은 주로 저작권에 관한 것이다. 1차 분석 전후의 변화를 본다면 출판교육과 출판법률의 빈도수가 낮아진 반면에 출판생산과 출판수용 분야의 발제가 높아지는 현상을 보인다.

필리핀은 10편이 발표되었는데 출판유통이 중심이며 말레이시아도 10편을 발표하였는데 국제출판, 전자출판, 출판산업, 출판유통의 빈도가 유사하다. 이 밖의 참가국에서도 발표되었지만 참가 횟수가 적어 분석이 주는 의미는 많지 않다. 현재까지 IFPS의 참가국은 15개국에 이르지만 중국·일본·한국 세 나라가 IFPS를 통하여 발표한 논문은 모두 277편에 이르며 발제 빈도는 88.6%를 차지한다. 필리핀과 말레이시아가 20편(6.4%)를 차지하지만 비정기적으로 참가하고 있다. 이러한 점에서 본다면 아직까지 IFPS는 세 나라가 주도하고 있음을 보여준다. 위의 〈표 5〉는 1회에서 18회 포럼에 이르기까지의 참가국 전체와 발제논문과 관심분야를 분석한 결과이다.

〈표 5〉 참가국과 학문적 관심분야(제1회~18회, 1984~2018)

참가국	발표논문	발표빈도	관심분야
China	116	37.1	모든 분야(10개 분야)
Japan	87	27.8	모든 분야(10개 분야)
Korea	74	23.7	모든 분야(10개 분야)
Philippine	10	3.2	출판유통, 출판산업, 전자출판
Malaysia	10	3.2	국제출판, 전자출판, 출판산업, 출판유통
Singapore	2	0.7	출판환경, 출판산업

Hong Kong	3	0.9	출판산업
Srilanka	1	0.3	출판산업
Saudi Arabia	1	0.3	출판교육
U.K	1	0.3	출판이론
U.S.A	3	0.9	국제출판, 출판산업
Canada	1	0.3	국제출판
France	1	0.3	출판산업
Scotland	1	0.3	출판법률
Brazil	2	0.7	출판이론, 출판산업
계	313 편	100%	-

4. 출판학의 국제 교류와 발전 과제

IFPS를 통한 국제 교류와 미래 발전 방향을 제언하기 위해 기본적인 전제가 필요한데 이는 참가국들의 출판학 연구에 대한 이해의 관점이다. 참가국이 15개국에 이르고 발제문은 313편에 달하지만 한·중·일 세 나라에서만 277편(88.6%)이 발표되어 비중이 매우 높기 때문에 세 나라의 출판학 연구의 목적과 영역에 대한 이해가 필요하며 이는 IFPS의 발전을 위해서도 주요한 일이다.

첫째, 출판학 연구의 목적 비교는 세 나라의 학회들이 정한 한국(定款), 일본(會則), 중국(章程)에서 찾을 수 있다. 한국은 '출판에 관련된 여러 분야의 역사적·현상적인 면을 조사·연구'하는데 중심을 두며, 일본은 '출판 현상에 대응한 조사·연구를 촉진'하는 방향에 우선 두고 있다. 반면 중국은 '출판물의 편집 이론과 편집 업무에 관한 연구와 사회주의 건설 기여'에 비중을 두고 있다. 한국과 일본의 출판학 연구는 방향의 차이는 있으나 목적에서 유사성을 보인다. 반면 중국은 사회주의 건설에 기여한다는 목적을 표방함으로써 연구의 보편성에서 벗어날 소지도 있어 보인다(이종국, 2006, pp.182~191 참조).

둘째, 출판학 연구의 영역 비교이다. 세계적인 추세로 볼 때, 출판을 학문적 연구 대상으로 삼아 출판학으로서 연구 영역을 건립하려 노력한 나라는 한국과 일본이 선두 사례에 해당된다. 이는 출판이라는 어휘에 연구(study)나 학(학문,science)이라는 접미어를 붙여 출판연구(publishing studies)라 부른다든지, 출판학(publishing science)이라 규정한 학문적 경험을 선험한 사실을 말한다(이종국, 2004, p.218). 반면에 중국은 출판학과 더불어 편집학을 내세워 제반 편집 현상을 연구하는 유일한 나라다. 이는 일찍이 편집적인 발상이나 그 실현(죽간 등의 조성)에 의해 중원의 문화와 문명을 일으켰다고 믿는 중국인 특유의 인문적 정서에 바탕한다(이종국, 2004, p.238). 중국에서 편집학과 출판학의 두 분야의 차이점을 든다면, 편집학은 매체 창출을 위한 정신노동 과정(기획, 설계, 조직, 가공: 응용설)과 그에 따른 일련의 현상을 연구하는 학문 분야라 해석된다. 이에 비해 출판학의 경우는 정신노동으로 이룩된 성과를 물화(物化)하는 경제적 행위(기획, 복제, 유통, 판매: 모순설)와 그에 따른 일련의 현상을 연구하는 학문 분야라 인식되고 있다. 지금까지 중국의 경우 편집학과 출판학에 대한 견해는 크게 세 가지의 이해로 나타남을 볼 수 있다. ① 편집학은 출판학의 한 분과 구조로 예속되고 ② 출판학은 상대적으로 편집학에 예속되며 ③ 편집학과 출판학은 상호 예속 관계가 아니라 각각 독립적인 연구 분야라고 보는 견해들이 그것이다(이종국, 2004, p.252).

이처럼 IFPS의 주요 3국을 대상으로만 본다면 한국과 일본은 유사한 연구 경향을 띠고 있지만, 중국은 편집 실무와 사회주의 건설에 중심을 두고 있음을 볼 수 있다. 하지만 세 나라는 한자 문화권의 배경과 출판·책·독서로 이어지는 숭서 이념 등에서 확고한 공통 인식을 가지고 있다. 이처럼 세 나라의 공통점을 발전시켜온 것이 IFPS이고 국제간의 출판학술 교류였다. 앞으로 IFPS는 참가국이 지향하는 연구 목적을 이해하고 공통점을 찾아 보다 나은 미래로 나아가야 한다. 다음으로 이러한 기본적 전제 위에서 IFPS의 발전을 위해 현안적 과제와 발전적 과제로 구분하여 제시하면서 마무리 하고자 한다.

1) 현안적 과제

첫째, 국제출판학술회의(IFPS)는 지속적으로 발전시켜 세계적 지평으로 확대되어야 한다. 이 포럼은 세계에서 유례를 찾을 수 없는 국제회의로서 중단 없이 계속되어 왔다. IFPS를 통한 인간적, 학문적 교류는 원활해졌으며 여러 형태의 학술 교류와 협력은 다양해졌다. 자국의 출판학 연구, 출판학 교육, 출판산업에 끼치는 영향은 넓어졌으며 출판의 국제연구와 비교연구도 가능해졌다.

둘째, 국제출판학술회의(The International Forum on Publishing Studies) 명칭표기의 통일이다. 제1회부터 공식 사용되어 왔던 명칭이 개최국마다 동일하게 사용되지 않는 경우가 있다. 개최국의 국어와 영어가 동시 표기되어야 하며 포럼의 모든 제작물(발제집, 프로그램 등)에서 동일하게 사용되어져야한다.

셋째, 발제집의 영문요약이다. 제12회 발제집(도쿄, 2006)부터 한·중·일 3개 국어만 표기되어 국제포럼으로서 한계성과 미흡성이 많았다. 향후 포럼부터 본문은 3개 국어로 표기하되 각 발제문 최종 한 페이지에 한정하여 영어로 논문제목, 발제자명, 국가명, 소속명, 내용 요약, 키워드가 표기되도록 해야 한다. 제18회까지 전체 영문 목록 정리에서 5개 포럼은 영문 목록 이 없어 필자가 번역했으며 영문표기가 없는 발제자명은 자국어로 표기되었다.

넷째, 주제 영역의 설정 문제이다. 출판학의 연구 영역을 10개 정도 분야로 구분하여 한 포 럼에서 일정 영역으로 한정하고 세션을 구분하여 집중 탐구하는 것이 효율성이 있을 것이다. 현재와 같이 대주제와 소주제로 제시하면 유동성은 있지만 발표 영역이 모호해지면서 연구의 집중력이 떨어지는 경향이 있다.

다섯째, 이론출판학(학문적 접근)과 기술출판학(산업적 접근)의 구분이 필요하다. 현재까지 발제문은 출판산업, 출판환경 등 시의적이고 산업적인 접근 문제에 비중을 두어온 사실을 배 제하기 어렵다. 기술출판학의 비중만큼 이론출판학에도 관심을 두어야 한다. 출판학 연구가 출판업의 번영을 다지는 이론적 초석만이 아닌 독립학문으로서 과학적이고 체계화인 연구에 비중을 두어야 한다.

여섯째, 출판학 교육의 지속적인 관심과 논의가 필요하다. 출판학 연구와 출판학 교육은 동 전의 앞면, 뒷면과 같다. 연구 없는 출판은 희망이 없고, 교육 없는 출판은 미래가 없다. 출판학 연구와 같은 비중으로 출판학 교육에 대한 참가국들의 큰 관심이 필요하다.

2) 발전적 과제

첫째, 국제출판학회(The International Publishing Science Society) 설립이다. IFPS 초창 기부터 제기되어 왔던 '국제출판학회'의 필요성은 아직 미완이다. 새로운 도약을 위해 상설화 된 사무국의 필요성이 제기된다. 학회사무국은 정기적이고 채널화 된 학술교류를 꾀하고 관심 있는 국가들의 참여를 유도하며 미래 방향의 설정과 학문적 성과의 향상을 기할 수 있을 것이 다. 학회의 설립이 쉽지 않다면 각국 출판학회 회장 및 대표들의 협의체인 '국제출판학회장협 의회'가 선행되는 것도 방법이며 협의회 의장을 선출하여 발전을 위한 추진력을 갖추게 하는 것이 가장 현실적인 방안으로 보인다.

둘째, 운영기금의 확보이다. 국제출판학회가 설립된다면 기금 확보가 중요하다. 현재와 같은 개별국가 차원에서 재정확보는 어렵다. 학회가 구성된다면 자국의 유력재단 혹은 유네스코, 아시아·태평양지역 유명재단의 지원을 기대할 수도 있을 것이며 기금을 확보한 다음에 학회를 구성할 수도 있을 것이다.

셋째, 연구 성과 초록집의 출판 검토가 필요하다. 35년 간 18회에 이른 IFPS의 연구 성과는 묻혀있으며 포럼에 참가한 일부 학자들만 갖고 있을 뿐이다. 연구 성과의 리스트와 초록집을 제 작하여 참가국의 회원들에게 배부하여 더 나은 연구 성과를 기대해야 하며 한편, 참가국의 정 부와 대표 출판단체에 배포하여 IFPS의 존재감을 부각하면서 협력을 이끌어낼 필요성이 있다.

넷째, 영어판 국제출판 학술저널의 발행이 필요하다. 현재 동북·동남아시아 권역의 출판학회와 학술단체를 대상으로 한 영문저널의 발행을 검토할 필요가 있다. 영문저널의 역할은 중요하며 이를 기반으로 아시아·태평양지역으로 확대해 갈 수 있을 것이다. 이에 대한 논의가 필요한 시점이 되었다.

다섯째, 아시아·태평양지역으로 확대해 나가야 한다. 현재 한·중·일에서 벗어나 일차적으로 동남아시아의 필리핀·말레이시아·인디아·베트남·싱가포르 등의 학회 혹은 학술단체와 협력하고, 이차적으로 뉴질랜드·오스트레일리아와의 협력을 구축하여 IFPS에 참여시키는 방안이 필요하다. 그럼으로써 아시아·태평양지역을 대상으로 하는 국제출판학회의 설립을 실현할 수 있고 영어권인 뉴질랜드와 오스트레일리아를 통해 유럽과 북미의 연계도 가능해질 것이다.

■ 참고 문헌

김희락(1985), 「제2회 국제출판학술발표회 참가보고」, 《제38차월례연구발표회보》, 서울 : 한국출판학회.

김기태(2004), 「제11회 IFPS 참관기」, 「한국출판학회회보」 통권49호, 서울 : 사단법인 한국출판학회.

김정숙(2000), 「21C 한국 출판학 연구의 전망과 출판교육의 방향」, 『한국출판학연구』 제42호, 서울 : 사단법인 한국출판학회.

南奭純(2004a), 「國際出版學術會議의 學問的 成果와 研究傾向」, 『第11回國際出版學術會議 論文集』, 中國 武漢 : 中國編輯學會·湖北編輯學會.

남석순(2004b), 「출판연구의 국제동향과 방향 분석」, 『한국출판학연구』 통권 제47호, 서울 : 사단법인 한국출판학회.

남석순(2014a), 「출판학의 국제교류와 발전 방향」, 『제16회 국제출판학술회의 논문집』, 서울 : 사단법인 한국출판학회.

남석순(2014b), 「출판학 연구의 국제 동향과 방향 분석(II)」, 『한국출판학연구』 통권 제68호, 서울 : 사단법인 한국출판학회.

미노와 시게오 저, 민병덕 역(2001), 『출판학서설』, 서울 : 범우사.

민병덕(1995), 범우사 기획실 편, 『출판학원론』, 서울 : 범우사.

부길만(2017), 『출판학의 미래』, 서울 : 일진사.

이종국(2006), 「국제 출판학술 교류의 발전적 지향을 위한 연구」, 『출판연구와 출판평설』, 서울 : 일진사.

이종국(2000), 「한국에서의 출판학 연구 : 관심과 방법, 성과의 이해를 중심으로」, 한국출판학회30년사편찬위원회 편. 『한국출판학의 사적 연구—한국출판학회30년사』, 서울 : 사단법인 한국출판학회.

이종국(2006), 「국제 출판학술 교류의 발전적 지향을 위한 연구」, 『출판연구와 출판평설』, 서울 : 일진사.

이종국(2004), 「출판학과 편집연구의 상관성-중국에서의 출판학과 편집학 연구경향을 중심으로」, 『한국출판학연구』 통권 제46호, 서울 : 사단법인 한국출판학회.

彭建炎(1991). 『出版學槪論集』. 長春 : 吉林大學出版社.

본고에서는 지면 제약으로 국제출판학술회의(IFPS) 제1회~18회(1984~2018) 전체 발제논문 목록에서 제16회(2014)~18회(2018)까지 영문목록만 게재하였다. 참고가 필요시는 ① 제1회~10회(1984~2001)까지 南奭純(2004), 「國際出版學術會議의 學問的 成果와 研究傾向」, 『第11回國際出版學術會議 論文集』(武漢 : 中國編輯學會·湖北編輯學會, pp.1~24, 참조 및 남석순(2004), 「출판연구의 국제동향과 방향분석」, 『한국출판학연구』 통권 제47호. pp.67~90, 참조

② 제11회~15회(2004~2012)까지 남석순(2014), 「출판학의 국제교류와 발전 방향」, 『제16회 국제출판학술회의 논문집』 pp.9~40 및 남석순(2014), 「출판학 연구의 국제 동향과 방향 분석(II)」,

『한국출판학연구』통권 제68호, pp.59~84 참조하기 바람 ③ 제12회 발제집(도쿄, 2006)부터 한·중·일 3개 국어만 표기되고 영문요약의 누락이 심하여 논제와 인명은 필자에 의해 영문 번역되었음을 밝힌다.

□ The 16th(Seoul Korea, 2014)

Nam Seok-Soon(Korea), IFPS 30th Anniversary Special Issue : International Exchange for Publishing Science and Its Future Directions.

Masao Shibata(Japan), The significance of international exchange in publishing studies

Lee Chong-Kook(Korea), Evolution and cultural development of books.

山田健太(Japan), Freedom of press and the "public nature" of the digital age.

康南(Xin Kang Nan, China), Evolution and cultural development of books.

Roh Byung-Sung/Kwon Oh-Park(Korea), Publication industry and culture development.

UEMURA Yashio(Japan),The present condition of a fostering-of-industries measure and examination which made globalization of the publication a background.

周建森(Zhou Jian San, China), Publication industry and culture development.

Lee Ki-sung(Korea), The development and transition of the Korean Publishing Industry and IT.

湯淺俊彦(Japan),New Cultural Creation Which Electronic Publishing Brings About : Scientific E-books and Change of Publishing Industry.

Wang Peng Fei(China), IT & Changes and Development of Publishing Industry.

Julie Han(Korea), International Copyrights Exchange in the Korean Publishing Industry.

田北康成(Japan), International system design and dispute resolution of intellectual property rights in the publishing industry.

Wang Zhi Gang(China), Analysis of copyright policy environment of digital publishing industry.

Kim Jeong Suk(Korea), A guideline of the Korea Reading policy.

Seiichi Higuchi(Japan), Significance of "reading promotion"in the changing environment for publishing and reading.

LI Jian Wei/YANG Yang(China), Current situation and research of Chinese core periodical evaluation.

□ The 17th(Qingdao China, 2016)

Kim Ki-Tae(Korea), The Protection of the Publisher's right to edit.

Kim Sun-Nam(Korea), A Study on the Job Satisfaction of Publishing Editors.

Kim Teong-Suk(Korea) / Cui Yan(China), A Study on the Qualities and Evaluation System of Editing Talents.

Yoon Jae-Jun(Korea), Internet technology and publishing planning.

Lee Jae-Yeong / Kwon Ho-Soon(Korea), A Study on Editing and Publication Education in New Media Environment.

Lee Wan-Soo(Korea), Publishing industry development trend and editorial talents : From the record of God to the communication about human being.

郝振省(China), The dual effects of digital publishing and the two goals of nurturing talent.

龔莉(China), The Publisher Digital Editing System and 7th Birthday.

杜賢(China), Item planning of the Internet + Era.

周安平/裎晋(China), Study of Rights and Protection of Book Publishing Compilation.

龍仕林(China), Problems and Countermeasures that exist in the right to edit book under the digital background.

李慧平(China), Growth environment of editing seen from the perspective of ecological anthropology.

清水一彦(Japan), Development Trends of Publishing Industry and Current Status and Tasks of Bilingual Supply and Demand.

紫野京子(Japan), Digital Native and Publishing Media Education.

富川淳子(Japan), Editors Educational Environment - Atomic Women's Unversity Case Center Review of booklet production methods in university publishing education.

堀鐵彦(Japan), Internet technology, Pullman items and planning - Netfast-type Publishing Planning related Report.

山田健太(Japan), Fostering editorial competence-Study of publishing editing ethics.

樋口清一(Japan), Publisher status and Publishing contract in Copyright Law.

□ The 18th(Tokyo Japan, 2018)

Choi, Nak Jin(Korea), Historical Point of Korean Publishing .

Kim, Sun Nam(Korea), Viewpoint of Korean Publishing Industry.

Kim,Jeong Suk(Korea), New Perspectives on Publishing Media and Publishing.

Kong, Byoung Hun(Korea), A Study on Technology Strategies to Improve Intertextuality of Book Contents.

陳海燕(China), Changes in Paper Media Publishing.

周百義(China), Internet Literature in China.

郝振省(China), New Publishing New Reading New Editing.

蘇雨恒(China), The New Trend of Educational Publishing in the Digital Age.

張賽帥 ((Japan), Development and Acceptance of Japanese Academic Journals in Shanghai Before World War II.

山崎隆広(Japan), A Study of the Industrial Point of View Around the Representation of ⟨Others⟩ in Postwar Magazine Media.

和泉澤衞, (Japan), Trends and Challenges of Copyright System Related to Publishing.

近藤友子(Japan), Barrier-Free Type Publications-Information Technology Advances and New Reading Media ⟨end⟩.

해외 출판학에 대한 연구

신 종 락*

■■■

1. 머리말

우리나라는 '금속활자를 가장 먼저 발명한 나라'이고 세계 출판 10위 권의 출판 대국이라고 흔히 이야기하지만 이것에 걸맞은 교육기관이나 연구기관은 부족한 편이다. 한때 4년제 대학에 출판학과가 개설되기도 했지만 얼마 가지 않아 폐과되는 안타까운 경우도 있었다. 지금은 전문대학의 학부에 출판관련 학과가 설치되어 있고 몇몇 대학교는 신문방송학의 유관 대학원에 출판관련 강좌를 개설하고 있다.

상황이 이렇다보니 기존의 전문대학에서도 출판학과가 폐과되는 경우도 있고 학과의 이름을 바꾸는 경우도 간간이 있다. 출판관련학과 지원 학생 수가 부족하다보니 비인기학과로 간주되어 학교에서도 찬밥 신세가 되고 연구자들도 출판학을 연구하기 어려운 상황에 봉착해 있다.

이러한 현상은 출판학이 '실용학문', '출판현장학습 학문 등 취업을 위한 지식을 얻기 위한 학문으로 간주되어 출판 현장의 경제 상황에 따라서 출판학과의 인기도도 달라지고 그에 따라 출판학 지원자 수도 큰 폭으로 변하는 것을 볼 수 있다.

이에 반해서 유럽에서 금속활자를 가장 먼저 발명한 독일에서는 몇 개 종합대학이 출판학과를 운영하고 있다. 마인츠, 라이프치이, 슈튜트가르트 대학은 오랜 기간 출판학과를 유지해오고 있다. 이 대학들은 출판학 실용학문도 하지만 순수학문도 비중이 크기 때문에 출판산업의 경제적 상황에 따라서 학생 수가 늘거나 줄지 않고 일정한 편이다. 오히려 대학에서는 출판학에 대한 이론연구가 활발한 편이다.

---

* 성균관대학교 겸임교수

진로와 밀접한 관련을 맺고 있는 우리나라 대학의 출판학과는 출판산업의 경제 상황에 종속되어 있는 편이다. 하지만 이러한 상황이 비단 한국만의 일은 아니다. 독일과 중국을 제외하고는 거의 모든 나라에서 일어나는 현상이다.

출판학을 제도적으로 안착시키고 연구자들이 제대로 연구하기 위해서는 학문으로서의 출판학을 제대로 정립할 필요가 있다.

본 서술에서는 중국과 일본 그리고 유럽에서는 출판학이 어떻게 이루어지고 또 어떤 커리큘럼을 갖고 연구를 하는지 살펴보고 동시에 우리나라에서는 외국 출판에 관해서 어떤 연구가 있는지 조사해 보도록 한다.

2. 동양 출판학 연구

1) 중국

한국출판학회가 1984년부터 중국출판학 유관기관과 교류를 했기 때문에 중국의 출판에 관한 연구와 관심이 큰 편이다. 처음에는 중국출판에 관해서 학문적 입장에서 접근했고 2000년 이후에는 수출에 관한 상업적 입장에서 접근했다. 출판에 관한 논의를 위해 서울에서 처음으로 한중 학술회의가 열렸다.

중국은 출판학을 편집학이라는 말로 대신하고 있다. 중국에서는 편집학이 쓰이고 후에 출판학이라는 단어가 쓰이긴 하지만 공통적으로 지향하는 바는 일치한다고 볼 수 있다. 중국편집학회의 임무를 보면 "출판물 편집에 관한 이론연구와 학술활동, 연구업무의 계획, 학술토론회, 해외 출판편집 학회와 연계 및 국제간 학술, 자료 교류 등을 추구한다."라고 규정하고 있다(이종국, 2004, 210쪽).

한국출판학회에서 발행하는 한국출판학연구를 기준으로 중국과 관련된 논문을 분석해 보면 2017년 최근까지 약 45건의 논문이 보이고 있다. 그 중에서 중국의 출판산업 분야의 논문이 5편으로 가장 많고 그 다음에 저작권법에 대한 논문이 4편으로 많은 편이다. 잡지관련 논문도 4편으로 주로 중국학자들이 저술했다. 그 외, 중국출판사, 출판문화, 중국문학, 한류와 번역, 동북공정, 중국의 출판 콘텐츠, 중국과 학술교류, 중국 편집학, 현대소설, 출판연구, 출판교육, 검열, 서지연구 및 디자인에 대한 연구 등이 진행되었다.

출판 산업에 대한 연구에서 중국의 시장 경제 도입에 따라 변화하는 출판 및 언론의 자유에 따라 한류를 이용한 수출전략 문제가 제기되고 있다. 또 다매체를 소유한 출판 기업이 진출해야 하고 에이전시를 활성화하고 유능한 번역가를 양성해야 한다는 주장이 언급되고 있다.(김

진두, 2007)

저작권법 분야 연구에서 2000년 이후부터 문화콘텐츠의 교류가 활발한 상황에서 상호 분쟁의 소지가 빈번한데 이러한 분쟁을 해결하기 위해서 한국과 중국의 저작권법을 비교 분석한 논문이 나왔다. 또 중국학자에 의해서 중국의 저작권 산업이 중국 국민 경제에 미치는 영향을 분석한 논문이 나왔다(조빙, 2015).

2) 일본

일본 출판학이 발생하게 된 배경은 출판현상에 대한 분석과 출판연구에 대한 필요성이 제기되었고 후세양성을 위해서 출판교육이 제기되었다.

일본의 경우, 출판연구에 대한 필요성은 저명한 편집자 중의 한 사람이던 시미즈 히데오에 의해 제기되었다. 그는 출판이 매스커뮤니케이션이라고 하는 것을 인정하면서도 매스컴학과는 달리 출판학을 수립해야 한다고 하면서 '출판학'이란 말을 처음 사용했다. 미노와 시게오는 출판학에 대한 견해를 새롭게 제시했다. 출판학은 지식, 정보의 모든 환류과정이라 파악하는 광의적인 해석으로 그 범위를 확장시켜야 한다는 견해를 밝혔다(이종국, 2004, 205쪽). 대표적인 출판연구단체가 일본출판학회인데 추구한 목적은 다음과 같다.

"본 학회는 출판 및 그에 관련되는 사항의 조사 연구를 촉진하고 연구자 상호의 협력과 연락을 도모하며, 아울러 내외의 학술단체, 연구기관과 협력하여 이로써 출판문화 향상에 이바지하는 것을 목적으로 한다."라고 규정하고 있다. 이는 결국 일본출판학회의 목적이 출판의 조사 연구를 촉진해서 출판문화 향상에 기여하는 것임을 알 수 있다(이종국, 2004, 206쪽).

일본출판에 관한 연구는 약 9건에 이른다. 일본의 근대 저작권이 한국 저작권 법제에 미친 영향과 근대 일본의 출판통제정책이 연구되었다(김기태, 2011). 한국과 일본의 초등학교 교과서 디자인에 관한 비교 연구도 있었다(민경희, 2014). 일본의 총서출판과 현대 출판산업에 관한 연구도 진행되었다(문연주, 2007). 또 일본 소설의 국내 번역출판에 관한 연구도 이루어졌다. 유비쿼터스 출판환경에서 일본의 새로운 출판산업으로 부각되는 모바일 출판시장, 새로운 정보기술, 디지털환경에서 새로운 저작권 보호정책에 대한 연구가 진행되었다(백원근, 2007).

3. 서양 출판학 연구

1) 미국

미국 출판에 관한 논문은 4건에 이른다. 초등 교과서 편집디자인 개선을 위한 미국 사례를 비교한 논문(김덕순, 2014)이 있고 미국 출판교육에 관한 논문도 있다(노병성, 2003). 또 미국 도서관협회의 금서 주간과 PR활동에 관해서 연구한 논문도 있다. 유럽과 미국 사례를 중심으로 전자출판에 관한 현황과 발전 방향에 관한 연구 논문도 있다(이용준, 2000). 하지만 중국과 일본에 비해서 논문 수가 많지 않은 편이다. 미국의 출판 연구 및 교육기관은 오랜 전통을 갖고 있으며 유수 대학이 출판 및 출판 유관학과를 운영하고 있다. 여기서는 미국 주요대학의 커리큘럼을 게재해서 미국의 출판 교육과정을 알아보고자 했다.

(1) 뉴욕 대학교 New York University

이 대학의 출판 수업은 주로 현장에서 업무에 바로 적용할 수 있는 출판지식을 학습한다. 최근에는 디지털 출판에 중점을 두고 책 출판 및 잡지 매체에 집중하고 있다. 최근의 출판 트렌드에 적응할 수 있도록 디지털 플랫폼 및 소셜 미디어에 대한 학습을 진행한다. 이 프로그램에서는 다양한 콘텐츠를 편집하고 마케팅, 홍보, 영업 등 비즈니스 개발을 포함해서 창의적 콘텐츠 개발 및 구성에 중점을 두고 있다. 이론과 실습을 병행할 수 있도록 출판 단기 과정 코스도 있다.

담당 교수는 출판사 현직에 근무하는 경험과 학식이 풍부한 임원도 포함된다. 이중에는 편집전문가 그리고 최신 비즈니스 전략은 물론 네트워킹 디지털, 마케팅 및 판매 이사 등도 있다. 또한 업계 경영의 자문위원들이 학생들의 관심사를 지원하고 업계 리더인 선배들도 초청해서 선진 지식을 공유한다. 수업은 교실에서뿐만 아니라 잡지, 서적 및 디지털 미디어 회사에 대한 견학을 통해 이루어진다. 저명한 초청 연사 강연 및 미디어 주제에 관한 공개 포럼을 통해 전문 지식을 습득하고 학생들은 인턴쉽을 경험함으로써 업계 인력 네트워크을 형성할 수 있는 장점을 가질 수 있다.이 프로그램을 통하여 학생들은 로마, 프랑크푸르트, 런던, 상하이의 업계 모임 및 컨퍼런스에 참여할 수 있다. 이 프로그램의 큰 장점은 새로운 미디어 벤처 기업을 위한 혁신적인 비즈니스 계획 개발과 관련된 대학원 논문을 업계 리더에게 발표하고 빠르게 진화하는 업계와 산학 협력하는 방안을 찾을 수 있다.

핵심적인 커리큘럼은 도서 출판 개요, 잡지 미디어 개요. 진화하는 시기의 경영 관리 및 리더십, 멀티미디어 재무 분석 소개, 마케팅 및 브랜드 개요, 출판 및 인터넷 법률, 디지털 미디어 개요 등 중요한 기본 지식과 미디어 콘텐츠 개발, 미디어 마케팅 및 유통, 미디어 수익성 등을 학습한다.

뉴욕대학교 출판 석사 교육 과정의 커리큘럼은 다음과 같다.

⟨표 1⟩ 뉴욕대학교 출판 석사 교육 과정

Core Curriculum / 핵심 과정	
Introduction to Book Publishing	도서 출판의 개요
Introduction to Magazine Media	잡지 미디어의 개요
Management and Leadership in Transitional Times	변화하는 시기의 경영 관리 및 리더십
Intro to Multimedia Financial Analysis	멀티미디어 재무 분석 소개
Multimedia Financial Analysis II	멀티미디어 재무 분석 II
Introduction to Marketing & Branding	마케팅 및 브랜딩의 개요
Publishing & Internet Law	출판 및 인터넷 법률
Introduction to Digital Media	디지털 미디어 개요
Media Content Development / 미디어 콘텐츠 개발	
Editing Creative Content	편집 크리에이티브 콘텐츠
Book Acquisition & Editing	도서 수집 및 편집
Web Architecture & Content Creation	웹 구성 및 콘텐츠 제작
Desktop Publishing	데스크탑 퍼블리싱(DTP 출판)
Advanced Desktop Publishing	중급 데스크탑 퍼블리싱(DTP 출판)
Children's Book Publishing: An Intensive	아동도서 출판 집중과정
Media Marketing and Distribution / 미디어 마케팅과 유통	
Book Distribution, Merchandising, & Sales	도서 유통, 머천다이징, 판매
Magazine Consumer Marketing & Audience Development	잡지 독자 마케팅과 구독자 발굴
Media Advertising	미디어 광고
Media Profitability / 미디어 수익성	
Magazine Brand Financials	잡지 브랜드 재정
Book Publishing Financials	도서 출판 재정
From Idea to Empire: New Business Development	아이디어에서 기업으로: 신사업 개발하기
The Global Marketplace: Challenges & Opportunities	글로벌 시장: 도전과 기회

Electives / 선택과목	
Advanced Book Seminar	중급 도서 세미나
Advanced Magazine Seminar	중급 잡지 세미나
Advanced Management Seminar	중급 경영 세미나
Advanced Media Seminar	중급 미디어 세미나
Advanced Digital Seminar	중급 디지털 세미나
Advanced Law Seminar	중급 법률 세미나
Advanced Marketing Seminar	중급 마케팅 세미나
Internship in Publishing	인턴십 프로그램

주소: 11 West 42nd Street, New York, NY 10003
전화: 1-202-998-7100
메일: sps.gradadmissions@nyu.edu
웹페이지: http://www.scps.nyu.edu/academics/departments/publishing/academic-offerings/summer-publishing-institute.html

(2) 예일대학교 Yale University

예일대학교에서는 출판전문가코스로 여름 집중강좌 과정을 두고 있다. 이 과정은 잡지 미디어 리더십 전략과정(Leadership strategies in Magazine Media)과 도서출판 리더십 전략과정(Leadership strategies in Book Publishing)으로 나뉜다. 이 과정에서는 출판에 꼭 필요한 핵심과정을 이수할 수 있으면 출판의 새로운 트렌드를 학습할 수 있는 기회이기도 하다.

일주일 단기과정에서는 잠재성, 창조성, 상상력 등을 기반으로 미디어 사업을 관리 및 유지, 확장 그리고 창조하는 지식을 습득한다.

예일대학교의 출판 교육 과정의 커리큘럼은 다음과 같다.

〈표 2〉 예일대학교 출판 교육 과정

Leadership strategies in Magazine Media / 리더십 전략 잡지 미디어 과정	
Creating and Publishing Video Content to Reach its Full Potential	비디오 콘텐츠 창작 및 출판으로 모든 잠재력 동원
Taking Back the Conversation	컨버세이션으로 다시 돌아가기
The Optimistic Future for Magazines	잡지에 대한 낙관적인 미래
Reinventing - and Inventing - Media Brands	미디어 브랜드의 창조와 재창조

Creative Destruction in Magazine Media	잡지 미디어의 창조적 파괴
Managing Publishing Risk in the Digital Age	디지털 시대의 출판 경영의 위험 요소
Visual Thinking	시각적 사고
Editorial is Business, Too	편집도 비즈니스다
Publishing Native in a Digital World	디지털 세계에서 출판 네이티브
Changing Corporate Culture to Compete Effectively in a Digital-First World	디지털 우선 세상에서 기업문화 변화를 통한 효과적인 경쟁
How to Edit a Brand	브랜드 편집 방법
Paid Content is the New Black	유료 콘텐츠는 새로운 대세
License Your Content to Increase Revenues	수익을 높이기 위한 콘텐츠 라이센스
5 Things Editors and Publishers Can Do to Survive Digital Disruption	디지털 혼란시대에 편집자와 발행인이 살아남는 5가지
The Power of Truth	진실의 힘
Sustaining Growth through Diversification	다양화를 통한 성장 유지
Managing Organizational Change	조직의 변화 관리
Leadership strategies in Book Publishing / 리더십 전략 도서 출판 과정	
Financial Realities in Print and Digital Book Publishing	인쇄 및 디지털 도서 출판 재무 실제
Leveraging Your Brand and Attracting Audiences	브랜드 영향력 증대와 독자 증가
Analyze, Mobilize, Socialize	분석, 활동, 사회화
Thinking like a Reader	독자처럼 생각하기
Creative Destruction in Book Publishing	도서 출판의 창조적 파괴
Libraries & Publishers	도서관과 출판사
Becoming a Truly Global Publisher	진정한 글로벌 출판사 되기
Strategies for Survival in an Age of Globalization	세계화 시대의 생존 전략
Visual Thinking	시각적 사고
Adapt or Perish	적응 또는 소멸
Would You Publish This Book?	이 도서를 출판하겠습니까?
Publishing Today and Tomorrow	출판의 현재와 미래
Unique Stories, Unique eBook Experiences	독특한 스토리, 독특한 전자책 경험
Questioning the Basics	기본 사항에 대한 질문

A Wall Street Perspective on the Publishing Industry	출판업계에 대한 월스트리트 전망
Publishing in the Age of Globalization	세계화 시대의 출판
Faster, Better, Simpler	더 빠르고, 더 낫고, 더 단순하게
Traditional Publishing Enters the Digital Era	디지털 시대에 전통 출판의 진입
Managing Organizational Change	조직의 변화 관리

주소: P.O. Box 208320, New Haven, CT 06520
전화: 1-203-436-4545
메일: publishing.course@yale.edu
웹페이지: http://publishing-course.yale.edu/

2) 캐나다

(1) 사이먼 프레이저 대학교 Simon Fraser University

Simon Fraser University의 Communication, Art and Technology 학과의 출판학 전공은 단기 전문 출판 워크샵에서 인쇄 및 디지털 출판 학부 및 대학원 석사 프로그램에 이르기까지 모든 단계에서 교육 및 전문 지식과 정보를 제공한다. 캐나다 출판 연구소는 변화하는 출판 세계에 대한 학계 및 업계 통찰력을 제공하는 연구 기관이다.

출판 강좌는 학부와 석사 과정에 개설되어 있으며 워크샵 과정도 제공된다. 특징은 이론 교육과 실기 과목이 골고루 분포되어 있는데 출판 역사 등 이론 강좌에 비중이 있는 편이다.

출판 석사 (MPub) 프로그램은 캐나다에서 출판을 위한 대학원 학위를 제공하는 유일한 프로그램이다. SFU의 학부 과정은 학생들이 출판 또는 관련 문화 산업 분야에서 취업 할 수 있는 기반을 제공한다. 최고의 출판 교수진으로 구성된 이 워크샵은 출판 전문가 양성을 위한 캐나다 최고의 교육장이다. 2014년부터는 초대 총장의 이름을 딴 로울리 로리모Rowly Lorimer 출판상을 제정해서 학생들에게 수여하고 있다.

사이먼 프레이저 대학의 출판 교육 과정의 커리큘럼은 다음과 같다.

〈표 3〉 사이먼 프레이저 대학 출판 교육과정

분야	커리큘럼	
출판기획	Topics in Publishing Management	출판경영에 관한 주제
	The Business of Book Publishing	도서출판의 비즈니스
	The Publishing Process	출판 프로세스

	Marketing for Book Publishers	출판사를 위한 마케팅	
	Online Marketing for Publishers	출판사를 위한 온라인 마케팅	
편집	Editorial Theory and Practice	편집의 이론과 실제	
편집디자인	Design & Production Control in Publishing	출판에서 디자인과 제작관리	
	Publication Design Technologies	출판물 디자인 기술	
	Graphic Design	그래픽 디자인	
기타	Design Awareness in Publishing Processes and Products	출판과정과 결과물의 디자인 인식	
	Technology & Evolving Forms of Publishing	출판의 기술과 형태의 전개	
	History of Publishing	출판의 역사	
	Publishing Industry	출판산업	
	Publishing Technology Project	출판테크놀러지 프로젝트	
	Internship Project Report	인턴십 프로젝트 리포트	
	Publishing Internship	출판 인턴십	
	Technology and the Evolving Book	기술과 도서의 진화	
	Publishing Practicum	출판교육실습	
	Publishing Workshop	출판워크숍	
	Special Topics in Publishing	출판의 특별한 주제	
	Directed Readings in Publishing	출판의 직접 읽기	

주소: Simon Fraser University, 515 West Hastings Street, Vancouver BC, Canada V6B 5K3, Publishing Program Advisor, Room 3576

웹페이지: http://publishing.sfu.ca/

3) 영국

(1) 옥스퍼드 대학 Oxford Brookes University

옥스퍼드 브룩스 (Oxford Brookes)의 퍼블리싱 미디어 (Publishing Media) 석사과정은 관련 이론과 실습을 결합하고 적절한 지식과 기술을 갖추어 출판 및 관련 미디어 산업에서 높은 취업 가능성을 제공한다. 옥스퍼드 브룩스 (Oxford Brookes)의 퍼블리싱 미디어 (Publishing Media)의 MA는 21 세기의 출판 업계가 직면 한 주요 문제를 폭넓게 이해하고 경력 개발에 필요한 전문 기술을 교육한다. 또한 독립적인 연구와 논문 또는 주요 프로젝트를 통해 전문 영역을 심층적으로 탐구 할 수 있다.

이것은 옥스퍼드 국제 출판 센터 (Oxford International Center for Publishing Studies) 가 운영하는 교육 과정으로서 출판계에서 높은 위상을 차지하고 있다. 옥스퍼드, 런던 및 영국 남동부에 있는 출판사와 산학 협력관계를 유지 있으며, 교수진은 국내외 출판 업무에 풍부한 경험을 가지고 있다.

옥스퍼드 국제 출판 센터의 커리큘럼은 다음과 같다.

<표 4> 옥스퍼드 국제 출판 센터의 다양한 세미나

Compulsory modules 필수 과목	
Design and Production	디자인과 제작
Editorial Management and Content Development	편집 경영과 콘텐츠 개발
Sales, Marketing and Consumer Insight	판매, 마케팅 그리고 소비자 심리
Optional modules 선택 과목	
Digital Publishing Strategy	디지털 출판 전략
Content marketing for publishers	출판사를 위한 콘텐츠마케팅
Academic and Professional Publishing	학술 전문 출판
International Rights Management	국제 출판권 운영
History and Culture of Publishing	출판의 역사와 문화
Magazine Publishing	잡지 출판
Children's Publishing	아동도서 출판
Multi-Platform Publishing	멀티 플랫폼 출판
Fiction and Non-fiction Publishing	픽션과 논픽션 출판
Independent Study in Publishing	출판 분야의 독립적 연구

The Oxford International Centre for Publishing Studies
주소: Oxford Brookes University, Headington Campus, Gipsy Lane, Oxford OX3 0BP, UK
전화: +44 (0)1865 741111
웹페이지: http://publishing.brookes.ac.uk/postgraduate/

4) 독일

중세 이후 출판의 혁명을 가져온 독일은 출판 선진국으로서 위치를 공고히 하고 있다. 하지만 독일에 관한 출판논문은 2건에 불과하다. 이종수(1996)의 「독일출판계의 현황에 관한 고찰」(

출판학연구, 제38호)와 신종락(2007)의 「독일 출판산업의 동향과 전망」(출판학연구, 제52호)로 독일 출판을 개괄적으로 볼 수 있는 논문이라고 할 수 있다.

(1) 마인츠 대학

도서학연구소 Institut für Buchwissenschaft는 학사 및 석사과정으로 구성되어 있고 6학기를 이수하면 도서학 학사 학위증을 취득할 수 있다. 4학기 동안 도서학을 더 심도있게 연구하면 도서학 학사 학위를 취득할 수 있다. 박사과정은 약 2년 정도 직업과 연계해서 연구한다. 마인츠대학의 도서학 과정은 입학허락을 받아야 한다.

대학입학자격시험을 치르지 않은 학생도 특별한 직업경험이 있다면 특별전형으로 입학이 가능하고 수석 졸업생은 바로 박사과정에 입학할 수 있다.

마인츠 대학의 도서학 수업은 학생에게 시사적이고 역사적인 도서학 연구에 관한 지식을 제공한다. 특별히 생산, 유통 그리고 수용 영역에서 도서상업구조가 시장 메커니즘 관련 하에서 연구되고 문화와 경제적 산물인 도서에 영향을 끼친 정신적이고 경제적인 프로세스가 분석된다. 도서학 석사과정은 도서시장구조에 대한 심화지식을 제공하고 역사적 조건을 고려하여 도서시장의 발전요소에 대해서 비판적 평가를 할 수 있는 능력을 배양하도록 한다. 그 결과 학생들은 출판사 일과 출판경영 영역에서 특별한 문제의 상황을 분석하고 해결책을 제시할 수 있다.

주소: Welderweg 18 55099 Mainz
전화: 06131-39 22580
메일: sekretariat-buchwissenschaft@mail.uni-mainz.de
홈페이지: www.buchwissenschaft.uni-mainz.de

(2) 라이프치히 대학(Universität Leipzig)

서지학, 서적경영 분야, 케뮤니케이션 미디어 연구소에서 출판교육을 하고 있으며 수업내용은 다음과 같다. 라이프치히 대학은 이론, 경제-실습과 역사 교육에 중점을 두고 있다. 커뮤니케이션과 미디어학으로의 진입을 통해서 책에 대한 특성을 미디어와 비교하면서 연구한다. 기본과정에서 학생들은 신문, 책, TV, 라디오와 같은 매체를 공부한다. 중간고사 후에 심화과정에서 도서학과 도서경제를 집중적으로 공부하게 된다.

본 학과는 세 가지 중요영역을 다룬다.
1. 도서경제학(회계, 마케팅, 경영, 출판법)
2. 도서역사(도서제작, 도서유통, 독서역사, 책문화사)

3. 미디어 비교이론적 관점에서 본 도서이론
- 해당하는 과정을 수강하는 것 이외에도 두 가지 실습이 요구되는데 한 가지는 3개월간의
출판사실습과 2개월간의 서점실습이다.

주소: Klostergasse 5 04109 Leipzig
전화: 0341 / 97 35 72 0 (Sekretariat, Dörte Sander)
메일: keid@uni-leipzig.de

(3) 슈트트가르트 대학(Hochschule der Medien, Stuttgart)

미디어출판의 법정이수시간은 겨울학기에 시작해서 7학기를 수강해야 학사 (미디어출판)
Bachelor of Science (Mediapublishing) 학위를 취득할 수 있다. 입학자격조건은 대학입학
을 갖춘 자 또는 전문지식을 갖고 있거나 전문대학을 졸업한 자이어야 한다.
교육과정은 자연과학, 기술, 경제 지식 전수 (예 전자출판, 인쇄과정, 견적 및 계산, 출판제작,
출판운영, 도서마케팅과 잡지마케팅, 사업운영, 활자체, 책제작, 신문제작기술)등을 배운다.

주소: Nobelstraße 10, 70569 Stuttgart
전화: 0711/8923-2120
메일: ruta@hdm-stuttgart.de
홈페이지: www.hdm-stuttgart.de

(4) 프랑크푸르트 미디어캠퍼스 대학(mediacampus frankfurt)

미디어를 중심으로 프랑크푸르트에서 학업하고 베를린에서 사업적으로 중요한 현장경험프
로젝트를 병행해서 하는 직업과 교육을 동반한 학업을 이수할 수 있다. 학생들은 언제든지 프
랑크푸르트 미디어 캠퍼스와 베를린의 슈타인바이스 대학의 전문가, 프로젝트 코치 및 교수자
로부터 지도를 받을 수 있고 그 이외에도 인터넷상으로도 학습을 할 수 있다.
교육과정은 경영학 원론, 미디어경영론, 재정론, 회계론, 조직론, 제작론, 법률, 마케팅 및 유
통, 생산 및 프로그램 경영론, 도매상, 문학론, 전시론, 소통론, 상업론 등이 다루어진다.

주소: Wilhelmshöher Str. 283, 60389 Frankfurt
전화: 069/947400-0

홈페이지 : www.mediacampus-frankfurt.de / www.steinbeis-smi.de

메일 : bachelor@mediacampus-frankfurt.de

4. 맺음말

출판학에 관한 연구를 보면 동양은 주로 학술적 입장에서 출판연구에 접근했고 영미권은 실용적인 입장에 무게를 두고 연구하고 있다고 할 수 있다. 하지만 유럽권은 또 다른 모습을 보이고 있다. 프랑스는 사회사적 입장에서 출판연구에 집중하고 있지만 독일은 출판이론과 출판실무에 관한 연구를 골고루 하고 있는 편이다.

한, 중, 일 세 나라의 최근 발표 논문을 분석해 보면 각 나라마다 관심분야가 다른 것을 알 수 있다. 한국은 주로 출판환경 분야의 논문이 많았고 일본은 출판산업 분야의 논문이 상대적으로 많았다. 그리고 중국은 출판이론 분야의 논문이 다소 많은 편이었다.

영미권과 유럽의 출판 관련 교육은 주로 대학과 같은 교육기관에서 진행이 되고 있으며, 단기 과정 같은 경우에도 교육기관에서 주관하여 운영하고 있다. 출판 입문자부터 마케터, 편집자, 경영진들을 위한 다양한 단계별 프로그램이 진행되고 있어 각 단계와 분야별 인재를 양성하고, 그 교육을 받은 인재들이 본인들의 경험과 실무를 접목하여 다음 단계의 인재들을 양성하고 있다.

■ 참고 문헌

김기태(2011). 근대 저작권 사상이 한국 저작권 법제에 미친 영향.『한국출판학연구』, 제60호.

김덕순·김정숙(2014). 한국 초등 교과서의 편집디자인 개선을 위한 미국 사례와의 비교 연구.『한국출판학연구』, 제68호.

김진두(2007). 중국 출판 산업 변화와 도서 수출 방안 연구.『한국출판학연구』, 제53호.

노병성(2003). 미국의 출판교육에 관한 일 고찰.『한국출판학연구』, 제45호.

문연주(2007). 다매체시대의 총서출판의 매체경쟁력-일본의 교양신서 출판의 역사와 현황을 중심으로.『한국출판학연구』, 제53호.

민경희·노경희(2014). 한국과 일본의 초등학교 교과서 디자인 비교 연구.『한국출판학연구』, 제68호.

백원근(2007). 일본 출판산업의 현황과 시사점 - 유비쿼터스 출판환경을 중심으로『한국출판학연구』, 제52호.

신종락(2007). 독일 출판산업의 동향과 전망.『한국출판학연구』, 제52호.

이두영 편(2007). 중국의 출판학과 교육(출판연구자료 해외), 메타북스.

이용준(2000). 외국 전자출판의 현황과 발전방향-미국과 유럽의 사례를 중심으로.『한국출판학연구』, 제42호.

이종국(2004). 출판학술교류의 발전적 지향을 위한 연구 - 한 중 일 세 나라의 출판학에 대한 이해와 출판학교류를 중심으로.『한국출판학연구』, 제47호.

조빙(2015). 디지털 환겨에서 중국 저작권 사업이 국민 경제에 미치는 영향.『한국출판학연구』, 제69호.

제3부

출판학 연구의 전망과 과제

출판학 연구의
전망과 과제

윤 세 민*

■■■

1. 출판학 연구의 중심, 한국출판학회

출판은 인류의 미디어 중 가장 오래된 매체로서 인류 문화와 지식의 근간을 이뤄왔다. 이 출판은 4차 산업혁명이 도래한 21세기에도 새롭게 지평을 넓혀가는 가운데 미디어와 지식정보문화산업의 원천 콘텐츠로서 그 역할이 증대되며 새롭게 각광받고 있다.

그러나 정작 출판에 관한 학문적 연구의 역사는 길지 않다. 한국에서 출판 연구의 개시는 안춘근의 『출판개론』이 발간된 1963년부터라고 할 수 있다. 그리고 1969년 한국출판학회가 창립되면서 비로소 출판의 학문적 연구가 학회 차원에서 본격적으로 시작되었다고 할 수 있다.

1960년대는 출판이 아직 학문의 대상으로 인정받지 못했던 시기였기 때문에, 가장 중요한 과제는 출판학의 정립이었다. 한국출판학회지의 전신인 『출판학』 제1호에 실린 안춘근의 창간사 제목도 「출판학을 위하여」였다. 이것은 한국 출판학의 탄생을 알린 선구자의 선언이라 하겠다. 실제로 출판학 연구는 한국출판학회 창립과 더불어 시작된 학회지 발간을 통하여 기틀을 잡아갔다.

이후 출판학회를 중심으로 한 출판학 연구는 다양하게 발전해 나갔고, 1999년 한국출판학회 30주년을 맞아 출판학 연구를 역사적으로 성찰하는 기회를 갖게 된다. 한국출판학회는 창립 30주년을 맞은 지난 1999년에 '한국출판학회 30년사' 편찬위원회를 조직해 1년간의 작업 끝에 『한국 출판학의 사적 연구』를 2000년 12월에 발간한 바 있다. 이것은 개인이 아니라 학회 차원에서 진행한 집단 저술인 바, 학문공동체의 소중한 성과물이 아닐 수 없다. 이것은 초

* 경인여자대학교 교수

창기부터 1999년까지 30년 동안 진행된 출판학 연구를 종합하고 역사적으로 서술해낸 작업인데, 출판학 연구의 디딤돌이 되었다는 점에서 그 의의가 매우 크다고 할 수 있다.

학회 창립 50주년을 3년 앞둔 2016년 11월 출판학회는 '한국출판학회 창립 50주년 기념사업 추진위원회'(추진위원장 : 윤세민, 집행위원장 : 이문학, 편찬위원장 : 부길만)를 구성하면서, 출판학 연구 반세기를 돌아보는 준비를 시작하였다.

학회 창립 50주년은 출판학 연구의 30년사가 아니라 50년사가 되는 만큼, 그 의미가 막중할 뿐만 아니라 숱한 변화를 담아내야만 했다. 그 50년 동안 한국 사회는 인류 역사의 관점에서 볼 때 농업사회에서 산업사회로, 다시 정보사회를 거쳐 제4차 산업혁명시대로 진입하게 되었다. 50년간 일인당 국민소득도 150배 가까이 늘어났고, 출판기술도 활판에서 전자출판시대로 넘어오면서 종이책과 함께 전자책이 읽혀지고 거의 모든 지식·정보가 디지털로 검색 가능한 시대가 되었다. 이와 함께 출판학 연구의 영역도 크게 확장되었고, 출판학 전공에서뿐만 아니라, 언론학, 문학, 역사학, 문헌정보학, 경영학, 법학, 미학 등등 분야의 전공에서 출판 연구 성과들이 다양한 학회지나 단행본 출간을 통하여 발표되었다(부길만, 2019).

출판학 연구 50년의 역사 서술에서는 이처럼 다양하고 광범위한 분야의 연구 성과들을 담아내야 했다. 출판학 연구 50년사의 작업도 30년사와 마찬가지로 학회원들의 집단 저술의 방식을 택했으며, 그에 따라 '부문별 출판학 연구사'를 진행하였다. 구체적으로 살펴보면, 30년사의 경우 선택(기획)/편집·제작/분배·유통이라는 출판과정을 기본으로 하고 전자출판의 영역과 독서·독자 연구로 짜여졌다. 그러나, 50년사의 경우 기획·편집론이나 출판·유통 외에 보다 더 세분화되고 확대되었으며, 다양한 영역이 새롭게 연구 주제로 등장했다.

2019년 창립 50주년을 맞은 한국출판학회는 1991년 5월 국내 학술단체 가운데 처음으로 사단법인체로 등록(대한민국 문화부 015-82-08680)하였고, 학회 학술지인 『한국출판학연구』(*Studies of Korean Publishing Science*)는 2018년 12월 현재 통권 85호에 이르고 있는데, 이는 관련 분야의 논문집 중 세계서 가장 지령이 오래된 것으로 알려져 있다. 한국출판학회는 이 『한국출판학연구』의 발간 활동을 중심으로 그 동안 수십 회에 달하는 각종 국내외 학술대회와 세미나 등을 통해 출판학 연구를 위한 공론(公論)의 장을 넓혀오며, 우리 출판학 연구의 중심에 서 왔다.

2. 출판학 연구의 성과와 특성

2019년 6월 21일 한국출판학회 창립 50주년에 맞춰 발간되는 『한국 출판학 연구 50년—한국출판학회 반세기 궤적』에는 우리의 출판학 연구 반세기가 오롯이 담겨 있다.

이 역사적인 기념 도서에 담긴 출판학 연구 50년의 역사가 보여주는 성과와 특성을 이전

'30년사'(『한국출판학의 사적 연구』)와의 비교 및 확장 차원에서 정리하면 다음과 같다(부길만, 2019).

첫째, 출판학의 기본이 되는 '출판학원론'과 '출판역사론'에 대한 연구가 활발하게 일어난다. 이것은 이 두 주제가 대학과 대학원의 출판 관련 전공에서는 물론이고 인접 학문 분야에서 진행된 연구 성과도 다대했기 때문이다. 출판학원론에는 '출판본질론'과 '출판교육론'에 관한 연구 역사가 펼쳐지고, 출판역사론에는 책과 출판을 중심으로 한 역사 연구가 한국, 아시아, 전 세계를 대상으로 전개된다.

둘째, 출판 행위를 가능케 하는 환경과 상황을 살핀 '출판상황론'이 전개된다. 여기에는 '출판상황론', '출판정책론', '지역출판론'에 관한 연구가 들어 있다. 이 중에서 지역출판론이 눈길을 끈다. 2013년 한국출판학회 내 연구 분과의 하나인 지역출판연구회의 발족을 계기로 지역출판에 관한 본격적인 논의가 시작되었고, 다양한 연구 성과물이 나왔다. 이러한 활동은 출판학 연구자와 지역출판인들의 긴밀한 유대 속에서 계속 진행되어갔다. 그 후 지역 출판인들과 잡지인들의 협의체인 '한국지역출판문화잡지연대'가 결성되면서, 지역출판에 관한 논의와 연구활동이 더욱 활기를 띠어갔다.

셋째, 저작권법과 출판윤리에 관한 연구의 확대이다. 1987년 한국이 세계저작권조약(UCC)에 가입한 이후 저작권, 특히 외국인의 저작권에 대한 인식이 본격적으로 생겨나기 시작했다. 1996년 베른조약 가입 이후 저작권제도가 우리 출판계에서 정착되어갔고 이에 대한 연구도 많아졌다. 따라서 한국출판학회 30년사를 편찬할 때와 달리, 저작권법에 관한 연구가 확대되었음은 당연한 일이다. 또한, 저작권법 위반, 표절 등 출판윤리에 대한 문제 제기가 늘어나면서 이에 대한 연구도 활발하게 이어졌다.

넷째, '국제출판론' 연구의 활성화이다. 국제출판학술교류에 관한 관심은 한국출판학회 창립 초창기부터 있어왔지만, 1990년 이후 국제출판학술대회, 한중출판학술회의 등이 정기적으로 열리게 됨으로써 이에 대한 연구도 크게 늘어났다. 출판학 연구 50년사에서는 국제출판을 별도의 항목으로 두어 연구 성과물을 검토했다. 국제출판론은 국제출판의 동향과 교류 및 외국에서의 출판학 연구에 대한 고찰을 담고 있다.

다섯째, '교과서론'에 대한 연구의 확장이다. 한국출판학회 30년사 편찬에서는 교과서가 단행본, 잡지, 문고, 전집 등 다양한 출판매체의 하나로 간략하게 다루어질 정도로 연구 성과물이 많지 않았다. 그러나 50년사의 경우 별도의 항목을 설정할 정도로 연구 성과가 많아지고 연구 영역도 다양해졌다. 이것은 교과서에 관심을 가진 학회와 연구자들이 늘어났고, 교과서 발행 회사에서 설립한 교과서 관련 연구소들에서도 많은 연구 성과물들을 내놓았기 때문인 것으로 보인다.

3. 부문별 출판학 연구의 전망과 과제

'한국출판학회 50년사 편찬위원회'는 출판학 연구 반세기를 돌아보기 위하여 『한국 출판학 연구 50년—한국출판학회 반세기 궤적』을 기획하고 진행하였다. 이 50주년 기념 도서 안에 '부문별 출판학 연구사'를 담았는데, 여기에는 대주제로 11가지, 세부 주제로 나누어 보면 모두 20가지의 부문별 출판학 연구 주제가 서술되었다.

여기서 서술된 부문별 출판학 연구들 각각의 전망과 과제들을 살펴보기로 한다.[1]

1) 출판학원론(출판본질론, 출판교육론)에 대한 연구

이 연구 분야의 집필자 남석순은 먼저 '출판본질론'에 대해서 "미디어 격변의 시기일수록 출판의 본질적인 면을 이해하면서 기본에 충실해야 한다."면서 "출판학 연구는 출판이 갖고 있는 본질성에 충실하면서 미래의 연구를 열어가야 할 것이다. 출판의 본질에 대한 올바른 이해의 바탕에서 출판학 연구가 이루어질 때 출판 현상을 제대로 파악하고 분석할 수 있다. 출판의 본질은 미디어의 급속한 발전에도 불구하고 인류의 사상과 감정, 지식과 정보를 담는 미디어로서의 의미는 앞으로도 변치 않을 것이다. 한편, 디지털 시대에서 급속히 변모되는 출판의 영역과 성격을 앞장서 연구하고 규명하여 미디어와 소비자들의 변화에 적절히 대처해야 한다. 아울러 출판산업의 당면 과제의 개선이나 미래 방향에 대한 실제적 조사 연구가 더욱 활발해져야 할 것이다. 이러한 과제들은 출판의 본질적인 바탕에서 근본적인 원인과 해결 방법을 찾는데서 비롯될 것이다."라는 전망과 과제를 제시하였다.

다음으로 '출판교육론'에 대해서는 "출판학 교육의 위기와 황폐에 대한 대처방안으로, 첫째, 출판학 교육의 중심은 출판업계와 출판교육계(출판학연구)이며 견고한 산학협력이 이루어져야 한다. 둘째, 출판 교육과정의 모형 제시와 출판교육에 대한 실무적인 연구가 더욱 진전되어야 한다. 셋째, 출판학 교육이 체계적으로 다시 편성되어야 한다. 넷째, 출판학 연구는 출판산업의 당면 과제 개선이나 미래 방향에 대한 실제적 조사 연구가 더욱 이루어져야 한다. 다섯째, 정부 당국의 정책적인 예산 지원은 출판의 공교육을 다시 살리는데 매우 중요한 일이다. 출판의 미래를 보면서 전문인의 육성을 사교육 기관보다 공교육을 살리는 방향의 정책이 긴요하다."라는 전망과 과제를 제시하였다.

---

1) 『한국 출판학 연구 50년 - 한국출판학회 반세기』내에 총 20가지의 부문별 출판학 연구 주제가 서술되었으나, 그 중에서 부문별 집필자가 해당 연구 분야의 전망이나 과제를 제시한 부문별 출판학 연구로 국한하여 고찰하였음을 밝힌다.

2) 출판역사론(출판 역사 연구)에 대한 연구

이 연구 분야의 집필자 부길만은 출판역사 연구의 향후 과제에 대해서 "첫째, 외국의 출판 역사 연구가 활발해져야 한다. 현대는 국제화 시대이기 때문에 더욱 중시해야 할 것이다. 둘째, 분야 또는 주제별로 출판 연구를 강화해야 한다. 현대는 학문 간의 통섭이 강조되는 시기이므로, 출판학의 종합학문적 성격을 부각시켜 연구할 필요가 있을 것이다. 셋째, 한국 출판문화사를 정립해야 한다. 한국 출판문화의 통사 서술은 우리 학계의 당면과제가 되어야 한다. 우리의 출판 역사 연구는 출판문화사 서술로 초점을 맞추어야 할 것이다."라는 전망과 과제를 제시하였다.

3) 저작권법, 출판윤리(저작·출판권론, 관련법의 변천, 출판윤리론)에 대한 연구

이 연구 분야의 집필자 박익순은 출판 저작권 연구에 대해서 "첫째, 출판업계의 공통 요구를 뒷받침하는 연구가 시의적절하게 이루어져야 한다. 둘째, 출판 저작권 분야에서의 기초적이고 실증적인 연구가 우선되어야 한다. 셋째, 출판계 내부에서의 공동연구와 출판계와 저작권법 학계와의 학제간 연구가 활성화되어야 한다. 넷째, 궁극적으로 입법론적 대안을 선도하는 연구로 발전되어야 한다."라는 과제를 제시하였다.

4) 편집제작론 : 출판기획론에 대한 연구

이 연구 분야의 집필자 김경도는 "출판기획론 연구가 다른 분야에 비해 정체되어 있는 이유는, 출판기획론이 출판사업의 핵심영역이어서 출판사에서 기밀서류로 특별 관리하고 있어 자료 확보가 어렵기 때문"이라면서, "향후 출판기획론 연구는 기존의 연구 성과를 바탕으로 출판물의 품질 향상과 출판문화산업 발전을 위한 출판기획전략과 출판기획자의 역량강화 방안을 심층적으로 연구해야 한다. 또한 출판기획은 대내외적인 출판환경에 좌우될 수밖에 없으므로 출판환경 연구 및 출판환경 변화에 따른 출판기획 연구도 활발하게 전개해야 한다."라는 전망과 과제를 제시하였다.

5) 교과서론 : 교과서관, 교과서사, 교과서 개발론, 교과서 교수·학습론에 대한 연구

이 연구 분야의 집필자 이종국은 "첫째, 지금까지의 교과서 연구는 대체로 시의적(時宜的)인 정책이나 환경에 영향을 받은 나머지 원론적 접근에 소홀했다는 사실을 되짚어 보아야 한다. 우리 학계로서는 이 문제를 개선해야 연구 기반이 더욱 견고해질 수 있다는 사실을 중대시해야 한다. 둘째, 위의 문제와 관련하여 교과서 연구는 교육과정과 정책, 제도 등 주로 현안 문제들에 과도한 비중을 둠으로써 상대적으로 소극적이었음을 반성해야 한다. 특히, 교육과정과 교과서를 대상으로 한 각각의 연구 비중이 균형을 갖추어야 마땅하다는 생각이다. 셋째, 유관 기관들에서의 중복 연구를 피함으로써 여러 낭비적인 요인을 벗겨내야 한다. 교육과정 문제는 대표적인 대상이며, 남북한 간 비교 연구에 관한 문제 등도 집중성 있게 추진할 수 있도록 길잡아 줄 필요가 있다. 넷째, 교과서 관련 학회나 그 연구지(硏究誌)의 답보 현상이 심각한 실정이다. 현존한 연구 단체도 지원 방안을 마련해야 한다. 다섯째, 교과서 연구를 활성화하기 위해 정부, 학·업계의 적극적인 관심과 지원이 요청된다. 여섯째, 통일과 관련하여 당면한 문제가 산적해 있음을 경각심으로 받아들여야 한다. 이를 위해 교과 연구자와 출판학계의 교과서 연구자, 그리고 현장 교사 등으로 실무 팀을 꾸려 그 구체적인 실행을 현실화하도록 지원해야 한다. 일곱째, 일선 발행사들에 의한 교과서 연구는 바람직한 일이다. 이러한 움직임이 지속적으로 이어지기를 기대하며, 자체적인 연구 인력을 양성하여 이론을 겸비한 현업 수행에 유익한 계기로 뒷받침될 수 있도록 노력해야 한다. 여덟째, 출판문화에 대한 여러 현상적인 연구와 함께 교과서 분야에도 꾸준히 관심을 두어온 한국출판학회의 노력은 의미 있는 성과라고 평가된다. 특히, 가장 중요한 출판물 중의 하나인 교과서에 대한 출판학적인 접근은 신선하며, 향후 더욱 활성적인 참여를 지속함으로써 연구 지평을 거듭 넓혀 나갈 수 있기를 기대한다."라는 전망과 과제를 제시하였다.

6) 교과서론 : 교과서정책론에 대한 연구

이 연구 분야의 집필자 윤광원은 "고품질 교과서의 생산과 사용을 위하여 국가사업으로서 국정 교과서 편찬(개발) 예산과 검정·인정 심사 인프라(조직, 인력, 예산) 구축 재원, 고품질 교과서 생산을 위한 공공 부문과 민간 부문의 협력과 공조, 실효성이 없는 국정·검정·인정 구분의 타당성 검토 및 제도 통폐합, 교과서 정책과 교원 정책의 연계 강화, 학습 과학(learning science)에 기초한 교과서와 학생의 학습 연구, 학교(교사, 학생)의 교과서 사용 실태 조사 연구, 현재 사용하고 있는 교과서 평가 연구 등이 필요하다. 이 중에서도 교과서 사용 실태 연구와 교과서 평가 연구는 그 시기와 상황이 매우 절박하다. 그 첫 번째 이유는 교과서 품질 향상을 위한 교과서 문제의 핵심 쟁점을 찾아내야 하기 때문이다. 그리고 두 번째 이유는 교과서 사업이 학생들의 학습력과 국가 교육력을 향상하는 국가사업으로서 막대한 국고가 투입되어야 하는 사업이며, 고등학교의 경우에는 학부모의 교육비와 직결되므로 접근 전략과 인식의 전환 등이 요청되기 때문이다."라는 전망과 과제를 제시하였다.

7) 전자출판론에 대한 연구

이 연구 분야의 집필자 김정숙은 "전자출판 연구는 현재 4차산업혁명 시대의 키워드인 '빅데이터', '인공지능', '사물 인터넷(IoT ; internet of things)에 주목하고 있는 중"이라면서, "전자출판은 이제 융합 연구로서의 범위 및 가치가 증폭되고 있고 복합 학제(multi-disciplinary)의 성격을 갖춰가고 있다. 미래의 전자출판 연구는 지금으로서는 상상할 수 없는 연구의 지평으로 확산되어갈 것임이 분명하다. 중요한 것은, 전자출판 및 전자책이 어떤 미디어 형태나 특성으로 진전이 되어가더라도 책의 본질은 영속적이다. 책의 본질은 테크놀로지가 침범하는 영역이 아님을 전자출판 연구에 첨언한다."라는 전망을 제시하였다.

8) 멀티미디어론, 다중매체 이용 및 대응에 대한 연구

이 연구 분야의 집필자 황민선은 "다원화된 지식정보사회에서 출판의 가치를 극대화하는 OSMU에 대한 연구가 지속적으로 논의되어야 할 필요성"을 제기하면서, "멀티미디어 시대의 출판을 제대로 읽어내려는 연구와 출판의 미래를 내다보는 연구 등은 출판기반의 문화강국을 실현하기 위한 학술적 단초가 될 것이다. 책은 정보와 지식, 지혜와 감성을 담는 우리 문화의 원천이며, 책과 독서문화를 아우르는 출판문화는 그 나라의 문화적 총체라 할 수 있으며 기술의 발전으로 시대가 바뀐다 해도 그 근본적인 가치는 변함이 없을 것이다. 이와 같은 시각에서 매체는 단순한 정보의 이송수단이 아닌, 정보를 만들어내고 소비하는 하나의 소통체계이며, 새로운 미디어는 낡은 미디어를 내몰지 않고 전체 미디어 체계를 다시 특수화하도록 강요한다고 본 슈미트(1995)의 주장은 여전히 유효하다."라는 전망을 제시하였다.

9) 출판산업론 : 출판 경영 및 마케팅에 대한 연구

이 연구 분야의 집필자 김정명은 "출판학의 경영마케팅 연구는 많이 부족하다고 할 수 있다. 그렇지만 다른 연구와 달리, 시장환경이 급격하게 변하면서 경영마케팅 관련 연구 대상도 더욱 다양해질 것이다. 경영마케팅은 출판환경과도 밀접한 관계가 있기 때문에 연구에서도 시장을 중심으로 환경을 주시하고 급격한 변화에 따라가는 연구가 아닌 예측하고 이끌어가는 연구가 더욱 필요할 것이다."라는 전망과 과제를 제시하였다.

10) 출판유통, 출판광고에 대한 연구

이 연구 분야의 집필자 김진두는 먼저 출판유통에 대해서 "한국이 정보화 사회로 진입하는 2000년 전후로 하여 초고속 정보통신망이 보급되고 출판유통업계도 출판정보화가 시급한 과제로 떠올랐다. 이러한 사회 환경의 변화로 인해 출판유통 정보화에 대한 학위 논문이 많이 나왔다. 향후 출판 유통의 가장 중요한 주제는 정보화 사회의 도래로 인한 유통 구조의 변화, 온라인 서점과 오프라인서점의 조화와 갈등, 전자책 유통 등 초고속 정보 통신망의 보급, 이동형 단말기의 보급으로 인한 출판유통질서의 변화가 가장 주목할 연구 대상이 될 것이다."라고 하였고, 출판광고에 대해서는 "출판광고도 출판유통과 마찬가지로 블로그, 휴대폰 같은 이동 통신 수단의 발달로 대변되는 정보환경의 변화는 출판광고의 중요한 변수가 되고 있다. 출판사와 작가들은 홍보와 마케팅 수단으로 휴대폰, 블로그, 트위터, 홈페이지 등 온라인 통신 수단을 많이 활용하고 있다. 정보환경의 변화는 출판사와 독자에게 출판광고로서 중요한 기능을 담당하지만 이에 대한 연구는 거의 없는 실정이다. 정보환경의 변화가 출판광고에 미치는 영향에 대한 연구가 출판광고 논문에서 다루어져야 한다."라는 전망과 과제를 제시하였다.

11) 출판상황론 : 출판상황론 및 출판정책론에 대한 연구

이 연구 분야의 집필자 백원근은 "빠른 사회 변화에 따라 출판의 산업화와 경영 합리화, 기술 혁신이 지속된 지난 50년 동안 출판상황론 및 출판정책론 연구는 나름의 성과와 실적을 거두었다"고 진단하면서, 향후의 발전을 위해 반성적인 시각에서 "첫째, 출판상황론 및 출판정책론에 대한 연구의 양적 확충이 요구된다. 그 원인인 출판학 연구자의 부족이라는 본질적 한계를 극복하기 위해서는 타 분야 연구자와의 학제적 공동연구 촉진, 출판학 연구자의 분발을 자극하고 조성하는 환경 구축 등을 통해 연구 활성화를 기해야 할 것이다. 둘째, 연구의 전문성과 질적 내실화가 필요하다. 세부 분야별로 특화된 연구 역량을 가진 연구자의 발굴과 기존 연구자의 연구 역량을 심화함으로써 출판상황론과 출판정책론에 관한 연구의 전문성을 높여 나가는 것이 장기적인 과제이다. 셋째, 과학적인 연구방법의 확립과 적실성 있는 대안 제시가 필수적이다. 연구 결과에 대한 사회적인 신뢰와 타당성 제고, 특히 출판산업계의 지지를 받는 조사연구를 위해서는 과학적인 연구방법과 현실에서 즉각 시행 가능한 유효한 대안 제시가 반드시 필요하다. 이는 산학협동, 연구 지원, 대학의 출판학과 설립 추진 등의 단초를 만드는 일이기도 하다. 넷째, 비판정신과 비평정신의 확립이 요청된다. 학계는 산업계와의 다양한 사회적 관계로 인해 학문적 중립성과 비판정신을 견지하는 일이 쉽지 않다. 출판학 연구의 경우에도 연구자와 연구 대상(정부, 진흥기관, 출판단체, 출판인 등) 간의 거리 유지가 쉽지 않고, 연구

대상에 대한 주관성의 배제가 용이하지 않다. 그럼에도 불구하고 학문적 비판정신을 견지하는 노력만이 출판학에 대한 신뢰를 높일 것이다. 다섯째, 연구기관 및 연구자 간 협업 체계가 필요하다. 특히 출판정책론 연구를 위해서는 한국출판문화산업진흥원부터 출판 관련 연구단체, 민간단체의 연구소, 개인 연구소에 이르기까지 적절한 협업과 분담을 통해 다양한 영역의 정책을 모니터링하고 정책 대안이 마련되도록 긴밀한 연구 네트워크 구축이 필요하다."라는 전망과 과제를 제시하였다.

12) 출판상황론 : 지역출판론에 대한 연구

이 연구 분야의 집필자 최낙진은 "최근 지역출판에 대한 관심의 증가와 함께 다양한 정책적, 제도적 차원의 논의와 지원들이 이루어지고 있다. 지역출판인들 스스로도 지역출판산업의 침체를 해소하기 위해 다양한 노력을 경주하고 있다."고 진단하면서, "향후 지역출판 연구에서는 첫째, 지역별 출판시장의 특성을 보완할 필요가 있다. 지역출판의 활성화를 위해서는 그 실상을 명확하게 직시할 필요가 있다. 이에 각 지역별 출판시장이 어떤 특성을 갖고 있는지에 대한 체계적인 연구가 선행되어야 할 것이다. 둘째, 지역출판의 근거는 '지역'에 있어야 한다. 달리 말하면, 지역의 역사와 사회, 자연 등 다양한 분야를 다루고 있는 지역출판물들이 갖는 가치에 주목해야 한다는 것이다. 하지만 아쉽게도 지역출판물을 다룬 연구는 많지 않았다. 이마저도 이미 역사적인 가치를 부여받은 출판물에 대한 연구가 대부분이었다. 이에 지역의 특성을 반영한 지역출판물이나 지역출판물을 출판해오고 있는 지역출판사에 대한 연구가 더욱 활성화되어야 할 것이다."라는 전망과 과제를 제시하였다.

13) 독서 수용론 : 독자론 및 독서론에 대한 연구

이 연구 분야의 집필자 윤세민은 "한국출판학회를 중심으로 한 '독서' 관련 연구는 비교적 활발히 이루어지고 있고, 질적인 면에 있어서도 출판학 중심의 관련 분야 연구로는 우리 학회가 중심을 이루고 있음을 알 수 있었다. 다만, '독자' 관련 연구가 양적으로나 질적으로 아직 태부족인 것 또한 사실이다. 출판학적으로나 출판산업의 구조 차원에서 '독자' 관련 연구로 제대로 연구된 것이 거의 없는 형편이라 아쉬움이 크다. '독자 관련 연구의 개척자'라 할 초창기 민병덕 연구자에 이어 후학들의 분발과 책임감이 절실함은 분명하다. 출판의 최종 수용자인 '독자'에 대한 진지한 성찰과 연구가 향후 과제로 절실히 요청되는 대목이 아닐 수 없다."고 진단하였다. 그리고, "출판계는 수시로 변하는 사회적 문화적 트렌드에 맞춰 기획, 생산, 수용되고 있는 출판물의 양상과 특성, 스마트미디어와 SNS의 이용 확산 및 그에 따른 독자 및 독서 환경의 변화 등을 살펴보면서, 새로운 독자의 탄생과 확산 및 출판시장의 활성화를 꾀하고 있다. 즉, 독자와 미디어 환경의 변화에 적극적으로 대응하면서 출판 기획력의 강화 및 출판 마케팅의 고도화에 힘을 기울이고 있다. 아울러 출판콘텐츠를 기반으로 한 OSMU 전략과 미디어믹스 전략 및 웹툰과 웹소설 등 웹출판의 활성화 등 뉴미디어와의 연계 및 진출 등을 보다 적극적으로 그리고 무엇보다 꾸준히 도모해야 할 것이다. 그 정점이 바로 '독자' 및 '독서'에 대한 연구로 통할 것이다. 출판학회를 비롯한 학계에서도 이에 대한 산학적 연구와 협력을 강화해 나가야 함은 당연하다. 향후의 '독자' 및 '독서' 관련 연구는 '독자' 및 '독서' 그 자체에 대한 본질적이고도 학문적인 연구를 위시해 '독자 의식' '독자의 수용행태' '독자의 독서문화' '독서 동기' '독서 경향' '독서 환경' '독서 교육' '독서 문화' 등에 대한 다양하면서도 심도 깊은 연구가 이어져야 할 것이다. 또한 '독자' 및 '독서' 관련 조사 연구 및 데이터베이스 구축에 필요한 연구도 당연히 수반되어져야 할 것이다."라는 전망과 과제를 제시하였다.

14) 독서 수용론 : 베스트셀러에 대한 연구

이 연구 분야의 집필자 윤세민은 "한국출판학회를 중심으로 한 국내의 베스트셀러 연구는 그 양적인 면에서는 아직 턱없이 부족한 형편이고, 질적인 면에 있어서도 아직 만족할 만한 수준이 못되는 것이 사실이다. 그렇지만 학회 초창기의 한태석, 변선웅 연구자에 이어 이임자, 김선남, 윤세민, 문연주, 김기태 연구자 등이 한국출판학회의 회원으로서 베스트셀러 연구에 남다른 관심을 갖고 꾸준히 연구 진작을 해오고 있음은 여간 다행한 일이 아니다. 이들의 연구는 이 분야의 연구체계의 미확립으로 인한 어느 정도의 한계와 문제점을 지닐 수밖에 없지만, 나름대로 연구자들은 자신의 관심 분야에서 독특한 영역을 확장해가면서 베스트셀러 연구의 기초를 제공하고 있다."고 진단하였다. 그리고, "오늘날 우리 출판계는 4차 산업혁명에 따른 급격한 정보통신 기술 및 환경의 변화, 미디어 구도의 재편과 융합, 경제 침체와 소비 위축, 독서 인구의 감소 등과 같은 구조적 요인으로 인한 '출판 불황'이라는 공통된 과제를 안고 있다. 이에 출판계는 수시로 변하는 사회적 문화적 트렌드에 맞춰 기획, 생산, 수용되고 있는 베스트셀러의 양상과 특성, 스마트미디어와 SNS의 이용 확산 및 그에 따른 수용자 및 독서환경의 변화 등을 살펴보면서, 새로운 독자의 탄생과 확산 및 출판시장의 활성화를 꾀하여야 할 것이다. 그 정점이 바로 베스트셀러로 통할 것이다. 출판학회를 비롯한 학계에서도 이에 대한 산학적 연구와 협력을 강화해 나가야 함은 당연하다. 향후의 베스트셀러 연구는 베스트셀러 그 자체에 대한 본질적인 연구를 위시해 베스트셀러 역사 연구, 베스트셀러 현상과 상황 연구, 베스트셀러의 생산과 유통과 소비에 대한 연구, 베스트셀러에 대한 독자의 의식 연구, 독자의 수용행태 연구, 독자의 독서문화 연구 등에 관한 조사 연구도 이어져야 할 것이다. 또한 베스트셀러를 비롯해 출판 관련 데이터베이스 구축에 필요한 연구도 당연히 수반되어져야 할 것이다."라는 전 망과 과제를 제시하였다.

15) 국제출판론 : 국제출판학의 동향과 교류에 대한 연구

이 연구 분야의 집필자 남석순은 『국제출판학술회의(The International Forum on Publishing Studies : IFPS)』의 발전을 위해 현안적 과제로 "첫째, 국제출판학술회의(IFPS) 는 지속적으로 발전시켜 세계적 지평으로 확대되어야 한다. 둘째, 국제출판학술회의(The International Forum on Publishing Studies) 명칭표기의 통일이다. 아울러 개최국의 국어 와 영어가 동시 표기되어야 하며, 포럼의 모든 제작물(발제집, 프로그램 등)에서 동일하게 사용 되어져야 한다. 셋째, 발제집의 영문요약이 필요하다. 넷째, 주제 영역의 설정 문제이다. 출판학 의 연구 영역을 10개 정도 분야로 구분하여 한 포럼에서 일정 영역으로 한정하고 세션을 구분 하여 집중 탐구하는 것이 효율성이 있을 것이다. 다섯째, 이론출판학(학문적 접근)과 기술출판 학(산업적 접근)의 구분이 필요하다. 여섯째, 출판학 교육의 지속적인 관심과 논의가 필요하다. 출판학 연구와 같은 비중으로 출판학 교육에 대한 참가국들의 큰 관심이 필요하다."고 제시하면 서, 또 발전적 과제로 "첫째, 국제출판학회(The International Publishing Science Society) 설립이다. 학회의 설립이 쉽지 않다면 각국 출판학회 회장 및 대표들의 협의체인 '국제출판학 회장협의회'가 선행되는 것도 방법이며 협의회 의장을 선출하여 발전을 위한 추진력을 갖추게 하는 것이 가장 현실적인 방안으로 보인다. 둘째, 운영기금의 확보이다. 국제출판학회가 설립된 다면 기금 확보가 중요하다. 학회가 구성된다면 자국의 유력재단 혹은 유네스코, 아시아·태평 양지역 유명재단의 지원을 기대할 수도 있을 것이며, 기금을 확보한 다음에 학회를 구성할 수 도 있을 것이다. 셋째, 연구 성과 초록집의 출판 검토가 필요하다. 넷째, 영어판 국제출판 학술 저널의 발행이 필요하다. 다섯째, 아시아·태평양지역으로 확대해 나가야 한다. 현재 한·중·일 에서 벗어나 일차적으로 동남아시아의 필리핀·말레이시아·인디아·베트남·싱가포르 등의 학회 혹은 학술단체와 협력하고, 이차적으로 뉴질랜드·오스트레일리아와의 협력을 구축하여 IFPS 에 참여시키는 방안이 필요하다. 그럼으로써 아시아·태평양지역을 대상으로 하는 국제출판학 회의 설립을 실현할 수 있고 영어권인 뉴질랜드와 오스트레일리아를 통해 유럽과 북미의 연계 도 가능해질 것이다."라는 전망과 과제를 제시하였다.

16) 국제출판론 : 해외 출판학 연구에 대한 연구

이 연구 분야의 집필자 신종락은 "출판학에 관한 연구를 보면 동양은 주로 학술적 입장에서 출판연구에 접근했고 영미권은 실용적인 입장에 무게를 두고 연구하고 있다고 할 수 있다. 하지만 유럽권은 또 다른 모습을 보이고 있다. 프랑스는 사회사적 입장에서 출판연구에 집중하고 있지만 독일은 출판이론과 출판실무에 관한 연구를 골고루 하고 있는 편이다. 한 중 일 세 나라의 최근 발표 논문을 분석해 보면 각 나라마다 관심분야가 다른 것을 알 수 있다. 한국은 주로 출판환경 분야의 논문이 많았고 일본은 출판산업 분야의 논문이 상대적으로 많았다. 그리고 중국은 출판이론 분야의 논문이 다소 많은 편이었다. 영미권과 유럽의 출판 관련 교육은 주로 대학과 같은 교육기관에서 진행이 되고 있으며, 단기 과정 같은 경우에도 교육기관에서 주관하여 운영하고 있다. 출판 입문자부터 마케터, 편집자, 경영진들을 위한 다양한 단계별 프로그램이 진행되고 있어 각 단계와 분야별 인재를 양성하고, 그 교육을 받은 인재들이 본인들의 경험과 실무를 접목하여 다음 단계의 인재들을 양성하고 있다."라는 해외 출판학 연구의 동향과 특성을 제시하였다.

4. 출판학 연구의 전망과 과제

1) 출판학 대상과 분류의 새 모델 필요

출판학회 연구자들을 비롯해 출판 관련 연구자들은 출판학 연구의 정립을 위해 지난 50년 동안 출판학의 대상과 분류에 대해 나름의 안을 제시해 왔다. 그것들은 일견 충분한 타당성을 갖기도 하지만, 이론 연구로서도 또 실제 연구로서도 어쩔 수 없는 한계와 문제점을 노정할 수밖에 없다. 그것은 출판학이 갖는 태생적인 정체성에 기인한 것이다.

출판학은 인류의 미디어 중 가장 오래된 매체로서 인류 문화와 지식의 근간을 이뤄온 출판미디어에 대한 학문 연구이다. 따라서 그 연구의 폭과 깊이가 여타 미디어 관련 학문 연구에 비할 바 없이 넓고 깊을 수밖에 없다. 그렇기에 출판학은 태생적으로 또 그런 학문의 속성상 인문학과 사회과학, 심지어 공학과 예술학까지 넘나들며 그 연구의 영역을 확장, 심화해 가고 있다. 또한 출판학은 이론 연구에 초점을 두는 여타 학문과 달리 늘 출판계와 출판산업이라는 현장을 염두에 두며 전개하는 실제 연구가 빈번히 이루어지고 있다. 따라서 이러한 출판학의 정체성을 고려해 볼 때, 출판학의 대상과 분류를 명확히 제시하기에는 어쩔 수 없는 한계와 문제점을 노정할 수밖에 없는 것이다.

한편, 출판도 하나의 훌륭한 미디어라는 점에서 커뮤니케이션 연구 모델을 얼마든지 준용할 수 있을 것이다. 즉, 고전적인 해롤드 라스웰(Harold D. Lasswell)의 커뮤니케이션 모델(SMCRE Model)을 비롯해 효과이론, 상호작용론, 미디어 환경과 상황 이론 등 사화과학의 여러 커뮤니케이션 모델과 연구 등을 참고하여 출판학 연구에 적용할 수 있을 것이다. 그러나 이 역시 같은 미디어라 할지라도 출판의 독특한 정체성과 특성을 고려할 때 역시 여러 한계와 무리가 따를 수밖에 없다. 또한 4차산업혁명 도래 시대에 기존의 미디어들은 다양한 융합과 변혁을 거치며 전혀 다른 미디어들로 재탄생하고 있는 상황이다. 출판과 출판학 역시 그런 시대적 상황 속에서 재개념화의 요청을 받고 있는 실정이다.

그래서 본 연구자는 이러한 한계와 문제점 및 시대적 상황을 고려하고, 아울러 출판 고유의 정체성과 특성을 감안하여 출판학의 대상과 분류를 새롭게 제시하고자 한다. 즉, 출판학의 고전적 분류방식인 선택(selection)-제작(production)-분배(distribution)에 따른 방식을 일차적으로 고려하고, 거기에 여러 커뮤니케이션 모델과 연구, 그리고 실체로서의 출판의 현실과 미래 상황까지 고려하여 다음과 같은 분류를 제안한다.

〈표 1〉 출판학 분류표 (윤세민, 2018)

상위분류	하위분류
출판이론	출판의 본질, 출판 철학, 출판의 제 이론, 출판의 학문적 연구와 방법론, 출판 관련의 서지·문헌학
출판역사	출판역사, 출판 관련 매체 역사, 역사 속 출판인과 저자 연구
출판교육·미디어교육	출판과 미디어의 교육체제, 교육방법, 교육과정, 교육매체, 교육효과
출판생산	오프라인과 온라인(디지털)을 포함한 도서, 교과서, 만화 및 기타 출판매체의 기획, 원고, 교정, 한글, 타이포그래피, 편집, 디자인, 제판, 인쇄, 용지, 장정, 제책. 제작, 저자, 저작자, 발행인, 편집인, 인쇄인 등
출판유통	출판의 유통, 마케팅, 광고와 홍보, 서평, 물류, 가격, 판매, 출판시장, 일반서점, 온라인서점
출판수용	독자, 독서이론, 독서실태, 독서환경, 독서자료, 출판비평, 베스트셀러, 스테디셀러, 도서관
출판상황과 환경	출판매체와 분야, 출판현황, 출판통계, 출판전망, 지역출판, 출판과 정치·경제·사회·문화 등 제반 환경, 출판정책, 출판제도, 출판유관기관
출판산업과 경영	출판산업, 문화콘텐츠산업, 출판사(기업), 출판조직, 출판(경영)인, 출판경영, 출판정보화, 출판회계, 출판전략, 출판개발
출판법제와 윤리	저작권, 출판법제, 출판법규, 출판윤리, 간행물윤리
전자출판과 뉴미디어	전자출판, 디지털 출판, 멀티미디어 출판, 웹진과 웹 출판, 오디오 출판, 출판의 다중 매체 이용, OSMU 출판, POD 출판, 출판과 뉴미디어
신문잡지 및 기타매체론	신문론, 잡지론, 사보론, 기타 매체론
국제출판	국제출판, 국제출판 비교, 출판의 국제협력과 교류, 외국의 출판, 출판 관련 외국인 및 외국어 논문

이렇게 출판학의 대상과 분류를 ① 출판이론, ② 출판역사, ③ 출판교육·미디어교육, ④ 출판생산, ⑤ 출판유통, ⑥ 출판수용, ⑦ 출판상황과 환경, ⑧ 출판산업과 경영, ⑨ 출판법제와 윤리, ⑩ 전자출판과 뉴미디어, ⑪ 신문잡지 및 기타 매체론, ⑫ 국제출판 등 총 12가지 분류로 완성하였다. 물론, 이 역시 결코 완전한 분류라고는 할 수 없을 것이다. 그러나 기존의 선행연구들의 장단점을 분석·차용하고, 가능한 출판의 학문적·실천적 영역을 동시에 고려했다는 점에서 새로운 의의를 가진다 할 것이다.

2) 출판학 연구의 전망과 과제

이상에서 2019년 6월 21일 한국출판학회 창립 50주년에 맞춰 발간되는 『한국 출판학 연구 50년—한국출판학회 반세기 궤적』에 담겨질 '부문별 출판학 연구사'를 통해 출판학 연구 50년의 역사가 보여주는 성과와 특성, 부문별 출판학 연구들 각각의 전망과 과제들을 두루 살펴보았다

이제 이를 바탕으로 향후 출판학 연구의 전망, 그리고 출판학 연구의 정립과 발전을 위한 과제와 제언을 결론으로 제시하고자 한다.

오늘 우리는 한국출판학회 그리고 출판학 연구의 50년 정점에 서게 되었고, 이를 새로운 기점으로 앞으로 다시 향후 50년을 향해 달려가야 할 것이다. 지금까지의 50년 한국출판학회 역사 곧 한국 출판학의 역사는 다음 시대의 발전을 위한 반세기가 되고, 다음 시대는 지난 반세기를 이어받아 출판학 연구의 폭과 깊이를 더욱 견고히 해야 할 것이다.

먼저, 향후 출판학 연구는 학회와 연구자 차원에서 대담한 개혁 의지가 없다면 그 동안의 50년 연구 동향을 기반으로 큰 변화 없이 흐를 것으로 전망된다. 출판학 연구는 그 동안 출판학의 외연과 양적 연구 역량은 크게 발전해 왔지만, 정작 출판학 정립과 정체성 수립에는 적잖은 과제를 노정하고 있는 것도 사실이다.

이에 대해 부길만(2019)은 그 동안의 출판학 연구에서 미흡한 점을 다음 세 가지로 정리하였다.

첫째, 저술 행위 또는 저작자에 대한 연구가 빈약한 점.

둘째, 출판 행위를 하는 출판 주체에 대한 연구가 미흡한 점.

셋째, 출판이라는 프리즘을 통해서 사회나 문화의 문제를 들여다보고 대안을 제시하려는 출판 응용 연구가 아직 미흡한 점.

이와 함께 부길만(2019)은 출판학 연구사 정립 또는 미래 출판학 연구를 위해 다음과 같이 제안하였다.

첫째, 출판철학을 강조해야 한다.

둘째, 역사 연구를 강화해야 한다.

셋째, 학제적 연구를 확대해야 한다.

넷째, 책문화생태계의 관점을 가져야 한다.

다섯째, 통일시대 출판학을 연구해야 한다.

결론적으로 다시 100년을 향해 달려갈 출판학 연구의 진정한 정립과 발전을 위한 과제 겸 제언을 다음과 같이 제시하고자 한다.

첫째, 출판학 연구의 정체성을 확립해야 한다. 원래 출판은 가장 오래되고 전통 있는 미디어로서 인류에게 지식과 문화와 문명을 선사해 온 근간 미디어로 기능해 왔다. 4차 산업혁명이 도래한 21세기의 다매체 지식정보문화산업 시대에서도 출판은 원천 콘텐츠를 제공하는 중요 영역으로 자리매김하고 있다. 출판학 연구의 정체성도 바로 여기에서 찾아야 한다. 외연은 능동적으로 넓히되, 늘 그 중심에는 출판학 본래의 연구 영역에 초점을 맞추어야 한다.

둘째, 출판학 정립과 발전을 위한 기초 연구를 심화, 확장해야 한다. 학문으로서의 출판학 정립과 발전을 위해서는 무엇보다 '출판이론', '출판역사', '출판교육' 분야 연구가 심화, 확장되어야만 한다. 이 분야 연구 발전을 위해 학회 차원의 특별한 노력과 함께 연구자 차원의 분발이 요구된다.

셋째, 외연을 확장하고 시대를 선도하는 연구 풍토를 조성해야 한다. 사실과 다르게, 출판과 출판학이 고답적으로 비쳐지는 사례가 많다. 출판은 인류의 지식과 문화와 문명의 원천이자, 4차 산업혁명이 도래한 21세기의 다매체 지식정보문화산업 시대에서도 원천 콘텐츠로서 그 중요성이 더해 가고 있다. 따라서 본래의 긍지와 정체성을 갖고서 출판과 출판학의 대상과 분류의 외연을 능동적으로 넓히며, 시대와 여타 학문 분야를 선도해가는 연구 결과를 생산해 가야 한다.

넷째, 산학협력 차원의 실제적 연구가 증진되어야 한다. 출판학은 이론 연구뿐만 아니라 실제 출판 현장을 주요 탐구 영역으로 삼는 사회과학이다. 따라서 출판계와 출판산업에 실제적 도움을 줄 수 있는 산학협력 차원의 연구가 더욱 증진돼야만 한다. 이를 위해선 학회와 연구자뿐 아니라 정부와 출판계의 능동적인 협력과 지원도 필수적으로 요구된다. 산학협력 차원의 연구 증진을 통해 서로가 발전하는 풍토가 조성되어야 할 것이다.

　다섯째, 학회는 학회답고, 연구자는 연구자다워야 한다. 사실, 한국출판학회는 창립 이후 지난 50년 동안 출판학의 정립과 발전을 위해 중추적인 역할을 해왔고, 그 결실도 풍부히 맺어왔다. 거기엔 학회지인 『한국출판학연구』의 기여가 가장 컸다고 할 수 있다. 특히 『한국출판학연구』가 한국연구재단의 등재지가 되면서 양적으로는 지대한 성장과 발전을 이뤄냈다. 그러나 그 반면에 출판학 연구의 정체성을 높이는 질적인 발전은 답보 상태에 있다고 하겠고, 더욱이 출판학 연구의 정체성을 훼손하는 논문도 가끔씩 게재되고 있어 커다란 숙제를 안겨주고 있기도 하다. 이를 개선하기 위해서는 학회는 학회대로, 연구자는 연구자대로 엄중한 자기 검열과 비판을 가져야만 한다. 학문을 연구하고 진작시키는 학회와 학자로서의 역할과 책임을 다해야 할 것이다.

■ 참고 문헌

김선남(2013). 출판학 분야의 연구 경향과 분석.『한국출판학연구』, 제64호.

남석순(2014). 출판학연구의 국제동향과 방향 분석(II) : 국제출판학술회의(IFPS) 30년 연구 성과와 방향 분석을 중심으로.『한국출판학연구』, 제68호.

로베르 에스카르피, 임문영 옮김(1985).『책의 혁명』, 보성사.

부길만(2014).『한국 출판의 흐름과 과제 1』, 시간의물레.

부길만(2015). 한국출판학회 출판학 연구의 과거, 현재, 미래. 한국출판학회 제29회 정기학술대회

부길만(2017).『출판학의 미래』, 일진사.

부길만(2019). 출판학 연구의 새로운 정립을 위하여, 한국출판학회50년사 편찬위원회,『한국 출판학 연구 50년—한국출판학회 반세기 궤적』.

스탠리 언윈, 한영탁 옮김(1984).『출판의 진실』, 보성사.

안춘근(1963).『출판개론』, 을유문화사.

안춘근(1969). 출판학을 위하여.『출판』, 제1집.

윤세민(2010). 2000년대 출판학 연구의 동향과 전망-한국 출판학회지『한국출판학연구』를 중심으로.『한국출판학연구』, 제58호.

윤세민 외(2014).『교과서 출판 관련 연구의 현황과 과제』, 동아출판.

이남인(2016).『통섭을 넘어서-학제적(學際的) 연구와 교육의 활성화를 위한 철학적 성찰』, 서울대학교 출판문화원.

이종국(2000). 초창기의 출판학 연구에 대한 고찰,『한국 출판학의 사적 연구』, 사단법인 한국출판학회.

이종국(2004). 출판학술 교류의 발전적 지향을 위한 연구.『한국출판학연구』, 제47호.

이종국·부길만(2016. 5), (사)한국출판학회의 과거, 현재, 미래, 한국출판학회 제31회 정기학술대회.

제 2 편

한국출판학회
활동사

제1부

총설

한국출판학회 활동의 전개

한국출판학회
활동의 전개

이 두 영*

■■■

1. 머리말

한국출판학회 창립 50년의 함의

우리 한국출판학회가 2019년 6월로서 창립 50돌을 맞는다. 이 얼마나 감격적인 일인가. 설립취지문을 다시 읽어보며 출판 과학화의 첫걸음을 내딛기 시작하던 창립 당시의 결의와 감격을 되새겨 본다.

출판학은 출판에 관련된 여러 분야의 역사적·현상적인 면을 조사, 연구하여 학문적으로 체계화하고 과학화함으로써 출판문화발전에 기여함을 중심과제로 삼는다. 오늘날 제(諸)과학의 첨예한 발전 속에서 출판과 출판학의 발전 또한 가속화되어야 한다. 우리의 당면문제는 미래지향적인 건전한 출판풍토를 조성하는 데 힘써 정진하고, 이를 위한 실질적인 대안과 개발이론을 적극적으로 제시하는 일이다.(사단법인 한국출판학회 설립취지문 부분)

출판 및 그에 관련된 사항의 조사·연구를 촉진하고 연구자 서로 간의 교류기회를 넓히며 국내외 학술단체·연구기관과 협력함으로써 출판문화 향상에 이바지할 것을 기본 목적으로 삼아온 우리 학회의 창립정신은 숭고하기까지 한 것이다.

한국출판학회 설립이 '출판학'이란 용어가 우리나라에서 최초로 사용된 효시에 해당된다. 그

---

* (주)메타북스 대표

렇기 때문에 한국출판학회 50년의 역사가 곧 우리나라 출판학의 발자취라 해도 결코 지나치지 않다. 그러나 그 터전은 척박하기 그지없어 학회가 뿌리를 내리기에는 지극히 고단한 길이었다.

학회가 창립되기 전까지는 '출판을 학문의 대상으로 보려는 의식'조차 없었다.(안춘근, 1969) 따라서 우리 학회는 지난 50년 동안 출판의 이론을 창도하기 위한 개척자의 입장에서 역사적·학문적으로 체계화하여 정립하고 나아가 출판 현장에서의 활동을 과학화하는 일에 앞장서서 매진해 왔다.

업계는 물론 출판 현장의 실무자, 특히 편집자들은 실제적 문제에 당면해서 '출판현상의 객관적 파악과 분석 및 출판교육의 필요성'에 쫓기고 있었기 때문에 출판학의 필요성과 가능성을 누구보다 먼저 절감하고 있었다. 그들은 출판 각 분야·부문에서 역사적·현상적인 면을 연구하여 과학화함으로써 출판문화 향상과 출판산업 발전을 꾀할 수 있기를 열망했다.

그리하여 오늘날 다른 나라나, 역사가 오랜 다른 학문 분야에 못지않은 높은 수준으로 학문적 지평을 넓히고 그 규모와 위상을 향상시킬 수 있었다.

출판은 매스 커뮤니케이션 기능을 발휘하고 있지만, 그것이 전부가 아니라는 점에서 다른 미디어와 구별되는 출판의 특질이 있다. 출판은 그만큼 비(非)매스적 요소도 강하게 작용하고 있는 것이다. 또 인간의 삶과 학문과 문화 발전의 원동력과 같은 구실을 수행해 왔다는 점에서, 다른 커뮤니케이션학이나 서지학과는 별도로 출판학을 독립시키지 않으면 안 되는 이유이다.

앞에서 말한 바와 같이 '출판학'이란 용어는 이 지구상에서 한국출판학회 설립에 의하여 처음 사용하기 시작했다고 해도 지나치지 않다.

우리 학회 창립 초창기에는 '출판학'이란 개념과 그 말에 해당하는 영어가 없을 때여서, 고심 끝에 'Publishing Science'란 개념을 만들어 쓰기 시작했다. 그러한 예로서 안춘근은 『출판의 진실』(서울; 청림출판, 1992)에서, 1966년 이화여자대학교 도서관학과에서 '출판론'을 강의할 때, 학사 관계로 수강생들의 학점을 미국에 보낸 일이 있는데, 이때 출판론을 'Publishing Science'라고 영역했다고 술회하고 있다. 이는 개인적인 통신에서의 사용이므로, 공식적으로 영역되어 표방된 출판학이란 용어는 우리 학회가 처음 사용했고 또 개념을 명확하게 정립했다고 보는 것이 타당하다는 것이 필자의 견해이다.

우리는 출판학의 정의와 대상을 처음부터 'Publishing Science'로 정하고 "저작물의 선택, 제작, 분배를 통한 출판의 경영과 그 사회적·문화적 영향 및 법규와 정책, 그리고 출판의 발달사를 탐구하는 학문"으로 규정하였던 것이다(민병덕, 1969. 8). 그런데 비슷한 시기(1969)에 학회를 출범시킨 일본은 처음에 출판학의 개념과 명칭 정립에 혼란을 겪었던 것으로 보인다. 일본 출판학회 설립 당초에는 논란 끝에 출판학을 영문으로 'Studies on Publishing'으로 설정하고 학회의 영문 이름도 'Japan Society for Studies on Publishing'으로 정했었다. 그런데, 이듬해인 1970년 4월부터는 'The Editological Society of Japan'으로 고쳐 사용했다. 현재의 이름인 'Japan Society of Publishing Studies'는 1991년부터 사용하고 있는 것이다.

'Studies Publishing'에서 'Editological'로 바꾼 것은 출판학의 대상과 범주를 좁게 인식했다가 또다시 변경하여 우리와 거의 같은 개념인 'Publishing Studies'로 바꿔 정착시킨 것이라고 할 수 있다. 이와 달리 중국은 1992년 창립 이래 지금까지 '중국편집학회(Chinese Redactological Society)'를 고집하고 있는 것으로 미루어 '편집'을 출판학의 핵심 연구 대상으로 보려는 경향이 강해 보인다. Redactological의 기본형인 Redact는 '편집하다'를 의미한다.

이렇게 볼 때 우리는 처음부터 출판학의 개념을 확고하게 정립해 놓고 있었던 셈이다. 유럽이나 미국에서는 아직까지 '출판학'에 상당하는 용어가 명확하게 정립되고 있지 않은 점을 고려하면, 우리가 이 지구상에서 가장 먼저 정한 '출판학(Publishing Science)'이란 학술용어가 세계적인 공통어로 굳어 가고 있는 상황이다.

이러한 사실을 전제로 '한국출판학회 50년사 편찬위원회'는 지난 50년의 우리 학회 대장정을 10년 단위씩 5단계로 나누어 정리하여 후세에 남기기로 결의하였다.

학회 창립 초기의 선배 연구자들은 이제 우리 곁에 있지 않다. 그러기에 지난 50년의 발자취는 비단 연구 활동에서 뿐만 아니라 학회의 활동기반을 탄탄하게 굳히기 위한 과정을 증언해 줄 사람은 한 명도 없다. 창립 50주년을 계기로 그간의 과정을 『한국 출판 연구 50년—한국출판학회 반세기 궤적』으로 편찬하는 것은 창립 50주년에 즈음하여 지난날에 대한 성찰과 다짐, 각오를 다질 필요와 책임이 우리에게 있음을 자각하고 새로운 도전의 좌표를 모색하려는 의지의 표현이기도 하다. 성찰은 보다 나은 내일을 위해 반드시 거쳐야 할 과정이며, 한국출판학회의 발전은 계속해서 더욱 가속화되어야 한다는 점에서 50주년을 맞이한 현 단계에서 반드시 수행해야 할 작업인 것이다.

출판학 도전 50년 성찰의 관점

그동안 우리는 무엇을 어떻게 해 왔는가. 학회 50년의 역사를 조감하는 데 있어서 연구 실적뿐만 아니라 학회 활동의 역사를 어떻게 볼 것인가에 관해 진지한 성찰이 필요하다.

학회 50년의 역사는 출판학에 대한 도전의 시간이었고, 많은 업적을 이룩한 성취 기간이었다.

그러나 창립 50주년에 즈음해서는 다시 한 번 설립취지문에서 밝힌 정신과 이를 구현하기 위한 학회의 활동에 대해 성찰하고 또 앞으로의 방향을 가늠해 볼 필요가 있다. 그런 성찰은 최소한 다음 세 가지 관점에서 가능하다고 본다.

첫째, 출판산업과 출판학의 사이에서 우리 출판학회의 역할은 무엇이었나, 그 역할을 얼마나 충실하게 수행해 왔는가 하는 점이다.

창립 이래 급격한 사회변혁과 기술발달 과정에서 학회의 존재 가치와 기대, 영향과 업적 등

을 평가해 보아야 한다. 누가 뭐라고 하더라도 우리 학회는 출판연구의 허브(hub)이며, 출판학
진흥을 촉진시키기 위한 연구 활동이 가장 큰 목적이다. 출판관계 저작활동을 조장하는 것도
빼어놓을 수 없다. 또한 출판학은 실용학문으로서 출판산업 발전에의 방향타이자 촉진체로서
연구대상별로 또는 그 대상들을 통합하여 출판산업이 나아가야 할 새로운 차원의 패러다임과
개념을 제시하고 올바른 방향으로 발전할 수 있도록 조정할 수 있는 연구를 해야 한다. 새로운
개념 설계에 과감히 도전할 창의적인 아키텍트(architect, 틀)를 키워내야 한다. 그런 점에서
창립 이래 우리 학회의 업적은 높이 평가받기에 부족함이 없을 것이다.

그러나 우리의 목표는 이보다 훨씬 크고, 현상은 그것만으로 목표를 충분히 달성했다고 만족
할 수 없는 일이다. 우리가 처음부터 내세운 지표(指標)에 보다 더 강한 관심과 정력을 경주했
었더라면 더할 나위 없이 좋았을 것이다. 또 출판현상에서 쉴 새 없이 제기되는 갖가지 문제에
대해서도 기본적인 조사·연구를 통해 그 성과를 발양하도록, 보다 더 적극적인 노력을 경주했
어야 하지 않았을까 하는 반성도 따른다.

학회 창립 50주년에 즈음하여 이렇게 회고하고 반성 내지 해명해야 할 사항은 적지 않게 많
다. 학회 존립의 진가(眞價)를 발휘해 나가는 것은 이제부터 우리 학회 회원들이 감당해 내야
할 과업인 것이다. 무엇보다 회원 한 사람 한 사람이 학회의 역할과 회원으로서의 메리트를 다
시 생각해 보고, 앞으로 50년 동안 개척해 나갈 목표를 정하여 차근차근 실적을 쌓아 나가기
위해 분발·노력해야 할 것이다.

둘째, 누가, 왜 학회 회원이 되려 하는가 하는 점을 다시 살펴보는 계기가 되어야 한다.

학회의 회원이 되려는 사람은 기본적으로 출판의 여러 부문에 대해 관심과 일정한 지적수준
을 보유하고 있으면서 보다 더 고차적인 전문지식의 연마 습득을 원하는 사람들일 것이다. 회
원들 사이의 친교활동까지를 포함해서 학문적 향상 욕구와, 활동의 과정과 성과에 대한 회원
자신들의 충족도를 높이기 위해 학회는 출판연구에 대한 지도 방향성을 발휘하고 다양한 형
태의 발표기회를 제공하고자 힘씀으로써 회원들로 하여금 강한 충성도(royalty)가 형성될 수
있도록 지원하여야 할 것이다. 출판연구의 방향과 성과에 대해 함께 논의하고 앞으로 나아가
야 할 방향에 대해 향도적 기능을 발휘하여, 회원 스스로 자극과 계발의 기회가 되도록 성원
해야 할 것이다. 또 하나 중요하게 인식해야 할 점은 회원이라면 누구나 평등하게 창의를 존중
받고 보장되어야 한다는 것이다. 이 점에 있어서도 우리 학회는 나름대로의 역할과 기능을 충
실히 발휘했다고 평가하는 데 인색할 필요는 없을 것이다. 그러나 여기에 만족하는 것만으로
그쳐서는 안 된다.

셋째, 사회는 학회에 대해 무엇을 기대하고 있는가, 학회는 얼마나 이에 부응하여 왔는가.
특히 출판산업계가 학회 활동과 노력에 대해 얼마만큼 신뢰와 긍정적인 평가를 하고 있는가.

지난 50년 사이에 출판환경은 급격한 변화를 겪어 왔다. 출판 내적으로도 격변기였지만 사

회적·기술적인 발전은 업계 발전의 전환기적 상황을 조성해 왔다. 디지털과 네트워크 시대를 맞이하여 출판기술은 상상할 수 없을 만큼의 변화를 이룩하였고, 이에 따른 첨단미디어의 족출로 야기된 다매체 경쟁사회에서 출판은 그동안 누려왔던 독보적인 지위에 중대한 도전을 받지 않을 수 없었다. 그리하여 바야흐로 책 자체의 원천적인 변화를 꾀하지 않을 수 없는 시대를 맞고 있다. 출판의 양적·질적 향상과 더불어 세계화도 피할 수 없는 시대적 과제가 되고 있다. 그러므로 출판학은 이런 현대적 조건들이 초래하고 있는 출판변혁에의 사상적·현상적·기술적 측면을 선제적으로 충분히 반영하지 않으면 안 된다.

출판학은 '실용학문'이므로 문제 지향적이어야 한다. 출판학은 '학'이기 때문에 출판산업의 실리와 직결되어야 하고, 인간의 살아가는 방식의 합리적인 해결방법을 제시할 의무가 있으므로, 어떠한 형태로든 출판 현장에 발전적인 영향을 미쳐야 하고 사회적인 임팩트를 지녀야 한다. 그것은 불합리한 제도나 체제, 또는 전(비)근대적 경영에서 탈피하려는 출판산업의 요망과도 결합되어 자체적인 과학적 조사나 체계적인 방향 제시 등 지도적인 역할을 주도할 수 있어야 한다. 안춘근(1969)도 "출판이 과학적으로 이루어지지 못하고 있는 오늘의 한국 현실은 다름 아닌 출판학의 부재(不在)에서 최대의 원인을 찾을 수 있을 것이다."라고 출판학의 실용성을 강조한 바 있다. 실용학문으로서의 출판학 내지 학회가 출판산업 발전에 얼마나 어떻게 기여하였으며, 이에 대해 출판산업으로부터 얼마나 긍정적인 평가를 받고 있는지 성찰해 볼 필요가 있다.

이런 기본적인 역할과 기대에 부응하고자 우리 학회는 처음부터 다음과 같은 목적과 사업을 정관에 명시해 놓고 이를 실현시키고자 진력해 오고 있다.

△ 목적: 정관 제3조에서 "출판에 관련된 분야의 역사적·현상적인 면을 조사·연구하여 학문적으로 체계화하고 과학화함으로써 학문과 문화 발전에 기여함을 목적으로 하고 있다."라고 명시해 놓았다. 특히 '학문과 문화 발전에 기여함을 목적'으로 정한 것은 출판학 내지 출판산업에만 국한된 것이 아니라 출판 활동을 통해 출판학과 인류문화, 나아가 인간 삶의 질적 향상에도 목표를 두고 있음을 뜻하는 매우 다의적이고 함축적인 표현이다. 이와 같은 목적을 달성하기 위해 정관은 구체적인 사업 방향도 명시해 놓고 있다.

△ 사업: 정관 제4조는 앞에 적시한 "제3조의 목표를 달성하기 위해 다음의 사업을 행한다."라고 명확하게 밝히고 있다.

1. 학술연구발표회 및 강연회 개최
2. 학술적 연구 및 조사
3. 학술지 및 도서의 간행
4. 출판문화 진흥을 위한 산학협동
5. 국내외 관련학계와의 교류

6. 우수한 연구업적자 교류 및 출판문화 발전의 공로자에 대한 시상

7. 기타 이 학회의 목적을 이루는 데 필요한 사업

이에 따라 '50년사편찬위원회'는 『한국 출판 연구 50년—한국출판학회 반세기 궤적』 제2 편 「활동사」를 다음과 같이 나누어 분담, 정리하기로 방침을 정했다. 활동사라고 했지만 단순 히 활동내용을 정리, 나열하는 것이 아니라 사업의 취지와 실질적 목표를 정리하고 강조하기 위한 '사업사'인 것이다.

그 내용의 얼개는,

제1부 총설: 출판학회 활동의 전개

제2부 시기별 활동사

개관: 초창기에서 새 세기를 넘어

1. 초창기의 활동(1969~1979)

2. 진전기의 활동(1980~1989)

3. 중흥기의 활동(1990~1999)

4. 도전의 새 세기 – 안정기(2000~2009)

– 확장기(2010~2018)

제3부 국내외 학술활동사

개관: 내실과 교류의 확대

1. 국내학술활동: 1) 학회지 간행 2) 학술세미나 3)분과 활동 4) 연구과제 수행

5) 출판학회상

2. 국제 학술 활동: 1) 국제출판학술회의 2) 한·중출판학술회의

로 구성되어 있다.

그러나 이글은 이들 각 편의 글들과 중복을 피하기 위해, 지난 50년간 우리 학회의 활동을 연구활동의 촉진, 국제교류, 출판사업, 〈한국출판학회상〉의 운영, 용역수탁사업 수행, 학회의 조직운영관리 및 회세(會勢) 신장 등 다섯 부문으로 나누어 앞에서 제시한 세 가지 관점에 입 각하여 간략히 개관하면서 앞으로의 좌표에 관해 생각해 보고자 한다. 그중 학회 조직관리 및 회세(會勢) 신장에 관해서는 별도의 장(章)으로 분리하여 다루고자 한다.

2. 사업의 전개

1) 연구활동의 진작 및 지원

우리나라에서 출판학의 정립 필요성을 처음 제기한 것은 1963년 안춘근에 의해 이루어졌다. 이어 민병덕(1967)도 실무적인 문제에 직면해서 출판 현장의 객관적인 파악과 분석, 나아가 출판교육의 필요성에 쫓기고 있었기 때문에 학회 설립 이전부터 출판학과 출판교육의 필요성과 가능성에 대해 강조하고 있었다. 이즈음 업계로서도 출판업 특유의 갬블성(gamble性, 투기적 요소)을 감소시켜 근대적인 기업으로 성장하기 위해 '출판'을 객관적으로 인식하려는 욕구가 강렬해지고 있었다. 이러한 기운과 현실적 필요성 때문에 일찍부터 출판산업에 대한 실태조사와 함께 대학에서 출판교육이 시급히 실현되어야 한다는 주장도 강하게 제기되고, 실천에 옮겨지기 시작했다.

대한출판문화협회는 1966년 6월, 미국 AID의 지원을 받아 미국 울프경영연구소의 전문가 6명을 초빙하여, 2개월간 〈도서개발사업 현황조사〉를 실시하였다. 이 조사는 우리나라에서의 과학적인 출판산업 실태조사의 효시가 되고 있으며, 이 조사보고서와 그에 기반한 한국출판산업의 발전을 이룩하기 위한 구체적인 권고사항들을 제시하였다.(월간 『출판문화』, 1967. 3월호) 같은 해에 대한출판문화협회는 〈박정희 대통령 각하께 드리는 진정서〉에서 "대학 또는 대학원에 출판학과 설치"를 건의(1966. 6)한 데 이어, 이듬해(1967. 11. 28) 정기총회에서는 〈출판문화 육성을 위한 대 정부·국회 건의서〉에서 "국립 서울대학교 신문대학원에 출판학과를 설치할 것"을 또다시 요구하면서 출판인재 육성과 연구여건을 조성해야 한다는 점을 출판인의 총의로써 주장한 바 있다. 또 대한출판문화협회는 1968년 4월에 〈도서와 국가발전(Books and National Development)〉란 주제로 미국 등 선진국과 국제지원기관 대표를 비롯하여, 일본 등 아시아지역 출판전문가들을 초청하여 국가차원에서의 출판발전책을 논의하는 국제회의를 처음으로 개최했다. 민병덕은 「대학에 출판학과 신설을-학문적 체계화를」이란 글(1967. 6. 19)을 통하여 출판교육의 중요성을 강조하면서 대학에 출판학과 설치를 제의한 바 있다.

이러한 일련의 활동은 이때부터 출판 과학화의 필요성이 구체적으로 대두되기 시작했음을 의미한다. 이렇게 업계단체나 지각 있는 출판실무자들이 같은 시기에 출판의 이론적 탐구 필요성을 똑같이 인식, 제기하고 또 실천에 옮기고 있었던 것이다.

말하자면 출판현상과 출판활동을 이론적으로 연구하여 체계화시켜야 한다는 실용적 욕구가 출판연구를 대두시킨 것이다. 출판학이란 것이 존재하기 때문에 출판학회가 창립된 것이 아니라, 학회를 설립하여 출판학을 창도(唱導)했다는 사실은 우리 출판학회 특질 중의 하나이다. 또한 이런 종류의 학회로서는 세계 어느 나라보다 제일 먼저 창립되었다는 선진적인 사실도 결코 가볍게 넘길 수 없는 일이다.

학문이란 것은 처음부터 완성된 것으로 존재하는 것이 아니라 현실을 대상화하고 이론화하는 행위를 거침으로써 구축된다. 출판학은 '실용학문'이므로 어떤 분야보다도 산학협동을 통하여 공생할 수 있는 기틀을 마련하는 것도 중요하다. 안춘근(1981, p.137)은 "산학협동이 요청되는 현대에 어떤 분야에서거나 그것을 과학적으로 수행해 나가는 데 필요한 이론체계가 학문적으로 정립되는 것이라면 출판학을 확립할 필연적인 요청이 있을 것"이란 점을 강조한 것처럼, 출판학은 출판산업 발전에 기여할 의무가 있다.

이와 같은 시대적 요청을 배경으로 우리 학회에 의하여 창도된 출판학은 지난 50년 동안 많은 우여곡절을 겪으면서도 무(無)에서 유(有)를 창조하는 개척자의 길을 걸어왔다. 우리 학회의 설립으로 출판학 정립과 출판교육의 기본방향을 다지는 전통을 세운 것이다. 이런 시대정신과 필요에 의해서 출판연구를 진작시키기 위한 활동으로 우리 학회가 가장 먼저 시작한 것이 '월례연구발표회'이다. 월례연구발표회는 학회가 설립되기 전의 동인(同人) 형태로 출발한 '한국출판연구회' 발족과 더불어 시작되었다. 최초의 월례연구발표회는 1969년 3월 17일에 개최되었으며 네 번의 연구발표회를 개최하고 나서 곧바로 한국출판연구회를 한국출판학회로 발전시키기로 결의하였으니 월례연구발표회가 곧 한국출판학회의 모태가 되었다고 해도 지나치지 않다. 학회 창립 이후에도 한 번도 거른 일이 없이 매월 첫째 주 목요일에 월례연구발표회를 열면서 학회의 입지적 위상을 확고하게 다지는 힘이 되었다. 월례연구회는 시대변화와 환경변화, 그리고 학회의 회세(會勢) 신장에 맞추어 오늘날에는 다양한 형태의 연구발표회로 확대 발전하여 정기적으로 열리고 있다. 다채로운 연구발표회의 내용에 대해서는 따로 자세히 논급될 것(별항 참조)이므로, 여기서는 여러 연구촉진 활동의 개요와 연혁 만을 정리하여 그 발전과정을 파악하는 데 이해를 돕고자 한다.

△ 월례연구발표회

- 처음, 월례연구회란 이름으로 회원 중심의 주기적인 연구발표회로 시작
- 1969. 3. 17 ~ 1996. 12. 13. 꾸준히 지속
- 1984. 12. 23. 제38차 모임에서 '월례 연구발표회'로 개칭하여 55회까지 계속 개최

△ 출판학술세미나(정기학술대회)

- 1983. 10. 29. 월례연구발표회와 별도로 한국출판협동조합 강당에서 〈한국출판의 과거와 미래〉라는 주제로 처음 개최
- 1989. 12. 9. 제3회까지 개최하고 제4회부터는 정기학술대회로 이름을 바꿔 해마다 봄, 가을 두 차례씩 정기적인 사업으로 시행.

- 초창기 정기학술세미나를 발전시켜 현재 지속하고 있는 정기학술대회는 우리 학회의 대표적 연구발표회로 2018년까지 모두 36회를 기록
- 이 세미나는 그간의 연구 성과와 경험을 확대하여 공개적으로 발표함으로써 출판학과 출판문화발전에 기여하자는 목적과 회원들의 연구업적을 내외에 널리 과시함으로써 회원과 학회에 대한 외부의 신인도를 제고시키고 회원들의 연구결과를 출판 현장에 파급시킬 목적으로 새로 마련한 공개세미나이다.

△ 출판정책 라운드 테이블
- 2007년 7월 처음 개최한 이래 연 1~2회씩 2018년 말 현재까지 총 18회 개최
- 각 개최 시기에 따라 출판상황과 출판산업계에서 관심의 초점이 되고 있는 이슈들 중에서 한 가지 주제를 선정하여 회원뿐만 아니라 관계자 및 외부 전문가들도 연사 또는 토론자로 광범위하게 초청하여 그 실상을 다각도로 분석하고 우리 출판계가 나아가야 할 방향을 제시하는 한편, 회원들에게 출판현실을 올바로 이해하도록 지원하기 위한 취지로 마련

△ 출판전공 대학원 우수논문 발표회
- 당해년도 대학원에서 출판에 관한 석·박사 학위를 받은 연구논문 중에서 골라 발표의 장을 제공하여 연구자의 의욕을 북돋는 한편 그 결과를 산·학계에 확산시키고자 2007년부터 시작, 현재(2018년말)까지 12회 개최
- 주로 10월부터 12월 사이에 열리는 정기학술대회 등 다른 세미나와 병행하여 개최함
- 학회의 지적(知的)영향 아래 석·박사학위논문이 작성되고 있음

△ 부정기 학술발표
- 정기적·정례적이 아닌 시대적 출판환경 변화에 신속하게 대처하기 위한 지혜를 발굴하거나 외부의 요청에 따라 다양한 형태와 주제로 개최한 학술발표회로서, 중요한 내용을 정리해 보면 다음과 같은 것이 있다.
- 이들 발표회 가운데는 정기적인 학술세미나로 발전하고 있는 것도 있다.

이들 각종 연구발표회를 종합적으로 평가할 때, 지난 50년 동안 우리 학회는 출판학의 영역 확대와 연구방법론을 개발하기 위해 끊임없이 노력해 왔음을 알 수 있다. 일찍부터 각종 연구발표회가 정기적인 사업으로 정착되어 오랫동안 발전해 왔다는 사실은 우리 학회의 역사요 전통을 말해 주는 징표의 하나가 되고 있다. 우리 학회가 1991년 5월, 〈민법〉에 의한 사단법인체

로 등록될 수 있었던 것도 이러한 노력에 힘입어 국가로부터 학문적 시민권을 획득하고 있음을 객관적으로 입증하고 있다.

　다채로운 연구발표회의 의욕적인 개최를 통해 출판 각 부문에서 획득한 실무적·실천적 지식을 출판학의 확대 발전의 동력으로 활용하면서 여러 제약을 극복하고 탁월한 학문적 전망과 냉정한 객관적 통찰을 자신의 것으로 만든 연구업적이 적지 않았다.

〈표 1〉 부정기적 학술세미나 목록

연구발표회	장소/일시	주제 및 발표자	비고
한국언론학대회 출판분과 발표회	충남대/ 2001.5.18	- 뉴밀레니엄시대의 언론학연구와 교육 - 이종국 - 남석순	참가
남애안춘근선생 10주기 추모 학술제	프레스센터/ 2003.1.22	- 미노와시게오 - 다이웬바오 - 이종국	학회집행위원회 주관
서울국제도서전 기념 세미나	코엑스 컨퍼런스센터/ 2007.7.6	[대주제] 책의 진화와 바람직한 독서 패러다임의 모색 - 기조강연: 우리 시대 책과 독서의 의미 (문용린) - 책의 본질과 진화양상에 따른 문제점은 무엇인가(부길만) - 바람직한 독서 패러다임의 모색 방안은 무엇인가(노병성) - 책과 독서, 진흥을 위한 정책방안은 무엇인가 (김선남)	서울국제도서전 지원
연구용역 발표회	출판문화회관/ 2009.2.13	[대주제] 국제출판유통지수 비교연구 - 발표자: 이정춘, 김경일, 김기태, 백원근, 부길만, 신종락, 윤세민, 한주리	문화관광부 용역
출판학 연구방향 연구발표회	출판문회회관/ 2009.10.30	[대주제] 2000년대 출판학 연구의 동향과 전망 - 2000년대 출판학 연구의 동향과 전망(윤세민)	

　출판학이란 무엇인가! 출판학이란 엄밀한 의미에서 출판의 본질이나 기능, 출판행위의 방법들을 연구하는 학문이다. 다시 말하면 출판학은 '출판이란 무엇인가'에 대한 학문체계를 구축하기 위한 이론이다. 개개 출판물 내지 출판행위에 대해 평가·분석하는 출판평론과 달리, 원래 출판이 무엇인지 하는 본질과 기능, 혹은 무엇을 목표로 하는 것인지, 어떻게 조직되어 있는지에 대한 근본적인 물음을 탐구하는 것이다.

그런 점에서 출판학 연구방법의 독자성이 강조되어야 하지만 응용학문으로서 여러 학문의 발달된 방법을 충분히 응용할 필요도 있다. 출판연구는 학제적 연구영역이기 때문에, 출판의 다면적인 사회사상(事象)을 정치학, 법률학, 경제학, 사회학, 심리학, 역사학 등 다양한 학문적 스펙을 가진 연구자가 연구에 임할 뿐만 아니라 출판 현장에서 일하는 사람들도 자신들의 활동대상을 과학적으로 해명하고자 하는 출판연구대상이 성립되고 있다. 그렇기 때문에 처음부터 학문의 세계에 있는 연구자만이 아니라 풍부한 현장체험을 지니고 있으면서도 현장의 논리에 매몰되지 않고 현장의 일을 대상화하여 이론을 구축하려는 열정을 품고 있는 사람들도 학문의 세계만으로 살아가는 사람과 동격(同格)으로 대우해 왔다.

그러나 우리는 여기서 만족할 수 없다. 연구발표의 체제와 형식 및 내용을 좀 더 강화할 필요가 있다. 각종 연구발표회의 운영방식과 형식에 대해서는 그러한 행사를 마련한 취지와 방법을 더욱 발전시키기 위해 보완, 관리되어야 한다. 학회의 역할은 창립 정신을 현대에 살려 나가는 방식으로 학회의 지도적 역할과 새로운 기운(활동의 기미)을 불어넣는 의미에서 활발하게 논쟁이 전개될 수 있도록 지원하는 것이 최우선 과제이다.

출판이란 연구 대상과 연구자 관심의 다양성과 동시에 학문연구에의 비판, 논쟁이 일어나기 힘든 사회적 분위기가 강하기 때문에 그동안 열띤 논쟁과 연구 분위기가 활성화되지 못하고, 업계에 대한 영향력도 기대한 만큼 미치지 못한 아쉬움이 적지 않았다. 그런 의미에서 다양한 연구발표 기회 제공과 열띤 토론의 광장이 더 확대되도록 세심한 배려가 있어야 한다.

그런데 다양한 이름과 형태의 연구발표회 간의 체제와 형식, 운영과 내용 면에서 독자성과 차별화의 경계가 점점 모호해져 가고 있다. 예컨대, 가장 역사가 오래되고 최대의 학술경연대회가 되어야 할 '정기학술대회'는 연륜이 쌓이면서 최근에는 발표자 수 등에서 오히려 축소되어 가고 있는 느낌이다. 회원 수가 증가하고 연구영역과 과제가 확장됨에 따라 정기학술대회는 분과위원회별로 세션화해서 되도록 많은 회원에게 발표기회가 제공되도록 노력해야 할 것이다. '출판정책 라운드 테이블'도 현실적인 이슈에 대한 논의에만 그칠 것이 아니라, 대두된 과제에 대해 실질적인 성과를 거두기 위한 논의의 목적 또는 목표의식을 명확하게 가질 필요가 있다. 이슈별로 현실에 적용할 수 있는 구체적 결론까지 도출하여 현실을 개선, 발전시킬 수 있는 구체적 대안 내지 액션 플랜까지 제시, 실질적인 변화를 이끌어 낼 수 있도록 노력을 경주할 때, 이런 제도를 마련한 의미가 있을 것이다.

출판학의 새로운 연구영역 확장을 위해서도 학회의 연구 활동이 확대되어야 한다. 우리는 그동안 본원적인 주제보다 기술적 변화에만 지나치게 집착했던 것은 아닌지 되돌아볼 필요도 있다. IT기술의 경이적인 발달만이 출판산업 발전에 영향을 미치는 것은 아니다. 지난 50년을 되돌아보면 우리 출판산업의 규모나 출판물의 내용, 편집방법, 제작방법, 출판유통 등 모든 부문에 걸쳐서 괄목할 만한 변화가 있었다. 독자들의 욕구도 끊임없이 다원화·세밀화되어 가고 있다. 이에 따라 출판은 다른 미디어에 비해서 대단히 다의적인 기능과 효과를 가지고 있음에도 불구하고, 인류문명의 기저를 뒷받침해 온 출판의 종합적 연구는 아직도 개척해야 할 부분이 많다. 현 단계에서 출판경제학, 출판지리학 등의 개척을 위해 학회가 주도적인 역량을 발휘할 수 있어야 한다. 외부로부터의 수탁사업에만 집착하지 말고 학회가 스스로 현장의 실태를 조사하여 앞으로의 좌표를 제시하려는 적극적이고 주도적인 자세도 가다듬을 필요가 있다. 이런 현장의 실태조사결과는 단발로 그칠 것이 아니라 정기적·주기적으로 실시하여 그 자체가 훗날 출판행위 및 환경변화의 과정을 증언하는 소중한 역사적 자료로 축적될 수 있도록 목표로 삼아 시행해야 할 것이다.

출판학도 철학적(원리적), 역사적, 기능적인 연구영역이 존재하고, 그 영역마다 고유의 목적, 방법이 있음은 말할 것도 없다. 그러면서 이들은 각각 별개이면서도 상호 밀접하게 연관되어 있다. 따라서 각 영역별로 고유의 목적, 방법은 종래의 철학, 역사학, 사회과학 등에 깊은 뿌리를 두고 있기 때문에, 어디까지나 출판연구로서의 독자성과 통일성이란 문제의식이 불가분의 것이 되지 않으면 안 된다. 이런 논지가 직관적이든 논리적이든 출판학의 방법과 학제적, 혹은 복합적인 것이다. 출판연구에 있어서 대학에 출판학과를 설치해서 출판연구의 기초를 쌓는 것도 국가적으로 중요한 일이다. 연구성과가 교육을 낳는 것이 아니라 교육의 필요가 연구를 진전시킨다는 주장이 과학사회학이나 고등교육론에서 받아들여지고 있다. 출판강국이라는 우리나라에서 출판 전공학과가 제대로 운영되지 못하고 있다. 민간에서의 사설 교육기관이나 연구기관도 내세울 만한 것이 없다. 출판학에 많은 관심을 가진 중국이나 영국, 미국, 독일 등은 다양한 레벨의 교육시설들이 충실하게 운영되고 있음을 우리는 잘 알고 있다. 이런 현실 개선을 위해 우리 학회가 적극 앞장서야 할 일이다.

2) 국제 교류의 진전

출판연구를 확대하는 의미에서 국제출판학술 교류의 의미는 대단히 크다. 그런데도 국제교류는 활발하다고 할 만큼 활동 범위가 넓지 못하다. 출판연구가 동북아시아의 범위를 벗어나지 못하는 상태에서 국제적으로 고립된 형태로 전개되어 왔기 때문에, 이는 불가피한 면도 있다.

본래 출판사업은 자국의 국내용으로 영위되고, 자국어와 자국문화에 의해서 지켜져 오고 있다. 동아시아는 더욱 그렇다. 그렇기 때문에 일반적으로 폐쇄적, 자기완결적 경향을 피하기 어렵다. 출판활동을 고찰하는 출판연구도 또한 그런 특성을 벗어나기 어려워 국내지향의 폐쇄적 학문이 될 숙명을 다분히 가지고 있다. 그것은 학문의 진보에 있어서 치명적 결함이다. 이런 결함을 극복하기 위해 우리 학회는 창립 초창기부터 국가 간의 협력 체제를 구축, 국제출판학술회의를 통해 출판연구의 국제화를 도모해 오고 있다. 그리하여 우리가 일본에 공동학술회의를 제의하여 한·일 양국 출판회의가 처음으로 서울 출판문화회관에서 1984년 10월 13일 열릴 수 있었다.

이 회의에서는 한·일 양국출판학회의 공동발의로 국제출판학술회의를 결성을 결의하고 1985년 8월 20일에는 일본 동경에 있는 서적출판협회 회관에서 제2회 국제출판학술회의를, 1987년 10월 24일에는 다시 서울 아카데미하우스에서 제3회 국제출판학술회의를 번갈아 개최하였다.

제2회부터는 한·일 양국 출판학회가 구미지역의 출판연구자들도 초빙하여 국제적인 모임으로 확대를 도모하면서 중국 북경(제6회, 1993), 필리핀 마닐라(제7회, 1995)와 말레이시아 쿠알라룸푸르(제8회, 1997)로 개최지역 확대를 시도했다. 그러나 이들 지역에서의 출판학 생성을 보지 못하여 더 이상 발전시키지 못하고 지금은 한·중·일 3국을 중심으로 개최지역을 순회하면서 2년마다 한 번씩 이어지고 있는 상황이다.

국제출판학술회의는 2018년 현재까지 모두 18회가 개최되었는데, 개최지별로 한국에서 6회, 일본 5회, 중국에서 4회가 열렸으며 필리핀과 말레이시아에서 각각 한 번씩 개최되었다.

이와 함께 1996년, 중국출판과학연구소(현, 中國新聞出広研究院)의 제안으로 한·중출판학술회의가 양국을 오가며 진행되고 있는데, 이 또한 2018년 현재 18회째를 기록하고 있다. 1996년 1월 5일, 북경 기자협회 회관에서 열린 첫 한·중 출판학술회의는 당시 중국출판과학연구소(소장 袁 亮)가 양국 간 상호교류에 관한 협의를 겸하여 학회 민병덕 회장, 윤형두 고문, 이종국 이사를 초청하여 첫 회의를 열었다. 이날 회의는 〈光明日報〉, 〈新聞出版〉 등 6개 언론에 소개될 정도로 중국 전역으로부터 출판학회, 언론계 인사들이 두루 참가하는 등 큰 반응을 불러일으켰다. 이튿날 우리 발표자들은 북경대학과 청화대학 편집학과를 방문하여 교수·학생 연석토론회를 가진데 이어 1월 7일에는 섬서성 신문출판서(新聞出版署) 초청으로 시안(西安)을 방문, 〈한·중 양국의 출판학 연구와 출판문화에 대한 교류와 전망〉이란 주제의 세미나를 갖는 등 활발한 출판교류 활동을 전개하고 돌아왔다. 이를 계기로 양국 간에는 긴밀한 관계가 돈독하게 쌓였으며 그런 활동의 이면에는 출판과학연구소의 심국방(沈菊芳) 여사와 통역을 맡았던 중국 국가도서관 사서였던 김국현(金菊賢) 여사의 헌신적인 노력이 컸다.

출판학의 국제교류에 적극적이었던 우리 학회는 일본과의 양국 간 학술회의도 정례화를 계속 추진하여 2011년 6월 14일, 코엑스에서 한·일출판회의를 개최(일본 출판학회 임원 5명 참석)한 바 있었으나 아쉽게도 그후 계속해서 이어지지 못하여 단발에 그치고 말았다.

국제출판학술회의를 구성하려는 우리의 꿈은 오래 되었으나 아직도 동아시아에 머물러 있다. 그 가장 큰 장애는 동아시아지역의 일부 국가를 제외하면 출판학은 아직 조직화되지 못했다고 하는 점에서 찾을 수 있을 것이다. 그러나 그 꿈을 우리는 여전히 품고 있다.

△ 국제출판학술회의 18회 개최
△ 한중출판학술회의 18회 개최
△ 한일출학술회의 1회 개최

이런 국제적인 출판학술교류를 통해 동아시아 각국의 출판실태와 출판학 연구동향에 관한 정보교류가 긴밀하게 이루어졌고 경험과 아이디어 교환 및 학술교류 활동이 활발하게 이루어졌다. 내용적으로도 다방면에서 출판문화의 역사적·문화적·경제적 상황에 대한 소개와 비교 분석은 말할 것도 없고, 출판연구의 국제화를 위해서 문자 그대로 큰 진전의 발걸음을 내딛고 있다고 생각한다. 이제까지의 연구축적과 학회 상호 간의 신뢰가 없이는 실현될 수 없는 결과였다. 그동안 이런 기회를 통해 발표된 논문들에 대한 분석과 평가도 진지하게 이루어지고 있다. 즉, 「출판학의 국제교류와 발전방향」(남석순, 2014), 「출판학연구에 있어서 국제교류의 의미」(일본, 시바다 마사오(芝田正夫), 「출판학의 국제교류와 발전방향」(구이 시아오 펑(중국, 桂曉風) 등을 통해 그간의 성과분석과 앞으로의 발전 방향에 대한 고찰이 있었다. 또 「한중출판교류의 문제점과 발전방향」(김진두, 2009), 「중·한 출판교류 현황과 발전 구상」(중국, 시웬(時亮遠, 2010) 등 지속적으로 바람직한 논의가 이어지고 있다. 그러나 발표된 논문들에 대해서는 정량적인 분석도 중요하지만 정성적인 분석을 통해 출판학의 국제교류가 각국 출판산업 및 출판학 발전에 어떻게 기여했는가를 살펴보는 작업도 병행되어야 할 것이다.

또한 우리나라에는 출판연구 성과가 대단히 많음에도 언어적 제약 때문에 외국인들에게 제대로 알려지지 못한 점도 있다. 그런 이유에서 국가 간의 조직적이고 체계적인 출판학술교류의 중요성과 의의는 큰 것이다. 그런데도 일본과 중국에서 발표되는 논문이나 서적에 우리들의 연구성과가 얼마나 많이 소개·인용되고 있는가에 대한 분석은 아직까지 이루어지지 못하고 있는 실정이다. 인용 분석이 학문적인 공헌의 제일 크고 확실한 결과 측정방법이라고 할 수 있지 않을까. 이제부터는 이 점에 대해서도 진지한 관심과 노력이 필요하다.

최근 학회가 지역출판분과위원회를 설치하고 제주 등지에서 활발한 활동을 전개하고 있는 것도 출판연구 광역화의 한 시도로 평가할 수 있을 것이다.

3) 한국출판학회상

한국출판학회상은 1972년에 첫 수상자를 발표한 이래 지금(2018)까지 38회를 기록하며 독보적인 권위와 명예를 상징하는 학회의 전통적인 사업으로 자리 잡은 지 오래되었다.

창립 3주년을 앞둔 1972년 6월 18일, 학회는 행주산성에서 야유회를 겸한 학회 발전책에 관한 자유 토론회를 가졌다. 학술지『출판학』제12집을 창립 3주년 기념호로 발행한 것에 고

무되어 이를 자축하는 의미에서 의욕적인 발언들이 이어졌다. 이 자리에서 학회상을 제정하자는 의견이 처음 모아졌다. 곧이어 '한국출판학회상 요강'을 공표할 수 있었다.(『출판학』 제12집, 1972.6) 당시의 시상 원칙을 살펴보면 첫째, 출판문화에 공헌이 있으면서도 아직까지 아무런 상이 주어지지 않은 숨은 공로자를 찾아 표창한다. 둘째, 반드시 출판사에서 일하는 사람으로 한정하지 않는다.

이러한 요강에 따라 널리 수상 후보자를 물색하기 시작했다. 제1회 수상자로 활자 자모(字母) 원도 도안가(활자설계자)인 최정호(崔正浩) 선생을 선정, 10월 10일 시상하였다.

그러나 이 상은 제5회 수상자를 시상하고 난 뒤에 학회 활동이 동면기에 접어들었기 때문에 상의 시상도 한동안 중단상태에 빠졌었다. 다행히 1982년 학회가 재건되면서 학회가 전통을 되살리기 위하여 서둘러야 할 일 중에 하나가 '한국출판학회상'을 부활시키는 일이었다. 단순한 부활이 아니라 새로운 시대상황과 가치관의 변화를 수용하고 학술연구단체가 마련하는 시상 제도에 합당하게 보완하여 그 권위를 더욱 높여야 할 책임도 크다는 것을 자각했다. 그리하여 이 상을 제정한 정신과 출판학 및 출판산업이 발전하고 있는 현실을 반영하여 '한국출판학회상 운영규정'을 제정(1983. 7. 16)하고 시상 범위를 △ 저술연구부문, △ 기획편집부문, △ 경영영업부문, △ 특별공로부문으로 세분화하는 등 체계화하여 10월 29일에 제6회 시상을 하면서 다시 화려하게 부활시켰다. 부활이라기보다는 새로 시작하는 사업과 크게 다르지 않았다. 출판학회상은 출판연구 발전과 출판문화 향상에 큰 자극이 되고 있다고 자부한다.

1972년부터 2016년까지 참으로 다양한 인사들을 발굴, 시상한 것을 보면 그 성과를 알 수 있다. 총 90명의 공로자가 수상했다. 부문별(6~36회)로는 특별공로부문 수상자가 26명으로 가장 많았고, 그 뒤를 저술연구부문(25명), 기획편집부문(21명)이 잇고 있다. 경영영업부문은 수상자가 가장 적어 13명밖에 내지 못했다. 이는 학회가 우리나라 출판산업의 특질을 경영영업부문보다는 기획편집부문이 더 우수한 수준에 이르고 있는 것으로 평가하고 있는 것이라고 볼 수도 있다.

1회부터 36회까지 전 부문에서 2회 이상 수상자도 5명이나 되고 특별공로부문에는 외국인도 1명이 포함된 것이 눈에 띈다. 상의 가장 핵심적인 부문인 저술연구부문에서 같은 해에 2명씩의 수상자를 배출한 해가 5회나 되지만, 수상자를 내지 못한 때도 5회나 된다.(시상횟수 기준 약14%). 신진 연구자들 가운데 저술연구부문 수상자가 별로 보이지 않고 있는 점은 학회 및 출판학의 장래를 생각할 때 치명적인 대목이 아닐 수 없다. 저술연구부문만은 어떻게 해서든지 해마다 수상자를 내도록 이끌었어야 마땅했다. 수상 대상을 저서로만 한정했다는 점도 그러한 결과를 초래한 요인의 하나라고 본다. 제6회의 수상자인 이강수 교수를 제외하면 모두 저서를 출간한 회원으로 수상자가 집중되어 있다는 사실은, 그동안 상대적으로 훌륭한 연구논문이 다수 발표되었지만 편협하고 경직된 상의 운영으로 각광을 받을 기회가 없었던 것으로 보인다. 탁월한 연구논문에 대해서도 시상 대상의 폭을 넓힌다면 결코 저술연구부문의 수상자를 내지 못하는 불상사는 없을 것이다. 저술과 연구로 수상자를 분리해서 저서와 연구논문에 대해 각각 시상하는 방법도 있을 것이다.

한편, 수상자 선정에 있어서도 규정에 맞게 운영되도록 노력해야 한다.

4) 출판사업

연구업적의 기본문헌이 되는 학술논문집의 간행사업은 학회의 기본적인 사업의 하나인 것은 말할 필요조차 없다. 우리 학회가 지금 발행하고 있는 학회지 『한국출판학연구』(계간, 2018년 현재 연5회로 증간)를 비롯하여 『한국출판학회 회보』와 각종 연구보고서 및 연구발표회 주제집 등은 오랜 연륜을 쌓아온 중요한 발표매체이자 학회 업적을 평가하는 무대이다. 어떤 의미에서는 학회의 출판편집사업은 학회의 출판 인턴십의 일종이라고도 부르고 싶다.

현재의 학회지 『한국출판학연구』의 연원은 1969년 8월 15일 창간된 『출판학』(연3회간)으로부터 비롯된다. 『출판학』은 학회 초창기의 어려운 여건을 극복하면서 간행되기 시작했다. 학회가 창립된 지 겨우 2개월도 되지 않았을 때 『출판학』 첫 호가 나왔다. 출판·인쇄계로부터 전폭적인 지원이 없었으면 초창기 학회로서는 불가능했을지도 모를 일이다. 현암사가 소요 용지를 제공하면서 발행사로 나섰고, 대형 인쇄소들이 돌아가며 제작을 맡아 주었다. 1974년에는 문화공보부에 계간지로 정기간행물 등록을 마치고, 그해 여름호부터 면모를 일신한다. 당시의 정기간행물 등록은 '하늘의 별 따기'라고 할 정도로 어려운 때였다. 그런 『출판학』은 한 때 휴면 상태에 있다가 『출판학논총』이란 이름으로 우리 앞에 다시 모습을 보였으나 또다시 1년 반이 지난 1982년에 가서야, 『출판학연구』란 이름으로 개제하여 한국출판학회 편, 범우사에서 발행(연간, 1982. 12. 10, A5판, 106쪽)되었다. 이때부터 학술연구논문집 발행은 정상 궤도를 달리기 시작한다. 범우사에서 희생을 무릅쓰고 발행책임을 맡아 주었기 때문에 순탄한 발전가도를 달려올 수 있는 토대가 마련되었던 것이다.

당시는 중앙대 신문방송대학원 개원과 함께 출판잡지 전공과정이 처음으로 개설되어 출판학도 새로운 연구자들이 대거 등장, 이때부터 신진들이 주목할 만한 논문들을 다투어 발표하면서 출판학은 새롭게 주목받기 시작한다. 이듬해부터는 제호 머리에 간행년도의 뒤 두 자리를 표기하여 1999년까지 한 번도 거르는 일이 없이 간행했다. 통권 제45호부터는 반년간지로 발전시킨다. 다른 학회에서는 연간으로 발행하는 것조차 버거워하던 때였다. 현재의 『한국출판학연구』로 제호를 변경, 이때부터 명실공히 학회지로서의 입지를 굳게 다져나갔다. 이에 그치지 않고 '학회지 규정'을 제정, 게재논문의 심사를 강화한다. 교보문고와 전자판 발행권 계약을 체결하고 인세도 받기 시작한다.

우리나라 학회들의 일반적인 상황과 비교해 볼 때, 우리 학회는 학회지도 상대적으로 충실한 수준에 올라 있다. 투고논문 수나 게재율과 같이 정량화할 수 있는 요소는 물론 정성적 측면에서도 다른 학술지에 비해 대단히 우수한 편에 속한다. 2005년에 한국학술진흥재단으로부터 '등재후보 학술지'로 당당히 선정된 데 이어, 2007년부터 '등재학술지'로 승격되어 오늘에 이르고 있는 것으로도 그것은 입증되고 있다.

학회지에 대한 대내외의 신인도가 향상되면서 회원들은 학회지를 통해 발표하려는 경향이 증대되고 있다. 연구발표를 원하는 회원이 늘고 있다는 것은 출판학이 좀 더 많은 사람에 의해서 연구업적이 발표되고 그것이 다른 학문연구에도 이바지할 수 있는 토대가 되기 때문일 것이다. 이를 위해서도 출판학회가 더욱 든든한 연구자집단일 필요가 있다. 그러나 가입만 해놓고 전혀 연구활동 성과가 보이지 않는 회원들도 상당수가 되고 있는 것 같다. 학문 후속세대의 등장이 부진하다는 것이다. 학회로서도 신규 회원에 대한 관심과 배려가 필요하다. 회원 상호 간의 교류에 의한 연구 실적(결과)를 거양하기 위해 학회 차원에서의 조직적인 연구를 힘쓰지 않으면 안 될 것이다. 한국학술지인용색인(http://www.kci.go.kr)의 영향력지수(IF)에 관심을 갖지 않을 수 없다. 학회지 출판사업은 연구발표 기능만이 아니라 학회 자립성의 추구로 연결될 수 있어야 한다. 이를 위해 일반인으로부터 구독을 신청받는 방안도 강구해 볼 필요가 있다.

또 하나 우리 학회의 간행물로서 역사가 오랜 정기간행물로서는 『한국출판학회 회보』(이하 '회보')를 빼놓을 수 없다. 회보는 창립 초기 연구발표회 내용의 소개와 뉴스레터의 성격으로 발행되기 시작하여 2007년까지는 정기적으로 충실하게 발행, 학회 홍보지로서의 구실과 기능을 발휘했으나 회원 수가 확대된 최근에 와서는 오히려 그 존재감이 미약해졌다. 이는 디지털과 네트워크 사회의 도래란 문명사적 변화에 기인하는 측면도 크게 작용하고 있다. 홈페이지 운영이나 SNS를 통한 소통이 더 활발해졌기 때문이다. 그러나 회보는 학회 소식만이 아니라, 짧은 논설, 평론, 에세이, 회원들의 활동 등이 게재되는 내용이 풍부한 뉴스레터이었으며, 학회의 발전과정을 기록한 역사적 기록이다. 이 회보를 통해 우리 학회 특유의 에스프리(esprit)를 느낀 회원이 결코 적지 않았을 것이다.

3. 학회의 회세 신장과 조직관리

1) 회원 수의 동향

우리 학회가 창립 이래로 50년의 연륜을 쌓아오는 동안, 질적으로나 수적으로나 발전을 거듭하여 올 수 있었던 것은 회원들의 열성적이고 헌신적인 참여와 부단한 연구와 노력에 힘입은 바가 크다. 회원들이 훌륭한 출판학 논저를 끊임없이 발표해 왔고, 여러 회원들이 대학의 출판학과 교수로 부임하여 연구와 교수에 전념하고 있다.

그러므로 회원 수의 증가추세는 학회 영향력의 신장을 나타내는 바로미터이다.

2000년대 들어 와서 신규 회원의 입회가 급격하게 늘고 있다. 연평균 14명이 새로 가입하고 있다. 신규 회원 수가 30명을 넘었던 해도 두 번이나 있었다. 회원의 증가추세가 활발하다는 것은 고무적인 일이다.

아래 그래프는 정기총회에 보고된 1999년 이래 우리 학회 회원 수의 증가추세를 나타낸 것이다. 이 그래프에 의하면, 157명에 지나지 않았던 1999년의 회원은 2016년 현재 315명으로 2배 이상 늘어났다. 우리 학회의 회세(會勢)가 크게 신장되고 있는 것이다.

이는 역대 임원들의 노력의 결과이기도 하지만 학회 존립의 진가(眞價)를 발휘되고 있기 때문이다.

2) 재정 규모의 성장추이

우리 학회의 재정은 매우 건전한 상태를 유지하면서 지속성장을 계속하고 있다. 1999년에 1천6백만 원을 겨우 넘겼던 총 결산규모는 2016년에 9천 3백여만 원으로 무려 6배나 성장했

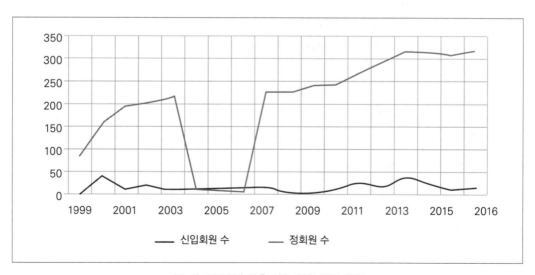

〈표 2〉 2000년 이후 신규 회원 증가 추이

주: 2004~2006년의 정회원 수에 대한 보고가 누락되어 있기 때문에 확인 불가능하여 '0'으로 표시하였음.
자료: 〈정기총회 서류〉 각년판

다. 2007년부터 5년간은 연간 재정수입총액이 1억 원대를 돌파하였으며 이 같은 추세가 3년 간이나 지속되기도 했다. 특히 2008년은 재정 면에서 학회 역사상 최고 절정기를 수립하는 쾌 거를 이룩했다. 2008년의 그것이 2억 원에 달하는 경이적인 기록을 세웠던 것에 비하면 2016 년의 재정 규모는 오히려 반 이상이나 줄어든 셈이다.

2016년을 제외하면 해마다 상당 액수의 잉여금을 창출하는 흑자운영을 해 왔다. 2007년에 는 당해년도 잉여금 총액이 그 이전의 연간 재정 총규모에 육박하는 5천만 원대에 이르기도 하 였으나 최근에는 연평균 2천만 원 내외의 흑자를 기록하고 있다.

그러나 학회 자체의 사무실을 아직 확보하지 못하여 유지회원의 독지로 사무실을 운영하는 등 극복해야 할 과제가 산적해 있음을 상기할 때 잉여금이 학회의 지속성장을 위한 기본재산 으로 축적되지 못하고 있는 아쉬움도 크다. 이와 아울러 특히 사업수입 확대책을 강구하여 사 업의 적자 운영체제에서 탈피해야 한다.

이렇게 건전한 재정과 흑자를 유지할 수 있었던 것은 전적으로 정부 및 관련단체와 개별기업 의 지원, 그리고 임원진을 비롯한 유지회원들의 열성적인 기부에 전적으로 힘입고 있다.

요람기인 창립 초창기부터 많은 출판사와 인쇄소로부터 재정적·물적 지원을 받아왔다. 2007 년부터는 국제출판학술회의를 비롯한 한·중 출판회의 등에 대한 사업비를 국고에서 지원받기 시작하여 지금까지 이어지고 있다. 2016년부터는 학회발전기금, 학회상 및 남애출판문화상 운 영기금 등 세 가지 기금을 조성하기 위해 적극적인 모금운동을 전개하고 있는 중이다.

그런데 회비수입이 전체 수입규모에서 차지하는 비중이 점차 감소하고 있는 실정이다. 1999 년의 총재정규모에서 회비수입이 차지하는 비중은 38%(6백1십만 원)이나 되었으나 2016년도 에는 그것이 18.6%(1천731만 원)로 줄어들었다. 회비납부 회원 수는 해마다 조금씩 늘고 있는 추세라고 하지만, 같은 기간 동안 회원 수가 2배 이상 증가한 것에 비하면 회비를 납부하고 있 는 진성회원 수가 재적회원의 반밖에 되지 않고 있는 것이 회비수입 비중이 낮아지고 있는 가 장 큰 요인으로 보인다.

다른 학회에 비해 회원의 회비가 결코 싸다고 볼 수는 없다. 회원의 연간 회비는 1999년에 3 만 원이던 것이 2005년부터 5만 원(단체회원 10만 원)으로 인상되어 오늘에 이르고 있다. 한편 회장은 연간 1백만 원, 부회장(2인)은 각 50만 원, 이사(40명)는 각 20만 원의 회비를 부담하 여 학회에 대한 기여도를 높이고 있다.

3) 조직

학회의 조직구성은 임원과 분과위원회 설치 및 운영상황의 변화를 살펴보아야 한다.

학회는 창립 당시에는 지금처럼 부회장이나 이사제도는 없었고, 오로지 간사 약간 명을 두

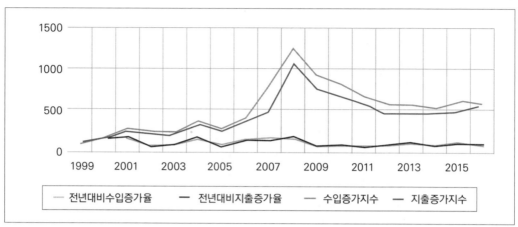

〈표 3〉 재정규모의 성장추이(1999~2016)   (단위 : %)

자료 : 각 연도 〈정기총회 서류〉에 의해 작성(2000~2016)

어 각각 소관 업무를 관장토록 했다. 회원 수가 많지 않았기 때문에 사무국을 따로 둘 필요도 없었기 때문이다.

　오늘의 체제를 이루기 시작한 것은 1983년부터이다. 정회원 27명을 새로 영입하여 창립초 창기의 회원들과 더불어 1983년 5월 18일에 개최된 정기총회에서는 정관을 새로 개편하면서 조직을 다음과 같이 확대하였다.

　△ 회장 : 1인
　△ 부회장 : 2인
　△ 이사 : 3인(총무이사, 연구이사, 출판이사)
　△ 감사 : 1인
　△ 사무국장 : 1인

　임원 선거에서 회장에는 창립 당시부터 회장의 중책을 맡아 어려운 고비를 넘겨오는 데 공로가 큰 안춘근 회장을 그대로 유임시키고 부회장 2명 가운데, 수석 및 연구담당 부회장에 윤형두, 사업담당 부회장 여승구를, 감사에는 이중한을 각각 새로 선임하고, 이사 3명은 총무이사 하동호, 연구이사 민병덕, 출판이사 한태석을 그대로 유임시켜 체제의 안정을 도모하였다. 새로 설치한 사무국장에는 회장이 김희락을 임명하였다. 5개 분과위원회도 저작권분과를 신설하여 6개 분과위원회에 전 회원을 배속시켰다.

　이후 회세 신장에 따라 정관을 개정하여 임원의 임기, 이사 수, 분과위원회 등 조직은 별항에서 보는 바와 같이 계속 확대시켜 왔다. 2016년 현재 임원은 회장 1인, 부회장 2인, 상무이사 2~5인, 이사 10~20인(회장, 부회장 포함), 감사 2인으로 운영되고 있다.

4. 창립 50주년 기념사업

1) 추진위원회 구성

우리 학회는 2016년 11월 10일(목) 오후 6시 '기와'라는 한식당에서 제3차 이사회를 개최하여 '한국출판학회 창립 50주년 기념사업 추진위원회'를 구성하고, 50주년 기념사업에 착수했다.

창립 50주년 기념사업추진위원
△ 고문: 윤형두, 한승헌, 민병덕, 이종국, 이정춘, 남석순
△ 추진위원장: 윤세민(현 회장)
△ 집행위원장: 이문학(차기 회장)
△ 추진위원: 부길만, 윤광원, 김경도, 박몽구, 윤재준, 이두영, 노병성, 김기태, 박성원

제1차 추진위원회(11월 18일)에서는 기념사업계획을 확정하고, 관련기관(단체)과 필요한 협의를 진행하기로 의결하였다. 이에 따라 제2차 회의(2017년 3월 30일)는 기념사업을 효율적으로 추진하기 위해 기념도서발간위원회, 학술위원회, 운영위원회 등 3개 분과(소)위원회를 구성하여 현재(2018년 7월 30일)까지 순조롭게 추진하고 있다. 기념사업 진행 상황은 다음과 같다.

2) 기념도서 간행사업

(1) 한국출판학회 50년사 편찬, 발행

제2차 추진위원회(2017. 3. 30)에서 부길만(편찬위원장), 이종국, 남석순, 이두영, 박몽구를 편찬위원으로 위촉하고 이 편찬위는 수차의 회의를 거쳐 한국출판학회 50년사의 차례(안) 및 필자 등 편찬계획을 수립과 편찬 작업에 들어갔다.

2017년 4월 5일(수)에 편찬위원들이 각자 작성한 기획안(부길만, 이종국, 남석순, 이두영 제출)에 대한 난상토론을 거쳐 필자 선임 및 집필방법 등의 편찬계획안을 확정, 총41개 소제목에 대해 '집필안내'와 함께 개별적으로 집필을 의뢰(소제목 필자는 중복 있음)하여 2018년 7월 말까지 원고를 최종 마감을 앞두고 있다. 참고로 회원들의 기념사업의 참여와 집필기회를 폭넓게

제공하기 위하여 전 회원들에게 편찬계획안(차례)을 공지하고 2017년 5월 7일까지 집필희망을 신청받아 편찬위원회 및 추진위원회 연석회의에서 필자를 선정하였다.

2018년 12월 현재, 원고를 마감, 제작에 착수했다.

(2) 남애 안춘근 선생 기념도서 발간

제2차 추진위원회에서 『한국출판학회 50년사』 필자선정방법과 동일하게 사업공고를 통하여 집필계획서를 신청 받아 이종국에게 집필을 의뢰하기로 의결하여 진행하고 있다.

(3) 기념식

△ 창립 50주년 기념식
△ '남애출판문화상' 시상식

행정위원회(위원장 윤재준, 위원 윤광원, 박성원, 김경도)를 중심으로 기념식과 행정, 재정 및 홍보 등의 업무를 맡아 추진하기로 결정하다.

5. 맺음말—전망과 과제

학문의 체계화가 구축되고 이 분야의 학자가 있은 다음에 학회가 성립되는 것이 통상의 존재양식이지만, 출판학회는 학회가 먼저 창립되고 나서 새로운 학문으로서 출판학을 개척해 왔다는 점에서 특별한 역사적 자산의 의미가 있다. 지금까지 살펴 온 바와 같이 연구업적이나 학회의 활동면에서도 괄목할 만한 실적을 쌓아왔다. 그렇지만 학문적 체계로서의 출판학은 아직도 많은 과제가 남아 있고 학문적 도야, 과학적 연찬의 방향에도 아직 개발의 여지가 많다고 할 수 있다.

특히 우리 출판학은 지금 내외로부터의 중대한 도전에 직면해 있다. 현재 출판학은 정체성의 위기에 직면해 있다는 우려와 함께 자칫 게토화(ghetto化, 부실)의 길을 걷지 않기 위해서 외연 확대와 내포 확충에 각별한 노력을 집중시켜야 할 중대한 시기에 놓여 있다. 회원들의 전공분야가 다기해지면서 우리 학회가 출판학의 총본산 역할을 자임하기엔 세력이 약하고, 그렇다고 세부 분야를 특화한 분과학회라고 보기에는 전문성이 떨어지는 딜레마에 빠지고 있다.

따라서 우리 학회는 이제부터 시대정신과 가치를 반영한 정체성을 새롭게 강화하지 않으면 안 되는 심각한 상황이다. 급격한 기술발전과 사회변화에도 불구하고 출판학 연구의 본질이나 출판 상황이 근본적으로 달라진 것은 없다. 오히려 출판의 영역은 크게 확장되었다.

이러한 시점에서 중요한 것은 학회 창립 50주년을 맞이하여 앞으로 요구받게 될 출판사업의 기능 및 사명, 가치에 부응하기 위하여 출판학의 역할과 연구방향을 강화하는 일은 절실한 시대적 소명이 아닐 수 없다. 이를 위해 학회 내부에서 치열한 공론의 광장이 반드시 펼쳐져야 한다. 그 작업엔 반드시 출판산업 현장이 나아가야 할 좌표도 포함하여야 한다.

우리 학회는 지난 창립 30주년에 즈음하여 1999년에도, 당시의 출판환경에 비추어 출판학의 연구동향과 학회 활동의 내용과 방향을 점검해 보았다. 그 후 우리가 어떻게 해 왔는가를 신중하고 진지하게 성찰할 필요가 있는 것이다.

첫째, 거시적 관점에서 출판학과 학회를 둘러싼 외부 환경변화에 대해서도 심각하게 받아들여야 한다.

출판학 전공자들에 대한 인력수급체계가 기초부터 무너지고 있다. 대학교육에서 출판 전공학과의 소멸과 출판학 전공교수의 수가 급격하게 감소하고 있는 것은 출판학 발전의 우려를 낳게 하고 있다.

대학에서 출판전공학과가 활발하게 운영되던 80년대 말에서 90년대 초까지 대학에 자리 잡았던 세대들이 지금 은퇴하기 시작했지만 그 자리에 충원이 이루어지지 못하고 있다. 아직 대학에 남아 있는 출판학 전공자들도 대부분 학과를 바꾸었다. 대학과 대학원에서 출판전공학과가 줄어들면서 출판학 전공희망자들이 진로를 열어 나가기 힘든 현실에 직면해 있다. 이런 악순환은 시작된 지 이미 오래되었고 앞으로 더욱 심각해질 것이다.

현재의 출판산업 부진과 침체 현상도 인력수급의 악화조건을 가속화시키고 있다. 업계 현실은 경기순환에 따른 일시적인 경기 부진 현상의 측면도 크지만, 문명 전환기의 출판환경 변화에 따른 영향도 적지 않다는 점을 고려하면 희망적이지 못하다.

이렇게 출판학을 전공하는 것이 학술적·직업적 일자리를 제공해 줄 수 있을 것이란 현실적 기대를 가질 수 없는 상황이 학문적 후속세대의 양성을 가로막고 있는 사정을 심각하게 받아들여야 한다. 따라서 출판학 내부로부터의 도전에 대응한 방향을 조정, 강화해야 한다.

출판학은 출판이란 사회적·문화적·경제적 현상을 객관적으로 보려는 입장에 서야 한다. 이 시대가 출판학에 요구하고 있는 가치는 고도의 기술적이고 좁은 의미의 학술적 논의라기보다는 사회를 이끌어 갈 수 있는 담론의 생산에 가까운 것이다. 진리의 탐구와 실리를 준별(峻別)해서 출판학회가 좀 더 사회적 임팩트를 지니려는 노력을 경주할 필요가 있다. 출판학의 궁극적 목표는 실용성이다. 이에 대해서는 앞에서도 이미 여러 차례 강조한 바가 있지만, 출판학의 실용성에 관한 여러 학설의 주장에 앞서 우리 학회 스스로 "출판학은 출판에 관련된 현상적인 면을 조사·연구하여", "미래지향적인 건전한 출판풍토를 조성하는 데 힘써 정진하고", "이를 위한 실질적인 대안과 개발이론을 적극적으로 제시하는 일"이라며 학회 정관(목적·사업)에 명시해 놓은 정신을 명심해야 한다. 과학으로서 출판학의 탐구 작업이 실리적 목적과 직결되어야 하며, 학문연구의 결과가 산업사회 진보에의 기여는 어디까지나 결과의 응용으로써 가능한 일이어야 한다는 것이다. 실용에 유익한지 여부를 밝혀내는 것이 아니라 진실은 발견되지 않으면 안 되고, 그것은 학문의 세계에서만 가능할 뿐이다. 출판연구가 궁극적으로 출판활동의 개선, 진보에 유익하지 않으면 출판연구는 단순한 도락에 빠지고 그 존재 이유를 잃어버리게 될 수도 있다.

제4차 혁명시대를 맞이하여 출판의 세계는 출판산업의 재편성에 고심하고 있다. 이러한 격동의 시대에 사람들이 출판문제를 생각하기 위한 지혜와 길을 제공하지 못한다면 출판학회의 사회적 존재 의미는 충분히 발휘되지 못하게 된다고 할 것이다. 우리 학회는 '제4차 산업혁명시대의 출판산업 재편'에 대한 강력한 공동연구태세를 서둘러 갖추지 않으면 안 된다. 만약 우리가 이 일에 실패한다면 출판학회의 앞으로 50년은 없다고 단언해도 지나치지 않다.

둘째, 출판산업계와의 밀접한 관계 구축이 필수적인 우리 학회 특성의 하나이다. 출판학은, 우리 학회의 50년에 걸친 노력이 출판산업 현장과의 접점을 얼마나 살리고 있느냐 하는 점에서 학회의 존립 의미는 긍정적이지 못해 보인다. 논문 편수에만 연연하지 말고, 출판산업계의 패러다임을 바꿀 수 있는 진정한 첨단연구를 통해 산학협력 모델을 정착시켜야 한다. 산학협력의 체계는 출판산업계보다 한발 앞서서 새로운 개념을 제시하고, 비록 시행착오를 겪는다하더라도 그 이론을 통해 간접적인 경험을 축적하고 결국 업계가 그 축적된 경험을 활용하면서 따라올 수 있도록 선도할 수 있어야 한다. 출판학회가 적극적으로 출판산업과의 제휴 이상의 방향을 제시할 수 있는 의미 있는 연구가 이루어져야 한다는 것이다. 글로벌한 관점에서의 출판현상의 관찰, 사회와의 상관(相關), 즉 사회현실이 출판의 존재양식에 영향을 미치는 동시에 출판이 사회에 미치는 영향을 규명하는 일과 첨단미디어들이 치열하게 경쟁하고 있는 현대사회에서 출판이란 미디어의 신선한 이미지 쇄신방안과 더불어 출판 및 출판활동의 유용성 및 실효성 있는 정책과학적인 출판학 연구 활동이 새롭게 조명되기를 바란다.

셋째, 연구활동의 적극적이고 조직적인 운영의 체계화와 보완책을 강구해야 할 것이다.

예컨대, 정기학술대회 운영만큼은 최근 활성화되기 시작한 분과 중심으로 세션화하여 참가의 폭을 넓히는 방법을 강구할 필요가 있다. 『한국출판학연구』는 편집위원회의 기획능력이 한층 증대될 필요가 있다. 간행주기를 늘리는 방향으로의 발전방향을 추구하여 수록논문의 부족현상을 야기시키기 보다는, 전통을 지키면서 수록논문의 질적인 수준향상에 더 많은 노력을 경주할 필요가 있다. 간행주기를 늘리는 이유 중에는 학술진흥재단의 '등재지' 선정 조건의 영향을 받는 측면도 커 보이지만, 발행주기는 계간을 견지하더라도 1년에 두 번은 출판의 세계에 대한 실증연구 및 정세분석 등으로 특화한 기획특집호를 마련하여 반년 전부터 적임자에게 연구기회를 제공한다면 우리 출판의 발전과정을 주기적으로 모니터링하는 기회도 되고 수록논문의 적기 확보 내지 질적 향상과 연구 분위기 조성에도 도움이 될 것이다. 역사가 오래되고 회원 수가 우리보다 몇 배나 많은 우리나라의 대표적인 학회들 가운데는 연간이나 반연간, 또는 계간을 굳게 지키고 있는 중이다. 전통의 고수는 대단히 중요한 것이다.

이 기회에 특별히 강조해야 할 점은 학회가 회원들의 연구·발표활동에 있어서 윤리의식의 강화를 유도하기 위해 각별한 노력이 필요하다. 우리 학회는 〈연구윤리규정〉을 제정(2007. 11. 2)한 바 있고, 최근에는 이를 현실에 맞게 개정(2015. 10.8)하여 인용 방법 및 원칙, 연구 부정행위, 비윤리적 연구행위, 부적절한 집필행위 등의 유형에 대해 아이디어의 표절부터 출처명시 요령에 이르기까지 아주 구체적으로 적시해 놓고 있다. 복제가 손쉬운 오늘날에는 표절로 인한 법적 문제를 야기시킬 우려가 더욱 커지고 있으므로 더욱 세심한 주의와 노력이 요청되고 있다. 치열한 학문적 논의 과정에서 다른 사람의 연구결과를 이용하는 것은 지극히 정상적인 학문 과정의 하나로 이해할 수도 있다. 그렇더라도 이런 표절시비를 더 이상 방치해서는 안 된다. 표절문제를 야기시킨 회원에게는 반드시 단호한 제재 조치가 뒤따라야 한다.

이러한 출판학을 둘러싼 환경변화는 학회로서 위기인 동시에 기회이다. 창립 50주년에 즈음하여 우리는 그동안 학회의 활동을 성찰하고 출판에 관한 사회적 담론을 선도하려는 적극적 자세로 비전을 품고 미래의 좌표를 모색하고자 슬기를 모아 가야 할 시점이다.

■ 참고 문헌

민병덕(1967). 대학에 출판학과 신설을-학문적 체계화를. 『새한신문』 제293호.

민병덕(1983). 출판학의 연구방법과 과제. 『83 출판학연구』.

부길만(2015). 한국출판학회 출판학 연구의 과거, 현재, 미래. 『한국출판학회 제29회 정기학술대회』.

안춘근(1963). 出版學 原論. 『成均』, 제17호.

안춘근(1969). 출판학을 위하여. 『출판학』, 제1권 제1호, 통권 1호.

안춘근(1981). 論著를 통해 본 출판연구. 『한국출판문화론』.

이종국·부길만(2016). (사)한국출판학회의 과거, 현재, 미래. 『한국출판학회 제31회 정기학술대회』.

이창경(2002). 출판학 연구의 동향과 전망. 『제12회 한국출판학회 정기학술대회』.

한국출판학회(1999). 『韓國出版學의 史的研究-韓國出版學會 30年史』.

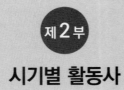

제2부

시기별 활동사

□ 개관
초창기에서
새 세기를 넘어

남 석 순*

■ ■ ■

1. 머리말

　활동사의 범주는 우리 학회가 창립된 1969년 6월 22일에서 2019년까지 50년을 대상으로 한다. 물론, 한국출판학회의 초창기 회칙에 의하여 승계된 약 3개월 기간의 동호회 한국출판 연구회의 주요 사항도 포함된다. 활동사의 영역은 연구사에 대응한 상대적인 서술이 아니며, 이 두 부문이 상호 보완적인 성격을 지닌다. 우리 학회가 수행해 온 출판학 연구의 과정이나 성과에 관한 내용이 연구사라 한다면, 활동사의 경우는 학회 주관으로 이행된 여러 대내외적 학술 활동 일반이 그 주된 내용을 형성한다. 활동사는 우리 학회의 회칙과 정관에 정해진 바에 따라 이행되고 있는 여러 형태의 의사결정 과정과 실현, 연구사 이외에 학회가 추구해 온 학문적 관심을 내외에 공표함으로써 출판과 출판문화 발전에 기여하고자 노력해 온 일련의 자기실현 과정을 살핌에도 의의가 있다.(이종국, 2000, pp.434~435)

　제2편 활동사는 학회의 설립 목적을 이루기 위한 학회 운영과 대내 및 대외의 일반적인 학술적 활동에 중점을 두지만 10년 단위의 연대기별 활동사이기 때문에 학술 활동도 아울러 기술될 수 있다. 더욱이 제2편 활동사의 구성은 제1부 총설, 제2부 시기별 활동사, 제3부 국내외 학술 활동사 등 3개의 별도 부문으로 편성되어 있다. 특히, 제2부 시기별 활동사와 제3부 국내외 학술 활동사는 중복을 피해야겠지만, 제2부 시기별 활동사에서도 학술 활동이 포함될 수 있다.

　한국출판학회 50년의 활동사의 영역은 이상의 내용을 범주로 하며 시기의 구분은 간행위원회에서 설정된 아래에 시기에 따라 기술되었다. 따라서 본고의 제2부 시기별 활동사의 개관은

---

* 김포대학교 명예교수

① 초창기의 활동(1969~1979) ② 진전기의 활동(1980~1989) ③ 중흥기의 활동(1990~1999) ④ 안정기(2000~2009) ⑤ 확장기(2010~2018)를 대상으로 하여 개괄적으로 살핀다. 초창기 → 진전기 → 중흥기는 창립 30년까지를, 안정기 → 확장기는 도전의 새 세기에 해당되는 새 천년 2000년 이후 창립 30년에서 50년까지를 범주로 한다.

이 글을 지칭하는 '제2부 개관: 초창기에서 새 세기를 넘어'의 서술 방식은 우리 학회의 10년 단위의 각 시기의 활동을 개관하는 것에 목적을 두었다. 따라서 학회에서 정기적으로 이루어져 왔던 학회지와 회보 발행, 국내와 국외에서 정기적인 학술 활동과 한국출판학회 시상 등의 사업들은 다루기를 피하였고, 10년 단위 연대기 별로 학회 발전에 비중이 높았다고 인정되는 활동을 위주로 기술하였다.

초창기(1969~1979): 한국 출판학의 길을 열다

1969년 6월 창립된 우리 학회가 내건 이름이 '출판학'이란 깃발 이었다. 이 출판학으로 모인 발기인들은 안춘근·민병덕·황병국·노양환·박일준·양문길·이중한 등 7인 이었다. 모두 당시 출판계에서 일하던 편집인들이다. 한국 출판학의 학문적 시작은 우리의 출판문화를 발전시켜야 한다는 사명감과 문화 의식이 강했던 선각 출판 실무자들에 의해서 시작된 것이다. 한국의 출판학 연구가 우리의 출판 풍토를 개선하려는 목표 의식을 지닌 출판계 종사자들에 의해서 이루어졌다는 점에서 그 의의는 매우 크다. 당시 출판계에서 출판은 학문의 대상은 아니고 경험 위주의 실기였고 책을 판매하는 문화 사업이었다. 다시 말하면, 한국 출판학의 태동은 학문적 사대주의나 모방의 발상에서 비롯된 것이 아니라 불모지로부터 일구어낸 매우 독자적이고 주체적이며 토착적인 자생적 의지의 결집이었다는 점이다.

이러한 문제의식은 학회 활동 초기부터 실질적이고 구체적인 출판의 제반 문제에 관심을 갖고 문제 해결을 위한 이론화 작업을 강조하는 것으로 나타난다. 출판 각 분야를 연구하여 과학적으로 체계화함으로써 우리의 출판문화 향상에 기여하고자 하였다. 이미 학회가 창립을 보기 전부터 선각 편집인들은 '출판학'을 처음으로 제시하고(안춘근, 1963) '대학의 출판학과 신설'(민병덕, 1967)을 이미 주장한 바 있었다.

한국출판학회 초창기의 학술 활동은 학회지 발행과 연구발표회를 중심적 요건으로 꼽게 된다. 한국출판학회상 시상도 중요한 학술 활동의 연장이었다. 여기에 또 하나의 역점 과제가 '대학에서의 출판학과 설치'를 위한 반복적인 노력을 들 수 있다. 이 네 가지를 '4대 역점 사업'이라 추진하였다.(이종국, 2000, pp.454~455) 사실, 학회지의 발행과 연구발표회는 핵심적인 학회의 학술 활동이지만 한국출판학회상 시상과 출판학과 설치 노력은 학회 사업이라고 볼 수 있다. 하지만 초창기에는 이 네 가지를 역점 학술 활동을 정하고 알차게 이루어 나가게 된다.

1) 학회지 발행

학회지 『출판학』 발행이야말로 우리 학회가 추구하는 연구 활동의 물증인 동시에 그 과정이며 또한 결실이라 할 것이다. 초창기 회원들은 학회지 간행을 최우선 사업으로 정하고 이 일을 추진했다. 학회가 창립된 후 2개월도 채 못 되는 1969년 8월 15일에 학회지 창간호 『출판학』이 발행된다. 『출판학』 창간은 출판을 고유 영역으로 하는 학문적 연구 분야로 설정하여 이를 내외에 천명한 것이다.

안춘근 회장은 학회지 제1집 창간사 '출판학을 위하여'라는 제하에서 출판에 대한 이론적 추구가 왜 중요한지 다음과 같이 밝히고 있다. "출판이 과학적으로 이루어지지 못하고 있는 오늘의 한국 현실은 다름 아닌 출판학의 부재에서 최대의 원인을 찾을 수 있을 것이다"라고 하면서 "우리 출판학에 뜻을 둔 학회원 일동은 이제 만시지탄이 있기는 해도 스스로 한국의 출판 문화를 위해 출판학을 확립하는 데 힘쓰기로 뜻을 모아 학회를 창설하고 힘을 모아 학회를 육성키로 결연히 일어섰다"라고 내외에 알렸다.

학회지가 창간되고 나서 전반적인 학회 활동도 더욱 활성적으로 열려 나갔다. 우선, 편집회의를 필요로 하는 등 회원 간의 접촉이 더욱 활성화되고 있었기 때문이다. 예나 지금이나 학회지는 학회 활동의 핵심적인 요소이지만, 50년 전 우리 토양에서 시작된 출판학 연구는 열성적으로 시작되었던 것이다. 이와 같이 『출판학』은 영역의 명칭을 전면에 내세워서 출판을 과학적, 이론적으로 탐구하고 전개해 나간 중심 수단으로서, 또 학회 활동의 가장 구심체적인 존재로서의 큰 역할을 감당했던 것이다.

2) 월례 연구발표회의 시작

월례 연구발표회는 원래 '월례 연구회'라는 명칭으로 1969년 3월 17일 첫 회를 열었고 동호회 한국출판연구회에서 계승 발전된 것이다. 이 발표회는 초창기(1969~1979) 범위 내에서 모두 28회까지 이어졌다. 월례 연구회의 개최 횟수가 한국출판연구회부터 이어진 것은 한국출판학회 창립 초창기의 회원과 조직에 관한 것은 1969년 3월 17일 한국출판연구회 발족을 시작으로 보기 때문이다. 한국출판학회는 한국출판연구회를 계승(회칙 제13조 1항)한 연구 단체이기 때문이다.

월례 연구 발표회는 한국출판학회가 창립 초기부터 4대 역점 사업 중의 하나로 추진해 온 학술 활동이다. 비상임 조직으로서의 학회가 지닌 특성으로 볼 때, 연구 발표회를 월례화 한다는 사실은 쉽지 않은 일이다. 그럼에도 불구하고 초창기의 한국출판학회는 이 일을 대과없이 치러 냈다.

동호인으로 출발된 한국출판연구회는 한국출판학회로 창립되기 이전까지 불과 3개월 5일(1969.3.17.~1969.6.22.) 동안만 지속되었는데 연구회로서 면모를 보인 것이 월례 연구발표회였다. 월례 발표회의 형식은 논문 발표와 자유 토론으로 대별되었다. 발제자는 발표 논문을 요약한 자료(유인물)를 배부하여 회원들의 편의를 도왔다. 이것은 뒷날 '회보' 발행으로 발전된 《한국출판학회 월례연구발표회보》가 그것이다. 월례 발표회는 이후 30여 년을 이어졌는데 이는 보다 1980년대에 와서 큰 규모의 정기학술대회로 성장하는 기반을 제공했다.

3) 한국출판학회상 제정

한국출판학회가 '한국출판학회상' 제정과 관련하여 처음으로 토의한 것은 1972년 6월 18일이었다. 이날은 학회의 창립 3주년이 나흘 앞으로 다가온 터였고, '학회 3주년 기념호'로 꾸민 『출판학』 제12집도 나온 때였다. 몇몇 회원들이 주일을 틈타 행주산성에서 야유회 겸 토론회를 가졌는데 이 자리에서 '출판학회상' 제정안이 제안되었다. 이에 대한 첫 제안자는 안춘근 회장이었다.

한국출판학회는 제1회 출판학회상을 1972년 10월 10일에 활자 설계가인 최정호(崔正浩)에게 시상(한국출판협동조합 3층 강당)했다. 한국출판학회가 제정한 '한국출판학회상'은 1972년에 제1회 수상자를 낸 이래 2018년 현재 38회에 이른다. 훗날 안춘근 회장은 한국출판학회상이 제정될 당시만 해도 다른 분야의 시상 제도는 많았으나, 출판계의 경우 이렇다할만한 상이 없었다고 회고 하였다. 출판학회상은 초창기(1969~1979) 범위 내에 모두 5회를 시상했다. 이후 한동안 중단되었다가 1983년 10월 29일에 제6회로 이어졌다. 이후 출판학회상 운영에 관한 규정은 원래의 '한국출판학회상 제정'안(1972.6.)을 표준으로 정하여 시상되었다.

4) 대학 출판학과 설치를 위한 노력

한국출판학회가 창립을 보면서 '대학에서의 출판학과 설치'도 4대 역점 사업 중 하나일 만큼 비중이 컸다. 이와 같이 한국출판학회는 '대학출판학과'설치와 그 당위성에 관한 문제를 지속적인 연구 과제로 삼았다. 뿐만 아니라 1988년부터 2000년대까지 여러 차례에 걸친 건의 활동도 적극적, 계속적으로 전개하였다. 이후에도 2008년 12월에 15개 출판단체와 공동으로 대통령, 국회, 국무총리, 교육과학기술부장관 등 6곳에 건의하였다. 특히, 1991년에는 4년제 대학 및 전문대학에 출판학과 설치를 지속적으로 촉구한다는 방침 아래, 전담기구(4년제 대학 및 전문대학 출판학과 설치추진위원회까지 발족시켰다. 특히, 1993년 5월 책의 해 기념 정기학술대회는 책의 해 조직위원회의 지원으로 개최되었는데 출판교육을 대주제로 삼아(21세기 출판전문인 육성책) 1, 2부는 학술대회를 개최하였다. 제3부에서는 책의 해 조직위원회를 포함한 12개 단체의 공동건의서를 채택하여 청와대, 국회, 교육부, 전국 56개 대학교 총(학)장에게 우리 학회가 발간한 『세계의 출판교육』을 동봉하여 발송하였다.

대학에서의 출판학과 설치는 단지 한국출판학회라는 특정 관련학회로서의 관심 분야만이 아닌, 대학 사회와 국가·사회적인 책무의 일환으로 중대시하고자 했다. 그러한 노력은 직·간접적으로 영향을 끼쳐 마침내 1981년 중앙대학교 신문방송대학원에 출판·잡지 전공이 개설되고, 1982년에는 혜전대학에도 출판학과 설치를 보게 되었다.

5) 학회 활동의 침체와 재건을 위한 노력

한국출판학회 50년 중에서 창립 후반기인 1975~1979년은 매우 어려웠던 시기였다. 다시 말해서 '창립과 시련'이라는 상반된 실상으로 설명할 수 있기 때문이다. 특히 1970년대 후반기는 말 그대로 '침체기'였는데 그 늪을 벗어난 때가 1981년에 이르러서였다. 즉, 1975년부터 약 6년간 학회 활동이 사실상 중단 상태로 머문 것을 말한다. 안춘근 회장은 한국출판학회 창립 20주년을 맞이한 1989년에 우리 학회 20년사 중 1975년 1월부터 1981년 2월까지를 침체기로 규정한 바 있다.

침체기는 창립 후 약 6년 만에, 거의 지나온 통과 기간만큼이나 학회 활동이 공황 상태였다. 그렇게 된 데는 몇 가지 사정이 있었지만 학회지 발행의 중단이 이중에서 가장 큰 배경이었다. 학회 활동의 구심체적 수단인 학회지 『출판학』은 22집(1974.12)까지 발행되었으나 그동안 창간 당시부터 학회지 발행을 꾸준히 도왔던 현암사 측의 사정이 주된 이유였다. 현암사의 지원을 더 이상 기대할 수 없게 된 것이다. 이후 정화인쇄소(正和印刷所, 대표 : 국정호)의 제작 협찬을 받아 1981년 6월 10일 『出版學論叢』이라는 이름으로 속간 형식을 갖출 수 있었다.

이 같은 상황 아래에서 한국출판학회상을 두 차례에 걸쳐 시상하는 등 학회 활동을 유지하려는 노력이 계속되었다. 월례 연구 발표회의 경우 비록 정례화는 유보된 상태였지만 회원 간의 정보 교류를 위한 모임만은 꾸준히 이어졌다. 이러한 침체기를 벗어나 우리 학회의 재건을 가능케 한 환경이 조성된 『출판학논총』이 복간되던 해인 1981년 3월 중앙대학교 신문방송대학원 출판·잡지 전공이 설치되면서였다.

진전기(1980~1989): 한국 출판학의 재건과 도약

1) 학회의 재건과 도약

1983년 5월 18일 오후 6시 출판문화회관 강당에서 개최된 정기총회는 우리 학회의 새로운 도약을 위한 부활이었고 출발점이었다. 1975년부터 침체되어온 학회가 새롭게 정기총회를 열고 다시 일어서는 날이었다. 총회를 개최하기까지는 긴 역정의 과정을 걸어오지 않을 수 없었다. 1981년 중앙대학교 신문방송대학원 설치가 직접적인 계기를 만들어 주었다. 거기에 출판·잡지 전공과정이 개설되고 안춘근 회장이 출강하여 졸업생들을 배출시킴으로써 본격적인 출판학 연구가 꽃을 피우기 시작했다.(이두영, 2000, p.483) 연이어 1982년에는 혜전전문대학에 출판과가 설치되었다. 우리 학회와의 연관은 중앙대 신문방송대학원의 출판·잡지 전공과정의 졸업생들인 윤형두, 오경호, 이철지 등의 활동이 돋보이게 되면서부터이다(안춘근, 1989).

1983년도 정기총회는 우리 학회가 '새로 탄생하는 것'을 내외에 천명하는 것이나 크게 다르지 않았다. 실질적인 내용에서도 과거와는 전혀 다른 내용의 새로운 조직체라고 해야 옳다. 우선 회원들이 수적으로 대폭 늘어났을 뿐 아니라 그들의 성격이나 역량과 연구 업적들이 과거와는 비교가 되지 않았다.

당시의 보도에는 "한국출판학회는 학회 사무실을 서울 마포구 신수동 출판단지에 있는 범우사로 옮기고 한 달에 한 번씩 세미나(월례연구발표회를 말함-필자)도 열 계획이다"(《경향신문》 1983. 5. 24 뉴스) "책 장정, 활자연구와 함께 출판 자체를 연구하자는 움직임이 결실을 맺어 안춘근 씨를 중심으로 한 출판학회가 활동을 재개했다. 아직은 초기단계이나 연구와 저술을 계속하고 있다."《매일경제신문》 1983. 12. 28, 〈되돌아 본 문화계(10) 출판〉) 등의 단신 보도는 우리 학회가 1970년대 후반부터 침체에서 벗어났음을 알리고 내외에 알리고 있다. 보도처럼 윤형두 부회장의 호의로 출판단지 내에 있는 범우사 사옥에 학회 사무실 겸 회의실을 마련할 수 있었다. 이로써 학회가 창립된 이래 처음으로 공식적인 사무실이 마련된 것이다.

우리 학회의 1980년부터 1989년에 이르는 10년간은 오늘의 기틀을 다진 기간이었고 학회 주도에 의해 이 나라에서의 출판연구가 비로소 궤도에 오른 시기였다. 이 시기에 지금의 우리 학회의 체제와 사업의 틀은 기초가 확립되었다. 10명을 넘지 못했던 창립 당시의 회원 수도 이 기간 중 100여 명으로 늘어나 학회 규모도 크게 신장되었다. 5년간의 긴 동면에서 깨어난 학회가 10년 사이에 학술단체로서의 면모와 내적 기반을 공고히 다졌음은 말할 것도 없고 이를 바탕으로 국제 출판학계를 주도하는 위치까지 성장·발전하였다.

2) 학회원의 신규 가입 증가와 체계의 개편

1983년 정기총회에 참석하여 입회비와 연간회비를 납부하고 등록한 회원 수는 27명이었으며 12월말에는 35명으로 늘어났다. 이리하여 1989년 말 현재의 회원은 모두 96명의 정회원과 4개 특별회원을 포용한 대규모 학술단체로 성장한 것이다.

총회는 회칙을 먼저 개정하고 개정된 회칙에 따라 의사를 진행하였다. 새 회칙은 업계에 축적된 인적 자원을 최대한 유치·확보하기 위하여 회원 자격을 정회원과 일반회원, 그리고 특별회원으로 나누어 참여의 문호를 넓혔다. 회장과 3인의 간사(총무, 출판, 연구)로 짜여진 종래의 임원조직에서 부회장제를 새로 도입하고, 간사는 이사로 명칭을 바꾸었다. 또 학회 실무를 맡을 사무국장을 임명하기로 의결하였다. 한편 ① 기획 편집 ② 출판경영 ③ 잡지 ④ 출판미술 ⑤ 서지 등 5개 분야별 분과위원회를 두어 회원들의 활동을 적극 유도하기 위한 장치를 만들었다. 월례 연구발표회는 매월 셋째 주 토요일에 개최하는 것으로 회칙에 못 박아 미래지향적이고 의욕적인 의지를 담았다.

이렇듯 우리 학회는 1983년 5월부터 본격적인 활동을 재개함으로써 새로운 도약의 발판을 만들고 중흥의 깃발을 날리기 시작했다. 무엇보다 학회의 사업 기틀을 확립하고, 발전의 기반을 공고하게 다졌다는 점에서 1983년은 우리 학회 발전사에서 중요한 전기를 마련한 해로 기록되어야 할 것이다.

3) 학회지 통권 제24호 『출판학연구』 발행

힘들게 복간된 『出版學論叢』조차도 이후 속간되지 못하다가 1982년 12월 10일 『出版學研究』란 새 이름으로 1년 8개월여 만에 발행되어 초창기부터 본다면 통권 제24호에 해당한다. 『출판학연구』는 오랜 침체기간을 털고 우리 학회가 본격적인 활동을 재개하기까지의 명맥을 이어주었다는 점에서 의의가 크다. 새 천년, 2000년에 와서 『韓國出版學研究』(통권 제42호)로 제호를 바꾸었던 학회지는 2018년 6월 현재, 통권 82호를 기록하고 있으며 연5회 발행으로 바꾸어 창립 50주년이 되는 2019년 6월에는 무려 통권 89호에 이를 전망이다.

우리 학회지가 『출판학연구』란 제호의 새로운 모습으로 1981년판을 선보일 당시의 감회를 안춘근 회장(1982)은 권두언에서 이렇게 술회하고 있다. "『出版學』 22집에 이어 『출판학논총』을 펴낸 지 1년 반 만에 이제 『출판학연구』를 다시 내니 이른바 출판을 학문적으로 다루는 연구논집으로 24집이 되는 셈이다. 이 땅에 출판학회가 창립된 지 13년 만에 이룩한 소걸음의 집전(集展)이다 … 출판을 보다 잘하려는 노력의 일단으로 출판을 학문적으로 연구해야 할 필요가 있으나, 이를 위해 뜻을 같이한 우리 학습의 힘이 미약해서 우리나라 출판문화 발전에 크게 기여하지 못하고 있는 것을 부끄럽게 생각한다 … 이번 논총은 이때까지의 회원만이 아니라 새로운 이 방면의 연구자들이 대거 참여한데 특별한 의미가 있다. …이 나라 출판문화를 꽃피우기 위하여 조그만 깃발이나마 다시 한 번 힘차게 흔들어 본다"고 기대를 나타내고 있다.(안춘근, 1982)

4) 일본출판학회 교류와 국제출판학술회의 출범

학회의 체제가 어느 정도 안정되자 안춘근 회장과 여승구 부회장은 1983년 10월, 일본출판학회를 방문하여 淸水英夫(靑山學院 교수)회장과 箕輪成男(UN대학 학술정보국장)부회장을 만나 출판학 연구에 관한 상호협력 방안을 협의하였다. 이 자리에서는 특히 양국 출판학회가 공동으로 2년마다 한차례씩 학술교류발표회를 교환 개최하기로 합의하고, 양국이 중심이 되어 국제출판학회 결성을 추진하는 문제에도 뜻을 같이 함으로써 두 단체의 활동 범위를 국제적 차원으로 발전시켰다.(이두영, 2000, p.499)

우리 학회가 발의하고 제안하고 일본출판학회가 정식 동의하여 성사된 한국출판학회와 일본출판학회의 양국 출판학회의 교류는 이듬해인 1984년 서울에서 처음 개최되었고, 1985년에는 제2회는 동경에서, 다시 제3회는 1987년 서울에서, 제4회는 1989년 동경에서 국제출판학술회의가 열렸다.

1990년대에 와서는 중국, 필리핀, 말레이시아, 싱가폴, 스리랑카 등 동북아와 동남아 지역으로 넓어지고 미국과 영국, 캐나다와 브라질 등의 일부 학자들의 참여 속에서 규모가 확대되었다. 제9회 말레이시아 쿠알라룸프르 회의 이후 출판학 연구가 활발한 개최국이 없으므로 제10회(2001, 서울)부터는 한국, 중국, 일본의 순서와 격년으로 회의 개최와 장소가 순환되고 있다. 이러한 국제적 교류가 우리 학회의 주도로 이루어졌다는 점에서 큰 의미와 자긍심을 갖지 않을 수 없다. 우리 학회의 국제적 위상이 그만큼 높아지는 계기도 되었다.

5) 윤형두 회장 취임

창립 20주년이 되던 1989년 7월 1일 출판문화회관에서 개최된 정기총회에서 새로운 학회 회장으로 윤형두 부회장이 선출되고, 20년 동안 우리 학회를 이끌어 온 안춘근 회장이 명예회장으로 추대되었다. 임원선거에 앞서 안춘근 회장은 발언권을 얻어 차기회장으로 윤형두 부회장을 선출해 주도록 간곡한 부탁을 하여 투표 없이 만장일치 추대형식을 빌어 원만하게 세대 교체를 이루게 된 것이다.

민병덕 이사가 윤 부회장의 뒤를 이어 부회장으로 선임되고 한승헌 부회장은 유임되었다. 윤형두 회장은 이러한 회장단 회의 결과와 함께 차기 회장으로서 다음과 같은 취임포부를 밝히는 인사말씀을 회원들에게 발송하며 협조를 당부한다. "저에게 한국출판학회 회장이란 막중한 임무를 맡겨 주신 회원 여러분께 얼마나 보탬이 되어 드릴 수 있을지 두려운 마음입니다. 우리 학회가 이제 20주년을 맞이하였습니다. 일찍이 온 정성을 다하여 출판학회를 만들고, 학회를 명실상부한 학술단체로서의 기반을 닦아 오신 안춘근 명예회장님을 비롯하여 회원 여러분의 노고에 다시 한 번 깊은 감사를 표 합니다."라는 취임 인사와 함께 7월 10일에는 신·구 회장단 회의를 개최하고 총회에서 위임한 이사진 및 사무국 인사를 선임함으로써 정기총회의 일정이 마무리되었다.

중흥기(1990~1999) : 사단법인 한국출판학회 시대로

1980년대 진전기에서 우리 학회가 재창립 되면서 도약의 시대로 진입하였다. 1990년대는 이를 기반으로 하여 중흥의 시대를 국내외로 펼쳐갔으며 학회는 창립 21년에서 30년에 이르렀다. 이 때에 학회는 출판학 연구의 국내 대표 학회로서 학문적 기반을 구축하면서 출판학 교육과 산학협력에서도 중추적인 역할을 수행하고 있었다. 학회 회원도 증가하여 180여 명에 이르고 각자의 연구를 통하여 학술세미나에서 발표하고 학회지에 투고되는 논문의 양도 늘어갔다. 출판학 연구의 바탕이 되는 출판학 교육도 전문대학, 일반대학, 특수대학원에서 출판 관련 학과와 전공의 설치는 1990년대가 가장 많은 증가를 보였다. 특히, 출판학 관련 석사 학위 이상의 대학원 졸업생들이 학회에 대거 가입하면서 새로운 학풍과 활력을 조성하고 있었다.

특히, 1990년대는 사단법인 등록(1991)을 계기로 학회 내부와 국내에서 학술활동이 활발하던 때였다. 학술발표는 초창기부터 이어온 〈월례연구발표회〉(55차), 〈정기학술대회〉(9회), 학회지 『출판학연구』(통권 제41호), 〈한국출판학회보〉(통권 제33호), 〈한국출판학회상〉(20회)은 권위를 더해 가고 있었다.

1990년대에만 국한하여 보더라도 국내 활동뿐만 아니라 국제 활동으로 동질의 학문을 연구하는 외국 출판학회와 학술적 교류를 넓혀가고 있었다. 제5회 국제출판학술회의 주최(서울, 1991), 제6회 참가(북경, 1993), 제7회 참가(마닐라, 1995), 제8회 참가(동경, 1997), 제9회 참가(말레이시아 쿠알라룸푸르, 1999)로 이어졌다. 한편, 제1회 한·중출판학술회의 참가(북경, 1995), 제2회 주최(서울, 1997), 제3회 참가(북경, 1999)로 이어졌다. 또한 학회 처음으로 대형 연구용역 사업에 선정되었는데 금속활자의 발상지인 충북 청주시가 주최한 〈국제인쇄출판문화학술회의〉(1995)를 성공적으로 주관함으로써 학술적인 성과를 거두면서 국내 및 국제교류에서 위상을 다져 나갔다.

1) 남애 안춘근 명예회장 타계와 학회

사단법인 한국출판학회 창립자 남애 안춘근 명예회장이 1993년 '책의 해'의 아침 1월 22일 새벽 5시 중앙대학교 용산병원에서 영민(英敏)의 길로 떠나셨다. 그동안 병중이던 남애 선생님이 학회가 활발하던 시기에서 결실의 기쁨도 함께 하지 못하고 홀연히 가신 것이다. 이 때는 학회가 창립 20년이 지나 도약의 큰 계기가 마련된 시기였다. 학회를 설립하고 국제적인 학회로 자리매김 하기까지 온갖 고초를 마다 않았던 남애 선생의 부음이 국내는 물론이고 국제출판 학계에 많은 슬픔을 주었다. 선생님의 부음은 국내 12개 이상 중앙지와 지방지에서 위대한 출판학자 겸 서지학자의 타계를 크게 애도하였는데 사진과 고인의 활동과 약력을 함께 다루었다.(남석순, 1993, pp.344~345)

2) 사단법인 한국출판학회 등록

학회 발전의 큰 발판을 마련한 사단법인 등록은 당시에 임의 단체였던 학회를 법인체제 회무 운영의 학회로 올려놓았으며, 한국에서 출판학 연구의 대표적 단체로서 공인받게 되었다. 이사회에서 처음 발의된 이후 1990년 7월 13일 정기총회에서 사단법인 발족을 결의하였고, 동년 12월 13일에 발기이사회를 개최하고 1991년 5월 13일에 당시 문화부로부터 사단법인 허가를 받았으며 동년 6월 27일에 법인등기를 완료하였다. 학회는 사단법인 체제를 적용하기 위해 학회 회무에 법인 업무를 적용하였으며 창립 이후 전통적으로 매년 6월에 개최되었던 정기총회도 매년 2월 개최로 변경되었다.

3) 한국 출판학 교육의 중흥

1990년대는 출판의 자유화 경향이 강해지면서 출판산업의 활성화가 이루어지던 시기였다. 출판의 활성화가 이루어짐에 따라서 전문대학, 일반대학, 특수대학원에서 출판 관련 학과와 전공 설치가 활발하였으며, 1990년대는 가장 많은 증가세를 보였다. 1990년대에서 출판학 교육은 전문대학은 최고 14개 대학, 4년제 일반대는 2개 대학, 특수대학원은 8개 대학원에서 학과 및 전공이 운영 또는 설치되고 있었다.(남석순, 2001, pp.186~188)

4) 한·중출판학술회의 정례화

한·중출판학술회의는 중국출판과학연구소와 한국출판학회 간의 쌍방의 학술적 교류이다.

1995년 1월 중국출판과학연구소의 초청으로 시작된 한·중출판학술회의는 해를 바꿔 양국을 서로 오가며 매년 열리고 있으며 이는 두 기관들의 교류에만 그치는 것이 아니라 양국의 출판 산업과 출판학 연구에 큰 영향을 주고 있는 국제회의로 주목받고 있다. 1995년에 시작된 한·중출판학술회의는 2018년 8월 현재 19회에 이르고 있다.

5) 민병덕 회장 선임과 윤형두 전 회장의 중임

민병덕 교수의 회장 선임(1995)은 안춘근 회장과 더불어 창립 초기의 주요 회원으로서 우리 학회 학풍의 계승과 학문적 발전의 큰 계기를 맞게 하였다. 윤형두 전임 회장의 중임(重任, 1999)은 1990년대 후반 학회 발전과 30주년 사업 등 우리 학회의 새 세기의 도약을 위해 2002년까지 학회의 어려움을 적극적으로 헤쳐 나가게 된다.

1990년대 후반에 밀어닥친 국제통화기금(IMF) 사태는 문화산업인 출판에 직접적인 타격을 주었고, 출판학 연구 단체인 우리 학회에도 심대한 영향을 주었다. 또한 전문대학, 대학, 특수 대학원에 설치되고 있던 출판관련 학과와 전공이 폐과되거나 다른 유사 학과에 통합되어 갔다. 우리 학회도 일정기간은 침체를 금할 수 없었던 기간이기도 하였다. 하지만 학회의 지속 가능한 성장과 새로운 세기를 향한 도약까지 멈출 수는 없었다. 1995년 정기총회에서는 우리 학회 창설의 주역이었던 민병덕 교수가 회장으로 선임되어 4년간 헌신하였다. 1999년 정기총회에서는 출판학 연구에서 재정의 어려움과 학회의 안정을 위하여 전임 윤형두 회장이 다시 중임(重任)되어 새로운 세기를 준비하고 새 세기를 넘어서는 발걸음을 쉬지 않았다.

안정기(2000~2009): 새 천년에서 학회 발전

1) 『한국출판학의 사적 연구—한국출판학회 30년사』 발행

한국출판학회 30년의 발자취가 출판되었다. 우리 학회는 2000년 12월 23일 서울 한글회관에서 30주년 기념사업의 일환으로 발행된 『한국 출판학의 사적 연구 - 한국출판학회 30년사』(한국출판학회 30년사 편찬위원회 편, 범우사 발행, 46배판, 740면)의 출판기념회를 개최하였다. 학회 30주년은 1999년 6월 22일 이지만 일 년 정도 늦은 발행과 축하연이 있었던 것이다. 하지만, 이미 학회는 1997년 2월 정기총회에서 창립 30주년을 기념하기 위한 기념사업회 추진위원회를 구성하기로 결의하고 당시 윤형두 고문을 추진위원장으로 선임하였다. 추진위원회에서는 동년 4월, 전반적인 기념사업안과 사업의 일환인 30년사 편찬에 따른 기본 계획도 세워졌다. 그러나 1997년 11월에 불어 닥친 국제통화기금(IMF) 사태를 맞아 학회도 어려움에 처하고 회무 운영에도 차질을 빚게 되었다.

이후 1999년 2월 정기총회에서 윤형두 고문이 회장으로 중임되면서 이종국 교수를 부회장 겸 '한국출판학회 30년사 추진위원장'을 함께 하도록 함에 따라 구체적인 일정이 정해지고 제호도 결정되었다. 이종국 위원장은 당시 편찬 의의를 "한국출판학회 30년사로 편찬하는 『한국 출판학의 사적 연구』는 우리 학회의 전반적인 학술 활동을 재조명하고 우리 출판학 연구의 흐름을 객관적으로 증거 함으로써 국내외 연구자들에게 효율적인 사료(史料)를 제공하는 데 의의를 두었다"라고 기술하고 있다.(이종국, 2000, pp.30~31) 집필 기한을 1년 1개월 (1999.7.1~2000.8.30)로 정하고 주제 설정과 집필 방향, 집필진을 확정하였다. 자료 부족 등 여러 어려움과 곤란 속에서 집필이 완료되고 각종 자료의 고증, 배열 등을 면밀히 검토한 후 인쇄에 회부하여 12월 20일자로 발행되었다.

2) 학회지 『한국출판학연구』 등재후보지를 거쳐 등재지로 선정

우리 학회 학회지 『韓國出版學硏究』가 한국학술진흥재단 등재후보학술지(2005년 1월 10일)와 등재학술지(2007년 12월 28일)에 선정된 일은 학회원들의 염원을 이룬 쾌거였으며 학회 발전에 한 걸음 더 나가는 도약의 길이었다. 2004년부터 2007년까지의 등재후보 학술지와 등재학술지로 선정되었던 과정과 결과를 적시하면 아래와 같다.[1]

2004년 12. 15 제47호 발행 / 2005년 1. 10 등재후보학술지 선정
2005년 6. 15 제48호 발행 / 2005년 12. 15 제49호 발행
2006년 6. 15 제50호 발행 / 2006년 6. 30 등재후보학술지 계속평가 온라인 1차 신청
2006년 7. 10 제48, 49호 제출 / 2006년 12. 15 제51호 발행
2006년 12. 28, 2006년 학술지 평가결과(계속평가-등재후보학술지) 후보1차 통과
2006년 12. 29 결과통보서 접수 / 2007년 6월 15일 제52호 발행
2007년 7. 2 등재후보 학술지 계속평가 온라인 2차 신청
2007년 7. 10 제50, 51호 제출
2007년 11. 30 (사)한국출판학회 연구윤리규정 제출 / 2007년 12월 15일 제53호 발행
2007년 12. 28 2007년 학술지평가결과(계속평가-등재후보학술지)후보2차통과 등재학술지선정

---

1) 사단법인 한국출판학회, 《2009년도 정기총회 자료집》, p.12.

2008년 1. 결과통보서 접수

한편, 희귀성으로 인해 우리 학회원들도 열람하기가 어려웠던 초창기 학회지 『出版學』 창간호(1969. 8)~22집(1974.12)과 『出版學論叢』(1981.6-23집)을 영인하여 2005년 3월 15일 양장책으로 발행하였다. 『出版學』은 국내외 통틀어서 초기적 연구를 집성한 성과라는 점을 중시하여 영구 보전하기로 하고 50질(5권 1질)을 간행하였다.

3) 이종국 신임회장 선임(2003. 2.14)

2003년 2월 14일 출판문화회관에서 개최된 정기총회 임원 선출에서 신임 회장으로 이종국 부회장을 선임하였다. 이 부회장은 학회의 사무국장, 이사, 부회장을 거치는 동안 『한국출판학의 사적 연구—한국출판학회 30년사』 발간을 주도하고, 국제교류 특히 한국과 중국의 학술교류에 많은 공헌을 하였다. 이종국 신임 회장은 인사말을 통해 "안춘근 선생님을 비롯하여 학회를 창립하고 발전시킨 역대 회장님들과 학회원님들의 노고에 경의를 표한 다음에 특정인의 능력만으로는 학회가 운영될 수 없으므로 회원님께서 적극적인 도움을 주시길 바란다. 훌륭한 전통을 기반으로 좀 더 발전할 수 있도록 학회원의 유치, 학술발표회, 산학협동에 위해 꾸준히 노력하고, 우리 학회의 국제적 지평을 열어 가는데 최선을 다 하겠다"는 포부를 밝혔다. 이종국 회장 출범 후 학회 사무국이 2003년 5월 30일 효창동 일진빌딩 2층으로 이전되었다.

4) 이정춘 신임회장 선출(2007. 2. 23)

2007년 2월 23일 출판문화회관에서 개최된 정기총회는 학회 회무와 감사 보고가 끝난 다음에 신임회장 선출을 위한 투표가 실시되었다. 우리 학회가 발전하고 회원의 수가 증가함으로써 사상 처음으로 회장 선출의 경선 투표제가 도입된 것이다. 현임 회장의 임기 종료에 따라 임원은 총회에서 직접 선출하는 학회 정관에 의거하여 동년 2월 2일까지 회장 및 감사 후보자의 등록 절차를 밟은 결과, 회장 후보에 두 분이 등록하였다(이정춘· 이종국 후보). 학회는 선거관리위원회를 구성하고 피선거권자 자격, 선거일정 공고, 선거운동 방법 등을 정하였다. 이 날 경선에서 이정춘 교수가 선출되었고, 감사는 등록자가 없어 총회에서 이문학 회원과 김정회 회원을 선출하였다. 이정춘 신임회장은 우리 학회 역대 회장과 임원, 회원들에게 경의를 표한 다음에 당선 소감과 아울러 경선 과정에서 제시하였던 발전 방안에 대한 포부를 밝혔다.

확장기(2010~2018): 학회 창립 50주년으로

1) 학회 창립 50주년 기념사업 추진위원회 구성

사단법인 한국출판학회 창립 50주년 기념사업 추진위원회를 구성하고 제1차 회의를 2016년 11월 18일 '기와'(용산역 인근)에서 개최하였다. 추진위원회의 구성은 다음과 같다. 고문(한승헌, 윤형두, 민병덕, 이정춘, 이종국, 남석순), 준비위원장(윤세민), 집행위원장(차기 회장, 2017년 이문학 회장 선출), 위원(부길만, 이두영, 김기태, 노병성, 박몽구, 윤재준, 윤광원, 박성원, 김경도)이다. 사업의 개요는 (1) 한국출판학회 50년사 발간 (2) 남애 안춘근 선생 기념도서 발간 (3) 학회 창립 50주년 기념 국제출판학술회의 개최 (4) 학회 창립 50주년 기념 남애출판문화상 시상식 개최 (5) 학회 창립 50주년 기념 국내학술대회 개최였다.

50년사 편찬위원회는 위원장(부길만)으로 하고 집필진은 회원 공모 후 구성하고 집필을 의뢰하기로 하였다. 한편, 남애 안춘근 선생 기념도서 집필은 회원들의 공모를 통한 결과 이종국 고문에게 의뢰되었다. 이후 회의를 통해서 50주년 기념 국제출판학술회의(IFPS) 개최는 일본과 중국 측에 2020년 회의를 2019년으로 양해를 받기로 하였으나, 각국의 사정이 여의치 않아 양국의 출판(편집)학회 회장과 중국의 출판과학연구원 원장을 초청키로 하였다. 이후 회의를 통해 50주년 기념식은 창립일인 2019년 6월에 시행키로 하고, 기념 국내학술대회는 한국출판연구회 발족일인 2019년 3월에 개최하기로 하였다.

2) 남애 안춘근 선생 기념사업회 운영

남애 안춘근 선생의 타계 5개월 이후부터 이루어진 남애 안춘근 선생 기념사업회 연혁은 다음과 같다.

한국출판학회 주최로 1993년 6월 20일 선생의 훈도를 받은 후학 및 선생의 유택을 참배한 참석자들은 업적을 기리기 위한 사업을 전개하기로 결의하여 발기위원회 구성하고 출판계와 서지학계의 동의를 받아 '남애출판문화상(가칭)제정추진위원회'를 결성하고 기금 조성운동을 전개하였다. 이후 남애출판문화상 운영위원회를 결성하였고(위원장 윤형두) '남애 안춘근 선생 기념사업회'로 확대 개편하면서 '남애출판저술상'을 제정하였다.

2001년 10월 27일 제1회 남애출판저술상 시상한 이후 2010년 11월 27일까지 제4회 남애출판문화상을 시상하였다. 2008년부터 '남애출판저술상'의 원래 취지를 살려 '남애출판문화상'으로 명칭을 변경하여 상의 범위와 위상을 격상시켰다. 2015년 10월 9일 그동안 남애 안춘근 선생기념사업회에서 운영되었던 일체의 권리와 임무를 합의서 작성을 통하여 사단법인 한

국출판학회가 이양 받아 현재에 이르고 있다.[2]

남애 안춘근 선생 기념사업회 운영위원화의 현재 구성은 다음과 같다. 고문(이상보, 여승구, 이기웅, 민병덕, 윤형두, 이정춘, 이종국, 남석순), 운영위원장(한국출판학회 회장, 당연직), 운영위원(고영수, 문철수, 박경하, 박원경, 안유섭(유족 대표), 윤광원, 이문학, 한국서지학회 대표 1인), 간사(한국출판학회 총무이사), 간사보(한국출판학회 사무국장)이다.

3) 2010년대 사단법인 한국출판학회 회장 선출 방식 변경과 단임제 실시
: 남석순, 부길만, 윤세민, 이문학 회장의 2년 단임제

2010년대에 들어와서도 우리 학회의 회장 선출 방식은 경선 투표제가 이어졌다. 학회 역사에서 처음으로 실시되었던 2007년 2월 정기총회에 이어 두 번째 경선제 방식이었다. 2011년 1월 26일 출판문화회관에서 정기총회 이후 개최된 차기 회장을 선출하기 위한 경선투표에서 남석순 교수(김포대)가 당선되어 신임 회장으로 취임하였다(임기: 2011. 2~2013. 2). 2013년 2월 21일 정기총회에서는 부길만 교수(동원대)가 단독 출마하여 회장으로 선출되었다(임기: 2013. 2~2015. 2). 2015년 2월 24일 정기총회에서는 2013년 2월 정관 개정의 적용에 의해 처음 도입된 전형위원회의 추천을 거친 윤세민 교수(경인여대)가 신임 회장으로 선출되었다(임기: 2015. 2~2017. 2). 2017년 2월 24일 정기총회에서는 역시 전형위원회의 추천을 받은 이문학 교수(인천대)가 신임 회장으로 선출되었다(임기: 2017. 2~2019. 2).

우리 학회의 전통적인 추대 형식의 회장 선출 방식은 2007년 2월 정기총회를 앞둔 시점에서 2인이 출마하면서 회원들의 직접 투표제로 전환하게 되었다. 학회 성장과 발전으로 회원의 수가 늘어나면서 두 번(2007년 및 2011년)의 직선제를 거치는 동안 회원들 간의 반목이 깊어지고 직선제 방식이 민주적인 절차이지만 중소 규모의 학회에서는 적합성이 떨어졌다. 이를 매우 고심하던 남석순 회장은 연임을 위한 경선을 마다하고, 임기 말인 2013년 2월 정기총회에서 임원 선출을 위한 정관 개정을 상정하였다. 주요 내용은 2015년부터 적용하되, 임원 선출을 위한 전형위원회(역대 회장과 동수의 이사)를 구성하고, 전형위원회의 추천을 거친 후보 1인을 총회에 추천하여 총회의 의결 절차를 밟는 간접 선거제 방식으로 전환하고, 회장의 임기는 2년 단임제로 정한 의안이 통과되었다. 이후 우리 학회는 2017년에 와서 임원 선출을 위한 별도의 정관개정위원회를 구성하여 전형위원회의 의결 세부 사항을 명확한 후에 총회 의결을 거쳐 오늘에 이르고 있다.

---

2) 사단법인 한국출판학회, 남애 안춘근 선생 기념사업회 개요 유인물(2016.12.31) 및 남애 안춘근 선생 기념사업 이양에 관한 합의서(2015.10.9)

4) 한국출판학회 발전 방안 수립을 위한 회원 설문조사 실시

우리 학회에서는 처음으로 2011년 6월 〈학회 발전 방안 수립을 위한 학회원들의 설문조사〉가 실시되었다. 창립 42주년을 맞는 학회는 앞으로 한층 새로운 발전을 하기 위하여 실행위원회를 구성하고 미래 발전 방안을 모색하는 데 유용한 참고 자료를 얻고자 회원들을 대상으로 학회 발전에 관한 설문조사를 실시하였다. 30개 항목에 걸친 설문조사의 결과는 2011년 7월 22일 〈제8차 출판정책 라운드테이블〉에 이어 실행위원회에서 발표되었다. 설문기간은 2011년 6월 1일~10일, 분석기간은 6월 11일~7월 15일이었다. 실행위원회는 위원장(노병성), 위원(이문학, 조도현, 한주리)이다.

5) 학회 발전 기금 모금과 연구회 활동

2016년에 시작되었던 학회 발전기금의 모금에서 성과가 있었다. 모금은 (1) 학회발전 기금 (2) 한국출판학회상 기금 (3) 남애출판학회상 기금 등 3개 분야로 구분되어 이루어졌는데 모두 46,150,000원의 기금이 모여졌다. 이와 별도로 학회행사 찬조 및 후원금도 27,000,000원에 이르렀다. 한편, 2013년에 시작된 학회 연구회의 구성과 활동은 점차 확대되어 2018년 현재 14개 연구회에 이르고 있다.(괄호 안은 현재 연구회 회장) (1) 출판정책연구회(백원근) (2) 출판저작권연구회(김진두) (3) 디지털출판연구회(윤재준) (4) 출판유통연구회(신종락) (5) 출판제작연구회(유창준) (6) 지역출판연구회(최낙진) (7) 다문화출판연구회(박찬익) (8) 여성출판연구회(박원경) (9) 출판과 독서연구회(임성관) (10) 교과서출판연구회(김정숙) (11) 시니어출판연구회(남석순) (12) 출판철학연구회(윤세민) (13) 출판교육연구회(김경도) (14) 아동출판연구회(황민선) 등이다. 일부 연구회를 제외하고는 아직 활동은 미약한 수준에 있지만, 회원들의 전공분야 세분화, 소속감 형성, 연구회 단위의 정기학술대회 개최 등으로 활성화가 이루어지고 있어 활동이 기대되고 있다.

6) 정산 민병덕 전임 회장 타계

'죽간(竹簡)이 CD-ROM이다'라고 단언 하였던 정산(靜山) 민병덕 박사(1934~2018)가 유명을 달리 하였다. 선생이 2018년 9월 13일 오후 3시 30분 경기도 일산에서 타계한 것이다. 정산은 남애 선생과 함께 한국 출판학 연구 선구자의 한 분이었다. 이미 50년 전에 대학의 출판학과 신설과 출판의 학문적 체계화를 주장하였고 '출판학 서설'(1969)을 시작으로 많은 저서와 논문을 발표하였다. 선생은 출판학이란 사회현상으로서의 출판을 과학적으로 연구하고 조

사하는 것을 목적으로 하는 학문으로 규정하면서, 매스미디어와는 구별하면서 종합적인 학문
의 특성을 지닌 독립적 학문으로 인식하였다. 선생은 출판의 중심을 편집에 두면서 현상적이
고 실천적인 연구를 중시하고, 출판학의 연구 대상과 연구 방법, 연구 내용과 연구 체계 등 출
판학의 정립을 위하여 많은 노력을 하였다. 우리 학회의 창립 회원으로서 남애 선생과 함께 한
국출판연구회의 결성을 주도하고 한국출판학회를 창립하여 발전시키며 평생을 출판학 연구
와 교육에 헌신하였던 선생의 타계는 한국 출판학 연구에서 제1세대들의 끝남을 의미한다.[3]

3. 맺는 말

한국출판학회의 50년 반세기의 역사는, 그대로 한국 출판학 연구의 역사였으며, 세계 출판
학 연구 역사의 한 축이 되었다. 학회 50년 역사의 시작은 이 땅에서 출판의 과학화와 이론화
를 위해 연구의 필요성을 절실히 느꼈던 출판 현장 종사자들의 의해 세워진 토착 학회에서 시
작되어 국제적인 학회의 모습으로 발전한 것이다. 다시 초창기의 모습으로 되돌아본다면 당시
학회는 어떤 다른 학회 못지않은 학술 활동을 하였으며 열정적으로 학회지를 창간하고 월례발
표회를 가지면서 연구의 끈을 놓지 않았다. 이들은 학회 활동 초기부터 실질적이고 구체적인
출판의 제반 문제에 관심을 갖고 문제 해결을 위한 이론화 작업을 강조하는 것으로 나타난다.

첫째, 초창기(1969~1979)는 한국에서 출판학의 길을 열고 닦는 동시에 침체에도 빠진 시기
였다. 초창기의 학술 활동은 학회지『출판학』의 발행, 월례연구발표회 실시, 대학에서 출판학
과 설치 주장, 한국출판학회상 시상 등의 4대 역점 사업이었다. 학회 활동의 구심체적 수단인
학회지《출판학》제1집 창간호에 실린 안춘근의 '출판학을 위하여', 민병덕의 '출판학 서설'은
지금까지도 출판학 연구 이론의 기반으로 작용하고 인용되고 있다. 월례연구발표회는 초창기
(1969~1979) 범위 내에서 28회까지 이어졌고, 한국출판학회상 시상은 5회를 시상했다. 대학
에서의 출판학과 설치 주장은 이미 학회가 창립을 보기 전부터 안춘근에 의해 '출판학'의 개념
과 필요성이 처음으로 제시되었고(1963), 민병덕에 의해 '대학의 출판학과 신설'(1967)을 꾸준
히 주장하게 된다. 학회는 창립 중반 1969년 3월에서 1974년 12월까지 약 5년에 걸쳐 활발하
게 학술 활동을 전개하여 왔다. 하지만, 창립 후반 1975년 1월부터 1981년 2월까지는 학회 활
동이 중단되는 침체기에 들어가면서 창립과 시련이 이어서 찾아왔던 시기가 바로 초창기였다.

둘째, 진전기(1980~1989)는 한국 출판학의 재건과 도약의 시기였다. 1981년 중앙대학교 신

---

3) 이 글의 탈고가 끝나던 무렵에 정산 선생의 부음이 전해졌다. 병중에서도 우리 학회 2019년 창립 50주
   년 기념식에 참석하기로 필자와 약속하셨던 선생을 다시는 뵈올 수 없게 되었다. 이제는 선생이 남기신
   수많은 저서와 논문들을 통해서만 접할 수 있게 되었을 뿐이다.

문방송대학원에 출판·잡지 전공 석사과정이 개설되면서 직접적인 계기가 만들어 졌다. 안춘근 회장이 출강하여 졸업생들을 배출시킴으로써 본격적인 출판학 연구가 꽃을 피우기 시작했다. 연이어 1982년에는 혜전전문대학에 출판과가 설치되었다. 더욱이 출판과 잡지를 전공한 대학원 졸업생들의 학회 가입이 늘어나면서 새로운 학풍이 조성되면서 정기학술대회가 이루어지고 재 창간된 학회지『출판학연구』는『출판학』의 통권 24호로 계승되었고 논문의 투고는 늘어갔다. 학회원의 신규 가입 증가와 더불어 학회는 체계의 개편을 통하여 발전의 기반을 만들어갔다. 학회의 체제가 어느 정도 안정되자 안춘근 회장은 1983년 일본출판학회를 방문하여 출판학 연구에 관한 상호협력 방안을 협의하였다. 양국 출판학회가 공동으로 2년마다 한 차례씩 학술교류발표회를 교환 개최하기로 합의하였다. 양국이 중심이 되어 국제출판학회 결성을 추진하는 문제에도 뜻을 같이 함으로써 두 단체의 활동 범위를 국제적 차원으로 발전시켰다. 창립 20주년이 되던 1989년 7월 개최된 정기총회에서 새로운 학회 회장으로 윤형두 부회장이 선출되고 20년 동안 우리 학회를 이끌어 온 안춘근 회장이 명예회장으로 추대되어 세대교체를 이루게 되었다.

셋째, 중흥기(1990~1999)는 사단법인 한국출판학회 시대를 본격적으로 열어간 시기이다. 1990년대의 한국출판학회는 출판학 연구의 국내 대표 학회로서 학문적 기반을 구축하면서 출판학 교육과 산학협력에서도 중추적인 역할을 수행하고 있었다. 출판학 연구의 바탕이 되는 출판학 교육도 전문대학, 일반대학, 특수대학원에서 출판 관련 학과와 전공의 설치는 1990년대가 가장 많은 증가를 보였다. 출판 관련 단체와의 협력이 늘어나고, 언론학회, 서지학회 등 학술 연구 단체와의 교류도 활성화 되면서 출판학이 학문의 한 분야로써 자리매김할 수 있었다. 1995년에는 창립 회원인 민병덕 교수가 회장에 취임함으로써 학풍을 이어나갔다. 1990년대에만 국한하여 보더라도 국내 활동뿐만 아니라 국제 활동으로 동질의 학문을 연구하는 외국 출판학회와 학술적 교류를 넓혀가고 있었다. 사단법인 한국출판학회는 제5회 국제출판학술회의 주최(서울, 1991), 제6회 참가(북경, 1993), 제7회 참가(마닐라, 1995), 제8회 참가(동경, 1997), 제9회 참가(말레이시아 쿠알라룸푸르, 1999)로 이어졌다. 한편, 제1회 한·중출판학술회의 참가(북경, 1995), 제2회 주최(서울, 1997), 제3회 참가(북경, 1999)로 이어짐으로써 국내 및 국제교류에서 위상을 다져 나갔다. 반면 1997년 11월에 불어 닥친 국제통화기금(IMF) 사태로 학회는 어려움에 처하고 회무 운영에도 차질을 빚는 기간이 함께 있어 윤형두 고문이 다시 회장으로 중임되었다.

넷째, 안정기(2000~2009)는 새 천년에서 학회 발전을 이루어간 시대이다. 학회 창립이 30년을 넘어서면서 이를 기반으로 하여 학회 운영과 학술 활동이 미래를 향하여 새롭게 시작되던 연대이기도 하다. 2000년 12월에는 한국출판학회 30년의 발자취인『한국 출판학의 사적 연구 - 한국출판학회 30년사』가 발행되었다. 우리 학회 학회지『韓國出版學研究』가 한국학술진흥재단 등재후보학술지(2005년 1월 10일)와 등재학술지(2007년 12월 28일)에 선정된 일은 학회원들의 염원을 이룬 쾌거였으며 학회 발전에 한 걸음 더 나가는 도약의 길이었다. 이로서 우리 학회의 구심적 연구지인 학회지로서 명실 공히 저명 학술단체로서 국내외의 인정을 받게 된 것이다. 2003년 정기총회에서 이종국 부회장이 신임회장으로 취임하여 4년간 학회를 이끌었고, 2007년 정기총회에서 이정춘 교수가 신임회장으로 취임함으로써 새천년의 학회 발전을 이어갔다.

다섯째, 확장기(2010~2018)는 학회 창립 50주년 시대로서 내연과 외연에 이르기까지 발전을 더욱 넓혀가는 시기이다. 2011년부터 남석순, 부길만, 윤세민, 이문학 회장이 2년 단임제로 학회의 발전을 이끌어갔다. 현재에서 본다면 한국학술진흥재단 등재지인 학회지 『한국출판학연구』는 2003년부터 연2회 발행을 시작으로 2018년부터 연 5회(3,6,9, 11, 12월)로 발행되는 과정에서 큰 발전을 이루어왔다. 2018년 12월에는 통권 제85호, 창립 50주년이 되는 2019년 6월에는 통권 제88호가 간행될 예정이다. 회원들의 분야별 학술 활동을 돕는 연구회는 모두 14개에 이르고 있다. 회원의 수는 급격히 증가하여 일반회원 320명, 단체회원 10곳 등 모두 330명이 소속되어 학술 활동을 하고 있는 중규모의 학술단체로 비약적인 발전하였다. 국내 학술활동에서 정기학술대회, 출판정책 라운드테이블, 출판전공 대학원 우수논문 발표회 등이 활발하게 이루어지고 있다. 국제 활동은 국제출판학술회의 및 한·중출판학술회의를 두 중심으로 하여 국제교류의 폭을 더욱 확장하여 가고 있다. 새로운 발전에서 큰 분기점으로 작용할 2019년 학회 창립 50주년을 앞두고 50년사 발간, 남애 안춘근 선생 기념도서 발간, 학회 창립 50주년 기념 국제출판학술회의 및 국내학술대회 개최, 남애출판문화상 시상식 개최를 준비하고 있다. 초창기부터 창립 50주년까지의 과거를 뒤돌아보는 것은 우리의 미래를 꿈꾸기 위해서다. 지금의 50년 한국출판학회 역사는 다음 시대의 발전을 위한 반세기가 되고, 다음 시대는 지난 반세기를 이어받아 출판학 연구의 폭과 깊이를 더욱 견고하게 할 것이다.

우리 학회 50년은 사단법인 한국출판학회의 활동사이지만, 동시에 한국의 출판산업과 출판학 교육과 연계된 활동사이기도 하다. 출판의 미래 발전을 위해서는 출판산업, 출판학 연구와 출판학 교육이 굳건하게 함께 가야한다. 이들은 서로 연대적이고 순환적이며 밀접한 관계망 속에 있다. 출판산업 없이는 출판학 연구도 없으며, 출판학 연구가 없으면 출판학 교육이 없고, 출판학 교육 없이 출판산업도 어렵다. 우리학회의 출판학 연구가 출판 산업과 함께 가면서 출판학 교육이 공고히 이뤄진다면 출판과 출판학 연구의 미래는 밝을 것이다.

■ 참고 문헌

남석순(1993). 「故 남애 안춘근 명예회장과 학회1년 비망일지」, 『93출판학연구』 서울: 범우사.

남석순(2003). 「남애 안춘근 선생의 출판 생애, 그의 학문 세계」, 남애 안춘근 선생 10주기 추모학술제
        집행위원회편. 『남애와 출판학』, 서울: 사단법인 한국출판학회.

남석순(2001). 「출판학 교육의 현황과 과제-출판학 교육의 체계화를 중심으로, 『한국출판학연구』 통권
        제43호, 서울: 사단법인 한국출판학회」.

민병덕(1988). 「한국출판학회 창립 전후」. 사단법인 한국출판학회 편. 『'89출판학연구』, 서울: 범우사.

민병덕2008). 「출판학과 남애 선생-한국출판학회 창립 무렵의 출판학 연구 동향」, 안춘근 선생 15주기
        추념문집, 《남애와 출판학》, 서울: 남애안춘근기념사업회.

안춘근(1969). 「출판학을 위하여」. 한국출판학회 편. 『출판학』(제1집). 서울: 현암사.

안춘근(1973). 「남애영도기」(권2). 한국출판학회 편. 『출판학』(제14집). 서울: 현암사.

안춘근(1989). 한국출판학회 편. 「한국출판학회 20년사」. 『'89출판학연구』. 서울: 범우사.

안춘근(1982). 「다시 드는 출판문화의 깃발」, 『출판학연구』, 서울: 범우사.

안춘근(1992). 『출판의 진실』, 서울: 청림출판.

이두영(2000). 「학회 활동의 진전(1980~1989)」, 한국출판학회30년사편찬위원회 편. 『한국출판학의 사
        적 연구—한국출판학회30년사』. 서울: 사단법인 한국출판학회.

이종국(2000). 「초창기의 출판학 연구에 대한 고찰—한국출판학회의 초창기 연구 활동을 중심으로」.
        『한국출판학회30년사편찬위원회 편. 『한국출판학의 사적 연구—한국출판학회30년사』. 서울:
        사단법인 한국출판학회.

이종국(2000). 「초창기의 학회 활동(1969~1979)」, 한국출판학회30년사편찬위원회 편. 『한국출판학의
        사적 연구—한국출판학회30년사』. 서울: 사단법인 한국출판학회.

이종국(2000). 「한국출판학회 30년사 편찬 의의」, 한국출판학회30년사편찬위원회 편. 『한국출판학의
        사적 연구—한국출판학회30년사』. 서울: 사단법인 한국출판학회.

한국출판학회 편. 『출판학』, 『출판학논총』, 『출판학연구』, 『한국출판학연구』(1969~2018).

사단법인 한국출판학회, 정기총회 자료집(1991~2018).

초창기의 활동
1969~1979

이 종 국*

■■■

1. 서언—문제의 제기

이 글에서 '초창기'란 한국출판학회(이하 본학회)가 1969년 3월 17일 한국출판연구회로 발족한 당초부터 이후 10년 뒤인 1979년까지를 말한다.

본학회의 초창기 활동사는 당연히 한국출판학회의 초기 사적이 그 전반적인 내용이다. 이에 대한 요건은 여러 가지로 나눌 수 있다. 예컨대 논문집, 회보의 발행, 회원의 저술과 관련된 활동이라든지, 각종 학술 발표회의 주최와 참가 등 제반 학회 행사 등이 그와 같은 경우에 해당된다.

그런가 하면, 정관에 따른 여러 회무와 그 실현, 대 정부 및 유관 기관 등에의 각종 건의 활동 등, 학회로서의 사회적 요구와 관련된 노력들도 '활동사의 내역'에 포함된다.

여기서, 본학회 창립 후 10년간을 초창기라 했는데, 무엇보다도 터다짐 활동에 주력했다는 점에서 이 시기의 특징을 부여할 수 있다. 본고에서는 이와 같은 내용을 기간으로 하되, 다음과 같은 문제 제기로 전개 취지를 삼고자 했다.

첫째, 본학회의 초창기 위상에 관한 문제를 먼저 다뤘다. 이 학회가 태동할 무렵의 사회적 환경과 출판계의 정황을 알아보는 일이 요긴하다고 보았기 때문이다.

둘째, 본학회가 출범하면서 회원의 조직 및 회무 운영에 관하여 살폈다. 무엇보다도, 이 두 가지야말로 가장 중요한 기반 구축의 요건이라고 보았다.

셋째, 본학회의 중심 영역인 학술 활동에 관한 문제다. 즉, 학회지 발행, 연구 발표회의 개설, 한국출판학회상 제정, 대학에서의 출판학과 설치를 위한 노력 등이 그러한 범위에 해당된다.

* 대전과학기술대학교 명예교수

이 네 가지가 본학회 초창기에 추구한 4대 역점 사업이었다.

2. 한국출판학회 초창기의 위상

동호회로 출발한 본학회는 1969년 6월 22일 한국 최초로 "출판과 출판학 연구를 통한 학문과 출판문화 발전에 기여한다."는 목적으로 출판학의 학회인 한국출판학회로 창립*을 보았다(* 한국출판학회 창립에 관해서는; 이종국(2015). 『편집 출판학 연구 총설』, pp.408~411).

이 제재에서는 한국출판학회 창립기의 사회적 환경과 출판계 환경을 개관하고, 창립 직후의 학회 운영 과정을 살피고자 한다. 이를 통해 창립 무렵의 외적 변인을 알아보고, 뒤이어 '초창기의 학회 운영'을 살폈다. 요컨대, 학회 발족 후 10년간에 걸친 회원 상황과 조직, 회무 운영 등이 전반적인 범위가 된다.

1) 초창기의 사회적 환경과 출판계 환경

(1) 사회적 환경

우리의 현대사에서 1960년대만큼 격변을 경험한 시기도 드물 것이다. 5·16 군사 구테타로 인한 정치·사회적 변혁이 그 뚜렷한 징험이었다.

그러한 상황 속에서 '새마을운동'이 맹렬하게 추진된 것도 그 시기였다. 새마을운동은 광범한 영향력을 끼친 사회 개혁으로 표방되었다. 또, 월남 파병이 이루어졌으며, 이른바 "싸우면서 건설하자."는 특유의 슬로건이 곳곳에 넘쳐나던 시절 또한 그 무렵이었다.

1968년 1월에는 '1·21사태'가 발생하여 남북 대치 상황이 극한으로 치달았는가 하면, 미 해군 정보함인 푸에블로호 납북 사건(1968.1.23.)도 발생되었다.

1969년이 되면서 이른바 3선 개헌 파동으로 전국이 들끓었고, 마침내 그해 9월 14일에는 집권당(민주공화당) 단독으로 개헌안을 통과시키는 등 정국이 급랭 기류로 굳어졌다. 또, 'KAL기 납북 사건'(1969.12.11.)이 일어나 온 나라를 경악케 한 사건도 발생되었다.

새마을운동의 일환으로 내핍 생활을 강조한 일 또한 중요한 비망 사항이다. 절미 정책이 그 대표적인 사례였다. 정부는 1969년 1월 24일자로 매주 수·토요일을 '분식의 날'로 고시하고, 식량 절약 정책을 강력히 추진했다.

1969년 현재로 우리나라의 국민 소득(GNP)은 210달러에 지나지 않았다. 이는 대만(343달러)의 수준에도 훨씬 미달되었을 뿐만 아니라, 일본의 경우(1,670달러)와 비교할 때는 겨우

12.6%에 그쳐 있을 정도였다(미국의 경우는 4,368달러).

한편, 전세계를 놀라게 한 사건이 있었는데, 1969년 7월 20일 아폴로호의 달 착륙이었다. 미국의 닐 암스트롱이 인류사 최초로 달 표면을 밟았던 것이다. 이로 하여, 시인과 많은 예술가들은 "이제 계수나무 아래에서 방아 찧는 토끼는 더 이상 없다."고 개탄했다.

이상에서 개관했듯이, 1969년이야말로 여러 기록적인 사건들이 다발된 한 해였다. 안으로는 3선 개헌을 둘러싸고 정치·사회적 상황이 혼란스러웠으며, 또 그러한 와중에서도 경제 개발을 멈추지 않았던 때가 '60년대 말의 모습이기도 했다.

(2) 출판계의 환경

한국출판학회가 창립되던 그 해, 1969년의 출판 실적을 보면 2,312종에 5,413,692부였다. 총 출판사 수는 1,962개사여서 집계 가능 상한년도인 1946년과 대비해 보면 종수(1946년: 1,000종)에서 23.1배, 출판사 수(1946년: 150개사)에서 13.1배나 증가된 실적을 보였다. 해방 24년 만에 비약적인 발전을 이뤄낸 것이다.

또한, 1969년은 제2차 경제개발계획 기간(1967~1971) 내에 들어 있던 해였다. 이 시기는 또한 정부의 출판 행정을 소관하는 주무 부처가 바뀐 때이기도 했다. 즉, 1968년 7월 24일 정부 조직법 개정으로 오늘의 문화체육관광부 전신인 문화공보부가 개청을 보았다. 이에 따라 종전의 문교부 편수국에서 관장하던 출판 업무가 문화공보부로 이관되었으며, 이로써 문화공보부 문화국 내에 출판과를 두게 되었다.

당시 새로 발족을 본 문화공보부에서는 출판문화를 지원, 육성할 목적으로 몇 가지 의욕적인 정책 대안을 제시한 바 있다. 그 주요 내용을 보면 다음과 같다.

- 출판문화 지원, 육성: ① 출판 금고의 설치, ② 출판상 제정, ③ 우수 출판물의 선정 보급 및 지원, ④ 문고 출판 권장, ⑤ 도서 전시회 개최, ⑥ 도서 공급 체제의 확립 지원과 용지 수급 알선
- 출판문화의 자율적 규제와 불건전한 출판사 정비: ① 출판윤리위원회 설치, 운영, ② 불법 출판물 단속 강화, ③ 저작권 보호
- 국제 교류 사업: ① 국제 도서전시회 참가, ② 외국(동경)에 한국 서점 개설 지원, ③ 자유 우방과의 도서 교환

〈대한출판문화협회(1987). 『대한출판문화협회 40년사』, p.146〉

이로 하여, 문화공보부가 발족(1968.7.24.)된 직후인 1968년 8월 31일에 한국아동만화윤리위원회(위원장: 계창업)가 발족되고, 같은 해 11월 2일에는 제1회 유공 출판인 정부 표창이

실행되었다.

당시 정부의 출판 시책과 관련하여, 1969년에 이루어진 출판계의 주요 사항들을 살펴보면 다음과 같다. 이는 본학회 창립 당년의 환경을 알아보기 위한 것이다.

1969년의 출판계

1월	10일	한국도서관학회(회장 : 이봉순) 창립
2월	5일	제1회 도서관상 시상
	15일	문교부, 1970학년도 사용 교과용도서에 대한 한글 전용 수정 지시(3월 15일까지 수정본 제출 요구)
3월	17일	한국출판연구회 발족(회장 : 안춘근)
	31일	한국도서출판윤리위원회 발족(위원장 : 백철)
4월	9일	한국잡지윤리위원회, 잡지 윤리 세미나 개최(주제 : 언론과 국가 발전)
	17일	문화공보부, 매스컴 관계 각급 윤리 위원 공동 세미나 개최(~19일)
5월	20일	한국도서출판윤리위원회, 불량 출판물 사서함 이용 판매를 시정해 달라는 건의 서를 체신부장관에게 제출
	23일	국민독서연맹(이사장 : 김제원) 발족
6월	19일	국내 도서 수출에는 도서출판윤리위원회의 추천서를 첨부토록 하는 '간행물의 수입·수출 등에 관한 사무 처리 요강'(문공부 예규 제1호) 발표
	22일	한국출판학회(회장 : 안춘근) 창립총회
7월	7일	사단법인 한국출판금고(이사장 : 민유동) 창립
9월	5일	문화공보부, '우량도서선정규정'(부령 제14호)을 제정, 공포
10월	30일	한국도서출판윤리위원회, 일반도서의 외설·음란에 관한 심의 기준 발표
11월	4일	문화공보부, 전국 출판사 실태 조사(1개월간)
	10일	대한출판문화협회, 「대학에 출판학과 설치의 건」, 문화공보부를 통해 문교부에 건의
12월	2일	주한 영국대사관에서 대학생을 위한 영국 도서전 개최(5일간)

이와 같이, 1969년에는 몇 가지 큰 변화를 보였다. 우선, 출판 유관 단체의 창립을 들 수 있는데, 이 중 한국도서출판윤리위원회(1969.3.31., 간행물윤리위원회의 전신)와 사단법인 한국출판금고(1969.7.7.)의 발족이 눈에 띈다. 또, 학술 단체로 한국도서관학회(1969.1.10.)와 한국출판연구회(1969.3.17.)의 발족 또한 두드러진다. 이 학회는 그해 6월 22일 한국출판학회로 개편, 창립총회를 열었다.

그 무렵, 또 한 가지 유의할 만한 사건은 대한출판문화협회가 "고등 교육 기관에 출판학과를 설치하여 인재를 양성해야 한다."*는 요지의 대정부·국회 건의문을 제출했다는 사실이다(* 대한출판문화협회, 1972, pp.274~275). 이 문건은 1967년 11월 28일에 냈던 건의서*에 이어 출판학과 설치를 반복해 촉구한 공한이었다(* 대한출판문화협회, 1972, p.271).

당시 출판계를 둘러싼 사회적 정황은 특히 '국가 안보'와 상관된 일이 그 저변을 형성하고 있었다는 사실을 짚게 된다. 물론, 철저한 규제 논리를 의미한다. 이에 관해서는 1969년도의 출판계 일지에서 '출판윤리'라는 주제들이 노출되고 있었던 점을 상기해 볼 필요가 있다. 다시 말해서, 단순히 음란·저속 출판물이나 그 발매 행위에 대한 규제 장치뿐만이 아닌, 사회 기강을 문란케 하는 행위(출판 활동을 통한 도전 또는 저항)에 대응하고자 한 통치적 전략이 밑자락 되어 있었다.

그럴 때에, 무산되긴 했으나 출판학과 설치를 위한 업계와 대학에서의 움직임도 있었다. 1969년 초 한양대학교에서, 그리고 1972년 동국대학교 등에서의 노력이 그런 사례였다.

특히, 당시로 말하면 중화학 공업 분야를 집중적으로 육성하던 때여서, 대학에서의 증과·증원도 이공학 쪽에 치중되어 있던 형편이었다. 또, 정책적으로 장려 분야인 관광계열 학과들이 다발적으로 허가되던 때가 그 무렵이기도 했다. 이에 비해 인문·사회계열의 학과 신설은 상대적으로 어려움이 많았다. 언론·출판 분야의 학과로 말하면, 집권자들의 정서에 맞지 않는 비친화성으로 하여, 교육 현장에서의 증폭을 꺼려했던 것도 사실이다.

이 같은 환경은 출판을 이론적으로 연구해 마땅하다는 상대적인 명분을 더욱 고조시켰다. 한국출판학회가 뜻을 함께 하는 연구자들에 의한 자생적인 탄생이 실현된 것도 그러한 요구와 부응되고 있었다.

이와 관련하여, 『출판학』 창간사에서 보면 그와 같은 취지가 반영되어 있다.

> 우리는 창립 회원 모두가 대학에서 한국 최초의 출판 전공 대학 동기 동창생으로서의 유대와 격려로써 빛나는 업적을 이룩할 것을 기약한다.
>
> 〈안춘근(1969.8.). 「출판학을 위하여」. 『출판학』(제1집), p.4〉

이렇듯, 창립 동호인들이 학회를 발족함에 있어 대학에서의 출판학과 신설을 대신하고자 한 소망을 내보였고, 학회로서는 보기 드문 학문적 동우애도 강조했다. 특정 학회지의 창간 취지에 '동우애적 유대'를 강조한 것은 이색적인 일이었다.

이상과 같이, 본학회 출범 무렵의 출판계 환경을 개관했다. 특별히 당시로 말하면, 제2차 경제개발계획이 추진되어 출판계에도 적지 않은 영향을 끼쳤다. 예컨대, 대형 전집 개발이 성행했는데, 이는 특징적인 시대적 징험이라 하겠다. 규제와 자조(自助)라는 '60년대식 정서가 엮어진 상태에서, 출판계 또한 그러한 시대·사회적 환경 속에 들어 있었다.

그런데 출판의 중요성을 평가하면서도 정작 그에 대한 인식은 후진성을 면하지 못하는 실정이었다. 출판을 생각하되 경험에 의한 조책술(造冊術)일 뿐이라는 해묵은 통념이 그러했다. 그런 점에서, 본학회의 창립 환경은 오히려 역비례적이었다고 보게 된다. 단지 몇몇 뜻있는 사람들이 출판 연구의 부재를 우려하고, 이 분야에 대한 체계적인 이론 정립이 필요하다는 사실을 절감한 나머지, 그들에 의한 지적 욕구로 본학회가 창립되었다. 바로 그러한 동인에서 본학회의 자생력을 엿볼 수 있다.

2) 초창기의 학회 운영

(1) 회원과 조직

한국출판학회 창립 초창기의 회원과 조직에 관한 것은 1969년 3월 17일 한국출판연구회 발족을 상한으로 삼는다. '한국출판학회는 한국출판연구회를 계승'(회칙 제13조 1항)한 연구단체이기 때문이다.

회원의 구성

창립 초창기의 회원에 관한 사항은 한국출판학회 창립총회에서 심의, 통과된 회칙(이하 '창립회칙') 중 회원에 관한 규정에서 다음과 같은 자격을 부여하고 있다.

제5조(회원의 자격) 이 회의 회원은 다음과 같다.
1. 정회원…출판 여러 분야에 대하여 연구하는 사람으로서 이 회의 목적에 찬동하여 소정의 회비를 납부하는 사람
2. 특별 회원…이 회의 취지에 찬동하여 이 회의 사업에 찬조하는 개인 또는 단체

위의 규정에서 볼 수 있듯이, 회원의 자격은 정회원과 특별 회원으로 나뉜다. 또, 회원의 입회 및 탈퇴, 그리고 징계에 관한 규정을 보면 다음과 같다.

제6조(회원의 입회와 탈퇴) ① 이 회의 정회원으로 입회하려는 사람은 정회원 2인 이상의 추천을 받아야 하며, 임원회의 동의를 거쳐 소정의 절차를 밟아 입회한다. 특별 회원의 경우도 이에 준한다.
② 회원이 이 회에서 탈퇴하고자 할 때에는 회장에게 탈퇴서를 제출하여야 한다.

제7조(회원의 징계) 회원이 다음 각호의 1에 해당하는 사유가 발생한 때에는, 회장은 임원의 의결을 거쳐 회원을 제명 또는 견책할 수 있다.

1. 회칙 및 규정의 준수, 총회 및 임원회의 의결 사항 준수, 회비 기타 부담금의 납부를 이행하지 아니한 때
2. 이 회의 사업을 고의적으로 방해한 때
3. 이 회의 명예를 훼손하거나 손해를 끼친 때

이와 같이, '창립 회칙'에는 회원의 입·탈퇴 및 징계에 관한 사항이 구체적으로 규정되어 있다. 당시까지만 해도, 학회의 최고 의결 기구는 회장단으로 구성된 임원회에 모든 권한이 위임되어 있었다. 이 '창립 회칙'은 1983년 5월 18일에 개최된 정기 총회에서 제1차 개정을 보기까지 약 14년간에 걸쳐 적용, 시행된 바 있다.

한국출판연구회 발족 당초의 회원은 7명이었다. 『출판학』 창간호에서 보면,

○ 1969년 3월 17일 오후 6시, 해종다방에서 한국출판연구회가 동호인회로 발족
출판을 역사적 또는 현상적인 면에서, 출판 각 분야에 걸쳐 검토·연구하여 과학화함으로써 출판문화 향상에 기여한다는 뜻에서 매월 첫째 주 목요일에 월례 연구회를 갖기로 하고 또 동인지도 내기로 했다.

〈한국출판학회(1969.8.). 「휘보」. 『출판학』(제1집). 1969.8., p.99〉

라고 밝혀 있다. 아울러, 다음과 같은 7인의 발기 동인을 소개했다.

안춘근, 민병덕, 황병국, 노양환, 박일준, 양문길, 이중한

1969년 6월 22일, 이 동호인회 회원은 한국출판학회로 개편, 창립을 본 이후 1974년 말까지 24명으로 불어났다. 그러나 이만한 회원 수로 말하면 창립 후 만 5년을 넘겼음에 비추어, 최소한의 증가에 그친 셈이다. 무엇보다도 연구자 자원이 희소했던 까닭이다.

〈표 1〉은 학회지 『출판학』이 속간된 1974년 12월 말까지 회원 상황을 소개한 것이다.

<표 1> 초창기의 회원 가입 상황(1969.3.17.~1974.12.31.)

성 명	가 입 일	현직(가입 당시)	비 고
안 춘 근	1969.3.17.	을유문화사 주간	한국출판연구회·한국출판학회 창립 발기인, 서지학·출판학
민 병 덕	1969.3.17.	현암사 편집부	동상, 국문학
황 병 국	1969.3.17.	을유문화사 편집부	동상, 중국문학
노 양 환	1969.3.17.	삼중당 주간	한국출판연구회 창립 발기인, 법학
박 일 준	1969.3.17.	을유문화사 편집부	한국출판연구회·한국출판학회 발기인, 경제학
양 문 길	1969.3.17.	현암사 주간	동상, 문예창작학, 소설가
이 중 한	1969.3.17.	세대사 편집부	동상, 국문학
한 태 석	1969.8.15.	을유문화사 편집부	국문학
허 영 환	1969.8.15	한국일보 기자	영문학
허 천	1969.8.15	성정여고 교사	국어학
안 일 승	1969.8.15.	을유문화사 편집부	미 술
장 하 린	1969.11.30.	종로서적센터 부사장	음 악
변 선 웅	1969.11.30.	을유문화사 편집부	국사학
하 동 호	1970.11.30.	홍익공업전문학교 교수	서지학
하 정 옥	1970.11.30.	한국과학기술연구소 연구원	중국문학
김 병 철	1972. 2.15	중앙대 영문학과 교수	영문학
정 해 렴	1972.2.15.	신구문화사 편집과장	국문학
박 기 연	1972. 6.10.	동아출판사 상무 이사	인쇄공학
윤 재 천	1972. 9.20.	상명여사대 교수	국문학
심 우 성	1973.12.25.	문공부 문화재 전문 위원	민속학
김 희 경	1973.12.25.	숭의여자전문학교 학감	국문학, 수필가
조 풍 연	1974.12.30.	언론인	문학, 수필가, 한국출판학회 상임고문
정 봉 구	1974.12.30.	상명여사대 불문학과 교수	불문학
양 현 규	1974.12.30.	을유문화사 편집부	국문학

이 표에 나타난 바와 같이, 초창기의 회원 구성에서 몇 가지 특징을 발견할 수 있다.

첫째는, 현업 종사자가 대부분(총 회원 24명 중 62.5%인 15명)이라는 점이다. 이들은 현업에서의 직무 과정을 통해 전문적인 연구가 필요하다고 본 참여자들임을 말해 준다.

둘째는, 전공 분야의 다양성이다. 이러한 현상은 출판학 연구의 종합성적인 성격을 의미하는 것이기도 하다.

한편으로, 초창기 회원 중 연령 수준의 경우 안춘근, 김병철, 심우성, 장하린 등만 40대일 뿐, 나머지는 20~30대 청년층이라는 점도 주의를 끈다.

이렇게 모인 회원들은 본학회의 1세대 그룹으로서 초창기의 기반을 다지는 데 기여했다. 그 후 타계(안춘근, 조풍연, 하동호, 박기연)하는 경우도 계속되었고, 해외 거주(김병철, 한태석, 재미)라든지, 그 밖에 여러 이유로 회원 변동이 적지 않았다.

회원의 조직

한국출판연구회로 발족할 당초에는 안춘근 회원의 추천으로 우선 민병덕 회원이 간사로 선임되어 회무를 맡았다(안춘근, 1972.12., p.63). 그 후 약 3개월 뒤에 한국출판학회로 창립을 보면서, 그 창립총회(1969.6.22.)를 통해 임원을 선임하는 등 학회 조직이 확정되었다. 이는 '창립 회칙' 제8조에 따른 것인데, 그 관련 규정을 보면 다음과 같다.

제8조(임원) ① 이 회는 다음의 임원을 둔다.
1. 회장 1인
2. 간사 3인(총무, 출판, 연구)
3. 감사 1인
② 임원은 총회에서 선출하고, 임기는 2년으로 하며, 회장 및 간사는 임원회를 구성하고 회무를 담당한다.
③ 회장은 이 회를 대표하며, 이 회의 업무를 통괄하고 총회와 임원회의 의장이 된다.
④ 회장이 유고시에는 총무간사가 그 직무를 대행한다.
⑤ 감사는 이 회의 재정 기타 운영에 관한 사항을 감사한다.

이에 따라, 회장(안춘근), 총무간사(민병덕), 출판간사(황병국), 연구간사(박일준), 감사(양문길)를 각각 선임했다. 초창기의 본학회 사무실은 현암사 내에 두었다. 민병덕·양문길 회원의 근무처가 그곳이기도 했다. 그러나 월례 발표회 등 학회 행사는 주로 안춘근 회장의 상근처인 을유문화사(동사 회의실)에서 치러졌다.

창립 당시의 본학회는 학계와 출판·인쇄계 인사 중에서 약간명을 고문으로 위촉(회칙 제9조)했다. 그 명단을 보면 다음과 같다.

학 계: 이선근(영남대학교 총장), 정충량(이화여대 교수), 최준(중앙대 교수)

　　출판계 :　정진숙(을유문화사 사장), 조상원(현암사 사장), 최영해(정음사 사장)
　　인쇄계 :　김상문(동아출판사 사장), 유기정(삼화인쇄사 사장), 채복기(삼성인쇄사 사장)

　위의 고문진은 본학회의 초창기에 물심양면으로 이바지한 바 크다. 학계 인사로 위촉받은 고문은 여러 조언으로 관심을 표명했다. 출판·인쇄계 쪽의 인사들도 학회지 『출판학』을 내는 데 후원자로 나서는 등 많은 이바지함이 있었다(민병덕, 1988.12., p.17).
　본학회가 창립을 보고, 정지 작업을 다져 가는 과정에서 분과위원회도 조직되었다. 이에 따라 1969년 9월 4일 제6회 월례 연구회에서 그 조직이 성안되었다. 이에서 '연구부'를 두기로 하고, 5개 분과 위원회로 조직한바, 그 내역을 보면 다음과 같다.

　　출판기획분과위원회 :　허영환(위원장), 황병국
　　편집분과위원회 :　허천(위원장), 박일준
　　출판경영분과위원회 :　한태석(위원장), 민병덕, 장하린
　　잡지출판분과위원회 :　이중한(위원장), 안춘근
　　출판미술분과위원회 :　안일승(위원장), 양문길

　이와 같이, 각 분과위원회는 위원장을 포함하여 모두 11명으로 구성되어 있었다. 요컨대, 소규모 편성 체제인 것이다. 그렇게 된 이유는, 초창기의 회원 규모가 24명에 지나지 않았을 뿐만 아니라, 그나마 회원의 이동이라든지 또 잔류 회원이라 하더라도, 분과위원회에 참여하지 않는 경우 등 여러 요인이 작용한 까닭이다.
　그 후, 분과위원회는 대체로 초기 형태를 유지했으며, 신입 회원의 경우 입회시에 제시한 희망 분과를 수용하는 방식도 여전했다.
　본학회의 임원 구성은 매 정기총회 때마다 약간씩 변경되었으나, 조직과 관련된 회칙 개정이 없었기 때문에 그 직제 또한 변함없는 상태에서 1974년까지 이어졌다. 1971년도 총회로부터 1974년도 총회에 이르기까지의 임원 조직 내역을 보면 다음과 같다.

・1971년 6월 20일 정기총회
　회장 안춘근(유임), 총무간사 민병덕(유임), 출판간사 한태석(신임), 연구간사 박일준(유임), 감사 하동호(신임)
・1972년 6월 24일 정기총회
　회장 안춘근(유임), 총무간사 하동호(신임), 출판간사 한태석(유임), 연구간사 하정옥(유임), 감사 김병철(신임)

- 1973년 6월 24일 정기총회

  회장 안춘근(유임), 총무간사 하동호(신임), 출판간사 한태석(유임), 연구간사 하정옥(유임), 감
  사 김병철(유임)

- 1974년 6월 23일 정기총회

  회장 안춘근(유임), 총무간사 하동호(유임), 출판간사 한태석(유임), 연구간사 하정옥(유임), 감
  사 민병덕(신임)

이후로 본학회의 조직(임원 구성을 포함하여)은 별다른 변동 없이 초창기 후반의 틀을 유지했
다. 그러나 창립 이래 최대의 침체 상태에 직면하게 된다. 즉, 1975년부터 약 6년간 학회 활동
이 사실상 중단 상태로 머문 것을 말한다. 이에 관한 사정은 다음 제재에서 살펴보도록 한다.

(2) 회무의 운영

학회로 말하면 연구 사업의 추진 활동이 곧 회무라는 점에서 여타 기관·단체와 다르다. 한
국출판학회의 회무는 "출판과 출판학 연구를 통한 학문과 출판문화 발전에 기여한다."는 목표
이행 과정에서 고유한 기본을 찾게 된다.

일반적으로 기관·단체사에서 창립→성장·발전→침체·시련→재건·극복→중흥 등으로 지나간
노정에 의미를 부여하듯이, 본학회도 대체로 그와 같은 과정을 거쳐 오늘에 이르렀다. 특히, 창
립기는 이후사의 초석을 다진 구간이므로 그 사적(史蹟)이 의미하는 바가 특별한 데가 있다. 이
와 관련하여 창립기의 회무를 알아보자.

창립기의 회무 일반

창립기의 회무 일반은 창립 당초의 회칙에 규정된 '사업' 내용에서 그 발생 근거를 찾을 수 있
다. 이에 관한 내용을 보면 다음과 같다.

제4조(사업) 이 회는 전조(제3조 '목적'을 말함. 필자 주)의 목적을 달성하기 위하여 다음의 사
항을 행한다.
1. 월례 연구 발표회 개최 및 회지 간행
2. 세미나 및 심포지엄 개최
3. 외국 출판학계와의 학술적인 교류
4. 공제회 운영

　5. 포상 실시

　6. 이 회의 목적에 따르는 기타 여러 사업

　이와 같이, 본학회의 사업 운영은 모두 6개 분야로 되어 있다. 우선, 1항(월례 연구 발표회 개최 및 회지 간행)은 매월 첫째 주 목요일에 월례 연구 발표회로 실현되었다. 또, '회지' 간행은 계간『출판학』으로 탄생되었는데, 그 제1집이 1969년 8월 15일에 선보였다.

　2항(세미나 및 심포지엄 개최)의 경우, 초창기적 상황으로 보아 월례 발표회 이상 수준의 세미나 및 심포지엄을 개최한다는 것은 현실적으로 어려웠다. 이것이 마침내 첫 실현을 보게 되었는데, 1983년 10월에 개최한 제1회 출판학술세미나였다.[1]

　3항(외국 출판학계와의 학술적 교류)은 1984년 10월에 이르러 제1회 국제출판학술회의로 성사되었다.[2] 특히, 이 학술회의는 비록 한·일 두 나라 대표만의 학술 발표회였지만, 오늘날 격년제 '국제출판학술회의(International Forum on Publishing Studies)'로 발전하게 된 첫 출발이었다는 점에서 그 의의가 크다. 따라서 이 학술회의는 안춘근 회장이 주도하여 창립되었으며, 이후 정례적인 국제 학술 행사로 발전했다. 그런가 하면, 1996년 1월 한·중 출판학술회의(The Korean-Sino Symposium on Publishing) 창설 또한 매우 중요한 성과로 기록된다. 이 회의는 양국 간에 매년 교차 개최로 이어지고 있으며, 이종국(한·중 대회 창설 당시 한국출판학회 상임이사, 뒤에 본학회 회장 역임)에 의해 창설되었다.[3]

　4항(공제회 운영)은 어떤 특정한 기금을 모아 '금고'를 설치하는 등의 운영 형식과는 다른 개념이다. 학회는 친목 단체가 아니긴 하나, 회원 간에 크고 작은 경조사를 함께 나누자는 취지에서 '공제회' 개념을 도입한 것이다.[4]

　5항(포상 실시)은 '한국출판학회상' 시상이 대표적인 사례이다. 이 제도는 출판문화와 출판학의 발전에 기여한 공로자를 대상으로 시상한다. 제1회 수상자는 활자 설계가인 최정호(崔正浩)였다. 회원 및 외부 인사(기관·단체 포함)에게 수여하는 포상도 있다.

　6항(이 회의 목적에 따르는 기타 여러 사업)은 위의 5개 분야에 해당되지 않으나, 본학회의 창립 목적에 부합되는 사업 추진을 말한다. 예컨대, '대학에서의 출판학과 설치'를 정부와 대학 당국에 지속적으로 건의한 일도 그와 같은 사례에 해당된다.[5]

---

1) 제1회 출판학술세미나: 1983년 10월 29일, 한국출판협동조합 강당에서 개최. 주제 발표—하동호: 박문서관의 출판고, 오경호: 출판기업의 도산 방지론.

2) 제2회 출판학술세미나 겸 제1회 국제출판학술발표회: 1984년 10월 13일, 출판문화회관 강당에서 개최.

3) 제1회 한·중 출판학술회의: 1996년 1월 5일 북경 기자협회예당에서 개최.

4) 민병덕 교수(창립 회원, 전 한국출판학회 회장)의 증언(2000.9.19.)

5) 출판학 교육에 대한 중요성을 주장한 첫 논의는 안춘근의『출판개론』(1962.2.)에서였으며, 이후 민병

학회 활동의 침체, 그리고 재건을 위한 노력

한국출판학회 50년사 중 창립기 후반기인 1975~1979년은 매우 어려웠던 시기였다. 다시 말해서, '창립과 시련'이라는 상반된 실상으로 설명할 수 있기 때문이다. 특히, '70년대 후반기는 말 그대로 '침체기'였는데, 그 늪을 벗어난 때가 1981년에 이르러서였다.

안춘근은 한국출판학회 창립 20주년을 맞이한 1989년에 본학회 20년사 중 1975년 1월부터 1981년 2월까지를 침체기로 규정한 바 있다(안춘근, 1989.12., pp.23~25).

이로 보아, 침체기는 창립 후 약 6년 만에, 거의 지나온 통과 기간만큼이나 학회 활동이 공황 상태였다. 그렇게 된 데는 다음과 같은 세 가지 문제점으로 요약할 수 있다.

첫째, 학회 활동의 구심체적 수단인 학회지 『출판학』 발행이 중단되었다는 점이다. 계간지이던 학회지는 문공부로부터 정기 간행물 등록 요청을 받게 되었다. 이에 따라 『출판학』을 1974년 7월에 정기 간행물로 등록(등록번호 2702-333)하고, 제20집(1974.8.)부터 재창간 형식으로 발행했다. 이로부터 『출판학』은 22집(1974.12)까지 속간을 보았으나, 이것이 결국 종간호로 마감되고 말았다. 정기 간행물로 등록한 지 5개월 동안 모두 3집을 연장하는데 그친 셈이다. 이렇게 된 사정은, 그동안 창간 당시부터 학회지 발행을 꾸준히 도왔던 현암사 측의 사정이 주된 이유였다(안춘근, 1989.12., p.23). 즉, 현암사의 지원을 더 이상 기대할 수 없게 된 것이다.

둘째, 학회 임원진 간에 신변 변동이 일어나, 회무 운영상 타격을 받았다는 점이다. 우선, 안춘근 회장이 1978년 6월 24일 22년 8개월 동안 몸담았던 을유문화사를 떠나게 되는 등 회직자 그룹의 신상 변화가 잇따랐다. 특히, 을유문화사로 말하면 회무 전개(회의 장소 제공 등)에 두루 편의를 제공했을 뿐만 아니라, 학회 발전 기금을 지원하는 등 많은 이바지함이 있었다. 거기에다 창립 당시 핵심 회원으로 역할했던 민병덕, 황병국 간사가 직장 사정으로 한동안 소원해 있었던 것도 학회 활동이 침체된 요인 중 하나였다.

셋째, 그와 같은 침체로부터 회생하려는 노력이 시도되었는데, 이 문제는 『출판학』의 복간 과정에서 엿볼 수 있다. 즉, 안춘근 회장이 을유문화사를 나와 '광문서관(廣文書館)'을 창립(1978.7.14.)하고, 이 출판사에서 학회지를 복간하려 노력할 때 정화인쇄소(正和印刷所, 대표 : 국정호)의 제작 협찬을 받아 『출판학논총』이라는 이름으로 속간 형식을 갖출 수 있었다.

덕(1967. 6.), 한태석(1970.2.) 등 많은 연구자들이 잇따라 그 당위성을 강조한 바 있다. 안춘근은 특히 「대학 출판 교육론」(《출판학》 제8집, 1971.6.)에서 '출판학과 교과목 일람'을 제시하는 동시에 '출판학의 학문적 체계'란 무엇인가를 구체적으로 논의했다. 한국출판학회는 5차에 걸쳐 정부와 대학 당국에 '학부 과정에서의 출판학과 설치를 건의'한 바 있다. 출판학 교육 관련 자료는 ; 남석순(2000). 「한국 출판학 교육의 모색과 진전에 관한 연구」, 사단법인 한국출판학회 편. 『한국출판학의 사적 연구』, pp.301~331 참조.

이 같은 상황 하에서, 한국출판학회상[6]을 두 차례에 걸쳐 시상하는 등 학회 활동을 유지하려는 노력이 계속되었다. 또 월례 연구 발표회의 경우, 비록 정례화는 유보된 상태였지만, 회원 간의 정보 교류를 위한 모임만은 꾸준히 이어졌다.

이러한 침체기를 벗어나, 본학회의 재건을 가능케 한 환경이 조성된 것은 1981년에 들어와서였다. 즉, 그해 3월 중앙대학교 신문방송대학원에서 출판 잡지 전공을 설치하자, 좋은 여건이 형성된 것이다(안춘근, 1989.12., p.25). 이는 고무적인 외적 환경일 뿐만 아니라, 그 전공자들을 회원으로 영입함으로써 내적 환경 또한 일신하게 된 양대 효과를 얻을 수 있었다. 안춘근은 학회가 침체의 늪에서 벗어나게 된 경위를 다음과 같이 회고했다.

> 우리나라에서 정식으로 대학원에 출판을 연구하는 전공 과정이 설치되자 제1기생으로 윤형두(尹炯斗), 오경호(吳慶鎬), 이철지(李徹之) 등, 제2기생으로 김희락(金羲洛)이 졸업해서 출판 연구 분위기가 차츰 무르익어 갔다. 사실은 이보다 먼저 혜전전문대학에 출판과가 설치되어 있었다. 그러나 실제로 출판학회와의 연관은 중앙대학교 신문방송대학원 졸업생들이 돋보이게 되면서부터다. (중략) 결과적으로 한국출판학회의 재건에 도움이 된 것은 아무래도 대학에서 본격적으로 출판 연구가 시작되는 한편, 안춘근이 출강하고 졸업생들이 배출된 데에서 비롯된 것이다. 대학에서의 출판학 연구에 대해서는 우리 출판학회에서 오래 전부터 관계 요로에 건의를 거듭하였기 때문에 당연한 일이라 할 수 있다.
>
> 〈안춘근(1989.12.).「한국출판학회 20년사」.『'89출판학연구』, p.25〉

3. 초창기의 학술 활동

한국출판학회 초창기의 학술 활동은 무엇보다도 학회지 발행과 연구 발표회를 중심적인 요건으로 꼽게 된다(안춘근, 1972.12., p.63). 그러한 본류 위에서, 출판학회상 시상도 중요한 학술 활동의 연장이었다. 여기에 또 하나의 역점 과제가 '대학에서의 출판학과 설치'를 위한 반복적인 노력을 들 수 있다. 이 네 가지를 '4대 역점 사업'이라고 하며, 각각의 관련 내용을 살펴보도록 한다.

---

6) 제4회(1976) 수상자 : 최덕교(崔德敎, 창조사 대표), 제5회(1977) 수상자 : 문덕수(文德守, 홍익대 교수).

1) 학회지 발행

학회지란, 한국출판학회 회원들이 수행한 연구 결과를 내외에 공포하는 논문집 『출판학』을 말한다. 이 논문집은 1982년부터 『출판학연구』로 개칭하여 간행되고 있다.

특별히 『출판학』 창간(1969.8.15.)은 하나의 고유 영역을 학문적 연구 분야로 설정하여 내외에 천명한 것을 의미한다. 『출판학』이야말로 본학회가 추구하는 연구 활동의 물증인 동시에 그 과정이며 또한 결실이라 할 것이다

(1) 학회지 『출판학』의 실현

한국출판학회의 학회지는 국제적으로도 지령이 가장 오래 된 출판학 연구지이다. 앞에서 말한 바와 같이, 초창기 회원들은 학회지 간행을 최우선 사업으로 정하고 이 일을 추진했다. 그런 과정에서 출판·인쇄계의 협조가 적지 않았다.

한국출판학회의 학회지는 한국출판연구회로 발족(1969.3.17.)된 지 4개월도 채 안 된 시점에, 또 한국출판학회로 개편 창립(1969.6.22.)을 본 3개월 5일 만에 현실화되었다. 이 같은

〈표 2〉 학회 발전 기금 및 학회지 발행 협찬 내역

구 분	협찬자·협찬 내용	비 고
기금 협찬, 제1차	안춘근 5천 원, 한태석 3천 원, 박일준 3천 원, 황병국 3천 원, 안일승 5천 원, 최영해(정음사 사장) 3만 원, 정진숙(을유문화사 사장) 5만 원, 한규문(을유문화사 상무) 3천 원, 민병덕 3천 원, 허천 2천 원, 김광순(이우인쇄 전무) 3천 원, 조상원(현암사 사장) 2만 원, 양문길3천 원	학회 발전 기금조로 협찬 (1969.8.)
제2차	이중한 5천 원, 허영환 3천 원, 장하린 1만 원	학회 발전 기금조로 협찬 (1969.11.)
학회지 제작 협찬	조판, 인쇄, 제본 협찬(이하 같음.)	
제 1 집	현암사(조상원 사장), 삼성인쇄주식회사(채복기 사장), 이우제책사(백남실 사장)	연 3회간의 계간으로 창간
제 2 집	현암사, 이우제책사(이하 대표자, 위와 같음.), 이우인쇄사(백남실)	
제 3 집	현암사, 삼화인쇄주식회사(유기정 사장)	

제 4 집	현암사, 신아인쇄주식회사(박국원 사장), 교학 사(양철우 사장), 이우제책사	
제 5 집	현암사, 삼성인쇄주식회사, 이우제책사	
제 6 집	현암사, 이우인쇄사, 백왕사(조재균 사장), 이우제책사	
제 7 집	현암사, 삼화인쇄주식회사	
제 8 집	현암사, 광명인쇄공사(이학수 사장)	
제 9 집	현암사, 삼성인쇄주식회사	
제 10 집	현암사, 이우인쇄주식회사	
제 11 집	현암사, 이우인쇄주식회사	
제 12 집	현암사, 광명인쇄주식회사	
제 13 집	현암사, 삼성인쇄주식회사, 이우제본소(백남실 사장)	
제 14 집	동아출판사(김상문 사장), 현암사	
제 15 집	삼화인쇄주식회사, 현암사	
제 16 집	광명인쇄공사(이학수 사장), 현암사	
제 17 집	삼성인쇄주식회사, 현암사	
제 18 집	동아출판사, 현암사	
제 19 집	광명인쇄공사, 현암사	
제 20 집	광명인쇄공사, 현암사	정기 간행물 등록
제 21 집	삼성인쇄주식회사	
제 22 집	삼성인쇄주식회사	

〈참고〉『출판학』 제1집(1969.8.15.)의 정가는 당시 화폐 '200원'임.
참고로 1960년대 말, "규모가 큰 출판 회사에 근무하는 중견 편집 사원의 경우, 월평균 급여액이 1만 5천 원~2만 원 수준이었다."(민병덕 교수의 증언, 2000.9.19.)

성취는 학회 창립과 동시에 학회지 발행을 최우선 과제로 삼은 데 동인한다.

학회지 발행은 회원이 자발적으로 참여했지만, 출판계에서도 지원을 아끼지 않았다. 이와 관련하여, 『출판학』 제1집에서 제22집에 이르는 협찬 내역을 보면 〈표 2〉와 같다.

『출판학』은 한국출판학회가 연구하는 학문 영역을 제호로 삼은 것이다. 당초에 '출판학'란 말을 사용한 것은 남애 안춘근의 연구·강의 활동으로부터 비롯된다.

남애는 1958년 4월부터 1960년 3월까지 서울신문학원에서 출판학을 강의한 이 분야 최초의 강론 기록을 세웠다. 1959년 3월에는 『양서의 세계』(아카데미사) 등 여러 권의 전문서를 저술했고, 1963년 2월에 『출판개론』(을유문화사)도 냈다. 그는 또한 1966년 12월에 「성균」(제17

호)지를 통하여 '출판학'이라는 말을 사용했다(안춘근, 1966.12., pp.157~163). 앞서의 저술이 '출판개론'임에 비하여, 그 3년 9개월 뒤에는 '출판학원론'으로 발전한 것이다.

그런가 하면, 우리나라의 정규 대학에서 출판학을 본격적으로 강의한 학자도 안춘근이었다. 1966년 이화여자대학교 대학원 도서관학과에서의 강의가 그것이다. 그해, 안춘근은 미국으로 보내는 학사 공문에 '출판학'을 'Publishing Science'라 영역(英譯)했다(안춘근, 1992, p.107). 이로써 출판학의 국제어 표기도 처음 실현되었다.

한편, 한국출판학회의 창립을 이태 앞둔 1967년 6월 19일 민병덕은 대학에 출판학과를 설치해야 마땅하다는 주장을 폈다. 이러한 일련의 일들은 학회가 출범되면서 한국 최초의 출판학 연구 전문지인 『출판학』이 선뵈는 터다짐으로 뒷받침되었다. 강조해 말할 나위도 없지만, 이 논문집의 창간이야말로 출판학 연구의 구심체가 탄생한 것을 의미했다.

이렇듯, 학회지 발행은 한국출판학회의 실존적 의미를 증거할 뿐만 아니라, 초창기 업적 중 대표적인 성과였던 것이다.

(2) 출판학 연구 활동의 구심체적 존재

학회지가 창간되고 나서, 전반적인 학회 활동도 더욱 활성적으로 열려 나갔다. 우선, 편집 회의를 필요로 하는 등 회원 간의 접촉이 더욱 활성화되고 있었기 때문이다.

회원들은 안춘근 회장이 직무하는 을유문화사로, 또 현암사에 방문하는 일이 잦았고, 한국기원(韓國棋院)이 있는 '유전다방'에 들르는 일도 빈번했다. 그럴 때마다. 회원들의 화두는 '출판에 관련된 여러 현상'에 관한 내용이었으며, 그러한 의견들은 그들 각자가 탐구하고자 하는 어떤 주제에 대한 관심이기도 했다.

따라서 학회는 원칙적으로 친목 단체는 아니긴 하나, 초창기 회원들이야말로 마치 '출판 대학의 동기 동창' 같은 분위기에서 서로간의 관심사를 나누곤 했다. 그들은 열정적인 출판·편집자 그룹이었으며, 자신들의 직무 과정에서 체득한 여러 현상과 의구심을 이론적으로 구명(究明)하려 애썼다(민병덕 교수의 증언, 2000.9.19.).

『출판학』 제1집 중 안춘근 회장이 발표한 「창간사」에서 보면, 출판에 대한 이론적 추구가 왜 중요한지를 밝힌 다음과 같은 내용이 주의를 끈다.

……출판이 과학적으로 이루어지지 못하고 있는 오늘의 한국 현실은 다름 아닌 출판학의 부재에서 최대의 원인을 찾을 수 있을 것이다. 흔히 출판업의 발전은 ① 정당한 가치관의 확립, ② 교육 보급으로 문화가 향상되고, ③ 국가 목표가 바로 설립되어야 하는 것으로만 알고 있으나, 그러나 이러한 것은 하나의 여건일 뿐, 주체적인 출판업을 담당할 당사자들의 합리적인 활동을 위

한 이론적인 무장이 되어 있지 않다면, 객관적인 여건 조성이란 병자의 입에 음식을 떠먹이는 것과 다름없는 일이다.

〈안춘근(1969.8.), 『출판학』(제1집). 1969.8., p.4〉

이와 같이, 바람직한 출판 발전을 지향하기 위해서는 과학적인 출판 연구가 뒷받침되어야 한다는 주장이다. 따라서 출판을 둘러싼 외적 여건이라는 것도 이론적 바탕이 결여되어 있다면 공허한 일에 지나지 않는다는 것이다. 바꾸어 말해서, 사회적 가치관의 확립이라든지, 교육을 통한 문화적 향상, 그리고 정당성이 있는 국가적 목표라는 것도 출판 활동이 그 밑뿌리로 작용한다는 논리이다.

이 때문에, 출판은 문화 내용의 중심적인 전달 매체이며, 그 어머니라 일컫고 있음을 본다. 한국출판학회는 학회지 『출판학』을 통하여 그러한 저변 형성에 이바지하는 메신저로 역할하기를 기대했다. 그것은 출판 행위(publishing)와 그로써 결과된 출판물(publication)에 대한 진정한 의의를 추구하는 과정에서, 그 현상적 실제를 도출하는 작업으로 나타났다.

이러한 노력에 토대하여 출판에 대한 분석적인 연구 설계를 제시하되 선택, 제작, 분배, 이렇게 3대 연동 체계를 설정하기에 이르렀다(안춘근, 1966.12., pp.162~163). 이를 좀 더 구체적으로 검증한 것도 『출판학』을 통해서였으며(민병덕, 1969.8., pp.7~44), 이는 초창기 연구 활동 과정에서 거둔 매우 중요한 성과로 기록된다.

한편, 학회지 『출판학』은 회원의 자격을 규율하는 자정 역할도 겸했다. 한 예로, 논문의 기고 실적이 어떤가에 따라 회원의 자격을 구분하고자 한 방침이 그러한 사례였다. 1973년 6월 24일, 제4차 정기 총회에서 회칙 개정안 중 '부칙 5항' 신설을 상정하고,

　　〔부칙 5〕이 회의 회원으로서 2년간 본회지에 논문(기타)을 발표하지 않을 때는 준회원이 된다.
　　(발효 일자 : 1973.6.24.)

라 결의, 통과를 보았다. 이 같은 규정은 연구 활동에 소극적인 회원에 대하여 경고하고자 한 제도적 장치이기도 했다.

이와 같이, 『출판학』은 영역의 명칭을 전면에 내세워, 출판을 이론적으로 탐구, 전개해 나간 중심 수단으로서, 또 학회 활동의 구심체적인 매체로 큰 역할을 감당했던 것이다.

2) 월례 연구 발표회의 개설

월례 연구 발표회는 한국출판학회가 창립 당초부터 4대 역점 사업 중의 하나로 추진해 온

학술 활동이다. 비상임 조직으로서의 학회가 지닌 특성으로 볼 때, 연구 발표회를 월례화한다는 사실은 쉽지 않은 일이다. 무엇보다도 적지 않은 경비가 발생할 뿐만 아니라, 사전과 사후에 갖추어야 할 업무 요건이 한두 가지가 아니기 때문이다

그럼에도, 초창기의 한국출판학회는 이 일을 대과없이 치러 냈다. 이 제재에서 월례 연구 발표회의 성격 및 취지에 관하여 알아보고, 실행 경과를 살펴보기로 한다.

(1) 연구 발표회의 월례화

월례 연구 발표회는 '월례 연구회'라는 명칭으로 1969년 3월 17일 첫 회를 열었다. 이것이 '월례 연구 발표회'로 개칭을 본 것은 1984년 12월 22일 제38차부터였다. 1980년대에 들어서면서 이후 1996년까지 부정기적으로 지속하는 가운데 59회의 실적을 쌓았다. 그 뒤로는 연중 1~2회의 정기 학술대회로 변경되어 2018년 현재 35회에 이르렀다.

동호인회로 출발한 한국출판연구회는 불과 3개월 5일(1969.3.17.~1969.6.22.) 동안 지속되었는데도, 연구회로서 면모를 보인 것이 월례 연구 발표회(이하 '월례 발표회')였다. 학회 창립기에 진행된 이 발표회의 경과(제1~28회)를 보면 다음과 같다.

창립기의 월례 발표회

제1회: 1969년 3월 17일 오후 6시, '한국출판학회 발기인회' 개최, 해종다방

제2회: 1969년 4월 3일 오후 6시 30분, 을유문화사 회의실(이하 장소 같음.)

제3회: 1969년 5월 1일 오후 6시 30분

제4회: 1969년 6월 5일 오후 6시 30분

제5회: 1969년 7월 3일 오후 6시 30분, 을유문화사 회의실

      주제 및 발표자—문고와 독자: 황병국

제6회:1969년 9월 4일 오후 6시 30분

      주제 및 발표자—일본출판계 시찰 소감: 조상원(본학회 고문, 현암사 사장)

제7회: 1969년 10월 2일 오후 7시

      주제 및 발표자—도서 형태의 임상적 진단: 박일준

제8회: 1969년 11월 6일 오후 6시

      주제 및 발표자—발금본(發禁本)에 대하여: 한태석

제9회: 1969년 12월 4일 오후 7시

      주제 및 발표자—논픽션 출판과 그 독자 의식: 민병덕

제10회: 1970년 1월 8일(목요일) 오후 6시 30분

　　　　주제 및 발표자—한국 잡지 출판의 상황: 이중한

제11회: 1970년 4월 2일 오후 7시

　　　　주제 및 발표자—자유토론

제12회: 1970년 9월 9일 오후 7시

　　　　주제 및 발표자—《출판학》 제5집의 합평

제13회: 1971년 1월 7일 오후 6시

　　　　주제 및 발표자—《출판학》 제8집(본학회 창립 2주년 기념호) 특집안에 대한 논의

제14회: 1971년 4월 1일 오후 6시

　　　　주제 및 발표자(이하 미상: 필자 주)

제15회: 1971년 7월 1일 오후 6시, 유전다방(이하 같음.)

제16회: 1971년 8월 5일 오후 6시

제17회: 1971년 10월 7일 오후 6시

제18회: 1971년 11월 4일 오후 6시

제19회: 1971년 12월 2일 오후 6시

제20회: 1972년 1월 6일 6시 30분, 을유문화사 4층

　　　　주제 및 발표자—한결 김윤경 선생 저작사(著作史)에 대하여: 하동호

　　　　　　　　　　출판 정책에 대하여: 안춘근

제21회: 1972년 2월 3일 오후 6시, 유전다방(이하 같음.)

제22회 월례 연구회[7]: 1972년 7월 6일 오후 6시

제23회: 1972년 8월 3일 오후 6시

제24회: 1972년 9월 7일 오후 6시

제25회: 1972년 10월 5일, 오후 6시

제26회: 1972년 11월 2일, 오후 6시

제27회: 1973년 1월 4일, 오후 6시

제28회: 1973년 5월 4일 오후 6시

---

7) 《출판학》 제13~14집의 「휘보」에 의하면, 제22회 월례 연구회를 제17회로, 제23회의 경우는 제18회로
　표기하고 있다. 그러므로 제17회는 제22회의 오기이며, 제18회의 이중 표기도 제23회, 제24회로 분간
　되어야 한다. 이 때문에, 월례 연구회의 회차도 17회에서 5회, 18회 이후부터는 6회씩 밀린 것으로 나
　타나고 있는데 이를 바로잡아야 마땅하다. 횟수 매김의 오류가 아닌가 한다.

(2) 월례 연구 발표회의 발전적 기여

월례 발표회는 이후 30여 년을 이었으며, 보다 큰 규모의 '정기 학술 대회'로 성장하는 기반을 제공했다. 이와 관련하여, 월례 발표회의 취지와 성격을 다음처럼 요약할 수 있다.

첫째, 월례 발표회는 정례적 모임을 원칙으로 했으므로 회원 간의 동호인적 유대가 더욱 공고히 결속된 상태에서 연구 의욕을 가속적으로 자극했다.

둘째, 회원의 문제 제기를 공론의 장으로 회부함으로써 생산적 여과를 산출케 했다.

셋째, 출판학의 이론적 정립을 위한 연구 공감대를 촉발시켰고, 이것이 곧 한국출판학회가 추구해야 할 중대 현안임을 인식케 했다.

넷째, 월례 발표회를 통하여 논의된 주제들은 대체로 『출판학』에 수록되어 재검토, 재열람의 기회를 공유했다.

다섯째, 소규모 발표회에서 대규모 학술회의로 발전하는 계기로 작용함으로써 연구 환경을 활성화하는 기반을 구축케 했다.

이상과 같이, 초창기의 월례 발표회 내용을 알아보았다. 월례 발표회의 형식은 논문 발표와 자유 토론으로 대별된다. 그리고 발제자는 발표 논문을 요약한 자료(유인물)를 배부하여 회원들의 편의를 도왔다. 이것은 뒷날 '회보' 발행으로 발전되었다. 즉, 『한국출판학회월례연구발표회보』가 그것이며, 그 첫 회보는 1983년 6월 18일자로 발행되었다.[8] 1987년부터는 『한국출판학회회보』로 제호가 변경되었다.

자유 토론 형식은, 전호(前號)의 학회지에 발표된 논문을 합평하거나, 차호 발행에 대비한 특집 구성 등을 토론 주제로 삼는 경우도 있었다. 따라서 연말을 맞이하여 그 마지막 주에 개최하는 월례 발표회의 경우는 지난 한 해 동안에 거둔 연구 성과와 국내외 출판계의 이슈를 소개, 논평하는 자리로 마련되기도 했다.

3) 한국출판학회상 제정

한국출판학회가 제정한 '한국출판학회상'은 1972년에 제1회 수상자를 낸 이래 2018년 현재 38회에 이른다. 한국출판학회상이 제정될 당시만 해도, 다른 분야의 시상 제도는 많았으나, 출판계의 경우 이렇다 할 만한 상이 없었다(안춘근, 1989.12., p.21).

아래에서 한국출판학회상의 제정 경위, 경과 등에 대하여 알아보도록 한다.

---

8) 1983~1990년의 회보 발행 내역은 다음 자료를 참고. 이두영(2000). 「학회 활동의 진전―1980~1989」. 『한국출판학의 사적 연구―한국출판학회 30년사』. 서울: 사단법인 한국출판학회, pp.507~508.

(1) 한국출판학회상 제정 경위

한국출판학회가 '한국출판학회상' 제정과 관련하여 처음으로 토의한 것은 1972년 6월 18일이었다. 이날은 본학회의 창립 3주년이 나흘 앞으로 다가온 터였고, '본학회 3주년 기념호'로 꾸민 『출판학』 제12집도 나온 때였다. 그래서 몇몇 회원들이 주일을 틈타 행주산성에서 야유회 겸 토론회를 가졌는데, 이 자리에서 '출판학회상' 제정안이 제안되었다. 이에 대한 첫 제안자는 안춘근 회장이었다.

당시 행주산성 토론회에 참가한 회원은 안춘근, 김병철, 하동호, 한태석, 이중한, 변선웅 등 6인이며, 그들은 다 같이 출판학회상이 필요하다는 데 의견의 일치를 보았다(안춘근, 1972.12., p.73).

이와 같이, 출판학회상 제정을 결의하고, 이를 공포하는 일도 거의 동시에 이행되었다. 아래의 내용은 '한국출판학회상' 공포문을 옮긴 것이다.

한국출판학회상
우리 학회의 부대사업으로서 다음과 같은 요강의 출판상을 제정한다.
한국 출판문화의 향상 발전에 기여한 개인 또는 단체에 상장과 부상을 수여한다.
1. 수상(授賞) 대상은 한국 출판문화와 관련이 있는 모든 분야를 망라한다.
1. 수상자(授賞者)는 매년 8월 1일부터 다음해 7월 말일까지의 업적 또는 그 이전의 공적을 심사해서 결정한 다음, 마감 당년 9월 또는 10월 중 시상한다.
1. 심사는 한국출판학회의 회원만으로 구성된 심사 위원회에서 행한다.

〈한국출판학회(1972.6.). 『출판학』(제12집), p.161〉

위의 내용으로 보아, 출판학회상은 출판문화 발전에 기여한 자(단체 포함)를 시상 대상으로 하되, 그 평가 범위를 널리 열어 놓았다. 또, 수상 대상자의 공적 기간은 1년(당년 8월~익년 7월 말)을 원칙으로 하되, 과거의 공헌도 소급 심사한다는 방침이었다.

(2) 한국출판학회상의 심사 경위 및 시상 경과

'한국출판학회상의 심사 경위'란 제1회 수상자 심사와 관련하여 그 대상자, 제한점, 수상자 선정 등 심사 위원회에서 처리한 제도적 운영에 관한 기준 일반을 말한다. 또, '시상 경과'의 경우는 초창기 범위 내에서 시상 내용에 관한 흐름 일반을 알아본 것이다.

제1회 한국출판학회상 심사 경위

한국출판학회는 제1회 출판학회상을 1972년 10월 10일 '활자 설계가'인 최정호(崔正浩)에게 시상(한국출판협동조합 3층 강당)했다. 이에 대한 심사 경위를 보면 다음과 같다.

심사 경위

우리 학회의 회원은, 출판 관계에 있어서는 누구나 어떤 상의 심사 위원도 될 수 있을 것이다. 따라서 우리 학회원의 심사를 구태여 외부 인사에게 위촉하거나, 특별한 추천을 받는 번거로운 일을 하지 않았다. 회원 모두가 언제나 심사 위원의 자격으로 수상 후보자를 찾아내기로 했다. 앞으로도 그렇게 할 것이다.

1. 출판문화에 공헌이 있으면서도 아직까지 아무런 상이 주어지지 않은 사람을 찾았다.
2. 반드시 출판사에서 일하는 사람으로 한정하지 않았다.
3. 아직까지 일선에서 널리 알려지지 않은 숨은 공로자를 찾기로 했다

이상의 요강에 비추어볼 때, 최정호 씨는 출판에 있어 가장 기초가 되는 활자 개량에 공이 있으면서도 아직도 아무 상을 받은 바 없고, 자체(字體)의 아름다움으로 독서에 쾌락을 제공하나, 그것을 제작한 사람을 모르고 있는 일반에게 널리 알리는 동시에, 그러한 출판문화에 숨은 공은 마땅히 사회에서 인정되어야 한다는 데 학회원들이 찬동하여 수상자로 결정했다.

〈한국출판학회(1972.9.). 『출판학』(제13집), p.76〉

한편, 안춘근 회장(심사위원장)은 제1회 출판학회상 수상자 결정과 관련하여, 이 상이 제정된 경위를 소상히 밝혔다. 이를 발췌 인용하고자 한다.

한국출판학회상 수상자

우리 학회에서 한국출판학회상을 제정하고, 제1회 수상자를 고르다가 마침내 활자의 바탕을 쓰는 최정호 씨로 결정을 본 것은 지난 6월 18일 학회 창립 3주년을 맞아 회원들이 행주산성에 놀이 갔을 때였다. 나의 제안에 일동의 찬의를 얻은 다음, 엊그제 18일에 한태석(韓泰錫)·하동호(河東鎬) 두 간사가 당자를 찾아서 최종 결정을 본 것이다. (중략)

도대체 오늘날 출판과 관련된 상이라고는 서울시문화상이 가장 권위 있는 것이라고 한다면, 이 것도 상금이 2백만 원이라는 대금이라는 데서 그렇게 말할 수 있을 뿐이지, 신문·방송 등을 포함하고 있어서 실질적으로는 출판과 관계있는 사람들이 수상하기란 어려운 상황 하에 있다. (중략)

이에 출판업자들의 집결체인 출협에서 한국출판상이라 하여 10년 이상 출판사에서 일한 종업원 가운데서 수상자를 골라서 상장과 금메달 정도를 시상하는 상이 마련되었으나, 제1회 수상자

결정에서 일조각(一朝閣)의 부사장 서(徐) 모가 수상을 단연코 거부하는 바람에 한 해를 묵혔다가 을유(乙酉)의 서수옥(徐洙玉) 출판국장에게 주었고, 다음에 삼중당(三中堂)의 노양환(盧琅煥) 주간에게 주어졌다. (중략) 그런데 우리 학회에서는 평가를 달리해서 어디에 오래 있다거나, 누구의 인준을 받는 것이 아닌 회원 전원이 심사 위원이 되는 것이다. 뿐만 아니라 출판문화 일반에 기여한 공이 있다면 사장이건 사원이건 또는 출판계 밖에서라도 찾아내자는 것이다. 다시 말하면, 출판문화 발전에 현저한 공이 있다면 누구든지 수상자가 된다. (중략)

나는 출판의 근본부터 따져서 활자 개량에 공이 큰 사람이 누구인가에 착안했다. 그 방면에 권위 있는 박기연(朴基衍) 회원에게 문의했던바, 그도 한국 출판문화에 크게 공헌한 사람을 2, 3명으로 압축한다면 반드시 활자의 바탕을 쓴 최 모가 들어야 한다고 역설하는 것이었다. (중략)

길게 설명할 것도 없이, 오늘날 우리가 인쇄소에서 쓰고 있는 활자 바탕의 거의 대부분을 최 씨가 썼다면, 출판계로서는 숨은 공로자에 대해서 일찍이 응분의 대우를 했어야 할 것인데, 아직도 아무런 인사가 없었으니, 우리 학회에서 숨은 공로자를 발굴해 낼 필요가 있지 않겠느냐는 나의 제언에 일동이 찬동했던 것이다.

남이 알아주지 못하는 값있는 일을 오래 지속한 사람에게 아직 그 흔한 상 하나가 돌아가지 않은 사회에서 그래도 무엇인가 똑바로 보고, 그리고 미력하나마 좋은 일을 실천해 보려는 우리들의 노력의 일단으로 하나의 새싹이 트기 시작했다.

〈한국출판학회(1972.12.). 『출판학』(제14집), pp.73~75〉

한국출판학회상 시상 경과

출판학회상은 초창기(1969~1979) 범위 내에 모두 5회를 시상했다. 이후 한동안 중단되었다가 1983년 10월 29일에 제6회로 이어졌다. 따라서 출판학회상 운영에 관한 규정은 원래의 '한국출판학회상 제정'안(1972.6.)을 규준했다.

그러다가 1983년 7월 16일에 '한국출판학회상 운영 규정'을 새로 제정하게 되었다. 이 규정에서 출판학회상의 종류를

1. 저술 연구 부문
2. 기획 편집 부문
3. 경영 영업 부문
4. 기타 출판문화 일반

등 4대 부문으로 나누었다. 그러면서, 그 운영과 심사를 본학회 이사회가 맡도록 했고, 제반 방

법과 절차에 대한 구체적인 틀도 확정한 바 있다.

〈표 3〉은 초창기의 한국출판학회상 수상 내역만을 소개한 것이다. 이 표에 보인 바와 같이, 초창기의 출판학회상 시상은 모두 5회에 걸쳐 5명이다. 복수 수상자를 낸 것은 제6회(1983)부터이며, 제15회의 경우는 저술·연구 부문상을 2명으로 결정해 5명에게 시상한 바 있다.

〈표 3〉 한국출판학회상 시상 내역(1972~1977)

구 분	연 도	수상자	소 속	수 상 요 지
제1회	1972	최정호	활자설계가	활자 자형의 제작에 일생을 바쳐 우리 출판·인쇄 문화 발전에 기여.
제2회	1973	강주진	전 국회도서관장	초창기 출판문화협회의 사무국장으로서 큰 공로를 남겼으며, 한국학 관련 문헌 출판에힘씀.
제3회	1974	조풍연	언론인	광복 직후 양서 출판의 본보기를 보였고, 한국 최초의 출판문화상이 제정되도록 노력함.
제4회	1976	최덕교	창조사 대표	한국 최초의 『대백과사전』(학원사)을 기획·발간하여 우리 출판문화를 자랑케 함.
제5회	1977	문덕수	홍익대 교수	『세계문예대사전』(성문각)을 기획·편집함으로써 사전 편찬에 지대한 공을 쌓음.

시상 내용은 메달과 상패를 원칙으로 하며, 제11회(1988)부터 제19회(1997)까지는 범우사 협찬으로 소정의 상금(각 부문별로 70만 원)도 시상한 바 있다.

4) 출판학과 설치를 위한 노력

한국출판학회는 창립 초기부터 출판학 교육의 필요성을 중대시하고 많은 노력을 기울였다. 이 문제는 1962년 안춘근이 그의 저서 『출판개론』에서 처음 제기한 바 있다. 1966년에는 1958년에 뉴욕대학에서 출판학 석사 과정이 개설되었고, 1962년에는 옥스퍼드대학에 학사 과정이 설치되었다는 사실도 알렸다(안춘근, 1966.12., p.160). 또한 출판학 교육에 전제되어야 할 24개 교과목도 제시하여 그 현실화 수용을 촉구했다(안춘근, 위의 논문, p.161).

그 후 민병덕이 대학에서의 출판학과 설치를 주장(1967.6.)했고, 한양대학교에서는 문교 당국에 학과 설치를 두 차례나 신청(1969)하기에 이르렀다(한태석, 1972.2., pp.70~71). 동국대학교에서도 신청(1972)한 바 있다(안춘근, 1973.9., p.70).

한국출판학회가 창립을 보면서, '대학에서의 출판학과 설치'는 앞에서 말한 바와 같이 4대 역점 사업 중 하나일 만큼 비중이 컸다(안춘근, 1989.12., p.14). 이 문제를 적극 추진하기 위한 대안으로 학회지를 통한 이론적 구명(究明)이 전제되어야 한다고 보았다.

『출판학』에 제시된 출판학과 설치 문제는 이미 창간호로부터 찾아볼 수 있다. 해외에서의 연구 경향을 소개한 것도 학회지에서였다. 즉, 영국에서는 이공 계통으로, 미국에서는 문화 산업으로, 프랑스에서는 사회과학으로 출판학을 연구·교수한다는 사실을 보고했다(안춘근, 1969.8., p.4. 민병덕, p.8). 이후 대학에서 출판학 교육의 필요성을 다룬 논의들이 다투어 발표되었다(남석순, 2000, pp.328~330. 이종국, 2000, pp.472~473 참조).

이와 같이, 한국출판학회는 '출판학과' 설치와 그 당위성에 관한 문제를 지속적인 연구 과제로 삼았다. 뿐만 아니라, 1988년부터 여러 차례에 걸친 건의 활동도 전개한 바 있다. 특히, 1991년에는 4년제 대학 및 전문대학에 출판학과 설치를 지속적으로 촉구한다는 방침 아래, 전담 기구(4년제대학 및 전문대학 출판학과설치추진위원회)를 발족시켰다.[9] 그런가 하면, 1993년 5월에는 출판 전문인 육성을 대주제로 내걸고, 대규모 학술회의[10]를 개최하는 등 반복적이고도 구체적인 노력을 기울였다.

이상과 같은 일련의 움직임은 다음과 같은 세 가지 취지에 명분을 두었다.

첫째, 출판학은 출판에 관련된 제 분야의 역사적, 현상적인 면을 조사·연구함으로써 학문과 출판문화 발전에 기여함을 목적으로 한 연구 분야이다.

둘째, 이 때문에 연구 대상으로서의 출판과 출판 행위는 그 자체가 체계적인 이론이 바탕 되어야 하며, 이를 통해 과학적으로 운용되어야 한다.

셋째, 그러므로 대학에서의 출판학과 설치는 그 연구와 교육의 현장이라는 점에서 중대한 의의를 가지며, 이를 시급히 실현해야 한다.

이와 같이, 대학에서의 출판학과 설치는 단지 한국출판학회라는 특정 학회로서의 관심 분야만이 아닌, 대학 사회와 국가·사회적인 책무의 일환으로 중대시하고자 했다. 그러한 노력은 직·간접적으로 영향을 끼쳐, 마침내 1981년 중앙대학교 신문방송대학원에 출판잡지 전공이 개설

---

9) 1991년 3월 23일 이사회에서 결의. 위원은 윤형두(위원장), 민병덕, 이정춘, 김희락, 김형윤, 김미령, 고영수, 김병준, 이종국 회원이 위촉됨.

10) 제5회 학술대회(책의 해 기념 학술 세미나)로 개최. 1993년 5월 1일 세종문화회관 대회의실.
　　대주제 : 21세기를 향한 출판 전문인 육성책
　　제1부(세미나) : 이하 사회-이종국
　　　주제 1 : 정보화 사회에서의 출판 전문인 육성책(민병덕)/ 주제 2 : 출판 전문인 육성 현황과 문제점(김희락)
　　　주제 3 : 출판 교육의 과제와 발전 방향(오경호)
　　제2부(공동 토론)
　　　토론 : 김상배(단국대 교수, 출판부장), 노양환(우신사 대표), 노병성(대전전문대 출판학과 교수)
　　제3부(건의서 채택) : 4년제 정규 대학 출판학과 설치 촉구

되고, 1982년에는 혜전대학에도 출판학과 설치를 보게 되었다.

2003년까지만 해도 출판학 교육은 20개 대학(전문대 8, 학부 4, 특수대학원 8)에서 이행되었다. 그 후 교육 현장에서의 정원 수급 문제 등 여러 환경적 악재가 겹치면서 절반으로 축소된 상태(2018년 현재 : 전문대 2, 학부 1, 특수대학원 7)에 머물러 있다. 이와 관련하여 시급한 대안[11] 마련이 필요하다. 우선, 출판과 관련된 공교육 연구와 그에 따른 지원 및 협력 방안을 구축하는 일이 선행되어야 할 것이다.

4. 맺음—초창기의 학회 활동이 의미하는 것

지금까지 한국출판학회의 초창기 10년간에 걸친 활동 내용을 살폈다. 본학회는 우리 사회에서 출판학 연구를 싹틔운 최초의 연구 단체로 성립되었다. 2019년으로 창립 50주년에 이르러, 말 그대로 반세기의 출판학 연구사를 축적한 셈이다. 그것은 하나의 연속선상에 놓인 도중적 위상이기도 하다.

돌이켜보면, 한국출판학회는 겨우 일곱 명의 동호인만으로 발족을 보았다. 그런 본학회가 300여 명의 회원을 포용한 학술 단체로 성장했다. 해를 거듭할수록 출판학 연구의 중요성이 그만큼 증폭되었기 때문이다.

한국출판학회의 회력을 단순히 '50년사'만으로 규정해서는 안 될 것이다. 그런 점에서도, 본학회 초창기의 활동은 다음과 같은 여섯 가지 면에서 그 의의를 정리할 수 있다.

첫째, 한국출판학회의 창립 목적은 출판 현상을 이론적으로 구명함으로써 출판과 출판문화 발전에 기여한다는 데 있다. 이 같은 취지는 모든 회무 운영의 저변을 이룬 대주제이며, 현재와 장래를 통해서도 일관된 추구점이기도 하다.

둘째, 본학회는 분과 위원회를 두어 회원 상호간의 관심 영역을 집중케 했다. 이 분과별 체계는 이후로 출판학 연구를 더욱 활성화하는 기반으로 뒷받침될 수 있었다.

셋째, 본학회는 창립과 동시에 학회지 발행을 병행함으로써 출판 연구의 중심적 매체로 육성하는 노력을 기울였다. 그 결과, 창립 50주년(2019.6.) 현재로 통권 88호에 이르는, 출판학 연구 분야의 전문 학술지 중 최장수 기록을 쌓아가고 있다.

넷째, 본학회는 창립 당초부터 연구 발표회를 정례화 하여 회원 간의 탐구 열의를 견인 했다. 이로써 마침내 대규모 학술회의로 발돋움하는 기틀을 마련할 수 있었다.

---

11) 이에 관해서는 ; 윤세민 외(2015). 『출판교육과 출판인력 양성 활성화 방안 연구』. 전주 : 한국출판문화산업진흥원, pp.133~146 참조.

다섯째, 출판학회상을 제정하여 출판문화와 출판학 발전에 기여한 인사나 단체를 발굴, 그들의 공적을 기려 왔다. 이는 출판계에서 최초로 실현된 출판 분야의 포상 제도로 기록된다.

여섯째, 초창기부터 추진한 대학에서의 출판학과 설치를 위한 노력은 매우 중요한 사회적 활동으로 기억해야 한다. 그동안 대학 현장에서 출판 교육이 실현된 것은 본학회의 노력이 직·간접적으로 영향을 끼친바 컸다.

이제 한국출판학회에 있어, 그간에 쌓아온 50년은 다시 새로운 역사를 이어갈 확고한 기반으로 자리매김 되어야 한다.

새삼스러운 지적이지만, 오늘의 출판 현상에 대하여 유의할 필요가 있다. 일찍이 그롤리에(Eric de Grolier)가 책의 무한가변을 예고했듯이, 정작 '어떻게 될 것인가?'에 관한 의문이 그것이다. 즉, 책은 원래의 것을 꾸준히 훼손시켜 원형을 잃게 되며, 그러한 반복적인 과정으로 끊임없이 변화된다는 것이다(E. 그롤리에 저·민병덕 역, 1984., pp.191~192).

새 세기에 들어와, 사람들은 전통적인 책과 그 출판 형식이 사라질 것이라는 우려를 말하곤 한다. 구텐베르크 은하(Guterberg galaxy)의 끝을 이미 벗어나고 있다는 것이다. 그런데 글로리에는 그것이(책과 출판) 어떤 형태로 변하든, 단지 원형의 또 다른 훼손일 뿐이지 본질이 변하는 것은 아니라는 사실을 함축적으로 강조한다.

바로 그런 점에서, 우리의 관심이 명료한 줄거리로 정리된다. 요컨대, 책과 출판문화가 변화된다 할지라도 그 임무와 본질적 형질은 변하지 않는다는 재확인이다. 이른바, 다양한 문화적 경험이라는 것도, 따지고 보면 개량과 변화의 흐름 속에서 운재되고 있는 여러 복합적인 변수들과의 만남을 의미한다.

창립 50주년을 맞이하여, 첫 삽을 일군 창립기의 학회 활동을 되돌아보는 취지도 바로 그런 점에서 다시금 새롭고 중요한 의의가 있다.

■ 참고 문헌

남석순(2000). 한국 출판학 교육의 모색과 진전에 관한 연구」. 사단법인 한국출판학회 편. 『한국출판학의 사적 연구—한국출판학회 30년사』. 서울: 사단법인 한국출판학회.

대한출판문화협회(1972). 「출판문화 육성을 위한 대정부·국회건의문」. 『대한출판문화협회25년사』. 서울: 대한출판문화협회.

대한출판문화협회(1987). 『대한출판문화협회40년사』. 서울: 대한출판문화협회.

민병덕(1967.6.19.). 대학에 출판학과 신설을—학문적 체계화를. 『새한신문』, 293호.

민병덕(1969.8.). 출판학 서설. 한국출판학회 편. 『출판학』, 제1집.

민병덕(1988.12.). 한국출판학회 창립 전후. 사단법인 한국출판학회 편. 『'89출판학연구』.

안춘근(1969.8.). 출판학을 위하여. 한국출판학회 편. 『출판학』, 제1집.

안춘근(1972.12.). 남애영도기(권 2). 한국출판학회 편. 『출판학』, 제14집.

안춘근(1973.9.). 남애영도기(권 5). 한국출판학회 편. 『출판학』, 제17집).

안춘근(1989.12.). 한국출판학회 20년사. 한국출판학회 편. 『'89출판학연구』.

안춘근(1992). 출판의 진실.

윤세민 외(2015). 『출판교육과 출판인력 양성 활성화 방안 연구』, 전주: 한국출판문화산업진흥원.

윤형두(1993.5.). 간사. 사단법인 한국출판학회 편. 『21세기 출판 발전을 위한 전문인 육성책』. 서울: 책의 해조직위원회.

이두영(2000). 회 활동의 진전—1980~1989. 『한국출판학의 사적 연구—한국출판학회 30년사』. 서울: 사단법인 한국출판학회.

이종국(2000). 창기의 출판학 연구에 대한 고찰—한국출판학회의 초창기 연구 활동을 중심으로. 『한국출판학의 사적 연구—한국출판학회 30년사』. 서울: 사단법인 한국출판학회.

이종국(2000). 창기의 학회 활동—1969~1979. 『한국출판학의 사적 연구—한국출판학회 30년사』. 서울: 사단법인 한국출판학회.

이종국(2000). 국에서의 출판학 연구—관심과 방법, 성과의 이해를 중심으로. 한국출판학회30년사편찬위원회 편. 『한국출판학의 사적 연구—한국출판학회30년사』. 서울: 사단법인 한국출판학회.

한국출판학회(1969). 휘보. 한국출판학회 편. 『출판학』, 제1집.

한국출판학회(1972). 제한국출판학회상 제정. 한국출판학회 편. 『출판학』, 제12집.

한국출판학회(1972). 제1회 한국출판학회상 결정 발표. 한국출판학회 편. 『출판학』, 제13집.

한태석(1970.2.). 대학의 출판학과 설치 문제. 한국출판학회 편. 『출판학』, 제3집.

E. 그롤리에 저·민병덕 역(1984). 『도서출판의 역사』.

진전기의 활동
1980~1989

■■■

1. 글머리에

1) 도약의 사회적 배경

출판연구를 목표로 하는 사람들이 에콜 형식의 모임으로 1969년 3월에 첫발을 내디던 '출판연구회'가 그해 6월에는 발전적 확대 개편을 통해 '한국출판학회'라는 이름의 학술단체로 정식으로 창립되었다.

이렇게 시작된 우리 학회는 1980년대를 맞이하면서 대단히 중요한 시기를 만들어냈다고 평가할 수 있다. 사람이나 조직의 역사에서 어느 한 순간인들 중요하지 않은 시간이 있을까마는 1980년부터 1989년에 이르는 10년간은 우리 학회가 오늘의 기틀을 다진 기간이었고, 학회 주도에 의해 이 나라에서의 출판연구가 비로소 본 궤도에 오른 시기였기 때문에 에포크(epoque)를 그은 기간이다. 출판학은 새로운 학문으로서 각광받으며 출판의 세계를 활기차게 열어가는 프로펠러 역할을 훌륭하게 해 나갔으며, 학회는 그런 활동을 주도했다.

따라서 이 기간은 진전기가 아니라 도약기 또는 재건기로 규정해야 마땅할 것이다.

오늘날 우리 학회의 체제와 사업의 틀은 이때 모든 기초가 확립되었다. 10명을 넘지 못했던 창립당시의 회원 수도 이 기간 중 100여 명으로 늘어나 회세(會勢)도 크게 신장되었다. 5년간의 긴 동면에서 깨어난 우리 학회가 이 10년 사이에 학술단체로서의 면모와 내적 기반을 공고히 다졌음은 말할 것도 없다. 우리 학회는 신장된 회세를 바탕으로 해외 출판학자들과의 공동

연구체제 구축을 제안하여 일본, 중국을 비롯한 구미지역 출판학자들과 정례적인 국제출판학술회의를 결성, 지식과 경험을 교환하면서 출판업 발전과정에서 제기되고 있는 현실적·미래적 과제해결방안 모색의 기틀을 마련하는 등 출판학의 국제화 및 국제 출판학계발전을 주도하는 위치로까지 성장·발전한 것이다.

무엇보다 많은 신진 연구자들이 회원으로 참여하였고 이들 회원들은 왕성한 연구·집필활동을 통해 우수한 업적들을 다투어 발표함으로써 출판학의 수준을 크게 향상시켰다. 오늘 우리가 정기적으로 개최하고 있는 '출판 학술세미나'라든가 '국제출판학술발표회'를 비롯한 대부분의 사업들이 이때부터 시작되었으며, 분과위원회, 월례연구발표회 등이 질서를 잡아가면서 실질적으로 연구하는 체제가 확립되었고, 연구내용에 대한 진지한 토론, 평가를 통해 출판학에 대한 기본적인 공통인식이 확립되었다. 회원들의 연구열은 대학교육과정에 출판관련학과 설치를 촉진시키는 계기도 만들었다.

언론학회, 도서관학회, 서지학회 등 관련 학술단체와의 교류도 활성화되었다. 출판학이 학문의 한 장르로써 당당히 자리매김할 수 있었던 것이다.

이러한 우리 학회의 괄목할 만한 성장·발전에 대해 우리의 정신적 지주로서 초창기 20년간의 활동을 주도해 오신 안춘근(1988)전 회장은 "불모지라기보다는 심한 파도와 싸우는 조각배의 항해와도 견줄만한 사회 일반의 냉대는 차라리 참을 수 있었으나 관련업계에서조차 정력 낭비로 눈흘김을 당한 우리 학회가 이제는 버젓하게 국제학술대회를 주도하게 되었는가 하면, 서학협동(書學協同)의 필요한 존재로 인정받게 되었다"고 자부심과 보람을 강하게 표현한 바 있다. 안춘근 회장(1989)은 또 80년대 10년간을 일컬어 침체기-재건기-발전기의 3단계로 나누어 규정한 것에서 보는 것처럼, 짧은 기간에 급격한 발전을 거듭하면서 출판학 정립과 출판문화발전에 기여하고 학회의 위상도 높일 수 있었다고 평가했다. 80년대가 우리 출판학회 역사에서 큰 전환점을 이루었다. 당시의 젊은 세대들도 출판연구자들로 활발하게 등장하기 시작한 때였다.

2) 도약의 사회적 배경

휴식기를 지나 재출발한 우리 학회가 이렇게 괄목할 만한 도약을 이룩한 배경은 무엇인가? 그것은 출판계를 둘러싼 내외의 사회적 환경변화에 촉발된 바가 크다.

이 기간 중의 우리 출판 현실과 출판산업 내외의 환경을 살펴보면 그 어느 때보다도 출판의 과학화가 절실한 시기였다.

첫째, 출판계의 오랜 과제였던 대학에서의 출판교육이 비로소 시작되면서 출판에 대한 면학 및 연구분위기가 무르익기 시작했고 신진 연구자들이 다수가 배출될 수 있었다.

출판인을 위한 다양한 연수프로그램과 격조 높은 세미나가 활발해지면서 1980년에 중앙대가 신문방송대학원을 설립하면서 처음으로 출판잡지 전공과정이 개설되었고 1982년에는 혜전전문대학이 최초의 출판과를, 신구전문대학은 인쇄과(뒤에 출판과로 확대)를 설치하면서 출판인재 양성의 역사가 본격화 되었다. 공교육에서의 출판에 대한 체계적인 출판 전문교육의 활성화가 이루어지기 시작한 것이다. 마침내는 전문대학에서 대학교, 대학원에 이르는 출판 전공과정이 20개를 넘을 정도로 활성화 되었다.

대학레벨에서의 출판교육의 활성화와 출판학 발전 상호보완적 관계는 출판학 연구의 제도화와 학술공동체 형성 및 연구성과의 축적, 학술연구 분위기를 촉진함은 말할 것도 없다. 또한 출판교육 발전을 위해서 출판학의 내재적 수요를 자극하면서 출판산업 발전의 계기를 제공한다.

둘째, 출판학의 연구 대상인 출판산업도 이 기간 비약적인 발전을 이룩하면서 출판학 연구열을 고조시키고 있었다. 80년대에 접어들면서 신간 출판량의 급격한 신장 등 출판산업은 약진을 거듭하면서 출판계는 활력이 넘치고 있었다. 출판산업의 활황은 '단군 이래 최대호황'이란 말이 나올 정도였다. 1983년도 신간 출판량은 처음으로 3만종, 1억 부를 돌파했다. 그리하여 양적으로 세계 10위권의 출판대국으로 진입하고 있었다. 인구비례 출판량(4.4종)은 미국(3.9종), 일본(3.8종)을 앞질렀다. 이처럼 출판량은 급격한 증가세를 보여 외형적으로는 양적 확대를 가져왔지만 여전히 출판분야별로 심한 불균형을 이루고 있는 상태였고 출판수준도 독자들의 다양한 욕구를 충족시키기에는 아직 간극이 컸다. 거기다가 뉴 테크놀로지의 급속한 발달과 전자매체의 도전, 1986년의 세계저작권조약(UCC)에의 가입 등 급격한 출판환경 변화에도 능동적으로 대처하지 않으면 안 될 상황에 직면해 있을 때였다. 교보문고를 비롯한 초대형 서점의 출현과 도서정가판매제(법률적으로는 '재판매가격유지행위')가 공정거래법으로 인정받게 되었고, 서평활동의 활성화와 출판정보 및 서평지 「출판저널」 창간을 비롯한 출판·서점의 사외보 발행이 활발해지는 등 출판미디어들도 다투어 대두되면서 출판연구자들의 발표기회도 확대되었다. 한마디로 지금까지와는 다른 패러다임이 요구되는 때였다. 이에 따라 이런 새로운 환경변화에 대응하기 위해서는 이에 걸맞는 새로운 감각과 의식, 그리고 과학적인 출판이론으로 재무장하지 않으면 안 될 형편이었다. 이른바 '출판의 과학화'가 적극적으로 추진된 것을 출판학 발흥 및 학회발전의 두 번째 배경으로 삼을 수 있다. 출판계는 우리 출판의 역사에서 최초이자 유일한 싱크탱크로서 (재)한국출판연구소를 개설하여 출판산업의 R&D사업도 비로소 열리기 시작했다. 그러한 시기에 우리 학회는 출판산업이 지속적인 성장을 할 수 있는 진로와 실천 가능한 대안들을 이론적으로 뒷받침한 것이다.

셋째, 컴퓨터 기술을 기반으로 컴퓨터조판시스템의 도입 등 제작설비의 자동화·기계화에 의한 출판산업 현대화가 활발하게 전개되었고, CD-ROM과 같은 새로운 매체가 등장하고 있었다.

이러한 사회적 배경에 힘입어 우리나라에서 80년대의 출판학은 괄목할 만한 발전을 이룩한 것이다. 그것은 회원들의 활약이 큰 힘이 되었지만, 역대 임원들이 강력한 리더십과 희생정신을 발휘하여 혼신의 노력을 기울인데 힘입은 바가 크다. 특히 "(학회발전의) 밑바탕에는 남애 선생님의 불굴의 투지와 '출판학'을 학문으로써 정립시켜 보겠다는 투철한 사명의식이 크게 작용했다고 보아도 지나친 말이 아닐 것"(윤형두, 1986)이며, 당시 윤형두 부회장 또한 안 회장을 지근거리에서 보좌하면서 학회 활동을 뒷받침했다. 윤형두 부회장은 학회 활동의 구심점인 학회지《出版學研究》가 지속적으로 발행될 수 있도록 지원, 연구자들의 발표기회를 제공하였을 뿐만 아니라 해마다 상당액의 정재를 학회 운영기금으로 출연하여 재정적으로 연약한 학회 활동을 뒷받침함으로써 재건기의 어려움을 극복할 수 있도록 한 공적은 특기해둘 만하다.

2. 재건, 그리고 도약

1) 다시 치켜드는 출판학의 깃발

(1) 재건의 북소리, 크게 울리다

새 출발을 다짐하는 1983년의 정기총회에서, "근래 출판학 연구열이 높아가고 있어, 새로운 회원을 보강하여 그간 정체되었던 학회 활동을 앞으로 활성화시켜 나가겠다"며 "우렁찬 북소리에 맞추어 깃발을 다시 들고 망망한 출판학의 대해를 개척하자"는 요지의 개회 인사말을 하고 자리에 앉은 안춘근 회장은 만감이 교차하는 표정이 역력했다. 벅찬 감회에 감개무량함을 억누를 길 없어 閔丙德 교수의 연혁 보고도 귀에 잘 들어오지 않는 듯했다고 한다.

오랫동안 침체의 늪에 빠져 활동하지 못하고 있던 우리 학회의 명맥을 잇기 위해 몇 해씩 묵혀오던 원고를 《出版學論叢》으로 묶어내던 일, 출판계는 말할 것도 없고 일부 학자들마저 출판학을 학문으로 정립시킬 수 있겠느냐고 하던 냉대와 몰이해를 무릅쓰고 이렇게 새로운 출발을 하게 되기까지의 일들이 주마등처럼 지나갔기 때문이다.

비록 창립초기에 활발한 연구활동을 해 온 朴一俊, 邊善雄, 梁文吉, 許英桓, 許 燁 회원들이 지금 이 자리에 없는 것이 유감스럽지만 학계, 출판계, 언론계, 대학원생 등 연부역강한 새로운 동지들을 다수 영입하여 새롭게 재출발할 수 있게 된 것이 얼마나 다행스럽고 가슴 벅찬 일인가.

1983년 5월 18일 하오 6시 출판문화회관 강당에서 27명의 회원이 참석한 가운데, 李斗暎 회원의 사회로 진행된 정기총회를 기점으로 우리 학회는 재건되었다. 이날 정기총회가 우리 학회가 새로운 도약기를 맞는 출발점이었던 것이다.

그러나 이날 총회를 개최하기까지는 참으로 긴 역정의 과정을 걸어오지 않을 수 없었다. 1980

년 중앙대학교 신문방송대학원 설치가 직접적인 계기를 만들어 주었다. 거기에 출판잡지전공 과정이 개설되고, 안춘근 회장이 출강하여 졸업생들을 배출시킴으로써 본격적인 출판학 연구가 꽃을 피우기 시작했다. 이보다 조금 먼저 혜전전문대학에 출판과가 설치되어 있었지만, 우리 학회와의 연관은 중앙대 신문방송대학원의 졸업생들인 尹炯斗, 吳慶鎬, 李徹之 등의 활동이 돋보이면서부터이다.(안춘근, 1989) 이들은 강의가 끝나면 안춘근 교수를 중심으로 학교 근처의 식당이나 다방에 모여 당면한 출판 현상을 놓고 자유토론을 벌이기 일쑤였다. 이른바 '제3교시'로 불리는 이 모임의 주제는 언제나 광범위했고 토론내용과 자세 또한 깊이가 있었으며 진지했다. '제3교시'를 통해 출판학회의 재건방안도 활발하게 논의되었음은 말할 나위 없다. 그 가운데 장기 휴간중인 계간 《出版學》을 속간시키는 일이 가장 시급하다고 생각했다. 배우고 연구한 결과를 업계에 널리 알리고 싶었다. 공명심이나 과시욕에 사로잡혀서가 아니다. 무수히 많은 출판사들이 소리 없이 사라지고 있는 안타까운 현실 속에서, 잇다른 도산을 방지하기 위해서는 하루속히 우리 출판이 주먹구구식 경영방식에서 탈피하여 보다 과학적이고 합리적으로 운영되지 않으면 안 되겠다는 사실을, 출판을 이론적으로 공부하는 과정에서 절실히 깨달았기 때문이다.

출판학회 활동의 재개를 갈망하는 사람은 그들뿐이 아니었다. 업계 실무자들 가운데서는 서울대 출판부의 朴東海 씨가 이 일로 자주 안 회장을 찾아왔고 신구전문대학의 金基中 교수도 학회의 조속한 활동 정상화 방안을 건의해 왔다. 이렇게 출판의 과학화에 대한 각계의 열망이 재건의 기운을 돋우고 있었다.

드디어 업계의 중진이기도 한 윤형두가 채산성을 전혀 고려하지 않고 학회지의 출판을 자청하여 맡고 나섰다. 오로지 출판학 연구에 주춧돌을 놓겠다는 그의 뜨거운 열정에 의해, 이때까지의 회원만이 아니라 새로운 연구자들이 필진으로 대거 참여한 가운데, 새로운 모습으로 면모를 일신한 《出版學研究》는 1982년 12월에 발행될 수 있었다. 《出版學論叢》이 어렵사리 빛을 본 지 1년 8개월 만의 일이다.

그런데, 이날 총회에 참석한 회원 수에 대해서는 기록상의 오류를 수정하여 역사를 바로 잡을 필요가 있다. 그동안의 모든 자료는 이날 총회에 참석한 회원 수가 모두 26명인 것으로 기록하고 있으나, 27명이 정확한 숫자이다. 26명으로 잘못 기록된 배경에는, 1983년도 정기총회 개최 이후 처음으로 출간된 《月例研究發表會報》제25호(1983. 6. 18) 제4면에 게재된 '83년도 정기총회 개최'기사를 비롯하여 당일 참석하여 회원으로 등록한 명단(3면 게재)에도 26명만 소개한 것에 따른 것이다. 그러나 회보 제26호(1983. 7. 16 발행)에서는 총회에 참석하여 등록한 회원 중 許昌成 회원이 누락된 사실을 정정하는 기사를 게재하고 있음을 발견할 수 있다. 따라서 이날 총회에 참석한 회원 수는 27명으로 바로잡는다.

(2) 새로운 조직체로 체제 정비

1983년도 정기총회는 말만 정기총회이지 우리 학회가 '새로 탄생하는 것'을 내외에 천명하는 것이나 크게 다르지 않았다. 실질적인 내용에서도 과거와는 전혀 다른 내용의 새로운 조직체라고 해야 옳다. 우선 회원들이 수적으로 대폭 늘어났을 뿐 아니라 그들의 성격이나 역량, 연구업적들이 과거와는 비교가 되지 않았다. 이처럼 회원들의 품격에 어울리도록 학회의 체제와 제도, 조직체계를 쇄신하면서도 사업의 골격이나 임원의 변동은 최소화하여 법통을 온전히 이어 나갈 수 있도록 신중하고 세심한 배려를 하였다. 이러한 정신은 '한국출판학회상'을 비롯한 월례 연구발표회 등, 모든 활동에 그대로 적용되었다.

이날 총회는 회장 인사말과 연혁보고에 이어 회칙을 먼저 개정하고 개정된 회칙에 따라 의사를 진행하였다. 새 회칙은 업계에 축적된 인적자원을 최대한 유치·확보하기 위하여 회원자격을 정회원과 일반회원, 그리고 특별회원으로 나누어 참여의 문호를 넓혔다. 회장과 3인의 간사(총무, 출판, 연구)로 짜여진 종래의 임원조직에서 부회장제를 새로 도입하고 간사는 이사로 명칭을 바꾸었다. 또 학회 실무를 맡을 사무국장을 임명하기로 의결하였다. 그리고 ① 기획 편집, ② 출판경영, ③ 잡지, ④ 출판미술, ⑤ 서지 등 5개 분야별 분과위원회를 두어 회원들의 활동을 적극 유도하기 위한 장치를 만들었다. 월례 연구발표회는 매월 셋째 주 토요일에 개최하는 것으로 회칙에 못박아 미래지향적이고 의욕적인 의지를 담았다. 학회의 체제를 일신, 연구 단체로서의 면목을 과시한 것이다.

새 개정 회칙대로 임원을 선출하였는데, 새롭게 정비된 학회의 진용은 다음과 같다.

▷ 회장 : 안춘근(유임)
▷ 부회장 : 수석·연구담당 윤형두(신임)
　　　　　　사업담당　　　呂丞九(신임)
▷ 총무이사 : 河東鎬(유임), 연구이사 閔丙德(유임), 출판이사 韓泰錫(유임)
▷ 감사 : 李重漢(신임)
▷ 사무국장 : 金羲洛(신임)

이날 총회는 또 ① 월례연구발표회 개최, ② 학회지 및 월례연구발표회보 발간, ③ 세미나, 전시회 및 유관 행사에의 참여, ④ 한국출판학회상 시상, ⑤ 대학에 출판학과 설치 추진 등 의욕적인 계획들을 통과시킴으로써 회원들과 출판계 내외로부터 기대와 희망을 불러 일으켰다. 언론에서도 이러한 동향을 다투어 보도하여 사회적 관심도를 반영하고 있다.

"출판평론가 안춘근 씨가 최근 출판문화회관에서 열린 83년도 한국출판학회 총회에서 회

장으로 유임되었다. 정기총회는 또 올해부터 부회장제도를 신설, 연구담당 부회장에 윤형두 씨
(범우사 대표), 사업담당 부회장에 여승구 씨(한국출판판매 대표), 감사에 이중한 씨(서울신문 논
설위원) 등을 선출했다. 한편 출판학회는 학회 사무실을 서울 마포구 신수동 출판단지에 있는
범우사 사무실로 옮기고 한달에 한 번씩 세미나도 열 계획이다"(《경향신문》 1983. 5. 24 뉴스)

"책 장정, 활자연구와 함께 출판자체를 연구하자는 움직임이 결실을 맺어 안춘근 씨를 중심
으로 한 출판학회가 활동을 재개했다. 아직은 초기단계이나 연구와 저술을 계속하고 있다"(《매
일경제신문》 1983. 12. 28, 〈되돌아 본 문화계(10) 출판〉)

(3) 정기총회 등록회원

이날 정기총회에 참석하여 입회비와 연간회비를 납부하고 등록한 회원 수는 27명이었다. 과
거의 회원 중에서는 민병덕(혜전전문대 출판과), 안춘근(중앙대 신문방송대학원), 梁顯圭(동아
출판사), 이중한(서울신문사 논설위원), 하동호(공주사대 국문과), 河正玉(성균관대 중문과), 한
태석(출판평론가), 黃秉國(신아사) 회원 등 8명이 합류하였다. 새로 참여한 회원으로는 학계에
서 金基中(신구전문대 인쇄과), 金亮洙(혜전전문대 출판과), 金鎭洪(외국어대 홍보과), 吳慶鎬(신
구전문대 인쇄과) 등이, 출판계에서는 高德煥(삼영사 대표), 金章燮(서울대 출판부), 김희락(동아
출판사), 羅重烈(향문사 대표), 朴東海(서울대 출판부), 여승구(한국출판판매주 대표), 윤형두(범
우사 대표), 李起雄(열화당 대표), 이두영(대한출판문화협회 사무국장), 李駿教(계간미술), 李徹之
(종로서적출판 대표), 林仁圭(동화출판공사 대표), 許昌成(평화출판사 대표) 등 13명이 새로 참
여하였다. 韓勝憲변호사가 삼민사 대표자격으로, 정부측 인사로는 許熺成(문공부 홍보조정실)
과장도 회원으로 동참하였다. 정기총회 이후에도 회원은 계속 늘어났다. 7월 이사회에서 吳鎭
煥(한양대 신문학과) 교수와 朴鳳瑞(한국전기안전공사 기획실), 朴光淳(범우사 편집부)씨의 입회
가 승인되었고, 8월에는 全泳杓(신구전문대 인쇄과)교수, 한양대 신문학과의 鄭大澈 교수와 彭
元順 교수, 북 디자이너 鄭丙圭 씨가 가입하였다. 이어 邊英姬(성경읽기사 편집부)씨가 입회하여
그해 12월말 현재의 회원은 35명으로 늘어났다. 한 사람의 동지라도 더 필요한 형편이었지만
회원 가입은 회칙이 정한 바에 따라 누구나 예외 없이 이사회의 승인절차를 거쳤고, 이런 규정
을 이해하고 잘 따라준 회원들이 여간 고맙지 않았다.

(4) 사무실도 마련

새 회칙에 따라 6월 4일 한국출판판매주식회사 3층 사무실에서 첫 이사회가 열렸다. 이날
이사회에서는 총회로부터 위임받은 사업계획을 확정하고 회비를 입회비 10,000원, 연회비

10,000원으로 책정하고 회비납부의 편의를 도모하기 위하여 대체계좌를 먼저 개설하고, 뒤이어 국민은행에 온라인계좌도 개설하였다. 그때만 해도 은행 간 지로제도가 일반화되기 훨씬 전이어서 송금하려면 우편환을 이용하거나 우체국 대체계좌가 널리 활용될 때였다.

또 그동안 우리 학회 활동을 음양으로 지원해 준 崔 俊(중앙대), 李瑄根(영남대), 鄭忠良(이대) 교수와, 업계에서 鄭鎭肅(을유문화사 대표), 趙相元(현암사 대표), 崔暎海(정음사 대표), 金相文(동아출판사 대표), 柳琦諪(삼화인쇄 대표) 등을 고문으로 추대하였다.

이에 앞서 회장단은 5월 24일, 여승구 부회장의 주선으로 일간신문사 출판담당 기자 7명을 롯데호텔로 초청하여 학회의 새로운 출범사실과 앞으로의 활동계획을 설명하고 협조를 당부하는 간담회를 가졌다.

곧이어 윤형두 부회장의 호의로 출판단지 내에 있는 범우사 사옥에 학회 사무실 겸 회의실을 마련할 수 있었다. 이로써 학회가 창립된 이래 처음으로 공식적인 사무실이 마련된 것이다. 20명가량이 모여 회의나 연구발표회를 갖기에 적합한 규모였다.

사무실 개설에 이어 학회 계획사업의 안정적인 추진과 원활한 운영을 위한 특별출연도 이어졌다. 안춘근 회장 100,000원, 윤형두·여승구 부회장이 각각 300,000원, 임인규 회원이 300,000원을 출연하여 집기 구입 등 초창기 소요재정 조달에 큰 보탬이 되었다.

(5) 분과위원회 설치

7월 이사회는 회칙에 규정된 5개 분과위원회 구성방안을 논의하였다. 이 자리에서 점증하는 국제저작권 가입 압력과 국내 저작권법의 개정 논의가 활발하게 진행되고 있는 점을 고려하여 저작권분과위원회를 증설하기로 결의하였다. 분과위원회 설치는 회칙 제11조에 5개 분과위원회로 명시되어 있기 때문에 분과위원회를 추가하려면 당연히 총회를 열어 회칙을 개정하여야 하지만 사안의 시급성을 고려하여 다음 총회에 상정하여 추인 받는 것을 전제로 하고 증설을 의결하는 기민성을 발휘한 것이다.

그리고 이날 이사회는 회원들의 신청을 받아 6개 분과위원회를 구성하되 분과위원회별로 간사를 호선할 것도 의결하였다. 이에 따라 제27차 월례연구발표회가 끝난 뒤 분과위원회별로 모임을 갖고 다음과 같이 구성하였다.

    ▷ 기획편집분과위원회: 오경호(간사), 민병덕, 한태석, 황병국, 양현규, 나중렬, 김기중, 이철지, 김장섭, 김양수, 김희락
    ▷ 출판경영분과위원회: 임인규(간사), 윤형두, 여승구, 고덕환, 김진홍, 허창성, 이두영
    ▷ 잡지분과위원회: 박동해(간사), 오진환, 이중한, 이준교, 박봉서

▷ 서지분과위원회 : 이기웅(간사), 안춘근, 하동호, 하정옥

▷ 저작권분과위원회 : 허희성(간사), 한승헌

▷ 출판미술분과위원회 : 박광순

(6) 의욕적인 사업 전개

이렇게 학회 조직과 활동의 체제가 정비되자, 출판학 연구 분위기 조성과 회원들의 연구활동을 진작시키기 위해 그동안 중단되었던 사업을 부활시키거나 새로운 사업들을 본격적으로 착수하였다.

80년대에 우리 학회가 전개한 다양한 사업들은 뒤에서 구체적으로 살펴보겠지만, 여기서 이해에 착수한 사업 종목만 보아도 당시 우리 학회가 얼마나 의욕적으로 기민하게 움직였는가를 알 수 있을 것이다. 불과 반년 남짓한 기간 동안에 쏟아 부은 열의와 용기와 그 업적이 우리 출판학의 오늘이 있게 하는 불을 붙였다고 본다.

▷ 월례연구발표회 4회 개최

▷ 제1회 출판학술세미나 개최

▷《會報》 발행

▷《'83 出版學硏究》 간행

▷ 일본출판학회와의 교류 합의

▷ '한국출판학회상' 부활 및 시상부문 확대

이렇듯 우리 학회는 1983년 5월부터 본격적인 활동을 재개함으로써 새로운 도약의 발판을 만들고 중흥의 깃발을 날리기 시작했다.

무엇보다 학회의 사업 기틀을 확립하고, 발전의 기반을 공고하게 다졌다는 점에서 1983년은 우리 학회 발전사에서 중요한 전기를 마련한 해로 기록되어야 할 것이다.

2) 회무의 운영

(1) 정기총회와 임원진 구성

우리 학회는 1969년 6월 22일에 창립되었기 때문에 특별한 사유가 없는 한 이를 기념하여 정기총회는 매년 6월에 개최하는 것을 원칙으로 삼았다.

'84년도 총회는 6월 16일 학회 회의실에서 열려 1년간의 사업보고와 재정보고가 있었다. 그리고 새해 사업계획으로 월례연구발표회, 학회지 발행, 학술세미나, 학회상 시상 등을 중점사업으로 추진하기로 결의했다. 임원의 임기가 2년으로 되어 있기 때문에 이 총회에서 임원선거는 없었지만, 9월 이사회는 미국으로 이민한 한태석 출판이사의 후임으로 오경호 회원을 보임하였다.

85년도 총회(1985년 6월 29일, 출판문화회관 개최)는 같은 장소에서 열린 제8회 한국출판학회상 시상식과 제37차 월례연구발표회에 앞서 개최되었다. 이 총회에서는 회원의 증가에 따른 의견 수렴기회 확대를 위해 ① 이사 수의 증원과 이사가 분과위원장을 겸임하는 제도 개선, ② 2개 분과위원회 증설, ③ 총회 성원 기준의 완화, ④ 회계연도 조정과 특별회계 신설, ⑤ 월례연구발표회 개최방법 조정 등을 골자로 하는 회칙 개정안이 상정되어 만장일치 통과되었다. 이어 임기 만료된 회장단 전원의 유임을 결의하고 새로 개정된 회칙에 의한 이사선임은 회장단에 위임되었다.

총회는 잠시 휴회하고 그 자리에서 별도로 개최된 회장단회의를 통해 이사 겸 분과위원장과 감사를 다음과 같이 선임하여 총회에 보고되었다.

> ▷ 기획편집분과위원장 : 오경호
> ▷ 출판경영분과위원장 : 고덕환
> ▷ 잡지분과위원장 : 이중한
> ▷ 출판미술분과위원장 : 김형윤
> ▷ 서지분과위원장 : 윤병태
> ▷ 저작권분과위원장 : 한승헌
> ▷ 국제분과위원장 : 박원동
> ▷ 감사 : 이두영

특히 국제분과위원회와 저작권분과위원회는 회칙개정에 앞서 이사회 결의로 먼저 구성되어 운영하다 나중에 총회의 추인을 받는 형식을 취했다. 저작권분과의 설치 배경에 대해서는 앞에서 설명한 바와 같다.

국제분과위원회는 85년 8월, 동경에서 개최예정인 제2회 국제출판학술발표회에 대규모 대표단을 파견하는데 필요한 일본과의 협의진행 및 여권 수속 등의 업무를 신속하게 추진하기 위해서는 학회 차원의 공식적인 대응이 필요하다는 판단에 따른 조처였다.

한편 이날 총회에 보고된 회계결산보고서의 내용을 간략히 살펴보면 우리 학회의 재정은 비록 규모는 작지만 초창기나 다름없는 시기의 학회 살림살이를 얼마나 충실하게 운영하였는가를 알 수 있다.

〈표 1〉 회계결산보고서(1984.6~1985.5)

세 입		세 출		비고
항 목	금 액	항 목	금 액	
전년도 이월금	910,014	물품비	316,240	세입·세출의 명세가 있으나 생략하였음
입 회 비	390,000	인쇄비	327,600	
연 회 비	460,000	발송비	52, 570	
월례회비	229,000	식 비	682, 160	
잡수입	13,625	사무비	200,000	
		소계	1, 571, 570	
		차기이월금	431,069	
합 계	2,002,639	합계	2,002,639	

86년도 정기총회는 통상총회였다. 이듬해 열린 87년도 총회에서도 임기가 끝난 임원진에 대한 선거가 실시되었는데, 안춘근 회장과 윤형두 부회장이 유임되고 **韓勝憲** 변호사가 신임 부회장으로 선임되었다. 사무국장으로는 **李鍾國** 회원이 임명되었다. 감사를 2명으로 증원하기로 하고, 기존의 분과위원장 겸 이사 7명 이외에 약간명을 더 두기로 회칙도 개정하여 다음과 같이 87~88년도 임원을 조직하였다. 분과위원장들도 학회 활동에 열성적인 회원들로 채웠다.

▷ 회장 : 안춘근
▷ 부회장 : 한승헌(신임), 윤형두
▷ 기획편집분과위원장 : 오경호
▷ 출판경영분과위원장 : 나중렬(신임)
▷ 잡지분과위원장 : 김희락(신임)
▷ 출판미술분과위원장 : 김형윤
▷ 서지분과위원장 : 윤병태
▷ 저작권분과위원장 : 이중한(신임)
▷ 국제분과위원장 : 민병덕(신임)
▷ 총무이사 : 박원동(신임)
▷ 이사 : 고덕환(신임), 하동호(신임), 팽원순(신임), 허창성(신임)
▷ 감사 : 이두영, 박세록(신임)
▷ 사무국장 : 이종국(신임)

그러나 회원의 증가에도 불구하고 이 해의 재정규모는 오히려 축소되는 현상을 보였다. 회비를 납부하지 않는 회원이 다수 발생하기 시작하여 이대로 가면 운영을 압박할 우려가 걱정될 판이었다. 총회준비를 위해 4월 24일에 개최된 이사회에서는 회비 장기체납 회원에 대한 대책이 심각하게 논의되고 두 가지 방안을 마련하여 총회에서 회원들의 동의를 받았다. 하나는 학회의 재정상황을 개선하기 위해 회비제도를 개선하는 것을 골자로 하는 회비책정안을 총회에 상정하여 회장단은 50,000원, 이사는 30,000원으로 하고 일반회원은 10,000원으로 차등 부과하는 회비제도를 도입하였다.

임원에게 학회운영을 실질적으로 책임지도록 한 것이다. 이러한 회비제도의 개혁으로 학회의 운영예산 규모는 크게 증대되기 시작한다. 다른 하나는 2년 이상 회비를 납부하지 않은 회원은 회칙 제7조 제1항의 규정에 따라 제명하자는 의안이었다.

사무국의 기능을 더욱 활성화시킬 수 있도록 연락간사로 범우사 직원 李玉男 씨를 임명하였다.

<표 2> 회계결산보고서(1985.6~1986.5)

세 입		세 출		비고
항 목	금 액	항 목	금 액	
전년도 이월금	730,163	행사비	164,310	세입·세출의 명세가 있으나 생략하였음
입회비	220,000	인쇄비	159,500	
연 회 비	510,000	발송비	35,940	
월례회비	355,000	회의비	405,700	
특별회비	50,000	사무비	45,700	
잡수입	60,217	소계	811,150	
		차기이월금	1,114,230	
합 계	1,925,380	합계	1,925,380	

제11회 한국출판학회상 시상식에 앞서 6월 25일 오후 3시, 출판문화회관에서 열린 88년도 정기총회는 우리 학회 창립 20주년(1989. 6. 22)을 앞두고 그 기념사업의 추진방향에 관한 의안이 중요 의제로 다루어졌다. 회장단 회의와 이사회에서 여러 차례 논의된 대로 '20주년 기념사업추진위원회'를 구성하여 추진키로 하고 구체적인 사업에 대한 회원들의 제안이 있었다. 이날 회의는 소요예산 확보방안 등 기념사업에 대한 심도 있는 검토가 필요하다는 판단에서 추진위원회가 작성한 사업계획을 이사회 승인을 거쳐 시행하는 내용의 계획안을 의결하였다. 또한 6월 14일자로 문교부에 제출한 '학부과정에서의 출판학과 설치 건의서'와 당일에 채택한

'출판계에서의 연구소 및 자료실 설치를 위한 건의서'의 취지 설명이 있은 후 이들 건의가 당국과 업계에서 수용될 수 있도록 계속 노력할 것도 결의하였다.

이날 총회에서는 朴世祿 감사가 다음과 같은 회계 결산보고를 하였다. 학회는 알뜰하게 운영하여 200만 원 가량의 자금을 다음 연도로 이월시킬 수 있을 정도의 건전 재정을 유지하고 있었다. 결산서에서 회식비가 세출에서 가장 많은 비중을 차지하고 있는 것은 그 회계연도 중에 개최된 세 차례의 월례연구발표회 후에 있은 회원들의 회식비용이었으며, 세입의 행사잉여금은 제3회 국제학술발표대회 수익금 중에서 비용을 충당하고 남은 것이다. 우리 학회의 활동이 사회적으로 신뢰를 받게 되자 각계의 재정지원과 협조가 답지하여 행사비용으로 쓰고 남은 그만큼을 학회 기금으로 활용할 수 있게 된 것이다.

〈표 3〉 회계결산보고서(1986.6~1987.5)

세 입		세 출		비고
항 목	금 액	항 목	금 액	
전년도 이월금	1,117,406	행사비	66,478	세입·세출의 명세가 있으나 생략하였음
행사 잉여금	695,280	인쇄비	133,500	
연 회 비	650,000	발송비	41,940	
월례회비	325,000	회식비	430,700	
잡수입	11,586	기 타	130,000	
		소계	802,618	
		차기이월금	1,996,654	
합 계	2,799,272	합계	2,799,272	

(2) 신임 윤형두 회장 취임

창립 20주년에 즈음하여 1989년 7월 1일 출판문화회관에서 개최된 정기총회는 우리 학회 발전의 일대 전기를 이룬 기록할만한 총회였다.

새로운 학회 회장으로 윤형두 회원이 새로 선출되고, 20년 동안 우리 학회를 이끌어 온 안춘근 회장이 명예회장으로 추대되었다. 학회를 대표하는 회장의 교체가 이루어진 것이다.

임원선거에 앞서 안춘근 회장은 신상발언권을 얻어 차기회장으로 윤형두 부회장을 선출해주도록 간곡한 부탁을 하여 투표 없이 만장일치 추대형식을 빌어 원만하게 세대교체를 이루게 된 것이다. 이에 따라 민병덕 이사가 윤 부회장의 뒤를 이어 부회장으로 선임되고 한승헌 부회장은 유임되었다.

한편, 윤형두 부회장과 관련단체의 기금 출연 등에 힘입어 학회의 재정규모도 지난해 결산에 비해 2배가량이나 급격히 확대되었다. 이두영 감사는 감사보고를 통하여 이러한 사실을 상기시키면서 몇 가지 재정관리 및 운용상의 보완점을 지적하였다. 즉, ① 기금출연으로 학회의 재무구조가 건전해진 것으로 나타났으나 아직도 회비수입만으로는 경상비를 충당할 수 없는 실정이므로 예측할 수 없는 기부금에만 의존하지 말고 회원이 학회 운영에 대한 책임을 지기 위해 회비납부에 적극 협조해야 하고, ② 단체회원을 적극 영입하여 특별회비 수입 증대를 꾀할 수 있는 방안을 강구하고 ③ 기금은 별도로 예치하여 이자 수입증대와 특별목적 사업에 충당하는 방안을 연구하여야 하며 ④ 재정규모가 확대된 만큼 사무국장 개인의 명의로 되어 있는 예금주를 학회명의로 변경하고 통장과 인감을 분리 보관하여 안전을 기하자는 것이었다. 이러한 제안중 4항은 즉시 시정하기로 하고 나머지 사항은 새로 구성될 이사회와 회장단의 연구과제로 위임되었다. 다행히 이날의 논의가 회원들의 공감을 얻게 되어 그해에는 유지회원들 다수가 거액의 학회발전기금을 출연하여 학회의 재정규모가 처음으로 1천만 원을 돌파하고 700여만 원의 잉여금을 다음 해로 이월시킬 수 있었다.

〈표 4〉 회계결산보고서(1988.6~1989.5)

세 입		세 출		비고
항목	금액	항목	금액	
전년도 이월금	1,996,654	사업비	1,159,000	세출 항목은 집행명세별로 작성된 것을 위 항목별로 조정하였음
특별회비	2,300,000	인쇄비	298,600	
연 회 비	940,000	발송비	62,220	
월례회비	650,000	회의비	718,200	
입회비	120,000	사무·소모품	297,850	
잡수입	21,610	소계	2,026,870	
		차기이월금	4,001,494	
합 계	6,028,264	합계	6,028,264	

이날 총회에서는 창립20주년 기념사업의 하나로 창립회원 4인(안춘근, 민병덕, 황병국, 이중한)에게 '창립회원패'를 증정하였으며, 총회가 끝난 뒤에는 그 자리에서 자축 리셉션도 베풀었다.

7월 10일에는 신·구 회장단 회의를 개최하고 총회에서 위임한 이사진 및 사무국 인사를 다음과 같이 선임함으로써 정기총회의 일정이 모두 마무리되었다.

▷ 명예회장 : 안춘근

▷ 회장 : 윤형두(신임)

▷ 부회장 : 한승헌, 민병덕(신임)

▷ 기획편집분과위원장 : 오경호

▷ 출판경영분과위원장 : 고덕환(신임)

▷ 잡지분과위원장 : 김양수(신임)

▷ 출판미술분과위원장 : 김형윤

▷ 서지분과위원장 : 윤병태

▷ 저작권분과위원장 : 이중한(신임)

▷ 국제분과위원장 : 이정춘(신임)

▷ 총무이사 : 이철지(신임)

▷ 이사 : 하동호, 팽원순, 김희락(신임), 나중렬(신임), 정봉구(신임), 황병국(신임)

▷ 감사 : 이두영, 김미령(신임)

▷ 사무국 국장 : 이종국(신임), 간사 : 백운관(신임)

그리고 윤형두 회장은 이러한 회장단 회의 결과와 함께 제2대 회장으로서 다음과 같은 취임 포부를 밝히는 인사장을 회원들에게 발송하며 협조를 당부한다.

"저에게 한국출판학회 회장이란 막중한 임무를 맡겨 주신 회원 여러분께 얼마나 보탬이 되어 드릴 수 있을지 두려운 마음입니다.

우리 학회가 이제 20주년을 맞이하였습니다. 일찍이 온 정성을 다하여 출판학회를 만드시고, 학회를 명실상부한 학술단체로서의 기반을 닦아오신 안춘근 명예회장님을 비롯하여 회원 여러분의 노고에 다시 한 번 깊은 감사를 표합니다.

황무지나 다름없던 한국 출판학이 튼튼한 뿌리를 내리게 되고 꽃 피우기까지 큰 어려움이 있었습니다만 이제는 학문으로서의 내실과 외양을 갖추게 되었으며, 우리 출판학회 역시 국내의 활동은 물론 국제적 학술단체로 활약하게 되었습니다. 이 같은 배경을 발판 삼아 건강한 학술단체로 약진할 시기가 된 것 같습니다. 따라서 회원 여러분의 진지한 학술활동은 학회의 밑거름이 될 것이며, 곧 21세기 출판문화를 주도해 가는 원동력이 될 것입니다.

저는 회원 여러분들이 출판학 연구와 학술활동에 필요한 분위기를 조성하는 데 조금이라도 도움이 되는 일이라면 힘껏 노력하겠습니다.

끝으로 회원 여러분의 학문연구와 학술활동에 큰 성과 있으시기를 바라면서 신임 인사를 드립니다. 가족의 건강과 행복을 축원합니다"

이어 윤형두 회장은 제2차 회장단회의(9. 23., 학회 사무실)에서 구체적인 취임 구상을 밝히는

데 그 요지는 ① 학회 운영기금을 최대한 증대시킨다 ② 회원 자격을 엄격히 제한하여 좋은 논문이나 업적을 보유한 인사를 영입한다 ③ 학술 세미나 등 공적행사에 최선을 다한다는 것이었다.

한편, 학회의 업무가 질·양면에서 무게를 더해가고 조직도 체계를 잡아가면서 회장단 회의나 이사회도 활성화되어 정례화되기에 이르렀다. 회장단 회의나 이사회가 활성화되기 시작한 것은 1987년부터라고 할 수 있다. 1987년 7월 7일 학회 사무실에서 개최된 회장단 회의는 총회에서 위임된 이사 및 감사선출을 하고 사무국 간사를 임명하였으며, 총회에서 채택된 저작권 관계 세미나 계획안을 심의하였다. 이어 7월 24일에는 신임 임원의 상견례를 겸하여 이사회가 소집되어 일본출판학회와 공동으로 '외국저작물 이용의 실제'란 국제출판학술발표대회 개최계획을 심의 의결하였다. 88년도에는 회장단 회의가 3월 10일과 6월 13일, 두 번 열렸다. 이사회도 5월 31일에 개최하여 중요 의안을 의결하였는데, 이때부터는 개정된 학회상 운영규정에 따라 이사회가 심사위원의 기능도 겸하도록 되어 있었다. 89년도에는 이사회가 2회 개최되었고, 회장단 회의는 그 어느 때보다 빈번히 소집되어 학회운영의 주요안건을 처리하였다.

이후 학회 회장은 민병덕, 이종국, 이정춘, 남석순, 부길만, 윤세민을 거쳐 현재 이문학으로 순조롭게 이어지고 있다.

(3) 회칙의 변천

회칙은 그 조직의 성격을 규정하고 철학과 비전의 표현이며 활동목표와 기준을 구체적으로 제시하는 역할을 한다. 따라서 회칙 개정내용의 흐름을 보면 그 단체의 의지가 변천해 온 과정을 살필 수 있다.

우리 학회도 국내외 출판환경 변화에 대응하며 회세 신장에 따른 합리적 운영을 도모하기 위하여 필요한 때마다 총회의 의결을 거쳐 회칙을 개정하여 왔다. 회원들의 연구분위기 조성 및 연구활동을 진작시키고 뒷받침하는 데 지장이 없도록 지속적으로 조직을 확대하고 운영체제를 현대화시키기 위해 노력해 온 것이다.

80년대 10년을 경과하는 동안 우리 학회는 모두 4차에 걸쳐 회칙을 개정해 왔다.

▷ 우리 학회가 재출발한 1983년도 총회에서 ① 제8조(임원) 제1항 제3호의 간사를 이사로 명칭 변경, ② 제10조(사무국장)와 제11조(분과위원회)를 신설하여 전체 조 문수를 15개로 확대하고 ③ 월례연구발표회 시기(제14조)를 매월 첫째 주 목요일에서 셋째 주 토요일로 변경하는 제1차 개정이 있었고 이에 따라 부칙이 추가되었다.

▷ 제2차 개정(1985. 6. 29)은 제1차에 비해 개정의 폭이 훨씬 컸다. ① 제8조 제1항 제3호의 이사 수를 3인에서 7인으로 증원하여 임원의 수를 대폭 늘리고 ② 제11조(분과위원회)는 그동안 설치·운영되고 있던 저작권분과와 국제분과위원회의 근거를 마련하는 한편, 분과위원장

이 이사를 겸함으로써 분과위원회 활동이 활성화될 수 있는 제도적 여건을 마련하였으며, ③ 제12조(총회) 제1항의 총회 성원의 기준을 재적 정회원 과반수 출석에서 3분의 1로 하향 조정하였다. 이는 회원 수는 대폭 증가하였으나 총회 참석률이 저조한 때문에 야기될 수 있는 문제점을 미연에 방지하기 위한 조처였다. ④ 제13조(재정)에 이사회 결의에 따라 특별회계를 둘 수 있는 근거를 마련하고, 회계연도는 지금까지 정부회계연도(1.1. ~ 12. 31)를 따르던 것을 총회기간에 맞추어 6월 1일부터 이듬해 5월 30일까지로 변경함으로써 임원의 재임기간 및 사업기간과 회계연도를 일치시켰다. 이로써 그동안 임원의 임기와 회계연도가 다른 데서 오는 불편을 해소할 수 있게 되었다. ⑤ 월례 연구발표회는 매월 셋째 주 토요일에 개최하는 것으로 명시된 조항을 '정기적으로 실시한다'고 고쳐 운영의 융통성을 기하였다. 월례연구발표회는 여러 가지 여건상 회칙대로 매월 개최하기가 사실상 불가능했던 점을 반영하여 현실화시킨 것이다.

▷ 제3차 개정(1987. 6. 27)을 통해 제8조(임원) 제1항 제3호의 이사 7명 외에 약간명을 더 두는 것으로 이사 수를 또다시 늘리고, 제4호의 감사 수도 2명으로 증원하였다. 이는 회원 수 증가에 따른 당연한 조치였다.

▷ 1989년도 총회에서는 ① 제9조의 제목을 '명예회장 및 고문'으로 변경하고 내용에서도 '명예회장 1인'을 추가할 수 있도록 제4차 개정(7. 1)하였다.

이렇게 4차례의 개정내용을 보면, 주로 증가된 회원들의 연구활동을 효율적으로 지원하고 회원들의 다양한 의견을 적극 수렴하여 학회를 민주적으로 운영하기 위한 임원의 수 및 조직을 확대하는 개정이었을 뿐, 목적이나 사업 등 우리 학회의 성격을 훼손하는 조항은 일체 변경하지 않았다. 오로지 우리 학회는 회세 신장과 위상에 걸맞는 유연한 조직을 만들기 위해 노력해 왔음을 알 수 있다.

(4) 회원 수의 증가 추이

1983년도의 정기총회에서 전 회원을 새로 등록받아 정비할 당시에는 27명에 지나지 않던 회원 수가 그해 말에는 35명으로 늘어났다는 사실은 앞에서 밝힌 바와 같다.

그 후에도 회원 수는 지속적으로 증가하였다.

84년도 중에 가입한 신입회원으로는 李正春(중앙대 신문방송대학원 교학과장), 李康守(한국출판판매 기획실장), 尹炳泰(충남대 도서관학과), 孫永壽(전파과학사 대표), 琴昌淵(어깨동무 편집부), 鄭會明(중앙대 도서관), 朴容萬(한국도자기) 등이 있다. 이듬해에는 29명이나 되는 대규모 인원이 가입하였다. 그중에서 주요 인사를 보면, 朴元東(맥그로우 힐 한국지사장), 鄭鳳九(숭전대 불문과 교수), 文德守(홍익대 대학원장), 李鍾國(대한교과서 출판부), 李相寶(국민대 국문과 교수), 朴京夏(유한공전), 南潤洙(강원대 한문과 교수), 朴世祿(장서가/구양흥업 이사), 朴成鳳(경희대 사학과 교수), 高永守(청림각 대표), 金熒允(김형윤 편집회사 대표) 등 대학교수, 출판사 대표 및 대학원생 등 재재다사한 인물들이 대거 가입하여 학회의 위상을 한층 높이는 기회가 되었다.

86년의 신규 가입회원도 金尙勳(혜전전문대), 金美鈴(엄마랑 아기랑 편집부장), 南奭純(단국대 출판부), 朴嫒璟(중앙대 신방대학원 석사과정), 金炳準(지경사 대표), 金斗植(월간 파골프 편집부장) 등 10명에 이르렀다. 87년에는 李康洙(한양대 신문방송학과) 교수를 비롯하여 7명이 가입하였으며 특별회원으로 국민서관(대표 文鍾誠), 금성출판사(金洛駿), 한국출판협동조합(이사장 許昌成) 등 3개 단체가 가입하였다.

89년에 4명, 89년에는 尹錫金(웅진출판 회장), 金京熙(지식산업사 대표), 崔善鎬(청한출판사 대표), 趙相浩(나남 대표) 등 주로 출판사 대표를 비롯한 12명이 새로 입회 승인을 받았다. 또 서울편집디자인학원(원장 李雲熙)가 특별회원이 되었다.

이리하여 1989년말 현재의 회원은 모두 96명의 정회원과 4개 특별회원을 포용한 대규모 학술단체로 성장한 것이다.

(5) 학회 발전기금 등 출연

우리 학회가 재출발을 다지는 83년 정기총회를 마치고 사무실까지 마련하게 되자 회장단을 비롯하여 임인규 회원 등이 운영기금을 희사하여 학회운영의 활성화를 꾀할 수 있었다. 우리 학회 창립이래 최초로 기금을 출연받은 셈이다. 또한 기금 출연이란 아름다운 전통도 세워지기 시작한 것이다.

▷ 안춘근 회장 100,000원   ▷ 윤형두 부회장 300,000원
▷ 여승구 부회장 300,000원   ▷ 임인규 회원 300,000원

이어 윤형두 부회장은 1986년 10월 8일 한국고서동우회와 공동으로 안춘근 화갑기념논문집 증정식 개최 비용 중 우리 학회 분담금 전액을 부담했으며, 민병덕 이사도 이 해에 50,000원을 기부하였다.

1988년에는 출판관련 단체로부터 더 많은 발전기금출연이 이어졌다. ▷ 한국출판협동조합은 그해 11월에 단체회원으로 가입하면서 500,000원 희사하였고, ▷ 윤형두 부회장은 1,300,000원을 출연하였다.

1989년에도 ▷ 3월 서울편집디자인학원(대표 이운희)이 단체회원 자격으로 500,000원을 희사하였고, ▷ 신임회장에 취임한 윤형두 회장은 7월에 1,000,000원을 출연한데 이어 제2차 이사회(9. 23)에서 또다시 3,000,000원 출연하였다. 총회 자료에 의하면 이 해에 다수의 유지회원으로부터 기금 출연이 있었음을 보고하고 있다.

▷ 안춘근 명예회장 50,000원, ▷ 민병덕 부회장 100,000원, ▷ 대흥제본 500,000원, ▷ 김병준 회원 200,000원, ▷ 김형윤 회원·이상덕 회원·안철주 회원 각 100,000원, ▷ 김미령 회원이 50,000원

특히 윤 회장은 학회 사무실을 제공한 것은 물론 여러 차례에 걸쳐 거액의 액수의 기금을 기탁했을 뿐 아니라 회의 때마다 회식비를 비롯하여 회원들의 경조사와 관련단체 행사에 학회명의의 축의금이나 화환을 보내면서 학회경비를 사용하지 않고 개인적으로 부담하는 등 눈에 보이지 않는 방식으로 출연한 것도 특기해 둘 일이다.

이외에도 행사 협찬 등의 방법으로 우리 학회를 도운 고마운 인사나 단체들도 많이 있다. 이 지면을 빌어 다시 한번 감사의 뜻을 표한다.

3) 사업

(1) '한국출판학회상' 확대운영

재건된 뒤에 우리 학회가 전통을 되살리기 위하여 서둘러야 할 일 중의 하나가 '한국출판학회상'을 부활시키는 일이었다. 단순한 부활이 아니라 새로운 시대상황과 가치관의 변화를 수용하고 학술연구단체가 마련하는 시상제도에 합당하게 보완하여 그 권위를 더욱 높여야 할 책임도 크다고 생각했다.

이 상을 제정할 당시의 취지는 출판문화 발전에 기여한 숨은 공로자를 발굴하여 그 공적을 학술적 차원에서 널리 알리고 기리자는 것이었다. 이런 취지에 맞추어 1972년에 첫 수상자로 인쇄자형(字型) 도안가인 崔正浩 선생을 발굴하여 시상하였다. 최정호 선생에게 이 상을 시상함으로써 자형 디자인의 중요성이 널리 인식시키는 계기가 되었으며 본인은 삼일문화상까지 수상하는 영광이 주어졌다. '한국출판학회상'은 시상이 거듭되면서 수상자의 영광만이 아니라, 상 자체가 사회적으로 중요한 관심의 표적이 될 만큼 중요한 시상제도로 인정을 받았으나 유감스럽게도 1977년에 제5회 시상을 한 뒤 중단된 상태에 있었다.

새 집행진은 이사회를 소집하여 이 상의 의미와 가치를 새롭게 부여하기 위한 작업의 하나로 '운영규정'을 제정하여 시상제도의 기틀을 정비하는 한편, 시상부문을

① 저술연구부문, ② 기획편집부문, ③ 경영영업부문, ④ 출판문화 일반부문으로 확대하여 학술단체의 시상제도로써의 성격을 보다 선명히 부각시켰다.

전문 7조와 부칙 2조로 된 운영규정은, 부칙에서 이 상은 1972년 제1회 시상을 시작하여 1977년 제5회까지 시상한 것을 이어서 1983년에 제6회를 시상한다는 것을 명시하여 이 상의 전통을 이어가게 하였고, 이 규정은 본회 이사회의 결의로써 즉시 시행할 수 있도록 조처하였다.

· **한국출판학회상 운영규정(1983. 7. 16. 제정)**

　제1조(명칭) 이 상은 한국출판학회가 제정한 〈한국출판학회상〉이라 한다.

　제2조(목적) 이 상은 한국의 출판문화와 출판학의 발전을 위해 힘쓴 인사(단체)를 포상하여 출
　　판문화와 출판학의 발전에 이바지하고자 한다.

　제3조(대상) 이 상은 한국의 출판문화와 출판학의 발전에 지대한 업적과 공로가 많은 인사(단
　　체)를 대상으로 한다.

　제4조(종류) 이 상의 종류는 다음과 같다.

　　1. 저술연구부문　2. 기획편집부문　3. 경영 영업부문　4. 기타 출판문화 일반

　제5조(운영) 이 상의 운영과 심사는 본회 이사회가 맡으며, 그 책임은 회장이 맡는다.

　제6조(시상방법) 이 상은 각 부문별로 시상한다.

　제7조(시상시기) 이 상은 매년 1히 실시한다.

　이러한 운영규정에 의하면 제정 당시의 정신과 새로운 시대의 열망을 담아 이번 제6회 시상
부터 4개 부문으로 수상자를 대폭 확대하고 시상부문을 학술단체가 운영하는 시상제도답게
구체적 공적에 근거하여 수상자를 선정한다는 점이다. 따라서 기준은 언제나 엄격하게 적용하
고 심사는 공정하게 진행하여 수상자를 선정하였음은 1989년까지 일곱 차례에 걸쳐 시상한
다음과 같은 역대 수상자들의 면면을 통해서도 충분히 살필 수 있다.

　부활 첫 해에도 시상부문으로 새로 설정한 4개 부문에 모두 수상자를 내지 못했다. 어느 누
구도 그 업적에 이의를 제기할 수 없는 저술연구부문의 李康洙 교수와 鄭丙圭 회원이 북 디자
인분야에서 이룩한 공적을 높이 평가하여 두 사람만 시상하게 된 것이다. 학회 입장에서는 가
능하면 이 상 제도를 부활, 확대하여 처음 시상하는 만큼 부문별로 모두 수상자를 선정하고자
노력하였으나 심사기준에 합당한 적임자가 없었기 때문이다. 그만큼 심사기준을 신중하고 엄
격하게 적용하고 조심스럽게 운영했다.

　사실 그때까지만 해도 다른 분야에서는 이루 헤아릴 수 없을 만큼 여러 가지 상이 있었으나 오
직 출판계만은 공신력 있는 상이 적었다. 그렇기 때문에 비록 상금은 없으나 상징성과 권위만은
타의 추종을 불허해야 한다는 것이 이 상을 제정할 당시부터 우리 학회의 확고한 입장이었다.

　한 부문에서 2명의 수상자를 낸 경우도 있다. 특히 저술연구부문에서 복수 수상자가 여러
차례 탄생한 것은 역량 있는 연구자들의 탁월한 저술을 통해 우리 출판학의 수준을 높인 결
과이다.

〈표 5〉 부문별 역대 수상자 일람(1983~1989)

시상 횟수	시행 연도	수 상 자			
		저술연구부문	기획편집부문	경영영업부문	특별공로부문
제6차	1983	李康洙	鄭丙圭		
제7차	1984		趙相元		
제8차	1985	金聖哉/高廷基	李璟薰		
제9차	1986	閔丙德	월간《책방소식》		箕輪成男(일본)
제10차	1987		李起雄	金洛駿	崔 埈
제11차	1988	許熺成	文鍾誠	尹錫金	'오늘의 책' 운영위
제12차	1989	尹炯斗	趙相浩		《출판저널》

주: 각 수상자의 시상이유는《출판학연구》(제41권)에 자세히 기록되어 있으므로 생략하였음.

(2) 일본출판학회와의 학술교류 합의

학회의 체제가 어느 정도 안정되자 안춘근 회장과 여승구 부회장은 8월 4일부터 12일까지 일본출판학회를 방문하여 淸水英夫(靑山學院 교수) 회장과 箕輪成男(UN대학 학술정보국장) 부회장을 만나 출판학 연구에 관한 상호협력방안을 협의하였다. 이 자리에서는 특히 양국 출판학회가 공동으로 2년마다 한 차례씩 학술교류발표회를 교환 개최하기로 합의하고, 양국이 중심이 되어 국제출판학회 결성을 추진하는 문제에도 뜻을 같이 함으로써 두 단체의 활동 범위를 국제적 차원으로 발전시켰다. 이를 계기로 국제학술대회가 한국과 일본, 중국 및 필리핀, 말레이시아 등지에서 개최되는 기틀이 마련되고 국제간의 학술교류 기회가 열리게 되었다. 이러한 국제적 교류가 우리 학회의 주도로 이루어졌다는 점에서 큰 의미와 자긍심을 갖지 않을 수 없다. 우리 학회의 국제적 위상이 그만큼 높아지는 계기도 되었다.

(3) 창립 20주년 기념사업

1989년 6월 23일의 창립기념일을 기리기 위한 사업에 대한 논의는 1988년도 정기총회 때부터 시작되었다. 물론 이보다 앞서 회장단 회의나 이사회에서도 기념사업 계획수립에 관한 폭넓은 의견들이 교환되었으나 88년도 총회에서 익년도의 창립 20주년 기념사업을 내실 있게 운영하기 위해서는 전 회원의 적극적인 참여가 중요함을 확인하고 그 구체적인 계획을 마련하기로 하였다. 우선 창립일에 맞추어 ①《'89 출판학연구》를 창립기념논문집으로 발행하기로 하고, 특집으로 학회의 「20년사」를 정리·수록하기로 결의하였다. ② 창립 20주년 기념 학술세미나 개최, ③ 제4회 국제 출판학술발표회 참가 등을 정하고 이의 추진을 위해 '20주년 기념사업추진위원회'를 구성, 1년 동안이나 운영하였다. 그리고 이에 대한 구체적인 사업계획의 수립, 집행은 이사회에 위임하였다. 20주년을 앞두고 기념사업 재원 확보와 조직 강화를 위하여 회원으로서의 의무를 이행(회비납부, 학회행사 참여, 학술·연구활동 등)하지 않고 있는 회원들은 부득이 정비하지 않을 수 없다는 의견도 모았다.

(4) 신년하례회 개최 등 친목행사

1984년 1월 13일 서울관광호텔에서 다수의 회원이 모인 가운데 신년하례회가 있었다. 많은 회원이 겹치는 韓國古書同友會와 함께 가진 이 자리에서 안 회장은 신년사를 통해 우리 학회의 발전과 회원들의 건강을 비는 인사가 있었고 회원들 간의 덕담을 나누는 기회로 삼았다. 이 모임을 주선한 여승구 부회장은 참석자들에게 한국출판판매주식회사의 특별우대 도서구입권을 기증하여 참석자들을 더욱 즐겁게 만들었다.

(5) 안춘근 회장 화갑기념논문집 봉정식

1986년 10월 8일에는 안춘근 회장의 회갑을 맞이하여 서울관광호텔에서 한국고서동우회와 회갑기념논문집 봉정식을 개최하였다. 120여 명의 하객이 참석한 가운데 진행된 이 모임은, 어려운 여건 속에서 출판학의 개척과 서지학 연구 및 후진 양성에 기여한 안 회장의 공적을 기렸다. 우리 학회가 회원의 회갑기념논문집을 편찬·발행하고 봉정식을 갖기는 이것이 처음이다.

4) 건의활동

(1) 4년제 대학의 출판학과 설치 건의

80년대에 우리 학회는 출판학 진흥과 출판행위의 과학화를 위하여 4년제 대학에 출판학과 설치와 출판단체 및 출판사에서 연구소 등을 설치하여 줄 것을 요청하는 건의서를 관계당국에 제출하고 이의 실현을 위해 노력하였다

우리 학회가 오래 전부터 줄기차게 주장해온 4년제 대학에 출판학과 설치를 요청하는 내용의 「학부과정에서의 출판학과 설치를 위한 건의서」는 1988년 6월 13일 회장단 회의의 결의를 거쳐 이튿날 문교부에 제출하였다.

이 건의는 출판문화의 찬란한 역사적 전통과 출판대국으로 부상한 우리나라의 위상에 비

추어 출판문화 발전을 주도할 출판 전문인력의 양성을 위해 학부과정에 출판학과 설치가 시급한 이유와 배경을 논리적으로 설명하고 있다. 그리고, ① 4년제 대학에 정규 출판학과 설치를 각 대학에 적극 권장해 줄 것과 ② 최근 출판학과 신설 승인을 요청한 대학에 그 인가를 내줄 것을 골자로 하는 것이었다. 이는 우리 학회의 한결같은 소신을 표출한 것이며 동시에 서울에 소재한 모 대학이 출판학과 신설을 요청한 것을 알고 이를 측면지원하자는 뜻도 있었다. 이건의는 문교부장관에게 제출한 뒤, 국내 주요 대학에도 사본을 보내어 우리의 뜻을 전하였다.

그동안 우리 학회는 기회 있을 때마다 4년제 대학에 출판학과를 설치할 것을 줄기차게 주장해 왔는데, 우리의 주장은 안춘근 회장이 집필한 「한국출판학회 20년사」에 소상하게 정리되어 있다.

(2) 출판계에서의 연구소·자료실 설치 건의

출판업무의 과학화와 실무경험의 이론적 체계화를 통해 출판의 양적 팽창에 내실을 기하고 출판문화 산업발전을 도모할 수 있도록 ① 각 출판사 및 단체가 각자의 성격과 특성에 부합하는 연구기구 설치와 ② 전문자료실을 설치하여 ③ 선 연구 후 출판의 바람직한 풍토 조성에 노력해 달라는 요지의 건의서를 1988년 6월 25일에 전국 500여 출판단체 및 주요 출판사에 보냈다. 우리 출판계는 그동안 영세성을 면치 못하고 있는 상태여서 자료실이나 연구기구 설치는 엄두조차 낼 형편이 못되어 출판활동에 대한 연구와 이를 뒷받침할 자료조사 및 보존활동이 부진한 실정이었다. 다만 출판협회가 1987년에야 비로소 한국출판연구소를 개설, 재단법인체로 발족시킨 정도로 출판의 R&D투자는 부실한 형편이었다. 극소수의 출판사만이 자료실을 운영할 뿐 자사 출판물조차 제대로 보존하고 있는 곳도 숫자로 셀 수 있을 정도로 적었다.

이러한 우리의 건의가 주효했음인지 잡지협회와 인쇄협회가 각각 연구소를 설치하였으며, 출판사로는 계몽사가 연구소를 개설하였다.

3. 학술활동

1) 출판활동

(1) 《出版學研究》 발행

우리 학회는 1969년 창립이래 어려운 여건에도 불구하고 학회지 발간에 갖은 노력을 기울여 그 어느 학회도 흉내 내기 힘든 실적을 쌓아왔다. 출판매체나 그 발행·배포 활동을 학문의 연구 대상으로 삼고 있는 우리로서는, 학회지의 발행 자체가 일종의 인턴십 기능을 가지고 있으며 모든 학문적 활동의 결정이 결국 그 학회의 연구 실적을 출판함으로써 입증된다는 사실을 누구보다도 가장 잘 알고 있었기 때문에 학회지 발행에 남다른 열정을 가졌던 것은 오히려 당연한 일인지도 모르겠다.

1974년까지는 1년에 4차례씩 발간하는 열성을 보인 것은 당시의 여건에 비추어 다른 학회로서는 엄두도 못 낼 일이었다. 그러나 안타깝게도 그후 6년간 학회지를 발행하지 못하다가 1981년과 1982년에 각각 한 차례씩 내었으니, 廣文書館 명의로 발행된 《出版學論叢》이 앞의 것이요 나중 것은 오늘 우리 학회지의 기반이 된 《出版學研究》이다.

《出版學論叢》은 참으로 어렵게 탄생한 학회지이다. 그 발행 경위가 눈물겨운 우여곡절을 거쳤다. "침체기간 중에도 회장이 주관하던 광문서관에서 학회지의 속간을 시도한 바 있다. 원래 학회지는 현암사에서 용지를, 각 인쇄소에서 조판을 도와 주었기에 출판이 가능했는데, 그것이 모두 중단된 상태에서 다시 출판을 계속한다는 것은 새로운 원조자를 찾기 전에는 불가능했던 것이다. 그런데 한국출판판매(주)의 여승구 사장의 호의로 23집의 출판이 약속되어 원고를 넘겼으나 이것도 사정이 있어 실행되지 못하고 오랫동안 원고를 묵히다가 1981년 6월에 정화인쇄소의 도움으로 《出版學論叢》이란 이름으로 발행되었다"고 한다. 안춘근(1989)은 이 논문집의 '권두언'에서 당시의 안타까웠던 심경을 곁들여 그동안의 과정을 이렇게 적고 있다.

"이 정도 분량의 《出版學論叢》이 원고를 몇 해씩 묵히며 출판할 수 없었던 우리나라 출판계의 냉혹한 현실을 안타까워할 뿐, 할 말이 없다. 다행하게도 우리들의 실정을 알고 선뜻 이 논총을 맡아 주겠다는 출판문화에 대한 열의를 보여 주는 뜻 있는 분의 격려가 있어 이나마 햇빛을 보게 된 것이다."

이렇게 어렵게 출판된 《出版學論叢》은 또 그 뒤를 잇지 못하다가 《出版學研究》란 새 이름으로 1년 8개월여 만에 다시 발행된다. 이 《出版學研究》는 앞에서도 언급한 것처럼 오랜 침체기간을 털고 우리 학회가 본격적인 활동을 재개하기까지의 명맥을 이어주었다는 점에서 의의가 크다.

우리 학회지가 《出版學研究》란 제호의 새로운 모습으로 1981년판을 선보일 당시의 감회를 안춘근 회장(1982)은 권두언에서 이렇게 술회하고 있다.

"《出版學》 22집에 이어 《出版學論叢》을 펴낸 지 1년 반 만에 이제 《出版學研究》를 다시 내니 이른바 출판을 학문적으로 다루는 연구논집으로 24집이 되는 셈이다. 이 땅에 출판학회가 창립된 지 13년 만에 이룩한 소걸음의 집전(集展)이다. 그야 수적으로 따진다면 거의 때를 같이 해서 창립된 일본출판학회가 올해 12집을 냈으니, 우리는 그에 비하면 꼭 곱이 되는 것이지만, 그러나 이웃 나라에서의 출판학에 대한 업계는 말할 것도 없고 학계 일반에서 열성적으로 협찬하는 한편 연구업적에 각별한 관심을 기울이는 것을 보면 우리의 현실이 너무나 초라하다 못해 안타깝다"며 출판문화의 중요성을 외치는 사람은 많아도 출판문화 발전을 위해 몸소 행동으로 실천하는 사람이 없는 업계 현실을 개탄하면서, "출판을 보다 잘하려는 노력의 일단으로 출판을 학문적으로 연구해야 할 필요가 있으나, 이를 위해 뜻을 같이한 우리 학습의 힘이 미약해서 우리나라 출판문화 발전에 크게 기여하지 못하고 있는 것을 부끄럽게 생각한다. 이런 가운데 불행 중 다행히 우리나라 출판계의 호프인 윤형두 사장이 출판학을 연구하는데 뜨거운 정렬을 쏟고 있다. 그동안에 남달리 학구적인 노력도 기울였지만 이번 논총출판도 전적으로 그의 출판학을 위한 지성의 표현으로 이루어졌다. 그리고 이번 논총은 이때까지의 회원만이 아니라 새로운 이 방면의 연구자들이 대거 참획한데 특별한 의미가 있다. 앞으로 우리나라 출판계에 있어서 이론과 실제를 두 어깨에 짊어지고 나갈 전도유망한 학도들임에 틀림없다. 따라서 다음 논총은 보다 충실한 내용으로 채워질 것을 믿어 의심치 않는다. 이 나라 출판문화를 꽃피우기 위하여 조그만 깃발이나마 다시 한 번 힘차게 흔들어 본다"고 기대를 나타내고 있다.

그의 이러한 기대와 희망대로 《出版學硏究》는 비록 500부 한정판이지만 오늘날까지 한 호도 거르는 일없이 해마다 발행되어 출판학 연구의 중요한 지침서가 되고 있다.

처음에는 사무국에서 편집업무를 사무적으로만 진행해 왔으나, 1986년도에 안춘근 회장의 고희를 맞이하여 기념논문집으로 발행하기 위해 오경호 회원과 김희락 사무국장에게 편집을 맡겼다. 이듬해부터는 편집위원제를 정식 도입하여 운영하고 있다. 학회의 분과위원장 중에서 윤병태, 오경호, 김희락 이사와 이종국 사무국장을 첫 편집위원으로 이사회에서 선임한 것이다. 편집위원들은 학회지의 발행방법을 개선·보완할 필요성을 제기하는 한편, 아래와 같은 논문게재규정을 제시함으로써 학회지의 질적 향상을 꾀한다. 그리고 회원들의 저서에 대한 서평란도 신설한다.

이 때 제시된 '원고게재 규정'은 지금 우리 학회가 적용하고 있는 '논문 작성규정'의 모태가 되었다.

회지 원고게재규정

본 회지의 편집방침의 하나로 다음 호부터 다음과 같은 규정을 적용하여 실시코자 하오니 회원 여러분은 헤아려 주시기 바랍니다.

1. 자격: 본회 회원. 단 회비 납부 및 모임 참석 등 제반 의무사항을 다한 정회원에 한함.
2. 내용: 출판학 분야. 본회의 7개 분과위원회—기획·편집, 출판경영, 잡지, 출판미술, 서지, 저작권, 국제출판—의 분류에 해당되는 내용
3. 분량: 50매 이상(200자 원고지)
4. 체재: 일반적인 논문의 짜임(서론-본론-결론)을 갖추고, 각주와 참고 문헌을 반드시 포함하며, 그 표기는 최근의 본 회지에 따른다.

편집위원회는 논문이 이 규정들을 준수했는가를 검토하여 회지에 실리는 여부를 결정하여 싣도록 한다"

이런 '규정'을 작성하기에 앞서, 《'86 出版學研究》는 '알림'난의 「학회지에 대하여—학회지 편집방침의 전환 검토」에서, 편집방침에 대해 회원들의 진지한 논의를 요청하고 있다.

"본 학회지는 1981년이래 연1회 발행되어 온 국내 유일한 출판학 학회지로써, 1969년 8월에 창간된 회지 《出版學》(1974년 12월, 22호로 종간)으로부터 치면 통권 28호째이다. 그간 본회 활동의 결실이자 우리나라 출판학을 발전시키는데 중심 구실을 맡아 온 본 회지를 앞으로 더욱 알차게 펴내기 위해서는 회원 여러분의 참여와 노력이 더욱 요구된다. 본 회지가 더욱 깊이 있고 다양하며 수준 높은 학회지가 되기 위해서는 한 호마다 출판학 분야 중 하나를 골라 집중적으로 다루면서 발행 간격을 좁히는 방안을 제기할 수 있다.

이러한 편집방침이 나오게 된 것은 우선 출판학 연구자가 늘어났고, 출판학의 분야가 다양하기 때문에 연 1회 원고를 모아서 발행하기에는 그 수요를 다 감당하지도 못할 뿐 아니라 체계적인 출판학의 정립이나 발전에도 큰 기여를 하지 못한다고 보기 때문이다. 다시 말해 이는 본 회지의 개선과 발전책으로서 본회의 활동과 사업도 그와 함께 병행해 나간다면(무계획적이고 단편적인 발표나 세미나보다는 집중적인 발표나 세미나 개최, 그리고 그 원고를 회지에 싣는 방안) 이것이 곧 한국의 출판학을 본 궤도에 올리는 길이 되며, 그에 따라 한국의 출판문화와 산업을 진흥시키는 데 밑바탕을 마련하는 길이 될 것으로 믿는다"

1987년도 학회지는 제3회 국제학술발표회를 기념하는 뜻에서 양국 발표자들의 주제논문을 미리 받아 10월에 발행하였다. 이에 한승헌 부회장(1987)은 권두언에서, "우리 학회는 이 모임에 참석하기 위해서 방한해 주신 일본출판학회 회원 제위를 충심으로 환영하며, 특히 일본출판학계의 대 원로이신 布川角左衛門 선생을 비롯한 고명하신 석학, 전문가들과 만나게 된 것을 기쁘게 생각한다"면서, "이 학회보도 이번 학술발표회를 기념하는 뜻에서 양국 발표자들의 주제 논문을 수록하는 한편 회원들의 연구성과를 집성하였다"고 소개하고 있다. 아울러 "우리는 자부심과 개척정신을 가지고 변전하는 출판상황에 걸맞는 출판학을 탐구하는데 정진해야 할 것"이며, 공론이 아닌 실학을 가지고 산학협동의 전범을 이룩하도록 참신한 연구방법론을 모색하여 우리 자신의 실력을 배양하고 밖으로는 국제적인 시야를 넓혀 나가는 데 중추적인 소임을 우리 학회지가 담당할 것을 다짐하고 있다.

신임 윤형두 학회장은 89년도 학회지 편집위원으로 민병덕 부회장을 추가하여 5명으로 구성하고 백운관 회원을 간사로 지명, 다시 한 번 내용의 충실화를 시도하게 된다.

그리고 창립 20주년 기념호로, 안춘근 명예회장의 「한국출판학회 20년사」와 특집으로 일본출판학회가 주최한 제4회 국제출판학술회의에서 발표한 우리 회원의 논문 3편의 전문을 게재한다. 윤형두 회장은 권두언에서 창립 20주년을 맞이한 감회와 앞으로의 방향을 이렇게 제시하고 있다.

"돌이켜 보면, 본 학회사는 우리 사회의 출판학 연구사와 그대로 병행되고 있음을 알 수 있다. 그간의 20년을 통하여 출판이론을 학문적으로 체계화하고, 이를 제 과학의 한 분야로 끌어올리려 부단히 노력해 왔기 때문이다. 그것은 미개발에 대한 땀의 도전이었고 하나의 소중한 문화운동이기도 했다. 본 학회는 이 점을 중요하게 생각한다. 초창기의 본 학회는 몇 분 안 되는 동호인만으로 출발했는데, 이제 1백 명이나 되는 회원들로 성장하게 되었다. 논문집만 해도 31집에 이르며, 논문요지를 실어 발표회 때마다 발행하는 회보도 25호나 냈다. 회보보다 논문집이 앞선다는 사실은 사뭇 경이적인 일이기조차 하다. 이는 본 학회의 연구열이 그만큼 왕성했음을 반증하는 증거라 하겠다.

이제 본 학회가 성년을 넘기면서 새삼스레 상기되는 바는 창립회원을 비롯한 역대 회원들께서 진력해 오신 점이다. 특히, 안춘근 선생은 출판학 발전을 위해 많은 노력을 기울이었으며, 후배들의 출판학 연구활동에도 큰 힘이 되어 주었다.

오늘에 이르러, 본 학회의 위상은 국제적으로도 널리 평가받고 있다. 예컨대 제4회 국제출판학술회의(10. 23-25 : 동경)에 참가한 각국 대표들도 본 학회의 활동에 대하여 찬사를 아끼지 않았다. 일편, 그것은 더욱 정진해달라는 당부일 것이다.

향후 본 학회가 하여야 할 일은 많다. 국내 유일의 출판학회라는 자긍적 관점에서도 더욱 뜻 있는 일에 관심을 기울여야 할 것이다. 이미 우리의 노력이 헛되지 않아, 대학에서 출판학과 설치가 계속 추진되고 있는 바, 이 문제에 대한 가능성을 증폭시킬 수 있도록 힘써 나가야 한다. 또 보다 훌륭한 연구활동이 가속화될 수 있도록 여건 조성에 힘써야 할 것이며, 젊은 회원층 간의 국제교류에도 새로운 활로를 모색하여야 할 것이다. 그리고 학술단체로서 본 학회의 위상을 높이고 공고히 하기 위해 사단법인으로 등록하고 출판학회와 관련 학술단체인 언론학회·도서관학회·서지학회 등과의 교류를 촉진시키며 각 분과위원회의 활동을 활성화시켜 나가야 되리라고 본다.

또한 그동안 추진해 왔던 '한국출판학회상'도 그 권위에 부합하는 상금을 지급할 시기가 되었으며, 출판사와 공공단체 및 기업들의 도서자료실 설치운동에도 더욱 힘쓸 뿐만 아니라, 안으로는 회원들의 연구의욕을 증진하는 방안으로 학회지 게재원고에 대한 원고료 지급과 연구 발표자도 사례할 수 있도록 노력해야 할 것이다.

본 학회의 창립 20주년은 뒷날을 위한 하나의 중요한 과정이라고 본다. 출판학의 꽃을 피워 그 학문의 향기가 널리, 멀리 전파되기를 빈다"

우리 학회 도약기인 80년대에 발행된 학회지의 발행 실적을 간추리면 다음과 같다.

▷《出版學論叢》1981년 6월 20일 출판학회 편, 廣文書館 발행(A5판, 84면)

▷《出版學研究》1982년 12월 10일 출판학회편, 汎友社 발행(A5판, 106면)

▷《'83 出版學研究》1983년 11월 10일 한국출판학회편, 汎友社 발행(A5판, 206면)

▷《'84 出版學研究》1984년 10월 10일 한국출판학회편, 汎友社 발행(A5판, 206면)

▷《'85 出版學研究》1983년 12월 10일 한국출판학회편, 500부 한정판으로 汎友社 발행 (A5판, 243면)

▷《'86 出版學研究》1986년 10월 25일 南涯 安春根博士華甲紀念論文集으로 한국출판학회 편, 汎友社에서 발행(A5판 300면)

▷《'87 出版學研究》1987년 10월 20일 한국출판학회편, 汎友社에서 500부 한정판 발행 (A5판, 250면)

▷《'88 出版學研究》1988년 10월 10일 한국출판학회편, 汎友社에서 500부 한정판 발행 (A5판, 220면)

▷《'89 出版學研究》1989년 12월 30일 한국출판학회편, 汎友社에서 500부 한정판 발행 (A5판 370면). 창립 20주년 기념특집호로 「한국출판학회 20년사」, 「제4회 국제출판학 술회의」 한국측 발표논문을 특집으로 꾸밈.

(2)《會報》발행

1년에 한 차례씩 발행하는 《출판학연구》만으로는 회원들의 연구활동을 지원하고 그 업적을 사회적으로 널리 알리기에는 미흡하다는 것이 당초부터의 생각이었다. 무엇보다 월례연구발표회를 다달이 개최하면서 이를 알리고 그 내용을 정리할 필요성도 있어서 자연스럽게 회보를 발행하는 문제가 제기되었다. 그러나 1983년 이전에 개최된 월례연구발표회에서는 발표자가 그 요지를 참석자에게 배포하는 것으로 그쳤다. 이를 보완하여 이제부터는 월례연구발표회가 개최될 때마다 그 발표요지를 미리 제출받아 사전 홍보 및 당일 참석회원용으로《韓國出版學會 月例研究發表會報》(이하 '회보')를 발행하기로 했다. 공식적인 회보를 발행하지 못했던 것을 회칙에서 규정한 대로 공식적인 학회 간행물로 발전시켜 공간하기로 한 것이다.《會報》는 회원이 늘어나면서 회원들 간의 정보교환과 공지사항 및 회원들의 연구동향과 활동을 내외에 알리기 위해서도 필요했다.

첫《韓國出版學會 月例研究發表會報》는 1983년 6월 18일자로 발행되었다.

《會報》로는 첫 호이지만 제호가 담고 있는 내용대로 월례연구발표회 횟수에 맞추어 '제25차'로 발행되었다. 연구발표회 횟수를 중시하지 않을 수 없었다. B5판 4면으로 발행된 첫《會報》

는 이날의 주제발표 요지를 제1면에 게재하고 제2면에는 회칙을, 제3면에는 회원명단과 연혁을 수록하고 제4면에는 학회 소식으로 '83년도 정기총회 개최', '첫 이사회 개최', '제25차 월례 연구발표회', '출판담당 기자초청 간담회' 등의 기사와 함께 '알림'란을 두어 《出版學硏究》 원고모집, 회비 납부, 신입회원 가입절차 등의 공지사항을 안내하였다. 의욕적으로 새 출발한 우리 학회의 역동적인 활동상을 내외에 과시하기에 충분한 매체였다.

처음에는 사무국에 발행의 모든 업무를 일임하였으나 사무국의 업무부담을 줄이기 위해 1983년 7월 16일에 개최된 이사회에서 《月例會報》 및 학회지 편집위원으로 윤형두, 한태석, 김희락, 박광순 회원을 선임하였다. 그리하여 연말까지 이 《會報》는 29호까지 5개호가 발행되었으며, 11월에는 《'83 出版學硏究》가 나왔다.

《會報》는 4면을 기본으로 하고 있었으나 때로는 8면으로 증면 발행하면서 주제논문의 개요를 소개하고 출판관계 문헌정보, 알림, 회원동정, 회원의 에세이 등을 게재하였다.

《會報》를 꾸준히 발행하는 도중 1985년 7월 15일자로 《한국출판학회 소식》을 발행하여 '85년도 정기총회 개최' 기사와 분과위원회 배정, 회비 납부 등 총회 결과를 정리하여 회원에게 알리는 한편, 동경에서 개최 예정인 '제2회 국제출판학술 발표회 참가'계획을 공지하였으나, 이 같은 제호로는 그후에 더 이상 발행되지 않았다. 말하자면 특별호를 일시적으로 발행한 것인데, 이를 발행한 취지나 의도에 대해서는 어디서도 그 기록을 찾아볼 수 없는 것이 유감이다.

《韓國出版學會 月例硏究發表會報》는 제43호(1987. 3. 21)까지 발행되고, 87년도 정기총회에서 이종국 회원이 사무국장으로 임명되면서 《韓國出版學會會報》로 제호를 변경한다. 새로운 제호의 이 《會報》가 87년도에는 제87-1호(1987. 7. 15), 제87-2호(동년 8. 15), 제87-3호(동년 12. 19)로 지금까지와는 통권의 호수 표시방법도 달라진다. 이것이 계기가 되었음인지 1988년 3월 10일에 있은 회장단회의는, 우리 학회의 간행물에 대한 통권번호문제를 구체적으로 논의하고 역사성을 살려 나가자는 의도에서 다음과 같은 원칙을 결정하였다. 즉, '會報發行의 歷史性追究-이번호부터 通卷番號를 指定하기로'란 제목의 기사(한국출판학회, 1988, pp.2~3)에 의하면, "韓國出版學會의 出版物刊行 활동은 크게 두 가지로 나뉜다. 그 하나는 年刊으로 펴내는 學會誌 發行이고, 다른 하나는 대체로 격월간으로 配本하고 있는 「韓國出版學會會報」이다. … (중략)… 이와 관련하여 지난 3월 10일에 있었던 會長團 會議에서는 本學會 刊行物에 대한 通卷指定의 合理性 여부에 대한 일이 논의된 바 있는데, 向後 발간될 學會誌의 경우는 그 적절성 문제를 再檢討하기로 하고, 우선 會報에 한하여 이번 호부터 通卷番號를 매기기로 하였다. 本學會 會報는 1983년 6월 18일자로 발행된 「第25次 月例硏究發表會報」가 그 上限이 된다. 물론, 그 이전에도 「한국출판학회 소식」이라든지 몇 가지 임의적인 형태로 제작, 배본한 油印物이 있긴 했으나, 會報로서의 本格的인 體裁를 갖추기 시작한 것은 위에 말한 「韓國出版學會會報」이다. 이 會報는 硏究發表者의 論文을 요약하여 수록하는 것을 주된 기능으로 삼고 있으며, 文獻

紹介, 會員動靜, 公告 등 제한된 지면에 다양한 정보를 게재하고 있다. 지난해 6월까지 「月例研究發表會報」를 꾸미는 데에는 金羲洛 前 事務局長의 노고가 컸다. 「月例研究發表會報」가 「韓國出版學會會報」로 바뀐 것은 1987년 7월 15일자 발행의 제87-1호부터이다."라고 자세히 기록하고 있다. 이 기사는 그 뒤를 이어 회보가 정식으로 발행되기 시작한 1983년의 첫 호부터 이 기사가 게재된 회보가 통권 제23호로 기록되기까지의 발행 연혁을 다음과 같이 소개하여 그 전모를 한 눈에 파악할 수 있게 해 주고 있다.

> ▷ 제1호(1983. 6.18/제25차), ▷ 제2호(1983. 7. 16/제26차), ▷ 제3호(1983. 8. 27/제27차), ▷ 제4호(1983. 9.24/제28차), ▷ 제5호(1983. 12.10/제29차), ▷ 제6호(1984. 2. 25/제30차),
>
> ▷ 제7호(1984. 3.24/제31차), ▷ 제8호(1984. 6. 16/제32차), ▷ 제9호(1983. 7. 21/제33차), ▷ 제10호(1984. 12.22/제34차), ▷ 제11호(1985. 2.23/제35차), ▷ 제12호(1985. 4.20/제36차),
>
> ▷ 제13호(1985. 6.29/제37차), ▷ 제14호(1985. 10.26/제38차), ▷ 제15호(1985. 12.21/제39차), ▷ 제16호(1986. 2. 22/제40차), ▷ 제17호(1986. 7. 5/제41차), ▷ 제18호(1986. 12. 6/제42차), ▷ 제19호(1987. 3. 21/제43차), ▷ 제20호(1987. 7. 15/87-1호/한국출판학회회보로 개제), ▷ 제21호(1987. 8. 28/87-2호), ▷ 제22호(1987. 12. 29/87-3호), ▷ 제23호(1988. 4. 23/제46차)

그 후에도 학회 회보는 1989년 말까지 ▷ 제24호(1988. 12. 17/제47차), ▷ 제25호(1989. 3. 25/제48차)가 발행되었으며, ▷ 제26호는 25호가 발행된 지 1년여 만인 1990년 4월 28일에 나온다.

여기서 언급하고 넘어가야 할 사실은 위 기사에서는 제21호와 22호에서도 각각 제44-45차 연구발표회의 주제 요지가 수록된 것처럼 기재되어 있으나 그것은 기자의 착오이다. 《韓國出版學會會報》로 처음 제호가 바뀐 1987년도 발행 3개호 중에서, 4면 발행한 제87-1호는 제1면에 '87년도 정기총회 개최'와 '회장단 회의 개최' 기사로 채워지고 제2면은 '제10회 한국출판학회상 시상식 개최' 기사와 '분과위원회 명단'이, 제3면에 '1986년도 사업보고'와 '1987년도 사업계획' 및 '1986년도 회계결산보고', 제4면은 '회원소식'과 '알림'만을 게재하고 있다. 87-2호는 필사 인쇄본 2면으로 발행하였다. 제3회 국제학술발표회 추진상황 및 《'87 출판학연구》원고모집 등 학회소식이 그 내용의 전부이다. 그리고 87-3호는 8면으로 대폭 증면 발행하였는데, 제3회 국제출판학술발표회 내용을 자세히 보도하는데 모두 5면을 할애하고 나머지 3개면 중에서는 6~7면에 걸쳐 87년도에 발표된 '출판학 관계 연구논저 일람

(1987)'을, 마지막 면에는 제45차 연구발표회를 송년회와 겸한 토론회로 개최한다는 안내기사만 나와 있다. 월례연구발표 요지 수록을 중시해 온 그동안의 편집방침에서 벗어나 이렇게 학회 활동 기사 중심으로 발행하게 된 것은 21호가 발행될 즈음의 제44차 연구발표회는 슬라이드 상영 중심으로 진행되었고, 그 다음의 제45차 월례연구발표회도 안춘근 회장의 사회로 그해의 출판계 동향을 분석·평가하는 토론이었기 때문에 주제발표 요지를 미리 게재하기가 현실적으로 어려웠기 때문인 것으로 보인다. 경위가 이러했던 것을 잠시 잊은 채 관례에 따라 기계적으로 나중에 정리하다 보니 이런 착오가 일어난 것이 아닌가 여겨진다. 또 제13호에 해당하는 제37차 월례연구발표회와 관련된 회보도 정식으로 출판된 바 없다. 제13호는 회보로 발행하지 않고 당일 월례연구발표회는 '제8회 한국출판학회상 시상식 및 '85년도 정기총회'와 함께 출판문화회관에서 연달아 개최되면서 이들 행사안내 프로그램과 주제발표 요지가 별도의 유인물로 제작 배포되었다.

2) 학술회의

(1) 대내 학술발표회

① 월례연구발표회 개최

학회가 재출발하는 첫 월례 연구발표회는 새로 꾸며진 학회 사무실에서 새로운 회칙에 규정된 대로 셋째 토요일인 6월 18일 하오 4시에 가졌다. 그동안 흩어진 자료들을 수습하여 연구발표회 실적을 조사해 보니 이번 월례연구발표회가 25회째였다.

이 첫 연구발표회는 연구이사인 민병덕 교수(혜전전문대학 출판과 과장)가 「출판학 연구의 방법과 과제」란 주제를 가지고 그동안의 연구성과를 검토하고 앞으로의 연구 방향과 과제를 제시하는 내용의 발표를 하였다. 새로운 회원을 다수 영입하여 새롭게 출범한 연구단체로서 출판학 연구 자세를 보다 강고하게 다잡자는 뜻이 담겨진 발표회였다.

20여 명이 참석한 이날 발표회에서는 주제발표가 있은 다음 이에 대한 회원들 간의 열띤 토론이 있었다. 토론이 예상했던 것보다 훨씬 길어졌다. 자연스럽게 발표회 운영방법에 대한 건설적인 제안들도 나왔다. 이처럼 뜨거운 분위기를 살려 나가기 위해 좀더 충분한 토론시간을 마련하자는 요구가 높았고 참석자들은 당일 회비를 부담하자는 의견도 있었다. 즉석에서 2,000원씩의 참가회비를 내서 개최비용으로 충당하고 발표회가 끝난 뒤에는 회식도 하면서 회원 간의 친목 기회로 삼기로 의견이 모아졌다.

〈표 6〉 월례연구발표회 개최 일람

연도	회차	개최월일	발표자	주 제
1983	25차	6. 18	閔丙德	출판학 연구의 방법과 과제
	26차	7. 16	許熺成	출판법제의 소고
	27차	8. 27	林仁圭	한국출판의 후진적 특질론
	28차	9. 24	金亮洙	출판기획에서의 인지적 접근
	29차	12. 10	鄭丙圭	북 디자인론-활자의 놓임자리에 대하여
1984	30차	2. 25	安春根	金言對比 출판인 의식 강령
	31차	3. 24	韓勝憲	외국 저작권 수용상의 제문제점
	32차	6. 16	金章燮	대학출판부의 기능과 역할
	33차	7. 21	金基中	두 문자 체계 사이의 轉寫標記에 관한 소고
	34차	12.22	사회: 安春根	공동토의:1984년도 출판계 회고 및 대형서점에 대하여
1985	35차	2. 23	金羲洛	한국 출판학 교육에 관한 고찰
	36차	4. 20	高德煥	개화기 세력사회의 출판연구
	37차	6. 29	尹炳泰	충청지방의 출판문화
	38차	10. 26	李鍾國	교과서 연구의 과제
	39차	12. 21	사회: 吳慶鎬	공동토의: 1985년도 출판계 회고와 평가
1986	40차	2. 22	李徹之	문고본에 관한 연구
	41차	7. 5	閔丙德	편집의 창의성에 관한 고찰
	42차	12. 6	吳慶鎬	출판산학협동의 당면과제
1987	43차	3. 21	韓勝憲	UCC상의 ⓒ표시에 관하여
	44차	8. 28	許昌成	한국 대형서점의 현황과 전망
	45차	12. 29	사회: 安春根	공동토의: 1987년의 출판계 회고-한국출판학회의 역할과 그 전망을 중심으로
1988	46차	4. 23	金斗植	한국의 경제성장과 출판의 관계 고찰
	47차	10. 29	金羲洛	한국의 출판교육 개황-국제동향과 비교하여
	48차	12. 17	李正春	정보화사회의 매체경쟁에 관한 고찰-독자와 출판행태의 변화를 중심으로
1989	49차	3. 25	朴東海	한국출판의 윤리에 관한 연구

이렇게 시작된 월례연구발표회는 그 해에만 4회를 개최하여 지금까지 꾸준히 이어 내려 올 수 있는 기틀을 확립하였는데, 12월에 열린 29차 연구발표회는 《'83 出版學硏究》출판기념회를 겸하여 더욱 성황을 이루었다. 제30차 월례연구발표회가 끝난 뒤에는 대한출판문화협회의 신임 회장단으로 나란히 선출된 임인규 회장과 윤형두 부회장의 당선을 축하하는 모임을 갖기도 하였다. 그 후 월례연구발표회는 비록 당초의 목표대로 매월 개최되지는 못하였지만 회원들의 적극적인 참여로 1989년 말까지 7년 동안에 모두 25회가 개최되었다. 창립 이후의 연구발표회까지 합하면 49회가 된다.

그러나 시간이 흐르면서 초기의 뜨거웠던 열기가 점차 식어 가는 것처럼 보여 아쉬움을 남겨주고 있다.

② '출판 학술세미나' 개최

월례연구발표회와는 별도로 1983년 10월 29일에는 한국출판협동조합 강당에서 '한국 출판의 과거와 미래'라는 주제로 출판 학술세미나를 개최하였다. 그동안 주기적으로 개최해 온 월례연구발표회가 회원 중심의 활동이었다면, 이 세미나는 그간의 연구성과와 경험을 확대하여 공개적으로 발표함으로써 출판학과 출판문화발전에 기여하자는 데 목적을 두고 새로 마련한 부정기적인 학술 발표 행사였다.

우리 학회가 이런 출판 학술세미나를 마련한 것은 단순히 우리 학회의 사업종목 하나를 더 늘리자는 의도보다는 회원들의 연구업적을 내외에 널리 과시함으로써 회원과 학회에 대한 외부로부터의 평가도 받아 보자는 자신감의 표현이기도 하다.

첫 학술세미나는 제6회 한국출판학회상 시상식에 이어 열렸다. 이번 세미나를 통해 과거를 되돌아보면서 교훈을 찾아내자는 의미와 현재의 출판현황을 분석·진단하여 미래의 대책을 제시하자는 취지에서 하동호 회원이 「博文書館의 出版考」를, 오경호 회원이 「출판기업의 도산방지론」을 각각 발표하고 이에 대한 종합토론이 진행되었다. 우리 출판의 좌표와 지향점을 제시한 이 세미나는 우리 학회의 재출발을 내외에 과시하는 첫 행사답게 많은 출판관계자들이 깊은 관심을 보였다.

제2회 출판 학술세미나는 제1회 국제출판학술발표대회를 겸하여 1984년 10월 13일 출판문화회관 강당에서 개최되었다. 이에 대해서는 국제출판학술발표대회에 관한 기사에서 자세히 언급하고자 한다.

제3회 출판 학술세미나는 창립 20주년 기념사업의 하나로, 프레스센터 기자회견장에서 1989년 12월 9일(토) 오후 2시 반부터 6시 반까지 치러진 대대적인 행사였다.

3부로 나누어 개최된 이날의 세미나는 개회식인 제1부에서 윤형두 회장의 개회사와 출협 회장의 축사가 있었고, 제2부인 학술발표에서는 제1주제로「출판연구의 회고와 전망」이란 제목으로 안춘근 명예회장의 발표에 이어,「출판의 자유와 출판발전」이란 제2주제를 한양대 彭元順 교수가, 제3주제인「출판업무과정의 분석과 출판교육」은 민병덕 혜전전문대 교수가 각각 발표하였다. 그리고 오경호 광주대 교수, 윤병태 충남대 교수, 이중한 서울신문 논설위원이 참가한 종합토론이 제3부로 이어졌다. 그러나 3부의 이 종합토론은 이미 발표된 개별 주제에 대한 토론이 아닌 출판학 전반에 관한 것이었다. 종합토론이 끝난 다음에는 리셉션이 그 자리에서 열렸다.

제3차 출판 학술세미나는 원래 그 전해인 1988년도 행사로 회장단 회의에서 발의되어 구체적인 계획안이 마련된 바 있었으나 창립 20주년 기념행사에 학회의 역량을 결집시키기 위해 미루어졌던 것이다. 즉, 88년 3월 10일에 열린 회장단 회의는 '한국출판의 현재와 미래'라는 테마로 제3회 출판 학술세미나를 그해 10월에 개최하는 계획안을 수립하였다. 그러나 5월 31일에 개최된 이사회는 창립 20주년 기념사업을 위한 재원 확보문제와 10월로 예정된 88 올림픽 등의 여건을 감안하여 창립 20주년 기념 학술행사의 골격이 성안될 때 재검토하는 것으로 보류시킨 바 있었다. 따라서 창립 20주년 기념사업의 하나로 개최된 것인 만큼 오래 전부터 준비가 착수되었다. 이미 제1차 이사회(5. 20. 개최)에서 개최방침이 정해졌으며, 제2차 이사회(9. 23. 개최)가 주제 및 일정 등을 확정하고, 제2차 회장단 회의(9. 30. 개최)는 이사회의 위임을 받아 주제발표자와 토론자 선정 및 예산 등을 확정하였다.

이처럼 3개월 전에 미리 확정된 계획이다 보니, 그 사이에 관계자들에게 피치 못할 개인 사정들이 발생하여 일부 계획이 변경되어 시행되었다. 당초 토론자로 위촉되었던 이정춘 중앙대 교수도 갑작스런 학교 행사관계로 참석치 못하였고, 사회자도 처음에는 이상보 교수로 예정하고 유인물까지 만들었으나 세미나 직전에 미국 홉킨스 대학 초청으로 도미하는 바람에 김희락 회원으로 교체되어 진행되었던 것이다.

(2) 국제 학술 발표회

우리 학회는 창립 16년 만인 1984년에 처음으로 국제출판학술회의를 주최하였다. 淸水英夫 회장을 비롯한 18명의 일본출판학회 회원을 서울로 초청하여 최초의 공식적인 국제회의를 개최한 것이다.

세계 각국의 출판학 전공 학자들이 2년에 한 번씩 한자리에 모여 국제적인 관점에서 출판이 당면한 현실을 분석 평가하고 아울러 출판학의 동향을 가늠해 보는 '국제출판학술발표회'란 이름의 이 국제학술대회는 ① 학술진흥을 진작시키고, ② 연구과제 해결방법을 공동으로 모색하며, ③ 국제출판문화교류를 촉진시킨다는 목적으로 열리는 세계 유일의 정례 국제회의로써 출판학 발전의 기폭제 구실을 해 오고 있다.

이 국제학술회의를 주최하기 위해 우리 학회는 1983년 10월 안춘근 회장과 여승구 부회장이 일본출판학회를 방문하여 공동으로 학술회의를 개최할 것을 제의하고 그 첫 번째 행사를 우리가 주최하는 것까지 동의를 받았다. 양측 회원 간에는 일부 개인적인 친분관계를 유지하고 있는 경우는 있었지만 두 단체 간의 공식적인 교류는 이것이 처음이었다. 이에 대해 안춘근 회장은 "다행히도, 참으로 다행하게도 우리들과 아무런 사전협의를 한 것도 아닌데, 거의 동시에 이웃 나라 일본에서도 출판학회가 창설되었기 때문에 이들과의 유대를 돈독히 함으로써 출판학의 국제화에 크게 도움을 주었다"고 증언한 바 있다(안춘근, 1988). 그러나 두 나라 사이의 합의가 있었음에도 불구하고 성사되기까지는 그리 쉽지만은 않았던 것 같다. 당시 일본출판학회 부회장이었던 箕輪成男(1987)의 증언에 의하면, 우리의 초청을 받고 참가문제를 공식 회의에 부의했었는데 동의를 얻기가 쉽지 않았다는 것이다. 왜냐하면 일본출판학회 회원 가운데는 한국의 정치상황, 특히 5공화국 정부에 의해 출판물 판금조치 등이 자행되는 등 출판의 자유가 제한받고 있는 데 대한 의구심과 저항감을 가진 사람들이 적지 않았기 때문이었다는 것이다. 당시에는 출판물에 대한 검열 내지 출판자유의 제약은 지금보다 더 심각하게 국제사회에서 제기되는 문제였다. 다행히 집행진이 강력한 의지를 가지고 학문의 교류는 정부의 자세와 별도로 성립하는 것이라고 설득하여 겨우 참가를 결정했다고 한다.

그리하여 첫 국제학술회의는 1984년 10월 13일(토) 오후 4시부터 8시 40분까지 출판문화회관에서 개최되었다. 이날 한국 측에서 안춘근 회장이 「뉴미디어 발달에 대처해야 할 출판산업」을, 일본측 발표자로 清水英夫 회장이 「활자문화에 미래는 있는가」라는 주제를 각각 발표하였다. 새로운 정보매체의 발달로 재래식 출판의 미래에 대한 불안이 증폭되고 있는 시기에 가장 민감한 문제를 가지고 한·일 양국의 출판학회를 대표하는 두 회장이 그 대처방향에 대한 식견을 겨루는 학술발표대회처럼 되었다. 특히 이 세미나는 세계 출판학계 발전에 중요한 이정표를 세우는 순간이기도 하였다. 세미나에 앞서 참석자들은, 한·일 양국 출판학회가 공동으로 국제출판학회 결성을 결의하고 제2차 국제학술발표회는 이듬해 일본서 개최하기로 합의하였다. 이러한 국제출판학회 결성 제의를 계기로 한·일 양국출판학회 사이에 합의된 국제학술발표회는 오늘날의 대규모 국제대회로 확대된다. 이로써 우리 학회가, 출판연구의 국제화를 도모하는 최초의 행사인 이 출판학술회의를 제안하고 주도함으로써 출판학의 국제화에 기여했다는 사실에서 큰 자부심과 의미를 부여할 수 있다. 이 세미나 시작에 앞서 우리 학회는 같은 자리에서 제7회 한국출판학회상 시상식을 가짐으로써 우리 학회의 역량과 사업활동의 일단을 내한한 일본출판학회 회원들에게 보여주는 기회로 활용하였다. 그리고 제1차 국제학술발표회를 위해 《'84 出版學研究》의 간행시기를 앞당겼으며 여승구 부회장은 두 번이나 일본을 다녀 왔다. 첫 번째 교류인 만큼 모임을 위해 내한한 일본측 대표단을 성심으로 영접하였다.

▷ 일본출판학회 체류일정

　　ㅇ 1984. 10. 12(금)

　　　　12：10：김포공항 착

　　　　13：00 - 15：20 신라호텔 투숙

　　　　16：00 - 16：40 국립중앙도서관 방문

　　　　17：20 - 17：50 금성출판사 방문

　　　　18：10 - 19：00 인사동 고서점가 순방

　　　　19：20 - 21：00 여승구 부회장 초청 환영리셉션(코리아 하우스)

　　ㅇ 10. 13(토)

　　　　09：30 - 10：30 국립중앙박물관 관람

　　　　10：40 - 12：00 서점 시찰(종로서적, 한국출판판매, 교보문고 등)

　　　　12：40 - 14：00 출협 임인규 회장 초청 오찬(서울클럽)

　　　　14：00 - 15：50 시내 관광

　　　　16：00 - 18：30 행사 참석(출판문화회관)

　　　　　　* 행사 진행 16：00 - 16：20 제7회 한국출판학회상 시상식

　　　　　　　　　　　　16：20 - 16：30 국제출판학회 결성회의

　　　　　　　　　　　　16：30 - 16：40 커피 브레이크

　　　　　　　　　　　　16：40 - 18：30 세미나 주제 발표

　　　　18：40 - 20：40 리셉션

　　ㅇ 10. 14(일)

　　　　09：00 - 20：00 서울 발 경주 관광후 부산 착

　　ㅇ 10. 15(월)

　　　　09：00 - 12：00 부산 시내 관광

　　　　14：20 김해공항 발

▷ 내한 방문단 명단

　清水英夫(일본출판학회장, 靑山學院大學 敎授), 箕輪成男(부회장, 國際聯合大學學術情報局長), 林伸郎(상무이사, 立敎大學 敎授), 遠藤千舟(상무이사, 미디어개발 사장), 川井良介(상무이사, 明治大學 강사), 淸田義昭(상무이사, 출판뉴스 편집장, 上智大 강사), 宗武朝子(상무이사, 저술가), 田中治夫(포푸라 출판사 사장), 大田信男(日本大學 敎授), 島田若葉(都立 八王子圖書館 司書), 藤又美佐子(都立中央圖書館 司書), 竹下光彦(에디유가출판사 대표), 佐佐木 繁(일본서적출판협회 前專務理事), 篠本하마子(日販 직원), 吉川雅子(日販 직원), 今井禮子(미쓰우미書房), 竹內和芳(祥傳社), 小

出鐸男(日經事業出版社 상무), 渡辺桂志(日本橋 營業所長)

제2회 대회는 양국 간에 합의한 대로 1985년 8월, 동경에서 일본출판학회 주최로 일본출판회관에서 거행되었다. 우리나라에서는 26명의 대규모 대표단이 참가하였다(그중에서 6명은 동경에서 합류). 우리 학회로서는 첫 해외 나들이이기도 했고, 웬만한 목적의 단체여행은 정부가 불요불급한 여행이란 이유를 들어 억제하던 때였으므로 국제적으로 아직 공인되지 않은 회의에 이와 같이 규모가 큰 대표단을 파견하기 위한 여권 수속은 여간 힘든 일이 아니었다. 임원진들은 비행기에 오르는 순간까지 긴장을 풀지 못했다. 수속이 여의롭지 않을 경우 참가신청자 중 복수여권을 가지고 있는 8명의 회원만이 참가하는 방법도 염두에 두고 수속을 진행했다는 것이 참가 수속을 책임졌던 당시 여승구 부회장의 증언이다(1988).

동경에 도착한 우리 대표단은 8월 19일 오후 6시 30분부터 일본출판학회가 주최한 우리 대표단의 환영리셉션에 참가하는 것으로 공식 일정을 시작하였다. 일본 淸水英夫 회장의 인사말에 이어 한국 측에서 임인규 출협 회장의 답사가 있은 후 선물 교환, 일본출판계의 원로로 학회를 리드하고 있는 布川角左衛門 선생의 건배 제의가 이어지면서 양국 출판연구자들 사이의 우의도 돈독해져 갔다.

이튿날 9시부터 열린 발표회에는 일본을 비롯하여 중국, 프랑스, 브라질, 미국, 영국, 인도, 스리랑카 등 9개국에서 100여 명이 참석한 가운데 한·영·일어 동시통역으로 진지한 발표와 토론이 열띤 분위기 속에서 진행되었다.

회의 진행상황을 살펴보면 오전 제1회의(09:00 - 12:00)는 '출판의 현상'이란 대주제로 淸水英夫 회장의 사회로,

- 안춘근(한국): 한국출판의 당면과제와 출판학 연구
- 宋原放(중국/발표자는 遲叔昌): 중국의 출판학 연구
- 箕輪成男(일본): 출판학 국제화의 조건을 찾아서—패러다임 디스플린이론을 축으로 해서
- Fredric M. Litto(브라질): 브라질의 출판학 연구

의 주제발표가 있었다. 참석자들은 각국의 출판학 연구 현황과 그 방향에 대해 깊은 관심을 보인 가운데, 林伸郎(일본), 山本武利(일본), 여승구(한국) 씨가 공식 토론자로 자신들의 의견을 개진하였으며, 한국에서의 출판학 교육에 대한 질문에 대해 안 회장과 김양수 회원이 설명을 하였다.

오후에는 鈴木 均씨가 진행을 맡은 제2회의가 '출판에 있어서의 미디어 믹스'란 주제로 속개되었다.

- 內川芳美(일본): 출판에 있어서 미디어 믹스
- 北村松一(일본): 멀티 미디어 시대의 출판

- ㅇ Amadio A. Arboleda(미국): 인포메이션 테크놀로지
- ㅇ F. M. Litto(브라질): 제3세계의 마이크로 출판환경
- ㅇ 영국출판협회(발표: 西田俊子): 해적출판─출판발전의 위협과 뉴 테크놀로지 전개
- ㅇ Karla Dejean Le Feal(프랑스/발표: 鈴木 均): 기계번역과 인쇄 미디어

에 대한 주제 발표에 이어 임인규(한국), 遲叔昌(중국), 遠藤千舟(일본) 등이 토론자로 나서 출판 선진국들의 뉴 테크놀로지 동향과 문제점에 대한 논의가 집중되었다. 이 자리에서 임인규 출협 회장은 영국이 저작권 침해문제를 제기한 데 대해 국제저작권 문제에 대한 한국 출판계의 입 장과 견해를 분명히 밝히기도 하였다.

이번 발표회는 참가국의 규모나 회의의 주제 발표 내용 등 출판학에 관한 국제적인 발표회로 서는 성공적이었으나, 회의시간에 비해 발표자가 많고 토론자도 3명씩이어서 일반 참석자에게 는 질문이나 의견 개진의 시간이 적어서 아쉬웠다고 김희락 사무국장(1985)은 보고하고 있다. 또 하나의 특징은 9개국의 대표가 모인 회의지만 학술발표회 시간을 제외한 대부분의 일정은 우리만을 위해 준비되고 융숭한 대접을 받았다는 점이다. 회의가 끝나고 저녁에는 우리 대표 단을 위한 일본서적출판협회 회장인 講談社 服部敏幸 회장의 초청연회가 椿山莊에서 열렸다.

다음 날도 대표단은 일본출판학회의 안내로 일본출판판매(日販)의 왕자유통센터와 八重 洲북센터와 국립국회도서관 및 講談社를 견학했다. 22일에는 두 팀으로 나누어 일부는 동경 의 고서점가를 순례하고 다른 한 팀은 筑波에서 열리고 있는 만국과학박람회를 참관하는 일과 로 동경의 일정을 보냈다. 23일에는 신간선편으로 京都를 거쳐 大阪에 도착하여서는 대형 서적 도매상의 하나인 大阪屋의 西原直道 회장이 베푸는 환영연회에 참석하였다. 24일에는 大阪와 奈良를 관광하고 배편으로 別府로 향했다. 九州지방 관광을 마치고 下關에서 페리호편을 이용 하여 부산으로 귀국했다.

이 회의에 참석한 우리 대표단은 다음과 같다.

안춘근, 윤형두, 여승구, 임인규, 배효선, 고덕환, 박원동, 김희락, 김양수, 나중렬, 이철지, 정 봉구, 이영호, 정완기, 송관식, 박경하, 남윤수, 박정희, 문현숙, 조양희, 양경창, 김헌종, 박세록, 박성봉, 고영수, 강원규(이상 26명)

우리 학회가 주최한 제3회 대회는 더욱 철저하게 조직적으로 준비하였다. 제2회 발표회보다 더 세련되고 원만하게 운영해야 하겠다는 의지가 강하게 반영된 회의였다.

87년도 정기총회 직후에 열린 회장단회의(7. 7. 개최)와 이사회(7. 24.)는 제3회 국제출판학 술발표회를 10월 24일 아카데미 하우스에서 '외국저작물 이용의 실제'란 메인 테마로 재단법 인 크리스찬 아카데미(원장 강원룡)와 공동으로 주최하는 방안을 추진하기로 결의하였다. 이

세미나를 효율적으로 추진하기 위해 우리 학회 저작권분과위원회가 주관하되 그 준비 실무는 '저작권세미나 준비위원회'를 별도로 구성, 행사에 대비하기로 의결했다. 그리고 준비위원으로 이중한(위원장), 안춘근, 한승헌, 윤형두, 민병덕, 이두영, 김희락, 박원동, 이종국 등을 선임하였다. 저작권세미나 준비위원회는 8월 4일(오후 7시) 학회 사무실에서 모임을 갖고 세미나의 구체적 프로그램 작성, 일본과의 연락 및 대표단의 체한 일정, 초청범위, 참가비, 기타 세미나에 관련된 세부계획을 확정하였다. 한편 크리스찬 아카데미에 공동주최를 제의한 바, 아카데미 측의 적극적인 호응으로 내한하는 일본 대표단의 숙박도 같은 장소로 정하는 등 적은 비용으로 세미나 운영의 효율성을 더욱 제고시킬 수 있었다. 크리스찬 아카데미가 우리의 공동주최 제의를 흔쾌하게 받아드린 배경을 강원룡 원장(1987)은 이렇게 설명하고 있다. "크리스찬 아카데미에서는 저작권법 개정안이 국회에서 통과되기 전에 이미 1984년 6월 6일 '저작권법 개정안에 대한 대화의 모임'을 가진 적이 있었고, 금년 5월 15~16일에도 '공연예술의 저작권에 관한 대화 모임'을 개최하였음"을 상기시키고, "1981년 '한국 출판문화의 현황과 육성대책에 관한 대화모임'에서 밝혔던 것처럼 출판문화 육성을 위해 적극 노력할 용의가 있음"을 다시 한 번 강조하는 것을 잊지 않았다. 그러나 강 원장은 "이번 모임은 우리 아카데미가 능동적으로 역할했다기 보다는 우리 아카데미의 운영위원으로 늘 수고하시는 한승헌 변호사님의 요청에 즐거운 마음으로 응했다"는 것이다. 출협과 한국출판협동조합, 금성출판사와 국민서관도 협찬단체로 참여하여 재정적인 부담을 하고 나섰다. 우리나라가 처음으로 세계저작권조약에 가입하여 바로 이 대회가 열리는 10월 1일부터 외국인의 저작권 보호를 하게 되어 있었다. 따라서 번역출판의 비중이 적지 않은 우리나라로서는 출판계는 말할 것도 없고 국가적으로도 외국인의 저작권 보호에 따르는 타격이 클 것으로 예상되는 때라서 이 대회에 대한 출판계 내외에서의 관심도 대단히 높았다.

그런 의미에서 두 번에 걸친 발표대회의 주제가 어떤 특수한 연구과제에 대한 집중적인 토론이었다면, 이번 제3회 발표회는 그야말로 국제적인 공동관심사로서 국제출판문화 교류문제를 보다 합리적으로 해결하는 데 도움이 될 실질적인 내용을 주제로 다루었다고 할 수 있다. 그런데 호사다마라고 했던가, 저작권 상황의 급작스런 상황변화로 출판협회가 긴급히 마련한 행사와 중복되게 되었다. 우리 학회로서는 참가자들이 적을지 모르겠다는 우려를 하지 않을 수 없었으나 다행히 학·업계에서 적지 않은 인사들이 참가하여 전례 없는 성황을 이루었다.

발표회의 전 일정은 李璟薰 普成社 대표의 사회로 진행되었다. 그 가운데 학술발표는 한승헌 부회장이 진행을 맡았다. 두 개의 주제발표와 이에 대한 집중적인 토론으로 진행된 학술발표에서 「일본에 있어서 해외저작권의 변천과 그 대응」이란 제1주제는 宮田 昪 일본 유니 에이젠시 대표가 발표(矢野浩三郎 대신 발표)하고 淸水英夫 회장과 민병덕 이사가 지정 토론자로 나섰다. 제2주제는 「저작권 중개업의 현황과 전망」이었는데, 저작권 심의위원을 겸하고 있는 이중한 이사가 발표하고 토론자로 허창성 이사와 일본저작권수출센터 대표인 栗田明子여사가 참여하였다. 이 발표회에는 일본에서 8명의 대표가 참석할 예정이었으나 발표자인 宮田 씨와 다른 1명이 와병 등 개인 사정으로 빠지는 바람에, 86세인 布川角左衛門 선생을 단장으로 淸水英夫, 箕輪成男, 遠藤千舟, 矢野浩三郎 씨 등 6이 참석하였다.

▷ 제3회 국제학술발표회 일정
   ○ 10. 23(금) 20:00 김포공항 착
   ○ 10. 24(토) 11:30 한국출판협동조합 허창성 이사장 초청 오찬(프레스센터)
      14:00　학술발표회
            제1주제 발표 및 토론(14:20 - 15:00)
            제2주제 발표 및 토론(15:50 - 17:00)
            종합토론(17:00 - 18:00)
      18:00 리셉션
   ○ 10. 25(일) 10:00 대한출판문화협회 주최, '한국출판 1,300년전' 관람
      12:00 한국출판판매(주) 방문
      13:00 윤형두 부회장 초청 오찬(선천)
      14:30 국립중앙박물관 관람
      18:00 한국출판학회 초청 만찬(삼원)
   ○ 10. 26(월) 10:00 민속촌, 국립현대미술관, 올림픽 스타디움 등 솬광
      19:00 대한출판문화협회 임인규회장 초청 만찬(63빌딩 멤버스클럽)
   ○ 10. 27(화) 10:00 출국

　제4회 대회는 일본출판학회 주최로 1989년 10월 23일부터 25일까지 동경 靑山學院大學 국제회의실에서 개최되었다. 우리 학회는 5월 20일에 열린 이사회는 7일간의 일정으로 참가계획을 회원들에게 안내하여 20명 정도의 대표단을 구성하기로 결정하였다. 이어 제2차 이사회(9. 23. 개최)는 단장에 안춘근 명예회장, 부단장에 윤형두 회장과 한승헌·민병덕 부회장, 간사장에 이종국 사무국장을 비롯한 17명의 '참가단'을 결성하여 파견하였다. 우리나라 이외의 참가국은 주최국 일본을 포함하여 중국, 미국, 영국, 캐나다, 홍콩, 싱가포르, 스리랑카, 필리핀 등 10개국에 이르렀다.

　이때 북경, 상해와 홍콩에서 중국출판학회를 대표하는 인사들이 골고루 참가함으로써 비로소 한중출판연구가 접촉, 90년대에 들어가서 한·중 출판학술 세미나를 개최하는 등 양국 간의 긴밀한 학술교류가 본격화되는 계기를 맞이하게 된다.

이 대회는 '동아시아문화권에 있어서의 출판개발과 교류'란 대주제를 놓고, 3일간 6개의 세션으로 나누어 진행되었다. 우리나라에서는 3인의 대표가 발표를 하고 崔善鎬(청한문화사 대표), 金京熙(지식산업사 대표), 尹錫金(웅진출판 회장), 趙相浩(나남 대표), 李璟薰(《출판저널》상담역) 등이 지정 토론자로 참석하였다. 다음과 같은 3일간의 일정과 발표내용은 한·일·영 3개 국어로 동시통역되었는데 한국대표의 발표와 토론내용은 朴承薰 건국대 교수가 전담하여 통역을 맡았다.

▷ 발표일정

제1일(1989. 10. 23/월)

o 개회(09:30 - 10:10)

　인사말: 清水英夫(일본출판학회장)

　　　　　光田明正(국제교류기금 상임이사)

　　　　　西岡久雄(청산학원 학장)

o 커피 브레이크(10:10 - 10:30)

o 제1세션(10:30 - 12:30)

　- 주제: 출판개발의 역사적·문화적·사회적 배경—언어·학문·교육·교류

　　　　　(의장: 箕輪成男)

　- 발표: 중국에서의 출판개발(宋原放/상해편집학회장)

　　　　　출판개발과 문자의 형성(安春根/한국출판학회 명예회장)

　　　　　일본에서의 출판개발(清水英夫/일본출판학회장)

　　　　　싱가포르에 있어서 다원주의의 제문제(S. Gopinathan/교육연구소비교 연구소장)

　- 토론

o 제2세션(14:00 - 15:30)

　- 주제: 출판개발의 기술적 측면—편집·유통·저작권·뉴미디어

　　　　　(의장: Chan Man fung)

　- 발표: 편집의 의의(戴文葆/南開大學 교수)

　　　　　중국과 일본의 문자해독(literacy)과 독자(山本武利/一橋大學 교수)

　　　　　동아시아에 있어서 국제저작권의 현대적 의의-미국의 저작권정책과 한국의 입장(韓勝憲/변호사)

　　　　　뉴미디어와 출판—일본의 현상과 문제점(岩崎勝海/岩波書店)

　　　　　한자문화권에서의 활판기술 교류(矢作勝美/도서관정보대)

　　　　　그래픽 디자이너가 본 아시아의 출판문화(杉浦康平/그래픽 디자이너)

- 토론

제2일(10. 24/화)

ㅇ 제3세션(09:30 - 12:00)

  - 주제: 출판개발의 경제적 측면(의장: Jan Walls)

  - 발표: 서적가격과 경쟁(箕輪成男/愛知學院大學)

         소인구 국가에 있어서의 출판경제(Chan Man Fung/홍콩출판학회장)

         도서개발정책에 있어서 이론과 실제(Amanda J. Buchan/영국도서개발협의회 사무국차장)

  - 토론

ㅇ 제4세션(13:30 - 15:00)

  - 주제: 출판개발정책—출판개발에 있어서의 정부관여

       (의장: Amanda J. Buchan)

  - 발표: 중국에서의 출판개발과 정부(1979~198)(趙 斌/상해시 출판국장)

         한국에서의 커뮤니케이션정책과 출판개발(閔丙德/혜전전문대)

         일본의 경험(林伸郎/立教大學)

  - 토론

ㅇ 제5세션(15:15 - 18:00)

  - 주제: 출판개발의 연구와 실천(의장: 안춘근)

  - 발표: 중국에서의 출판연구(邵益文/중국출판과학연구소 부소장)

         카나다출판연구센터(CCSP)에 대해(Ann Cowan/CCSP 이사, Jan Walls/Simon Fraser대학)

         Obor재단의 도서개발지원프로그램(Ivan Kats/Obor재단 전무이사)

         UN대학과 도서개발프로그램(amadio A. Arboleda/UN대학 출판국장)

         스리랑카의 도서개발(Nissanka S. Madurapperuma/스리랑카도서개발위원회 전 사무국장)

  - 토론

제3일(10. 25/수)

ㅇ 제6세션(09:30 - 12:00)

  - 주제: 종합토론(의장: Sarvanan Gopinathan)

ㅇ 시찰(14:00 - 15:30): 유네스코 아시아문화센터(ACCU)

이렇게 우리가 처음 발의하여 시작된 이 국제학술발표회는 90년대 들어와서 중국, 필리핀,

말레이시아 등으로 개최지를 확대하면서 참가규모와 내용이 더욱 충실한 국제회의로서의 권위를 더해 가게 된다.

4. 맺음말—창립 50주년과 출판학 진흥의 새로운 과제

우리 학회는 80년대의 10년간 이 땅에 출판학의 씨를 뿌리고 가꾸는데 온갖 정성을 다하고 각고의 노력을 기울인 보람이 있어 우리나라에서도 나름대로 학문적인 분위기가 성숙되어 가는 결실을 맺게 되었다. 출판학에 대한 업계 내외로부터의 의구심과 냉대를 떨쳐버리고 하나의 학문으로 정립시켰고, 앞으로의 발전에 대한 자신감도 가질 수 있는 상황을 우리 스스로의 힘으로 이룩한 것이다.

그 하나가 여러 대학원과 2년제 대학에서 출판학과 개설·운영할 수 있는 자양을 제공하였다는 점이다.

앞에서도 언급한 것처럼 중앙대학교에 신문방송대학원이 개설된 것이 학회 재건의 자극제가 된 면도 간과할 수 없다. 그러나 80년대에 국내에서 출판전공과정을 둔 특수대학원들과 2년제 대학의 출판관련학과가 개설될 수 있었던 것은 대학당국자들의 판단과 업적으로 돌려야 하겠지만 출판학과의 개설을 적극 권장한 우리 학회의 노력 또한 결코 과소평가되어서는 안될 것이다. 이들 과정 개설 추진운동과 함께 우리 학회 회원들이 교수진으로 참여하였다. 그리하여 이들이 다시 출판학을 진흥시키는 새로운 연구자와 실무적인 출판전문인력을 길러냄으로써 연구와 교수가 순환될 수 있는 환경이 조성되었다. 그러나 오래 전부터 우리 학회가 주창해 온 4년제 대학의 출판학과 설치는 아직 이루어지지 못하여 90년대의 과제로 넘기게 된 것은 여간 아쉬운 일이 아닐 수 없다.

또 하나는 전근대적인 방식을 답습해 온 생산과정과 유통체제 개편의 방향 제시 등 출판문화산업의 현대화, 과학화, 국제화에도 기여하였다는 사실이다.

80년대의 우리 출판산업은 분출하는 내적 욕구와 급격한 외적 환경변화에 대응하면서 많은 갈등과 마찰, 고통과 희열이 엇갈리는 질곡과 도전의 전환기적 상황을 극복하지 않으면 안 되는 시기였다. 출판자유의 신장과 출판영역의 확장도 중요한 과제였다. 출판의 양적 확대와 기업화에도 성공하여 출판이 하나의 산업으로써 당당한 위치를 확보할 수 있었다. 그런가 하면 새로운 저작권법의 시행과 세계저작권조약에 가입함으로써 출판계의 근본적인 체질변화도 요구되었다. 이러한 상황에서 우리 학회의 활동은 출판의 과학화에 기여한 바 크며, 업계가 출판의 학문적 연구와 체계화의 중요성을 깨닫는 계기를 만들었다.

예컨대 우리나라 출판산업 발전의 핵심적 단체인 대한출판문화협회는 '출판진흥을 위한 우리의 행동지표-제38차 정기총회 결의문'에서, "출판산업의 과학화를 위하여 출판산업의 분석과 대책연구, 출판전문인의 양성, 제작기술의 연구, 출판학 이론의 정립 등의 사업을 적극 추진한다"고 결의한 것(대한출판문화협회, 1987. p.525)에서 볼 수 있는 것처럼 출판업계가 출판학 연구의 중요성과, 해야 할 일이 무엇인지를 명확히 깨달을 수 있었던 것은 우리 학회가 줄기차게 출판의 과학화·출판이론의 체계화를 외쳐 온 노력의 결과였다고 본다. 출협은 이러한 인식의 바탕 위에서 이듬해인 1986년에는 재단법인 한국출판연구소를 설립함으로써 구체적인 행동으로 옮긴다. 그리고 이 연구소의 설립 취지문을 통하여 "출판경영의 합리화, 출판산업의 현대화, 유통구조의 개선, 국제화시대에의 적응 등 실용적 입장에서의 필요한 조사와 연구, 그리고 출판에 대한 학문적 연구를 적극적으로 펼쳐 나가야 할 때이다. 이러한 시대적 변화와 우리 출판계가 당면하고 있는 출판 현실의 요청에 따라 출판의 학문적·실무적 연구를 통해 출판산업의 발전과 출판문화 향상을 도모하기 위하여 한국출판연구소를 발족시킨다(대한출판문화협회, 1987)"고 밝힘으로써 출판계의 출판과학화에 대한 의지와 목표를 명확하게 인식하고 있음을 보여주고 있다. 이에 창립 50주년을 보내면서 우리 학회와 회원들은 새로운 학술적 지평을 열어가야 할 더 큰 임무를 맡게 되었음을 인식하고 이에 대비해야 할 책무를 다할 각오를 해야 할 것이다.

■ 참고 문헌

姜元龍(1987). 「환영사」, 《제3회 국제출판학술발표회(1987. 19. 24) 안내 팸플릿.

김희락(1985. 10). 「제2회 국제출판학술발표회 참가보고」, 《제38차 월례연구발표회보》, 서울: 한국출판학회.

대한출판문화협회(1987). 《大韓出版文化協會 40年史》, 서울: 동 협회.

安春根(1988). 「出版學의 塔을 쌓았다」, 《88 出版學硏究》, 서울: 범우사.

안춘근(1989). 「한국출판학회 20년사」, 《'89 출판학연구》, 서울: 범우사.

안춘근(1981). 「새로운 精進을」, 《出版學論叢》, 서울: 廣文書館.

안춘근(1982). 「다시 드는 出版文化의 깃발」, 《出版學硏究》, 서울: 범우사.

여승구(1988). 《책사랑 33년》, 서울: 한국출판판매.

윤형두(1986). 「南涯先生華甲記念號에 붙여」, 《南涯安春根先生華甲記念論文集》, 서울: 범우사.

한국출판학회(1988). 《한국출판학회 회보》 통권 제23호(1988. 4. 23).

중흥기의 활동

1990~1999

남 석 순*

■■■

1. 학회 중흥기 시대의 진입

우리 학회의 중흥기(1990~1999)를 전후한 시기에서 국내 정치사회적 환경은 권위주의가 물러나고 민주화의 열풍이 다가 오던 시대였다. 1987년 6.29 선언 이후, 사회 전반에 스며든 민주화 추세에 따라 출판의 자유도 확대되기 시작하였다. 당시 정부는 6.29 선언과 맥락을 같이 하는 조치로 같은 해 10월 19일에 출판 활성화 방안을 정책적으로 발표하였다. 출판사 등록의 전면 개방과 일부 판금도서의 해제, 납본필증은 즉시 교부한다는 내용이었다. 이러한 정치사회적 배경으로 형성된 출판의 자유화 경향은 국내 출판계에 큰 영향을 주었다.

시카고대학 정치학 교수이며 미국정치학회 회장이었던 데이비드 이스턴(D. Easton)은 정책을 '정치 체계가 내린 권위적 결정'이라고 정의 하였다. 다수의 학자들의 다양한 정의에도 불구하고 '정책이 정부기관의 활동'이라는 점에서는 일치된 견해를 보이고 있다(남석순, 2007, p.88). 이는 보안 정책이 정치적인 영향권에 있다는 것을 알 수 있는데 우리나라 출판 정책의 변천에서도 그대로 드러난다.

우리나라의 출판 정책은 6공화국에 와서 점진적으로 전환되기 시작하였다. 6공 1기(노태우 정부)에는 출판사 등록 개방과 판금도서 해제 이후, 규제와 권위주의에서 벗어나기 시작하였고, 6공 2기(문민정부) 초기인 '책의 해'(1993)를 기점으로 진흥 위주의 정책으로 크게 전환되었다. 6공 3기(국민의 정부)에서 문화산업으로서 출판산업에 대한 인식에서 적극적인 지원책이 이루어지고, 2000년 이후 6공 4기(참여정부)에서는 '출판및인쇄진흥법'에 근거한 진흥책이

---

* 김포대학교 명예교수

본격적으로 시작되었다[1].

한편, 1986년 국내 저작권법의 개정과 더불어 1987년 세계저작권조약(UCC)에 가입됨으로써 외국인의 저작권을 보호하게 되었으며, 1996년에는 베른조약에도 가입하였다. 반면에 1980년대부터 본격적으로 다가온 컴퓨터를 기반으로 하는 출판의 지형 변모는 출판 환경의 급격한 변화를 주고 있었다. 이러한 국내 정치사회적 변화, 세계 저작권 환경, 컴퓨터를 기반으로 하는 출판의 지형 변화는 한국 출판학 연구와 출판학 교육에도 큰 영향을 주면서 우리 학회의 연구와 교육의 활성화에도 많은 도움을 주게 되었다.

우리 학회는 1980년대 초반에서 재창립 되는 과정을 거치게 되면서부터 진전기(進展期)의 도약 시대로 진입되었다고 평가된다. 1990년대는 이를 기반으로 하여 중흥의 시대를 열면서 국내와 국외로 회세(會勢)를 넓혀갔으며 학회의 회력(會歷)은 창립 21년에서 30년에 이르는 시기였다. 이 때에 우리 학회는 출판학 연구에서 국내 대표 학회로서 학문적 기반을 확고히 구축하면서 출판학 교육과 산학협력에서도 중추적인 역할을 수행하고 있었다. 대학원 과정을 이수한 출판학 관련 석사 학위 이상의 졸업생들이 학회에 대거 가입하면서 새로운 학풍과 활력을 조성하고 있었다. 동시에 학회 회원도 증가하여 180여 명에 이르렀고, 각자의 연구를 통하여 학술세미나에서 발표하고 학회지에 투고되는 논문의 질과 양도 높아가고 늘어갔다.

출판학 교육은 출판산업의 활성화와 더불어 전문대학, 일반대학, 특수대학원에서 출판 관련 학과와 전공 설치가 활발하였으며 1990년대에서 가장 많은 증가세를 보였다. 전문대학은 최고 14개 대학, 4년제 일반대는 2개 대학, 특수대학원은 8개 대학원에서 학과 및 전공이 운영 또는 설치되고 있었다. 이들 대학들의 교수진들은 거의 우리 학회에서 활발한 학술 활동을 하던 회원들의 노력에 의해 학과나 전공이 설치되는 경우가 많았고, 전임 교수로 봉직하거나 강의의 출강을 하고 있었다.

1990년대는 사단법인 등록(1991)을 계기로 학회 회무가 임의 단체에서 법인 체제의 적용을 받음으로써 학문의 공적 임무의 역할이 견고해졌다. 더불어 학회 내부와 국내에서 학술활동이 활발하던 때였다. 학술발표는 초창기부터 이어온 〈월례연구발표회〉(55차), 〈정기학술대회〉(9회), 학회지 『출판학연구』(통권 제41호), 〈한국출판학회보〉(통권 제33호)를 중심으로 학술 발표와 소통은 원활해 졌으며 제20회에 이르는 〈한국출판학회상〉은 권위를 더해 감으로써 학

---

1) 제6공화국의 정부들은 다음과 같으며 각 정권의 통치이념은 출판정책에 다대한 영향을 미친다. 제1기-노태우정부(1988.2~1993.2), 제2기-김영삼정부(문민정부, 1993.2~1998.2), 제3기-김대중정부(국민의 정부, 1998.2~2003.2), 제4기-노무현정부(참여정부, 2003.2~2008.2)이다. 해방 이후 우리나라 출판 정책의 흐름을 살펴보면 제1, 2공화국에서는 관리행정에 머물던 것에서 제3, 4, 5공화국에 와서는 적극적인 규제기능으로 바뀌었는데, 규제의 정도는 3, 4, 5공화국 순으로 심해지는데 이는 권위주의 체제의 정도와 비례하고 있다.

회는 중흥의 시대를 열어가고 있었다.

1990년대에만 국한하여 보더라도 국내 활동뿐만 아니라 국제 활동으로 동질의 학문을 연구하는 외국 출판학회와 학술적 교류를 넓혀가고 있었다. 제5회 국제출판학술회의 주최(서울, 1991), 제6회 참가(북경, 1993), 제7회 참가(마닐라, 1995), 제8회 참가(동경, 1997), 제9회 참가(말레이시아 쿠알라룸푸르, 1999)로 이어졌다. 한편, 제1회 한·중출판학술회의 참가(북경, 1995), 제2회 주최(서울, 1997), 제3회 참가(북경, 1999)로 지속되었다. 한편, 학회는 대형 연구용역 사업에 선정되어 금속활자의 발상지인 충북 청주시가 주최하고 의뢰한 국제인쇄출판문화학술회의(1995)를 성공적으로 주관함으로써 학술적인 성과를 거두면서 국내 및 국제교류에서 위상을 다져 나갔다.

학회 운영은 1989년에 취임한 윤형두 회장 체제에 의하여 사단법인으로 등록되면서 중흥의 기틀을 더욱 다져나갔다. 이어서 1995년에는 학회 창립회원으로서 주요 역할을 하였던 민병덕 교수가 회장으로 선임됨으로써 초창기부터의 학풍 계승이 이어지고 학술 활동은 활발하여 갔다. 1999년부터 국제통화기금(IMF)의 어려운 상황은 우리 학회에도 밀려왔고, 윤형두 고문이 다시 회장으로 중임됨으로써 새천년을 향한 안정기를 마련하여 갔던 시기였다.

2. 학회 중흥기의 전개와 발전

1) 남애 안춘근 명예회장의 타계와 학회

사단법인 한국출판학회 창립자 남애 안춘근 명예회장이 1993년 '책의 해' 아침 1월 22일 새벽 5시 중앙대학교 용산병원에서 영민의 길로 떠났다. 병중이던 남애 선생이 학회가 활발하던 시기에 결실의 기쁨도 함께 하지 못하고 홀연히 가셨다. 이 때에 학회는 창립 23년이 지나 도약의 큰 계기가 마련된 시기였다. 학회를 설립하고 국제적인 학회로 자리매김 하기까지 온갖 고초를 마다 않았던 남애 선생의 부음이 국내는 물론이고 국제 출판학계에도 많은 슬픔을 주었다. 선생님의 부음은 국내 12개 이상 중앙지와 지방지에서 위대한 출판학자 겸 서지학자의 타계를 크게 애도하였다.(남석순, 1993, p.344)

남애 안춘근(1927~1993)선생은 우리나라에서 처음으로 출판연구의 필요성을 주창하여 이 분야를 학문의 영역으로 이끌어 올린 선구자였으며 미지의 불모지를 개척한 실천자였다. 경험에 의한 출판보다 과학적이고 이론적 바탕에서 학문적 체계를 세우는 출판이론을 주장하고 최초의 출판학 저술인 『출판개론』(1963)을 집필하고, 최초의 출판학 논문인 「출판학원론」(1963)을 발표함으로써 출판학 연구의 이론적인 틀을 처음으로 제시하였다.

우리나라의 출판학 교육도 선생에 의하여 시작되었다. 선생은 자신이 독보적으로 연구하고 개발한 출판이론을 여러 대학과 대학원에서 교수하였으며, 1957년 서울신문학원에서 출판론 강의를 시작으로 이화여대, 중앙대, 한양대, 명지대, 경희대, 서울대 등의 관련 학과에서 많은 인재들을 육성하였다.(남석순, 2003, pp.26~27)

우리나라에서 출판의 이론적 체계를 위한 선생의 선구적이고 독보적인 시도는 당시 관심 있던 6명의 출판 편집자들과 공감을 이루어 1969년 동호회 한국출판연구회 결성으로 이어진다. 이로부터 약 3개월 뒤 한국출판학회가 창립됨으로써 출판의 과학적 연구를 위한 토착 자생 연구단체가 출발된다. 선생은 초대 한국출판학회 회장으로 추대를 받은 후 1989년까지 무려 20년간 온갖 열정과 정성을 다하여 희생적으로 학회를 이끌어 왔다. 우리 학회의 창립자로서, 학회의 책임자로서 그리고 선각 출판학자로서의 남애 안춘근 명예회장의 학문세계와 영역의 위상을 국내외 출판학자들을 통하여 다가서서 보고자 한다.

중국의 저명한 편집인이자 출판학자인 다이웬바오(戴文葆)는 "당신은 출판연구의 대 스승이다. 당신은 한국출판학회의 개창자이며 국제출판학술회의의 창도자 중의 한 분이다. 당신은 우리 동북아 국가와 동방세계 각국 인민의 손에 손을 잡고 공동으로 발전하길 희망했다 … 당신은 유학을 하지도 않았으면서도 세계의 신사조를 흡수하였고, 동시에 우리 중국과 협동하여 우호적인 조직을 만들었으며 … 당신이 창도한 연구 분야에 많은 후계자들이 뒤따르고 있는 것이 그 증거이다."(다이웬바오, 2003, pp.55~56)[2]라며 남애를 출판연구의 큰 스승으로 경의를 표하면서 자신이 병중이라 10주기 추모제에 참석 못함을 애석해 하면서 북경 협화병원 병상에서 쓴 편지에는 다이웬 선생의 진심이 시리도록 서려 있다.

일본출판학회 회장 재임 때 남애 선생과 함께 국제출판학술회의를 창립하였던 시미즈 히데오(清水英夫) 교수는[3] 1984년 10월 제1회 국제출판학술회의(서울)의 '뉴미디어 발달에 대처해야 할 출판산업'라는 남애의 주제 발표를 다음과 같이 인용한다. "장래 지식이나 정보의 한 분야에서 컴퓨터를 이용하는 미디어가 비 온 뒤의 죽순처럼 출현할지도 모른다. 그러나 재래의 출판이 종말을 맞이하는 일은 없을 것이다.… 물론 뉴미디어를 무시할 수는 없다. 또 무시할 필요도 없다. 그보다도 이것을 선용함으로써 출판 활동의 활성화를 도모하는 것이 시대의 요청이다"라고 회고하면서 이 글을 일본출판학회 회보 54호에 게재하였다고 밝혔다(시미즈 히데오,

---

2) 다이웬바오 선생은 2002년 12월 29일, 북경 협화병원의 병상에서 출판학의 큰 스승이신 안춘근 선생을 간절히 생각하며 10주기를 추모한 글이다.

3) 시미즈 히데오(清水英夫) 전 일본출판학회 회장이 2001년 10월 〈제1회 남애 안춘근 출판저술상〉 수상 및 제10회 국제출판학술회의 참가를 위해 방한했을 때, 남애 선생의 김포 묘소에 참배를 원하여, 필자가 다리를 다친 상태였으나 수유리 아카데미하우스에서 왕복 운전으로 안내한 적이 있으며 귀국 후 깊은 감사의 편지를 보내 왔다.

1997, p.391). 차기 일본출판학회 회장이었던 미노와 시게오(箕輪成男) 교수는 남애의 학문에 대하여 평가 한다. 남애 출판학(광의)의 특색을 첫째, '폭넓음'은 연구 대상이 출판과정, 출판 환경, 출판기능, 사회적 기능까지 다채롭다는 점이다. 둘째, '종합의 학문'으로 출판현상의 전 영역을 종합적인 관찰과 해석 형태를 지니고 있다는 점이다. 셋째, '신념의 학문'은 관찰을 넘어 일정한 가치관에 근거한 실천이 있다는 점이다. 넷째, '실증성'으로 출판 현장의 경험이 풍부하 다는 점이다. 다섯째, '선진성'으로 남들이 가지 않는 길을 찾아 출판학이라는 새로운 영역 선 두에 서는 파이오니아적인 역할을 했다는 점이다(미노와 시게오, 2003, pp.44~45). 미노와 교 수는 남애 출판학(광의)의 특색으로 5가지를 요약 하면서 이러한 특색을 거론하는 이유에 대 하여 각각의 근거를 기술하면서 설명하고 있다.

한국출판학회 전임 회장인 민병덕 교수는 "남애 안춘근 선생은 출판학의 선구자이시다. 남 애 선생은 출판을 이론화하고 과학화해야 한다는 뜻을 누구보다도 일찍부터 제시하셨다. 아 무도 그런 생각을 하지 못했던 당시에 남애 선생은 선구적으로 출판의 이론화, 학문화를 주장 하셨다."(민병덕, 2008, p.16)는 글은 당시 창립회원으로서 남애와 가까이에서 함께 연구하였 던 민 교수의 증언이다. 한편 한국출판학회 전임 회장인 윤형두 고문은"남애 선생님은 1963년 에 출판개론을 출판하면서도 출판학개론이란 '학'을 넣지 않으셨던 것은 넣지 못하였던 것이 아니라 그 때의 상황이'학'이란 말을 넣을 수 없었다는 말씀을 하신 적이 있다."(윤형두, 2003, p.8)라고 회고하고 있음을 볼 때 남애 안춘근의 출판학에 관한 개념은 당시에도 확고히 세워 져 있는 것으로 보인다.

이강수 한양대 명예교수는 "만일 그 분이 출판학을 일찍부터 일구어 놓지 않으셨다면 오늘 날 우리나라의 학문 영역에 출판학이라는 학문이 과연 존재하고 있을까? 이런 생각을 해보면 참으로 아찔한 생각이 들고 그런 점에서 한 사람의 선구자가 역사의 물꼬를 트는데 얼마나 큰 역할을 하는 것인가를 새삼스럽게 실감하게 된다 …안춘근 선생님은 사회학의 시조 오규스트 꽁트(A. Conte)나 매스커뮤니케이션을 사회과학의 한 개별 과학으로 이끌어 올린 윌버 슈람 (W.Schramm) 보다도 더 외롭게, 더 거친 학문적 황야에서 출판학을 부르짖어 시다가 가신 분 이다."(이강수, 1997, pp.426~427)라면서 한국에서도 한 사람의 선구자가 있어 출판을 학문의 영역으로 이끌어 올린 남애의 업적에 대하여, 당시 학문적 멸시와 천대를 극복하면서 사회학 이나 매스커뮤니케이션을 사회과학의 한 영역으로 성립시킨 두 학자들보다도 훨씬 더 외로운 학문의 황야를 살다 간 분으로 기술한다.

한편, 한국출판학회 전임 회장이었던 이종국 교수는 남애 안춘근이 출판학에서 지향하고 자 했던 바를 다음의 아홉 가지로 요약하고 있다. "첫째, 우리나라에서 처음으로 출판학이라 는 영역의 명칭을 사용했다. 둘째, 출판연구의 필요성을 처음으로 주장하여 영역의 학문을 배 양케 하는 기틀을 제공하였다. 셋째, 출판교육의 필요성을 처음으로 주장하여 이를 고등교육

기관에서 실현해야 한다는 일관된 주장을 폈다. 넷째, 출판교육을 뒷받침하는 필수 교과목을 처음으로 구안(究案)하여 학계와 교육계에 제시했다. 다섯째, 출판학 강좌를 처음으로 개설하여 첫 교수자로서 많은 후진을 양성, 배출했다. 여섯째, 출판학 분야의 이론서를 처음으로 저술, 발표했을 뿐만 아니라, 관련 노작이 48책에 이르는 등 우리 학계와 독서계에 광범한 영향을 끼쳤다. 일곱째, 한국출판학회의 창립을 주도하여 초대 회장을 역임하는 등 학회 발전을 위해 크게 공헌했다. 여덟째, 전문적인 출판 연구지인 '출판학'을 창간하여 출판연구의 중심적 매체로 발전하는데 기여했다. 아홉째, 국제출판학술회의의 창설을 제안, 주최하는 등 출판학의 국제교류을 열게 한 공로자이다."(이종국, 2003, pp.57~76)라면서 남애의 학문과 업적을 정선하여 요약하고 있다.

중국, 일본, 한국의 여러 출판학자들이 말하는 남애 선생의 다양한 업적중에서 출판학 연구의 선구자라는 점에서는 일치된 견해들을 보인다. 우리 학회에서 남애 선생을 추모하는 이유는 이강수와 이종국 교수의 글처럼 출판학 연구의 첫 주창자, 출판학 교육의 첫 교수자, 출판학 이론서의 첫 저술자, 한국출판학회의 창립자, 출판학 연구지의 첫 창간자, 국제출판학술회의의 창설자로서의 업적을 존경하기 때문이다.

남애 선생의 타개 이후 추모 사업은 윤형두 고문을 중심으로 서지학회 등 관련 학회와 출판계를 통하여 전개되어 왔으며, 기념사업회와 추모제를 통한 이두영 선생의 노력이 많았다. 우리 학회는 2019년 6월, 창립 50주년을 앞두고 남애 선생의 기념도서를 출판하기로 결의하고 집필자 선정을 위해 회원들의 공모를 통하여 이종국 교수를 선정한 바 있다. 이 교수는 국내에서 누구보다도 남애 연구를 많이 하였고 남애의 일대기 자료들을 집성한 적임자이다. 이종국 교수에 의해 우리 학회의 창설자 남애 안춘근 선생의 출판과 출판학 연구, 책과 더불어 살아간 삶을 다룬 『남애 안춘근의 생애와 학문』(이종국 씀, 사단법인 한국출판학회 펴냄)의 출간을 앞두고 있다.

한편, 안춘근 명예회장이 타계한 약 5개월 후 1993년 6월 20일 우리 학회 주관으로 선생의 훈도를 받은 후학들 및 선생의 유택을 참배한 참석자들이 선생의 업적을 기리기 위한 사업을 전개하기로 결의하고 발기위원회 구성하고 남애출판문화상 운영위원회를 결성하였다(위원장 윤형두). 이후 2000년에 남애출판문화상 운영위원회를 남애안춘근선생기념사업회로 개편하고 '남애출판저술상'제정하였다. 2004년에는 시상 범위를 확대하기 위해 상의 이름을 '남애출판문화상'으로 다시 변경하여 상의 범위와 위상을 격상시켰다. 안춘근 초대회장 겸 명예회장의 업적을 기리는 일들을 우리 학회에서 주도하였으나 이후 별도의 기념사업회가 구성되어 운영되다가 2015년 10월 9일 한국출판학회가 다시 남애안춘근선생기념사업회 일체의 권리와 임무를 이양 받아 지금에 이르고 있다.

2) 한·중출판학술회의 정례화

1995년에 들어서면서 우리 학회는 또 하나의 중요한 국제 교류를 실현한다. 그 해 1월 5일 북경에서 개최된 제1회 한·중출판학술회의가 그것이다. 한·중출판학술회의는 중국출판과학연구소와 한국출판학회의 쌍방 간의 학술적 교류이다. 이 국제회의는 당시 우리 학회의 상임이사였던 이종국(회장 역임) 교수가 추진하여 실현을 보았으며 한·중 수교 이후 우리나라에서 처음으로 이룩된 국제 학술회의이기도 하다. 죽의 장막에 있던 중국 출판학자들과의 첫 접촉은 1989년 10월 동경에서 개최된 제4회 국제출판학술회의 때였으며, 1992년 한·중수교가 성립되고 이듬 해 8월 26일부터 제6회 국제출판학술회의가 북경에서 열리게 되었다.

정례적 교류를 전제로 제1회는 북경에서 열렸는데 이는 한국출판학회의 내부 사정이 여의치 못한 관계로 첫 회를 중국에서 개최하기로 한 것이다. 이후 이 국제학술회의는 2019년 현재 20회에 이르는 등 큰 발전을 거듭하고 있다. 한·중출판학술회의는 해를 바꿔 양국을 서로 오가며 매년 열리고 있으며, 이는 두 기관들의 교류에만 그치는 것이 아니라 양국의 출판산업과 출판학 연구에 매우 큰 영향을 주고 있다.

3) 한국 출판학 교육의 중흥

1990년대는 출판의 자유화 경향이 강해지면서 출판산업의 활성화가 이루어지던 시기였다. 출판의 활성화가 이루어짐에 따라서 전문대학, 일반대학, 특수대학원에서 출판 관련 학과와 전공 설치가 활발하였으며, 1990년대에서 가장 많은 증가세를 보였다. 1990년대에서 출판학 교육은 전문대학은 최고 14개 대학, 4년제 일반대학교는 2개 대학, 특수대학원은 8개 대학원에서 학과 및 전공이 운영 또는 설치되고 있었다.

출판교육의 필요성에 대하여 안춘근, 민병덕 교수 등에 의해 제기된 이후, 대한출판문화협회와 우리 학회에서 출판 전문인 육성을 위하여 4년제 정규대학의 출판학과 설립을 주장해 왔다. 출판교육의 필요성과 중요성에 대하여 가장 논리적이고 지속적으로 건의한 곳은 한국출판학회였다. 우리 학회는 1969년 창립 초창기부터 대학의 출판학과 설치를 4대 중점 사업으로 정하고 꾸준하게 출판교육의 필요성을 제기하여 왔던 것이다. 1988년부터 1993년까지는 한 해도 거르지 않고 '4년제 정규대학 출판학과 신설 건의서', '학부과정에서의 출판학과 설치를 위한 건의서'를 매년 청와대, 국회, 교육 당국과 전국 대학 총(학)장에게 지속적으로 건의하여 왔다. 우리 학회의 계속된 건의는 출판산업의 활성화가 이루어지면서 전문대학, 대학, 특수대학원에서 출판 관련 학과와 전공 설치에 큰 영향을 끼치게 된다.

한국의 출판학 교육은 우리 학회의 회원들이 중심이 되었다고 말하여도 과언은 아닐 것이다.

668 _ 제2편 한국출판학회 활동사

출판학 교육의 길을 처음으로 열어간 안춘근 교수를 비롯하여 전문대학의 교수진의 절대 다수와 대학 출판학과의 교수, 특수대학원의 일부 교수진들은 우리 학회 회원들이 처음으로 학과의 문을 여는데 참여하고 제자들을 가르치고 출판계에 배출해 왔다. 출판교육은 출판연구와 동전의 두 면과 같은 긴밀한 관계에 있다. 출판연구 없이 출판교육이 있을 수 없고, 출판교육 없이 출판연구가 어렵다고까지 말할 수 있다. 출판교육은 출판연구와 같은 수준으로 강조되어야 하며 우리 학회가 출판학과의 설치를 학회 창립기 이전부터 꾸준하게 전개해 온 배경이 여기에 있었고 1990년대에 이르러 결실을 보게 된 것이다. 하지만 한국의 출판학 교육은 전문대학과 특수대학원의 이원화 체제로 지속되기 때문에 출판산업의 발전을 위해서 4년제 정규대학에 출판학과 설치는 반드시 이루어져야 할 과제이다.[4]

4) 사단법인 한국출판학회 시대

1990년대 우리 학회의 획기적인 발전 계기는 사단법인 등록이었다. 논의의 시작은 1990년 5월 26일에 개최된 1990년도 제1차 이사회에서 본 학회의 발전을 보다 활성화하자는 방안이 논의되면서 사단법인으로 등록하자는 안건이 상정되었다. 이 안건은 총회를 거친 다음 회장이 추진하도록 일임되었다.

약 2개월 후인 1990년 7월 13일 출판문화회관에서 개최된 1990년도 정기총회에서 여섯 번째 안건으로 사단법인 등록에 관한 건이 상정되었고, 참석회원들의 결의에 따라 절차와 방법이 구체적으로 논의되기 시작하였다. 1990년도 정기총회 이후 두 번째로 열린 1990년 12월 13일 제2차 이사회에서 그동안 논의되어 온 학회의 법인화에 대한 구체적이고 실질적인 현안을 협의하고 결의하기 위해서 2차 이사회를 사단법인 한국출판학회 발기이사회로 삼아 개최하게 되었다. 출협 3층 회의실에서 열린 이날 이사회에서는 다음과 같은 내용이 의결되었다.

윤형두 회장의 임시사회에 따라 정관(안), 설립취지문, 사업계획서 및 예산서 등에 관한 건이 보고되었다. 윤형두 임시의장은 참석이사 전원의 찬성으로 사단법인 한국출판학회 발기인 대표로 의결 선출되었다. 윤 대표는 위의 정관(안) 등 일건 서류를 발기이사회에 상정했다. 이에 따라 자구 등 면밀한 심의 및 수정을 거쳐 제반 상정 안건의 통과를 보았다. 이어서 상정된 설립취지문은 독회를 거쳐 참석이사 전원의 찬성으로 통과되었다.

사단법인 발기 이사회에 참석한 이사는 다음과 같다.

---

4) 1990년대 전문대학, 대학, 특수대학원의 출판학과 및 관련 전공의 설치에 관한 자세한 현황은 제1편 연구사 제2부 부문별 출판학 연구사 1절 출판학원론(출판본질론 및 출판교육론) 부분을 참조하길 바란다.

안춘근, 윤형두, 한승헌, 민병덕, 황병국, 하동호, 오경호, 정봉구, 김희락,

김형윤, 이정춘, 김양수, 김미령, 이종국

이후 정관에 기재된 당시 발기인들을 살펴보면 다음과 같다.

설립발기인 대표 : 윤형두

발기인 : 김미령, 김양수, 김형윤, 김희락, 나중렬, 민병덕, 안춘근, 오경호,

윤병태, 이정춘, 이종국, 정봉구, 한승헌

한편, 발기인들이 공동으로 발의한 사단법인 한국출판학회 설립취지문과 사단법인 한국출판학회 정관을 살펴보면 다음과 같다.

사단법인 한국출판학회 설립취지문

출판은 인류문화발전의 기간이며, 문화내용에 대한 확산행위의 중심적 방법이다. 출판의 역할은 인류가 이룩한 문화업적을 보존·전달하는 표현행위이며, 당시대인이 추구하는 이념과 일의 창조적 표현인 동시에 이를 후세에 전승하는 증거행위이다.

출판의 목적은 사고·보존·전달로 이루어지는 발전행위에 본질을 두며, 이는 선택·제작·분배행위로 형성되는 문화 활동으로 이행한다는 데 있다.

이러한 일들에 바탕을 둔 출판학은 출판에 관련된 여러 분야의 역사적·현상적인 면을 조사, 연구하여 학문적으로 체계화하고 과학화함으로써 출판문화 발전에 기여함을 중심과제로 삼는다.

오늘날 제과학의 첨예한 발전 속에서 출판과 출판학의 발전 또한 가속화되어야 한다. 우리의 당면 문제는 미래지향적인 출판풍토를 조성하는 데 힘써 정진하고, 이를 위한 실질적인 대안과 개발이론을 적극적으로 제시하는 일이다.

그리하여 출판과 관련된 심도 있는 조사, 연구를 거듭하는 가운데, 국제화시대에 있어서의 출판연구와 학적·인적 교류사업을 적극화해야 한다.

한국출판학회는 이상과 같은 취지로, 회원의 뜻을 모아 한국출판학회를 사단법인 한국출판학회로 발족한다.

1991년 5월

사단법인 한국출판학회

설립발기인 대표 윤형두

위와 같은 취지를 반영하여 마련된 정관은 모두 8개장에 걸친 36개조의 본문과 2개조의 부칙으로 이루어져 있다. 그 내용은 총칙·회원·임원·총회·이사회·조직·재정·부칙으로 구성되었다. 1991년 5월 13일, 마침내 당시 문화부에 의해 허가번호 제62호로서 법인 설립이 허가되었으며, 5월 27일에는 법원등기부사의 법인 등록이 완료됨으로써 명실상부한 사단법인 한국출판학회의 시대가 개막되기에 이르렀다.[5]

학회 발전의 큰 발판을 마련한 사단법인 등록은 당시에 임의 단체였던 학회를 법인체제 회무 운영의 학회로 올려놓았으며, 한국에서 출판학 연구의 대표적 단체로서 공인받게 되었다. 학회는 사단법인 체제를 적용하기 위해 학회 회무에 법인 업무를 적용하였으며, 창립 이후 전통적으로 매년 6월에 개최되었던 정기총회도 매년 2월 개최로 변경되었다.

5) 민병덕 회장 선임과 윤형두 전임 회장의 중임

민병덕 교수의 회장 선임(1995)은 안춘근 회장과 더불어 창립 초기의 주요 회원으로서 우리 학회 학풍의 계승과 학문적 발전의 큰 계기를 맞게 하였다. 1995년 정기총회에서는 우리 학회 창설의 주역이었던 민병덕 교수가 회장으로 선임되어 4년간 헌신하였다. 민 회장은 본 학회 30주년 기념사업을 위한 기념사업추진위원회 구성, 제2회 한·중출판학술회의 국내 주최, 청주시에서 의뢰한 대형 학술사업인 국제인쇄출판문화학술회를 매우 짧은 4여 개월 만에 성공적으로 주관함으로써 우리 학회의 위상을 높이는 데 크게 기여하였다.

1990년대 후반에 밀어닥친 국제통화기금(IMF) 사태는 문화산업인 출판에 직접적인 타격을 주었고, 출판학 연구 단체인 우리 학회에도 심대한 영향을 주었다. 출판학 교육도 급변속에서 밀려 전문대학, 대학, 특수대학원에 설치되고 있던 출판 관련 학과와 전공이 폐과되거나 다른 유사 학과에 통합되어 갔다. 우리 학회도 일정기간은 침체를 금할 수 없었던 기간이기도 하였다. 1999년 정기총회에서는 출판학 연구에서 재정의 어려움과 학회의 안정을 위하여 윤형두 회장이 다시 중임(重任, 1999)되어 1990년대 후반 학회 발전과 30주년 사업 등 우리 학회의 새 세기의 도약을 위해 2002년까지 학회의 어려움을 적극적으로 헤쳐 나가게 된다. 어려움 속에서도 학회는 지속 가능한 성장과 새로운 세기를 향한 도약을 멈추지 않았고, 새로운 세기를 준비하고 새 세기를 넘어서는 발걸음을 쉬지 않았다.

---

5) 사단법인 등록에 대해서는 김기태, 학회의 중흥(1990~1999)」, 『한국출판학의 사적 연구—한국출판학회 30년사』, pp.524~526, pp.555~556을 인용함.

3. 중흥기의 학회 활동

중흥기(1990~1999)의 학회 활동을 학회 운영, 학회 사업, 학술 활동 등 3가지로 나누어 살핀다. 이 가운데 학술 활동과 학회 사업은 제3부 국내외 학술 활동사와 중복될 우려가 있으므로 대체로 간략히 하고 학회 운영을 중심으로 기술된다.

1) 학회 운영

(1) 임원의 구성 변동

① 1989년 정기총회에서 안춘근 회장이 명예회장으로 추대되고, 윤형두 신임 회장이 선출되면서 1990년 학회 임원진과 분과위원회의 구성은 다음과 같다.

명예회장 : 안춘근(중앙대 신문방송대학원 교수)
회　　장 : 윤형두(범우사 대표)
부 회 장 : 한승헌(한국저작권연구소 소장, 변호사)
부 회 장 : 민병덕(혜전전문대 출판과 교수)
총무이사 : 이철지
이　　사 : 김희락, 나중렬, 정봉구, 팽원순, 하동호, 황병국
감　　사 : 이두영, 김미령
사무국장 : 이종국

[분과위원장]
기획분과 위원장(오경호)　　　　출판경영분과 위원장(고덕환)
잡지분과 위원장(김양수)　　　　출판미술분과 위원장(김형윤)
서지분과 위원장(윤병태)　　　　저작권분과 위원장(이중한)
국제분과 위원장(이정춘)　　　　전자출판분과 위원장(이기성)
출판사(史)분과 위원장(이종국)

② 1992년에는 사단법인 정관에 의거, 정기총회의 동의를 받아 분과위원장 겸 이사 보선이 있었다. 9개 분과 중에서 공석 3개 분과 위원장 및 사무국장의 신규 임명이 있었다.

출판경영분과위원장(나중렬)　　　전자출판분과위원장(김희락)
저작권분과위원장(전영표)
사무국장 : 남석순
간사 : 이정화(범우사)

③ 1993년도는 이사 보선과 총무이사 직책이 없어지고 간사 임명이 있었다.

이사(정봉구)　　　　　　　　총무이사(직위 삭제)
총무간사(김경일)　　　　　　홍보간사(김희운)

④ 1995년도 민병덕 교수가 회장으로 선임되면서 위촉된 임원진과 분과위원회의 현황은 아래와 같다.

회　　장 : 민병덕(혜전전문대 출판과 교수)
고　　문 : 윤형두(중앙대 신문방송대학원 객원교수, 범우사 대표)
명예회장 : 한승헌(한국저작권연구소 소장, 변호사)
부 회 장 : 윤병태(충남대 문헌정보학과 교수)
부 회 장 : 이정춘(중앙대 신문방송학과 교수)
이　　사 : 김병준, 김양수, 김형윤, 남석순, 노병성, 박원동, 박충일, 오경호, 이기성, 이두영, 이
　　　　　종국, 이창경
감　　사 : 김미령, 윤세민
사무국장 : 김경일

[분과위원회]
기획분과위원장(오경호)　　　출판경영분과위원장(나중렬)
잡지분과위원장(김양수)　　　출판미술분과위원장(김형윤)
서지분과위원장(윤병태)　　　저작권분과위원장(전영표)
국제분과위원장(이정춘)　　　전자출판분과위원장(김희락)
출판사분과위원장(이종국)　　출판교육분과 위원장(민병덕)

⑤ 1996년도 정기총회에서 민병덕 회장이 정관상으로 이사의 수가 20인 이내 이지만, 현재 17인 이므로 3명의 이사를 선임할 수 있고, 학회 발전과 학문적 업적이 높은 분을 천거하겠다

고 아래 두 분의 이사를 추천하여 의결되었다.

　　이사: 허희성　　　　　　　　이사: 김미령

　⑥ 1997년도에는 우리 학회 정관 개정에 따라 상임이사가 신설되었으며 신임 사무국장 위촉이 있었다.

　　상임이사: 이종국(편집이사), 남석순(연구이사)
　　김두식 사무국장의 후임으로 김기태 회원을 사무국장으로 위촉

　⑦ 1999년도에 윤형두 전 회장이 중임(重任)되면서 구성된 임원진과 분과위원회 현황은 아래와 같다.

　　회　　장: 윤형두(중앙대 신문방송대학원 객원교수, 범우사 대표)
　　고　　문: 민병덕(혜전전문대 전자출판과 교수)
　　　　　　　윤병태(충남대 문헌정보학과 교수)
　　명예회장: 한승헌(감사원장, 변호사)
　　부 회 장: 이종국(혜천대학 출판학과 교수)
　　상임이사: 남석순(편집이사), 노병성(연구이사)
　　이　　사: 강해작, 고영수, 김병준, 김선남, 김승일, 김정숙, 김형윤, 남석순, 노병성, 박원경, 박
　　　　　　　원동, 안철주, 이기성, 이두영, 이종수, 이창경
　　감　　사: 김두식, 윤세민
　　사무국장: 김기태

[분과위원장]
　　기획편집분과위원장(이창경)　　　출판경영분과위원장(강해작)
　　잡지분과 위원장(고영수)　　　　출판미술분과위원장(김형윤)
　　출판역사분과위원장(윤형두)　　　저작권분과위원장(박원경)
　　국제분과위원장(박원동)　　　　　전자출판분과위원장(이기성)
　　출판교육분과위원장(김정숙)　　　출판정책분과위원장(이종수)

(2) 학회의 주요 회무

① 1990년도 주요 회무는 (1) 학회를 사단법인체로 등록하는 일 (2) 제5회 국제출판학술회의 개최에 차질 없는 추진이었다. (1)은 본 학회의 활성화를 위하여 사단법인으로 등록하자는 이사회의 논의가 있었으며 이 문제는 총회를 거쳐 회장이 추진하도록 일임되었다. (2)는 1991년에 예정된 제5회 국제출판학술회의 개최를 위한 추진위원회를 발족하기로 결의하였다. 개최 시기는 1991년 10~11월 사이로 하고 일본과 중국에서 권위 있는 출판학자 각각 2~3명, 연변 교포 출판인 2명을 초청하기로 하였다.

② 1991년도 정기총회는 본 학회가 사단법인으로 발족된 후 처음으로 개최하는 총회였다. 지난 해 7월 13일 총회에서 사단법인 발족을 결의하였고, 12월 13일에 발기이사회를 개최하였고, 1991년 5월 13일에 문화부로부터 사단법인 허가를 받았으며, 6월 27일에 법인등기를 완료하였음을 보고하였다.

이에 앞서 사단법인 발족에 따른 회칙 개정(정관) 및 임원 개선이 회부되었는데 민병덕 부회장이 임시의장으로 사회를 보았다. 안춘근 명예회장이 이미 1990년 총회에서 사단법인의 전환을 결의했고, 이사회에서 심의되었으며, 문화부 당국에서 허가된 사항을 1991년 6월 27일자로 법원에 등기를 완료하여 회칙과 임원의 법적 승인이 이루어졌기 때문에 참석회원 전원이 원안대로 확정해 줄 것을 동의하여 박수로써 결의하였다.

③ 1992년도 정기총회에서는 1991년 제5회 국제출판학술회의의 성료에 대한 회장의 감사 인사가 있었다. 앞서 이사회에서는 사단법인체 정관에 10~20명까지 둘 수 있는 이사 보선은 정기총회 의결을 거쳐 회장단에 위임하기로 하였다. 아울러 본 학회의 정관상 회계연도가 1월 1일~12월 31일까지 되어 있어, 문화부 사단법인 업무보고 시기(매년 1~2월) 상 문제가 있어 현재 6월 정기총회의 시기를 1~2월로 개최키로 하였다.

④ 1993년도 정기총회는 우리 학회의 관례에 따라 매년 6월에 개최해야 하지만, 문화부 법인 업무기간과 맞지 않아 금년 6월에는 갖지 않고, 내년 1994년 2월 중에 개최하며, 매년 이에 준하여 정기총회 및 한국출판학회상 시상식을 갖기로 하였다.

⑤ 1994년도 정기총회는 3월에 개최되었는데 1992년 6월부터 1993년 12월까지 1년 6개월 간의 결산과 1994년도 사업계획을 의결하는 총회였다. 앞으로 사단법인 회계연도로 인하여 매년 초에 정기총회가 개최됨을 보고하였다.

⑥ 1995년 정기총회에서는 회장의 임기만료에 따른 회장 및 감사의 선출이 있었다. 임시의장이 임원 개선의 회의를 개최한 결과, 신임 회장에 민병덕 현 부회장(혜전대 출판과 교수), 명예회장에 한승헌 부회장, 고문에 윤형두 전회장이 전원일치의 결의로 추대되었다. 학회 정관에 부회장 2인, 이사들은 총회에서 선출하게 되어 있지만 신임회장이 고문, 명예회장과 협의

하여 선임함에 전원 동의하고 찬성하였다. 이어서 감사 임기가 일 년 남았으나 이사와 감사는 같은 시기에 선출함이 마땅하다는 동의와 더불어 김미령, 윤세민 회원을 추천하자 전원 찬성하여 통과되었다.

⑦ 1996년 2월 정기총회에 이어서 임시총회가 10월 5일(토) 제7회 출판학술세미나(중앙대 정경대 AV룸)가 종료된 직후 개최되었다. 〈안건 1〉은 한·중출판학회의 추경 예산 의결 〈안건 2〉는 이사 및 감사 선출 확인의 건 〈안건 3〉은 상임이사 신설 정관 개정 건이었다. 〈안건 1〉은 초청 대상으로 중국출판과학연구소 吳克明 소장 외 2인으로 예산은 회원회비, 회원 찬조금, 관련기관 협찬으로 진행하기로 의결되었다. 〈안건 2〉는 2월 24일 정기총회에서 선출된 이사 김미령, 허희성, 감사 박원경에 대한 선출을 재확인한 것이다. 〈안건 3〉은 2월 정기총회에서 의결된 상임이사 신설에 따른 정관 개정안에 대하여 문체부의 수정 요구에 의해 재수정한 안건이 의결되었다.

⑧ 1997년 2월 정기총회에서 민병덕 회장이 본 학회 30주년 기념사업을 위한 기념사업추진위원회 구성을 제의하면서 회원의 동의에 따라 추진위원장에 윤형두 고문이 선임되었다. 추진위원회는 구체적인 조직은 윤형두 위원장이 추후 구성하고 30주년 기념사업 추진안을 다음과 같이 범위로 정하였다. ㉮ 30년사 편집위원회는 현 편집위원회를 주축으로 구성하며, 자료수집, 편집, 제작, 발간 등을 담당한다. ㉯ 기금조달은 윤형두 고문과 민병덕 회장 등이 활동하며 ㉰ 연보, 일지작성, 30년사초 정리 ㉱ 국제세미나 유치 ㉲ 출판학연구에 게재된 논문 자료와 출판학 관련 논문의 CD-ROM 화 작업 등의 노력을 경주한다.

한편, 한·중출판학술회의 개최(제2회)는 1997년 1월 21일 출판문화회관에서 열렸다. 한·중출판학술회의의 성사를 위하여 이종국 이사의 많은 노력이 있었으며, 1996년 10월 5일 임시총회(중앙대)에서 학회 차원에서 정례화와 예산 집행이 의결된 적이 있다. 제2회 이후 한·중출판학술회의(한국측 공식 명칭)는 정례화의 길을 걷게 된다.

⑨ 1998년 정기총회에서 민병덕 회장은 1998년은 국가경제가 어려운 시기인 만큼 우리 학회도 알찬 계획 속에서 효율적으로 운영되기를 바란다고 하였다. 남애 안춘근 선생 5주기를 맞이하여 '97출판학연구를 추모 논문집으로 간행하였음을 보고하고, 조직된 안춘근 선생 추모사업회도 원활하게 추진되어 제1회 남애저술상을 보게 되기를 바란다는 요지의 인사말이 있었다.

⑩ 1999년 정기총회의 가장 큰 안건이었던 신임 회장을 비롯한 임원 선출순서가 있었다. 민병덕 회장이 올 해로 임원들의 임기가 만료됨을 알리고 원활한 학회 운영을 위해 우선 정기총회에서 신임회장 및 감사를 선출하자고 제안한 다음, 회장 후보를 추천해 줄 것을 회원들에게 요청하였다. 전임회장이자 현재 고문으로 물심양면 학회 발전을 위해 도움을 주었을 뿐만 아니라, 학회 창립 30주년을 맞이하여 학회의 중흥을 이끌 적임자라는 취지로 윤형두 고문이 추천되었다. 회원들이 박수로써 찬동하고, 민병덕 회장이 이의 없음을 확인한 후 윤형두 고문이 임

기 4년의 차기 회장으로 선출되었음을 선언하였다.

(3) 정관의 개정 변화

① 1990년 7월 정기총회에서 회칙 개정이 있었는데 개정 가결된 조항은 제8조 3항의 분과위원장 겸 이사 7인을 9인으로, 제11조에서 출판사 분과위원회 및 전자출판분과위원회의 신설, 부칙 9항의 신설이었다(1990년 임원 현황 참조).

② 1991년 정기총회에서 사단법인 발족에 따른 회칙 개정(정관) 및 임원 개선이 있었는데 이미 1990년 총회에서 사단법인 전환을 결의했고, 이사회에서 심의되었으며, 문화부 당국에서 허가된 사항을 1991년 6월 27일자로 법원에 등기를 완료하여 회칙과 임원의 법적 승인이 이루어졌기에 전원이 신설된 정관을 원안대로 의결 하였다. 이어서 정관상 이사가 10~20인(회장, 부회장 포함)으로 되어 있으나 현재 12인 이므로 추후 정족수까지 선임은 회장단에 위임되었다.

③ 1994년 정기총회에서 정관 개정이 있었다. 정관 제18조(총회소집) ①항에서 정기총회를 매년 7월 중 소집을, 매년 1회 2월 중 소집으로 개정 상정한 후 참석회원 전원 승인하였다. 정관 24조(분과위원회) 중 현재 9개 분과위원회에서 출판교육분과위원회를 증설하여 10개 분과위원회로 상정하여 의결되었다.

(4) 회원의 증가 추이

중흥기(1990~1999) 회원수 추이									
연도	1990	1991	1992	1993	1994	1995	1996	1997	1998	199
회원	112	115	130	142	152	158	161	-	-	175

※1990~1999년 『출판학연구』에 게재된 회원 명단에 의하여 파악되었음.
※1990년 이전인 1989년 정회원 96명과 특별회원 4개사 계 100명이었음.

우리 학회의 회원 수는 출판학이라는 전공 영역 분야의 협소성에도 불구하고 꾸준한 증가세를 보였다. 1989년 단체회원 포함 100인 이었는데 1999년에는 175인으로 늘어났다. 1997~98년도에는 자료가 없어 파악이 어렵고, 1991~93년도에 회원 증가의 상승폭이 다른 해에 비하여 조금 높았다. 정관에 따르면 회원은 정회원, 준회원, 특별회원으로 구분되며 현재는 정회원이 대부분이며 준회원은 없고 특별회원은 단체회원으로서 최고 7개사를 넘지 않았다.

2) 학회 사업

(1) 출판 활동

① 학회지 출판학연구 간행

중흥기에 해당하는 1990~1999년까지 간행된 학회지 『출판학연구』의 통권 및 수록 논문은 아래와 같다.

제 호	통 권	수록 논문	발행일	발행처
'90출판학연구	통권 제32호	6편	1990.12.30	범우사
'91출판학연구	통권 제33호	16편(제5회 국제출판학술회의 발제논문 포함)	1992.1.20	범우사
'92출판학연구	통권 제34호	8편	1992.12.30	범우사
'93출판학연구	통권 제35호	9편	1993.12.27	범우사
'94출판학연구	통권 제36호	11편	1994.12.10	범우사
'95출판학연구	통권 제37호	12편(제7회 국제출판학술회의 포함)	1995.12.20	범우사
'96출판학연구	통권 제38호	8편	1996.12.13	범우사
'97출판학연구	통권 제39호	14편(제8회 국제출판 및 제2회한중학술 논문포함)	1997.12.31	범우사
'98출판학연구	통권 제40호	5편	1998.12.20	범우사
'99출판학연구	통권 제41호	12(제3회 한중출판 학술회의 논문포함)	1999.12.20	범우사

② 학회보 발간

우리 학회의 회보는 1996년 12월까지 통권 32호를 발행한 이후 잠시 발행이 중단되었다가 1999년 5월 10일에 통권 34호가 발행되었다. 이후에도 제호와 통권은 이어 가지만 부정기적으로 발행되고 있다. 학회보는 '한국출판학회 월례연구발표회보'로 간행하다가 1987년 8월 28일자 제44차 월례연구발표회부터는 '한국출판학회보'로 개칭하여 발행하여 왔다. 당시 이 학회보는 학술연구발표회를 위한 기초자료로서 회원용으로 간행하였다. 보통 16절지 규격의 4~8면으로 꾸몄다. 지면구성은 먼저 발표자의 주제논문에 대한 개요를 수록하고, 출판학 관계 문헌 정보, 알림, 회원동정 등을 게재하였다.[6]

---

6) 한국출판학회보 제호 개칭이 제20호(1987.7.15.)에 이루어졌으며, 이 때부터 회보 기사 내용이 월례발표

통권 33호부터는 주로 회장단의 권두언과 학회 행사에 대한 안내 및 진행상황 보고, 회원동정, 사무국 업무보고 등으로 이루어져 학회 활동 전반에 걸친 보고서 형태로 발행되고 있다.

③ 학술회의 발제집(1990~1999)

'학술회의 발제집'이란 우리 학회에서 개최되는 정기학술대회 및 국제출판학술회의, 한중출판학술회의 등 정규 세미나에서 간행되는 논문집을 말한다. 우리 학회는 정규 세미나 차원에서는 공히 발제집이 간행되고 있다. 현재까지 학술대회는 요약되어 정리되고 있으나 정작 발제집에 대한 정리는 미흡하다. 본고에서는 이를 개선하기 위해 우선 1990년대 이루어진 발제집에 한하여 목록화 하였다. 발제집은 학회지 논문과는 다른 의미를 갖고 있어 학회의 연구 결과물로 남게 되고 결과물은 다음 연구를 위해 축적되어야 한다.

△ 제4회 정기학술대회 발제집 : 책의 해를 맞는 한국출판의 현실과 전망(1992. 12. 4, 46배판)
△ 제5회 정기학술대회 발제집 : 21세기를 향한 출판전문인 육성책(1993)
　　제1편-책의해 기념 학술세미나 주제발표논문
　　제2편-세계 출판교육 관계 자료집
　　(한국출판학회 편, 책의해 조직위원회 발행, 1993. 5. 1, 46배판, 286면)
△ 제6회 정기학술대회 발제집 : 출판시장 개방과 출판정책 방향(1994. 6. 29, 46배판)
△ 제7회 정기학술대회 발제집 : 한국출판의 현황과 전망(1996. 10. 5, 46배판)
△ 제8회 정기학술대회 발제집 : 출판유통 정보화의 전략적 접근(1999. 7. 9, 46배판)
△ 제9회 정기학술대회 발제집 : 한국 출판디자인의 현실과 과제(1999. 12. 17, 46배판)
△ 제5회 국회출판학술발표회 발표논문집 : 출판 발전의 방향-청소년도서를 중심으로
　　(1991. 10. 18, 46배판, 196면)
△ 제1회 국제인쇄출판문화 학술회의 논문집 : 세계속의 한국인쇄출판문화
　　(1995. 5. 27. 46배판, 226면)
△ 인쇄출판문화의 기원과 발달에 관한 연구논문집(1996. 6. 30. 46배판, 317면)
△ 제2회 한중출판학술회의 발표 논문집(1997. 1. 21, 46배판)

회용만 아니라 학회의 소식을 두루 게재하는 회보로 변화되었다고 한다. (이두영, 30년사. pp.507~508)

(2) 한국출판학회상 운영

1990년대에 들어와서도 한국출판학회상 시상은 우리 학회의 주요행사 중 하나로 꾸준하게 이어졌다. 1972년부터 매년 우리나라 출판문화의 발전과 출판학 연구에 지대한 업적과 공로가 많은 인사와 단체를 추천받고 심의하여 시상한다. 한국출판학회상은 연륜이 쌓이는 만큼 각자의 전문분야에서 주목되는 업적을 이룩한 공로자들이 속속 드러남으로써 그 영향력이 날로 증대되고 있다. 1990년대에서 제13회에서 제20회까지 8차례 시상되었는데 1993년과 1998년에는 수상자를 내지 못하였다.

(3) 건의 활동

학회 초창기부터 4대 역점 사업으로 정규대학의 출판학과 설치를 꾸준하게 주장해 왔었다. 1988년부터는 주장에만 거치지 않고 적극적인 건의활동으로 전개된다. 우리 학회의 건의서 활동은 1990년대에 와서도 지속적으로 이어졌다. 1990년대는 당시 문교부 장관에게 보낸〈학부과정에서의 출판학과 설치를 위한 건의서(1990.4.2.)〉를 시작으로〈남북한 도서목록 교환을 제안함(1990. 12. 13)〉〈학부과정에서의 출판학과 설치를 권유함(1991. 4. 10)〉〈정규대학 출판학과 신설 건의서(1993. 5. 1)〉〈문화체육부 어문출판국 폐지를 반대하는 건의문(1994. 4)〉 등 건의 활동을 우리 학회가 꾸준하게 제기함으로써 출판문화 발전을 위한 사업에 각계가 나서주도록 촉구했던 것이다.

건의 명칭	일자	수신	비고
학부과정에서의 출판학과 설치를 위한 건의서	1990.4.2	문교부장관	-
남북한 도서목록 교환을	1990.12.13	정부와 북한당국	1992.2.5일 통일원에서 승인 허가
학부과정에서의 출판학과 설치를 권유함	1991.4.10	전국 대학 총(학)장	-
학부과정에서의 출판학과 설치를 권유함	1992.6.27	전국 대학 총(학)장	-
정규대학 출판학과 신설 건의서	1993.5.1	청와대, 국회, 문화체육부등대학총(학)장	문화체육부로부터 교육부에 협조요청공문을 발송했다고 회신
문화체육부 어문출판국	1994.4.	문화체육부 장관	문화체육부로부터 문화정책국에서 출판정책을 다룰 것임을 회신

특히, 〈책의 해〉인 1993년 5월 1일 세종문화회관에서 거행되었던 우리 학회 주최 〈책의 해〉 기념 학술세미나의 자료집 〈21세기를 향한 출판전문인 육성책(1993)〉과 우리 학회 발간 〈세계의 출판교육〉, 〈정규대학 출판학과 신설 건의서(책의 해 조직위원회, 대한출판문화협회 등 12개 출판단체 공동건의서)〉를 청와대, 국회, 정부당국 및 전국 54개 4년제 대학 총(학)장에게 발송하였다. 우리 학회에 지속된 건의서에 대하여 정부 당국의 답신이 왔지만 소극적인 답신이었다. 정작 출판의 주무 당국으로서 교육행정의 주무 당국인 교육부장관에게 형식적으로 넘기는 권유에 그치고 있다는 점이다.

3) 학술 활동

(1) 국내 학술발표

① 월례연구발표회

학회 초창기부터 연구 활성화를 위해 회원 중심으로 시행된 발표회로서 중단 없이 이어온 〈월례연구발표회〉는 정기학술대회인 출판학술세미나와 교차 발표됨으로써 1990년대에 들어와서는 50차부터 55차까지 6차례의 발표회가 진행되었다. 회차별 주제 발표자와 논제는 아래와 같다.

회차	연도	발표자	논제
제50차	1990.4.28	민병덕	대학 출판학과 설치의 중요성
		백운관	도서 유통체계의 변화추이 분석-최근 10년간을 중심으로
제51차	1990.12.13	이기성	컴퓨터와 출판
		김형윤	1980년대 한국 잡지의 구조적 특성
제52차	1991.3.23	전화수	출판매체 수용동기에 관한 연구
		김병준	한국아동의 독서성향에 관한 연구
제53차	1991.12.21	이종국	한국출판학회의 연구 성과
제54차	1993.12.27	노병성	한국 출판산업의 정책과 방향
		이두영	국제화시대를 위한 한국출판의 과제
제55차	1996.12.13	김두식	대학 전자출판과 교과과정에 관한 연구

② 정기학술대회

우리 학회가 주최한 국내 정기학술대회(출판학술세미나)는 모두 9회에 걸쳐 열렸는데 여섯 차례 정기학술대회가 1990년대에 개최된 것이다. 이는 우리 학회의 연구 활동이 나날이 숙성되고 있음을 뜻하는 동시에, 이 시기의 특성상 국내 출판이 상당한 변혁을 겪었다는 반증이기도 하다. 이러한 변혁은 학술대회의 주제를 보더라도 출판시장의 개방, 인터넷을 기반으로 하는 출판, 출판유통의 정보화 전략 등 시장의 개방과 컴퓨터를 기반으로 하는 출판 환경의 급변에서 비롯된다. 특히, 1993년은 국가가 처음으로 정한 '책의 해'로서 두 차례의 정기학술대회는 이 시기에 개최되었다. 책의 해에 열린 제5회 정기학술대회 '21세기를 향한 출판 전문인 육성책'은 우리 학회가 줄기차게 주장해 온 4년제대학 출판학과 설립과 부합되어 큰 울림이 있었고, 학회는 이를 위하여 『세계의 출판교육 자료집』과 학술대회 발제집을 간행하여 출판교육에 관한 자료를 집대성했다. 이 학술대회는 제1부와 제2부 세미나에 이어 제3부는 4년제대학 출판학과 설치 건의를 위해 책의 해 조직위원회를 비롯해서 12개 출판단체와 함께 채택한 공동 건의문을 채택하고 청와대, 국회, 정부, 4년제대학 총(학)장에게 발송하였다.

(2) 국제 학술회의

① 국제출판학술회의

1984년 10월 13일 서울 출판문화회관에서 열린 한국과 일본의 출판학술회의는 오늘날 국제출판학술회의(IFPS)의 모태가 되었다. 1983년 10월 한국출판학회가 제안한 국제출판학술회의 개최를 일본출판학회가 정식 동의함으로써 최초의 국제출판학술회의가 서울에서 열리게 된 것이다. 포럼이 시작되기 전 양국 출판학회는 국제출판학회 결성을 공동 결의하였다. 당시 컴퓨터를 기반으로 하는 전자출판의 대두로 인하여 출판환경은 급변하고 있었다. 시의 적절한 테마를 선정하여 '활자문화에 미래는 있는가'라는 주제로 안춘근 회장과 시미즈 히데오 회장의 발표가 있었다.

서울에서 시작된 국제출판학술회의는 다음 해인 1985년 8월 제2회 대회를 일본 도쿄에서, 다시 1987년 10월 제3회 대회를 서울에서 여는 동안 일본 출판학자들과 심도있는 교류는 시작되었다. 1989년 10월, 4회 대회를 다시 도쿄에서 개최했을 때에는 중국과 미국 등 세계 10개국 대표가 참가하는 성황을 이루게 되며 여기에 참가한 중국 본토의 출판학자들과 처음으로 만나게 된다. 1991년 제5회 대회를 서울에서 개최하였을 때에는 우리와 미수교국인 중국 학자들을 적극 초청함으로써 중국 출판학자들과 본격적인 교류가 시작되었다. 중국이 최초로

1993년 베이징에서 개최한 제6회 대회는 8개국의 출판학자들이 모여 열띤 토론을 열었다. 제7회 대회를 필리핀의 마닐라에서, 제8회 대회를 다시 도쿄, 제9회 대회를 말레이시아의 콸라 룸푸르에서 열려, 명실 공히 한국과 일본 출판학회가 시작한 학술포럼이 세계의 출판학술회의로 발전하게 되었다.

② 한·중출판학술회의

국제출판학술회의를 통하여 교류하게 된 중국 출판학자들과의 만남은 한·중간 쌍방 출판학술회의로 국제회의의 또 다른 발전을 하게 된다. 한·중출판학술회의는 중국의 편집학회가 아닌 국가기관인 중국출판과학연구소와 한국출판학회 간의 일대일의 학술적 교류이다. 1997년 1월 중국출판과학연구소의 초청으로 시작된 한·중출판학술회의는 해를 바꿔 양국을 서로 오가며 매년 열리고 있으며, 이는 두 기관들의 교류에만 그치는 것이 아니라 양국의 출판산업과 출판학 연구에 큰 영향을 주고 있다.[7](손전요, 2003, p.193)

③ 국제인쇄출판문화 학술회의

- 주최: 청주시
- 주관: 사단법인 한국출판학회·청주고인쇄박물관
- 일시/장소: 1995년 5월 27일, 10:00 ~ 16:30 / 청주예술의 전당 대회의실

1995년 5월 27일 충청북도 청주시가 주최하고 사단법인 한국출판학회와 청주고인쇄박물관이 주관한 제1회 국제인쇄출판문화학술이다. 학술회의의 목적은 인류문화 사상 최초로 금속활자를 발명 주조한 우리 선조들의 슬기로운 위업을 후세에 전하고, 금속활자 직지심체의 고장인 청주의 이미지를 세계에 알리고자 함에도 개최 취지가 있었다.

이 국제학술회의는 청주시가 인쇄 및 출판 관련 협회와 학회에 공모한 대형 연구용역으로 우리 학회가 제출한 '학술회의 개최계획서'가 선정됨으로써 주관하게 된 국제회의이다. 국제회의로서 매우 짧은 4여 개월 만에 성공적으로 주관함으로써 우리 학회의 위상을 높이는 데 크게 기여한 국제회의이기도 하다.

---

7) 손전요(孫傳耀) 중국 청화대 편집학과 교수는 한·중학술회의를 통하여 한국출판의 최근발전상황을 알게 되었다고 하였다.

4) 1990년대에서 도전의 새 세기로

1991년 법인으로 등록된 사단법인 한국출판학회의 1990년대 10년간의 학술활동은 초창기와 진전기의 역경을 거쳐 중흥기를 이루어 내었다. 학문의 세계에서 출판학의 연구 영역을 분명히 하였고 국내의 학술활동에서도 다대한 성과를 이루어 냈다. 나아가 국내 활동에만 안주하지 않고 세계의 출판과 출판학연구의 동향을 파악하기 위한 국제적인 학술교류에서도 중심적인 역할을 수행하였다.

사단법인 한국출판학회는 출판에 관련된 분야의 역사적, 현상적인 면을 조사 연구하여 학문적으로 체계화하고 과학화함으로써 학문과 출판문화 발전에 기여함을 목적으로 하여 같은 분야의 연구자들이 결속된 출판에서 한국을 대표하는 학문적 공동체이다.

일반적으로 학회는 같은 분야의 연구자들을 결속시켜 학문 공동체를 형성하는 주요한 기능을 수행하며, 학문의 공동체 형성은 학회의 활동과 학술발표회 및 학술지 간행을 통하여 이루어 간다. 학회 운영은 학문 공동체의 기능이 원활하게 이루어지도록 이끌고 지원하는데 있다. 이러한 결과들이 한 학회의 활동사가 되며, 학회의 역사로 엮어지고, 학회의 발전으로 이어지게 된다.

1990년대 한국출판학회 활동에서 학회 회무의 시작과 결정은 성격과 정관이 정함에 따라서 회장단 회의, 이사회, 정기총회의 과정을 거쳐 결의되고 시행되어 왔음을 알 수 있다. 이 의결에 따라서 학회 사업, 출판 활동, 학술 활동이 이루어져 왔던 것이다. 한국출판학회에서 1990년대에 이루어낸 주요한 활동사(活動史)를 살펴본다면 다음과 같다.

첫째, 학회의 사업은 한국출판학회상 시상과 건의서 활동이 여전히 주요한 사업이었다. 한국출판학회상은 학문 공동체인 학회가 출판과 관련된 업계와 학계를 대상으로 시상한다는 특이한 제도로서 연륜이 쌓이면서 주목되어 왔던 시상제도이다. 다음으로 1988년부터 시작된 학회의 건의서 활동은 1990년대에 와서도 지속적으로 이어졌다. 1990년대에는 6차례에 걸쳐 각계에 건의함으로써 출판문화 발전을 위한 활동에 당국이 나서주도록 촉구했던 것이다. 책의 해에 건의한 4년제 정규대학 출판학과 신설 건의서는 관계 당국의 장관이 한국출판학회 회장에게 답신 공한을 보내는 등 큰 울림이 있었다.

특히, 1990년대는 전문대학, 대학, 특수대학원에서 출판학과와 전공이 가장 많이 개설된 연대였다. 이는 대학 당국의 판단과 노력이 있었지만 출판학과 설립을 위해서 대학 총(학)장들과 관계 당국에 적극적으로 건의한 한국출판학회의 노력이 과소평가되어서는 안 될 일이다. 실제 일부 출판학과 개설에 우리 학회의 회원들이 참여하였고 이들은 교수진이 되었다. 교수들은 다시 출판학을 진흥하는 연구와 출판 인력을 육성함으로써 연구와 교육이 순환되는 환경도 이루어졌던 것이다.

둘째, 학회의 출판 활동으로 학회지 간행, 학회보 발행, 각종 학술대회 발제집의 출판이었다. 학회지 『출판학연구』는 학회 30년 동안에 통권 41호에 이르는 연구 성과를 남기고 있다. 이는 한국 출판과 출판학만이 아니라 단일 분야에서는 세계적인 학술지의 위상을 갖는다. 다음으로 학회 회보는 1996년 12월까지 통권 32호를 발행한 이후 잠시 발행이 중단되었다가 1999년 5월 10일에 통권 34호가 발행되었다. 한편, 각종 학술대회 발제집(1990~1999)은 학회에서 개최되는 정기학술대회 및 국제출판학술회의, 한중출판학술회의 등 정규 세미나에서 간행되는 논문집을 말하며 학회지와 별도의 의의를 지닌다.

셋째, 국내 학술활동은 월례연구발표회와 정기학술대회가 있다. 월례발표회는 창립 초창기부터 비중을 두고 이어온 회원 개인 중심의 발표회라면, 반면 1980년대에 시작된 정기학술대회는 학회가 주제를 정하고 발표자를 공모하거나 지명하여 진행되는 것이 차이점이라 할 수 있다. 월례발표회는 1990년대에서 6차례 발표회(50차~55차)가 있었다. 한편, 학회의 정기학술대회(출판학술세미나)는 모두 9회에 걸쳐 열렸는데 여섯 차례의 정기학술대회가 모두 1990년대에 개최된 것이다. 이는 우리 학회의 연구 활동이 나날이 숙성되고 있음을 뜻하는 동시에, 1990년대의 특성상 국내 출판이 상당한 변혁을 겪었다는 반증이기도 하다.

넷째, 우리 학회가 1990년대 주최하거나 참가하고 있는 국제학술대회는 국제출판학술회의(IFPS), 한·중출판학술회의(SKPS), 국제인쇄출판문화학술회의였다. 1990년대에서 국제출판학술회의는 5차례 있었는데 주최하거나 모두 참가하였다. 제5회 대회(1991)를 서울에서 개최했을 때는 미수교국인 중국학자들을 적극 초청함으로써 중국과의 본격적인 교류가 시작되었다. 제6회 대회(북경, 1993)는 중국이 처음 개최하였고, 제7회 대회는 필리핀 마닐라에서, 제8회 대회는 다시 동경, 제9회 대회는 말레이시아의 콸라룸푸르에서 열림으로써 우리 학회가 제의하여 1984년 일본출판학회와 함께 시작된 학술포럼이 세계적인 출판학술회의로 발전하게 된 것이다.

다음으로 한·중출판학술회의는 중국출판과학연구소와 한국출판학회 간의 일대일의 학술적 교류로써 양국의 출판 산업과 출판학 연구에 큰 영향을 미치고 있다. 1990년대에 진행된 양국 학술회의는 제1회와 제3회는 북경에서, 제2회는 서울에서 개최되었다. 한편, 국제인쇄출판문화 학술회의는 세계 금속활자의 발상지인 청주시가 인쇄 및 출판 관련 협회와 학회에 공모한 대형 연구용역으로 우리 학회에서 제출한 학술회의 개최계획서가 선정됨으로써 주관하게 된 국제회의이다. 국제회의로서 매우 짧은 4개월여 만에 성공적으로 주관함으로써 우리 학회의 위상을 높이는 데 크게 기여한 국제회의이기도 하다.

이제 학회는 창립 30년을 지나서 새로운 세기, 늘 꿈과 희망의 표상처럼 이야기되던 21세기를 맞이하게 된다. 새 세기에서는 출판학의 관심과 연구가 출판의 당면 과제를 포함하여 출판 현상이 갖는 더 넓은 영역까지의 확장이 이루어지기를 기대해 본다.

■ 참고 문헌

김기태(2000). 「학회의 중흥(1990~1999)」, 한국출판학회30년사편찬위원회 편. 『한국출판학의 사적 연구—한국출판학회30년사』. 서울: 사단법인 한국출판학회.

남석순(1993). 「故 남애 안춘근 명예회장과 학회1년 비망일지」, 『93출판학연구』 서울: 범우사.

남석순(2003). 「남애 안춘근 선생의 출판 생애, 그의 학문 세계」, 남애 안춘근 선생 10주기 추모학술제 집행위원회편. 『남애와 출판학』, 사단법인 한국출판학회.

다이 웬 바오(戴文葆, 2003). 「남애선생의 국제출판학술활동」, 남애 안춘근 선생 10주기 추모학술제집 행위원회 편. 『남애와 출판학』, 사단법인 한국출판학회.

미노와 시게오(箕輪成男, 2003). 「남애 안춘근 선생의 출판학」, 남애 안춘근 선생 10주기 추모학술제집 행위원회 편. 『남애와 출판학』. 서울: 사단법인 한국출판학회.

민병덕(2008). 「출판학과 남애선생: 한국출판학회 창립 무렵의 출판학 연구동향」, 남애안춘근기념사 업회 편, 『안춘근 선생 15주기 추념문집』.

손전요(孫傳耀, 2003). 「중국출판의 국내 발전과 국제교류」, 한·중·일 출판학술심포지엄 논문집, 『한국 출판의 해외진출과 출판발전』, 사단법인 한국출판학회.

시미즈 히데오(淸水英夫, 1997). 「안춘근 선생을 기리며」, 『'97한국출판학연구』, 서울: 범우사.

윤형두(2003). 「남애선생 10주기에 부쳐」, 남애 안춘근 선생 10주기 추모학술제집행위원회 편. 『남애 와 출판학』, 사단법인 한국출판학회.

이강수(2007). 「출판학의 선구자, 안춘근 선생님」, 남애 안춘근 선생 회고기, 『'97출판학연구』, 서울: 범우사.

이종국(2003). 「남애 안춘근의 출판학」, 남애 안춘근 선생 10주기 추모학술제집행위원회 편. 『남애와 출판학』, 사단법인 한국출판학회.

이종국(2010). 우양 이종국교수 정년기념문집간행위원회 편. 『책의 길 슬거운 동행』. 서울: 일진사

한국출판학회 편(1990). 『'90출판학연구』, 서울: 범우사.

사단법인 한국출판학회 편. 『'91출판학연구』~『'99 출판학연구』, 서울: 범우사.

사단법인 한국출판학회, 정기총회 자료집(1991~1999).

안정기의 활동
2000~2009

노 병 성*

■■■

1. 머리말

21세기 들어서 일어난 큰 사건 중의 하나는 2000년 6월 13일에서 15일까지 열린 김대중 대통령과 김정일 위원장의 평양만남일 것이다. 당시 북한 모습이 텔레비전 화면을 통해 생생하게 전파되었다. 그리고 그해 김대중 대통령이 노벨평화상을 받은 것일 것이다. 2000년대 초반 대통령은 김대중 대통령이었고, 다음으로는 참여 정부의 노무현 대통령이 2003년부터 국정운영 전반을 책임졌다. 2000년대 한국 사회의 주요한 일 중 하나는 인천국제공항 개항(2001년)과 고속철도 시대의 개막(2004년)일 것이다. 사회 인프라의 확충은 지방과 서울, 국가와 국가 간의 거리를 좁혀 인적 물적 문화적 자원의 왕래를 원활하게 하였다. 2008년 이명박 제17대 대통령이 취임하고, 당시 금융위기가 발생해, 한국 경제는 IMF 이후 최대의 위기를 맞게 되었다. 그러는 가운데 2009년에는 김대중, 노무현 전 대통령이 사망을 하는 일이 발생하였고, 미국에서는 최초 흑인 버럭 오바마가 대통령이 되어 새 시대가 개막되었다.

2000년에 출판계에서는 『영어공부 절대로 하지 마라』, 『부자 아빠 가난한 아빠』, 『해리포터 시리즈』, 『국화꽃 향기』 등과 같은 책들이 독자들의 사랑을 받았으며, 2000년대 중반에는 재테크 책이 서점가를 장악하기도 했다. 『한국의 부자들』 등 재테크 관련 서적이 인기를 누렸다. 아울러 자기계발서가 하나의 장르를 이루기도 했다. 『메모의 기술』, 『마법 천자문』 등 자기 계발 혹은 개인의 행복과 힐링에 관련된 서적들이 출간 붐을 이루기도 했다. 2000년대에는 인터넷

---

* 협성대학교 교수

소설이 등장해 인기를 끌던 시기이다. 인터넷에 작가들이 자신의 작품을 연재하고, 이를 단행본으로 발행해 출판계를 풍성하게 하기도 하였다. 대표적으로 귀여니의『그 놈은 멋있었다』등이 있다. 아울러 이때에는 한국 출판의 해외 진출 특히 중국 진출이 두드러진 시기이기도 하다.

2000년대에 출판계에서는 도서정가제에 대한 논란이 계속되었으며, 2005년 프랑크푸르트 도서전에는 우리나라가 주빈국으로 선정되기도 하였다. 이 시기에는 소규모 출판사가 증가하는 반면, 소형서점은 도산과 폐점을 이어갔다. 총판형 도매점의 몰락이 가속화되었으나, 체인형 대형서점은 오히려 그 세를 확장하던 시기이다.

새 천년 한국출판학회 활동은 2000년 2월 26일(토) 한글회관 강당에서 열린 정기총회가 그 시발점이었다. 당시 한국출판학회 윤형두 회장은 "다사다난했던 20세기를 보내고 새로운 세기를 맞이하여 처음으로 개최되는 정기총회를 맞이하게 되니, 감회가 새롭다."라는 말로 개회사를 선언하였다. 이렇게 시작된 한국출판학회의 새 세기활동은 다음과 같다.

2. 안정기의 학회활동

1) 임원진

2000년대 사단법인 한국출판학회 회장의 임기를 살펴보면, 다음과 같다.

1999~2002년 회장 윤형두
2003~2006년 회장 이종국
2007~2009년 회장 이정춘

위에서 보듯이, 회장의 임기는 이종국 회장까지는 4년이었으나, 이정춘 회장부터는 정관의 변경에 따라 2년으로 축소되었다. 한국출판학회는 회장을 중심으로 고문과 명예회장을 두고 있으며, 부회장 그리고 이사를 두고 있다. 아울러 감사와 학회살림을 꾸려나가는 사무국장이 있다. 이들을 통칭 임원이라 하는데, 각 연도 사단법인 한국출판학회 임원명단은 아래와 같다.

2000년도 임원명단

고문: 민병덕, 윤병태
명예회장: 한승헌
회장: 윤형두
부회장: 이정춘, 이종국
이사: 강해작, 고영수, 김병준, 김선남, 김승일, 김정숙, 김형윤, 남석순, 노병성, 박원경,
　　　박원동, 부길만, 안철주, 이기성, 이두영, 이종수, 이창경
감사: 김두식, 윤세민
사무국장: 김기태

2001년도 임원명단

고문: 민병덕, 윤병태
명예회장: 한승헌
회장: 윤형두
부회장: 이정춘, 이종국
이사: 강해작, 고영수, 김병준, 김선남, 김승일, 김정숙, 김형윤, 남석순, 노병성, 박원경,
　　　박원동, 부길만, 안철주, 이기성, 이두영, 이종수, 이창경
감사: 김두식, 윤세민
사무국장: 김기태

2002년도 임원명단

고문: 민병덕, 윤병태
명예회장: 한승헌
회장: 윤형두
부회장: 이정춘, 이종국
이사: 강해작, 고영수, 김병준, 김선남, 김승일, 김정숙, 김형윤, 남석순, 노병성, 박원경,
　　　박원동, 부길만, 안철주, 이기성, 이두영, 이종수, 이창경
감사: 김두식, 윤세민
사무국장: 박몽구

2003년도 임원명단

고문 : 한승헌, 민병덕, 윤병태, 이정춘
명예회장 : 윤형두
회장 : 이종국
부회장 : 남석순, 노병성
이사 : 김기태, 김두식, 김병준, 김선남, 김승일, 김재윤, 김정숙, 박원경, 박찬익, 부길만,
　　　송영석, 윤재준, 이기성, 이두영, 이종수, 이창경, 주정희
감사 : 이명희, 이은국
사무국장 : 박몽구

2004년도 임원명단

고문 : 한승헌, 민병덕, 이정춘
명예회장 : 윤형두
회장 : 이종국
부회장 : 남석순, 노병성
이사 : 김기태, 김두식, 김병준, 김선남, 김승일, 김재윤, 김정숙, 박원경, 박찬익, 부길만,
　　　송영석, 윤재준, 이기성, 이두영, 이종수, 이창경, 주정희
감사 : 이명희, 이은국
사무국장 : 박홍재

2005년도 임원명단

고문 : 한승헌, 민병덕, 이정춘
명예회장 : 윤형두
회장 : 이종국
부회장 : 남석순, 노병성
이사 : 김기태, 김두식, 김병준, 김선남, 김승일, 김재윤, 김정숙, 박원경, 박찬익, 부길만,
　　　송영석, 윤재준, 이기성, 이두영, 이종수, 이창경, 주정희
감사 : 이명희, 이은국
사무국장 : 박홍재

2006년도 임원명단

고문: 한승헌, 민병덕, 이정춘
명예회장: 윤형두
회장: 이종국
부회장: 남석순, 노병성
이사: 김기태, 김두식, 김병준, 김선남, 김승일, 김재윤, 김정숙, 박원경, 박찬익, 부길만,
　　　송영석, 윤재준, 이기성, 이두영, 이종수, 이창경, 주정희
감사: 이명희, 이은국
사무국장: 박홍재

2007년도 임원명단

고문: 한승헌, 민병덕, 윤형두
명예회장: 이종국
회장: 이정춘
부회장: 부길만, 김병준
이사: 이용준(총무이사), 김기태(연구이사), 김경일(편집이사), 윤재준(기획이사),
　　　최선호(산학이사), 강진숙, 강해작, 고영수, 김동규, 김선남, 김승일, 김준철, 김진두,
　　　노병성, 류영미, 박몽구, 백원근, 성동규, 손수호, 송영석, 신경렬, 신종락, 윤세민,
　　　이두영, 전철규, 정종원, 주정희
감사: 김정회, 이문학
사무국장: 박홍재

2008년도 임원명단

고문: 한승헌, 민병덕, 윤형두
명예회장: 이종국
회장: 이정춘
부회장: 부길만, 김병준
이사: 이용준(총무이사), 김기태(연구이사), 김경일(편집이사), 윤재준(기획이사),
　　　최선호(산학이사), 강진숙, 강해작, 고영수, 김동규, 김선남, 김승일, 김준철, 김진두,

노병성, 류영미, 박몽구, 백원근, 성동규, 손수호, 송영석, 신경렬, 신종락, 윤세민,
이두영, 전철규, 정종원, 주정희
감사: 김정회, 이문학
사무국장: 박홍재

2009년도 임원명단

고문: 한승헌, 민병덕, 윤형두
명예회장: 이종국
회장: 이정춘
부회장: 부길만, 김병준
이사: 윤세민(총무이사), 김기태(연구이사), 김경일(편집이사), 윤재준(기획이사),
최선호(산학이사), 강진숙, 강해작, 고영수, 김경수, 김선남, 김준철, 김진두, 노병성,
문연주, 박몽구, 박찬익, 백원근, 성의현, 손수호, 신종락, 유창준, 이두영, 이용준,
이창경, 전철규, 조맹기, 한주리, 황민선
감사: 김정회, 이문학
사무국장: 홍순운

한편 학회의 학술지인 『한국출판학연구』는 회장과는 별도로 편집위원장 중심으로 간행 업
무를 진행하고 있는데, 이의 연도별 편집위원장은 다음과 같다.

2000년 위원장 남석순
2001년 위원장 이창경
2002년 위원장 김선남
2003년 위원장 이기성
2004년 위원장 이기성
2005년 위원장 이기성
2006년 위원장 노병성
2007년 위원장 노병성
2008년 위원장 노병성
2009년 위원장 김경일

편집위원장은 통상 편집위원과 함께, 『한국출판학연구』의 주요 내용을 결정하게 되는데, 이의 연도별 편집위원과 편집간사를 알아보면, 아래와 같다.

2000년도 『한국출판학연구』 편집위원
위원장 : 남석순
위원 : 김형윤, 노병성, 이기성, 이종국, 이창경
간사 : 김기태

2001년도 『한국출판학연구』 편집위원
위원장 : 이창경
위원 : 김선남, 남석순, 노병성, 이기성, 이종국
간사 : 김기태

2002년도 『한국출판학연구』 편집위원
위원장 : 김선남
위원 : 김기태, 김재윤, 노병성, 이기성, 이종국, 이종수
간사 : 박몽구

2003년도 『한국출판학연구』 편집위원
위원장 : 이기성
위원 : 김기태, 노병성, 이종수, 고경대, 부길만
간사 : 박몽구

2004년도 『한국출판학연구』 편집위원
위원장 : 이기성
위원 : 김기태, 남석순, 노병성, 이종수, 부길만
간사 : 박홍재

2005년도 『한국출판학연구』 편집위원(통권 48호)
위원장 : 이기성
위원 : 김기태, 김선남, 남석순, 노병성, 부길만, 이종수
간사 : 박홍재

2005년도 『한국출판학연구』 편집위원(통권 49호)
위원장 : 노병성
위원 : 김기태, 김선남, 남석순, 부길만, 이창경
간사 : 박홍재

2006년도 『한국출판학연구』 편집위원(통권 50호)
위원장 : 노병성
위원 : 김기태, 김선남, 남석순, 부길만, 이창경
간사 : 박홍재

2006년도 『한국출판학연구』 편집위원(통권 51호)
위원장 : 노병성
위원 : 김기태, 김선남, 남석순, 부길만, 이창경
간사 : 박홍재

2007년도 『한국출판학연구』 편집위원(통권 52호)
위원장 : 노병성
위원 : 강진숙, 김경일, 김기태, 김선남, 최낙진
간사 : 박홍재

2007년도 『한국출판학연구』 편집위원(통권 53호)
위원장 : 노병성
위원 : 강진숙, 김경일, 김기태, 김선남, 최낙진
간사 : 박홍재

2008년도 『한국출판학연구』 편집위원(통권 54호)
위원장 : 노병성
위원 : 강진숙, 김경일, 김기태, 김선남, 최낙진
간사 : 박홍재

2008년도 『한국출판학연구』 편집위원(통권 55호)
위원장 : 노병성

위원: 김경일, 김기태, 박몽구, 최낙진, 한주리
간사: 박홍재

2009년도 『한국출판학연구』 편집위원(통권 56호)
위원장: 김경일
위원: 김기태, 박몽구, 최낙진, 한주리
간사: 홍순운

2009년도 『한국출판학연구』 편집위원(통권 57호)
위원장: 김경일
위원: 김기태, 박몽구, 최낙진, 한주리
간사: 홍순운

2) 정기학술대회

1999년 12월 17일(금) 한국경제신문사 강당에서는 한국출판학회 제9회 정기학술 대회가 열렸다. 당시 대 주제는 '한국 출판 디자인의 현실과 과제'였다. 이날 정병규 홍익대 겸임교수는 '새로운 책이란 무엇인가'라는 주제로, 윤재준 경인여자대학교 교수는 '표지 디자인의 변천과 과제'라는 주제로 그리고 곽영권 서울시립대 교수의 '오늘의 출판 환경과 변화하는 일러스트레이션'이란 주제로 각각 발표를 하였다. 그러나 아쉽게도 2000년도의 정기학술 대회는 개최되지 아니하고, 2001년부터 개최되었다. 2001년도는 충남대학교에서 '디지털 시대의 출판 환경 변화와 과제'라는 대 주제 아래 김경일 교수, 김선남 교수, 김재윤 연구원이 참석하여 발표를 하였다. 그 이후 발표된 정기학술대회의 일시, 장소, 주제, 발표자 명단은 다음과 같다.

△ 제10회 정기학술대회 개최
 • 일시: 2001년 5월 19일(토)
 • 장소: 충남대학교 사회과학관
 • 주 제: 디지털시대의 출판 환경 변화와 과제
 • 발표자: 김경일, 김선남, 김재윤

△ 제11회 정기학술대회 개최
 • 일시: 2002년 6월 1일(토) 오후 2시 30분

· 장소: 한글회관 5층 대강당
· 주제: 독서운동의 활성화와 출판발전
· 발표자: 김기태, 백원근, 황민선

△ 제12회 정기학술대회 개최
· 일시: 2002년 10월 12일(토) 오후 3시
· 장소: 출판문화회관 4층 강당
· 주제: 출판학 연구의 동향과 전망
· 발표자: 김윤화, 방주현, 이상민, 장흥조

△ 제13회 정기학술대회 개최(춘계)
· 일시: 2003년 6월 14일 오후 3시
· 장소: 출판문화회관 4층 강당
· 대주제: 참여정부 출판정책과 방향
· 발제자: 부길만, 이창경, 김정숙

△ 제14회 정기학술대회 개최(동계)
· 일시: 2003년 12월 5일 오전 9시
· 장소: 세종문화회관 컨퍼런스 홀
· 대주제: 한국출판의 해외진출과 출판발전
· 발제자: 김동규, 植田康夫, 박광무, 김기태, 노병성, 肖東發, 孫傳耀, 이종국

△ 제15회 정기 학술대회 개최
· 일시: 2004년 4월 23일(금) 오후 2시
· 장소: 출판문화회관 강당
· 대주제: 다매체 시대의 출판 교육
· 발제자: 이창경, 김두식, 이재욱

△ 제16회 정기학술대회 개최
· 일시: 2005년 2월 16일(금) 오후 2시
· 장소: 출판문화회관 강당
· 대주제: 한국출판의 현실 진단과 미래

　　• 발제자 : 노병성, 김두식, 이기성

△ 제17회 정기학술대회 개최
　　• 일시 : 2006년 2월 16일(목) 오후 2시
　　• 장소 : 전경련회의장 제4회의실
　　• 대주제 : 하이퍼텍스트 시대의 문자문화와 영상문화
　　• 발제자 : 황민선, 강진숙, 조맹기

△ 제18회 정기학술대회 개최
　　• 일시 : 2007년 2월 23일(금) 오후 1시
　　• 장소 : 대한출판문화협회 대강당
　　• 대주제 : 세계의 출판산업 동향과 한국 출판산업의 비전
　　• 발제자 : 이창경, 김진두, 백원근, 노병성, 이용준, 신종락

△ 제19회 정기학술대회 개최
　　• 일시 : 2008년 2월 28일(목) 오후 1시
　　• 장소 : 출판문화회관 4층 대강당
　　• 대주제 : 이명박 정부의 출판문화 정책
　　• 발제자 : 이두영, 백원근, 김진두, 손애경, 손수호

△ 제20회 정기학술대회 개최
　　• 일시 : 2009년 2월 13일(금) 오후 2시-4시
　　• 장소 : 출판문화회관 4층 강당
　　• 대주제 : 국제출판유통지수 비교연구
　　• 연구자 : 이정춘, 김경일, 김기태, 백원근, 부길만, 신종락, 세민, 한주리

3) 『韓國出版學硏究』 간행

　　새 천년을 맞이하여 한국출판학회는 학술지 『韓國出版學硏究』를 2000년 12월 30일 통권 제42호로 발행하였다. 2000년에서 2009년의 안정기 『韓國出版學硏究』 연구의 간행 상황을 살펴보면, 아래 〈표 1〉과 같다.

<표 1> 『韓國出版學硏究』 간행 현황(2000~2009년)

통 권	발 행 일	발행부수(부)	판 형	페이지(쪽)	구 성
제42호	2000.12.30	300	A5	508	논문 14편
제43호	2001.11.25	500	A5	460	논문 12편
제44호	2002.12.26	500	A5	532	논문 16편
제45호	2003.12.26	500	A5	364	논문 8편
제46호	2004. 6.15	300	A5	364	논문 7편
제47호	2004.12.15	200	A5	308	논문 8편
제48호	2005. 6.15	300	크라운판	462	논문 15편
제49호	2005.12.15	300	크라운판	364	논문 10편
제50호	2006. 6.15	300	크라운판	356	논문 9편
제51호	2006.12.15	300	크라운판	600	논문 15편
제52호	2007. 6.15	300	크라운판	384	논문 11편
제53호	2007.12.15	300	크라운판	467	논문 15편
제54호	2008. 6.15	300	크라운판	418	논문 12편
제55호	2008.12.15	300	크라운판	354	논문 9편
제56호	2009. 6.15	300	크라운판	500	논문 14편
제57호	2009.12.15	300	크라운판	370	논문 11편

『韓國出版學硏究』는 위 〈표 1〉에서 보듯이, 제45호까지는 일 년에 1회 발행을 하였으나, 2004년부터는 연 2회 발행을 하였다. 판형에서는 2004년 제47호까지는 A5 판형이었으나, 2005년 제48호부터는 크라운판으로 변경하여 발행하였다. 페이지는 작게는 308쪽에서 많게는 600쪽까지 발행되었다. 매호 전체 평균 426쪽이어서 여타 학회의 학술지 보다 그 볼륨 면에서 크다고 볼 수 있다. 아울러 논문 구성은 적게는 7편에서 많게는 16편까지 게재되었다. 호당 평균은 11.6편이 실린 셈이었다. 아울러 2003년 제45호부터는 반년간으로 개편하여 ISSN(ISSN 1738-0421)이 부여되어 간행되었다.

이 시기에 가장 큰 사건은 『韓國出版學硏究』가 한국학술진흥재단 등재후보학술지로 선정되고, 다음으로 등재지로 선정된 일이다.

『韓國出版學硏究』 통권 제45호부터 한국학술진흥재단 등재후보학술지로 선정되었는데, 그 경과과정은 다음과 같다.

・신청: 2004년 7월 1일

〈그림 1〉 2000~2001년 디자인

〈그림 2〉 2002~2004년 디자인

〈그림 3〉 2005~2009년 디자인

· 선정: 2004년 12월 31일
· 계속 평가: 2006년부터 2년간 80점 이상 취득
· 효력: 『韓國出版學研究』 통권 제45호부터
· 혜택: 학회 및 학술 활동 지원

다음으로 『韓國出版學研究』가 한국학술진흥재단 등재학술지에 선정된 과정을 적시하면 다음과 같다.

2004년 12월 15일	『韓國出版學研究』 제47호 발행
2005년 1월 10일	등재후보학술지 선정
2005년 6월 15일	『韓國出版學研究』 제48호 발행
2005년 12월 15일	『韓國出版學研究』 제49호 발행
2006년 6월 15일	『韓國出版學研究』 제50호 발행
2006년 6월 30일	등재후보학술지 계속평가 온라인 1차 신청
2006년 7월 10일	『韓國出版學研究』 제48, 49호 제출
2006년 12월 15일	『韓國出版學研究』 제51호 발행
2006년 12월 28일	'2006년 학술지평가 결과(계속평가-등재후보학술지)' '후보 1차 PASS'
2006년 12월 29일	결과통보서, 접수

2007년 6월 15일　　『韓國出版學硏究』제52호 발행
2007년 7월 2일　　등재후보학술지 계속평가 온라인 2차 신청
2007년 7월 10일　　『韓國出版學硏究』제50, 51호 제출
2007년 11월 30일　　사)한국출판학회 연구윤리규정 제출
2007년 12월 15일　　『韓國出版學硏究』제53호 발행
2007년 12월 28일　　'2007년 학술지평가 결과(계속평가-등재후보학술지)'
　　　　　　　　　　　'후보 2차 PASS' — 등재학술지 선정
2008년 1월　　결과통보서 접수

『韓國出版學硏究』가 한국학술진흥재단 등재후보학술지로 선정되고, 다음으로 등재학술지로 선정된 일은 그 간 학회 회원들의 염원을 이룬 쾌거였으며, 학회발전에 한 걸음 더 나가는 도약의 길이였다.

3) 국제출판학술회의

한국출판학회가 주관한 제10회 국제출판학술회의가 2001년 10월 25일부터 27일까지 아카데미 하우스에서 열렸다. 이날 국제출판학술회의에서는 제1회 남애출판저술상 시상식이 개최되기도 하였다. 아울러 서울선언이 채택되었다. 안정기(2000~2009년)에 개최된 국제출판학술회의는 다음과 같다.

△ 제10회 국제출판학술회의 및 제1회 남애출판저술상 시상식 개최
 • 일 시: 2001년 10월 25일~27일
 • 장 소: 아카데미 하우스
 • 주 제: 21세기 국제출판환경의 변화와 대응방책
 • 발표자: 이종국, 이두영, 김선남, 김승일, 김재윤, 김경일, 윤재준

△ 제11회 국제 출판학술회의
 • 일시: 2004년 10월 18일(월)~22일(금)
 • 장소: 中國 湖北省 武漢, 武漢大學校 國際會議場
 • 주제: 현재와 미래에 있어 국제 출판의 발전 방향
 • 한국 대표단 발제자: 이종국, 남석순, 이기성, 김기태, 이은국

△ 제12회 국제출판학술회의
- 일시: 2006년 10월 28일(토)~29(일)
- 장소: 일본, 동경; 일본동경경제대학 6호관 대회의실
- 대주제: 커뮤니케이션으로의 출판—변모하는 동아시아의 출판과 문화
- 한국측 발제자: 이종국, 남석순, 이기성, 김선남, 김기태, 문연주

△ 제13회 국제출판학술회의
- 기간: 2008년 5월 11일(일)~16(금)
- 일시: 2008년 5월 13일(화)
- 장소: 한국문화의 집(KOUS)
- 게재 논문명 및 필자

　　　오전 1차 회의/좌장 부길만(한국출판학회 부회장/동원대 교수)
　　　일본 출판산업의 구조 변화/星野涉(호시노 와타루/문화통신사 편집장)
　　　중국의 출판정책/刘拥军(류용쥔/중국출판과학연구소 기초이론연구실 주임)
　　　디지털 시대의 출판, 어디로 어떻게 갈 것인가?/한주리(서일대학 미디어출판과 교수)
　　　출판산업에 대한 뉴미디어의 영향 고찰/李新社(리신셰/중국전자공업출판사 부주임)

　　　오전 2차 회의/좌장 윤세민(한국출판학회 이사/경인여대 교수)
　　　출판진흥정책과 저작권법 개정 논의로 보는 출판사의 역할/植村八潮(우에무라 야시오/동경전기대학출판국 국장)
　　　디지털미디어 시대 출판콘텐츠 스토리텔링/남석순(김포대학 교수(출판학)
　　　고등교육출판사 해외진출 현황과 체험/耿丽萍(경리핑/《중국편집》잡지사 편집)

　　　오후 1차 회의/좌장 노병성(한국출판학회 이사/협성대 교수)
　　　학술 정보의 글로벌적 유통 현황과 과제/山本俊明(야마모토 토시아키/성학원대학 출판국)
　　　미디어환경 변화에 따른 디지털출판의 변화/김진두(서일대학 미디어출판과 교수)
　　　관리협조를 통한 유통비용 절감/唐流德(탕리우더/중국 구이저우출판그룹 상무이사)
　　　마케팅에 의한 출판사 경영의 재생/中町英樹(나카마치 히데키/일경Home출판사 이사)

　　　오후 2차 회의/ 좌장 김기태(한국출판학회 연구이사/세명대 교수)
　　　읽기와 출판 그리고 교육/王振铎(왕쪈둬/중국 하남대학 커뮤니케이션학원 교수)

일본 출판 미디어의 디지털화 현상과 독서의 변용/湯淺 俊彦(유아사 토시히코/숙천학원단기대학 교수)

한국 독서문화의 특성/김선남(원광대학교 신문방송학과 교수)

중국 편집출판학과 시스템 구축에 관한 연구/李建偉(리젠웨이/중국 하남대학 커뮤니케이션학원 원장)

종합 토론/ 좌장 김기태(한국출판학회 연구이사/세명대 교수)

- 외국 참가자: 일본 18명, 중국 9명 합계 27명
  - 일본: 遠藤千舟, 植村八潮, 星野 涉, 山本俊明, 湯淺俊彦, 中町英樹, 川井良介, 下村昭夫, 舘野 晳, 田中 崇, 中川真一郎, 稲岡 勝, 石沢 岳彦, 中島 淳, 伊藤洋子, 岡部友春, 甲川純一, 蔡 星慧
  - 중국: 程绍沛, 王振铎, 李建伟, 刘拥军, 唐流德, 李新社, 耿丽萍, 于翠玲, 金菊贤

제13회 국제출판학술회의의 진행표를 보면 알 수 있듯이, 그리고 외국 참가자가 총 27명이 참가한 점 등에서 보듯이, 출판에 관한 각 국의 연구 열의가 대단함을 알 수 있었다.

4) 한중출판학술회의

2000년 7월 3일 세종문화회관 컨퍼런스 홀에서는 제4회 한중출판학술회의가 개최되었다. 중국 측에서는 여 민 중국출판과학연구소 소장을 비롯하여, 심국방 부편심, 주전 부편심, 서승국 연구원 등이 참석하였으며, 한국 측에서는 김선남 교수, 김정숙 교수, 김재윤 한국출판연구소 연구부장이 참석하였다. 이 시기에 열린 한중출판학술회의는 다음과 같다.

△ 제4회 한중출판학술회의 개최
- 일 시: 2000년 7월 3일
- 장 소: 세종문화회관 컨포런스홀
- 주제: 공동주제한·중출판산업 및 출판학 연구의 현황과 전망
- 발표자: 여 민, 심국방, 주 전, 서승국, 김선남, 김정숙, 김재윤

△ 제5회 한중출판학술회의 참가
- 일시: 2002년 10월 25일

• 장소: 중국 北京圖書大廈
• 한국측 발표자: 이종국, 이두영, 부길만, 김선남, 김기태, 박몽구

△ 제6회 한중 출판학술회의
 • 일시: 2004년 7월 16일(금) 오전 9시 30분~오후 5시 30분
 • 장소: 세종문화회관 컨퍼런스홀
 • 대주제: 다매체 시대의 출판 산업 전략
 • 한국측 발표자: 이기성, 남석순, 이두영, 김정숙(지상발표)

△ 제7회 한중출판학술회의
 • 일시: 2005년 8월 3일(수)
 • 장소: 중국 북경 중국출판과학연구소 국제회의장
 • 한국측 발표자: 이종국, 성동규, 김기태, 김정숙

△ 제8회 한중출판학술회의
 • 일시: 2006년 7월 7일(금)
 • 장소: 세종문화회관 컨퍼런스 홀
 • 대주제: 세계와 미래를 향한 출판산업의 전략과 비전(Strategy and Vision of the Publishing Industry Toward the World and the Future)
 • 한국측 발표자: 부길만, 이용준, 김경일

△ 제9회 한중출판학술회의
 • 일시: 2007년 8월 3일
 • 장소: 북경 중국출판과학연구소 국제회의실
 • 한국측 발표자: 이정춘, 윤세민, 강맑실, 이종국, 김기태, 김경일, 노병성(지상발표)

△ 제10회 한중출판학술회의
 • 기간: 2008년 10월 14일(화)~20(월)
 • 일시: 2008년 10월 15일(수)
 • 장소: 엘루이호텔 2층 다이아몬드홀
 • 게재 논문명 및 필자
  오전 회의/ 사회 부길만(동원대 교수)

중국의 출판정책/웨이유산(魏玉山: 중국출판과학연구소 연구원 부소장)

한국의 전자출판 정책/김경일(김포대 영상미디어과 교수)

중국 출판업에 대한 외자유입 현황과 추세/쉬셩궈(徐升國: 중국출판과학연구소 부연구원)

온라인에서의 중국 출판관리정책 변혁과 완벽화/쟝펑졔(張鳳傑: 중국출판과학연구소 저작권연구센터)

오후 회의/ 사회 남석순(김포대 교수)

한·중 출판저작권 교류 현황과 활성화 방안 연구/김진두(서일대학 미디어출판과 교수)

중·한 저작권무역 범위에서 진행하는 문화분석/류웨이졘(劉偉見: 중국출판과학연구소 중국서적출판사 부사장)

중·한 출판저작권 무역의 현황, 문제 및 발전 전망/양취웬(楊馳原: 출판참고잡지사 부사장)

한·중 출판교류의 현황과 발전적 제언/이용준(대진대학교 신문방송학과 교수)

한·중 출판교류활성화를 위한 제언/한주리(서일대학 미디어출판과 교수)

종합 토론/ 사회 김기태(세명대 교수)

• 중국 참가자: 魏玉山, 所广一, 范芳, 王珮云, 孟白, 徐升国, 刘伟见, 杨驰原, 张文勇, 张凤杰, 严文君, 沈菊芳, 金菊贤 계 13명

△ 제11회 한중출판학술회의
  • 일시: 2009년 7월 29일(수)
  • 기간: 2009년 7월 28일(화)~8월 4일(화)
  • 장소: 중국 북경 중국출판과학연구소 국제회의장
  • 한국측 발표자: 김진두, 신종락, 한주리, 이건웅, 이완수, 최낙진

안정기(2000~2009년)에 이루어진 한중출판학술회의는 총 8회였다. 한국과 중국을 교차로 오가며 이루어진 이 학술회의는 동아시아의 출판학 위상을 높이는 데 기여하였다.

4) 대학원생우수논문발표회

한국출판학회는 대학원생들의 출판학 연구를 독려하고, 학교 간 학문적 교류의 장을 마련하고자 '대학원생우수논문발표회'를 개최하였다. 최초로 이루어진 것은 '출판전공 6개 대학원 우수논문 발표회'라는 이름으로 2007년 11월 16일(금)에 열린 것이었다. 대한출판문화협회 강당에서 열린 이 발표회의 진행과정은 다음과 같았다.

- 일시: 2007년 11월 16일(금)
- 장소: 대한출판문화협회 4층 강당
- 사회: 윤세민(경인여자대 교수)
- 발표 및 총평
    - 한국 대학출판부의 인터넷 활용 실태와 발전 방안에 관한 연구/ 임경희(건국대 언론홍보대학원 출판전공)
    - 한글단행본의 표지, 본문 타이포그래피 연구 분석/이한나(동국대 언론정보대학원 출판잡지전공)
    - 총평/ 이창경(신구대 교수)

    - 출판물의 불법복제와 저작권 인식에 관한 연구/김동혁(경희대 언론정보대학원 출판잡지 전공)
    - 흥행 영화의 텍스트 다의성과 수용자의 다의적 해독에 관한 연구/권옥경(서강대 언론대학원 출판전공)
    - 총평/ 노병성(협성대 교수)

    - 종이책과 전자책의 유형별 선호매체에 관한 연구/박수진(성균관대 언론정보대학원 출판잡지전공)
    - 인터넷 콘텐츠의 단행본 출판에 관한 연구/오혜영(중앙대 신문방송대학원 출판정보미디어전공)
    - 총평/ 이기성(계원예술대 교수)

- 종합토론/윤세민(경인여자대 교수)

이렇게 시작한 대학원생우수논문발표회는 2008년 11월 18일과 2009년 10월 30일에도 이루어졌다. 그 후 2010년대까지 이어진 이 발표회는 2017년까지 무려 총 46편의 논문이 발표되었다.

5) 출판정책 라운드테이블

2000년대 출판정책 라운드케이블은 2007년도 당시 한국출판학회 회장인 이정춘교수의 정책에 의해 최초로 열렸다. 제1차 출판정책 라운드테이블에서는 '한국 출판의 허와 실-베스트셀러의 진실과 부정유통'이라는 대 주제 아래 한기호 한국출판마케팅연구소 소장의 발표가 있었으며, 노병성 협성대 교수와 김기태 세명대 교수의 사회로 열띤 토론이 진행되었다. 2000년대 개최된 출판정책 라운드테이블은 다음과 같다.

△ 제1차 출판정책 라운드테이블
- 대주제: 한국 출판의 허와 실—베스트셀러의 진실과 부정유통
- 일시: 2007년 7월 6일(금) 오후 2시 ~ 6시
- 장소: 국립 어린이청소년도서관 강당
- 발제자: 한기호 한국출판마케팅연구소 소장
- 사회자: 1부 주제발표 및 지정토론 / 노병성 (협성대 교수)
  2부 자유토론 / 김기태 (세명대 교수)
- 토론자: 김성룡 (교보문고 전무) /김영범 (북새통 대표이사)/김인호 (대한출판문화협회 정책담당 상무이사, 바다출판사 대표)/손재완 (대교문고 고문)/이정우(문화관광부 출판산업팀장)/이창연 (한국서점조합연합회 회장)/이한수(조선일보 문화부 출판담당 기자)/전형배 (한국출판인회의 유통대책위원회 위원장, 창해 대표)/조정진(한국출판기자회 회장, 세계일보 문화부 차장)

△ 제2차 출판정책 라운드테이블
- 일시: 10월 19일(금) 14:00~18:00
- 장소: 국립 어린이청소년도서관 강당
- 대주제: 한국 출판의 허와 실—임프린트의 공과와 전망
- 주제발표: 이홍 (리더스북 대표)
- 사회: 1부 개회식 / 이용준 (대진대 교수)
부 주제발표 및 토론 / 김기태 (세명대 교수)

- 토론: 구모니카 (도서출판 M&K 대표)/김기중 (랜덤하우스코리아 편집인)/김영번 (문화일보 문화부 출판팀장)/김종만 (서울출판예비학교 교수)/노정용 (파이낸셜뉴스 문화부장)/신민식 (위즈덤하우스 이사)/이성구 (중앙북스 총편집인)

△ 제3차 출판정책 라운드테이블
- 일시: 6월 20일(금) 14:00~17:00
- 장소: 출판문화회관 4층 강당
- 대주제: 문고본 출판시장, 어떻게 활성화할 것인가?
- 주제발표: 주연선 (도서출판 은행나무 대표)
- 사회: 김기태 (세명대 교수)
- 토론: 김성동 (알라딘 마케팅팀장)/김형성 (대한출판문화협회 상무이사)/남성호 (교보문고 홍보팀장)/박광성 (생각의나무 대표)/백원근 (한국출판연구소 책임연구원)/서동철 (서울신문 전문기자)/신중석 (문화체육관광부 출판인쇄산업과장)/이형석 (임프린트코리아 대표)/전형배 (한국출판인회의 유통위원장)/홍순철 (북코스모스 에이전시 대표)

△ 제4차 출판정책 라운드테이블
- 일시: 2009년 4월 22일(수) 오후 2시-5시
- 장소: 국가인권위원회 11층 세미나실
- 대주제: 출판저작권 수출, 어떻게 활성화할 것인가?
- 주제발표: 김동휘 (여원미디어 대표)
- 사회: 1부 개회식 – 윤세민(경인여대 교수)
  2부 주제발표 및 토론 – 김기태(세명대 교수)
- 토론: 김대원(예림당 국제기획실 실장)/김승민 (일러스트레이터, 그림떼 대표)/문영호(문화체육관광부 출판인쇄산업과 과장)/이광형(국민일보 문화부 선임기자)/이건웅 (차이나하우스 대표)/최정선(보림출판사 기획위원)/한기호 (한국출판마케팅연구소 소장)

△ 제5차 출판정책 라운드테이블
- 일시: 2009년 11월 20일(금) 오후 2시~5시
- 장소: 출판문화회관 강당 (대한출판문화협회 4층)
- 대주제: 서울국제도서전, 어떻게 개선할 것인가?
- 주제발표: 이구용 (임프리마코리아 상무이사)

- 사회: 1부 개회식 / 부길만 (한국출판학회 부회장, 동원대 교수)
  2부 주제발표 및 토론 / 김기태(한국출판학회 이사, 세명대 교수)
- 토론: 강기준 (대한출판문화협회 사업담당 상무이사, 삼성B&C 대표)/김기옥(한국출판인
  회의 정책위원장, 한스미디어 대표)/김동휘 (여원미디어 대표)/박호상(한국출판연구
  소 선임연구원)/윤세민 (한국출판학회 이사, 경인여대 교수)/정윤희 (월간 〈출판저널〉
  편집장)/조정진 (세계일보 문화부 기자, 부장대우)/한기호 (한국출판마케팅연구소
  소장)

출판정책 라운드테이블의 주제발표자와 토론자를 보면, 학계와 업계가 고루 참여하였다. 아
울러 정부와 언론계에서도 참여하였을 뿐 아니라 출판관련 단체 등에서도 참여하여, 명실 공
히 출판계를 총망라한 모임이었다.

6) 한국출판학회상

한국의 출판문화와 출판학의 발전에 지대한 업적과 공로가 많은 인사나 단체를 대상으로 한
한국출판학회상은 1. 저술·연구 부문 2. 기획·편집 부문 3. 경영·영업 부문 4. 특별공로 부문
으로 구성되어 있다.

2000년 12월 23일 한글회관 강당에서는 제21회 한국출판학회상 시상식이 거행되었다. 이
때 수상자는 기획·편집부문에 현대실학사 정해렴 대표와 특별공로부문에 한국서점조합연합회
이병인 고문이었다. 안정기인 2000년에서 2009년까지 이루어진 수상은 다음과 같다.

△ 제21회 한국출판학회상
- 일시: 2000년 12월 23일
- 장소: 한글회관 강당
- 수상자: 기획·편집부문: 정해렴(현대실학사 대표)
  특별공로부문: 이병인(한국서점조합연합회 고문)

△ 제22회 한국출판학회상
- 일시: 2002년 2월 22일
- 장소: 한국일보 송현클럽
- 수상자: 특별공로상: 전병석(문예출판사 대표)
  특별공로상: 장영달 의원

경영·영업부문: 강해작(기문당 사장)

△ 제23회 한국출판학회상
  · 일시: 2003년 2월 14일(금)
  · 장소: 출판문화회관
  · 수상자: 특별공로부문 한상하(경인문화사 회장)
        기획·편집부문 송영석(해냄출판사 대표)
        경영·영업부문 김정태(삼호뮤직 회장)

△ 제24회 한국출판학회상
  · 일시: 2004년 2월 14일(토)
  · 장소: 출판문화회관
  · 수상자: 저술·연구부문 부길만(동원대 교수)

△ 제25회 한국출판학회상
  · 일시: 2005년 2월 16일(수)
  · 장소: 출판문화회관
  · 수상자: 저술·연구부문 최덕교(창조사 대표)
        특별공로부문   한국청소년도서재단(이성원 대표)

△ 제26회 한국출판학회상
  · 일시: 2006년 2월 16일(목)
  · 장소: 전경련회의장
  · 수상자: 저술·연구부문 김기태(세명대 교수)
        특별공로부문   이정일(대한출판문화협회 명예회장)

△ 제27회 한국출판학회상
  · 일시: 2007년 2월 23일(금)
  · 장소: 출판문화회관
  · 수상자: 특별공로부문 고 이은국 (전 한국출판학회 감사)

△ 제28회 한국출판학회상
  • 일시: 2008년 2월 28일(목)
  • 장소: 출판문화회관
  • 수상자: 저술·연구부문 이기성(계원예술조형대 교수)
         특별공로부문   김재윤(국회의원)

△ 제29회 한국출판학회상
  • 일시: 2009년 2월 13일(금)
  • 장소: 출판문화회관
  • 수상자: 저술·연구부문   남석순(김포대 교수), 김두식(전 혜천대 교수)
         경영·영업부문   김동휘(여원미디어 대표)
         특별공로부문   윤형두(재)한국출판문화진흥재단 이사장)

7) 회보발간

학회의 원활한 커뮤니케이션을 위하여, 그리고 각종 행사와 학회원 소식 등의 안내를 위하여, 본 학회에서는 『한국출판학회 회보』(이하 회보)를 간행하였다. 2000년대 회보 간행일을 살펴보면, 다음과 같다.

〈표 2〉 한국출판학회 회보 간행일

호 수	발 행 일
제35호	2000년 2월 15일
제36호	2000년 5월 22일
제37호	2000년 9월 15일
제38호	2001년 5월 12일
제39호	2002년 2월 15일
제40호	2002년 3월 28일
제41호	2002년 6월 22일
제42호	2002년 8월 30일
제43호	2003년 3월 17일
제44호	2003년 4월 10일

제45호	2003년 6월 5일
제46호	2004년 1월 9일
제47호	2004년 3월 25일
제48호	2004년 7월 9일
제49호	2004년 12월 23일
제50호	2005년 3월 7일
제51호	2005년 9월 15일
제52호	2006년 1월 10일
제53호	2006년 3월 27일
제54호	2006년 9월 12일
제55호	2007년 1월 9일
제56호	2007년 4월 12일
제57호	2007년 9월 3일
제58호	2008년 2월 1일

당시 발행된 회보의 제호를 보면 아래 〈그림 4〉와 같다.

8) 『韓國出版學의 史的硏究韓國出版學會 30年史』 간행 및 출판기념회 개최

한국출판학회는 학회 창립 30주년을 기념하여 『韓國出版學의 史的硏究韓國出版學會 30年史』를 간행하였다. 30년사는 총 35명의 필자가 동원되어 원고 작성을 하였다. 그 출판기념회는 다음과 같았다.

• 일시: 2000년 12월 23일

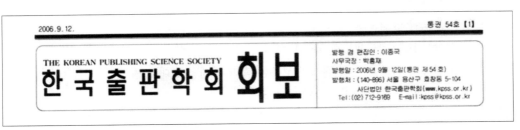

〈그림 4〉 한국출판학회 회보 제호

- 장소: 한글회관 강당
- 진행순서: 경과보고(이종국 편찬위원장)

  축사(허천 선생, 정진석 교수, 이정춘 교수 외)

  주요내용 및 필자 소개
- 집필진(게재순): 윤형두, 민병덕, 이종국, 김기태, 이기성, 윤재준, 이두영, 김선남, 윤세민, 김경일, 노병성, 김두식, 이창경, 부길만, 남석순, 김정숙, 淸水英夫, 箕輪成男, 戴文葆, 邵益文, 이겸로, 정진숙, 김병철, 이상보, 정봉구, 이강수, 한승헌, 황병국, 정진석, 김양수, 김형윤, 박원동, 고영수, 김병준, 김재윤

9) 『出版學』, 『出版學論叢』 영인본 발행

『出版學』, 『出版學論叢』 영인본 발행은 이종국 회장 당시 한국출판학회 초창기 연구사의 기록 근거를 복원하고 이를 통해 보다 능률적인 열람 기능을 제공함으로써, 출판학 연구와 출판 문화 발전에 기여함을 목적으로 하고, 아울러 『출판학』은 국내외를 통틀어 최초의 출판연구 결과를 집성한 성과라는 점을 중시하여 이의 영구 보전하기 위한 목적의 일환으로 이루어졌다. 그 내용은 다음과 같다.

〈그림 5〉 영인본의 표지

- 발행일: 3월 15일
- 발행부수: 50질(5권 1질)
- 영인본의 범위

  『출판학』 창간호(1969.8.)~제22집(1974.12.)

  『출판학논총』*(1981.6.)

  *『출판학논총』은 『출판학』을 이은 것임. 이상 총 2,100쪽 분량임.
- 제작 및 보급 방법

  ① 제작: 1질 5책(1세트로 묶음.), 신국판, 양장(한정본)

  출전 인용의 편의를 위해 원래의 고유한 출판 체제를 그대로 반영

  ② 보급 방법: 본학회 사무국에서 보급

  보급가: 전질 1십만 원

10) 연도별 수입금액

2000년대 한국출판학회의 연도별 수입금액은 〈표 3〉에 나타나 있다.

〈표 3〉 연도별 수입금액

연도	수입 금액(원)
2000년도	27,035,949
2001년도	46,153,436
2002년도	38,970,880
2003년도	38,802,651
2004년도	61,688,495
2005년도	44,259,238
2006년도	66,791,046
2008년도	196,663,708
2009년도	146, 541,893

2000년대 초반의 한국출판학회 수입은 불과 4천만 원 전후였다. 그 후 2천 년대 중반에는 6천만 원 대가 주류를 이루었다. 한편 2천 년대 후반에 와서는 한국출판학회의 수입이 1억 원대를 넘어서 약 2억 원대에 근접하는 경우도 발생했다. 2008년에는 총수입이 1억 9천 6백 6십만 원대를 기록해, 한국출판학회의 살림이 대한민국의 대표학회에 걸맞은 수준으로 상승되었다.

11) 기타 주요 활동

2000년대 안정기의 기타 주요 활동으로는 다음과 같다.

(1) 서울 선언 채택

2001년 제10회 국제출판학술회의에 즈음하여 당시 이종국부회장이 초안을 작성하고, 참가국의 전원이 만장일치로 채택하였다.

(2) 학회홈페이지 구축

2001년 학회 홈페이지(www.kpss.or.kr)가 구축되고 오픈되었다.

(3) 남애 출판저술상 시상식 개최

1회는 2001년 10월 25부터 27일까지 아카데미 하우스에서 개최된 제10회 국제출판학술 회의에서 일본의 시미즈 히데오(淸水英夫)에게 수여되었으며, 2회는 미노와 시게오 선생에게 수여되었다.

(4) 남애 안춘근 선생 10주기 추모 학술제

2003년 1월 22일(수) 프레스센터에서 국내외 귀빈이 참석한 가운데 성황리에 진행되었다. 행사개요는 다음과 같다.

- 일시 : 2003.1.22.(수) 11 : 00 ~ 20 : 30
- 장소 : 프레스센터/유택
- 주최 : (사)한국출판학회
- 주관 : 집행위원회
- 후원 : 대한출판문화협회, 한국고서연구회, 책을 좋아하는 사람들, 한국애서가산악회

이 날 행사는 1 : 00 김포시 대곶면 대명리 상도제일교회 묘역의 추도식과 참배로 시작하여 오후 3시부터 프레스센터 19층 기자회견장에서 남석순 교수의 사회로 기념 심포지엄이 열렸다. 이때 주제 발표 사회는 당시 이정춘 부회장이 담당하였으며, 주제발표는 미노와 시게오, 대문보,(김승일 대독), 이종국 교수가 하였으며, 지정토론은 김구현, 박경하, 부길만 교수가 하였다. 아울러 제2회 '남애출판저술상' 시상식이 열렸으며, 수상은 미노와 시게오씨가 하였다.

(5) 학회사무실 이전

이종국 회장이 이정일 대한출판문화협회 회장(일진사 대표) 회장에게 제의, 사무실을 일진사 2층으로 이전하였다.

(6) 『한국출판학연구』 학회지 규정 제정

한국출판학회의 학회지인 『한국출판학연구』의 발간업무를 담당할 편집위원회, 학회지에 게재할 논문의 심사·작성방법 및 학회지 발행에 관한 제반사항에 대하여 규정함을 목적으로 하는 학회지 규정이 2004년 6월 5일 제정하여, 제정일로부터 시행되었다.

(7) 한국간행물윤리위원회 조사연구 용역

2004년 「출판미디어 발전과 독서 활성화를 위한 디지털미디어 활용방안 연구」를 김정숙 교

수가 책임연구자로 하여 진행하였다.

(8) 2007 서울국제도서전 기념 세미나

2007년 6월 2일(토) 코엑스 컨퍼런스센터 303호에서 '책의 진화와 바람직한 독서 패러다임 모색'이란 대주제로 열렸다. 그 개요는 다음과 같다.

- 일시: 6월 2일(토) 오후 2시~6시
- 장소: 한국종합전시장(코엑스) 컨퍼런스센터 330호
- 대주제: 책의 진화와 바람직한 독서 패러다임의 모색

제1부: 개회식/기조강연 (사회: 이용준/대진대 교수)

　　　　기조강연: 우리 시대 책과 독서의 의미

　　　　문용린 (서울대 교육학과 교수, 전 교육부 장관)

제2부: 세미나 (사회: 김기태/세명대 교수)

　　　　책의 진화와 바람직한 독서 패러다임의 모색

　　　　제1주제: 책의 본질과 진화 양상에 따른 문제점은 무엇인가?

　　　　부길만 (동원대 광고편집과 교수)

　　　　제2주제: 바람직한 독서 패러다임의 모색 방안은 무엇인가?

　　　　노병성 (협성대 교수)

제3주제: 책과 독서, 진흥을 위한 정책 방안은 무엇인가?

　　　　김선남 (원광대 교수)

　　　　토론: 윤세민(경인여대 교수), 김경일(김포대 교수), 손애경(동국대 교수)

제3부: 종합 토론(사회: 이정춘/한국출판학회 회장)

(9) 2008 국제출판유통지수 비교 연구사업 지원 국고보조금 신청

(10) 2008년 4년제 정규대학 출판학과 설치를 위한 건의서 제출

(11) 한국출판학회 연구 윤리규정 제정

2008년 김기태 연구이사가 학문적 활동과 관련된 모든 부문에 있어 준수하여야 할 윤리적 책임에 관한 원칙과 기준 등을 입안하였다.

12) 도서정가제 정책방안 토론회

2009년 11월 16일 출판문화회관 강당에서 '소비자 경품규제 폐지에 따른 도서정가제 정책방안'이란 주제로 부길만 교수가 발표를 하였다.

2000년대 한국출판학회는 한국경제가 IMF 이후 어려운 상황 속에서도 발전을 거듭하였다. 이것은 당시 회장직을 수행했던 윤형두, 이종국, 이정춘 회장과 『한국출판학연구』의 편집장으로 수고한 남석순, 이창경, 김선남, 이기성, 노병성, 김경일 교수의 수고가 있었음을 부인하기 어렵다. 특히 한국출판학회가 안정적인 성장과 질적 성장을 할 수 있었던 것은 무엇보다도 학회의 학보인 『한국출판학연구』가 등재지로 인정받았다는 사실에서 기인한다. 당시 이종국 회장과 남석순, 노병성부회장의 수고가 남달랐으며, 학회 사무국장인 박홍재 선생님의 노고는 아무리 치하해도 부족함이 없다.

한국출판학회는 이러한 2000년대의 안정적인 성장 기반위에 확장기인 2010년대를 맞이하게 된다.

■ 참고 문헌

각 연도 사단법인 한국출판학회 정기총회 자료.

각 연도 사단법인 한국출판학회 《한국출판학회회보》.

각 연도 사단법인 한국출판학회 정기학술대회 자료집.

각 연도 사단법인 한국출판학회 출판정책 라운드테이블 자료집.

각 회 사단법인 한국출판학회 『한중 출판학술회의 논문집』.

각 회 한중일 출판학술 심포지움 자료집.

한국출판학회 30년사 편찬위원회 편, 『한국출판학의 사적 연구―한국출판학회 30년사』, 서울: 한국
출판학회, 2000.

확장기의 활동
2010~2019

윤 세 민*

■ ■ ■

1. 머리말

1) 확장기의 시대적 사회적 배경

2010년대 세계는 한마디로 격동의 시기였다. 과학의 발전과 민주주의의 확산으로 평화로운 시대가 될 것이라는 기대가 많았으나, 세계 각국에서는 작게는 인종적 사회적 혐오 정서의 난립부터, 크게는 전쟁과 테러까지 좋지 않은 사건들이 끊임없이 발생했다. 메르스와 에볼라 출혈열의 세계적 유행, 역사상 최악의 테러 집단인 이라크 레반트 이슬람 국가의 탄생, 남중국해의 군사적 위기, 도호쿠 대지진, 남수단 내전, 북한의 핵실험 시위 등 세계 평화를 위협하는 사건들이 적잖게 발생하였다. 경제적으로도 2000년대 후반에 터진 세계 경제 위기의 여파가 2010년대에도 여전히 지속됐으며 특히 남유럽과 중남미 일부 국가의 경제 위기는 매우 심각한 상태로 빠져 들었다. 이에 따라 신자유주의, 세계화 체제에 대한 의구심이 세계 시민들 사이에서 퍼져가게 되었다.

2010년대 한국 사회도 역시 격동의 시기였다. 2010년에 연달아 일어난 천안함 피격 사건과 연평도 포격 사건, 2014년 세월호 침몰 사건과 2015년 메르스 사태, 2016년 최순실의 국정농단 사태와 2017년 박근혜 대통령 탄핵, 2018년의 미투 운동, 2018~2019년의 남북정상회담과 북미정상회담 등에 이르기까지, 한국 사회는 그야말로 촛불이 타오르는 격동의 시간을 지나왔다 정치적으로는 이명박, 박근혜 두 명의 보수 대통령이 2010년 1월 1일~2017년 3월 10일까

* 경인여자대학교 교수

지 약 7년간 집권하였고, 2017년 5월 10일부터는 진보 진영의 문재인 대통령이 집권하고 있다. 즉, 2017년 중반까지는 보수정권의 시대였지만, 문재인 정부 출범 이후에는 민주당계의 진보정권의 시대를 열고 있다.

한편, 2010년대는 인터넷 혁명에 비견되는 스마트폰, 태블릿 컴퓨터, 클라우드 컴퓨팅, 소셜 네트워킹 서비스의 급격한 확산으로 인한 '스마트 혁명'으로 인해 지식기반 경제는 급속히 스마트 시대로 진화 발전하고 있다. 애플의 아이폰, 아이패드 쇼크에서 보듯이 스마트 시대의 패러다임 변화의 속도는 매우 빠르고 그 파괴력도 가공할 정도이다. 하드웨어와 소프트웨어, 콘텐츠의 융복합화와 제조와 서비스의 결합 등 컨버전스 현상도 가속화되어 산업의 경계는 모호해지고 있다. 기존 상품, 기술, 비즈니스 모델을 무너뜨리는 와해적 혁신에 직면할 확률도 급속도로 높아지고 있다. 이 모든 변화는 글로벌한 차원에서 일어나고 있다. 글로벌 기업이 주도하는 세계화 추세가 더욱 가속화하면서 글로벌 초경쟁 상황이 전개되고 기업의 초국적화가 진행되고 있다. 거대 인구를 보유한 신흥시장의 급속한 경제성장은 필연적으로 자원전쟁으로 이어지고 있으며, 이에 대응하여 신재생에너지 개발 등 그린 이코노미로의 전환은 가속화되고 있다.

2010년대는 디지털 혁명에 따른 IT 기술의 급속한 발전으로 인해 산업의 경계가 급속히 허물어지면서 융복합(convergence)의 시대가 열렸으며, 마침내 사물인터넷, 클라우드 컴퓨팅, 빅데이터 등으로 대표되는 4차 산업혁명 시대의 도래를 앞두고 있다.

2) 확장기의 국내외 출판계 환경

2010년대의 출판계는 영상, 게임, 모바일 등 뉴미디어 콘텐츠를 다루는 다양한 매체와 채널의 급성장 속에 치열한 경쟁 내지는 위기 상황에 놓이게 되었다.

2010년대에는 전통적인 출판 기획과 제작 방식에도 적지 않은 변화가 일어났다. 출판사를 거치지 않고 작가가 POD(Publish On Demand) 플랫폼을 통해 진행하는 셀프 퍼블리싱(Self publishing) 출간량이 전세계적으로 매년 증가하고 있다. 또한 오디어북(Audio book)이 국내외 출판계의 최대 관심사로 부상하고 있다. 미국출판협회에 따르면, 2017년 다운로드형 오디오북의 성장률은 약 30% 수준으로 급성장하고 있다. 오디오북의 성장을 견인하는 요인으로 스마트폰을 통한 오디오북 이용자가 많아졌고, 아마존의 알렉사(Alexa)와 구글 어시스턴트(Assistant) 등 음성 지원이 되는 스마트 스피커의 빠른 보급이 중심에 있다. 저렴한 가격과 편리한 이용 환경 제공 등으로 과거에 비해 오디오북 접근성이 훨씬 높아진 것이다.

2010년대부터 해외 출판계에는 소셜미디어(social media)를 이용한 각종 출판 마케팅과 커뮤니티 운영이 활발하게 진행되었다. 이미 대다수의 출판사와 서점들이 각자의 소셜미디어 채널을 개설했고, 적극적으로 운영하면서 높은 성과를 달성하는 곳이 많아졌다. 각종 출판 관련 행사를 오프라인에서만 하는 방식을 줄이고 페이스북 라이프(Facebook Live)와 유튜브(YouTube) 실시간 스트리밍을 이용하는 경우가 많아졌다. 무료로 플랫폼을 이용할 수 있고, 시·공간의 제약이 거의 없기 때문이다.

이렇게 정보통신기술의 발달에 따른 출판 콘텐츠의 제작과 홍보 방식의 변화는 빠르게 전개되고 있다. 이제 인스타그램(Instagram), 핀터레스트(Pinterest), 트위터(Twitter)를 통해 책을 홍보하는 출판사와 작가의 모습은 평범한 수준으로 인식될 만큼, 독자와 직접 연결된 네트워크 확보에 주력하고 있다.

출판을 포함한 콘텐츠 산업은 기술 발전에 따른 편리한 디지털 소비방식과 감성을 중심에 둔 아날로그 소비방식이 병행하면서 성장하고 있다. 이제 출판계도 소비자 중심의 콘텐츠 생산과 유통에 더욱 전념하고 투자해야 할 시점이다. 전통적인 책과 정보통신기술(ICT)이 결합되는 '북테크(Book tech)의 시대'가 열렸지만, 아직 규모의 경제를 이룰 정도는 아니다. 디지털화에 속도가 붙고 있지만, 종이책과 아날로그 문화는 여전히 사람들에게 안식을 제공하는 역할을 충실히 하고 있다.

한편, 2010년대 국내 출판계는 현행 도서정가제 문제 이외에 중소출판유통계의 생존을 위협하는 △대형·온라인 중고서점 △지역서점의 도서관 입찰을 방해하는 지역의 페이퍼 컴퍼니 △책 한 권도 안 되는 가격에 무제한 대여 서비스를 진행하고 있는 대형·온라인 서점 문제 △출판사의 유통 공급률 문제 등이 주요 이슈가 되었다.

3) 확장기의 국내 출판독서계 동향

2010년대에는 어떤 분야의 책이 출판의 중심에 또 독서의 중심에 있었는가. 2010년대의 리딩 북(Leading Book: 자본과 인기와 명성이 아닌 시대가 탄생시킨, 시대를 리드하는 책)을 중심으로 그 흐름을 찾아보자.

2010년대 초중반은 해마다 몇몇 리딩 북들이 존재했고 그들은 출판계 내에서의 현상을 넘어 문화계를 좌지우지하는 신드롬을 낳았다. 2010년엔 『엄마를 부탁해』, 『1Q84』, 『덕혜옹주』 등도 있었지만, 무엇보다 『정의란 무엇인가』가 신드롬을 일으켰다. 하버드대학교 명강의를 바탕으로 한 이 책은, 새삼스레 정의를 다시금 묻고 있지만 실상 당시 한국 사회의 문제를 우회적으로 묻고 있어 파급력이 대단했다.

2011년엔 『정의란 무엇인가』와 『엄마를 부탁해』가 여전히 인기를 끄는 가운데, 『아프니까 청춘이다』가 이른바 '청춘 신드롬'을 불러왔다. 역대급으로 아픈 청춘을 위로하는… 이듬해에도 비슷한 느낌의 에세이, 혜민 스님의 『멈추면 비로소 보이는 것들』과 김난도 교수의 비슷한 책이 인기를 끌었다. 스님의 출판계 진출도 두드러졌다.

2013년은 질적으론 암흑기, 양적으론 전성기를 보였다. 이전 해의 베스트셀러 1위가 여전히 1위를 차지했고 다양한 나라의 소설들이 인기를 끌었다. 2014년에는 이전 해의 소설 인기가 이어져 『창문 넘어 도망친 100세 노인』이 수위를 차지했다. 이후 북유럽 소설들이 쏟아졌고 많은 인기를 끌었다.

2015년부터는 해마다 독점 아닌 다두 체제가 시작된다. 『미움받을 용기』를 필두로 『지적 대화를 위한 넓고 얕은 지식』과 『비밀의 정원』이 뒤따랐다. 이중에 『비밀의 정원』은 컬러링북을 선도했다. 2016년에는 맨부커상을 탄 한강의 『채식주의자』를 필두로 『설민석의 조선왕조실록』과 『사피엔스』가 이끌었다. 다양성이 이전과 확연히 다르게 확장되었다.

2017년에는 『언어의 온도』, 『82년생 김지영』이 이끈다. 『82년생 김지영』은 분명 신드롬에 버금가는 인기를 구사했지만, 책 자체의 힘이라기보다 '미투운동', '페미니즘' 등 사회적 이슈에 의한 힘이라고 보는 게 합리적일 것 같다.

2018년에는 리딩 북이 아닌 다두 체제의 양상이 더욱 짙어졌다. 이전 해의 『언어의 온도』와 『82년생 김지영』과 함께 『역사의 역사』, 『곰돌이 푸』 시리즈, 『모든 순간이 너였다』, 『무례한 사람에게 웃으며 대처하는 법』, 『나는 나로 살기로 했다』, 『죽고 싶지만 떡볶이는 먹고 싶어』외에 히가시노 게이고의 『나미야 잡화점의 기적』 등이 다두 체제를 이끌었다.

이렇듯 2010년대 출판독서계는 다양성과 함께 저변의 확대가 눈에 띈다. 대형 출판사와 대형 저자를 위협하는 언더독의 반격이 빛을 보며, 그동안 해마다 되풀이된 몇몇 베스트셀러의 독점이 비로소 끝났다고, '상향' 평준화되고 있다고 할 수 있다. 2010년대 후반부터 보다 다양한 책, 출판사, 저자가 빛을 보게 된 것도 사실이지만, 향후 과제는 여러 출판의 위기 속에서 전체 출판시장의 확대임은 분명하다.

2. 새 세기로의 도전과 확장

1) 회무의 운영

(1) 정기총회와 임원진 구성

우리 학회는 2007년 2월의 정기총회에서 이정춘 중앙대 교수를 신임회장으로 선출하였고, 이정춘 회장 임기 시에 학회 정관의 회장 임기 4년을 2년으로 개정한 바 있다. 이어 2009년 2월의 정기총회에서 이정춘 회장은 연임이 결정되었고, 이에 따라 2010년대를 여는 2010년의 학회 임원진은 다음과 같이 구성되었다.

△ 2010년도 임원진

회　　　장 : 이정춘
부 회 장 : 부길만, 김병준
상임이사 : 이문학, 윤세민, 박몽구, 윤재준, 최선호
평 이 사 : 강진숙, 강해작, 고영수, 김경일, 김기태, 김선남, 김승민, 김준철, 김진두, 노병성,
　　　　　문연주, 박찬익, 백원근, 성의현, 손수호, 신종락, 유창준, 이두영, 이용준, 이창
　　　　　경, 전철규, 조맹기, 한주리, 황민선
사무국장 : 이수정
감　　　사 : 김정회, 김인기

2011년 1월 26일 출판문화회관에서 개최된 정기총회에서 남석순 김포대 교수가 18대 학회
장으로 선출되었다. 남석순 회장 임기 시의 임원진 구성은 다음과 같다.

△ 2011년도 임원진

회　　　장 : 남석순
부 회 장 : 김기태, 김경수
상임이사 : 이문학, 성대훈, 한주리, 신경렬
평 이 사 : 금창연, 김경도, 김동규, 김동휘, 김인철, 김정숙, 노병성, 박찬익, 박홍재, 백원근,
　　　　　성의현, 손수호, 손애경, 유창준, 윤재준, 이명희, 이병혜, 이상민, 이용준, 이창
　　　　　경, 정윤희, 조맹기, 조치영, 최낙진, 황민선
사무국장 : 김정명
감　　　사 : 김인기, 배현미

△ 2012년도 임원진

회　　　장 : 남석순
부 회 장 : 김기태, 이창경
상임이사 : 이문학, 손애경, 박찬익, 한주리
평 이 사 : 금창연, 김경도, 김동규, 김동휘, 김인철, 김정숙, 노병성, 박성원, 백원근, 성대훈,
　　　　　성의현, 손수호, 유창준, 윤세민, 윤재준, 이명희, 이병혜, 이상민, 이용준, 정윤
　　　　　희, 조맹기, 조치영, 최낙진, 황민선
사무국장 : 김희주
감　　　사 : 김인기, 배현미

2013년 2월 21일 출판문화회관에서 개최된 정기총회에서 부길만 동원대 교수가 19대 학회장으로 선출되었다. 부길만 회장 임기 시의 임원진 구성은 다음과 같다.

△ 2013년도 임원진
회   장 : 부길만
부 회 장 : 윤세민
상임이사 : 이문학, 윤광원, 박몽구, 성의현, 한주리
평 이 사 : 권호순, 금창연, 김경도, 김기태, 김선남, 김승민, 김인철, 김정숙, 김진두, 노병성, 박성원, 박은주, 박찬익, 백원근, 손수호, 손애경, 신종락, 유창준, 윤재준, 이완수, 이용준, 이창경, 정윤희, 조맹기, 최낙진, 황민선
사무국장 : 김희주
감   사 : 권영자, 김인지

△ 2014년도 임원진
회   장 : 부길만
부 회 장 : 윤세민, 이형규
상임이사 : 이문학, 윤광원, 박몽구, 성의현, 한주리
평 이 사 : 권호순, 금창연, 김경도, 김기태, 김선남, 김승민, 김아란, 김인철, 김정숙, 김진두, 노병성, 박성원, 박은주, 박찬익, 백원근, 손수호, 손애경, 신종락, 유창준, 윤재준, 이건웅, 이완수, 이창경, 정용환, 정윤희, 조맹기, 최낙진, 최연, 황민선
사무국장 : 김희주
감   사 : 권영자, 김인기

2015년 2월 24일 출판문화회관에서 개최된 정기총회에서는 2013년 2월 정관 개정의 적용에 의해 처음 도입된 전형위원회의 추천을 거친 윤세민 경인여대 교수가 20대 학회장으로 선출되었다. 윤세민 신임회장은 "출판학과 출판산업의 위기를 오히려 도약의 계기로 삼아 학문공동체로서의 본연을 살리겠다"며 "출판학 발전은 물론 출판계와의 산학협력을 통해 출판산업의 발전을 함께 도모하겠다"고 취임 인사를 했다.
　　윤세민 회장 임기 시의 임원진 구성은 다음과 같다.

△ 2015년도 임원진
회   장 : 윤세민

부 회 장 : 이문학, 윤광원

상임이사 : 김경도, 김선남, 박몽구, 백원근, 이완수, 김진두, 황민선, 김정숙, 윤재준, 박찬익, 정용환, 유창준, 이재석, 최연

평 이 사 : 권혁재, 권호순, 금창연, 김기태, 김성원, 김승민, 김아란, 김인철, 노병성, 박성원, 손애경, 신종락, 심재철, 이건웅, 이제영, 이창경, 정윤희, 조맹기, 최낙진, 한주리, 허보욱, 홍정표

사무국장 : 김희주

감　　사 : 김정명, 노경희

△ 2016년도 임원진

회　　장 : 윤세민

부 회 장 : 이문학, 윤광원

상임이사 : 김경도, 김선남, 박몽구, 백원근, 이완수, 김진두, 황민선, 김정숙, 윤재준, 박찬익, 정용환, 유창준, 최연

평 이 사 : 권혁재, 권호순, 금창연, 김기태, 김성원, 김승민, 김아란, 김인철, 노병성, 문철수, 박성원, 손애경, 신종락, 심재철, 이건웅, 이제영, 이창경, 정윤희, 조맹기, 최낙진, 한주리, 허보욱, 홍정표

사무국장 : 김희주

감　　사 : 김정명, 노경희

2017년 2월 24일 출판문화회관에서 개최된 정기총회에서는 역시 전형위원회의 추천을 받은 이문학 인천대 교수가 21대 학회장으로 선출되었다. 이문학 신임회장은 "학회의 기존 사업들을 지속적으로 유지, 발전시키고, 학회지인 '한국출판학연구'의 질을 높이는 데 더욱 힘쓰겠다"고 취임 인사를 했다.

이문학 회장 임기 시의 임원진 구성은 다음과 같다.

△ 2017년도 임원진

회　　장 : 이문학

부 회 장 : 유창준, 윤재준, 김경도

상임이사 : 김정명, 백원근, 황민선, 신종락, 김선남, 오세현, 최낙진, 박세영, 박성원, 최연, 김성원, 서동일, 양진오, 윤광원, 이욱상, 허보욱

평 이 사 : 강진숙, 권혁재, 권호순, 김덕모, 김아란, 김은경, 김주원, 김정숙, 김진두, 김진환,

　　　　　노병성, 문철수, 박종관, 방태원, 손애경, 심재철, 유선식, 윤미진, 이건웅, 이동성,
　　　　　이승환, 이완수, 이제영, 이창경, 조재인, 채숙희, 한주리, 홍정표
사무국장 : 김희주
사무간사 : 김시온
감　　사 : 김승민, 노경희

△ 2018년도 임원진
회　　장 : 이문학
부 회 장 : 유창준, 윤재준, 김경도
상임이사 : 김정명, 백원근, 황민선, 신종락, 김선남, 오세현, 최낙진, 박세영, 박성원, 최연, 김
　　　　　성원, 서동일, 양진오, 윤광원, 이욱상, 허보욱
평 이 사 : 강진숙, 권혁재, 권호순, 김덕모, 김아란, 김은경, 김주원, 김정숙, 김진두, 김진
　　　　　환, 노병성, 문철수, 박종관, 방태원, 손애경, 심재철, 유선식, 윤미진, 이건웅, 이
　　　　　동성, 이승환, 이완수, 이용준, 이제영, 이창경, 조재인, 채숙희, 한주리, 홍정표
사무국장 : 김희주
사무간사 : 김시온
감　　사 : 김승민, 노경희

　2019년 2월 22일 출판문화회관에서 개최된 정기총회에서는 역시 전형위원회의 추천을 받
은 이창경 신구대 교수가 22대 학회장으로 선출되었다. 이창경 신임회장은 "역대 회장들의 학
회 사랑과 역량을 이어받아 학회 창립 50주년 기념사업을 충실히 해내면서 학회의 전통과 정
체성 확립, 학회 발전을 도모하는 데 힘쓰겠다"고 취임 인사를 했다.

(2) 학회지의 간행 및 연구재단 등재지 유지

　학회 연구의 기본문헌이 되는 학회논문집의 간행 활동은 학회의 기본적인 회무이자 사업
이다.
　학회논문집인 『한국출판학연구』의 2010년대 간행 현황은 다음과 같다.

〈표 1〉 한국출판학연구 간행 현황(2010~2018년)

통권	발행일	발행부수(부)	판형	페이지(쪽)	논문수(편)
제58호	2010년 6월 15일	300	크라운판	413	12
제59호	2010년 12월 15일	250	크라운판	345	11
제60호	2011년 6월 15일	300	크라운판	188	6
제61호	2011년 12월 15일	300	크라운판	240	7
제62호	2012년 6월 15일	230	크라운판	202	6
제63호	2012년 12월 15일	230	크라운판	222	7
제64호	2013년 6월 15일	250	크라운판	222	8
제65호	2013년 12월 15일	500	크라운판	252	8
제66호	2014년 6월 15일	500	크라운판	274	10
제67호	2014년 9월 15일	500	크라운판	152	5
제68호	2014년 12월 15일	300	크라운판	332	11
제69호	2015년 6월 15일	300	크라운판	154	5
제70호	2015년 8월 30일	300	크라운판	154	5
제71호	2015년 11월 30일	300	크라운판	189	6
제72호	2015년 12월 30일	300	크라운판	189	6
제73호	2016년 3월 30일	300	국판	223	6
제74호	2016년 6월 30일	300	국판	235	6
제75호	2016년 9월 30일	300	국판	159	5
제76호	2016년 12월 30일	300	국판	199	6
제77호	2017년 3월 30일	300	국판	211	6
제78호	2017년 6월 30일	300	국판	185	5
제79호	2017년 9월 30일	300	국판	193	5
제80호	2017년 12월 30일	300	국판	325	8
제81호	2018년 3월 30일	300	국판	155	4
제82호	2018년 6월 30일	300	국판	171	5
제83호	2018년 9월 30일	300	국판	263	7
제84호	2018년 9월 30일	300	국판	253	7
제85호	2018년 9월 30일	300	국판	236	5

『한국출판학연구』는 2012년까지 연 2회 발행에 그쳤으나, 부길만 회장 재임기인 2014년에 연 3회 발행, 윤세민 회장 재임기인 2015~2016년에는 연 4회 발행, 이문학 회장 재임기인 2018년에는 연 5회 발행으로 양적인 부흥도 꾀해 왔다.

그리고 우리 학회의 학회지 『한국출판학연구』는 이종국 회장 재임기인 2007년에 한국연구재단의 등재지로 선정되는 쾌거를 이루었다. 그러나 몇 가지 발행상의 문제로 인해 2013년에 아쉽게도 등재지에서 등재후보지로 격하되는 아픔을 겪게 되었다.

이에 윤세민 회장 재임 시에 연구재단이 요구하는 질적 양적 제고 등 각고의 노력을 기울인 끝에 2016년에 다시금 등재지로 격상하는 영예를 갖게 되었다.

이에 대한 간략한 역사는 다음과 같다.

2007년 12월: 등재지 선정 PASS
2010년 4월: 등재지 유지를 위한 신청
2010년 7월: 등재지 유지 1차 FAIL
2013년 4월: 등재지 유지를 위한 재신청
2013년 7월: 등재지 유지 2차 FAIL (2차 FAIL 이므로 '등재후보지'로 하락)
※ 등재후보지 소급 적용으로 2013년 6월에 발행된 『한국출판학연구』 통권 제64호부터 등재지가 된 2016년 이전인 2015년 12월에 발행된 『한국출판학연구』 통권 제72호까지 등재후보지로 간주.
2015년 4월: 등재지 격상을 위한 신청
2015년 7월: 등재지 격상 FAIL, 등재후보지 유지 PASS
2016년 4월: 등재지 격상을 위한 재신청
2016년 7월: 등재지 격상 PASS
※ 등재지 소급 적용으로 2016년 3월에 발행된 『한국출판학연구』 통권 제73호부터 현재까지 등재지 유지 중.

한편, 학회지 『한국출판학연구』가 2016년에 등재지로 다시금 격상하게 된 사유에 대해 한국연구재단은 특별히 [등재지 선정 사유서]를 전해 왔다. 이는 향후 우리 학회지의 지속적인 등재지 유지를 위해서도 우리 학회원들이 새길 만한 내용이기에 아래에 전문 그대로 소개한다.

"새로운 뉴미디어의 급속한 발전은 미디어 분야 연구에서도 그대로 반영되어 이른바 대표적인 전통 미디어로서의 인쇄 미디어의 하나인 출판학 관련 연구가 위축되고 있는 현실에서 본 학술지는 그 명맥을 유지하고 있다는 점에서 충분한 학술적 가치가 있다고 판단됨.

본 논문집에 수록된 연구 결과들은 다매체 시대 출판 미디어의 오늘과 내일을 규명하고 방향을 설정하는 데 충분한 성과를 내고 있는 것으로 사료됨.

편집위원회는 구성원들의 연구 분야, 연구 실적, 대외활동 등 모든 면에서 본 학술지의 전문성을 유지하는 데 충분한 능력과 자질을 갖추었다고 판단됨.

출판학이라는 분야의 특수성 자체는 충분히 인정되나 논문의 질이나 과학적 연구 방법의 활용 그리고 미래 출판학의 전망과 관련한 새로운 연구 분야로의 확장 노력 등은 조금 더 보완 또는 강화가 필요하다고 보여짐.

특수 학문분야에서 1969년 이후 통권 72호(2015)의 지령을 갖고 있으며 출판의 제현상을 분석하고 관련 학계와 업계에서 학술적 영향력을 갖추고 있는 전문 학술지로 판단됨. 편집위원이 타 학회에 비하여 다수로서 심사제도의 구체성과 엄밀성을 갖추고 있음. 단, 동일 학문분야에서 등재(후보)지가 전무한 상황에서 인용지표의 상향에서 한계가 있으나, 외국의 동일분야 학술지에서의 인용 등 이에 대한 발전적 개선과 더불어 연구방법론의 정교한 발전은 필요하다고 판단됨.

전반적으로 편집위원의 전문성과 우수성이 돋보이고(일부 위원의 연구업적이 부진한 것은 아쉬움) 논문집의 구성 체계와 가독성, 논문초록의 질적 수준, 논문심사제도 및 규정의 분야에서는 우수한 것으로 보임. 연구윤리서약서를 받는 등 연구윤리 활동을 강화하고 있으나 논문표절방지 시스템의 도입이 장려됨. 그러나 출판학이라는 특수성과 실용적 가치와 국내 유일의 등재후보 출판학 학술지로서의 가치는 인정되나 IF가 중분야 평균(1.58)에 비해 현저히 떨어지고(0.62) 중심성 지수도 대분야 내 상위 60-80%이며 자기인용비율도 중분야 평균(15%)에 비해 월등히 높은 66.67%인 등 지수면에서 아쉬움이 있어 학문적 성과가 좀 더 널리 활용될 수 있는 방안을 모색해야 할 것으로 사료됨.

학술지의 가치와 성과를 판단하는 지표로 사용되는 KCI인용지수를 분석한 결과 영향력지수, 통합영향력지수, 통시적영향력지수, 중심성지수 등의 지표들이 대체로 낮은 것으로 판단됨. 학제 간 융합이라는 시대적 흐름에 맞추어 언론학, 뉴미디어, 광고홍보, 문화 커뮤니케이션, 광고홍보학 등으로 편집위원의 구성을 다양화하고, 이들 분야로 논문의 모집분야를 다양화하여 우수한 논문을 모집하려는 노력이 필요함. 또한 학술지를 보다 더 널리 알리고 논문 모집 수단과 공고방법 등을 다양화할 필요가 있음. 학술지의 발전을 위해 국내외 세미나 개최, 우수논문 발표회 등의 노력을 하고 있다고 판단됨.

게재된 논문의 수준이 우수하다고 보기 힘들지만 학술지의 정체성에 부합하는 논문이 대다수인 점이 높이 평가됩니다. 그럼에도 불구하고 몇몇 논문은 출판학과는 무관하다고 판단됩니다. 이 학술지의 가치는 무엇보다도 출판학이라고 하는 특수 영역에 대한 맞춤 학술지의 필요성에서 찾을 수 있다고 봅니다. 이런 이유에서 보다 출판학 관련 논문에 집중할 필요가 있다고 봅니다.

편집위원 중 일부는 특별히 출판학 관련 전문가라고 보기 어렵습니다. 그리고 일부는 연구업적이 크게 부족합니다. 이 점은 편집위원에 대한 평가에 부정적인 요소입니다.

논문집의 구성과 체제의 완전성 및 가독성은 대체로 무난합니다만, 2015년까지 온라인 논문 투고 및 심사 시스템을 운영하지 않았고 DOI 발급 제도도 운용하고 있지 않은 점은 단점입니다. 그리고 편집위원들에 대한 연구윤리 교육 필요합니다."

그리고 2010년대 학회 확장기의 『한국출판학연구』 편집위원진 구성은 다음과 같다.

△ 2010년도 『한국출판학연구』 편집위원
위원장 : 박몽구
위   원 : 이완수, 이창경, 최낙진, 한주리
간   사 : 최영주

△ 2011년도 『한국출판학연구』 편집위원
위원장 : 조맹기
이   사 : 한주리
위   원 : 김기태, 손애경, 이창경, 최낙진
간   사 : 김정명

△ 2012년도 『한국출판학연구』 편집위원
위원장 : 조맹기
이   사 : 한주리
위   원 : 김기태, 김정숙, 손애경, 이종문, 이제영, 이창경, 최낙진
간   사 : 김희주

△ 2013년도 『한국출판학연구』 편집위원
위원장 : 이창경
이   사 : 박몽구

위　원: 김정숙, 백원근, 손애경, 이완수, 이제영, 최낙진, 한주리
간　사: 김희주

△ 2014년도 『한국출판학연구』 편집위원

위원장: 이창경
이　사: 박몽구
위　원: 김선남, 김정숙, 백원근, 손애경, 심재철, 이완수, 이제영, 최낙진, 한주리
간　사: 김희주

△ 2015년도 『한국출판학연구』 편집위원

위원장: 심재철
이　사: 김선남, 박몽구
위　원: 김정숙, 문철수, 손애경, 이완수, 이제영, 최낙진, 한주리
간　사: 김희주

△ 2016년도 『한국출판학연구』 편집위원

위원장: 심재철
이　사: 김선남, 박몽구
위　원: 김정숙, 문철수, 손애경, 이완수, 이제영, 최낙진, 한주리
간　사: 김희주

△ 2017년도 『한국출판학연구』 편집위원

위원장: 심재철
이　사: 김선남
위　원: 강진숙, 김덕모, 문철수, 윤세민, 이승환, 이완수, 조재인, 최낙진
간　사: 김희주

△ 2018년도 『한국출판학연구』 편집위원

위원장: 심재철
이　사: 김선남
위　원: 강진숙, 김덕모, 문철수, 윤세민, 이승환, 이완수, 조재인, 최낙진
간　사: 김희주, 김시온

(3) 연구회 활동 전개

우리 학회는 학회 연구활동의 진작을 위해 초창기부터 2012년까지 학회 내에 분과위원회를 설치 운영해 왔다. 그러나 처음 취지와는 달리 해가 갈수록 분과위원회는 형식적인 조직 구성에 그치며, 그 활동이 미미해져 갔다.

이에 부길만 회장 재임 시기인 2013년에 분과위원회를 새롭게 연구회로 개편하여 연구활동의 진작을 재개하였다. 처음에 9개 연구회로 시작된 학회 연구회의 구성과 활동은 점차 확대되어 2019년 현재 아래의 14개 연구회에 이르고 있다(괄호 안은 현재 연구회 회장).

(1) 출판정책연구회(백원근) (2) 출판저작권연구회(김진두) (3) 디지털출판연구회(윤재준) (4) 출판유통연구회(신종락) (5) 출판제작연구회(유창준) (6) 지역출판연구회(최낙진) (7) 다문화출판연구회(박찬익) (8) 여성출판연구회(박원경) (9) 출판과 독서연구회(임성관) (10) 교과서출판연구회(김정숙) (11) 시니어출판연구회(남석순) (12) 출판철학연구회(윤세민) (13) 출판교육연구회(김경도) (14) 아동출판연구회(황민선) 등이다.

이들 연구회 중에서 여성출판연구회, 지역출판연구회, 교과서출판연구회, 출판교육연구회 등은 꾸준히 정례 모임을 전개해 오고 있다. 특히 지역출판연구회는 한국지역출판문화잡지연대(약칭 '한지연')와 함께 지역출판의 실제적 발전을 도모하는 선도적 역할을 하고 있다. 또한 우리 학회의 출판학회상에서도 능동적으로 지역출판을 격려하기 위해 2014년 제주의 각 출판사를 필두로 해서 2015년 부산의 산지니 출판사, 2016년 광주의 심미안 출판사, 2017년 대구의 학이사 출판사, 2018년 광주의 전라도닷컴 잡지사 등을 선정해 오고 있다.

그리고 개별 연구회 주관으로 학술대회를 개최하기도 하였다. 즉, 2013년 5월의 제26회 정기학술대회는 출판정책연구회 주관으로 "박근혜 정부의 출판 정책 방향과 과제"(발제자: 백원근), 2013년 10월의 제27회 정기학술대회는 지역출판연구회 주관으로 "지역 출판의 현실과 희망: 생산자 영역을 중심으로"(발제자: 이완수, 안현주, 권경옥, 박경훈), 2014년 제28회 정기학술대회는 여성출판연구회 주관으로 "한국의 여성저자 베스트셀러 출판 연구: 2000년 이후"(발제자: 장미영, 이건웅, 송보나), 2015년 제30회 정기학술대회는 출판교육연구회 주관으로 "출판 공교육의 위기와 해법제"(발제자: 김진두), 2017년 제34회 정기학술대회는 출판정책연구회·교과서출판연구회·지역출판연구회 주관으로 〈대주제: 출판 연구의 새로운 모색과 전망 Ⅰ〉 아래 "출판계약의 실태와 판면권 제도 도입에 관한 연구"(발제자: 박익순), "4차산업혁명과 교과서출판 연구의 방향"(발제자: 김정숙), "지역출판 유통의 현황과 문제점"(발제자: 최낙진), 2018년 제34회 정기학술대회는 출판철학연구회·아동출판연구회 주관으로 〈대주제: 출판 연구의 새로운 모색과 전망 Ⅱ〉 아래 "남애 안춘근의 출판철학"(발제자: 이종국), "아동출판물의 선정 요인 연구"(발제자: 황민선) 등의 주제 발표가 있었다.

아울러 2013년의 제13차 출판정책 라운드테이블은 다문화출판연구회 주관으로 "다문화 출판의 방향과 교육"(발제자: 장인실), 2014년의 제14차 출판정책 라운드테이블은 다문화출판연구회 주관으로 "다문화 출판의 방향과 교육"(발제자: 장인실), 2013년의 제14차 출판정책 라운드테이블은 출판정책연구회 주관으로 "한국 출판 정책의 선진화 방향"(발제자: 한주리), 2017년의 제17차 출판정책 라운드테이블은 지역출판연구회 주관으로 "지역도서전의 출판문화사적 의미"(발제자: 부길만)와 "송인서적부도에 따른 국내출판유통과 지역출판유통"(발제자: 강수걸) 등의 주제 발표가 있었다.

이렇게 우리 학회의 14개 연구회는 2010년대 들어 회원들의 전공분야 세분화, 소속감 및 연대감 형성, 개별 연구회 주관의 정기학술대회 및 출판정책 라운드테이블 개최 등으로 연구활동의 활성화를 꾀하고 있다.

2) 사업의 운영

(1) 학회 발전을 위한 기금 모금 운동 전개

2010년대 들어 학회의 재정은 그리 녹록치 않았다. 학회 사무공간은 일진사 이정일 회장의 배려 아래 무상으로 사용할 수 있었으나, 학회 운영을 위한 재정이 빠듯한 형편이었다.

이에 윤세민 회장은 취임 첫 해인 2015년부터 학회 발전을 위한 대대적인 기금 모금 운동을 전개하였다. 관학협력과 산학협력을 바탕으로 하여 학회 행사 시에 협조를 구하는 한편 학회원들을 대상으로 능동적이고도 자발적인 기금 모금 운동을 펼쳤다. 한 예로 학회의 연구프로젝트 수주 시 개인별 연구비에서 학회장은 50%, 임원은 20%, 평회원은 10% 등을 자발적으로 갹출해 기금을 모으기도 했다.

그 성과는 놀랍게 나타났다. 2015~2016년 두 해 동안 학회 발전을 위한 기금 모금 운동은 (1) 학회발전 기금 (2) 한국출판학회상 기금 (3) 남애출판문화상 기금 등 3개 분야로 구분되어 추진되었는데 모두 46,150,000원의 기금이 모여졌다. 이와 별도로 학회 행사 찬조 및 후원금도 27,000,000원에 이르렀다.

이는 학회 역사상 전무후무한 성과였으며, 향후 학회 운영은 물론 특히 학회 창립 50주년 기념사업의 든든한 버팀목 역할을 할 것으로 기대된다.

(2) 학회 창립 50주년 기념사업 추진위원회 구성 및 진행

학회 창립 50주년을 3년 앞두고서 '한국출판학회 창립 50주년 기념사업 추진위원회'를 구성하고 제1차 회의를 2016년 11월 18일 '기와' 한정식(용산역 인근)에서 개최하였다.

1차 회의 결과, 추진위원회의 구성은 다음과 같다. 고문(한승헌, 윤형두, 민병덕, 이정춘, 이종국, 남석순), 추진위원장(윤세민), 집행위원장(차기 회장, 2017년 이문학 회장 선출), 위원(당시의 명단 : 부길만, 이두영, 김기태, 노병성, 박몽구, 윤재준, 윤광원, 박성원, 김경도)이다. 사업의 개요는 (1) 한국출판학회 50년사 발간 (2) 남애 안춘근 선생 기념도서 발간 (3) 학회 창립 50주년 기념 국제출판학술회의 개최 (4) 학회 창립 50주년 기념 남애출판문화상 시상식 개최 (5) 학회 창립 50주년 기념 국내학술대회 개최였다.

50년사 편찬위원회는 위원장을 부길만으로 하고 집필진은 회원 공모 후 구성하고 집필을 의뢰하기로 하였다. 한편, 남애 안춘근 선생 기념도서 집필은 회원들의 공모를 통한 결과 이종국 고문에게 의뢰되었다. 이후 회의를 통해서 50주년 기념 국제출판학술회의(IFPS) 개최는 일본과 중국 측에 2020년 회의를 2019년으로 양해를 받기로 하였으나, 각국의 사정이 여의치 않아 양국의 출판(편집)학회 회장과 중국의 출판과학연구원 원장을 초청키로 하였다. 이후 회의를 통해 50주년 기념식은 창립일인 2019년 6월에 시행키로 하고, 기념 국내학술대회는 한국출판연구회 발족일인 2019년 3월에 개최하기로 하였다.

이후 2017~2018년 여러 차례의 추진위원회 회의 결과, 추진위원회의 원활한 진행을 위해 현 편찬위원회는 그대로 두되, 기존의 학술위원회와 행정위원회를 합쳐서 행사준비위원회로 명칭을 바꿔 진행하기로 하고, 행사준비위원회는 현 학회 집행부를 중심으로 인원을 구성하기로 하였다. 창립 50주년 기념 학술대회는 2019년 봄철 정기학술대회로 대신하기로 하고, 창립 50주년 기념식 및 남애출판문화상 시상식을 2019년 6월 21일(금) 18 : 00-20 : 00 프레스센터 국제회의장에서 거행하기로 하였다. 아울러 제20회 한중출판학술회의를 동기간인 6월 22일(토) 출판문화회관에서 "스마트 미디어 시대의 출판 경쟁력 확보 방안" 주제로 실시하기로 하였다.

한국출판학회 50년사 및 남애 안춘근 선생 기념도서 제작은 2019년 3월 현재 글로벌콘텐츠출판그룹(대표 : 홍정표)에서 맡아 진행하고 있다.

(3) 남애 안춘근 선생 기념사업회 운영

남애 안춘근 선생의 타계 5개월 이후부터 이루어진 남애 안춘근 선생 기념사업회 연혁은 다음과 같다. 한국출판학회 주최로 1993년 6월 20일 선생의 훈도를 받은 후학 및 선생의 유택을 참배한 참석자들은 업적을 기리기 위한 사업을 전개하기로 결의하여 발기위원회 구성하고 출판계와 서지학계의 동의를 받아 '남애출판문화상(가칭)제정추진위원회'를 결성하고 기금 조성운동을 전개하였다. 이후 남애출판문화상 운영위원회를 결성하였고(위원장 윤형두) '남애안춘근선생기념사업회'로 확대 개편하면서 '남애출판저술상'을 제정하였다. 2001년 10월 27일제1회 남애출판저술상 시상한 이후 2010년 11월 27일까지 제4회 남애출판문화상을 시상하였다. 2008년부터 '남애출판저술상'의 원래 취지를 살려 '남애출판문화상'으로 명칭을 변경하여 상의 범위와 위상을 격상시켰다. 2015년 10월 9일 그동안 남애 안춘근선생기념사업회에서 운영되었던 일체의 권리와 임무를 합의서 작성을 통하여 사단법인 한국출판학회가 이양받아 현재에 이르고 있다.

학회로 이양된 뒤의 남애 안춘근선생기념사업회는 아래와 같은 행사를 진행하여 왔다.
* 2016. 7. 7. 남애안춘근선생기념사업회 2016년도 제1차 운영위원회 개최
* 2016. 11. 18. 국립서울현충원 충혼당 319호 방문하여 참배 및 추모행사 진행
* 2016. 11. 18. 2016년도 제2차 운영위원회 개최
* 2018. 11. 2. 2018년도 제1차 운영위원회 개최
* 2019. 1. 22. 2019년도 제1차 운영위원회 개최
* 2019. 1. 22. 남애 안춘근선생 서세(逝世) 25주기를 맞이하여 국립서울현충원 319호 방문하여 참배 및 추모행사 진행

한편, 남애 안춘근 선생 기념사업회 운영위원회의 2019년 3월 현재 구성은 다음과 같다.

고 문	이상보(국민대 명예교수, 전 운영위원)
	여승구(화봉문고 대표, 전 운영위원)
	이기웅(열화당 대표, 전 운영위원)
	윤형두(범우사 회장, 한국출판학회 고문)
	이정춘(중앙대 명예교수, 한국출판학회 고문)
	이종국(대전과학기술대 명예교수, 한국출판학회 고문)
	남석순(김포대 명예교수, 한국출판학회 고문)
	부길만(전 동원대 교수, 한국출판학회 고문)
운영위원장	이창경(신구대 교수, 현 한국출판학회장)
운 영 위 원	고영수(청림출판그룹 대표, 전 대한출판문화협회장)
	문철수(한신대 교수, 전 한국언론학회장)
	박경하(한국고서연구회장)
	박원경(한국사서협회장)
	안유섭(유족 대표, 아르케아카데미 원장)
	윤세민(경인여대 교수, 한국출판학회 고문)

이문학(인천대 교수, 한국출판학회 명예회장)

간　　사　　김정명(신구대 겸임교수, 한국출판학회 총무이사)

간 사 보　　김희주(한국출판학회 사무국장) 이상 18명

(4) 학회 주최의 정년퇴임식 처음 마련

우리 학회의 전통과 역사는 남애 안춘근 초대 회장 이후로 역대 회장들의 학회 사랑과 노고에 힘입은 바 크다. 그럼에도 역대 회장의 공로에 대한 학회 차원의 평가나 감사가 적었던 것도 사실이다. 대표적인 예로 학회장을 지낸 분들에조차 학회 차원의 정년퇴임식 주최마저 단 한 번도 없었음이 이를 증명한다고 하겠다.

이를 평소 안타깝게 여겼던 윤세민 회장은 재임 시인 2016년 2월 23일 출판문화회관에서 열린 정기총회에서 특별 순서로 역대 회장을 지낸 윤형두 고문, 민병덕 고문, 이종국 고문, 이정춘 고문, 남석순 고문 등에게 전체 학회원의 마음과 존경을 담아 송공패를 전달하였다.

아울러 직전 해 김포대에서 정년퇴임을 한 남석순 고문에 대해 학회의 정년퇴임식이 정식 마련되었다. 이날 남석순 고문은 '한국출판학회에서 면학과 탐구 30년'이라는 주제의 특별 강연을 진행, 참석자들의 뜨거운 감사와 호응을 받았다.

다음해인 2017년 2월 24일 출판문화회관에서 열린 정기총회에서는 그 해 동원대에서 정년퇴임을 한 부길만 고문에 대해 송공패 전달과 특별 강연이 있는 학회 주최의 정년퇴임식이 진행되었다. 이날 부길만 고문은 '출판학 연구의 보람과 의의'라는 주제의 특별 강연을 진행, 역시 참석자들의 뜨거운 감사와 호응을 받았다.

이렇게 새롭게 마련된 역대 학회장 및 원로 학회원들 대상의 학회 주최의 정년퇴임식이 우리 학회의 훈훈한 전통으로 자리매김하기를 기대해 본다.

(5) 정산 민병덕 전임 회장 타계

"죽간(竹簡)이 CD-ROM이다"라는 명언을 남긴 정산(靜山) 민병덕 고문(1934~2018)이 유명을 달리하였다. 선생이 2018년 9월 13일 오후 3시 30분 경기도 일산에서 타계한 것이다.

정산은 남애 선생과 함께 한국 출판학 연구의 선구자의 한 분이었다. 이미 50년 전에 대학의 출판학과 신설과 출판의 학문적 체계화를 주장하였고 「출판학 서설」(1969)을 시작으로 많은 저서와 논문을 발표하였다. 선생은 출판학이란 사회현상으로서의 출판을 과학적으로 연구하고 조사하는 것을 목적으로 하는 학문으로 규정하면서, 매스미디어와는 구별하면서 종합적인 학문의 특성을 지닌 독립적 학문으로 인식하였다. 선생은 출판의 중심을 편집에 두면서 현

상적이고 실천적인 연구를 중시하고, 출판학의 연구 대상과 연구 방법, 연구 내용과 연구 체계 등 출판학의 정립을 위하여 많은 노력을 하였다.

우리 학회의 창립 회원으로서 남애 선생과 함께 한국출판연구회의 결성을 주도하고 한국출판학회를 창립하여 발전시키며 평생을 출판학 연구와 교육에 헌신하였던 선생의 타계는 한국출판학 연구에서 제1세대들의 끝남을 의미한다.

3. 학술 활동

1) 정기학술대회

우리 학회의 대표적 학술행사인 '정기학술대회'는 초창기(1969~1979)의 '연구발표회'와 '월례연구발표회', 진전기(1980~1989)의 '출판학술세미나'를 거쳐 오늘에 이르고 있다. 이는 시대변화와 환경변화, 그리고 학회의 회세(會勢) 신장에 맞추어 발전해 온 것으로서, 학회의 연구 성과와 경험을 학술적으로 확대하여 공개적으로 발표함으로써 출판학과 출판문화 발전에 기여해 오고 있다.

확장기(2010~2019)에 개최된 정기학술대회의 면면은 다음과 같다.

△ 제21회 정기학술대회
- 일시: 2010년 2월 22일(월) 오후 2시-4시
- 장소: 출판문화회관
- 주제 및 발제자
  - 구텐베르크 이후 레토릭 변화의 일 연구: 출판과 신문의 레토릭 성찰 / 조맹기
  - 출판의 'Peek-a-boo-World'화 현상에 대한 시론적 연구: 영상시대의 '사진읽기'는 독서를 대체할 수 있는가? / 이정춘·이용준

△ 제22회 정기학술대회
- 일시: 2011년 2월 21일(월) 오후 2시-4시
- 장소: 출판문화회관
- 주제 및 발제자
  - 한국 현대 출판유통 50년의 발자취 및 평가 / 신종락

△ 제23회 정기학술대회
 • 일시: 2011년 10월 27일(목) 오후 1시-3시
 • 장소: 출판문화회관
 • 주제 및 발제자
   - 출판 재개념화에 관한 고찰 / 김기태
   - 모바일 혁신 시대 '출판' 개념의 패러다임 변화에 관한 연구 / 김정숙·배현미

△ 제24회 정기학술대회
 • 일시: 2012년 5월 25일(금) 오전 10시-오후 1시
 • 장소: 서울인쇄정보센터 7층 강당
 • 주제 및 발제자
   - 한국의 교과서 디자인과 에코(eco) 디자인 / 김용찬
   - 디지털 시대를 맞는 현교과서 출판 시스템의 고려점 / 염성엽
   - 한국의 교과서 변천과 발전적 지향: 교과서의 변천에 반영된 의의와 지향 / 이종국

△ 제25회 정기학술대회
 • 일시: 2012년 12월 13일(목) 오전 10시-11시 30분
 • 장소: 한글회관 강당
 • 주제 및 발제자
   - 한국출판문화산업진흥원 출범의 의미와 과제 / 배진석

△ 제26회 정기학술대회
 • 일시: 2013년 5월 23일(목) 오후 5시-6시 30분
 • 장소: 출판문화회관
 • 주제 및 발제자
   - 박근혜 정부의 출판 정책 방향과 과제 / 백원근

△ 제27회 정기학술대회
 • 일시: 2013년 10월 4일(금) 오후 2시-6시
 • 장소: 가톨릭청년회관
 • 주제 및 발제자
   - 지역 출판의 현실과 희망: 생산자 영역을 중심으로 / 이완수, 안현주, 권경옥, 박경훈

△ 제28회 정기학술대회
  • 일시: 2014년 6월 26일(목) 오후 3시-5시
  • 장소: 출판문화회관
  • 주제 및 발제자
    - 한국의 여성저자 베스트셀러 출판 연구: 2000년 이후 / 장미영, 이건웅, 송보나

△ 제29회 정기학술대회
  • 일시: 2015년 5월 29일(금) 오후 4시-6시
  • 장소: 가톨릭청년회관
  • 주제 및 발제자
    - 출판학 연구의 과거, 현재, 미래 / 부길만

△ 제30회 정기학술대회
  • 일시: 2015년 12월 3일(목) 오후 4시-6시
  • 장소: 출판문화회관
  • 주제 및 발제자
    - 출판 공교육의 위기와 해법 / 김진두

△ 제31회 정기학술대회
  • 일시: 2016년 5월 27일(금) 오후 3시-5시
  • 장소: 출판문화회관
  • 주제 및 발제자
    - 한국출판학회의 과거, 현재, 미래 / 이종국, 부길만

△ 제32회 정기학술대회
  • 일시: 2016년 12월 16일(금) 오후 6시-8시
  • 장소: 출판문화회관
  • 주제 및 발제자
    - 웹출판의 현황과 과제와 전망 / 이승환

△ 제33회 정기학술대회
  • 일시: 2017년 6월 16일(금) 오후 3시-5시

· 장소 : 코엑스 컨퍼런스룸 301B
· 주제 및 발제자
  - 4차 산업혁명 시대의 출판 활로 모색 / 박세영, 공병훈, 허보욱

△ 제34회 정기학술대회
· 일시 : 2017년 12월 1일(금) 오후 4시-6시
· 장소 : 가톨릭청년회관
· 대주제 : 출판 연구의 새로운 모색과 전망 Ⅰ
· 소주제 및 발제자
  - 출판정책연구회 : 출판계약의 실태와 판면권 제도 도입에 관한 연구 / 박익순
  - 교과서출판연구회 : 4차 산업 혁명과 교과서 출판 연구의 방향 / 김정숙
  - 지역출판연구회 : 지역출판 유통의 현황과 문제점 / 최낙진

△ 제35회 정기학술대회
· 일시 : 2018년 6월 22일(금) 오후 3시-5시
· 장소 : 코엑스 컨퍼런스룸 307A
· 주제 및 발제자
  - 디지털 환경과 출판사업 포트폴리오 전략 / 이은호, 강민수

△ 제36회 정기학술대회
· 일시 : 2018년 12월 7일(금) 오후 4시 30분-6시
· 장소 : 출판문화회관
· 대주제 : 출판 연구의 새로운 모색과 전망 Ⅱ
· 소주제 및 발제자
  - 출판철학연구회 : 남애 안춘근의 출판철학 / 이종국
  - 아동출판연구회 : 아동출판물의 선정 요인 연구 / 황민선

2) 출판정책 라운드테이블

출판정책 라운드테이블은 각 시기별 출판산업계의 관심의 초점이 되고 있는 이슈들을 선정하여 학회원뿐만 아니라 외부 인사들도 발제자 또는 토론자로 광범위하게 초청하여 그 실상을 다각 분석하고 우리 출판계가 나아가야 할 방향을 제시하고자 마련되었다. 2007년 7월 처음

개최한 이래 연 1~2회씩 2018년 말 현재까지 총17회 개최되었다.

확장기(2010~2019)에 개최된 출판정책 라운드테이블의 면면은 다음과 같다.

△ 제6차 출판정책 라운드테이블
- 일시: 2010년 5월 14일(금) 오후 2시-5시
- 장소: 코엑스 318호
- 대주제: 국민독서, 어떻게 진흥시킬 것인가?
- 주제 및 발제자
  국민독서 진흥방안에 관한 연구 / 김선남
  콘텐츠 시대의 독서운동, 현황과 과제 / 김흥식

△ 제7차 출판정책 라운드테이블
- 일시: 2010년 12월 3일(금) 오후 2시-5시
- 장소: 출판문화회관
- 대주제: 위기의 읽기문화, 어떻게 할 것인가?
- 발제자: 이정춘

△ 제8차 출판정책 라운드테이블
- 일시: 2011년 7월 22일(금) 오후 2시-5시
- 장소: 출판문화회관
- 대주제: 한국 출판통계, 이대로 좋은가?
- 발제자: 김경일

△ 제9차 출판정책 라운드테이블
- 일시: 2011년 12월 14일(수) 오후 2시 30분-5시
- 장소: 교보문고 광화문점 "배움아카데미"
- 대주제: 한국의 출판비평, 무엇이 문제인가?
- 발제자: 구본준

△ 제10차 출판정책 라운드테이블
- 일시: 2012년 9월 21일(금) 오후 2시-5시
- 장소: 가톨릭청년회관 3층 바실리오홀

• 대주제: 전자책, 과연 시대의 총아인가?
• 발제자: 구모니카

△ 제11차 출판정책 라운드테이블
• 일시: 2012년 12월 13일(목) 오후 2시 30분-5시 30분
• 장소: 한글회관 강당
• 대주제: 한국출판문화산업진흥원 출범의 의미와 과제
• 발제자: 배진석

△ 제12차 출판정책 라운드테이블
• 일시: 2013년 6월 27일(목) 오후 6시-8시
• 장소: 출판문화회관
• 대주제: 언론의 출판 보도, 그 허와 실
• 발제자: 표정훈

△ 제13차 출판정책 라운드테이블
• 일시: 2013년 12월 20일(금) 오후 3시-5시
• 장소: 출판문화회관
• 대주제: 다문화 출판의 방향과 교육
• 발제자: 장인실

△ 제14차 출판정책 라운드테이블
• 일시: 2014년 12월 17일(수) 오후 3시-5시
• 장소: 출판문화회관
• 대주제: 한국 출판 정책의 선진화 방향
• 발제자: 한주리

△ 제15차 출판정책 라운드테이블
• 일시: 2015년 10월 9일(금) 오전 10시-오후 1시
• 장소: 코엑스 컨퍼런스룸 308호
• 대주제: 출판 경쟁력, 어떻게 창출할 것인가?
• 발제자: 박익순

△ 제16차 출판정책 라운드테이블
  - 일시: 2016년 9월 28일(수) 오후 4시-6시 30분
  - 장소: 출판문화회관
  - 대주제: 〈출판문화산업 진흥 5개년(2017~2021) 계획〉 무엇을 담아야 하나?
  - 발제자: 윤세민

△ 제17차 출판정책 라운드테이블
  - 일시: 2017년 5월 26일(금) 오후 1시-4시
  - 장소: 제주 한라도서관 강당
  - 대주제: 지역출판, 국가발전의 원동력이다
  - 주제 및 발제자
    지역도서전의 출판문화사적 의미 / 부길만
    송인서적부도에 따른 국내출판유통과 지역출판유통 / 강수걸

3) 출판전공 대학원 우수논문 발표회

출판전공 대학원 우수논문 발표회는 대학원생들의 출판학 연구를 독려하고, 출판 전공 대학원 간 학문적 교류의 장을 마련하고자 2007년부터 시작되었다. 당해 연도 대학원의 출판에 관한 석·박사학위논문 중에서 각 대학원에서 추천받거나 학회 차원에서 선정한 우수 논문 발표의 장으로서 2018년 12월 현재까지 총 12회가 개최되었다.

확장기(2010~2019)에 개최된 출판정책 라운드테이블의 면면은 다음과 같다.

△ 제5회 출판전공 대학원 우수논문 발표회
  - 일시: 2011년 10월 27일(목) 오후 3시-5시
  - 장소: 출판문화회관
  - 논문명 및 발표자
    - 대한제국시기(1897~1910)의 도서출판에 관한 연구: 정치, 외교, 행정도서를 중심으로 / 한혜영(서강대학교 석사논문)
    - 블로그와 트위터 이용자들의 소셜미디어 출판에 대한 연구: 피에르 레비의 집단지성을 중심으로 / 김지연(중앙대학교 석사논문)
    - 저작물의 선순환 구조를 위한 공정이용(Fair Use) 법 제도 연구 / 조진이(경희대학교 석사논문)

△ 제6회 출판전공 대학원 우수논문 발표회
  · 일시: 2012년 12월 13일(목) 오후 1시-2시
  · 장소: 한글회관
  · 논문명 및 발표자
    - 텔레마틱 사회의 태블릿 PC 기반 전자책 이용 문화 연구: 빌렘플루서의 '코무니콜로기'를 중심으로 / 박세영(중앙대학교 석사논문)
    - 한국 출판노동시장의 변화와 1인 출판 관계 연구 / 이해미(서강대학교 석사논문)

△ 제7회 출판전공 대학원 우수논문 발표회
  · 일시: 2013년 12월 20일(금) 오후 1시-3시
  · 장소: 출판문화회관
  · 논문명 및 발표자
    - 전자책 구성 전략 연구 / 박미희(한성대학교 박사논문)
    - 방송 작가들의 저작권 인식에 관한 연구 / 송보나(경희대학교 석사논문)
    - 한중 출판콘텐츠 교류 활성화 방안 연구 / 이건웅(한국외국어대학교 박사논문)
    - 그라비어 인쇄에서의 G7 Calibration 적용에 대한 연구 / 장영엽(동국대학교 석사논문)
    - 국내 e-book(전자책) 발전에 필요한 중요 요인분석: 기술, 인력, 소비자, 유통, 제도를 중심으로 / 주종현(서강대학교 석사논문)

△ 제8회 출판전공 대학원 우수논문 발표회
  · 일시: 2014년 12월 17일(수) 오후 1시 30분-3시
  · 장소: 출판문화회관
  · 논문명 및 발표자
    - 디지털 시대의 읽기·쓰기 문화 연구: 디지털 개인 출판 플랫폼을 중심으로 / 구모니카(한국외국어대학교 박사논문)
    - 시뮬라크르 시대의 전자책 출판문화와 이용자 인식에 대한 질적 연구 / 권오현(중앙대학교 석사논문)
    - 여성잡지의 콘텐츠 운용방식 변화와 디지털콘텐츠 가격정책에 관한 연구 / 이상문(서강대학교 석사논문)
    - 소설과 영화·TV 드라마의 연계성에 관한 연구: 2005~2013년 소설을 중심으로 / 조경숙(동국대학교 석사논문)

△ 제9회 출판전공 대학원 우수논문 발표회
  · 일시: 2015년 12월 3일(목) 오후 2시-4시
  · 장소: 출판문화회관
  · 논문명 및 발표자
    - 전자책 창업 동기와 지속과정에 대한 사례연구 / 강은영(한양대학교 석사논문)
    - 국정 도서 편집자의 직무 만족도 실태와 의식에 관한 연구 / 김훈범(동국대학교 석사
      논문)
    - 셀프 퍼블리싱을 통한 출판 동기와 만족에 관한 연구 / 최민경(경기대학교 석사논문)

△ 제10회 출판전공 대학원 우수논문 발표회
  · 일시: 2016년 12월 16일(금) 오후 2시-4시
  · 장소: 출판문화회관
  · 논문명 및 발표자
    - 비산업적 문화콘텐츠로서 도시재생 연구: '홍대앞' 책문화공간을 중심으로 / 최준
      란(한국외국어대학교 박사논문)
    - 출판사 유형에 따른 작가확보방식 사례 연구 / 이헌숙(추계예술대학교 박사논문)
    - 어린이의 미디어 능력 개발을 위한 멀티미디어 독서 교육 연구: 비릴리오의 드로몰로
      지와 바아케의 '미디어 능력'을 중심으로 / 이보나(중앙대학교 석사논문)
    - 외국인 관점에서 본 다문화 출판물의 이용 실태: 이용과 충족 이론을 중심으로 / 김
      희주(서강대학교 석사논문)
    - 절판 서적 e-book 제작 시 전자책 제작방법에 따른 효용성 비교 연구 / 김소라(경희
      대학교 석사논문)

△ 제11회 출판전공 대학원 우수논문 발표회
  · 일시: 2017년 12월 1일(금) 오후 2시 30분-4시
  · 장소: 가톨릭청년회관
  · 논문명 및 발표자
    - 지역공동체 잡지「사이다」의 다중 형성과 사회·문화적 실천에 대한 연구: 네그리와
      하트의 다중 개념을 중심으로 / 최서영(중앙대학교 신문방송대학원 석사논문)
    - 인구구조의 변화에 대응하는 출판 수용자 연구: 베이비붐 세대의 독서 행태와 충족
      을 중심으로 / 현진희(서강대학교 언론대학원 석사논문)
    - 네이버 책문화 서비스가 출판마케팅에 미치는 영향분석 / 천정한(성공회대학교 문화

대학원 석사논문)
- 출판콘텐츠 해외진출을 위한 지원정책 연구 / 박찬수(한국외국어대학교 대학원 박사
논문)

△ 제12회 출판전공 대학원 우수논문 발표회
- 일시: 2018년 12월 17일(금) 오후 3시-4시 15분
- 장소: 출판문화회관
- 논문명 및 발표자
  - 도서 발견과 소셜미디어 이용에 관한 연구: 적소분석을 중심으로 / 김동혁(경희대학
  교 박사학위논문)
  - 초등학교 국정교과서의 삽화 표현 오류에 관한 연구 / 한면규(동국대학교 석사학위논문)
  - 학술전자책 가격책정 요인에 관한 이해당사자 인식 비교 연구 / 홍정표(경기대학교 박
  사학위논문)

4) 국제출판학술회의

국제출판학술회의(The International Forum on Publishing Studies: IFPS)는 우리 학회
의 대표적인 국제적 학술행사이다. 국제출판학술회의는 1984년에 처음 시작되어 현재는 한·
중·일에서 격년제로 개최되며 2018년 현재 제18회 학술회의까지 이어져 오고 있다. 현재 18
회까지 15개국의 참가와 313편의 논문이 발표된 세계적으로 유례가 없는 출판학 연구 중심
의 국제회의이다.

확장기(2010~2019)에 개최된 국제출판학술회의의 면면은 다음과 같다.

△ 제14회 국제출판학술회의 참가
- 일자: 2010년 5월 8일(토)-9일(일)
- 장소: 중국 난징
- 대주제: 편집출판과 문화
- 주제 및 발제자
[한국]
출판의 Peek-a-boo-World 화 현상에 대한 시론적 연구: 영상시대의 사진읽기는 독서를
대체할 수 있는가? / 이정춘
편집, 출판을 매개로 한 문화 전파: 편집, 출판의 문화매개 기능을 중심으로 / 이종국

민족문화의 고양으로서 한국 출판의 역사적 고찰 / 부길만

한국의 출판과 문화콘텐츠 산업의 현황과 발전 / 윤세민

한국의 여성 관련 도서현황과 특성 / 김선남

출판 커뮤니케이션에 대한 주관적 인식 연구-한국과 중국 대학생 집단을 중심으로 / 이완수, 이제영·임윤선

[일본]

일본의 베스트셀러(카와이 료스케 外 5인 발표)

[중국]

인류와 출판(陳海燕 外 10인 발표)

△ 제15회 국제출판학술회의 참가

　• 일자 : 2012년 10월 20일(토)-21일(일)

　• 장소 : 일본 동경

　• 대주제 : 전환기 미디어로서의 출판

　• 주제 및 발제자

[한국]

전환기 미디어로서의 출판의 공간 확장 - 본질적·산업적·교육적 관점에서 본 출판 / 남석순

디지털 혁명의 시점으로 본 출판 / 윤세민

지적 재산권의 관점에서 본 디지털 기술과 출판산업 / 김기태

미디어로서의 출판산업의 변화와 미래 / 한주리

[일본]

일본 전자출판의 진전과 전자납본제도의 과제(湯淺俊彦 外 5인 발표)

[중국]

중국의 디지털출판 교육현황 분석(李建偉 外 3인 발표)

△ 제16회 국제출판학술회의 개최

　• 일자 : 2014년 10월 24일(금)-25일(토)

　• 장소 : 한국 서울

　• 대주제 : 출판의 변화와 발전

　• 주제 및 발제자

[한국]

출판학의 국제교류와 발전 방향 / 남석순

책의 진화와 문화 발전 / 이종국

도서출판 산업과 국가발전 / 노병성·권오박

IT와 한국 출판산업의 변화와 발전 / 이기성

출판산업과 저작권 국제교류 / 한주리

한국 독서정책의 좌표 / 김정숙

[일본]

출판학 연구에 있어 국제교류의 의미(시바타 마사오 外 5인 발표)

[중국]

중국대륙 핵심 정기간행물의 평가시스템 현황 및 문제연구(李建偉 外 4인 발표)

△ 제17회 국제출판학술회의 참가

　·일자: 2016년 10월 30일(일)

　·장소: 중국 청도

　·대주제: 디지털 환경에서의 편집인재 양성

　·주제 및 발제자

[한국]

출판업 발전 추세와 편집 인재상: 신에 대한 기록에서 인간에 대한 소통으로 / 이완수

출판사 편집 출판권의 권익 보호 / 김기태

출판편집자의 직장만족도에 관한 조사연구 / 김선남

편집 인재의 자질과 평가 시스템에 대한 고찰 / 김정숙·최연

인터넷 기술과 출판 기획: 소셜미디어와 플랫폼을 중심으로 / 윤재준

뉴미디어 환경에서의 편집 출판학 교육에 관한 연구 / 권호순·이제영

[일본]

출판업 발전 추이와 편집 인재 공수 쌍방 현황 및 과제(清水一彦 外 5인 발표)

[중국]

디지털 출판의 이중 효능과 인재 양성의 이중 목표(郝振省 外 5인 발표)

△ 제18회 국제출판학술회의 참가

　·일자: 2018년 11월 10일(토)

　·장소: 일본 동경

　·대주제: 출판미디어·출판학의 새로운 전망

　·주제 및 발제자

[한국]

한국 출판의 역사적 시점 / 최낙진

한국 출판 산업의 시점 / 김선남

출판미디어·출판학의 새로운 전망 / 김정숙

책 콘텐츠의 상호텍스트성 제고를 위한 기술 전략 연구 / 공병훈

[일본]

전후 잡지미디어의 「타자」 표상을 둘러싼 산업론적 시점의 고찰(야마자키 다카히로 外 3인

발표)

[중국]

신출판 신독서 신편집자(郝振省 外 3인 발표)

5) 한중출판학술회의

한·중출판학술회의는 사단법인 한국출판학회와 중국출판과학연구원의 두 전문기관 사이
에 지속되고 있는 학술 교류이다. 1995년에 시작되어 매년 순환 개최되는데 2018년 현재까지
19회를 맞이하고 있다.

확장기(2010~2019)에 개최된 한·중출판학술회의의 면면은 다음과 같다.

△ 제12회 한중출판학술회의 개최

　· 일자: 2010년 10월 13일(수)

　· 장소: 한국 서울

　· 대주제: 한중 출판 저작권 교류의 현황과 발전 방안

　· 주제 및 발제자

[한국]

한중 출판 저작권 교류의 현황과 전망 / 박몽구

한중 출판저작권 대리점 현황과 그 특징 / 김진두

한중 전자출판의 현황과 저작권 교류 전망 / 이용준

[중국]

한중 출판교류 현황과 발전 구상 / 시량웬

중국 출판업계 수출입 상황 및 전망 / 수쩬차이

세계금융위기 대응에서 보여준 중국신문출판업의 성과, 문제점 및 발전기회 / 판쿤

디지털시대의 열독과 출판 – 제7차 중국 국민 열독 현황 조사에 대한 생각 / 쉬셩궈

중국 판권교역 발전루트에 대한 탐구 / 저우충샹

△ 제13회 한중출판학술회의 개최
 • 일자: 2011년 8월 11일(목)
 • 장소: 중국 북경
 • 대주제: 디지털화 환경에서 출판업 발전의 추세와 대안
 • 주제 및 발제자

[한국]

출판 Contents Storytelling의 적용과 확산 / 남석순

디지털시대의 독서: 독서수단의 공생과 다독사회를 지향한 대응책 / 이종국

디지털 미디어 시대, 저작권 보호의 문제점과 대응방안 / 김기태

디지털 출판의 진전과 그 대응 / 김경일·이문학

디지털 시대의 한국의 출판산업과 문화산업 / 윤세민

한국 디지털 출판의 발전 현황 / 김정숙·성대훈

디지털화가 전통출판업에 대한 영향 및 대응방안 / 조도현

△ 제14회 한중출판학술회의 개최
 • 일자: 2012년 7월 30일(월)
 • 장소: 한국 서울
 • 대주제: 전환기 시대에서 한중 출판정책의 현황과 방향
 • 주제 및 발제자

[한국]

디지털 출판생태계와 출판사의 적용전략 연구 / 공병훈

검색에서 사색으로: 스마트미디어시대 대학생들의 독서패턴 연구 / 이완수·이제영

한국 잡지산업 정책의 현황과 방향 / 이용준·이진식

[중국]

중국 출판업의 개혁과 발전 / 호우전싱

중국 출판업의 새로운 성장 포인트 / 류융진

중국 애니메이션·만화 출판산업 정책 연구 / 왕뱌오

디지털 출판 시대의 중소형 전문출판사 / 왕핑

클라우드 출판은 디지털 출판의 최종 발전목표이다 / 팡치원

△ 제15회 한중출판학술회의 개최
  • 일자 : 2013년 8월 7일(수)
  • 장소 : 중국 북경
  • 대주제 : 멀티미디어 융합 환경에서 국민독서와 출판산업의 발전
  • 주제 및 발제자
[한국] '휴마트 사회'의 새로운 독서 환경 / 이정춘·윤세민
한국의 대형 출판 기업 그룹화 발전 현황과 전망 / 이건웅
디지털 출판 시대의 저작권 보호 관련 새로운 도전 / 김기태
한국 국민독서 운동의 성과와 반성 / 박몽구·이문학
[중국]
'시공간 압축'의 배경 아래 중국 아동출판물 출판의 돌파와 발전 / 이학겸
새로운 기술 융합이 이끄는 중국 출판 산업 / 하요민
열독의 미래 / 서승국
디지털 시대 중국 저작권 산업이 국민 경제에 주는 기여 / 조병
디지털 환경 속의 '피상적 읽기'에 관하여 / 이건홍

△ 제16회 한중출판학술회의 개최
  • 일자 : 2015년 8월 10일(월)
  • 장소 : 한국 서울
  • 대주제 : 출판의 국제화 현황과 전망
  • 주제 및 발제자
[한국]
한국 출판물의 해외진출 현황과 발전방안 / 김선남
한중 저작권법 비교 개관(1) / 권호순
콘텐츠 개발과 출판의 국제화 / 이희진
국내 중국 출판학 연구 동향과 국제교류 활성화 방안 / 황민선
한·중 출판학술 교류의 의의와 전망 / 이종국
[중국]
중국 번역 출판의 현황과 발전 추세 / 조빙
2010~2011년 중국출판도서의 상품무역 국제경쟁력 : 신문출판부서의 수출입 데이터 통계
의 연구에 근거하여 / 장효빈
융합 발전 속의 디지털 교육 출판 제품의 형태에 관하여 / 이건홍

중국 오프라인 서점의 발전 현황 연구 / 장우령
중국의 국민 독서 활동에 대하여 / 위옥산

△ 제17회 한중출판학술회의 참가
  · 일자: 2016년 7월 12일(화)
  · 장소: 중국 북경
  · 대주제: 교육출판과 출판교육
  · 주제 및 발제자
[한국]
창의적 출판인 양성을 위한 인문학 교육 / 이동성
출판 전문 교육의 현황 및 발전 추세 / 김진두
'읽는 독서'에서 '보는 독서'로의 가능성 탐색 / 이완수
디지털 환경에서 교육 출판 정책의 거버넌스 연구 / 윤광원
NCS를 활용한 출판 직업 교육의 혁신 / 김경도
[중국]
자률, 자각, 자유, 자신 / 류궈훼
중국의 출판 교육 현 상태와 발전 추세 / 시용친
중국 온라인 교육 시장에 대한 연구 / 왕빠우
디지털 교육 출판에서의 ISLI의 응용 실태 연구와 분석 / 류영리
중국 교육 출판업의 규모와 정책과 민영 자본에 대하여 / 빠우훙

△ 제18회 한중출판학술회의 개최
  · 일자: 2017년 8월 7일(월)
  · 장소: 한국 서울
  · 대주제: 전자책의 출판, 유통 및 독서
  · 주제 및 발제자
[한국]
국내 전자출판산업 지원 정책 현황과 향후 추진 방향 / 김환희
전자책과 독서 / 백원근
전자책 유통의 과거와 현재 / 김철범
전자책 활성화를 위한 출판교육의 혁신 / 김경도
전자책의 판매 / 김환철

[중국]

중국 전자도서 발전 상황 및 추세 연구 / 황효신

창작 전자책 독서 현황 연구 : 인터넷 문학을 중심으로 / 이광우

중국의 전자도서 표준 정립에 대한 연구 / 황일추

중국의 전자책 관련 정책에 대하여 / 이국영

중국 전자책 판매 상황 분석 / 유상

△ 제19회 한중출판학술회의 개최
 • 일자 : 2018년 8월 21일(화)
 • 장소 : 중국 북경
 • 대주제 : 도서품질 향상과 출판업의 건강한 발전 촉진
 • 주제 및 발제자

[한국]

도서출판 품질 현황 분석 / 김정명

도서출판 품질 향상에 관한 거시 정책 / 윤광원·윤세민

도서출판 과정에서의 품질 보장 및 관리 / 김경도·이문학

도서출판 품질 향상과 출판 인재의 양성 / 김진두

신기술 환경에서 도서출판 품질 향상 관련 사례 분석 / 김주·김선남

[중국]

전통문화의 출판 전파와 혁신 / 이암

중국 출판업 품질을 위해 취할 예상 조치 / 왕빙

편집 신분의 구성과 자질 양성을 론함 / 왕평

중국의 출판물 품질 표준 관련 종합논술 / 유영려

도서 인쇄 제작 품질 관리 / 장우령

6) 공적 연구용역 수행

우리 학회는 문화체육관광부, 한국출판문화산업진흥원 등의 공적 연구용역을 수주 수행하면서 연구활동의 공적 기능을 꾸준히 수행해 왔다. 이는 정부의 출판정책의 입안 및 효과 분석 등에 주로 활용되며, 우리 학회의 공적 연구활동의 기능과 역할을 대내외적으로 알리며 실천하는 데 크게 기여하는 것으로 평가된다.

특히 확장기(2010~2019)에는 학회 역사상 가장 활발히 공적 연구활동이 전개되었다. 확장

기(2010~2019)에 수주 수행된 공적 연구용역은 다음과 같다.

△ 한국출판산업사 연구
발주기관 : (재)한국출판문화진흥재단
연구기간 : 2009년 10월 1일-2012년 12월 31일
계약금액 : 94,600,000원
책임연구자 : 이정춘
공동연구자 : 부길만, 박몽구, 백원근, 신종락, 윤세민, 이용준, 이문학
발행일 : 2012년 12월 31일
발행사 : 도서출판 한울

△ 2012 문화체육관광부 우수도서 선정·지원 사업평가 및 개선방안 연구
발주기관 : 한국출판문화산업진흥원
연구기간 : 2013년 1월 28일-2013년 4월 24일
계약금액 : 30,000,000원
책임연구자 : 남석순
공동연구자 : 윤세민, 신종락, 한주리
보조연구자 : 김희주

△ 공공기관의 상업출판 실태와 문제점 및 대책 연구
발주발주기관 : (사)대한출판문화협회
연구기간 : 2014년 12월 1일-2015년 2월 28일
계약금액 : 12,000,000원
책임연구자 : 부길만
공동연구자 : 백원근, 신종락, 윤세민, 이문학

△ 책 읽는 도시 서울을 위한 책문화 공간 조성 실태조사 연구
발주기관 : 서울특별시 서울도서관
연구기간 : 2015년 4월 11일-2015년 9월 21일
계약금액 : 50,400,000원
책임연구자 : 윤세민
공동연구자 : 김진두, 백원근, 손재완, 신종락, 안찬수, 이금숙, 최성구

보조연구자 : 김희주, 성미희, 홍신혜
보조자 : 김태은
※ 한국서점조합연합회와 공동으로 수행

△ 출판교육과 출판인력 양성 활성화 방안 연구
발주기관 : 한국출판문화산업진흥원
연구기간 : 2015년 8월 17일-2015년 12월 21일
계약금액 : 20,000,000원
책임연구자 : 윤세민
공동연구자 : 김경도, 김철범, 신종락, 한주리
보조연구자 : 김희주

△ 출판문화산업 진흥5개년 계획 수립 연구
발주기관 : 문화체육관광부
연구기간 : 2016년 4월 19일-2016년 10월 18일
계약금액 : 49,000,000원
책임연구자 : 윤세민
공동연구자 : 백원근, 손애경, 신종락, 이중호, 이창경, 장은수
보조연구자 : 김희주

△ 2017 서울시 서점전수조사 및 지역서점 지원계획 수립 연구
발주기관 : 서울특별시 서울도서관
연구기간 : 2017년 6월 20일-2017년 12월 31일
계약금액 : 24,960,000원
책임연구자 : 백원근
공동연구자 : 이문학, 성미희, 최성구
보조연구자 : 김희주, 권미선, 김다영
※ 한국서점조합연합회와 공동으로 수행

△ 서울시 책방의 역사 기초자료 수집 용역 연구
발주기관 : 서울특별시 서울도서관
연구기간 : 2016년 8월 17일-2016년 10월 31일

계약금액 : 14,882,000원

공동연구자 : 이두영, 신종락

보조연구자 : 김희주

△ 2018년 '책의 해' 추진계획 수립 및 효과 분석 연구

발주기관 : 문화체육관광부

연구기간 : 2017년 10월 18일-2017년 12월 31일

계약금액 : 29,400,000원

책임연구자 : 윤세민

공동연구자 : 이문학, 백원근, 권오현, 강성민, 이용훈, 안찬수

△ 지역출판 균형발전 진흥 방안 연구

발주기관 : 한국출판문화산업진흥원

연구기간 : 2018년 6월 29일-2018년 12월 25일

계약금액 : 29,700,000원

책임연구자 : 최낙진

공동연구자 : 김정명, 서보윤

보조연구자 : 김희주

4. 맺음말—확장기의 정리 및 전망과 과제

2010년대의 세계와 한국사회는 한미디로 격동의 시기였다. 2010년대는 디지털 혁명에 따른 IT 기술의 급속한 발전으로 인해 산업의 경계가 급속히 허물어지면서 융복합(convergence)의 시대가 열렸으며, 마침내 사물인터넷, 클라우드 컴퓨팅, 빅데이터 등으로 대표되는 4차 산업혁명 시대의 도래를 앞두고 있다.

2010년대의 출판계는 영상, 게임, 모바일 등 뉴미디어 콘텐츠를 다루는 다양한 매체와 채널의 급성장 속에 치열한 경쟁 내지는 위기 상황에 놓이게 되었다. 2010년대의 출판환경은 급격한 변화를 겪어 왔다. 출판 내적으로도 격변기였지만 사회적·기술적인 발전은 업계 발전의 전환기적 상황을 조성해 왔다. 디지털과 네트워크시대를 맞이하여 출판기술은 상상할 수 없을 만큼의 변화를 이룩하였고, 이에 따른 첨단미디어의 속출로 야기된 다매체 경쟁사회에서 출판은 그동안 누려왔던 독보적인 지위에 중대한 도전을 받지 않을 수 없었다. 그리하여 바야흐로

책 자체의 원천적인 변화를 꾀하지 않을 수 없는 시대를 맞고 있다. 출판의 양적·질적 향상과 더불어 세계화와 4차산업혁명도 피할 수 없는 시대적 과제가 되고 있다.

이러한 시대적 흐름 속에 우리 학회의 확장기(2010~2019)는 학회 창립 50주년 시대로서 내연과 외연에 이르기까지 발전을 더욱 넓혀가는 시기였다. 2011년부터 남석순, 부길만, 윤세민, 이문학 회장이 2년 단임제로 학회의 발전을 이끌어 왔다. 한국학술진흥재단 등재지인 우리 학회지 『한국출판학연구』는 2003년부터 연 2회 발행을 시작으로 2018년부터 연 5회(3,6,9,11,12월)로 발행되는 과정에서 큰 발전을 이루어왔다. 2018년 12월에는 통권 제85호, 창립 50주년이 되는 2019년 6월에는 통권 제87호가 간행될 예정이다. 회원들의 분야별 학술 활동을 돕는 연구회는 모두 14개에 이르고 있다. 회원의 수는 급격히 증가하여 일반회원 320명, 단체회원 10곳 등 모두 330명이 소속되어 학술 활동을 하고 있는 중규모의 학술단체로 비약적으로 발전하였다. 국내 학술활동에서 정기학술대회, 출판정책 라운드테이블, 출판전공 대학원 우수논문 발표회 등이 활발하게 이루어지고 있다. 국제 학술활동은 국제출판학술회의 및 한·중출판학술회의를 두 중심으로 하여 국제교류의 폭을 더욱 확장하여 가고 있다.

확장기에는 학회 발전을 위한 대대적인 기금 모금 운동이 전개되었다. 관학협력과 산학협력을 바탕으로 하여 학회 행사 시에 협조를 구하는 한편 학회원들을 대상으로 능동적이고도 자발적인 기금 모금 운동을 펼쳤다. 2015~2016년 두 해 동안 학회 발전을 위한 기금 모금 운동은 (1) 학회발전 기금 (2) 한국출판학회상 기금 (3) 남애출판문화상 기금 등 3개 분야로 구분되어 추진되었는데 모두 46,150,000원의 기금이 모여졌다. 이와 별도로 학회 행사 찬조 및 후원금도 27,000,000원에 이르렀다. 이는 학회 역사상 전무후무한 성과였으며, 향후 학회 운영은 물론 특히 학회 창립 50주년 기념사업의 든든한 버팀목 역할을 할 것으로 기대된다. 아울러 확장기(2010~2019)에는 우리 학회의 공적 연구활동이 크게 확장되기도 하였다.

새로운 발전에서 큰 분기점으로 작용할 2019년 학회 창립 50주년을 앞두고 우리 학회는 일찍이 '한국출판학회 창립 50주년 기념사업 추진위원회'를 구성하여 출판학회 50년사 발간, 남애 안춘근 선생 기념도서 발간, 학회 창립 50주년 기념 국내외 출판학술회의 개최, 학회 창립 50주년 기념식 및 남애출판문화상 시상식 개최 등을 착실히 준비하고 있다.

제4차 혁명시대를 맞이하여 출판의 세계는 출판산업의 재편성에 고심하고 있다. 이러한 격동의 시대에 사람들이 출판문제를 생각하기 위한 지혜와 길을 제공하지 못한다면 출판학회의 사회적 의미는 충분히 발휘되지 못하게 될 것이다. 따라서 우리 학회는 '제4차 산업혁명시대의 출판산업 재편'에 대한 강력한 공동연구태세를 갖추지 않으면 안 된다. 급격한 기술발전과 사회변화에도 불구하고 출판학 연구의 본질이나 출판 상황이 근본적으로 달라진 것은 아니다. 중요한 것은 학회 창립 50주년을 맞이하여 앞으로 요구받게 될 출판사업의 기능 및 사명, 시대적 가치에 부응하기 위하여 출판학의 역할과 연구방향을 강화하는 일은 우리 학회에 주어진 시대적 소명이 아닐 수 없다.

창립 50주년을 맞이한 우리 학회는 이제부터 시대정신과 가치를 반영한 정체성을 더욱 새롭게 강화해야 할 것이다. 우리가 초창기부터 창립 50주년까지의 과거를 뒤돌아보는 것은 우리의 미래를 꿈꾸기 위해서다. 지금까지의 50년 한국출판학회 역사는 다음 시대의 발전을 위한 반세기가 되고, 다음 시대는 지난 반세기를 이어받아 출판학 연구의 폭과 깊이를 더욱 견고히 해야 할 것이다. 그것이 곧 우리 한국출판학회의 자랑스런 역사요 전통으로 자리매김하리라 소망한다.

■ 참고 문헌

각 연도 사단법인 한국출판학회 정기총회 자료.

각 연도 사단법인 한국출판학회 정기학술대회 자료집.

각 연도 사단법인 한국출판학회 출판정책 라운드테이블 자료집.

각 호 사단법인 한국출판학회 『한국출판학연구』 학회지.

각 호 사단법인 한국출판학회 「한국출판학회회보」.

각 회 국제출판학술회의 자료집.

각 회 사단법인 한국출판학회 『한중 출판학술회의』 논문집.

한국출판학회 30년사 편찬위원회 편, 『한국출판학의 사적 연구―한국출판학회 30년사』, 서울: 한국
　　　출판학회(범우사 발행), 2000.

부길만(2015). 한국출판학회 출판학 연구의 과거, 현재, 미래. 한국출판학회 제29회 정기학술대회, 서
　　　울: 한국출판학회.

이종국·부길만(2016). (사)한국출판학회의 과거, 현재, 미래. 한국출판학회 제31회 정기학술대회, 서
　　　울: 한국출판학회.

국내외 학술활동사

□ 국내학술활동
□ 국제학술활동

□ 국내학술활동
학술세미나

노 병 성*

■■■

1. 월례 연구발표회

한국출판학회에서는 초기부터 '월례 연구회'를 주관하였는데, 이것은 1969년 3월 17일 한국출판연구회(한국출판학회의 전신)가 발족되면서부터였다. 당시 '제1회 월례 연구회'라 함으로써 공식화되었는데, 창립 동인 7인은 매월 첫째 주 목요일에 월례 연구회를 열기로 결의했다. 그 취지는 "출판을 역사적 또는 현상적인 면에서 출판 각 분야에 걸쳐 검토·연구하여 과학화함으로써 출판문화 향상에 기여한다."는 것이었다. 월례 연구회는 한국출판연구회가 한국출판학회로 발전적 창립하기 전까지 약 3개월 5일 동안 4회에 걸쳐서 이루었다.[1]

한국출판학회가 창립된 이후 최초의 월례 연구회는 1969년 7월 3일(목요일) 오후 6시 30분 을유문화사 회의실에서 황병국이 '문고와 독자'란 주제로 발표를 하였다. 한국출판학회 창립 이후 개최된 월례 연구회 그 후 월례연구발표회로 명칭을 바꾸었고, 1983년 6월 18일부터는 『한국출판학회월례연구발표회보』를 발간하였다. 이것은 1987년부터는 『한국출판학회회보』로 변경되어 지금까지도 발행되고 있다. 그 동안 이루어진 월례 연구회와 월례 연구발표회의 내용은 다음과 같다.

---

* 협성대학교 교수

1) 이종국, 「초창기의 학회활동-1969~1979」, 『한국출판학의 사적 고찰』. 사단법인 한국출판학회, 2000, 463쪽.

<표 1> 월례 연구발표회

회차	일자	장소	발표자	주제
제1회	1969.3.17	해종다방		
제2회	1969.4.3		안춘근	문고에 대하여
제3회	1969.5.1		민병덕	저자와 독자의 커뮤니케이션 양상
제4회	1969.6.5			한국출판연구회를 한국출판학회로 개편 발족시킬 것을 결의
제5회	1969.7.3	을유문화사 회의실	황병국	문고와 독자
제6회	1969.9.4		조상원	일본출판계 시찰소감
제7회	1969.10.2		박일준	도서형태의 임상적 진단
제8회	1969.11.6		한태석	발금본에 대하여
제9회	1969.12.4		민병덕	논픽션 출판과 그 독자의식
제10회	1970.1.8		이중한	한국잡지출판의 상황
제11회	1970.4.2			자유토론
제12회	1970.9.9			『출판학』 제5집 합평
제13회	1971.1.7	을유문화사 회의실		『출판학』 제8집(창립 2주년 기념호) 특집안에 대한 논의
제14회	1971.4.1			
제15회	1971.7.1	유전다방		
제16회	1971.8.5			
제17회	1971.10.7			
제18회	1971.11.4			
제19회	1971.12.2			
제20회	1972.1.6	을유문화사	하동호	한결 김윤경 선생 저작사에 대하여
			안춘근	출판정책에 대하여
제21회	1972.2.3	유전다방		
제22회	1972.7.6			
제23회	1972.8.3			
제24회	1972.9.7			
제25회	1972.10.5			

제26회	1972.11.2			
제27회	1973.1.4			
제28회	1973.5.4			
제29회	1983.6.18		민병덕	출판학의 연구의 방법과 과제
제30회	1983.7.16		허희성	출판법제의 소고
제31회	1983.8.27		박인규	한국출판의 후진적 특질론
제32회	1983.9.24		김양수	출판기획에서의 인지적 접근
제33회	1983.12.10		정병규	북 디자인론-활자의 놓임자리에 대하여
제34회	1984.2.25		안춘근	금언대비 출판인 의식 강령
제35회	1984.3.24		한승헌	외국저작권 수용상의 제문제점
제36회	1984.6.16		김장섭	대학출판부의 기능과 역할
제37회	1984.7.21		김기중	두 문자 체계 사이의 전사표기에 관한 소고
제38회	1984.12.22		사회 안춘근	공동토의: 1984년도 출판계 회고 및 대형서점에 대하여
제39회	1985.2.23		김희락	한국 출판학 교육에 관한 고찰
제40회	1985.4.20		고덕환	개화기 세력사회의 출판연구
제41회	1985.6.29		윤병태	충청지방의 출판문화
제42회	1985.10.26		이종국	교과서 연구의 과제
제43회	1985.12.21		사회 오경호	공동토의: 1985년도 출판계 회고와 평가
제44회	1986.2.22		이철지	문고본에 관한 연구
제45회	1986.7.5		민병덕	편집의 창의성에관한 고찰
제46회	1986.12.6		오경호	출판산학협동의 당면 과제
제47회	1987.3.21		한승헌	UCC상의 ⓒ표시에 관하여
제48회	1987.8.28		허창성	한국 대형서점의 현황과 전망
제49회	1987.12.29		사회 안춘근	공동토의: 1987년의 출판계 회고-한국출판학회의 역할과 그 전망을 중심으로
제50회	1988.4.23		김두식	한국의 경제성장과 출판의 관계 고찰
제51회	1988.10.29		김희락	한국의 출판교육 개황-국제동향과 비교하여
제52회	1988.12.17		이정춘	정보화 사회의 매체경쟁에 관한 고찰-독자와 출판행태의 변화를 중심으로
제53회	1989.3.25		박동해	한국출판의 윤리에 관한 연구

제54회	1990.4.28		민병덕	대학 출판학과 설치의 중요성
			백운관	도서 유통체계의 변화추이 분석- 최근 10년간을 중심으로
제55회	1990.12.13		이기성	컴퓨터와 출판
			김형윤	1080년대 한국 잡지의 구조적 특징
제56회	1991.3.23		전화수	출판매체 수용동기에 관한 연구
			김병준	한국 아동의 독서성향에 관한 연구
제57회	1991.12.21		이종국	한국출판학회의 연구성과
제58회	1993.12.27		노병성	한국 출판산업의 정책과 방향
			이두영	국제화 시대를 위한 한국출판의 과제
제59회	1996.12.13		김두식	대학 전자출판과 교과과정에 관한 연구

월례 연구발표회는 1996년 12월 13일 제59회 김두식 교수의 "대학 전자출판과 교과과정에 관한 연구"를 끝으로 더 이상 개최되지는 않았다. 당시 이 월례 연구발표회는 한국출판학회의 연구 저변을 확대하고, 연구영역의 개발과 공감대 형성에 기여했을 뿐 아니라 연구자의 인적 네트워크 형성에 기여하였다.

2. 정기학술대회

1969년 3월 17일 창립한 한국출판학회(Korean Publishing Science Society)는 창립 당일부터 정기학술 대회의 모태라 할 수 있는 월례연구발표회를 시작하였다. 즉, 제1차 월례연구발표회가 열렸다. 월례연구발표회는 1996년 12월 13일까지 총 59회가 열렸다. 이러한 가운데 1983년 10월 29일에는 제1회 정기학술대회가 개최되었다. 이는 2017년까지 총 34회가 열렸다.

정기학술대회는 1999년 12월 17일 한국경제신문사에서 제9회 '한국출판디자인의 현실과 과제'라는 대주제로 열려 1990년대를 마감하면서 대망의 2천 년대를 맞이하게 되었다. 하지만 아쉽게도 2000년에는 정기학술대회가 개최되지 않았고, 제10회 정기학술대회는 한국언론학회와 공동으로 2001년 5월 9일 충남대학교에서 '디지털 시대의 출판환경 변화와 과제'란 대주제로 열렸다. 정기학술대회는 일년에 1회 혹은 2회로 개최되었다. 1983년부터 2017년까지의 정기학술대회 대주제를 정리해 보면 〈표 2〉와 같다. (1999년 이전의 정기학술대회는 '한국출판학회의 사적 연구' 참고)

〈표 2〉 정기학술대회 대주제

회차	연월일	장소	대주제
1회	1983.10.29	한국출판협동조합 강당	한국출판의 과거와 미래
2회	1984.10.31	출판문화회관 강당	제1회 국제출판학술발표대회를 겸함
3회	1989.12.9	프레스센터 기자회견장	한국출판의 현재와 미래
4회	1992.12.4	출판문화 회관 강당	책의 해를 맞는 한국출판의 현실과 전망
5회	1993.5.1	세종문화회관 대회의실	21세기를 향한 출판전문인 육성책
6회	1994.6.29	한국언론재단 19층 기자회견장	출판시장 개방과 출판정책 방향
7회	1996.10.5	중앙대학교 정경대학 A.V룸	한국출판의 현황과 전망
8회	1999.7.9	한국언론재단 19층 기자회견장	출판유통 정보화의 전략적 접근
9회	1999.12.17	한국경제신문사	한국출판디자인의 현실과 과제
10회	2001.5.9	충남대학교 사회과학관	디지털 시대의 출판환경 변화와 과제
11회	2002.6.1	한글회관	독서운동의 활성화와 출판발전
12회	2002.10.12	출판문화회관	출판학 연구의 동향과 전망
13회	2003.6.14	출판문화회관	참여정부의 출판정책과 방향
14회	2003.12.5	세종문화회관	한국출판의 해외진출과 출판발전
15회	2004.4.23	출판문화회관	다매체 시대의 출판교육
16회	2005.2.16	출판문화회관	한국출판의 현실진단과 미래
17회	2006.2.16	전경련회의장	하이퍼텍스트 시대의 문자문화와 영상문화
18회	2007.2.23	출판문화회관	세계의 출판산업 동향과 한국출판산업의 비전
19회	2008.2.28	출판문화회관	이명박 정부의 출판문화정책 방향성 모색
20회	2008.11.14	출판문화회관	한국출판교육 활성화를 위한 토론회
21회	2010.2.22	출판문화회관	구텐베르크 이후 문자와 사진 읽기에 대한 성찰
22회	2011.2.21	출판문화회관	한국 현대 출판유통 50년의 발자취 및 평가
23회	2011.10.27	출판문화회관	새로운 패러다임 구축을 위한 출판학의 재개념화 및 연구방법론
24회	2012.5.25	서울인쇄정보센터	미디어 환경 변화와 한국의 교과서
25회	2012.12.13	한글회관	출판학 연구의 동향과 쟁점
26회	2013.5.23	출판문화회관	박근혜 정부의 출판정책 방향과 과제
27회	2013.10.4	가톨릭청년회관	지역 출판의 현실과 희망

28회	2014.6.26	출판문화회관	한국의 여성 저자 베스트셀러 출판 연구
29회	2015.5.29	가톨릭청년회과	출판학 연구의 과거, 현재, 미래
30회	2015.12.3	출판문화회관	출판 공교육의 위기와 해법
31회	2016.5.27	출판문화회관	(사)한국출판학회의 과거, 현재, 미래
32회	2016.12.16	출판문화회관	웹출판의 현황과 과제와 전망
33회	2017.6.16	코엑스	4차 산업혁명 시대의 출판활로 모색
34회	2017.12.1	가톨릭청년회관	출판연구의 새로운 모색과 전망

　　그 동안 열린 정기학술 대회의 대주제를 범주화 시켜 보면, 먼저 출판학 연구 내지 학회에 관련된 것이 가장 많은 것이 특징이다. 이와 관련된 학술 대회는 다음과 같다.

- ·12회(2002년)　　출판학 연구의 동향과 전망
- ·23회(2011년)　　새로운 패러다임 구축을 위한 출판학의 재개념화 및 연구방법론
- ·25회(2012년)　　출판학 연구의 동향과 쟁점
- ·29회(2015년)　　출판학 연구의 과거, 현재, 미래
- ·31회(2016년)　　(사)한국출판학회의 과거, 현재, 미래
- ·34회(2017년)　　출판연구의 새로운 모색과 전망

　　이 범주에 해당되는 학술대회는 총 6회가 열렸다. 출판연구 내지 학회와 관련된 정기학술 대회의 대주제가 이와 같이 많은 이유는 다음과 같다고 볼 수 있다.

　　첫째, 2000년대 보다 2010년대에 들어서 출판학 내지 출판 연구를 관심 주제로 내세우게 된 환경적인 이유는 무엇보다도 스마트폰을 중심으로 한 모바일 환경이 일상화되었다는데 있다. 2010년부터 보편화되기 시작한 모바일 환경에서 e-Book은 본격적으로 빠르게 성장하기 시작하였다. 이에 따라 출판의 생산 유통 및 독서와 제반 정책 환경이 달라짐으로써 전통적 출판학 연구가 근본적인 도전을 받게 되었다. 이러한 사실이 출판학 연구의 존재론적, 인식론적 근거를 흔들게 되자, 출판학 연구에 대한 성찰과 고민이 정기학술대회에 투영된 것으로 풀이 된다.

　　둘째, 그 동안 출판연구에 대한 반성의 측면이 강하게 작용한 것으로 풀이 된다. 출판연구가 분석적이고 과학적이라기 보다는 인상비평적이고 저널리스틱한 측면이 있었던 것은 사실이다. 2010년대에는 과거를 되돌아보고, 과학적인 출판연구를 위한 담론을 형성한 시기라 볼 수 있다. 즉, 2010년대 출판학 내지 출판 연구에 대한 대주제가 많은 것은 바로 미래를 향한 과거와 현재의 변증법적 통일이라 보여진다.

　　셋째, 한국출판학회에 관한 대주제가 2016년에 개최된 것은 2019년에 있을 한국출판학회

50년을 대비한 측면이 강하다. 이는 반세기의 학회 역사를 반추하고, 미래의 학회 설계를 위해서 정리해야할 과제적 단계였음을 부정할 수는 없다.

다음으로 핵심적으로 열린 대주제는 출판 정책관련 범주였다. 이는 다음과 같다.

- 13회(2003년) 참여정부의 출판정책과 방향
- 19회(2008년) 이명박 정부의 출판문화정책 방향성 모색
- 26회(2013년) 박근혜 정부의 출판정책 방향과 과제

한국출판학회는 정치권력이 새롭게 탄생할 때 마다, 그 권력의 출판정책에 관한 토론의 장을 마련하여 현실 참여에 적극적이었다. 이는 출판학 연구가 사회과학으로서 현실과 미래를 예측하고 통제하는 기능이 있음을 여실히 나타내주었다.

출판정책과 더불어 많이 열린 대주제의 범주는 출판교육이었다. 이는 다음과 같다.

- 15회(2004년) 다매체 시대의 출판교육
- 20회(2008년) 한국출판교육 활성화를 위한 토론회
- 30회(2015년) 출판 공교육의 위기와 해법

디지털 시대, 모바일 시대가 되면서 출판학과가 대학에서 거의 다 사라졌다. 출판학과가 없어지면서 출판연구자들의 디딤돌이 없어지게 된 것이다. 출판 개념이 디지털과 모바일을 포용하고 있음에도, 그간 출판에 대한 정확한 인식이 세상에 알려지지 않아 이러한 결과가 나타난 것으로 풀이 된다. 이에 연구자들은 출판교육의 위기를 피부로 느꼈으며, 이를 공론화하고자 하였다.

3. 대학원생 우수 논문 발표

최초의 대학원생 우수 논문 발표회는 2007년 11월 16일 대한출판문화회관에서 열린 한국출판학회 추계학술대회였다. 이때는 '출판전공 6개 대학원 우수논문 발표회'라는 제목으로 행사가 이루어졌다. 경인여자대학교 윤세민 교수의 사회로 진행된 이날 발표회에서는 건국대, 동국대, 경희대, 서강대, 성균관대, 중앙대 대학원생들의 발표가 있었으며, 건국대와 동국대 발표에 대해서는 이창경 교수가, 경희대와 서강대 발표에 대해서는 노병성 교수가, 성균관대와 중앙대 발표에는 이기성 교수가 각각 총평을 하였다.

이렇게 시작한 대학원생 우수 논문 발표회는 2017년까지 총 11회가 진행되었으며, 총 45편

의 논문이 발표되었다.

여기서는 발표된 논문을 출신학교별 분포와 분석매체, 분석분야, 연구방법 그리고 학위별로 어떠한 분포를 이루고 있는가를 종합적으로 분석하였다.

1) 대학원생 우수 논문 발표 출신학교별 빈도수

발표된 대학원생 논문의 출신학교 분포를 살펴본 결과, 〈표 3〉과 같았다. 여기서 보면, 가장 많은 논문을 발표한 학교는 서강대학교 언론대학원과 중앙대학교 신문방송대학원으로 총 45 편중 각각 9편씩을 발표하여 두 학교 합산 40.0%를 나타내었다.

다음으로는 경희대학교 언론정보대학원이 5편(11.1%), 한국외국어대학교 대학원이 4편 (8.9%)으로 나타났다. 건국대학교 언론홍보대학원에서는 3편(6.7%), 성균관대학교 언론정보대 학원과 한양대학교 언론정보대학원이 각각 2편(4.4%)씩 발표하였다. 경기대학교 대학원, 성공 회대학교 문화대학원, 추계예술대학교 대학원, 한성대학교 대학원에서는 1편씩을 발표하였다.

〈표 3〉 출신학교별 빈도수

출신학교	빈도	퍼센트	유효 퍼센트	누적 퍼센트
건국대학교언론홍보대학원	3	6.7	6.7	6.7
경기대학교대학원	1	2.2	2.2	8.9
경희대학교 언론정보대학원	5	11.1	11.1	20.0
동국대학교 언론정보대학원	7	15.6	15.6	35.6
서강대학교 언론대학원	9	20.0	20.0	55.6
성공회대학교 문화대학원	1	2.2	2.2	57.8
성균관대학교 언론정보대학원	2	4.4	4.4	62.2
중앙대학교 신문방송대학원	9	20.0	20.0	82.2
추계예술대학교 대학원	1	2.2	2.2	84.4
한국외국어대학교 대학원	4	8.9	8.9	93.3
한성대학교 대학원	1	2.2	2.2	95.6
한양대학교 언론정보대학원	2	4.4	4.4	100.0
합계	45	100.0	100.0	

2) 연구에서 분석한 매체

다음으로 발표자의 논문에서 주 분석대상이 된 매체를 살펴 본 결과, 〈표 4〉의 결과를 얻었다. 〈표 4〉에서 보면, 가장 많은 분석 대상이 된 매체는 도서로서 총 20건, 44.4%를 나타냈다. 다음으로 많은 매체는 전자책으로 7건 15.67%를 보여주었으며, 잡지와 인터넷이 각각 3건으로 각기 6.7%를 나타내었다. 신문과 영화영상은 각각 2건인 것으로 나타났다. 다만, 여기서 기타가 8건으로 그 비중이 17.8%인데, 이는 주 분석 매체가 없는 경우에 해당된다.

〈표 4〉 분석대상 매체

분석매체	빈도	퍼센트	유효 퍼센트	누적 퍼센트
도서	20	44.4	44.4	44.4
신문	2	4.4	4.4	48.9
잡지	3	6.7	6.7	55.6
전자책	7	15.6	15.6	71.1
인터넷	3	6.7	6.7	77.8
영화영상	2	4.4	4.4	82.2
기타	8	17.8	17.8	100.0
합계	45	100.0	100.0	

3) 분석 분야

본 글에서는 발표 논문의 분석 분야를 출판생산, 출판콘텐츠, 출판유통, 출판수용자, 출판환경, 저작권, 인쇄 그리고 기타로 분류하여 살펴보았다. 그 결과 〈표 5〉와 같은 빈도표를 얻었다. 〈표 5〉에서 나타난 바와 같이, 논문의 분석 분야는 출판생산 분야가 15건으로 총 33.3%를 차지해 가장 많았다. 다음으로는 출판수용자 즉 독자 분야가 10건으로 총 22.2%를 나타냈다. 달리말해 출판물의 생산과 독자분야가 총 55.5%를 차지해 연구자들의 관심이 어디에 있었는 가를 잘 나타내 주고 있다.

다음으로는 출판콘텐츠가 7건으로 15.6%, 저작권이 5건 11.1%였다. 출판유통은 3건으로 6.7%였고, 출판환경 2건 4.4%, 인쇄가 1건으로 2.2%였다.

<표 5> 발표논문의 분석분야

분석분야	빈도	퍼센트	유효 퍼센트	누적 퍼센트
출판생산	15	33.3	33.3	33.3
출판콘텐츠	7	15.6	15.6	48.9
출판유통	3	6.7	6.7	55.6
출판수용자	10	22.2	22.2	77.8
출판환경	2	4.4	4.4	82.2
저작권	5	11.1	11.1	93.3
인쇄	1	2.2	2.2	95.6
기타	2	4.4	4.4	100.0
합계	45	100.0	100.0	

4) 연구방법

대학원생 우수 논문 발표회에 발표된 논문의 연구방법을 분석해 본 결과 <표 6>과 같은 결과를 얻었다.

여기에서 보면, 대학원생들이 사용한 연구방법은 64.4%가 질적 연구방법을 사용하였으며, 33.3%가 양적연구방법을 사용한 것으로 나타나, 대체적으로 질적 연구방법을 선호하는 것으로 밝혀졌다.

<표 6> 연구방법

연구방법	빈도	퍼센트	유효 퍼센트	누적 퍼센트
양적연구	15	33.3	33.3	33.3
질적연구	29	64.4	64.4	97.8
혼합	1	2.2	2.2	100.0
합계	45	100.0	100.0	

5) 학위별 분포

발표논문의 학위별 분포를 알아본 결과(<표 7>), 석사학위가 86.7%였으며, 박사학위는 13.3% 총6건이었다.

〈표 7〉 발표논문의 학위별 분포

학위	빈도	퍼센트	유효 퍼센트	누적 퍼센트
석사학위	39	86.7	86.7	86.7
박사학위	6	13.3	13.3	100.0
합계	45	100.0	100.0	

위와 같은 결과를 볼 때, 한국출판학회가 주관한 대학원생 우수 논문 발표회는 주 분석 매체를 도서와 전자 출판으로 삼았고, 분석 분야도 출판생산과 독자가 주된 점을 알 수 있었다. 이는 한국출판학회의 성격과도 부합되는 것이라 판단된다.

4. 출판정책 라운드테이블

한국출판학회의 출판정책 라운드테이블은 이정춘 회장이 야심차게 도입한 학술행사이다. 당시 이정춘 회장은 출판정책 라운드테이블을 선거 공약으로 내세우고, 이를 실천하였다. 그 첫 번째 실행은 2007년 7월 6일 국립어린이청소년도서관 대강당에서 "한국 출판의 허와 실- 베스트셀러의 진실과 부정유통"이란 주제로 한기호 한국출판마케팅연구소 소장이 주제발표를 하였고, 사회에는 1부에 협성대학교 노병성 교수가, 2부에는 세명대학교 김기태 교수가 맡아서 진행하였다. 이렇게 시작한 출판정책 라운드테이블은 2000년대에 총5회에 걸쳐 이루어졌는데, 이들을 정리해 보면, 〈표 8〉과 같다.

2000년대 (사)한국출판학회 출판정책 라운드테이블은 당시 가장 민감하게 대두되고 있는 출판계의 과제를 출판학계, 출판업계, 서점업계, 문화관광부, 언론계 등 분야별 전문가가 토론자로 참석하여 심도 깊은 발제와 토론을 통해 출판계의 현황과 문제점을 진단하고 당면 과제의 해결책을 적극 모색하는 자리였다. 이는 연차별로 진행되면서 꾸준히 출판계의 이목을 집중시켜 왔다. 당시 이정춘 회장은 "(사)한국출판학회의 출판정책 라운드테이블은 앞으로도 출판 산학협력의 증진을 모색하고 출판계의 실질적 발전을 다지는 뜻깊은 모임으로 더욱 성장할 것"임을 강조하였다. 2000년대 발표된 핵심 주제는 '베스트셀러', '임프린트', '문고본', '저작권수출', '서울국제도서전'이었다. 주제발표자는 한기호, 이홍, 주연선, 김동휘, 이구용이었다. 사회로 수고해 주신 분들은 노병성, 김기태, 이용준, 윤세민, 부길만 등이었으며, 토론자로 수고한 사람으로는 윤세민을 포함한 총 42명이었다. 한국출판학회의 출판정책 라운드테이블은 제3차 때 한국출판유통발전협의회가 후원한 것을 시작으로 제4차 때는 여원미디어가 후원하기도 하였다.

<표 8> 2000년대 한국출판학회의 출판정책 라운드테이블

회차	일시	장소	주제	주제발표자	사회자	토론자	비고
제1차	2007. 7.6.(금)	국립어린이 청소년 도서관 강당	한국 출판의 허와 실-베스트 셀러의 진실과 부정유통	한기호	1부 노병성 2부 김기태	김성룡, 김영범 김인호, 손재완 이정우, 이창연 이한수, 전형배 조정진	
제2차	2007. 10.19.(금)	국립어린이 청소년 도서관 4층 강당	한국 출판의 허와 실- 임프린트의 공과와 전망	이 홍	1부 이용준 2부 김기태	구모니카, 김기중 김영번, 김종만 노정용, 신민식 이성구	
제3차	2008. 6.20.(금)	출판문화 회관 강당	문고본 출판시장, 어떻게 활성화 할 것인가	주연선	1부 윤세민 2부 김기태	김성동, 김형성 남성호, 박광성 백원근, 서동철 신중석, 이형석 전형배, 홍순철	후원: 한국출판 유통발전 협의회
제4차	2009. 4.22.(수)	국가인권 위원회11층 배움터	출판저작권 수출, 어떻게 활성화할 것인가	김동휘	1부 윤세민 2부 김기태	김대원, 김승민 문영호, 이광형 이건웅, 최정선 한기호	후원: 여원미디어
제5차	2009. 11.20	출판문화 회관 강당	서울국제도서 전, 어떻게 개선 할 것인가	이구용	1부 부길만 2부 김기태	강기준, 강현주 김기옥, 김동휘 박호상, 윤세민 정윤희, 조정진 한기호	

(사)한국출판학회 출판정책 라운드테이블은 2010년대에도 꾸준히 개최되었는데 2017년까지 총 12회에 걸쳐서 진행되었다. 〈표 9〉는 2010년대 출판정책 라운드테이블을 정리해 놓은 것이다. 이를 보면, 핵심 주제는 '독서진흥', '읽기문화', '출판통계', '출판비평', '전자책', '한국출판문화산업진흥원', '출판보도', '다문화출판', '출판정책', '출판경쟁력', '출판문화산업 5개년 계획', '지역출판' 등이었다. 핵심주제에서 보듯 출판정책 라운드테이블은 당시 출판계의 핫이슈를 주제로 하였으며, 출판계의 전 분야를 아우르는 주제들로 구성되어 있음을 볼 수 있다.

주제발표자는 이정춘 교수를 비롯한 14명이 동원되었으며, 사회자는 세명대학교의 김기태 교수를 포함한 5분이 수고해 주셨다. 토론자로는 협성대학교의 노병성 교수 등 총 68명이 참석하였다. 제8차에서는 자유아카데미가 후원하였으며, 제9차 출판저널, 제15, 16차에는 대한 출판문화협회, 제17차에는 한국출판문화산업진흥원이 후원하였다.

〈표 9〉 2010년대 (사)한국출판학회 출판정책 라운드테이블

회차	일시	장소	주제	주제발표자	사회자	토론자	비고
제6차	2010.5.14. (금)	코엑스 318호	국민독서, 어떻게 진흥시킬 것인가	김선남 김흥식	윤세민	김재중 나기주 박찬익 양경희 최경애 한기호 한상수	
제7차	2010.12.3. (금)	출판문화회관 강당	위기의 읽기문화, 어떻게 할 것인가	이정춘	윤세민	구모니카 김기중 박명순 이충우 정윤희 주정관 한기호 허 연	
제8차	2011.7.22. (금)	출판문화회관 강당	출판통계, 이대로 좋은가	김경일	김기태	김명희 김병희 노준석 박익순 배양희 백원근	후원: 자유아카 데미
제9차	2011.12.14. (수)	교보문고 광화문점배움 아카데미	한국의 출판비평, 무엇이 문제인가	구본준	김기태	백원근 선원규 이현우 장동석 정윤희 표정훈	후원: 출판저널
제10차	2012.9.21. (금)	가톨릭청년 회관 3층 바실리오홀	전자책, 과연 시대의 총아인가	구모니카	김기태	박찬수 성대훈 이경훈 이종국 임순범 지용구	

제11차	2012.12.13 (목)	광화문 한글회관	한국출판문화산 업진흥원 출범의 의미와 과제	배진석	김기태	권혁재 김종수 성대훈 양수열 이구용 이기성	
제12차	2013.6.27 (목)	출판문화 회관 대강당	언론의 출판 보도, 그 허와 실	표정훈	윤세민	권혁재 김범수 신지영 이 홍 장동석	
제13차	2013.12.20 (금)	출판문화회관 대강당	다문화 출판의 방향과 교육	장인실	윤세민	마음 알엄 박기천 박찬익 백은순 최 연	
제14차	2014.12.17 (수)	출판문화회관 대강당	한국 출판 정책의 선진화 방향	한주리	백원근	김기옥 김일환 노병성 배진석 임순재 한기호	
제15차	2015.10.9 (금)	코엑스 컨퍼런스룸 308호	출판 경쟁력, 어떻게 창출할 것인가	박익순	윤세민	권호순 김일환 김중배 노병성 이구용 한기호	후원: 대한출판 문화협회
제16차	2016.9.28 (수)	출판문화 회관	〈출판문화산업 진흥 5개년 (2017~2021) 계획〉 무엇을 담아야 하나	윤세민	백원근	김철범 남성호 이두영 최낙진 한주리	후원: 대한출판 문화협회

| 제17차 | 2017.5.26 (금) | 제주도 한라도서관 세미나실 | 지역출판, 국가발전의 원동력이다 | 부길만 강수걸 | 유창준, 김주완 | 김정숙 김정명 박범준 신중현 윤세민 백원근 이성우 박산솔 | 후원: 한국출판문화산업진흥원 |

2007년 7월 6일 처음 개최된 출판정책라운드테이블은 "가장 민감하게 대두되고 있는 출판계의 과제를 출판학계, 출판산업계, 서점업계, 문화관광부, 언론계 등 분야별 전문가 등이 토론자로 참석하여 심도 깊은 발제와 토론을 통해 출판계의 현황과 문제점을 진단하고 당면 과제의 해결책을 모색하는 자리"였음을 부인할 수는 없다. 그러나 2017년 5월 26일까지 제17차까지 진행되는 동안, 총9명의 주제발표자가 수고하였으며, 사회는 23명, 토론은 무려 110여 명의 출판연구자를 비롯한 출판계 인사가 참여하였음에도 불구하고, 신문과 방송 등에서는 지면과시간을 할애하는데 인색하였다는 점이 아쉬움으로 남았다. 이러한 점을 반면교사삼아 한국출판학회도 학회활동을 대내외적으로 알리는 홍보활동에 보다 주의를 기울여야 할 것으로 판단된다.

분과활동

백 원 근*

■■■

1. '분과 위원회' 활동 개관

학회 운영의 활성화와 내실화를 위해서는 학회 전체가 참여하는 학술 연구 활동(정기학술대회, 세미나, 국제 학술 행사 등) 못지않게 학회원들이 개인의 학문적 지향이나 관심사에 따라 자유롭게 연구 활동을 수행하는 조직적 기반인 분과별 연구 모임이 필수적이다. 이러한 학회원들의 분과 활동이 능동적이고 활발하게 이루어짐으로써 회원 개인의 학회 활동 만족도가 충족될 수 있고 전체적인 학회 활동의 깊이와 학술적 밀도가 높아질 것이기 때문이다.

우리 학회의 분과 활동은 2000년대까지의 '분과 위원회' 조직 중심의 활동 기간과 2010년대 들어서 상대적으로 활발해진 '분과 연구회' 중심의 활동으로 대별할 수 있다. 특히 출판산업의 급속한 진화와 디지털 환경으로 초래된 출판문화 및 미디어 생태계의 현격한 변모에 따라 출판의 포괄 영역과 양상이 다양화되면서, 연구자들의 관심사 또한 다원화되는 양상을 보이고 있다. 따라서 그에 상응하는 세분화된 분야별 학술 모임이 학회의 역동성을 담보하는 풀뿌리 연구 활동으로서 중요한 기능과 역할을 해나가야 한다. 또한 분과 모임 활동을 통해 발표된 자료와 기초 연구를 발전시켜 학회지에 투고함으로써 학술지 발행의 재생산 기반을 마련할 수 있다는 점도 중요한 기대 효과 중 하나이다.

---

* 책과사회연구소 대표

2. '분과 위원회' 활동 시기

한국출판학회 창립 이래의 '분과 위원회' 활동을 『한국출판학의 사적 연구—한국출판학회 30년사』(2000)에 서술된 내용을 중심으로 하여 정리하고자 한다.

한국출판학회가 창립한 이후 분과 위원회가 필요하다는 의견이 제기되면서, 학회 창립으로부터 2개월이 지난 1969년 9월 4일 분과 위원회 구성안을 확정하게 된다. 이날은 제6회 월례연구회가 개최된 날이기도 한데, '연구부'를 두고 다음과 같이 5개 분과 위원회를 조직하기로 결정하였다.

출판기획 분과 위원회: 허영환(위원장), 황병국
편집 분과 위원회: 허천(위원장), 박일준
출판경영 분과 위원회: 한태석(위원장), 민병덕, 장하린
잡지출판 분과 위원회: 이중한(위원장), 안춘근
출판미술 분과 위원회: 안일승(위원장), 양문길

이처럼 1969년 당시 최초로 만들어진 분과 위원회에 속한 학회원은 모두 11명이었다. 당시 전체 학회원이 24명이었고, 아직까지 학회 활동이 활발하지 않았던 상황이 그대로 반영된 것으로 보인다. 이후 분과 위원회는 초기 형태를 가감하며 유지되었다. 신입 회원이 가입할 때 희망하는 분과를 정해 자율적으로 참여하는 방식을 취하였고, 이는 그 후에도 큰 변화 없이 지속되었다. 이와 같은 분과 위원회의 구성 취지는 연구 활동의 활성화를 위해 분야별 분과 모임을 조직하여 회원 상호간의 관심 영역을 공론의 장으로 끌어내려 한 것이었다.

우리 학회는 1970년대 후반기의 오랜 침체기를 깨고 1983년에 개최된 정기총회를 계기로 면모를 일신하며 재탄생하였다. 새로운 조직체로 거듭나기 위해 체제를 대폭 정비하였다. 분과 위원회도 기존의 분류를 일부 조정해 기획·편집, 출판경영, 잡지, 출판미술(현재의 용어로는 북디자인) 분과 위원회와 더불어 서지 분과 위원회를 증설하여 회원들의 연구 활동을 유도하기 위한 장치를 만들었다. 특히 1983년 정기총회에서는 회칙 제11조에 '분과 위원회'를 신설함으로써 그 의미 부여를 분명히 하고자 하였다.

1983년 7월에 열린 이사회에서는 회칙에 규정된 5개 분과 위원회의 구성 방안에 대해 논의하였다. 이 자리에서는 한국에 대한 국제 저작권 가입 압력과 국내 저작권법 개정 논의에 대응하기 위해 '저작권' 분과 위원회를 증설하기로 결정하여 총 6개 분과 위원회를 구성하되, 분과 위원회별 간사를 호선하도록 하였다. 이에 따라 분과 위원회별로 모임을 갖고 다음과 같이 간사를 선임하였다.

기획편집 분과 위원회 : 오경호(간사), 민병덕, 한태석, 황병국, 양현규, 나중렬, 김기중, 이철지, 김장섭, 김양수, 김희락

출판경영 분과 위원회 : 임인규(간사), 윤형두, 여승구, 고덕환, 김진홍, 허창성, 이두영

잡지 분과 위원회 : 박동해(간사), 오진환, 이중한, 이준교, 박봉서

서지 분과 위원회 : 이기웅(간사), 안춘근, 하동호, 하정욱

저작권 분과 위원회 : 허희성(간사), 한승헌

출판미술 분과 위원회 : 박광순

그로부터 2년 뒤인 1985년 정기총회에서는 '국제' 분과 위원회가 증설되었으며, 이사를 겸하는 분과 위원장을 선임하였다. 이는 분과 위원장이 이사를 겸함으로써 분과 위원회 활동이 활성화되도록 제도적 여건을 마련하고자 회칙을 개정한 데 따른 것이었다. 이때의 분과 위원회명과 분과 위원장은 기획편집 오경호, 출판경영 고덕환, 잡지 이중한, 출판미술 김형윤, 서지 윤병태, 저작권 한승헌, 국제 박원동이었다.

1987년 정기총회에서 결정된 분과 위원회명과 분과 위원장은 기획편집 오경호, 출판경영 나중렬(신임), 잡지 김희락(신임), 출판미술 김형윤, 서지 윤병태, 저작권 이중한(신임), 국제 민병덕(신임)으로, 분과 위원회는 그대로 유지한 채 분과 위원장의 교체가 이루어졌다.

1990년에는 '출판사' 분과 위원회와 '전자출판' 분과 위원회가 신설되었다. 또한 1991년 정기총회(1991.6.29.)는 사단법인 설립(1991.5.13.) 이후 처음 개최된 의미 있는 행사였는데, 모두 7개의 분과 위원회에 위원장이 선임되었다.

기획편집 분과 위원장 : 오경호(광주대 출판광고학과 교수)

잡지 분과 위원장 : 김양수(혜전전문대 출판과 교수)

출판미술 분과 위원장 : 김형윤(김형윤편집회사 대표)

서지 분과 위원장 : 윤병태(충남대 문헌정보학과 교수)

국제 분과 위원장 : 이정춘(중앙대 신문방송학과 교수)

전자출판 분과 위원장 : 이기성(신구전문대 강사)

출판사 분과 위원장 : 이종국(한국출판학회 사무국장, 대한교과서주식회사 교과서연구소 간사·출판부 차장)

이어서 1992년에 개최된 정기총회는 의안 중 하나로 '학회 분과 위원회 활성화를 위한 조직 강화'를 논의하였다. 이때 선임된 9개 분과 위원장은 부문별로 기획편집 오경호, 출판경영 나중렬, 잡지 김양수, 출판미술 김형윤, 서지 윤병태, 저작권 전영표, 국제 이정춘, 전자출판 김

희락, 출판사 이종국 등이었다. 이듬해인 1993년 정기총회에서는 출판교육 분과 위원회(위원장 민병덕 혜전전문대학 출판과 교수)가 증설되어 총 10개의 분과 위원회 체제로 확대되었다.

학회 창립 30주년에 해당하는 1999년 정기총회에서 선임된 임원진 가운데 분과 위원장 겸임자는 다음과 같다.

기획편집 분과 위원장 : 이창경(신구대학 출판과 교수)
출판경영 분과 위원장 : 강해작(기문당 대표)
잡지 분과 위원장 : 고영수(청림출판사 대표)
출판미술 분과 위원장 : 김형윤(김형윤편집회사 대표)
출판역사 분과 위원장 : 윤형두(학회장, 범우사 대표, 중앙대 신문방송대학원 객원교수)
저작권 분과 위원장 : 박원경(한국저작권연구소 소장)
국제 분과 위원장 : 박원동(엘스비어 사이언스 한국 지사장)
전자출판 분과 위원장 : 이기성(계원조형예술대학 전자출판과 교수)
출판교육 분과 위원장 : 김정숙(백제예술대학 교수)
출판정책 분과 위원장 : 이종수(광주대학교 광고홍보학과 교수)

당시 정기총회 기록에 따르면 "김형윤 이사가 분과 위원회의 활동이 미약함을 지적하고, 이를 활성화시킬 대책을 마련해야 한다고 건의했다"고 기술되어 있다. 또한 당시까지의 학회 분과 위원회 활동에 관한 주목할 만한 기록이 거의 없다. 이런 점들에 비추어 볼 때 학회 창립 이래 분과별 연구 활동은 활성화되지 못한 채 매우 미미했던 것으로 볼 수 있다.

당시의 분과 위원회 활동은 엄밀한 의미에서 연구 활동을 지향하는 영역별 구분이라기보다는, 관례적인 조직 체계로서 운영되는 측면이 강했음을 알 수 있다. 출판 관련 학술연구 활동의 전문성 제고를 위한 영역 구분이라는 이상을 충족시키기에는 학회 전반의 활동성, 회원들의 능동적 참여도가 만족스러울 만큼 활발하지 않았던 것이다.

2000년의 한국출판학회 정관은 제25조의 '분과 위원회' 조항에서 총 10개의 분과 위원회를 적시하고 "분과 위원장은 이사가 겸임한다"고 규정하고 있다. 이때의 분과 위원회는 기획·편집, 출판경영, 잡지, 출판미술, 서지, 저작권, 국제, 출판역사, 전자출판, 출판교육 분과였다.

이와 같은 분과 위원회 규정은 큰 변화 없이 이어지다가 2018년 정기총회에서 정관이 개정되면서 대폭 달라지게 된다. 즉, 정관 제28조(분과 위원회)에서 "분과 위원장은 이사가 겸임"하며 "기획·편집, 출판경영, 잡지, 출판미술, 서지, 저작권, 국제, 출판역사, 전자출판, 출판교육, 출판정책, 신문" 분과 위원회를 둔다고 규정했던 것을 "본 학회는 필요한 분과 위원회를 구성할 수 있다"로 간략히 개정한 것이다. 개정의 이유로는 개정 시점 현재 존재하는 학회 산하의 연구

모임들이 정관상의 (연구)분과 위원회와도 다르고, 분과 위원회(현재의 분과 연구회)의 회장이 이사가 아닌 경우도 있다는 점 등이 제시되었다. 즉, 기존의 이상적이되 형식적인 규정으로 머물던 분과 위원회 규정을 현실 변화에 부합하도록 분과 연구회 활동 중심으로 개정한 것이다.

3. '분과 연구회' 활동 시기

1) 분과 연구회의 약사

우리 학회의 분과 연구회 활동을 활성화시키기 위한 노력은 이전에도 없지 않았지만 본격적인 노력이 기울여진 것은 2000년대 이후이며, 특히 부길만 회장 재임 시기(2013.2.~2015.2.)에 하나의 분기점을 만들었다고 할 수 있다. 이 시기 집행부의 노력으로 9개의 연구회가 자율적인 모임으로 구성되어 활동했다. 출판정책연구회(연구회장 백원근), 출판저작권연구회(연구회장 손수호), 전자출판연구회(연구회장 이용준), 출판유통연구회(연구회장 신종락), 출판제작연구회(연구회장 유창준), 출판디자인연구회(연구회장 윤재준), 지역출판연구회(연구회장 최낙진), 다문화출판연구회(연구회장 박찬익), 여성출판연구회(연구회장 김정숙)가 그것이다.

이어서 윤세민 회장 재임 시기(2015.2.~2017.2.)인 2015년부터는 5개 연구회가 신설되고 1개 연구회가 폐지되면서 총 13개 연구회가 활동했다. 출판저작권연구회장이 김진두 서일대학교 교수로 바뀌고, 윤재준 서울디지털대학교 교수가 디지털출판연구회를 만들었으며(윤재준 교수가 맡았던 출판디자인연구회는 폐지), 박원경 한국저작권연구소 소장이 여성출판연구회를 맡았다. 이와 함께 독서연구회(연구회장 임성관 휴독서치료연구소 소장), 교과서출판연구회(연구회장 김정숙 백제예술대학교 교수), 출판철학연구회(연구회장 윤세민 경인여자대학교 교수), 출판교육연구회(연구회장 김경도 동국대학교 겸임교수), 아동출판연구회(연구회장 황민선 김포대학교 교수)가 신설되었다.

가장 최근인 이문학 회장 재임 시기(2017.2.~2019.2.)에 학회에서는 분과 연구회 활성화를 학회 발전의 주요 과제로 내걸고 적극적으로 활동 강화를 독려했다. 이를테면 특정 주제를 내걸고 회원 공모 방식을 통해 정기학술대회 발표자를 선정하던 방식에서 분과 연구회의 신청을 받아 발표자와 토론자의 참여 기회를 부여했으며, 활동이 왕성한 연구회에 소정의 연구비를 지원하는 등 변화와 자극을 모색했다.

2) 분과 연구회별 주요 활동

연구회 가운데 비교적 왕성한 활동을 편 여성출판연구회(초대 연구회장 김정숙 백제예술대학교 교수, 2대 연구회장 박원경 한국저작권연구소 소장)는 2013년 여름에 첫 모임을 시작한 이래 2016년 12월까지 15회의 모임과 8회의 월례발표회를 개최하며 왕성하게 활동했다. 이후에는 주로 교과서출판연구회와의 합동 모임을 이어왔다.

교과서출판연구회(연구회장 김정숙 교수)는 2015년에 출범하여 각국의 교과서 제도와 정책을 두루 살펴보았다. 이어서 2017년과 2018년에는 여성출판연구회와 공동으로 모임을 개최했는데, '해외 교과서 연구', '4차 산업혁명에 교과서는 어떻게 대처해야 하는가' 등에 대한 주제를 중심으로 논의했다.

디지털출판연구회(연구회장 윤재준 서울디지털대학교 교수)는 2016년 한국출판문화산업진흥원의 정책 협력 프로그램에 선정되어 디지털출판 관련 연구 모임 및 세미나를 연중 진행했다. 내용은 '디지털출판의 개념과 역사', '디지털출판의 동향과 현황', '디지털출판의 기획과 제작', '디지털출판의 유통과 소비', '디지털출판의 과제와 전망' 등이었다.

지역출판연구회(연구회장 최낙진 제주대학교 교수)는 대외적으로 괄목할 만한 연구 및 활동을 펼쳤다. 연구회는 전국 지역출판인들의 모임인 한국지역출판문화잡지연대(약칭 '한지연')의 실질적인 산파 역할을 했으며, 2017년부터 한지연 주최로 매년 지방자치단체와 함께 개최중인 한국지역도서전 개최(제1회 2017년 제주, 제2회 2018년 경기도 수원, 제3회 2019년 전라북도 고창)의 핵심적인 단초를 마련하기도 했다. 특히 한지연의 활동에는 최낙진 연구회장을 필두로 우리 학회의 부길만 고문, 김정명 이사(신구대 겸임교수) 등이 연계 활동을 지속적으로 펼치며 지적 자양과 폭넓은 활동력을 제공했다.

또한 한국출판문화산업진흥원이 시행한 2017년 연구 모임 지원 프로그램에 선정된 지역출판연구회와 출판교육연구회(연구회장 김경도 동국대학교 겸임교수)는 2017년 11월에 "지역출판의 가능성을 찾다"와 "출판의 미래를 밝히는 출판교육"을 주제로 각각 공개 세미나를 개최하였다.

출판정책연구회(연구회장 백원근 책과사회연구소 대표)는 2017년에 본격적인 활동을 시작하여 학계와 출판계 현장에 재직하는 연구회원들(11명)의 참여 기반을 바탕으로 2018년 1월부터 매월 비공개 연구·발표 모임을 개최하는 한편, 공동 연구 과제와 집필 과제를 정해 체계적으로 연구회의 기반을 다졌다. 전자책, 해외 진출, 해외 사례 연구(영국, 중국, 일본), 서점, 출판표준계약서 고시 문제, 오디오북, 독립출판, 큰 글자책 등 소속 회원들이 관심을 갖고 있는 다양한 출판 현상을 출판 진흥정책 과제로 삼아 논의하였다. 연구회에서는 활동과 모임을 위한 연구회의 최소한의 재정은 회원들의 월회비(1만 원) 납부를 통해 해결한다. 연구회는 기존의 자유로운 월례 발표 모임 방식을 발전시켜, 2019년부터 특정 주제를 정해 연중 공동 연구와 분담 집필을 통한 보고서(가제 '출판 비즈니스 모델 및 정책 연구')와 단행본(가제 '한국 출판산업의 이해') 발행 계획 등을 추진하고 있다.

3. 현재의 분과 활동

한국출판학회에는 2019년 2월 현재 총 14개의 분과 연구회가 활동하고 있다. 각 연구회별 활동 취지를 연구회 소개 자료에서 발췌하여 개략적으로 소개하면 다음과 같다.

1) 출판정책연구회

한국 출판은 출판 선진국들에 비해 생산과 유통, 수요 개발(독서) 측면에서의 정책 관여도가 매우 높다. 출판문화산업진흥법 및 독서문화진흥법 시행, 법정 진흥기관(한국출판문화산업진흥원)의 설치·운영, 출판물에 대한 부가가치세 면세, 파주출판도시 조성, 세종도서(옛 '우수도서') 선정·배포 지원, 도서정가제 시행 등이 대표적이다. 한국출판학회의 분과 모임인 출판정책연구회(연구회장 백원근 책과사회연구소 대표)는 출판과 관련된 법과 제도, 행정과 예산, 각종 진흥사업, 산업정책, 미래 출판정책 등 정책 관련 사항에 대한 실천적인 연구 활동을 통해 한국 출판의 산업적 발전과 학문적 체계 정립에 기여하고자 한다.

2) 출판저작권연구회

출판저작권연구회(연구회장 김진두 서일대학교 교수)는 저작권의 중요성이 날로 커지는 오늘날의 환경에서 출판저작권을 학문적으로 연구하고 토론하는 구심체가 되고자 하는 목표를 내걸고 있다.

3) 디지털출판연구회

디지털출판연구회(연구회장 윤재준 서울디지털대학교 교수)의 관심사는 디지털 환경에서 출판이라는 산업이 어떻게 구축되고 수용되고 있는지를 분석하는 것이다. 이를 통해 디지털출판이 앞으로 나아가야 할 바람직한 발전 방향을 제시하고자 한다.

4) 출판유통연구회

출판유통연구회(연구회장 신종락 성균관대학교 겸임교수)는 급변하는 출판유통 환경에 대응하기 위해 중요한 출판유통 관련 세미나에 함께 참석해 의견을 공유하고, 외부 출판유통 프로젝트를 적극 유치하며, 이미 투고한 출판유통 관련 논문 중에서 수준이 높은 논문을 선정하여 2년에 한 번씩 단행본으로 출간하는 계획 등을 밝혔다.

5) 출판제작연구회

출판제작은 디자인이 완료된 원고가 출판물로 완성되기까지의 모든 기계적 공정을 의미한다. 따라서 인쇄판 제작부터 인쇄와 후가공(제책 및 코팅)에 이르는 과정을 모두 포함하는 개념이다. 출판제작연구회(연구회장 유창준 대한인쇄문화협회 전무이사)는 효율적인 인쇄판 제작 방법, 인쇄 방식, 종이 선정, 코팅과 제책 방법, 친환경 출판물 제작법, POD 인쇄 등 출판제작 공정 전반에 대해 연구한다.

6) 지역출판연구회

지역출판은 지역의 출판사와 서점, 도서관, 독립출판사, 독서모임 등을 포함해 지역의 출판문화 생태계를 모두 아우르는 말이다. 지역출판연구회(연구회장 최낙진 제주대학교 교수)는 열악한 환경에 처한 지역출판이 자생력을 갖출 수 있도록 전문적이고 체계적인 방안을 강구하는데 활동 목적을 둔다. 주요 사업으로는 지역출판의 현황 분석 및 발전방안 모색, 지역출판 관련 프로젝트 유치, 지역출판 관련 쟁점 토론 등을 상정하였다.

7) 다문화출판연구회

한국은 이미 100만 명의 외국인과 30만 명의 다문화 가족이 공존하는 다문화 사회가 되었다. 다문화출판연구회(연구회장 박찬익 박이정출판사 대표이사)는 다문화 관련 출판에 대해 다양하고 심도 있는 연구와 분석을 통해 더불어 살아가는 사회를 만드는 이론과 대안을 제시하고자 한다. 주요 사업은 다문화 독자 조사 및 연구, 다문화 관련 출판 현황 및 보급 경로 조사, 다문화 출판 기획 제안, 다문화 교육 교재 및 연구 방향의 제시 등이다.

8) 여성출판연구회

여성출판연구회(연구회장 박원경 한국저작권연구소 소장)는 출판산업 및 출판문화 영역에서 여성과 관련된 주제, 여성이 주체가 되는 연구 과제를 적극 발굴하여 연구함으로써 여성의 자존감과 지위 향상은 물론 출판 발전에 기여하고자 한다. '출판물로 바라본 21세기 여성 리더십 연구', '연령대별 여성 독자 연구', '장르문학 여성 저자 연구' 등이 주요 연구 관심사였다.

9) 독서와출판연구회

독서와출판연구회(연구회장 임성관 휴독서치료연구소 소장)는 '독서를 통한 사람의 성장'을 목표로 삼아 출판 분야와의 접촉점을 찾고 독자들이 다양한 미디어를 읽는 데 도움이 되는 연구를 하고자 한다. 즉, '출판과 독서의 관계', '독서를 활용한 제반 분야(독서교육, 독서지도, 독서운동, 독서상담, 독서코칭, 독서클리닉, 독서치료) 연구', '독서실태, 독서정책, 도서관정책 연구', '독서능력 및 흥미 등 독서효과 관련 연구' 등이 주요 과제다.

10) 교과서출판연구회

교과서출판연구회(연구회장 김정숙 백제예술대학교 교수)는 교과서 제도 개선, 출판 과정의 개선, 사용자 만족도 제고에 이르기까지 교과서에 관련된 현안 문제들에 적극적으로 관여하고자 한다. 그 중에서도 교과서 가격 문제, 역사 및 사회 교과서의 오류와 논란, 역사 교과서 국정화 논란, 한국 역사를 왜곡하는 주변국(중국과 일본) 교과서의 문제 등을 사실에 기반하여 학술적으로 푸는 데 앞장서고자 한다.

11) 시니어출판연구회

고령화, 장수 사회에서 고등교육을 받은 액티브 시니어들의 문화적 욕구가 크게 증대하고 있는 현실이다. 시니어출판연구회(연구회장 남석순 김포대학교 명예교수)는 '책 읽는 어른 사회 조성'을 목표로 삼아 출판학으로 사회봉사를 하는 출판·독서 연구회이다. 연구회는 50세 이상 장년과 노년층 대상 출판 활성화 및 엄선 도서 추천, 디지털 매거진 발간, 시니어 세대의 미디어문화 환경 개선을 위한 조사와 연구에 중점을 두고 있다.

12) 출판철학연구회

한국 출판은 오로지 비즈니스에만 함몰되어 철학을 잊은 지 오래다. 출판의 산업적, 외형적 성장과 생존 못지않게 출판의 본질과 가치, 그리고 철학을 찾아야 하는 시대이다. 이에 출판철학연구회(연구회장 윤세민 경인여자대학교 교수)는 출판 관련 사상사, 출판의 철학, 출판인의 철학, 출판 과정과 행위 속에서의 철학을 함께 공부하며 연구하려는 취지를 내걸었다.

13) 출판교육연구회

출판문화산업을 발전시키려면 일반인 대상의 출판교양교육과 출판인 대상의 출판전문교육을 병행해야 한다. 출판교육연구회(연구회장 김경도 동국대학교 겸임교수)는 국내외 출판교육 현황을 조사하여 발전 방안을 모색하고, 출판교육기관 설립 방안 및 협력 방안을 연구하며, 출판교육에 필요한 교육교재 개발 방안을 제시하고자 한다. 연구 범위는 출판교육과 관련된 실태조사, 교육 혁신 방안, 교육기관 설립 제안, 교육교재 출판기획, NCS(국가직무능력표준) 출판 자격의 수정 보완 및 훈련 방안 등이다.

14) 아동출판연구회

아동출판연구회(연구회장 황민선 김포대학교 교수)는 아동을 위한 단행본 및 전집, 아동출판물 관련 산업 현황, 아동출판의 역사, 아동출판 교육 등을 연구 주제로 하여 아동출판 연구의 활성화와 아동출판물의 학문적 정립을 위해 창립된 연구회이다. 아동출판의 이론 및 실제에 관한 연구 발표를 통하여 아동출판 연구의 질적 수준을 향상시키고 학문적 기틀을 다지고자 한다.

4. 분과 연구회 활동의 활성화 과제

분과 연구회의 활동은 전적으로 학회원들의 자율성과 능동성에 기반한다. 그렇지만 그간의 활동 내용과 실적(연구회별 상시 활동 회원 가입 정도, 모임 운영 체계, 연간 모임 횟수, 회원의 발표 참여율 등)을 볼 때 상대적으로 활성화된 분과 연구회는 아직 소수에 그치고 있는 실정이다. 또한 학회의 전체 재적 회원들 중에서 분과 연구회 활동에 실제로 참여하는 비율도 결코 높지 않다. 반면 소수의 회원은 여러 분과 연구회에 가입하여 높은 활동성을 보이며 연구에 참여한다.

따라서, 향후 분과 연구회의 왕성한 활동을 위한 학회 차원의 환경 조성 노력이 강구됨으로써 회원 간의 결속력 강화와 학회의 본원적 기능인 연구 활동이 활성화되도록 할 필요가 있을 것이다.

1) 학회 차원의 연구회 활성화 정책 시행

학회원들이 적어도 1개, 또는 여러 개의 분과 연구회 활동에 참여하여 연구 공동체인 우리 학회의 일원으로서의 소속감을 가지고, 학회 활동 전반에 대한 신뢰감과 효능감을 키우는 것이 학회 발전의 핵심 과제 중 하나이다. 이를 위해서는 분과 연구회 활동을 다양한 측면에서 장려하는 방침이 학회의 운영 원칙으로 확고하게 정립되고 견지되어야 할 것이다. 즉, 신입 회원 가입 시 연구회 안내(학회 회원 가입 신청서에 가입 의향 연구회 표기), 소식지를 통한 연구회 활동에 대한 현황과 실적 공유, 연구회의 공개 발표회 정례화 지원 및 연구회 발표 자료(논문)의 학회지 투고 유도, 정기총회에서 연간 우수 활동 연구회나 학회원에 대한 표창, 신규 연구회 설립 독려 및 필요 시 지원책 강구, 연간(집행부 임기별 2년간) 무실적 연구회의 자동 폐지 조치 등을 고려할 수 있을 것이다.

2) 연구회별 리더십 창출과 운영 효율화

연구회별 활동력의 차이는 대체로 연구회의 창립자나 운영자인 연구회장의 추진력과 네트워크 연계자로서의 역할, 연구회 구성원들의 참여와 결속력 정도에 따라 좌우된다. 따라서 분과 연구회 간의 균형적인 발전이 이루어지려면 매년 분과 연구회 간담회 등을 통해 연구회 운영 방식과 우수 사례의 공유와 확산이 필요하다. 나아가 합동 공개 발표회 등의 계기를 만들어 연구회 간, 회원 간 교류 기회를 늘린다면 서로 자극을 주고받으며 운영 효율화에 직접적인 도움이 될 수 있을 것이다. 이러한 분과 연구회 운영의 활성화는 종국적으로 학회 발전의 충실한 기반이 될 것이다.

연구과제 수행

백 원 근*

∎∎∎

1. 외부 연구과제 수행 연혁

　한국출판학회는 지난 반세기의 역사 동안 연구자들의 개인 연구뿐 아니라 학회의 이름으로 정부기관의 외부 연구용역 등 연구과제를 수탁 받거나 경쟁 입찰 공모에 참여하여 출판과 관련된 다양한 연구 활동을 수행해 왔다. 연구용역의 발주 기관은 문화체육관광부, 서울특별시, 한국출판문화산업진흥원, 대한출판문화협회, 한국출판문화진흥재단 등으로 다양하며, 그 주제 또한 출판정책 개발, 출판 진흥 사업 평가, 지역출판 육성, 출판산업사 연구, 출판교육, 독서진흥 사업 개발, 서점 실태 조사에 이르기까지 폭넓었다. 여기에서는 연구용역 수탁 및 공모에 활발히 참여하기 시작한 2009년 이후 최근 10년간 우리 학회 명의로 수행한 외부 연구과제 실적을 중심으로 정리하였다. 학회 회원들이 개인적으로 수행하였거나 개별 연구자로 참여한 수많은 외부 연구과제는 서술 범위에서 제외하였음을 밝힌다.

〈표 1〉 외부연구과제 실적

발주처	연구과제	책임연구자	연구기간
한국출판문화진흥재단	한국출판산업사 연구	이정춘	2009.10~2012.12
한국출판문화산업진흥원	2012 문화체육관광부 우수도서 선정·지원 사업 평가 및 개선방안	남석순	2013.1~4

* 책과사회연구소 대표

대한출판문화협회	공공기관의 상업출판 실태와 문제점 및 대책 연구	부길만	2014.12~2015.2
서울특별시 서울도서관	책 읽는 도시 서울을 위한 책문화 공간 조성 실태조사	윤세민	2015.4~9
한국출판문화산업진흥원	출판교육과 출판인력 양성 활성화 방안 연구	윤세민	2015.8~12
문화체육관광부	출판문화산업 진흥 5개년계획 (2017~2021) 수립을 위한 조사연구	윤세민	2016.4~10
서울특별시 서울도서관	서울시 책방의 역사 기초자료 수집	이두영	2016.8~10
서울특별시 서울도서관	2017 서울시 서점 전수조사 및 지역 서점 지원계획 수립 [한국서점조합연합회와 공동 수행]	백원근	2017.6~12
문화체육관광부	2018년 '책의 해' 추진계획 수립 및 효과 분석	윤세민	2017.10~12
한국출판문화산업진흥원	지역출판문화산업 육성 및 진흥 방안 연구	최낙진	2018.6~12

2. 주요 연구과제 실적 개관

1) 『한국출판산업사 연구』(2009~2012)

(재)한국출판문화진흥재단(이사장 윤형두)의 연구용역 시행 및 출판 제작 지원으로 우리 학회가 약 3년에 걸쳐 수행한 장기 프로젝트의 결과물이 『한국출판산업사』(도서출판 한울, 2012)라는 단행본으로 발행되었다. 이정춘 교수(중앙대학교 신문방송학부 명예교수)가 책임연구자를 맡고, 공동연구자로 박몽구(순천향대학교 외래교수), 백원근(한국출판연구소 책임연구원), 부길만(동원대학교 광고편집과 교수), 신종락(성균관대학교 정보관리연구소 선임연구원), 윤세민(경연여자대학교 교양학부 교수), 이문학(인천대학교 문헌정보학과 교수), 이용준(대진대학교 신문방송학과 교수) 등 학회 회원들이 연구에 참여하여 역할을 분담하고 공동으로 집필했다.

출판 선진국들은 자국의 출판 역사를 문화사 또는 산업사 측면에서 정리해 발간함으로써 후대의 연구 및 참고 자료로 삼고 있는 데 비해 한국은 이와 같은 출판사(出版史) 측면의 통사와 부문사, 미시사와 관련된 연구와 저작이 매우 부족한 상황이다. 오늘에 이르게 된 전대의 역사를 아는 것은 미래로 나아가기 위한 중요한 기반일 뿐 아니라, 출판의 주체들이 스스로의 역사에 대한 체계적인 기록을 갖지 못했던 아쉬움을 이 연구는 어느 정도 해소시켜 주었다.

이 연구는 총 3부, 10장으로 구성되었다. 제1부는 한국출판산업사에 대한 개관으로 연구 방법과 시대 구분, 한국 출판산업의 특성을 다룬 제1장과 통사적으로 시기별 특성을 개관한 제2장으로 이루어졌다. 시기별 특성은 한국의 근대화를 이끈 개화기 출판, 일제 탄압 속 국권회복 차원의 출판활동, 해방과 전쟁의 와중에서 건국에 동참했던 출판활동, 경제 발전과 출판산업의 확장, 민주화의 밑거름이 된 1980년대 출판활동, 사회·경제·문화의 변화에 대응한 1990년대 출판활동, 디지털 시대의 국가 위상 제고와 함께한 2000년대 출판활동으로 정리하였다.

제2부는 한국 근대 출판산업사를 다루었다. 개화기부터 일제강점기, 해방 이후 한국전쟁 이전 시기, 1950년대까지를 각기 나눠 시기별로 출판산업사를 조명했다. 특히 제5~6장은 해방 이후부터 1950년대까지의 출판산업을 다루면서 박몽구 연구자가 새롭게 발굴한 이 시기의 미확인 출판물을 새롭게 정리하여 제시했다.

제3부는 한국 현대 출판산업사에 대해 서술했는데, 산업사 연구의 특성을 살려 1960년대부터 2000년대에 이르기까지를 생산·유통·소비의 관점에서 기술하고, 마지막 장에서는 디지털시대 한국 출판산업의 동향 고찰과 미래 전략을 살펴보았다.

이처럼 이 연구는 시대별 출판산업사 기술을 씨줄로 삼고 출판산업 부문별 연구를 날줄로 삼아 한국 출판을 '산업'의 관점에서 서술한 역사서라는 특성이 두드러진다. 이와 같이 한국 출판산업의 역사를 통사적으로 서술한 선례를 찾아보기 어렵기에 이 분야에서는 첫 번째 학술적 성과로 꼽아도 손색이 없을 것이다. 그래서 단행본의 머리말 제목에서도 "한국 출판산업의 역사를 서술한 최초의 통사"라 일컬었다. 국내에서 출판문화사 및 시대별 출판산업에 대한 연구가 상대적으로 활발하지 않았던 실정에 비추어 볼 때 본격적인 통사의 등장은 향후의 연구를 위한 디딤돌로서 귀중한 촉매제의 역할을 할 것으로 기대되었다.

2) 「2012 문화체육관광부 우수도서 선정·지원 사업 평가 및 개선방안」 (2013)

문화체육관광부는 1968년부터 '우수 교양도서 선정·보급' 사업을 매년 시행해 왔으며, 1996년부터는 학술출판 활성화를 위한 '우수 학술도서 선정·보급' 사업도 병행하여 시행하고 있다. 한편으로는 신간으로 발행된 우수도서를 선정·구입·보급함으로써 출판계의 양서 출판의욕 진작과 출판산업 발전을 도모하고, 다른 한편으로는 선정된 도서를 전국 공공도서관 등에 보급함으로써 국민의 우수도서에 대한 접근성을 높이고 독서문화의 질적 향상과 지식 경쟁력 배양, 사회적 교양·학술 수준의 제고에 기여하고자 하는 것이 이 사업의 목적이다. 다양한 출판 지원정책 중에서 예산 규모가 가장 클 뿐만 아니라 특정 도서를 정부 예산으로 직접 구매하여 보급한다는 특성 때문에 출판사의 관심도와 참여도가 가장 높은 사업이기도 하다. 현재까지

'세종도서' 사업으로 계속 이어지고 있다.

이 연구용역은 2012년에 시행된 문화체육관광부 우수도서 사업에 대한 피선정처(출판사)와 피보급처(도서관 등)의 만족도 평가 의견을 바탕으로 향후 개선방안을 제안하였다. 이전부터 이루어졌던 매년도 사업 평가의 연속선상에서 정책 수혜자들은 비교적 높은 만족도를 나타냈다. 문화체육관광부를 대행해 한국간행물윤리위원회에서 수행하던 우수도서 사업의 주관처는 동 위원회의 후신으로 설립된 출판 진흥기구(한국출판문화산업진흥원)로 이관되었고, 사업 평가 보고서 작성은 동 진흥원의 연구용역 의뢰에 따라 수행되었다.

3) 「공공기관의 상업출판 실태와 문제점 및 대책 연구」 (2014~2015)

공공기관들이 민간의 출판 활동을 지원하기는커녕 직접 상업화된 출판 사업을 벌이는 것에 대한 출판계의 불만이 높아지면서 대한출판문화협회(회장 고영수)의 의뢰로 이루어진 연구용역이다. 책임연구자 부길만(동원대학교 광고편집학과 교수) 외 공동연구자 4명(백원근 출판평론가, 신종락 성균관대학교 정보관리연구소 선임연구원, 윤세민 경인여자대학교 영상방송학과 교수, 이문학 인천대학교 문헌정보학과 교수)이 연구에 참여했으며, 2015년 4월 27일 대한출판문화협회 4층 강당에서 연구 결과에 대한 보고회 형태로 공개 설명회를 개최했다.

이 조사연구는 국내 여러 공공기관에서 이루어지고 있는 공공성이 결여된 상업적인 출판 행위가 공익성을 벗어나 민간 영역을 침범함으로써 출판산업을 위축시키는 요인이 되고 있다는 출판계의 문제의식이 대두됨에 따라, 공공기관을 전수 조사하여 그 실태를 파악하고 실효성 있는 대책을 제시하고자 하였다.

연구를 통해 기획재정부가 2014년에 지정한 302개 공공기관의 홈페이지를 전수 조사한 결과, 전체의 8.6%에 해당하는 26곳에서 명백한 상업출판을 하는 것으로 밝혀졌다. 상업출판 행위를 하는 공공기관 수를 소관 부처별로 보면, 국책 연구기관이 많은 국무조정실 산하 공공기관(12개)이 가장 많았고, 교육부(3개), 문화체육관광부(2개), 특허청(2개), 미래창조과학부, 외교부, 행정자치부, 산업통상자원부, 고용노동부, 문화재청(이상 각 1개)의 순이었다.

문제가 된 공공기관들의 출판 활동은 민간 출판사들의 사업 영역을 침범하고 있다는 점, 공공기관이 발행하는 자료임에도 정가를 터무니없이 비싸게 매기는 사례(한국특허정보원, 대한무역투자진흥공사 등), 출판 전담 부서까지 설치하여 조직적인 출판 활동을 하는 사례, 발행 도서의 공공기관 자체 홈페이지 판매, 서점 유통 없이 독점 직판 거래만을 하는 사례, 공공기관의 자료임에도 원문 파일을 홈페이지에 공개하지 않는 사례 등이 주요한 문제점으로 지적되었다.

이에 대해 관련 전문가들은 공공기관에서의 상업출판 전면 금지와 홈페이지에 원문 파일 공개 의무화 등이 필요하다는 의견을 제시하였다. 또한 일본, 독일, 미국, 영국 등 해외의 유사 공공기관 사례 조사에서는 한국과 같은 상업출판 사례가 없다는 사실과 함께, 유료 콘텐츠의 발행·판매는 민간 출판사에 위탁하는 것이 일반적인 것으로 파악되었다.

조사 결과를 바탕으로 보고서는 유관 법령(공공기관의 운영에 관한 법률 등)에 공공기관의 상업적인 출판 행위 금지 조항을 신설할 것, 문화체육관광부가 상업출판을 하는 공공기관에 대한 출판사업 개선계획서 제출을 요구할 것, 민관 협력의 출판 풍토 조성(공공기관 출판물의 민간 출판사 위탁 출판)이 필요하다는 개선 방안을 제안하였다.

당초에는 한국교육방송공사(EBS)의 대입 수능 교재 제작·판매가 출판계에 미친 영향이 매우 심대하다는 판단에 따라 연구용역 범위에 포함시키려 했다. 그렇지만 이 문제가 본질적으로 정부의 사교육비 절감 및 공교육 정상화를 위한 교육정책이라는 점, 특히 수능 방송과 수능 문제의 연계 출제 정책이 연관되어 있어서, 이 문제를 부각시키면 자칫 출판계의 밥그릇 챙기기라는 오해만 부를 수 있다는 판단에 따라 별도로 전략적인 대응 방안을 찾는 것으로 하여 연구 범위에서 제외되었다.

4) 「책 읽는 도시 서울을 위한 책문화 공간 조성 실태조사」(2015)

서울특별시·서울도서관(관장 이용훈)의 의뢰로 이루어진 연구용역으로 우리 학회가 한국서점조합연합회와 함께 공동수급 방식의 연구를 수행했다. 책임연구자 윤세민(경인여자대학교 교수) 외 공동연구자 7명(김진두 서일대학교 교수, 백원근 책과사회연구소 대표, 손재완 한국서점조합연합회 전문위원, 신종락 성균관대학교 정보관리연구소 선임연구원, 안찬수 책읽는사회문화재단 사무처장, 이금숙 성신여자대학교 지리학과 교수, 최성구 출판유통진흥원 팀장)이 참여했다.

이 연구는 서울시 관내의 서점 등 책문화 공간에 대한 조사와 분석을 바탕으로 서울시가 향후 추진할 책문화 공간 조성과 서점 활성화 방향을 제시함으로써 관련 기본계획 수립 시 활용 근거를 마련하기 위한 목적으로 시행되었다. 이를 위해 책문화 공간의 개념과 전망, 국내외 유사 사례 분석, 책문화 공간 입지 제안 및 분석, 전문가 심층 인터뷰, 책문화 공간 활성화 기본계획안 제안, 서울시 서점 활성화 기본계획안을 연구했다. 국내외 사례로는 산업단지형(파주출판도시), 골목 및 거리형(부산 보수동, 서울 청계천, 인천 배다리의 책방 거리), 다목적 공간형(삼례 책마을), 펜션형(괴산 숲속작은책방), 영국의 헤이온와이, 벨기에의 레뒤, 프랑스의 베슈렐, 일본의 간다 진보초를 살펴보았다.

이어서 서울시 책문화 공간 입지의 유형을 유비쿼터스형과 클러스터형의 입지전략으로 구분한 후 책과 관련된 창작 공간, 제작 공간, 유통 공간, 독자 공간으로 구성된 책문화 벨트를 제안했다. 책문화 관련 구성 요소별 집적 지역을 커널 밀도 추정(Kernel Density Estimated) 방법으로 분석하여 지역성과 역사성을 갖춘 '광희문-종로5가-청계천-서울성곽-대학로-혜화동

벨트'를 적정 후보 입지로 추천했다. 또한 책문화 공간 구성 요소별(창작, 제작, 유통, 독자 공간) 제안, 구체적인 운영 및 관리 방안 제안, 공간별 프로그램 안을 제시했다.

책문화 공간 벨트 제안과는 별도로 '서울시 서점 활성화 기본계획안'을 제시했는데, 10대 정책 과제로 △서점육성조례 제정, △서점인증제 도입, △재정 지원 제도, △서점인 양성 프로그램(가칭 서울서점학교), △서울 서점 전용상품권 도입, △작가-서점센터 운영, △특성화·전문화 서점 육성, △서점 정보화 지원, △서울서점인대회 개최, △서점 친화 정책의 지속적 추진을 제안했다.

5)「출판교육과 출판인력 양성 활성화 방안 연구」(2015)

한국출판문화산업진흥원의 연구용역으로 수행했으며, 책임연구자 윤세민(경인여자대학교 교수) 외 공동연구자 4명(김경도 춘명 대표, 김철범 아이이펍 대표, 신종락 성균관대학교 정보관리연구소 선임연구원, 한주리 서일대학교 교수)이 참여했다.

현재 대학 안팎에서 이루어지고 있는 국내의 출판교육은 출판인력에 대한 수요-공급의 불균형, 산학 간 커뮤니케이션 부족, 중복적인 교육 프로그램 등의 문제를 안고 있어서 효율적인 출판교육 및 출판인력 양성 시스템 마련이 요구되는 상황이다. 특히 출판교육 수요에 대한 양적인 대응 못지않게 교육의 품질을 높이고 온라인 교육을 병행하는 모색이 필요하다.

이에 따라 이 연구에서는 한국출판문화산업진흥원, 한국출판인회의(교육기관 '서울북인스티튜트'), 한겨레교육문화센터, 대학(전문대학, 4년제 일반대학, 일반대학원, 특수대학원)에서 이루어지고 있는 출판교육 현황에 대해 살펴보고, 이어서 해외(미국, 캐나다, 영국, 독일)의 출판교육 사례를 통해 폭넓고 깊이 있는 교육 내용과 유기적인 산학 협력에 대한 시사점을 발견하였다.

나아가 거시적인 관점에서의 출판인력 양성 활성화 방향에 대해 제안하면서 출판 공교육 활성화 방안, 출판 교육기관의 출판교육 활성화 방안, 한국출판문화산업진흥원의 출판교육 활성화 방안 등에 대해 그 대안을 각각 논의하였다.

6)「출판문화산업 진흥 5개년계획(2017~2021) 수립을 위한 조사연구」(2016)

문화체육관광부의 연구용역으로 수행했으며, 책임연구자 윤세민(경인여자대학교 교수[한국출판학회 회장]) 외 공동연구자 6명(백원근 책과사회연구소 대표, 손애경 글로벌사이버대학교 교수[한국전자출판학회 회장], 신종락 성균관대학교 정보관리연구소 선임연구원, 이중호 한국출판콘텐츠 대표, 이창경 신구대학교 교수[출판문화학회 회장], 장은수 편집문화실험실 대표)이 참여했는데, 출판 관련 3개 학회의 회장들이 모두 동참하여 전례 없는 협업적 연구를 수행했다. 연구진과는 별도로 문화체육관광부에서 전문가위원회를 구성하여 연구 내용과 관련된 자문과 제안을 하였으며, 여기에는 대한출판문화협회와 한국출판인회의 등 출판단체의 정책 담당 임원과 전자책, 유통, 서점, 도서 수출, 도서관, 문화정책 전문가를 비롯한 유관 전문가 16명이 참여했다. 또한 출판 이외에도 작가, 독서, 도서관, 학계 등 분야별 전문가 12명이 포함된 연구 자문위원회를 운영하여 심도 있는 의견을 폭넓게 수렴하였다.

이 연구는 출판문화산업진흥법에 근거하여 문화체육관광부가 5년 단위로 공표하는 법정 진흥계획을 수립하기 위한 정책연구 용역이다. 기존 5개년계획(2012~2016)의 성과 점검을 통해 개선 방향을 도출하고, 출판산업의 변화와 국내외 동향에 대한 정책적 시사점을 바탕으로 차기 5개년계획의 비전·전략 및 주요 정책과제와 정책사업을 제안하는 내용으로 구성되었다.

보고서에서는 결론적으로 '책으로 도약하는 창의 한국 실현'의 비전과 '출판문화산업의 지속 성장 생태계 조성'이라는 목표 아래, 4대 추진전략으로 '출판문화산업 발전 인프라 구축', '출판산업 성장동력 육성', '출판 콘텐츠 수요 창출', '글로벌 네트워크 확충'을 제시했다. 구체적인 정책사업 제안으로는 출판산업 연구개발(R&D) 컨트롤타워 설립, 출판 친화적 법제 개선, 북테크(BT) 비즈니스 지원체계 수립, 서점의 혁신적 육성, 지역출판 및 책 생태계 육성, 글로벌 출판정보 서비스 제고, 해외 저작권 수출 지원, 국내 발행 도서의 해외 보급 확대 등 총 20개 사업 안을 제시했다. 문화체육관광부는 이와 같은 보고서 내용을 바탕으로 수정·보완을 통해 4대 전략, 16개 추진 과제가 담긴 최종 5개년계획을 2017년 2월 16일 발표했다. 여기에 포함된 계획 중 한 가지가 '2018년 책의 해' 지정 추진 등 출판 수요 확대 사업이었다.

7) 「서울시 책방의 역사 기초자료 수집」 (2016)

서울도서관의 의뢰로 이두영(메타북스 대표), 신종락(성균관대학교 정보관리연구소 선임연구원) 연구자가 조사와 집필을 분담해 수행했다. 서울을 포함해 한국 서점의 연표를 작성하고 서점의 역사와 관련된 주요 자료와 문헌, 사진, 증언을 광범위하게 수집하여 귀중한 자료집으로 정리하였다. 연구용역의 결과는 제1회 서울서점인대회 관련 행사로 서울시 시민청에서 열린 '서울 서점 120년' 전시회(2016.11.7.~11)의 기초자료로 활용되었다.

한국 서점사의 축도(縮圖)와 상징을 그대로 보여주는 서울 서점의 역사는 1897년 고제홍 서포가 문을 연 시기부터 현재에 이르기까지 약 120년을 헤아린다. 이 연구는 개화기(1890년대~1900년대), 일제강점기(1기 1910년대~1920년대, 2기 1930년대~1945년), 해방기(1945년 ~1950년대), 체제정비기(1960년대~1970년대), 발전기(1980년대~1990년대), 변혁기(2000년대 ~2010년대 현재)로 시대 구분을 하고, 각 시기별로 사회 및 서점계 동향을 일별한 후 대표적인 서점에 대해 조사한 자료를 정리하였다.

이 자료는 대형 패널에 담긴 시대 구분, 아크릴 박스로 제작된 시대별 대표 도서의 실물 전시, 시대별로 역사가 깃든 서점들을 그림과 글로 표현한 전시 등에서 기초 원고로 활용되었다. 대표 서점으로는 △개화기의 고제홍서포(1897년 설립, 회동서관의 전신), 주한영서포(1900년 설립, 중앙서관의 전신), 김상만 서포(1906년 설립, 광학서포의 전신), 노익형책사(1907년 설립, 박문서관의 전신), △일제강점기의 회동서관, 광학서포, 동양서원, 신문관, 대한예수교서회(종로서적의 전신), 한성도서주식회사, 한남서림, 삼중당, 박문서관, △해방기의 일성당서점, 유길서점, △체제정비기의 중앙도서전시관, 동화서적, 종로서적, 과학기술도서의 집, 보문당, △발전기의 교보문고, 반디앤루니스(서울문고), 영풍문고, 예스24, 알라딘, △변혁기(현재)의 여러 동네서점(독립서점)과 북카페 등이 자료에 담겨 전시회에 소개되었다.

8) 「2017 서울시 서점 전수조사 및 지역서점 지원계획 수립」(2017)

서울도서관 연구용역으로 우리 학회와 한국서점조합연합회가 공동으로 수행한 이 연구에는 책임연구자 백원근(책과사회연구소 대표) 외 공동연구자 3명(이문학 인천대학교 문헌정보학과 교수, 성미희 한국서점조합연합회 총괄실장, 최성구 출판유통진흥원 기획팀장)이 참여했다. 조사연구의 목적은 '지역서점 활성화 조례'(2016.7.14)를 전국에서 가장 먼저 제정한 서울시가 지역서점 인증제 시행을 포함한 제도적 기반을 마련하고 지역서점 활성화를 위한 지원 계획을 수립하는 데 있다.

서울시 소재 서점을 최초로 전수조사한 결과(실질 모집단 497개의 75%인 375개 서점 응답), 대형 체인서점을 제외한 지역서점 기준으로 볼 때 서점의 사업체 형태는 개인사업체가 91%로 대부분이었으며, 종사자 수는 평균 2.5명, 취급 도서 분야는 여러 분야를 취급하는 '종합서점'이 68%였고 나머지가 '특성화서점'이었다. 지역서점 매장 규모는 평균 145.53㎡(44.1평), 매장 소유 형태는 임대(대부분 월세)가 85%, 취급 도서는 평균 8867종에 2만 6693부였다. 연매출 평균액은 4억 4900만 원으로 출판물 매출이 89.6%를 차지했다.

조사 결과의 특징으로는 서울시 소재 지역서점(대형 체인서점 제외)의 전반적인 영세성과 경영난이 두드러진 것으로 나타났으며, 인터넷·홈페이지·판매관리시스템(POS)과 같은 정보화 대응이 저조하고, 종합서점보다는 특성화서점의 경영 실적이 상대적으로 양호하다는 점, 기업형 중고서점이 일반 서점의 매출에 미친 악영향 등을 확인하였다. 서점인들이 바라는 지원정책으로는 완전한 도서정가제 시행, 출판사 공급률의 인하(서점 마진율의 확대), 지역서점 인증제에 대한 요구가 높았다.

이와 같은 조사 결과를 바탕으로 이 연구는 지방자치단체에 대한 정책 수요가 높은 지역서점 인증제 추진과 경영자금 지원 제도를 우선 추진과제로 설정하고, 이외에도 서점 친화적인 도시를 만들기 위한 서점 창업 지원, 서점의 특성화·전문화 지원, 서점 인턴 고용 촉진, 서울서점주간 및 서울서점인대회의 활성화, 어린이·청소년 대상의 지역서점 바우처(도서교환권) 배포, 지역서점 전용 상품권 유통, 중고서점에 대한 중소기업 적합업종 지정 추진, 서점 봉사활동의 제도화 과제 등을 함께 제안하였다.

9) 「2018 '책의 해' 추진계획 수립 및 효과 분석」(2017)

문화체육관광부 연구용역으로 우리 학회가 수행한 이 연구의 책임연구자는 윤세민(경인여자대학교 교수), 공동연구자는 이문학(인천대학교 문헌정보학과 교수), 백원근(책과사회연구소 대표 / 프로젝트 매니저), 권오현(대한출판문화협회 독서 담당 상무이사), 강성민(한국출판인회의 독서진흥위원장), 이용훈(한국도서관협회 사무총장), 안찬수(책읽는사회문화재단 사무처장) 등 6인이었다. 연구진과는 별도로 해외 사례 집필자로 표정훈(미국 담당), 김은하(영국 담당), 신종락(독일 담당), 문보배(프랑스 담당) 등이 참여했다.

이 연구는 문화체육관광부가 지정한 '2018 책의 해'를 앞두고 그 추진을 위한 기본계획을 수립하기 위한 것으로 '2018 책의 해'의 필요성, 국내외 유사 사례 분석 및 시사점 도출, '2018 책의 해' 프로그램 제안, 추진위원회 구성 안, 대국민 홍보 방안, 기대 효과 등에 대해 천착하였다. 문화체육관광부 장관과 민간(출판계) 대표가 공동조직위원장을 맡고 '함께 읽는 대한민국'의 슬로건 아래 대국민 공모(표어, 엠블럼, 포스터, 사업안), 선포식 개최, 중점 사업('함께 읽기'를 위한 다양한 책 모임, 시간, 공간, 문화의 확산), 국제 심포지엄, 네트워크 구축(국회의원 연맹 발족, 전국책읽는도시협의회 출범, 책 플러스 네트워크 구축, 도서관과 서점의 독서 동아리 확산 등), 책 읽기 생활화 및 독서 양극화 해소 사업, 독서 생활화 캠페인과 공익광고, 책 생태계 강화 사업, 기념 사업(독자·비독자 조사 등), 법제 개정 및 청소년 교육 연계 사업 등을 하도록 구체적인 계획안을 제시하였다. 보고서에서 제안한 여러 사업들은 민관 합동으로 구성된 '함께 읽는 2018 책의 해 조직위원회' 및 집행위원회의 검토를 거쳐 공식 사업으로 확정되어 추진되었다.

10) 「지역출판문화산업 육성 및 진흥 방안 연구」(2018)

한국출판문화산업진흥원의 연구 용역으로 수행한 이 연구의 책임연구자는 최낙진(제주대학교 언론정보학과 교수), 공동연구자는 김정명(신구대학교 겸임교수), 서보윤(사단법인 저널리즘학연구소 연구위원)이었다. 이 연구는 인구 감소로 '지역 소멸'이 현실화되는 상황에서 그 중요성에도 불구하고 현실 여건이 매우 어려운 지역(주로 비수도권 지방)에서의 출판 활동을 핵심으로 한 지역출판문화산업의 현황 분석을 토대로 실질적인 지역출판의 육성·진흥 방안을 제시함으로써 지역과 출판산업을 함께 살리는 역동적 미래상을 만들기 위한 목적으로 시행되었다.

연구에서는 지역출판문화산업 생태계 현황 분석, 국내외의 지역출판문화산업 육성 및 진흥 사례(해외는 북미, 유럽, 일본 사례를 조사했으며, 국내는 지역의 민간 주도 사례와 정부 주도 사례 등을 조사), 전문가 심층인터뷰 및 정책 우선순위 설정을 위한 AHP 분석을 병행했다.

연구에서 결론적으로 제안된 첫 번째 사항은 법·조례 제정을 통한 지역출판문화산업 기반의 조성이 요구된다는 점이다. 지역신문발전지원특별법과 같은 지역출판육성진흥법의 제정, 제주도에 유일한 선례가 있는 지역출판진흥조례 제정의 전국 지역별 확산, 출판 진흥을 위한 각종 정부 지원사업의 지역 쿼터제 적용 등이 여기에 해당한다. 둘째는 지속 가능한 지역출판 환경을 위한 기반 구축이다. 지역도서전의 지속적인 개최와 확산, 지역출판 관련 연구 지원, 지역 도서관의 지역 출판물 수서 의무화가 그 사업 내용이다. 셋째, 지역의 문화 원형을 활용한 지역 특화 콘텐츠 개발의 확대, 넷째, 지역출판문화산업 정보 및 경영 인프라 지원, 다섯째, 지역출판 거점 기구로서 북비즈니스센터(가칭)의 설립·운영이 시급히 필요하다고 제안했다.

3. 총괄 및 향후 과제

우리 학회는 지난 반세기 역사에서 주로 최근의 10여 년에 걸쳐 정부 및 산하기관, 지방자치단체, 출판단체의 출판 관련 연구용역을 수탁 받거나 연구과제 공모에 참여하여 조사연구 용역을 수행했다. 실제로 수행된 연구의 영역과 범위는 출판정책 개발, 출판 진흥 사업 평가, 지역 출판 육성, 출판산업사 연구, 출판교육, 독서 진흥 사업 개발, 서점 실태 조사에 이르기까지 폭이 넓었다. 주제는 다양하였지만, 이를 크게 보면 출판정책 측면의 연구가 중심이었다고 요약할 수 있다. 우리 학회가 수행한 외부 연구과제는 출판 환경의 개선과 현안의 해결에 기여하는 것이었을 뿐만 아니라, 책이 기반이 되는 사회 발전을 추동하기 위한 학회의 학술·정책 기능을 발휘했다는 측면에서 소중한 성과라 하겠다.

출판문화산업과 우리 학회의 미래 지향적인 발전을 위하여, 외부 연구과제 수행과 관련된 앞으로의 실천적 과제를 정리하면 다음과 같이 4가지로 요약된다.

첫째, 보다 적극적인 연구용역 수주 활동이 필요하다. 외부 연구과제는 출판과 관련된 기관 및 단체뿐 아니라 디지털 환경, 미디어, 콘텐츠산업, 인쇄, 교육, 문학, 어린이·청소년, 인문·사회·자연과학, 과학기술 등 다양한 연관 분야에서 헤아리기 어려울 만큼 다양하게 시행되고 있다. 따라서 출판 콘텐츠를 중심에 두고 여러 분야와의 학제적 연구를 추진함으로써, 단지 연구 과제의 수행을 위해서가 아니라 출판산업과 출판문화의 외연 확장과 융복합 시도가 이루어지는 계기로 삼는 것이 바람직할 것이다. 연구자와 산업 현장이 긴밀하게 연결되어 기초 연구 및 첨단 분야의 응용 연구개발(R&D)이 활발한 타 산업 분야의 사례를 벤치마킹할 필요가 있다. 이를 통해 출판산업과 출판문화 발전에 기여하는 출판학 연구의 지평 확대 또한 가능할 것이다.

둘째, 외부 연구과제 수행 분야의 확대가 필요하다. 연구과제의 수행 범위는 당연히 연구자의 전문성이나 연구 능력을 전제로 한다. 학회 구성원들이 가진 전문적인 연구 역량을 외부 연구자들과의 결합을 통해 보완함으로써 출판산업, 출판정책, 독서 진흥 이외의 분야로 키우는 것이 가능하다. 또한 산업계의 요구가 큰 출판경영, 출판마케팅, 전자출판 등의 분야에서 보다 실용적이고 수요가 있는 조사연구 과제들을 능동적으로 계획·제안하고 컨설팅하는 방식의 산학협력 공동연구가 활성화되는 것이 이상적이다. 이는 출판 연구자들의 연구 역량 강화와 학회의 역할 증대에도 도움이 될 것이다. 셋째, 외부 연구과제 수행에서 연구진 참여의 개방성을 도모해야 한다. 기존 외부 연구과제 수행에서는 회장단 또는 일부 연구자 중심의 연구진 중복 현상이 관찰된다. 이는 연구 추진 과정에서의 편의성과 효율성에 따른 측면이 있었지만 소속 회원의 참여도를 제한하는 단점도 있었다. 따라서 향후에는 가급적 연구과제 단위로 학회 내 참여 연구자 공모 방식을 적용함으로써 학회 활동에 있어서 회원들의 학술 및 연구사업 참여 기회와 연구 역량이 증진되도록 방향 정립이 필요하다.

넷째, 개인 연구자들의 관심사에 따른 외부 연구과제 수행을 위해 우리 학회가 가교 역할을 하도록 기능 강화가 요청된다. 개인 연구자들은 대학의 산학협력단이나 기관·단체의 연구진 등으로 외부 연구과제에 참여할 수 있지만, 이런 방식이 여의치 않으면서 외부 연구과제에 참여 의사가 있는 학회원들이 필요에 따라 그 의사를 밝히고 공유하며 우리 학회 명의로 과제 입찰에 참여하도록 절차를 마련하고 지원하면 좋을 것이다. 물론 학회원들의 개방적인 연구과제 참여 촉진을 기하기 위한 취지다. 출판과 관련된 대표성과 역사성이 있는 학회로서 소속 회원을 위한 연구자 본위의 학회 활동 기능이 보다 진화해 나가야 할 것이다.

출판학회상

권 호 순*

■■■

한국출판학회상은 사단법인 한국출판학회가 제정한 〈한국출판학회상〉으로서 1972년 제1회 시상을 시작으로 2019년 제39회까지 시상한 바 있는 명실공히 국내 최고 전통의 출판학술상 제도이다. 시상 내용은 총 4개의 부문으로 나누어지는데, 저술·연구부문은 출판학에 관한 저술 및 연구 부문에 탁월한 업적이 있는 개인에게 주어지며, 기획·편집부문, 경영·영업부문은 관련 업적이나 공적이 있는 개인 및 출판사, 관련 단체에게 주어진다. 마지막으로 특별공로부문은 출판문화 발전에 탁월한 공로가 있는 개인 및 출판사, 관련 단체에게 시상한다. 출판유관 단체를 추천하고자 한다면 단체장의 추천이 있어야 하며, 개인을 추천하고자 한다면 한국출판학회원 2인 이상의 추천이 있어야 한다.

한국출판학회상은 매년 시상하는 것이 관례였으나, 1994년과 1998년에는 시상하지 못하였다. 1994년에는 학회의 사단법인화에 따라 회계연도가 매년 6월부터 익년 5월까지였던 것이 매년 1월부터 당년 12월까지로 바뀌게 되어 제16회 한국출판학회상은 1994년 초 정기총회 직후에 시상되었다.

1998년에는 갑작스런 경제위기와 수상후보자 추천이 미비한 결과로 시행되지 못하였다. 또한 매년 2월 정기총회 직후에 제20회 시상식이 거행되어야 했지만 임기만료에 따른 새로운 임원선출이 겹침으로써 12월로 미루게 되어 이후, 12월 정기학술대회 또는 송년회 석상에 시상하는 것으로 바뀌게 된다.

---

* 시간의물레 대표

역대 한국출판학회상 수상자를 표로 정리하면 다음과 같다.

회차	연도	저술·연구 부문	기획·편집 부문	경영·영업 부문	특별공로부문
1	1972	최정호(字形圖案家)			
2	1973	강주진(전 국회도서관장)			
3	1974	조풍연(언론인)			
4	1975	최덕교(창조사 대표)			
5	1976	문덕수(홍익대 교수)			
6	1983	이강수 (한양대 교수)	정병규 (북디자이너)		
7	1984		조상원(현암사 회장)		
8	1985	김성재(일지사 대표) 고정기(신구대 강사)	이경훈 (보성사 대표)		
9	1986	민병덕(혜전대 교수)			책방소식(한국출판판매 (주)社報) 箕輪成男(일본출판학회 부회장)
10	1987		이기웅 (열화당 대표)	김낙준 (금성출판사 대표)	최준 (前 중앙대 교수)
11	1988	허희성(저작권심의 조정위원회)	문종성 (국민서관 대표)	윤석금 (태진출판 대표)	'오늘의 책' 운영위원회
12	1989	윤형두(범우사 대표)	조상호 (나남출판사 대표)		출판저널
13	1990	천혜봉 (성균관대 교수)	차민도 (대원사 대표)	김소영(대한기독교 서회 대표)	유한성 (사전전문편집자)
14	1991	안춘근 (중앙대 교수)	향문사 (나중렬 대표)		이창세 (아세아문화사 대표)
15	1992	윤병태(충남대 교수) 이종국(혜천대 교수)	김낙준 (금성출판사 대표)	김윤수(창작과 비평사 대표)	김종규 (삼성출판박물관장)
16	1994	전영표(신구대 교수) 이두영(한국출판협동 조합 전무)		김영종 (사계절출판사 대표)	손영수 (전파과학사 회장)
17	1995	오경호 (광주대 교수)	서광사 (대표 김신혁)		강인섭 (국회의원)

18	1996		문예출판사 (대표 전병석)	문학과 지성사 (대표 김병익)	홍우동 (동국전산 대표)
19	1997		임경환 (집문당 대표)		이운희(서울편집디자인 학원 대표)
20	1999	이임자(한세대 강사) 조상호(나남출판 대표)			한갑진 (한진출판사 대표)
21	2000		정해렴 (현대실학사 대표)		이병인(한국서점조합 연합회 고문)
22	2002			강해작 (기문당 사장)	전병석(문예출판사 대표) 장영달(국회의원)
23	2003		송영석 (해냄출판사 대표)	김정태 (삼호뮤직 회장)	한상하 (경인문화사 회장)
24	2004	부길만 (동원대 교수)			
25	2005	최덕교 (창조사 대표)			이성원(한국청소년도서 재단 대표)
26	2006	김기태 (세명대 교수)			이정일(대한출판문화 협회 명예회장)
27	2007				이은국(전 (사)한국출판 학회 감사)
28	2008	이기성(계원대 교수)			김재윤(국회의원)
29	2009	남석순(김포대 교수) 김두식(문학 박사)		김동휘 (여원미디어 대표)	윤형두(한국출판문화 진흥재단 이사장)
30	2010	오영식 (근대서지연구회 총무)	박찬익(박이정 출판사 대표)		
31	2011	윤금선 (동덕여대 교수)	최윤혁 (세계사 대표)	김성룡 (교보문고 대표)	
32	2012		정윤희 (출판저널 대표)		금창연 (동원대 교수)
33	2013		임상백 (한림출판사 대표)	박은주 (김영사 대표)	권원순 (한국대학출판부협회장)
34	2014		박경훈(각 대표)		
35	2015	이정춘 (중앙대 명예교수)	이재석 (동아출판 대표)	강수걸 (산지니 대표)	조정석 (대한인쇄문화협회장)

36	2016	이두영 (메타북스 대표)	송광룡 (심미안 대표)	김영진 (미래엔 대표)	심재철 (고려대 교수)
37	2017		신중현 (학이사 대표)	양태회 (비상교육 대표)	고영수 (대한출판문화협회장)
38	2018	강영매 (이화여대 겸임교수)	황풍년(전라도 닷컴 편집장)	오병목 (천재교육 대표)	권혁재(한국출판협동 조합 이사장)
39	2019		권준구 (지학사 대표)	김진환 (학지사 대표)	김수영(한국출판문화 산업진흥원장)

국제출판학술회의

남 석 순*

■■■

머리말—한국 출판학의 토양을 세계로 넓히다

1969년 창립된 우리 학회가 진전기로 들어서는 1980년대 후반부터 한국의 출판학 연구는 기반을 형성하기 시작하였으며 출판학 교육도 특수대학원과 전문대학을 중심으로 학과의 설치가 이어지고 사교육 기관에서 출판교육이 활발해지고 있었다. 이러한 바탕에는 1987년 6.29 선언 이후, 사회 전반에 스며든 민주화 추세에 따라 출판의 자유 확대와 더불어 출판학 연구와 교육도 활성화 되던 시기였다. 이 시기에서 한국의 출판학 연구는 시야를 더욱 넓혀 외국의 출판학 연구와 출판 현상에 관한 학문적 관심으로 나아가게 된다. 이 같은 국제 교류의 필요성은 한국의 출판 산업과 출판학 연구의 발전과 더불어 세계 주요국에서 이루어지는 동질 학문과 산업에 대한 관심에서 비롯된 것이다.

한편, 1980년대는 컴퓨터를 기반으로 하는 출판과 저작권 보호 등 세계 출판 환경에 급격한 변화가 있었던 시기였다. 이러한 시대적 흐름과 변화 속에서 동북아시아 국가들도 다른 나라의 출판학 연구 및 출판 산업의 당면 과제 논의 등 공동의 관심사를 알기위한 국제 교류의 필요성이 자연스럽게 제기되었던 것이다. 출판학의 국제교류에는 개별적(단체) 교류 및 국가적 차원의 교류로 구분될 수 있지만 본고에서는 우리 학회를 중심으로 전개되었던 국가적 차원(정부의 공인과 예산지원 포함)의 교류에 중심을 두고 서술한다.

시대의 변화와 학문적 관심 속에서 우리 학회는 창립 15년째인 1984년부터 출판학의 국제교류에서 주도적으로 앞장서게 된다. 그동안 이루어낸 국제 학술 교류를 창립 50년을 맞는 지

---

* 김포대학교 명예교수

금의 관점에서 살핀다면 아래와 같으며 이를 중심으로 국제 학술 활동을 하는 동시에 한국 출판학의 토양을 세계로 넓혀가고 있다.

첫째, 국제출판학술회의(The International Forum on Publishing Studies: IFPS)이다. IFPS는 1984년에 시작되어 현재는 한·중·일에서 격년제로 개최되며 2018년 제18회 학술회의를 개최하였다. 현재 18회까지 15개국의 참가와 313편의 논문이 발표된 세계적으로 유례가 없는 출판학 연구의 국제회의이다.

둘째, 한·중출판학술회의(Sino-Korean Publishing Seminar)이다. 이 국제회의는 사단법인 한국출판학회와 중국출판과학연구원(현, 중국신문출판 연구원)의 두 전문기관 사이에 지속되고 있는 학술 교류이다. 1995년에 시작되어 매년 순환 개최되는데 현재까지 19회를 맞이하고 있다. 한·중출판학술회의는 국제출판학술회의와 더불어 우리 학회에서 정례화된 두 가지 형태의 주요한 국제출판학술회의이지만 별도 지면에서 서술되기 때문에 본고에서는 제외된다.

셋째, 국제인쇄출판문화학술회의(1995)이다. 금속활자 직지심체의 발상지인 청주시의 연구 용역에 따라 우리 학회가 전적으로 주관한 국제회의이다. 세계 인쇄문화사에 있어서 한국의 금속활자 발명과 인쇄출판문화의 의의를 정립함으로써 금속활자의 원류를 개관하고, 한국, 중국, 일본의 역할을 재조명함으로써 국제인쇄출판문화 발전에 이바지 하는 데 개최 목적이 있었다. 더불어 인류문화 사상 최초로 금속활자를 발명 주조한 우리 선조들의 슬기로운 위업을 후세에 전하고, 금속활자 직지심체의 고장인 청주의 이미지를 세계에 알리고자 하는데도 목적을 두었다.

넷째, 한·중·일 출판학술 심포지엄(2003)이다. 주제를 '한국출판의 해외진출과 출판발전'으로 정하고 한·중·일의 학자들이 다양한 관점에서 발표되었다. 이 심포지엄의 목적은 우리 출판산업의 해외진출 확대와 관련하여 세 나라 간에 보다 발전적 협력을 모색하는 데 있었다.

다섯째, 한·일 출판학술회의(2011)이다. 출판 저작권 교류를 주제로 한국과 일본의 저명한 실무자와 언론인, 출판학자와 출판인들이 발제와 토론을 전개하는 가운데 양국 간에 실질적인 출판정보와 우애를 교류하는데 목적을 두었다.

우리 학회가 주도적으로 진행하였던 위의 다섯 가지 국제 학술활동 가운데 〈국제출판학술회의〉 및 〈한·중출판학술회의〉는 정기적으로 개최되고 있는 국제 학술활동이다. 이외 〈국제인쇄출판문화학술회의〉, 〈한·중·일 출판학술 심포지엄〉, 〈한·일 출판학술회의〉는 정기성을 띠지 않는 국제회의이다. 본고는 별도 항목에서 기술되는 〈한·중출판학술회의〉를 제외한 네 가지의 국제출판회의들을 중심으로 우리 학회의 국제 출판 활동을 기록하고자 한다.

1) 국제출판학술회의(The International Forum on Publishing Studies, 1984~2018)

우리 학회는 창립 15년만인 1984년 10월 최초로 국제출판학술회의를 주최하였다. 이 국제
회의를 주최하기 위해 1983년 10월 안춘근 회장과 여승구 부회장이 일본출판학회를 방문하
여 공동으로 학술회의를 개최할 것을 제의하고, 그 첫 번째 회의를 우리 학회가 주최할 것을
동의받았다. 당시에는 양 국가의 출판학회에서 개인적인 친분관계를 유지하는 경우는 있었지
만, 두 단체 간의 공식적인 교류는 처음이었다. 이에 대해 안춘근 회장은 '다행히도, 참으로 다
행히도 아무런 사전 협의를 한 것도 아닌데, 우리와 거의 동시에 이웃나라 일본에서도 출판학
회가 창설되었기 때문에 이들과의 유대를 돈독히 함으로써 출판학의 국제화에 크게 도움을 주
었다'라고 증언한 바 있다.(안춘근, 1988, pp.3~4)

그러나 두 나라 학회 회장단의 합의가 있었음에도 성사되기까지는 쉽지는 않았던 것 같다.
일본 학회는 우리 학회의 공식 초청을 받고 참가 문제를 학회의 공식회의에 부의했었는데 동
의를 얻기가 쉽지 않았다는 당시 부회장이었던 箕輪成男 선생의 증언이 있다(箕輪成男, 1997,
p.385). 그의 의하면 일본 측의 회원 가운데 한국의 정치 상황, 특히 5공화국 정부에 의해 출
판물 판금조치 등이 자행되는 등 출판의 자유가 제한받고 있는데 대한 의구심과 저항감을 가
지는 사람들이 적지 않았기 때문이었다는 것이다. 일본학회의 집행진들은 강력한 의지를 가지
고 학문의 교류는 정부의 자세와는 별도로 성립하는 것이라 설득하여 참가를 결정했다고 한다.

일본출판학회(The Japan Society of Publishing Studies)의 창립일은 1969년 3월 14일이
다. 한국출판학회(The Korean Publishing Science Society)의 최초 창립일은 같은 해 3월
17일이다. 참으로 미묘하게도 동질의 학문 분야에서 서로 다른 두 나라가 아무런 상의도 없이
3일의 시차를 두고 세운 학회들이다. 태동 시기뿐만 아니라 창립 목적과 연구 경향이 각각 출
판현상의 객관적 분석과 출판의 과학화라는 점에서 유사한 점이 많은 학회들이다. 하지만 두
단체가 교류하기 전까지는 서로가 이러한 사실에 둔감하였던 것이다. 안춘근 당시 회장의 말처
럼 다행히도, 참으로 다행히도 아무런 상의를 한 것도 아닌데 거의 동시에 출판학회를 창립하
였던 것이다. 이러한 동질성과 더불어 이웃 나라인 두 학회가 유대를 돈독히 함으로써 출판학
의 국제교류를 지향하는데 공감하였던 것이다. 더구나 1980년대에 불어 닥친 컴퓨터를 기반
으로 하는 뉴 테크놀리지의 급격한 확산과 저작권 보호라는 세계적 조류 속에서 서로의 탐구
와 협력의 장을 열어 가게된 것이다.

우리 학회가 발의하고 제안하여 성사된 한국과 일본의 출판학회 교류는 1990년대에 와서 중
국이 참여함으로써 필리핀, 말레이시아, 싱가폴, 스리랑카 등 동남아 지역으로 넓어지고 미국과
영국, 캐나다와 브라질 등의 일부 학자들의 참가 속에서 규모가 확대되었다. 제9회 말레이시아
쿠알라룸프르 회의 이후 다른 개최국이 없으므로 제10회(2001, 서울)부터는 한국, 중국, 일본

이 격년으로 회의 개최와 장소가 순환되고 있다. 현재는 동북아 한자문화권 3국을 중심으로 개최되고 있지만 참여국은 국제적으로 개방되어 있다. 발제 내용에서는 이론출판학(학문적 접근)과 기술출판학(산업적 접근)이 양립하는 가운데 1984년에서 2019년 현재까지 35년, 18회를 거치면서 313편의 논문이 발표되어 국제출판학술회의의 권위를 더하고 있다.

제1회 주최(서울, 1984.10.13), 대한출판문화협회 강당

최초의 국제출판학술회의는 1984년 10월 13일(토) 오후 4시부터 8시 40분까지 대한출판문화회관 강당에서 개최되었다. 한국 측의 안춘근 회장과 일본 측의 시미즈 히데오 회장은 새로운 정보매체의 발달로 전통적 출판의 미래에 대한 불안이 증폭되고 있는 시기에 가장 민감한 논제를 가지고 양국 출판학회를 대표하는 두 회장이 그 대처 방향에 대한 식견을 겨루는 학술발표대회처럼 되었다.(이두영, 2000, p.512)

〈발제자〉
안춘근(한국): 뉴미디어 발달에 대처해야 할 출판산업
The Publishing Industry to cope with the development of New Media.)
清水英夫(일본): 활자문화에 미래는 있는가?
Is there the Culture of a Printing Type in the Future?

1983년 10월 한국출판학회가 제안한 국제출판학술회의 개최를 일본출판학회가 정식 동의함으로써 최초의 국제출판학술회의가 1984년 10월 서울에서 열리게 되었다. 포럼이 시작되기 전에 양국 출판학회는 국제출판학회 결성을 공동 결의하였으며, 제2회 국제출판학술회의를 이듬해 일본에서 개최하기로 합의하였다. 이 최초의 국제출판회의는 한국출판학회의 제2회 출판학술세미나 및 제7회 한국출판학회상의 시상식과 함께 열린 매우 뜻있는 자리였다. 일본출판학회의 19명의 참가자는 清水英夫(일본출판학회 회장)을 비롯하여 箕輪成男(부회장), 林伸郎(상무이사), 遠藤千舟(상무이사), 川井良介(상무이사), 清田義昭(상무이사), 宗武朝子(상무이사) 및 田中治夫 등 12명의 회원들이었다.

제2회 참가(도쿄, 1985.8.19~20), 일본출판회관

제2회 국제출판학술회의는 1985년 8월 도쿄 일본출판회관에서 개최되었다. 8월 20일 열린 포럼에서는 중국, 미국, 영국, 프랑스, 브라질, 인도, 스리랑카 등 9개국에서 100여 명이 참가한 가운데 한국어, 영어, 일본어의 동시통역으로 진행되었다.

제1부 주제 : 출판의 현상

안춘근(한국) : 한국 출판의 당면 과제와 출판학 연구

(The present Problems of Publication and Publication Studies in Korea)

송웬팡(宋原放, 중국) : 중국 출판학 연구

(Studies on Publishing Science in China)

미노와 시게오(箕輪成男, 일본) : 출판연구의 국제화를 위한 조건 탐색 : 패러다임 이론을 중심으로(In Search of Conditions for Internationalization of Publishing Studies : Focusing on Paradigm-Discipline Theory)

Fredric M. litto(브라질) : 브라질의 출판학 연구

▷ 토론자 : 林伸郎(일본), 山本武利(일본), 여승구(한국)

제2부 주제 : 출판에 있어서의 미디어 믹스

內川芳美(일본) : 출판에 있어서의 미디어 믹스

北村松一(일본) : 멀티미디어 시대의 출판

Amadio A. Arboleda(미국) : 인포메이션 테크놀로지

F. M. litto(브라질) : 제3세계의 마이크로 출판 환경

Karla Dejean Ie Feal(프랑스/발표 鈴木均) : 기계 번역과 인쇄미디어

영국출판협회(발표/西田俊子) : 해적출판-출판발전의 위협과 뉴테크놀로지 전개

▷ 토론자 : 임인규(한국), 遲淑昌(중국), 遠藤千舟(일본)

제2회 포럼을 일본출판학회가 개최하면서 발제문을 엮은 논문집 표지의 포럼 명칭을 영문으로 〈The Second International Forum on Publishing Studies〉(제2회 국제출판연구포럼)이라고 명기하였다. 한편 일본출판학회는 포럼의 성공을 위하여 각국의 출판 연구자를 초청하거나 논문 게재를 위하여 노력하였다. 한국 참가자 명단은 동경의 합류한 6명을 포함하여 아래와 같다. 안춘근, 윤형두, 여승구, 임인규, 배효선, 고덕환, 박원동, 김희락, 김양수, 나중렬, 이철지, 정봉구, 이영호, 정완기, 송관식, 박경하, 남윤수, 박정희, 문현숙, 조양희, 양경창, 김헌종, 박세록, 박성봉, 고영수, 강원규 등 26명이었다.

당시 일본출판학회 시미즈 히데오(淸水英夫) 회장은 안춘근 선생이 1985년 8월 제2회 국제출판학술회의(동경) 주제 발표에서 "(1) 국제출판학회 설립이 빨리 구체화를 볼 것 (2) 세계 각국의 연구자가 협력하여 출판학을 국제적인 학문으로 발전시킬 계기가 될 것 (3) 한일 양국의

연구 성과를 세계에 알릴 기회가 될 것 (4) 포럼 참가자들이 개인별로 구체적인 연구 테마를 설정할 수 있을 것 (5) 연구자만 아니라 출판 현장 종사자들도 출판연구를 시작하는 계기가 될 것이다. 라는 위와 같은 기대를 발표했는데 이를 일본출판학회 출판연구(제16호) 및 회보 56호 게재하였다고 이후에 술회하였다".(시미즈 히데오, 1997, pp.383~392)

제3회 주최(서울, 1987.10.24), 아카데미하우스 국제회의실

제3회 포럼부터 격년으로 변경되었고 1987년 10월 24일 서울에서 개최되었다. 설정되어 있는 주제는 '외국 저작물 이용의 실제'였다. 당시 우리나라는 1987년 8월 세계저작권협회(UCC)에 가입하여 그 해 10월 1일부터 한국에서도 외국인의 저작권이 보호되기 시작한 시기였다. 당시 출판업계에서는 매우 민감한 상황이었으며 포럼의 개최도 같은 시기였으므로 내외의 관심도가 높았다고 한다.

주제: 외국 저작물 이용의 실제(The Situation of Usage of Foreign Copyright)

제1주제: 宮田 昇(일본): 출판에 있어서 해외 저작권의 변천과 그 대응
제2주제: 이중한(한국): 저작권 중개권의 현황과 전망

제1주제는 宮田 昇(일본유니에이전시 대표의 발제를 矢野浩三郎 씨가 대신 발표) 발표하고, 회의 사회는 이경훈(전 보성사 대표), 학술발표의 사회는 한승헌 부회장이 진행을 맡았다. 제1주제의 토론은 淸水英夫 회장과 민병덕 이사가 지정 토론자로 나섰으며, 제2주제는 저작권 심의위원을 겸하고 있던 이중한 이사가 맡았고 제2주제의 토론은 허창성 이사와 일본의 구리다 아키코(栗田明子) 씨가 나섰다. 일본출판학회의 참가자는 누노카와 가쿠자에몽(布川角左衛門, 단장), 시미즈 히데오(淸水英夫), 미노와 시게오(箕輪成男), 엔도 치슈(遠藤千舟), 야노 코조랑(矢野浩三郎) 등 6명이 내한하였다.

제4회 참가(도쿄, 1989.10.23~25), 청산학원대학 국제회의실

대주제: 동아시아 문화권에 있어서의 출판개발과 교류(The Publishing Development and Interaction of Eastern Asia's Culture)

국제출판학술회의가 4회로 이어지면서 참가를 준비하는 안춘근 회장의 글에는 국제출판회

의에 대한 간절한 염원이 담겨 있다. "1989년 10월 22일부터 일본 동경에서 개최되는 제4회 국제출판학술대회 참가 준비를 서두르게 되었다. 일본에서는 이번에 제2회 때와 같이 전 세계의 출판학자들을 모두 참가시키도록 노력하는 가운데 한국에서는 다음의 영문 어젠더와 같이 안춘근, 한승헌, 민병덕 3인의 주제발표를 요청해 왔다. 한편 학회에서는 이 대회에 참가단을 구성하는데 있어 세부적인 계획을 세워 각 회원들에게 통보했다. 우리 학회 회원 17명이 참가했으며, 주최국 일본을 비롯한 한국, 중국, 미국, 영국, 캐나다, 홍콩, 싱가폴, 스리랑카, 필리핀 등 10개국 대표가 참가하면서 국제적인 포럼으로 발전하는 계기가 되었다"(안춘근, 1989, p.52) 라면서 국제회의의 주최국에 못지않게 참가국으로서의 자세와 준비를 말하고 있다. 미노와 시게노 전 일본출판학회도 "제4회 포럼은 다시 동경에서 1989년 가을에 10개국과 1개 국제기관 150명을 모아 개최되었다. 이 때 처음으로 한·중출판 연구자가 접촉 교류하고 서양이 본격적으로 참가하여 질과 양 모두 포럼이 비약적으로 발전하였다. 안 선생이 뿌린 종자는 이리하여 훌륭하게 결실하였던 것이다"라고 회고한 바 있다.(미노와 시게오, 1997, p.385)

한편, 이 포럼에서 발제를 맡은 한승헌 이사의 '동아시아에 있어서 국제저작권의 재평가 – 미국의 저작권과 개도국의 입장' 발표는 큰 반향을 일으켰다. 그는 발제에서 저간에 보여준 미국의 태도를 지적하면서 '그들은(미국은) 개도국들에 대하여 자국 저작물을 노획하는 파렴치한 해적으로 보려한다'고 서두를 뗐다. 그러면서 개도국은 그들에게 가장 광범한 시장으로 기여한다는 사실을 잊지 말아야 한다고 뼈 있는 말을 던졌다. 미국은 개도국에게 미끼를 주고 저작권 이용을 간섭한다고 지적하는 등 작금의 정황을 토로했다. 그의 강도 높은 발언이 계속되자 미국 대표 이반 캐츠(Ivan Kats)는 자리를 박차고 퇴장하는 사태가 발생되었다. 이를 일본의 시미즈 회장은 염려스러운 표정을 보였고, 중국의 송원방 회장은 빙그레 웃고 있었다. 그들의 표정은 자국의 입장을 드러내는 흥미있는 사인으로 보였다(이종국, 2010, p.503). 이처럼 4회 포럼은 10여 개국의 참가와 수준 높은 발제 내용, 주최국 일본출판학회의 노력으로 국제회의에 걸맞은 회의가 되었다.

〈한국〉
안춘근: 출판 개발과 문자의 형성—한국 출판문화와 언어, 학문, 교육
한승헌: 동아시아에 있어서 국제저작권의 재평가—미국의 저작권과 개도국의 입장
민병덕: 한국에서의 커뮤니케이션 정책과 출판개발—출판개발에 있어서의 정책관여의 유
　　　효성과 타당성
〈일본〉
일본의 도서 개발: 역사적, 문화적, 사회적 배경(시미즈 히데오 外 6인 발표)

〈중국〉

중국에서의 출판 개발(宋原放,상해편집학회 회장)

편집의 의의(戴文葆, 남개대학 교수)

중국에서의 출판연구의 발전(邵益文, 중국출판과학연구소 부소장)

소 인구 국가에 있어서의 출판경제(Chan Man Fung, 홍콩출판학회 회장)

중국에서의 출판개발과 정부(趙斌, 상해시 출판국장) 등 5인의 발표가 있었다.

〈이외〉

Amanda J.Buchan(영국), S.Gopinathan(싱카포르), Ann Cowan(캐나다), Nissanka S.Madurapperuma(스라랑카) 등의 발제와 토론이 있었다.

제4회 포럼에는 북경, 상해, 홍콩에서 중국편집학회를 대표하는 학자들이 참가함으로써 한국과 중국 간의 출판학자들이 서로 접촉하여 1990년대 한·중 출판학술회의를 개최하는 등 양국 간의 긴밀한 학술교류를 본격화시키는 계기를 맞았다. 이 회의는 '동아시아 문화권에 있어서의 출판개발과 교류'라는 대주제를 세우고, 3일간 6개 세션으로 나누어 진행되었다. 우리 학회에서는 3인의 대표가 발제를 하고 김경희, 윤석금, 조상호, 최선호, 이경훈 회원이 지정토론자로 참가하였다. 3일간의 일정과 발표 내용은 한, 영, 일 3개 국어로 동시통역되었는데, 한국 측 발표와 토론 내용은 박승훈 건국대 교수가 전담하여 통역하였다.

제5회 주최(서울, 1991.10.18~19), 크리스챤 아카데미 국제회의실

제4회 도쿄 포럼에서 각국의 출판학자들과 교류가 있었지만, 미수교국이며 '竹의 장막' 국가였던 중국 출판학자들과의 직접적인 교류는 우리 학회의 국제적인 학술교류의 폭을 넓히는 결정적 계기로 작용 되었다. 이 학술회의에 참가한 중국 대표는 宋原放(송웬팡, 상해편집학회 회장), 戴文葆(다이웬바오, 남개대학 교수, 중국출판과학연구소 학술위원), 邵益文(샤오이웬, 중국출판과학연구소 부소장), 趙斌(자오빈, 상해시 출판국장) 등 4인 이었다. 이들은 중국의 출판 개발과 출판학 연구(편집학 연구)에 관한 정보를 구체적으로 소개함으로써 각국의 학자들에게 깊은 인상을 남겼다.(이종국, 2010, pp.504~505)

제5회 포럼(1991)의 주최국이었던 우리 학회는 1991년 국제회의를 불과 몇 달 앞두고 미수교 상태였던 중국학자들을 초청하기 위하여 학술외교에 나서게 된다. 당시 이종국 교수의 기록은 다음과 같다. "1989년 동경에서 중국학자들을 만난 이후로 중국에 처음 들어간 것은 한·중 수교 이전인 1991년 여름(7.6~18)이었다. 당시에는 홍콩을 거쳐 입국해야 하는 여정이었다. 이 여정은 제5회 국제출판학술회의를 1991년 서울에서 한국출판학회가 주최하기로 결의한 바에 따라 미수교 상태인 중국의 출판학자들을 초청하기 위한 급박한 학술외교 겸 현지 출판계를 돌아볼 목적으로 이루어졌다. 당시 방문단은 안춘근 명예회장, 윤형두 회장 포함 모두 12명이었다. 북경에서 다이웬바오 선생을 비롯하여 동경에서 만났던 중국학자들과 재회하면서 그들에게 서울에서 열리는 제5회 대회(1991.10)에 참가해 줄 것을 적극 권유했다. 그 결과, 적어도 3~4명 정도의 중국 출판학자들이 서울에 올 것으로 기대했음에도, 결국 두 분(戴文葆 선생, 邵益文 선생)만 입국하게 되었다."(이종국, 2010, pp.514~515)라 회고하고 있다.

중국의 戴文葆 선생은 안춘근 명예회장의 중국 방문단에 대해 다음과 같이 말하고 있다. "내가 특히 감동받은 점은 한국과의 수교가 이루어지지 못하여 불편했지만, 안선생과 동인(同人)들은 연락 경로를 개척하기 위해 갖은 방법을 찾으며 적극적으로 활동했다. 특히 서울에서 개최되는 제5회 국제출판학술회의에 중국 출판일꾼들을 참석케 하기 위해 그는 심력을 다 쏟았다."(戴文葆, 1997, p.399)

이후 동경과 북경에서 만난 중국 저명 출판학자들과의 계속된 인간적이고 학문적인 국제 교류는 그 해 우리 학회가 주최한 제5회 포럼으로 이어졌으며, 현재의 국제출판학술회의(IFPS)의 주최국으로 계속되고, 한·중출판학술회의로 결성되어 지속되고 있으며, 청주 국제인쇄출판문화학술회의(제1회, 한국출판학회 주관, 1995)에 참가하는 직접적인 계기로 발전되었다.

대주제: 출판 발전의 방향—청소년 도서출판을 중심으로(A Course of Development in publishing: The Actual Conditions of Publishing for the Young)

〈한국〉
이정춘: 다매체경쟁시대에 있어서의 청소년 독서교육
민병덕: 한국에서의 청소년 도서출판의 현황과 발전의 방향
김병준: 청소년 도서의 현실과 과제
〈일본〉
시미즈 히데오(清水英夫): 청소년의 건전한 육성과 출판의 책임
미노와 시게오(箕輪成男): 코믹 출판붐의 신화
〈중국〉
다이웬바오(戴文葆): 미래에 대한 전망
샤 오이웬(邵益文): 청소년 도서 및 정기간행물 출판

중국 대표 중 宋原放(상해편집학회 회장)은 자국 내 출국 사무가 지연되어 부득이 참가하지 못하였고, 그 대신 논문은 김양수 교수(혜전전문대 출판과)에 의해 대독 발표되었다. 또 金得順

(연변인민출판사 사장)과 鄭萬興(동사 편집실 주임)은 연변지구 교포 출판인으로 초청되었는데, 鄭萬興 씨만 학술회의 마지막 날인 10월 19일 밤에 도착하였다. 당시 미수교국 간의 학술 교류조차 어려움을 겪던 시기에 일어난 사건들이다.

제6회 참가(베이징, 1993.8.26~28), 베이징 올림픽호텔 국제회의실

대주제 : 출판산업의 현황과 발전 전망 및 출판산업의 발전 모색과 1990년대 동향(The Present Situation of Publishing Industry and Its Prospects for Development, or Opening up a Path for the Development of the Publishing Industry and Its Trend in The 1990s.)

이 포럼에서 매우 특별한 일은 故 남애 안춘근 선생님(동년 1월 타계)에 대한 참가국의 각별한 추모였다. 중국의 다이웬바오(戴文葆, 전 북경대 교수, 특급 편집인)는 회의 첫 날 자신의 논문 발표에 앞서, 고인의 죽음을 애도하고 생전의 업적을 되새기는 추모의 말을 했다. 오늘의 국제출판학술회의로 발전시키는데 산파역을 했던 고인에 대한 추모사를 준비한 원고로 10분간에 걸쳐 읽어갔으며, 각국 대표단에게 고인에 대한 묵념을 제의하자 모두 기립하여 선각자였던 한국의 출판학자을 애도하였다. 이는 전혀 예상치 못했던 뜻밖의 일이었다. 학자로서의 남애 선생에 대한 예우는 다이웬 선생의 극진한 배려로 더욱 빛나던 순간이었다. 다이웬 교수가 착석을 권하는 순간, 윤형두 회장이 곧 바로 단상에 올라가서 한국 대표 단장으로서 안춘근 선생님에 대한 조의를 표하신 다이웬바오 선생님과 함께 애도해 주신 여러분들께 정중한 사의를 드린다는 인사말을 마친 후에야 다이웬 선생의 '교류와 전망'이라는 강연이 이어졌다.

〈한국〉
한승헌 : 한국에서의 저작권 보호와 출판
이정춘 : 매체경쟁시대에 있어서의 청소년 매체환경과 독서문화
이종국 : 한국에서의 출판 발전—과제와 전망
〈일본〉
일본 출판물 중 성묘사적 현상과 과제(清水英夫 外 4인 발표)
〈중국〉
학술저작 출판의 중요성(宋原放 外 19인 발표)
〈싱가포르〉
싱가포르 출판의 현상과 미래 발전(Mew Yew Hwa)

〈말레이지아〉

말레이시아의 출판(아브 바카르 무하마드)

〈필리핀〉

필리핀의 출판(조세 마 로랜조 탄)

〈홍콩〉

홍콩의 출판 발전(陳萬雄)

〈대만〉

何志韶(知音出版社 代表)

　이 포럼은 발표 논문들이 분야별로 혼합되어 진행되었지만 필자(당시 사무국장)가 분류한다면 (1) 출판학의 연구와 출판교육 분야 (2) 참가국들의 출판 현황과 발전 전망 분야 (3) 출판윤리, 문화교류, 저작권 분야 (4) 출판의 각 분야의 연구와 발전과제 분야로 구분할 수 있다. (1)의 분야에서 중국의 팡 지아꺼우 청화대 편집학과 교수는 최근 중국의 대학에서 편집학과의 증설 현황과 출판연구와 교육 현황을 자세히 소개하였다. 일본의 요시다 기미히코(吉田公彦)는 출판학은 모든 분야와 관련있는 多重學의 특징과 함께 철학과 역사, 과학적인 뒷받침이 필요한 학문이라고 발표하였다. (2)의 분야에서 한국의 이종국 교수는 한국 출판의 당면한 현실과 업적을 소개하고 첨단 방식과 종이책이 지닌 관계를 규명하고자 하였다. (3)의 분야에서는 일본의 미노와 시게오(箕輪成男) 교수는 일본에서 영문서적 출판의 경험을 소개하고 영문서적 출판을 통하여 다른 나라에 비해 빠른 서구화와 이에 따른 문제점을 발표하였다. (4)의 분야에서는 중국의 宋原放(상해편집학회장)은 학술출판은 국가와 사회발전에 바탕이며 뿌리로서 통계 자료에 따른 학술도서의 출판 현황과 의미를 발표하였다. 이 포럼은 참가국이 내몽골 자치구까지 포함한다면 10개국이 되며, 발제 논문이 32편이 되는 규모가 크고 다양한 업적이 발표된 국제회의였다.

　6회 포럼에는 주최국 외 참가 7개국 대표 39명, 주최국인 중국의 정식 대표단 47명과 중국편집학회 및 중국출판과학연구소 요원 50여 명 등 100명이 참가하여 모두 140여 명이 모인 국제출판학술회의였다. 중국에서 처음으로 국제출판학술회의가 개최됨으로 인하여 중국의 해당 국가기관이 직접 나섰고 세심하고 성대하게 거행되었다. 우리 학회는 윤형두 회장(단장) 포함 이사진과 회원 14명이 참가하였다.

　당시 중국을 방문했던 6회 포럼의 참가자들의 출국 허가는 문화체육부장관 추천공문(도출 86610-465)에 따라 외무부를 경유하여 확정되었는데 참가 회원은 아래와 같다. 윤형두(한국출판학회장, 단장), 한승헌, 이정춘, 이종국, 윤병태, 허희성, 박원동, 손영수, 김성현, 남석순(사무국장), 김승일, 김정숙, 강영매, 이운산 등 14명이었다. 이 포럼에서는 차기 주최국을 미리 협의하였는데 1995년 필리핀 마닐라에서 개최하기로 결의되었다.

제7회 참가(마닐라, 1995.9.7~8), 필리핀 마닐라 상그릴라호텔 국제의장

주제
(1) 자유시장경제 하에서의 도서유통
(2) 교과서: 정부의 책임인가, 민간부문의 시장인가?
(3) CD-ROM과 인터넷에 관한 도서-아시아는 준비되어 있는가?

〈한국〉
민병덕: 한국의 출판 현황과 출판유통구조
이종국: 한국의 교과서 출판과 교과서 정책에 대한 고찰
윤세민: CD-ROM과 인터넷을 기반으로 한 한국출판의 현황
〈일본〉
필리핀의 출판시장의 양적 측정과 그 조사 결과의 분석(箕輪成男 外 2인 발표)
〈중국〉
전자출판의 도전(邵益文 外 5인 발표)
〈필리핀〉
私營化, 필리핀의 추진(조세 마 로랜조 탄 外 6인 발표)

제7회 포럼에서는 위의 발표자를 포함하여 박원경, 이운산 회원 등 5명이 참가하였다. 일본 참가단은 요시다 기미히코(吉田公彦) 일본출판학회 회장 외 8명, 중국 참가단은 샤 오이웬(邵益文) 중국편집학회 상무부회장 외 7명이 참가하였다. 주최국 필리핀은 호세 마 로렌조 탄(Jose Ma·Lorenzo tan) 필리핀 서적상연합회 회장 외에 20개 단체와 출판사에서 35명이 참가하여 성황을 이루었다고 한다.

제8회 참가(도쿄, 1997.10.23~24), 국제연합대학교 대회의실

대주제: 지금 출판에 어떤 일이 일어나고 있는가—21세기를 향하여(What Is Occurring Now in Publishing: T oward 21st Century)

〈한국〉
민병덕: 한국사회발전에 있어서의 출판의 역할과 그 전망
윤형두: 한국출판유통—그 현황과 변화를 위한 시도

이종국: 정부의 정책과 출판의 관계에 관한 연구—한국 교과서 정책을 중심으로

노병성: 출판과 멀티미디어

이기성: 21세기 한국 전자출판(paper presenter)

〈일본〉

인도네시아의 출판구조에 있어서 문화와 문명(箕輪成男 外 4인 발표)

〈중국〉

중국에 있어서 출판산업과 출판과학 기술의 발전(余敏 外 3인 발표)

〈홍콩〉

중국어 출판에 있어서 홍콩의 새로운 역할(趙斌)

〈말레이지아〉

말레이지아에 있어서 학술도서의 마케팅: 과정와 전망(Hamid Hamedi Mohd Adnan)

〈필리핀〉

아시아에 있어서 학술출판과 그 도전(Esther M. Pacheco)

이 포럼에는 우리 학회에서 발제자를 포함하여 9명이 참가하였다. 일본출판학회의 노력으로 차기 제9회 국제출판학술회의를 말레이시아 쿠알라룸푸르에서 개최하기로 합의되었다.

제9회 참가(쿠알라룸푸르, 1999.9.1~2), 말레이시아 쿠알라룸푸르 말라야대학교 대회의실

대주제: 아시아 출판의 현황과 출판기술 발전에 따른 대응(The Action of Development due to Publishing Technology and The Present Situation of Asian Publishing)

〈한국〉

박원경: 고도정보사회에서의 출판산업을 위한 정보 관련법의 역할

김재윤: 한국출판산업의 정보화 현황과 과제

김기태: 한국에 있어 출판산업의 기술적 진보와 저작권

〈일본〉

미노와 시게오: 도서개발의 경제학

Takao Nakajin: 학술출판의 미래—인쇄매체에 대한 전망

〈중국〉

Hao Zhens: 중국의 출판연구

Dingyou Yan: 인터넷출판과 권리보호

〈말레이시아〉

Azizah Hamzah: 출판의 세계―말레이시아의 출판환경

Khaw Lake Tee: 뉴미디어 출판인쇄에서 디지털까지

Sumagala Pillai: 전자출판의 현황과 전망

Datong Tich Chun: 출판발전을 위한 아시아의 노력과 기회

〈필리핀〉

Esher Pachenko: 필리핀 출판현황과 환경변화

〈스코틀랜드〉

Lan Mcgowan: 아시아의 저작권-역사, 디지털 환경에서의 위기와 기회

제9회 포럼에 우리 학회에서는 윤형두 단장을 비롯하여 발표자를 포함, 8명의 회원이 참가하였다. 이 포럼에서 2001년에 개최되는 제10회 포럼을 한국의 서울에서 열기로 합의하였다.

제10회 주최(서울, 2001.10.26~27), 크리스챤 아카데미 국제회의실

대주제: 21세기 국제출판환경의 변화와 대응방안(Changes in the 21st Century International Publishing Environment and Measures to Deal with them)

〈한국〉

이종국: 출판학 연구의 지향 과제

이두영: 출판계에의 도전장-21세기 한국출판유통시스템의 나아갈 길

김경일: 전자출판교육의 인식론적 접근

김재윤: 디지털 시대 출판환경의 변화와 독서

김선남: 한국 번역출판물의 현황과 과제

김승일: 정보기술 혁명시대와 동아시아의 출판협력-그 필요성과 협력방안 모색

윤재준: 영상시각기호를 이용한 전자출판에 관한 연구

〈일본〉

植田康夫: 일본에서의 출판연구와 교육

植村八潮: e러닝과 출판 비즈니스

淸田義昭: 일본에서의 출판유통

落合博康: 프랑크푸르트 북페어와 문화홍보-1990년 일본의 테마국 운영을 중심

星野涉: 일본의 온라인 서점

道吉剛: 통계도표에서 보는 출판의 세계(3)

〈중국〉

王建輝: 중국의 근현대 출판연구

楊陵康: 중국의 출판교육

邵益文: 21세기에 있어서의 출판-출판 인재교육을 논함

孫琇: 당대 중국의 출판연구

郝捷: 인터넷출판과 전통출판의 관계

闕道隆: 21세기 출판과 문화

伍旭昇: 화문출판의 융합시대 진입

〈말레이시아〉

- Md Sidin Ahmad Ishak(Malaysia): Cultures of Publishing: Changes and Challenges
- Azizah Hamzah(Malaysia): Changes in the 21st Century International Publishing Environment and Measures to Deal with them

10회 포럼에는 22편의 발제문이 게재되었다. 포럼은 2일간 진행되었는데, 첫 날3세션, 다음날에는 1세션과 종합토론 및 폐회식이 있었다. 각 세션의 진행은 1세션은 昭益文 중국편집학회 상무부회장, 2세션은 植田康夫 일본출판학회 회장, 3세션은 이정춘 한국출판학회 회장, 4세션은 김기태 한국출판학회 사무국장이 맡아 진행하였다. 오후 1시부터는 제1회 남애안춘근 출판저술상의 시상식이 거행되었고 이어서 폐회식을 가졌다.

제11회 참가(중국 무한, 2004.10.18~21일), 무한대학교 국제문화교류센터

대주제: 국제출판의 현재와 미래(International Publication's direction of improvement, modern and the future.)

〈한국〉

이종국: 출판 전문인력 양성에 대한 이해와 전망—한국의 출판 현상을 중심으로

남석순: 출판연구의 국제 동향과 방향 분석

이기성: 전통 출판의 발전 방향에 관한 연구

김승일: 문화 구역을 이용한 한자 번역의 의미와 협력에 대한 생각

이은국: 도서 및 출판 저작권의 수출 전략 비교 연구

김정숙: 출판발전을 위한 국가의 진흥과 규제 정책문화의 비교
김기태: 저작권 보호가 국가문화에 미치는 영향
〈일본〉
책의 힘과 미래(Chishu Endo 外 4명 발표)
〈중국〉
출판의 국제화: 더 많은 독자에게 더 좋은 복무(Shao Yiwen 外 28편 발표)

대부분 한국 대학 출판학과의 현직 교수들인 한국 대표단은 국제회의를 마친 후, 무한에 소재하는 무한대학교와 화중사범대학교 두 곳의 편집학과를 방문하여 교수간담회와 더불어 학생들과 강의하는 시간을 가짐으로써 더욱 알찬 학술 교류의 시간을 가질 수 있었다. 특히, 무한대학교 교수들과의 오찬을 갖은 다음, 편집학과 석사과정 대학원생들과 강의실에서 만나 출판에 관한 지식과 정보를 문답하는 장시간의 미팅이 있었는데 질문하는 대학원생들의 영어 표현은 우수하였다. 이 일정은 강연으로 두 대학교를 방문한 적이 있는 이종국 교수의 안내로 이루어졌다.

제11회 국제출판학술회의가 열린 무한대학교는 중국 후베이성(湖北省) 우한(武漢)에 있는 국립 명문 종합대학교로서 1893년에 개교하였다. 학생 수 4만여 명, 3천여 명의 교수들이 재직하고, 3백만 권의 장서가 소장된 도서관을 갖고 있으며 광대한 캠퍼스를 갖고 있었다.

제12회 참가(도쿄, 2006.10.28~29), 동경경제대학 국제회의실

대주제: 커뮤니케이션으로서 출판: 동아시아 출판문화의 변화(Book Publishing as Communication: The Transformation of Book Publishing and Culture in East Asia)

〈한국〉
이종국: 한국의 출판문화에 대한 이해―출판의 특징적 양태를 중심으로
문현주: 21세기 동아시아 출판문화 교류의 현황과 과제
이기성: 전통출판의 기술적 변천과 OSUP
남석순: 동아시아 출판의 경제적 변천: 한국을 중심으로
김기태: 한국 출판 저작권 수출과 양태 변화의 추이
김선남: 한국 출판교육의 변모
〈일본〉
대중 오락잡지 헤이본(平凡)과 1950년대의 일본(阪本博志 外 11인 발표)

〈중국〉
당면한 중국의 편집에 관한 잡지의 특징과 문제점(馬俊華 外 4인 발표)

동경경제대학은 커뮤니케이션(언론)학부 개설 10주년 기념을 겸하여 제12회 국제출판학술회의를 개최하였으며, 포럼은 2일간 3세션으로 나누어 진행되었다. 28일에는 2세션, 29일은 1세션과 총괄 토론과 폐회식이 이어지는 프로그램이었다. 포럼 시작에 앞서 동경경제대학의 학장의 축사와 동 대학 今村仁司 교수의 '책을 읽는다는 것, 산다는 것'을 주제로 30분에 걸친 기조 연설이 있었다.

제13회 주최(서울, 2008.5.13), 강남 한국문화의 집(KOUS)

대주제: 디지털미디어 시대의 출판과 독서(Publication & Reading of Digital Media Era)

〈한국〉
남석순: 디지털미디어 시대 출판콘텐츠 스토리텔링
김선남: 한국 독서문화의 특성―연도별 계층별 분석
김진두: 미디어 환경변화에 따른 디지털출판의 변화
한주리: 디지털 시대의 출판, 어디로 어떻게 갈 것인가?
〈일본〉
일본 출판산업의 구조 변화―잡지 미디어의 저조와 디지털 기술의 영향(호시노 와타루 외 4인 발표)
〈중국〉
중국의 출판정책(류용췬 외 5인 발표)

13회 포럼에서 발표된 15편의 발제문은 분류기준(필자)에 따르면 출판수용(독서) 3편, 출판산업 3편, 출판유통 3편, 출판교육 2편, 출판환경 2편, 출판이론 1편, 출판법률 1편으로 분류되었다. 대주제가'디지털미디어 시대의 출판과 독서'로 설정되었으므로 독서와 출판환경에 해당되는 발제문들은 다음과 같다. 독서(출판수용)분야에는 〈읽기와 출판 그리고 교육〉(왕쩐둬, 중국), 〈일본 출판미디어의 디지털화 현상과 독서의 변용〉(유아사 토시히코, 일본), 〈한국 독서문화의 특성〉(김선남, 한국)있었다. 출판산업 분야에는 〈일본 출판산업의 구조 변화〉(호시노 와타루, 일본), 〈디지털시대 출판, 어떻게 갈 것인가?〉(한주리, 한국), 〈출판산업의 뉴미디어의 영향 고찰〉(리신세, 중국)이 발표되었다.

제14회 참가(중국 난징, 2010.5.8~9)

대주제 : 편집출판과 문화(Editing Publishing & Culture)

〈한국〉

이정춘 : 출판의 Peek-a-boo-World 화 현상에 대한 시론적 연구—영상시대의 사진읽기
　는 독서를 대체할 수 있는가?

이종국 : 편집, 출판을 매개로 한 문화 전파—편집, 출판의 문화매개 기능을 중심으로

부길만 : 민족문화의 고양으로서 한국 출판의 역사적 고찰

윤세민 : 한국의 출판과 문화콘텐츠 산업의 현황과 발전

김선남 : 한국의 여성 관련 도서현황과 특성

이완수 외 : 출판 커뮤니케이션에 대한 주관적 인식 연구—한국과 중국 대학생 집단을 중
　심으로

〈일본〉

일본의 베스트셀러(카와이 료스케 外 5인 발표)

〈중국〉

인류와 출판(陳海燕 外 10인 발표)

　　남경포럼은 2010년 5월에 개최되었으며 포럼 당시에는 가제책 형태의 발제문들이 포럼이 끝
난 후 동년 10월에 기념사진 등이 게재된 도서로 재발행 되었다(중국편집학회 편, 중앙편역출
판사 발행). 이 책의 뒷면에 실린 편집후기가 당시 포럼의 성과와 의미를 잘 표현하고 있으므로
그대로 옮긴다(필자註).

　　"중국편집학회가 주관하고 鳳凰출판미디어그룹이 담당한 제14회 국제출판포럼이 2010년 5월
8일에서 9일까지 중국 남경에서 열렸다. '편집출판과 문화'를 주제로 한 이번 포럼에 중국, 한국,
일본의 출판계, 교육계 120여 명의 전문가들이 참가하였다. 중국신문출판총서 柳斌傑 署長이
축하의 편지를 보내오고, 중국편집학회 桂曉風 회장이 개막사를 하였다. 포럼에서 20여 명의 각
국 전문가들이 논문을 선독(2편은 서면으로 제출)하였다. 회의 참가자들은 흉금을 털어놓고 광
범위하게 문제를 연구 토론하였다. 이들의 특색 있는 독특한 관점들은 출판업 발전에 대한 각국
출판인들의 깊은 관심을 반영하였을 뿐 아니라 편집출판인들의 성스러운 문화사명과 문화추구
도 보여주었다.

　　본 논문집은 포럼에서 교류된 전부의 논문을 수록하여 중국어, 한국어, 일본어 세 가지 언어로

번역하여 한권으로 엮었다. 특별히 설명드릴 것은, 포럼에 참가한 학자들이 여러 나라에서 왔기 때문에 문화배경이 다른 문제로 도서의 일부 관점에 논쟁이 있을 수 있다. 예를 들어 '금속활자 인쇄술' 발명의 역사에 대하여 우리는 함부로 동의할 수 없으나 학술자유를 존중하는 입장에서 논문의 원 모습을 그대로 유지하였다. 본 논문집의 편집출판에서 우리는 모든 논문에 대하여 다만 개별적인 문자와 어구를 수정, 윤색하였을 따름이며, 이를 특별히 설명 드리는 바이다. 본 논문집의 출판을 위해 중대한 기여를 한 中央編譯出版社에 깊은 감사를 드린다. 또한 본 논문집의 출판을 위해 아낌없는 노력을 기울인 번역자들과 편집인들에게 감사드린다."

2010년 10월, 편집자 이경화, 김향주, 이향옥

제15회 참가(도쿄, 2012.10.20~21), 동경경제대학 대회의실

대주제 : 전환기 미디어로서의 출판(Publication as the Turning Point Media)

〈한국〉
남석순 : 전환기 미디어로서의 출판의 공간 확장—본질적·산업적·교육적 관점에서 본 출판
윤세민 : 디지털 혁명의 시점으로 본 출판
김기태 : 지적 재산권의 관점에서 본 디지털 기술과 출판산업
한주리 : 미디어로서의 출판산업의 변화와 미래
〈일본〉
일본 전자출판의 진전과 전자납본제도의 과제(湯淺俊彦 外 5인 발표)
〈중국〉
중국의 디지털출판 교육현황 분석(李建偉 外 3인 발표)

15회 포럼은 동경경제대학과 일본출판학회가 共催하였다. 12회 포럼과 같은 장소인 동경경제대학 대회의실에서 열렸으며, 포럼 타이틀은 동경경제대학 대학원 커뮤니케이션학부 연구과 박사과정 개설 10주년기념이라 함께 표기되었다. 포럼은 2일간 연속되었는데 모두 4세션으로 구분하여 하루 2세션으로 진행되었다. 제1세션은 '산업, 유통의 시점으로 본 출판'에서 세 명의 발제자, 2세션은 '디지털 혁명의 시점으로 본 출판'에서 세 명의 발제자, 3세션은 '출판역사, 출판교육의 시점으로 본 출판'에서 네 명의 발제자, 4세션은 '지적, 법제의 시점으로 본 출판'에서 네 명의 발제자가 발표하고 종합 토론과 폐회식이 이루어졌다.

폐회식을 앞두고 각 포럼 때마다 열리는 한국, 일본, 중국의 출판학회 회장들의 간담회가 있

었다. 이 자리에서 일본출판학회는 향후 일본이 주최하는 포럼은 1일에 한할 수 있으며, 공식적인 초청 인원도 각국 4명으로 축소한다는 의견을 피력하였다. 다만, 한국과 중국 측의 주최와는 무관하며, 일본이 주최할 때에만 적용하겠다는 것이다. 필자(남석순 당시 회장)은 일본 측의 의견에는 동의하지만, 현재까지 지속되어온 학술회의에 영향을 주어서는 안 되며, 비용을 부담하는 개인 참가자들에게까지 인원을 적용해서는 안 된다는 의견을 표하였다. 당시에는 구두간담회였으나 필자는 문서로 정리하여 한국과 중국 측에 전달되기를 희망했고, 귀국한 후 얼마 지나지 않아 아래와 같은 내용의 이메일이 도착되었다.

[한·중·일 회장 회합·합의사항]

3국간의 회장 (및 대행) 은 이하 6개 항목에 합의하였다.

(1) 2년마다 각 개국이 교대로 개최를 유지한다.
(2) 다음 대회는 2014년 한국에서 개최한다.
(3) 일본은 차기 개최에서 일정을 1일간만 개최할 가능성이 있다. 또한, 경제적 상황 등으로 인하여 지금까지와 같이 2일간의 일정으로 개최할 가능성을 부정하지는 않는다. 더불어 한국과 중국의 개최일정에 대한 영향은 없는 것으로 한다.
(4) 포럼의 형식은 기존의 발표형식으로 할 것인가, 토론형식을 중심으로 도입할 것인가는 개최국의 향후 검토과제로 한다.
(5) 보고자의 초대 인원수는 최저 각국 4명(2개국 8명)임을 확인한다.
　　동 초대 인원수를 늘리는 것은 개최국의 판단의 자유에 맡긴다.
　　한편 초대 인원수 외의 개인 참가 발표자를 인정할 지의 유무에 관해서도 개최국의 재량의 범위로 한다.(개인 참가란, 참가비와 숙박비를 지불함을 의미하며, 그 외 보고서의 번역비 등을 부담할지의 유무에 관해서는 개최국의 판단으로 한다)
　　이 점에 대해서, 한국측으로부터 개인 참가라도 참가자 수를 확대해 주기를 바란다는 강한 요망이 제기되었음을 첨부한다. (이상)

일본출판학회 이사·국제교류위원회 위원장 야마다 켄타
(日本出版学会 理事·国際交流委員長 山田健太)
2012년 10월 21일(장소: 동경경제대학)

제16회 주최(서울, 2014.10.24~25), 뉴국제호텔 회의실(광화문)

대주제: 출판의 변화와 발전(Change and development of publishing)

〈한국〉
남석순: 출판학의 국제교류와 발전 방향
이종국: 책의 진화와 문화 발전
노병성 외: 도서출판 산업과 국가발전
이기성: IT와 한국 출판산업의 변화와 발전
한주리: 출판산업과 저작권 국제교류
김정숙: 한국 독서정책의 좌표
〈일본〉
출판학 연구에 있어 국제교류의 의미(시바타 마사오 外 5인 발표)
〈중국〉
중국대륙 핵심 정기간행물의 평가시스템 현황 및 문제연구(李建偉 外 4인 발표)

이번 포럼은 국제출판학술회의(IFPS)의 창립 30주년을 겸하는 행사로서 포럼의 제안국인 한국의 서울에서 개최되었음에 큰 의미를 가진다. 1984년 시작되어 2014년에 30주년을 맞는 IFPS는 세계 15개국이 참가하였고, 266편의 논문들이 발표되는 출판학 단일분야에서 세계적인 학술포럼으로 발전되었다(15회-2012년 통계). 주최국인 사단법인 한국출판학회에서는 이를 기념하기 위하여 당시 명예회장인 남석순 교수가 국제출판학술회의 30주년기념 특별주제 '출판학의 국제교류와 발전 방향'을 발표하였다. 남석순 명예회장은 2004년(제11회, 무한포럼, 1~10회- 150편 분석)에 이어 2014년(제16회, 서울포럼)에서도 IFPS에서 발표된 전체 논문(1~15회, 266편)들의 분석을 이어옴으로써 초창기부터 현재까지 국제출판학술회의의 성과를 정립하고 미래의 방향을 제시하는 데 이바지 하였다. 폐회식에 앞서 한국의 노병성 교수는 프리젠테이션을 통하여 국제출판학술회의 공동체를 위한 홈페이지 운영과 공동 협력문제를 제의하여 주목을 받았다.

제17회 참가(중국 칭따오, 2016.10)

대주제: 디지털 환경에서 인적자원 편집 역량 강화(Empowering Editing Human Resources in the Digital Environment)

〈한국〉

김기태 : 출판사 편집 출판권의 권익 보호

김선남 : 출판편집자의 직장 만족도에 관한 연구

김정숙 : 편집 인재의 자질과 평가 시스템에 대한 고찰

윤재준 : 인터넷 기술과 출판기획 : 소셜미디어와 플랫폼을 중심으로

이제영 : 권호순, 뉴미디어 환경에서의 편집 출판학 교육에 관한 연구

이완수 : 출판업 발전 추세와 편집 인재상 : 신에 대한 기록에서 인간에 대한 소통으로

〈일본〉

출판업의 발전 추세와 편집 인력 수급쌍방의 현황 및 과제(시미즈 카즈히코 外 5인 발표)

〈중국〉

디지털 출판의 이중적 효과 및 인재 양성의 두 가지 목표(하오전성 外 5인 발표)

제18회 참가(도쿄, 2018.11.10~11), 동경경제대학 대회의실

대주제 : 출판미디어·출판학의 새로운 전망(New Perspectives in Publishing Media and Publishing Science)

[제1세션] 출판역사의 시점

종이매체 출판의 변혁 추이 / 陳海燕

한국출판의 역사적 시점 / 최낙진

제2차 세계대전 전의 상하이의 일본어 학술잡지 전개와 수용 : 東亞同文書院의 『시나연구』를 중심으로 / 張賽帥

[제2세션] 출판산업의 시점

중국의 인터넷문학 / 周百義

한국출판산업의 시점 / 김선남

전후 잡지미디어의 〈타자〉표상을 둘러싼 산업론적 시점의 고찰 / 야마자키 다카히로 / 山崎隆広

[제3세션] 출판제도의 시점

신출판,신독서,신편집 / 郝振省

출판미디어·출판학의 새로운 전망 / 김정숙

출판을 둘러싼 저작권 제도의 동향과 과제 / 和泉澤衞

[제4세션] 출판기술의 시점
디지털화 시대의 교육출판의 신추세, 신특징 / 蘇雨恒
책 콘텐츠의 상호텍스트성 제고를 위한 기술전략 연구/ 공병훈(대독:김경도)
활자출판물의 바리어 프리-정보기술의 진전과 새로운 독서미디어 / 近藤友子

18회 포럼은 동경경제대학과 일본출판학회가 공동 주최(共催)하였으며 학술대회는 동경경제대학 대회의실에서 열렸다. 대주제를 출판미디어·출판학의 새로운 전망으로 설정하였으며 포럼은 4세션으로 구분하여 진행되었다.

도쿄 포럼(2018)에는 이문학 회장을 비롯하여 부길만, 윤세민, 김경도, 김정명, 김선남, 최낙진, 김성원, 김정숙, 정윤희, 이동성, 이두영, 정동명, 민경희, 조도현, 신보미, 김희주 등 발제자와 회원 등 17명이 참가하였다.

【국제출판학술회의(IFPS)가 지금까지 이룩한 성과는 선각 출판학자들이 이루어낸 결과이기도 하다. 한국출판학회 안춘근 선생을 비롯한 윤형두, 민병덕, 이종국 등 역대 회장, 일본출판학회 시미즈 히데오 선생을 비롯한 미노와 시게오, 요시다 기미히코 등 역대 회장, 중국편집학회의 류가오, 다이웬바오, 샤오이웬 선생 등과 뜻을 함께 하였던 한·중·일 3개국의 출판(편집)학회의 각 임원들과 학자들의 노력이 없었다면 IFPS와 출판학의 정기적 국제교류는 이루어지지 못했고 이어지지 않았을 것이다. 이 선각들은 20세기 후반, 세계의 문자문명과 인쇄문명의 발상지인 동북아시아에서 새롭게 출판학 국제교류의 활로를 열어간 사람들이다 -필자 주】

2) 제1회 국제인쇄출판문화학술회의(The 1stInternational Conference printing and publishing Culture, 1995)

(1) 국제인쇄출판문화 학술회의 개최 목적

• 세계 인쇄문화사에 있어서 한국의 금속활자 발명과 인쇄출판문화의 의의를 정립함으로써 금속활자의 원류를 개관하고 한국, 중국, 일본의 역할을 재조명함으로써 국제인쇄출판문화 발전에 이바지 함.
• 인류문화 사상 최초로 금속활자를 발명 주조한 우리 선조들의 슬기로운 위업을 후세에 전하고, 금속활자 직지심체의 고장인 청주의 이미지를 세계에 알리고자 함.

(2) 국제인쇄출판문화 학술회의 개최 내용

[제1회 국제인쇄출판문화학술회의]

· 주최: 청주시
· 주관: 사단법인 한국출판학회·청주고인쇄박물관
· 일시: 1995년 5월 27일 / 10:00 ~ 16:30
· 장소: 청주, 예술의 전당 대회의실
· 주제: 세계속의 한국인쇄출판문화

개회식: 사회 남석순(한국출판학회 사무국장)

· 개회사: 민병덕(한국출판학회 회장)
· 환영사: 오병하(청주시장)
· 축사: 주돈식(문화체육부 장관 / 대독)
· 축사: 허태열(충청북도 도지사)

〈제1부〉 - 사회 김희락(한국출판학회 이사)

· 손보기(단국대 대학원 교수)
 : 한국의 금속활자인쇄—인류 진화에서의 구실과 자리매김
· 箕輪成男(일본 神奈川大學 교수)
 : 문명으로서의 인쇄기술과 문화로서의 출판환경: 아시아에 있어서의 인쇄기술의 전파와 출판
· 천혜봉(성균관대 교수)
 : 흥덕사자본 직지심체의 인쇄문화적 의의

〈제2부〉 - 사회 이두영(한국출판학회 감사)

· 戴文葆(중국인민출판사 편심)
 : 한국과 중국의 활자인쇄출판문화—한국문화 사상의 찬란한 빛
· 藤本幸夫(일본 富山大 교수)
 : 한국의 인쇄출판문화와 일본: 『白氏文集』을 例로 삼아서

• 윤병태(충남대 교수)

: 조선시대 민간의 금속활자인쇄출판

• 이종국(대전전문대 교수)

: 한국 개화기의 인쇄출판문화 : 개화기의 인쇄출판 인식을 중심으로

〈종합토론〉 – 사회 정형우(연세대 교수)

• 김국현(중국 국가도서관 부연구관원)

• 김광식(청주고인쇄박물관 관장),

• 남재희(경북대 교수)

• 조형진(강남대 교수)

• 폐회식

(3) 한국출판학회의 학술회의 주관 배경과 의의

우리 학회가 제1회 국제인쇄출판문화 학술회의를 주관하게 된 과정은 아래와 같다. 1995년 1월 학회 사무국(당시 마포구 구수동 범우사 사옥)에 청주시장이 보낸 공문이 도착되었다. 충북 청주시에서 국제인쇄문화 학술대회를 처음 개최하는데 출판인쇄 관련협회 및 학회에 자문과 용역을 의뢰한다는 공문이었다(청주시장, 인박 : 86340-9). 일시는 1995년 5월 중(1일간)이며, 장소는 충북종합예술문화회관(동시통역 가능), 초청자는 한국, 중국, 일본, 독일, 프랑스(5개국), 토론자는 국내외 관련학자 적의 선정(10명 내외), 사업비 약 2억원(예정), 개최 방법은 전문연구소(협회, 학회)에 용역을 의뢰한다는 내용이었다. 이 학술대회를 주관할 수 있는 관련 협회와 학회는 개최계획서는 기일 내 제출해 달라는 자문 및 공모 공문이었다.

우리 학회는 신년 이사회에서 이를 논의하였는데 학회가 국제출판학술회의 주최(3회), 연구발표회(54회), 출판학술세미나(6회) 등 국제대회와 세미나 등에서 경험이 축적되었고 연구 역량도 강화되었으며, 세계 최초의 금속활자국으로서의 재조명과 국제적인 위상 정립에 기여할 수도 있다. 더구나 활자를 전공하신 윤병태 이사(충남대)를 실행위원장으로 모시고 개최계획서를 제출하자는 의견으로 모아졌다. 한편, 국제학술대회는 최소 일 년 이상의 기간이 필요하지만 불과 4개월이 안 되는 기간 내 성공적으로 개최할 수 있는가에 대한 반대 의견도 있었다. 결국, 개최계획서에 동년 9월로 개최를 연기해 달라는 조건 아래에서 개최계획서를 윤병태 교수와 이종국 이사, 남석순 사무국장을 중심으로 작성토록 결의하였다.

우리 학회에서는 개최계획서를 작성하여 1995년 2월 9일자(출판학 : 제 '95-1)로 청주시장

에게 발송하였다. 내용은 한국출판학회에서 국제학술대회 공동 주최(또는 주관)을 의뢰한다면 협력한다는 원칙적인 합의를 보았다. 단, 대회 개최 준비기간의 촉박으로 9월(인쇄의 달)로 연기가 필요하다는 의견을 전제로 하였다. 학술대회명은 〈제1회 국제인쇄출판문화 학술대회〉, 공동 주제는 〈세계 속의 한국인쇄출판문화〉로 하였는데 청주시에서 정한 〈국제인쇄문화 학술대회〉에서 '출판'을 추가한 것이다. 발제자와 토론자는 한국, 중국, 일본으로 국한하고 사업 내역과 세부 예산은 추후 제출로 명기하고, 우리 학회의 국제대회 및 학술행사 실적들을 첨부하였다.

1995년 2월 13일(인박 : 86340-33) 청주시장의 공문이 접수되었는데 귀 학회의 안대로 추진하고, 귀 학회가 주관이 되어 개최하고, 소요 비용은 전액 청주시가 부담하며, 전문적인 사항은 청주고인쇄박물관장과 협의하여 추진해 달라는 내용이었다. 학회는 청주시에 일정이 긴박함을 강조하고 9월에 추진하자고 하였으나, 이미 충청북도와 중앙정부에 예산이 반영되어 예정대로 집행해야 한다는 답변이었다. 이에 따라 청주시가 예정했던 5개국 초청학자는 일정과 집필기간으로 힘든 상황이므로 독일과 프랑스를 제외하고 한국, 중국, 일본으로 국한해서 시행하기로 하였다.

학회는 긴급으로 국제학술대회 전담 실행위원회를 구성하였다. 윤병태 이사(위원장), 이종국 이사(위원), 이두영 감사(위원), 김희락 이사(위원), 남석순 사무국장(위원), 부길만 범우사 기획실장(위원)으로 정하고, 청주고인쇄박물관 김광식 관장과 협의하면서 긴밀하게 준비에 들어갔다. 한편, 국내외 초청학자를 섭외하여 논문을 의뢰하고 초청을 하였다. 특히, 1992년 한중 수교가 이뤄졌지만 중국학자의 초청은 국내 출입국사무소 경유 등 여러 업무로 복잡하였다. 짧은 기간의 학술대회로 말미암아 실행위원장인 윤병태 교수님과 실행위원 이종국 교수님의 노고가 컸었다. 윤 교수님은 일본학자, 이 교수님은 중국학자로 나누어 초청업무 등 일의 단위를 나누어 분담하여 주었고, 일부 회원들의 자발적 봉사도 이어졌다. 남석순 사무국장의 근무처인 단국대학교 출판부를 실행 본부로 삼아 학술대회의 차질 없는 준비를 위한 여러 일들을 처리해 나갔다.

학술대회를 준비하는 동안, 1995년 2월 정기총회에서 학회 발전을 위해 진력하였던 윤형두 회장이 고문으로 물러서고, 민병덕 회장이 취임하였고 학술대회의 추진 총괄은 신임회장이 이어받게 되었다. 발제자들이 입국하면서 학술대회의 준비가 마무리되고 5월 27일 청주예술의전당 대강당에서 제1회 국제인쇄출판문화 학술대회는 성대하게 이루어졌다. 국가사업이기에 대회 종료 후 학회 사무국은 복잡한 사업보고와 결산서, 지출증빙서 등 제반 업무 처리에 상당한 시간이 걸리었다.

국제인쇄출판문화학술대회를 주관한 의의는 우리 학회가 창립 이후 처음으로 경험하는 대형 프로젝트였다. 세계 최초의 금속활자를 창안한 우리 민족의 우수성과 선조들이 이룩한 인쇄술을 재조명하고 세계 인쇄출판문화사의 위상 정립에서 우리 학회가 기여했다는 의미도 있다. 한편, 청주시와 수차례 교부금 내역을 조정하면서 예산은 애초보다 적은 1억 3천 4백만 원으로 집행되었고, 당시에는 교부금 내역에는 연구용역비의 항목이 없어 청주시와 협의하여 기

획개발비로 책정하여 우리 학회에 2천만 원을 납입하였다.[1]

다만, 청주시의 미리 설정된 행사 계획과 예산 집행으로 인한 짧은 추진 일정으로 인하여 4개월의 단기간에서 학술대회를 거행함으로써 세계 주요국에 관련 학자들을 더 많이 초청하지 못했다는 아쉬움도 있다.

3) 한·중·일 출판학술 심포지엄(Korean-Chinese-Japanese Publishing Symposium, 2003)

(1) 한·중·일 출판학술 심포지엄의 의미

국제출판학술회의(The International Forum on Publishing Studies : IFPS)는 정기적이고 세계적인 출판회의로서 한·중·일의 세 나라가 중심적인 역할을 수행하고 있다. IFPS는 권위 있는 국제회의로서 자국의 출판 산업과 출판학 연구를 수행하여 회의의 공론장에서 발제자를 중심으로 발표되고 토론되고 있다. 반면에 한·중·일 심포지엄(symposium)은 부정기적 국제회의의 성격을 갖고 있다. 심포지엄이란 특정한 문제에 대하여 두 사람 이상의 전문가가 서로 다른 각도에서 의견을 발표하고 참석자의 질문에 답하는 형식의 토론회이다. 즉, 심포지엄은 다양한 각도에서 문제를 이해하는 토론 방법이다.

이번 심포지엄에 걸맞게 주제를 '한국출판의 해외진출과 출판발전'으로 내걸고 한·중·일의 학자들이 다양한 관점에서 발표하였다. 당연히 이번 심포지엄의 목적은 우리 출판산업의 해외진출 확대와 관련하여 세 나라 간에 보다 발전적 협력을 모색하는 데 있다. 더불어 우리의 출판 산업이 점하고 있는 국제적 좌표와 더불어 출판학연구에 따른 학문적 지향과제가 무엇이어야 하는 가에 대하여 세 나라 출판학자들과 함께 공론의 장을 열어보자는 것이 취지인 것이다. (이종국, 2003, p.2) 이 심포지엄은 문화관광부의 지원으로 이루어지게 된 국제출판회의이다.

(2) 한·중·일 출판학술 심포지엄의 내용

[한국출판의 해외진출과 출판발전]

• 주최 : 사단법인 한국출판학회

---

[1] 학술대회가 끝나고 일정 시일이 지난 후에 청주시에서 학술대회 결과 실적을 추가 요청하여 기획개발비 (연구용역비) 중에서 『印刷出版文化의 起源과 發達에 관한 研究 論文集』을 추가 집필하고 제작하여 제출한 바 있다.

- 후원: 문화관광부, 대한출판문화협회
- 일시: 2003년 12월 5일(금), 오전 9시 30분 ~ 오후 5시 30분
- 장소: 세종문화회관 컨퍼런스홀(4층)

- 개회사: 이종국(사단법인 한국출판학회 회장)
- 축사: 윤형두 명예회장, 이정일 대한출판문화협회 회장

[제1부]: 09:30 ~ 12:00 / 사회 부길만(동원대 교수)

- 글로벌 출판 시대에 대비한 새로운 출판 방안: 중국과 일본 등 동북아권을 중심으로 /
  김동규(건국대 교수)
- 일본의 출판 현황과 해외 진출 / 植田康夫(일본출판학회 회장, 상지대 교수)
- 출판의 해외 진출에 따른 유통 및 저작권 / 김기태(세명대 교수)

[제2부]: 14:00 ~ 17:30 / 사회 김두식(혜전대 교수)

- 한국출판의 활로로서의 해외 진출: 영미권을 중심으로 /노병성(협성대 교수)
- 중국의 판권무역과 합작출판 / 肖東發(중국 북경대 교수)
- 중국출판의 국내 발전과 국제 교류 / 孫傳耀(중국 청화대 교수)
- 출판학술 교류의 발전적 지향: 한중일 3국의 출판학에 대한 이해와 출판학술 교류를
  중심으로 / 이종국(한국출판학회 회장, 혜천대 교수)

[종합토론]
권 호(대진대 교수), 김종수(한국출판협동조합 이사장), 남석순(김포대 교수)
백원근(한국출판연구소), 오양순(서울셀렉션 저작권 팀장), 이창경(신구대 교수),
조맹기(서강대 교수)

　심포지엄 발제자 중에서 특히, 중국 북경대, 청화대 편집학과의 두 명의 저명한 교수가 한국
출판학회 회의에서 발표하기는 이번이 처음이다. 샤오동파(肖東發) 북경대 교수는 중국의 한국
과 일본 양국에 대한 저작권 무역의 현황을 소개하고 중국에서는 판권무역보다는 합작무역의
형태를 주장하고 있다. 저작권 무역의 2002년 현황으로 중국의 한국과 일본 양국에 대한 저
작권 무역은 1,304종인데 수입이 1,183종으로 90.72%를 차지하고 있다. 수출은 121종으로

9.28%로서 수입과 수출은 9 : 1이다. 일본이 보다 많으며 한국은 총 378종으로 저작권 수입이 72.75%, 수출은 27.25%를 차지한다. 이제 중국도 판권 수출입 방식에서 합작출판의 단계로 발전하고 있는데 발제자는 합작출판을 주장하였다.

孫傳耀 청화대 교수는 첫째, 중국출판의 국내 발전으로 생산기술의 발전, WTO 가입, 중국 출판집단의 경쟁력 제고, 전자출판물의 확산, 홍콩, 마카오, 대만과 대륙의 공동 발전을 들고 있다. 둘째, 중국출판의 국제교류 현황을 한국, 일본, 미국, 유럽, 기타로 나누어 분석하고 있다. 특히, 손교수는 중국의 출판연구자들은 한국출판학회와 중국출판과학연구소와의 교류와 발표로 인하여 한국 출판에 대한 최근 발전 상황을 파악하고 있다고 발표하였다.

4) 한·일출판학술회의(Anthology of the Korea-Japan Publishing Seminar, 2011)

(1) 한·일 출판학술회의의 의미

우리 학회는 문화관광부의 지원을 받아 2011년 6월 15일(수) 서울국제도서전 개막일 코엑스 아셈홀에서 〈2011 한·일 출판학술회의〉를 열고, 같은 날 저녁 서교동 출판타운 인근 홍대 앞 재즈카페 문글로우에서 〈한·일 출판 펠로우십 라운드테이블〉을 개최하였다. 이 학술회의와 펠로우십은 서울국제도서전에 맞추어 기획되었기 때문에, 양국 출판의 트렌드를 파악하면서 저작권 현황과 교류의 발전 방안을 모색하는 성과를 기대하였다. 실제적인 출판 저작권 교류를 주제로 하여 한국과 일본의 저명한 실무자와 언론인, 출판학자와 출판인들이 발제와 토론을 전개하는 가운데 양국 간에 실질적인 출판정보와 우애를 교류하는 유익한 계기를 이루고자 하였다.

한편, 우리 학회의 국제 출판학 교류에서 국제출판학술회의(IFPS)와 한·중 출판학술회는 모두 정기적으로 개최되고 있다. 반면에 한국과 일본의 두 나라 출판학회 간에는 정기적인 학술 교류가 없는 상황이다. 이번에 개최한 한·일 출판학술회의는 이러한 환경도 감안된 포럼이기도 하다.

(2) 한·일 출판학술회의의 내용

[2011 한·일 출판학술회의]
한·일 출판 저작권의 현황과 발전 방안

• 일시: 2011년 6월 15일(수) 10:00 ~ 16:30
• 장소: 코엑스 아셈홀 203호

- 개회식: 사회 이문학(한국출판학회 총무이사, 인천대 교수)
- 개회사: 남석순(한국출판학회 회장, 김포대 교수)

오전 회의: 사회 윤세민(경인여대 교수)
- 일본 출판산업의 변용: 시장구조 변화와 동일본 대지진의 영향 / 호시노와타루(星野 涉, 문화통신사, 일본출판학회 이사 겸 사무국장)
- 한·일 출판 저작권 교류의 현황과 전망 / 김기태(한국출판학회 부회장, 세명대 교수)
- 출판에서 저작권을 둘러싼 문제 / 히구치 세이이치(樋口清一, 일본서적출판협회 사무국장)
- 한류의 사상은 일본 책에 열매를 맺고 있는가 / 세키 마사노리(関 正則, 일본 헤이본사 동양문고 편집장)

오후 회의: 사회 성대훈(한국출판학회 연구이사, 교보문고 디지털콘텐츠팀장)
- 한·일 양국에서 문학서의 번역 출판에 대해 / 다테노 아키라(관야 석, 일본 출판평론가, 한일저작권 교류실무 및 컨설팅)
- 일본 출판 시장에서의 한국 출판 저작물: 한국 문학을 중심으로 / 이구용(KL매니지먼트 대표, 출판칼럼리스트)
- 일본 전자출판의 현황과 전망 / 야구치 히로유키(도쿄전기대학 교수)
- 조선통신사가 한일 출판교류에 끼친 영향 고찰 / 이창경(신구대 교수)
[coffee break]
- 종합토론 / 사회 부길만(동원대 교수)
- 폐회식
- 한·일 출판 펠로우십 라운드테이블 개최(19:00 ~ 서교동 출판타운)

　　현재까지 한·일 출판교류에서 출판경영자는 경영자대로, 출판단체는 단체끼리, 출판학자는 학자들만을 대상으로 교류한 적이 많았다. 앞으로 한·일 출판교류의 영역을 넓히기 위해서는 서로 구분이나 경계 없이 상호 교차하여 교류한다면 양국의 출판시장 확대를 위하여 발전된 결과가 있으리라 판단하고 있다. 우리 학회가 일본에서 한국 출판물의 게이트키퍼 역할을 하는 저명한 출판인, 언론인, 출판학자를 초청하여 양국 간의 새로운 출판 학술정보 교류를 열어가는 이유도 여기에 있다. 우리 학회에서 일본의 출판학회와 서적출판협회를 중심으로 하는 출판학자와 출판전문가들을 단독으로 초청하여 한·일 출판학술회의를 개최하기는 이번 포럼이 처음이었다.

맺는 말—한국 출판학이 세계 출판학 연구의 축이 되다

우리 학회는 창립 15년째인 1983년부터 출판학의 국제교류에서 주도적으로 앞장서게 된다. 국제 교류의 시작은 한국의 안춘근 회장이 인접국인 일본출판학회를 방문하여 시미즈 히데오 회장과 함께 양국의 출판학 연구의 교류뿐만 아니라 국제적인 교류에 협력하기로 합의함으로써 출발되어진다.

첫째, 국제출판학술회의(The International Forum on Publishing Studies: IFPS)이다. IFPS는 1984년에 시작되어 현재는 한·중·일에서 격년제로 개최되며 2018년에 제18회 학술회의를 맞게 된다. 지금 18회까지 15개국의 참가와 303편의 논문이 발표된 세계적으로 유례가 없는 출판학 연구 중심의 국제회의이다.

둘째, 한·중출판학술회의(Sino-Korean Publishing Seminar)는 사단법인 한국출판학회와 중국출판과학연구원의 두 전문기관 사이에 지속되고 있는 학술교류이다. 1995년에 시작되어 해마다 순환 개최되는데 현재까지 19회를 진행하였다.

셋째, 국제인쇄출판문화학술회의(1995)는 금속활자 직지심체의 발상지인 청주시의 연구 용역에 따라 우리학회가 전적으로 주관한 국제회의이다.

넷째, 한·중·일 출판학술 심포지엄(2003)는 우리 출판산업의 해외진출 확대와 관련하여 세 나라 간에 보다 발전적 협력을 모색하는 데 있었다.

다섯째, 한·일 출판학술회의(2011)는 출판 저작권 교류를 주제로 한국과 일본의 저명한 실무자와 언론인, 출판학자와 출판인들이 발제와 토론을 전개하는 가운데 양국 간에 실질적인 출판정보와 우애를 교류하는 데 목적을 두었다.

우리 학회가 주도적으로 진행하였던 다섯 가지의 국제 학술활동 가운데 국제출판학술회의 및 한·중출판학술회의는 지금까지도 정기적으로 개최되고 있는 중요한 국제 학술활동이다. 그리고 국제인쇄출판문화학술회의와 한·중·일 출판학술 심포지엄 및 한·일 출판학술회의는 정기성을 띠지 않는 국제출판회의가 된다. 우리 학회가 창립 15년에서부터 시작하였던 출판과 출판학 연구의 국제 교류가 창립 50주년을 맞이하는 지금에는 국제 출판학 연구에서 선도적인 역할로 이어지고 있다. 따라서 한국 출판학 연구는 세계의 출판학 연구에서 매우 중요한 한 축의 역할을 하면서 국제적인 출판학 연구의 토양을 넓혀가고 있다.

■ 참고 문헌

『국제출판학술회의(IFPS) 논문집』. 1984(제1회) ~ 2016(제17회)-전체 발제집.

남석순(2004). 출판연구의 국제 동향과 방향 분석. 『한국출판학연구』, 통권 제47호.

남석순(2014). 출판학 연구의 국제 동향과 방향 분석(Ⅱ). 『한국출판학연구』, 통권 제68호.

남석순(1993). 제6회 북경 국제출판학술회의 참관기. 『93 한국출판학연구』.

다이웬바오(戴文葆, 1997). 안춘근 선생을 그리며. 『'97 출판학연구』.

미노와 시게오(箕輪成男, 1997). 안춘근선생 회고. 『'97 출판학연구』.

시미즈 히데오(淸水英夫, 1997). 안춘근 선생을 기리며」. 『'97 출판학연구』.

안춘근(1989). 한국출판학회 20년사. 『'89출판학연구』.

안춘근(1988). 출판학의 탑을 쌓았다. 『'88출판학연구』.

이두영(2000). 「학회 활동의 진전(1980~1989)」,한국출판학회30년사편찬위원회 편. 『한국출판학의 사적 연구—한국출판학회30년사』. 서울 : 사단법인 한국출판학회.

이종국(2010). 우양 이종국 교수 정년기념문집간행위원회 편. 『책의 길 슬거운 동행』. 서울 : 일진사.

이종국(2003). 「출판학술 교류의 발전적 지향」, 한·중·일 출판학술 심포지엄 논문집, 『한국출판의 해외진출과 출판발전』, 서울 : 사단법인 한국출판학회.

이종국(2005). 출판학술교류의 발전적 지향을 위한 연구-한·중·일 세 나라의 출판학에 대한 이해와 출판학술교류를 중심으로. 『한국출판학연구』, 통권 제47호.

제1회 국제인쇄출판문화학술회의(1995). 『세계속의 한국인쇄출판문화』 논문집, 주최 : 청주시, 주관 : 사단법인 한국출판학회·청주고인쇄박물관.

호시노 와타루(星野渉,2011). 「일본 출판산업의 변용 : 시장구조 변화와 동일본 대지진의 영향」, 한·일출판학술회의, 『한·일 출판 저작권의 현황과 발전 방안』, 서울 : 사단법인 한국출판학회.

한·중출판학술회의*

한·중 출판학술회의의
전개 과정과 미래 지향 과제

이 종 국**

■■■

1. 서언—문제의 제기

　지식과 정보를 소통하는 방법에는 여러 가지 유형이 있다. 대화(dialogue, conversation)의 경우는 원초적이며 무형적이다.

　2000여 년 전 『논어(論語)』에 담긴 공자(孔子)와 그의 제자들이 나눈 문답과 플라톤(Platon)의 '대화'는 결과적으로 발화된 말을 고정시킨 어록들의 결집체이다. 기록과 말은 상호 보완, 재현되면서 소통의 방식을 넘나드는 의존적인 수단으로 존재한다. 물론, 이들 두 가지는 개인적인 활용을 벗어나면 널리 유익을 추구하는 공포 수단(publication)으로 발전한다.

　오늘의 민주주의도 소통에 중심을 둔다. 여기에 개입하는 기본적인 요건이 대화이다. 새삼스러운 지적이지만, 복수의 사람들이 함께 모여 사상과 감정을 표현하는 집단적 활동인 심포지엄(symposium)과 세미나(seminar), 포럼(forum) 또는 토론(discussion) 등의 의견 교환 행위들도 당연히 대화를 매개로 한다(이종국, 2005, pp.113~114).

　한국출판학회와 중국신문출판연구원이 함께 협력하는 한·중 출판학술회의(The Korean-Sino Symposium on Publishing)[1]도 상호간에 대화를 통하여 공동 관심사를 교류한다. 이로써 보다 발전적인 미래 지향을 모색하는 학술 교류회로 오늘에 이르렀다.

　이 논문에서는 이상과 같은 이해에 기본을 두어 논의했다. 그럼에 있어, 다음과 같은 네 가

---

* 이 글은 제16회 한·중 출판학술회의(2015.8.10., 서울)에서 발제한 내용을 일부 수정·보완함.

** 대전과학기술대학교 명예교수

1) 이 학술회의의 명칭은 주최국의 국호 머리글자를 앞에 표기하는 것이 관례이다. 한국출판학회가 주최할 경우는 '한·중 출판학술회의'로, 중국 측에서의 주최는 '중·한 출판학술회의'로 표기한다.

지 연구 문제를 제시하고자 한다.

첫째, 한·중 출판학술회의(이하 '한·중 대회'라 한다.)의 의의는 무엇인가?

둘째, 한·중 대회의 창립 전말과 이후의 이행 과정은 어떻게 전개되었는가?

셋째, 지금까지의 한·중 대회는 어떤 성과를 남겼는가?

넷째, 한·중 대회의 향후 지향 과제란 무엇이어야 하는가?

위와 같은 네 가지 문제를 설정한 취지는 보다 발전적인 미래 지향을 추구하기 위한 데 목적이 있다. 이는 물론 양국의 당해 기관뿐만 아니라 출판과 출판학, 출판문화를 사랑하는 모든 사람들이 관심을 두어야 할 문제이기도 하다.

본 발제와 관련된 선행 연구는 한·중 양국 학자에 의해 여러 편의 논문이 발표된 바 있다. 난징대(南京大)의 장즈챵(張志强) 교수는 한·중 대회의 의의와 경과 등에 대하여 심층적으로 분석했다(張志强, 2010.1.). 또, 이종국(李鍾國) 교수의 연구는 한·중 대회의 상대적 일방인 중국 출판과학연구소에서 발표(2005.8.3.)했다는 점에서 주의를 끈다. 이 논문은 한·중 대회 창설 10년차에 즈음하여 초창기의 창설 과정과 기반 구축, 그리고 이후의 비전에 대하여 심층적으로 논의하고 있다.

본 연구는 이상과 같은 논의들[2]을 참고하고 그 연장선에서 새로운 평가를 제시했음을 밝혀 둔다.

---

2) 이종국(2005). 「출판학술 교류의 전향적 지향—한·중 출판학술회의의 진전 과정을 중심으로」. 『제7회 한·중 출판학술회의 논문집』. 서울: 사단법인 한국출판학회.

이종국(2006.11.). 「中韓出版學術硏討會的緣起及發展方向」. 《編輯之友》(총 제130기). 太原: 山西人民 出版社.

이용준(2008.10.). 「한·중 출판 교류의 현황과 발전적 제언」. 『제10회 한·중 출판학술회의 논문집』. 서울: 사단법인 한국출판학회.

김진두(2009.8.). 「한·중 출판교류의 문제점과 발전 방안」. 『제11회 한·중 출판학술회의 논문집』. 서울: 단법인 한국출판학회.

張志强(2010.1.). 「李鍾國先生與中韓出版學的交流」. 《出版科學》(2010년 제1기 제18권), 武漢: 武漢大 學校.

時亮遠(2010.10.). 「한·중 출판 교류 현황과 발전 구상」. 『제12회 한·중 출판학술회의 논문집』. 서울: 사단법인 한국출판학회.

2. 한·중 출판학술 교류의 의의와 전개 과정

1) 한·중 출판학술 교류의 의의

한·중 출판학술회의는 형식 설정을 제1회에서 제7회까지 '세미나(Seminar)'로 열었고, 제8회부터는 '심포지엄(Symposium)'이라 매기면서 오늘에 이어졌다.

세미나란, 특정한 주제를 연구 보고하고, 그에 따라 질의응답을 후속하는 방식이며, 주제 집중성이 강한 회의 형식이다. 심포지엄의 경우는 고전적인 토론회 형식으로 특정한 주제에 대하여 복수의 전문가들이 서로 다른 각도에서 의견을 발표한다는 특징이 있다. 발표자와 참석자 간에 질의응답이 뒤따르는 형식이다. 그런데 이들 두 가지(세미나, 심포지엄) 형식은 중국의 경우 '연토회(研討會)'라는 말로 표현한다.

양국의 대표적인 출판 연구 기관인 중국신문출판연구원[3]과 사단법인 한국출판학회가 교차 개최하는 한·중 대회는 1996년 1월 5일에 첫 회를 열었고, 이후 2018년 현재로 19회에 이른다.

1985년 3월 21일, 중국출판발행과학연구소(Chinese Institute of Publishing Research)로 출범한 중국신문출판연구원은 2018년 현재로 창립 33주년을 맞이했다. 이 연구원은 세계 최대의 출판 전문 연구 기관으로 성장하여 많은 업적을 쌓아가고 있다.

출판을 연구 대상으로 삼아 두 나라 이상의 전문 연구 기관 간에 정례적으로 교류한 사례는 일찍이 존재하지 않았다. 과거 한동안(1990~2004) 일본의 에디터스쿨(Editor's School)과 상해출판인쇄고등전과학교(Shanghai Publishing & Printing College) 간에 학술 교류를 이어 왔으나 정례화 되지 않았다. 그 후로 순전히 출판 연구 기관 간의 국제적 교류 사례는 보고된 바 없다. 이는 한·중 대회가 유일하다는 사실을 말해 준다.

다자국가 간 출판학술회의는 국제출판학술회의(International Forum on Publishing Studies, IFPS)를 들 수 있다. 1984년 10월 13일 서울에서 창설, 제1회 대회를 개최[4]했으며,

---

3) '중국신문출판연구원(Chinese Academy of Press and Publication)'은 1985년 3월 21일 중화인민공화국 국무원의 결정에 따라 북경에서 중국출판발행과학연구소(Chinese Institute of Publishing Research)로 출범을 보았다. 1989년 8월 1일 중국출판과학연구소(China Research Institute of Publishing Science)로 개칭되었다. 그러다가 2010년 9월 17일에 '중국신문출판연구원'으로 격상 개칭을 보았다. 이 연구원은 중국의 모든 매체 행정을 총괄 지휘하는 중앙 부처인 중국신문출판광전(廣電) 총국(The State Administration of Press, Publication, Radio, Film and Television of China)의 직속 기구 중 하나이며, 세계 최대의 출판 연구 기관으로 명망이 높다.

4) 한국출판학회 주최로 서울에서 첫 회를 열었다. 당시 한국출판학회의 안춘근(安春根) 회장과 일본출판학회의 시미즈 히데오(清水英夫) 회장이 공동 발의하여 오늘에 이어졌다. 제1회 대회는 '국제출판학술발표회'란 이름으로 열렸으며, 대주제 및 발제자를 보면 다음과 같다.

2018년으로 창립 34주년(제18회 대회)에 이른다. 그동안 한국과 일본은 이 학술회의를 각각 여섯 차례를 유치·주최했고, 중국의 경우는 네 차례, 그리고 필리핀과 말레이시아에서 각각 한 차례씩 주최한 바 있다.

한·중 대회의 목적은 "출판학술 교류를 통하여 양국 및 국제간의 출판학과 출판문화 발전에 이바지한다."는 데 있다(이종국, 2004, p.4). 격년제로 상대국간 교차 개최를 원칙으로 한다. 참가자 범위는 양국에서 매회 평균 9명이 발제자로 나섰다. 일반 참가자의 경우는 인원수를 제한하지 않으며 양국 기관이 각각 자국 내의 지원자를 받아 정한다.

발제 논문 편수는 초청 인원수(발제자 수)에 준하여 제시하되, 1건당 복수 발제자도 허용한다. 한국출판학회의 경우는 발표 주제를 《한국출판학회 회보》 또는 홈 페이지 및 전자 공문(e-mail)으로 공지하고 발제자를 공모한다.

한·중 대회는 창립 이후 오늘에 이르는 과정에서 내외 환경의 변화도 적지 않았다. 특히, 21세기로 들어서면서 전통적인 출판과 첨단 출판 방식이 대립 내지는 공존하는 문화적 경험이 함께 주어졌다. 따라서 출판 산업을 이끄는 주체도 변경을 보았다.

중국의 경우, 그동안 출판 정책을 관장해 온 중국신문출판총서(General Administration of Press and Publication of the People's Republic of China)는 2013년 3월 19일 중국신문출판광전(廣電)총국(The State Administration of Press, Publication, Radio, Film and Television of China)으로 개칭, 확대 개편을 보았다. 한국에서는 출판 행정을 관장하는 문화체육관광부 산하에 한국출판문화산업진흥원도 발족(2012.7.27.)되었다.

한·중 대회가 거듭 발전해 온 것은 출판과 출판학에 대한 경험과 인식을 공유하자는 요구에 기반한다. 이는 매우 중요한 관건이며, 마땅히 그러한 전제하에서 이 학술회의가 거듭 발전하고 있음을 본다.

2) 한·중 출판학술 교류의 전개 과정

한·중 출판학술 교류의 전개 과정에 관해서는 접근과 진전의 두 가지 관점으로 살필 필요가 있다. 접근이란, 본격적인 진전으로 향한 초기의 상황과 관련된 일련의 움직임을 말한다. 이에 뒤이은 진전이라 함은 현실화를 향한 제반 과정을 포함하는 개념이다.

대주제: 활자 문화에 미래는 있는가.
안춘근(安春根, 한국):「뉴미디어에 대처해야 할 출판 산업」
시미즈 히데오(清水英夫, 일본):「활자 문화에 미래는 있는가」

(1) 교류의 접근

한·중 양국 간에 국교(1992.8.24.)가 수립되기 전까지만 해도, 우리로서는 중국에 대하여 어떤 이렇다 할 만한 정보를 얻기 어려웠다. 그런 점에서 출판 분야로 말하면 더욱 답보상태를 벗어나지 못했다. 그 출구라면 소극적이나마 베이징국제도서전이 전부였다.

한국 출판계가 베이징국제도서전에 처음으로 진출한 것도 1980년대 후반(1988년 8월, 제2회)[5]에 이르러서였으며, 이후 제3회(1990.9.1.~7.)를 거쳤다. 국교가 성립된 후 첫 참가는 제4회(1992.9.2.~7.)부터였다. 당시 대한출판문화협회에서 28명의 대표단(단장: 김낙준 대한출판문화협회장)을 꾸려 참가했으며, 이 도서전에 475종 585책을 출품했다. 한국 참가단은 중국 출판시장의 엄청난 잠재력을 간파하고, 실질적이고도 구체적인 진출 계획을 세울 필요가 있다고 보았다(김낙준, 1992.11., p.37).

한편으로 한국의 출판학계에서 중국의 출판학 연구에 대한 관심을 가지게 된 것은 대학에서의 출판학 교육에 관한 약간의 정보를 입수하게 되면서부터 비롯되었다. 이를 알아보기 위해 먼저 중국에서의 출판학 교육 정황에 대하여 살필 필요가 있다.

1983년, 중국에서는 중앙 정부의 정치국 위원인 후챠오무(胡喬木)[6]가 대학에서 '편집학 교육'의 필요성을 주장한 바 있다(盧玉憶, 1993, pp.1~2. 陸本瑞, 1993, p.29). 이에 따라 1984년부터 베이징대(北京大), 푸단대(復旦大), 난카이대(南開大), 우한대(武漢大) 등 중앙과 지방의 여러 명문들에서 출판 관련 학과들의 설치가 다투어 후속되었다.[7]

이 같은 중국 대학들에서의 출판학 교육 정황은 일본의 미노와 시게오(箕輪成男, 1926~2013) 교수에 의해 알려졌다. 그는 1986년 9월 8일자(석간)《마이니치신문(每日新聞)》을 통하여 같은 해 8월 6일부터 16일까지 베이징에서 열린 '중·일 출판학 교류회'에 참가한 정보를 기고했다

---

5) 당시 한만년(韓萬年) 대한출판문화협회장 등 9명의 대표단이 제2회 북경국제도서전을 참관했다.

6) 후챠오무(胡喬木, 1912~1992): 중국의 언론 정책 지도자. 중국중앙정치국 위원, 젊은 시절에 마오쩌둥 비서로 일했고, 신화통신 사장, 인민일보 사장, 초대 중국신문출판총서 서장, 중국사회과학원 명예원장 등 요직을 두루 역임했다. 당대 최고의 문필가로 알려져 있다. 『모택동선집: 1~4』, 『등소평문선』 등 주요 저술·편찬 업적을 남겼다. 그는 대학에서 출판·편집학 교육의 필요성을 처음 주창한 고위 관료 지식인이기도 하다.

7) 편집학과(베이징대 등), 출판관리학과(중국과학원 등), 서적장정학과(중앙공예미술대학 등), 도서발행학과(무한대학 등) 등 20여 개 대학에서 동시다발로 출판 관련 학과들이 설치되다.
肖東發·許歡(2003). 「우리나라 편집 출판학 교육의 회고와 전망」. 《하북대학학보》(Vol.28 No.1). 石家莊: 하북대학학보사, pp.102~107.
方卿·徐麗芳·黃先蓉 주편(2013). 『30而立』(무한대학 출판 교육 30주년기념문집). 武漢: 무한대학출판사, pp.559~660 등.

(箕輪成男, 1986.9.8.). 이 소식은 1개월 뒤인 1986년 10월《출판뉴스》(10월 중순호)에도 자세히 보고한 바 있다(箕輪成男, 1986.10., pp.8~12).

미노와 교수가 기고한 '마이니치 기사'는 그의 절친한 친구인 안춘근(安春根, 1926~1993) 한국출판학회장에게 곧바로 전달되었다. 이로써 부분적이나마 우리 학계에서도 중국 대륙에서 이루어지고 있는 출판학 연구의 개황을 알 수 있었다.

뒤이어 대한출판문화협회의 기관지인《출판문화》(제272호)에서「외국 대학에서의 출판 교육」이란 주제로 관련 논문이 소개되었다(유은영, 1988.6., p.18). 상해 푸단대학에 설치된 서적편집학과 커리큘럼이 소개된 것도 이 자료를 통해서였다.

1988년 10월 29일, 한국출판학회에서는 월례학술발표회(제47차)를 열었는데, 단편적이나마 중국에서의 출판학 교육에 관하여 다룬 바 있다. 그 무렵은, 일찍이 안춘근(안춘근, 1966.12.)과 민병덕에 의해 대학에서 출판학 교육의 필요성(민병덕, 1969.6.19.)을 처음으로 제기한 이래, 여러 학자들(안춘근; 1982.12., pp.55~68, 오진환; 1983.6., pp.2~4 등)과 기관들(한국출판학회, 대한출판문화협회)에서 이 문제를 거듭 강조한 직후이기도 했다.

그 후, 중국에서의 출판학 연구와 출판 교육에 관한 보다 구체적인 정보를 접근하게 된 것은 1989년 10월 동경의 아오야마가쿠인대학(靑山學院大學)에서 일본출판학회 주최로 열린 제4회 국제출판학술회의(1989.10.23.~25.)에서였다.[8] 이 회의에는 10개국에서 110명의 출판학자들이 참가했다. 당시 한국의 경우는 17명의 대표단이 이 대회에 참가했으며, 이 중 안춘근, 한승헌, 민병덕 교수가 발제했다.

제4회 대회에 참가한 중국 대표는 송위안팡(宋原放, 상해편집학회 회장), 다이원바오(戴文葆, 난카이대 교수, 중국출판과학연구소 학술위원), 샤오이원(邵益文, 중국출판과학연구소 부소장), 자오빈(趙斌, 상해시 신문출판국장) 등 4인이었다. 이들은 중국의 출판 개발과 출판학 연구(편집학 연구)에 관하여 구체적으로 소개함으로써 여러 나라에서 온 출판학자들에게 깊은 인상을 주었다(이종국, 2005, pp.119~120).

당시 중국의 출판학 연구에 관해서는「편집의 의의(Significance of Editing)」라는 주제 논문을 발표한 다이원바오 교수, 그리고「중국에서 출판 연구의 발전(The Development of Publishing Studies in China)」을 발표한 샤오이원 부소장에 의해 알려졌다. 다이원바오 교수는 중국의 오랜 서적 문화사와 편집(編輯, 문화 전달 행위로서의 편집과 직무자로서의 편집)의 유래를 말하면서, 이것이야말로(직무자로서의 '편집'이야말로) 모든 학문을 발전시킨 근간이며 위대한 매개체라고 강조했다(Dai Wenbao, 1989, pp.1~14).

---

8) 이종국(1989.11.).「동아시아 문화권에 있어서의 출판 발전과 출판 교류」.《출판문화》(통권 제289호). 서울: 대한출판문화협회, pp.29~33.

학술회의가 이틀째로 접어든 10월 24일 우리는 대단히 중요한 정보를 입수하게 된다. 즉, 1985년 3월 북경에 중국출판과학연구소가 설립되었다는 사실과, 중앙과 지역의 여러 대학들에서 이행되고 있는 출판 교육 실태, 그리고 출판학 관련 문헌 및 전문 자료의 개발 실태 등 굵직한 정보들이 공개되었기 때문이다(Shao Yiwen, 1989, pp.1~13). 이 중, 중국출판과학연구소에서는 편집·출판학에 관한 연구·개발 활동이 적극 진행되고 있다는 사실도 밝혀졌다.

이 소식은 제5부 발제자로 나선 중국출판과학연구소의 샤오 부소장에 의해 소개되었다. 그는 이 연구소의 역할과 기능, 그리고 앞으로의 비전을 힘주어 설명했다. 그러면서 '사회주의식'으로 "우리 중화인민공화국은 출판을 매우 중시한다. 그런 우리 조국이 자랑스럽다."고 말했다. 이 같은 일련의 정보는 한국의 출판학계가 처음으로 접하게 된 '빅뉴스'였다.

중국의 출판학 연구와 관련하여 좀 더 구체적인 정보를 입수한 것은 이로부터 2년 뒤였다. 일본의 한 출판 전문 저널인《출판교육연구소회보》를 통해서였다. 이 저널에는 중국의 루번뤼(陸本瑞)[9], 공싱롱(龔應榮)[10] 교수가 기고한 자국 내 출판 관련 학과에서의 교육과정(curriculum)을 분석한 논문이 실렸다. 이로써 중국에서 이행되고 있는 출판학 연구 체계를 간취할 수 있었다. 이 논문에서 우리를 더욱 놀라게 한 것은 칭화대(淸華大) 등 8개 대학의 출판·편집학 전공(서적잡지편집전공, 출판관리전공, 과기편집전공, 편집학전공 등)에서 이른바 쌍학위(雙學位, 2개의 학사학위) 제도를 채택하고 있다는 충격적인 보고였다.

이상과 같이, 한·중 양국 간의 출판학술 교류를 앞둔 상태에서 이루어지고 있었던 일련의 환경을 알아보았다. 비록 간접적인 접근이었지만, 이와 같은 기회를 계기로 하여 중국에서의 출판학 연구 동향을 엿볼 수 있었던 것은 고무적인 일이었다.

(2) 중국출판과학연구소에 대한 인지—교류의 진전

1991년 7월, 한국출판학회는 어려운 여행을 결행하게 된다. 1989년 10월 동경에서 열린 제4회 국제출판학술회의에서 차기 대회(제5회, 1991.10.18.~19.) 주최국으로 한국이 선정되어, 미수교 상태의 중국학자들과 교류하고, 그쪽 출판계 시찰을 겸한 학술 여행을 기획했던 것이다. 이에 따라 중국 방문단을 조직하여 12박 13일(1991.7.6.~7.18.) 간의 짧지 않은 여행길에 올랐다.[11]

---

9) 陸本瑞(1991.8.).「中國出版敎育の回顧と展望—中國における出版專攻設置の學校一覽」.《出版敎育硏究所會報 ·4》. 東京: 出版學校 エディタースクール出版敎育硏究所, pp.5~12.

10) 龔応榮(1991.8.).「上海出版印刷專科學校の創立と中國出版高等敎育」. 위의 회보. 東京: 出版學校 エディタースクール出版敎育硏究所, pp.13~68.

11) 중국방문단은 안춘근(명예단장), 윤형두(단장), 이종국(사무국장) 등 12명으로 조직. 초청기관은 중국

한국출판학회 중국 방문단은 홍콩→북경→장춘→연길(→백두산)→용정→심양→상해→홍콩을 거치는 동안 탐서(探書)와 학·업계 방문을 실현하려 애썼다. 그러는 과정에서 2년 전 동경(제4회 국제출판학술회의)에서 만났던 인사들을 면담하며 서울 대회에의 초청도 빼놓지 않았다.

당시 생소하기만 한 중국의 출판계에 접근한 것은 그 하나하나가 의미 있는 경험이었다. 특히, 중국출판과학연구소에 관한 정보를 직접 입수하게 되었는데, 이는 매우 중요한 소득이었다. 이종국은 귀국 후에 이 연구소의 위상을 다음과 같이 보고했다.

(전략) 중국에 있어 출판학 연구는 주목된다. 특히, 중국의 출판학계는 '편집학' 쪽에 보다 많은 비중을 두고 있다. 도서 편집의 중요성에 대하여 '편집—대문화 체계를 조직하는 것이며 바꾸어 놓는 것'[12]이라 말한 데서도 시사받을 수 있다.

푸단대학(復旦大學)에서의 전공 과정도 서적편집학과(서적편집학전공)로 되어 있다. 물론, 출판학(publishing science)으로서의 통합 개념에는 변함이 없다. 1949년, 중국 정부 수립 이래 최초의 출판학 연구 기관으로 설립된 중국출판과학연구소(Chinese Research Institute of Publishing Science)의 명칭도 이를 상징적으로 나타내 주고 있다.

중국출판과학연구소는 1985년 3월, 북경에 국가 기관으로 설치되었고 《출판발행연구》 등 4종의 정기 간행물을 발행하고 있다. 그리고 『편집학논집(編輯學論集)』, 『편집과 편집학론(論編輯和編輯學)』 등의 비중 있는 연구서를 발행한 바 있다. 이 연구소는 1987년 가을에 우루무치(烏魯木齊)에서 '도서 편집학 연구 토론회'를 열었으며, 1988년 봄 톈진(天津)에서도 '제4차 전국 출판과학 학술토론회' 등을 열었다. (후략) (이종국, 1992.1., pp.144~145).

그 후, 1991년 10월 제5회 국제출판학술회의가 한국출판학회 주최로 서울에서 열렸을 때, 다이원바오 교수와 샤오이원 부소장 등이 참가했다.[13] 이들은 '대단히 어려운 여로'(홍콩, 대만

도서진출구총공사(China National Publications Import and Export Corporation, 총경리: 陳爲江)였다. 이 방문 프로젝트에 관한 내용은 다음 자료에 구체적으로 보고되어 있다.

이종국(1992.1.). 「중국출판계 견문기」. 사단법인 한국출판학회 편. 《한국출판학연구》. 서울: 한국출판학회, pp.123~149.

12) 何滿子(1991). 「編輯—大文化體系組織者和更新者」. 中國出版科學硏究所科硏辦公室 編. 『論編輯和編輯學』. 北京: 中國書籍出版社, p.28.

13) 한국출판학회는 1991년 10월 18~19일에 「출판 발전의 방향—청소년 도서 출판을 중심으로(A Course of Development in Publishing—The Actual Conditions of Publishing for the Young)」이라는 대주제로 제5회 국제출판학술회의를 주최했다. 당시 중국 대표단의 발제 주제는 다음과 같다.
Dai Wenbao: The Future Prospect
Shao Yiwen: The Young and the Publishing of Book and Periodicals

을 경유하여 서울에 들어옴.)였음에도 제5회 대회에 참가했던 것이다.

제5회 대회에 뒤이어 한·중 양국 간의 출판학술 교류가 한 걸음 더 진척을 보게 된 것은 제6회 국제출판학술회의에서였다. 제6회 대회는 1993년 8월 26~28일에 중국편집학회(China Redactological Society, 회장 : 劉杲) 주최로 북경에서 개최되었다.

당시 주최국인 중국을 포함하여 8개국 대표 140여 명이 참가한 이 학술회의에는, 한국에서도 14명의 대표단이 참가했으며, 이 중 한승헌(韓勝憲), 이정춘(李正春), 이종국(李鍾國) 교수가 논문을 발표했다.[14]

이 학술회의는 중국출판과학연구소의 샤오이원 부소장이 중국편집학회 상무부회장 자격으로 제6회 대회의 집행위원장을 맡아 전반적인 실무를 챙겼다. 당시 회의 기간 동안 진행 요원으로 중국출판과학연구소의 연구원들과 판공실, 국제부 직원들이 총동원되다시피 했다. 특히, 이 연구소의 판공실 소속인 센쥐팡(沈菊芳) 씨는 한국 대표단에게 최선을 다하여 협조해 주었다(이종국, 2005, pp.125~126).

회의 둘째 날인 8월 27일 오후, 필자는 당시 다이원바오 교수와 샤오이원 부소장 그리고 센쥐팡 씨와 합석한 자리에서 한국출판학회와 중국출판과학연구소 간에 본격적인 교류가 이루어지기 바란다는 희망을 피력했다. 이에 그들로부터 "흔쾌히 동참하겠다."라는 긍정적인 답변을 얻어 냈다.[15]

이로부터 1년 5개월 뒤인 1995년 2월 6일, 필자는 북경 방문을 결행한다. 순전히 자의적으로 북경 방문길에 나선 것이다. 무엇보다도 중국출판과학연구소와의 학술 교류를 타진하는 일이 중대 사안이었다. 물론, 당시까지만 해도 중국 측 인사들과는 20여 회의 서한을 교환하는 등 문서 협의 업무에 최선을 다해 왔던 터였다.

그러한 과정에서 센쥐팡 씨의 노력은 대단했다. 그녀는 관변(중국신문출판총서)과 연구소 측 인사들을 두루 만나면서 중개자 역할을 충실히 감당해 냈다.

북경에 출장하여 타진한 한·중 교류에 관해서는 긍정적인 선에서 합의가 이루어졌다. 당시 필자가 만난 다이원바오 교수는 학계에서, 샤오 부소장은 중국의 출판계에서 가장 영향력 있는 원로들이었다. 샤오 부소장의 경우는 3개월 전에 연구소를 퇴직(1994.10.)하여 중국편집학

Song Yuanfang : Publishing for the Future of China

Zheng Wanxing : On Promoting Minorities' Publication in China

14) 발제자 3인의 주제는 다음과 같다.

　　「한국에서의 저작권 보호와 출판」(한승헌)

　　「매체 경쟁 시대에 있어서의 청소년 매체 환경과 독서 문화」(이정춘)

　　「한국에서의 출판 발전—과제와 전망」(이종국)

15) 1993년 8월 27일 오후 간담회(이종국비망록, 1993.8.27.)

회 업무에만 전념하고 있노라고 했다. 그들은 필자의 의견을 성의 있게 들어주었으며, 향후 힘써 노력하자는 말을 끝으로 뜻깊은 회동을 마쳤다.

본국에 돌아온 본 필자는 정작 한국출판학회가 한·중 대회의 성립 자체에 대하여 부정적이라는 사실을 알게 되었다. 이 대회를 추진하는 데 따른 과중한 경비의 출연 등 제반 현안을 크게 우려하고 있었던 것이다. 거기에다 일부 원로 회원들마저도 한·중 교류를 찬동하지 않았다. 이해하기 어려운 일이 눈앞으로 드러난 것이다. 그렇지만 필자로서는 새로운 이웃인 중국의 출판학자들과 공동 관심사를 논의하는 일이야말로 앞으로를 위한 매우 유익한 통로로 역할하게 될 것이라고 확신했다. 이에 한·중 교류의 성사를 위해 보다 노력을 기울이지 않으면 안 된다는 결의가 더욱 배가될 따름이었다.

(3) 쌍방 간 교류의 실현[16]

여기서, '쌍방 간 교류'라 함은 한국출판학회와 중국출판과학연구소, 이렇게 두 기관 간에 정례 출판학술 회의가 실현된 것을 말한다.

1995년 5월 27일, 세계에서 가장 오래된 현존 출판물『불조직지심체요절(佛祖直指心體要節)』의 고향인 청주에서는 한국출판학회와 청주고인쇄박물관이 공동으로 주관하여 제1회 국제인쇄출판문화학술회의가 열렸다.

당시 필자는 이 학술회의의 실행위원(위원장: 尹炳泰 교수) 중 한 사람으로서 중국학자를 초청하는 임무를 맡고 있었다. 이에 따라 초청한 학자가 다이원바오 교수였으며, 통역 겸 토론을 위해 김국현(金菊賢, 중국국가도서관 부연구관원) 선생의 방한도 주선했다. 물론, 이 일은 성사되었다.

청주대회에 참가하기 위해 북경에서 날아온 다이원바오 교수 등은 희소식을 가지고 왔다. 학술회의 전야인 5월 26일, 청주시장 초청 만찬회에서 양국 간 정례 출판학술 교류와 관련하여 북경 측이 매우 긍정적으로 수용하고 있다는 소식을 전해 주었다. 셴쥐팡 씨도 "우리의 지도자들[웬량(袁亮) 소장 등]은 한국출판학회에 대하여 매우 호의적으로 생각하고 있습니다. 북경에서 만나 뵐 수 있기를 기대합니다."라는 요지의 서한을 보내 왔다. 셴쥐팡 씨는 한·중 교류를 위해 많은 노력을 기울인 중국 측 실무자로 필자에게 다각적으로 협조해 주었다.

1995년 7월 12일, 필자는 한·중 출판학술 교류의 현실화를 목적으로 중국출판과학연구소

---

16) 愚洋李鍾國敎授定年紀念文集編纂委員會(2010).『책의 길 슬거운 동행』. 서울: 일진사, pp.526~530 참조.

이종국(2013).『스침과 흔적의 언어』. 서울: 시간의물레, pp.431~436 참조.

張志强(2010.1.).「李鍾國先生與中韓出版學術的交流」.《出版科學》(2010년 제1기 제18권). 武漢: 武漢大學校, pp.101~104 참조.

의 웬량 소장에게 다음과 같은 서한을 발송했다.

(전략) 본인은 출판학을 전공하고 또 그 교수자의 한 사람으로서 소장님의 조언을 들을 수 있기를 희망합니다. 우리는 다 같이 출판 발전을 위해 노력한다는 동일한 목표를 가지고 있습니다.
귀하와 저는 국적과 풍습, 그리고 언어가 서로 다른 나라에 산다고 할지라도 결과적으로 지식 전달 매체인 출판과 책에 대한 제 문제를 연구한다는 점에서 공감대를 형성하고 있는 것입니다. 그러한 뜻에서 이후로 상호간에 좋은 교류가 이루어질 수 있기를 바랍니다. 우리 양측이 실질적인 교류를 가능케 함으로써 더욱 발전적인 우의를 다져 나갈 수 있게 되기를 적극 희망합니다. (하략)

이에 대하여, 웬 소장은 1995년 8월 9일자로 다음과 같은 답신을 보내 왔다.

(전략) 7월 12일자로 이종국 교수님께서 저에게 보내 주신 편지와 한국의 청주에서 개최된 『제1회국제인쇄출판학술회의 논문집』을 감사히 받았습니다. 정열이 넘쳐흐르는 교수님의서한은 한·중 양국 출판학자 간의 적절한 교류 심정을 충분히 표현하셨습니다. 그리고 저와 우리 연구소에 대한 교수님의 훌륭하신 축원의 말씀에 대하여 감격을 금할 수 없었습니다.
출판학이란, 매우 중요한 학문으로서 그 공부와 연구를 진지하게 추구해야 할 것임을 깊이 인식하고 있습니다. 본인은 교수님의 제의에 대하여 적극 찬동합니다. (하략)

이와 같은 서한 교환은 매우 중요한 기틀이 형성되었음을 의미한다. 이미 양측의 교류에 대하여 완벽한 합의가 이루어졌다는 사실을 말해 주고 있기 때문이다(張志强, 2010.1., 제1기 제18권, p.102).
이로부터 20일이 지난 1995년 8월 말, 북경으로부터 중요한 메시지가 답지되었다. 8월 15일자로 서명한 웬량 소장의 동의와 그에 따른 우리 측에의 초청 의견을 밝힌 공한이었다.

…前略…李鍾國教授給我所的幾封來信均已收悉。對你們表示加强兩國出版界之間交往的意願, 我們表示贊同。爲瞭增進中韓兩國人民之間的友好往來, 加强出版學術交流, 我所正式邀請貴國四位出版學者來華訪問講學。
中國出版科學研究所 所長 袁亮
1995年 8月 15日

…전략…이종국 교수님은 우리 연구소에 몇 통의 서한을 보내 주셨는데 이미 그 내용을 잘 알고 있습니다. 귀측에서 양국 출판계 간의 교류를 강화하자고 말씀하신 바에 대하여, 우리는 찬동

을 표시합니다. 이로써 중한 양국 국민 간에 우호적인 왕래와 출판학술 교류를 더욱 증진하게 될 것입니다. 우리 연구소는, 중국에 오셔서 강론하실 귀국의 출판학자 4인을 정식으로 초청합니다.

중국출판과학연구소 소장 원량

1995년 8월 15일

〈웬량 소장의 초청장, 1995.8.15.〉

그러면서, 우선 첫 교류회를 1996년 초에 북경에서 거행할 예정임을 밝히고, 4명의 출판학자가 별도의 안내 문건에 제시된 4개 주제 중에서 상호 중복되지 않는 내용으로 발제해 줄 것을 요청했다.

또한, 센쥐팡 씨(당시는 판공실 부주임으로 승진)도 같은 날짜로 발송한 서한에서 마침내한·중 대회의 한 일방인 중국출판과학연구소의 사업 계획이 자국 정부로부터 비준되었음을 밝히고, 다음과 같은 내용을 전했다.

…前略…關於邀請韓國學者來華講學的計劃在我們的共同努力下, 已經被批准. 今天我將正式邀請函寄給您。請轉交給閔丙德會長…中略…希望我們保持連繫。加強兩國出版界之間的友誼。

…전략…한국학자들이 중국을 방문하여 강론하는 계획과 관련하여, 우리의 공동 노력 하에 이미 비준을 받았습니다. 저는 오늘 선생님께 정식으로 초청장을 보내드립니다. 초청장은 민병덕 회장님께도 전해 주세요. …중략… 우리의 연계를 여전히 유지함과 양국 출판계 간에 더욱 우의가 강화되기를 희망합니다.

〈센쥐팡 부주임의 서한, 1995.8.15.〉

이와 같은 노력의 결과로 양측 간 정례적인 쌍무 교류가 성사되었다. 1996년 1월 5일, 마침내 첫 실현이 이루어졌다. 이날, 북경의 기자협회예당(Press Hall)에서 제1회 한·중 출판학술회의를 개최하고, 그 탄생을 내외에 알린 것이다.[17] 당시 이 학술 대회에는 중국 내 출판·언론 학계 인사들이 대거 참가하는 등 큰 반응을 보였다. 따라서 《광명일보(光明日報)》, 《중국신문출판보》 등 6개 신문에서도 한국 출판학자들의 발제 내용을 집중 취재 보도했다. 이로써 1993년 8월 27일 처음으로 한·중 출판학술 교류를 제의한 이래 마침내 본격적인 물꼬가 열렸다.

---

17) 당시 민병덕 회장, 윤형두 명예회장, 이종국 상임이사가 참가했으며, 발제 주제는 다음과 같다.
　　·한국 출판학 연구의 개황—세계의 출판학 연구 개황을 겸하여(민병덕)
　　·한국 출판계의 현황—출판 유통 기구의 특징과 운용(윤형두)
　　·한국의 교과서 출판 정책과 국제적 경향에 대한 고찰(이종국)

이 같은 현실화와 관련하여 필자는 1995년 11월 18일, 한국출판학회 이사회에 한·중 출판학술회의 창립 안건을 상정, 본건 일체에 대한 추인도 받았다.

한·중 대회는 창립 당초부터 '쌍방 간의 정례적인 교환 개최'를 전제하고 출범했다. 필자는 북경 측에 이 문제를 강조하여 그들의 동의를 얻어냈다. 하지만, 이 회의를 한국출판학회가 수용하는 과정에서 다른 변수들과 직면해야 했다. 그것은 한·중 대회의 성립 자체에 대한 일부의 우려였다. 요컨대, 행사에 소요되는 모든 예산을 국가에서 전폭적으로 책임지는 중국에 비하여, 순전한 민간 기관인 우리 측으로서는 그 기본이 다르지 않는가 하는 우려였던 것이다. 거기에다 중국과(여러 모로 낙후된 나라와) 교류한다고 해서 우리에게 과연 어떤 유익함이 있겠는가 하는 지적도 표면화되고 있었다(이종국, 2013, pp.436~438).

새삼스러운 되살핌이지만, 당시까지만 해도 양국 간에 이렇다 할 만한 교류 활동이 전무하던 시절에 하나의 새로운 개척을 실현한다는 것은 간단한 일이 아니었다.

제1회 대회를 북경에서 먼저 개최하게 된 것도 당시 한국출판학회 측이 직면하고 있던 두 가지 문제점 때문이었다. 앞에서 말한 바와 같이, 하나는 이 학술 대회를 현실화하는 데 따른 본학회 내에서의 공감대 형성이 제대로 되어 있지 않은 상태(일부 원로 회원들의 반대)였다는 점이다. 다른 하나는 무엇보다도 행사 추진에 따른 재원 조달 문제였다. 요컨대, 한국출판학회의 경우는 회원의 회비로 해결해야 하는 등 상대적으로 쉽지 않은 문제임을 감안하지 않으면 안 되었다. 그래서 중국출판과학연구소가 일단 북경에서 첫 회를 열도록 유도했던 것이다.

이렇게 여러 우여곡절 끝에 성립된 한·중 출판학술회의는 중국과 국교를 맺은 이래로 우리나라의 모든 학계에서 양국 간 정례 교류를 실현한 첫 사례로 기록된다.

3. 성과와 앞으로의 지향 과제

지금까지 한국출판학회와 중국신문출판연구원 간 학술 교류가 어떻게 성사되었는지를 살폈다. 여기 3장은 한·중 대회가 창설되고 나서 이들 두 기관 간의 학술 교류 과정에서 거둔 성과를 알아본 것이다. 따라서 앞으로를 위한 비전에 관해서도 다루고자 한다.

1) 한·중 출판학술회의의 성과

(1) 기본적인 이해

한·중 출판학술회의는 출판학을 연구하는 양국의 두 전문 기관 간에 쌍무 형식으로 교류하는 최초의 국제적 사례라는 기록성이 있다. 따라서 양국 간 출판학 연구 및 출판 외교로서도 매우 중요한 통로 역할을 감당해 온 것도 사실이다(이종국, 2005, p.129).

근대적인 면에서 중국은 '출판학'이란 영역의 명칭을 최초로 사용한 나라이기도 하다. 1932년 2월 남경의 문헌학자인 양쟈로어(楊家駱)가 자신이 기획 편집한 『도서연감』에 '출판학' 항목을 넣은 것이 그 첫 사례로 기록된다(張志强, 2003.3., p.160). 그러나 이 책은 중·일 전쟁(1937)이 일어나는 바람에 미완 상태로 남게 되었다.

그런데 중국에서는 '편집학(science of editorship)'을 영역의 학문 명칭으로 규정하는 사례가 우세하다. 직무자로서의 '편집(editor)'과 서적 등을 생산하는 문화적 행위로서의 '편집(edit, editorship)'을 중시한 개념이다(戴文葆, 1990, p.36). 그러한 학문적 관점을 반영한 최초의 저술이 실현되었는데, 1949년 3월 리치민(李次民)에 의한 『편집학』(광둥자유출판사)이 그것이다. 이 저술은 중국에서 근대적인 편집 연구가 시작된 출발점으로 삼는다.

중국의 출판학계에서 편집학에 관한 인식의 기반은 서적을 편집해 온(편집 활동) 역사적 전통으로부터 학문적 명분이 굳어져 왔다는 사실을 중대시한다. 그러므로 출판은 당연히 편집 행위에서 파생되었다는 주장이다. 요컨대, 출판물을 비롯한 모든 전달 매체들은 '편집공작(編輯工作, 편집 업무 또는 편집 작업을 말함. 필자 주)'에 의한 생산물이라는 주장을 말한다(闕道隆, 2001.7., pp.9~10. 吳飛, 2001, p.107 등).

상대적으로 출판을 생각하는 중심적인 관건이란 무엇인가? 출판도 편집사적(編輯史的)인 전통의 맥락에서 발전한 것이 사실이다. 그러나 사상과 감정을 대량으로 전달하는 등의 사회화 과정에 힘입어 경제적 수단으로 발전한 것이 근대적 의미에서의 출판행위이며, 그 매체 현상이라 보고 있다(羅紫初, 1999, pp.82~83).

그러한 관점에서 편집 업무의 질적 수준을 높이고 이로써 출판문화와 출판 산업의 번영을 촉진시켜야 한다는 정책적 요구들이 왕성하게 분출되어 나갔다. 이와 같은 현상은 1980년대로 진입하면서 왕즈예(王子野), 송위안팡(宋原放) 등 일군의 진보적인 관료 지식인들 사이에서 더욱 적극적으로 논의되었다.[18]

이렇듯, 중국에 있어 1980년대는 출판에 대한 관심을 현대적 방법론에 의거한 '편집학 연구', '출판학의 연구'로 끌어올리려는 노력이 왕성하게 열려 나간 시기였다. 예컨대, 출판계의 중심 기관인 중국출판공작자협회(The Publishers Association of China)에서 출판학 연구에 대한 필요성을 제기한 것도 그러한 사례였다. 이를테면, 업계 쪽에서 학계를 상대로 하여 출판학

---

18) 중국국가출판국은 1979년 2월부터 3월까지 북경에서 편집공작좌담회를 연속적으로 열었다. 이 회의는 뒷날 중국에서의 출판 교육을 현실화하게 된 중요한 계기로 작용했다.
　　袁亮(1990). 「出版探索錄」. 『出版科學與出版實踐』. 長春: 吉林人民出版社, pp.41~42.
　　錢小柏·雷群明(1983). 『韜奮與出版』. 上海: 學林出版社, 서(序).

연구를 시급히 현실화시킬 것을 요청했던 것이다. 이로써 산학 협동의 좋은 선례를 남겼다. 즉, 1983년 11월 광시(廣西)에서 위 협회의 제11차 연례 회의가 열렸을 때, 당시 상해시 신문출판 국장인 송위안팡은 「사회주의 출판학 건립은 절박한 요구」라는 주장을 폈다(張志强, 2003.3., p.162). 그는 이 논문에서 '중국 특색의 사회주의적 출판학 연구' 필요성을 강조함으로써 큰 반향을 일으켰다. 이와 같은 일련의 환경은 유수한 대학들에서 편집·출판학 관련 학과들을 창설하도록 이끌었을 뿐만 아니라, 국책 연구 기관의 발족도 가능케 했다.

1985년 3월 출판학 연구를 목적으로 발족한 전문 연구 기관이 중국신문출판연구원의 전신인 중국출판과학연구소였다는 점 또한 시사하는 바 크다.

그렇다면 출판학과 편집학의 상관성은 무엇인가? 이 문제를 요약한 것이 〈표 1〉이다.

중국에 있어 출판은 핵심적인 매체 산업으로 중시된다. 민중 계몽을 위한 주된 수단으로서 뿐만 아니라 사회주의 이데올로기를 옹호하고 배양하는 데 있어 출판이 매우 중요한 역할을 수행하는 매체라고 믿는 까닭이다. 이러한 인식은 마오쩌둥(毛澤東)이 한때 출판·편집자였고 저널리스트였다는 내력과도 무관하지 않다.

〈표 1〉 중국에서의 출판학과 편집학의 상관성*

구분 \ 영역	출판학(publishing science)	편집학(science of editorship)
대상	• 출판 행위와 출판의 제 현상 • 문화 내용 및 문화 제품(서적 등 공표 수단)의 기획, 복제, 유통, 판매(모순설)	• 편집자, 편집 행위와 편집의 제 현상 • 문화 내용 및 문화 제품(서적 등 공표 수단)의 기획, 설계, 조직, 가공(응용설)
매체	• 도서, 신문, 잡지 등의 전통 출판물과 전자 출판물 및 멀티미디어 등	• 도서, 신문, 잡지 등의 전통 출판물과 음상, 방송, 전자출판물 및 멀티미디어 등
속성 및 특성	• 인문·사회과학적 성격 • 종합성, 학제적 학문 • 편집을 포함한 공포 행위와 그 과정 및 성과물에 관련된 현상	• 인문·사회과학적 성격 • 종합성, 학제적 학문 • 편집 일꾼의 태도와 창의적인 편집 과정 * 중국 고유의 독립적인 학문설
	• 문화 확산의 중심 수단. 사회주의 이념 전달 매체 • 출판 이데올로기 및 출판 산업 연구 중시	• 매체 조성 과정에 필수적으로 개입 • 편집 이데올로기 및 편집 역사, 편집 인재 연구 중시
연구 기관	• 학회: 공인된 학회 존재하지 않음. • 연구소: 중국신문출판연구원(Chinese Academy of Press and Publication) 및 현대출판연구소(북경대 등)	• 학회: 중국편집학회(China Redactological Society) • 연구소: 편집출판학연구소(折江大 등) * 편집출판을 복합 명사로 규정

* 이종국(2004.6.). 「출판학과 편집 연구의 상관성」. 《한국출판학연구》(제46호)의 것(p.248)을 일부 수정 보완함.

〈표 2〉 키워드로 본 대표적인 출판 연구 기관에서의 출판학 연구(개요)

구분 학회/기관 명칭	창설 주체	연구 영역	대표적인 학회지/기관지	주된 연구 목적 및 임무
사단법인 한국출판학회 The Korean Publishing Science Society	민간	출판학 Publishing Science	《한국출판학연구》 *Studies of Korean* *Publishing Science*	• 출판에 관련된 여러 분야의 역사적, 현상적인 면을 조사 연구하여 학문적으로 체계화하고 과학화하는 데 기여 • 학문과 출판문화 발전에 기여
중국신문출판연구원 Chinese Academy of Press and Publication	정부	출판 현상 Press and Publication	《출판발행연구》 *Publishing Research* 《출판참고》 *Information on* *Publication* 《전매 傳媒》 *Media*	• 출판발전을 통한 중국 특색의 사회주의 건설에 기여 • 국내외 출판 산업의 역사와 이론 및 실천 연구 • 정부와 업계의 위탁 과제 연구 및 자문 • 출판학 관련 도서 편찬

국가의 이데올로기 전파와 문화 개발에 필요로 하는 지식 산업으로서 막중한 매체 기능을 담당하는 수단이 출판이다. 중국신문출판연구원은 그러한 기능을 충족시키기 위한 전문 연구 기관으로 존재한다. 그런데 한국출판학회와 중국신문출판연구원은 기본적인 연구 지향 면에서 어떤 차이점이 있는가? 또, 공통된 추구점이 있다면 그것은 과연 무엇인가?

〈표 2〉는 이들 두 기관이 지닌 몇 가지 주된 요건(key words)을 정리한 것이다. 이 표에 나타난 바와 같이, 두 연구 기관 간에는 상당한 차이가 있다. 국가 기관인 중국신문출판연구원은 중국 정부의 출판 정책 추구와 직결된 것으로 나타난다.[19] 또, 중앙 기관인 중국신문출판광전총국의 직접적인 지휘를 받는 직할 기관이 중국신문출판연구원이기도 하다.

이에 비하여 한국출판학회의 경우는 우선 설립 주체가 민간이란 점에서 기본이 다르다. 물론, 중국은 사회주의 국가이므로 그 기본이 '국유'(국가 경영 체제)를 지향하나 민간에게도 길을 열어 놓고 있긴 하다. 예컨대, 출판 영업도 2009년부터 일단 민간에게 열어 놓은 실정이다. 그러나 제도상의 변환적인 모색일 뿐, 실제 적용 면에서 그렇지 않은 점이 적지 않다.

한국출판학회에서 선정하는 연구 과제도 학회 내 조직인 연구 분과위원회의 의견을 반영하되, 이사회 및 상임이사회에서 협의 이행하는 것을 원칙으로 한다. 이는 한국의 모든 민간 학

---

19) 중국신문출판연구원의 연구 부문 편제도 정책법규연구소(이하 과거의 '室'을 연구소로 격상), 표준화연구소, 전자출판연구소, 시장(발행)연구소, 인쇄연구소, 매체연구소, 출판연구소 등 7개 연구소 및 2개 업무센터, 그리고 1개 출판사와 4개 잡지사, 1개 출판 전문 인터넷 네트워크 센터로 조직되어 있다. http://www.cips.chinapublish.com.cn/

회에서 대체로 동일한 방식이기도 하다.

〈표 2〉에 나타난 바와 같이, 두 연구 기관은 체제와 조직을 달리하고 있지만, 하나의 공통점을 추구한다는 점에서 지향하는 바가 같다. 즉, 보다 높은 수준의 출판과 출판문화 창달에 지향점을 두고 있다는 사실이다. 이러한 추구는 출판 발전을 향한 보편적인 가치로 이해되는 관점이기도 하다(이종국, 2004.12., p.213).

한·중 출판학술회의는 1996년 창립 이래 2017년 현재로 18회에 이른다. 그동안 북경과 서울을 오가며 148편의 논문이 발표되었다. 그런 가운데 영역의 분야에 대한 정보를 공유해 왔을 뿐만 아니라, 학문적·인적 교류 또한 큰 상승효과를 거두었다.

이로써 쌍방 간의 출판학 연구와 출판 산업에 관한 경향의 파악 면에서 매우 중요한 탐색 효과도 얻을 수 있었다. 나아가 두 기관 간에 좋은 교류 사례를 보임으로써 양국 간의 우정과 신뢰를 더욱 두텁게 하는 데 기여했다. 이는 한·중 대회가 독특한 문화로 발전되어 나간 것을 의미한다.

(2) 발제 성과 분석

발제 성과(1~18회)를 보면, 한국 측에서 80편, 중국 측에서 68편을 발표하여 총 148편으로 집계된다. 양국 간 1회당 평균 발제 편수는 8.2편이며 최소 3편(제1회 대회), 최대 12편(제15회 대회)으로 나타났다.

〈표 3〉은 역대 한·중 대회의 분야별 발제 실태를 집계한 내역이다. 이의 분류 기준은 출판이론에 기간(基幹)을 둔 상태에서 독서·독자론 분야인 출판수용론으로 단락되면서 다시금 원점에의 회귀 과정을 보인 통계이다.

〈표 3〉 한·중 출판학술회의 분야별 발제 실태(1~18회)

분 야	내 용	건수(편)	구성비(%)
출판이론	출판총론, 방법론, 출판문화, 서지·문헌학	9	6.08
출판교육론	출판 교육과정, 출판교육 방법론, 국내외 출판교육	11	7.43
출판매체론	교과서, 도서(단행본), 잡지론(매체별 기획, 편집, 교정, 디자인, 제작론)	6	4.05
출판역사론	출판변천, 비교출판사, 출판의 미래	3	2.03
저작권론	저작권, 저작권법, 출판법제·법규론, 출판윤리, 출판의 자유	8	5.41
출판산업론	출판산업, 출판기업, 출판유통, 출판회계, 출판통계, 출판광고, 지역출판, 서점론	46	31.08
전자출판론	전자출판, 멀티미디어 출판, 인터넷 출판, 전자도서론	11	7.43

출판상황론	출판경향, 출판과 사회, 출판정책	15	10.14
국제출판론	국제출판, 국제간의 출판, 출판의 국제적 비교, 출판의 국제적 협력	22	14.86
출판수용론	독서이론, 독서·독자론, 독서환경, 독서실태, 출판비평, 도서관론	17	11.49
합 계	148	100(%)	

그 결과, 분야별 다종 순으로 보면 출판산업론 46편(이하 편), 국제출판론 22, 출판수용론 17, 출판상황론 15, 출판교육론 11, 전자출판론 11, 출판이론 9, 저작권론 8, 출판매체론 6, 출판역사론 3편의 순으로 나타났다.

특히, 10개 분야 중에서 최대 점유율을 보인 출판산업론(총량 중 31.08%)의 경우는 양국 간 출판 현상에 대한 높은 관심이 반영된 결과라고 본다. 그러나 출판매체론, 출판역사론 등처럼 이론적인 연구를 필요로 하는 분야의 접근이 상대적으로 적다. 이에 대한 상호 균형 있는 연구가 요청된다.

〈표 4〉는 한·중 출판학술회의 회차별 발제 내역(1~18회)을 정리한 내역이다.

〈표 4〉 한·중 출판학술회의 회차별 발제 내역(1~18회)*

회	개최일	장소	국가	발제자	주 제	분 야
제1회	1996. 1.5.	북경, 기자협회 예당	한국	민병덕	한국 출판학 연구의 개황—세계 출판학 연구 개황을 겸하여	출판이론
			한국	윤형두	한국 출판계의 개황—출판 유통 기구의 특징과 운용	출판산업론
			한국	이종국	한국의 교과서 출판 정책과 국제적 경향에 관한 고찰	출판매체론
제2회	1997. 1.21.	서울, 출판문화 회관 강당	中國	洪忠爐	중국 출판 교육의 길	출판교육론
			中國	吳克明 張淸雅	중화인민공화국의 출판 사업 개황	출판산업론
			中國	魏玉山	중국의 출판 연구 현황	출판이론
			中國	沈菊芳	시장 경제 과정 중 중국의 출판업이 당면한 과업은 새로운 체제 건립	출판산업론
제3회	1999. 1.14.	북경, 북경도서 빌딩 세미나실	한국	이종국	한국의 출판 현상에 대한 일고찰	출판상황론
			한국	김기태	한국에 있어 WTO 가입 전후의 출판 현황에 대한 연구	출판상황론
			한국	김병준	한국에서의 청소년 도서 개발과 출판윤리	출판상황론
			한국	김재윤	한국 출판 연구 단체의 현황과 과제	출판상황론

제4회	2000.7.3.	서울, 세종문화회관 컨퍼런스홀	中國	余 敏	중국의 출판 산업 발전 현황과 전망	출판산업론
			中國	沈菊芳	중국에서의 편집 연구 현황	출판이론
			中國	徐升國	중국의 잡지 현황과 전망	출판매체론
			中國	朱 詮	중국의 출판물 경영과 판매학 연구 개황	출판산업론
			한국	김선남	한국 잡지의 이해와 전망	출판매체론
			한국	김정숙	출판학의 전망과 출판 교육의 방향	출판교육론
			한국	김재윤	한국 출판 산업의 현황과 정책 과제	출판산업론
제5회	2002.10.25.	북경, 북경도서 빌딩 세미나실	中國	余 敏	중국 출판 집단의 건설과 발전	출판산업론
			한국	이종국	21세기 출판의 진로	출판역사론
			한국	박몽구	2000년대 한국 사회 변동과 잡지 변화 연구	출판역사론
			한국	이두영	한국 출판 단체의 생성 과정과 발전 과제	출판상황론
			한국	김기태	WTO 가입에 따른 한국 출판 산업의 영향	출판상황론
			한국	김선남	한국의 인터넷 출판 현상과 특징	전자출판론
			한국	부길만	한국의 경제·경영서 출판의 현상과 전망	출판상황론
제6회	2004.7.16.	서울, 세종문화회관 컨퍼런스홀	한국	이기성	최고급 출판물 제작을 위한 국제 협력에 관한 연구	국제출판론
			한국	남석순	디지털 시대의 문학 출판	출판상황론
			한국	이두영	성장 전략의 전환 필요성과 정책 과제—다매체 시대의 출판 산업 발전 전략 방향	출판상황론
			한국	김정숙	디지털 시대 한국 출판 발전을 위한 문화적 전략—독서 진흥을 위한 인터넷 미디어의 활방안을 중심으로	출판수용론
제7회	2005.8.3.	북경, 중국 출판과학연구 소대강당	中國	余 敏	중국 출판 산업의 개혁과 발전	출판산업론
			中國	李曉曄	중국의 잡지 출판 현황과 발전 방향	출판매체론
			中國	朱學東	중국의 저작권 산업 발전 개황	저작권론
			中國	王 颷	중국의 네트워크 게임 발전 상황과 추세	출판산업론
			中國	李 桁	멀티미디어 시대의 번영과 출판의 위상—중국의 멀티미디어 출판 발전 상황과전망	출판산업론
			한국	김기태	한국 국민 독서의 새로운 변화와 추세	출판수용론
			中國	余 敏	우리나라 국민 독서의 현황과 추세	출판수용론

			한국	성동규	유비쿼터스 시대의 전자 출판 콘텐츠 활성화에 관한 연구—전자책 수용자 의견 조사를 중심으로	전자출판론
			中國	王利明	중국 도서 시장의 현황과 특징	출판산업론
			한국	김정숙	한국 인터넷 출판 현상과 추세	전자출판론
			中國	陣磊	한·일 애니메이션 산업 발전이 중국에 대한 계시	출판산업론
			한국	이종국	출판학술 교류의 전향적 지향—한·중 출판학술회의의 진전 과정을 중심으로	출판이론
제 8 회	2006. 7.7.	서울, 세종문화회관 컨퍼런스홀	한국	부길만	한국 출판학 연구의 흐름과 지향 과제	출판이론
			中國	王利明	체제 개혁과 부단한 창조로 새 국면 열다—신 중국 출판 산업이 사업 체제로부터 산업 체제에로의 발전 과정	출판산업론
			中國	劉蘭肖	중국 출판학 연구의 회고와 전망	출판이론
			한국	이용준	한국 잡지 출판의 현상과 발전적 대안	출판산업론
			中國	張立	2005년, 중국에서의 디지털 출판 산업 현황	출판산업론
			中國	劉穎麗	중국에서의 출판 영역에 관한 도서 출판의 역사와 현황	출판역사론
			한국	김경일	첨단 미디어와 출판 매체의 위상	출판이론
			中國	辛廣偉	중국 출판업의 새로운 특징	출판산업론
			한국	김정숙	한국 U-북 콘텐츠 개발 동향 및 활성화 전략	전자출판론
			한국	황민선	한국 출판물의 해외 소개 현황 및 활성화 방안에 대한 연구	국제출판론
제 9 회	2007. 8.3.	북경, 중국출판과학 연구소 대강당	한국	이정춘	'유비쿼터스' 시대의 독서 능력과 국가 경쟁력	출판상황론
			中國	郝振省	국민 독서 조사로 본 독서의 새로운 추세	출판수용론
			한국	윤세민	한국의 단행본(일반 출판) 출판 현황과 동향	출판매체론
			한국	강맑실	최근 5년 한국 출판의 베스트셀러 분석	출판산업론
			中國	孫慶國	시장을 인솔하는 베스트셀러 분석	출판산업론
			한국	이종국	한국에서의 교과서 출판—교과서관과 교과서 출판의 현상적 양태를 중심으로	출판매체론
			한국	김기태	저작권법 전부 개정과 한미 FTA가 한국 저작 권 환경에 미친 영향	저작권론

			中國	段玉萍	중국 판권 보호의 기본 상황	저작권론
			한국	김경일	한국의 전자 출판 현황—전자책의 기술적 배경을 중심으로	전자출판론
			中國	張 立	중국 대륙 지역 전자 도서 출판의 현재적 상황과 추세	출판산업론
			한국	노병성	한국 도서 출판 산업의 유통 현황에 대한 고찰	출판산업론
제10회	2008.10.15.	서울, 엘루이호텔 다이아몬드홀	中國	魏玉山	중국의 출판 정책	출판상황론
			한국	김경일	한국의 전자 출판 정책	출판상황론
			中國	徐升國	중국 출판업에 대한 외자 유입 현황과 추세	출판산업론
			中國	張風杰	온라인에서의 중국 출판 관리 정책 변혁과 완벽화	출판상황론
			한국	김진두	한·중 출판 저작권 교류 현황과 활성화 방안 연구	국제출판론
			中國	劉偉見	중·한저작권 무역 범위에서 진행하는 문화 분석	국제출판론
			中國	楊馳原	중·한 저작권 무역의 현황, 문제 및 발전 방향	국제출판론
			한국	이용준	한·중 출판 교류의 현황과 발전적 제언	국제출판론
			한국	한주리	한·중 출판 교류 활성화를 위한 제언— 문화 산업 분야의 핵심 산업으로서의 인식 변화 및 문화 교류를 중심으로	국제출판론
제11회	2009.7.30.	북경, 중국출판과학 연구소 대강당	한국	신종락	금융 위기가 세계 출판업에 미친 영향— 독일을 중심으로	국제출판론
			한국	한주리	금융 위기, 한국 출판업에 끼치는 영향	출판산업론
			한국	김진두	한·중 출판 교류의 문제점과 발전 방안	국제출판론
			한국	이건웅	중국에서 한국 도서 출판 현황과 특징, 전망	국제출판론
			中國	劉擁軍	금융 위기에 대처하고 출판업의 발전을 촉진하기 위한 대책 제안	출판산업론
			한국	이완수	출판 텍스트 속에 숨겨진 금융 위기 프레임 읽기	출판산업론
			中國	王 立 黃 贇	한·중 도서판권 무역 근황 및 시장 표현	국제출판론
			한국	최낙진	한국에서 중국 도서 출판 현황과 그 특징	국제출판론

			中國	課題組	도서 발행 영역의 출판사와 서점 간 결제 신용 상황	출판산업론
제12회	2010.10.13.	서울,중앙대대학원국제회의실	中國	時亮遠	한·중 출판 교류 현황과 발전 구상	국제출판론
			한국	박몽구	한·중 출판 저작권 교류의 현황과 전망	저작권론
			中國	蘇振才	중국 출판업계 수출입 상황 및 전망	국제출판론
			한국	김진두	한·중 출판 저작권 대리점 현황과 그 특징	국제출판론
			中國	範 軍	세계 금융 위기 대응에서 보여준 중국 신문출판업의 성과	출판산업론
			한국	이용준	한·중 전자 출판의 현황과 저작권 교류 전망	국제출판론
			中國	徐昇國	디지털 시대의 열독과 출판—제7차 국민 열독 현황 조사에 대한 생각	출판수용론
			中國	周崇尙	중국 판권 교역 발전 루트에 대한 탐구	국제출판론
제13회	2011.8.10.	북경,중국출판과학연구소대강당	中國	龐沁文	디지털 출판의 비즈니스 모델과 미래	출판산업론
			한국	이종국	디지털 시대의 독서—독서 수단의 공생과 다독 사회를 지향한 대응책	출판수용론
			中國	徐昇國	모바일 출판의 특징과 중국에서의 발전	전자출판론
			한국	남석순	출판 Contents Storytelling의 적용과 확산	출판이론
			한국	김기태	디지털 시대, 저작권 보호의 문제점과 대응 방안	저작권론
			中國	王 飈	중국 뉴미디어 애니메이션 발전 현황 및 추세	출판산업론
			한국	김경일이문학	디지털 출판의 진전과 그 대응—도서 출판을 중심으로	전자출판론
			한국	김정숙성대훈	한국 디지털 출판의 발전 현황	전자출판론
			中國	劉穎麗	디지털 출판 표준 현황 및 고찰	전자출판론
			한국	조도현	디지털화가 전통 출판업에 대한 영향 및 대응 방안	출판산업론
			한국	윤세민	디지털 환경에서 출판업 발전의 추세와 대안	출판산업론
제14회	2012.7.30.	서울,한국프레스센터 19층기자회견장	中國	郝振省	중국 출판업의 개혁과 발전	출판산업론

			한국	공병훈	디지털 출판 생태계와 출판사의 적응 전략 연구	출판산업론
			中國	劉擁軍	중국 출판업의 새로운 성장 포인트	출판산업론
			한국	이완수 이제영	검색에서 사색으로—스마트 미디어 시대 대학 생들의 독서 패턴 연구	출판수용론
			中國	王颿	중국 애니메이션·만화 출판 산업 정책 연구	출판산업론
			한국	이용준 이진식	한국 잡지 산업 정책의 현황과 방향	출판상황론
			中國	王平	디지털 출판 시대의 중소형 전문 출판사	출판산업론
			中國	龐沁文	클라우드 출판은 디지털 출판의 최종 발전 목표	전자출판론
제15회	2013. 8.7.	북경, 중국신문 출판연구원 대강당	한국	이정춘 윤세민	'휴마트 사회'의 새로운 독서 환경— 스마트 시대의 브레인 운동으로서의 독서	출판수용론
			中國	李學謙	'시공간 압축 배경' 하의 중국 아동 출판물 출판의 돌파와 발전	출판산업론
			한국	이건웅	한국의 대형 출판 기업 그룹화 발전 현황과 전망	출판산업론
			中國	賀耀敏	새로운 기술 융합이 이끄는 중국 출판 산업	출판산업론
			한국	한명환	독서법 및 현대 독서 이론의 현황	출판수용론
			中國	徐升國	열독의 미래—디지털 시대의 열독 트렌드	출판수용론
			한국	김기태	디지털 출판 시대의 저작권 보호 관련 새로운 도전	저작권론
			中國	趙冰	디지털 시대 중국 저작권 산업이 국민 경제에 주는 기여	저작권론
			한국	박몽구 이문학	한국 국민 독서 운동의 성과와 반성	출판수용론
			中國	李建紅	디지털 환경 속의 '피상적 읽기 (Shallow Reading)'를 논함	출판수용론
			한국	김정숙	한국인의 독서 현황과 전망	출판수용론
			한국	한주리	디지털 독서의 새로운 추세에 대응하는 출판기업의 전략	출판산업론
제16회	2015. 8.10.	서울, 뉴 국제호텔 국제회의장	한국	김선남	한국 출판물의 해외 진출 현황과 발전 방안	국제출판론

			中國	趙 冰	중국 번역 출판의 현황과 발전 추제	국제출판론
			한국	권호순	한·중 저작권법 비교 개관(1)	저작권론
			中國	張曉斌	2010~2011년 중국 출판 도서의 상품 무역 국제 경쟁력 : 신문출판부서의 수출입 데이터 통계의 연구에 근거하여	국제출판론
			한국	이희진	콘텐츠 개발과 출판의 국제화	국제출판론
			中國	李建紅	융합 발전 속의 디지털 교육 출판 제품의 형태에 관하여	출판산업론
			한국	황민선	국내 중국 출판학 연구 동향과 국제 교류 활성 화 방안	출판이론
			中國	張羽玲	중국 오프라인 서점의 발전 현황 연구	출판산업론
			한국	이종국	한·중 출판학술 교류의 의의와 전망	국제출판론
			中國	魏玉山	중국의 국민 독서 활동에 대하여	출판수용론
제 17 회	2016. 7.12.	북경, 중국신문 출판연구원 대강당	한국	이동성	창의적 출판인 양성을 위한 인문학 교육	출판교육론
			中國	劉國輝	자율, 자각, 자유, 자신— 신중국 아동 출판 교육 관 만담	출판교육론
			한국	김진두	출판 전문 교육의 발전 및 현황 추세	출판교육론
			中國	施勇勤	중국의 출판 교육 현상태와 발전 추세	출판교육론
			한국	이완수	'읽는 독서'에서 '보는 독서'로의 가능성 탐색—독서 수요 창출을 위한 미디어 활용	출판수용론
			中國	王 飈	중국 온라인 교육 시장에 대한 연구	출판교육론
			한국	윤광원 윤세민	디지털 환경에서 교육, 출판 정책의 거버넌스 연구—디지털 교과서 정책 분석을 중심으로	출판교육론
			中國	劉穎麗	디지털 교육 출판에서의 ISLI의 응용 실태 연구와 분석	출판교육론
			한국	김경도 이문학	NCS를 활용한 출판 직업 교육의 혁신	출판교육론
			中國	鮑 紅	중국 교육 출판업의 규모와 정책 및 민영 자본에 대하여	출판상황론
제 18 회	2017. 8.7.	인천, 인천대학교 송도캠퍼스 12호관 105호	한국	김환희	국내 전자 출판 산업 지원 정책 현황과 향후 추진 방향	출판산업론

			中國	黃曉新	중국 전자 도서 발전 상황 및 추세 연구	출판산업론
			한국	백원근	전자책과 독서	출판수용론
			中國	李廣宇	창작 전자책 독서 현황 연구— 인터넷 문학을 중심으로	출판수용론
			한국	김철범	전자책 유통의 과거와 현재	출판산업론
			中國	黃逸秋	중국의 전자 도서 표준 정립에 관한 연구	전자출판론
			한국	김경도	전자책 활성화를 위한 출판 교육의 혁신	출판교육론
			中國	李國永	중국의 전자책 관련 정책에 관하여	출판상황론
			한국	김환철	전자책의 판매	출판산업론
			中國	游 翔	중국 전자책 판매 상황 분석	출판산업론

* 회차별 발제자의 순서는 발제 자료집(proceedings) 및 양국 기관의 관련 공문에 근거하여 정리함.

〈표 4〉에 나타난 바와 같이, 회차별로 정리되어 있는 발제 주제들은 '한국의 무엇', '중국의 무엇' 하는 형식으로 매 회마다 특정한 내용을 주제로 제시하는 방법이어서 주목된다.

이 때문에 매 회마다 대체로 발제 경향이 비슷하게 나타난 사례가 적지 않다. 상대방의 사정을 그와 같은 방식으로 알아보고자 한 것이다. 예를 들면, 한·중 양국이 진행하고 있는 출판의 국제 교류라든지, 출판산업이나 출판정책 또는 전자출판 현황 등을 중심 주제로 삼고, 그에 따른 구체적인 논의를 기대하고 있었기 때문이다.

요컨대, 한·중 대회는 쌍방 간 주요 출판 정보 내지는 연구 정보를 교류하는 보다 직접적이고도 현실적인 통로로 인식하고 있었다는 사실을 알 수 있다.

2) 앞으로의 과제

양국의 두 전문 연구 기관은 그간의 교류 과정에서 여러 중요한 경험을 공유해 왔다. 다시 말해서, 출판과 관련된 제 문제에 대한 현실적인 정황을 파악하려 노력한 것도 그와 같은 사례라 하겠다. 특히, 한국 측으로서는 1978년부터 개혁·개방 정책을 추진하고 있는 중국에서의 출판 시장 개방 또한 중요한 관심거리였다. 이러한 관심은 한·중 대회를 통하여 이해의 폭을 더욱 넓힐 수 있었다.

이러한 일련의 관심은 〈표 4〉에 제시한 「한·중 출판학술회의 발제 내역」 중 '출판산업론', '출판상황론' 분야의 연구들에서 나타나는 두드러진 특징이다.

이와 관련하여, 주제의 균형 면에서 재고할 필요가 있다. 예컨대, 이론적인 논의보다는 시의적(時宜的)인 주제들로 편향되어 왔음이 그것이다. 이 문제는 이미 필자가 2005년에 북경 대회에서도 지적한 바 있다(이종국, 2005, p.135). 이후 10년이 넘어섰는데도 이렇다 할 만한 개선 효과를 보이지 않았다. 그래서 '출판이론'과 밀접한 관련성이 있는 '출판매체론' 분야에 관한 논의도 소홀하여(총 편수 중 6편, 4.05%), 출판학(또는 편집학)의 이론적인 탐구에 소극적이었음이 드러나고 있다. '출판역사론'(3편, 2.03%) 분야 역시 소극적이기는 마찬가지이다. 이 같은 문제는 본질의 복원과 연구 균형의 개선이라는 차원에서 앞으로 충분히 반영, 보완되어야 할 것이다. 그런가 하면, 현실적으로 중요한 이슈인 '저작권론'도 8편(5.41%)에 그쳐 논의의 폭을 더욱 높여야 할 연구 과제라고 사료된다.

일찍이 한국의 저명한 출판학자인 안춘근, 민병덕 교수 등은 기능으로서의 출판학 연구도 필요하지만, 과학적인 이론 구명(究明)이 뒷받침되어야 한다[20]고 일관된 주장을 폈는데, 이는 여전히 귀담아 두어야 한다. 그렇다면 어떤 대안들이 필요한가?

첫째, 발제의 균형이 이루어져야 한다. 이를테면, 쌍방은 대주제 내에서 발제 내용을 고르게 안배하도록 노력할 필요가 있다. 원고 집필 기간이 충분히 감안되어야 하므로 적어도 5개월 전에는 상호간에 협의가 이루어져야 합리적이다.

둘째, 출판 패러다임의 변화에 따른 재점검, 재구도화 차원에서 이 문제를 집중 진단하는 양국 간 특별 연찬회가 교환되었으면 한다. 이 회의는 정례 교류 이외에 별도로 마련하지 않아도 되며, 정례 교류회 현장에서 특정한 주제를 설정하여 논의하자는 것이다. 세계에서 가장 오랜 출판 문화사를 보유한 우리 두 나라가 출판에 대한 새로운 인식의 기회를 공유하자는 취지이다.

셋째, 발제자 수를 균등하게 안배하되, 지상(紙上) 발표도 양측에서 각각 2~3편 범위로 허용하는 것이 바람직하다. 이러한 제도는 연구자들의 발표 기회를 확대하는 방안으로서 중요하다.

넷째, 영문 요약문(abstract)을 게재하는 등 발제문의 형식을 정돈함으로써 연구 정보의 국제적 활용에 편리하도록 해야 한다.

다섯째, 이 학술회의를 개최함에 있어 자국 정부로부터의 적극적인 지원은 중요한 현안이다. 국가 기관인 중국신문출판연구원은 당국으로부터 거의 전폭적인 지원을 받는다. 원칙적으로 회원의 회비로 운영하는 한국출판학회의 경우는 사정이 다르다. 이 때문에 일정 부분 정부 지원을 받고 있으나 턱없이 부족한 형편이다. 이에 대한 발전적인 대안이 이루어지기를 바란다.

---

20) 안춘근(1966.12.). 「출판학원론」. 《성균》(17호). 서울: 성균관대학교, pp.157~163.
　　민병덕(1969.8.). 「출판학서설」. 한국출판학회 편. 《출판학》(제1집). 서울: 현암사, pp.7~44.

4. 맺음

　지금까지 한·중 출판학술회의의 생성과 발전 과정을 살폈다. 그러면서 발전적인 지향 과제도 아울렀다. 이를 토대로 전반적인 논의를 요약하면 다음과 같은 다섯 가지로 나뉜다.

　첫째, 한·중 양국 간의 출판학술 교류가 지닌 의의에 관한 것이다. 이는 정례적인 교류를 통하여 자국의 출판 발전에 기여하는 계기로 삼을 뿐만 아니라, 공동의 모색을 위한 화합의 장을 열었다는 점에서 매우 유익한 토론회임을 확인했다. 이러한 인식은 이 교류회의 의의를 재평가하는 기본적인 이유로 뒷받침된다.

　둘째, 두 기관 간에 본격적인 출판 외교를 이어 나감으로써 전문 분야의 학문적·인적 교류에 크게 기여해 왔다는 사실을 거듭 확인할 수 있었다. 이 같은 점검은 향후로 이 학술회의를 더욱 발전시켜야 할 원론적인 명분이기도 하다.

　셋째, 한·중 대회가 성립되기까지는 긴 모색과 노력의 결과로 가능했다는 사실을 밝혔다. 그와 같은 노정은 두 기관이 교류한 역사적 업적으로 기록되고 있다. 이로써 상호간의 보다 전향적인 발전을 돕고, 나아가 양국의 출판문화, 출판 산업 개발에 공헌한다는 사실을 중시해야 할 것이다.

　넷째, 이 학술회의에 대한 항속사관(恒續史觀)을 존중해야 된다는 주장이다. 이 같은 이념은, 우리의 출판학술 교류회가 세계적으로도 유일한 사례임을 경각심으로 인식할 필요가 있다는 점에서도 중요하다. 어떤 정치적인 이유나 편의적인 판단에 따라 변형되거나 또는 중단되는 등의 우려스러운 사태를 보여서는 안 된다.

　다섯째, 두 전문 기관 간의 교류는 창립 당초부터 고유한 쌍무 관계로 오늘에 이어졌으며, 앞으로도 이러한 호혜적 존재 의의를 더욱 견고히 다져 나가야 한다.

　그런 점에서 지금까지 그래왔듯이 이 학술 교류야말로 양국의 출판학 연구와 출판 발전을 위한 저력의 수원지가 될 수 있도록 다 함께 지혜를 합해 나가야 한다.

　이 시대를 일컬어 글로벌 사회(globalization society)라고 한다. 역사적으로 보아 지구촌 사회를 가능케 한 원인자도 따져 보면 출판이 주역이었다. 출판은 국경을 뛰어 넘어 사상과 감정을 담은 문자열(文字列)이 집합된 여러 유형의 기록 수단을 끊임없이 확산시켰다.

　이제 오늘의 우리는 현재와 장래의 문화적 뿌리인 동시에 그 본줄기이기도 한 출판을 더욱 소중히 가꾸고 발전시키도록 힘을 합해야 한다. 그런 점에서도 한·중 양국 간의 출판학술 교류에 거는 기대는 더욱 크다.

■ 참고 문헌

김낙준(1992.11.).「중국—엄청난 잠재 구매력 지닌 출판시장」.《출판문화》(통권 324호). 서울: 대한
　　출판문화협회.

김진두(2009.8.).「한·중 출판교류의 문제점과 발전 방안」.『제11회 한·중 출판학술회의논문집』. 서울:
　　사단법인 한국출판학회.

남석순(2004.12.).「출판 연구의 국제 동향과 방향 분석—국제출판학술회의 연구 성과와 방향을 중심
　　으로」.《한국출판학연구》(통권 제47호). 서울: 사단법인 한국출판학회.

남석순(2010).「우양(愚洋) 이종국 교수의 학문 세계—출판학 연구의 현상과 본질 탐구를 중심으로」. 우
　　양 이종국 교수 정년기념문집간행위원회 편.『책의 길 슬거운 동행』. 서울: 일진사.

남석순(2014.10.).「출판학의 국제 교류와 발전 방향」.『제16회 국제출판학술회의 논문집』. 서울: 사단
　　법인 한국출판학회.

민병덕(1969.6.19.).「대학에 출판과 신설을—학문적 체계화를」.《새한신문》(제293호).

민병덕(1969.8.).「출판학 서설」. 한국출판학회 편.《출판학》(제1집). 서울: 현암사.

안춘근(1966.12.).「출판학원론」.《성균》(제17호). 서울: 성균관대학교 교지편집위원회.

안춘근(1982.12.).「한국출판학의 현황」. 한국출판학회 편.《출판학연구》. 서울: 범우사.

오진환(1983.6.).「출판학 교육의 필요성」.《출판문화》(통권 213호). 서울: 대한출판문화협회.

우양이종국교수정년기념문집편찬위원회(2010).『책의 길 슬거운 동행』. 서울: 일진사.

유은영(1988.6.).「국내외 대학 및 기관의 출판 교육 현황」.《출판문화》(제272호). 서울: 대한출판문
　　화협회.

이용준(2008.10.).「한·중 출판 교류의 현황과 발전적 제언」.『제10회 한·중 출판학술회의 논문집』. 서
　　울: 사단법인 한국출판학회.

이종국(1989.11.).「동아시아 문화권에 있어서의 출판 발전과 출판 교류」.《출판문화》(통권 제289호).
　　서울: 대한출판문화협회.

이종국(1992.1.).「중국 출판계 견문기」. 사단법인 한국출판학회 편.《한국출판학연구》. 서울: 사단법
　　인 한국출판학회.

이종국(2002.12.17.).「중국의 출판 정책과 출판 산업」.『중국 출판 시장, 우리에게 무엇인가』(제29회 출
　　판포럼자료집). 서울: 한국출판연구소.

이종국(2004.6.).「출판학과 편집 연구의 상관성」.《한국출판학연구》(통권 제46호). 서울: 사단법인
　　한국출판학회.

이종국(2004.7.16.).「거듭나는 한·중 출판학술 교류」.『다매체 시대의 출판 산업 전략』(제6회 한·중 출
　　판학술회의자료집). 서울: 사단법인 한국출판학회.

이종국(2004.12.).「출판 학술 교류의 발전적 지향을 위한 연구—한·중·일 세 나라의 출판학에 대한 이해

와 출판학술 교류를 중심으로」.《한국출판학연구》(통권 제47호). 서울: 사단법인 한국출판학회.

이종국(2005). 「출판학술교류의 전향적 지향―한·중 출판학술회의의 진전 과정을 중심으로」.『제7회 한·중 출판학술회의 논문집』. 서울: 사단법인 한국출판학회.

이종국(2013).『스침과 흔적의 언어』. 서울: 시간의물레.

한주리(2008.10.).「한·중 출판 교류의 활성화를 위한 제언」.『제10회 한·중 출판학술회의 논문집』. 서울: 사단법인 한국출판학회.

龔应榮(1991.8.).「上海出版印刷專科學校の創立と中國出版高等教育」.《出版研究所會報·4》. 東京: 出版學校 エディタースクール出版教育研究所.

關道隆(2001.7.).「編輯學理論綱要(上)」.《出版科學》(제3기 총 제36기). 武漢: 湖北省編輯學會.

箕輪成男(1986.10.).「出版教育の可能性さ探る」.《出版ニュース》(10月中旬號). 東京: 出版ニュース社.

羅紫初(1999).『出版學原理』. 武漢: 武漢大學出版社.

羅紫初(2000).「運行機制市場化: 我國出版業跨世紀發展的必由之路」. 黃凱卿·王玉蓮 主編.『跨世紀出版業發展研究』. 武昌: 武漢大學出版社.

盧玉憶(1993).「重視編輯出版專業人才的培養」. 陸本瑞 主編.『出版教育研究論集』. 北京: 中國書籍出版社.

戴文葆(1990).「編輯學」. 中國大百科全書編輯委員會 新聞出版編輯委員會編輯部 編.『中國大百科全書: 新聞 出版』. 北京: 中國大百科全書出版社.

方卿·徐麗芳·黃先蓉 主編(2013).『30而立』(武漢大學出版教育 30周年紀念文集). 武漢: 武漢大學出版社.

時亮遠(2010.10.).「한·중 출판 교류 현황과 발전 구상」.『제12회 한·중 출판학술회의 논문집』. 서울: 사단법인 한국출판학회.

余敏 主編(2001).『出版集團研究』. 北京: 中國書籍出版社.

余敏(2004.7.16.).「中國出版業的改革與發展」. 사단법인 한국출판학회 편.『다매체 시대의 출판 산업 전략』(제6회 한·중 출판학술회의 발제자료집). 서울: 사단법인 한국출판학회.

叶永烈(1994).『胡喬木』. 北京: 中央黨校出版社.

吳飛(2001).『編輯學理論研究』. 杭州: 折江大學出版社.

袁亮(1990).「出版探索錄」.『出版科學與出版實踐』. 長春: 吉林人民出版社.

李鍾國(2006.11.).「中韓出版學術研討會的緣起及發展方向」.《編輯之友》(총 제130기). 太原: 山西人民出版社.

李次民(1949).『編輯學研究』. 廣州: 自由出版社.

張志强(2003.3.).「出版學概念的歷史考察」. 中國編輯研究編輯委員會編.《中國編輯研究2002》. 北京: 人民出版社.

張志强(2010.1.).「李鍾國先生與中韓出版學的交流」.《出版科學》(2010년 제1기 제18권), 武漢: 武漢大學校.

錢小柏·雷群明(1983). 『韜奮與出版』. 上海: 學林出版社.

中國出版發行科學研究所科研處(1987). 『編輯學論集』. 北京: 中國書籍出版社.

中國出版發行科學研究所科研處 辦公室(1991). 『論編輯和學編輯學』. 北京: 中國書籍出版社.

中國出版年鑑雜誌社有限公司(2016). 『中國出版年鑑』. 北京: 中國出版年鑑雜誌社有限公司.

肯東發·許歡(2003). 「我國編輯出版學教育的回顧與展望」. 《河北大學學報》(Vol.28 No.1). 石家莊: 河北
        大學學報社.

何滿子(1991), 「編輯—大文化體系組織者和更新者」. 中國出版科學研究所科研辦公室 編. 『論編輯和編輯
        學』. 北京: 中國書籍出版社.

黃曉新(2017.8.). 「中國電子書 發展狀況及趨勢研究」. 『2017 韓中出版學術會議論文集』. 서울: 사단법인
        한국출판학회, 2017.8.

箕輪成男(1986.9.8.). 「變わる中國出版界」. 《每日新聞》.

Dai Wenbao(1989.10.23.). Significance of Editing. *Book Development and Cultural Exchange
        in the East Asian Cultural Tradition*(Proceedings of the Fourth International Forum
        on Publishing Studies), Session 2. Tokyo: Japan Society of Publishing Studies.

Shao Yiwen(1989.10.23.). The Development of Publishing Studies in China. *Book
        Development and Cultural Exchange in the East Asian Cultural Tradition.*
        (Proceedings of the Fourth International Forum on Publishing Studies), Session 5.,
        Tokyo: Japan Society of Publishing Studies.

http://www.cips.chinapublish.com.cn/

http://www.cnnic.net.cn

부록

사단법인 한국출판학회
50년 연혁

사단법인 한국출판학회 50년 연혁

■■■

1969년

3.17	한국출판연구회 발족
	제1회 월례연구회
4.3	제2회 월례연구회
5.1	제3회 월례연구회
6.5	제4회 월례연구회
6.22	한국출판학회 창립총회
	제1대 안춘근 회장 취임
7.3	제5회 월례연구회
8.15	『출판학』 제1집 발행
9.4	제6회 월례연구회
10.2	제7회 월례연구회
11.6	제8회 월례연구회
11.30	『출판학』 제2집 발행
12.4	제9회 월례연구회

1970년

1.8	제10회 월례연구회
2.15	『출판학』 제3집 발행
4.2	제11회 월례연구회
6.10	『출판학』 제4집 발행
6.21	제2차 정기총회
9.9	제12회 월례연구회
9.10	『출판학』 제5집 발행
11.30	『출판학』 제6집 발행

1971년

1.7	제13회 월례연구회
3.28	『출판학』 제7집 발행
4.1	제14회 월례연구회
6.20	제3차 정기총회
6.30	『출판학』 제8집 발행
7.1	제15회 월례연구회
8.5	제16회 월례연구회
9.20	『출판학』 제9집 발행
10.7	제17회 월례연구회
11.4	제18회 월례연구회
11.30	『출판학』 제10집 발행
12.2	제19회 월례연구회

1972년

1.6	제20회 월례연구회
2.3	제21회 월례연구회
2.25	『출판학』 제11집 발행

6.10	『출판학』 제12집 발행
6.18	창립 3주년기념 행주산성 답사
6월	한국출판학회상 제정
7.6	제22회 월례연구회
8.3	제23회 월례연구회
9.7	제24회 월례연구회
9.20	『출판학』 제13집 발행
10.5	제25회 월례연구회
10.10	제1회 한국출판학회상 시상
11.2	제26회 월례연구회
12.20	『출판학』 제14집 발행

1973년

1.4	제27회 월례연구회
3.20	『출판학』 제15집 발행
5.4	제28회 월례연구회
6.20	『출판학』 제16집 발행
6.24	제4차 정기총회
9.20	『출판학』 제17집 발행
12.25	제2회 한국출판학회상 시상
12.25	『출판학』 제18집 발행

1974년

3.25	『출판학』 제19집 발행
6.23	창립 5주년 기념총회
8.20	『출판학』 제20집(계간으로 발행)
10.30	『출판학』 제21집 발행
11.11	『출판학』 제22집 발행
12.20	제3회 한국출판학회상 시상

1976년

5.10	『출판실무편람』 발행
	제4회 한국출판학회상 시상

1977년

	제5회 한국출판학회상 시상

1982년

12.10	『출판학』을 『출판학연구』로 제호 변경

1983년

5.13	1983년도 정기총회
6.18	제29차 월례연구발표회
	『한국출판학회 월례연구발표회보』 창간
7.16	제30차 월례연구발표회
8.27	제31차 월례연구발표회
9.24	제32차 월례연구발표회
10.29	제1회 정기학술대회
	제6회 한국출판학회상 시상
11.10	『'83 출판학연구』 발행
12.10	제33차 월례연구발표회

1984년

2.25	제34차 월례연구발표회
3.24	제35차 월례연구발표회
6.16	1984년도 정기총회
	제36차 월례연구발표회
7.21	제37차 월례연구발표회
10.10	『'84출판학연구』 발행
10.13	제7회 한국출판학회상 시상
	제1회 국제출판학술회의 개최
12.22	제38차 월례연구발표회

1985년

2.23	제39차 월례연구발표회
4.20	제40차 월례연구발표회
6.29	제41차 월례연구발표회
	1985년도 정기총회
	제8회 한국출판학회상 시상
8.20	제2회 국제출판학술회의 참가

10.26	제42차 월례연구발표회
12.10	『'85출판학연구』 발행
12.21	제43차 월례연구발표회

1986년

2.22	제44차 월례연구발표회
7.5	1986년도 정기총회
	제45차 월례연구발표회
	제9회 한국출판학회상 시상
10.15	'학회지 원고 게재 규정' 제정
	『'86출판학연구』 '남애 안춘근 선생 화갑 기념호'로 발행
12.6	제46차 월례연구발표회

1987년

3.21	제47차 월례연구발표회
6.27	1987년도 정기총회
	제10회 한국출판학회상 시상
7.15	'한국출판학회월례연구발표회보'를 '한국출판학회회보'로 제호 변경
8.28	제48차 월례연구발표회
10.20	『'87출판학연구』 발행
10.24	제3회 국제출판학술회의 주최
12.29	제49차 월례연구발표회

1988년

4.23	제50차 월례연구발표회
	『한국출판학회회보』 창간(1983. 6. 18) 이후의 지령에 '통권'을 부여하기로 하고 '통권 제23호'로 발행
6.14	문교부에 '학부과정에 출판학과 설치 건의서' 제출
6.25	1988년도 정기총회
	제11회 한국출판학회상 시상
10.29	제51차 월례연구발표회
11.15	『'88출판학연구』 발행

12.17	제52차 월례연구발표회

1989년

3.25	제53차 월례연구발표회
7.1	1989년도 정기총회
	제11대 윤형두 회장 취임
	제12회 한국출판학회상 시상
10.23~25	제4회 국제출판학술회의 참가
12.9	제3회 정기학술대회
	문화부에 '신설 문화부에서의 출판행정 전담을 바라는 건의서' 제출
12.30	『'89출판학연구』를 '한국출판학회 창립 20주년 기념호'로 발행

1990년

4.2	문교부에 '학부 과정에 출판학과 설치 건의서' 제출
4.28	제54차 월례연구발표회
7.13	1990년도 정기총회
	제13회 한국출판학회상 시상
12.13	사단법인 한국출판학회 발기 이사회
	제55차 월례연구발표회
	정부와 북한 당국에 '남북한 도서 목록 교환을 제안함'을 제안
12.30	『'90출판학연구』 발행

1991년

2.11	정부의 남북한 출판물 교류 승인과 관련, 통일원으로부터 북한 주민 접촉 승인을 받고 북한측에 분단 이후 남북한의 도서 목록을 교환하자고 제의
3.23	제56차 월례연구발표회
4.10	각 대학에 '학부 과정에서의 출판학과 설치를 위한 건의서' 발송
5.13	문화부, 사단법인 한국출판학회 설립 승인
5.25	중국도서진출구총공사(中國圖書進出口

總公司)로부터 중국 방문단 12명 초청장 접수

5.27   사단법인 한국출판학회 법원등기 완료

5.30   중국도서진출구총공사로부터 받은 '초청장 수신에 따른 미수교국 여행 계획서'를 문화부장관에게 제출

6.29   1991년도 정기총회
       제14회 한국출판학회상 시상

7.6~18   중국방문단 중국 출판계 시찰

10.18~19   제5회 국제출판학술회의 주최

12.21   제57차 월례연구발표회

1992년

1.20   『'91출판학연구』 발행

6.27   1992년도 정기총회
       각 대학에 '학부 과정에 출판학과 설치를 위한 건의서' 발송
       제15회 한국출판학회상 시상

12.4   제4회 정기학술대회

12.30   『'92출판학연구』 발행

1993년

5.1   제5회 출판학술세미나 겸 책의 해 기념 학술세미나 개최

6.20   남애출판문화상 제정을 위한 발기대회 겸 남애 선생 묘소 참배

8.26~28   제6회 국제출판학술회의 참가

12.27   『'93출판학연구』를 '정산 민병덕 박사, 항심 윤병태 박사 화갑기념논문집'으로 발행
       제58차 월례연구발표회

1994년

3.18   1994년도 정기총회
       제16회 한국출판학회상 시상

6.29   제6회 정기학술대회

12.10   『'94출판학연구』를 '산민 한승헌 선생 화

갑기념논문집'으로 발행

1995년

2.25   1995년도 정기총회
       제13대 민병덕 회장 취임
       제17회 한국출판학회상 시상

5.27   제1회 국제인쇄출판문화학술회의 주관

9.7~8   제7회 국제출판학술회의 참가

12.20   『'95출판학연구』를 '범우 윤형두 선생 화갑기념논문집'으로 발행

1996년

1.5   제1회 한·중출판학술회의

1.6   북경대학과 청화대학의 편집학과 초청으로 중국 방문: 교수 학생 연석 토론회 개최

1.7   섬서성 신문출판사 초청으로 서안 방문 및 세미나

2.24   1996년도 정기총회
       제18회 한국출판학회상 시상

10.5   제1차 임시총회
       제7회 정기학술대회

12.13   『'96출판학연구』(통권 제38호) 발행
       제59차 월례연구발표회

1997년

1.21   제2회 한·중출판학술회의

2.15   1997년도 정기총회

2.18   제19회 한국출판학회상 시상

5.1   사무국 이전
       도서출판 타래에서 마포구 공덕2동 풍림 빌딩 324호로 이전

10.23~24   제8회 국제출판학술회의 참가

12.31   『'97출판학연구』(통권 제39호)를 '남애 안춘근 선생 추모논문집'으로 발행

1998년

2.28	1998년도 정기총회
12.20	『'98출판학연구』(통권 제40호) 발행

1999년

1.14	제3회 한·중출판학술회의 참가
2.27	1999년도 정기총회
	제14대 윤형두 회장 취임
3.2	사무국 이전
	마포구 공덕2동 풍림빌딩 324호에서 마포구 구수동 21-1 범우사로 이전
5.10	「한국출판학회보」 제33호 발행
7.9	제8회 정기학술대회
8.1	「한국출판학회보」 제34호 발행
9.1-2	제9회 국제출판학술회의 참가
12.17	제9회 정기학술대회
	제20회 한국출판학회상 시상
12.20	『'99출판학연구』(통권 제41호)를 '창립 30주년 기념특집호'로 발행

2000년

2.15	「한국출판학회보」 제35호 발행
2.26	2000년도 정기총회
5.22	「한국출판학회보」 제36호 발행
7.3	제4회 한·중출판학술회의
9.15	「한국출판학회보」 제37호 발행
12.23	제21회 한국출판학회상 시상
	『한국출판학의 사적 연구 – 한국출판학회 30년사』 발행 및 출판기념회
12.30	『한국출판학연구』 통권 제42호 발행

2001년

2.22	2001년도 정기총회
5.12	「한국출판학회 회보」 제38호 발행
5.18	제1회 한국언론학대회 참가
5.19	제10회 정기학술대회

10.27	제10회 국제출판학술회의 및 제1회 남애 출판저술상 시상
11.25	『한국출판학연구』(통권 제43호) 발행

2002년

2.15	「한국출판학회 회보」 제39호 발행
2.22	2002년도 정기총회
	제22회 한국출판학회상 시상
3.28	「한국출판학회 회보」 제40호 발행
6.1	제11회 정기학술대회
6.22	「한국출판학회 회보」 제41호 발행
8.30	「한국출판학회 회보」 제42호 발행
10.12	제12회 정기학술대회
10.25	제5회 한·중출판학술회의 참가
12.26	『한국출판학연구』(통권 제44호) 발행

2003년

1.22	남애 안춘근 선생 10주기 추모학술제 제2회 남애안춘근 출판저술상 시상
2.14	2003년도 정기총회
	제23회 한국출판학회상 시상
	제15대 이종국 회장 취임
3.17	「한국출판학회 회보」 제43호 발행
4.10	「한국출판학회 회보」 제44호 발행
5.	용산구 일진빌딩으로 사무국 이전
6.5	「한국출판학회 회보」 제45호 발행
6.14	제13회 정기학술대회
12.5	제14회 정기학술대회
	한·중·일 출판학술 심포지엄
12.26	『한국출판학연구』(통권 제45호) 발행

2004년

1.9	「한국출판학회 회보」 제46호 발행
2.14	2004년도 정기총회
	제24회 한국출판학회상 시상
3.25	「한국출판학회 회보」 제47호 발행

4.23	제15회 정기학술대회
6월	『한국출판학연구』 학회지 규정 제정
6.15	『한국출판학연구』 제30권 제1호(통권 제46호) 발행
7.9	「한국출판학회 회보」 제48호 발행
7.16	제6회 한·중출판학술회의 개최
10.18~22	제11회 국제출판학술회의 참가
12.15	『한국출판학연구』 제30권 제2호(통권 제47호) 발행
12.23	「한국출판학회 회보」 제49호 발행
12월	『한국출판학연구』 제45호 한국학술진흥재단 등재후보학술지 선정

2005년

2.16	2005년도 정기총회
	제25회 한국출판학회상 시상
	제16회 정기학술대회
3.7	「한국출판학회 회보」 제50호 발행
3.15	『출판학』, 『출판학논총』 영인본 발행
6.15	『한국출판학연구』 제31권 제1호(통권 제48호) 발행
8.3	제7회 한·중출판학술회의 참가
9.15	「한국출판학회 회보」 제51호 발행
12.15	『한국출판학연구』 제31권 제2호(통권 제49호) 발행

2006년

1.10	「한국출판학회 회보」 제52호 발행
2.16	2006년도 정기총회
	제26회 한국출판학회상 시상
	제17회 정기학술대회
3.27	「한국출판학회 회보」 제53호 발행
7.7	제8회 한·중출판학술회의 개최
10.28~29	제12회 국제출판학술회의 개최
6.15	『한국출판학연구』 제32권 제1호(통권 제50호) 발행

9.12	「한국출판학회 회보」 제54호 발행
12.15	『한국출판학연구』 제32권 제2호(통권 제51호) 발행

2007년

1.9	「한국출판학회 회보」 제55호 발행
2.23	2007년도 정기총회
	제16대 이정춘 회장 취임
	제27회 한국출판학회상 시상
	제18회 정기학술대회
4.12	「한국출판학회 회보」 제56호 발행
6.2	2007 서울국제도서전 기념 세미나
6.15	『한국출판학연구』 제33권 제1호(통권 제52호) 발행
7.6	제1차 출판정책 라운드테이블 개최
8.3	제9회 한·중출판학술회의 참가
9.3	「한국출판학회 회보」 제57호 발행
10.19	제2차 출판정책 라운드테이블
11.16	제1회 출판전공 대학원 우수논문 발표회
12.15	『한국출판학연구』 제33권 제2호(통권 제53호) 발행
	『한국출판학연구』 한국학술진흥재단에 학술등재지 선정

2008년

2.28	2008년도 정기총회
	제28회 한국출판학회상 시상
	제19회 정기학술대회
5.11~16	제13회 국제출판학술회의 개최
	제3회 남애 출판문화상 시상
6.15	『한국출판학연구』 제34권 제1호(통권 제54호) 발행
6.20	제3차 출판정책 라운드테이블
10.14~20	제10회 한·중출판학술회의 개최
10.7	2008 국제출판유통지수 비교 연구사업 지원 국고보조금 신청

11.14	제19회 정기학술대회
	제2회 출판전공 대학원 우수논문 발표회
12.1	4년제 정규대학 출판학과 설치를 위한 건 의서 제출
12.15	『한국출판학연구』 제34권 제2호(통권 제 55호) 발행

2009년

2.13	2009년도 정기총회
	제17대 이정춘 회장 취임
	제20회 정기학술대회
	제29회 한국출판학회상 시상
4.22	제4차 출판정책 라운드테이블
6.15	『한국출판학연구』 제35권 제1호(통권 제 56호) 발행
7.28~8.4	제11회 한·중출판학술회의 참가
10.1	『한국출판산업사』 연구 착수
10.30	추계학술대회
	제3회 출판전공 대학원 우수논문 발표회
11.16	도서정가제 정책방안 토론회
11.20	제5차 출판정책 라운드테이블
12.15	『한국출판학연구』 제35권 제2호(통권 제 57호) 발행

2010년

2.22	2010년도 정기총회
	제21회 정기학술대회
	제30회 한국출판학회상 시상
5.7~12	제14회 국제출판학술회의 참가
	제4회 남애 출판문화상 시상
5.14	제6차 출판정책 라운드테이블
6.15	『한국출판학연구』 제36권 제1호(통권 제 58호) 발행
6.30	중국 절강성 출판집단 방문 및 중국도서전 시회 참가
10.12~18	제12회 한·중출판학술회의 개최

11.19	추계학술대회 및 제4회 출판전공 대학원 우수논문 발표회
12.3	제7차 출판정책 라운드테이블
12.15	『한국출판학연구』 제36권 제2호(통권 제 59호) 발행

2011년

2.21	2011년도 정기총회
	제18대 남석순 회장 취임
	제22회 정기학술대회
	제31회 한국출판학회상 시상
6.14~17	2011 한·일출판학술회의 개최
6.15	2011 한·일 출판인 교류의 밤 개최
6.15	『한국출판학연구』 제37권 제1호(통권 제 60호) 발행
7.22	제8차 출판정책 라운드테이블
7.22	한국출판학회 발전 방안을 위한 회원 설문 조사 결과 보고
8.10~16	제13회 한·중출판학술회의 참가
10.27	제23회 정기학술대회
	제5회 출판전공 대학원 우수논문 발표회
12.14	제9차 출판정책 라운드테이블
12.15	『한국출판학연구』 제37권 제2호(통권 제 61호) 발행

2012년

2.24	2012년도 정기총회
	제32회 한국출판학회상 시상
5.25	제24회 정기학술대회
6.15	『한국출판학연구』 제38권 제1호(통권 제 62호) 발행
7.29~8.4	제14회 한·중출판학술회의 개최
9.21	제10차 출판정책 라운드테이블
10.20~21	제15회 국제출판학술회의 참가
12.13	제25회 정기학술대회
	제6회 출판전공 대학원 우수논문 발표회

제11차 출판정책 라운드테이블

12.15 『한국출판학연구』 제38권 제2호(통권 제63호) 발행

12.31 『한국출판산업사』 발행

2013년

2.21 제33회 한국출판학회상 시상
2013년도 정기총회
제19대 부길만 회장 취임

5.23 제26회 정기학술대회

6.15 『한국출판학연구』 제39권 제1호(통권 제64호) 발행

6.27 제12차 출판정책 라운드테이블

8.6~12 제15회 한·중출판학술회의 참가

10.4 제27회 정기학술대회

12.15 『한국출판학연구』 제39권 제2호(통권 제65호) 발행

12.20 제7회 출판전공 대학원 우수논문 발표회

12.20 제13차 출판정책 라운드테이블

2014년

2.21 2014년도 정기총회
제34회 한국출판학회상 시상

6.15 『한국출판학연구』 제40권 제1호(통권 제66호) 발행

6.26 제28회 정기학술대회

9.15 『한국출판학연구』 제40권 제2호(통권 제67호) 발행

10.24~26 제16회 국제출판학술회의 개최

12.15 『한국출판학연구』 제40권 제3호(통권 제68호) 발행

12.17 제8회 출판전공 대학원 우수논문 발표회
제14차 출판정책 라운드테이블

2015년

2.24 2015년도 정기총회

제20대 윤세민 회장 취임
제35회 한국출판학회상 시상

5.29 제29회 정기학술대회

6.15 『한국출판학연구』 제41권 제1호(통권 제69호) 발행

8.9~13 제16회 한·중출판학술회의 개최

8.30 『한국출판학연구』 제41권 제2호(통권 제70호) 발행

10.9 제15차 출판정책 라운드테이블

11.30 『한국출판학연구』 제41권 제3호(통권 제71호) 발행

12.3 제9회 출판전공 대학원 우수논문 발표회
제30회 정기학술대회

12.30 『한국출판학연구』 제41권 제4호(통권 제72호) 발행

2016년

2.23 2016년도 정기총회
제36회 한국출판학회상 시상
학회 주최 남석순 교수 정년퇴임식 개최

3.30 『한국출판학연구』 제42권 제1호(통권 제73호) 발행

5.27 제31회 정기학술대회

6.30 『한국출판학연구』 제42권 제2호(통권 제74호) 발행

7.11~17 제17회 한·중출판학술회의 참가

9.28 제16차 출판정책 라운드테이블

9.30 『한국출판학연구』 제41권 제3호(통권 제75호) 발행

10.27~31 제17회 국제출판학술회의 참가

12.16 제10회 출판전공 대학원 우수논문 발표회
제32회 정기학술대회

12.30 『한국출판학연구』 제42권 제4호(통권 제76호) 발행

2017년

2.17~20	한·중·일 출판타이포그래피 학술회의
2.24	2017년도 정기총회
	제21대 이문학 회장 취임
	제37회 한국출판학회상 시상식
	학회 주최 부길만 교수 정년퇴임식 개최
3.30	『한국출판학연구』제43권 제1호(통권 제77호) 발행
5.26	제17차 출판정책 라운드테이블
6.16	제33회 정기학술대회
6.30	『한국출판학연구』제43권 제2호(통권 제78호) 발행
8.6~9	제18회 한·중출판학술회의 개최
9.30	『한국출판학연구』제43권 제3호(통권 제79호) 발행
12.1	제11회 출판전공 대학원 우수논문 발표회
	제34회 정기학술대회
12.23	한국출판학회 송년 산행
12.30	『한국출판학연구』제43권 제4호(통권 제80호) 발행

2018년

2.23	제38회 한국출판학회상 시상
	2018년도 정기총회
3.30	『한국출판학연구』제44권 제1호(통권 제81호) 발행
6.22	제35회 정기학술대회
6.30	『한국출판학연구』제44권 제2호(통권 제82호) 발행

8.20~26	제19회 한·중출판학술회의 참가
9.8	한국지역출판문화잡지연대 공동학술세미나
9.30	『한국출판학연구』제44권 제3호(통권 제83호) 발행
11.9~11	제18회 국제출판학술회의 참가
11.30	『한국출판학연구』제44권 제4호(통권 제84호) 발행
12.7	제12회 출판전공 대학원 우수논문 발표회
	제36회 정기학술대회
12.30	『한국출판학연구』제44권 제5호(통권 제85호) 발행

2019년

2.22	2019년도 정기총회
	제39회 한국출판학회상 시상
	제22대 이창경 회장 취임
2.28	『한국출판학연구』제45권 제1호(통권 제86호) 발행
4.30	『한국출판학연구』제45권 제2호(통권 제87호) 발행
5.11	제3회 고창 지역도서전 지역출판포럼 공동주최
6.21	한국출판학회 창립 50주년 기념식
	『한국 출판학 연구 50년』 간행 및
	『남애 안춘근의 생애와 학문』 간행 기념
	제5회 남애 출판문화상 시상

한국출판학회 창립 50주년 기념사업 추진위원

추진위원장	윤세민(본 학회 고문)
집행위원장	이문학(본 학회 명예회장)
	이창경(본 학회 회장)
행사준비위원회 위원	유창준·김경도·백원근·노병성(본 학회 부회장)
	김정명(본 학회 총무이사)

"선생님과 아이들의 1년이
행복한 여행이었으면 좋겠어요."

새로운 것에 대한 설렘,
배우고 깨우치는 기쁨,
때로는 길을 잃더라도
끊임없이 도전하는 용기와
해냈다는 성취감.

가르침과 배움의 여정이
즐거움과 행복으로 가득하도록

지학사 교과서가 함께하겠습니다.

지학사

생각이 미래를 만듭니다.
작은 생각의 변화와 실천이 모여
큰 울림으로 여러분에게 다가가겠습니다.

교과서로 모두가 행복해지는 세상을 꿈꿉니다.
끊임없는 혁신을 통해, 매일 새롭게 떠오르는 별,

Morning Star 금성

Contents Creator
금성출판사입니다.

금성출판사

비상은 모두가 즐거운
배움의 길을 만듭니다.

배움이 필요한 모든 이들이 그 한계를 넘어설 수 있도록
비상은 더 넓은 세상을 향한 첫 걸음을 응원합니다.

한국에서의 전형 창출을 넘어 세계 교육의 패러다임을
바꾸겠다는 비상은 모든 이의 혁신적 성장에 기여합니다.

교육 문화의 질서와 유기적 융합을 추구하는 비상은
새로운 미래 세대의 행복한 경험과 성장에 기여합니다.

상상 그 이상 ───────────────

뿌리 깊은 나무 바람에 아니 뮐세

교육은 흔들리는 유행이 아닙니다.
교육은 뿌리 깊은 철학입니다.
교학사 교과서에는
68년의 뿌리 깊은 '교육 철학'이
담겨 있습니다.

교육의 길잡이·학생의 동반자
(주)교학사

주소 서울특별시 금천구 가산디지털1로 42 (공장) / 서울특별시 마포구 마포대로 14길 4 (사무소)
대표 전화 02-7075-100 / 영업 문의 02-7075-147 / 홈페이지 www.kyohak.co.kr

신구대학교 | 미디어콘텐츠과
Dept. of Media Contents

1989 ~ 2019
30th
Dept. of Media Contents
SHINGU COLLEGE

뉴미디어시대,
출판 전문인교육의 미래

신구대학교
미디어콘텐츠과

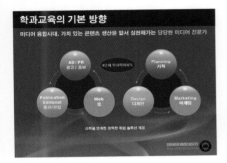

출판콘텐츠 전문인교육을 선도해 온 미디어콘텐츠과는 2011년부터 3년제로 교육체제를 개편하였습니다. 이로써 국내 유일의 3년제 출판콘텐츠 교육기관으로서 확고한 위치를 굳히는 한편, 차세대 뉴미디어 출판콘텐츠 교육을 위한 힘찬 새 출발을 하고 있습니다.

미디어의 융·복합으로 폭발적 성장이 예상되는 체감형 출판콘텐츠와 에듀 콘텐츠, 감성웨어(Affective Ware) 교육을 확대함으로써 신성장동력으로 부각되고 있는 출판콘텐츠 전문인교육에 전문성을 강화하고 있습니다.

고부가가치 21세기 뉴미디어 콘텐츠를 디자인, 제작, 홍보, 유통하는 전문인양성에 교육 목표를 두고 관련 교과목을 실무 위주로 철저히 교육하고 있습니다. 온오프라인 출판을 위한 문자 표현 방법과 제작실무, 디자인 기초이론과 관련 프로그램, 웹콘텐츠 제작 프로그램, 광고 기법과 실무 등을 철저히 가르치고 있습니다.

출판의 형태가 빠르게 변화되고 있습니다. eBook, mBook, Webbook 등 책의 형태가 첨단을 달리고 있습니다. 공급망도 서비스 개념으로 바뀌고 있습니다. 미디어콘텐츠과에서는 이러한 변화의 선두에 서서 새로운 형태의 멀티미디어 책을 디자인하고 제작하는 기술을 교육함으로써 미래 출판 전문 인력을 양성하고 있습니다.

미콘과 자부심
4년제 학사학위취득과정

체계적인
이론 무장과
폭넓은
인적 네트워크

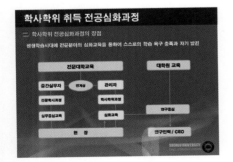

4년제 학사학위 취득 전공심화과정은?
3년제 전문학사 학위를 취득한 후, 4년제 학사학위를 취득할 수 있는 제도입니다. 즉, 3년제 전문대 졸업생이 1년간의 교육과정을 이수(총20학점)하여 4년제 학사학위를 취득할 수 있는 과정입니다. 전문대학을 졸업한 재직자의 계속 교육 활성화, 전문기술인력 양성을 위한 실무 중심의 심화교육 필요성에 의하 여 개설된 교육과정입니다 3년제 전문대졸과 1년제 전공심화과정 이수가 4년제 학사학위취득으로 이어지는 직업교육의 경로를 구축하게 됩니다.

교육과정은 어떻게 운영되는지?
개설 교과목은 전문 학사학위 과정에서 이수한 실무교육의 연장선에서 현장의 사례와 이론이 접목된 심화교육을 실시합니다. 수준 높은 직업교육을 받기 원하는 수요자의 요구를 충족시킬 수 있도록 커리큘럼이 구성되어 있습니다. 뿐만 아니라 탄력적 운영을 통하여 학습 만족도를 높이고 있습니다.

수업 부담이 과중하지 않을지?
직장을 다니면서 매일 수업에 참석하기는 어려운 일입니다. 수업 부담은 줄이고, 효율은 높일 수 있도록 운영합니다. 평일저녁과 토요일 전일제 수업을 병행함으로써 수업 부담을 최소화하고 있습니다.

수업료가 만만치 않을 텐데…
본인이 직접 수업료를 부담해야 할 경우가 많으니 수업료를 생각하지 않을 수 없습니다. 면학장학금을 비롯하여 본교 출신 입학금 면제 등의 장학제도를 두어 수업료 부담을 최소화하고 있습니다.

어떤 사람에게 필요한 제도인지?
우수 인재를 선발하여 집중 교육하고 있습니다. 현장에 근무하면서 집중적 이론정립의 필요성을 절실히 느끼는 사람, 또 자신의 역량을 절대적으로 키워야겠다고 생각하는 사람, 대학원 진학을 생각하고 있는 사람 등 확고한 비전을 가진 사람이 선택하면 만족도가 높을 것입니다.

"100년, 책의 미래로"

한국출판콘텐츠센터
국내 단일 최대 출판문화콘텐츠의 메카
2,000여개 출판, 협력 네트워크

출판물류센터/한국출판물류㈜
도서 전문 물류센터, 임대·보관, 3PL

출판유통산업정보관
출판전문가와 독자의 만남을
위한 열린 공간 운영

출판콘텐츠유통㈜, ㈜행복문고
도서관 납품 전문 자회사
소매유통 전문 자회사
북카페 운영

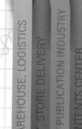

BOOK WAREHOUSE, LOGISTICS
LIBRARY, STORE DELIVERY
LIBRARY PUBLICATION INDUSTRY
BOOK CONTENTS CENTER

Since 1958

한국출판협동조합

서울본사
ADD: (04091) 서울특별시 마포구 토정로 222(신수동)
TEL: 02-716-5616 FAX: 02-716-2999
(주)행복문고
TEL: 070-7119-1792 FAX: 02-716-6033, 6012

파주물류센터 / 한국출판물류(주)
ADD: (10857) 경기도 파주시 탄현면 오금로 30
TEL: 070-7119-5700 FAX: 031-945-8227
출판콘텐츠유통(주)
TEL: 070-7119-1771 FAX: 031-944-3450~1

www.koreabook.or.kr

세 상 과   소 통 하 는   지 혜

태양은 매일 뜨고 또 저물어 갑니다.

그래도 우리는 설레는 가슴으로

또다시 새로운 새벽을 맞이합니다.

오늘 세상에 첫 선을 보일 책들과 함께...

(주)글로벌콘텐츠출판그룹은

세상과 소통하는 지혜를 추구합니다.

 (주)글로벌콘텐츠 출판그룹 글로벌콘텐츠 작가와비평 세림출판 컴원미디어 글모아출판
Global Contents
Publishing Group Co. Ltd.
서울시 강동구 풍성로 87-6 tel_02.488.3280(代) fax_02.488.3281

한국 출판학 연구 50년
한국출판학회 반세기 궤적

© (사)한국출판학회, 2019

1판 1쇄 인쇄__2019년 06월 11일
1판 1쇄 발행__2019년 06월 21일

엮은이__한국출판학회 50년사 편찬위원회
펴낸이__홍정표

펴낸곳__글로벌콘텐츠
　　　　등록__제 25100-2008-24호

공급처__(주)글로벌콘텐츠출판그룹
　　　　대표__홍정표　디자인__김미미 이상민　기획·마케팅__노경민 이종훈 권군오 홍명지
　　　　주소__서울특별시 강동구 풍성로 87-6　전화__02-488-3280　팩스__02-488-3281
　　　　홈페이지__www.gcbook.co.kr

값 48,000원
ISBN 979-11-5852-246-9 93010